本书为黑龙江省哲学社会科学研究规划重点项目(项目编号16ZSA01)

黑龙江省历史文化工程重点项目(项目编号01ZD1303)

主　编／**战继发**

副主编／笪志刚　　梁玉多

李随安　　霍明琨

国外黑龙江史料提要

SUMMARIES AND RESEARCH ON
OVERSEAS HISTORICAL RECORDS OF
HEILONGJIANG AREAS

社会科学文献出版社
SOCIAL SCIENCES ACADEMIC PRESS (CHINA)

穿行在史料隧道中的探路者

——写在《国外黑龙江史料提要》杀青之际

由于工作关系，我与黑龙江省社会科学院的学术交流合作颇多，《黑龙江屯垦史》就是中国社会科学院与黑龙江省社会科学院通力合作推出的精品。黑龙江省社会科学院党委副书记战继发同志即担任《黑龙江屯垦史》第一卷主编，为《黑龙江屯垦史》开了个好头，也开启了我们之间的实质性合作。继发同志是历史专业出身，与我既有学术上的共同语言，又有愉快的合作，自然而然地成为谈得来的好友。这次他委托我为其主编的《国外黑龙江史料提要》作序，自是盛情难却，更何况在这部颇具边疆学价值的著作杀青之际，也感到有话可说。

看到黑龙江省社会科学院继《黑龙江屯垦史》之后又要推出《国外黑龙江史料提要》一书，既要表示祝贺，又想从边疆史研究者的角度，谈几点先睹为快的感受。

一是为学界做了一件功在当代利在长远、夯实史学根基的好事。众所周知，史料是研究者复原和认识客观历史的"中介"，离开史料的历史研究就成了空中楼阁。因此，发掘史料并翔实地占有史料是史学工作者从事史学研究的先决条件。史料方面的著作的最大价值在于以下几点。首先是选题是否具有历史厚重感和时代感。《国外黑龙江史料提要》囊括了成书于17世纪以来俄罗斯有关黑龙江的史料，18世纪以来法、德、英、美等欧美国家有关黑龙江的史料，成书于20世界初期以来的日本有关黑龙江的史料，成书于15世纪以来的朝韩有关黑龙江的史料，内容以黑龙江为中心展开，侧重黑龙江历史文化，有鲜明的区域指向和历史分野，具有不可替代的史料价值。它不仅具有以史为鉴、服务现实的参照作用，还具有"他山之石，可以攻玉"的借鉴意义，具有鲜活的"经世应物"的时代价值。其次是史料本身的价值高低。书中的一些史料为首次以外文译出提要，不乏具有后续翻译出版价值的史料。还有一些史料在国家间博弈中可资利用，可以有效回应外国教科书中存在的对黑龙江历史不完整、片面的解读，甚至有意歪曲等现象。再次是对利用者的价值的高低。由于注重原汁原味，整理较为规范，反映多方观点，提要指南地位，可以断言，这部著作的问世将为史学工作者提供一个新的史料引用"源代码"，定会引出今后史学研究的新鲜活水来。九层之台起于垒土，这个团队在多国文献中历经五六年的跋涉，才完成了这部《国外黑龙江史料提要》的撰写。它不仅夯实了黑龙江史学资料研究的根基，也为学术界克服浮躁树立了专业化典范。

二是成果弥补了史学界资料碎片化，缺乏系统归纳国际上论述地方史学资料的缺憾。改革开放四十年来，中国史学界呈现出百花齐放、百家争鸣的繁荣景象，史学界的对外交流也不断增多。但不可否认，与中国史学逐渐走向显学，研究积累和学术水平不断提高不相适应的是，我们对国际史学界研究中国历史，尤其是研究中国地域历史的观点整理、资料把握还缺乏系统性归纳，对黑龙江的国外史学资料的整理更是呈现碎片化倾向。这些体现在涉及黑龙江的地域变迁、文化归属、考古界定、习俗传承以及边疆治理、东北亚国际关系等的内外交流时，我们经常会面对一些缺失话语权和佐证的尴尬情况。《国外黑龙江史料提要》既能为我们弥补上述一些缺憾，也能让我们在应对事关东北亚、黑龙江对外交流等的问题时更加有信心和定力，进一步增强文化自信。

三是立足存留东北亚和欧美各国专家的视角，有助于提升黑龙江省学术界的国际影响力。存留欧美和东北亚各国专家的多元视角，更能使我们做到知己知彼。从史学应对现实的经世功能来说，著史可以正视听，读史可以解困惑，用史则可博未来。中国已经进入新时代，历史已经走进新纪元，但东北亚地区还背负着沉重的历史包袱，中国在历史问题的国际博弈中还面临诸多的挑战，在中国构筑文化软实力、中国学术走出去的进程中，史料提要、资料汇编及文献整理无疑将为中国学者提供还原历史真实的底色和底气。基于这种认识，《国外黑龙江史料提要》或许将为黑龙江史学研究更加国际化凝聚新的人气，为学术走出去开辟新路径，进一步提升黑龙江省学术界的国际影响力。

四是站在历史唯物主义立场，对一些史实和一些众说纷纭的敏感历史观点做了正本清源的工作。本书介绍研究的史料众多，涉及的国别广泛，在原汁原味地反映原作风貌和原作者立场、观点的同时，对相关史料真伪、谬误等予以甄别、订正。特别是对原作者由历史局限、个人偏见、侵略立场等多重因素所造成的严重失实和颠倒黑白的歪曲予以澄清，体现了编纂队伍的政治素质和学术水准。值得称道的是，在每篇史料提要的"学术评价"部分，都能公允地评价原史料的学术优劣、价值高低和是非曲直，起到了正本清源的作用，体现了历史唯物主义立场观点。

最后想说的是这支优秀的作者团队值得嘉许，模式可以复制。《国外黑龙江史料提要》绝非一个人能独立完成的项目，非拥有英、俄、日和朝韩四种语言以及拥有历史文化及相关国际知识的学术团队是无法胜任的。从主编到副主编，或为史学专家，或为东北亚国际问题研究专家，或为中俄关系史研究专家等。涵盖了黑龙江省社会科学院历史研究所、东北亚研究所，黑龙江大学历史旅游文化学院、黑河学院等多个史学专业或国际问题专业的专家，集中了通晓俄语、日语、韩语、英语的复合型作者，既有专业学术背景，也有国际知识底蕴，既有知名学者，也有青年才俊。因此，这部书堪称史学界和国际研究界跨界组合，科研单位和大学之间联袂奉献的鸿篇巨制。对于这种有难度、需要团队完成的项目，应提倡集体协作、合力攻关，其做法可供借鉴，或可复制。

合上厚重的书稿，不禁掩卷沉思。如果把中国史料学比喻为一条隧道，那么很多人只是站在隧道的入口向里张望，并未完成走向隧道另一端的探险。有些人虽然走进了隧道，但由于隧道的黑暗又陷入了进退两难的境地，偶尔有一些人走出了隧道，却留下了孤独的遗憾。是什么原因让中国的史学界如此纠结、如此尴尬？从这本书中或许能找到些许的答案。史学研究也好，经济研究也罢，如果没有基础性的史料和数据的梳理做依托，焉能构建学术的高楼大厦，又焉能成就学术殿堂？这些年，学术界的很多人热衷于提出观点和理论，游走于创新和跨界，却忽略了万丈高楼之下起支撑作用的资料地基的构建，从这个角度来说，继发同志率领的《国外黑龙江史料提要》团队默默地做了一项值得学术界，尤其是史学界思考的事业，这在发挥基础研究优势，重视或鼓励对具有指南标尺的史料等资料整理的研究方面，对让"冷研究"变成"热学术"做了有益的探索，可谓是穿行在史料学隧道中的探路者。也热切希望学界同人多关注边疆史料学的研究，做扎扎实实的基础性工作，担当起新时代赋予学者的光荣使命！

中国社会科学院中国边疆研究所所长

2018 年 9 月 20 日

前　言

　　《国外黑龙江史料提要》终于定稿了，令人如释重负。这部书单着手史料搜集整理、翻译写作即耗时四年多，加上前期构思、组建团队，足足花去五年的时间。这的确不是件轻松的事情，绝非一个人能独立完成的项目，非拥有英、俄、日和朝韩四种语言的学术团队是无法胜任的。想想这部书的价值，我们在备尝苦辛之余才流露出心底的喜悦。这部书稿即将付梓，有必要在此做个整体交代。

一　宗旨与思路

　　黑龙江历史悠久，古代黑龙江先民就曾五次入主中原（分别是鲜卑族建的北魏、契丹族建的辽、女真族建的金、蒙古族建的元和满族建的清），统治时间长达800余年，占整个中国封建社会的1/3强；黑龙江域内民族的影响辐射东北亚、东欧和北美，在古代及近现代创造了辉煌的物质文明和精神文明，为中华文明的形成和发展做出了重要贡献，对中国历史乃至人类历史进程产生了深远的影响。除见于本国史书中，在俄国（包括苏联）、日本、朝韩以及欧美各国的史籍与研究成果中，也有相当数量颇具价值的黑龙江史料。但由于国界和语言等因素的阻隔，尚不为国内学者所掌握，给边疆史研究带来困难，给黑龙江经济社会的纵深研究带来不便，我们深感应以学术良知与社会责任来认真对待这一问题。这也就成了我们下决心积极推动国外黑龙江史料的引入、译介、整理与研究的动机所在。

　　从梳理国内相关研究的学术史与研究动态看，国内关于黑龙江史料学的论著，多以中国史料为基础展开，对国外史料涉及甚少，相关研究很不充分。虽然也有些论著引进和译介了相关国外史料，但仍显得零星散碎，缺乏全面、系统的搜集、译介与研究。本书意欲达到的主要目标为：一是在国外黑龙江史料搜集译介的全面性、综合性、系统性上，对以往成果要有一个超越，无论在内容范围方面还是在框架布局的系统性方面都要有新突破；二是研究成果能够在东北史料学方面具有领先水平，充实黑龙江史料学之薄弱环节，使其成为东北史研究者的入门向导和深入研究的工具书；三是打造边疆学的精品力作，通过对国外黑龙江史料的挖掘，开发异域文化富矿，充实边疆学研究的内涵，为祖国边疆经济社会及文化乃至国防建设应用对策研究提供资政工具。

写作宗旨明确之后，必须厘清总体思路，即通过搜集、整理、翻译最终形成"提要"形式的成果，系统介绍国外有关黑龙江的历史资料及论著，在观点上坚持客观公允，本着去伪存真，去粗取精，剔除其糟粕，吸取其精华的扬弃态度和原则来评价鉴别国外黑龙江史料。一是要客观真实。原原本本地介绍相关历史资料，合理评价其价值、特点。二是要正本清源。对有些研究中存在的学术上的失实乃至政治上的歪曲，要予以澄清，还历史本来面目。三是要体例得当。主要是搜集、整理、译介俄罗斯（包括苏联）、日本、朝鲜、韩国及欧美各国关于黑龙江的历史资料，在《四库全书总目提要》启示的基础上创新形式，对其进行"提要"。既要对相关史料作者的简要生平、主要学术成就，尤其是对黑龙江研究方面的成就进行梳理，又要对著作的版本或出版单位与出版时间、内容提要、学术价值、优缺点及特点做出评价。

二 内容与框架

本书所说的"黑龙江"是一个历史的概念，并非单指今天黑龙江省所辖范围，即要界定本书中关于"黑龙江"的概念。我在《黑龙江屯垦史·前言》中所做的关于"黑龙江"的概念的阐释，在本书中同样适用：这里所说的"黑龙江"是指一个特定的、具有时空性的历史概念，它既不同于今天黑龙江省行政区划所辖的固定范围，也不同于黑龙江流域这一固定的地理空间，而是有着历史沿革与变迁的，即各朝或各时期黑龙江地区的地域范围。特别是历史上其还曾拥有乌苏里江以东和黑龙江以北之地，故本书以历史变迁的动态疆域来考虑黑龙江的区域概念，并以此概念来确定写作范围的延伸与取舍，如在康熙二十二年（1683）至清光绪三十三年（1907）"裁将军，设行省"前，为镇守黑龙江等处地方将军管辖的行政区；又如在1954年黑龙江省行政区划定后，又与黑龙江省等同。就是说"黑龙江"是一个动态的地域，因时而异，是个空间范围不断变化的区域。因此，要以历史的地域变迁考虑史料的取舍范围，这是空间概念；而在时间段上则写作内容的时间截至新中国成立前，文献的出版时间截至目前。本课题研究在充分搜集、整理、鉴别有关黑龙江历史研究的基础上，梳理出俄罗斯之黑龙江史料提要、欧美之黑龙江史料提要、日本之黑龙江史料提要、朝韩之黑龙江史料提要四个系列。

第一，在对沙皇俄国时期、苏联时期及苏联解体后俄罗斯出版的有关黑龙江的历史资料与研究著作进行搜集、翻译、整理和研究的基础上形成提要。共分为八章，内容包括 17~18 世纪俄罗斯关于黑龙江的史料提要、19 世纪俄罗斯关于黑龙江的史料提要、成书于 20 世纪初的黑龙江史料提要、成书于 20 世纪 20 年代至 1931 年的黑龙江史料提要、沦陷时期与光复后俄苏关于黑龙江的史料（1931~1949），以及中华人民共和国成立以来苏联、俄罗斯关于黑龙江的史料提要。

第二，在对欧美各国出版的有关黑龙江的历史资料与著作进行搜集、译介、整理和研究的基础上形成提要。共分为八章，内容包括 18 世纪法国汉学研究中涉及的黑龙江史料提要、19 世纪欧美对满语研究的继续及对金史研究的史料提要、19 世纪欧美对黑龙江流域的关注及踏查方面的史料提要、20 世纪欧美在"满洲"视角下的相关研究史料提要、20 世纪远东国际关系范畴中的黑龙江史料提要、20 世纪欧美的满学与通古斯学史料提要、20 世纪美国学界的女真史和金史研究史料提要以及 20 世纪美国"边疆学派"的"满洲"研究史料提要。

第三，在对日本古代、近现代乃至当代出版的有关黑龙江的历史资料与著作进行搜集、译介、整理和研究的基础上形成提要。共分为八章，内容包括 20 世纪前日本关于黑龙江的史料提要提要、成书于 20 世纪 10~20 年代的日本史料提要、成书于 20 世纪 30 年代的日本史料、成书于 20 世纪 40~80 年代的日本史料提要、成书于 20 世纪 80 年代以后的日本史料提要和成书于 21 世纪以来的日本史料提要。

第四，在对朝鲜、韩国出版的有关黑龙江的历史资料与研究著作进行搜集、翻译、整理和研究的基础上形成提要。共分为七章，内容包括成书于 15 世纪前的史料提要、成书于 18 世纪至 19 世纪初的史料提要、成书于 19 世纪中后期至 20 世纪初的史料提要、成书于 20 世纪中后期的史料提要和成书于 20 世纪末的史料提要以及近年来成书的史料提要。

三　创新与价值

本书主要有四方面创新之处。一是在学术层面上的开创性。目前，国内尚未见到一部较为全面系统介绍和研究国外黑龙江史料的著作，本书引入和研究国外黑龙江史料可弥补这一缺憾，为研究我国北部边疆政治、经济、文化、军事及对外关系史提供新资料，具有基础性、开拓性的学术创新意义。二是在立场观点上的客观性。由于有些外国研究者出于国家政治、外交甚至是侵略需要，有的限于自身立场观点及学术局限，相关研究存在严重失实乃至颠倒黑白的歪曲现象。本研究则以历史唯物主义立场、观点予以澄清，拨乱反正，正本清源，还历史本来面目。三是在史料挖掘上的突破性。本研究搜集介绍国外未被国内学者发现和鲜为人知与利用的有关黑龙江历史资料，引进我国北部边疆政治、经济、文化、国防及对外关系史新资料。四是在写作体例上的创新性。国外黑龙江史料的引入和研究应本着方便科研检索的原则，不照搬、不拘泥于已有的固定模式，从多元化视角设定体例。做到形式紧密服务于内容，不强求各部分形式上的绝对统一，以内容决定形式，创新文风。

我们的主要任务是在系统搜集、研究基础上对国外黑龙江史料进行提要，具有独到的学术价值和应用价值。

学术价值。史料学研究是历史研究的重要组成部分，但我国对北部边疆的史料学研究一直比较薄弱，本书所承载的正是这一领域的基础性研究。通过对相关史料的系统搜集梳理，编撰出系列国外黑龙江史料提要，以作为东北史研究者的入门向导和深入研究的工具书，充实我国东北边疆史料学搜集整理研究之不足。同时，以此引进国外对我国东北边疆研究的史料，将为国内学术研究提供新资料，有利于相关研究取得突破性进展，具有重要的学术价值。

应用价值。从国家安全战略与政治高度来研究边疆经济文化，已成为我国社会科学研究的重点。从国家安全战略与政治高度来研究边疆经济文化角度考虑，对散见于国外的中国北部边疆历史文化资源的搜集挖掘、译介提要，将丰富边疆历史文化及周边各国经济文化交流往来的内涵，有利于相关研究获得突破性进展。可为我国边疆经济社会建设、国防建设提供新素材，为我国提升东北亚战略地位与政治安全提供历史依据和决策借鉴。特别是国外有些研究存在学术上的瑕疵和政治上的偏见，有失客观公允，甚至涉及今天的领土主权问题，本书予以郢正，直接为我国政治外交提供相关依据与服务，具有重要的现实意义。

　　本书撰写的难点在于对国外黑龙江史料的搜集与译介，要冲破国界和语言的障碍，需去俄、日、朝、韩及欧美一些国家收集资料，需要出国调研、查询、购置、复制、抄录，要耗费较多时间、精力和财力，而且对其进行译介，具有很大难度。特别是关于黑龙江历史的介绍，除本国史书外，在国外的史籍与研究成果中，还有相当数量颇具价值的黑龙江史料，但由于国界和语言等因素的阻隔，时间精力所限，还有大量的相关史料未能全面掌握和一一提要，这成为我们深入研究祖国北部边疆历史的一大缺憾。我在此倡导学界同人在这方面予以高度关注，持续发力，深度挖掘国外黑龙江史料之富矿。

黑龙江省社会科学院党委副书记、编审

2018 年 1 月 8 日

目 录

第一编 俄罗斯之黑龙江史料提要

第二编　欧美之黑龙江史料提要

第三编　日本之黑龙江史料提要

第四编　朝韩之黑龙江史料提要

第一编

俄罗斯之黑龙江史料提要

导　论

几个世纪以来，俄罗斯详细调查、研究了黑龙江地区的历史、行政、民族、人口、地理、地质、资源等方方面面，形成了数量巨大的调查报告、论文、著作，它们是俄罗斯制定对华政策的重要依据，也是今天我们需要加以鉴别和使用的珍贵史料。

一　俄国调查研究黑龙江地区的初始阶段

"黑龙江地区"这个历史地理概念在变化之中。本时期的"黑龙江地区"系指明末清初时期的中华疆域的东北角，包括整个黑龙江流域。

俄罗斯本是一个欧洲国家，与中国相距万里。但是，这个国家摆脱了蒙古的统治后，积极对外扩张疆土，速度惊人。1581年，俄罗斯人翻过乌拉尔山，60年后就到达太平洋沿岸，17世纪中期开始向中国境内渗透。

1643年，波雅尔科夫（又译为波雅科夫，本编下同）率领的殖民小分队翻过外兴安岭，侵入中国的黑龙江流域。随后，哈巴罗夫、斯捷潘诺夫等率领的殖民小分队接踵而至。俄罗斯殖民者在黑龙江地区进行非法的考察，抢劫、屠戮中国居民。中国政府派遣大军进行征讨，经过两次雅克萨战争，俄罗斯侵略者一部分被歼灭、一部分被驱逐出境。两国于1689年签订了《尼布楚条约》，划定了中俄两国的东段边界，终止了俄罗斯侵略者对我黑龙江地区的非法考察。

在这个时期，俄罗斯入侵者向其政府提供了关于黑龙江地区的考察报告，这些报告后来被收集在《历史文献补编》等历史文献中。

二　俄国为了割占中国黑龙江流域的领土进行的调查活动

1689年，中俄两国在尼布楚签订了《尼布楚条约》，庄严规定了中俄两国

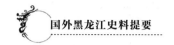

的东段边界。但是，俄罗斯并不甘心这一边界划定方案，一直图谋卷土重来。

1735年，院士米勒尔到了尼布楚一带活动，为做翻案文章搜集资料。1737年，他派出一个考察队潜入中国境内，到了精奇里江上游，然后到达雅克萨一带。他起草了《备忘录》，声称《尼布楚条约》是俄罗斯被迫签订的，主张俄罗斯重新占有黑龙江左岸。

到了19世纪，俄罗斯加紧了对黑龙江地区的秘密调查。例如：1803年8月中旬，克鲁逊什特恩考察库页岛和黑龙江口；1832年，拉狄仁斯基闯入黑龙江，直到雅克萨；1833年，植物学家图尔查尼诺夫也潜入雅克萨；1849年，涅维尔斯科伊考察黑龙江口，弄清了库页岛与大陆是分离的，是一个独立的海岛，黑龙江口可以通航。

穆拉维约夫担任东西伯利亚总督后，几次组织沿黑龙江的武装航行，完成了对黑龙江左岸的实际占领。此外，他还组织了对黑龙江的最大支流松花江的非法调查：1858年7月14日，穆拉维约夫乘"阿穆尔"号轮船沿松花江非法行驶20俄里，并遣3人乘一只小船前往三姓（今黑龙江省依兰县）贸易；1859年6月，切博塔廖夫率2人乘小船前往三姓贸易；1859年7～8月，马克西莫维奇等人乘两只船沿松花江上行，至接近三姓处折回。

俄罗斯以上的各种活动在以下著作中有详细的记载：《俄中两国外交文献汇编》《外贝加尔的哥萨克史纲》《穆拉维约夫传记》《俄国海军军官在俄国远东的功勋》。

三 1860～1890年俄国对中国东北境内的考察

俄罗斯通过1858年的《瑷珲条约》和1860年的《北京条约》占领了中国黑龙江以北、乌苏里江以东100多万平方公里的领土。俄罗斯并不因此而满足，在以后的几十年里大规模地考察中国的东北地区。

据阿努钦《满洲地理概述》一书的统计，本时期俄罗斯在东北地区进行的重要的陆路考察有14次之多，重要的水路考察有12次之多。例如，1870年，汉学家、修士大司祭巴拉第从北京经盛京、齐齐哈尔、墨尔根到瑷珲（巴拉第是一个超级间谍，他在北京搜集了重要情报，协助穆拉维约夫迫使中国签订了《瑷珲条约》）；1872年，布拉戈维申斯克和哈巴罗夫斯克的商业考察队乘"电报"号轮船至呼兰、伯都纳，并沿嫩江上驶到齐齐哈尔。

四　19世纪90年代俄国以修筑中东铁路为目的的地理、地质考察

中东铁路是沙皇俄国驱使中国劳工在中国境内建筑的铁路。俄国修筑此路的目的是在远东进行侵略扩张、争夺霸权，把中国东北变成其势力范围。

1891年6月，俄国开始修筑西伯利亚大铁路。俄国之所以决定让这条大铁路横穿中国东北、直抵符拉迪沃斯托克（海参崴），主要是为了把中国东北变成其势力范围。

1896年，清政府派李鸿章去俄国参加沙皇尼古拉二世的加冕典礼，并与俄国签订了《中俄御敌相互援助条约》即《中俄密约》。随后，两国代表又签订了《中俄合办东省铁路公司合同章程》，俄国取得了在中国境内修筑铁路的特权。

这个时期，俄罗斯进行的重要考察是，1895年9～10月，以工程师斯维亚金和安德里阿诺夫为首的两支勘察队对西伯利亚大铁路预定通过中国东北的线路进行勘察。

五　中东铁路建成后俄国对黑龙江地区的调查与研究

19世纪末20世纪初，伴随着中东铁路的修筑和通车，俄罗斯人大量进入黑龙江地区，中东铁路沿线实际上成了俄罗斯的殖民地。俄罗斯殖民当局为了攫取中国利权、掠夺中国资源，在以哈尔滨为中心的中东铁路沿线设立了众多的学校、科研机构，成立了学术团体，创办学术刊物，如：满洲俄国东方学家学会于1908年6月成立于哈尔滨，其刊物为《亚细亚时报》；中东铁路经济调查局编辑、发行专刊《东省杂志》（1925～1934）、附刊《经济周刊》（后为《经济月刊》）。

上述俄国殖民者的学术团体、学者群体对黑龙江地区进行了大规模的调查研究。虽然十月革命终结了沙皇俄国，但是上述俄国团体、俄国学者对黑龙江地区的调查研究在十月革命后仍然继续其科学活动。在30年左右的时间内，上述考察活动、学术研究产生了一大批高质量的学术报告、学术著作，如《北满农业》《北满与中东铁路》《远东矿业》《呼伦贝尔》《北满煤矿》《北满粮食贸易》《东省林业》等。

六　1931～1945年俄罗斯侨民的学术活动

1931年9月，日本发动了“九·一八”事变，次年占领了东北全境，接

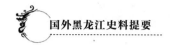

着建立了伪满洲国。1935年，苏联单方面把中东铁路出售给日本，其势力完全退出东北。

在14年沦陷时期，黑龙江地区的俄罗斯人大量外迁，留下的俄罗斯人的学术活动受到日本殖民当局的压制，研究成果大大减少，比较有价值的著作有《大满洲帝国十周年纪念文集》等。

七 1945年至20世纪60年代初苏联对黑龙江地区的调查研究

这个时期，黑龙江地区处于中苏友好的热烈气氛中。苏联出版的关于黑龙江地区的著作不多，比较有价值的有 B. A. 阿努钦的《满洲地理概述》和 П. И. 格卢沙科夫的《满洲经济地理概述》。

20世纪50年代，中苏两国曾共同调查过黑龙江的水力资源，拟建水坝发电，但未能实施。

八 对抗时期苏联对黑龙江地区的研究（20世纪60年代初至1991年）

为了配合中苏谈判，为了与中国论战，苏联学术界出版了一大批关于中俄东段边界形成史的学术成果，如米亚斯尼科夫院士等主编的《十七世纪俄中关系》《十八世纪俄中关系》《十九世纪俄中关系》，苏联科学院远东分院历史·考古·民族研究所集体撰写的多卷本《17～20世纪中国东北史》。

关于苏联红军出兵中国东北、在黑龙江地区的战斗情形，重要的著作有 М. В. 扎哈罗夫主编的《结局》、А. П. 别洛鲍罗多夫的《突向哈尔滨》、Л. Н. 弗诺特钦科的《远东的胜利》。

九 苏联解体后俄罗斯对黑龙江地区的研究（1991年至今）

苏联解体后，俄罗斯继续了苏联时期的学术研究。本时期，俄罗斯学者加大了对黑龙江地区俄侨的研究，产生了一大批成果，如 A. A. 希萨穆季诺夫的《中国的俄侨：百科辞典（初稿）》。

领土问题、边界问题仍然是俄罗斯学术界关注的目标，重要的著作有米亚斯尼科夫主编的《中国边界形成史》。

几个世纪以来，俄罗斯调查、研究中国的黑龙江地区，取得丰富的研究成果；这些成果固然反映了俄罗斯殖民主义的立场，为俄国政府制定对华政策提供了依据，流露出对中国、中国人的偏见甚至是污蔑，但是也应该看到，这些成果包含了大量珍贵的史料，我们有必要对之进行科学的、理性的鉴别，充分地利用。

本编的部分著作已经翻译成中文出版。这些著作的译者都是精通俄语、通晓中俄关系史的专家，他们在"译者的话""译者前言""译者序"中对原著进行了精彩的评介。我们在撰写这些条目时吸纳了他们的成果，在此向他们深表谢意。本编的部分插图与部分作者生平采自俄罗斯网站 https：//yandex.ru/，在此向相关的俄罗斯专家致谢。

第一章　成书于 19 世纪有关
黑龙江的史料

第一节　《历史文献补编——17 世纪
中俄关系文件选译》

编者为俄国古文献研究委员会的学者群体，姓名不详。

一　主要内容

《历史文献补编》系俄国古文献研究委员会搜集、出版的关于俄国史的文件集，共 12 卷，于 1846～1875 年在圣彼得堡出版。

黑龙江省社会科学院历史研究所的学者郝建恒、侯育成、陈本栽从《历史文献补编》中选译了有关早期中俄关系史的 76 件文献，徐昌翰、宋嗣喜、姜延祚参加初稿的一校、二校，全部译稿由郝建恒先生总校、定稿。《历史文献补编》原文为古俄文。书中有些人名、地名等专有名词不统一，中国译校者在译校过程中对原文进行了校勘、考证工作，并做了必要的注释。译稿约 30 万字，以《历史文献补编——17 世纪中俄关系文件选译》为名，于 1989 年由商务印书馆出版，共 400 页。

《历史文献补编》中与黑龙江地区历史相关的史料主要有以下五个方面。

（一）关于早期沙皇俄国殖民主义分子波雅尔科夫、哈巴罗夫、斯捷潘诺夫、切尔尼戈夫斯基等对黑龙江地区的侵略

《历史文献补编》第 3 卷第 12 号文件详细记载了波雅尔科夫率领殖民主义小分队侵入中国黑龙江（俄称阿穆尔）地区的过程。他是第一个侵入中国领土的俄罗斯人。在他之前，俄罗斯曾几次尝试寻找中国黑龙江流域，都没有

成功。

1643 年夏天，瓦西里·波雅尔科夫殖民小分队从雅库次克（又译为雅库茨克，本编下同）出发，沿阿尔丹河上行。11 月，翻过外兴安岭，闯入中国的精奇里江（黑龙江支流）流域。

一路上，瓦西里·波雅尔科夫抓捕当地的少数民族头人为人质，然后向其族人强征貂皮作为所谓实物税。特别野蛮残暴的是，波雅尔科夫命令部下吃当地居民的尸体。他的部下如此指控他：他平白无故地殴打部下，抢夺他们的粮食，把他们赶出城堡，命令他们去吃被他们打死的达斡尔人尸体。他说："谁不想在城堡里坐待饿死，可以到草地上去找被打死的异族人，随意去吃。"这个殖民小分队一共吃了 50 多具尸体，其中既有他们杀害的达斡尔人，也有被达斡尔人打死的俄罗斯军人。中国当地居民称这些俄罗斯侵略者为可恶的吃人恶魔，不许他们上岸。

波雅尔科夫小分队沿精奇里江进入黑龙江，然后沿黑龙江而下，再经鄂霍次克海，回到雅库次克，献上他绘制的入侵黑龙江流域的线路图、3 个被绑架的少数民族头人和抢劫而来的貂皮，作为他到过黑龙江流域的凭证。

回到雅库茨克后，波雅尔科夫报告了上司，狂妄地认为，只要俄国政府出兵 300 余人，就可以占领黑龙江两岸，使那里的中国少数民族"归附沙皇崇高统治之下，使之永世为奴"。他还提出占领这片土地的具体方式——修筑城堡：在西林穆迪河河口的达斡尔头人多西的驻地建一城堡，驻扎 50 人；在结雅河畔的达斡尔头人巴尔达齐的驻地建一城堡，驻扎 50 人；再在久切尔的家园建一城堡，驻扎 50 人。他声称：占领这片土地"于君主将大有裨益，因为在这些土地上人烟稠密，有粮有貂，各种兽类极多，盛产粮食，河里鱼类成群。皇家军役人在那里将无缺粮之虞"。

波雅尔科夫成功地探明了富饶的黑龙江地区，为沙皇政府侵占这片中国领土做了最初的准备。

（二）叶罗菲·哈巴罗夫的罪行

叶罗菲·哈巴罗夫被俄罗斯人誉为"新土地发现者"和民族英雄，远东最大城市哈巴罗夫斯克就是以他的名字命名的。

《历史文献补编》第 3 卷第 102 号文件记载了哈巴罗夫在黑龙江畔杀人放火的罪行，罪行中之最者是他指挥进行的一次大屠杀。苏联方面曾小心翼翼地掩饰这一罪行，苏联院士齐赫文斯基在将记载这一惨案的文件收入他主编的

历史文件集时，有意地删去了以下血腥的一段。

哈巴罗夫殖民小分队的这一大屠杀是在当今黑龙江省呼玛县境内进行的。侵略者要求达斡尔人归顺沙皇，达斡尔人拒绝，声称自己是中国皇帝的臣民。

……桂古达尔回答说：我们向博格达皇帝沙姆沙汗纳贡，你们来向我们要什么实物税？等我们把最后一个孩子扔掉以后，再给你们纳税吧！我们祈求上帝眷佑，为报效君主，为君主效命，乃列开阵势作战。我们加固了大炮阵地，开始向该城下侧的塔楼猛烈轰击，同时还用小型武器：无来复线的火枪和火绳枪向城里射击。达斡尔人从城头向我们射箭。乱箭从城里纷纷向我们飞来。达斡尔人从城头射向我们的箭落在田野里，宛如田地里长满了庄稼。我们同达斡尔人打了一整夜，一直打到日出，最后，终于轰开了塔楼旁的城墙。我们全身披挂的战士以及其他用盾牌掩护的军役人员夺墙入城，托君主洪福攻克了下城。达斡尔人都集合到另两座城里，我们军役人员向这两座城寨的达斡尔人射击了半天。所有盛怒的达斡尔人都集合到一座城里。我们用各种大小武器向他们不停射击。在几次进攻中，共打死 214 名达斡尔人。盛怒的达斡尔人敌不住我君主的威力和我们的武器，约有 15 名达斡尔人不顾一切地跑出该城。跑出城的只有这些人，其余被阻困在城里的所有达斡尔人则从四面八方被挤压到一座城里。我们哥萨克同达斡尔人进行了白刃战；蒙上帝保佑，托君主洪福，我们将达斡尔人"一个一个地"砍死了。在白刃战中，共打死 427 名达斡尔大人和孩子。在袭击中、在进攻中以及在白刃战中，总共打死 661 名达斡尔大人和孩子。我们被达斡尔人打死的哥萨克只有 4 名，在城旁受伤的共 45 人。受伤的哥萨克现都已康复。托君主洪福，该城终于被攻克，虏获了牲畜和俘虏。被擒获的俘虏人数，计有年老和年轻的妇女以及少女共 243 人，小俘虏，计有儿童 118 人。我们还虏获了达斡尔人的马匹，大小共计 237 匹。此外，还虏获了 113 头牛羊……

（三）雅克萨战争是早期中俄关系中的重大事件，《历史文献补编》中收录了关于这一战争的丰富文献

第 10 卷第 67 号文件提供了以下系列文档。

（1）"关于中国人攻克阿尔巴津的简讯"。

　　内称：中国军队开抵阿尔巴津（雅克萨）城下，并攻陷该堡。俄国守将阿列克谢·拉里奥诺维奇·托尔布津率阿尔巴津军役人员及各类人员 7 月 10 日到达涅尔琴斯克堡（尼布楚）。中国军队未允许他们带走大炮和人质，并且，中国军队乘坐木船、携带大炮和各种进攻火器追踪至额尔古纳村。

（2）"涅尔琴斯克督军伊万·弗拉索夫就中国人攻陷阿尔巴津以后的形势及其在阿穆尔河畔修筑新城堡所采取的措施等情呈叶尼塞斯克督军康斯坦丁·谢尔巴托夫公爵的报告"。

（3）"阿尔巴津督军阿列克谢·托尔布津就阿尔巴津被中国人包围并请求派兵及运送军需品增援事，呈涅尔琴斯克督军伊万·弗拉索夫的报告"。

（4）"涅尔琴斯克督军伊万·弗拉索夫致阿尔巴津督军阿列克谢·托尔布津的公函，要他照旧管理阿尔巴津堡；并通知他，费奥多尔·戈洛文奉命率兵自莫斯科前来达斡尔地方，书吏尼基福尔·维纽科夫奉派出使中国"。

（5）"涅尔琴斯克督军伊万·弗拉索夫 1685 年 6 月至 1686 年 7 月 26 日期间在达斡尔发生的事件及重建被中国人摧毁的阿尔巴津事，致御前侍臣、督军费奥多尔·戈洛文的公函"。

（6）"从中国回来的两名被俘哥萨克在雅库茨克官署的答问词"。

（7）"中国将军就俄国人对中国人的敌对行动事致乌第堡总管安德烈·阿莫索夫书"。

（8）"乌丁斯克堡安德烈·雅科夫列夫和叶梅利扬·帕尼卡季利尼科夫函告色楞格斯克总管，从各方人士所获如下消息：阿尔巴津已被中国人包围，督军阿列克谢·托尔布津在围困期间死于非命"。

《历史文献补编》第 12 卷第 12 号文件的 5 份文稿详细地记载了中国军队围困和攻占阿尔巴津（雅克萨）的情况：

（1）"阿列克谢·托尔布津就中国人从阿尔巴津附近掠走马群和中国人即将攻打阿尔巴津等事呈叶尼塞斯克督军康斯坦丁·谢尔巴托夫的报告"。

（2）"涅尔琴斯克堡督军伊万·弗拉索夫就中国军围困阿尔巴津、阿列克谢·托尔布津求援、阿法纳西·别伊顿所率部队尚未从叶尼塞斯克抵达涅尔琴斯克等事，呈康斯坦丁·谢尔巴托夫公爵的报告"。

（3）"伊万·弗拉索夫就从涅尔琴斯克派遣阿尔巴津哥萨克安齐费尔·康德拉季耶夫率领 119 人，携带 2 门大炮和阿法纳西·别伊顿带领叶尼塞斯克军役人员 27 人增援被中国军队困于阿尔巴津的阿列克谢·托尔布津等事呈叶尼塞斯克谢尔巴托夫公爵的报告"。

（4）"阿尔巴津堡督军阿列克谢·托尔布津就中国军队攻占并烧毁阿尔巴津、劫掠居民和军役人员的财物、招抚他们归顺中国博格达汗、后又应他们所请将其放归西伯利亚其它城堡和途中艰苦万状等情呈叶尼塞斯克督军康斯坦丁·谢尔巴托夫公爵的报告"。

（5）"涅尔琴斯克督军伊万·弗拉索夫就中国人的消息和重建阿尔巴津堡的措施事呈叶尼塞斯克堡督军谢尔巴托夫公爵的报告"。

（四）关于《尼布楚条约》

比较重要的文件是俄罗斯谈判代表戈洛文在签约后致乌第堡官员的公文，从中可以看到俄罗斯方面对这一条约是非常满意的。这足以证明后来俄罗斯、苏联学术界所谓《尼布楚条约》是不平等条约之荒谬。"双方均不得在阿尔巴津地方保留任何居民点"这一句在中苏对抗时期被俄罗斯学者解读为：虽然签订了《尼布楚条约》，但是中国对黑龙江流域没有完整的主权。中国历史文献并没有"双方均不得在阿尔巴津地方保留任何居民点"的相应记载。看来，这是戈洛文对《尼布楚条约》的蓄意歪曲。

御前大臣、督军费奥多尔·戈洛文就与中国人签订永久和约
及划定俄中疆界事致雅库茨克督军彼得·季诺维耶夫书

费奥多尔·戈洛文等顿首谨致书于彼得·彼得罗维奇大人。遵照大俄罗斯、小俄罗斯、白俄罗斯一统专制君主、沙皇、大公约翰·阿列克谢耶维奇、彼得·阿列克谢耶维奇陛下的谕旨，按照国家外交事务衙门颁给我的文书、规定和训令，我受命前往中国边境与中国钦差大臣举行使节会晤，以消除此前的纷争，划定疆界，永修和好。遵照大君主谕旨，我们与中国博格达汗殿下钦差大臣在涅尔琴斯克（尼布楚——引者）附近举行了谈判。赖全能上帝的保佑和基督的庇护者、至高无上圣母的庇佑，并托大君主陛下的洪福，经多次艰苦谈判，已与中国使臣签订了永久和约，划定了边界，在条约文本上签字盖章后，交换了条约文本。在沙皇陛下与博

格达汗殿下关于划定边界的条约文本中规定：将向下流入石勒喀河左岸之格尔必齐河定为两国之边界。自此河源之石头山起，顺该山之岭脊直至于海：凡山南流入阿穆尔河之大小河流，均属大清国；山北所有河流，均属沙皇陛下之俄罗斯国。俄国所属雅库茨克县境内切日河（乌第河——引者）和界山之间所有入海河流及其间一切土地，因我等未奉划分此等土地之大君主谕旨，不敢擅自划分，暂行存放。切日河右岸至上述山岭之间悬而未决之土地，俟适当时机，大君主和博格达汗殿下愿意划分之时，或遣使臣，或行文书，再行议定。根据条约，石勒喀河右岸，自流入阿穆尔河之额尔古纳河河口至河源定为边界。双方均不得在阿尔巴津地方保留任何居民点。禁止雅库茨克堡及雅库茨克堡所辖其它城堡之猎人、军役人员和异族人越境打猎，制造争端，以免因此而破坏协议和永久和好。大人，接获大君主关于此事之政旨后，仰即遵照执行。此事我等已奏明大君主。

　　采自《雅库茨克档案抄件》手稿，第 3 卷，第 338 张。该手稿藏于帝国科学院

（五）关于早期中俄边境贸易

《历史文献补编》第 12 卷，第 92 号文件。

从这份文件可以知晓《尼布楚条约》签订后俄罗斯对中俄边境贸易的重视，派往中国的商队的巨大规模，中国地方政府的友善接待，以及俄罗斯方面对商人的具体要求。

这份文件是给涅尔琴斯克哥萨克十人长阿列克谢·库兹涅佐夫的训令，命令他前往中国边城墨尔根（嫩江），向中国官方通报：皇商斯皮里顿·良古索夫等携带皇家貂皮等货物前往中国墨尔根交易，购买和换取皇库所需之各种中国货物，请中国方面予以协助。

关于雅克萨战争之前的中俄边境贸易，《历史文献补编》第 6 卷第 132 号文件（"叶尼塞斯克督军米哈伊尔·普里克隆斯基，就以貂皮换取中国丝绸、土布，并将这些东西和蒙古呼图克图所赠绸缎、银器等运往莫斯科事，致托博尔斯克督军彼得·萨尔特科夫的公函"）提供了相关信息。

二　学术评价

《历史文献补编》约收入珍贵文献 1800 多件，它们来自俄罗斯中央档案

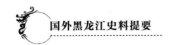

馆、地方档案馆、图书馆、私人藏书，内容涵盖 12～17 世纪俄罗斯经济、政治、宗教、军事、外交、贸易等方面。较之 1841～1843 年出版的 5 卷集《历史文献》，其卷帙更多，内容更为广泛。对于俄国史、中俄关系史研究，这是一部极其重要的文献资料汇编。

第二节 《俄中两国外交文献汇编 (1619～1792 年)》

一 作者简介

尼古拉·尼古拉耶维奇·班蒂什 - 卡缅斯基（1737～1814），杰出的俄罗斯历史学家，曾在基辅神学院、莫斯科神学院、莫斯科大学学习。1762 年从莫斯科大学毕业，进入俄国外务委员会档案馆工作，直到逝世。他对该档案馆

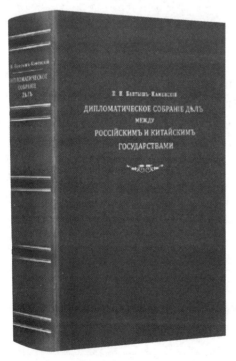

收藏的外交文献进行了研究和整理，在此基础上编写了数十部俄国古文献方面的著作和外交档案资料汇编。在从事档案工作的同时，他还涉足教育事业，他编写的《拉丁文文法》是当时俄国学生学习拉丁文的最好指南。其勤奋、多产和功勋得到后人的高度评价。

二 主要内容

《俄中两国外交文献汇编（1619～1792 年）》，1882 年在喀山的帝国大学印刷所刊印。1982 年中国人民大学俄语教研室翻译，在商务印书馆出版。

《俄中两国外交文献汇编（1619～1792 年)）》系为纪念俄国"开拓"西伯利亚 300 年出版，内附出版者 B. M. 弗洛林斯基的补充材料。此书囊括了 17、18 两个世纪有关俄中两国的重要资

料，内容大致有以下方面：俄国对中国的认知过程，俄国各次赴华使节的介绍，下达给使节的训令，使节出使中国后的报告，给赴华商队的训令，俄国传道团来华的前后经过，中俄《尼布楚条约》、中俄《布连斯奇条约》的签订情况，谈判使臣的出使报告，等等。

《俄中两国外交文献汇编（1619～1792 年）》的内容极其丰富，特别值得关注的是三份文件。

（一）《弗拉季斯拉维奇伯爵关于同中国人开战的两点意见》

萨瓦是俄罗斯 18 世纪的杰出外交官，曾出使中国，与中国谈判签订了《布连斯奇界约》《阿巴哈伊图界约》《色楞额界约》《恰克图条约》，重申了中俄《尼布楚条约》关于乌第河与外兴安岭之间地区暂行存放的规定，划定了中俄中段边界。

萨瓦在中国期间进行了积极的情报活动，返回俄国后于 1731 年在莫斯科献给安娜女皇《关于中国的实力和情况的秘密报告》一书，其中有这份文稿。

第一，不要在做好极其充分的准备之前因小事而与中国及其属民打仗，以免开支过大和使西伯利亚边民非常需要的贸易遭到中断。

萨瓦认为，发动对华战争，俄罗斯有一定的胜利的把握："俄罗斯帝国不进一步查明情况和做好极其充分的准备就为某一原因而用中常的军事力量同中华帝国及其属民开战，也许能不费多大气力在几年之内就能扫平阿穆尔河以西的地方以及建立在阿穆尔河西岸的所有中国堡垒，夺回在缔结涅尔琴斯克和约时所让出的全部土地。但是，倘若真能将阿穆尔河从中国的管辖下解放出来，则对于未来和今后获取巨大成就来说，这一边界将是极其理想和有益的。"但是，萨瓦认为，要做到这一点绝非易事。首先，进行这样的远征至少要装备十个正规团和同样数量的非正规团，因为中国和蒙古会将其所有的兵力都动员起来进行抵抗；其次，俄国承担不起这笔巨大的军费，"这样的远征所要耗费的开支甚至在一百年内也无法弥补，而且为了牢固地占领该地，还要以装备和粮食来供应被我军占领的、可能成为我军最强大的卫戍据点的各个堡垒"。再次，战争将导致和平局面被破坏，对俄罗斯极其重要的对华贸易也势必要中断。中国则因为俄罗斯的进攻"势必会处于战斗状态并由此而更加尚武"。因此，萨瓦认为："我的意见是，绝对不要因一件小事就与中国人开战，而应尽可能与他们友好相处，维护和平，努力增加边境贸易，同时也不中断今后前往北京的商队，以及按条约规定维护其他一切事宜。至于那些极其微不足道的小

事，虽然不值得重视，但也必须防止由此而酿成大的争端和敌对行动。"

第二，和平时期应该如何在边境筹备和增加人员、现金、军粮、枪炮其他军需品以供将来之用，以及届时用什么方式向中国宣战为宜。

萨瓦认为，如果存在这样的有利条件——俄罗斯帝国能和欧洲诸邻国保持长期和平，国库除支出外尚能积累几百万卢布，那么俄国就可以发动占领全中国的战争了：俄国"应根据坚定不移的愿望和意图，在对所有的问题和敌情，以及由此可能产生的后果进行分析研究之后，即应通过战争来使占领中国这个世界上最为富有、各种物产都比亚洲其他国家和欧洲国家要丰富得多的国家的意图付之实现"。萨瓦认为，占领这个东方大国"并不十分困难"，原因是：一方面，虽然中国人对战争也做了最充分的准备，而且人口众多，但是他们不擅长军事，不勇敢；另一方面，中国存在尖锐的民族矛盾，作为统治者的满族人尚不满四百万，而汉族人将近两亿。汉族人极其痛恨满族人的残酷统治，如果他们听到在边界出现了强大的敌人，或者中国军队仅仅吃了一次败仗，那么就会发动起义，这样中国就会爆发内战，满族人就不得不分散自己的兵力，一部分用来对汉族人作战，一部分驻防各个要塞，最后一部分则开赴战场以对付俄国军队。

萨瓦的这一报告反映了俄国在针对瑞典人的北方战争胜利后企图用战争解决中俄关系遗留问题的勃勃野心；同时，萨瓦作为到过中国的俄国使臣，既了解中国的弱点，又对中国的国力有所忌惮，所以在报告中表达了对中国的强烈敌意和征服欲望之后，主张俄国不可轻举妄动，而要维护边境上的和平，发展对俄罗斯大有利益的对华贸易。

（二）《米勒于1763年所写的关于对华作战的意见》

米勒是俄国科学院院士。他是《尼布楚条约》的否定者和"收复阿穆尔河"的积极鼓吹者。他在萨瓦的对华战争设想出笼30年后再一次提出了这个设想。和萨瓦相比，他对这场战争的思考更加细致具体，而且他对战争的"正当性"和胜利结局比萨瓦更加肯定。他在这个报告的开头写道："如果俄国方面因备受中国人的欺凌，不堪忍受，而意欲发动战争以图报仇雪恨，那么，不应有丝毫怀疑的是，我方一定能在战争中获得预期的胜利，只是必须在事前及时做好一切必要的准备，使今后所采取的这一军事行动不至于给俄国属民而是给敌人带来更多的负担。"

这是一份周密详尽的可行性报告，分为四个部分。

1. 俄国发动对华战争有何正当理由

阿穆尔河流域是俄罗斯人的，可是被中国抢占了。在《尼布楚条约》谈判过程中，中国以 3 万军队进行武力威胁，俄国使臣不得不让步。而在这个条约签订后，中国继续对俄国施加欺凌和蔑视。

2. 为了进行战争，采取哪些方法、进行哪些准备最为有益

共 16 个要点。例如，移民到边境地带的额尔齐斯河、额尔古纳河河畔，那里需要由俄国人占据，并种粮；由于西伯利亚的农业不能提供大批俄国军队所需要的军粮，所以必须在西伯利亚诸城市和临近中国的尼布楚建立 10 个粮库；采取对土耳其战争期间实行的军粮征收方法；在全国范围内征收粮食；鼓励西伯利亚居民种植大麦和燕麦；向中国进军时，在适宜的地方建立干草仓库；解决盐的问题；解决军服问题；为军队建立皮革厂；鼓动边境地带的蒙古王公贵族投向俄国一边，方法是向他们散发公开信，信中"不得流露出俄方有任何扩张领土和接纳蒙古人加入俄国国籍的意图，而使人看起来其唯一目的是为了保护他们不受中国人暴力的侵害，并且为共同遭受那个狂妄自大、权欲熏心的民族的欺凌报仇雪恨"（如果蒙古人受到这些信函的影响分裂成苦干派别，则只要其中一部分投向俄国，其他蒙古人也会跟着这样做）；在尼布楚造船，继续这一战备工作。

3. 根据当地情况如何行动比较合适和有效

共 24 个要点。例如，发动进攻的出发地首先是尼布楚，因为这里关系到中国的痛痒；致蒙古人、满族人的公开信应该在俄国军队发起进攻后再散发，进攻分为水路（沿黑龙江顺流而下）和陆路（横渡额尔古纳河）。告诉各少数民族：待在家里，俄国人会善待之；如若不然，将受严惩。

在尼布楚集结的部队可由 10 个正规团和两个哥萨克团组成，另外包括一些通古斯人。这支部队开始时兵分两路，一路乘船顺黑龙江而下，夷平沿途的中国村庄，攻占中国的坚固城池瑷珲城，并摧毁之。继续顺阿穆尔河而下直达松花江（满语称作松阿哩乌拉）江口，同样将沿途的所有村庄予以摧毁。

4. 从这次战争中可能得到什么好处

米勒的这个战争构想虽然在当时未能付诸实施，然而在 90 年后的 19 世纪中期、在 130 多年后的 1900 年庚子俄乱之时，沙皇俄国的进军路线、作战方式在很多方面与米勒的计划非常吻合。

每个中国读者读了米勒的这份详细的对华战争可行性报告都会受到震

动，感到毛骨悚然。它出笼的时候正是中国的"康乾盛世"，中国举国上下对我们这个邻国的情况一无所知，对它怀有的满腔仇恨、图谋不轨同样一概不知。别人在磨刀霍霍，中国却在昏睡，这沉痛的历史教训当今的中国人一定要记取。

（三）出版者 B. M. 弗洛林斯基为这部著作写了详细的《补注》，其中《关于俄中两国现有边界的意见》值得重视，因为他表达了他对中俄关系史的观点和割占中国领土的设想

弗洛林斯基是个典型的扩张主义者，他为沙皇俄国的侵略扩张、割占他国领土制造理论。了解其理论，对于饱受沙俄割占领土的中国有重要的意义。

在这份文件中，他从俄国国土的扩大过程说明领土扩张对俄罗斯的历史意义，阐述领土对于一个国家特别是俄国这样的大国的意义。

他认为，俄国扩张的方向是东方："在西面和北面，我国的边界不用说是受到海洋这种地理环境的限制。在西南面，我国疆界则同人烟稠密的文明地区相毗邻，要把这些地区并入版图作为"备用领土"，即挤走或同化这些地区的居民，这是毫无可能的事。在这种条件下，唯一的出路就在于东面。

弗洛林斯基的言论很好地证明了苏联外交部长莫洛托夫的话："扩张领土，是我们的传统。"弗洛林斯基的言论对我们了解俄罗斯性格、俄罗斯历史、俄罗斯人的行为方式非常有价值。

三 学术评价

《俄中两国外交文献汇编（1619～1792 年）》在 1776～1792 年间完成，汇聚了大量的原始档案资料，有巨大的学术价值，一直被俄国、苏联以及当今俄罗斯的历史学家们高度重视，许多研究中俄关系的历史学家引以为据。这部著作对我们研究早期中俄关系、沙俄侵华史有重要的价值，不过我们应该注意的是：作者是站在沙皇俄国侵略扩张的角度看待中俄关系的。

1803 年，尼古拉·班蒂什－卡缅斯基将这部著作呈献给沙皇。他写道：

最仁慈的君主：

从前，虽有许多旅行家描述过奇异的中国，但他们当中没有一个人曾经言及俄罗斯帝国和这一邻邦之间以往的关系，甚至片言只语都没有。然而又有谁能知晓这种关系呢？因为与之有关的文件一直都被深藏在国家外

务委员会的档案库里。

臣既有幸担任这些珍贵文件的保管之职，因此能将俄中两国在整整两个世纪期间互派使节以及互通信函的所有资料简辑成册，克尽臣职，深感欣悦。本书内容，人所罕见，故有可能既重要，而又饶有兴味。

最仁慈的君主，谨将这部著作恭呈陛下御览，伏乞圣鉴。

沙皇亚历山大一世赏赐给班蒂什－卡缅斯基一枚钻石戒指，1821 年恩准用官费出版这部著作。但是，出版之事竟然搁置了好多年。

1882 年，弗洛林斯基将之出版，用以纪念开拓西伯利亚 300 周年。他的目的是非常实用主义的："班蒂什－卡缅斯基的这一著作，对一般研究俄国历史当然仍不失其价值，而对研究西伯利亚的历史则尤为重要。中国和西伯利亚疆土毗连，有着漫长的陆上边界，因而使它们相互发生紧密的联系。从这一点来说，西伯利亚往后还有许多问题和任务要由我们的子孙后代运用劳动和智慧到邻邦中国去解决。整个西伯利亚的生活重心很快就会移向这里，移向这些南部边界。中国对俄国的意义，早在我们和这个幅员辽阔的国家开始接触时就已为人们所正确理解。俄国的外交目的，从一开始就是尽可能地接近这个亚洲邻邦，并同它划定比较有利的边界和建立活跃的贸易关系。两个多世纪以来，我们始终不渝地力求达到这一目的，尽管在各个时期所取得的成就不一样，但后来毕竟完全实现了。""我们有责任不仅为了单纯求知和了解历史真相，而且为了追求有现实意义的目的，要充分注意研究我们同中国以往的关系。从以往的关系中还可以吸取许多有教益的东西，作为我们今后同中国交往的借鉴。"

对今天的中国人来说，班蒂什－卡缅斯基的这部历史著作具有同样的意义。

第三节　《外贝加尔边区纪行》

一　作者简介

作者瓦西里·帕尔申，俄国作家，1805 年生于伊尔库茨克（又译为伊尔库次克，本编下同）的哥萨克家庭。曾在伊尔库茨克哥萨克团服役，并晋升为中士；曾在行政部门、法院工作；曾在雅库特地区、外贝加尔当教师。在外贝加尔生活、工作了 5 年。1849 年 4 月退休，7 月前往莫斯科。1852 年担任学校的督察，次年离职。大约死于 19 世纪 50 年代末或 19 世纪 60 年代初。

二 主要内容

此书于 1840 年完稿于尼布楚，1844 年出版于莫斯科。北京第二外国语学院俄语编译组翻译，商务印书馆 1976 年出版。

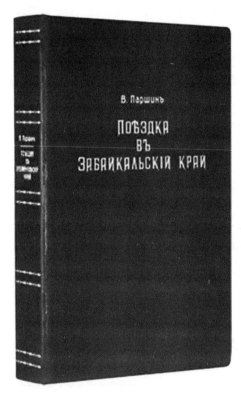

全书分三部分。

（1）作者于 1835～1840 年自贝加尔湖途经恰克图、赤塔至尼布楚一路上的见闻。

（2）阿尔巴津城堡的历史。作者主要根据俄国历史学家米勒于 18 世纪三四十年代遵照沙俄政府的指示考察西伯利亚后发表的论文抄本，以及当地的传说，简要地叙述了波雅科夫、哈巴罗夫等殖民小分队 17 世纪中叶入侵我国黑龙江流域的活动，以及中俄《尼布楚条约》的签订情况。

（3）附录，有关的官方文件 35 件。

本书的第二部分"阿尔巴津城史"对于研究早期黑龙江地区的中俄关系史非常有价值。

作者说："本篇取材于米勒先生的著作，并根据保留至今的传说作了一些补充，此外，还附有若干官方文件。这些文件详细描述了阿尔巴津城的历史以及 1654～1687 年，即与中国人于涅尔琴斯克城签订和好通商条约前俄国人在阿穆尔河地区的事迹。"

关于阿尔巴津城的历史，瓦西里·帕尔申是从米勒在 1754～1755 年发表在期刊上的论文抄本中获得有关资料的。他在西伯利亚偶然发现这个抄本，然后将之与原本和菲舍尔所著《西伯利亚史》一书加以核对。他在引述时虽然改变了原作的文体，但极其严格地保持了历史的真实性。

瓦西里·帕尔申在正文后附加了他发现的稿卷的抄本。这个抄本"可以证实关于俄罗斯人在阿穆尔河创业的传说，同时也是饶有兴味的古代文件"。这些历史文件共 35 件，作者将之命名为《关于阿尔巴津城历史的苦干文件》，对于研究俄国殖民者侵略黑龙江流域、中俄雅克萨战争是珍贵的第一手资料。作者如此评价这些抄本：

> 这里所附录的都是官方文件的抄本，从中可以极清楚地看到阿穆尔河地区所发生的一些事件的有趣细节。这些文件抄本不仅清晰地记述了事件，而且反映了当时地方当局之间的关系，他们所施展的伎俩，他们对那个时代的认识以及军政长官们在职务上的部分过错。这些在米勒先生的著作中是看不到的。

同时，瓦西里·帕尔申还搜集一些地方上的传说，与上述文献形成互证。

瓦西里·帕尔申自己的叙述也是自相矛盾的。一方面，他要说明俄国卷土重来占领黑龙江流域的合理性、正当性；另一方面，他在叙述中又以大量的历史事实（哈巴罗夫、斯捷潘诺夫殖民小分队在黑龙江流域进行的绑架、勒索、杀戮，中国居民的反抗，中国军队的清剿）说明中国已经对这个地区进行了有效的行政管理，这意味着俄国人来到黑龙江流域就是对中国的侵犯。作者甚至写道：《尼布楚条约》是"第一个俄中和好通商条约"。他在著作中提供了这一史实：俄罗斯方面在《尼布楚条约》签订后的一段时间里严格遵守这个条约。当时有几个哥萨克沿石勒喀河往下游去，想去雅克萨取回埋藏的物品，遭到尼布楚行政长官的严厉处罚：主谋被绞死，其他人被绑在木凳上鞭打并在尼布楚城一边遭鞭打一边游街。这一史实说明：俄国当时满意这个条约，并敬畏中国。至于俄国或明或暗地越界侦察中国一侧，那是后来俄国实力增强、野心膨胀之后的行为。

作者对哈巴罗夫对达斡尔和平居民进行的残暴大屠杀提供了另一个版本（请参见条目《十七世纪俄中关系》）——

> 于是，俄国人的进攻开始了。胜利显然是在哥萨克方面，因为他们使用的是打得很准的火力武器，他们所带的三门炮经一夜的轰击，在一个塔楼底下打开了一个豁口，日出时他们就由这个豁口冲进了要塞。达斡尔人

躲进了另两座要塞。中午，另一座城堡又被占领，但躲进最后一座城堡里的达斡尔人仍不肯投降，拼死地进行自卫。在前两座要塞里发现进攻时被打死的敌人有二百一十四名，在第三座要塞里发现被打死的有二百二十七名。俄国人方面被打死四人，轻伤四十五人。

可怜的达斡尔人不幸的顽强精神似乎是难以理解的。可以认为，他们当时确信，如果投降落入敌人手中，肯定只有死亡。

占领要塞以后，在暗道里找到妇女二百四十三名，儿童一百一十八名，马二百三十七匹，牛羊一百一十三头。

除了叙述哥萨克的屠戮暴行，作者还提供了一个历史细节："俄国人问被俘的达斡尔人，为什么他们那里有中国人？他们回答说：这些中国人是中国皇帝派来征收实物税的，经常有五十人轮班驻在他们那里，这些中国人除征收实物税外，还和达斡尔人进行少量贸易。"

马克思指出："捐税体现着表现在经济上的国家存在。"[1] 达斡尔人关于中国皇帝向他们征收实物税的叙述清楚地说明：黑龙江流域确凿无疑是中国的领土。根本不像俄国、苏联的历史学家所说的那样：黑龙江流域从来"不属于中国"，黑龙江流域是他们"发现""开发"的"无主土地"。事实上，在他们到来之前、"发现"之前，这片土地已经处于中国的管辖之下。

在这部著作里可以看到，波雅科夫、哈巴罗夫、斯捷潘诺夫在黑龙江流域的侵华行动不是孤立的行动，他们执行了沙皇俄国中央政府、地方政府的指令。1652 年春，莫斯科的中央政府发出训令："援助哈巴罗夫"，向其部属发放 320 枚金币作为奖赏，"以鼓励他们继续取得胜利"，派去 150 人作为增援力量，运去火药、铅弹各 50 普特（一普特等于 16.38 千克。——引者）。1655年 3 月，沙皇又向斯捷潘诺夫殖民小分队发布诏书，"表彰了他们的劳绩，并命令他们今后仍要慎重、勇敢，要相信沙皇会赐予恩典，对于已被征服和今后将被征服的民族，应多采取怀柔手段，少采取严厉措施……"

和《外贝加尔的哥萨克史纲》一样，这部著作诬称中国在尼布楚谈判期间进行了军事威胁：

---

① 马克思：《道德化的批判和批判化的道德》，《马克思恩格斯全集》第 4 卷，人民出版社，1958，第 342 页。

　　此后不久，中国兵营里举行了军事会议。会议决定把部队开到对岸，并把涅尔琴斯克城四面包围起来。与此同时，中国人还唆使臣属俄国的通古斯人和蒙古人与俄国脱脱离关系，中国方面下令当天夜里就开始执行此项决定……

　　晚上从涅尔琴斯克城中看到了中国营地有不寻常的活动，俄国人又担心起来了……

　　虽然在涅尔琴斯克已经尽可能作好了防御的准备，但很明显，不可能在防御设施很差的地方长时间地抵抗如此众多的敌人……

　　当此之际，温科特蒙古人背叛了俄国人，这时俄国人就更加恐惧了。这些温科特蒙古人一年前才刚加入俄国国籍，还未缴纳过实物税。温科特人居住在涅尔查河上游。他们共二千七百人，当天就和中国人汇合在一起了。俄国人从未料到他们会背叛自己。他们一背叛，就会引起其他的人效尤。那时，俄国人经过多年劳苦，备受艰辛，流血牺牲得来的一切就可能废于一旦……这是一个关键时刻，因为整个外贝加尔边区的命运以及当时三面受中国人包围的俄国人的安危，都取决于此。就在此时，忠于俄国人的根忒木尔公爵把他的全部通古斯人都武装起来，参加了我方的队伍。于是俄国人把自己的队伍拉开，由涅尔琴斯克向东北方面绕山佯作调动，装作有骑兵和步兵不断开来增援他们。其实在中国人对面高地上不断出现的，都还是原来的那些俄国人和根忒木尔的骑兵。

　　城里的居民吓得发抖。当时的情景给人留下了很深刻的印象，以致一切详情细节至今还保留在生动的口头传说里。

　　形势迫使俄国人对中国人坚持的要求作出让步：不得不违背自己的意愿，把永远难忘的阿尔巴津这个俄国人辉煌功业的见证和经常荡漾着俄国人胜利歌声的富饶美丽的阿穆尔河交给中国人……

　　作者的这些绘声绘色的描写其实是在为俄国再次侵略黑龙江制造声势，在俄国民众中煽起对中国的仇恨，这是借历史事件为俄国侵占黑龙江所做的舆论准备。作者的上述观点被俄罗斯（苏联）史学界继承下来，用以说明中俄《尼布楚条约》的无效和中俄《瑷珲条约》《北京条约》的合理性和正当性。

　　第 25 件报告为《哥萨克首领陆军中尉别伊顿给涅尔琴斯克军政长官弗拉索夫的报告》，它以具体生动的细节反映了雅克萨战争期间雅克萨城堡里俄国

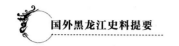

守军的狼狈不堪、士气低落、没有武器、没有粮食、饥寒交迫，他们渴望弃城，逃往尼布楚。

　　这次给我的训令中让对军职人员人数进行统计：阿尔巴津现有多少人，历年来被打死和死亡的有多少。并统计曾为死者用过而现今留在每个哥萨克手中的大君主的武器和哥萨克的武器数字。我请求深知人心的造物主——上帝饶恕，您，御前大臣的现有属下人员都是些残废、有病、记忆力很差和头脑不清的人，已无人来进行统计和登录。现在我给您写报告也是极为困难的。对军政长官阿列克谢·拉里奥诺维奇·托尔布津原先的一些簿册我未敢启视。在他，我们的长官牺牲以后，在历次战斗中，在被围困时期有谁被打死，死亡多少，当时无人也无时间及时进行登记，因为那时正是可怕时刻，谁也看不到谁，不知道伤员中谁将恢复健康，谁将死去。由于在我们阿尔巴津，一切东西都非常缺乏，以致很多人都可能活不下去，彼此可能再也不能相见了。遭受困苦的可怜的人们一再恳求：请求准许挨饿的人们到涅尔琴斯克去，到您，我们尊敬的御前大臣兼军政长官伊万·奥斯塔菲耶维奇那里去，以便能有吃的。请求大君主和您予以仁慈而公正的考虑，尽可能速派援兵并运来粮食，不要放弃君主的财产。这样，就能有人和我们一起保护君主的财产，为君主效力，而我们也不致因困苦和饥饿而死。

　　尊敬的伊万·奥斯塔菲耶维奇大人，请不要抛弃我们。这边缘地区是您，我们的大人管辖之地，请您垂怜，养活我们，保护我们。我们只有指靠上帝和您大人。请您指示我们应怎样活下去。如果可能，请您大人下令派位有才智的人来，并请盼给我们来信，宣布您给我们的恩惠，以使军人们不致气接，而能指望上帝和您大人，请您用仁慈的话语来安慰安慰我们的伤痛，深知人心的上帝，实在困苦啊，在边缘地区我们不敢写别的，也不会写。我们很可怜，而且孤立无援。由于敌人来犯，我们已彻底破产，还不断遭受凌辱。

　　可见，如果清军组织一次有力的进攻，俄军就会投降，只可惜清军缺乏情报，或者说清政府更希望"怀柔远人"，不只是停止了进攻，还派医生到城里医治伤病的俄国官兵。

关于雅克萨战争的这一记载很有价值,遗憾的是尚未被中国相关领域的著作使用。

三　学术评价

这部著作写作、出版于鸦片战争前后,反映了俄国再次侵略黑龙江流域的愿望。作者明确地说:"我的意图是要人们重温如今几乎已被忘却的俄国人在阿穆尔地区的辉煌业绩。"作者竭力美化沙俄政府的殖民扩张政策,歌颂波雅科夫、哈巴罗夫等人为"英雄",说他们侵略中国黑龙江流域建立了"辉煌功业","值得载入史册",他公开宣称写此书的"意图是要人们重温如今几乎已被忘却的俄国人在阿穆尔地区的辉煌业绩"(前言),"幻想有朝一日将会返回该地",为以后俄罗斯侵占中国黑龙江流域寻找历史根据、制造舆论。当时,中国人的注意力集中在南方,根本不知道在北疆同样面临着巨大的边疆危机。俄国进行多年的处心积虑的经营,已经积蓄了巨大的力量,对中国的黑龙江流域虎视眈眈。

瓦西里·帕尔申的写作态度是严谨的。他写道:"关于在阿穆尔地区所发生的历史事件,是取自于可靠的有关史料。这些材料发现的经过是这样的:在涅尔琴斯克城我偶然发现了一本旧笔记本,其中详细地谈到了俄国人在阿穆尔地区的许多事迹。最初我曾以为这是某一位目睹者所写的阿尔巴津城历史的手稿或抄本。我这样断定,是因为在这个笔记本里对事件的记述很详细、很清楚,行文又是旧公文体。后来才了解到,我所发现的这份手稿,不过是著名的米勒先生在期刊上发表的许多文章的摘录。"

作者保留了手稿的内容,但改换了文体。有些地方,他根据雅克萨战争参加者的后裔和流传于涅尔琴斯克居民中流传的传说,对某些事件做了一些补充,例如,关于俄国代表戈洛文同中国代表缔结《尼布楚条约》的详细情况,等等。

第四节　《黑龙江旅行记》

一　作者简介

P. 马克(1825~1886),毕业于彼得堡大学自然科学系。1852 年在东西伯

利亚总督管理局供职，兼任伊尔库茨克中学自然科学首席教师。"俄国皇家地理学会西伯利亚分会"成员，为实现该会"在学术上为俄国取得这块地方"的宗旨，在西伯利亚活动27年。其间，他先后三次率考察队到我国黑龙江沿岸、乌苏里江河谷地区进行考察。每次都写"旅行记"或"考察报告"。1868年升任东西伯利亚中学总监，1879年任彼得堡国民教育部委员会委员。

二　主要内容

《黑龙江旅行记》一书1859年在圣彼得堡出版。吉林省哲学社会科学研究所翻译组译，1977年商务印书馆出版。此书是根据马克率领考察队在黑龙江流域"考察"期间所写的日记整理而成。此次"考察"系受"俄国皇家地理学会西伯利亚分会"的委托，从1855年4月8日出发到1856年1月11日返回，历时九个多月，搜集到许多有关黑龙江流域的动植物种类、矿产分布、居民习俗等方面的资料。

该书共分五章，可分为前后两个部分，前半部分包括前三章，主要讲述考察队受命前往阿穆尔河流域进行"考察"，乘船顺阿穆尔河东下至该河入海口。在这个部分，作者详细记录了沿途观察到的动植物种类及其分布、矿产种类及其开采情况，以及土著居民的生产方式、生活方式等。第二部分包括后两章，主要记录了考察队逆阿穆尔河而上、经瑷珲城返回伊尔库茨克市的过程中与清朝地方官员的交涉，以及考察队在行进过程中所遇到的困难并战胜困难的过程。

各章的具体内容如下。

第一章。始于1855年4月6日马克带领考察队向黑龙江流域进发，止于考察队到达阿尔巴津（雅克萨）。记录了贝加尔湖沿岸居民的生产生活情况、贝加尔湖的水文地理特征。作者用较大篇幅叙述了布里亚特人的起源、语言、人口分布、婚姻饮食等，以及被沙俄征服、其领地被占领的全过程。

第二章。始于从阿尔巴津出发，止于抵达兴安岭。作者记录了在阿尔巴津观察到的古城遗址，并对在这里遇到的马涅格尔人的生产生活方式进行了详细的考察。6月5日，考察队与远征队汇合后一起行动，对阿穆尔河的流向、流域面积等水文特征以及该河两岸居民，动植物的种类和分布做了详细记录。在兴安岭上，作者对当地丰富的动植物资源进行了认真的"考察"。6月24日，考察队与军事远征队分开，沿河东下。一路上，作者记录了极为丰富的动植物资源。

第三章。考察队沿阿穆尔河东下，从兴安岭到马林斯克哨所。作者叙述了松花江之发源、河道、流经的主要城市、流域面积等。途中，受到清朝地方官员的接待，遇到了大量的当地土著居民——通古斯人、果尔特人、满珲人、基立亚克人等，作者对与清朝官员的接触、土著居民的生产生活情况进行了详细的记录。同时，以大量篇幅记录了沿途观察到的动植物种类及其分布。

第四章。从马林斯克哨所逆水而上返回瑷珲城。一路上，黑龙江两岸的当地居民给予帮助，供应食物，充当向导。在瑷珲城，考察队与当地居民贸易。瑷珲的清朝昂邦（城市长官）友好地接待了他们，部分满足了他们的要求，为之提供了一定的粮食，但未满足其交通工具的请求。考察队怀着必将在路上忍受可怕的冻饿的心理离开瑷珲城后，昂邦派人将考察队请回。理由是，"我们（考察队）一旦在他们的辖区内遇险，他们就得为本国政府和俄国政府承担责任"，所以，昂邦请考察队原谅自己并承诺将为考察队提供所必需的一切帮助。

第五章。从考察队返回瑷珲城并被迫在该地逗留开始，到考察队顺利返回伊尔库茨克市为止。昂邦说明，必须得到齐齐哈尔市的邮件和北京的公函，考察队才能出发并获得其所需的一切帮助。在瑷珲城等待邮件和公函的日子里，考察队受到清方的严密监视，就算是这样，考察队仍然非法窃取了其所在要塞的平面图及其详细结构。此外，作者还记录了当地庙宇的布置情况和 10 月 13 日的节日盛典。书中再现了清朝官员的贪婪和对外部世界的无知。昂邦在收到北京来的公函后，供应给考察队充足的粮食和良好的交通工具。

三 学术评价

《黑龙江旅行记》主要以日记的形式编排，书中对与中国官员的交涉、土著居民的生产生活方式、动植物状况、矿产分布等做了详细的记录，为后人研究黑龙江地区的中俄关系史、少数民族、动物学、植物学提供了珍贵的资料。

第一，考察队的间谍活动暴露了沙皇俄国侵占中国领土之处心积虑。

1855 年 4 月 8 日，马克率领考察队从伊尔库茨克出发，途径阿尔巴津、兴安岭、马林斯科哨所，最后返回伊尔库茨克。考察队通过非法途径窃取了当时清军驻地的军事机密，如城墙防御、内部结构等。考察队的间谍活动为 3 年

后即 1958 年逼迫中国签订《瑷珲条约》提供了第一手情报资料。

第二，作者对早期中俄关系史进行蓄意的歪曲。

马克企图"从学术上为俄国取得这一地区"，有意庇护 17 世纪俄国侵华分子的罪行，美化其侵略意图和行径。

例如，马克正面地评价双手沾满中国黑龙江居民鲜血的侵华分子哈巴罗夫："1650 年，哈巴罗夫率领军队翻山越岭来到阿穆尔河，他是第一个来这里落脚的俄国人。第一座城堡建于 1651 年，但于 1658 年为中国人平毁，直到 1665 年才由俄国人重建。"清政府进行了胜利的雅克萨战争，击毙了其头目托尔布津。马克却如此叙述这段历史："中国人在阿穆尔河中游建立了瑷珲城之后，更加认真地考虑把俄国人从阿尔巴津驱逐出去"，于 1685 年和 1689 年两次发动战争，最终彻底平毁了这座城堡，"这座城堡英勇的保卫者托尔布津"最终战死。

第三，在事实面前，承认"中国政府自古以来就管辖着阿穆尔河两岸"。

作者承认："中国政府自古以来就管辖着阿穆尔河两岸"；"久远以来，满洲官员都从松花江来到阿穆尔河，沿江而下，向边疆居民征收赋税"。马克看到阿穆尔河上第一批俄国人的材料，如此写道："（清朝）把阿穆尔河沿岸居民全部迁到国家内地的原因"是"俄国人经常袭击松花江沿城一带"。作者展望了俄国占据黑龙江流域之后的前景："现在几乎荒无人烟的新获得的土地，不久就会因为涌入俄国工业的稠密人口而繁荣起来，成为俄国所有与之毗邻地区的粮仓。"其侵略野心暴露无遗。

第四，描述了 19 世纪中叶清朝东北边防的空虚，清朝边疆官吏的无知、愚昧、盲目自大。

瑷珲当时是中国的边防重镇，中国官员对俄国考察队持怀疑态度，并有所防备，"禁止我们搜集我们路经地区的任何资料"，考察队受到严密的监视，"不准我们搜集矿物"，昂邦派来的官员"将我们留在瑷珲的物品，如船只、旅行水壶等等，一一如数登记"。但是，仅此而已。中国官员对俄国人的关照是周到的，连马克都感到吃惊："他（昂邦，清政府城市长官）对俄国人的关怀和照顾确实是惊人的。我们用掉的所有食品都是免费供应的，因为按照中国的法律，他不得向我们收取任何费用。""有些满人还不止一次地要我相信他们的友谊。"马克和其同伙在这样的情况下得以施展手脚，了解到瑷珲的实际情况："在我们乘车穿过要塞时，赞加根先生测量了要塞的一面城墙。后来，他利用呆在城墙内的时间，绘制了一幅要塞平面图，以后又利用在围墙内逗留时间的仔细观察作了补充。整个建筑的要塞表明，中国的军事技术处在可怜的原始状态。"

马克从马林斯克哨所返回瑷珲城的途中遇到一队清方官员，"他（清方官员）带着公务晋见我的同伴。这个人以及他的全体部下对我们的官员单膝下跪，卑躬致敬；后者也同样回礼，不过不那么卑躬"。

马克和其考察队明明是敌国的间谍，清朝官员却给予这样的礼遇和周到的照顾，而不是逮捕、审问，可见清朝边吏之昏庸、老大帝国之衰败。

第五，留下了关于黑龙江流域民族学、植物学、动物学的原始资料。

作者用较大篇幅介绍了通古斯人、果尔特人、满珲人、基立亚克人等少数民族的生产生活方式。如马涅格尔人，马克写道："他们是拉夫凯通古斯的后裔"；他们也说与通古斯人一样的语言，"俄语单词和雅库特语单词在马涅格尔人语言中极为少见"；"马涅格尔人的衣着里面有许多是从满人那里学来的"；"男人的主要职业是捕鱼和狩猎"；"马涅格尔人男子，从出生到 20 岁，列为未成年不纳贡赋，不服兵役；从 20 岁起缴纳人头税，而且一经征召，便立即编入八旗"；"无一例外信奉萨满教"；等等。

第五节 《俄国海军军官在俄国远东的功勋（1849～1855）》

一 作者简介

根纳基·伊凡诺维奇·涅维尔斯科伊（1813～1876），19 世纪中叶沙皇俄国侵略中国黑龙江流域的急先锋。他出身于贵族地主家庭，16 岁入中等海军武备学校，毕业后在波罗的海舰队服役。涅维尔斯科伊在中等海军武备学校学习的时候，受到了沙文主义和扩张主义的教育，因此他十分崇拜 17 世纪沙俄侵略中国的殖民强盗波雅尔科夫、哈巴罗夫等人，立志要继承他们的侵略事业，为沙皇俄国"开疆拓土"的侵略扩张政策卖命。1847 年，他任"贝加尔号"运输船船长，利用"贝加尔号"运输船前往堪察加半岛运送军需物资之机，潜入中国黑龙江口进行"考察"，刺探情报，接着又以武力强占了黑龙江口附近地带，充当了沙俄侵吞中国黑龙江流域的急先锋。涅维尔斯科伊在黑龙江流域进行侵略活动达七年之久，后来他被调回俄国，充任海军科技委员会委员，最后晋升为海军上将。

二　主要内容

《俄国海军军官在俄国远东的功勋（1849～1855）》一书 1947 年由莫斯科国家图书杂志联合出版公司、国家地理文献出版社出版。郝建恒、高文风译，1978 年商务印书馆出版。该书是涅维尔斯科伊临死前撰写的关于他侵占中国领土活动的一本回忆录，书中详细地记述了作者在沙皇政府的支持下，从 1849 年到 1856 年在中国黑龙江下游、库页岛及鞑靼海峡一带窃取情报、升旗占地、建立侵略据点等一系列侵略活动。

本书的第三版校订者指出：涅维尔斯科伊及其家属希望将使阿穆尔沿岸地区并入俄国的真正英雄公之于世，以正视听，因为俄国官方把这一功劳都归于当时的东西伯利亚总督尼·尼·穆拉维约夫。这是撰写与公布这份回忆录的缘起。

沙皇俄国企图侵占中国黑龙江流域和黑龙江口一带，由来已久，这是沙俄向远东扩张的既定目标。《尼布楚条约》签订后不久，彼得一世就叫嚷“俄国必须占领涅瓦河口、顿河口和黑龙江口”，俄国女皇叶卡捷琳娜二世把夺取黑龙江作为俄国“远东政策的中心”。沙皇尼古拉一世发誓要“实现他的高祖父和祖母的遗志”。但是，一直到 19 世纪 40 年代，沙俄不仅未能占领这一地区，甚至连黑龙江口和鞑靼海峡的真实地理状况也毫无所知。长期以来，西欧和俄国的“航海家”拉彼鲁兹、布罗顿、克鲁逊什特恩等，都认为黑龙江口不能通航，库页岛是个半岛。尼古拉一世在涅维尔斯科伊到黑龙江口一带“考察”之前，曾派遣各种“考察队”去查明上述结论是否属实，但是也未获得真实情况。

正是在这样的历史背景下，涅维尔斯科伊出场了。他具有献身沙皇俄国扩张主义事业的狂热，他这样写道：“我耿耿于怀的是使政府了解阿穆尔沿岸地区对俄国的重大意义；而欲达此目的，需要采取坚决行动，即不是按照既不符合当地情况，也不符合边区及其居民状况的训令去行动。十分自然，对于这样的命令，我只能答之以：‘命令虽已接到，但我仍将这样行动……’而已。”

1840 年 6 月 15 日，涅维尔斯科伊晋升为海军大尉，此后便立即为争取在太平洋上服役而奔波。还在中等海军武备学校学习的时候，他就获悉彼得一世认为阿穆尔河及其河口对俄国具有重大的意义，因此而对阿穆尔问题产生了兴趣，研究了一切与之有关的文献，得出这一结论：像阿穆尔这样的大河不可能无影无踪地消失在沙漠里，应该有出海口，出海口应该能通行船只。另一方面，他也不相信到过鞑靼海峡、阿穆尔河口湾的拉彼鲁兹、米登多夫、克鲁逊什特恩、加夫利洛夫等人关于在大陆和萨哈林之间有一条地峡的说法。

为了消除自己的疑惑，他请求到远东去。他的努力有了结果：他受命指挥"贝加尔号"运输船，前往堪察加半岛的要塞彼得罗巴甫洛夫斯克运送军用物资。

涅维尔斯科伊决定在完成运送军需品之后，去考察阿穆尔河口是否可以通航、库页岛是否为半岛。他前去拜见当时的海军总参谋长 A. C. 缅希科夫公爵，请求准许他到达堪察加后，乘"贝加尔号"运输船前往阿穆尔河口湾进行测绘。缅希科夫推说，这一计划"势必会引起外交大臣涅谢耳罗捷所不愿意的与中国政府不愉快的公文来往"，因此拒绝了他的请求，同时指出，给他的拨款只敷一年之用，所以 1849 年秋到达彼得罗巴甫洛夫斯克后，他既没有时间，也没有经费去完成自己的考察计划。

不过，缅希科夫建议涅维尔斯科伊去会见此前不久被任命为东西伯利亚总督的尼·尼·穆拉维约夫。会见后，穆拉维约夫对涅维尔斯科伊的计划和想法表示理解和支持，但是不能给予经费帮助。涅维尔斯科伊决定，影响他的使命的两个因素——时间和经费——可以这样争取：尽可能赢得时间，节省开支。

1848 年 8 月 21 日，"贝加尔号"运输船从喀琅施塔将出发，于 1849 年 5 月 12 日提前两个半月到达堪察加半岛上的要塞彼得罗巴甫洛夫斯克。

卸完货以后，他把助手们召集到自己的船舱里，向他们介绍了自己的计划。他说："我们要完成……一项重要任务，我希望我们每个人能够履行自己对祖国的职责……关于阿穆尔河口的真相将会大白。"

在随后的考察中，他探明：

（1）在萨哈林（库页岛）和大陆之间存在一条海峡，萨哈林（库页岛）是个海岛。

（2）沿大陆和萨哈林海岸有航道，这些航道可行吃水十五英尺的船只，亦即黑龙江口可以通航。

穆拉维约夫以极大的兴趣听取了涅维尔斯科伊关于这一发现的报告。这一发现对他解决俄中边界问题具有重大意义。

俄国将涅维尔斯科伊的功勋归结为：他发现，在大陆和萨哈林之间有一条海峡，阿穆尔河口和河口湾可通海船。

这部回忆录的翻译者郝建恒、高文风在"中译者序"中就此做了这样的评论：

> 1849年，涅维尔斯科伊在沙皇尼古拉一世的支持下潜入中国黑龙江口一带，进行刺探，探明黑龙江口可以通航，库页岛不是半岛。这本是赤裸裸的侵略行径，可是沙俄侵略者竟然吹嘘这是什么"重要的地理发现"、"惊人的丰功伟绩"，并以此作为他们"完全有权占领"黑龙江的"根据"，真是无耻到了极点。黑龙江流域和库页岛地方，早就是中国的领土，这是众所周知，而且在中国史籍中早已有明文记载。远在涅维尔斯科伊的"发现"之前一千多年，中国的史籍中就有关于库页岛的记载，元、明、清三代对库页岛的记载更是屡见不鲜，而且越来越详细。如明朝对于"在奴尔干海东"的"苦夷"、"苦兀"、"库兀"即库页岛的记载很多；在清代乾隆年间成书的《水道提纲》，对库页岛的方位、面积、山川形胜等记载颇详。可是沙皇俄国直到涅维尔斯科伊潜入黑龙江口进行侦察后才知道库页岛是个岛屿。可见涅维尔斯科伊吹嘘的所谓"发现"纯粹是强盗逻辑，欺人之谈。实质上，不过是"发现"了侵略的目标而已。

涅维尔斯科伊强烈地主张侵占中国黑龙江地区。为了寻找侵略依据，他声称黑龙江下游没有中国人。其实，他这是有意说谎，因为他在那里既看见了物证，又看见了中国人。

他写道："7月12日，我沿着北面的航道从河口湾进入阿穆尔河，并溯河上行，一直到位于该河右岸，对着阿姆贡河河口，距阿穆尔河口约一百俄里（一百零六公里）远的特林岬和特林屯。"

那里有著名的永宁寺碑，是元代亦失哈立的，是中国对黑龙江下游进行行政管辖、行使主权的铁证。

1850年8月1日，涅维尔斯科伊在中国庙街附近升起了俄国的国旗，并在那里建起一个哨所，名叫"尼古拉耶夫斯克哨所"。

中译者郝建恒、高文风指出：

> 　　涅维尔斯科伊为了"找到"侵占黑龙江流域的"根据"，还极力歪曲中俄两国经过平等协商签订的《尼布楚条约》。他任意歪曲《尼布楚条约》的性质，随心所欲地曲解条文，甚至信口开河，妄图改变外兴安岭的走向，胡说什么外兴安岭在乌第河上游折向南行，越过黑龙江和松花江，在牡丹江和乌苏里江之间延伸到朝鲜边界和日本海。他并以此为据，狂叫按照《尼布楚条约》，"阿穆尔沿岸地区和乌苏里沿岸地区至海应当属俄国所有。"涅维尔斯科伊对外兴安岭走向的歪曲，已经达到无法骗人的程度，连本书第三版的校订者卡马宁在为他写的传记中也不得不指出："涅维尔斯科伊的这些设想，如我们现在所知是没有根据的，因为不存在一条从乌第河上游到朝鲜的统一山脉，因而也不存在他所写的斯塔诺夫山脉（即外兴安岭。——引者）的那种急转弯"。

三　学术评价

本书的写作和编辑都非常严谨。

本书的第一版是根据作者逝世前不久脱稿的回忆录原稿准确地排印的。本书初版于1878年，即作者死后两年，出版者为死者的妻子叶卡捷琳娜·伊凡诺芙娜·涅维尔斯卡娅，编辑者为 B. B. 瓦赫金。第二版于1897年问世，是根据第一版重印的，编辑者仍为瓦赫金。第二版只补充了叶·伊·涅维尔斯卡娅的几封信，她是根·伊·涅维尔斯科伊最亲密的助手，曾陪伴丈夫在阿穆尔沿岸地区行动。出版回忆录第二版的涅维尔斯科伊夫妇的子女认为，这些信件应该是对全书正文的必要补充。第二版问世时叶·伊·涅维尔斯卡娅已经去世（卒于1879年）。

苏联在1947年推出的版本与前两版相比略有出入，对过去的版本全书做了某些修改：主要是缩减了涉及截至1947年还不能准确地确定位置的地理目标的过分烦琐的描述。其次，对繁难的句法结构也做了修改，但是这种修改没有违背作者的原意。

苏联编辑在书末按照编号顺序做了必要的注释，并附上根·伊·涅维尔斯科伊发表的其他文章和书信的目录及关于他本人、他的著作和发现的主要文

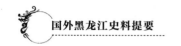

献，包括他的亲密同事和助手 H. K. 鲍什尼亚克和 H. B. 卢达诺夫斯基等人的文章目录，这些人都参与了涅维尔斯科伊 1849～1855 年对中国黑龙江地区的非法考察，其文章当然具有文献价值。

中国读者必须注意本书作者和编者的殖民主义－扩张主义立场。涅维尔斯科伊是站在沙皇俄国扩张主义的立场上写这本书的。他在书中为自己歌功颂德、树碑立传、宣扬功绩，详细地介绍了 19 世纪沙俄侵略黑龙江流域的过程，留下了沙俄侵华史的第一手资料。

沙皇俄国的编辑、苏联时代的编辑的立场完全一致，充分地肯定涅维尔斯科伊的侵华活动，颂扬其功绩。

第六节　《穆拉维约夫－阿穆尔斯基(传记资料）》

一　作者简介

伊万·巴尔苏科夫，俄国 19 世纪后期的历史学者，莫斯科大学皇家历史和俄国古代文物学会会员。他长期研究莫斯科教区、科洛姆纳教区的总主教英诺森。英诺森与穆拉维约夫几乎同时在西伯利亚工作，两人关系密切。在穆拉维约夫逼签《瑷珲条约》之后，英诺森向穆拉维约夫献予这样的颂词："……即使子孙后代有朝一日将你遗忘，即使享受你功绩成果的人将你遗忘，我们东正教教会也会永远把你铭记心上。"巴尔苏科夫在研究英诺森的生平、事业、为之作传的时候，已经比较多地了解了穆拉维约夫的生平、事业，对之产生崇敬之情，所以，他后来欣然接受为穆拉维约夫作传的任务，并"引以为荣"。除了《穆拉维约夫－阿穆尔斯基（传记资料)》，巴尔苏科夫还著有《莫斯科及科洛姆纳总主教英诺森传》（1883）等书，整理出版了《英诺森文集》（1887）。

二　主要内容

本书根据沙俄东西伯利亚总督尼古拉·尼古拉耶维奇·穆拉维约夫－阿穆尔斯基（1809～1881）的书信、正式文件、同时代人的叙述及书刊材料，详细地介绍了穆拉维约夫的"生平事业"。1891 年在莫斯科出版。由郝建恒翻译，1973 年商务印书馆出版。全书分两卷：第一卷用传记体裁写成，叙述穆拉维约夫的经历和重要活动；第二卷搜集了 1844 年到 1861 年与穆拉维约夫的活动有关的文件。

穆拉维约夫是沙皇俄国对中国实施侵略扩张政策、割占中国领土的具体执行者。本著作详细地介绍了他贯彻沙皇俄国的对华侵略扩张政策、割占中国领土的过程。全书的核心内容有如下四大板块。

（一）沙皇的任命

穆拉维约夫早年参加沙俄对土耳其的战争和镇压高加索人民的军事行动，立下战功，博得沙皇尼古拉一世的赏识，得以连连加官晋爵。1847 年，尼古拉一世将穆拉维约夫由图拉省省长提拔为东西伯利亚总督。皇后对穆拉维约夫这一超常规的晋升也起了重要作用。穆拉维约夫曾担当她的少年侍从，从此之后，她就极为欣赏穆拉维约夫的才干。

尼古拉一世于 1847 年 9 月 6 日经过图拉城，在谢尔吉耶夫斯科耶站接见了穆拉维约夫。皇帝在跟穆拉维约夫谈过几句话后便宣布任命他为东西伯利亚总督，同时谈到俄国采金业在该地的发展情况及某些混乱现象以及恰克图的贸易和俄中关系，最后他补充了下面一句意义重大的话："至于俄国的阿穆尔河，等将来再谈吧！"这是一句双关语，另一个含义是：应该马上采取行动解决阿穆尔河这个问题。穆拉维约夫心领神会。为了迅速实现皇帝的意志，他匆匆离开图拉，于 1847 年 9 月末抵达首都彼得堡，为上任做准备。他积极地了解当时西伯利亚的情况，尤其是有关黑龙江问题的种种设想。这时，穆拉维约夫完全明白了沙皇对他说的话——bon entendeur peu de paroles'（聪明人用不着多说）——包含的深意，即鼓动他积极行动，解决这个对于俄国极其重大的黑龙江问题。

穆拉维约夫在彼得堡逗留期间结识了涅维尔斯科伊大尉，此人对阿穆尔问题也很感兴趣，两人一拍即合。在穆拉维约夫的支持下，涅维尔斯科伊前去黑龙江口一带考察。

（二）穆拉维约夫为占据中国黑龙江地区所做的准备及相应的行动

到伊尔库茨克上任后，穆拉维约夫积极筹划侵略我国黑龙江地区：组织并扩充外贝加尔哥萨克军；派遣涅维尔斯科伊武装侵入我国内河黑龙江下游、库页岛；随后，穆拉维约夫不顾清政府的多次抗议，率领大批兵船悍然侵入黑龙江，将该河中上游北岸和下游两岸强行占据。

穆拉维约夫密切关注中国的形势。由于俄国的北京传教士团向他提供情

报，他对中国的内情了如指掌。在此基础上，他分析形势，做出相应的决策。

1853年11月29日，也就是洪秀全在武汉城下与清军激战，曾国藩准备回湖南办理团练，整个中国人的目光被太平天国吸引，对贝加尔湖地区那块蛮荒化外之地毫无兴趣当然也一无所知之时，穆拉维约夫在贝加尔湖边的伊尔库茨克对清政府的局势进行了准确的评估，呈交了《呈海军大将亲王殿下的秘密报告》。

（三）逼迫奕山将军签订《瑷珲条约》

1858年，穆拉维约夫向中国方面提出了如下条约草案：

第一，两国以阿穆尔河为界，阿穆尔河左岸至河口属俄国，右岸至乌苏里江属中国，另外，以乌苏里江至其发源地，再从发源地至朝鲜半岛为界；

第二，在两国界河上，只准两国船舶航行；

第三，两国界河沿岸准予自由贸易；

第四，阿穆尔河左岸的中国籍居民，于三年内移居右岸；

第五，重新审订旧条约（通过双方特派的官员），就涉及两国利益和荣誉的各种事务制定新章程；

第六，本条约为旧约的补充。

穆拉维约夫在瑷珲谈判中使用了诡诈和恫吓的手段。

两国代表第一次会晤，俄方看到，中国政府虽愿和俄国友好，但在边界问题上却仍然坚持过去提出的意见，因此，谈判很可能长期拖延下去。

穆拉维约夫希望能尽快了结此事，但是，为了掩饰这种愿望，同时也为了留有余地，以便一旦今后出现僵局他好出面，他采取了外交手段。翌日（5月12日），他派自己的翻译宣布：穆拉维约夫总督因病不能继续会谈，委托彼罗夫斯基（彼得·尼古拉耶维奇·彼罗夫斯基，俄国驻北京传教士团监护官）先生代替他与中国代表谈判。根据穆拉维约夫的介绍，彼罗夫斯基供职于枢密院，因枢密院最近收到中国理藩院的咨文，预料会举行两国间的谈判，所以委派彼罗夫斯基随同穆拉维约夫将军前来瑷珲。

此后，彼罗夫斯基每日早晚或同中国的瑷珲副都统会谈，或同首席通事以及其他人员会晤，每次均会谈三四小时之久。中国代表面对强势的俄方进行了抵抗，但是由于国家衰弱，且面临严重的内乱和外患，所以不得不让步。巴尔苏科夫写道："中国官员为了使对方信服中国的声望，信服中国人无可争辩地优于其他民族，施展了种种狡猾手段，实难用笔墨来形容。但是，他们却无法始终扮演这种角色，一则中国虚弱无力，满清皇朝风雨飘摇；二则他们害怕我国联合英国人（与其说中国人不喜欢英国人，不如说是惧怕他们）共同反对他们，所有这些，他们都无法掩饰。"

在谈判的关键时刻，穆拉维约夫指示彼罗夫斯基不要坐失良机，要暗示中国代表：中国的困难处境俄方完全清楚。会晤数次后，中国人仍然固守自己的立场，拒绝退让，彼罗夫斯基于是按照穆拉维约夫总督的指令，向中国人宣布："俄中两国维持和好，实悉赖我国皇上宽宏大量。根据中国近年来的各种行径，我国完全有权采取其他行动。坚持以旧约划定格尔必齐河以东和乌第河附近地区的边界，是徒劳无益的。"接着，彼罗夫斯基歪曲历史，指责中国在尼布楚条约谈判中使用武力威胁俄方代表，条约签订后又破坏条约并违反外交礼仪："1689 年签订条约时，中国人的行为不光明磊落：当时北京来文说，中国全权代表的随员为数不多，但实际上，却向谈判地点派出大批军队，而我国方面，偕同使者的只是必要的随员。此外，中国人自己又破坏了这些条约：第一，向尚未划界地区居民征收实物税，而他们并无此权利；第二，最近中国人竟拒绝接待我国皇上派往中国朝见国君的使臣，此事如发生于文明国家之间，势必导致关系破裂和敌对行动。"除此之外，彼罗夫斯基还声称中国人曾挑起另一不愉快的，而且未秉公处置的事件，即焚劫俄国在塔城的商栈。

中国代表懦弱无能，国家又处于极度的危难之中，最终屈服于俄国代表的威逼和狡辩。

签订《瑷珲条约》对于中国是极为屈辱的。在巴尔苏科夫的这部著作中有俄国殖民主义者对这一事件的描述："5 月 16 日，这个值得纪念的日子终于来临了。条约原定于 12 时签字，但是，条约文本要用俄文和满文誊清，因而延至傍晚。晚六时，穆拉维约夫身着礼服，偕同随员，登上瑷珲河岸，徒步往见将军。将军当即设茶点款待。简短寒暄过后，穆拉维约夫告知将军说，他非常高兴，因为他们终于了结了这桩持续一百五十余年之久、早为两国政府关注的事件。之后，开始宣读和核对条约的满文本。然后，便开始签署条约。穆拉维约夫、将军、彼罗夫斯基、副都统、希什马廖夫和爱绅泰分别在条约的俄文本和满文本上签字。"

签字后，穆拉维约夫总督和奕山将军各执两份已签字的俄文、满文条约，彼此同时交换，互致贺词。

到此,一个导致中国被割占 60 多万平方公里的空前的丧权辱国的不平等条约完成了签约仪式。对于中国,这是不可估量的惨重损失。

三　学术评价

(一)极其丰富的文献!独一无二的史料价值

作者写道:"我们尽到了最大的努力……应该声明,我们的任务是把迄今为止我们所知的书刊上有关穆拉维约夫伯爵的资料汇集在一起,以补充档案资料之不足。在各种手稿资料中对我们最有用的是他的书信……"

(二)编者的殖民主义立场表现得淋漓尽致,中国学者在使用这些资料文献时必须注意

本书作者是站在沙俄侵略者的立场上写这本书的,他直言不讳地指出,他替穆拉维约夫编写这部传记是为了感念他的"殊勋",对他歌功颂德,让他永垂不朽。

作者在其"序言"中写道:尼古拉·尼古拉耶维奇·穆拉维约夫–阿穆尔斯基伯爵的"名字和亚历山大二世皇帝临朝初期下述极为重大的事件紧密地联在一起:把辽阔的阿穆尔地区并入俄国。阿穆尔地区并入俄国,为俄国军事、贸易和工业力量打开了通往太平洋的通路。穆拉维约夫是一位受过尼古拉一世时期严格训练的英勇军人,英明的行政长官和爱国志士;无论就其所建树的功勋或就其特有的纯俄罗斯性格而言,他都是一位杰出的人物。他赋有经国安邦之才;他鞠躬尽瘁,不知疲倦,毅力超群,自强不息。他始终所想的,是作一个为皇帝尽忠,为祖国效力的人。"

第七节　《10～13世纪中亚东部的历史和古迹》

一　作者简介

《10～13 世纪中亚东部的历史与古迹》一书的作者为 B. П. 瓦西里耶夫。B. П. 瓦西里耶夫(中文名王西里)①,1818 年 4 月 22 日生于下诺夫哥罗德的

---

① 关于王西里的生平和主要活动,见赵春梅《瓦西里耶夫与中国》,学苑出版社,2007,第 1～26 页。

一个尉官家庭，家境贫寒，父亲是一名神父，母亲也出身于神职人员家庭。

1827 年，王西里以优异的成绩小学毕业。1828 年升入下诺夫哥罗德中学。1832 年 7 月中学毕业后不久，其父便去世；为了贴补家用，14 岁的王西里做了两年家庭教师；同时，他还利用空闲时间积极准备喀山大学的入学考试。1834 年夏，王西里顺利通过喀山大学入学考试，被医学系录取。这对于瓦西里来说是一件好事，但同时也是一件难事，因为进入医学系学习需要交纳一定的学费和生活费，这对于家境贫寒的王西里来说是不能承受的。无奈，他只能申请转入公费的历史语文系学习。但在当时，转系尤其是转入公费系程序是很复杂的，为此王西里多次向主管官员请求，虽然最后成功了，但其艰难程度给其一生留下了不可磨灭的印痕。

在喀山大学历史语文系，王西里主要学习蒙古语和藏语。在此方面他表现出了优异的语言天赋，受到了喀山教育区督学穆辛 - 普希金的关爱。1836 年，他因学习成绩优异获银质奖章；1837 年 5 月，又因藏语作文获得国民教育部颁发的 300 卢布大额奖学金。1837 年 6 月 16 日，王西里大学毕业并留校任教。1838 年末通过考试，师从俄国蒙古学奠基人、喀山大学教授、院士科瓦列夫斯基攻读硕士学位。科瓦列夫斯基在佛教研究方面造诣很深，这对王西里学术兴趣和观点的形成产生了重大的影响。在老师的建议下，王西里的主要精力放在了对佛教和东方思想的研究上。经过一年的努力，王西里用蒙古语写成了硕士学位论文《论佛教的哲学原理》。1839 年，他以此文顺利获得喀山大学蒙古语文学硕士学位，并成为俄国第一个蒙古语文硕士，《祖国纪事》杂志对此事还进行了报道。不久，王西里又获得鞑靼语硕士学位。

1839 年 11 月 27 日，在导师科瓦列夫斯基的推荐下，王西里获得批准被编入东正教出使北京的使团名单。在出使北京前科瓦列夫斯基为王西里列出了一长串学习任务，比如学习藏语、汉语、梵语、研究西藏和蒙古历史地理、研究中国各个时期尤其是成吉思汗统治时期的政治历史和地理等。这些学习任务与王西里以后成为中国学史上的博学家有不可分割的关系。

1840 年 2 月 19 日，王西里与使团成员一起踏上了前往中国的旅途。在经历了近 8 个月的长途跋涉后，10 月王西里等人抵达北京。他是随第十二届俄国东正教使团来到中国的，身份是借调人员。领班是大司祭波利卡普·图加利诺夫，司祭是诺肯季·涅米诺夫，辅祭是卡法罗夫等，全团共 11 人。踌躇满志来到中国的王西里，本想在中国多学习知识，完成老师交给的任务，为实现自己的梦想多做积累，但实际情况却是投师无门，得不到领班波利卡普·图加利诺夫的支持。领班不喜欢王西里，甚至拒绝给他提供基本的学习条件，到京前三年，他连一位满意的汉语和藏语老师都没有，无奈只能靠自学。不仅如此，他还经常遭受使团其他成员的侮辱与嘲弄。所以这一时期王西里的心情是极为沉重的，原本朝气蓬勃、志向远大的青年变成了一个情绪低落的悲观主义者，他曾非常绝望，甚至动了要走的念头。在经历了初期的情绪低落与波动后，王西里开始克服外界的种种阻碍，专心于自身的学术研究和对资料的搜集、整理工作。1847～1848年，他利用戈尔斯基留下的材料，成功完成了两卷本的《佛教术语词典》的编辑工作。此外，他还积极主动地为沙俄政府索要图书，清政府将举世闻名的佛教经典《甘珠尔》《丹珠尔》赠予俄国一事的成功就是在他的积极努力下得以实现的。在北京生活了十年后，王西里于1850年9月18日返回了俄国。虽然他在北京的求学经历很坎坷，但他确立了自己的学术兴趣，完成了学术研究范围的转换，即由喀山大学时期从事蒙古学、佛学研究，转移扩大到汉学研究，搜集到了大量中国史籍文献，为今后的学术发展奠定了坚实的资料基础。

初回俄国的王西里落脚于喀山市，事业无门，抱负无法实现，生活窘迫。为此，他给圣彼得堡大学督学穆辛－普希金写了封信，他的窘困得到了穆辛－普希金的关爱。在他的帮助下，王西里被召回圣彼得堡皇家科学院做北京之行的报告，然后被派往喀山大学做汉满语教学工作。1850年12月5日起，王西里开始在历史语文系教授汉满语、中国历史等课程。1851年1月，王西里被聘为喀山大学汉满语教研室编外教授，后于1854年9月22日转为正式教授。执教期间，王西里为学生编撰了大量汉满语及中国历史方面的教材，开设大量相关课程，为汉学在俄国的传播做出了一定的贡献。1854年初，王西里来到了俄罗斯帝国的首都圣彼得堡，并在那里工作了一段时间。其间，王西里结识了同领域的许多专家、学者，进一步扩大了视野，为未来学术发展铺设了道路。

1852年6月20日，王西里与喀山大学校长西蒙诺夫的女儿结婚，之后育有三子二女。因为获得了一小块陪嫁领地，物质生活有了一定改善。1855年，因喀山大学历史语文系并入圣彼得堡大学东方系，所以5月王西里向喀山大学校长递交了离职申请。从1855年开始一直到1900年病逝，王西里一直在圣彼得堡生活、工作。1855年王西里被聘为圣彼得堡大学东方系汉语教研室主任。

1878～1893 年出任东方系主任。在圣彼得堡大学工作时期，他在教学上取得了更大的成就：学生人数逐年增加；培养了一大批优秀的汉语人才；改善并完成了中国历史课程的设置；编写了一批中国历史、满语、汉字方面的教材。虽然在事业上取得了丰硕的成果，但在生活上，王西里仍然继续着以往的窘迫。

在经历了 19 世纪五六十年代教书育人的伟大实践后，自 70 年代起，王西里走上了人生旅途的黄金阶段。这表现在三个方面：一是他的汉学教育与研究得到了政府的重视，为此，他经常参与亚洲司安排的一些外交活动，成为中俄文化交往的使者；二是他已桃李满天下，为感谢恩师的教诲，弟子们筹集了6068 卢布的资金交给圣彼得堡东方系，用于设定"王西里教授、院士奖学基金"，学生们亲切地称其为"我们的家长"；三是在学术研究方面有了很大的建树，出版并发表了大量著作和研究性论文，他一生的著述大多完成于这一时期。

1890 年，72 岁高龄的王西里再次踏上了离别近 40 年的中国领土，在伊犁、塔城、阿拉木图、塔什干以及其他一些城市考察，当他看见街市上到处流通着俄国商品时感到非常高兴。1893 年，王西里辞去东方系主任之职，同时也从教学岗位上退了下来。但出于对学生的热爱和对汉学教育的不舍，他在不收取任何报酬的情况下，仍然坚持为汉满语专业的学生授课，一直到去世前三个月。

1900 年 4 月 27 日，王西里在圣彼得堡因病去世，享年 82 岁。

王西里一生致力于汉学研究，在中国历史、中国文学和中国宗教研究方面取得了丰硕的成果。在中国历史地理研究方面他著有《10～13 世纪中亚东部的历史和古迹》《元明两朝关于满族人的资料》《满洲记述》[①]；译有《大清初期对蒙古人的安抚》，节译自清代著名学者魏源的《圣武记》。此外，王西里还写了大量论述中国时政的文章，如《关于伊犁陷落的两份中文记录》《1876年的亚洲》《出使俄国的中国使团》《来自中国的新闻》《中国问题》《论日本与中国关于琉球所有权的争论》等，这些文章大都带有实事评论性质，表现了一个外国学者对中国政治、社会状况、内政外交的认识和思索，为外国学者研究清王朝史、中俄关系史提供了重要资料。在文学研究方面，王西里做出了

---

① В. П. Васильев. История и древности восточной части Средней Азии с X по XIII в. , СПБ. , 1857. 235с；Сведения о маньчжурах во времена династий Юань и Мин. , СПБ. , 1863. 75с；Описание маньчжурии. , СПБ. , 1857. 109с.

巨大贡献，出版了世界上第一部《中国文学史》①。在宗教研究方面，王西里也取得了重要成就，如专著《佛教及其教义、历史和文献　第一部分：总论，译著《佛教及其教义、历史和文献　第三部分：印度佛教史》（简称《印度佛教史》，手稿《佛教术语词典（翻译名义大全)》《阅藏知津　汉语三藏书目经文翻译及简析》《佛教各流派文献述评》《佛教教义专论》等。这些汉学研究成果不仅深化了俄国的汉学研究，同时也为世界汉学研究做出了重大贡献。而王西里本人也因此获得了众多殊荣，1851 年他成为俄国历史上第一位汉学家教授；1864 年 12 月，以一篇题为《元明两朝关于满族人的资料》的论文顺利通过答辩，获得东方语言博士学位，成为俄国第一个获得博士学位的汉学家；1866 年，被选为俄国科学院通讯院士，1886 年成为正式院士；1887 年，被推选为圣彼得堡大学荣誉成员。王西里在中国历史研究方面的著作大多发表于 19 世纪五六十年代，其中涉及黑龙江的比较具有代表性的是《10～13 世纪中亚东部的历史和古迹》。

二　主要内容

《10～13 世纪中亚东部的历史和古迹》一书最初于 1859 年在《俄国皇家地理学会东方部著作》中刊行。1861 年，该作由皇家科学院石印出版单行本。关于王西里为什么要撰写这部著作，其在该书的序言中明确写明。俄国汉学家比丘林之所以将中国边疆少数民族的历史写到唐朝或 10 世纪初，原因是中国的正史中只包含了这么多资料。王西里认为比丘林在其著作《古代中亚各民族历史资料集》②中没有研究契丹人以及后来取而代之的女真人、满族人的历史，因而有必要弥补这一缺憾，对这 300 多年的历史进行概括性的介绍。③　正是在这种想法的驱动下，王西里完成了比丘林在中国历史研究课题上的未竟事业，出版了《10～13 世纪中亚东部的历史和古迹》。

全书共 325 页，由正文和译文两部分组成。该书记录的是 10～13 世纪中国东北部地区少数民族的历史，尤其是对"契丹史""金史""蒙古史"的记

---

① В. П. Васильев. Очерки истории китайской литературы. , СПБ. , 1880. 163с.

② Н. Я. Бичурин. Собрание сведений о народах, обитавших в Средней Азии в древние времена: в 3 ч. —СПб, 1851. 1200с.

③ В. П. Васильев. История и древности восточной части Средней Азии с Х по ХⅢ в. , СПБ. , 1857. с. 2－4.

载，内容很详细。王西里认为："……契丹人和女真人的历史……是中亚民族最重要的史实之一，缺少了这些史料，我们甚至无法阐述成吉思汗及其率领的蒙古族之所以强盛起来的原因。"[①]

全书用了近五章的篇幅，对契丹史进行了全面介绍，其中第一章详细介绍了契丹的由衰而盛以至耶律阿保机建立辽国的经过。第二、三、四、五章以旁证的方式对契丹史的发展及存在状态进行了补充，主要包括：（1）节译自《契丹国志》卷二十二"州县载记"中的"四至邻国地理远近"；（2）与契丹同类，生活于北方黑龙江中上游两岸及嫩江流域的室韦族的地理位置、四周疆域及自然资源的描述；（3）在辽德祖、辽太祖的数次征讨后，被迫归于契丹政权的奚族的民族起源、地理位置以及与其他各民族关系的记录；（4）译自《契丹国志》（卷二十五"胡峤陷北记"），记述了同州合阳县令胡峤居留契丹7 年对契丹的人文地理、国土风情等诸方面的描述。

对契丹史进行全面梳理后，王西里在第六、七两章用了更大的篇幅，对"女真史或金史"做了更为详尽的阐述，其中包括以下方面。（1）名称的由来。"女真"名称来自"契丹"，后在东方传播开来。（2）女真的族源问题。以传说为切入点，说是完颜部的一名妇女与高丽人函普通婚，从而形成了完颜氏族，函普成为该氏族的始祖。函普的后代征战四方，大量降服周围的部落，使完颜部迅速崛起，这引起了其他部落酋长的抵抗，完颜氏族的第六代乌古逎能征善战，成为部落联盟长，在他的带领下，女真人日渐强盛，最后盈歌统一女真各部落。（3）金国的建立。详细阐述了完颜阿骨打大败辽军，占领辽东，建立金国（都城在今哈尔滨市阿城区），继而又大举进攻辽国，进而灭辽的过程。此外，还讲述了阿骨打令完颜希尹创造女真文字，以及辽太祖的病逝等问题。（4）金国的对外关系。主要阐述了金国与宋朝、蒙古的关系问题。在金国与宋朝的关系上，重点讲述了金太祖伐宋，宋徽宗、宋钦宗被俘，北宋灭亡，进攻南宋，岳飞抗金被害，南宋割地求和，在此过程中金国发展到最强盛时期。在金国与蒙古的关系上，主要讲述了双方的敌对关系的形成过程，金熙宗派呼沙呼攻蒙古惨败，兀术带兵多次进攻蒙古失败，最后两国于 1147 年议和。（5）金国的灭亡及成因。王西里利用所搜集的史料，记录了金国灭亡前

---

① В. П. Васильев. История и древности восточной части Средней Азии с X по XIII в. , СПБ. , 1857. с. 3.

的内忧外患。内忧在于金国从建国之始到灭亡的整个过程中发生了一系列王权争夺事件，甚至于1213年在中都发生政变，皇权争夺的内讧严重影响了金国的政治实力和社会稳定。在内忧发生的同时，蒙古正在强大，能征善战的成吉思汗统一蒙古后于1210年以拒绝金国传召为由挑起事端。1211年成吉思汗发动了第一次侵金战争，1212年再次侵金。对于蒙古的侵略，金国早有防范，但政局不稳的金国已无力抵抗，只好向蒙古求和赔款以苟延残喘。为了征服金国，蒙古与宋朝联合，金哀宗不得已弃汴州至蔡州，最后于1234年灭亡。对于金国的灭亡，王西里给予了充分的分析，他认为金国的灭亡基于以下几种原因：①猛安谋克组织使外族兵力大增，削弱了金军的战斗力，这为金国走向灭亡埋下了隐患；②金国在王位继承上的世袭制度（兄传弟，弟死后再传兄之子），导致皇权争夺事件层出不穷，影响了金国的内政外交；③与宋朝的连年征战消耗了金国的国力，而与其相邻的西夏、蒙古实力渐长，一强一弱必然会引发侵略战争；④货币制度改革适得其反，金国为减轻百姓的负担将货币由银锭改为纸币，这反而大大增加了百姓的负担。王西里还分析了金国的兵制问题、中央行政制度、管制以及赋税制度。

除了介绍契丹史和金史外，王西里还用了很大的篇幅介绍了蒙古的起源、崛起、风情、地理等内容。

该书在正文之外，还有译文。译文由"引言""关于契丹人的资料""关于金人的资料""关于蒙古人的资料"四部分组成。

"关于契丹人的资料"，节译自脱脱等撰写的《辽史》和叶隆礼撰写的《契丹国志》。主要介绍了契丹的历史、民族起源、国家与风俗、部落、部落统一、军制、官制、宫廷制度、服饰、渔猎时间、考试制度、历时札记、旋风、舍利、跪拜、长白山、泽蒲、回鹘豆、螃蟹等内容。

"关于金人的资料"，主要译自《大金国志》和王西里本人的综合性述评。主要内容为简评民族的起源和强大、发源地的土地质量、男女服饰、婚姻、官吏、佛教、道教、刑罚、赦免、军屯、围猎、兵制、旗帜、车辆与散盖、服装的颜色等。

"关于蒙古人的资料"，译自《蒙鞑备录》，主要内容为国家始创、鞑靼统治者起事、朝代名称与年号、皇子与诸王、名将、首相与宰相、军事管理、马匹管理、粮食、征战、官职、道德风尚、军事装备与武器、出使官员、祭祀、妇女、宴饮、音乐与脸技等。

三　学术评价

《10～13 世纪中亚东部的历史和古迹》是王西里对中国北部民族研究的鸿篇巨制，是记录契丹、女真等族历史的珍贵资料，为俄国及世界各国研究中国历史奠定了坚实的文献基础，而王西里对中国历史的认识也为各国学者研究中国历史拓展了视野。

在史料选择上，王西里并不局限于官修史书的利用，认为《辽史》《金史》《元史》等官修史书中所反映的是契丹、女真和蒙古立国之后的历史，并且吸收了中原的思想和文化，因而只能算作是对中国历史的补充，不如私家史著更能反映这些民族的特点。王西里在这部著作中首先致力于拓展文献使用范围，这不仅有利于对古代中国汉族以外的民族历史进行客观生动的描述，更便于对比丘林遗漏历史阶段的考察。

在研究方法上，王西里在该书中确立了契丹、女真和蒙古三个民族的历史联系，并强调了这种研究方法的重要性。王西里的研究目的不是像比丘林那样只是向俄国学术界传递中国文献中的相关信息。王西里认为，"重要的是要进行历史的总结，发现这些国家在游牧世界中出现的总体规律以及迅速战胜邻族的原因"[1]。

在研究内容上，尽管在王西里之前欧洲对契丹历史已有所研究，但对于契丹历史研究而言，王西里在《10～13 世纪中亚东部的历史和古迹》中做了大量工作，是欧洲第一位真正意义上的研究者。

第八节　《满洲记述》

一　作者简介

《满洲记述》一书的作者为 Д. М. 波兹涅耶夫。Д. М. 波兹涅耶夫[2]

---

① 转引自阎国栋《俄国汉学史》，人民出版社，2006 年，第 300 页。

② 关于 Д. М. 波兹涅耶夫的生平及活动见 Российские востоковеды: Д. М. Позднеев, Н. И. Конрад, Н. А. Невский, В. Д. Плотникова, А. Л. Гальперин, Г. И. Подпалова, А. Е. Глускина, В. Н. Маркова. Страницы памяти. Издательство: Муравей, 1998; Они были первыми: профессор Дмитрий Матвеевич Позднеев//Россия и Азиатско - Тихоокеанский регион. 1999. №2. С. 45 - 49.

（中文名宝至德），是著有《蒙古及蒙古人》（已有中文本）的俄国著名蒙古学家 A. M. 波兹涅耶夫的弟弟，1865 年 2 月 8 日出生于奥尔洛夫市的一个神父家庭。奥尔洛夫神学班毕业后，宝至德进入基辅神学院历史专业学习，1899 年毕业。宝至德以一篇题为《10～15 世纪中亚基督教史》的论文获得了副博士学位。1899 年在兄长的影响下，宝至德进入圣彼得堡大学东方语言系汉满蒙语专业学习，1893 年以优异成绩毕业，并留校东方史教研室任教。1896 年 10 月 15 日，宝至德受聘为圣彼得堡大学编外副教授，后成为圣彼得堡大学教授，主要教授中国历史和东方国家经济地理课程，是俄国皇家地理协会会员。1893～1894 年，宝至德前往伦敦、巴黎和柏林等地游学，目的是了解欧洲的东方学教育和收集晋升教授的资料。1895 年 3 月 30 日，宝至德被财政部征调进入财政部工作。1898 年 5 月至 1904 年 5 月，受财政部派遣，宝至德在北京华俄道胜银行任职，对中国港口贸易问题进行了深入研究。1904 年夏，他代替哥哥被任命为符拉迪沃斯托克东方学院院长。1905 年 10 月 31 日，宝至德前往日本出差，但在日本得了重病使其难以按时返回祖国，因此 1906 年辞去了院长一职。宝至德在日本一直居留到 1910 年才回国。在日本的 4 年多时间里，他掌握了日语，编写了俄国历史上第一部《日俄词典》，为其成为俄国最有影响的日本学家之一，并成为俄国日本学的创始人之一奠定了基础。从日本回国后，宝至德在彼得格勒积极参加组建应用性的高等学府——东方科学院，并教授日语，同时也在列宁格勒国立大学、列宁格勒东方学院和莫斯科伏龙芝军事科学院教授日本、中国历史与经济等课程。十月革命后，宝至德在列宁格勒国民经济学院继续从事教育活动。从 1923 年起，宝至德又在莫斯科军事科学院教授东方国家历史与经济课程。在 20 年代，宝至德曾受工农红军司令部情报局派遣来华收集有关日本的情报。1937 年 9 月 30 日，由于曾在日本居留多年，宝至德被当作"日本特务"遭逮捕，30 天后被枪决。

宝至德不仅多年从事教育和政治活动，也进行学术研究，其早年主要从事中国问题研究，后由于政治因素以及自身与日本的渊源关系，又改行研究日本，取得了丰硕的成果，如《满洲记述》《维吾尔人历史概述》《日俄词典》《北方日本历史及其与亚洲和俄国关系资料》《日本：国家、人口、历史与政治》《中国的太平天国起义》《烟台港的贸易》《城市贸易：

大连、大连湾、篦子窝和大东沟》《蒙古的经济状况与工商业》等著作①，
是公认的俄国汉学家和日本学家之一。而在宝至德的研究成果中也对黑
龙江给予了极大关注，这主要体现在《满洲记述》这本巨著当中。

二　主要内容

1894 年，日本挑起的甲午战争彻底改变了东北亚区域原有的政治平衡。
俄国为了自身利益，导演了"三国干涉还辽"，赢得了当时清政府的"信任"。
1896 年中俄签订了《中俄密约》，构建了针对日本的所谓"中俄同盟"。这样，
俄国取得了在中国东北修筑铁路的特权。② 为适应《中俄密约》签订后俄国社
会对中国东北的高度关注和深入了解，以及俄国政府即将对中国东北进行经
营，俄国财政部责成当时在财政部供职的宝至德负责组织专家编撰一部涵盖历
史、地理和工商等内容的中国东北概览。编撰这部概览要达到两个目的：①尽
可能详尽地记述中国东北当前的情况；②能够作为研究者最快和最准确地了解
前人研究程度的工具。③ 于是，在宝至德的组织编写下，《满洲记述》于 1897
年在圣彼得堡出版。

《满洲记述》由正文和附录两部分组成，分一、二两卷，一卷为正文，二
卷为附录，其中正文部分达 620 页。

《满洲记述》第一卷除序言和结论外，共十一章。第一章为满洲历史概
述，共 38 页；第二章为满洲地理概述，共 90 页；第三章为满洲地理概述
（续），共 15 页；第四章为满洲地质构造，共 15 页；第五章为满洲的气候、动
植物，共 52 页；第六章为满洲的人口，共 42 页；第七章为满洲的行政设置，

---

① Д. М. Позднеев. Описание　маньчжурии. ，СПБ.，1897. 620с；Исторический　очерк
уйгуров. —СПБ，1899. 162с；Японо－русский иероглифический словарь—Токио，
1908. 1206с；Материалы по истории Северной Японии и ее отношений к материку Азии и
России. Т. 1—2. —Токио—Иокогама，1909. 521с；Япония. Страна，население，история，
политика. —М.，1925. 351с；Тай－пинское восстание в Китае. Санкт－Петербург тип.
"В. С. Балашев и К°". 1898. 27с；Торговля порта Чифу. Санкт－Петербург тип. В.
Киршбаума. 1902. 32с；Торговля городов：Дальнего，Далянь－ваня，Би－цзы－во и Да－
дунь－гоу. Санкт－Петербург тип. В. Киршбаума. 1902. 55с；Монголия，ее экономическое
положение，торговля и промышленность. Санкт－Петербург тип. М－ва финансов
1896. 26с.

② 黄定天：《东北亚国际关系史》，黑龙江教育出版社，1999，第 158~201 页。

③ Д. М. Позднеев. Описание маньчжурии.，СПБ.，1897. с. 1.

共 11 页；第八章为满洲的城镇与重要居民点，共 36 页；第九章为满洲的交通，共 106 页；第十章为满洲的开采和加工业，共 101 页；第十一章为满洲的贸易，共 59 页。

尽管《满洲记述》是从整体上记述中国东北的各个领域情况，但在许多章节中都涉及黑龙江，并占据了相当篇幅。在第一章中记述了从肃慎以来至清朝黑龙江的历史沿革，并记载了中俄两国在黑龙江流域的冲突，以及俄国吞并我国黑龙江流域 100 多万平方公里土地的历史，同时还记述了 1897 年前俄国在黑龙江流域的调查与考察情况。在第二、四章中记述了黑龙江省的地域范围、大小兴安岭等山川和黑龙江、乌苏里江、松花江、额尔古纳河、绥芬河等河流、湖泊的具体分布情况，以及黑龙江流域的地质构造。在第五章中记述了黑龙江省的气候变化情况和气候对当地人口健康的影响，以及黑龙江省的森林植被、物产和主要动物。在第六章中记述了 19 世纪末黑龙江省的人口数量、分布区域以及满族、达斡尔、鄂伦春、索伦、蒙古和汉族等族在黑龙江省的具体情况和宗教信仰。在第七章中记述了黑龙江省和当时吉林省所属今黑龙江所辖地域的行政设置以及各区域的行政管理。在第八章中记述了黑龙江省的宁古塔、双城厅、阿什河、拉林城、三姓、巴彦苏苏、富锦、拉哈苏苏、齐齐哈尔、墨尔根、瑷珲、呼兰城、海拉尔和漠河等重要城镇和居民点的分布情况，以及这些城镇和居民点当时的基本情况。在第九章中记述了纵贯黑龙江省南北的主要交通驿站，既包括省内各主要交通驿站的分布情况，也包括黑龙江省通往外部的交通驿站情况。在第十章中记述了黑龙江省的农业、林业、畜牧业、渔业、狩猎业、采金业、加工业等各业情况，其中重点记载了在黑龙江省曾出现的"热尔图加共和国"的采金业情况。在第十一章中既记述了黑龙江省的内部贸易，包括区域内部陆路运输和河运运输商品价格、贸易商品种类、主要贸易中心，也重点记述了黑龙江省与俄国的贸易，记载了自 1858 年至 1895 年黑龙江省与俄国边境贸易发展的基本情况，其中包括黑龙江省对俄边境贸易的主要地点、双方进出口商品种类和结构。

《满洲记述》第 2 卷由 10 个附录组成，其中列举了 1895 年时黑龙江省的军政和民政管理机构的设置数量与机构名称，记载了黑龙江省各主要城市间的里程数，详列了 1891～1895 年黑龙江省部分边境地区与俄罗斯远东进出口商品的数量、种类和总额等。

三　学术评价

《满洲记述》是宝至德组织编写的第一部关于中国东北的大部头著作，也是俄罗斯学者出版的第一部全面、综合研究中国东北的著作[①]。无论史料价值，还是学术价值，该书在学术史上都是要重点提及的。

宝至德在《满洲记述》中汇总了自耶稣会士以来欧洲尤其是俄罗斯的文献，从历史到其所生活的时代对中国东北（包括黑龙江）的历史、政治、经济、军事、地理、交通、人口、城市等进行了全面记述。该书完全达到了编者在前言中所说的目的。因此，与其说该书是一部纯学术性著作，倒不如说其是一部具有实用价值的中国东北百科全书。从史料价值上看，首先该书在附录中详列了宝至德撰写该书之前所有关于中国东北的文献，并在书中利用，这为以后的研究者提供了查找文献的便利；其次书中对作者所处当下中国东北各方面的记载比较详细，尤其是经济领域，为后来研究者提供了比较可靠的资料。

19 世纪中叶以后，随着俄罗斯远东与中国东北经济关系的日益活跃，俄罗斯也开始更加关注毗邻的中国东北。俄罗斯学界也随之对中国东北边疆史地开始了研究，如比丘林汇集大量中国文献出版的《古代中亚各民族历史资料集》（1842）、王西里译自《盛京通志》和《宁古塔纪略》而汇集成书的《满洲记述》（1857）、王西里的《10～13 世纪中亚东部的历史和古迹》（1861）等。上述著述在学术史上都占有一席之地，他们或是译自中文文献，或是研究中国东北某一领域，而宝至德的《满洲记述》则是承前启后的，集前人之大成，成为俄罗斯学者出版的第一部全面、综合研究中国东北的著作。

尽管宝至德的《满洲记述》具有上述显著特点，但该书仍存在明显的不足：一是该书只是介绍前人关于中国东北的研究文献，而没有对前人的研究成果进行分析；二是该书著者并没有亲自到中国东北实地考察，因此也就没有利用最新的资料。

[①] 与《满洲记述》同年出版的还有一部关于中国东北的俄文著作《满洲》，即 Домбровский А.，Ворошилов В.，Маньчжурия. СПб.，1897。该书分为 4 个章节对中国东北的地理、人口、行政设置、司法、军队和工商业进行论述。该书在 1904 年又出版了修订本，增加了 1898 年以来中国东北所发生的一些重要事件。由于受史料所限，迄今为止，学界还没有考证出同年出版的《满洲记述》与《满洲》哪一部出版在先。

第九节　《满洲与中东铁路》

一　作者简介

《满洲与中东铁路》一书的作者为 M. H. 瓦西里耶夫。M. H. 瓦西里耶夫，笔名迪加码，民粹主义者，1857 年生于斯摩棱斯克，1928 年 8 月 12 日逝世于莫斯科。关于 M. H. 瓦西里耶夫的详细生平资料，史料记载非常少，本书仅根据一些零星资料了解到 M. H. 瓦西里耶夫的少许信息①。

1878 年 M. H. 瓦西里耶夫中学毕业后考入圣彼得堡外科医学科学院学习。从进入大学起，M. H. 瓦西里耶夫就积极参加各种社会政治活动，如 1878 年 11 月，M. H. 瓦西里耶夫参加了外科医学科学院的学潮和大学生的示威游行，并因此还被逮捕过。

由于多次参与学潮，1881 年，M. H. 瓦西里耶夫从外科医学科学院被迫转学，进入了圣彼得堡大学法律系。在圣彼得堡大学学习期间，M. H. 瓦西里耶夫结识了 M. П. 舍巴林、П. Ф. 雅库波维奇和其他给予其"多方帮助"的民意党人，同时为地下杂志"大学生"撰稿。

1882 年 4 月，M. H. 瓦西里耶夫因不付学费被圣彼得堡大学开除。1883 年 8 月，M. H. 瓦西里耶夫来到了基辅，并于 10 月进入基辅大学医学系学习。从 1883 年 9 月至 1884 年 3 月，M. H. 瓦西里耶夫在基辅总督办公厅任司书一职。在 M. H. 瓦西里耶夫来到基辅后不久，民意党人 M. П. 舍巴林也来到了基辅，并建议 M. H. 瓦西里耶夫在这里发行《社会主义者》报。在 M. П. 舍巴林的建议下，M. H. 瓦西里耶夫创办了该报社。

1884 年 3 月 4 日夜，M. H. 瓦西里耶夫因承认自己是报纸《社会主义者》上登载的一份声明的作者，与 M. П. 舍巴林等人一同被逮捕。1884 年 9 月 10 日，根据基辅总督的命令，M. H. 瓦西里耶夫被移交给基辅军区法院。1884 年 11 月 1～8 日，基辅军区法院对 M. H. 瓦西里耶夫进行了审判，判处 M. H. 瓦西里耶夫失去行动自由，并流放到伊尔库茨克省一个遥远的村镇。从 1885 年 10 月起，M. H. 瓦西里耶夫长期在这里服苦役。由于在流放期间表现良好，

---

① И. И. Попов. Макар Николаевич Васильев. "Кат. и Сс." 1928, X (47). c. 153 – 155.

根据交通部的建议 M. H. 瓦西里耶夫于 1900 年 12 月 17 日提前结束了流放，获得了自由。在流放期间，M. H. 瓦西里耶夫做过医生、铁路技术员以及以迪加码为笔名为托木斯克和远东的报纸撰稿。

1900 年末，M. H. 瓦西里耶夫返回了欧俄地区，之后在中亚的铁路部门任职。此间，M. H. 瓦西里耶夫虽没有加入革命党，但还是尽可能地对各革命势力给予了帮助。1908 年，在致沙皇尼古拉二世的信函中 M. H. 瓦西里耶夫因严厉批评 П. 斯托雷平的政策，再次被判流放，但两周后这个流放指令又被撤销了。1917 年初，M. H. 瓦西里耶夫又因批评指责当局的政策，第三次被判流放，流放地为雅库茨克省。M. H. 瓦西里耶夫的生命的最后年代是在莫斯科度过的。

M. H. 瓦西里耶夫不仅经常关注政治问题，也著书立说，取得了一定的学术成就，如以笔名迪加码出版了与中国有关的三本书《乌苏里铁路》《满洲与中东铁路》《与中国的贸易》①。其中，与黑龙江研究直接有关的著作为《满洲与中东铁路》。

二　主要内容

19 世纪末 20 世纪初，随着中国东北在俄国地缘政治中的战略地位越来越凸显，俄国对中国东北产生了浓厚的兴趣。1897 年俄国财政部责成宝至德编写的《满洲记述》一书满足了俄国社会的需求。但宝至德编写的《满洲记述》2 卷本篇幅达 800 多页，不利于普通民众接受，需要编写一部简明扼要的通俗读本。之前的 1895 年秋，M. H. 瓦西里耶夫在中国东北东部地区进行了几次考察，更进一步深入了解了中国东北地区的一些实际情况。与此同时，中东铁路已在中国东北开始修筑，为了让人们了解该路修筑的基本情况，专门在书中用一个章节阐述。综合上述因素，M. H. 瓦西里耶夫在符拉迪沃斯托克撰写了《满洲与中东铁路》一书，并于 1898 年在托木斯克正式出版。

《满洲与中东铁路》全书尽管篇幅很短，仅 82 页，但仍列出了七个章节，对包括黑龙江省在内的北满地区的地理、气候、动植物、人口、行政设置、重

---

①　Дигамма. Уссурийская железная дорога（Владивосток – Графская）. – Томск: тип. М. Ф. Картамышевой, 1891. – 44с; Маньчжурия и Китайская восточная железная дорога :（С картою Маньчжурии）. – Томск: Изд. Ф. П. Романова, 1898. 82с; Торговля с Китаем. – Томск: Изд. Ф. П. Романова, 1899. – 72 с.

要城镇和居民点、工商业与中东铁路问题进行了简明概要的介绍。该书前六章内容与宝至德的《满洲记述》在内容上无显著差异，唯一不同的是宝至德的《满洲记述》在篇幅上远远多于《满洲与中东铁路》。可以说，《满洲与中东铁路》是宝至德《满洲记述》的简缩本。而该书第七章是宝至德的《满洲记述》中没有阐述的。该书第七章题目为"中东铁路"，主要记述了中东铁路修筑的意义和线路选择情况，章后附上了中东铁路公司章程。

三　学术评价

《满洲与中东铁路》是继宝至德《满洲记述》之后俄罗斯出版的另一部关于中国东北的著作，亦是 M. H. 瓦西里耶夫出版的著作中唯一一部直接关于黑龙江的著作。

《满洲与中东铁路》实质上是宝至德《满洲记述》的翻版减缩本，其在学术史上的地位比之宝至德的《满洲记述》要逊色很多，但其学术价值仍不可抹杀。该书是俄罗斯学术界对我国东北北部地区（北满）进行专题研究的第一本著作，亦是第一本对中东铁路问题进行研究的著作。另外，《满洲与中东铁路》也是俄文学术著作中首次附录了中东铁路公司章程的著作，对于研究中东铁路史是一部重要史料。

第二章 成书于 20 世纪初 有关黑龙江的史料（上）

第一节 《呼兰城——满洲中部历史与经济生活概述》

一 作者简介

《呼兰城——满洲中部历史与经济生活概述》一书的作者为 В. П. 什库尔金。В. П. 什库尔金①，1868 年 11 月 3 日出生于哈尔科夫省，1943 年 4 月 1 日逝世于美国西雅图。1888 年，В. П. 什库尔金从亚历山大军事学校毕业后被分配到符拉迪沃斯托克的军中任职。对东方的兴趣使他放弃了去美国与法国求学的想法，进入刚刚成立的东方学院，成为该校的第一届学生，在学期间曾来中国实习，对中国东北的呼兰进行了专门考察，并撰写了一篇价值巨大的考察报告。1903 年，В. П. 什库尔金以优异成绩毕业于东方学院汉满语专业。从 1903 年 5 月 20 日起，В. П. 什库尔金担任符拉迪沃斯托克警察局局长助理。1904 年，В. П. 什库尔金参加了日俄战争，多次获得嘉奖。战争结束后，В. П. 什库尔金于 1907～1909 年在吉林语言学校教授俄语和俄国历史。1909 年，В. П. 什库尔金担任哈巴罗夫斯克阿穆尔军区司令部翻译，直接参与对华交涉事务。1913 年，В. П. 什库尔金退役，移居哈尔滨，在中东铁路总会计室工作，同时

---

① 关于 В. П. 什库尔金的生平与活动见 Хисамутдинов А. А. СИНОЛОГ П. В. ШКУРКИН: "… Не для широкой публики, а для востоковедов и востоколюбов"//Известия Восточного института. №3. 1996. с. 150 – 160; Бакич О. Дальневосточный архив П. В. Шкуркина: Предварит. опись. San Pablo, CA（Калифорния），1997. 133 c。

在哈尔滨商业学校、第一实验学校、汉语培训班和东方学与商业科学院讲授汉语和东方学课程，积极参加满洲俄国东方学家学会和东省文物研究会的工作，并从 1916 年起担任《亚细亚时报》的第 7 任主编。1927 年，В. П. 什库尔金移居美国西雅图，继续参加各类社会活动，担任华盛顿大学顾问和俄国历史学会创办会员。В. П. 什库尔金一生著述颇丰，主要致力于中国宗教、民俗、神话、历史的研究与中国民间故事、古典小说的翻译，出版《呼兰城——满洲中部历史与经济生活概述》《八仙过海》《红胡子》《中国古代简史》《中国历史故事》《细柳》《东方研究》《赌徒》《中国传说与故事》《远东国家历史指南》等 10 余部专译著作，以及《东亚》《汉语口语学习教科书》《中学东方学课本》等教材①；发表《2450 年前的中国艺术展览》《日中冲突》《中国学校

---

① Шкуркин П. В. Город Хулань – чэн. Очерк из исторического и экономического быта Центральной Маньчжурии. Никольск – уссурийский, тип. Миссюра, 1903. 94с; Официальный отчет по Гириньской провинции за 34 – й год Гуан – сюй (1908) . Составленный применительно (к конституционным требованиям) в 1912 г. Перевод с китайского. Хабаровск. 1913. 190с; Рассказы из китайского быта. Хунхузы. Этнографические рассказы. – Харбин: типо – литография т – ва "Озо", 1924. 138с. [С одной вложенной и одной вклеенной страницей дополнительного текста; со вклеенными рецензиями на книгу.]; Путешествие восьми бессмертных за море. даосское сказание. (Отдельные оттиски из Вестника Маньчжурии, №8 и 9, 1926) . – Харбин: тип. КВЖД. 104 с; Игроки. Китайская быль. – Харбин: типо – лито – цинкография Л. М. Абрамовича, 1926. 121с; Восточная Азия. Сокращенный учебник востоковедения для школ Ⅱ и Ⅲ ступени. Часть I. Издание курсов китайского языка Квжд. – Харбин: худ. тип. "Заря", 1926. 181с. [То же], Часть Ⅱ. С приложением карты Восточной Азии. Тип. Я. Эленберга, 1926. 100с; Учебник востоковедения для средних учебных заведений (Ⅲ ступени) . Издание 2 – е, переработанное, с 92 рисунками. Издано Обществом изучения Маньчжурского края. – Харбин: типография "Заря", Сквозная1. 1927. 170 с; Картины из древней истории Китая. – Харбин, 1927. 110с; Пособие при изучении китайского разговорного языка. Часть 1 – я. Русский текст, Изд. второе, исправленное и дополненное. – Харбин, 1926. На правах рукописи. 104с; Лоло (Старое и новое об инородцах Юго – Западного Китая. Вып. 1 – 2, Харбин, 1915 – 1916. (вып. 1, 1913, Вестник Азии, №16 – 17, с. 59 – 99; вып. 2, 1915, №34, с. 72 – 161.); Справочник по истории стран Дальнего Востока. Ч. 1. Китай. – Харбин, 1918. 134с. То же. – №47. 1918. Вестник Азии. С. 1 – 135; По Востоку. Очерки истории, быта и торговли Карацу, Вэй – хай – вэй, Чжи – фу, Шанхая, Хан – чжоу, Су – чжоу, Ань – цин – фу. Реорганизация войск в Центральном Китае, Корея и японии. Ч. 1. – Харбин, тип. Юань – дун – бао, 1912, 197с. Ч. 2. – Харбин, тип. Квжд, 1916, 109с; Монгольский вопрос. – Харбин, 1920; китайские легерды. – Харбин, Тип. ОЗО, 1921. – 161с; китайские рассказы и легенды: Пер. с кит. – Харбин, 1917. – 53с; Тонкая ива: китайская повесть для дам и для идеал. мужчин. – Харбин, Тип. ОЗО, 1922. – 38с; Легерды из истории Китая. – Харбин, 1922. – 157с.

与教育》《中国人口》《呼兰城》等十几篇学术论文①。其在黑龙江研究方面出版了唯一一部具有重要学术价值的著作，即《呼兰城——满洲中部历史与经济生活概述》。

二　主要内容

随着沙皇俄国侵华步伐的不断加快，为了满足俄国政府对汉、满、蒙等东方语言实用性人才的需求，1899 年 10 月 21 日，俄国政府在符拉迪沃斯托克创建了专门培养东方语言人才的高等学府——东方学院。在这样的背景下，В. П. 什库尔金进入了东方学院学习。根据东方学院的规定，为了加强学生的实践能力和对华了解，利用假期，学院派遣学生来华进修。俄国政府、教会、商会在中国建立的机构是学院学生进修实习的重要场所。

---

① 例如，Шкуркин П. В. Город Хулань - чэн. //Известия Восточного Института. 1902. т. 3. вып. 4. с. 1 - 94；Легенды в китайской истории. //Вестник Азии, 1922, №50. - С. 1 - 157；Правосудие, китайская сказка. пер. с кит. //Вестник Азии, 1916, № 38 - 39. - С. 135 - 149；Китайские рассказы и сказки： Портрет. Дочь уездного начальника. Одеяло/пер. с кит. //Вестник Азии, 1917, №41. - С. 1 - 52；Лисицы. Китайская сказка. пер. с кит. //Вестник Азии, 1915, № 35 - 36. - С. 69 - 85；Упразднение религии в Китае. //Вестник Азии, 1909, №3. - С. 51 - 57；Художественная выставка в Китае 2450 лет назад（Историческая драма времен династии Чжоу）. /Вестник Азии, 1910, №6. - С. 94 - 116；Переводчик или Ориенталист? //Вестник Азии, 1911, №9. - С. 1 - 13；По Востоку. /Вестник Азии, 1912, №11 - 12. - С. 180 - 264；Лоло（Старое и новое об инородцах юго - западного Китая）. /Вестник Азии, 1913, №16 - 17. - С. 59 - 99；Страница из истории Китая. Падение Минской династии и воцарение Цинской. - //Вестник Азии, 1913, №18. - С. 1 - 31；Клад// Вестник Азии, 1914, №25 - 26 - 27. - С. 101 - 104；Легенды в китайской истории. //Вестник Азии, 1922, №50. - С. 1 - 157；Очерк даосизма： Даосизм. Ба сянь, //Вестник Азии. 1925. №53. С. 121 - 125；Упразднение религии в Китае. //Вестник Азии. 1909. №3. С. 51 - 57；Художественная выставка в Китае 2450 лет назад. - //Вестник Азии, 1910, №6. С. 94 - 116；Японо - китайский конфликт（докл. в оро）. - //Вестник Азии, №34, 1915, с. 170 - 192. ［отд. отт. Харбин, 1915.］；Китайский флот по сообщениям Китайской печати. - //Вестник Азии, №1, 1909, с. 245 - 249；Несколько слов о доисторическом Китае. - //Вестник Азии, №52, 1924, с. 345 - 351；Население Китая. - //Экономический Вестник Маньчжурии, 1923, №27, с. 14 - 16；Очерки даосизма. Путешествие Восьми Бессмертных за море. //Вестник Маньчжурии. - 1926, №8. - С. 23 - 35；Путешествие восьми бессмертных за море： окончание. //Вестник Маньчжурии. - 1926, №9. - С. 7 - 18；Некоторые данные о русской земле по древним китайским источникам. - №48. 1922. //Вестник Азии. С. 59 - 62。

学院对赴外实习学生提出了严格要求。来到国外实习的学生应对实习地进行考察，记述实习地的历史地理，并附上实习地的经济情况，篇幅 6 ~ 8 页。在晚上的时候，学生应逐字逐句地进行翻译，并把翻译作为学生的研究计划。学生提交的书面实习报告是学生完成实习的结果，并作为毕业论文的凭证。1900 年夏天，B. П. 什库尔金被派到黑龙江的呼兰实习，在此居留了 3 个多月，对呼兰城进行了详细的实地考察，回国后撰写了实习报告《呼兰城》。由于该报告内容丰富和 B. П. 什库尔金的刻苦研究，报告以同名被发表在 1902 年东方学院学报第 3 卷上。B. П. 什库尔金也因此以优异成绩毕业。由于该报告发表后产生了极大影响，1903 年，该报告以《呼兰城——满洲中部历史与经济生活概述》为书名在乌苏里斯克出版了单行本。

全书篇幅不长，仅 94 页。作者在本书的开篇就指出，呼兰城因其特殊的地理位置而在中国东北经济生活中占据重要的作用和显著的地位。之后作者引用黑龙江史料对呼兰城的建城时间、地点和起因进行了探讨。作者特别指出，呼兰城的建城主要是为了发展中国东北的农业和供给军队粮食。同时，作者也对流经呼兰城的重要河流——呼兰河、呼兰城四季的气候变化、当地的人口与垦殖、满汉关系等情况进行了概述性介绍。

作者还利用在呼兰城居留 3 个月的时间对呼兰城的当前情况给予了调查和描述。作者记述了呼兰城当地人对待俄罗斯人和地方政府的态度、地主与仆人的关系，尤其是呼兰城大街上的情形，如呼兰城内大街上的商店、工厂、建筑物、流通的货币、出售粮食的种类、医院、烟馆、教堂、庙宇、卫生状况、百姓的日常生活、当地人的风俗信仰等具体情况。书中还附上了当时呼兰城老爷庙、白牌楼两个典型建筑物的两幅图片。

作者在书中的最后几页也对哈尔滨旧城（今香坊区）给予零星介绍。

三 学术评价

《呼兰城——满洲中部历史与经济生活概述》是 B. П. 什库尔金诸多中国研究著作中唯一一部关于黑龙江的著作。该著尽管篇幅短小，但其在学术史上却占有不可替代的地位。

在俄国汉学史上，《呼兰城——满洲中部历史与经济生活概述》一书出版前，俄国就已有学者出版了关于黑龙江的著作，如 1902 年出版的《阿什河副都统》①。尽管如此，《阿什河副都统》并不是真正的学术著作，它是由俄国军方根据中文资料编撰的军事统计资料，对阿什河副都统所辖地区进行军事统计描述。《呼兰城——满洲中部历史与经济生活概述》一书不仅是俄国学者出版的第一部专门研究黑龙江省的学术著作，亦是对黑龙江省区域内城镇进行专门研究的第一部著作。

在史料价值上，《呼兰城——满洲中部历史与经济生活概述》一书也不容忽视。书中所记载的大量史实都是作者亲身所查所见，具有相当的真实性。这些史料对我们当代学者研究当时呼兰的历史具有重要参考价值。其中书中所附的两幅图片再现了当时呼兰城的城市情况，极其珍贵。

第二节　《俄国在满洲的事业——从17世纪至今》

一　作者简介

《俄国在满洲的事业——从 17 世纪至今》一书的作者为 Н. П. 什泰因菲尔德。Н. П. 什泰因菲尔德②，出生年限、地点不详，1925 年 12 月逝世于哈巴罗夫斯克。Н. П. 什泰因菲尔德曾任《哈尔滨新闻报》编辑、《阿穆尔边区报》记者、哈尔滨贸易公所第一秘书，是满洲俄国东方学家学会和俄国皇家东方学学会会员。1921 年，Н. П. 什泰因菲尔德从哈尔滨返回符拉迪沃斯托克，并担任《祖国之声报》职员。Н. П. 什泰因菲尔德后移居哈巴罗夫斯克，在《太平洋之星报》工作到生命最后。Н. П. 什泰因菲尔德主要致力于中俄经济关系研究，在《亚细亚时报》《远东铁路生活》《财政工商通报》等杂志上发表了《当地商界评价俄国在蒙古的贸易》《当地商界评价俄国在满洲的贸易》《战后俄国在满洲的工商业》等 10 余篇学术

---

①　Богданов А. Ф. Ажехинское фудутунство / Сост. Ген. штаба подполк. Богданов. Ч. 1. Хабаровск : Штаб Приамур. Воен. окр.， 1902.

②　Хисамутдинов А. А. Российская эмиграция в Азиатско – Тихоокеанском регионе и Южной Америке：Биобиблиографический словарь. – Владивосток：Изд – во Дальневост. ун – та, 2000. с. 346.

论文①, 出版了《俄国在满洲的事业——从 17 世纪至今》《我们和日本人在满洲》《俄国在华商业利益》等重要著作②。代表作为 1910 年出版的《俄国在满洲的事业——从 17 世纪至今》。该作亦是 Н. П. 什泰因菲尔德研究黑龙江的重要著作。

二 主要内容

《俄国在满洲的事业——从 17 世纪至今》成书于 1910 年, 在哈尔滨出版。从 17 世纪开始, 俄国就在中国东北地区开展了其所谓"开拓事业", 至作者撰写本书时, 已有 3 个世纪的历史。在此期间, 尤其是 19 世纪末 20 世纪初, 俄国以修筑和经营中东铁路为基础, 在中国东北地区的"事业"获得了长足发展。然而, 从学术的角度梳理俄国在中国东北地区的"事业", 在俄国学术界尚无任何出版物问世。正如作者书中的结论所言, 俄国在中国东北地区的"事业"已经稳固发展 14 个年头了, 但迄今为止我们还找不到一本专论全面

---

① Штейнфельд Н. П. Русская торговля в Монголии в характеристике местного купечестваю//Вестник Азии, 1909, №2. - С. 112 - 129; Русская торговля в Маньчжурии в характеристике местного купечестваю//Вестник Азии, 1909, №3. - С. 128 - 157; Местное купечество о последствиях закрытия 50 - тиверстной полосыю//Вестник Азии, 1913, №13. - С. 1 - 20; Важная недомолвка в Ургинском договоре. -//Вестник Азии, №15. 1913. - С. 23 - 26; Китайское Приамурье или русская Маньчжурия? -//Быт и Культура Востока, 1910, №1, с. 5 - 6; Итоги русского дела в Маньчжурии за 20 лет. - Дальний Восток. вып. 1. Харбин, 1918; Русское дело в Китае и Маньчжурии. - Сиб. торгово - промышленный ежегодник, СПБ, отд. 2, с. 31 - 41; О положении кредита для русской торговли в Маньчжурии. -//Изв. Харбинского отд - ния О - ва востоковедения, 1910, Т. 1. - С. 102 - 115; Свод статистических материалов по русской торговле в Маньчжурии. -//Изв. Харбинского отд - ния О - ва востоковедения, 1909, Т. 1. С. 122 - 131; Русская торговля и промышленность в Маньчжурии после войны. //Вестник финансов, пром - сти и торговли. 1906, №33. - С. 225 - 232; Русская торговля в Маньчжурии. //Вестник финансов, пром - сти и торговли. 1909, №52. - С. 657 - 660; Ближайшие задачи русской торговли в Приманьчжурской Монголии. //Вестник финансов, пром - сти и торговли. 1912, №61. - С. 246 - 248; Успехи хлебной торговли в Северной Маньчжурии в освещении железнодорожной статистики. -//железнодорожная жизнь на Дальнем востоке. 1911, №3 - 4. - С. 6 - 8.

② Штейнфельд Н. П. Мы и японцы в Маньчжурии. - Харбин, тип. Труд, 1913. 47с; Русское дело в Маньчжурии. С 17 в. до наших дней. - Харбин, тип. газ. Юань - дун - бао, 1910. 208с; Что делать с Маньчжурией? - Харбин, тип. Труд В. И. Антуфьева, 1913. 30с; К вопросу русской торговли в Китае. - Харбин, изд. Штаба Заамур. округа. 11с; Русские торговые интересы в Китае. - Харбин, Труд, 1913. 24с.

反映俄国人在中国东北地区政治状况、生活和活动的书籍。《俄国在满洲的事业——从 17 世纪至今》一书就尽可能地全面展现了当时俄国在中国东北地区"事业"的图景。此外，Н. П. 什泰因菲尔德撰写此书还有另一重要目的，就是对俄国在中国东北地区的经济活动进行重点研究。而俄国在中国东北地区的经济繁荣需要俄国政治上的干预。作者在该书前言中明确表达了这一主张。

全书共 208 页，除序言和结论外，分 10 个章节论述。第一章为俄国人在中国东北的历史回顾；第二章为 19 世纪末 20 世纪初的东北亚国际关系；第三章为中东铁路的修筑与运营；第四章为俄国与中国东北地区的贸易；第五章为哈尔滨的工商业；第六章为俄国在中国东北地区的粮食贸易和工业；第七章为中国东北地区的税关与俄国之关系；第八章为俄国在中国东北地区的政治活动；第九章为俄国与日本在中国东北地区的关系；第十章为俄国在中国东北地区活动的前景。

在第一章中记述了俄国人从 17 世纪在中国东北地区的出现至 20 世纪初在中国东北地区的活动的简要历史。作者在第一章中将俄国在中国东北地区的活动划分为四个时期：①17 世纪西伯利亚哥萨克在黑龙江流域的出现；②1860 年前后布拉戈维申斯克区域金矿业的兴起；③哈巴罗夫斯克升级改造为城市时期；④1898～1903 年在中国东北地区修筑中东铁路时期。作者认为，第四个时期是俄国在中国东北地区发展商业的最重要时期。

在第二章中分析了 19 世纪末俄国的亚太战略，以及甲午中日战争对俄国亚太战略和中国外交的影响，记述了《中俄密约》的签订、《合办东省铁路公司合同》的签订、《旅大租地条约》的签订、《续订合办东省铁路公司合同》的签订、英俄签署关于瓜分中国的协定、1900 年俄国占领中国东北、1902 年在西方国家压力下俄国与中国签订《交收东三省条约》、1904～1905 年日俄瓜分中国东北的日俄战争以及《朴茨茅斯条约》的签订等一系列影响东北亚国际关系发展的重大事件。而这些事件又都在黑龙江大地上有所反映。

在第三章中首先记述了中东铁路的修筑过程，在修筑过程中中国工人对铁路的修筑付出了艰辛的劳动；其次记述了中东铁路公司经营中东铁路的情况，书中记载到 1903 年 7 月 1 日中东铁路运营时投入资本为 4.09 亿卢布，到 1909 年共投入资本 5.031 亿卢布。书中也记载到 1909 年时，中东铁路公司所经营的中东铁路一直处于亏损状态，累计负债 2.525 亿卢布。此外，书中也对中东

铁路近三年的货物运输量和货物种类进行了分析。

在第四章中作者介绍了近十年来中俄两国商品通过所有边境地区的进出口额和1907年主要进出口商品额与种类，指出中国东北是俄国在华倾销商品的主要市场，在这方面中东铁路起到了重要作用，以1907年的资料为例，1907年俄国商品输入中国东北价值1720万卢布，占当年输入中国所有商品额的62%。作者又指出，中东铁路与中国东北在中国商品输入俄国方面起到的作用远远逊色于俄国商品输入中国方面。

在第五章中作者指出，由于哈尔滨地处铁路和水路的交通要道，因此其占据中国东北主要商业中心的地位。这与俄国资本的输入有着直接关系。作者通过数字列举了到1910年时哈尔滨的31种主要商品交易种类和交易额，其中交易总额为3460万卢布，而同年整个中东铁路附属地带的商品交易额为5200万卢布。

在第六章中作者指出农业是东北地区的主要产业，因此粮食贸易在中东铁路附属地带异常活跃。1907年至1909年，通过中东铁路出口的粮食总量逐年增加，1907年为770万普特，1908年为1180万普特，1909年为2100万普特。而阿穆尔沿岸地区对中国东北的粮食需求保持着依附关系。1907年，中国东北的粮食向该地区的出口额为600万卢布，1908年迅速增长到750万卢布，1910年达到了1000万卢布。俄国还在中国东北地区开展了开采和加工工业。据记载，俄国在中国东北地区的开采工业年开采额为450万～500万卢布，加工工业年加工额1135万卢布。

在第七章中记述，根据1907年《北满洲税关章程》的规定，中国政府得以在满洲里和绥芬河设立税关，并详列了该章程的30多条具体重要条款。作者认为，该章程虽然重申了中东铁路输出输入货物减税三分之一的优惠规定，但相对海陆贸易而言，俄国并没有获得实际意义上的优惠。为了加快推进俄国与中国东北的经济联系，作者赞同哈尔滨交易委员会提出的1911年在修订1881年《伊犁条约》时重新加上新条款。作者在书中列举了哈尔滨交易委员会提出的十几条有利于俄国的新方案。

在第八章中记述了日俄战争后俄国为了对中国东北北部加强控制，在中东铁路附属地搞了两套政治管理体制——隶属外交部的哈尔滨领事馆和隶属于财政部的中东铁路管理局。但是，哈尔滨领事馆领事一职或被中东铁路管理局局长兼任，或其行政职权被中东铁路管理局所取代。这是因为俄国赋予了中东铁路管理局至高无上的权力。书中记载了俄国政府通过的《东省铁路附属地民政总则大纲》10 条，按照租借形式在中东铁路沿线及其所经城镇建立民事行政机关。同时，附上了依据此大纲制定的《哈尔滨自治公议会章程》55 条。为了使上述内容合法化，俄国政府于 1909 年逼迫清政府在北京签署了《东省铁路公议会大纲》18 条。

在第九章中记述了俄国与日本在中国东北地区的斗争与合作问题，并分析了未来俄日同盟关系的前景。作者认为，俄日同盟关系将面临弱化趋势和引起强烈的不信任。

在第十章中记述了中国东北地区是俄国在华"事业"的最重要地区，表现在军事、政治、经济和文化等方面。作者特别记载了俄国在中国东北地区文化教育方面的发展情况，尤其指出俄国在中东铁路附属地带的商业活动年贸易额达 5000 万卢布，使俄国尤其是阿穆尔沿岸地区的发展已离不开中国东北地区。作者又指出，俄国在中国东北地区"事业"的发展与日本、中国在该地区的政策密切相关。在日本的对外扩张强化和中国开发东北边疆的形势下，作者认为，如果在政治上俄国反应过慢或态度不坚决，那么俄国在中国东北地区的"事业"毫无疑问必将迎来失败。

三　学术评价

《俄国在满洲的事业——从 17 世纪至今》一书是 Н. П. 什泰因菲尔德出版的第一部著作，亦是其关于黑龙江研究的代表作。从该书的主要内容看，书中记载了大量关于黑龙江的史料。如前所述，许多章节中都介绍了与黑龙江有关的内容，其中的诸多史料对后世学者研究 20 世纪初之前的黑龙江历史都具有重要价值。

在俄国汉学史上，该书的学术价值不容忽视。在该书出版之前，俄国学者早已出版过论述中俄关系的论著，其中也包括俄国与中国东北地区关系问题的论著，如 1908 年 Б. 杰米琴斯基在圣彼得堡出版的《俄国在满洲》[①] 一书。可以说，该书是俄国学者出版的专门探讨关于俄国与中国东北地区关系问题的第一部俄文著作，在学术史上具有重要价值。该书论述

---

① Борис Демчинсний. Россия в Маньчжурии.（По неопудликованным документам）. С. - Петербург, 1908.

的重点在于俄国在中国东北地区的政治活动，作者明确指出了俄国通过暴力或军事手段破坏了其在中国东北地区所取得的"事业"。而 Н. П. 什泰因菲尔德的《俄国在满洲的事业——从 17 世纪至今》一书尽管不是俄国学者出版的专门探讨关于俄国与中国东北地区关系问题的第一部俄文著作，但在学术史上仍应给予其足够的重视。《俄国在满洲的事业——从 17 世纪至今》一书是俄国学者出版的专门探讨俄国与中国东北地区关系问题的第一部综合性论著，同时也是第一部以研究俄国在中国东北地区经济活动为主要内容的论著。此外，作者所阐述的论点也与 Б. 杰米琴斯基观点截然相反。

第三节 《北满垦务农业志》、《齐齐哈尔经济概述》和《中东铁路商务代表 А. П. 鲍洛班1911年关于中东铁路所影响的北满地区垦务的调查报告》

一 作者简介

《北满垦务农业志》、《齐齐哈尔经济概述》 和 《中东铁路商务代表 А. П. 鲍洛班 1911 年关于中东铁路所影响的北满地区垦务的调查报告》3 部书的作者为 А. П. 鲍洛班。А. П. 鲍洛班①，生卒年限、地点不详。1903 年，А. П. 鲍洛班完成了去日本的考察。1904～1905 年，А. П. 鲍洛班被征调参加日俄战争，获中尉军衔。1908 年，А. П. 鲍洛班毕业于符拉迪沃斯托克东方学院汉满语专业，同年来到中国东北，担任中东铁路商务处驻齐齐哈尔代办处主任。1912～1913 年，А. П. 鲍洛班担任俄国驻外蒙古库伦工商部代表。1913～1916 年，А. П. 鲍洛班被任命为俄国驻库伦总领事馆领事。1937 年，А. П. 鲍洛班编撰了一本文学集子。А. П. 鲍洛班是满洲俄国东方学家学会创办会员，其在《亚细亚时报》杂志上发表了《满洲的未来》《中国在满洲和蒙古地区的垦殖

---

① Хисамутдинов А. А. Российская эмиграция в Азиатско－Тихоокеанском регионе и Южной Америке：Биобиблиографический словарь. － Владивосток：Изд－во Дальневост. ун－та, 2000. с. 56.

问题》《东北蒙古及其粮食贸易》① 等论文，出版了《北满垦务农业志》《中国在满洲和蒙古地区的垦殖问题》《齐齐哈尔经济概述》《中东铁路商务代表

A. П. 鲍洛班 1911 年关于中东铁路所影响的北满地区垦务的调查报告》《当前经贸关系中蒙古：1912~1913 年蒙古工商部代表 A. П. 鲍洛班的报告》② 等关于中国东北和蒙古地区经济的重要著作。A. П. 鲍洛班出版的 5 部著作无论是在当时还是在后世都堪称经典，而其中 3 部是直接关于黑龙江的。A. П. 鲍洛班也因此成为 20 世纪初俄国历史上少有的专注黑龙江研究的学者。

二　主要内容

《北满垦务农业志》一书于 1909 年在哈尔滨出版。1908 年，A. П. 鲍洛班大学毕业后立刻被授命担任中东铁路商务处驻齐齐哈尔代办处主任一职。就职后 A. П. 鲍洛班就接到了中东铁路管理局局长委托的一项重要研究任务——对中国东北北部地区的农业开展研究。

---

① Болобан А. П. Цицикар. Экономический очерк. - //Вестник Азии, №1. 1909. - C. 74 - 121；Колонизационные проблемы Китая в Маньчжурии и Монголии. - //Вестник Азии, №3. 1910. - C. 85 - 127；Северо - Восточная Монголия и ее хлеба. - Харбин, 1910. - //Вестник Азии, №5. 1910. - C. 68 - 94；Будущее Маньчжурии. - //Вестник Азии. - 1911, №9. - C. 80 - 139.

② Болобан А. П. Земледелие и хлебопромышленность Северной Маньчжурии. - Харбин, 1909. 318с；Колонизационные проблемы Китая в Маньчжурии и Монголии. - Харбин, 1910. - 42с；Цицикар. Экономический очерк. - Харбин, 1909. 47с；Монголия в её современном торгово - экономическом отношении. Отчёт агента мин - ва торг. и пром. в Монголии Болобана А. П. за 1912 - 1913гг. - Пг. тип. В. Ф. Киршбаума, 1914. - 207с；Отчет коммерческого агента Китайской восточной железной дороги. А. П. Болобана по обследованию в 1911 году районов Хэй - лун - цзян - ской, гирин - ской и мунден - ской провинции（северной маньчжурии）, тяготеющих к Китайской Восточной железной дороге, в земледельческом и хлебопромышленом отношениях. - Харбин: Типография Китайской Восточной железной дороги, 1912. - 352с.

因为中国东北北部地区的农业不仅对俄国在中国东北地区的企业——中东铁路公司的经营至关重要，也切实关系到俄国在中国东北地区的整体利益。在此背景下，А. П. 鲍洛班撰写了《北满垦务农业志》一书。А. П. 鲍洛班在《北满垦务农业志》一书前言中也明确表明了该书出版的目的，一是从中东铁路经营的视角研究中国东北北部地区的农业，因为中东铁路是现在和未来俄国在中国东北地区的利益基础，二是对俄国商界在中国东北地区开展工商业活动提供帮助。

《齐齐哈尔经济概述》一书也于 1909 年在哈尔滨出版。该书起初是以论

文的形式发表在 1909 年由满洲俄国东方学家学会在哈尔滨创办的俄文机关刊物——《亚细亚时报》杂志第 1 期。同年，该书由满洲俄国东方学家学会在哈尔滨发行单行本。该书的撰写出版与 А. П. 鲍洛班时任中东铁路商务处驻齐齐哈尔代办处主任一职有直接关系。А. П. 鲍洛班利用此身份对齐齐哈尔城进行了深入调查，尤其是调查与自身工作相关的经济问题。这样，А. П. 鲍洛班也就自然而然地出版了《齐齐哈尔经济概述》一书。

《中东铁路商务代表 А. П. 鲍洛班 1911 年关于中东铁路所影响的北满地区垦务的调查报告》一书于 1912 年在哈尔滨出版。该书的出版是《北满垦务农业志》一书的继续研究，仍是受中东铁路管理局局长委托的研究任务。

《北满垦务农业志》一书篇幅比较长，300 多页，除前言、结论和附表外，分 4 个大部分 32 个章节。第一部分为中国东北北部地区的各类测量单位和农业的整体情况；第二部分为吉林省区域农业经济记述；第三部分为黑龙江省区域农业经济记述；第四部分为中国东北北部地区的粮食贸易等问题。

第一部分第一章介绍了中国东北北部地区的主要测量单位，第二章介绍了中国东北北部地区的主要粮食作物，第三章介绍了中国东北北部地区的主要经济作物，第四章介绍了中国东北北部地区的农业劳动和农具，第五章介绍了中

国东北北部地区的土地制度，第六章介绍了中国东北北部地区的油坊和豆油，第七章介绍了中国东北北部地区的烧锅与烧酒，第八章介绍了中国东北北部地区的磨坊、面条厂、制绳厂、啤酒厂、酱油厂、豆腐坊。

第二部分第一章为长春府即宽城子，第二章为农安县，第三章为新城府，第四章为榆树县，第五章为吉林府，第六章为双城厅，第七章为五常厅，第八章为滨州厅，第九章为宁古塔，第十章为绥芬厅，第十一章为珲春，第十二章为依兰府。

第三部分第一章为呼兰府，第二章为兰西县，第三章为巴彦州，第四章为木兰县，第五章为绥化府，第六章为余庆县，第七章为通肯府，第八章为齐齐哈尔，第九章为布特哈、墨尔根和瑷珲。

在第二、三部分中，作者对当时吉林、黑龙江省所辖行政区域内州、府、县、厅从自然地理、主要作物、人口、工商业等方面进行了比较详细的记述。

第四部分第一章为中国东北北部地区和内蒙古东北地区的垦殖，第二章为中国东北北部地区粮食的畜力和水上运输，第三章为农产品贸易和商会。

《齐齐哈尔经济概述》一书整体上记载了清末黑龙江省的币制、税收和齐齐哈尔城的交通运输、商业贸易以及各大商家的情况。该书分为前后两部分，前半部分记述了黑龙江省的经济概况，其中包括齐齐哈尔城的交通运输、商业贸易等情况，后半部分记述了齐齐哈尔城当时 60 家大商号的具体名称、经营人、经营地点、经销商品种类、年贸易额等情况。

《中东铁路商务代表 A. П. 鲍洛班 1911 年关于中东铁路所影响的北满地区垦务的调查报告》一书在研究内容上与《北满垦务农业志》一书基本相同。所不同的是，在该书第一部分增加了中国东北北部地区的农产品成本、税收、中国人粮食的年度消耗、役畜粮食的年度消耗等四章内容。在第二、第三部分，作者依据新的中国东北北部地区行政区划来记述中国东北北部地区的垦务农业。其中，第二部分分别有双城府、五常府、宁安府（宁古塔）、穆棱县、新城府（伯都纳）、农安县、长春府、德惠县、东宁厅、密山府、阿城县、滨江县、长寿县、依兰府（三姓）、方正县、桦川县（佳木斯）、富锦县、临江府，第三部分分别有呼兰府、巴彦州、木兰县、大通县、余庆县、海伦府、拜泉县、青冈县、兰西县、安达厅、肇州厅、龙江府、嫩江府、兴东兵备道、瑷珲兵备道、呼伦兵备道。此外，该书没有了《北满垦务农业志》一书中的第四部分，而是将其内容分解到第二、三部分。

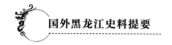

三　学术评价

《北满垦务农业志》一书为研究清末中国东北北部地区，尤其是黑龙江的农业提供了有价值的资料。А. П. 鲍洛班接到任务后，立即着手对所有关于中国东北北部地区农业的资料文献（包括俄文、日文和英文）20 余种进行分析，尽可能地对中国东北北部地区的农业进行全面研究。通过研究分析，А. П. 鲍洛班认为，之前的一些文献资料或根本没有对 А. П. 鲍洛班拟要开展的研究给予关注，或对近几年中国东北北部地区农业的发展情况没有论及。这样，在综合利用之前 20 余种文献资料的基础上，А. П. 鲍洛班把搜集资料的重点（主要是统计资料）放在了当下几年，尤其是 1907 年、1908 年。他的资料既来自当地的官员，也有中国的商会提供的，还有其在当地出版物中所摘录的。这些资料补充了前人在中国东北北部地区农业研究的不足。该书是研究清末中国东北北部地区农业，尤其是黑龙江农业的著作。从学术史的角度评价，该书是俄国汉学史上第一部全面研究中国东北北部地区农业，尤其是黑龙江农业的著作。

《齐齐哈尔经济概述》一书为研究清末黑龙江特别是齐齐哈尔的社会经济，尤其是民族资本的发展提供了有价值的资料。正因该书具有重要的史料价值，我国学者给予了极大重视。20 世纪 80 年代，我国学者首先将《齐齐哈尔经济概述》一书的前半部分译成了中文，发表在《齐齐哈尔社会科学》1986年第 2 期。1991 年，我国学者又将《齐齐哈尔经济概述》一书的后半部分译成了中文，发表在由吴文衔主编的《黑龙江考古民族资料译文集》（第一辑）。《齐齐哈尔经济概述》一书尽管不是俄国学者出版的关于黑龙江城镇的第一部著作，却是俄国学者出版的关于齐齐哈尔城市研究的第一部著作，在俄国汉学史上不容遗漏。

《中东铁路商务代表 А. П. 鲍洛班 1911 年关于中东铁路所影响的北满地区垦务的调查报告》一书完全按照《北满垦务农业志》一书的研究体例进行编写。从研究内容上看，《中东铁路商务代表 А. П. 鲍洛班 1911 年关于中东铁路所影响的北满地区垦务的调查报告》一书变化不大，因此其在学术史上的地位完全被《北满垦务农业志》一书所淹没，但《中东铁路商务代表 А. П. 鲍洛班 1911 年关于中东铁路所影响的北满地区垦务的调查报告》一书在史料上仍不失其价值。据作者在该书前言中所说，该书除利用了《北满垦务农业志》

一书中所利用的 20 余种文献资料，又补充了 12 种新的资料。同时，作者又通过吉林省、黑龙江省的俄国领事馆和各地方中国官员与商会获得了 1910 年、1911 年的最新统计资料。这些资料对研究 1910 年、1911 年中国东北北部地区的农业问题是极具价值的。

第四节 《吉林省中国文化史料（1644～1902）》 与《义和团及其在最近远东事件中的作用》

一 作者简介

《吉林省中国文化史料（1644～1902）》与《义和团及其在最近远东事件中的作用》2 部书的作者为 A. B. 鲁达科夫。A. B. 鲁达科夫[①]，1871 年 6 月 9 日出生于巴库省连科兰城。在中学的时候，A. B. 鲁达科夫就对中国产生了浓厚的兴趣。1891 年中学毕业后，A. B. 鲁达科夫没经任何考虑就进入圣彼得堡大学东方语言系汉满蒙语专业学习。在大学期间，A. B. 鲁达科夫表现出了出色的语言天赋，精通了汉、满、蒙、拉丁、德、法、英等多种语言。1896 年 5 月 17 日，他以优异的成绩毕业。在著名蒙古学家 A. M. 波兹德涅耶夫[②]的建议[③]下，A. B. 鲁达科夫同意到在符拉迪沃斯托克筹备成立的远东第一所大学——东方学院工作。

在圣彼得堡大学的支持下，1896 年至 1899 年，A. B. 鲁达科夫在北京进修了 3 年，实地考察了中国的具体情况，迈出了研究中国的第一步。1899 年夏返俄后，A. B. 鲁达科夫立即到即将成立的东方学院任教，被聘为汉语教授，

---

① 关于 A. B. 鲁达柯夫的生平及活动见 Рыкунова Г. А. Магистр китайской словесности. А. В. Рудаков（1871－1941）: Материалы к биографии//Россия и АТР. – 1995. – № 2. – С. 78 – 82；Врадий С. Ю. Профессор китаеведения А. В. Рудаков//Изв. Вост. ин - та Дальневост. гос. ун - та. –1999. – №5. – С. 68 – 74.

② 1876 年毕业于圣彼得堡大学东方语言系后留校任教，从 1876 年至 1892 年多次到我国蒙古地区考察，1883 年获得蒙古语博士学位，1899 年至 1903 年担任东方学院院长职务，从 1903 年 11 月 3 日起担任国民教育部委员会委员，1920 年逝世。在其丰厚的蒙古学著述中，《蒙古及蒙古人》（已被译成中文）最具价值。

③ A. B. 鲁达科夫答应 A. M. 波兹德涅耶夫到东方学院工作的条件是 A. M. 波兹德涅耶夫承诺让 A. B. 鲁达科夫在中国进修 3 年并帮助其完成硕士论文答辩（获得教授职务的必备条件）。

成为俄国远东第一所大学和新汉学基地创始人之一。东方学院成立之初，由于师资力量不足，A. B. 鲁达科夫同时教授汉语、满语、远东国家地理与民族、中国东北经济、社会文化史等多门课程。从 1900 年至 1902 年，A. B. 鲁达科夫在中国东北地区进行了 4 次考察，奠定了他在中国研究上的地位。1903 年，A. B. 鲁达科夫在圣彼得堡大学通过了硕士论文答辩，1904 年被正式聘为教授。

从 1906 年到 1917 年，A. B. 鲁达科夫一直担任东方学院院长一职。在任职期间，他多次进行教学改革，编写了大量汉、满语教材，并于 1909 年、1910 年、1911 年在中国上海、南京等地进行了 3 次考察。1917 年 4 月，他因健康原因辞职。1920 年，国立远东大学成立，东方学院并入其中成立东方系，A. B. 鲁达科夫被聘为汉语教授。1939 年 7 月 1 日，国立远东大学关闭后，他为苏联太平洋舰队翻译培训班讲授汉语，并在这里一直工作到 1949 年 5 月 1 日去世。

在半个世纪的教学与研究生涯中，A. B. 鲁达科夫培养了大批汉学家（其中多数毕业后来到中国侨居，如巴拉诺夫、梅尼希科夫、鲍洛班、什库尔金、多布罗洛夫斯基、季申科、司弼臣等），研究著述近 30 部（篇），在中国历史、汉满语言研究上造诣颇深，是公认的俄国汉学家之一，主要表现为 4 个方面：①出版了研究义和团运动史的著作《义和团及其对远东最近事件的作用》①；②出版了研究奉天皇宫的著作《奉天的皇宫与藏书》（1901）和《奉天图书馆藏重要汉籍目录》（1901）②；③出版了研究当时中国吉林省的著作《吉林省中国文化史资料（1644～1902)》③；④使俄国东方学院图书馆汉学文献收藏跻身世界顶尖行列。A. B. 鲁达柯夫在黑龙江研究方面取得了巨大成就，

---

① A. B. Рудаков. Общество И－хэ－туань и его значение в последних событиях на Дальнем Востоке. По официальным кит. данным составил и. д. профессора кит. словесности при Вост. ин－те А. Рудаков. － Владивосток: Паровая типолитография товарищества Сущинский и К⁰, 1901. － 77с.

② A. B. Рудаков. Богдоханские дворцы и книгохранилища в Мукдене. Результаты командировки летом 1901 г. в Мукден. － Владивосток: Изд－во Вост. ин－та, 1901. － 40с; Каталог важнейших произведений китайской литературы, хранящихся в Мукденской библиотеке. － Владивосток: Паровая типолитогр. газ. 《Дальний Восток》, 1901. －56с.

③ A. B. Рудаков. Материалы по истории китайской культуры в Гиринской провинции (1644 － 1902 гг.) Т. 1 / Пер. Цзи－линь－тун－чжи. С дополнениями по новейшим китайским официальным данным. － Владивосток, 1903. － 574 с.

出版了《义和团及其对远东最近事件的作用》与《吉林省中国文化史资料（1644～1902）》等两部非常有影响的学术著作。

二 写作背景

《义和团及其对远东最近事件的作用》1901 年出版于符拉迪沃斯托克。该书的出版起因于 1900 年的 5 月、6 月 A. B. 鲁达科夫的第 1 次东北考察。按照东方学院的教学制度，每年夏天定期派遣教师带领学生到中国实习。A. B. 鲁达科夫利用了此次机会，在中国东北进行了首次考察。然而，A. B. 鲁达科夫来东北考察之时正值义和团运动在中国东北地区蔓延。为了了解义和团运动爆发的原因和实质，在两个月的时间里，A. B. 鲁达科夫特意搜集了关于义和团的许多传单。这为他从事义和团运动史研究提供了第一手的素材，但短短的时间不足以搜集足够的资料。1900 年 7 月，俄国军队借平乱护路之名出兵中国东北。A. B. 鲁达科夫认为，这是搜罗中国东北地区重要文献资料的绝佳机会。于是，他致信俄军首领 Н. И. 格罗捷科夫，"建议对含有关于中国历史、文化、生活、土地和城市详细资料的北满档案进行全面调查"[1]。A. B. 鲁达科夫的建议得到了 Н. И. 格罗捷科夫的同意，于 1900 年 8 月至 1901 年 1 月在珲春和齐齐哈尔两地（在这之前，欧洲学者还没有到过该地）实地调查。A. B. 鲁达科夫在齐齐哈尔度过了 4 个月的时间，对黑龙江将军衙门的档案进行了全面调查。在此过程中，A. B. 鲁达科夫又查阅和搜集了有关义和团的大量公文函件。由此，《义和团及其对远东最近事件的作用》这部著作很快就得以出版了。

1902 年夏，A. B. 鲁达科夫对中国东北进行了第 4 次考察。这次东北考察起因于 1900 年俄军占领吉林时掠得全套 48 卷《吉林通志》。为了全面了解吉林省的情况，1901 年，时任阿穆尔总督的 Н. И. 格罗捷科夫责令东方学院院长 А. М. 波兹德涅耶夫负责该书的翻译工作[2]。该项任务交给了 A. B. 鲁达科夫。在翻译《吉林通志》时，A. B. 鲁达科夫发现，《吉林通志》对吉林省的历史记述比较详尽，但缺少当前的经济、社会状况，于是他决定亲自到吉林省

---

① Николаев С. Выдающийся русский синолог – лингвист А. В. Рудаков // Красное знамя. – 1945. – 29 дек.

② История Дальневосточного государственного университета в документах и материалах. 1899 – 1939. – Владивосток: Изд – во Дальневост. ун – та, 1999. – С. 97.

考察实际情况。1902 年夏季，A. B. 鲁达科夫利用带领学生实习的制度，在吉林省收集了大量新资料。回国后，结合《吉林通志》的材料，出版了《吉林省土地问题》（1902）一书，发表了《吉林省经济生活条件》（1903）一文。在《吉林通志》译稿和考察后的研究成果基础上，耗时 3 年，1903 年 A. B. 鲁达科夫在符拉迪沃斯托克出版了《吉林省中国文化史资料（1644～1902）》这部巨著。

三　主要内容

《义和团及其对远东最近事件的作用》这本书是 A. B. 鲁达科夫目击中国东北义和团运动的记录，揭示了这个具有明显排外色彩的秘密组织的主要特点，分析了其内部组织形式，以及清政府对待义和团运动的态度与政策。该书篇幅很短，仅 84 页，分 10 个部分论述。第 1 部分介绍了义和团组织的产生、发展的历史，与中国政府的关系及其对待基督教的态度。第 2 部分介绍了义和团组织的主要特点。第 3 部分介绍了义和团如何宣传自己组织的教义。第 4 部分介绍了义和团组织的内部组织形式。第 5 部分介绍了历史文献中记述的义和团组织情况。第 6 部分介绍了义和团运动之所以能席卷中国与西方欧洲国家的关系。第 7、8 部分介绍了清政府对待义和团运动的态度与政策，以及义和团运动在东北扩大的动因和情况。《义和团及其对远东最近事件的作用》这本书不是专门论述黑龙江省历史的著作，但 A. B. 鲁达科夫在书中最后两部分仍重点介绍了黑龙江地区的义和团运动情况，既包括黑龙江地区义和团运动的具体情况，也详细分析了黑龙江地方政府对义和团运动的态度与政策。

《吉林省中国文化史资料（1644～1902）》一书共 570 页，分 3 个部分 16 个章节论述，包括吉林省土地问题、吉林省经济生活条件、吉林省军事力量发展史 3 部分。第 1 部分 7 个章节，介绍了吉林省的人口数量、民族构成和地域分布、汉族人垦殖区域、官地与旗地、开荒、双城堡和伯都讷的军屯、米店。第 2 部分 4 个章节，介绍了吉林省的货币问题、税捐和厘金、矿业及甲午战争前吉林省与朝鲜的贸易关系。第 3 部分 6 个章节，介绍了清政府的八旗制度、吉林省八旗的构成和行政设置、军屯、驿站、通信、警察和军舰。尽管《吉林省中国文化史资料（1644～1902）》一书也不是专门论述黑龙江省历史的著作，但 A. B. 鲁达科夫对当时吉林省所辖的今天黑龙江省部分地区的人口、农

业、货币流通、矿业、税捐、商业贸易、八旗制度、军屯、驿站等方面进行了
全面研究。

四　学术评价

《义和团及其对远东最近事件的作用》这本书在当时迎合了俄国社会了解
这个秘密组织的迫切心理，在学术界产生了一定影响。正如苏联著名汉学家尼
基福罗夫所评论的："鲁达科夫的专著大概是 20 世纪初俄国汉学家论述中国历
史的唯一一部著作，至今不失其价值，是每个义和团研究者的必备参考书。"[①]
该书是俄国第一部研究义和团运动史的著作。该书最大的优点是比较真实地记
录了当时义和团运动的史实，高度赞扬了起义者英勇献身的精神。该书最大的缺
点是只对西方帝国主义国家的政策给予谴责，却为沙皇的政策辩护。该书最大的特
点就是运用了第一手原始资料。

《吉林省中国文化史资料（1644～1902）》一书是俄国第一部研究当时中
国吉林省的著作。该书最大的优点是史料价值巨大，是俄国了解和研究当时中
国吉林省的比较全面的资料。该书最大的缺点是书名与书中内容并不相符，书
名为文化史资料，但论述的重点却是经济和军事问题。该书最大的特点是翻译
资料与实地考察资料的巧妙结合，贯通历史与现实。由于该书的出版，А. В.
鲁达科夫不仅成为俄国翻译《吉林通志》的第一人，也成为全面研究当时中
国吉林省的第一人。

第五节　《满洲的黑龙江省》

一　作者简介

《满洲的黑龙江省》一书的作者为 И. А. 多布罗洛夫斯基。关于 И. А. 多
布罗洛夫斯基的生平及活动，史料记载不多。笔者查阅了大量资料，只找到了
几份弥足珍贵而又相对比较详细的史料[②]，可以大致勾勒出 И. А. 多布罗洛夫

---

① Никифоров В. Н.　Советские историки о проблемах Китая. М.，1970. с. 26.

② Баранов И. Г.　Илья Амвлихович Доброловский（Некролог）//Вестник Азии，1922，№48. с. 3
－5；Павловна Т. Р.　Журнал "Вестник Азии" в системе русскоязычных периодических изданий
в Маньчжурии：Дис... канд. филол. наук：Москва，2004. с. 87－89.

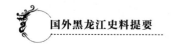

斯基的生平及主要活动。

И. А. 多布罗洛夫斯基 1877 年出生于波多利斯克省，父亲是一名神父。
И. А. 多布罗洛夫斯基在本地的一所神学校接受了中等教育，毕业后在当地农
村做了一段时间的教师工作。为了接受高等教育，他离开了家乡来到遥远的符
拉迪沃斯托克，进入东方学院汉满语专业学习汉语、满语。在大学三年级时发
生了俄日战争（1904～1905），还没有毕业的 И. А. 多布罗洛夫斯基为高年
级学生被俄国政府征用，派往当时黑龙江省的齐齐哈尔俄国军事委员管理局工
作，担任第 3 军团司令部翻译。这为 И. А. 多布罗洛夫斯基从事中国研究提供
了实践机会，奠定了其日后在俄国汉学史上的地位。在齐齐哈尔工作期间，受
齐齐哈尔俄国军事委员管理局局长 К. П. 林达的委托和基于自身的学术兴趣，
И. А. 多布罗洛夫斯基利用齐齐哈尔俄国军事委员管理局所掌握的资料以及他
所实地调查的资料，尤其是在松花江下游地区对赫哲人语言和生活的考察资
料，撰写出 3 部关于黑龙江的著作，即《满洲的黑龙江省》、《黑龙江省概述》
和《松花江赫哲族语言资料》[①]。3 部著作先后在哈尔滨出版。

《松花江赫哲族语言资料》起初没有公开出版，但因其学术价值巨大，得
到了俄国学界的重视。首先其手稿被转送到东方学院，П. П. 施密德教授对其
进行了初步研究，后又转送皇家科学院，圣彼得堡大学编外副教授 Л. В. 科特
维奇对其进行了深入研究，并在圣彼得堡发表了该手稿的部分内容。

1904～1905 年俄日战争后，他获得了东方学院汉满语专业毕业文凭，恰
逢中东铁路公司着手准备在哈尔滨发行中文报纸《远东报》（日报）。于是，
1906 年 И. А. 多布罗洛夫斯基受邀来到哈尔滨，与同为东方学院的毕业生
А. В. 司弼臣等创办了中文报纸《远东报》（日报），并从 1906 年至 1916 年一
直兼任主编助理一职。这样，И. А. 多布罗洛夫斯基就在哈尔滨长期工作、生
活，几乎没有离开过哈尔滨，直至逝世。仅有一次，И. А. 多布罗洛夫斯基回
到了圣彼得堡，做了一个有关远东政治、经济状况的报告。从那时起，他更多

---

① И. А. Доброловский. Хэйлунцзянская провинция Маньчжурии. – Харбин: Издание
Управления Военного Комиссара Хэйлунцзянской провинции, Типо – Литография Штаба
Заамурского Округа Пограничной Стражи. 1906. 207с; Хэй – лун – цзян тун – чжи цзи –
ляо или Сокращенное всеобщее описание Хэйлунцзянской провинции. Выпуск. 1. –
Харбин: русско – кит. тип. газ. "Юань – дун – бао", 1908. 39с; Материалы к языку
сунгарийских гольдов. – Харбин: [б. и.], 1919. 334с.

的是以报人、出版者、教师和社会活动家等多重身份工作。这些工作让本来在
学术上可以有更大作为的 И. А. 多布罗洛夫斯基无法全身心投入学术研究。
И. А. 多布罗洛夫斯基也积极从事文化教育、慈善和社会救济等活动。在
И. А. 多布罗洛夫斯基居哈的时间里，他一直在中东铁路商业学校等多所学
校教授汉语，还被选为哈尔滨市自治公议会的议员。在第一次世界大战期
间，И. А. 多布罗洛夫斯基还兼任《哈尔滨消息报》《满洲新闻报》《铁路
员工报》等多种报纸编辑。1909 年，И. А. 多布罗洛夫斯基成为满洲俄国
东方学家学会的创始人之一，并担任该学会机关刊物——哈尔滨第一本学
术杂志《亚细亚时报》的第一任编辑，1915 年又当选为该学会主席，被誉
为该学会的"灵魂"。

　　在繁忙的业务工作外，И. А. 多布罗洛夫斯基仍不忘从事学术研究活动，
发表了关于中国的 9 篇学术论文，多数都发表在《亚细亚时报》上，即《外
国人在华治外法权》《中国人的结拜》《诺克斯的满洲贸易中立化计划与俄国
的对策》《各省谘议局联合会北京第一次会议》《袁世凯与他的帝王之路》《中
国土地问题历史资料》《关于满洲当地地名的俄文译音》《一个中国家庭的生
活》《在理教教宗》①。

　　1920 年 3 月 22 日，И. А. 多布罗洛夫斯基以自杀的形式在哈尔滨结束了
自己的生命，关于其为何自杀，至今也不得而知，他的去世也使上述一些报纸
纷纷停刊。

---

① И. А. Доброловский. Внеземельность иностранцев в Китае（к вопросу общественном
управлении Харбина）. //Вестник Азии, 1909, №1. - С. 136 - 188；Побратимство у
китайцев. //Вестник Азии. - 1910, №4. - С. 186 - 187；Предложение статс - секретаря
Нокса о торговой нейтрализации Маньчжурии и русское контрпредложение. ［Доклад.］
- //Отчёт одеятельности Общества русских ориенталистов в СПБ за 1910г. - СПБ, 1910,
с. 66 - 79；Открытие в Пекине первой сессии Конституционной палаты.（сообщ. в
О. Р. О. Отчет）. - //Вестник Азии, 1910, №6. - С. 59 - 67；Юань Ши - кай и его путь к
трону.（Из сообщения И. А. Доброловского в заседании Об - ва русских ориенталистов в
Харбине 12 дек. 1915г.）. - //Вестник Азии, 1922, №48. - С. 6 - 28；Исторические
материалы к земельному вопросу в Китае/пер. с кит. //Вестник Азии, 1922, №48. - С. 31
- 41；О русской транскрипции местных географических названий в Маньчжурии. //
Вестник Азии, 1922, №48. - С. 54 - 57；Из жизни одной китайской фамилии. - //
Вестник Азии, 1922, №48. - С. 42 - 43；Воззвание секты《цзай - ли》. пер. с кит. - //
Вестник Азии, 1922, №48. - С. 44 - 54.

二 主要内容

《满洲的黑龙江省》是 И.А.多布罗洛夫斯基出版的第一部著作，亦是其代表作之一。全书对当时黑龙江省的地理、交通、人口、行政区划和经济状况进行了整体研究。全书共 195 页，除序言外，分五个大部分。

第一部分为自然地理概述，共 51 页，记述了当时黑龙江省的地理位置、所辖面积、地表形态、气候、水利资源和生物资源。

第二部分为交通，共 24 页，重点记述了黑龙江省的驿路交通网，主要记载了以齐齐哈尔、呼兰城和海拉尔为中心通往四周的驿道情况。

第三部分为人口，共 32 页，记述了黑龙江省人口的数量、阶层关系、族属关系、民族构成、主要民族、地域分布、掌握语言、宗教信仰、土地开发情况、居住的主要城镇。

第四部分为行政设置，共 48 页，首先整体上记述了自满族统治以来黑龙江省行政设置的历史沿革，其次记述了黑龙江省省级最高军政长官——黑龙江将军的职权、直接隶属机构，最后记述了黑龙江将军所辖地方八旗制和州县制的基本情况，以及驻防军队的建制和分布。

第五部分为经济状况，共 40 页，记述了黑龙江省的农业、种植业、畜牧业、采参业、林业、捕鱼业、采煤业、盐业、矿业和税捐等情况。

三 学术评价

《满洲的黑龙江省》成书于 1906 年，至今已 100 多年了。站在今天的角度来看，《满洲的黑龙江省》仍具有极高的史料价值和学术价值。

第一，史料价值。《满洲的黑龙江省》史料价值巨大，主要体现在著者 И.А.多布罗洛夫斯基所运用的史料上。如著者 И.А.多布罗洛夫斯基在前言中所言，撰写《满洲的黑龙江省》一书时首先利用了齐齐哈尔俄国军事委员管理局档案馆所藏的大量资料（既有印刷出版物，又有手稿文件），其次又利用了在齐齐哈尔当地收集的实际调查统计资料①。可以说，И.А.多布罗洛夫

---

① И. А. Доброловский. Хэйлунцзянская провинция Маньчжурии. – ［М］. Харбин：Издание Управления Военного Комиссара Хэйлунцзянской провинции, Типо – Литография Штаба Заамурского Округа Пограничной Стражи. 1906. с. 2.

斯基在《满洲的黑龙江省》一书中完全利用了当时的第一手资料。因此，正是由于有大量的一手资料做支撑，И. А. 多布罗洛夫斯基才能撰写出一部全面描述当时黑龙江省情况的著作。也正因如此，《满洲的黑龙江省》一书才具有极高的史料价值。这直接体现在《满洲的黑龙江省》这部书各章节的主要内容上，对我们研究当时黑龙江省的历史具有极大的参考价值。

　　第二，学术价值。衡量一部学术著作的学术价值，首要的是看这一部著作在学术史上的地位。在俄国汉学史上，И. А. 多布罗洛夫斯基理应得到学界的关注。但从中外学者的研究成果看[①]，几乎找不到关于 И. А. 多布罗洛夫斯基学术研究的著述。И. А. 多布罗洛夫斯基是俄国汉学研究不能遗漏的一位重要汉学家。19 世纪末 20 世纪初，由于地缘战略因素，俄国兴起了实践汉学，中国东北边疆史地成为其重要研究对象，出版了 Д. М. 波兹德涅耶夫的《满洲记述》、А. В. 鲁达科夫的《吉林省中国文化史资料（1644～1902）》等大部头著述。И. А. 多布罗洛夫斯基亦是中国东北边疆史地研究的重要成员。其所撰写的《满洲的黑龙江省》虽说不是最早研究中国东北边疆史地的论著，却是俄国第一部全面论述黑龙江省历史的综合性著作，其在俄国汉学史上的地位是不容抹杀的。在黑龙江学术史上，И. А. 多布罗洛夫斯基同样是一位重要学人。众所周知，作为苦寒之地的黑龙江在历史上本土学人极少，黑龙江的学术研究基本上由外国人（俄罗斯人、日本人等）来操作。据笔者多方查阅资料确认，И. А. 多布罗洛夫斯基极可能是 20 世纪初在黑龙江最早出版学术著作的学人。从学术史的角度看，И. А. 多布罗洛夫斯基可算作黑龙江学术走向近代的第一人，因为《满洲的黑龙江省》是黑龙江大地上第一部运用西方实证研究方法出版的著作，同样也是黑龙江大地上第一部全面论述黑龙江省历史的综合性著作。因此，И. А. 多布罗洛夫斯基及其《满洲的黑龙江省》在黑龙江学术史上都是可以大书特书的。

---

① Скачков П. Е. Библиография Китая. – М. , 1960；Павловская М. А. . Харбинская ветвь российского востоковедения, начало XX в. – 1945 г. 1999：диссертаци. кандидат исторических наук. Владивосток：1999；Гараева Л. М. Научная и педагогическая деятельность русских в Маньчжурии в конце XIX – первой половине XX века： Дис. . . кандидата исторических наук：Владивосток, 2009；阎国栋：《俄国汉学史》，人民出版社，2006。

第六节 《攻克瑗珲》

一 作者简介

A. B. 基尔希纳是布拉戈维申斯克（海兰泡）《阿穆尔报》的主编，他目睹过 1900 年海兰泡大屠杀以及对中国的侵略战争。战争刚刚结束，他便站在侵略者、殖民者的立场上撰写了此书。

二 主要内容

《攻克瑗珲》一书 1900 年在布拉戈维申斯克的《阿穆尔日报》印刷所刊印。郝建恒译，商务印书馆 1984 年出版。

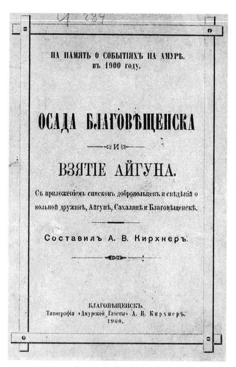

这部著作记载了 1900 年沙皇俄国制造海兰泡惨案、侵略中国的罪恶行动。全书的内容可以归纳为以下几个方面。

（一）战争动员

正如本书译者指出的那样：作者为沙俄政府开脱罪责，对中国人民进行恶毒的污蔑，有意歪曲事实，甚至造谣：

所有居住在边区的中国人不仅知道正在酝酿中的事件，而且事先被告知开始轰击的日期，只是期限非常紧迫。从 6 月 25 日起，许多人便携带自己的全部财物渡过阿穆尔河，另一些人未能如此迅速处理完自己的事务，不得已而留在城里……

值得特别注意的是，没有一个中国人事先将预定的炮轰日期告知俄国当局；那一天，还在炮轰开始之前很久，他们就全都躲藏起来。据说，

"义和拳"的奸细几天来已在市里出没，要求中国商人具结协助他们。关于此事，我们曾从许多完全可以信赖的人士那里听到的。因此，把留在城市里的中国人仅仅看作是和平居民，那是很危险的。

当时，布拉戈维申斯克市流行着许多谣传：中国人正在进行什么准备，他们在市里停止了自己的生意，停止购买任何东西，并且直截了当地说，过 9 天就要打仗了，要把俄国男人全都宰掉，把俄国女人攫为己有，等等。

俄方编造、传播这样的谣言（作者自己也认为是"谣传"），煽动对中国的敌意、仇恨，从而为对中国开战、屠杀中国和平居民进行舆论准备。

（二）海兰泡及其郊区对中国人的搜捕、关押、殴打、抢掠、杀戮

中国人遭到殴打是司空见惯的事情。例如，紧靠警察局附近，一群预备兵向一个过路的满洲商贩猛扑上去，把他的货物到处乱扔，并且动手殴打他，还骂道："我们因为你这个畜生去流血！"

中国人的房舍和店铺无不遭到洗劫。他们的钱被抢走了，许多人简直就被洗劫一空。俄国人掠夺中国居民的财产不只是针对活人，他们连死人也不放过。他们把中国人驱赶到黑龙江中淹死，然后把溺死者打捞起来，搜查他们的衣服。在结雅河河口就有 4 个这样的人经常干这种营生。据说，有时可以搜到缝在裤腰带上的数量非常可观的金币。

俄国摧毁江东六十四屯，从中国居民那里抢去了 1185 头公牛、540 匹马。

1900 年 7 月 3 日，开始将海兰泡全城的中国人集中到警察局。手持美国长斧的预备兵把中国人集合起来，押送到警察局。

哥萨克在山里、凹地上和小树林里找到从城里逃出来的约 1500 名中国人，把他们赶往警察局。中国人不愿意去，哥萨克用马鞭子驱赶他们，有许多人被刺死。

所有的中国人于 7 月 3 日都集中在城里，据说约有 3000 人或者 3500 人。在警察局里无处容纳这一群人，因此于 7 月 3 日晚把他们押到结雅河边，安置在尼曼公司旁边的莫尔金锯木厂里。

7 月 4 日，城内保卫长官、警察局局长巴塔列维奇下令：谁如果打听出有人将中国人隐藏起来，应报告警察局。于是，全城开始搜查躲藏起来的中国人。"……城里的满洲人在 7 月 4 日被肃清。"

（三）海兰泡惨案的证据

作者下面的记述反映了惨案的残酷、中国和平居民损失之惨重：

从 7 月 4 日起，阿穆尔河上飘浮着大批淹死的中国人的尸体。这些尸体挤到了木筏旁的轮船底下，在岸旁搁浅，严重地污染了空气。鉴于这种情况，7 月 9 日驻军司令颁布了下述命令：“顷接报告，得悉布拉戈维申斯克市一些居民及本司令所辖省内农民和哥萨克居民中的一些人对居住在我境内的和睦的满洲人和汉人滥施种种暴行。……为消除今后对居住我处的和睦的中国人的人身和财产的任何侵犯，以及为了预防来自飘浮在阿穆尔河岸边大批被打死腐烂的中国人的传染病，兹决定：1. 向本司令所辖省内全体居民宣布，凡杀人、抢劫和对手无寸铁之中国人施加其它暴行之罪犯，一律交付法办，按照战时法律严加惩处；2. 责成布拉戈维申斯克市警察局局长、阿穆尔哥萨克部队管理委员会生席和阿穆尔军区司令务必采取最坚决、最紧急的措施，发动市里的警察、全省哥获克居民和农民将中国人的尸体从水里打捞上来，尽可能深地埋入土里、或者焚化。然后将关于发现和掩埋的尸体数目的报表呈送到本司令的民政办公处。”

（四）漠河、漠河金矿一带的战争

从斯特列坚斯克乘 3 艘轮船而来的什韦林上校的队伍，7 月 13 日占领漠河（在伊格纳申纳亚镇对面），之后继续向布拉戈维申斯克进发。

继之而来的是伦南坎普夫将军的队伍。7 月 15 日由奇京斯基团的一个营和一个哥萨克半营和一个哥萨克半连组成的这支队伍的先头梯队到达波克罗夫卡。伦南坎普夫奉命攻下热尔图加和消灭集中在热尔图加金矿附近的中国军队和红胡子的老巢。伦南坎普夫将军 7 月 16 日便完成这一任务。他在热尔图加遇上了正在后退的中国纵队，将其击溃，停止金矿的工作，没收弹药和许多金矿主的财产。

（五）卡伦山战斗

卡伦山的战斗中，出现了一个中国英雄。哥萨克连代理连长列昂尼德·彼得罗维奇·沃尔科夫骑着马，带领哥萨克向中国阵地冲锋，打坏了中国人的 2 门炮，砍死了几名中国炮手。之后，奔向一个坐在弹药箱上的中国士兵，这个中国士兵或许已经受伤了，他表现出视死如归的从容。当俄罗斯官兵挥刀扑来，他引爆了身下的弹药箱，在轰然爆炸中，他与这些俄国官兵还有那匹俄国战马同归于尽。

（六）瑷珲战斗

中国军人顽强抵抗，沙俄军队焚城。

"……我们劝盘踞在房子里的中国人投降，但他们开枪作答盘踞在一幢房子里的中国人不愿投降，便跑到外面自我爆炸。中国人的射击一直没有停止。

"这一夜，四面燃烧着的瑷珲城的几乎全部居民也都撤退了。浓烈的烟柱和冲天的火光照亮了整个郊区，房子里不断的爆炸迸发出一簇簇宏伟的焰火。火焰和烧焦的木头的烟柱冲向深红色的天空。"

到 7 月 23 日下午 2 点，瑷珲的敌人已被肃清。强劲的风把昨天的大火吹起了高高的火焰，整个瑷珲城笼罩在火海中。

"昨日（7 月 22 日），经过苦战后瑷珲被攻克，中国人被击溃，卤获许多大炮，火药库已烧毁。我方无死亡，受伤者甚微。"

（七）敌人对中国官兵的评价

腐败的清政府没有对士兵进行很好的训练，提供的武器也不足，所以，中国军人虽然勇敢、有牺牲精神，但是战斗力不强。

　　中国兵勇和中国居民无视于让他们放下武器的劝告，进行顽强的抵抗。几乎每幢房子都是经过战斗取得的。许多房子里，中国人都纵火自焚。在"和气的"中国人那里发生的事情，一般都不得不令人感到惊讶。其中有许多人表现为真正的英雄，如果他们的长官不是这样贪赃枉法和颟顸无能，把发给部队的给养粮饷全都中饱私囊，而让兵勇们自费穿衣、吃饭，那么俄国人攻克瑷珲所付出的代价远非如此便宜，可能不是攻克瑷珲，而是布拉戈维申斯克被消灭。总之，这场爆发和结束都如此奇怪的意外的战争迫使我们认真思考，我们的黄脸邻居内心深处隐藏着什么，如果照欧洲人的办法把他们训练和武装起来，并委派廉洁的长官和优秀的统帅，他们会成为多么厉害的敌人。中国人非常善于构筑土工事；他们非常巧妙地从一个阵地撤退到另一个阵地，但是他们根本不善于认清自己处境的优势和进行冲锋。这其中秘密何在——我们不去研究它。此外，中国人一般说来能坚韧不拔地经受住枪炮火力……

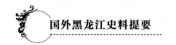

三 学术评价

本书是俄方记述庚子俄乱最早的著作之一。

本书细致地叙述了沙俄在海兰泡进行战争动员，部署兵力，殴打、驱逐、迫害中国人，侵犯黑河屯、卡伦山、瑷珲等史料，对研究义和团时期沙俄侵华史有一定的参考价值。

本书提供的一些史料是可靠的。例如，"江东六十四屯"的具体数量，中国方面通常认为是 64 个村屯。日本学者和田清 1939 年发表的论文《关于江东六十四屯问题》（昭和 14 年 5 月《东西交涉史论》，赵连泰的中文译文载于黑龙江省社会科学院历史研究所编《关于江东六十四屯问题》，黑龙江人民出版社，1981，内部发行）在一一陈列了 64 个中国村、屯的名称后，指出"还有一个居民点……"，这意味着有 65 个村屯。这本出版于 1900 年的俄文著作明确地说，居民点的数量为"65"。因此，我们可以确定：不是"江东六十四屯"，而应该是"江东六十五屯"。

由于作者站在沙俄帝国主义的立场上记述 1900 年黑龙江边的历史事件，这部书对这场战争的性质进行了颠倒黑白的描述。译者郝建恒先生指出，作者"处处为沙俄政府开脱罪责，对中国人进行种种恶意的污蔑，有意歪曲事实。例如，他在'序言'中荒谬地写道：'根据条约，事先不通知就向根本没有防卫的和平城市布拉戈维申斯克开炮轰击以及事先不通知就射击轮船并要求轮船停止沿阿穆尔航行，不仅是违约的行为，而且是直接的进攻。'这种说法，有悖事实，毫无道理，因为沙俄政府在 5 月已做出出兵中国的决定，6 月即已参加进犯我国内地的战争，而在 7 月 14 日俄轮'米哈伊尔号'在瑷珲城下挑衅被粉碎后，海兰泡俄军即向我黑河屯开炮，我黑河屯守军开炮还击，这能说是我方'违约'和'直接进攻'吗？再说，在沙俄与其它帝国主义挑起对华战争的情况下，俄船满载军队和军火，越过主航道，靠近我岸航行，进行挑衅，我瑷珲守军奉命进行阻拦，粉碎其挑衅，这是保卫我国主权和领土的正义行动，也根本谈不上'违约'和'直接进攻'，而前面谈到的事实说明真正'违约'和发动'直接进攻'的正是沙俄帝国主义。另外，本书对前述骇人听闻的海兰泡惨案和江东六十四屯惨案极力回避，语焉不详，其用意也很明显"。

本书原名为 *Осада Благовещенска и взятие Айгуна*（《布拉戈维申斯克被围和攻克瑷珲》），由于书名较长，而且事实上也未存在过什么对布拉戈维申斯

克的 Осада（围攻、包围、被围），故译者郝建恒先生将书名简略地译为《攻克瑷珲》。另外，原书正文第一章标题阙如，译者根据目录补上，使之一致。书中附有《参加布拉戈维申斯克保卫战和各段段长所登记的人员名单》一份，因篇幅较多，参考价值不大，未译附。译者还将王晶翻译的《1900 年中国人围攻布拉戈维申斯克纪实》一文附于书中，增加了史料的丰度。

第七节　《1860 年〈北京条约〉》

一　作者简介

　　A. 布克斯盖夫登是 19 世纪末 20 世纪初俄国太平洋舰队的中尉，其爵位为"男爵"。他在 1900 年八国联军侵华之际写这本书显然有重温旧梦，借鉴其先辈的侵华经验的意图。他写道："几乎就在 1900 年中国发生事变之初，我幸运地获得了大量资料（外交部也存有此项资料），使我得以出版本书。""我十分清楚，作为我国外交活动中如此光辉一页的《北京条约》的历史，应由一位比我高明的作者来写才能胜任。但是，考虑到所报导的这些很少有人知道的事实都是有意义的，如能及时将其发表，或可弥补此项不足，因此我终于担负起了这项工作。"他一边在兵船上工作，一边撰写此书。因条件恶劣，他未能在他希望的时间使此书问世。对此，他深感遗憾。他的侵略者立场和对中国的敌视态度昭然若揭。

二 内容简介

《1860 年〈北京条约〉》于 1902 年出版于中国的旅顺，是"俄罗斯与中国：俄中外交关系概要"丛书之一，旅顺"新边区"书库 1902 年出版。王瑾、李嘉谷、陶文钊合译，商务印书馆 1975 年出版。

本书主要记述了俄国公使伊格纳切夫（又译伊格那提耶夫）1859~1860 年出使中国，迫使中国签订《北京条约》的过程。

1858 年 5 月，沙俄强迫清政府签订了中俄《瑷珲条约》，一举侵吞了黑龙江以北 60 多万平方公里的中国领土，还强行规定乌苏里江以东的我国领土为中俄共管。与此同时，沙俄公使普提雅廷又与英、法、美三国紧密勾结，进行军事、外交讹诈，并于 1858 年 6 月抢先诱迫清政府签订了不平等的中俄《天津条约》。

《瑷珲条约》墨迹未干，沙俄侵略者便故伎重演，再一次使用先"实际占领"然后逼迫清政府承认既成事实的惯用手段，一面着手吞并整个乌苏里江以东地区，一面派遣伊格纳切夫来华，逼迫清政府签订新的割地条约。

1859 年 6 月至次年 5 月，沙俄外交官伊格纳切夫在北京大肆活动，胁迫清政府将乌苏里江以东地区割让给俄国，声言：如不遂所愿，中国就要冒同时对英、法、俄作战的危险。沙俄的这一讹诈未成，伊格纳切夫便离京前往上海，参与英、法侵略者的强盗勾当，积极充当帮凶。英、法联军进犯天津、北京时，他紧随联军北上，百般挑唆怂恿，积极出谋献策，为他们提供重要军事情报，和他们共同研究攻城计划，并将俄人私自测绘的北京地图交其使用。北京被英、法联军强占后，伊格纳切夫又急忙赶到北京，伪装成"调停者"帮助英、法侵略者展开对清政府的逼降活动。他把沙俄标榜为清政府的"公正保护者"，同时对清政府大肆恫吓，迫使其"立刻同意联军的一切要求"，使英、法侵略者得以迅速迫签了中英《北京条约》和中法《北京条约》。英、法侵略军刚从北京撤走，伊格纳切夫便以沙俄"调停有功"为借口，迫不及待地向清政府勒索"斡旋"的"报酬"，并公然以武装侵略和叫回英、法侵略军相威胁，向中国提出了新的大量的领土要求。腐败无能的清政府早已被帝国主义的大炮吓破了胆，于 1860 年 11 月 14 日被迫签订了又一个丧权辱国的不平等条约——中俄《北京条约》，乌苏里江以东约 40 万平方公里的我国广大领土落入了沙俄的魔爪之中。条约中还强行规定中俄西段边界的走向，把中国境内的湖泊河山作为划界的标志。

本书记述了伊格纳切夫的上述种种侵略活动。作者站在帝国主义的立场上，为沙俄侵吞中国大片领土的罪行大肆讴歌，洋洋得意地把它称作是沙俄"外交活动中光辉的一页"；对伊格纳切夫的两面三刀、软硬兼施、凶险狠毒的卑劣行径则竭力美化，为其树碑立传。本书揭露了沙俄掠夺成性的强盗嘴脸，以及帝国主义列强之间既互相争夺又互相勾结的某些侧面，为研究中俄关系史提供了珍贵的史料。

俄方的记载表示，与俄国代表伊格纳切夫谈判的代表肃顺态度强硬，否定了《瑷珲条约》。伊格纳切夫虽然嚣张，但是也无计可施。只可惜，由于第二次鸦片战争、太平天国运动造成了清政府的极端困厄，这才给了沙皇俄国火中取栗的可乘之机。

俄国外交部派彼罗夫斯基到中国办理《天津条约》的批准事宜，还委命他落实《瑷珲条约》的成果，并谋求割让乌苏里江右岸走到日本海的中国土地等。到北京后，彼罗夫斯基的建议均遭中方拒绝。彼罗夫斯基阐述的理由，先是遭到肃顺和瑞常的口头驳斥，接着军机处又连发三个正式照会，对肃顺所述的一切均表示同意和确认。肃顺直截了当地拒绝承认《瑷珲条约》，军机处则称签订该条约是失当的。伊格纳切夫在这一背景下出场。

1859 年，两国全权代表举行第一次会议。肃顺态度强硬，他希望伊格纳切夫"滚蛋"："北京已无未了之俄国事务。皇上旨意，新任俄国公使应尽快返回贵国。"针对伊格纳切夫所说——他来中国是为了"了结根据《天津条约》、《瑷珲条约》和其他诸条约应予解决的一切俄中问题"，肃顺说："朝廷万难允许俄国侵占满洲寸土，为了满洲，我们不惜开战；至于满洲诸港，恐日后终将不保，然而我们亦不认为非让与俄国，而不能让与英国等其他列强。"他和另一个代表瑞常完全否定《瑷珲条约》，声称它是无效的，因为奕山既无全权证书，又无正式关防，他无权与俄国代表订约，把黑龙江左岸割让给俄国，他已经因为自己的专擅和卖国行径受到皇上的严惩。在持续两个半小时的谈判快要结束时，伊格纳切夫进行战争威胁，声称：俄国是强大的国家，中国要必须做出对俄国有利的重大让步，如果俄方的要求不得实现，便会引起战争。"我国与中国的边界绵亘达七千俄里，俄国较之其他任何海上强国都更易于随时随地给中国以有力的痛击。"威胁并没有产生伊格纳切夫希望的效果。

两国全权代表的第二次会议持续了五个小时，几乎毫无结果。肃顺全然不理睬俄国全权公使的诡辩，根本不愿谈及在乌苏里江地区做出让步和在该江与图们江之间划界的问题，并称，清帝认为俄国军队占领东部边界地区是破坏两国间友谊的行为。中国方面不仅通过自己的谈判代表否定俄方的主张，而且在3天后由理藩院发给伊格纳切夫公函，坚决地逐条驳斥了他的所有要求。

中国政府通知俄国："本政府仅允贵国暂用中国领土的某些地段，而绝无将乌苏里江永远让与之意。"

在以后的一次谈判中，肃顺将俄方递给他看的"瑷珲条约"文本掷于桌上，很不客气地对俄国代表说，这是一纸空文，毫无意义。伊格纳切夫马上站起，大喊大叫，指责肃顺"蔑视国际文件"，然后退出谈判会场。

如果不是英法联军攻打北京、火烧圆明园、咸丰皇帝外逃，中国《瑷珲条约》能否得到批准和实行还是未知数，更不用说乌苏里江以东的40万平方公里领土被沙俄轻松割占。

随后，伊格纳切夫在北京继续纠缠了几次，发现没有效果，便离开北京，前往上海，与英法联军狼狈为奸，联手对中国施加压力。

逼签《瑷珲条约》的穆拉维约夫见中国政府否定这一条约，便采取措施，对中国边境官民施加压力、进行滋扰，并且重操故技，派军人加速完成对乌苏里江以东的实际占领，以便将来迫使中国承认这一既成事实。同时，他准确地预料到：中国将在与英法联军的战争中失败，北京将被占领。届时，俄国可以插手中国与英法联军的谈判，条件是中国接受俄国的条件。以后的历史进程真的如这个侵华老手之所料。当然，他的这些准确的判断是以巴拉第等潜伏在北京传教士团的间谍们的准确、及时的情报为基础的。

由于中国在英法联军的进攻中遭遇惨败，强硬派代表肃顺在祺祥政变中被杀，伊格纳切夫因而获得了优势地位。他傲慢地通知中国政府："贵国倘任命全权大臣来解决贵国事务，并答应在对联军的一切行动中，按照我们的劝告行事，这样我就能保证北京不致遭劫，清王朝将继续保持其王位，并使贵国的一切问题均可得到最妥善的解决。"伊格纳切夫将欧洲人的雄厚财力、中国军队的低劣、威胁北京和皇帝宝座的厄运一一指明，然后在结束他的谈话时说道："如今你们该明白了，唯有俄国才是对清王朝真诚亲善的，唯有它才能拯救你们。"

清朝大臣们在伊格纳切夫面前卑躬屈节，苦苦央求他尽弃前嫌，并将一切过失都归咎于肃顺的刚愎自用，胡说什么由于此人的固执、粗鲁和对待问题的荒谬见解，中国遭了殃。这些中国大臣答应恪守和俄国所订的一切条约，并且再次请求公使出面调停。

伊格纳切夫就充当调停人提出了苛刻的要求：

> 无论如何，如果要我同意你们的请求，出面充当贵国和联军之间的调停人，那末你们必须满足我的下列要求：
>
> 1. 恭亲王必须立即向我提出进行调停的书面请求，使我能和他建立起正式的关系（其目的是建立起牢靠的直接影响中国政府核心成员的关系。——引者）。
>
> 2. 中国政府在和欧洲人进行谈判时，必须就谈判的全部内容事先征询我的意见，不得稍有隐瞒（这样一来，伊格纳切夫完全掌握了中国与英法联军的谈判，掌控了中国的命运。——引者）。
>
> 3. 中国政府必须同意我首次在北京逗留期间所提出的全部要求，即：（甲）承认并批准《瑷珲条约》；（乙）同意在东部顺乌苏里江以迄于朝鲜国境划界，而在西部则沿中国的常驻卡伦划界；（丙）同意在喀什喀尔、库伦和齐齐哈尔设立俄国领事馆。

伊格纳切夫提出以上这些要求，意味着中国失去 100 多万平方公里的领土，而且不止于此。对于清政府而言，这真是丧权辱国！然而，焦头烂额的清政府不得不接受沙皇俄国的宰割。

为了加快谈判进度，促使中方尽快接受俄方的要求，伊格纳切夫以英法联军可能从天津回到北京来吓唬愚蠢无知的清朝大臣：

> 你们的犹豫不决使我陷于极其难堪的境地。日益临近的寒冬最能妨碍我取道陆路经蒙古返回俄国，因此我将不得不在北京过冬；而此事一旦为业已决定返回天津的联军获悉，他们出于妒忌，就会效法于我，立即折返北京，那时清帝要返回京城就不能不使自己的尊严蒙受损害了。

在谈话结束时，伊格纳切夫愚弄中国大臣们说，正是他而不是别人说服了英法联军将军队撤回天津，而现在，要将他们召回北京，对他说来也是最容易

不过的：只需致函两国特使，说他们和中国所签订的条约靠不住，需要修改，此事就可办到。

伊格纳切夫始终不让英国和法国了解他正在欺骗中国，并迫使它签订对俄罗斯极其有利的条约。他担心，英法两国出于嫉妒或是出于"利益均沾"而可能进行干预，这样的话，沙俄的美梦就不易实现。所以，伊格纳切夫对英国的外交人员竭力封锁其正在与中国谈判的消息。一方面，他将他认为有"亲英"嫌疑的中国官员恒祺清除出两国的谈判会场（清政府竟然同意伊格纳切夫的意见，这足以证明清政府腐败无能到了何等地步，主权丧失到何等地步！），另一方面采取措施对英法方面封锁消息。为了使中国就范，伊格纳切夫用英法联军重新返回北京的可能性吓唬中国外交官——

为了对这次即将举行的谈判尽可能保守秘密，伊格那提耶夫关照说，希望不要任命恒祺为协商委员会的成员，因为他有根据怀疑，认为此人不可靠。他向其余的全权大臣则明白声称，如果外国代表们获悉他们和俄国方面进行谈判的内容，那将会给他们本人带来多大的危害。公使说道："联军对我方与贵国之间的事情毫无所知，所以他们完全相信，全部滨海边区久已归属于俄国，而现在如果他们知道情况并非如此，那末由于对我方嫉妒和不甘落后，他们会不顾业已签订的条约，而向你方提出新的要求。"

在谈判过程中，为了避免大臣们与常来南馆的欧洲人偶然相遇，伊格纳切夫从不邀请全权大臣们去公使的住所，而是在教会主持人的房间内和他们进行谈判。同样为了防范起见，俄方还建议他们，凡在会谈时间，将他们所乘的肩舆打发回去，不让停放在使团的院落内。

在签订条约的那天，英国翻译爱金斯给使团造成不少麻烦。额尔金将他留在北京，看来似乎是为了就近监督英国使团房屋的建造工作，但实际上是为了监视俄国公使的活动。为了麻痹这个英国人的警惕性，伊格那提耶夫提出，要他以后长期在俄罗斯馆用膳，而他每天也都过得兴致盎然。11月2日，这是举行签约式的日子，必须让他整天离开南馆；修士司祭伊萨叶和教会学习生佩舒罗夫顺利地完成了这一任务。他们邀请爱金斯去参观喇嘛庙雍和宫，然后便将他从该处带到北馆就餐。在北馆他们将他灌足了酒，因此当他回到南馆时，诸事均已办毕，而中国人也离馆了。

沙俄外交官之诡计多端由此可见一斑。
伊格纳切夫的使命超额完成了——

　　所订条约的实质是，中国政府批准和补充了《瑷珲条约》，还以最肯定的方式承认阿穆尔边区和乌苏里边区，也即以乌苏里江、兴凯湖、绥芬、图们两河直到海边为界的广大土地全部为俄国所有，而我们如果仅仅根据中国大学士桂良于1858年告知普提雅廷伯爵的清帝的上谕，那末我们对这片土地实际上是根本无权过问的。

三　学术评价

本书根据俄国外交部的大量资料具体地、细致地叙述了沙俄外交官伊格纳切夫利用英国、法国对中国发动侵略战争这一有利的国际形势，运用威胁、恫吓、讹诈等手段，迫使中国签订《北京条约》，割占乌苏里江以东40多万平方公里领土的经过。

第八节　《中东铁路大画册》

一　出版简介

这本画册的俄文原版于1905年出版于彼得堡，全部照片由多位俄罗斯摄影师拍摄而成。2013年，黑龙江人民出版社出版了这部画册的中文版，其中配加了27000余字的中文译文。

黑龙江省博物馆副馆长刘晓东指出，为了将这一馆藏精品复制出版，黑龙江省博物馆专门购置了技术先进、价格不菲的扫描设备，工作人员精心地进行扫描。齐齐哈尔大学教授、俄罗斯科学院院士李延龄及其弟子承担了全书的翻译，翻译过程中查阅了大量文献资料，并在铁路沿线踏查走访。

二　主要内容

画册汇集了近2300幅照片，按以下目录排列组合。

（一）铁路干线与支线设施

（1）铁路干线、当地居民及其日常生活。

铁路由 3 个部分组成：西线——从哈尔滨到外贝加尔；东线——从哈尔滨到乌苏里斯克；南线——从哈尔滨到旅顺。干线线路总长为 2380 俄里。

（2）建筑前的勘测，铁路走向的选择。

1897 年第一批勘探队到满洲，1898 年确定干线走向，1900 年上半年完成全部勘探工作。

（3）铁路特点，线路路基工程，周边的农业与牌坊。

西线：无人大草原。

东线：林区、山区和人烟稀少地区。

南线：从松花江流域到辽河流域，最后到辽东半岛。

（4）筑路各个阶段的最重要的人工设施。

在南线，人工设施的数量巨大，在建设过程中广泛使用石砌。在施工过程中广泛采用石头涵洞和拱桥。

（5）施工时路基被洪水冲毁。

夏季暴雨，河水泛滥，一些路段被洪水冲毁。遭到破坏的线路。1900 年，从兴安岭到哈尔滨的西线遭到大水灾的破坏。

（6）隧道工程。

整个铁路线有 9 个隧道。

（7）因特殊的地理环境必须进行特殊的辅助工作。

（8）铁路养护工的住房。

（9）供乘客使用的设施、住房、车站。

（10）值班室、屠宰场、铁路管理局、医院、接待室。

（11）车站供水设施。

（12）机车库和工厂设施。

（13）铁路上的流动列车。

（二）铁路的辅助企业和设施

（14）沿乌苏里江、黑龙江、松花江向哈尔滨运送建筑材料的船队，由 15 艘小型轮船组成。

（15）煤矿。

（16）教会学校。

（17）商校、技校、宾馆、屠宰场、海关、法庭和邮电局。

（18）应对鼠疫、霍乱的措施。

尽管措施是坚决的，但霍乱还是在整个铁路线扩散，致使铁路建筑工程明显放慢速度。

（三）铁路建设中，附属企业所在的城市

（19）哈尔滨的码头和工商设施。

哈尔滨坐落在无人居住的松花江岸边，1899 年开始建城，已成长为一个完整的城市，其居民在 1903 年已达到 45000 人（不包括临近村镇和铁路以外的居民）。哈尔滨由南岗、香坊、道里构成，它发展成一个大型的工商业中心，有大批的面粉厂、制酒厂等。

（20）大连。

城市，郊区，港口工程。大连坐落在关东半岛的边上，是铁路的终点。

（21）大连湾。

（22）营口。

（23）旅顺港。

（四）铁路警卫队及其辅助设施

（24）中东铁路的安全警卫。

（25）边防独立警卫师团的外阿穆尔军团。

（26）铁路军队警卫设施。

外阿穆尔军团建于 1901 年，隶属于边防警卫师团，负有保卫铁路的职责。

（五）1900 年满洲的动乱

（27）中国起义者对铁路的破坏。1900 年的动乱席卷满洲。当时的大量工程被暴乱者破坏，建筑材料被销毁。

（六）俄国官员视察铁路

（28）俄国财政部部长维特和秘书。

（29）俄国军事部部长库罗巴特金。

（30）财政部部长的同事罗曼诺夫及铁路管理局副局长、工程师格尔别志以及铁路管理局诸成员视察铁路。

（31）工程局全体人员。

（32）大连工程开工，运行，隧道打通，港口通航。

（七）中国的官员、军队和法庭

（33）中国地方官员，各省的铁路交涉局。

（34）所有与铁路有关联的中国人；相关事务由铁路交涉局处置；中国官员与铁路局代表也介入审判。

（35）中国的军队、警察和法庭。

（八）铁路地带的中国城市里的名胜古迹

（36）城市外貌。

（37）中国最出色的建筑，庙宇和牌坊的建筑风格。

（38）庙宇中的神像。

三 学术评价

中东铁路 1897 年 8 月开始动工兴建，1903 年 2 月全线竣工通车。这是贯穿中国东北地区的一条交通大动脉。哈尔滨是这条铁路的枢纽，以这座城市为中心，铁路分为东线、西线和南线三部分。

黑龙江省博物馆馆长庞学臣指出："《中东铁路大画册》内容全面，集合了中东铁路修建过程中大量的实物图片，内容涉及铁路修建现场、当地居民及其日常生活、房屋、教会学校、车站设施以及自然地域风貌、官员视察铁路地区的场景等，形象体现了整条铁路沿线地区的人文、经济、宗教、建筑、自然与政治势力等多种历史状况与人文印记。本画册由当时的俄国摄影师拍摄完成并集结成册。全部图像均为第一手，并且内容翔实。大量少见的历史老照片完整、真实、多角度地再现了百年前的中东铁路及其沿线人文风光，是俄侨史、东北地方史，乃至东北亚国际关系史研究进程中不可多得的历史资料，同时也是研究中东铁路建筑特点的有力的图文材料。"

庞学臣还指出，《中东铁路大画册》是该馆最珍贵的馆藏之一，在复制出版过程中，该馆始终奉行"让文物自身说话"的原则。原件历经百年风霜，存在磨损折皱、泛黄发脆等现象，该馆出版时未加任何修饰，将之原汁原味地加以"复制"，凸显出这件历史文物的沧桑感与历史感。因此，这件复制品"极具学术价值、艺术价值和收藏价值"。

李延龄先生对这部画册做了这样的评价："《中东铁路大画册》是一部异常重要的历史文献，它展示给人们一段失去的历史。当然，它也证实了我多年来的一个观点，即中东铁路是中俄两国共同修筑的，而并非俄国自己修筑的。看看我们那些梳着大辫子同胞的身影，就一目了然了。"

关于这件文物的缺陷，李延龄教授提醒中国读者、学者在阅读、观赏时，要注意俄国作者、出版者的殖民主义立场："有些政治词语，例如义和团运动，在我们看来是农民革命运动，但是对当时的俄国资产阶级来说却是一场'动乱'，甚至称呼义和团起义者为'敌人'；称萨哈罗夫等殖民主义者对中国东北的入侵与占领为'解放'，称反抗沙俄入侵者的中国人为'红胡子'，等等……"

《中东铁路大画册》对于中俄关系史、中东铁路史、黑龙江历史、中国东北史、以哈尔滨为代表的东北城市发展史、19 世纪末 20 世纪初黑龙江地区乃至整个东北地区的社会史都富有参考价值。

第九节　《一个俄国军官的满洲札记》

一　作者简介

谢·阿·多勃隆拉沃夫是沙俄侵华军队中的上校军官，后晋升为将官。1900 年 8 月，即我国义和团运动期间，他奉俄国关东司令阿列克谢耶夫之命，率东西伯利亚第十九步兵团侵入中国东北，驻扎在我国辽宁省的开原县境内。他曾亲自带领沙俄军队"讨伐"我忠义军和六合拳。

二　主要内容

本书 1906 年出版，原书名是《满洲射手札记》，副题是"和平友好城"。中译本由刘秀云、吕景昌翻译，齐鲁书社 1982 年出版。

全书分量不大，约 11 万字。分上、下两部分，共 8 节。其上部包括"讨

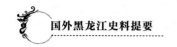

伐满洲""开原县""侦察报告""日记""对第十九步兵团的命令",下部包括""和平友好'城""远征满洲与军事讨伐""'和平友好'纪念碑揭幕"。

关于这支侵略军在黑龙江地区的活动,只占本书的一部分。

庚子俄乱时期俄国侵略军分数路入侵中国东北,这本书详细记录了从绥芬河入境的那支俄军的情况,其侵略路线为绥芬河—穆棱—磨刀石—宁古塔(今宁安)—吉林省。

值得关注的是以下几个方面的内容。

(一)战争动员

1900 年 6 月 12 日,部队奉沙皇的命令进行动员,第八边防营开始加紧工作,夜以继日地忙碌着。第九天,该营已装备完毕,做好了进军中国的准备。

(二)扩军

根据扩军的命令,向原先的部队补充了兵员,这些兵员由预备役士兵和新兵组成。八天时间内,一切准备就绪。

(三)演习

经动员后,不久前的营已独自扩编成一个团,约 800 多人,12 名军官。士兵们参加了两次演习,进行射击,接受检阅。

(四)战前鼓动

在哈巴罗夫斯克火车站,这支侵略军的官兵们在广场列队集合,市长代表全城居民用圣像向这支军队表达祝福。军官,即本书作者谢·阿·多勃隆拉沃夫,代表全体官兵致答谢词,并赠送给哈巴罗夫斯克市一尊圣像,上面写着:"永志不忘第十九团"。祷告完毕,集团军司令格罗杰科夫视察部队,说:"英雄们,你们应尽全力拿下宁古塔要塞,要竭尽全力啊,我亲爱的!"

(五)在中国的侵略行动,即作者所谓"远征满洲与军事讨伐"

由尼科利斯克部队(驻双城子俄军)组成的东西伯利亚第十九步兵团,自 1900 年 8 月 6 日至 10 月 12 日进攻中国东北。

被动员的东西伯利亚第八主力营,已扩编为九个连,改称东西伯利亚第十九步兵团。1900 年 8 月 6 日,该团在绥芬河附近穿越边境,进入中国境内,向宁古塔前进。由于暴风骤雨终日不停,铁路路基已被冲毁,团队本应乘火车出发,在这样的情况下只好徒步。8 月 10 日,来到宽阔湍急的小绥芬河畔。由于瓢泼大雨下个不停,河水已经泛滥成灾。团队决定借助架设在两岸的绳索,进行泅渡。8 月 12 日,团队来到穆棱车站。

根据尼科利斯克部队第 50 号命令之第八款要求，第十九团于 8 月 12 日编入作战部队。团队接到做尼科利斯克部队预备队的指令后，休息一天，然后，成梯队继续向磨刀石车站方向前进。此后，它沿着泥泞不堪的道路，自磨刀石继续向宁古塔要塞逼近；部队奉命无论如何要拿下宁古塔。

全体侵略军迅速接近宁古塔。第十九团作为先头部队的后盾，开赴战场，协助尼科利斯克部队逼近宁古塔要塞，经短时间的激战后，夺取了宁古塔。宁古塔城的副都统无条件投诚，一部分中国军队逃离，余者均沿路撤至吉林。

团队奉命停留在牡丹江渡口附近，以便在这里维持后勤部队的秩序，并负责全军渡江事宜。第十九团是最后渡江的。他们奉部队长官之命，为加强穆棱、磨刀石和牡丹江薄弱环节的实力，特在上述几个地区留驻几个小队的士兵。

战争对黑龙江地区造成了可怕的破坏。谢·阿·多勃隆拉沃夫这个侵略军军官写道："沿路到处可以看到不久前惨遭破坏的景象：东倒西歪的房舍、七零八散地载着各种货物的大车、折断了的枪支及散失的各种财物。路旁的山坡上，横尸遍野，目不忍睹。"

三　学术评价

本书对于我们研究义和团运动的历史，特别是忠义军和六合拳的历史，有一定的参考价值。

19 世纪末，沙皇俄国伙同其他帝国主义国家出兵中国，镇压义和团，悍然出兵强占我东三省。沙俄军队到处抢夺财物、奸淫妇女、焚烧村庄、杀戮居民……从此，我美丽富饶的东北大地惨遭空前浩劫，勤劳勇敢的东北人民进一步陷入半封建半殖民地的深渊。《一个俄国军官的满洲札记》便是沙俄侵华罪行的真实记录。

本书从侵略者的角度反映了中国军民的英勇反抗，不可征服。1902 年 1 月 8 日至 27 日，谢·阿·多勃隆拉沃夫作为东西伯利亚第十九步兵团团长，奉命"讨伐"王老道和王老和。他承认"我们对敌情掌握得并非准确，敌人仍然在四处活动，而且当地条件对我们十分不利；看来，三兵种大部队进行的讨伐活动，是一项十分艰巨而又难以胜任的任务，尤其在寒冷的季节更是如此"。"我终于相信，讨伐散居在各地的红胡子是劳民伤财之举。"1902 年 2 月 27 日至 4 月 1 日，多勃隆拉沃夫参与了对中朝边界地区的刘单子的进攻，又垂头丧气地说:"综上所述,可以看出,此次讨伐成功的希望十分渺茫……"
"组织讨伐队,对红胡子诉诸武力,结果是,分散在幅员广阔地区的小股匪帮,在百姓的诚心帮助下,总会巧妙地避开俄国人。"出发时一个个野心勃勃,可是经过与中国义军的作战,士气低落,连多勃隆拉沃夫这样的沙俄军官也产生沮丧、厌倦之情:"讨伐部队的骑兵在广阔地区四处奔波,一个月的时间内与本部队失去了一切联系,直至接到圣旨后,方才停止一切讨伐活动。随之,结束了在令人厌倦的深山密林里到处盲目的奔波。""这次讨伐,既耗费了许多精力,又付出了巨大的代价。感谢上帝,好在这是最后的一次讨伐。"

第十节 《中东铁路护路队参加1900年满洲事件纪略》

一 作者简介

本书是由 B. B. 戈利岑大尉编写,经外阿穆尔军区司令奇恰戈夫中将、H. M. 沃洛钦科少将编辑审定。戈利岑大尉是外阿穆尔军区的文职军官。B. B. 奇恰戈夫是沙皇政府的侵华鹰犬,1900 年 7 月,他曾率俄军由尼科利斯克—乌苏里斯克经绥芬河侵入我国东北,镇压义和团运动。1902 年,他接任了不久前由中东铁路护路队改编的特别外阿穆尔军区的司令职务,1911 年初死于任内。他任职近十年,具体实施沙皇俄国的侵华政策,罪行累累。

1911 年 5 月,奇恰戈夫的继任者马尔迪诺夫中将把本书献给了当时正在哈尔滨视察的俄国陆军大臣苏霍姆里诺夫,邀功请赏。

二 主要内容

本书是 1910 年俄国边防独立兵团特别外阿穆尔军区司令部为纪念破解义和团对哈尔滨的包围十周年编辑出版的,其目的在于为中东铁路护路队树碑立传,炫耀他"剿平匪乱"的"业绩"。中译本由李述笑、田宜耕翻译,商务印书馆 1984 年出版。

中东铁路护路队成立于 1897 年 5 月 21 日。它是沙皇政府以"保护铁路公司和保障铁路施工和未来的经营"为借口,以中东铁路公司理事会的名义擅自单方面组建的。根据《中俄合办东省铁路公司合同章程》,俄国在中东铁路沿线并没有驻军权和护路权。这个护路队就是这样以违约侵权为起点，开始了向中国东北的"文明的进军"。从它成立到 1899 年底两年的时间里，先后六次扩编（平均每四个月一次），到 1900 年初，它已辖有八个步兵连，十九个骑兵连，有 2000 多名步兵和 2500 多名哥萨克骑兵。由此可见沙皇俄国以筑路为名蚕食我国东北领土的野心以及对中国主权的践踏。

1900 年，中国爆发义和团运动。沙皇政府认为时机已到，叫嚷"必须利用这个机会夺取整个满洲"，分兵六路大举入侵中国，同时"紧急扩充"护路队。到 1900 年 7 月，护路队骤增至 11000 多人。这时，沙皇政府认为已无须演戏了，便揭去了"雇佣"的面纱，丢开了"护路"的招牌，公然将中东铁路护路队改编为俄国边防独立兵团特别外阿穆尔军区，露出了它"先头部队和常备正规军"的本来面目。所谓外阿穆尔军区，实际上就是俄国边防兵团驻中国东北的军区，沙皇俄国竟然将自己的一个军区设在另一个主权国家的领土上！该军区从 1901 年成立到 1915 年整编开赴第一次世界大战前线整整 15 年的时间里不断调整、扩充和加强，牢牢地控制了中东铁路沿线地带。俄军在这里烧杀抢掠、为所欲为，对中国人民犯下了无数罪行。

这部资料集具体地记录了这支军队在东北三省的侵略活动。书中与黑龙江地区相关的部分如下：

第十一章　1900 年 6 月 1 日前，中东铁路护路队的总人数及其部署

第十二章　护路队各部队从中东铁路西线各区段撤退

第十三章　撤离海拉尔

第十四章　撤离兴安岭

第十五章　撤离扎兰屯—博克图区段

第十六章　编入奥尔洛夫将军部队的中东铁路西线护路队各连队的行动

第十七章　撤离富拉尔基—哈尔滨区段

第十八章　编入尼科利斯克部队的护路队各部队的行动

第十九章　撤离帽儿山—哈尔滨区段

第三十章　中国人对"奇毕斯号"驳船的猛烈袭击

第三十一章　中国人对"敖德萨号"轮船的猛烈袭击

第三十二章　保卫船坞（哈尔滨附近）

第三十三章　保卫哈尔滨纪实

第三十四章　攻占阿什河城

第三十五章　进军牡丹江

第三十六章　1900年6月护路队总司令格尔恩格罗斯少将和修筑中东铁路总工程师尤戈维奇收到的重要情报及其有关护路指令的概述

尽管作者对中国军民和义和团竭尽污蔑，但是仍然在个别地方记录下了中国人民的英勇行为。

第三十五章《进军牡丹江》写道，两名中国伤兵面对追上来的沙俄军队，宁死不屈，投河自尽。还有一个小小年纪的义和团小战士，他还完全是个孩子，腹部被子弹打穿，伤势很重。沙俄官兵把义和团的那些符咒拿给他看，并指着他的伤嘲笑他，这个少年毫不畏惧、毫不示弱，忍住自己的伤痛，激昂地与敌人雄辩。他不愿承认他的伤是敌人打的，而是说是因为自己不想往前冲被其同伴打的。"不管什么证据，不管其同伙义和团的尸体，都不能动摇这孩子的信念……他仍有足够的精力进行争辩，并且感情冲动。"真是个英勇的小英雄！

连侵略军也被中国军民的勇气所震惊、慑服，他们发出这样的感慨："如果中国高级军事将领和全体军官非常称职，士兵们能受到良好训练的话，这些宗教狂人将会对这次骚乱的成功起到巨大的作用。那些对义和团入了迷的中国军队和武装的民众，如有称职的将领指挥，将和义和团勇同样疯狂勇猛，并信仰其神力，将会勇敢克敌、顽强作战。"

俄国作者写道："义和团中有许多儿童，年纪约为十二至十四岁。"这么小的孩子怎么有力气和技能与高大剽悍的哥萨克战斗?! 他们的勇敢只会加速自己在强敌面前的牺牲。

俄国作者写道："一些义和团勇除持刀剑外，手里还握着一个大红色线团。他们天真地相信，抛出线团，即可消灭敌军……他们每个人的衣领后面，都缝着一条白布，上面划着些使人莫名其妙的符号。依照义和团勇的信仰，这种符号乃上天赐予首领的。它能逢凶化吉，有使人刀枪不入的神力。这些天真的人们的信仰是如此坚定，竟使他们有临危不惧的力量，手握刀剑，勇猛地扑向敌人。"

义和团战士的衣服是彩色的，身穿镶着大黄边的袍子，腰上系着黄色的宽宽的带子，头扎黄色方巾，在战场上"神魂颠倒地跳跃着，挥舞刀剑，千姿百态，直奔骑兵连而来"。尽管这是落后的作战方式，但是对侵略军仍然产生了震慑："这些人颇具戏剧性的服饰和奇形怪状，使哥萨克有些发慌。义和团勇愈走愈近，更加令人忐忑不安。"

以这样落后的民众、落后的方式反抗先进、强大的殖民者、侵略者，就注定了这场反侵略战争必将遭到悲壮的失败。

三　学术评价

本书根据中东铁路护路队司令部和各部队档案中的部分文件编写而成。"戈利岑大尉在研究这些资料时，经常发现内容相互矛盾甚至彼此排斥的文件。因此，对这些文件必须进行细致而耐心的校核工作，以便对每个事件的性质和细节做出判断。"可见，编者具有认真的态度，这保证了史料的真实性。"本书既题名为'纪略'仅可视为编写中东铁路护路队史的史料而已。"的确，本书的大部分是史料的有序排列，有的部分类似"大事记"。

本书译者指出："作者在本书中竭力为沙皇俄国的侵华政策辩解，吹捧中东铁路总工程师尤戈维奇和护路队司令格尔恩格罗斯等人忍让克制、顾全大局，夸耀护路队官兵英勇善战、奋不顾身，这是不足为怪的。他的立场决定了他的观点和取材。另一方面，本书较详尽地介绍了中东铁路护路队建立、组织、装备和扩编等情况，从侧面暴露了护路队俄军残害中国人民的罪行，同时也反映了中国人民在义和团运动中表现的大无畏的斗争精神，为研究中俄关系史、东北地方史和义和团运动史提供了很多第一手资料，具有一定的参考价值。"

第三章　成书于 20 世纪初
有关黑龙江的史料（下）

第一节　《呼伦贝尔》

一　作者简介

《呼伦贝尔》一书的作者为 A. M. 巴拉诺夫。A. M. 巴拉诺夫①，1865 年出生，生地不详，1927 年 1 月 26 日逝世于哈尔滨。从 1898 年起 A. M. 巴拉诺夫受命在哈尔滨工作和长期生活，历任外阿穆尔边境警卫队骑兵大尉、中校，外阿穆尔军区司令部司令，是东省文物研究会终身会员和民族学部主任。A. M. 巴拉诺夫在哈尔滨期间，尽管多数时间担任军职，但其对中国蒙古地区非常感兴趣，在哈尔滨出版了《蒙古术语词典》《呼伦贝尔》《乌梁海问题》《喀尔喀——车臣汗盟》《呼伦贝尔与喀尔喀》《蒙古、呼伦贝尔与喀尔喀》《呼伦贝尔、喀尔喀与哲里木盟》《蒙古东北盟》《我们在蒙古的商业任务》等 10 余部小册子②，在《东省杂志》《东省文物研究会杂志》发表了《蒙古交通

---

① Хисамутдинов А. А. Российская эмиграция в Азиатско – Тихоокеанском регионе и Южной Америке：Биобиблиографический словарь. – Владивосток：Изд – во Дальневост. ун – та, 2000. с. 46.

② А. М. Баранов. Словарь монгольских терминов. А – Н. Составил Заамурского округа ротми стр Баранов. Материалы по Маньчжурии и Монголии. Выпуск одиннадцатый. Издание Отчетного отделения Штаба Заамурского округа отдельного корпуса Пограничной стражи. – Харбин：русско – китайская типография "Юань – дун – бао", 1907 г. вып. 1, 138с；вып. 2, 266с；Барга. Издано с разрешения начальника Заамурского округа отдельного корпуса （转下页注）

状况》《呼伦贝尔》 等 3 篇论文①，其中 1912 年出版的《呼伦贝尔》一书是
其在黑龙江研究上的代表作。

二　主要内容

《呼伦贝尔》一书于 1912 年出版于哈尔滨，由俄国边防独立兵团哈尔滨
特别外阿穆尔军区司令部印刷厂印刷。如上文所述，该书的作者为军方人员。
因此，我们首先要澄清一个事实，即在 19 世纪末 20 世纪初俄国的对华侵略过
程中军方不仅诉诸武力，也进行了大量的实地调查。而军方对中国东北地区尤
其是黑龙江地区进行大规模实地调查首先来自俄国边防独立兵团阿穆尔军区司
令部。1901 年，俄国边防独立兵团阿穆尔军区司令部向中国东北派出了大批
军官。他们利用中文资料并根据实地调查资料编撰了大量具有军事价值的统计
著作并于 1902～1903 年在哈巴罗夫斯克出版，如《阿什河副都统》《三姓副
都统》《齐齐哈尔副都统》《宁古塔副都统》《吉林副都统东部》《吉林副都
统》《珲春副都统》《呼兰副都统》《布特哈副都统》《长春府与伯都讷副都

（接上页注②） пограничной стражи при содействии штаба сего округа. - Харбин： типо -
литография Заамурского округа отдельного корпуса пограничной стражи，1912. - 59с；
Урянхайский вопрос. Издано с разрешения Начальника ЗООКПС штабом сего округа. -
Харбин： типо - литография Заамурского округа. 1913. - 48с；Халха. Аймак цецен - хана.
- Харбин： типо - литография Охранной стражи КВжд. 1919. - 52с；Барга и
Халха. Составил Заамурского округа ротмистр Баранов. Материалы по Маньчжурии и
Монголии. Выпуск второй. Монголия. Изд. штаба ЗООКПС. Харбин，1905. - 59с；
Монголия，Барга и Халха. - Харбин： изд. штаба Заамурского округа，1905. - 60с.
（ММКЯ，вып. 2）；Барга，Халха и чжеримский сейм. - Харбин： изд. штаба Заамурского
округа отдельного корпуса пограничной стражи，1905. - 13с；Харачины в хошуне
чжасакту - ван. Харбин： изд. разведывательного отделения Заамурского округа
отдельного корпуса пограничной стражи，1907. - 32с. （ММКЯ，вып. 10）；Северо -
восточные сеймы Монголии. - Харбин： изд. штаба Заамурского округа отдельного корпуса
пограничной стражи，1907. - 138с；Барга. （историко - географический очерк）. -
Харбин，изд. ОИМК，1925. - 11с；Монголия： Крат. сведения о полит. состоянии
Монголии. - Харбин，1906. - 13с；Наши торговые задачи в Монголии. - Харбин，1907.
- 23с.

① А. М. Баранов. доклад председателя историко - этнографической сукции ОИМК. - //
Известия Общества Изучения Маньчжурского Края，1922，№2，с. 4 - 8；Состояние
транспорта в Монголии//Вестник Маньчжурии. - 1926，№11 - 12. - С. 46 - 54；Барга：
историческая справка//Вестник Маньчжурии. - 1925，№8 - 10. - С. 16 - 26.

统》《瑷珲副都统》[①] 等。1901 年，俄国政府将以保护中东铁路为名于 1897 年在哈尔滨成立的中东铁路护路队改编为俄国边防独立兵团外阿穆尔军区。从第二年起，俄国边防独立兵团外阿穆尔军区司令部取代了俄国边防独立兵团阿穆尔军区司令部对中国东北进行军事调查的功能。至第一次世界大战时，俄国边防独立兵团外阿穆尔军区整编被派往欧洲前线，由此停止了持续不断的军事调查活动。据加拿大学者巴吉奇统计，到 1910 年时由俄国边防独立兵团外阿穆尔军区司令部出版印刷的图书就达 36 种[②]。从实际情况看，俄国边防独立兵团外阿穆尔军区司令部出版印刷的图书要多于 36 种，只不过依目前所掌握的资料无从得知具体的数字。于 1912 年出版的《呼伦贝尔》一书就是 36 种图书之外的一种。

《呼伦贝尔》一书尽管在篇幅上不长，仅有 59 页，但记述内容比较详细和具体。全书分为 15 个部分。

第一部分为呼伦贝尔的地理位置，记述了呼伦贝尔在行政上隶属于黑龙江省、名称的由来和所辖地域范围等。

第二部分为呼伦贝尔的地表结构，记述了呼伦贝尔的山川和土壤等。

第三部分为呼伦贝尔的降水量，记述了呼伦贝尔多条河流的分布等。

第四部分为呼伦贝尔的自然资源，记述了呼伦贝尔的鱼类、野兽以及盐和碱等矿物质等。

第五部分为呼伦贝尔的人口，记述了呼伦贝尔是由蒙古人、索伦人、鄂伦春人、达斡尔人等多民族构成的，介绍了呼伦贝尔各个民族的具体人数和简要

① Богданов А. Ф. Ажехинское фудутунство. Ч. 1. Хабаровск：Штаб Приамур. Воен. окр. ，1902；Богаевский. Сан – Синское фудутунство. Хабаровск：Штаб Приамур. Воен. окр. ，1903；Дуров. Цицикарское фудутунство. Хабаровск：Штаб Приамур. Воен. окр. ，1903；Зигель. Восточная часть Гиринского фудутунства. Хабаровск：Штаб Приамур. Воен. окр. ，1903；Карликов. Нингутское фудутунство. Хабаровск：Штаб Приамур. Воен. окр. ，1903；Лисовский. Гиринское фудутунство. Хабаровск：Штаб Приамур. Воен. окр. ，1903；Лишин. Хуньчунское фудутунство. Хабаровск：Штаб Приамур. Воен. окр. ，1903；Любов. Хуланьское фудутунство. Хабаровск：Штаб Приамур. Воен. окр. ，1903；Мельгунов. Бутханское фудутунство. Хабаровск：Штаб Приамур. Воен. окр. ，1903；Тихменев. Чан Чунь – фу и фудутунство Бодунэ. Хабаровск：Штаб Приамур. Воен. окр. ，1903；Щедрин. Айгуньское фудутунство. Хабаровск：Штаб Приамур. Воен. окр. ，1903.

② Olga Bakich, *Haebin Russian imprints：Bibliography as history, 1898 – 1961*, New York · Paris：Norman Ross Publishing Inc. ，pp. 509 – 510.

历史，并粗略估计近年呼伦贝尔人口的大致数量。

第六部分为呼伦贝尔的历史，记述了从 17 世纪初开始至 18 世纪末呼伦贝尔的简史，并记载了其间中俄两国在这个地区的冲突与交往等。

第七部分为呼伦贝尔的巡边制度，记载了呼伦贝尔共设置 31 个卡伦，每个卡伦有 5～6 人看守。

第八、九、十部分简短介绍了呼伦贝尔的驿站、警察局和阶层情况。

第十一部分为呼伦贝尔的宗教，记述了呼伦贝尔的两大宗教信仰群体——萨满教和佛教，以及呼伦贝尔地区所有的寺庙情况。

第十二、十三部分为呼伦贝尔的经济，记述了呼伦贝尔地区的畜牧业、林业、煤炭开采和贸易情况。

第十四、十五部分为呼伦贝尔的政治，记述了清政府在呼伦贝尔地区所实施的新政情况，以及由此所导致的呼伦贝尔脱离中国的运动情况等。

三 学术评价

综观《呼伦贝尔》一书，尽管篇幅很短，但基本上对呼伦贝尔的自然、地理、人口、历史、政治、经济、宗教等情况都给予了介绍。《呼伦贝尔》一书是根据军方命令由 A. M. 巴拉诺夫实际调查所写。因此，从史料价值上看，《呼伦贝尔》一书所载的一些内容具有重要价值，是今天学者研究呼伦贝尔历史必须查阅的著作之一。

自 20 世纪初，呼伦贝尔在俄国的对华侵略中地位越来越突出。当时隶属于黑龙江省的呼伦贝尔地区亦是俄国边防独立兵团外阿穆尔军区关注的重点区域之一。A. M. 巴拉诺夫本人对包括呼伦贝尔在内的蒙古地区极其感兴趣，从 1905 年起就开始出版关于蒙古地区的图书，其中也包括呼伦贝尔。从相关史料看，A. M. 巴拉诺夫也是最早关注呼伦贝尔的俄国学者。但在《呼伦贝尔》一书出版之前，A. M. 巴拉诺夫所写的关于呼伦贝尔的图书并不是以单行本出版，而是和别的问题放在一起论述。可以说，《呼伦贝尔》一书是 A. M. 巴拉诺夫出版的第一本关于呼伦贝尔的单行本著作，同时也是俄国出版的第一本关于呼伦贝尔的单行本著作。因此，在俄国汉学史上，《呼伦贝尔》一书是一本重要著作，A. M. 巴拉诺夫的名字也因《呼伦贝尔》一书而载入史册。

第二节 《北满吉林省：1914年和1915年中东铁路
商务处代表 П. Н. 梅尼希科夫、П. Н.
斯莫利尼科夫、А. И. 齐尔科夫的调查报告》
和《北满黑龙江省：1914年和1915年中东铁路
商务处代表 П. Н. 梅尼希科夫、П. Н. 斯莫
利尼科夫、А. И. 齐尔科夫的调查报告》

一 作者简介

《北满吉林省：1914 年和 1915 年中东铁路商务处代表 П. Н. 梅尼希科夫、П. Н.

斯莫利尼科夫、А. И. 齐尔科夫的调查报告》
和《北满黑龙江省：1914 年和 1915 年中东
铁路商务处代表 П. Н. 梅尼希科夫、П. Н.
斯莫利尼科夫、А. И. 齐尔科夫的调查报告》
两部书是由三位作者共同完成，分别为
П. Н. 梅尼希科夫、П. Н. 斯莫利尼科夫、
А. И. 齐尔科夫。

П. Н. 梅尼希科夫[①]，1869 年 12 月
16 日出生于维亚特卡州，在 1934 年左右
逝世，卒地不详。1890 年，П. Н. 梅尼希
科夫毕业于维亚特卡州神学班。1901 年 2
月前，П. Н. 梅尼希科夫从事多年的初等
学校教师工作和铁路部门的文书工作。
1901 年 2 月至 1902 年，П. Н. 梅尼希科

夫担任符拉迪沃斯托克俄国东方学院管事。1902 年，П. Н. 梅尼希科夫成为俄国
东方学院的正式大学生。1905 年，П. Н. 梅尼希科夫毕业于俄国东方学院汉蒙语

---

① П. Н. Меньшиков. (к 20 - летию его научной работы в Маньчжурии) //Изв. ОИМК. 1926. №6
（март）. С. 46 – 48；Забияко А. А.，Забияко А. П.，Левошко С. С.，Хисамутдинов А. А.
Русский Харбин：опыт жизнестроительства в условиях дальневосточного фронтира/Под ред.
А. П. Забияко. – Благовещенск：Амурский гос. ун - т，2015. с. 388 – 389.

专业。在大学期间，他就被派到中国东北西南部、外蒙古北部考察，在辽阳和奉天当翻译。1905 年后，П. Н. 梅尼希科夫成为特罗伊茨克萨夫斯克牲畜采购委员会的职员。1911 年后，П. Н. 梅尼希科夫对中国东北进行了多次考察，曾担任中东铁路商务处处长，是满洲俄国东方学家学会会员、东省文物研究会工商部成员。1934 年 9 月 13 日，哈尔滨俄侨学者 В. Н. 热尔那科夫在哈尔滨自然科学与地理学俱乐部举行了纪念 П. Н. 梅尼希科夫的晚会。П. Н. 梅尼希科夫主要致力于对当时中国吉林省和黑龙江省的研究，独立出版了《中东铁路商务代表 П. Н. 梅尼希科夫关于黑龙江省和内蒙古哲里木盟的调查报告》《满洲历史简纲》《哈伦阿尔山蒙古温泉疗养区：根据 1925 年 П. Н. 梅尼希科夫的考察与 1924 年中东铁路经济调查局的调查资料》等三部书①，与 П. Н. 斯莫利尼科夫、А. И. 齐尔科夫共同出版了《北满吉林省：1914 年和 1915 年中东铁路商务处代表 П. Н. 梅尼希科夫、П. Н. 斯莫利尼科夫、А. И. 齐尔科夫的调查报告》和《北满黑龙江省：1914 年和 1915 年中东铁路商务处代表 П. Н. 梅尼希科夫、П. Н. 斯莫利尼科夫、А. И. 齐尔科夫的调查报告》两部调查研究著作②。在《亚细亚时报》、《远东铁路生活》和《东省文物研究会杂志》上分别发表了《满洲历史简纲》、《论俄中条约》和《中东铁路纪念展览与博物馆》等几篇文章③。

---

① Меньшиков П. Н. Отчёт Коммерческого агента Китайской Восточной ж. д по обследованию Хэйлунцзянской провинции и части Чжеримского сейма Внутренней Монголии. - . Харбин：Издание Коммерческой части Китайской Восточной ж. д, 1913, 244с; Краткий исторический очерк Маньчжурии. : - Харбин, 1917. - 42с; Монгольский курорт Халхин Халун Аршан：по данным обследования Экспедиции П. Н. Меньшкова 1925 г. и Экономического бюро К. В. ж. д. в 1924 году. - Харбин, 1926. - 29с.

② Меньшиков П. Н. , Смольников П. Н. , Чирков А. И. Северная Маньчжурия с приложением карты всей Маньчжурии. Отчет по командировке агентов Коммерческой части Китайской Восточной жел. дор. П. Н. Меньшикова, П. Н. Смольникова и А. И. Чиркова в 1914 и 1915 гг. Гиринская провинция. Том. I. Издание Коммерческой части Китайской Восточной ж. д. - Харбин：типография КВжд, 1916. С надписью "Многоуважаемому Павлу Васильевичу, знатоку Китая. От авторов П. Меньшикова и П. Смольникова ". - Харбин：КВЖД, 1916. 652с. т. 1. Гиринская провинция; 1918. 655с. т. 2. Хэйлунцзянская провинция.

③ Меньшиков П. Н. Краткий исторический очерк Маньчжурии. -//Вестник Азии, №42. 1917. - С. 5 - 48. ; К русско - китайскому договору//Вестник Азии, 1911, №8. - С. 1 - 44; Меньшиков П. , Радченко Л. Юбилейная выставка квжд и музей. （В честь 25 - летия квжд）. -//Известия Общества Изучения Маньчжурского Края, 1923, №3. - С. 1 - 2; Железная дорога от Харбина до Благовещенска с ветвью на Цицикар. -// Железная Жизнь На Дальнем Востоке, 1916, №37. - С. 4 - 5.

　　П. Н. 斯莫利尼科夫①，1888 年出生于布拉戈维申斯克市，1919 年 11 月 15 日逝世于哈尔滨。П. Н. 斯莫利尼科夫毕业于库伦东方语言学校汉蒙语专业。1907 年至 1910 年 2 月 1 日，П. Н. 斯莫利尼科夫担任俄国驻哈尔滨领事馆翻译官，后又担任中东铁路管理局商务处代表，是满洲俄国东方学家学会和俄国地理学会会员。П. Н. 斯莫利尼科夫死于从博克图至哈尔滨的旅行途中。从目前掌握的资料来看，П. Н. 斯莫利尼科夫除与 П. Н. 梅尼希科夫、А. И. 齐尔科夫共同编撰《北满吉林省：1914 年和 1915 年中东铁路商务处代表 П. Н. 梅尼希科夫、П. Н. 斯莫利尼科夫、А. И. 齐尔科夫的调查报告》和《北满黑龙江省：1914 年和 1915 年中东铁路商务处代表 П. Н. 梅尼希科夫、П. Н. 斯莫利尼科夫、А. И. 齐尔科夫的调查报告》

两部书外，还有一本关于甘珠尔的蒙古集市的小册子②。

　　А. И. 齐尔科夫，生卒年限、地点不详，在哈尔滨期间曾担任中东铁路管理局商务处代表。从 А. И. 齐尔科夫的研究成果看，目前可查到的也只是其与 П. Н. 梅尼希科夫、П. Н. 斯莫利尼科夫共同撰写的《北满吉林省：1914 年和 1915 年中东铁路商务处代表 П. Н. 梅尼希科夫、П. Н. 斯莫利尼科夫、А. И. 齐尔科夫的调查报告》和《北满黑龙江省：1914 年和 1915 年中东铁路商务处代表 П. Н. 梅尼希科夫、П. Н. 斯莫利尼科夫、А. И. 齐尔科夫的调查报告》两部书。

①　Хисамутдинов А. А. Российская эмиграция в Азиатско – Тихоокеанском регионе и Южной Америке：Биобиблиографический словарь. – Владивосток：Изд – во Дальневост. ун – та，2000. с. 286 – 287.

②　П. Н. Смольников. Монгольская ярмарка в Гуаьчжуре в 1912 году. – Харбин：Изд. Коммерч. части упр. КВЖД，1913. – 19с.

二　主要内容

1903 年中东铁路全线通车后，中东铁路管理局随即设置了商务处全面经营铁路商业活动。为了配合经营商业，中东铁路商务处网罗了一些从事经济活动的商务代表，对中国东北尤其是北部地区进行以经济调查为主的活动。前文提到的 А. П. 鲍洛班就是诸多商务代表之一。从目前所掌握的资料看，1912 年前中东铁路商务处的调查活动主要由 А. П. 鲍洛班进行，他的《北满垦务农业志》、《齐齐哈尔经济概述》和《中东铁路商务代表 А. П. 鲍洛班 1911 年关于中东铁路所影响的北满地区垦务的研究报告》就是 1912 年前中东铁路商务处的主要调查结果。如前文所述，1912 年 А. П. 鲍洛班被调任外蒙古库伦担任工商部代表。这样，中东铁路商务处的诸多调查活动主要交给 П. Н. 梅尼希科夫、П. Н. 斯莫利尼科夫、А. И. 齐尔科夫等商务代表来完成。《中东铁路商务代表 П. Н. 梅尼希科夫关于黑龙江省和内蒙古哲里木盟的调查报告》①、《北满吉林省：1914 年和 1915 年中东铁路商务处代表 П. Н. 梅尼希科夫、П. Н.

---

① 《中东铁路商务代表 П. Н. 梅尼希科夫关于黑龙江省和内蒙古哲里木盟的调查报告》一书是由 П. Н. 梅尼希科夫独立撰写的。为了便于研究，笔者主要就 П. Н. 梅尼希科夫与 П. Н. 斯莫利尼科夫、А. И. 齐尔科夫共同撰写的《北满吉林省：1914 年和 1915 年中东铁路商务处代表 П. Н. 梅尼希科夫、П. Н. 斯莫利尼科夫、А. И. 齐尔科夫的调查报告》和《北满黑龙江省：1914 年和 1915 年中东铁路商务处代表 П. Н. 梅尼希科夫、П. Н. 斯莫利尼科夫、А. И. 齐尔科夫的调查报告》2 部书进行介绍。在这里，笔者简要介绍一下《中东铁路商务代表 П. Н. 梅尼希科夫关于黑龙江省和内蒙古哲里木盟的调查报告》一书的主要内容和价值。《中东铁路商务代表 П. Н. 梅尼希科夫关于黑龙江省和内蒙古哲里木盟的调查报告》一书由正文 15 部分和附录 5 部分构成，重点记述了黑龙江省（包括黑龙江省统辖的内蒙古哲里木盟部分区域）的行政区划、土地面积、河流分布与水上交通、土路与畜力运输情况。作者在正文中直接附载了途中调查的多篇文章，如《1911 年 12 月从齐齐哈尔到洮南府》、《1912 年 5 月下旬在满沟—肇州厅—伯都纳的路上》、《1912 年 5 月末从大赉府去伯都纳—齐齐哈尔大道》和《1912 年 7 月初在洮儿河、嫩江和松花江行驶的帆船上》等；在附录中还附载了 1912 年黑龙江省播种面积表、1911 年 1 月至 1912 年 2 月黑龙江省税捐表等内容。《中东铁路商务代表 П. Н. 梅尼希科夫关于黑龙江省和内蒙古哲里木盟的调查报告》同样具有重要价值，虽说其不是研究黑龙江省的第一部综合型著作，但该书是第一次对黑龙江省的地理状况进行专门研究的尝试，书中记载了大量关于黑龙江地理的实证调查资料。这也是该书与之前中东铁路商务代表 А. П. 鲍洛班于 1912 年出版的《中东铁路商务代表 А. П. 鲍洛班 1911 年关于中东铁路所影响的北满地区垦务的调查报告》一书的最大差别。正如作者在书中前言所说，该书补充了《中东铁路商务代表 А. П. 鲍洛班 1911 年关于中东铁路所影响的北满地区垦务的调查报告》一书关于黑龙江地理资料的信息。

斯莫利尼科夫、А. И. 齐尔科夫的调查报告》和《北满黑龙江省：1914 年和1915 年中东铁路商务处代表 П. Н. 梅尼希科夫、П. Н. 斯莫利尼科夫、А. И. 齐尔科夫的调查报告》三本比较有影响的研究报告就是在这样的背景下完成的。

《北满吉林省：1914 年和1915 年中东铁路商务处代表 П. Н. 梅尼希科夫、П. Н. 斯莫利尼科夫、А. И. 齐尔科夫的调查报告》一书于 1916 年出版于哈尔滨。《北满黑龙江省：1914 年和 1915 年中东铁路商务处代表 П. Н. 梅尼希科夫、П. Н. 斯莫利尼科夫、А. И. 齐尔科夫的调查报告》一书于 1918 年出版于哈尔滨。

《北满吉林省：1914 年和1915 年中东铁路商务处代表 П. Н. 梅尼希科夫、П. Н. 斯莫利尼科夫、А. И. 齐尔科夫的调查报告》与《北满黑龙江省：1914 年和 1915 年中东铁路商务处代表 П. Н. 梅尼希科夫、П. Н. 斯莫利尼科夫、А. И. 齐尔科夫的调查报告》两部书按照两省新的行政区划，除以极短的篇幅总述两省整体状况外，以所属县为单位进行单章记述，大体上从历史、地理、行政管理、交通、人口、土地面积的分类及其经济意义、农业、畜牧业与家禽业、渔猎业、工商业等内容对所调查的县进行研究。

《北满吉林省：1914 年和1915 年中东铁路商务处代表 П. Н. 梅尼希科夫、П. Н. 斯莫利尼科夫、А. И. 齐尔科夫的调查报告》一书记述的吉林省所属调查县包括：扶余县、德惠县、阿城县、五常县、榆树县、穆棱县、东宁县、双城县、宾县、方正县、依兰县、富锦县、虎林县、饶河县、林甸县、绥远县、长春县、吉林县、桦川县、同江县、延吉县、珲春县、滨江县、宁安县、磐石县、农安县、和龙县、长岭县、额穆县、蒙江县、敦化县、汪清县、依通县。

《北满黑龙江省：1914 年和1915 年中东铁路商务处代表 П. Н. 梅尼希科夫、П. Н. 斯莫利尼科夫、А. И. 齐尔科夫的调查报告》记述的黑龙江省所属调查县包括：大赍县、泰来县、肇州县、肇东县、呼兰县、巴彦县、木兰县、通河县、汤原县、安达县、拜泉县、兰西县、绥化县、海伦县、龙镇县、庆城、龙江县、讷河县、嫩江县、西布特哈、漠河县、呼玛县、瑷珲县和萝北县。

三　学术评价

从史料价值上看，《北满吉林省：1914 年和 1915 年中东铁路商务处代表

П. Н. 梅尼希科夫、П. Н. 斯莫利尼科夫、А. И. 齐尔科夫的调查报告》与《北满黑龙江省：1914 年和 1915 年中东铁路商务处代表 П. Н. 梅尼希科夫、П. Н. 斯莫利尼科夫、А. И. 齐尔科夫的调查报告》两部书中含有丰富的史料。首先，两部书综合运用了近 30 种文献，包括前文已介绍的宝至德的《满洲记述》、П. В. 什库尔金的《呼兰城——满洲中部历史与经济生活概述》、И. А. 多布罗洛夫斯基的《满洲的黑龙江省》、В. В. 索尔达托夫的《哈尔滨及其郊区的 1 日人口普查》、А. П. 鲍洛班的《中东铁路商务代表 А. П. 鲍洛班 1911 年关于中东铁路所影响的北满地区垦务的调查报告》、А. М. 巴拉诺夫的《呼伦贝尔》、П. Н. 梅尼希科夫的《中东铁路商务代表 П. Н. 梅尼希科夫关于黑龙江省和内蒙古哲里木盟的调查报告》等多部著作，以及三年内俄国驻中国东北各领事的商务报告和中东铁路地亩处等部门的统计报告资料。其次，运用了在黑龙江省、吉林省地方行政部门和商业机构获得的最新的调查资料。可以说，《北满吉林省：1914 年和 1915 年中东铁路商务处代表 П. Н. 梅尼希科夫、П. Н. 斯莫利尼科夫、А. И. 齐尔科夫的调查报告》与《北满黑龙江省：1914 年和 1915 年中东铁路商务处代表 П. Н. 梅尼希科夫、П. Н. 斯莫利尼科夫、А. И. 齐尔科夫的调查报告》两部书是关于当时黑龙江省、吉林省省情的百科全书，为我们研究 20 世纪初黑龙江省、吉林省的历史提供了极其有价值的史料。

关于黑龙江省、吉林省的研究，我们在前文提及了诸如 А. В. 鲁达科夫的《吉林省中国文化史资料（1644～1902）》、И. А. 多布罗洛夫斯基的《满洲的黑龙江省》、А. П. 鲍洛班的《中东铁路商务代表 А. П. 鲍洛班 1911 年关于中东铁路所影响的北满地区垦务的调查报告》和 П. Н. 梅尼希科夫的《中东铁路商务代表 П. Н. 梅尼希科夫关于黑龙江省和内蒙古哲里木盟的调查报告》等著作。与上述这些著作相比，《北满吉林省：1914 年和 1915 年中东铁路商务处代表 П. Н. 梅尼希科夫、П. Н. 斯莫利尼科夫、А. И. 齐尔科夫的调查报告》与《北满黑龙江省：1914 年和 1915 年中东铁路商务处代表 П. Н. 梅尼希科夫、П. Н. 斯莫利尼科夫、А. И. 齐尔科夫的调查报告》两部书的学术价值在于以下两个方面。第一，这两部书是继 А. В. 鲁达科夫的《吉林省中国文化史资料（1644～1902）》和 И. А. 多布罗洛夫斯基的《满洲的黑龙江省》之后出版的关于黑龙江省、吉林省的综合性论著，不仅论及了 А. В. 鲁达科夫的《吉林省中国文化史资料（1644～1902）》、И. А. 多布罗洛夫斯基的《满洲的黑龙江省》两部书中的一些内容，而且更为重要的是记述的内容是近年黑龙江省、吉林省所发生的事情，这是 А. В. 鲁达科夫的《吉林省中国文化史资料（1644～1902）》、И. А. 多布罗洛夫斯基的《满洲的黑龙江省》两部书中绝对没有的内容。第二，这两部书是继 А. П. 鲍洛班的《中东铁路商务代表 А. П. 鲍洛班 1911 年关于中东铁路所影响的北满地区垦务的调查报告》和 П. Н. 梅尼希科夫的《中东铁路商务代表 П. Н. 梅尼希科夫关于黑龙江省和内蒙古哲里木盟的调查报告》之后出版的关于黑龙江吉林省的大型调查研究报告，除调查资料覆盖的年限不同外，最大的区别是：首先，这两部书是专门研究黑龙江省、吉林省的调查报告，而 А. П. 鲍洛班的《中东铁路商务代表 А. П. 鲍洛班 1911 年关于中东铁路所影响的北满地区垦务的调查报告》和 П. Н. 梅尼希科夫的《中东铁路商务代表 П. Н. 梅尼希科夫关于黑龙江省和内蒙古哲里木盟的调查报告》两部书却相反，调查研究范围更广；其次，这两部书记述的内容是综合性的，而 А. П. 鲍洛班的《中东铁路商务代表 А. П. 鲍洛班 1911 年关于中东铁路所影响的北满地区垦务的调查报告》和 П. Н. 梅尼希科夫的《中东铁路商务代表 П. Н. 梅尼希科夫关于黑龙江省和内蒙古哲里木盟的调查报告》两部书记述的内容是单方面的，或是以农业垦务为主，或是以地理方面为主。

第三节　《中东铁路十年（1903～1913）》

一　作者简介

《中东铁路十年（1903～1913）》一书的作者为 П. С. 季申科。П. С. 季申科[①]，1879 年 1 月 21 日出生，生地不详，1946 年后逝世，卒地不详。1898 年，П. С. 季申科以最优等成绩毕业于哈尔科夫农业学校。1906 年，П. С. 季申科又以优异成绩毕业于东方学院汉蒙语专业。П. С. 季申科毕业后长期生活在哈尔滨，在中东铁路管理局任职员。П. С. 季申科是哈尔滨学术团

---

① Забияко А. А. , Забияко А. П. , Левошко С. С. , Хисамутдинов А. А. Русский Харбин: опыт жизнестроительства в условиях дальневосточного фронтира/Под ред. А. П. Забияко. – Благовещенск: Амурский гос. ун-т, 2015. с. 403.

体——满洲俄国东方学家学会创办人之一和其机关刊物《亚细亚时报》杂志创办人之一。1917 年 9 月至 1926 年 3 月 20 日，П. С. 季申科担任哈尔滨自治公议会城市委员会主席。П. С. 季申科还编辑出版了《哈尔滨新闻报》，并担任《霞光报》撰稿者。П. С. 季申科在哈尔滨期间也致力于学术研究，主要就中国的经济尤其是中东铁路问题进行研究，在《亚细亚时报》《东方学院学报》《边界》《东省杂志》等报刊上发表《论扎赉诺尔煤矿的经济意义》《天津与汉口的外国租界》《满洲的货币危机问题》《夹皮沟游记》《哈尔滨的最初年代》[①] 等多篇文章。П. С. 季申科出版的关于中东铁路史的专著《中东铁路十年（1903 ~ 1913）》[②] 是他出版的唯一一部著作，亦是关于黑龙江的唯一一部著作。

二　主要内容

关于《中东铁路十年（1903 ~ 1913）》一书的写作背景问题，笔者通读全书并未直接找到线索，而后又查阅了大量相关资料也未找到关于该书撰写目的的记述。但通观中东铁路发展的历史脉络和《中东铁路十年（1903 ~ 1913）》一书出版的年份以及其所记述的中东铁路的发展时段，笔者认为，《中东铁路十年（1903 ~ 1913）》一书的出版发行是为纪念一个重要历史年份而作。因为 1903 年 7 月 1 日中东铁路正式运营，而 1913 年又恰逢中东铁路正式运营 10 周年。梳理中东铁路十年的运营情况也就成为《中东铁路十年（1903 ~ 1913）》一书写作的主要内容。至于为什么是俄侨学者 П. С. 季申科来完成《中东铁路

[①] П. С. Тишенко. К вопросу об иностранных муниципалитетах в Китае. //Вестник Маньчжурии. - 1926，№5. - С. 85 - 92；Об экономическом значении Чжалайнорских угольных копей. //Вестник Маньчжурии. - 1926，№7. - С. 19 - 25；Иностранные концессии Тяньцзиня и Ханькоу. //Вестник Маньчжурии. - 1927，№2. - С. 78 - 84；Поездка в Цзя - пи - гоу. - //Известия Восточного Института，1903，IV，с. 1 - 96；Муниципальное строительство Харбина в 1929г. //Экономический. бюллетень - 1930，№6. - С. 3 - 4；Китайские таможни на Сунгари. (Доглад на заседании О - ва востоковедения). - //Изв. Харбинского отд - ния О - ва востоковедения，1910，Т. 1. - С. 160 - 173；Финансовые проблемы Харбинского городского хозяйства. //Экономический. бюллетень - 1927，№17. - С. 6 - 9；К вопросу о денежном кризисе в Маньчжурии. //Вестник Азии - 1913，№16 - 17. - С. 29 - 44；Первые годы Харбина// рубеж. - 1938，№24. - С. 1 - 6.

[②] П. С. Тишенко. Китайская восточная железная дорога，1 июля 1903 - 1июля 1913. - Харбин，1914. 243с.

十年（1903～1913）》一书的编撰工作，由于受资料所限还不得而知。但有一点可以肯定的是，从 П. С. 季申科的工作经历来看，П. С. 季申科应是受中东铁路管理局相关部门的委托开展撰写工作。

《中东铁路十年（1903～1913）》一书 1914 年出版于哈尔滨。《中东铁路（1903～1913）》一书的编写体例非常特殊，没有章节。编者主要是按照时间先后顺序分若干个问题进行论述。笔者将按照编者的编写体例介绍《中东铁路十年（1903～1913）》一书的主要内容，并自拟题目进行介绍。

第一部分为 1902～1903 年中东铁路的商务活动，主要记述了 1902 年中东铁路临时运营和 1903 年正式运营时中东铁路的商业利润，记载 1902 年为 9670787 卢布和 1903 年为 15995420 卢布。本部分还指出，中东铁路对俄国阿穆尔边区移民具有重要意义，仅 1903 年就向乌苏里边区运送移民 11441 人。

第二部分为中东铁路管理局附属机构的构成，主要记述了中东铁路管理局附属机构的名称、设置的时间、管理权限和负责人。

第三部分为 1903 年中东铁路的具体运营规定，主要记述了中东铁路各部门所颁布的关于铁路运营的指令，如《运输条例》《地方交通运价表》《免费和优惠运送铁路员工及家属的规定》《铁路员工货物运输规定》《中东铁路管理局会计和报表规定》《俄中联运快运和慢运货物适用运价表指令》《中东铁路医疗卫生处公共基础》等。

第四部分为 1903 年中东铁路进行的哈尔滨城市管理，主要记述了哈尔滨市埠头区街道铺石、组织对工商企业的技术卫生监督和对地下交易的监督。

第五部分至第十二部分为日俄战争时期中东铁路的活动，主要记述了中东铁路竭力为战争服务（包括铁路运输以运送军人和战争物资为主、铁路设施优先用于军人需要，加紧修筑尚未完工的路段和修复被破坏的路段以提高铁路的运载能力），配合军事部门重点参与战区的民政管理（为满足军人粮食需求，禁止运输粮食出口，禁止烧酒进入战区，对哈尔滨市人口进行卫生监测，为满足人口的土地需求在铁路附属地成立土地出租委员会，缩短商业货物在哈尔滨站的存储时间），战争刺激下哈尔滨城市公用事业的发展（在中东铁路管理局的领导下，哈尔滨开始对工商业企业征收赋税，出现了两个重要的社会组织（铁路俱乐部和中东铁路员工消费者协会），中东铁路的商务活动（1904 年的商业利润为 23720995 卢布，1905 年为 33905903 卢布），中东铁路商务活动与为军队服务之间矛盾关系问题。

第十三部分为日俄战争结束后 1905 年中东铁路的工作，主要记述了军方解除了战时的有关铁路运输的部分禁令和中东铁路工厂的一些信息。

第十四部分为 1906 年中东铁路的商务活动，记载了 1906 年中东铁路的商业利润为 29178059 卢布，记述了为应对战争所带来的不利后果（俄国失去中国东北南部地区，尤其是大连等重要港口城市，大量参战军人被疏散回国导致商品和人员运输减少），中东铁路管理局采取了如下应对措施：（1）为扩大中国粮食出口，在符拉迪沃斯托克设立商务代办处；（2）乌苏里铁路与中东铁路合并，接受中东铁路公司统一领导，建设符拉迪沃斯托克港口；（3）为发展俄国在中国东北的贸易，在哈尔滨建设莫斯科商场。

第十五、十六部分为 1906 年中东铁路的其他工作，主要记述了中东铁路停止支付战时提高的铁路员工薪金待遇、因劳动力价格下降减少日工资额、裁减大量铁路员工以及军方解除一切关于铁路的禁令，解放大半军方机构并移交给中东铁路管理局，如诞生了俄中铁路印刷所和中文报纸《远东报》。此外，这部分还记述了 1906 年中东铁路管理局的机构设置和负责人变化情况，返回哈尔滨的铁路员工家属居住问题，商品价格正常化后撤销了中央供给委员会机构，在哈尔滨和中东铁路沿线开办 2 所商业学校和 4 所初等铁路学校满足员工孩子教育问题，为中东铁路职工消费者协会提供运输优惠，与日本人关于宽城子站土地划分谈判问题。

第十七、十八部分为 1907 年中东铁路的工作，主要记述了 1907 年消除了战时在中东铁路上的军事体制后中东铁路附属地及中东铁路所开展的工作，如各国领事馆的出现，中东铁路的宗教事务从北京传教士团管理体制下转为由符拉迪沃斯托克教区管理，乌苏里铁路移交中东铁路公司管理工作结束，苏城宽轨支线并入中东铁路，制定了向乌苏里边区运入谷物、面粉、牲畜和肉的临时运价，战后北满的工商业危机导致 1907 年中东铁路商业利润骤减（降至 16984162 卢布），为吸引客货量中东铁路与国际卧铺车公司总局、西伯利亚铁路俄国轮船公司等其他机构签订协议。此外，这部分还记述了中东铁路管理局组织机构的重大改组，出台了新的《铁路管理局运行总原则》，确定了管理局局长、管理局委员会、副局长、各处的权利与义务，开展了其他工作，如为铁路员工提供工作津贴、医疗救助、死亡抚恤金待遇，向中东铁路附属地市镇贩酒商人和酒厂主征税用于市镇公用事业，预防霍乱向中东铁路沿线传播等。

第十九、二十部分为 1908 年中东铁路的工作，主要记述了由于放贷损失和战时与战后初期铁路罢工、符拉迪沃斯托克港口的骚乱引起的商人索赔损耗，加之1908年北满地区贸易萧条和满洲里、绥芬河、哈尔滨海关的设立导致了1908年中东铁路商业利润创正式运营以来的最低值——14941557卢布；为提高中东铁路的商业利润，1908年中东铁路管理局还发布了多项新的运价表。这部分还记述了中东铁路管理局于1908年出台了到铁路部门工作的具体规定，提高员工的生活待遇（如批准了《中东铁路员工休假规定》等），开办了三年级的哈尔滨商业学校，撤销了哈尔滨特别矿物处，取而代之的是扎赉诺尔煤矿特殊管理局，成立了牲畜检疫处，在哈尔滨、满洲里、海拉尔、博克图、齐齐哈尔和横道河子成立了自治公议会等内容。

第二十一部分为1909年中东铁路的工作，主要记述了1909年北满经济彻底走出战后危机状态为中东铁路的商业活动创造了有利条件，与1908年相比，中东铁路的商业利润有所增长，为15536310卢布；但俄国单方撤销了边境百里免税的自由港制度，改变了中东铁路运输的重点方向，实现了中东铁路与南满铁路的直接联运；除了商务活动外，1909年中东铁路还做了两件比较重要的工作：一是裁撤了乌苏里铁路旅，二是接待了财政大臣、御前大臣科科夫采夫对铁路的考察工作。

第二十二、二十三、二十四部分为1910年中东铁路的工作，主要记述了俄国远东对北满粮食的大量需求、阿穆尔铁路的建设和远东养鱼场的发展，铁路运输量的增加使中东铁路1910年的商务活动明显增加，共获商业利润17704135卢布，以及1910年秋至1911年春中东铁路管理局在中东铁路附属地的防治鼠疫工作。

第二十五部分为1911年中东铁路的商务活动，主要记述了1911年中国东北地区持续的经济增长、符拉迪沃斯托克站的技术改造和中东铁路下调运价使中东铁路的商业活动继续增加，获得商业利润19449589卢布。

第二十六部分为1912年中东铁路的工作，主要记述了1912年中东铁路终点站符拉迪沃斯托克站和哈尔滨枢纽站的综合提升改造、中东铁路和南满铁路实现货物联运以及中东铁路在运价政策上的一些改革进一步推动了中东铁路商务活动的发展，获得商业利润20119960卢布；此外，本部分还记述了有利于铁路员工生活的事情，如在部分车站之间实现了向私人提供有偿电话服务，铁路俱乐部成为哈尔滨市社会生活中的重要场所。

第二十七、二十八部分为外阿穆尔铁路兵团旅的相关内容，主要记述了外阿穆尔铁路兵团旅产生的时间、原因，主要活动，组织机构的构成与隶属关系的变化，与中东铁路的关系等。

第二十九部分为中东铁路当前的整体情况，主要记述了中东铁路全线总长度 1613.1 俄里，其中穿越山地 162.7 俄里和平地 1450.3 俄里；沿线有 65 个车站，建设住房总面积至 1911 年为 133316 平方俄丈，以及中东铁路在车站改造、道路修缮和哈尔滨松花江河港的建设工作。

第三十部分至第四十四部分为中东铁路一些重要部门的活动，主要记述了中东铁路机务处、商务处、地亩处、交涉局、学务处、牲畜检疫处、医疗卫生处、贷款储蓄所、警察局、宗教科等重要铁路部门的机构设置、具体业务范围和开展的主要活动。

最后一部分为中东铁路的意义，是本书的结论。作者认为，中东铁路的意义在于：一是促进中俄两国边疆地区的经济开发与文化发展，二是发展了中俄两国的文化、经济联系，三是中东铁路将在维系中俄两国永久和牢固的和平中起主要作用。

三　学术评价

1903 年中东铁路正式开始运营后，对中东铁路本身活动的研究不仅得到了铁路部门的关注，也受到了相关学者的重视。因为它不仅涉及铁路自身的发展，也将影响到中东铁路附属地及区域国际关系的发展。截至 1914 年，关于中东铁路本身活动的研究出版的俄文版著作有《关于中东铁路修筑的总医学报告》《中东铁路护路队参加 1900 年满洲事件纪略》《中东铁路公司成立十五年来中东铁路商务活动概述》《中东铁路历史概述 1896～1905》[①] 等。综观上述研究成果，我们可以看出，上述著作或就中东铁路某一活动领域进行研究，或就中东铁路发展的某一阶段进行研究。《中东铁路十年（1903～1913）》一书属于后者。从出版时间看，本书不是研究中东铁路的第一部著

---

① Полетика М. И. Общий медицинский отчет по постройке Китайской Восточной железной дороги. - СПб., 1904. 119с; Голицын В. В. Очерк участия Охранной стражи КВЖД в событиях 1900 г. в Маньчжурии. Харбин, 1910. 378с; Очерк коммерческой деятельности Китайской Восточной железной дороги за 15 лет существования Общества. С. - Петербург, 1912. 75с; Китайская Восточная железная дорога: исторический очерк/Сост. канцелярией Правления о - ва КВЖД. - Т. 1. - СПб., 1914. 303с.

作。从研究时段看，本书又不是研究中东铁路某一活动阶段的第一部著作。从研究领域看，本书也不是对中东铁路某一活动领域进行专门研究的著作。但可以肯定的是，本书是第一部对中东铁路经营十年进行综合研究的著作。因此，本书在中东铁路研究史上是一部重要著作。作者 П. С. 季申科也因本书在俄国汉学史上留下了自己的名字。

《中东铁路十年（1903～1913）》一书记载了 1903～1913 年中东铁路上所发生的几乎所有大事，为我们研究中东铁路早期经营史，尤其是商务活动史提供了极有价值的资料。然而，本书在史料上还存在明显不足：除铁路商务活动领域的记述相对详细、厚重一些，其他领域的记述非常简略，类似于大事记形式。

第四节　《1910～1911年中东铁路附属地哈尔滨及其郊区的肺鼠疫：关于防疫局活动的医学报告》

一　作者简介

《1910～1911 年中东铁路附属地哈尔滨及其郊区的肺鼠疫：关于防疫局活动的医学报告》一书的作者为 B. M. 鲍古茨基。B. M. 鲍古茨基①，1876 年出生，生地不详，1929 年逝世于华沙。1896 年基辅大学医学系毕业后，B. M. 鲍古茨基先后在萨拉托夫和敖德萨地方自治机关做卫生员。1906 年，B. M. 鲍古茨基被政府派往阿尔汉格尔斯克做了 5 年卫生局局长。1910 年，B. M. 鲍古茨基从这里被派往哈尔滨从事防治肺鼠疫工作，担任中东铁路防疫局卫生科科长。1911～1914 年，B. M. 鲍古茨基主持萨拉托夫市的医疗卫生机构工作。一战期间，B. M. 鲍古茨基又领导了前线卫生机构。二月革命后，B. M. 鲍古茨基担任内务部副部长一职，主管俄国卫生工作。1917

---

① Супотницкий М. В. , Супотницкая Н. С. Очерки истории чумы. В 2 кн. Кн. 1：Чума добактериологического периода. – М. : Вузовская книга, 2006. //http：/ e – libra. ru/read/ 351972 – ocherki – istorii – chumi – fragmenti. html; Джесси Рассел. Эпидемия чумы на Дальнем Востоке 1910 – 1911 годов. Издательство：Книга по Требованию, 2012. //http：// www. muldyr. ru/a/a/epidemiya_ chumyi_ na_ dalnem_ vostoke_ 19101911_ godov_ – _ rossiyskie_ protivochumnyie_ otryadyi.

年末 1918 年初，B. M. 鲍古茨基担任敖德萨市长。1920 年，B. M. 鲍古茨基移居波兰，担任华沙市自治局卫生处处长。1927 年，B. M. 鲍古茨基被选为华沙市长助理。1929 年，B. M. 鲍古茨基因病逝世。B. M. 鲍古茨基尽管不是从事专门学术研究的学者，但由于其在哈尔滨工作期间直接参与了肺鼠疫的防疫工作，掌握了大量一手资料，由此编辑出版了俄国第一部关于哈尔滨鼠疫问题的大部头著作《1910～1911 年中东铁路附属地哈尔滨及其郊区的肺鼠疫：关于防疫局活动的医学报告》①。B. M. 鲍古茨基亦因此书而成为研究哈尔滨灾荒史的极少数研究者之一。该书部分内容后收入由著名鼠疫专家 Д. K. 扎波洛特内主编的《1910～1911 年满洲的肺鼠疫：俄国科学考察报告》② 一书。

二　主要内容

1910 年秋至 1911 年 5 月，中国东北地区爆发了特大鼠疫，举世空前，得到了世界的广泛关注。为了防止这场鼠疫，各方投入了大量力量，既有组织上的，又有学术上的。《1910～1911 年中东铁路附属地哈尔滨及其郊区的肺鼠疫：关于防疫局活动的医学报告》一书的编撰者 B. M. 鲍古茨基医生就是受国家派遣的参与者之一。在中东铁路管理局的邀请下，他直接参与了防治鼠疫的全过程。正因如此，B. M. 鲍古茨基才能编撰出这样一部关于鼠疫的书。B. M. 鲍古茨基在书的前言中明确表明了编撰该书的直接目的。由防疫局支持出版的《1910～1911 年中东铁路附属地哈尔滨及其郊区的肺鼠疫：关于防疫局活动的医学报告》一书不仅要记述鼠疫的发展态势和防疫局所采取的防疫举措，更重要的是指出了在防疫过程中出现的不当方式和手段，为未来医学研究和防疫实践提供了经验教训。

《1910～1911 年中东铁路附属地哈尔滨及其郊区的肺鼠疫：关于防疫局活动的医学报告》一书 1911 年出版于哈尔滨，由主体两部分和附录构成。

---

① B. M. Богуцкий. Эпидемия чумы в Харбине и его окрестностях в полосе отчуждения Китайской Восточной железной дороги, 1910 – 1911 гг. - Харбин, 1911. 388с.

② B. M. Богуцкий. Эпидемия чумы в Харбине и его окрестностях. //Легочная чума в Маньчжурии в 1910 – 11гг. : Отчет русской научной экспедиции：［В 2 - х тт.］/Под редакцией проф. Д. К. Заболотного Пг. Издание Высочайше учрежденной Комиссии о мерах предупреждения и борьбы с чумною заразою. Типо - литография А. Э. Винеке. Том I. , c. 20 – 96. 1915.

第一部分由十一章构成。

第一章为哈尔滨市卫生状况概述。作者认为鼠疫能在哈尔滨市得以传播与其公共卫生的恶劣状况直接相关。作者记述了1910～1911年鼠疫产生前哈尔滨市几乎每年都有鼠疫发生，在城市里没有任何排水系统，没有自来水管道，没有进行任何污水处理，没有对居民的健康进行卫生检查，没有对历次发生的鼠疫进行防治。作者指出，在1908年前，哈尔滨市没有专门的医疗卫生机构，其医疗卫生事业没有纳入市政管理。作者以较大篇幅记述了鼠疫重灾区傅家甸的卫生状况，以及人口、经济、生活和消费等情况，同时也记载了埠头区的人口、卫生等状况。

第二章为观察站。为了确认居民是否感染鼠疫，防疫部门设置了观察站。本章记载了在观察站里的暖棚和医疗人员数量，如1910年12月24日前，在观察站里设置了84个暖棚并安排了1名医生、6名医士和18名卫生员，从12月24日起设置149个暖棚并安排1名医生、2名大学生、5名医士、4名护士、6名俄国卫生员和33名中国卫生员；观察站里被监测居民数量及国别，如在鼠疫存在的1910年11月、12月和1911年1月、2月，共有10114人，其中中国人9899人，俄国人215人。同时，本章中也记载了在观察站里确诊病人和疑似病人的处理方式，即确诊病人移送鼠疫医院、疑似病人移送隔离区。上述被监测人中180名中国人和2名俄国人被移送鼠疫医院，102名中国人和7名俄国人被移送隔离区，共有64人死于观察站。

第三章为隔离区。记载了1911年12月下旬前隔离区的情况，防疫部门设置了三类隔离区，即由75名病人组成的轻度隔离区、由20名病人组成的强度隔离区和由2名病人组成的超强度隔离区。但随着鼠疫规模的扩大和疑似病人数量的增多，从12月下旬起防疫部门撤销了轻度隔离区，一律采取强度隔离，在隔离区的疑似病人全部移送鼠疫医院。本章中特别记载了1910年12月、1911年1～2月在隔离区的病人情况：病人总数为745人，其中中国人690人，欧洲人55人；病愈人数为402人，其中中国人372人，欧洲人30人；死亡人数为154人，其中中国人140人，欧洲人14人；移送鼠疫医院人数为189人，其中中国人178人，欧洲人11人。

第四章为鼠疫医院。记载了在哈尔滨市发现第一个鼠疫病例后很快就设置了一个鼠疫医院，由1名医生、1名医士、6名卫生员和1名中国厨师组成。至1910年12月新的医院设置前，该医院共住进了320个病人。从1910年11

月至 1911 年 2 月，在鼠疫医院里共有病人 785 人，其中中国人 758 人，欧洲人 27 人；死亡人数 765 人，其中中国人 739 人，欧洲人 16 人；病愈人数为 20 人，其中中国人 19 人，欧洲人 1 人。本章还特别记载了由于参加防疫工作而死亡的医护人员数量，即医生 2 人、大学生 2 人、医士 4 人、护士 1 人、俄国卫生员 21 人、中国卫生员 7 人、中国洗衣女工 2 人，共计 39 人。

第五章为哈尔滨市七级郊区鼠疫的态势。记述了哈尔滨市及其郊区第一个病人出现后的不断蔓延趋势：在哈尔滨市 1910 年 10 月只有一个病人，11 月 11 个，12 月 240 个；在傅家甸，至 1910 年 12 月末达到大规模程度，每周有 712 人感染，在 1911 年 1 月达到峰值，每周有 992 人感染，一个月内死亡了 3511 人。本章还以大量篇幅特别附上了哈尔滨市、傅家甸及其郊区以及所属各个区域每周、每月病人数量及病人数与死亡人数的比例表。

第六章为防疫的组织领导，记述了防疫的领导机构为中东铁路管理局总卫生执行委员会，在哈尔滨设置了市卫生执行委员会，接受哈尔滨市自治公议会的领导。在初期的防疫过程中，中东铁路管理局总卫生执行委员会与哈尔滨自治公议会紧密合作，并给予哈尔滨自治公议会全力支持。从 1910 年 12 月中旬起，随着鼠疫的蔓延、扩大和圣彼得堡派遣的 Д. K. 扎波洛特内教授抵达哈尔滨，为了进一步开展防疫工作，中东铁路管理局决定，铁路部门与哈尔滨自治公议会统一行动，联合成立防疫局。这样，防疫局成为整个防疫工作的最高领导机构。本章还以大量篇幅记载了中东铁路管理局总卫生执行委员会与哈尔滨市卫生执行委员会召开的历次会议记录（包括开会时间、参加者、决议内容）。

第七章为医疗卫生监测及其活动的性质。记述了鼠疫爆发前哈尔滨市的医疗条件极差，根本满足不了城市人口的医疗需求，无论是治病还是卫生监测，如当时哈尔滨市自治公议会只有 2 名医生、2 名医士和 1 名助产士，在卫生监测上没有任何预定计划、没有任何设备，即使做了一些工作，也是为警察部门服务。除了政府机构的医疗人员外，哈尔滨市也有 2 名私人医生，但他们也基本上是为司法、警察部门服务。正是这些不利条件，才导致了鼠疫的大面积蔓延。由此，中东铁路管理局命所属医生及其从圣彼得堡和托木斯克调派来的医疗人员全部参加哈尔滨市的防疫工作。到 1910 年 11 月下旬，哈尔滨市防疫部门里的医疗人员队伍得到壮大：11 名医生、25 名医士、71 名卫生员、40 名各类医疗辅助人员、2 名警务人员和 8 名行政人员。这样，哈尔滨市的防疫工作开始有计划地进行。在防疫医生的倡议下，哈尔滨市卫生执行委员会批准在哈尔滨市卫生执行委员会内特别设立医生分委员会，专门讨论涉及医疗卫生方面的各项内容。本章中列举了医生分委员会会议讨论的部分内容及所产生的积极结果，特别记载了不同月份参与防疫工作的各类调查表格（如卫生登记表、住宅面积和人口表、工业企业登记表、持续监测结果表和病人登记卡等）。

第八章为哈尔滨市人口数量资料。附列了哈尔滨市各区域院落与住宅卫生状况及人口数量资料，以及卫生监测信息资料。

第九章为医生会议。记述了医生分委员会为了开展防疫工作召开了17次专门会议，并得到了防疫局的大力支持。本章以大量篇幅附列了这17次专门会议的议事时间、参加者、讨论内容和最终决议。

第十章为卫生监督所。记述了为更好地进行卫生监测，1910年12月23日组建了卫生监督所：在埠头区设置了6个，在南岗区设置了2个。本章附列了哈尔滨市各卫生监督所运行条例。该条例共12款，规定卫生监督所的具体工作内容和职权范围，还附列了1910年12月23日哈尔滨市卫生监督委员会会议纪要。

第十一章为因防疫而死去的医护人员情况。记述了医护人员因参加防疫工作而感染鼠疫并死亡的医护人员情况。

第二部分由八章构成。

第一章为中国地方政府与俄国当局及防疫机构在防疫问题上的关系。记述了中国地方政府在鼠疫暴发初期防疫态度非常消极，因此俄国当局多次建议中国地方政府接受其帮助，但遭到了中国地方政府的拒绝。只是当鼠疫越发严重和北京派来以伍连德博士为代表的专家抵达哈尔滨后，中国地方政府才接受了俄国当局的建议，并成立了中俄联合卫生委员会，共同开展防疫工作。本章特别指出，中俄合作产生了积极的效果。

第二章为哈尔滨市学校中的防疫工作。记述了哈尔滨市人群比较密集的各类学校的防疫问题，其中重点谈了学生家长提出的在鼠疫期间停课的问题。俄国防疫部门和学校管理部门召开了多次会议，并最终决定不应停止学校授课。为此为学校成立了特别卫生执行委员会，对学校进行严格监控和采取相应措施。本章以哈尔滨商业学校为例，说明了在学校防疫工作中取得的成效，在1911年1~2月，只有12名学生患病、14名学生因家庭成员患病缺课。

第三章为预防接种。记述了防疫中的一个重要问题——预防接种，即防止感染。在 Д. К. 扎波洛特内教授和 В. М. 鲍古茨基博士的建议下，防疫部门对城市居民尤其是医疗人员进行预防接种。防疫部门在哈尔滨市共设置了 6 个预防接种站，以数字列举了各类预防接种人群的数量以及产生的积极结果。

第四章为通行检查站的活动，记述了为防止居民随意出入而影响防疫工作，防疫部门设置了通行检查站，并制定了工作原则。防疫部门共设置了 8 个通行检查站，安排了 5 名医生和 21 名医士负责，以及部分警务人员。本章记载，第 1 个通行检查站在工作期间共向鼠疫医院移送确诊病人 38 人和疑似病人 11 人，向观察站移送 3 人；第 2 个分别为 2 人和 4 人；第 3 个向鼠疫医院移送 3 人，向隔离区移送 10 人；第 4 个向鼠疫医院移送 3 人；第 5 个向鼠疫医院移送 3 人，向隔离区移送 4 人；第 6 个没有发现疑似病人；第 7 个发现 1 个确诊病人；第 8 个没有发现疑似病人。

第五章为消毒队的组建及其活动。为抑制细菌滋生，1910 年 11 月 17 日哈尔滨市医生分委员会会议决议组建专门的消毒队，由 1 名医生、2 名医士和 8 名卫生员构成。后来随着鼠疫的蔓延，消毒队的规模也随之扩大。按照消毒对象的不同，消毒队又划分为 3 个支消毒队。本章以明确的数字记载了消毒队对建筑物及各类物品的消毒情况。

第六章为卫生流动队的活动。为运送病人和死尸，1910 年 10 月 28 日防疫部门组建了卫生流动队，由 1 名医生、3 名医士和 10 名卫生员组成。苏子和的确诊病人和死亡人数不断增加，卫生流动队的规模也不断扩大。本章记载，卫生流动队的工作强度非常大，在鼠疫期间共进行 1150 次运送，共运送了1632 个病人和死尸，最大强度的时候每天达 31 人次。

第七章为焚尸工作。记述了中国人的风俗是人死后进行土葬，由于带有鼠疫病苗的尸体仍具有极大的传染性，医生分委员会建议焚烧这些尸体。但防疫部门鉴于中国人的风俗并尊重中国的风俗习惯，没有同意上述建议。至 1911年 1 月下旬，经与中国地方政府和防疫部门的多次协商后，双方共同组建了特别卫生队，即焚尸队。本章除叙述了具体的焚尸工作外，特别记载了焚尸队共焚尸 1431 具，其中 994 具尸体是从坟墓中挖出来的。

第八章为临时客栈和医疗供给站的建立与活动。本章指出，贫苦下层民众是鼠疫的高发人群，改善他们的居住与卫生条件可以有效地防止鼠疫的蔓延，而哈尔滨市的许多贫苦下层居民又都是外来人口，其所临时居住的条件极其恶劣。这样，防疫部门修建了许多带有医疗供给性质的临时客栈，供居民免费临时居住，并提供部分食品。防疫部门在哈尔滨市共修建了 5 个这样的临时客栈。本章记载，在 1911 年 1 月，临时客栈每天有 550 人临时居住；2 月，1570人；3 月和 4 月，2002 人；至 5 月关闭时还有 1007 人。临时客栈共存在 104天，其间共有 18247 人临时居住，平均每天 175.5 人居住。为了改善上述居民的食品和个人卫生条件，以及对他们进行医疗监测和救助，防疫部门还专门开办了食堂、浴室和诊所。

三 学术评价

从《1910～1911 年中东铁路附属地哈尔滨及其郊区的肺鼠疫：关于防疫局活动的医学报告》一书出版的时间看，我们不能说该书是世界上首次对中国东北尤其是哈尔滨鼠疫的情况进行记载的文献。仅从俄文史料看，1910 年 Э. П. 贺马拉－鲍尔谢夫斯基就出版了《中东铁路沿线鼠疫的产生防止扩大的预先保护举措》① 的小册子。1911 年《远东评论》②、《亚细亚时报》③、《远东报》等报刊对哈尔滨的鼠疫也进行了报道或记载。其中，在哈尔滨发行的中东铁路机关报《远东报》（中文）对其进行了跟踪报道，留下了许多可供研究的资料。尽管如此，我们仍然要说《1910～1911 年中东铁路附属地哈尔滨及其郊区的肺鼠疫：关于防疫局活动的医学报告》一书具有重要的史料价值。该书不仅描述了哈尔滨及其郊区鼠疫发生、发展和消退的过程，更为重要的是，如上文所述，在书中附录了大量数字表格和为防疫而召开的会议纪要等资料。这些在当时绝大多数都是首次公布，为我们今天研究那段历史提供了丰富的史料。

从学术史上看，《1910～1911 年中东铁路附属地哈尔滨及其郊区的肺鼠疫：关于防疫局活动的医学报告》一书是一本可以载入史册的鸿篇巨制。尽管 1910 年 Э. П. 贺马拉－鲍尔谢夫斯基就出版了《中东铁路沿线鼠疫的产生防止扩大的预先保护举措》这本仅 10 页的小册子，但这并不影响《1910～1911 年中东铁路附属地哈尔滨及其郊区的肺鼠疫：关于防疫局活动的医学报

---

① Э. П. Хмара－борщевский. Возникновение чумы на линии КВЖД и меры предохранения против заражения чумой. －Харбин, тип. Ювнь－дун－бао, 1910, 10с

② Чума в Маньжурии: её последствия и возбуждение в населении. //Дальневосточное обозрение, 1911, №6－7. －С. 27－42.

③ Чумная эпидемия в Маньжурии. //Вестник Азии, 1911, №7. －С. 133－135.

告》一书在学术史上的地位，它不仅是俄国学者出版的第一部大部头的关于哈尔滨及其郊区鼠疫的论著，更是俄国汉学史上的经典论著之一。作者 B. M. 鲍古茨基也因此成为俄国汉学研究史中不能不提及的学者之一。同时，《1910～1911 年中东铁路附属地哈尔滨及其郊区的肺鼠疫：关于防疫局活动的医学报告》一书又是作者 B. M. 鲍古茨基在哈尔滨编写和出版的，因此《1910～1911 年中东铁路附属地哈尔滨及其郊区的肺鼠疫：关于防疫局活动的医学报告》一书在黑龙江学术史上必须提及。该书更是黑龙江大地上出版的第一部关于哈尔滨及其郊区鼠疫的论著。

第五节　《远东的鼠疫与中东铁路管理局的防疫举措》

一　作者简介

《远东的鼠疫与中东铁路管理局的防疫举措》一书的作者为 Э. П. 贺马拉－鲍尔谢夫斯基。Э. П. 贺马拉－鲍尔谢夫斯基[①]，出生年不详、地点不详，1921 年 6 月 15 日逝世于哈尔滨。从 1889 年开始，Э. П. 贺马拉－鲍尔谢夫斯基在圣彼得堡作为自由职业医生从事产科和妇科的专门活动。1894～1898 年，Э. П. 贺马拉－鲍尔谢夫斯基是圣彼得堡产院编外主治医师和圣彼得堡首都警察局三处产科医生。1898 年 10 月，Э. П. 贺马拉－鲍尔谢夫斯基被派往土耳其斯坦总督辖区参加防疫工作。从 1899 年 9 月至 1903 年 6 月 3 日，Э. П. 贺马拉－鲍尔谢夫斯基被解除了公职，从事私人医学实践活动，并成为妇科医生协会会员。1903 年 6 月，Э. П. 贺马拉－鲍尔谢夫斯基重新进入国家部门，担任内务部医学司编外最年轻的医疗管理官员，同时被中东铁路公司选中，被任命为中东铁路医疗卫生处总医生助理一职，直到 1921 年逝世。在这一职位上，他全程参与了 1910～1911 年哈尔滨防治鼠疫的工作，1911 年被派往在伊尔库茨克举行的防疫大会，参加了在圣彼得堡召开的 1913 年全俄卫生展览会。

---

① Джесси Рассел. Эпидемия чумы на Дальнем Востоке 1910－1911 годов. Издательство：Книга потребованию，2012.//http：//www. muldyr. ru/a/a/epidemiya_ chumyi_ na_ dalnem_ vostoke_ 19101911_ godov_ -_ rossiyskie_ protivochumnyie_ otryadyi.

1906 年，Э. П. 贺马拉 – 鲍尔谢夫斯基还被军方征用，临时派往"满洲"境外。除了医疗工作外，Э. П. 贺马拉 – 鲍尔谢夫斯基也从事教育活动，曾做过哈尔滨第二男子中学教师和家长委员会主席、拉丁语教师。Э. П. 贺马拉 – 鲍尔谢夫斯基在哈尔滨身处要职，直接领导了哈尔滨的防疫工作。为此，他全面了解鼠疫的产生和防疫过程，并用文字记述了所发生的一切。Э. П. 贺马拉 – 鲍尔谢夫斯基就鼠疫问题出版了《中东铁路沿线鼠疫的产生与防止扩大的预先保护举措》、《远东的鼠疫产生与防疫举措问题》和《远东的鼠疫与中东铁路管理局的防疫举措》[①] 三本书。其中，《远东的鼠疫与中东铁路管理局的防疫举措》一书篇幅很长，内容丰富，是 Э. П. 贺马拉 – 鲍尔谢夫斯基的代表作和关于黑龙江的最重要的著作。

二　主要内容

如前文介绍的 B. M. 鲍古茨基编撰的《1910 ~ 1911 年中东铁路附属地哈尔滨及其郊区的肺鼠疫：关于防疫局活动的医学报告》一书中所述，中东铁路管理局在防治鼠疫过程中扮演了极为重要的角色。中东铁路医疗卫生处及其医生几乎全部参与了防治鼠疫工作。作为中东铁路医疗卫生处总医生助理的 Э. П. 贺马拉 – 鲍尔谢夫斯基全程参与了防疫的组织工作，直接掌握了全部防疫资料。因此，在中东铁路总医生 Ф. A. 雅森斯基的领导下，Э. П. 贺马拉 – 鲍尔谢夫斯基负责编辑来自医生、卫生执行委员会的会议记录以及考察队的报告等大量资料，最终出版了《远东的鼠疫与中东铁路管理局的防疫举措》。

《远东的鼠疫与中东铁路管理局的防疫举措》一书 1912 年出版于哈尔滨，全书采用先总论后分论的记述方式。

在总论部分，首先记述了 1910 年夏季鼠疫在俄国远东外贝加尔省暴发，秋季随着大量华工返回故土，在中东铁路满洲里车站出现第一个感染鼠疫的中国人，随之鼠疫向中东铁路沿线各站和城镇蔓延，继之又从中国东北向关内城

[①] Э. П. Хмара – борщевский. Возникновение чумы на линии КВЖД и меры предохранения против заражения чумой. - Харбин, тип. Ювнь – дун – бао, 1910, 10c; К вопросу о возникновении чумы на Дальнем Востоке и меры борьбы сраспространением чумойзаразы. - Харбин, тип. газ. Новая жизнь, 1912, 41c; Чумы эпидемии на Дальнем Востоке и противочумные мероприятия Управления Китайской Восточной ж. д. Ф. А. Ясенского. Сост. помощник главного врача дороги. Э. П. Хмара – борщевский. - Харбин, тип. т - ва 《Новая жизнь》, 1912, 394 + 91 + 107c.

镇传播的过程。其次概述了中东铁路管理局成立防疫领导机构和所采取的防疫措施（在哈尔滨成立卫生执行总委员会，在沿线车站设立卫生执行分委员会，出台铁路临时运送乘客规定，对居民进行卫生监测，把鼠疫病人分类进行隔离和观察，开展消毒工作等）。在这部分中作者也附录了中东铁路管理局为防治鼠疫而投入工作的医疗人员数量表、投入经费表。

在分论部分，主要记述了中东铁路沿线鼠疫发展情况和各卫生执行分委员会的具体防疫工作。该部分占了全书的 2/3 内容，以中东铁路沿线车站和城镇为中心，分别记述了满洲里站、扎赉诺尔煤矿、海拉尔站、博客图站、扎兰屯站、齐齐哈尔站、安达站、阿什河站、一面坡站、横道河子站、穆棱站、绥芬河站、双城堡站、宽城子站、哈尔滨市等区域的生活条件，鼠疫的开始和蔓延，防疫分委员会所采取的防疫措施及为防疫而投入的经费情况。在这部分中，因哈尔滨是鼠疫的重灾区，因此关于哈尔滨鼠疫的情况占据了该部分的大半篇幅。

《远东的鼠疫与中东铁路管理局的防疫举措》一书除了记述上述内容外，还附加上两部分内容，作为本书的补充材料，一是记述了 1910～1911 年前俄国外贝加尔省、中国东北和外蒙古区域的鼠疫史资料，与黑龙江有关的有"1905 年中东铁路满洲里站和扎赉诺尔煤矿附近鼠疫""1905 年的医生考察""1905 年阿巴该依图村的鼠疫及其在满洲里站的蔓延""1907 年满洲里站突发鼠疫""1911 年满洲里站铁路医院院长比谢穆斯基医生、博士的两次考察"；二是记述了 1911 年 5 月鼠疫完全抑制后为预防一些重要区域复发延长对满洲里站、海拉尔站和哈尔滨市进行卫生监测的时间至冬季，为此附录了 1911 年 9 月"中东铁路满洲里站和满洲里镇人口和卫生状况信息表""中东铁路海拉尔站和海拉尔真人口和卫生状况信息表""哈尔滨市卫生检查表""哈尔滨市水井调查表""哈尔滨市水泵调查表""哈尔滨市人口数量表""哈尔滨市中国人月工资表""哈尔滨市中国成年人出生地分布表""哈尔滨市欧洲人口职业分布表""哈尔滨市各年龄段人口分布表""关于临时客栈卫生监测表""关于松花江轮船公司卫生状况表"等。

三　学术评价

《远东的鼠疫与中东铁路管理局的防疫举措》一书中的一半内容是关于哈尔滨市鼠疫情况的资料，其中有部分内容在 B. M. 鲍古茨基编撰的《1910～1911 年中东铁路附属地哈尔滨及其郊区的肺鼠疫：关于防疫局活动的医学报告》一书中有所体现。因此，《远东的鼠疫与中东铁路管理局的防疫举措》一书在这部分内容的史料上的新意并不凸显。但在哈尔滨市鼠疫这部分中《远东的鼠疫与中东铁路管理局的防疫举措》一书仍补充了《1910～1911年中东铁路附属地哈尔滨及其郊区的肺鼠疫：关于防疫局活动的医学报告》一书的一些内容，如记载了哈尔滨市在防治鼠疫过程所投入的大量经费。综观《远东的鼠疫与中东铁路管理局的防疫举措》一书的史料价值，主要有以下三点：（1）书中记载了大量除哈尔滨市之外的中东铁路沿线各站和市镇的鼠疫资料，这为我们全面研究1910～1911年的黑龙江鼠疫提供了宝贵资料；（2）书中还记载了1910～1911年前黑龙江暴发鼠疫的情况资料，这为我们系统梳理黑龙江鼠疫史提供了重要资料；（3）书中在附录中还以大量篇幅附列了1911年5月鼠疫停止后中东铁路管理局在满洲里站、海拉尔站和哈尔滨市进行持续几个月的跟踪调查研究，其中的大量数字表格史料价值巨大，为我们今天研究当时黑龙江的卫生状况，尤其是研究当时黑龙江的人口史提供了极为重要的史料。

从《远东的鼠疫与中东铁路管理局的防疫举措》一书出版的时间看，该书并不是关于黑龙江鼠疫问题研究的第一部著作，也不是第一部论及该问题的大部头著作。尽管如此，《远东的鼠疫与中东铁路管理局的防疫举措》一书在学术史上仍是不能不提及的一部著作。前文谈及的《1910～1911年中东铁路附属地哈尔滨及其郊区的肺鼠疫：关于防疫局活动的医学报告》一书，主要记述了中东铁路附属地哈尔滨及郊区的鼠疫情况，但1910～1911年的大鼠疫不仅仅是波及哈尔滨及其郊区，而是蔓延到整个中国东北甚至关内地区。《远东的鼠疫与中东铁路管理局的防疫举措》一书的学术价值在于它是第一部论及中东铁路沿线（包括哈尔滨）鼠疫的著作，即它是第一部全面论述黑龙江鼠疫发生、发展和停止的著作。中东铁路总医生助理 Э. П. 贺马拉－鲍尔谢夫斯基也因其担任《远东的鼠疫与中东铁路管理局的防疫举措》一书的编撰工作而进入俄国汉学家行列。

第六节 《1913年2月24日哈尔滨市及其郊区的1日人口普查》

一 作者简介

《1913年2月24日哈尔滨市及其郊区的1日人口普查》一书的作者为

В. В. 索尔达托夫。В. В. 索尔达托夫[1]，1875 年 1 月 24 日出生于下诺夫哥罗
德省，1923 年 10 月 29 日逝世于哈尔滨。从 1911 年起 В. В. 索尔达托夫在哈尔
滨生活；从 1913 年 9 月 1 日至 1915 年 12 月 1 日，担任中东铁路商业学校和哈
尔滨东方学教师班经济地理、统计学和政治经济学教师；从 1915 年起回到了
符拉迪沃斯托克，担任工学院教师和滨海省农业协会秘书，创办了《阿穆尔
边区农民》和《经济周刊》杂志。1921 年 1 ~ 7 月，В. В. 索尔达托夫共编辑
出版了 28 期的《经济周刊》杂志。1923 年，В. В. 索尔达托夫返回哈尔滨后，
直接参与创办了中东铁路经济调查局的公开出版物《满洲经济通讯》杂志并
担任主编。在哈尔滨生活期间，В. В. 索尔达托夫也致力于学术研究，是满洲
农业协会主席与创办人之一，亦是其出版刊物《北满农业》的主编，还是满
洲俄国东方学家学会会员、满洲教育协会会员，公开出版了《论土壤施肥》、
《1913 年 2 月 24 日哈尔滨市及其郊区的 1 日人口普查》（1 ~ 2 卷）、《关于哈
尔滨市人口普查》[2] 等著作，在《亚细亚时报》《北满的农业》《满洲经济通
讯》等学术杂志上发表了《中东铁路附属地居民农业互助组织》《中东铁路地
带的农业互助》《哈尔滨及其郊区的农业》《满洲农业协会史》[3] 等 10 篇关于

① Забияко А. А. ，Забияко А. П. ，Левошко С. С. ，Хисамутдинов А. А. Русский Харбин：
опыт жизнестроительства в условиях дальневосточного фронтира/Под ред. А. П. Забияко.
– Благовещенск：Амурский гос. ун – т, 2015. с. 400；Автономов Н. П. В. В. Солдатов：
（Некролог）//Вестн. Азии. 1923. №51. С. 347 – 350.

② В. В. Солдатов Об удобрении почвы. – 1908. 83с；Город Харбин и его пригороды под
однодневной переписи 1913г. Вып. 1 – 2. （Стат. описание）. – Харбин：Тво Бергут, Сын
и К., 1914. Вып. 1. 196с. вып. 2. 57с；К переписи населения г. Харбина. – Харбин,
1912. 21с.

③ В. В. Солдатов Организация агрономической помощи населению в полосе отчуждения Кит.
Вост. ж. д. //Вестник Азии, 1913, №16 – 17. – С. 21 – 29；Агрономическая помощь в
полосе квжд//Вестник Азии, 1913, №16 – 17. – С. 110 – 114；Возможные результаы
проведения трамвая в Харбине. //Экономический Вестник Маньчжурии, 1923, №8, с. 11 –
13；К вопросу об упорядочении хлебной торговли в Маньчжурии. – //Сельское хозяйство
в Северной Маньчжурии, 1913, №1, с. 15 – 16；Некоторые данные о климате Северной
Маньчжурии, имеющие значение для сельского хозяйства. Харбин, 1915, 34с. – //
Сельское хозяйство в Северной Маньчжурии, 1915, №2, с. 3 – 11；№4, с. 1 – 12；№5,
с. 1 – 15；Сельское хозяйство в г. Харбине и его пригородах. – //Сельское хозяйство в
Северной Маньчжурии, 1915, №2, с. 22 – 30；К истории Маньчжурского
сельскохозяйственного общества. //Сельское хозяйство в Северной Маньчжурии. Харбин,
1913. №1.

黑龙江农业问题的文章。В. В. 索尔达托夫是继 Б. П. 鲍洛班之后对黑龙江农业有深入研究的俄侨学者，但其在学术上得到公认的是他出版的《1913 年 2 月 24 日哈尔滨市及其郊区的 1 日人口普查》（1～2 卷）一书。这是他论及黑龙江的最重要著作。

二 成书背景

从俄国在哈尔滨市设置自治公议会起，对哈尔滨市进行统计研究就被提到了议事日程。1908 年 2 月 26 日，哈尔滨市自治公议会举行了其发展历史中的第一次全权代表大会，讨论哈尔滨的城市建设与管理等问题。6 月 27 日，在哈尔滨自治公议会第四次全权代表会议上，特别研究了城市委员会委员 Ф. С. 门姆林于 5 月 13 日 "关于拨款用于哈尔滨市统计研究" 的报告。该报告指出，统计资料对制定税种和解决各类经济问题具有重要意义，报告建议于人口普查后在哈尔滨市城市委员会商税处设立特别统计局。全权代表大会一致认为，进行统计研究是刻不容缓的，并选举产生了特别筹备委员会分析研究工作的技术与经费问题。之后仍有哈尔滨市城市委员会委员提出尽快推进这项工作，但由于一系列原因，该项工作一直被推迟到 1911 年下半年才真正开始启动。1911 年 11 月 1 日，哈尔滨市自治公议会召开本年度第 26 次全权代表大会，专门讨论了 1911 年 10 月 27 日哈尔滨市城市委员会 "关于 1912 年 2 月 19 日进行哈尔滨市 1 日人口普查，关于在哈尔滨市自治公议会城市委员会内设立统计局，关于在 1912 年开展工作拨款 16000 卢布" 的报告。全权代表大会一致同意，在 1912 年必须进行人口普查，并决议 1912 年在城市委员会设立统计局，拨款 5000 卢布用于组建统计局和聘请统计专家。1912 年 9 月 1 日，根据哈尔滨市自治公议会的决议，统计局正式组建并开始组织人口普查的正式筹备工作。正是在上述背景下，В. В. 索尔达托夫被邀请至哈尔滨担任统计局局长一职，也是在这个岗位上开始了 В. В. 索尔达托夫领导的 1913 年 2 月 14 日哈尔滨市 1 日人口普查，并根据普查数据编辑出版了《1913 年 2 月 24 日哈尔滨市及其郊区的 1 日人口普查》一书。

三 主要内容

《1913 年 2 月 24 日哈尔滨市及其郊区的 1 日人口普查》一书 1914 年出版于哈尔滨，共两卷。

　　第一卷为普查统计结果表。笔者遍查中国和俄国各大图书馆都没有找到《1913 年 2 月 24 日哈尔滨及其郊区的 1 日人口普查》一书的第一卷，因此无法得知其中各个普查结果表的详细具体内容，但根据《哈尔滨及其郊区的 1 日人口普查》一书第二卷前言及对普查结果的分析数据，可知第一卷中所列普查结果表由 29 个表格构成，至少包括普查人口的性别、年龄、家庭、职业、民族等表格。

　　第二卷为统计分析。全卷由七个部分和附表组成。

　　第一部分为人口的性别与年龄结构。该部分记载，在哈尔滨及其郊区共有居民 68549 人，其中男性 48606 人，女性为 19443 人；在哈尔滨市内人口数量为 63102 人，其中男性 44161 人，女性为 18941 人；郊区人口数量为 5447 人，其中男性为 4445 人，女性为 1002 人。本部分通过人口数量和百分比还记载了哈尔滨市及其郊区居民的具体居住地及其居住地的人口密度（包括其与世界诸多大城市的比较）、人口增长情况、性别比、年龄结构、出生率、死亡率和居民出生地等资料。

　　第二部分为居民的家庭状况。记载了哈尔滨市及其郊区居民家庭中 15 岁以上成年男女的婚姻状况，指出已婚男性数量为 18590 人，占 45.4%，已婚女性数量为 8543 人，占 66.5%。本部分还记载了哈尔滨市与世界上其他大城市男女两性婚否状况比较情况，分年龄段记载了哈尔滨市男女两性整体婚否状况，哈尔滨市各区域家庭中男女两性 15 岁以上不同年龄段婚否情况。

　　第三部分为人口的民族、国籍和语言构成。记载了哈尔滨市及其郊区人口由 53 个民族构成，其中俄罗斯族人、汉族人、犹太人和波兰人是人口数量最多的民族，俄罗斯族人占 50.1%、汉族人占 34.3%、犹太人占 7.3%、波兰人占 3.7%。还记载了哈尔滨市及其郊区不同区域人口的民族构成情况，俄罗斯族人主要生活在南岗和道里，占哈尔滨市俄罗斯族人口的 77.9%。哈尔滨市及其郊区人口中的 53 个民族共操 45 种语言，其中超过一半人口用俄语交流（占 56%），三分之一人口用汉语交流（占 35.3%），92.2% 的人用自己本民族语言交流，只有 7.8% 的人用其他民族语言交流。按照国籍分布，哈尔滨市及其郊区人口隶属于 24 个以上国家，它们当中绝大多数人口为俄国籍或中国籍，其中几乎三分之二属于俄国籍（占 63.74%），三分之一属于中国籍（占 34.4%）。本部分还记载了俄国籍人和其他外国籍人的年龄结构（含性别比）。

　　第四部分为居民的宗教信仰，记载了哈尔滨市及其郊区居民信仰基督教的

有 39046 人，其中信仰东正教的有 34377 人；信仰非基督教的有 21387 人；不知道宗教和不信仰宗教的人有 2371 人；女性信仰东正教的人数多于男性，占据城市女性人口的三分之二。本部分最后分区域介绍了哈尔滨市及其郊区居民的宗教信仰情况。

第五部分为以在哈尔滨生活年限长短为指标的人口数量，首先记载了非在哈尔滨出生的 60647 人在哈尔滨生活期间的情况：不到 1 年的有 7562 人，其中男性 5211 人，女性 2351 人；1～5 年的有 33200 人，其中男性 26196 人，女性 7004 人；6～10 年的有 9959 人，其中男性 4534 人，女性 5425 人；11～15 年的有 3526 人，其中男性 2338 人，女性 1188 人；超过 15 年的有 158 人，其中男性 138 人，女性 20 人。其次记载了生活在哈尔滨的不同国籍居民居住哈尔滨年限资料、不同区域哈尔滨居民居住年限资料以及常住和临时居住居民居住年限资料等。

第六部分为不能劳动的居民数量，记载了哈尔滨 15 岁以上共有 457 人不能劳动，其中男性 157 人，女性 300 人；16～20 岁的居民占 1.3%，21～40 岁的居民占 10.3%，41～60 岁的居民占 34.6%，60 岁以上的居民占 47.3%。本部分指出，在不能劳动的居民中，俄罗斯人占比最大，每 100 人中就有 65 人，其次为中国人，每 100 人中有 16.6 人；不能劳动的居民包括患有精神疾病的人和痴呆症人，以及聋哑人、盲人和残疾人。

第七部分为来哈尔滨居住前原居住地的哈尔滨市居民数量，记载了来哈尔滨市定居前大部分居民都在俄国境内居住，占 54.6%；40.4% 的居民在外国居住，0.4% 的居民没有长期居住地。俄国欧洲部分占据 35.4%，亚洲部分占 14.7%，中东铁路附属地占 3.6%。原居住地的中国人来自国内 21 个省份，其中山东省最多，有 10892 人；直隶次之，有 3575 人；东北三省为 3150 人。

第二卷最后一部分由 4 个附录组成，占据全书 60 页的篇幅：普查登记本、普查监督本和公告、普查制度与登记规定、A. A. 卡乌夫曼教授关于普查草本的结论。

四　学术评价

可以说，从事人口史研究，人口普查资料是最重要的史料。1913 年 2 月 14 日的哈尔滨 1 日人口普查是哈尔滨人口史上的一次重大事件，其所遗留下来的普查资料不仅可以帮助我们对该次普查本身进行研究，对研究哈尔滨人口史也有所帮助。因此，《1913 年 2 月 24 日哈尔滨市及其郊区的 1 日人口普查》（1~2 卷）一书具有极为重要的史料价值。

从哈尔滨人口普查史来看，1913 年 2 月 14 日的人口普查并非哈尔滨的第一次人口普查。在这之前的 1903 年由中东铁路商务处组织了哈尔滨历史上第一次比较正规的人口普查。但遗憾的是，这次人口普查的所有资料被 1905 年中东铁路管理局大楼的一场大火全部烧毁。而《1913 年 2 月 24 日哈尔滨市及其郊区的 1 日人口普查》（1~2 卷）一书是现今为止遗留下来的唯一一部最早关于哈尔滨人口普查及人口史的专门著述。所以，从学术史的角度看，《1913 年 2 月 24 日哈尔滨市及其郊区的 1 日人口普查》（1~2 卷）一书无论是在俄国汉学史上，还是在黑龙江学术史上，都占有重要地位。B. B. 索尔达托夫也因《1913 年 2 月 24 日哈尔滨市及其郊区的 1 日人口普查》（1~2 卷）一书而在学术史上成为一位绕不开的人口史研究专家。

第七节 《阿穆尔边区史》

一 作者简介

本书作者 E. B. 冈索维奇是沙俄时代布拉戈维申斯克（即海兰泡）的一个历史教员，曾讲授过阿穆尔（即黑龙江）边区史。本书是他在讲稿的基础上写成的，于 1914 年在海兰泡出版。

作者具有强烈的殖民主义、扩张主义思想。

作者站在大俄罗斯沙文主义的立场上，竭力为沙俄侵略分子评功摆好。他慨叹俄国人只熟悉那些衣着华丽的西欧殖民主义者，而不知道那些为沙俄侵占了远东大片领土的"身穿原色粗呢外衣和至多是天鹅绒男长衣、腰系宽缎带、头戴貂皮帽的勇士"。于是，作者对 17 世纪侵入我国黑龙江流域的殖民强盗波雅科夫、哈巴罗夫、斯捷潘诺夫等以及 19 世纪的侵略分子穆拉维约夫、涅维尔斯科伊、英诺森等都立了专章，大肆吹捧，希望在俄国人中间为这些侵略者"树立非人工的纪念碑"。

作者说："这时，在我的思想里第一次产生了编写一本阿穆尔边区简史的想法。这本书必须篇幅不大，价格便宜，使最俭朴的读者也能够买得起。"他明确地表示，他写这本书的目的就是为波雅科夫、哈巴罗夫、穆拉维约夫等为

俄罗斯开疆拓土的英雄们树碑立传。他认为，这些英雄与征服美洲的西班牙人科尔特斯具有同样的功勋，然而，这些俄国英雄没有得到应有的待遇，俄国大众对他们并不熟悉。所以，作者决定写这本书，宣传他们的光辉业绩。

"科尔特斯的性格和他的功绩已被详细描述，而关于我们英雄的传记资料则秘藏在雅库次克等地档案的霉烂文件中，从中将其抽出来公诸于世，非常困难。全俄识字的人都知道科尔特斯，可是有谁知道哈巴罗夫呢？""我们应当牢牢记住，多亏这些英雄，我们（现在）在阿穆尔河上才能享受一切文化福利，这些英雄的名字朴实地使今的历史著作增添了光彩。已经为其中的少数人树立了使其名字永垂不朽的纪念碑，因此，我们将在我们的心里，在高尚的西伯利亚人的心里，为死去的英雄——我们祖国所珍视的西伯利亚的最初发现者树立非人工的纪念碑！"

作者的这种殖民主义、扩张主义思想是整个俄罗斯民族的思想，而不是某一个人的见解。在苏联成立后的几十年里，这种思想受到一定程度的遏制甚至批判，那时的一些苏联历史著作秉持马克思主义的历史观，批判这种思想，批判哥萨克殖民主义者对远东少数民族的残暴行为。然而，在 20 世纪 60 年代初中苏关系破裂后，苏联又大张旗鼓地恢复了对这些思想的宣扬，为波雅科夫、哈巴罗夫"正名"。俄罗斯人的这种思想轨迹值得我们关注。

二　主要内容

《阿穆尔边区史（俄国如何占领阿穆尔，并如何在那里站稳脚跟）》一书由黑龙江省哲学社会科学研究所第三研究室译，商务印书馆 1978 年出版。

作者声称："我的目的是提供关于阿穆尔边区史的最基本的知识，而对于想深入了解这些问题的人，则请阅读原著，分别了解各个历史时代。"

本书分两部分：第一部分是历史阐述；第二部分是它的附录。

本书虽然篇幅不大，却写了近三百年沙俄扩张的历史：从 16 世纪沙俄越过乌拉尔山东侵开始，一直写到 19 世纪中叶沙俄侵占我国黑龙江流域和乌苏里江流域的大片领土，着重写了沙俄侵占我国黑龙江流域的历史。

这本书有两个方面值得关注。

第一，作者在正文和结语中都在论述俄国吞并黑龙江流域对俄国的巨大意义，他的观点值得中国人重视。

从地缘政治上说，"阿穆尔沿岸地区的重要意义对于俄国，尤其是对于西伯利亚是无可辩驳的"。东西伯利亚与四方隔绝，几乎是一个孤立的地区：在西面，"从莫斯科到伊尔库次克有五千俄里"；在北面，是"人烟绝迹的辽阔冻土带以及北冰洋"；在东面，西伯利亚同太平洋水域之间有沼泽、森林和斯塔诺夫山脉（外兴安岭）相隔；"在南面，我国东西伯利亚的领土被沙土的、缺水的浩瀚的草原 - 戈壁同中国隔开"。这个封闭的地方只有一个孔道与外界、与北太平洋联系，这就是黑龙江。占据了黑龙江，就掌握了这个孔道，从而"开辟了通向海洋的自由出口"，还可以获得其他许多沿海的港湾，因此便对发展俄国海军提供了一切条件。

不仅如此，黑龙江沿岸森林密布、江河纵横、土地肥沃、物产丰富、人口众多，"阿穆尔边区由于这些条件成了这样一个幸福的地方，它仿佛是自然界本身的安排，在贸易和工业方面应起重大的作用——应成为远东的贸易中心，一条动脉——各种物产、外国和俄国的工业产品可以源源不断地汇集该地，然后又从这里分散运销到东西伯利亚和各邻国"。"种种优越条件，便使我们有权期望等待着阿穆尔边区的锦绣前程"，"可以毫不夸张地说，获得这一地区对俄国具有重大的贸易意义和政治意义"。

从俄罗斯扩张主义者的上述论述中，我们可以知道，失去这 100 多万平方公里对中国是多么巨大的损失！

第二，克里米亚战争对俄国侵占中国的黑龙江流域起了重要的刺激作用。在客观上，克里米亚战争加速了俄国对黑龙江流域的实际占领。这个问题，中国过去的中俄关系史著作没有给予足够的注意。

《阿穆尔边区史》对这段历史进行了简要、明确的介绍，值得关注。

当时的情况是，由于堪察加半岛遥远、那里的俄军防卫力量薄弱，俄国领导人认为这个半岛无力防御，必须把力量收缩到能够控制的范围内。在当时的俄国看来，黑龙江出海口、鞑靼海峡正是这样的地方。于是俄国把堪察加的俄国军人、家眷、舰船、大炮和其他军需物资撤退到这个地方，并加紧建设港口、构建炮台。

俄国就是这样，失之东隅，取之西隅，在强大的英法军队面前，它败退、逃跑、隐藏，由此造成的损失它在一个比它落后、虚弱的东方国家那里获得补偿。英法两国的海军曾经向堪察加的要塞彼得罗巴甫洛夫斯克发动进攻，俄国的各个炮台都遭到了联军舰队炸弹和圆形炮弹的严重破坏，但是英法海军并未能攻占这个城市。

英法联军撤退后，彼得罗巴甫洛夫斯克紧张地进行着使该城能够防御敌人新进攻的工程。穆拉维约夫向俄国中央呈交报告，陈述了他的关于保卫彼得罗巴甫洛夫斯克的措施。中央的答复如下："阁下认为为了来年加强堪察加防务，为此需要作出巨大努力，花费难于置信的劳力，而其结果尚令人十分怀疑。如果敌人决定投入优势兵力采取行动，并派遣相当可观的登陆部队登陆，则我们能够采取的全部措施未必能足以将敌击退；而如果敌人不采取如此行动，则我们所作之全部努力将成徒劳，并使我们花费不必要的开支。于此我们在来年只应顽强地保卫那些我们的确有能力保卫的据点，而其余据点则可弃置不顾，以免给敌人提供夸耀胜利的机会。在西伯利亚，能够作为整个舰队的掩蔽场所，而且能够予以保卫，如果我们在这样场所集中全力使之成为强大的据点，那就不是堪察加，而是阿穆尔，因此阁下是否认为下述作法更为适当：开航后不派兵力到堪察加，而且相反，从那里撤出兵力，将藏于边区腹地的粮食只供应居民，然后即将无以自卫的城市或者地方置于行政管辖之下。港口和海军指挥机关本身应撤销，船只和全体船员应撤出，并将全部军需品集中于阿穆尔。这一想法我已上奏皇帝陛下，并蒙陛下首肯。"

穆拉维约夫接获此复书后，即给扎沃伊科下令，令其将彼得罗巴甫洛夫斯克的一应军需品、海军部队和指挥机关从彼得罗巴甫洛夫斯克港转移到阿穆尔河尼古拉耶夫斯克港（庙街）。就这样，在 1854 年末，黑龙江及其河口便成了俄国沙皇和最高政府的注意中心。

根据中央的意图，拆除了彼得罗巴炮台，将一应军需品装上了船。1855 年 4 月 5 日，"阿芙乐尔号"、"奥利乌查号"、"德维纳号"、"额尔齐斯号"和"贝加尔号"从阿瓦恰湾的碇泊场拔锚出海，前往目的地迭 - 卡斯特里湾。舰队驻扎在迭 - 卡斯特里湾，时刻等待着敌人来犯，因为 5 月 7 日舰队已经发现了英法联军的军舰。

当扎沃伊科的舰队向阿穆尔河口行驶的时候，穆拉维约夫为了增强远东的兵力，乃于 1855 年早春组织了第二次沿阿穆尔河的航行。5 月 5 日，穆拉维约夫自己率领第一航行梯队（载有军队和军需品的 26 艘驳船）从乌斯季 - 斯特烈耳卡出航。5 月 27 日航行在前头的梯队轮船"额尔古纳号"载着鲍什尼亚克中尉航行完阿穆尔河的全程，抵达鞑靼海峡的拉扎列夫岬，给海军大尉列索夫斯基构筑炮台的工程增加了如此迫切需要的人手。

在尼古拉耶夫斯克，在 5 月 27 日到达那里的穆拉维约夫的亲自监督下，正在构筑保卫从北面进入阿穆尔河的入口的炮台，而炮台的装备只能用船来运达。穆拉维约夫担心英法联军的军舰驶入阿穆尔，切断尼古拉耶夫斯克同阿穆尔河、舰队的联系，并毁掉俄军的储备，因此，他命令扎沃伊科率领舰队驶抵尼古拉耶夫斯克，然后立即在尼古拉耶夫斯克构筑炮台，建造房屋，修路清林，"这些炮台将使新区牢固地归俄国所有"。穆拉维约夫于 9 月末视察了尼古拉耶夫斯克各炮台和尼古拉耶夫斯克的全部设施，十分满意。

1855 年 7 月中旬，黑龙江口的俄军兵力已达 2000 人。1855 年 7 月 7 日，英法军队试图在迭 – 卡斯特里登陆，与穆拉维约夫的副官率领的军队交上了火。

三　学术评价

作者使用了丰富的文献资料。他写道，他使用了米勒、罗曼诺夫、瓦西里耶夫等人的"已经出名的著作、刊登在各种杂志上的不大出名的文章和《堪察加教区报》上那些可以说是湮没无闻的文章"。"文献资料非常之多，但是其中大部分资料是片面的，散见于许多书籍中，而且其中有些书籍已是海内孤本。这些浩如烟海的文献资料，我无法介绍，因为我十分清楚，使用这些文献资料非常困难，况且不是每个人都能够使用。"作者在书的后面附加了资料目录，他将之分为以下几种："文章和著作""期刊文章""报纸文章""参考手册""手稿"。作者的写作态度是认真的，这决定了这本篇幅不大的著作的学术价值。

第八节　《外贝加尔的哥萨克（史纲）》

一　作者简介

А. П. 瓦西里耶夫（Афиноген Прокопьевич Васильев，1872 ~ 1942），俄国 – 苏联的历史学者。

二　主要内容

本书 1916 ~ 1918 年由俄罗斯外贝加尔哥萨克军军队经济管理局印刷所刊

印，共三卷。有中译本，第一、二两卷由徐滨、许淑明翻译，第三卷由刘棠、张曾绍翻译，分别于 1977 年、1978 年、1979 年由商务印书馆出版。

哥萨克是沙俄时代一个享有特权的军人阶层，起源于 15 世纪。当时部分农奴和城市贫民因不堪忍受残酷的封建剥削和压迫，纷纷逃亡到俄国南部边境，在第聂伯河、顿河、雅伊克河（今乌拉尔河）流域定居下来，自称为哥

萨克（原系突厥语，意为"自由的人"）。哥萨克从事渔猎和农牧，其中有些人以劫掠为生。他们有一套军事性的自治组织，不受沙皇政府的管辖。起初，沙皇政府曾试图对之进行镇压，后来看到这是一支可以利用的力量，便对之加以怀柔：分给土地，免税耕种，发给粮饷、弹药，吸收他们服军役，逐步控制之。18 世纪初，彼得一世对哥萨克进行整顿，建立了"哥萨克军"（Казачье войско），将其置于政府军事部门的直接管辖之下。这种哥萨克军是一种非正规军，是政治、军事、经济合一的组织，负有平时生产、战时出征的义务。这样，哥萨克就成了沙皇政府对外侵略扩张、对内镇压人民的工具。随着沙俄的侵略扩张，成批的哥萨克殖民者不断涌入高加索、西伯利亚等地。

到 20 世纪初，全俄共有 11 个哥萨克军，总人口达 440 余万人，其中服军役者达 28 万多人。十月革命后，苏维埃政府于 1920 年发布命令取消哥萨克的特权，哥萨克作为一个特权阶层才开始消失。

"外贝加尔"是指贝加尔湖以东地区，"外贝加尔哥萨克"是指定居在那个地区的哥萨克。经过整编，他们于 1851 年正式组成"外贝加尔哥萨克军"。随后，其中一部分侵入我国黑龙江中下游和乌苏里江以东，成立了"阿穆尔哥萨克军"（1858）和"乌苏里哥萨克军"（1889）。

《外贝加尔的哥萨克（史纲）》共分三卷，第一、二卷于 1916 年出版，第

三卷出版于1918年。这部著作按照年代的顺序，以"外贝加尔哥萨克"的由来、形成和发展为主要线索，详细叙述了沙俄向东侵略扩张的活动，是沙皇俄国以哥萨克为工具向东方进行侵略扩张的一份记录。

第一卷从1581年以叶尔马克为首的哥萨克小分队远征西伯利亚汗国写起，中间叙述了哥萨克从叶尼塞斯克和雅库次克出发，分两路侵入我贝加尔湖地区和黑龙江流域的经过，一直写到中俄雅克萨战争和《尼布楚条约》的签订。

第二卷叙述了《尼布楚条约》签订后大约一个半世纪内沙皇政府在中俄边境屯兵筑塞，不断制造边境争端，挑拨喀尔喀蒙古首领脱离中国以及图谋武装入侵蒙古和黑龙江地区的情况。

第三卷前半部主要写"外贝加尔哥萨克军"的建立（包括哥萨克军的组织管理、兵役训练、武器装备等）以及沙皇政府以其作为主要力量强占我黑龙江、乌苏里江沿岸领土，逼签《瑷珲条约》的经过。后半部叙述了沙俄进一步侵略我东北三省的活动，如攫取中东铁路的筑路权、强租旅大等。最后写了沙俄与其他帝国主义相勾结，出兵镇压义和团运动的暴行。

《外贝加尔的哥萨克（史纲）》对于研究中俄关系史极其重要。

作者在叙述哥萨克"探索新土地"的过程时，承认他们直到17世纪三四十年代只"听说过贝加尔湖，但是不知道贝加尔湖在哪里"，只是"第一次正式听到关于达斡尔地区和阿穆尔河的详细情况"，而这时中国对这些地区进行有效的行政管辖已有近1000年之久。作者还承认，当时黑龙江沿岸有很多达斡尔人的村庄和城堡，清朝派人轮流住在那里征收实物税，9个头人都是中国皇帝的"进贡者"，当哈巴罗夫匪帮向他们勒索贡赋时，他们曾义正词严地加以拒绝。

从作者对哥萨克"战功"的大量描述中还可看到，哥萨克所到之处，都是腥风血雨。他们杀戮居民，掳掠妇女，焚烧房屋，抢劫财物，捕捉"人质"，敲诈勒索，无所不为，无恶不作。例如哈巴罗夫匪帮在攻占一个达斡尔人的城堡时，一次就杀死661人。波雅尔科夫匪帮甚至吃人肉，"吃掉了五十个异族人"。

中苏对抗时期，苏联史学界宣称黑龙江以北的广大地区是俄国人发现的"无主土地"，俄国人是"新土地的开发者"，哥萨克给西伯利亚少数民族带来了"新生活的曙光"，奠定了"文明的基础"等。这些观点显然是荒谬的。

这部著作散布了这样的观点：中俄《尼布楚条约》是在中国的武力威胁

下签订的。

作者写道：当尼布楚谈判相持不下之时，中国使臣做出决裂的姿态，乘船顺石勒喀河而下，涅尔琴斯克周围立即出现了为数 3000 人的中国军队。与此同时，尼布楚周围出现了大批拥护中国的少数民族队伍。俄国方面面临这样的不利局面：武装起来的布里亚特人和翁科特人同中国人一起站岗放哨，并过河到对岸去投靠中国人。军役贵族德米扬·姆诺戈格列什内奉命前去劝说他们回到俄国这边来，这些少数民族对他放枪作为答复。"有二千名武装起来的通古斯人和布里亚特人停留在涅尔查河上游离城一俄里半的地方。"在这样的形势下，尼布楚城内的俄罗斯人吓坏了，戈洛文只好对中国让步。

这一观点被俄罗斯（苏联）史学界继承下来，用以说明中俄《尼布楚条约》的无效和中俄《瑷珲条约》《北京条约》的合理性和正当性。

著作中流露出强烈的卷土重来、再次占领黑龙江流域的企图。书中写道："光荣的阿尔巴津（即雅克萨。——作者）史诗悲惨地结束了：俄国人第三次失掉了阿穆尔……""哥萨克们不会忘记富饶的阿穆尔。关于阿穆尔的传说一直留传下来。必须蓄积力量把阿穆尔还归俄国。"书中存在伪造历史的痕迹。作者写道，在谈判中，中国代表提出了这样的划界条件："拆毁阿尔巴津堡（即雅克萨。——引者），中国方面亦不得在该地建立任何居民点。"作者还声称《尼布楚条约》存在这样的条文："中国人口头上发誓不在阿尔巴津一地再有任何修筑。""被迫同意火烧阿尔巴津的戈洛文，强迫中国人发誓：在阿尔巴津一地，中国永不再有任何修筑。""这种小小的外交手腕是极其英明的。它使后来有可能证明阿穆尔河从来不曾属于中国。"

这部著作关于此事的说法后来被俄罗斯历代史学界广泛采用，在 20 世纪六七十年代的中苏对抗时期，甚至到现在，俄罗斯学者（包括苏联学者）坚持这一观点，以之证明：中国在《尼布楚条约》签订后并不完全拥有黑龙江流域的主权；19 世纪中叶俄罗斯侵占黑龙江左岸具有正当性。

在中国的历史文献中没有发现这样的记载，在担任翻译的耶稣会士张诚、徐日升的回忆录中也没有这样的记载。所以，关于中国向俄方保证在与俄国订约后不在雅克萨有任何建筑的说法，只是俄罗斯方面的臆想或伪造。

书中还详细描述了历代沙皇在与中国交涉时的狂妄、阴险和诡计多端。例如，沙皇阿列克塞·米哈伊洛维奇曾狂妄地要清朝皇帝臣服于他，永为"奴仆"。《尼布楚条约》划定中俄东段边界后，彼得一世和其他沙皇始终没有恪守条约的诚意，他们或武装骚扰中俄边境，或越境私设哨所，不断扩张，实行蚕食政策，同时用挑拨离间、派遣间谍、策动蒙古王公叛乱等手段，达到并吞我蒙古广大地区的目的。沙皇尼古拉一世和亚历山大二世实行"以实际占领作为外交交涉的后盾"的方针，先强占我黑龙江流域，然后逼迫清朝政府在炮口下接受其既成事实，等等。

三　学术评价

《外贝加尔的哥萨克（史纲）》引用大量原始资料，诸如沙皇的谕旨、中央和地方军政机关的档案、同时代人的笔记和有关的历史著作等，反映了从伊凡四世到尼古拉二世共 300 多年间沙皇俄国东侵的整个过程，是沙俄时代同类著作中较为系统的一部。

本书的不足之处：其一，本书作者的立场是殖民主义、扩张主义的，和沙皇时代的许多同类著作一样，有许多错误论点；其二，作者写作态度不够严谨，有的资料未注明出处，有的地方内容繁杂，前后矛盾，有些数字不够准确。

第四章 成书于 1920～1931 年
有关黑龙江的史料（上）

第一节 《北满经济评论》
与《北满与哈尔滨的工业》

一 作者简介

《北满经济评论》与《北满与哈尔滨的工业》2 部书的作者为 В. И. 苏林。
В. И. 苏林[①]，1875 年 4 月 11 日出生于别萨拉比亚，1967 年 2 月 18 日逝世于
旧金山。В. И. 苏林毕业于总司令部米哈伊洛夫斯克炮兵学院和尼古拉耶夫斯
克科学院。毕业后 В. И. 苏林多年在军队服役，参加过一战，曾任内阁陆军大
臣助理，鄂木斯克 А. В. 高尔察克政府军事活动家。В. И. 苏林与白军残余一
起来到了哈尔滨，停止了军事活动。В. И. 苏林在哈尔滨生活了 20 余年，曾
担任中东铁路经济调查局资深代表，负责编撰中东铁路统计年刊工作。1931
年 12 月 29 日，В. И. 苏林在讲授"中国和满洲的铁路建设"课程后被法政
大学聘为经济地理教研室编外副教授。1935 年中东铁路被苏联出售给日本
扶植的伪满洲国后，В. И. 苏林继续在哈尔滨生活，成为苏联的军事情报人

---

① В. И. Сурин：（Некролог）//Новое рус. слово. 1967. 7 апр. С. 2；Забияко А. А. , Забияко
А. П. , Левошко С. С. , Хисамутдинов А. А. Русский Харбин: опыт жизнестроительства в
условиях дальневосточного фронтира/Под ред. А. П. Забияко. – Благовещенск: Амурский
гос. ун - т, 2015. с. 402；Печерица В. Ф. Духовная культура русской эмиграции в
Китае. Владивосток, 1998. с. 152.

员。B. И. 苏林与中国东北的一些日本人保持着特殊的联系，从中获得非常
有价值的情报，其中包括日本在中国东北的驻军情况、军事基地、日本对外
蒙古的侵略计划和日本的铁路计划等。据记载，B. И. 苏林曾在上海生活过
一段时间，生命的最后年代是在美国旧金山度过的。B. И. 苏林致力于中国
东北经济问题的研究，在《东省杂志》等杂志上发表了多篇论文①，出版了
《北满经济评论》《东省林业》《满洲及其前景》《北满与哈尔滨的工业》
《满洲与中国的铁路》② 等著作。B. И. 苏林是一位高产的学者，其出版的 5

---

① В. И. Сурин. Тихоокеанская проблема и Северная Маньчжурия. //Вестник Маньчжурии. – 1926,
№1 – 2. – С. 12 – 24. – Харбин, 1928; Леса Китая и их экономическое значение. //Вестник
Маньчжурии. – 1929, №6. – С. 80 – 91; Торговля лесом и его продуктами в Китае. //Вестник
Маньчжурии. – 1929, №7 – 8. – С. 80 – 89; Экономическое значение лесов Средней
Маньчжурии в связи с проведением Гиринь – Корейской магистрали: по материалам
Экономического Бюро КВжд. // Вестник Маньчжурии. – 1929, №9. – С. 26 – 39; Ялуцзянский
лесной район и его экономическое значение: по материалам Экономического Бюро КВжд//
Вестник Маньчжурии. – 1929, №10. – С. 40 – 46; Промышленность по обработке и переработке
леса в Маньчжурии: по материалам Экономического Бюро КВжд//Вестник Маньчжурии. –
1930, №1. – С. 56 – 63; Система налогов на лес в Маньчжурии//Вестник Маньчжурии. – 1930,
№6. – С. 54 – 59; Лесные рынки Маньчжурии//Вестник Маньчжурии. – 1930, №11 – 12. – С. 80 –
89; Железные дороги Китая//Вестник Маньчжурии. – 1931, №4. – С. 82 – 92; Планы
железнодорожного строительства в Китае//Вестник Маньчжурии. – 1931, №5. – С. 58 – 69;
Сейсин, Рашин и Унгый//Вестник Маньчжурии. – 1932, №4. – С. 80 – 88; Железные дороги и
выходные порты Маньчжурии// Вестник Маньчжурии. – 1932, №5. – С. 23 – 24; Железные
дороги Маньчжурии//Вестник Маньчжурии. – 1933, №23 – 24. – С. 1 – 22; Обрабатывающая
промышленность Маньчжурии и тенденции ее дальнейшего развития//Вестник Маньчжурии. –
1934, №4. – С. 14 – 28; Районы области Яньцзидао//Вестник Маньчжурии. – 1934, №6. – С. 46 –
84; Районы области Яньцзидао//Вестник Маньчжурии. – 1934, №7. – С. 44 – 66; Районы
области Яньцзидао//Вестник Маньчжурии. – 1934, №8. – С. 48 – 79; Перевозка лесных
материалов в Маньчжурии//Вестник Маньчжурии. – 1930, №10. – С. 12 – 22;
Промышленность и внешняя торговля Северной Маньчжурии. //Экономический Вестник
Маньчжурии. – 1923, №4. – С. 2 – 6; Переименование Железных дорог Маньчжурии. //
Экономический. бюллетень. – 1934, №5. – С. 36 – 41.
② В. И. Сурин. Промышленность Северной Маньчжурии и Харбина. Под ред. В. И.
Сурина. Харбин : Экономическое бюро. КВЖД, 1928. 243 с; Маньчжурия и его
перспективы. Харбин: Экономическое бюро. КВЖД, 1930. 207 с; Северная
Маньчжурия. Экономический обзор. Вып. 1. Харбин: Тип. Китайской Восточной железной
дороги, 1925. 154 с; Лесное хозяйство в Северной Маньчжурии. Харбин :
изд. Эконом. бюро . КВжд, 1930. – 297 + 104с; Железные дороги в Маньчжурии и
китае. Материалы к транспортной проблече в китаеи Маньчжурии. Харбин :
изд. Эконом. бюро . КВжд, 1932. – 382с.

部著作都是关于中国的，而且又都与黑龙江有关，是名副其实的汉学家。这里将对《北满经济评论》与《北满与哈尔滨的工业》这两部重点研究黑龙江的著作进行介绍。

二　主要内容

1925 年，中东铁路运营处为俄中铁路员工开办了一个铁路员工培训班。为了让学员更好地了解中国东北北部区域的整体经济状况，中东铁路运营处组织领导编写了有关的图书。由此，В. И. 苏林受邀承担了编写《北满经济评论》一书的工作。

如前文所述，1903 年中东铁路进入正式运营状态。至 1928 年，中东铁路正式运营 25 周年。为了隆重纪念中东铁路正式运营 25 周年，中东铁路经济调查局组织了相关专家编写与中东铁路有关的图书。他们认为，中国东北农业与工业的发展都源于中东铁路。中国东北北部地区尤其是哈尔滨—傅家甸（中国东北北部地区的工商业中心）所取得的工业成就亦是中东铁路的成就。因此，《北满与哈尔滨的工业》一书也就应运而生了。而中东铁路经济调查局资深代表 В. И. 苏林担任了《北满与哈尔滨的工业》一书的编撰者。

《北满经济评论》一书于 1925 年出版于哈尔滨。该书由 12 部分和附录构成，前 5 部分是重点内容，作者给予了比较详细的记述。

第一部分为北满总述，主要介绍了北满的地理、气候、面积、人口和垦殖等。

第二部分为经济结构，主要介绍了北满的主要经济领域（农业、畜牧业、工业）、北满的经济区划和不同区域的经济特点。

第三部分为农业，主要介绍了北满的土地所有制和土地使用制、农业技术、农作物、农业收成、粮食的消费、余粮和农业垦殖的前景。

第四部分为畜牧业，主要介绍了北满的畜牧业生产和家畜的分配、养马业、养牛业、牲畜集市与贸易、养羊业及其产品。

第五部分为森林与森林工业，主要介绍了北满的森林分布区和覆盖率、森林工业发展的条件、中东铁路东线林区、兴安岭林区、松花江下游林区、松花江上游林区、木植公司加工木材的条件、阻碍森林工业发展的因素。

第六部分为北满的矿产，主要介绍了煤炭对北满的意义、北满市场上销售的煤炭种类、扎赉诺尔矿区、北满的其他矿产资源。

第七部分为加工业，主要介绍了北满的重要工业中心、北满的主要工厂（面粉厂、油厂）。

第八部分为北满的贸易，主要介绍了北满的贸易史、北满对外贸易的现状和北满的内部贸易。

第九部分为北满的货币流通与信贷，主要介绍了北满市场上流通的中外货币种类和中外银行及其信贷业务情况。

第十部分为北满的交通，主要介绍了北满的道路——屠戮、水路和铁路等交通形式及其畜力运输、水运和铁路的运输。

第十一部分为中东铁路及其运营，主要介绍了中东铁路的发展史、中东铁路货物运输、中东铁路各线主要货物运输种类和中东铁路货物的流向。

第十二部分为北满的铁路网和拟新建铁路，主要介绍了北满已有铁路网、日本在北满的铁路建设设想以及附属于中东铁路的其他道路问题。

附录部分由三篇文章构成。

第一篇文章为中东铁路林业，主要介绍了北满的森林储蓄量和森林所有制的整体条件、中东铁路木植公司简史、中东铁路所属三个大型木植公司、中东铁路木植公司的生产和中东铁路林业附属企业。

第二篇文章为北满的 B. Ф. 科瓦利斯基木植公司，主要介绍了 B. Ф. 科瓦利斯基木植公司的简要情况、公司的经济意义、公司的历史发展阶段、备案森林工业的发展前景、公司的近况和主要任务、B. Ф. 科瓦利斯基木植公司胶合板厂。

第三篇文章为北满面粉与松花江磨坊股份公司，主要介绍了北满面粉工业发展史、北满面粉业现状、面粉的种类、面粉的销售、面粉税和松花江磨坊股份公司的面粉生产与销售状况。

《北满与哈尔滨的工业》一书于 1928 年出版于哈尔滨。该书由上、下两编和附录构成，共 243 页。

上编为工业领域概述，由七章构成。

第一章为哈尔滨及其重要性，主要介绍了哈尔滨因中东铁路而兴起的简史，指出哈尔滨因有利的地理位置而成为中国东北北部地区的工商业中心，书中还特别强调 1898 年 5 月 28 日为哈尔滨城市诞生日。

第二章为北满与哈尔滨工业简史，分三部分主要介绍了当地加工业的产生和俄罗斯人到来后资本主义类型工业的产生、俄日战争时期工业的飞速发展和

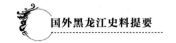

俄日战争后工业的曲折发展。

第三章为北满与哈尔滨工业的整体情况，主要介绍了北满与哈尔滨工业企业布局、工业企业燃料的供给、工业企业中的工人、工业企业的运行环境和哈尔滨市工业企业的分布。

第四章为北满与哈尔滨的榨油工业，主要介绍了榨油工业发展简史、生产条件、榨油产品及其出口和油厂的情况。

第五章为北满与哈尔滨的面粉工业，主要介绍了面粉工业的发展简史、北满面粉业现状、磨坊的生产条件、面粉的种类、面粉的出口及其运费。

第六章为酿酒工业，主要介绍了酿酒的类型、北满与哈尔滨酿酒工业的发展简史、酒精工业现状、酒精产品的销售和伏特加酒工业。

第七章为其他工业领域，主要介绍了北满与哈尔滨的制糖业、烟草业、畜牧业产品加工业、魄力工厂、金属加工产、砖厂、化学厂、木材加工厂等。

下编为重要工业企业概述，主要由五章构成。

第一章为哈尔滨市大型榨油工厂概述，主要介绍了28家大型榨油厂开办的时间和地点、生产能力、年内生产时间、固定资本和工人数量等。

第二章为哈尔滨市大型磨坊概述，主要介绍了15家大型磨坊开办的时间和地点、生产能力、年内生产时间、固定资本和工人数量等。

第三章为哈尔滨市大型油厂概述，主要介绍了5家大型榨油厂开办的时间和地点、生产能力、年内生产时间、周转资金和工人数量等。

第四章为哈尔滨市其他工业企业概述，主要介绍了双合盛皮革厂、В.Ф.科瓦利斯基胶合板厂、老巴夺烟厂、远东银行等20家其他类型工业企业开办的时间和地点、基本业务、年内生产时间、固定资本和工人数量等。

第五章为北满其他大型企业概述，主要介绍了穆棱煤矿、秋林公司、乌苏里铁路哈尔滨商务代办处和斯柯达哈尔滨分厂等8家大型企业产生的历史和所参与的工业生产活动。

附录部分为哈尔滨市重要工业企业名录，其中记载了各类参与工业活动的企业186家。

三　学术评价

从史料价值上看，《北满经济评论》一书的价值不大。正如该书前言中所言，《北满经济评论》一书是1924年由中东铁路经济调查局出版的《北满与中东铁路》（英文版）的简缩本。正因如此，《北满经济评论》一书主体内容所用资料完全都是旧的。但我们又不能完全说《北满经济评论》一书是一本没有任何利用价值的书。书中附录部分的三篇文章无论是研究内容，还是所引资料，对我们研究北满的林业和面粉业都很有价值。《北满经济评论》一书的史料价值亦在于此。

从学术价值上看，《北满经济评论》一书的学术史地位要高于其史料价值。前文已述，《北满与中东铁路》一书是俄国学者出版的第一部以经济部门为记述体例的关于北满经济的大型综合性论著。然而，该著篇幅太长，不利于读者接受和阅读。而关于北满经济的综合性简本却未见一部出版。这样，一部简缩本的《北满与中东铁路》——《北满经济评论》一书就诞生了。从这个角度讲，《北满经济评论》一书的学术价值不亚于《北满与中东铁路》一书。它是俄国学者出版的第一部以北满经济为题名的关于北满经济的综合性概述性论著。

从《北满与哈尔滨的工业》一书所使用的资料来看，《北满与哈尔滨的工业》一书与《北满经济评论》一书类似，主要运用的是已公开出版的资料，如《北满与哈尔滨的工业》一书前言所说，作者在编撰《北满与哈尔滨的工业》一书时大量利用了 1922 年和 1924 年出版的《北满与中东铁路》（俄、英文版）、1927 年出版的《北满与东省铁路指南》（俄文版），以及在《东省杂志》和《经济半月刊》上发表的相关论文中的资料。因此，我们说《北满与哈尔滨的工业》一书中的史料并不新颖。但可以肯定的是，В. И. 苏林利用了已公开出版的资料对关于北满与哈尔滨工业的资料进行了汇总、整合，让我们能更直接地找到关于北满与哈尔滨工业的史料。

尽管《北满与哈尔滨的工业》一书中的史料多数都是已公开出版的，但这并不能抹杀《北满与哈尔滨的工业》一书在学术史上的地位。正如书中前言所言，以哈尔滨为中心的北满工业问题研究在《北满与哈尔滨的工业》一书出版前还很薄弱。虽然在之前学者们也出版了关于北满工业的小册子，如《北满的森林与森林工业》[①]、《北满工业》（1908 年从日文翻译为俄文在哈尔

---

① Гордеев М. К. Леса и лесная промышленность Северной Маньчжурии. Харбин. 1923，136 с.

滨出版) ①，《北满与哈尔滨的工业》一书并不是首部以哈尔滨为中心对北满的工业进行全面综合研究的著作，但它却是以俄文出版的世界上第一部综合性论著。所以，《北满与哈尔滨的工业》一书在学术史上占有重要位置，是学者们研究北满工业史必须研读的著作。

第二节　《北满与中东铁路》

一　作者简介

《北满与中东铁路》一书的编辑出版者为中东铁路经济调查局。中东铁路

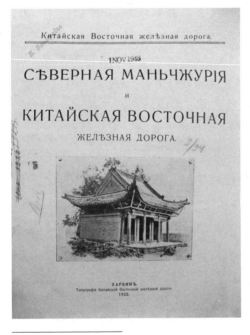

经济调查局②是中东铁路管理局下属的专门独立的经济统计研究机构，成立于 1921 年，前身为 1920 年成立的中东铁路经济小组。中东铁路经济调查局成立的主要目的是对中国东北和东北亚各国经济进行全面研究，以满足铁路发展需要。И. А. 米哈伊洛夫、Г. Н. 迪基、Н. А. 谢特尼茨基先后担任经济调查局俄方主任一职，中苏共管中东铁路后伊里春一直担任中方主任一职。中东铁路经济调查局网罗了一大批俄侨学者，如 В. А. 科尔马佐夫、Л. И.

---

① Каваками Тосихико Промышленость Северной Маньчжурии. Харбин. Типо - Литография Штаба Заамурского Округа Пограничной Стражи, 1909. 278с.

② Павловская М. А. Исследование Маньчжурии и стран Восточной Азии Экономическим бюро КВЖД (1921 - 1934). / Россия и Восток: взгляд из Сибири. Т. 2. Иркутск, 1998. с. 267 - 270；Дорофеева М. А. Научно - исследовательская и издательская деятельность экономического бюро квжд в северной маньчжурии/Россия и Китай: история и перспективы сотрудничества: материалы Ⅲ международной научно - практической конференции (Благовещенск - Хэйхэ - Харбин, 15 - 20 мая 2013 г.). Выпуск 3/отв. ред. Д. В. Буяров. - Благовещенск: Изд - во БГПУ, 2013. с. 38 - 43.

柳比莫夫、А. Я. 阿福多辛科夫、В. И. 苏林、Е. Е. 雅什诺夫、И. Г. 巴拉诺夫、Г. Г. 阿维那里乌斯、В. В. 恩格里菲尔德等，还有部分哈尔滨俄侨学者与中东铁路经济调查局保持密切合作关系，如 Б. В. 斯科沃尔佐夫、А. И. 波格列别茨基、В. А. 梁赞诺夫斯基等，也有部分中国人在中东铁路经济调查局工作。

按照活动程度，中东铁路经济调查局经历了三个发展阶段，即 1921～1924 年的成立与初步发展、1925～1931 年的繁荣发展、1932～1935 年的衰落与解体。按照管理方式，中东铁路经济调查局经历了两个发展阶段，即1921～1924 年俄方单独管理、1924～1935 年中苏共同管理。在其存在的 15 年里，中东铁路经济调查局主要进行了以下几个方面的活动。一是收集统计资料。中东铁路经济调查局与中国地方政府和几百家商号合作，在中国东北地区构建了信息网，从 1923 年至 1935 年每年发行一本中东铁路统计年刊。二是发行杂志。先后发行《满洲经济通讯》《东省杂志》《经济半月刊》。三是开展学术研究。中东铁路经济调查局共出版了大约 20 部有影响力的大部头著作。1935 年，随着中东铁路被出售给伪满洲国，中东铁路经济调查局结束了自己辉煌的时期，后来成为满铁的一部分。

从事学术研究是中东铁路经济调查局的最重要工作之一，除其学者独立编写并由中东铁路经济调查局出版的单部著作外，中东铁路经济调查局还组织学者集体编写了《北满与东省铁路指南》《东省特区》《中东铁路及其边区工作概述》《东省特区的税捐》《北满经济地图册》《北满粮食贸易概述》《满洲经济地理概述》[①] 等著作。这些集体编写的著作都具有极为重要的学术价值和史料价值，都在某一领域内堪称经典之作。这里仅对中东铁路经济调查局组织学者集体编写的第一部著作《北满与中东铁路》[②] 进行介绍，以窥一斑。

---

①　Экономическое бюро КВЖД Особый Район Восточных Провинций Китайской Республики. Харбин，Типография "Т – во Печать". 1927. 325с；Налоги，пошлины и местные сборы в особом районе восточных провинций Китайской Республики. Харбин，Тип. Китайской Восточной железной дороги. 1927. 166с；Краткий обзор работы КВЖД и края. – Харбин：Тип. Кит. Вост. ж. д.，1928 – 1929. – 130с；Очерки хлебной торговли северной Маньчжурии. Харбин. Типография КВЖД. 1930. 244с；Справочник по Северной Маньчжурии и КВЖД. Харбин：Издание Экономического Бюро КВжд，1927. – 607с；Экономический атлас Северной Маньчжурии. Харбин，1931，46с；Маньчжурия. Экономико – географическое описание. Ч. 1. Харбин，1934. 385с.

②　Экономическое бюро КВЖД. Северная Маньчжурия и Китайская Восточная железная дорога. Харбин. Типография КВЖД. 1922 г. 692с.

二　主要内容

1917 年十月革命不仅推翻了沙皇俄国，也使依靠俄国政府政治、财力支持的中东铁路公司失去了靠山。一时间中东铁路公司处于独立经营的状态。但缺少以往俄国政府的财力支持，让中东铁路公司面临极大的经营困境。而扩大铁路运输收入是其摆脱困境的唯一出路。加快中东铁路附属地经济发展和吸引货物由铁路运输是扩大铁路收入的重要途径。为此，需要对中东铁路附属地的经济状况全面了解，而成立专门的调查研究机构可以解决这个问题。在这样的背景下，中东铁路经济调查局应运而生了。从 1921 年起，中东铁路经济调查局就开始其成立后的第一次大规模调查研究工作：首先对哈尔滨市的公共图书馆、铁路档案馆、各类行政机构和私人拥有的关于北满的历史和统计资料进行调查，其次对中东铁路所影响的地方行政和贸易中心、所有铁路车站、松花江码头、木植公司和主要出海港进行统计调查。所有这些调查关注的重点为农业、畜牧业、林业、加工业、贸易、信贷、货币流通以及铁路工作等情况。中东铁路经济调查局的所有职员都参与了这项调查，并得到了所有被调查机构的大力支持。在大量实证调查资料的基础上，中东铁路经济调查局组织 17 位学者研究并于 1922 年 2 月撰写和出版了《北满与中东铁路》一书。

《北满与中东铁路》一书于 1922 年出版于哈尔滨，全书分 5 编 22 章和附录，共 692 页。

第一编为北满总述。分三章主要记述了北满的地理、地形地貌、气候、地域范围、移民、人口、中东铁路对北满移民的间接与直接影响、北满的经济部门与经济区划及各经济区的经济特点、北满的行政组织简史、省的划分、省县行政机关、中东铁路附属地行政管理等。

第二编为开采工业。分八章主要记述了农业（土地所有制和土地使用制、牲畜、农具、种植地亩之面积、田间耕作、各种粮食之收成、粮食在当地之消纳、耕耘之方法、农业的前景与移民），粮食贸易（整体特点、贸易简史、贸易区域、粮食价格），粮食运输（土路、水路和铁路运粮），畜牧业及其产品（畜牧业发展的整体条件、养羊业、养马业、养猪业、家禽业和渔业），林业和矿业（森林资源与森林工业的发展条件、中东铁路与森林工业、木材交易、矿产资源分布、煤炭对北满的意义、煤炭的销售和扎赉诺尔煤矿）等内容。

第三编为加工业。分四章记述了加工业发展的整体条件和概况、面粉业、制油业、制酒也、制糖业沿革与发展状况。

第四编为商务、币制和信贷。分四章记述了北满商务发展之阶段、北满出入口货之总值、北满之对外商务、海参崴及大连之商务、北满币制之种类和货币流通简史、金融之中心、贷款组织之类别、贷款性质及种类、中东铁路贷款营业、北满银行之概况等内容。

第五编为中东铁路。分三章主要记述了中东铁路营业发展之梗概（铁路与北满经济之关系、货载运输、货载之种类、各月之间运输分配、货物之流向、运载乘客和营业之结果），中东铁路各站工作（西线车站、东线车站、南线车站和哈尔滨枢纽站），中东铁路运则之变迁。

附录部分为中东铁路所影响的黑龙江省和吉林省 46 个县的数字资料表、黑龙江省和吉林省其余各县数字资料表、哈尔滨贸易公所周流通商品月平均牌价表、数字资料来源表、中东铁路地亩处统计 1921 年中东铁路附属地人口表。

三　学术评价

《北满与中东铁路》一书首先是一部大型史料集，不仅过去已有关于北满的史料在书中得到使用和进行了比较分析，更为重要的是，中东铁路经济调查局从不同部门收集到的统计资料和实地调查资料完全体现在书中的各篇章中，尤其是书中负载了近 70 个关于北满的数据图表。这些资料不仅勾勒了当时北满经济中各个部门的发展情况，也描述了北满经济的发展史。因此，与其说《北满与中东铁路》一书是一部关于北满经济的著作，还不如说它是一部关于北满经济的资料书。它为后来学者研究 20 世纪第二个十年后期至 20 年代初期北满经济史提供了大量丰富的比较可靠的史料。

从《北满与中东铁路》一书的研究内容来看，《北满与中东铁路》一书是一部研究北满经济的著作。关于北满经济的研究，在《北满与中东铁路》一书出版前已有一些著作出版，如《北满垦务农业志》《齐齐哈尔经济概述》《中东铁路商务代表 А.П. 鲍洛班 1911 年关于中东铁路所影响的北满地区垦务的调查报告》《北满吉林省：1914 年和 1915 年中东铁路商务处代表 П.Н. 梅尼希科夫、П.Н. 斯莫利尼科夫、А.И. 齐尔科夫的调查报告》《北满黑龙江省：1914 年和 1915 年中东铁路商务处代表 П.Н. 梅尼希科夫、П.Н. 斯莫利尼科夫、А.И. 齐尔科夫的调查报告》等。这些著作或专注北满经济中的某一

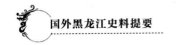

领域，或以某一城市和县域经济为研究对象。《北满与中东铁路》一书与上述著作有着明显区别，是俄国学者出版的第一部以经济部门为论述体例的关于北满经济的大型综合性论著。

第三节　《中东铁路沿革史（1896～1923）》

一　作者简介

《中东铁路沿革史（1896～1923）》一书的作者为 E. X. 尼鲁斯。E. X. 尼鲁斯①，1880 年 3 月 7 日出生于特维尔，1945 年后逝世，卒地不详。1898 年，E. X. 尼鲁斯毕业于第二莫斯科中等军事学校，1901 年毕业于米哈伊洛夫斯克炮兵学校，1910 年毕业于亚历山大军事法律科学院。1910～1914 年，E. X. 尼鲁斯成为圣彼得堡军事司法局职员。从 1914 年 12 月起至 1918 年，E. X. 尼鲁斯担任哈尔滨的外阿穆尔军区边境护路队军事法官；1918～1921 年，E. X. 尼鲁斯担任 Д. Л. 霍尔瓦特远东最高全权代表处校官和部际房屋管理协调委员会主席；1921 年晋升为上校军衔。1921～1930 年，E. X. 尼鲁斯是中东铁路公司董事会资深秘书。1923 年，E. X. 尼鲁斯担任庆祝中东铁路建成 25 周年编撰中东铁路沿革史秘书。1924 年，E. X. 尼鲁斯担任中东铁路汉语班教师。1927～1928 年，E. X. 尼鲁斯受聘为哈尔滨法政大学教师，教授司法诉讼课程，是哈尔滨法政大学理事会和教务会议成员。在 20 世纪 20 年代，E. X. 尼鲁斯同时也是哈尔滨学术团体——东省文物研究会会员。1930 年初，由于已无需要，E. X. 尼鲁斯辞去了一切职务。从 1930 年 2 月起，E. X. 尼鲁斯从事私人业务活动。1936 年，E. X. 尼鲁斯移居天津，与过去的中东铁路职员开办了 1 家私人银行，后去了上海。第二次世界大战后，E. X. 尼鲁斯移居巴西，之后又辗转欧洲，直到逝世。E. X. 尼鲁斯出版了《中东铁路沿革史（1896～1923）》（两卷本，第一卷正式出版，第二卷为

---

① Забияко А. А., Забияко А. П., Левошко С. С., Хисамутдинов А. А. Русский Харбин: опыт жизнестроительства в условиях дальневосточного фронтира/Под ред. А. П. Забияко. – Благовещенск: Амурский гос. ун - т, 2015. с. 392; Автономов Н. П. . Юридический факультет в Харбине: Исторический очерк. 1920 – 1937. Харбин, 1938. с. 41.

手稿）这一专门著作①。该书是 E. X. 尼鲁斯唯一一部也是极为重要的一部关于黑龙江历史的著作。

二　编撰背景

《中东铁路沿革史（1896 ~ 1923）》第一、二卷在哈尔滨编写完于 1923 年，并且第一卷（俄文版）正式出版于哈尔滨。该书的编写直接源于 1923 年在哈尔滨举行的一次重大纪念活动。1923 年，中外各界人士在哈尔滨隆重集会。这就是中东铁路公司举办的纪念中东铁路修筑 25 周年的庆祝活动。为了庆祝这一重要事件，中东铁路公司做了大量准备以向庆祝活动献礼。其中，编撰《中东铁路沿革史》被中东铁路公司正式提上

议事日程。1921 年 10 月 22 日，中东铁路公司董事会正式批准编撰工作，并成立了编撰与出版特别委员会，其成员为中东铁路公司董事会董事 П. И. 库兹尼错夫、何守仁博士、B. H. 维谢洛夫佐罗夫，中东铁路公司董事会代办 E. X. 尼鲁斯等人。而《中东铁路沿革史》的具体编撰工作交由早已着手收集历史资料的中东铁路公司董事会代办 E. X. 尼鲁斯来组织领导。与此同时，编撰与出版特别委员会为此还拨付了编撰经费。为了把《中东铁路沿革史》做成精品工程，编撰与出版特别委员会还提出了九点编撰原则：（1）编撰一部能够引起世界各国广泛关注的关于世界最大的运输企业之一的《中东铁路沿革史》；（2）为铁路运输经营提供历史经验；（3）在内容上全面反映铁路工作和运营的各个领域；（4）把《中东铁路沿革史》翻译成多种外文，并在样式上做得美观；（5）客观地描述铁路产生以来涉及的重大事件；（6）把《中东铁

---

① E. X. Нилус Исторический обзор Китайской Восточной железной дороги 1896 – 1923 гг. По поручению Правления О – ва и под редакцией Специальной комиссии составил агент правления Е. X. Нилус. – Харбин：типографии КВжд и т – ва О – ва，1923. 690 с.

路沿革史》放在世界大环境中去撰写；（7）要阐述中东铁路对中国东北边疆地区经济与文化的影响；（8）要阐述中东铁路附属地上发生的政治和社会事件对中东铁路活动的影响；（9）尽可能多利用一些可靠的档案文件和文献资料。

在上述情况下，以中东铁路公司董事会代办 E. X. 尼鲁斯为代表的编撰者开始了紧张而又忙碌的编撰工作。根据原定计划，《中东铁路沿革史》拟定只编写一卷本 300 印刷页，但在编撰过程中，仅仅 300 印刷页难以完整反映中东铁路全部活动的复杂历史。因此，编撰与出版特别委员会认为，《中东铁路沿革史》应扩编为两卷。但是，由于一系列原因（现在还无从得知具体原因），到举行庆祝活动时，《中东铁路沿革史》只出版了第一卷。而《中东铁路沿革史》第二卷处于手稿状态（现保存在美国斯坦福大学胡佛战争与和平研究所）。

三　主要内容

《中东铁路沿革史（1896～1923）》第一卷共 21 章，692 页。第一章编者首先谈及了与中东铁路有直接关系的俄国西伯利亚大铁路（俄国东部地区第一条铁路，1891 年修建）的一些基本情况，并提及一个无论是对西伯利亚大铁路还是对中东铁路都具有重要影响的人物——俄国财政、交通大臣 C. Ю. 维特。编者以简要篇幅介绍了 C. Ю. 维特的生平与活动史，并对 C. Ю. 维特给予了积极的评价。同时，作者也论及了 C. Ю. 维特积极支持西伯利亚大铁路穿越整个中国东北（即中国方案），并指出该方案比阿穆尔方案在铁路铺设地的自然条件、铁路长度方面优越，可节省大量财政支出。但中国方案需要中国政府同意方可实施。为此，编者特意提及晚清政治人物李鸿章，并记载了李鸿章参与谈判和最终与俄国签订《中俄密约》的过程。根据《中俄密约》，俄国取得了在中国东北修筑中东铁路的权力，并明确规定修筑铁路事宜交由华俄道胜银行承办经理，具体修筑铁路合同中国政府与华俄道胜银行商订。由此，编者在本章中介绍了华俄道胜银行产生的简短历史及中国政府与华俄道胜银行签订《合办东省铁路公司合同》的过程和具体内容，而且还介绍了俄国私自核定公布了《合办东省铁路公司章程》内容，并记载了召开的第一届中东铁路公司董事会会议内容和中东铁路公司董事会组织机构的人选等。在本章最后一部分编者重点介绍了中东铁路总监工 A. И. 茹格维志和副监工 C. B. 依格纳齐乌斯的个人履历情况。

第二章编者记述了 1897 年初中东铁路公司在符拉迪沃斯托克成立中东铁路工程建设局后，在中东铁路工程建设局的领导下，将中东铁路干线拟将穿行的地方划分为六个大的区域，并派遣不同的勘察队对这些区域进行专门的勘察工作。勘察工作从 1897 年 6 月开始，至 1898 年 1 月结束。在本章编者不仅记述了勘察工作的艰苦条件和勘察队员的忘我精神，还特别记载了中东铁路总监工 A. И. 茹格维志和副监工 C. B. 依格纳齐乌斯从 1897 年 8 月至 1898 年 1 月亲自参加勘察工作过程。由于勘察队的勘察工作，到 1898 年 2～3 月，所有勘察资料都被整理和分析完毕，至 4 月最终决定中东铁路开工修建，并确定哈尔滨为中东铁路枢纽站和沿线穿越的主要城镇、地段。

第三章编者主要记述了中东铁路的修筑过程。1898 年 4 月，中东铁路总监工 A. И. 茹格维志下达命令：将中东铁路干线划分为 13 个地段；7 月又将中东铁路支线划分为 8 个地段，以哈尔滨为中心向东、西、南三个方向同时修筑。与此同时，中东铁路总监工 A. И. 茹格维志还布置了具体工作计划和需要完成的 13 点技术任务。为了修筑中东铁路，中东铁路总监工 A. И. 茹格维志从俄国邀请了大量工程技术人员，组建了中东铁路河运船队，从比利时和英国购置了大量技术设备等预先准备工作。编者以不同地段修筑的俄国工程师的回忆录形式详记了中东铁路的修筑过程，记载了中东铁路修筑的艰难条件。在本章编者还以一定篇幅记载了兴安岭隧道和穿越松花江、嫩江等大河流的 6 座主要桥梁的修筑过程。编者在本章最后部分记述了义和团运动前后中东铁路的修筑情况。1903 年 7 月 1 日中东铁路正式运营，标志着中东铁路主体修筑工程完工，工程总造价 57569255 卢布。

第四章记述了哈尔滨城市的建设与发展进程。编者记载了 1898 年 4 月初 A. И. 什德罗夫考察队来到哈尔滨安排中东铁路工程建设局总办事处住所，并在香坊买下了田家烧锅酒厂作为其办公住所。编者还特别指出，1898 年 5 月 28 日是哈尔滨历史上的一个重要日期，因为这一天中东铁路副监工 C. B. 依格纳齐乌斯抵达了哈尔滨。编者认为，1898 年 5 月 28 日即中东铁路开工之日，亦是哈尔滨城市诞生之日。随着中东铁路工程建设局在哈尔滨活动，哈尔滨的城市建设亦开始进入快车道。编者重点记述了在哈尔滨香坊、南岗和道里出现的各类俄式建筑物、不同机构，以及重要街道的奠基和名称的由来，并认为由于俄国人的建设奠定了日后哈尔滨城市的区域格局，带来了哈尔滨城市经济、文化的快速发展。编者最后记载了 1902 年俄国财政大臣 C. Ю. 维特访问哈尔滨时的回忆报告内容。

第五章记述了俄国利用德国占领胶州湾之机出兵占领了旅大地区，并通过与中国签订《旅大租地条约》，不仅取得了独占旅顺军港、租借旅顺和大连的权力，也取得了修筑中东铁路南满支线的权力。依此条约，俄国开始了旅顺军港和大连的城市建设工作。工程师 B. B. 萨哈罗夫是旅顺军港和大连城市规划建设工作的策划者。编者对这位工程师的生平、工作给予了介绍和评价。关于旅顺军港和大连城市建设的工作情况，编者以 1902 年俄国财政大臣 C. Ю. 维特出访中国东北回国后的回忆报告形式在本章中给予了记载。编者在本章的最后还谈及了对旅顺军港和大连城市建设做出重要贡献的中东铁路太平洋船队的一些情况，指出在 1903 年中东铁路太平洋船队就已拥有了 20 艘大型轮船，总价值达 1150 万卢布。

第六章记述了在中东铁路修筑过程中发生的两件重大事件——1899 年下半年中国东北南部暴发了肺鼠疫和 1900 年的义和团运动对中东铁路的修筑产生了极大的消极影响。编者详记了中东铁路公司所进行的防疫举措、过程和 1900 年义和团运动在中国东北的蔓延，尤其指出中国（包括地方）政府对待义和团运动的态度。

第七、八章记述了义和团运动在中东铁路沿线的发展情况及所带来的严重后果。编者记述了义和团运动阻碍了中东铁路的修筑进程，随着义和团运动的发展，许多铁路建设者相继离开了建设工地。编者特别记载，义和团运动也席卷了哈尔滨，以致 1900 年 6 月 28 日中东铁路总监工 A. И. 茹格维志发布了关于铁路员工从哈尔滨撤走的命令指令。7 月 22 日，萨哈罗夫将军的部队来到了哈尔滨，才解了哈尔滨之急。到 9 月末，义和团运动在中国东北停止了，铁路重新回到俄国人手中。编者指出，义和团运动带来了极其严重的后果，即给中东铁路造成了 7000 万卢布的损失（后由中国政府赔偿）；西方国家（包括俄国）与中国的外交交涉，迫使中国签订了《辛丑条约》。通过此约，俄国不仅得到了巨额赔偿（包括给中东铁路造成的 7000 万卢布损失），而且还制定了《俄国政府监理满洲之原则》，并要挟清政府订立了关于中国东北问题的《交收东三省条约》，全面攫取在中国东北的政治权益。此外，在本章中编者还记述了义和团运动对当地人生活的影响情况，以及义和团运动后中东铁路的修筑工作迅速得到恢复，至 1901 年路基铺设工作全部结束，而在这其中中国工人付出了艰辛劳动。

第九章编者首先记述了 1902 年 5 月发生于营口港的肺鼠疫蔓延至中东铁路沿线，持续近半年。为此，中东铁路公司投入大量精力进行防治工作。其次，编者记述了 1902 年秋俄国财政大臣 C. Ю. 维特、1903 年库罗巴特金将军、1902 年末至 1903 年 3 月御前大臣别佐布拉佐夫的远东考察。C. Ю. 维特考察后，建议俄国应在中国东北采取更加强硬的政策。这个建议得到了库罗巴特金将军和御前大臣别佐布拉佐夫的大力支持。为了进一步讨论俄国在中国东北的政策取向，1903 年 6 月，库罗巴特金将军和御前大臣别佐布拉佐夫第二次来到中国东北，并于 6 月 18 日至 28 日在旅顺召开了由俄国驻中国东北各机构代表参加的关于中东铁路经济问题的会议，主要讨论了应在中国东北采取什么样的经济政策以扩大铁路收入和降低中东铁路的财政赤字。

第十章记述了 1903 年 7 月 1 日中东铁路公司发布了第一号指令，宣布从 1903 年 7 月 1 日中东铁路正式开始运营，中东铁路工程建设局也更名为中东铁路管理局；同日，中东铁路公司又发布了第二号《关于中东铁路管理机构》、第三号《关于铁路沿线行政划分》和第四号《铁路部门领导人员》的指令，记载了中东铁路管理局的机构构成、所属部门机构领导人员构成等。编者在本章中还特别记载了中东铁路管理局首任局长 Д. Л. 霍尔瓦特的生平事迹及工程师 A. A. 古巴诺夫回忆关于中东铁路南线和大连港正式开始经营的情况资料。

第十一章至第十三章记述了 1904～1905 年日俄战争时期中东铁路的活动及日俄战争所带来的直接结果和俄国的战后处理等问题。编者记载，在日俄战争时期，刚刚经营不久的中东铁路被俄国政府纳入了军事管理，承担军人和军事物资的运输工作，中东铁路管理局也全程参与了战争并全力为战争服务。俄日战争的最直接后果——俄国与日本签订了《朴茨茅斯和约》，日本通过该约攫取了中东铁路南满支线控制权，并将中国东北南部划为自己的势力范围。俄日战争的失败，导致了俄国国内政治动荡，即 1905～1906 年的革命运动。该运动也波及哈尔滨，并在哈尔滨发生了罢工事件和中东铁路管理局办公大楼着火事件。1905～1906 年波及哈尔滨的革命运动对哈尔滨的社会生活产生了重要影响。哈尔滨首次出现了社会革命党组织及其军事组织，从而使哈尔滨出现了对立的政治派别。这加快了中东铁路管理局制定附属地司法、警察管理体制和哈尔滨城市自治的步伐。俄日战争后俄国军队从中国东北撤退以及1905～1906年革命震荡后，中东铁路管理局全面开展了消除上述事件给铁路带来的消极影响和进行战后处理的工作：一是1905年中东铁路管理局大楼着火带来的损失与恢复工作；二是中东铁路管理局执行《朴茨茅斯和约》规定，把中东铁路南满支线移交给日本；三是由于失去了大连港的控制权，俄国加紧了符拉迪沃斯托克港的建设和中东铁路与乌苏里铁路合并接受中东铁路公司领导，并在符拉迪沃斯托克设立中东铁路特别商务办事处。对于后者，编者特别记载了符拉迪沃斯托克港建设后来自中东铁路的货运周转以及中东铁路符拉迪沃斯托克特别商务办事处的工作情况。此外，编者也记述了战后哈尔滨的商业萧条等情况。

第十四章记述了中东铁路修筑前后中国东北北部地区的交通状况、土匪及其对当地生活的影响，以及随着关内移民的不断增加中国政府在东北北部地区的行政管理方面所进行的重大改革等情况。

第十五章至第二十一章记述了中东铁路的经营问题。第十五章至第十七章记载，中东铁路全线开工和运营后，形成了中东铁路附属地，为了进一步扩大附属地地界和全面经营附属地，中东铁路公司不断扩展沿线土地、私开煤矿和乱采木材等。为使这些行为合法化，中东铁路公司迫使中国地方政府于1907年、1908年订立了吉黑铁路公司购地合同、吉林木植合同、黑龙江铁路公司伐木合同、吉黑铁路煤矿合同。此外，在这三章编者还记述了中东铁路公司在中国东北开展电报业务、组建邮政机构的发展历史、中国东北北部地区海关的设置和关税的由来，以及处理与中国关于中东铁路事务的铁路交涉总局的资料。第十八章至第二十一章记述了中东铁路护路队组建和发展的历史、中东铁路附属地司法机构的设置和发展史（警察、法院）、中东铁路附属地民政事务管理，以及中东铁路附属地城镇管理机构——自治公议会的设置与发展，其中论及中国地方政府对俄国设置地方自治公议会的态度并重点记载了哈尔滨自治公议会的发展情况资料。

《中东铁路沿革史（1896～1923）》第二卷处于手稿状态，目前保存在美国，我们很难看到该卷的具体内容，但《中东铁路沿革史（1896～1923）》第一卷前言中记载了第二卷拟要撰写的内容。《中东铁路沿革史（1896～1923）》第二卷主体部分由17章构成，包括日本、南满铁路与中东铁路，蒙古与中东铁路，中东铁路附属地内的领事机构，中东铁路管理局作为领导机构的活动，中东铁路董事会和监察委员会的活动，其余章节为中东铁路管理局所属部门活动史。在附录部分还附录了中东铁路附属地货币、中东铁路附属地社会生活和出版物、革命时期影响中东铁路的重大事件概述和中东铁路修筑 25 周年纪念庆祝活动概述 4 篇文章，以及重要铁路员工活动资料和参考文献等。

四　学术评价

关于《中东铁路沿革史（1896～1923）》的学术价值问题，笔者查阅了许多中外文献，但都没有找到关于《中东铁路沿革史（1896～1923）》学术评价的文章，这与《中东铁路沿革史（1896～1923）》一书的学术地位不符。因此，笔者试就该问题分析《中东铁路沿革史（1896～1923）》一书的学术价值和史料价值。

中东铁路的修筑与运营是世界铁路史上的重大事件，无论是对其所纵贯区域还是对国际关系都产生了深远影响。因此，中东铁路问题自然就纳入了研究视野。到 1923 年《中东铁路沿革史（1896～1923）》第一、二卷编写完和第一卷出版时，关于中东铁路问题的研究，前文已述已出版了如下俄文版著作：《关于中东铁路修筑的总医学报告》《中东铁路护路队参加 1900 年满洲事件》《中东铁路公司成立十五年来中东铁路商务活动概述》《中东铁路十年 1903～1913》《中东铁路历史概述 1896～1905》《北满与中东铁路》等。从这个角度看，《中东铁路沿革史（1896～1923）》并非研究中东铁路史的首部俄文版著作，而是上述研究的继续。但与上述著作相比，《中东铁路沿革史（1896～1923）》有着独特的学术价值。《中东铁路沿革史（1896～1923）》既非研究中东铁路某一领域的专门著作，也非研究中东铁路某一发展阶段的断代史著作，而是俄国学者出版的第一部大篇幅全面综合、系统研究中东铁路的通史性著作。正是因为这样一部鸿篇巨制的编写和出版，编撰者 E. X. 尼鲁斯的名字才为中东铁路史研究学者所熟知，E. X. 尼鲁斯也因此进入俄国汉学家的行列之中。

《中东铁路沿革史（1896～1923）》第一、二卷合计页数达 1000 多页，全面论述了中东铁路修筑的起因和过程、中东铁路经营的发展历史、中东铁路对中国东北区域的影响、中国东北区域国际关系的变化对中东铁路的影响和中东铁路附属机构的设置与活动等。为了支撑这些复杂问题的编写，编撰与出版特别委员会收集了大量材料，如当事人的回忆录、可查到的关于中东铁路的出版物和可看到的关于中东铁路的档案文件等，它们都被编撰者编写在了《中东铁路沿革史（1896～1923）》第一、二卷中。可以说，《中东铁路沿革史（1896～1923）》第一、二卷中含有大量关于中东铁路的信息资料，犹如一部中东铁路百科全书，为后继研究者提供了弥足珍贵的史料。然而，《中东铁路沿革史（1896～1923）》第一、二卷中并非包揽了关于中东铁路的全部档案与文献资料。正如《中东铁路沿革史（1896～1923）》第一卷前言中所说，在编撰《中东铁路沿革史（1896～1923）》一书时很多参与中东铁路修筑和经营的当事人或离开了哈尔滨，或离开了人世，使一些资料难以获得，同时由于俄国革命等政治事件保存在圣彼得堡的档案不能够被利用，俄国革命时期中东铁路附属地的俄国机构被撤销时大量的档案和文件也随之销毁，原保存在哈尔滨中东铁路管理局大楼的档案和文献因大火被焚毁。这些因素为《中东铁路沿革史（1896～1923）》在史料运用上留下了很多遗憾。

第四节　《东省出版物源流考——1927年正月以前哈埠洋文出版物》和《1927年1月1日至1935年12月31日哈埠洋文出版物》

一　作者简介

《东省出版物源流考——1927年正月以前哈埠洋文出版物》和《1927年1月1日至1935年12月31日哈埠洋文出版物》两部书的作者为 M. C. 秋宁。M. C. 秋宁①，1865年7月9日出生于维亚特卡省，1946年后逝世，卒地不详。1882年，M. C. 秋宁毕业于萨拉布尔实验学校；1888年，毕业于莫斯科彼特罗夫土地规划与林业科学院。从1912年起，M. C. 秋宁担任萨拉布尔地方自治局官员和公证人。从1917年起，M. C. 秋宁任叶尼塞斯克博物馆馆长，后任叶尼塞斯克边区博物馆秘书。从1923年4月15日起，M. C. 秋宁在哈尔

---

① Киселева Г. Б. Русская библиотечная и библиографическая деятельность в Харбине, 1897 - 1935 гг. : Дис. . . кандидат педагогических наук: Санкт - Петербург, 1999. с. 183; Хисамутдинов А. А. Российская эмиграция в Азиатско - Тихоокеанском регионе и Южной Америке: Биобиблиографический словарь. - Владивосток: Изд - во Дальневост. ун - та, 2000. с. 311.

滨生活。1923~1928 年，M. C. 秋宁担任东省文物研究会地方出版部主任。1925~1930 年，M. C. 秋宁成为中东铁路中央图书馆助理馆员；1931~1934 年为馆员。1945 年苏联出兵中国东北后 M. C. 秋宁被逮捕并遣返回苏联，受到了政治迫害。由于 M. C. 秋宁所从事工作的性质，M. C. 秋宁在哈尔滨工作生活期间主要从事的是图书资料和文献汇编研究，在《东省文物研究会杂志》《圣赐食粮》等发表了《地方出版物部（活动概述）》《哈尔滨市精神道德出版物：简要概述》》① 等几篇文章，出版了《东省出版物源流考——1927 年正月以前哈埠洋文出版物》和《1927 年 1 月 1 日至 1935 年 12 月 31 日哈埠洋文出版物》② 两部著作。就目前所掌握的资料来看，除上述两部著作外，还没有看到 M. C. 秋宁所编写的其他著作。因此，《东省出版物源流考——1927 年正月以前哈埠洋文出版物》和《1927 年 1 月 1 日至 1935 年 12 月 31 日哈埠洋文出版物》两部著作是 M. C. 秋宁编写的主要著作，亦是其关于黑龙江研究的两部代表作。

二　编写背景

关于《东省出版物源流考——1927 年正月以前哈埠洋文出版物》一书的编写、出版发行问题，首先应谈及的是其组织者——东省文物研究会。关于东省文物研究会的创建及发展变迁和主要活动，笔者在这里主要就东省文物研究会收集地方出版物和编撰关于地方出版物的资料书籍方面给予重点介绍。东省文物研究会成立前，在中国东北的许多俄国部门和私人都收藏地方出版物，但没有专门的关于地方出版物的收藏和研究机构，而使编撰关于地方出版物的工

---

① M. C. Тюнин Отдел местной печати: (Обзор деятельности) //Известия Общества Изучения Маньчжурского Края. - 1928, №7. - С. 71 - 74; Духовно - нравственные издания г. Харбина: Библиогр. очерк//Хлеб Небесный. - 1940. - №10. - С. 42 - 48. - №11. - С. 35 - 40; Городище близ Хайлара. //Вестник Маньчжурии. - 1933, №8 - 9. - С. 85 - 89; Первый журнал в Харбине//Харбинская старина: Сб. Харбин: Изд. О - ва старожилов г. Харбина и Сев. Маньчжурии, 1936. С. 43.

② M. C. Тюнин Указатель периодических и повременных изданий, выходивших в Харбине на русском и других европейских языках по 1 января 1927. - Изд. ОИМК, Харбин, 1927, 42с. (Труды О - ва изучения Маньчжурского края. Библиография Маньчжурии. Вып. 1); Указатель периодической печати г. Харбина, выходившейна русском и других европейских языках: Изд. вышедшие с 1 января 1927г. по 31 дек. 1935г. . - Изд. Экон. бюро Харбин. упр. гос. ж. д, Харбин, 1936, 83с.

作一直处于搁置状态。1922 年东省文物研究会成立后这种状态完全改变。东省文物研究会专门成立了图书馆和博物馆（1923），并在博物馆内又特别设置了地方出版物部（1924）。至《东省出版物源流考——1927 年正月以前哈埠洋文出版物》一书出版之际，东省文物研究会图书馆收藏了 7000 本图书，地方出版物部收藏了 12000 种地方发行的图书、杂志、报纸和小册子等。尽管文献收藏还不够全面，东省文物研究会还是决定着手地方出版物的汇编工作，为那些致力于满洲研究的人提供文献线索帮助。为此，东省文物研究会提出了三个重要方面的编撰计划：（1）编撰地方出版物的书刊索引；（2）编撰关于满洲的地方志书刊索引；（3）编撰关于个别问题的专门书刊索引。在上述背景下，作为东省文物研究会博物馆地方出版物部主任的 M. C. 秋宁不仅负责文献的收集工作，还负责关于地方出版物的书刊索引编撰工作。鉴于大量出版物都是在哈尔滨出版发行和便于收集，M. C. 秋宁编写了由东省文物研究会第一次出版发行的关于哈尔滨市的地方出版物索引的图书——《东省出版物源流考——1927 年正月以前哈埠洋文出版物》。《1927 年 1 月 1 日至 1935 年 12 月 31 日哈埠洋文出版物》一书是 M. C. 秋宁上述工作的继续，只不过其编撰环境和条件发生了深刻变化，因为东省文物研究会于 1929 年正式解体，给 M. C. 秋宁的工作带来了巨大困难。

三　主要内容

《东省出版物源流考——1927 年正月以前哈埠洋文出版物》一书于 1927 年在哈尔滨出版，全书共 41 页。在编写体例上是先报纸后杂志，在报纸和杂志两部分中又先俄文后其他外文。

在两部分中，报纸和杂志的名称排列顺序以西文字母的先后顺序列举。在具体行文中，作者 M. C. 秋宁尽可能写明每份报纸和每个杂志的性质、出版发行单位、时间、主编名字、停发时间、发行卷（期）次、发行周期（日、周、月）等内容。

在报纸部分中，记载了 1927 年正月以前哈埠发行的每日或每周俄文报纸 102 种、英文报纸 5 种、波兰文报纸 4 种；一日俄文报纸 40 种、波兰文报纸 2 种。

在杂志部分中，记载了 1927 年正月以前哈埠发行的俄文杂志 141 种、波兰文杂志 16 种、乌克兰文杂志 1 种、格鲁吉亚文杂志 1 种、瑞典文杂志 1 种、世界语杂志 1 种。

《1927 年 1 月 1 日至 1935 年 12 月 31 日哈埠洋文出版物》一书 1936 年出版于哈尔滨。其在编写体例上还是遵循旧例，但在编写内容上增加了新的部分，如报纸号外、指南、日历、目录表和报告等，又补充了 1927 年以前在《东省出版物源流考——1927 年正月以前哈埠洋文出版物》一书中被遗漏的部分内容。

在 1927 年 1 月 1 日至 1935 年 12 月 31 日部分中，记载了该段时间内哈埠发行的每日或每周俄文报纸 51 种、波兰文报纸 6 种、英文报纸 3 种、德文报纸 2 种；一日俄文报纸 134 种；号外俄文报纸 1927 年 4 种、1928 年 2 种、1929 年 3 种、1930 年 2 种、1931 年 8 种、1932 年 6 种、1933 年 8 种、1934 年 7 种、1935 年 4 种；俄文定期刊行杂志 105 种、英文杂志 5 种、波兰文杂志 4 种、乌克兰文杂志 2 种、德文杂志 1 种；俄文一日杂志 95 种、英文杂志 1 种；俄文指南 19 种、俄文日历 14 种、波兰文日历 4 种、俄文目录表 26 种、俄文报告 190 种。

在 1927 年正月以前部分中，记载了被遗漏的每日或每周俄文报纸 6 种、一日俄文报纸 3 种，俄文报纸号外 1917 年 1 种、1918 年 1 种、1921 年 1 种、1922 年 1 种、1924 年 2 种、1925 年 7 种、1926 年 4 种，俄文定期刊行杂志 7 种，一日俄文杂志 10 种，俄文指南 23 种，俄文日历 5 种，俄文目录表 13 种，俄文报告 122 种。

四 学术评价

《东省出版物源流考——1927 年正月以前哈埠洋文出版物》和《1927 年 1 月 1 日至 1935 年 12 月 31 日哈埠洋文出版物》两部书可以放在一起评价，因为两部书合起来可为一部书，即《1936 年正月以前哈埠洋文出版物》。从整体上评价这部书，首先是它的资料性非常强。从书中我们可以得到很多信息，如不同年份发行报纸和杂志数量及走势，同一年份发行报纸和杂志数量，第一份报纸和第一本杂志发行的年份和名称，发行时间最长的报纸和杂志名称，各类报纸和杂志的性质与数量，各类报纸与杂志发行时间的长度，发行报纸与杂志的机构类别与数量等。这些信息综合起来使这部书完全成为一部王城的哈尔滨杂志与报纸发行简史，是我们研究哈尔滨报刊发行史绕不开的重要史料。

《东省出版物源流考——1927年正月以前哈埠洋文出版物》一书属于图书资料与文献研究范畴，本书将在下文阐述一些关于哈尔滨的图书资料与文献学术研究的内容，在这里不赘述。笔者在这里有必要指出的是，由 М. С. 秋宁编写和东省文物研究会第一次出版发行的《东省出版物源流考——1927年正月以前哈埠洋文出版物》一书是哈尔滨图书资料与文献研究领域的开山之作，是世界上关于哈尔滨报刊发行研究的第一部著作。综合两部姊妹篇汇成一部的《1936年正月以前哈埠洋文出版物》亦是世界上第一部记述哈尔滨报刊发行史的著作。М. С. 秋宁也因此在俄国汉学界赢得了认同。

第五节 《扎赉诺尔煤矿》

一 作者简介

《扎赉诺尔煤矿》一书的作者为 Л. И. 柳比莫夫。Л. И. 柳比莫夫[①]，1883年11月28日出生于奥伦堡省上乌拉尔县，卒地年限不详。Л. И. 柳比莫夫1910年毕业于喀山大学法律系。从1919年起，Л. И. 柳比莫夫在满洲里生活，1922～1923年担任满洲里车站俄国民族协会主席。从1924年起，Л. И. 柳比莫夫在哈尔滨生活。1929年前，Л. И. 柳比莫夫任中东铁路经济调查局职员。1934年前，Л. И. 柳比莫夫还担任中东铁路俄语班教师，也参加了为中国人编撰俄语教科书的工作。1934年，Л. И. 柳比莫夫参与编辑了1934年在哈尔滨出版的"哈尔滨贸易公所纪念文集"。在哈尔滨生活期间，Л. И. 柳比莫夫还是学术团体——东省文物研究会的会员。关于1934年以后 Л. И. 柳比莫夫的生平活动，现在还查阅不到任何信息。作为中东铁路经济调查局职员的 Л. И. 柳比莫夫致力于中国经济问题尤其是中国东北经济问题的研究，在《东省杂志》《经济半月刊》等杂志上发表了《中东铁路博克图站的工业企业》《1929年伦敦市场上的满洲黄豆》《满洲出口20

---

① Забияко А. А. , Забияко А. П. , Левошко С. С. , Хисамутдинов А. А. Русский Харбин: опыт жизнестроительства в условиях дальневосточного фронтира/Под ред. А. П. Забияко. – Благовещенск: Амурский гос. ун – т, 2015. c. 387.

年》《满洲的铁路与铁路建设》等几十篇论文①，出版了《扎赉诺尔煤矿》《华侨》《满洲的土地资源与粮食产出平衡》《满洲的铁路与铁路建设》《中国的家庭手工业：文献概述》《满洲经济概述》② 等 6 部著作。其中《扎赉诺尔

---

① Л. И. Любимов　Промышленные предприятия при станции Бухэду квжд. // Экономический. бюллетень – 1926，№17. – С. 8 – 9；Маньчжурские бобы на лондонском рынке в 1929 г. // Вестник Маньчжурии. – 1930，№4. – С. 1 – 8；Двадцатилетие маньчжурского экспорта. // Вестник Маньчжурии. – 1928，№2. – С. 14 – 17；Железные дороги и железнодорожное строительство в Маньчжурии（т. I，сс. 135 – 184）. // Библиографическй сборник（Обзор литературы по китаеведению）под редакцией Н. В. Устрялова（Харбин，1932）；Угольные богатства Маньчжурии，Хэчанские копи. // Экономический. бюллетень – 1929，№6. – С. 7 – 8；Колонизация уезда Илань. // Экономический. бюллетень – 1929，№18. – С. 8 – 10. Уезд Чань. // Экономический. бюллетень – 1929，№20. – С. 8 – 10；Лесные промыслы на восточном склоне Большого Хингана. // Вестник Маньчжурии. – 1926，№7. – С. 80 – 89；Лесные концесии и промыслы на восточном склоне Большого Хингана. // Экономический. бюллетень – 1927，№38. – С. 5 – 7；Леса и лесные промыслы в Северной Маньчжурии. Концессии в уезде Илань. // Экономический. бюллетень – 1929，№11. – С. 13 – 14；Сунгари/Л. И. Любимов, Т. Ф. Горланов. // Вестник Маньчжурии. – 1927，№2. – С. 33 – 44；Курс даяна и товарные цены Харбинского рынка. // Экономический. бюллетень – 1930，№13. – С. 1 – 5；Лесной рынок при ст. Аньда. // Экономический. бюллетень – 1927，№28. – С. 8 – 11；№29 – 30. – С 9 – 11；№31 – 32. – С. 5 – 8；Маньчжурская деревня, как потребитель импортных товаров. // Вестник Маньчжурии. – 1933，№12 – С. 27 – 40；Промышленность хлопчатобумажных изделий и перспективы хлопководства в Маньчжурии. // Вестник Маньчжурии. – 1933，№14 – 15 – С. 59 – 72；Европейские и местные цены на бобы и продукты их переработки. // Вестник Маньчжурии. – 1934，№2 – С. 47 – 58；Борьба за текстильные рынки Дальнего Востока. // Вестник Маньчжурии. – 1934，№3 – С. 50 – 63；Концесии в уезде Илань. // Экономический. бюллетень，1929，№11. – С. 13 – 14；Сунгарийская речная флотилия. // Вестник Маньчжурии. – 1929，№ 6. – С. 49 – 59；Китайская эмиграция.（Общий обзор и библиография）. – // Библиогр. сб. 6 – ки Квжд, I（IV），1932，с. 235 – 279；Китайская эмиграция（т. I，сс. 235 – 279）. // Библиографический сборник（Обзор литературы по китаеведению）под редакцией Н. В. Устрялова（Харбин，1932）；Домашняя（кустарная）промышленность в Китае（т. II，сс. 90 – 131）. // Библиографический сборник（Обзор литературы по китаеведению）под редакцией Н. В. Устрялова（Харбин，1932）；Корейцы в Маньчжурии // Вестник Маньчжурии. – 1930，№11 – 12. – С. 72 – 80；Денежное обращение и банки Маньчжурии // Вестник Маньчжурии. – 1930，№8. – С. 14 – 27.

② Л. И. Любимов Чжалайнорские копи. – Харбин：Тип. квжд, 1927. – 52с；Китайская эмиграция. – Харбин，1932. 47с；Железные дороги и железнодорожное строительство в Маньчжурии. – Харбин，1932. 52с；Земледельческие ресурсы и хлебный баланс Маньчжурии. – Харбин，1929. 21с；Домашняя кустарная промышленность в Китае：Библиографический сборник. – Харбин：Тип. квжд, 1932. – 43с；Очерк по экономике Маньчжурии. – Харбин，1934. 208с.

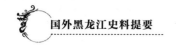
煤矿》一书是 Л. И. 柳比莫夫出版的最重要的著作之一，亦是其关于黑龙江研究的唯一一部著作。

二 编撰背景

随着中东铁路的修筑与运营，中国东北地区的经济发生了深刻变化。大量资金注入中国东北，中国东北由此迅速卷入资本主义市场。这与中国东北地区各类工业的产生与发展密不可分，其中煤炭工业是最重要的工业领域之一。而对矿物燃料的最大需求者就是中东铁路本身。这样，还在铁路建设时期，中东铁路工程建设局就派遣地质专家对中国东北地区的矿产资源进行调查研究。经勘察，专家最终确定扎赉诺尔为最适合的开采地点。由此，1902 年 9 月 1 日，扎赉诺尔煤矿正式经营。在之后的发展中，对中东铁路来说，扎赉诺尔煤矿发挥了极其重要的作用。至 1927 年，扎赉诺尔煤矿经营 25 周年。为了纪念这一历史时刻，中东铁路经济调查局职员 Л. И. 柳比莫夫编撰了《扎赉诺尔煤矿》一书，作为对扎赉诺尔煤矿过去 25 周年经营工作的总结和当前情况的评价。

三 主要内容

《扎赉诺尔煤矿》一书 1927 年出版于哈尔滨，由 6 部分构成，共52 页。

第一部分为矿区的特点与煤炭质量分析，主要介绍了扎赉诺尔煤矿的地理位置、关于扎赉诺尔矿区的发现和最初的调查、扎赉诺尔矿区的矿层和煤炭储藏量，通过比较分析了扎赉诺尔煤矿的煤炭质量。

第二部分为扎赉诺尔煤矿产生与经营史上的重要时段（1925 年前），主要介绍了扎赉诺尔煤矿开办的法律依据、扎赉诺尔矿区的占地面积、1902 年 9 月 1 日 1 号矿井奠基、扎赉诺尔煤矿的领导机构变迁、扎赉诺尔煤矿矿井的挖掘过程、扎赉诺尔煤矿的火灾事件、扎赉诺尔煤矿经营模式的发展变迁、扎赉诺尔矿区煤炭储藏量的勘测等。

　　第三部分为 1925～1927 年的扎赉诺尔煤矿状况，主要记述了 1925～1926 年在扎赉诺尔煤矿工作的矿工人数，1925～1926 年在扎赉诺尔煤矿处于正常工作的矿井数量，1925～1926 年在扎赉诺尔煤矿进行修复被破坏的矿井工作和新的挖掘工作，1925～1926 年在扎赉诺尔煤矿的设备改造等。

　　第四部分为扎赉诺尔煤矿的生产能力与煤炭产品的流向，主要记载了至 1927 年 1 月 1 日扎赉诺尔煤矿共开采煤炭 294934286 普特，即 4831171 吨；同时记载扎赉诺尔煤矿分年度煤炭开采量（1903～1926）和平均年开采量（1000 万普特，即 163800 吨）；记载了 1913 年前中东铁路是扎赉诺尔煤矿开采煤炭的唯一消费者，从 1913 年起扎赉诺尔煤矿开采的煤炭还要满足煤矿的需要和进入私人市场，书中附列了大量表格说明上述三类消费主体在 1913～1926 年所消费扎赉诺尔煤矿开采煤炭的数量及所占比重，但中东铁路仍是最大的消费主体；此外，本部分还通过 1913 年和 1922～1926 年扎赉诺尔煤矿和其他煤矿满足中东铁路需求的煤炭数字比较，证明扎赉诺尔煤矿对中东铁路的重要性；比较了上述年份扎赉诺尔煤矿和其他煤矿进入北满市场煤炭的数量和比重，以及比较了上述年份扎赉诺尔煤矿开采的煤炭进入北满的满洲里、海拉尔、富拉尔基、齐齐哈尔、安达和哈尔滨市场的数量与比重；本部分最后通过表格详列了 1915～1926 年扎赉诺尔煤矿各矿井的生产能力。

　　第五部分为扎赉诺尔煤矿的投资额与煤炭的价格，主要记载了从 1904 年至 1927 年用于购买扎赉诺尔煤矿设备和经营时的各项消耗，投入扎赉诺尔煤矿的资金总额超过 1400 万卢布；还记载了 1911～1926 年扎赉诺尔煤矿煤炭的交货价格，以及 1926 年与其他煤矿开采的煤炭在满洲里、海拉尔、齐齐哈尔和哈尔滨市场上的交货价格数字进行比较。

　　第六部分为扎赉诺尔煤矿中的工人问题，主要记述了不同年代扎赉诺尔煤矿矿工人数的多少取决于煤炭的开采量，俄日战争时在扎赉诺尔煤矿工作的矿工超过了 10000 人，1919～1921 年在扎赉诺尔煤矿工作的矿工有 5000～8000 人，在之后的几年间矿工人数骤减，下降至 1000 人左右；本部分中列举了到 1925 年 1 月 1 日、1926 年 1 月 1 日、1927 年 1 月 1 日在扎赉诺尔煤矿工作的矿工具体部门和人数（分钟、俄矿工列举）；此外还记载了 1925～1926 年扎赉诺尔煤矿中每个矿井工人的年平均生产能力和工人的年平均工资，以及 1926 年 1 名工人的年生产能力；最后部分记述了扎赉诺尔煤矿矿工的工作组织形式以及改善矿工的福利待遇等问题。

四 学术评价

从行业发展角度分析，扎赉诺尔煤矿属于煤炭工业领域。关于黑龙江煤炭工业的研究在 Л. И. 柳比莫夫出版《扎赉诺尔煤矿》一书之前，俄侨学者 В. П. 沃杰尼科夫①于 1924 年就出版了《北满的煤炭工业及其前景》一书。这是俄国学者出版的第一部关于黑龙江煤炭工业的著作。但这并不影响《扎赉诺尔煤矿》一书在学术史上的地位，反而更加突出该书的学术价值。《扎赉诺尔煤矿》一书不仅是俄国学者出版的第一部论及黑龙江煤矿的专门论著，更是第一部系统全面研究扎赉诺尔煤矿的专门著作。作者 Л. И. 柳比莫夫亦因《扎赉诺尔煤矿》一书在俄国汉学史上留下了名字。

从《扎赉诺尔煤矿》一书所使用的史料来看，《扎赉诺尔煤矿》一书的史料价值同样重要。它不仅比较系统地梳理扎赉诺尔煤矿的发展史，而且在其中还附列了大量数字表格来说明扎赉诺尔煤矿的生产和经营情况。因此，《扎赉诺尔煤矿》一书为后继学者研究黑龙江煤炭工业史提供了大量原始资料。

第六节 《维特伯爵回忆录》

一 作者简介

这部回忆录的作者谢尔盖·尤利耶维奇·维特（1849～1915）是沙皇俄国末期的重要官员。1892 年 2 月，他升任俄国交通大臣，同年 8 月改任俄国财政大臣，1903 年 8 月被任命为大臣会议主席，1905 年至 1906 年 4 月担任总理大臣。他为俄国西伯利亚大铁路的修筑做出了重大贡献，他也是中东铁路的

---

① 1876 年 3 月 3 日出生于叶尼塞州米努辛斯克边区，卒年、卒地不详。В. П. 沃杰尼科夫 1890 年毕业于米努辛斯克市学校，1895 年毕业于阿尔泰矿山工厂学校，1910 年毕业于美国高等矿山学校。В. П. 沃杰尼科夫参加了 1900 年对中国义和团运动的镇压、俄日战争和第一次世界大战。1918～1929 年，В. П. 沃杰尼科夫任中东铁路扎赉诺尔煤矿矿长，并担任煤矿防火总工程师。从 1929 年起，В. П. 沃杰尼科夫受私营公司和个人委托，对东三省的矿区开展研究。В. П. 沃杰尼科夫还是哈尔滨学术团体——东省文物研究会——地质与自然地理部成员，出版了关于中国煤炭工业的小册子（Водеников В. П. Углепромышленность Северной Маньчжурии и её перспективы. – Харбин: Тип. "Слово". – 1924. – 37с.）。

始作俑者。

美籍俄罗斯人亚伯拉罕·亚尔莫林斯基根据维特伯爵的回忆录手稿摘编并译成英文，于 1921 年在美国出版。傅正又将其译成中文，商务印书馆 1976 年 10 月出版。

二　主要内容

维特这部回忆录的第四章"我与李鸿章的交涉"，提供了关于中东铁路的第一手资料。

（一）关于"三国干涉还辽"

维特轻视当时的俄国外交大臣洛巴诺夫－罗斯托夫斯基公爵，认为此人关于远东的知识不比一般小学生更多。维特自负地认为："因为我负责修筑横贯西伯利亚的铁路，所以颇注意远东情势。事实上，在俄国政治家中，我是唯一的熟悉那个地区的经济政治状况的人。"

当中国在甲午战争中战败、被迫签订《马关条约》之后，维特担心日本将会在俄罗斯视为自己的势力范围的中国东北获得立足点，因此，他坚决主张阻止日本人占据辽东半岛。在他的努力下，俄国高层召开了两个会议，讨论这个问题，末代沙皇尼古拉二世出席了后一个会议。在此会议上，维特建议："我们应当许可日本以战胜国的地位要求中国赔偿一笔相当大的款项以补偿它的战费。如果日本不肯答应我们的要求，我觉得那只有采取公开的有力行动。我没有解释我所提议采取的措施的确切性质，但我以为我们不妨炮击日本的一些港口。"在征得德法两国的同意后，俄国向日本发出最后通牒。日本被迫同意，放弃了辽东半岛，转而向中国勒索了一笔赔款作为补偿。是为"三国干涉还辽"。

（二）争取李鸿章的合作

清廷派遣李鸿章作为中国特命全权大使赴俄国参加俄皇加冕典礼。维特不希望李鸿章在到达俄国以前踏上任何一个欧洲国家的领土，因为他很清楚：李鸿章一旦到了欧洲，一定会成为欧洲各国竞相拉拢的目标，在这样的情况下，李鸿章不大可能与俄国签订俄国期盼的条约。

经维特精心安排，俄国沙皇派自己的亲信乌赫托姆斯基公爵在苏伊士运河的地中海出口处恭候李鸿章。虽然欧洲各国都纷纷邀请李鸿章到它们的港口上岸，但是李鸿章最终却登上了俄罗斯人为他特别准备的轮船"俄罗斯"号，

直赴敖德萨，然后径直抵达彼得堡。沙皇授权维特与李鸿章谈判。

（三）修建中东铁路的企图

当时，西伯利亚大铁路已经修筑到贝加尔湖以东的外贝加尔地区，铁路的走向成了俄国政府的难题。维特认为，应使铁路径直穿过中国领土到达符拉迪沃斯托克，理由是：（1）大大缩短全程的长度，经计算，横穿中国东北可以比沿黑龙江左岸、乌苏里江右岸的线路缩短 514 俄里（1 俄里等于 1.06 公里）；（2）从技术方面来说，沿着黑龙江左岸修路存在很大的困难，而横穿中国东北的线路容易修筑；（3）可以回避与俄国的阿穆尔（即黑龙江）汽船公司发生商业上的竞争。

（四）引诱李鸿章签订《中俄密约》

维特事先调查了李鸿章的情况，针对性地迎合李鸿章的生活习惯，以达到既定的目的。

不可否认，维特欣赏李鸿章。他说："在我的活动时期，我曾接触过不少将会永垂史册的政治家。以李鸿章的智力和常识来判断，他要算是这些人中很卓越的一个。在中国近代史上，他是极其重要的一个人。"

维特向李鸿章陈述了将铁路横穿中国东北的"理由"：由于俄国给予了中国帮助，日本未能占据辽东半岛。俄国将继续维护中国的领土完整。为了达到这个目的，"我们必须在发生紧急情况时能够给中国以军事援助。俄国的兵力目前都集中于欧洲部分，在欧洲的俄国和符拉迪沃斯托克没有用铁路同中国连接起来之前，我们就不能进行这种援助。我请他注意，尽管当中日战争期间我们确曾从符拉迪沃斯托克派遣一些军队，但因没有铁路运输，行动过于迟缓，以致当他们到达吉林时，战事已结束了。因此我向他解释，为维护中国领土的完整，必须有一条线尽可能最短的铁路，这条路线将经过蒙古和满洲的北部而达符拉迪沃斯托克。我又向李鸿章指出，这条计划中的铁路将会提高我们的领地以及它所经过的中国领土的生产力"。

经维特安排，沙皇会见了李鸿章，重申了维特的上述意见。在甲午战争中惨败的清政府这时正好希望在中国东北引入一个与日本对立的强国来制衡日本，即"以夷制夷"。所以，李鸿章接受了俄国的建议。随后，李鸿章与俄国订立了一项秘密条约，即通常所说的《中俄密约》，其中包含下列条款。

第一，"中华帝国允许我们在它的领土以内沿赤塔和符拉迪沃斯托克之间的一条直线修筑一条铁路"，即后来的"中国东方铁路"，简称"中东路"。

第二，"中国同意割让给我们一条足以修筑和经营这条铁路的狭长的土地。在这片土地以内，铁路公司可以自置警察并行使完全的、不受任何妨碍的权力。关于铁路的修筑或运用，中国不负任何责任。"如此一来，中东路沿线成了沙皇俄国的殖民地，中国东北出现了一个"国中之国"。

第三，"如果中国领土或俄国远东滨海各省被日本进攻，两国有互相保卫的义务。"这一条款完全是沙皇俄国耍弄愚昧清政府的。正如鲁迅先生指出的那样：清政府希望"以夷制夷"，事实上却是这些夷联手制华。

三　学术评价

维特在 19 世纪末 20 世纪初直接参与了对华外交，具体地实施了他的"中东铁路"构想。他的回忆录对于我们今天了解沙皇俄国的侵华思路极有价值。例如，他在回忆录中多次把他策划的"西伯利亚大铁路横穿中国东北"包装成和平的目的，是为了两国的友谊、共同防范日本。但是，他在另一个地方表露了他的真实目的："中国让与铁路铺设权的条款对于俄国是非常有利的。条约规定三十六年之后，中国有权赎回铁路，但是赎回的条件是极其苛刻的，以致于中国政府将来很不可能会实行赎回。到第三十七年开始，如果中国政府真想赎回的话，那么依照条文规定，估计要偿付铁路公司不下于七十亿卢布的一笔款。"所以，这部回忆录对于研究沙俄侵华史、19 世纪末 20 世纪初的黑龙江历史是不可忽略的文献。

第七节　《哥萨克在黑龙江上》

一　作者简介

C. B. 巴赫鲁申（С. В. Бахрушин，1882.9.26~1950.3.8），俄国和苏联历史学者，莫斯科大学教授和苏联科学院通讯院士。1904 年毕业于莫斯科大学，毕业后留校任教。1937 年开始兼任苏联科学院历史研究所的工作。曾主持和参与编撰多部苏联重要的历史著作，如《莫斯科公国史》（История Москвы）、《苏联通史》（Очерки истории СССР）、《外交史》（Истории дипломатии）和苏联高中历史教科书。C. B. 巴赫鲁申一生著述丰厚，研究领域主要为 15~17 世纪俄国史、基辅罗斯史和西伯利亚史。

二　主要内容

《哥萨克在黑龙江上》一书 1925 年在列宁格勒出版。由郝建恒、高文风译成中文，1975 年在商务印书馆出版。

《哥萨克在黑龙江上》写于 1925 年，讲述了 17 世纪沙俄入侵中国黑龙江流域的历史，时间始于 1643 年，终于 1689 年。

（一）关于波雅尔科夫探险队

1. 成员和装备

1643 年，第一任雅库次克督军彼得·彼特罗维奇·戈洛文向石勒喀河派出一支军事探险队，为首的是文书官瓦西里·波雅尔科夫和两名五十人长尤里·彼特罗夫和帕特列凯伊·米宁。探险队由一百一十二名军役人员组成。其中大部分是从猎人中招募的新兵，还有十五名是来自猎人中的"志愿"人员。探险队装备着一门铁炮和火药、铅弹。

2. 路线

探险队沿勒拿河上溯至阿尔丹河河口，再至乌楚尔河，然后进入郭纳姆河……越过连水陆路后，来到结雅河上游。之后沿结雅河下驶进入阿穆尔河。

3. 探险结果

1646 年 6 月 12 日回到了离开已整整三年的雅库次克。他出发时带领的一百二十七名军役人员和志愿人员，回来时只剩下了四十—五十人。

一路上，这支所谓的探险队烧杀劫掠，强迫黑龙江流域各族人向他们缴纳实物税。探险归来后，波雅尔科夫报告：黑龙江地区"人烟稠密，盛产粮谷、貂皮，各类野兽很多，生长许多谷物，河里鱼产丰富"，"可以使这些定居的生产粮食的耕农归顺沙皇的崇高统治之下"。这在雅库次克的俄罗斯人当中引起了强烈的兴趣。"新发现的阿穆尔河——'新勒拿河'——以及关于它的自然财富的传闻吸引了人们；发财致富的打算激起了贪欲；与陌生的中国进行交往的可能诱发了人们的想象。"

（二）关于哈巴罗夫远征

1. 人员和路线

叶罗菲·哈巴罗夫一开始只招募到 70 人，于 1647 年秋登程……他沿勒拿河的支流奥廖克马河溯流而上，抵达土吉尔河口，然后又沿土吉尔河上行，抵达将该河与注入阿穆尔河的乌尔坎河隔开的连水陆路。

1650 年早春，他和部下到达阿穆尔河。1650 年 5 月末回到雅库次克后，他又新招募了 117 人。此外，他还从自己的靠山弗兰茨别科夫那里获得由 21 人组成的一队军役人员和三门大炮。这样，他便组成了一支总数达 200 多人的"军队"。

哈巴罗夫带着招募的新兵于 1651 年春回到了他留在阿穆尔河上的伙伴那里，沿阿穆尔河而下。

当 1653 年春天来临的时候，哈巴罗夫将自己的冬营毁掉，溯阿穆尔返航。

2. 远征结果

哈巴罗夫殖民小分队对阿穆尔沿岸地区的劫夺、破坏持续了三个年头，但是仍然谈不上已经稳固地征服了这一地区。

起初，俄国政府想装备一支几千人的大军征服阿穆尔沿岸地区，但是当得悉由于向达斡尔人征收贡赋而与中国人发生龃龉的消息后，莫斯科害怕与强大的中华帝国作战。另外，为了保住所侵占的领土，需要维持一支庞大的驻防军驻在阿穆尔沿岸诸要塞，这样做的代价是很高的，当时的俄国力不从心，于是放弃了立即征服阿穆尔的最初计划。

3. 哈巴罗夫的结局

1653 年 8 月，哈巴罗夫及其部下驻扎在结雅河口，这时，从莫斯科派来了贵族德米特里·季诺维耶夫。他给全军及其首领带来了沙皇恩赐的金质奖章，以表彰他们所建树的功勋。同时他宣布，他奉命察看整个达斡尔土地，并查办哈巴罗夫本人。

之后，哈巴罗夫却未能再回到阿穆尔。他被敕封为军役贵族，奉命管辖伊利姆斯克县的几个村庄。

哈巴罗夫的部下斯捷潘诺夫团伙继续在黑龙江地区劫掠，于1658年6月30日被中国军队剿灭。哈巴罗夫开始的对"达斡尔地区"的远征到此结束。

（三）关于阿尔巴津（雅克萨）

斯捷潘诺夫死后七年，阿穆尔河上又出现了一个不大的匪帮。这是一伙逃避罪责和惩罚的逃犯，为首的是流放犯——波兰人尼基弗尔·罗曼诺维奇·切尔尼戈夫斯基。

1665年冬，畏罪逃跑的切尔尼戈夫斯基和他的同伙到达阿穆尔河，一路上，他的匪帮补充了一些人，总数达84人，其中有15人被通古斯人打死。

1. 修复后的阿尔巴津城堡

在岸边城堡的旧址上建成了一座长十八俄丈、宽十三俄丈的四角方城，四周围以木墙和两俄丈宽的壕沟。在靠陆地那一侧的墙上，修起了一座高塔楼，塔楼上开辟了一座出入的城门。塔楼的上层是议事房，房上安设哨岗，从那里可以监视敌人靠近。在临河的那一侧，修建了两座带有住房的塔楼。后来，在城里增建了粮仓和带钟楼的教堂，而当开始有商人前来阿尔巴津之后，又盖起了进行交易的店铺。军役人员和住处位于城外，护以拦马栅和六排刺障。此后不久，在阿尔巴津附近建筑了一座斯巴斯基修道院。

2. 阿尔巴津的规模

到了17世纪80年代中叶，阿尔巴津的农民已达到300多人。

遭到中国军队攻打，阿尔巴津的俄国官兵死伤累累。在新任土吉尔堡总管的怀柔政策的感化下，阿尔巴津的幸存者归附于他。

（四）关于涅尔琴斯克条约（尼布楚条约）

1. 雅克萨之战

1681年3月，两名中国军官来到阿尔巴津，声称他们是奉中国博格德汗之命而来的，希望与总管晤面。"总管因未接到沙皇的谕旨，未敢擅自前去谈判，但是他派遣了一名军役人员随中国人前往，……使者于9月归来，带回答复说：博格德汗要求从结雅河河口拆除多隆堡，否则将诉诸武力。"

1685 年，"城防部队共有一百一十一人，猎人和农民约有三百三十多人。总之，保卫者顶多只有四百五十人左右；火药、铅弹、大炮、枪支都很少"。

6 月 10 日，阿穆尔河上出现了中国舰队，陆地上也驰来了中国骑兵。中国军人的装备远非俄罗斯人所想象的那样精良。"大多数士兵作战用的是弓箭；火绳枪只有一百支，而且还是上一年摧毁俄罗斯人在结雅河上的城堡时缴获的。"中国的炮兵计有 30 门大炮和 15 门小炮。

"6 月 12 日，中国军队用重炮开始轰城，这场轰击持续了十天。"托尔布津鉴于身处绝境，便派一名军使前往中国兵营，提议献城。按照投降条件，全体居民一一撤离阿尔巴津。7 月 10 日，托尔布津带着自己的人到达涅尔琴斯克。

9 月 25 日，托尔布津带着新队伍重新修复阿尔巴津。"在原来城堡的旧址上，耸立起一座合乎当时工程技术的一切规则的城堡，四面围以底宽四俄丈、高三俄丈的土墙。土墙系用草土、粘土和植物根修成，坚固异常；四面都筑有四棱突出形式的炮垒；围绕土墙掘有壕沟；此外，在陆地一侧，还竖起一道直抵江边的木栅。堡内修建了粮仓、火药库、军需仓库和近十所居民住房。"

"1686 年 7 月 7 日，在新建的阿尔巴津城下突然出现了大量中国军队，跟上次一样，仍是水陆并进。舰队包括一百五十只船，每船装载二十到四十人不等；陆军由三千名骑兵组成。"包括耕农在内，俄国城防部队拥有 736 人。

"当中国政府接到俄国全权大使已从莫斯科出发前往西伯利亚的通知以后，中国军队奉清帝谕旨，于 1687 年 8 月 30 日全部撤离了阿尔巴津。"

2. 尼布楚条约

本书详细介绍了中俄双方的会谈过程和结果。"谈判于（1689 年）8 月 27 日结束，签订了正式条约。按此条约，俄罗斯人应撤出阿尔巴津，并将其拆毁；把额尔古纳河和格尔必齐河定为边界，缔约国双方臣民不得破坏，违者将受到严惩。"

3. 对使臣戈洛文和尼布楚条约的评价

作者认为，"事实上，戈洛文的确异常成功地摆脱了异常困难的外交窘境"，而"尼布楚条约使俄罗斯人获得了在当时条件下所能获得的一切"。这样的观点与中苏对抗时期苏联学者的观点是大相径庭的。

三　学术评价

作为苏联早期的历史学家，作者对哥萨克入侵中国黑龙江地区做了客观、

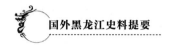

公正的评述。

一是明确地指出：黑龙江流域的各民族都是中国皇帝的纳贡者，是"隶属博格德政权的"，黑龙江流域是"属于中国的领土"。

二是谴责俄国入侵者，称他们是一群"无法无天、残酷无情"的人，他们"如此残暴、如此肆无忌惮地破坏繁荣的地区，摧残发源于阿穆尔河两岸的与他们格格不入的、但却是高度发展的独特文化"。作者描述了这群野兽般的强盗在黑龙江地区的种种暴行极其危害："俄国人的入侵以及伴之而来的对居民的残酷杀害和对这块土地的蹂躏给和平的达斡尔土地留下了骇人听闻的印象。在不到两年的时间里，这一繁荣富饶的地区变成了荒野：城堡成了废墟，田园荒芜，惊慌失措的居民离乡背井，到处躲藏。"书中也叙述了黑龙江流域中国当地居民的反抗，记录了中国军队在当地各族人民的配合下进行的反抗沙俄的战斗，承认这些军事行动的正义性。

作者虽然承认以波雅尔科夫、哈巴罗夫为首的哥萨克匪帮的侵略性质，但是也辩称："哥萨克的远征为欧洲科学打开了此前无人知道的'东鞑靼'这个角落，有助于澄清亚洲的地理。""我们的冒险家们为当时的地理科学做出了丰富的贡献"，他们"为欧洲发现并描述了在他们之前完全不为所知、从而也无法研究的大片新的土地。他们本身虽然是半野蛮人，但却为研究和描写地球的全人类工作，尽到自己的一分力量"。作者试图以此弱化这些人的"恶行"。

第五章　成书于 1920～1931 年
有关黑龙江的史料（下）

第一节　《北满矿产志》

一　作者简介

《北满矿产志》一书的作者为 Э. Э. 阿涅尔特。Э. Э. 阿涅尔特[①]，1865 年 7 月 25 日出生于诺沃格奥尔吉耶夫斯克要塞，1883 年毕业于圣彼得堡亚历山大罗夫斯克军事学院。1889 年，Э. Э. 阿涅尔特毕业于圣彼得堡凯瑟琳二世矿业学院。从 1896 年开始，Э. Э. 阿涅尔特在俄国皇家地理学会工作，从事俄国远东地区和中国东北地区的地理与地质学方面的考察与勘探工作。由于出色的工作，1913 年，Э. Э. 阿涅尔特当选为俄国地质委员会中最有权威、资格最老的地质学家，并被授予相当于大学教授的职称。1920 年，Э. Э. 阿涅尔特组织了远东地质委员会，并担任穆棱煤矿的总工程顾问，一直兼任到 1939 年。1924 年 7 月 1 日，Э. Э. 阿涅尔特移居哈尔滨，担任中东铁路管理局工程师，还被委任为东省文物研究会博物馆地质部负责人，并被授予终身名誉会员称

---

① Кириллов Е. Неизвестный Анерт: Зап. из опыта арх. разысканий. – Хабаровск, 1993. 102c; Жернаков В. Э. Э. Анерт – исследователь русского Дальнего Востока и Северной Маньчжурии: к 20 – летию со дня смерти// Рус. жизнь. 1967. 8 янв; Жернаков В. Эдуард Эдуардович Анерт. К пятидесятилетию его научной и практической дятильности (1889 – 1939) //Известия Клуба естествознания и географии ХСМЛ. – Харбин, 1941. c. 1 – 8.

号。1929 年，Э. Э. 阿涅尔特被选为中国地质勘探学会名誉会员。1930 年 9
月，Э. Э. 阿涅尔特在哈尔滨加入了德国籍。1929 ~ 1944 年，Э. Э. 阿涅尔特
一直担任哈尔滨青年基督教会自然科学和地理学俱乐部主席。Э. Э. 阿涅尔特
也是国际上许多科学组织和协会的会员。他出席了 1926 年在北京召开的第三
届泛太平洋科学大会，出席了 1931 年在巴黎召开的世界地质学会，出席了
1933 年在华盛顿召开的世界地质学会，1937 年在慕尼黑被吸收为德国科学院
名誉院士，1939 年出席了在旧金山举行的第六届泛太平洋科学大会。伪满洲
国成立后，Э. Э. 阿涅尔特应邀担任了满铁地质学会和北满研究会顾问。1939
年，哈尔滨的学术界举行了庆祝 Э. Э. 阿涅尔特从事学术研究和实践 50 周年
纪念活动。1945 年日本投降后，Э. Э. 阿涅尔特担任哈尔滨地方志博物馆馆
长。1946 年 12 月 25 日，Э. Э. 阿涅尔特逝世于哈尔滨。Э. Э. 阿涅尔特致力
于中国尤其是东北地区的地质、矿藏和矿山工业研究，其在《矿山杂志》《俄
国皇家地理学会通报》《东省文物研究会杂志》《东省杂志》等杂志上发表了
《1897 ~ 1898 年在满洲的地质勘探》《俄国地理学会满洲考察预先报告》《北
满是世界上鲜被研究的国家之一》《中国矿产资源》《满洲的矿山工业》[①] 等

---

① Э. Э. Анерт Геологические разведки，произведенные в 1897 – 1898гг в Маньчжурии. – //
Горный Журнал，1900，III，№9，с. 390 – 429；IV，№10，с. 28 – 83；Предварительный
отчёт Маньчжурской экспедиции Русского географического общества. Часть геологическая.
– //ИРГО，XXXIII，1897，вып. 4，с. 152 – 192；Северная Маньчжурия как одна из
раименее изученных страны земного шара. // Известия Общества Изучения Маньчжурского
Края. – 1926，№7. – С. 24 – 44；Гороно – промышленные ресурсы Китая. //Вестник
Маньчжурии. – 1929，№9. – С. 66 – 71；Горная промышленность Маньчжурии. //
Вестник Маньчжурии. – 1933，№6. – С. 21 – 26；К истории исследований горного дела в
Маньчжурии//Известия Клуба естествознаний и географии ХСМЛ. Харбин，1941. С. 24 –
36；Гороно – промышленные ресурсы Китая. //Вестник Маньчжурии. – 1929，№10. – С.
57 – 64；Горная промышленность Китая. //Вестник Маньчжурии. – 1929，№11. – С. 100
– 112；Горная промышленность Китая. //Вестник Маньчжурии. – 1930，№2. – С. 90 –
98；Китайский геологический институт в Пекине. //Вестник Маньчжурии. – 1933，№1. –
С. 86 – 89；Новые данные о горых богатствах Жэхэ，Чахара и Суйюаня. //Вестник
Маньчжурии. – 1933，№5. – С. 43 – 48；Новая литература по геологии Маньчжурии и
Китая. //Вестник Маньчжурии. – 1933，№10 – 11. – С. 106 – 109；Горная
промышленность Маньчжурии и новые данные об оценке горных богатств. //Вестник
Маньчжурии. – 1933，№14 – 15. – С. 27 – 40；Горногеологическое исследование вдоль
Китайской Восточной железной дороги к западу от Цицикара в 1901г. – //Геол. иссл и
разведки по линии Сиб. ж. д，вып. 26，СПБ，1903，с. 1 – 76.

文章，出版了《1896、1897~1898 年满洲考察》《满洲矿业研究史》《北满矿产志》《满洲的矿山工业》[①] 等 5 部著作，其中《北满矿产志》是其最有代表性的著作，也是关于黑龙江研究的代表作。

二　编撰背景

至 20 世纪 20 年代中期，中国东北地区的经济获得了长足进展，其中工业扮演了极为重要的角色。这与中国东北区域丰富的自然资源的开发密切相关。因此，中国东北地区丰富的自然资源不仅得到了本地工业界的注意，也成为苏联、西欧、日本和美国工业界的关注对象。而矿产资源是工业界关注度最高的领域，因为采矿工业是它们获得高额利润的投资行业。但直到《北满矿产志》一书出版前，关于中国东北矿产资源的信息可供查阅的只有中东铁路经济调查局出版发行的《北满煤炭》和柳比莫夫的《扎赉诺尔煤矿》两部书。然而，这两部书又都只是关于中国东北煤炭资源和煤炭产地的个别领域的图书，难以满足工业界对中国东北各类矿产资源信息的需求。因此，着手编撰一部系统记述中国东北各类矿产资源的图书被提上了日程，因为它将对中国东北区域经济的发展具有非常重要的实践意义。这项编撰工作由移居哈尔滨的采矿工程师、地质学家和东省文物研究会地质部负责人 Э. Э. 阿涅尔特来完成，因为 Э. Э. 阿涅尔特是公认的的地质专家。该项工作还得到了东省文物研究会的大力支持，这与东省文物研究会本身就有对中国东北自然资源进行研究的意图有关。所以，考虑到采矿工业在中国东北经济中的巨大意义，东省文物研究会于 1928 年在哈尔滨出版发行了 Э. Э. 阿涅尔特撰写的《北满矿产志》一书。

三　主要内容

《北满矿产志》一书由正文四部分和附录构成，共 227 页。

[①] Э. Э. Анерт Путешесивие по Маньчжурии，Экспедиции 1896，1897 - 1898 гг. - Спб.，тип. Акад. наук，1904，566 с；К истории исследований горного дела в Маньчжурии. - Харбин，1941. 46 с；Положение дел учета ресурсов района КвЖд. - Харбин，изд. КВЖД，1921. 16 с；Полезные ископаемые Северной Маньчжурии/Труды Общества изучения Маньчжурского края. - Харбин：Издательство Общества изучения Маньчжурского края，1928. - Вып. 1 - 236 с；Горная промышленность Маньчжурии. - Харбин，1934. 102 с.

第一部分为北满总述，主要记述了北满的地理位置、地域范围、人口、气候、地形、地貌和地质结构等。

第二部分为矿产的种类，主要记述了北满的矿产划分为金属矿和非金属矿两类，其中金属矿 13 种、非金属矿 26 种，合计 39 种。本部分以表格形式记载了以上 39 种矿产在北满的分布地和数量、开发状态和用途，其中金属矿分布在 257 个区域、非金属矿分布在 271 个区域，合计 528 个区域；工业用途金属矿分布在 52 个区域，非工业用途金属矿分布在 10 个区域，未探明用途金属矿分布在 195 个区域；工业用途非金属矿分布在 127 个区域，非工业用途非金属矿分布在 20 个区域，未探明用途非金属矿分布在 124 个区域；合计工业用途的矿产分布在 179 个区域，非工业用途的矿产分布在 30 个区域，未探明用途的矿产分布在 319 个区域。

第三部分为矿产地的分布与地质条件概述，首先从整体上记述了上述 39 种金属矿和非金属矿在北满的分布地的地质条件，其次分述了一些重要金属矿和非金属矿分布地的具体情况。

第四部分为北满矿产资源的开采，简要记述了非金属矿（尤其是煤炭）和金属矿（尤其是黄金）资源的开采量及其利用情况。

书后附录了 11 种表格，记录了北满的矿区面积、黄金开采、煤炭的技术分析、煤炭的开采与销售、对采矿工业品的需求等。

四　学术评价

《北满矿产志》一书的价值首先在于它的资料性。Э. Э. 阿涅尔特将其穷尽 30 年所收集的资料以及百余种关于北满矿产的文献汇集于《北满矿产志》一书中，使得《北满矿产志》一书成为关于北满矿产资料的综合数据报告。这个关于北满矿产资源的资料报告也由此成为学术界研究北满矿业和工业界了解北满矿产资源的案头必备之书。

上文已述，《北满矿产志》一书算不上是第一部关于北满矿产资源的著作。著者 Э. Э. 阿涅尔特对《北满矿产志》一书做出了自己的评价：《北满矿产志》一书不是对北满矿产及其产地的全面概述，也不是对个别矿产地记述的终结，是关于北满矿产问题的概括性描述和手册指南。《北满矿产志》一书是未来详述和研究北满个别矿产地，以及全面研究北满矿产资源的导论性著作①。关于这部书的评价问题，当代俄罗斯学者也给予了评说：《北满矿产志》一书不仅是俄国地质学家多年科学探索的结果，也是北满地质研究一定阶段结束的标志②。

第二节　《呼伦贝尔经济概述》

一　作者简介

《呼伦贝尔经济概述》一书的作者为 B. A. 科尔玛佐夫。B. A. 科尔玛佐夫③，1886 年 7 月 4 日出生于圣彼得堡，1960 年逝世于美国西雅图。1908～1914 年，B. A. 科尔玛佐夫任圣彼得堡移民总局职员。1917 年，B. A. 科尔玛佐夫毕业于圣彼得堡大学经济专业和工程兵准尉学校。B. A. 科尔玛佐夫参加了第一次世界大战和国内战争。1920 年，B. A. 科尔玛佐夫随德尼金军队溃逃到南斯拉夫。1921～1922 年，B. A. 科尔玛佐夫在贝尔格莱德粮食统计部门工作。从 1922 年 11 月起，B. A. 科尔玛佐夫在哈尔滨生活。1924～1935 年，B. A. 科尔玛佐夫任中东铁路经济调查局职员。B. A. 科尔玛佐夫在哈尔滨期间还是学术团体——东省文物研究会——地质与自然地理部成员。B. A. 科尔玛佐夫从哈尔滨移居到天津生活了一段时间，后来从这里移居美国，但曾在澳大利亚居住很长时间。B. A. 科尔玛佐夫在中国期间主要致力于中国东北经济和考古发掘研究，在《东省杂志》《经济半月刊》《满洲经济通讯》等杂志上发表了《北满的烟草工业》《黑龙江省的黄金工业》《海拉尔地区蒙古原料的加

① Э. Э. Анерт Полезные ископаемые Северной Маньчжурии/Труды Общества изучения Маньчжурского края. – Харбин: Издательство Общества изучения Маньчжурского края, 1928. – Вып. 1. с. 9.

② Гараева Л. М. Научная и педагогическая деятельность русских в Маньчжурии в конце XIX – первой половине XX века: Дис... кандидата исторических наук: Владивосток, 2009. с. 62.

③ Жернаков В. Н. Памяти Владимира Алексеевича Кормазова: Некролог// Рус. жизнь. 1975. 12 июня; Забияко А. А., Забияко А. П., Левошко С. С., Хисамутдинов А. А. Русский Харбин: опыт жизнестроительства в условиях дальневосточного фронтира/Под ред. А. П. Забияко. – Благовещенск: Амурский гос. ун-т, 2015. с. 383.

工》等十几篇文章①，出版了《远东各国概述》 《呼伦贝尔经济概述》《1923～1926 年呼伦贝尔的渔猎业》《阿尔山圣泉蒙古疗养区——来自 1925 年 П. Н. 梅尼希科夫和 1924 年中东铁路经济调查局考察研究资料》② 等 4 部著作，其中《呼伦贝尔经济概述》是其最重要的著作，亦是其关于黑龙江研究的最重要著作。

二 主要内容

如前文所述，中东铁路经济调查局的成立开启了中国东北区域经济研究的新时代。为了获取统计资料和进行统计研究，中东铁路经济调查局于 20 世纪 20 年代在中国东北开展了几次大规模的实证调查。在这期间，中东铁路经济调查局职员 В. А. 科尔玛佐夫直接参与了调查。而 В. А. 科尔玛佐夫最感兴趣的地区是黑龙江省管辖的呼伦贝尔地区，因为这个人口稀少但自然资源非常丰富的地区是学者给予关注度不够的地方，尤其是关于呼伦贝尔经济的研究。在此背景下，В. А. 科尔玛佐夫收集了大量关于呼伦贝尔的

---

① 例 如，В. А. Кормазов Табачная промышленность в Северной Маньчжурии. // Экономический Вестник Маньчжурии, 1924, №19. – С. 6 – 8; Золотопромышленность Хэйлунцзянской провинции. // Вестник Маньчжурии. – 1927, №3. – С. 41 – 46; Обработка монгольского сырья в Хайларском районе. // Экономический. бюллетень, 1926, №13. – С. 10 – 12; №16. – С. 9 – 11; Народные курорты Барги // Экономический. бюллетень. – 1925, №48. – С. 6 – 8; Сезон 1934 года на Халхин – Халун – Аршане. [Курорт в Барге]. // Экономический. бюллетень. – 1934, №10. – С. 17 – 22; Трехречье. // Вестник Маньчжурии. – 1934, №5. – С. 58 – 77; Пушной промысел в Хинганской тайге. // Экономический. бюллетень, 1926, №12. – С. 5 – 7; Город Маньчжурия. // Экономический. бюллетень, 1926, №21. – С. 6 – 10; №23. – С. 4 – 8; Чжуэрганьский таульужор. [Экон. отношения русских и коренного Маньчжурского населения тайги]. // Экономический. бюллетень, 1929, №15 – 16. – С. 8; Хулунбунрское монгольское кооперативное товарищество Монгол – Найрам. // Экономический. бюллетень, 1926, №27 – 28. – С. 8 – 10; Золотопромышленность северо – запыдной части Барги. // Экономический. бюллетень, 1925, №41. – С. 5 – 6; Рыбные промыслы в Барге за 1923 – 1926 год. // Вестник Маньчжурии. – 1926, №7. – С. 11 – 23.

② В. А. Кормазов Очерки стран Дальнего Востока. – Харбин, 1931 (ред.). Вып. 2: Внешний Китай. 207с; Рыбные промыслы в Барге за 1923 – 1926 год. – Харбин, 1926, 10с. (ОИМК, торг – пром. секция, сер. Д, №7.); Барга. Экономический очерк. – Харбин, Тип. Китайской Восточной железной дороги, 1928, 281с; Монгольский курорт Халхин – Халун – Арашан по данным обследования экспедиции И. Н. Меньшикова в 1925г. и Экономического бюро КВЖД в 1924г. – Харбин, тип. КВЖД, 1926, 29с.

调查资料，并将其加工整理撰写出了《呼伦贝尔经济概述》一书，于 1928年在哈尔滨出版。

《呼伦贝尔经济概述》一书由上、下两编构成，共 281 页。

上编为呼伦贝尔总述，分八个部分。

第一部分为自然地理，主要记述了呼伦贝尔的地理位置、地域范围、地形地貌、河流和动植物。

第二部分为呼伦贝尔历史资料概要，主要记述了秦代以来呼伦贝尔地区所发生过的重要事件。

第三部分为呼伦贝尔的古代遗迹，主要记述了在呼伦贝尔土地上被人们发掘的古代遗迹情况。

第四部分为呼伦贝尔的气候，主要记述了呼伦贝尔近年的气压、风向、气温的变化情况。

第五部分为呼伦贝尔的人口，主要记述了呼伦贝尔人口的民族构成、数量、风俗习惯、宗教信仰、语言、居住条件、交通工具、生活方式等情况，其中重点记载了关于呼伦贝尔俄国侨民的一些人口状况。

第六部分为呼伦贝尔的行政设置，主要记述了呼伦贝尔县治、盟旗制和俄国的管理体制并存的行政管理，并介绍这些管理体制的设置与运行。

第七部分为呼伦贝尔的交通，主要记述了穿越呼伦贝尔的中东铁路各车站、以额尔古纳河为干流的水上交通以及以海拉尔为中心通往各处的陆路交通情况。

第八部分为呼伦贝尔的主要居民点，主要记述了海拉尔市、满洲里市、甘珠尔寺院和集市以及阿尔山圣泉疗养区等呼伦贝尔的主要居民点的历史渊源、地理位置、人口、交通、工商业、文化教育等情况。

下编为呼伦贝尔经济，分 9 个部分。

第一部分为畜牧业。主要记述了呼伦贝尔是北满地区最适宜发展畜牧业的地方，也是世界上发展畜牧业经济最发达的地方；按照畜牧业生产方式，呼伦贝尔被划分为两大区：纯放牧畜牧业区（蒙古游牧人和外贝加尔的布里亚特人牧场）和单栏圈养畜牧区（俄国侨民聚居区），记载了近年两大畜牧业区牲畜种类与数量、畜牧业产品种类和数量，以及牲畜与畜牧业产品贸易情况。

第二部分为森林工业。主要记述了呼伦贝尔的森林资源，记载了呼伦贝尔森林覆盖面积为 3 万平方公里，而适宜采伐的森林面积为 7500 平方公里；本

部分还重点记述了 4 个木植公司在呼伦贝尔的开办与经营情况。

第三部分为狩猎业。主要记述了近年在呼伦贝尔市场上销售的动物种类和价格走势、在市场上销售的年毛坯数量、从境内各铁路车站运出的年毛皮制品数量等情况。

第四部分为鱼品业。主要记述了呼伦贝尔捕鱼业产生的历史，由滥捕到合法捕鱼的过程（向政府申请大渔网证和捕鱼证），基本鱼类品种，夏季和冬季捕鱼获取大渔网证的费用，近 5 年（1924~1928）内政府共发放大渔网证年度数量，夏季和秋季捕鱼时一个渔场平均用工数量和月工资额，一张大渔网的价格和种鸽渔场其他捕鱼用具的价值，近几年夏冬时节捕鱼量、投放市场量和不同鱼类的市场价格情况。

第五部分为农业。主要记述了呼伦贝尔农业开发的源头和俄国人在呼伦贝尔农业开发的历史过程，记载了 1926 年呼伦贝尔的播种面积不差过 6600 公顷、不同地区的播种面积、不同作物的播种面积、粮食收成总量等。本部分还记述了蔬菜栽培、瓜类栽培、土地租赁、粮食和饲料的供给等情况。

第六部分为矿产资源开发。主要记述了呼伦贝尔矿产资源的种类与分布，重点介绍了呼伦贝尔采金业、制盐业、制碱业和采煤业等主要领域发展情况。

第七部分为加工业。主要介绍了呼伦贝尔加工企业的类别和数量，尤其是加工企业中的屠宰场、肠厂、洗毛厂、奶油制造厂、皮革厂、磨坊和酒厂等重点加工企业的建设情况和生产能力。

第八部分为贸易。主要记述了呼伦贝尔贸易的产生与发展进程，俄国人与呼伦贝尔贸易的历史演进，呼伦贝尔的主要商业中心、商品交易方式、当前贸易企业数量和年贸易额、外资和本国企业经营商品种类和比重、商业货物的输出与输入情况。本部分还以中东铁路职工消费合作社和呼伦贝尔蒙古合作社股份公司为例，重点介绍了这两家大型贸易企业的成立与经营情况。

第九部分为货币流通与信贷。主要记述了呼伦贝尔货币的产生与流通的历史、主要流通的货币种类，以及各类信贷机构银行的设立和业务情况。

三　学术评价

《呼伦贝尔经济概述》是一部极具史料价值的著作。这首先体现在其利用已有研究成果上。《呼伦贝尔经济概述》一书利用了 45 种已有与呼伦贝尔相关的研究成果。它不仅为我们提供了关于呼伦贝尔的过去史料信息，也体现出《呼伦贝尔经济概述》一书的编写是建立在丰富史料基础之上的。其次，《呼伦贝尔经济概述》一书的史料价值也体现在其所利用的调查统计资料上。《呼伦贝尔经济概述》一书中大量的统计资料或是作者近年的实地调查数据，或是相关人员提供给作者的一些资料。这些关于呼伦贝尔的翔实调查资料是我们今天了解和研究近代呼伦贝尔经济社会发展最真实和宝贵的材料。

关于呼伦贝尔的研究，在《呼伦贝尔经济概述》一书出版前早已出版了几部著作，如前文已介绍的 А. М. 巴拉诺夫的《呼伦贝尔》、已提到的 П. Н. 斯莫利尼科夫的《1912 年甘珠尔集市》以及很少被学者提及的 А. С. 梅谢尔斯基的《自治呼伦贝尔》[1] 和 Е. Н. 施罗科国罗娃的《西北满洲》[2] 等，记载了关于呼伦贝尔的许多重要资料，是我们今天研究呼伦贝尔的历史必须查阅的重要图书。这些著作都具有非常重要的学术价值，如 А. М. 巴拉诺夫的《呼伦贝尔》是俄国学者出版的第一部关于呼伦贝尔的专门著作和综合性著作，П. Н. 斯莫利尼科夫的《1912 年甘珠尔集市》是俄国学者出版的第一部关于呼伦贝尔经济的专门著作，Е. Н. 施罗科国罗娃的《西北满洲》是俄国学者出版的第一部关于呼伦贝尔历史地理的专门著作，А. С. 梅谢尔斯基的《自治呼伦贝尔》是俄国学者出版的第一部关于呼伦贝尔某一发展阶段的综合性著作。与上述这些著作相比，《呼伦贝尔经济概述》一书有着自己的更为独特的学术价值。首先，它是第一部关于呼伦贝尔经济的综合性论著，这有别于《1912 年甘珠尔集市》一书侧重于贸易研究；其次，与其说《呼伦贝尔经济概述》一书是一部关于经济的综合性论著，还不如说它是关于呼伦贝尔的全面研究的综合性论著，综合了前人几乎所有关于呼伦贝尔的研究著述，可以说是一部关于呼伦贝尔的百科全书式论著，是一部纵论古今和薄古厚今的著作。

---

① А. С. Мещерский Автономная Барга: Монгольская экспедиция по заготовке мяса для действующих армий. Владивостокско - Маньчжурский район: Материалы к отчёту о деятельности с 1915 по 1918 г. г. вып. Ⅻ . - Шанхай: Типография Русского Книгоиздательства, 1920. - 40с.

② Е. Н. Широкогорова Северо - Западная Манджурия (Географический очерк по данным маршрутных наблюдений) . - Владивосток: Типография Областной Земской Управы, 1919. - 47с. (Отдельный оттиск из Ученых Записок Историко - Филологического Факультета во Владивостоке. 1. 1 отд.)

第三节 《北满经济文献存目——1929年前俄文图书与杂志文章》

一 作者简介

《北满经济文献存目——1929 年前俄文图书与杂志文章》一书的作者为
Н. Г. 特列特奇科夫①。从目前所能看到的资料看，关于 Н. Г. 特列特奇科夫的资
料非常少，只有一些零星的信息。Н. Г. 特列特奇科夫，生卒年限、地点不详。
Н. Г. 特列特奇科夫何时在哈尔滨生活、何时离开哈尔滨也不详。从其在华出版的
著作的最后时间看，到 20 世纪 30 年代中期 Н. Г. 特列特奇科夫应该还在哈尔滨生
活、工作。资料记载，Н. Г. 特列特奇科夫在哈尔滨生活、工作期间曾担任中东铁
路经济调查局职员，是哈尔滨学术团体满洲俄国东方学家学会和东省文物研究会的
会员，还在哈尔滨法政大学和哈尔滨师范学院担任教师。Н. Г. 特列特奇科夫也是
一位在学术上颇有建树的学者，主要致力于中国经济问题和关于中国图书资料与文
献方面的研究，在《东省杂志》《经济半月刊》《中东铁路中心图书馆图书绍介》
等杂志发表了《中国工人问题文献存目》《中国工厂法规》《中国劳动》② 等文章，
出版了《北满经济文献存目——1929 年前俄文图书与杂志文章》《中国金融文献存
目（1930 年前俄文、英文图书与杂志文章）》《中国劳动组织与工厂法规》《事实与
数字上的当代满洲：经济概述》③ 等 4 部著作。这 4 部著作在俄国汉学史上都占

---

① Забияко А. А. , Забияко А. П. , Левошко С. С. , Хисамутдинов А. А. Русский Харбин：
опыт жизнестроительства в условиях дальневосточного фронтира/Под ред. А. П. Забияко.
– Благовещенск：Амурский гос. ун－т, 2015. с. 404.

② Н. Г. Третчиков Библиография по рабочему вопросу в китае. //Вестник Маньчжурии. –
1928, № 3. – С. 101 – 106. То же. –//Библиогр. бюлл. Центр. б－ки КВЖД. 1928 – 1929,
II, С. 24 – 34；Фабричное законодательство в Китае. //Вестник Маньчжурии. – 1928, №5.
– С. 85 – 88；Труд в Китае. //Экономический. бюллетень – 1927, №9. – С. 5 – 8.

③ Н. Г. Третчиков Библиография по экономике Северной Маньчжурии. Книги и журнальные
статьи на русском языке по 1928г. включительно. Под Н. А. Сетницкого. Юридический факультет
в Харбине. – Харбин, изд Юридический факультет в Харбине, 1929, 90с；Библиография
финансов китая. （книги и журнальные статьи на русском и английском языках по
1929г. включительно）. Под ред. и с предисл. Н. А. Сетницкого. Изд. Юридический факультет в
Харбине. – Харбин, 1930, 70с；Организация труда и фабричное законодательство в Китае.
（Дипломная работа）. – Харбин, 1927, 60с；Современная Маньчжурия в фактах и
цифрах. Экономические очерки （часть 1）. – Издание "The China Economic Press" 1936. 174с.

有一席之地，其中《北满经济文献存目——1929 年前俄文图书与杂志文章》
是其在黑龙江研究上的唯一一部著作。

二　编撰背景

中东铁路的修筑与运营带来了中国东北经济的飞速发展。中国东北也因而
卷入了世界资本主义经济体系。因此，中国东北经济不仅得到了世界各国的广
泛关注，也引起了学术界的极大兴趣。因为中国东北从一个人口稀少的落后地
区变成了人口稠密的经济发达地区，在世界经济史上中国东北的经济增长创造
了奇迹，它可以与美国西部经济的发展相比拟。中国东北经济的不断发展为研
究者提供了丰富的研究素材。其中，俄国学者最为关注的是与俄国经济关系极
为密切的中国东北北部地区。因为中国东北北部地区经济的繁荣与否关系着俄
国远东的发展。经过 30 年的研究实践，俄国学者发表了大量关于中国东北北
部地区经济的论著。然而，关于中国东北北部地区经济研究的大量论著并无学
者对其进行系统整理，因而导致了研究者在研究某一经济领域问题时要花费大
量时间去查阅其所需要的信息和资料。从这个目的出发，Н. Г. 特列特奇科夫
在东省文物研究会的倡议和经费支持下，查阅大量俄文文献并编撰了《北满
经济文献存目——1929 年前俄文图书与杂志文章》一书，此书于 1929 年在哈
尔滨出版。

三　主要内容

《北满经济文献存目——1929 年前俄文图书与杂志文章》一书共 90 页，
正文由 25 部分构成。

全书按照中国东北经济中的不同领域分类对研究的文献进行编撰，包括北
满经济综合性文献，人口统计文献，移民文献，工人问题和合作社文献，货
币、银行、财政、海关和税收文献，经济地理文献，地理与游记文献，工业文
献，地质与矿物文献，法律文献，内部贸易文献，对外贸易文献，通信文献，
铁路文献，中东铁路文献，水上运输文献，公路运输文献，气象学文献，度量
衡学文献，农业文献，林业文献，畜牧业文献，蔬菜栽培文献，养蜂业文献，
渔业和狩猎业文献。

《北满经济文献存目——1929 年前俄文图书与杂志文章》一书共收录了俄
文文献 2167 篇（部），其中北满经济综合性文献 135 篇（部），人口统计文献

24 篇（部），移民文献 27 篇（部），工人问题和合作社文献 37 篇（部），货币、银行、财政、海关和税收文献 196 篇（部），经济地理文献 218 篇（部），地理与游记文献 14 篇（部），工业文献 118 篇（部），地质与矿物文献 29 篇（部），法律文献 50 篇（部），内部贸易文献 37 篇（部），对外贸易文献 221 篇（部），通信文献 23 篇（部），铁路文献 73 篇（部），中东铁路文献 317 篇（部），水上运输文献 120 篇（部），公路运输文献 23 篇（部），气象学文献 7 篇（部），度量衡学文献 9 篇（部），农业文献 205 篇（部），林业文献 35 篇（部），畜牧业文献 122 篇（部），蔬菜栽培文献 46 篇（部），养蜂业文献 44 篇（部），渔业和狩猎业文献 37 篇（部）。

四 学术评价

上文已述，《北满经济文献存目——1929 年前俄文图书与杂志文章》一书共收录了中国东北北部地区经济研究的俄文文献 2167 篇（部）。在一本不足百页的著作里能够容纳如此庞大的信息量，足见作者 Н. Г. 特列特奇科夫为此花费了大量精力。本书的史料价值也正在于此，它使从事中国东北经济史研究的后继研究者能够方便、便捷地查阅信息。尽管如此，本书在史料上也存在一定的不足。正如担任《北满经济文献存目》一书编辑工作的哈尔滨法政大学经济科教师和中东铁路经济调查局高级职员的 Н. А. 谢特尼茨基在书的引言中所说，本书有两点缺憾：一是本书所用资料都是在哈尔滨各图书馆收藏并且能够查阅到的，而在哈尔滨各图书馆没有收藏的俄国国内出版的一些出版物中也有关于中国东北北部地区经济的研究文献，本书遗漏了这部分文献；二是本书所收录的文章完全是在杂志上发表的，而没有收录报纸上刊登的大量文章。

从学科角度看，《北满经济文献存目——1929 年前俄文图书与杂志文章》一书属于图书资料与文献研究范畴。在这里，笔者不论及俄国图书资料与文献领域的研究史，因为它是一个非常复杂的学术问题，但因本书在哈尔滨出版，所以有必要简要介绍一下哈尔滨的图书资料与文献领域的研究。哈尔滨的图书资料与文献领域的研究始于 20 世纪初。从 1909 年满洲俄国东方学家学会（哈尔滨）创办《亚细亚时报》俄文学术期刊起，《亚细亚时报》上就不定期开设图书资料与文献介绍栏目，刊发有关图书资料与文献方面的研究文章。哈尔滨的图书资料与文献研究在 20 世纪 20 年代得到了迅速发展，这与哈尔滨法政大学、中东铁路经济调查局、东省文物研究会和中东铁路中心图书馆等机构的推动密不可分。在这一背景下，Н. Г. 特列特奇科夫不仅参与其中，而且还编撰了本书。如前文已述，本书并非在哈尔滨出版的关于图书资料与文献研究的第一部单行本著作，但这并不能抹杀它的学术价值。《北满经济文献存目——1929 年前俄文图书与杂志文章》一书不仅是在哈尔滨出版的第一部关于中国东北经济研究的俄文文献著作，亦是俄国出版的第一部关于中国东北经济研究的俄文文献著作。正因如此，Н. Г. 特列特奇科夫在俄国汉学史上是一位少有的文献学家。

第四节 《阿城中华庙宇参观记》

一 作者简介

《阿城中华庙宇参观记》一书的作者为 И. Г. 巴拉诺夫。И. Г. 巴拉诺夫[①]，1886 年 1 月 30 日出生于托博尔斯克省的一个教师家庭，1906 年进入符拉迪沃斯托克东方学院汉满语专业学习，1911 年以优异成绩毕业。同年，И. Г. 巴拉诺夫来到哈尔滨，在中东铁路管理局任汉语翻译，而后进入哈尔滨各类学校担任教师。1926 年，И. Г. 巴拉诺夫在哈尔滨工学院讲授边疆学，1938～1945 年在北满大学讲授汉语和东北经济地理。1932 年，И. Г. 巴拉诺夫在哈尔滨法政大学做了题为《中国文学当代流派》的学术报告，获得编外副教授称号。1939～1945 年，И. Г. 巴拉诺夫担任哈尔滨铁路学院俄国系主任。从 1946～1955 年，И. Г. 巴拉诺夫担任哈尔滨工业大学汉语教研室主任。除担任翻译和教师工作外，И. Г. 巴拉诺夫在中国东北生活期间还参与各项学术活动，是满洲教育协会、满洲俄国东方学家学会、东省文物研究会以及基督教青年会自然科学和地理学俱乐部成员，曾担任满洲俄国东方学家学会机关刊物《亚细亚时报》编辑（从 1921 年起编辑第 48～52 期）。1958 年 И. Г. 巴拉诺夫离开中国，定居阿拉木图，一直到 1972 年 2 月 1 日去世。晚年，И. Г. 巴拉诺夫曾为哈萨克苏维埃社会主义共和国科学院研究生班讲授汉语。И. Г. 巴拉诺

---

① 阎国栋：《俄国汉学史》，人民出版社，2007，第 495～498 页；Таскина Е. Русский Харбин. - М. , 1998. С. 246.

夫一生致力于中国问题的研究，发表了大量作品，如《中国革命史资料》《中国邮政》《关于在哈尔滨开办农业学校问题》《中国报纸上的商业广告》等①，主要刊登在《亚细亚时报》《东省文物研究会杂志》《东省杂志》《法政学刊》等杂志上。И. Г. 巴拉诺夫的主要研究对象为中国的宗教与民俗、中国古典小说的翻译等。И. Г. 巴拉诺夫出版了《中国内部贸易组织》《北满行政设置》《现代中国艺术文学》《中国贸易生活概述》《中国年节旧俗纪略》《中华民国的政治体

① И. Г. Баранов Материалы для истории китайской революции: Китайские революционеры. Два документа. //Вестник Азии, 1916, №38 – 39. – С. 17 – 34; Китайская почта. //Вестник Маньчжурии. – 1927, №6. – С. 39 – 48; К вопросу об открытии сельско - хозяйственной школы в Харбине. //Вестник Маньчжурии. – 1928, №8. – С. 29 – 34; Коммерческая реклама в китайских газетах. //Вестник Маньчжурии. – 1930, №1. – С. 90 – 103; По китайским храмам Ашихэ. //Вестник Маньчжурии. – 1926, №1 – 2. – С. 1 – 51; Торгово - промышленная выставка в Дайрене. //Вестник Маньчжурии. – 1933, №17. – С. 44 – 55; Краеведение в картинах художника Сунгурова. //Вестник Маньчжурии. – 1934, № 3. – С. 172 – 175; О народных верованиях южного Ляодуна. //Вестник Маньчжурии. – 1934, №6. – С. 144 – 152; Государственная публичная библиотека в Бэйпине (Пукине) . – //Библиогр. сб. 6 - ки КВЖД, Т. II (V), 1932, с. 353 – 365. – Харбин, тип. квжд, 1931. 23 с; Движение в Китае против иностранных школ. – //Вестник Азии, №52. 1924. – С. 362 – 364; Жизнь членов императорской фамилии в Китае. – //Вестник Азии, №25 – 26 - 27. 1914. – С. 109 – 110; Китайская печать о русско - монгольском соглашении. – //Вестник Азии, № 13. 1913. – С. 77 – 86; Административное устройство Северной Маньчжурии. //Вестник Маньчжурии. – 1926, №11 - 12. – С. 5 – 26; Баранов И. Г. Китайский Новый год. //Вестник Маньчжурии. – 1927, №1. – С. 1 – 17; Загробный суд в представлениях китайского народа. //Вестник Маньчжурии. – 1928, №1. – С. 53 – 71; Чертог всеобщей гармонии. Даосский храм в Маоэршани. //Вестник Маньчжурии. – 1928, №7. – С. 91 – 94; Черты народного быта в Китае. //Вестник Маньчжурии. – 1928, №9. – С. 40 – 53; Преподавание китайского языка в русской начальной и средней школе Особого Района Восточных Провинций. //Вестник Маньчжурии. – 1929, №7 - 8. – С. 8 – 13; Поверия китайских земледельцев, рыбаков и охотников. //Вестник Маньчжурии. – 1930, №10. – С. 58 – 61; Музей в Порт - Артуре. //Вестник Маньчжурии. – 1933, №6. – С. 70 – 73; Изучение памятников древностей в Маньчжурии. – //Бюллетень Музея Общества изучения Маньчжурского края и юбилейной выставки. К. В. Ж. Д. №1. 1923. С. 26 – 30; Регистрация памятников древностей в Маньчжурии. – //Известия Общества Изучения Маньчжурского Края, №3. 1923. С. 37 – 40; Баранов И. Г., Скворцов Б. В. Обзор видов рода щавель в Северной Маньчжурии. – //Изв. Харбинск. краев. музея, №1, 1946, с. 50 – 52; Еж - оборотень. //Вестник Азии, 1914, №25 – 26 - 27. – С. 98 – 100; Превращение （转下页注）

制》《中国人民观念中的阴间》等重要论著①，其在黑龙江研究上也留下了重要
论著，出版了《阿城中华庙宇参观记》和《哈尔滨的极乐寺和文庙》② 两本著
作。鉴于 И. Г. 巴拉诺夫在中国研究上的贡献，1999 年俄罗斯学者将 И. Г. 巴
拉诺夫发表过的有关中国风俗习惯和信仰的论文结集出版，名为《中国人的
信仰与风俗》③。这里将对 И. Г. 巴拉诺夫出版的《阿城中华庙宇参观记》进行重
点研究。

————————

（接上页注①）дракона. //Вестник Азии, 1914, №25 – 26 – 27. – С. 100 – 101; Гадальные
кости из провинции Хэ – нань. //Вестник Азии, 1914, № 25 – 26 – 27. – С. 104 – 106;
Китайская быль. //Вестник Азии, 1915, №34. – С. 28 – 72; Китайские поверья о птицах/
пер. с кит. //Вестник Азии, 1922, №48. – С. 146 – 148; Политико – административное
устройство Китайской Республики. //Вестник Азии, 1922, №49. – С. 134 – 165;
Китайская музыка/Да – цзюнь Лю; пер. с кит. //Вестник Азии, 1923, № 51. – С. 251 –
274; Очерк торгового быта в Китае. – //Экономический Вестник Маньчжурии, 1924,
№22. – С. 3 – 11; Организация внутренней торговли в Китае//Вестник Азии, 1917, №44.
– С. 1 – 40; Подготовка к Ганьчжурской ярмарке. – // Экономический. бюллетень, 1930,
№15. – С. 4; Портретная галерея монгольской династии. – //Изв. клуба естествознания и
географии ХСМЛ. Харбин, 1941, с. 101 – 106; Китайские сонники. – //Известия
юридического факультета, 1925, №1, с. 109 – 117; то же – Харбин, тип. квжд, 1925. –
9с; И. Г. Баранов и Сурин В. Главнейшие изменение в географических названиях Китая за
последнее время. (по материалам Экон. бюро квжд). – // Экономический. бюллетень,
1929, №21 – 22. – С. 3 – 5; Черты народного быта в китае. (Народные праздники,
обычаи и поверья). – Китаеведение, сб. статей по географии, экономике и культуре
китая, ч. 1, вып. 1, Харбин, 1928 – 1929, с. 40 – 54.

① И. Г. Баранов Организация внутренней торговли в Китае: Очерк. – Харбин, Тип. Квжд,
1918. – 39с. То же. 1920. – 53с; Административное устройство Северной Маньчжурии. –
Харбин, Изд – воОИМК, 1926. – 22с; Современная китайская художественная литература:
Справка. – Харбин, Тип. Заря, 1934. – 17с; Очерк торгового быта в Китае. – Изд.
"Экономического вестника Маньчжурии." Харбин: типография КВжд, 1924. – 11с;
Китайский Новый год. – Харбин, 1927. – 18с. – Издательство. Общество изучения
Маньчжурского края Историко – этнографическая секция. Т. 16; политико –
административное устройство китайской республики. (краткий очерк). – Харбин,
1922. 36с. (отд. щтт. из Вестник Азии, №49, 1922, с. 134 – 164.); Загробный мир в
представлениях китайского народа. – Харбин, 1928; Черты народного быта в Китае
(Народные праздники, обычаи и поверья). Харбин, 1928; О народных верованиях
Южного Ляодуна. – Харбин, тип. квжд, 1934. – 11 с.

② И. Г. Баранов По китайским храмам Ашихэ. – Харбин, Тип. квжд, 1926. – 50с; Храм
Цзи – лэ – сы и Конфуция в Харбине: История постройки и краткое описание (с
рисунками). Харбин: 1938. 16 с.

③ Верования и обычаи китайцев. М. : Муравей — Гайд, 1999. 304с.

二 撰写背景

1925 年哈尔滨俄侨摄影师 Д. 拉尼宁将其拍摄的关于阿城中华庙宇的 32 幅照片汇编成册出版，名曰《阿城中华庙宇——摄影师 Д. 拉尼宁汇编 32 幅照片》①。Д. 拉尼宁的这部极其独特的作品在出版后立即引起了哈尔滨法政大学教授 В. В. 拉曼斯基的注意和兴趣。在 В. В. 拉曼斯基教授的倡议和直接参加下，一批对研究中国东北问题非常感兴趣的哈尔滨俄侨于 1925 年 9 与 27 日安排了一次从哈尔滨到阿城的旅行，其目的是参观那里的中华庙宇和在此拍照。作为后来《阿城中华庙宇参观记》一书作者的 И. Г. 巴拉诺夫也参加了这次难得的旅行。旅行仅有短短两天，但 И. Г. 巴拉诺夫却利用这么短的时间做了一些关于所见的笔记。然而，初次印象还不足以让 И. Г. 巴拉诺夫写出阿城中华庙宇的具体情况。因此，继第一次旅行之后 И. Г. 巴拉诺夫独自一人在同年 10 月末又重返阿城，目的是补充和核对第一次旅行时所做的一些笔记。正是在这两次旅行考察的基础上，И. Г. 巴拉诺夫撰写出了《阿城中华庙宇参观记》一书，作为两次旅行考察的最终成果。该成果起初发表在中东铁路经济调查局主办的《东省杂志》1926 年第 1~2 期，后于同年在哈尔滨出版单行本。

三 主要内容

《阿城中华庙宇参观记》一书由引言和正文九部分构成，共 51 页。

引言与正文前三部分主要记述了《阿城中华庙宇参观记》一书的写作动因及中国人的宗教信仰和他们供奉的神灵、中国诸神的等级和分类、中国庙宇中的神像、神像的制作、与招魂和祭神有关的庙会等情况。

正文后六部分分述了阿城所有庙宇的具体情况。第一个为帝庙——三皇庙，主要记述了该庙的由来，庙内建筑物的名称、用途、命名原因和供奉神像的种类（大门文昌阁，旗杆，纪念碑——北楼子，三帝殿内手持八卦的伏羲塑像、神农塑像、轩辕塑像，墙上的医神药王壁画、身披八卦的马壁画、鹤壁画、关帝的生活彩画、威神周仓塑像、龙塑像，单独殿——胡仙堂及手拿如意的老头和老太太

---

① Д. Ранинин В китайских кумирнях города Ашихэ. Фотографический альбом с 32 - мя снимками. Фотографа Д. Ранинина. Харбин，1925 г.

塑像、风神殿及墙上的植物画），以及该庙和尚数量和生活状况、建成于清雍正年间、出资捐建者为德姓官员、经费来源于私人捐助和阿城商会拨款。

第二个为观音庙，主要记述了该庙始建于清咸丰年间、两个和尚的生活状况、该庙被称为菩萨庙或娘娘庙的原因、该庙由两座院子构成（一座供奉观音像和一座供奉3个女仙像）、该庙墙壁上两幅表现观音所行善事的壁画（水彩）。

第三个为阿城慈善会，主要记述了该庙由慈善会筹捐2000多块银元修筑，以及介绍了供祭礼用的简陋用具。

第四个为道教喜老爷庙，主要记述了该庙起初于康熙年间由官资所建，建成于1921年，现为阿城商会所管，拥有50坰捐助耕地和一个道士徐王老头；也介绍了该庙的格局由正堂、财神殿和老君殿构成，供堂中供奉的有观音神像、关公神像、财神像、卫神像和狐狸神像。

第五个为龙王庙，主要记述了该庙修建于清乾隆年间，现由商会管理，有20坰耕地，看管寺庙的是两个道士刘家余和姚强农；此外该庙还有两类收入，即埋葬死者坟墓的租金和烧香者所上的供物。该庙由三间神殿组成：一为龙王殿，供奉着龙王泥塑像雷公像、雨神像、闪电娘娘、风婆婆和蛤精像；一为虫王殿，供奉着虫王奶奶和虫王爷爷泥塑像，以及墙上表现农民劳动的壁画；一为火神殿，供奉着火神的泥塑像、火神的伴神——嘴火猴、尾火虎、室头猪和头像猪像。最后还记述了该庙中一个独特的供室——是专门供奉地藏王菩萨的。

第六个为阿城的清真寺，主要记述了清真寺建于清乾隆年间，为穆斯林们捐助所建，现由阿城穆斯林协会领导，拥有20坰耕地，由两位教士看管。此外，还介绍了阿城穆斯林协会的主要活动、清真寺与其他庙宇的区别（不供奉任何神像）、有关中国伊斯兰教的一些情况。

总之，在介绍各庙宇内具体情况时，作者也记述了人们到不同庙宇拜祭的目的和各路诸神的由来等内容，并附上了摄影师Д.拉尼宁所摄的8幅照片。

四　学术评价

《阿城中华庙宇参观记》一书尽管篇幅不长，但其中包含了大量史料信息，如当时阿城的庙宇数量，各类庙宇的建成时间、出资者、管理者、看管者、财产、殿堂的布局、供奉诸神的种类等。可以说，这些关于阿城庙宇的信息构成了今天了解和研究阿城寺庙文化和风俗文化的重要史料。

尽管如作者所言，该书研究的深度不强，阐述得也不够全面，仅仅是对瞬息间的感受的记载和一个对东方感兴趣的旅行者对摄影师 Д. 拉尼宁所摄照片的补充说明，但从学术史的角度分析，《阿城中华庙宇参观记》这部书还是值得一提的。该书不仅是关于阿城城市史研究的第一部俄文著作，也是关于阿城寺庙文化、风俗文化史研究的第一部俄文著作，更是佛教、道教和伊斯兰教在旧中国城市集中反映的经典代表作品。

第五节　《北满农业》与《北满的垦殖及其前景》

一　作者简介

《北满农业》与《北满的垦殖及其前景》2 部书的作者为 Е. Е. 雅什诺夫。Е. Е. 雅什诺夫[①]，1881 年出生于雅罗斯拉夫尔。1897 年毕业于雅罗斯拉夫尔

市学校。1899～1904 年，由于卷入政治斗争多次被逮捕。1905 年移居圣彼得堡，并在当地报纸上发表小说和诗歌。1908～1912 年、1914～1915 年，在锡尔河地区移民事务局任统计员；1915～1917 年，任粮食特别会议事务局统计员；1917～1919 年，任鄂木斯克粮食特别会议事务局统计员；1919～1920 年，任符拉迪沃斯托克粮食特别会议事务局统计员；1921～1935 年，任中东铁路经济调查局职员，也是东省文物研究会工商部成员。1923 年和 1927 年，从哈尔滨分别访问了莫斯科和哈巴罗夫斯克。

---

① Хисамутдинов А. А. поэт и ученый Евгений Евгеньевич Яшнов//Пробл. Дальнего Востока. – 1999. – №6. c. 219 – 234；Таскина Е. Дороги жизни Е. Е. Яшнова//Пробл. Дальнего Востока. – 1993. – №4. c. 114 – 115.

1935 年离开哈尔滨，曾在天津、北京生活，1938 年移居上海，1943 年在那里
逝世。E. E. 雅什诺夫一生致力于中国农业、人口、经济问题的研究，是研究
中国经济史的俄国著名汉学家，其在《东省杂志》《满洲经济通讯》《经济半
月刊》《东省文物研究会杂志》等杂志上发表了《北满农业发展》《中国农民
收入》《北满农业的整体条件》等文章几十篇[1]，出版了《北满农业》《北满

①　例如，E. E. Яшнов Сельско - хозяйственное развитие Северной Маньчжурии. //Вестник
Маньчжурии. - 1925, № 1 - 2. - С. 17 - 24; Тихоокеанская проблема. Мысли и факты. //
Вестник Маньчжурии. - 1925, №3 - 4. - С. 1 - 16; Продукция сельского хозяйства в
Северной Маньчжурии. //Вестник Маньчжурии. - 1926, №1 - 2. - С. 1 - 11; Важность
изучения крестьянского хозяйства в Северной Маньчжурии. //Вестник Маньчжурии. -
1926, №3 - 4. - С. 23 - 33; По поводу статьи " К вопросу о крестьянском хозяйстве
Северной Маньчжурии". //Вестник Маньчжурии. - 1927, №6. - С. 26 - 28. Северная
Маньчжурия за три года. //Вестник Маньчжурии. - 1927, №10. - С. 6 - 8; Урожай хлеба
в Северной Маньчжурии в 1927 году. //Вестник Маньчжурии. - 1927, №12. - С. 21 - 24;
Источники познания населения и крестьянского хозяйства Китая. //Вестник Маньчжурии.
- 1928, №2. - С. 54 - 61; Источники познания населения и сельского хозяйства Китая. //
Вестник Маньчжурии. - 1928, №3. - С. 55 - 66; Уражай хлебов в Северной Маньчжурии
в 1927г. - // Экономический. бюллетень, 1927, №48, с. 5 - 6; Сельское
хозяйство. Колонизация. Грузооборот. Дороги. - // Экономический. бюллетень, 1929,
№1, с. 5 - 6. Уражай и избытки хлебов в Северной Маньчжурии. - //Экономический
Вестник Маньчжурии, 1929, №49, с. 3 - 11; Уражай хлебов в Северной Маньчжурии в
1929г. - // Экономический. бюллетень, 1930, №1, с. 52 - 55; Посевная площадь. Сбор
хлебов. Колонизация. - // Экономический. бюллетень, 1930 《№2, с. 7 - 8; Кризис
экспорта и Маньчжурское хозяйство. - // Экономический. бюллетень, 1931, №2, с. 5 -
7; Современное положение крестьянства в Северной Маньчжурии. //Вестник
Маньчжурии. - 1934, №5. - С. 1 - 11. ; Виды на урожай зерновых хлебов в Северной
Маньчжурии в 1934 г. //Вестник Маньчжурии. - 1934, №9. - С. 1 - 9; Сельское
хозяйство Маньчжурии за 10 лет. //Вестник Маньчжурии. - 1934, №11 - 12. - С. 1 - 13;
Обзор основной литературы по сельскому хозяйству и населению Китая. - //Библиогр. сб. 6
- ки КВЖД, т. 1 (IV), 1932, с. 1 - 28; Китайская колонизация Северной Маньчжурии и
её перспективы. - //Экономическая Жизнь Дальнего Востока, 1928, №10, с. 114 - 116;
колонизация Северной Маньчжурии и Квжд. - //Экономический Вестник Маньчжурии,
1923, №21 - 22, с. 21 - 26; Уражай и избытки хлебов в Северной Маньчжурии в 1922г.
- //Экономический Вестник Маньчжурии, 1923, №2, с. 5 - 8; №3, с. 13 - 17; №5,
с. 19 - 22; №8, с. 14 - 19; Виды на уражай хлебов в Северной Маньчжурии. - //
Экономический Вестник Маньчжурии, 1923, №29, с. 1 - 4; Перспективы (квжд)
грузооборота с Забайкальем. - //Известия Общества Изучения Маньчжурского Края,
1922, №2, с. 14 - 21; Железнодорожные подьездные пути квжд. - //Экономический
Вестник Маньчжурии, 1924, №32, с. 5 - 9; №33, с. 1 - 17; №34, с. 1 - 6.

的垦殖及其前景》《中国农业》《数字上的中国农业》《中国人口与农业（文献概述）》《中国国民经济与历史特点》① 等 5 部专著，还出版了 1 部诗集。《北满农业》与《北满的垦殖及其前景》2 部著作是 E. E. 雅什诺夫在中国东北边疆经济史研究上的代表作，亦是其在黑龙江研究上的代表作。

二 撰写背景

农业一直以来就是中国东北的主要经济领域。它的发展不仅关涉到农业本身，而且还涉及其他经济领域（农产品加工、铁路运输等）。因此，从中东铁路正式运营起，中东铁路商务处就着手准备对中国东北，尤其是中东铁路所影响的区域进行农业以及与之相关的垦务方面的调查和研究。1908 年、1910 年、1911 年、1914～1915 年，中东铁路商务代表 A. П. 鲍洛班、В. Ф. 拉德金、П. Н. 梅尼希科夫等开展了专项或部分调查与研究，并公开出版了前文已介绍过的《北满垦务农业志》《中东铁路商务代表 A. П. 鲍洛班 1911 年关于中东铁路所影响的北满地区垦务的调查报告》《北满吉林省：1914 年和 1915 年中东铁路商务处代表 П. Н. 梅尼希科夫、П. Н. 斯莫利尼科夫、A. И. 齐尔科夫的调查报告》《北满黑龙江省：1914 年和 1915 年中东铁路商务处代表 П. Н. 梅尼希科夫、П. Н. 斯莫利尼科夫、A. И. 齐尔科夫的调查报告》等报告，以及非公开出版处于手稿状态的 В. Ф. 拉德金的《中国人在满洲和蒙古的垦务》② 报告。这些资料都具有十分重要的价值。继这些调查之后，新成立的中东铁路经济调查局也把农业和垦务调查作为重要工作之一。如前文所述，1921 年中东铁路经济调查局完成了第一次大规模的对北满的全面调查，并于 1922 年出版了《北满与中东铁路》一书。之后，中东铁路经济调查局于 1922～1924 年、1925～1927 年又进行了两次大规模调查：一个是对北满 24 个县农业收支状况的调查，一个是对北满 29 个县垦务状况的调查。正是在这两次调查

---

① E. E. Яшнов Китайское крестьянское хозяйство в Северной Маньчжурии. Экон. очерк. - Харбин, тип. квжд, 1926, 525с; Китайская колонизация Северной Маньчжурии и её перспективы. - Харбин, 1928, 291с; Особенности истории и народное хозяйства Китая. - Харбин, 1933, 120с. （Из Известия юридического факультета. ）; население и сельское хозяйство Китая. （Обзор источников）. - Харбин, изд. ОИМК, 1928, 119с; Сельское хозяйство Китая в цифрах. - Харбин, 1933, 120с; Очерккитайского крестьянского хозяйства. - Харбин, 1935, 231с.

② Ладыгин В. Ф. Колонизация Маньчжурии и Монголии китайцами. Харбин, с. 142 – 305.

资料的基础上，E. E. 雅什诺夫于 1926 年出版了《北满农业》一书，1928 年出版了《北满的垦殖及其前景》一书。

三　主要内容

《北满农业》一书由 12 部分和附录构成，共 525 页。

第一部分为引言。主要记述了中东铁路经济调查局开展的农业收支状况调查的动机、面临的困难、调查方式（抽样调查）和具体调查计划。

第二部分为文献资料。主要记述了书中所利用的已有几种史料，如 A. П. 鲍洛班的《北满垦务农业志》和《中东铁路商务代表 A. П. 鲍洛班 1911 年关于中东铁路所影响的北满地区垦务的调查报告》，П. H. 梅尼希科夫等的《北满吉林省：1914 年和 1915 年中东铁路商务处代表 П. H. 梅尼希科夫、П. H. 斯莫利尼科夫、A. И. 齐尔科夫的调查报告》与《北满黑龙江省：1914 年和 1915 年中东铁路商务处代表 П. H. 梅尼希科夫、П. H. 斯莫利尼科夫、A. И. 齐尔科夫的调查报告》，中东铁路经济调查局编撰的《北满与中东铁路》，以及农商部总务处统计科编撰的官方年度《农商统计报告》。作者在本部分通过资料比较，认为虽然这些资料在真实性、准确性上不完全可信，但具有历史比较意义，而中东铁路经济调查局的调查资料更接近真实性。

第三部分为度量单位与货币单位。主要记述了北满中国农业生产中的重量单位、长度单位、面积单位和货币单位（大洋和吊）情况，以及各度量单位之间、货币单位之间的换算情况。

第四部分为北满总述。主要记述了北满的土地面积、地形地貌、河流、气候、土壤、经济区划、交通、垦务、人口、土地所有制和土地使用制等情况。

第五部分为北满农业。主要记述了农作物种类、农具、肥料、田间耕作和轮作、农作物耕种面积和比例、五谷收获之状况、畜牧业、北满在中国的地位等情况。

第六部分为农户的构成。主要记述了北满农户的性质、被调查农户的整体特点、农户定居简史、农户的人口构成、劳动力与雇工等情况。

第七部分为农户的财产。主要记述了农户的固定财产构成及总体情况、农户土地财产、农户建筑物财产、农户牲畜与家禽财产、农户农具财产、农户家居用品和服饰财产（类别、价值）具体情况、农户固定财产折旧、北满农业投资规模、中俄农户财产比较等内容。

第八部分为农户的收入。主要记述了农户的收入构成及整体评论、农户种子收入、农户五谷收入、农户蔬菜收入、农户牲畜收入、农户割草收入、农户木材收入、农户出租土地收入、农户其他实物收入（类别、数额）具体情况、农户的市场占有率、农户的副业收入、中俄农户的现金储备比较、北满农户收入总额、中俄农户收入比较等内容。

第九部分为农户支出。主要记述了农民支出构成及整体评论、农户实物和现金支出比较、农户用于修建新的建筑物和购买农具的支出、农户用于牲畜的支出、农户雇工支出、农户各种税费支出、农户汇率损耗、农户预防土匪支出、农户贷款支出、农户其他支出（外出、供暖、照明、服饰、孩子教育、节日、医药、婚丧、供奉神灵）等内容。

第十部分为农民的食物。主要记述了农民食物需求的构成及整体情况、食物支出额、农民餐桌上食物的种类、农民的饮品与麻醉品、中俄农民食物比较等内容。

第十一部分为农户一年劳作的结果。主要记述了北满农业收支平衡、北满农户五谷收支平衡、北满农业货币收支平衡和劳动力开支等内容。

第十二部分为结论。主要记述了关于北满农业现状与未来的整体结论、农业集约化的基本条件、农业强度测量和劳动集约型农业体制研究的重要性等问题。

附录部分由农民生活用品年平均本地价格表和北满部分县耕种面积汇总表构成。

《北满的垦殖及其前景》一书由上、下两编和结论构成，共291页。

上编为北满垦务的性质和历史，分三部分。

第一部分为文献资料。除记述《北满农业》一书所用资料外，还介绍了所使用的一个重要史料，即1919年黑龙江省工业官方公报；此外，重点介绍了1925～1927年中东铁路经济调查局所进行的垦务调查计划及具体内容资料。

第二部分为中国垦务的特点。主要通过北满与俄国远东的比较记述了北满农业人口状况、北满农业特点（劳动集约型）、北满农民财产、北满农民收支状况、北满中国垦务整体结论（北满的中国农民不具有移民性质，不是移民的产物，而是5亿人分化的产物，中国农民开发新土地几乎完全依靠私人积累，移民主体几乎为无产者）。

第三部分为北满垦务史。主要记述了北满垦务的三个历史时期（中东铁路修筑前时期、中东铁路修筑后至 20 世纪 10 年代末时期、20 世纪 20 年代以来时期）概况、北满垦务的主要形式（政府主导和农民自发）。

下编为北满的垦务区域及其垦务前景，分十部分。该编所述的垦务区域为中东铁路经济调查局对北满进行调查时所划分的经济区划。该编记述了齐齐哈尔地区、安达地区、哈尔滨地区、松花江下游地区、伯都纳地区、中东铁路南线区域、中东铁路东线区域、乌苏里江沿岸区域、黑龙江沿岸区域和呼伦贝尔地区等 10 个区域所属省份的自然地理、土地面积、垦务过程、所辖县数量，以及所辖县的形成过程、自然地理（地理位置、土壤、气候）、土地面积（农业用地、荒地、林地）、人口、耕种面积、交通、土地价格等。

该编所记述的齐齐哈尔地区所辖县包括龙江县、景星县、讷河县、农江县、布西线、甘井子县和牙鲁县；安达地区——安达县、林甸县、克山县、青冈县、拜泉县、明水县、依安县、龙镇县、海伦县、通北县、望奎县、兰西县和肇东县；哈尔滨地区——滨江县、绥化县、绥棱县、呼兰县、巴彦县、庆城县和铁力县；松花江下游地区——木兰县、通河县、汤原县、宾县、方正县、依兰县、伯力县、桦川县和富锦县；伯都纳地区——泰来县、大赉县、肇州县和扶余县；中东铁路南线区域——双城县、五常县、榆树县、德惠县和农安县；中东铁路东线区域——阿城县、通宾县、朱河县、苇河县、宁安县、穆棱县和密山县；乌苏里江沿岸地区——同江县、绥远县、饶河县、虎林县和宝清县；黑龙江沿岸地区——漠河县、呼玛县、瑷珲县、萝北县、绥东县和乌云县；呼伦贝尔地区——室韦县、呼伦县、胪膑县和奇干县。

结论部分记述了所用资料的性质问题、综合分析了垦务区域自然条件、未来新开垦可供耕种的耕地面积、未来可供移入人口规模以及开垦速度问题，并得出结论：近十年内，北满的人口和耕种面积年平均增长率为 3%～4%，如果以 3% 的速度增长，那么用不上 25 年人口将增长一倍，用不上 40 年耕种面积将增加三倍；如果以 4% 的速度增长，相应为 20 年和 30 年。

四　学术评价

关于《北满农业》和《北满的垦殖及其前景》两部书的学术评价问题，首先需要重点谈及的就是两部书的史料价值。上文已述，两部书中最重要的支撑材料就是由中东铁路经济调查局于 1922～1924 年所进行的农户收支状况调查资料和 1925～1927 年所进行的垦务调查资料。这些调查资料是当时中东铁路经济调查局经过周密筹划实地调查而成，是关于北满农业和垦务方面的绝对重要资料。它不仅构成了《北满农业》和《北满的垦殖及其前景》两部书的主体材料，也使这两部书成为后继学者研究20世纪20年代北满农业及垦务最为重要的史料书。尽管著者在书中明确指出上述调查材料中的数据带有主观性，但像这样大型的数据资料在当时是绝对少有的，因此其作为史料的参考价值也就非常重要。

关于《北满农业》一书的学术价值，俄罗斯学者对其有过非常中肯的评论，笔者赞同这些意见。哈尔滨俄侨学者 Г. В. 迪基在《北满农业》一书序言中指出，该书在研究方法上（抽样调查）迈出了革命性的步子："《北满农业》一书绝对重要和完全无可争议的意义在于，在科学研究方法的基础上以事实与数字首次研究了满洲的农业。"[①] 当代俄罗斯学者评价《北满农业》一书是"客观研究反映与满洲和中国经济社会生活变革紧密相连的农民的最优秀的著作"[②]。在这部著作中作者首次评价了中国农业体制及其与俄国远东农业体制的差别，并突出中国农业的集约性特点和满洲农业的半集约性（或劳动集约性）特点。正是因为这部史无前例的著作的问世，E. E. 雅什诺夫于1928年获得了俄国地理学会颁发的奖章。

关于《北满的垦殖及其前景》一书的学术价值，目前还尚未见俄国学者的评论。笔者认为，《北满的垦殖及其前景》一书的学术价值不亚于《北满农业》一书。它是继 А. П. 鲍洛班、В. Ф. 拉德金、Д. А. 达维多夫[③]之后俄国学者出版的最新研究成果，不仅在研究方法上与前人的研究有重要区别，而且在研究时段上（以近年为主）也完全不同，是俄国学者出版的反映20世纪20年代北满垦务最重要、最经典的一部著作。

---

① E. E. Яшнов Китайское крестьянское хозяйство в Северной Маньчжурии. Экон. очерк. – Харбин，тип. квжд，1926. c. V.

② Гараева Л. М. Научная и педагогическая деятельность русских в Маньчжурии в конце XIX – первой половине XX века：Дис...кандидата исторических наук：Владивосток，2009. c. 102.

③ 1911年毕业于俄国东方学院，1910年末至1911年初被东方学院派往中国满蒙地区实习，回国后由东方学院出版了其撰写的《满洲及东北蒙古洮南府移民政策》（Д. А. Давидов Колонизация Маньчжурии и С. – В. Монголии：（Области Тао – нань – фу）. – Владивосток：Изд. и печать Восточного ин – та，1911. 185c. ）一书。

第六节　《俄国在满洲（1892～1906年）》

一　作者简介

Б. А. 罗曼诺夫（Б. А. Романов，1889. 1. 29. ～1957. 7. 18.），苏联历史学家，列宁格勒国立大学教授，师从普列斯尼亚科夫（А. Е. Пресняков）。1912年毕业于圣彼得堡大学历史语文系。1918～1929 年担任苏联中央档案馆经济部的负责人，这一经历使他对俄国远东地区经济政策的历史产生了兴趣，并撰写了《俄国在满洲（1892～1906年）》[Россия в Маньчжурии（1892–1906）]一书。此外还有《日俄战争外交史概述（1895～1907）》[Очерки дипломатической истории русско-японской войны（1895–1907）] 和《古罗斯的人与风俗》（Люди и нравы древней Руси）等代表作品，这些著作多次再版。

二　主要内容

原书 1928 年在列宁格勒出版，中译本由陶文钊、李金秋、姚宝珠翻译，商务印书馆 1980 年出版。

该书是一部以沙俄在 1892～1906 年的东方政策，主要是满洲政策为题材的专题性著作。全书分为八章，另有导言和附录两则——"俄国采金公司""1897 年的辛迪加和蒙古矿业公司"。

这部著作的主要内容（特别是与黑龙江相关的内容）如下。

（一）导言"俄国远东政策的基本点（1892～1917年）"

作者说明了自己撰写这本书的动因。在他看来，"在俄罗斯帝国的国际关系史中，满洲问题在 1895 年已完全作为一个国际问题出现，并且占据了首要的和最急切的地位。它在此后整整十年中，成了俄国对外政策的基本问题"。而"满洲问题的这种地位是直接并仅仅与横贯西伯利亚的铁路的动工兴建有关的"，这也是作者将 1892 年作为本书的开始年份的原因；虽然"把辽阔的西伯利亚大地和中部俄罗斯连接起来，这是老早就有的愿望"，但是这一愿望只是在 1892 年被正式确定下来，并且要付诸实施。

1904～1905 年的日俄战争也与这条铁路计划有关，虽然这场战争的爆发是多种因素促成的，但"俄国政府把西伯利亚铁路一段长达 2000 多俄里的路线穿过满洲全境，从而极大地加速了俄日帝国主义冲突的成熟和战争的爆发"。战争的结果丝毫没有动摇俄国要夺取满洲的决心，也"没有使俄国离开满洲。它只是缩小了俄国在那里的势力范围"，"而横穿北满通向符拉迪沃斯托克的中东铁路干线这一传播俄国影响的导线，却仍然留在俄国人的手中"。俄日两国的朴茨茅斯谈判"导致了在两国间瓜分萨哈林和满洲，俄国在满洲保留了中东铁路的全部干线、铁路沿线的狭长地带，以及南满支线的小段线路（从哈尔滨到宽城子站），而南满支线的其余部分则转归日本所有"。这样一来，通过谈判俄国和日本确定了各自在满洲的势力范围，"俄国分得了北满和铁路线"。即便如此，中东铁路依旧是满洲问题的中心问题。

（二）满洲问题的由来（1892～1895年）

（1）俄国关于满洲问题的两种不同政策："和平"，"侵略"。维特的"和平"政策：和中国结盟、大铁路、从满洲撤兵及与日本的协定；尼古拉二世的"侵略"政策：旅顺口、鸭绿江及占领满洲，直至战争。

（2）西伯利亚大铁路的意义。

（3）中日甲午战争中的俄国对华政策。

关于俄国在中日甲午战争中的态度问题，作者在详细叙述了 1894～1895 年召开的特别会议后认为：维特"兵不血刃就把满洲夺回来"了；在这场中日之间的战争中，俄国扮演了"中国拯救者的角色"，换取了"感恩"的中国愿意"通过和平途径"修改阿穆尔边界。从此，"满洲问题已不只是一个边界问题了"。

（三）俄国对满洲的"和平"渗透（1895～1896年）

（1）西伯利亚铁路为什么要穿过中国领土？

俄国对于在满洲境内修建铁路的不同态度。"使贝加尔以东的西伯利亚铁路穿过中国领土的想法，作为俄国的一项'迫切'需要，是在 1895 年中日战争的形势下，完全凭经验产生的。"早在 1887～1890 年，俄国海军上将科佩托夫就是坚持这一主张的，但他的支持者寥寥无几。1894 年夏季进行的从哈巴罗夫斯克到斯列坚斯克之间的阿穆尔地段的勘查工作，证明了在这一段修筑铁路困难重重，这才使维特开始考虑将铁路穿过满洲，但当时仅限于"修筑一条从新祖鲁海图卡伦、经墨尔根到布拉戈维申斯克的铁路"，只限于"对俄国边界的最小偏离"。而在"三国干涉还辽"后，这一想法"立即发展成了从赤塔直至符拉迪沃斯托克全程笔直的铁路的主张"。

中国因中日甲午战争战败而不得不担负的巨额赔款为俄国实现这一想法提供了非常有利的形势。在此背景下成立的华俄道胜银行被赋予了广泛的权力，其中包括获取了在全中国范围内建筑铁路和敷设电线的租让权。由于在银行董事会中俄国人占有多数席位，维特就保证了自己对银行工作的重要影响，在他的决定中，"铁路已不只是修到布拉戈维申斯克，而是穿过整个满洲直达符拉迪沃斯托克"。但是这一决定即使是在俄国政界中也遭到了反对。俄外交部亚洲司司长卡普尼斯特认为，维特的建议带有巨大的政治冒险性，而如果将铁路修到布拉戈维申斯克则只需要外交文书就可实现兼并问题。时任俄阿穆尔总督的杜霍夫斯科伊也认为，维特的建议会"把西伯利亚大铁路长达二千俄里的一段敷设在很长时间内将是我们的异邦的地区"。

维特在反驳这二人的过程中阐明了自己的满洲政策的本质。首先，把铁路一直修到符拉迪沃斯托克，将会使这个城市成为对满洲的一个主要港口，也使俄国的贸易不仅可以进入满洲，而且可以进入中国毗邻省份。而如果西伯利亚干线在俄国领土通过，敷设这些支线的工作会长时间地而且压根儿遥遥无期地延宕下去。此外的考虑是，俄国不能允许中国北方各省（包括满洲在内）最重要的铁路线落入他国手中，俄国应当千方百计地力争把中国北部的铁路网抓到自己手中。此外，修筑一条笔直的穿过满洲的铁路，对于俄国来讲，其政治和战略意义在于，"能使盛产粮食的外贝加尔地区有可能建成一个军事基地，并可以'在任何时候通过最短的道路'，从那里不仅把武装力量派到符拉迪沃斯托克，而且调到满洲的任何地点，派到'黄海之滨'和'临近中国京城的地方'"。

（2）关于满洲铁路租让权的谈判。

（3）1896 年 8 月 27 日，中俄双方签订建筑铁路的合同，俄国成为中东铁路公司的唯一股东，实际上也成了铁路的全权主人。

（四）对中国南满领土的"侵占"（1896～1898年）

（1）在北满寻求通向符拉迪沃斯托克的过境铁路。

《喀西尼条约》规定，俄国取得两条铁路的修筑权：①从符拉迪沃斯托克经珲春至吉林；②"从西伯利亚铁路的某站经瑗珲、齐齐哈尔、伯都讷至吉林。从山海关到齐齐哈尔、营口、开平、旅顺口和大连湾的中国铁路支线的各种可能方案都将采用俄式轨道，以方便两国间的贸易往来"。条约还"把黑龙

江和吉林两省勘探和经营矿产的权利只提供给俄中两国臣民，每次均无须得到北京政府批准，只要地方当局同意即可"。这样，《喀西尼条约》勾画了俄国在满洲全境的势力范围。不管是中国还是俄国修筑铁路，"北满的那条弯道铁路必定直接归俄国"。

（2）俄国在朝鲜寻求取得保护权的迂回途径。

（3）在南满物色一个不冻港作为出海口。

（五）向长城以北对英国的"极有害"的退让（1898～1899年）

作者叙述了英俄两国"在划分势力范围的基础上，从总体上就中国的铁路问题"进行了长达九个月的外交角逐。

（六）对满洲全境的"临时"占领（1900～1902年）

（1）1900年义和团运动时，俄国在满洲问题上所面临的形势。

（2）俄国军队进入满洲。

（3）中俄两国的会谈与接触。

（4）维特草案。

草案分两部分：①两国政府间的单独协定；②中国政府和中东铁路公司间的协定。

在草案中，维特为中东铁路公司要求很多"特惠"，如"盛京、吉林两省及黑龙江省小兴安岭南坡'无论官地还是私地的''所有'金矿的开采权，以及在全满洲所有石油与镍矿的开采权"。而"俄国正规军则随着托拉斯的基本企业——铁路工程的竣工，随着在下列路段上开始'正常运输业务'分三批撤出满洲，这些路段是：（1）从哈尔滨到边境站，（2）从哈尔滨到旅顺口，（3）从哈尔滨到满洲里；'在所有建筑工程全部竣工以后'，俄军也撤出哈尔滨"。

（5）1901年1月26日的中俄两国政府单独协定草案。

（6）"满洲协定的波折"。

（7）俄国政府通过华俄道胜银行驻北京代表与中国政府间的"私方"协定交涉。

（8）李鸿章死后的谈判形势和俄方态度的转变。

（七）战前的最后阶段（1902～1904年）

（1）1902年3月26日条约签订前欧洲的国际关系。

（2）满洲矿业公司。

该公司从华俄道胜银行继承下来的，或通过银行获得的具有重要实业利益的企业租让权有六项，其中一项在黑龙江。直接以公司名义得到的租让权有"俄国采金公司于 1903 年 4 月 1 日转让给满洲矿业公司的黑龙江右岸（从乌伊河到松花江汇合处）和松花江左岸（从都鲁河到与黑龙江汇合处）的观音山地区的采金权等"。

（3）有关满洲的森林租让权。

（4）有关满洲问题的两种方案的冲突。

（5）沙皇尼古拉与维特的"分道扬镳"。

（八）战争时期俄国的国际财政关系（1904 ~ 1906 年）

作者叙述了在日俄战争时期俄国与法、德、英等国的财政关系，认为正是这样的财政处境加上对日战争的失败，"促使俄国和日本达成了协议，这些协议使俄国完全进入了协约国的圈子"。

（九）战后满洲的"大型企业"

（1）战后俄国政府的财政危机。

俄国必须重新审查自己的对外政策，"使其与国家的现在财力相符，所以现在俄国政府所能谈到的只不过是'保存力量以解决欧洲的重大问题'，也就再'不能在远东耗费钱财了'"。

（2）满洲矿业公司。

（3）中东铁路。

三　学术评价

首先，作者引用并分析了大量的文献资料。作者使用的基本档案是财政部总务司第三处经手处理的文件，在他看来，"要研究当时专制政体的经济政策在俄国国际关系中是用哪些方法、在何种程度上确定并解决自己的任务的这个问题，不应当首先从外交部去寻找基本资料"。

其次，在叙述俄国远东政策时，作者十分注重对于政策制定者的描述，特别是当时俄国的财政大臣维特。他甚至认为，维特的这种干涉国家对外政策的程度，"决定了俄国在远东的进攻性政策和金融资本结成紧密联盟的程度"。也正因如此，作者过于看重维特在当时俄国对外政策中的地位和作用，高估了个别人物的作用。

最后，作者在论述俄国的满洲政策时，着重于"资本"在对外政策中的影响，研究了由于满洲市场而造成的日俄冲突、英俄冲突和美俄冲突，认为

"国家资金在这一银行－铁路－轮船－矿山联合企业中事实上拥有的股份愈多"，"它对满洲愈来愈具有好战性，直到最后才以战争而告结束"。

《俄国在满洲（1892～1906）》一书曾在 1937 年由民耿译成中文，当时书名《帝俄侵略满洲史》，由商务印书馆出版。这部著作非常有益于我们了解沙皇俄国对黑龙江地区及至整个中国东北的侵略、在远东与日本的勾结与争夺。

第六章　成书于 1932～1948 年
有关黑龙江的史料

第一节　《哈尔滨贸易公所纪念文集1907～1932》

一　作者简介

《哈尔滨贸易公所纪念文集 1907～1932》的主编是哈尔滨贸易公所主席
Н. Д. 布杨诺夫斯基。Н. Д. 布杨诺夫斯基[①]，1880 年 12 月 5 日出生于波多利
斯克省，1902 年毕业于师范学校。1909 年前，Н. Д. 布杨诺夫斯基在俄国南部
从事教师工作。从 1909 年 5 月 1 日起，Н. Д. 布杨诺夫斯基任阿尔马维尔俄国
对外贸易银行职员。从 1909 年 8 月 8 日至 1919 年，任华俄道胜银行托木斯克
分行行长。从 1920 年起，Н. Д. 布杨诺夫斯基在哈尔滨生活，先后任华俄道
胜银行哈尔滨分行职员、行长。1927～1930 年，Н. Д. 布杨诺夫斯基担任中国
银行顾问。从 1929 年起，Н. Д. 布杨诺夫斯基在哈尔滨贸易公所任职，后又
担任哈尔滨贸易公所主席一职。1935 年 10 月 15 日，Н. Д. 布杨诺夫斯基以自
杀形式结束了自己的生命。Н. Д. 布杨诺夫斯基在哈尔滨工作期间，除了直接
参与哈尔滨的工商活动外，在学术上也留下了重要成果，即其组织编写并主编
出版了具有重要学术价值的《哈尔滨贸易公所纪念文集 1907～1932》[②]。尽管

---

①　Доброхотов Н. М. Буяновсктй Н. Д. （Некролог）//СБ. памяти Николая Демьяновича
　　Буяновского. – Харбин：Тип. Заря，1936. с. I – VI.

②　Буяновсктй Н. Д. Юбилейный сборник Харбинского Биржевого комитета. 1907 – 1932. –
　　Харбин：Изд. Харбинского Биржевого комитета. 1934. – 405с.

Н. Д. 布杨诺夫斯基本人在《哈尔滨贸易公所纪念文集 1907～1932》一书中没有撰写任何具体章节，但其本人对《哈尔滨贸易公所纪念文集 1907～1932》一书的问世起到了非常重要的作用。从目前的史料来看，《哈尔滨贸易公所纪念文集 1907～1932》一书也许是 Н. Д. 布杨诺夫斯基主编的唯一一部著作，同时也是唯一一部关于黑龙江的著作。

二 编写背景

在 1904～1905 年日俄战争期间，东北出现了众多俄资商业企业，但战后俄资商业企业既面临自身发展困境，同时又受到哈尔滨被辟为国际性商埠后各国商业势力的竞争压力。为了摆脱困境，在俄国政府的支持下，哈尔滨俄侨商人于 1907 年 4 月 8 日正式成立了商会组织——哈尔滨俄国商会，统一协调商业活动。为了与外界沟通经济联系，由俄侨商人倡议，经中东铁路管理局局长和华俄道胜银行哈尔滨分行行长的筹划以及俄国财政大臣的批准，于 1907 年 5 月正式成立哈尔滨贸易公所，由中东铁路管理局直接管理。该贸易公所的宗旨是："组织起工商界……建立一个能够及时同（哈尔滨）管理机构联系以解决（俄国）工商业当务之急的组织……鉴于同外国人竞争……必须组织起来，用协同一致的联合来对抗外国竞争，保护俄国工商业利益。"[①] 在之后的发展过程中，哈尔滨贸易公所"在保护俄罗斯人利益方面起到了巨大作用"。[②] 到 1932 年，哈尔滨贸易公所走过了 25 年的历程。为了纪念哈尔滨贸易公所 25 年所取得的成绩，哈尔滨贸易公所组织哈尔滨的相关专家编写哈尔滨贸易公所纪念文集。这样，《哈尔滨贸易公所纪念文集 1907～1932》一书于 1934 年在哈尔滨正式出版。

三 主要内容

《哈尔滨贸易公所纪念文集 1907～1932》一书篇幅很长，达 405 页，分六个章节论述，并附工商指南、汇率和商品价格等内容。

第一章为哈尔滨贸易公所。简要介绍了哈尔滨贸易公所的产生以及 25 年

---

① 《哈尔滨贸易公所五年活动的历史概述》，第 4 页，1912 年哈尔滨俄文版。转引自石方等《哈尔滨俄侨史》，黑龙江人民出版社，2003，第 237～238 页。

② Буяновсткй Н. Д. Юбилейный сборник Харбинского Биржевого комитета. 1907 – 1932. – Харбин：Изд. Харбинского Биржевого комитета. 1934. – с. 5.

来哈尔滨贸易公所的活动等历史概况，包括哈尔滨贸易公所的组织结构、成员、成立的目的和性质。

第二章为满洲的经济资源。分为 4 个专题，分别为满洲的土地面积与农业、满洲的矿业、满洲的林业和满洲的畜牧业资源。在满洲的土地面积与农业专题中，整体记述了近年满洲的土地面积与农业情况，也记载了当时黑龙江省及当时隶属于吉林省现为黑龙江省部分地区的土地面积与气候条件、主要粮食作物的种类、播种面积和年平均产量、农业劳动力等情况。在满洲的矿业专题中，整体记述了满洲矿业发展的历史与现状，也记载了当时黑龙江省及当时隶属于吉林省现今黑龙江省部分地区的黄金、煤炭及其他有色金属开采的历史沿革等情况。在满洲的林业专题中，整体记述了满洲的森林覆盖率、森林的经营等情况，也记载了当时黑龙江省及当时隶属于吉林省现今黑龙江省部分地区的森林覆盖率、主要林区、经营主体、木材加工和销售等情况。在满洲的畜牧业资源专题中，整体记述了满洲畜牧业的重要性、牲畜的种类和数量、满洲的狩猎产品和毛皮市场等，重点对黑龙江省的畜牧业情况进行了记载。

第三章为满洲的加工业。分为 4 个专题，分别为满洲的工业企业、满洲的制油业、满洲的面粉业和北满的制糖业。在上述 4 个专题中，除了从整体上记述满洲加工业情况，也记载了黑龙江省的主要工业中心和重要加工业领域的制油业、面粉业情况，尤其重点记述了黑龙江省的制糖业。

第四章为满洲的贸易。分 3 个专题，分别为总述、满洲的出口和满洲的进口。但在这章中没有具体记述黑龙江省的进出口贸易情况。

第五章为满洲的交通。分 5 个专题，分别为总述、满洲的水路与水上运输、满洲的铁路与铁路建设、乌苏里铁路哈尔滨商务代办所和满洲的航空。在总述部分，记载了黑龙江省最古老的道路——土路的分布和总长度。在满洲的水路与水上运输专题中，记述了黑龙江省的松花江及其支流嫩江、牡丹江、呼兰河和边境地区的黑龙江、额尔古纳河、乌苏里江的自然情况以及在各江河上的航运情况，尤其是中东铁路松花江河运船队的情况。在满洲的铁路与铁路建设专题中，除记述铁路在满洲经济和政治上的作用、满洲铁路建设的历史发展阶段和满洲的铁路网外，对黑龙江省境内的中俄政府合资中东铁路、中俄私人合资穆棱铁路、中国政府投资修筑的吉林—海伦铁路、齐齐哈尔—克山铁路、呼兰—海伦铁路、中国私人投资修筑的鹤岗铁路、齐齐哈尔—安达铁路、伪满洲国投资修筑的海伦—克山铁路、讷河铁路等修筑情况、投资额、经营情况也进行了概述性的记载。在乌苏里铁路哈尔滨商务代办所专题中，记述了乌苏里铁路哈尔滨商务代办所的开办时间、业务范围、1924～1932 年的主要活动。在满洲的航空专题中，记述了满洲航空产生的年份，也记载了黑龙江省 1934 年初齐齐哈尔—黑河的航空线公里数以及齐齐哈尔—海拉尔、海拉尔—满洲里运送旅客的机票价格。

第六章为满洲的货币与银行。分 2 个专题，分别为北满的货币、哈尔滨的银行。在北满的货币专题中，记述了俄国卢布在黑龙江省产生、发展的历史及影响，以及从 1916 年起俄国卢布在黑龙江省开始失去昔日的地位、中东铁路当局和哈尔滨贸易公所挽回卢布危机的举措，同时也记载了在黑龙江省市场上流通的中外其他货币情况。在哈尔滨的银行专题中，记述了属于国内的交通银行、东三省官银号、地方银号和伪满洲国中央银行、属于日资的驻哈银行、属于俄资的远东银行、房产主公会银行和犹太国民银行及其他外资银行等业务情况。

附录为两部分：满洲的工商指南、满洲的汇率和商品价格。在工商指南中，列举了 30 家在哈尔滨活动的为编撰《哈尔滨贸易公所纪念文集 1907～1932》一书提供信息的中外大型工商企业的基本情况；在汇率和商品价格中，记载了 1913～1933 年哈尔滨市场上流通的各种货币不同时期的汇率，以及1922～1933 年哈尔滨市场上各类商品的年平均批发价格。

四 学术评价

如上所述，为纪念哈尔滨贸易公所成立 25 周年，哈尔滨贸易公所出版了《哈尔滨贸易公所纪念文集 1907～1932》一书。在书中，哈尔滨贸易公所本应对其本身的活动进行重点阐述，但仅有几页篇幅，这实与该纪念文集的名称不相符。

尽管如此，《哈尔滨贸易公所纪念文集 1907～1932》一书仍具有十分重要的史料价值和学术价值。它是一部关于近代黑龙江经济各领域的论著。从史料价值上看，《哈尔滨贸易公所纪念文集 1907～1932》一书不仅对黑龙江省经济领域各个方面的历史进行梳理，也对《哈尔滨贸易公所纪念文集 1907～1932》一书出版前几年黑龙江省经济的现状进行记述，其中详列了大量数据。这是我们今天研究近代黑龙江经济史需要参考的十分重要的史料。从学术价值来看，

《哈尔滨贸易公所纪念文集 1907～1932》一书在学术史上亦占有重要地位。本书之前在研究 20 世纪 20 年代俄罗斯学者关于黑龙江研究的史料时也列举了一些重要学者及论著，其中关于黑龙江经济的论著如《北满（经济评论)》《北满与哈尔滨的工业》《北满粮食贸易概述》等，对当时及之前黑龙江的经济进行了论述。而《哈尔滨贸易公所纪念文集 1907～1932》一书也属于这类著作。它是上述著作的拓展研究，其学术价值显而易见。此外，与同时期俄罗斯出版的关于黑龙江经济的著作相比，《哈尔滨贸易公所纪念文集 1907～1932》一书亦地位凸显。《哈尔滨贸易公所纪念文集 1907～1932》一书出版的同年，俄侨学者 Л. И. 柳比莫夫在哈尔滨也出版了类似的著作《满洲经济概述》[1]。但该书几乎是《哈尔滨贸易公所纪念文集 1907～1932》一书的翻版，正如该书作者在前言中所言，该书直接参加了《哈尔滨贸易公所纪念文集 1907～1932》一书的编写，因此从《哈尔滨贸易公所纪念文集 1907～1932》一书中抽出了自己撰写的几个专题和其他内容构成了《满洲经济概述》一书，所不同的是在《满洲经济概述》中没有把林业、矿业和金融业纳入其内[2]。

第二节　《大满洲帝国十周年纪念文集》

一　作者简介

《大满洲帝国十周年纪念文集》一书是由伪满协和会和满洲俄侨事务总局共同策划完成的，但编撰《大满洲帝国十周年纪念文集》的具体工作落在了 М. Н. 高尔捷耶夫身上。М. Н. 高尔捷耶夫[3]，1895 年出生，出生地不详，卒年卒地不详。М. Н. 高尔捷耶夫曾任伊尔库茨克哥萨克军司务长。М. Н. 高尔捷耶夫何时来哈尔滨生活不详。在哈尔滨生活期间，М. Н. 高尔捷耶夫曾任满洲俄侨事务总局副局长和移民委员会主任。1945 年苏联军队出兵中国东北后，М. Н. 高尔捷耶夫被逮捕并遭返回苏联，后被判 7 年劳动改造。М. Н. 高尔捷

①　Л. И. Любимов Очерки по экономике Маньчжурии. – Харбин，1934. 208 с.

②　Л. И. Любимов Очерки по экономике Маньчжурии. – Харбин，1934. с. II.

③　Хисамутдинов А. А. Российская эмиграция в Азиатско – Тихоокеанском регионе и Южной Америке：Биобиблиографический словарь. – Владивосток：Изд – во Дальневост. ун – та，2000. с. 94.

耶夫在满洲俄侨事务总局内所做的各项活动中，能够在学术上留下其名字的就是在 1942 年庆祝伪满洲国"建国"十周年之际作为满洲俄侨事务局出版者身份出版了《大满洲帝国十周年纪念文集》① 一书。该书尽管记述了伪满洲国成立十年的历史，但也是关于黑龙江的重要论著，即记载了俄侨在黑龙江活动的发展变迁史。因此，M. H. 高尔捷耶夫因其是《大满洲帝国十周年纪念文集》一书的出版者而在俄罗斯的黑龙江研究上留下了抹不去的痕迹。

二 编写背景

1932 年 3 月 2 日，日本在占领中国东北后炮制了伪满洲国。到 1942 年 3 月 1 日，伪满洲国在日本的扶植下走过了所谓十年的"建国"历程。为了庆祝这一"隆重的事件"，伪满洲国当局在 1941 年 8 月就成立了庆祝典礼中央委员会。在庆祝伪满洲国成立十周年的准备过程中，伪满协和会②与满洲俄侨事务总局③也参与其中，其重要表现形式就是共同编写一本纪念伪满洲国的文集。这样，《大满洲帝国十周年纪念文集》一书就问世了。

三 主要内容

《大满洲帝国十周年纪念文集》

---

① Гордеев М. Н. Великая Маньчжурская Империя: К десятилетнему юбилею, 1932 – 1942. / Кио – Ва – Кай；Гл. Бюро по делам рос. эмигрантов в Маньчжур. Империи. 1942. –418с.

② 1932 年 5 月成立，由关东军一手策划建立，所有行动都受控于日本关东军。关东军司令官担任伪满协和会的名誉顾问。关东军对协和会举办的各种重要活动都要进行干涉和控制。协和会并非政府之从属机关，实为政府精神之母体，政府及由"建国"精神即协和会精神基础之上组成之机关，协和会员均应在政治上、思想上、经济上以"建国"精神为指导，致力于全体国民之动员，以期王道政治的实现。为维持日本帝国主义对东北进行殖民统治，伪满协和会直接参与到伪满洲国的政治、经济、军事、文化教育等各个领域，成为日本侵略者的忠顺帮凶。

③ 为对伪满洲国俄侨群体实施有效社会控制，1934 年 12 月 28 日成立，隶属于日本关东军情报部哈尔滨陆军特务机关。

全书共 416 页，分"圣谕"、伪满洲国国歌、伪满洲国建国宣言、伪满洲的国家与文化发展之路、满洲帝国的产生与国家体制、伪满洲国的建国精神、伪满洲国皇帝、伪满洲国的十年成就、伪满洲国十年大事年表、伪满协和会、俄罗斯人在满洲的出现和发展史、中东铁路、战争与俄罗斯帝国的崩溃、伪满洲国建设中的俄侨、反共产国际英雄纪念碑、伪满洲国俄侨东正教教堂、俄侨对伪满洲国文化的贡献、俄侨艺术活动家、伪满洲国的俄侨体育、伪满洲国的俄侨工商业、伪满洲国的俄侨农业、俄侨狩猎人、伪满洲国城市中的俄侨等 23 个部分。

《大满洲帝国十周年纪念文集》一书前 10 部分几乎没有关于黑龙江的内容，从 11 部分起分不同领域主要记述了俄侨在满洲的历史与现状。该书首先简要记述了 1896 年前俄罗斯人在满洲出现和发展的历史以及俄罗斯人在满洲活动的原因。在中东铁路部分记述了俄国在满洲修筑中东铁路的原因、中东铁路的修筑过程、中东铁路的经营及对包括黑龙江省在内的满洲工商各业的影响，其中重点记述了北满的俄国航运业、中东铁路护路队、东正教堂、教育、铁路附属地的行政设置、俄侨房产主、哈尔滨自治公议会、哈尔滨贸易公所、鼠疫与防疫工作等具体情况。在战争与俄罗斯帝国的崩溃部分记述了第一次世界大战对哈尔滨及在黑龙江俄侨的影响、1917～1924 年中东铁路的管理、1924～1931 年苏联在中东铁路上的管理、"九·一八"事变对黑龙江俄侨的影响等。在伪满洲国建设中的俄侨部分记述了满洲俄侨事务局的成立、组织结构、领导构成、学校、企业、出版活动，伪满洲国俄侨联合会、满洲俄侨事务局与伪满洲国协和会的关系、满洲俄侨事务局局长 B. A. 基斯里钦、俄侨经济组织、慈善机构、难民委员会和其他社会组织以及俄籍其他民族协会等内容。在反共产国际英雄纪念碑部分记述了为生活在满洲而又坚决反对苏联和共产国际而死去的俄侨树立的纪念碑情况。在伪满洲国俄侨东正教教堂部分记述了伪满洲国时期俄侨东正教堂存在的基本情况以及满洲、哈尔滨的墓地情况。在俄侨对伪满洲国文化的贡献部分记述了俄侨学者的学术研究、中东铁路在科学研究上的作用、满洲俄国东方学家学会简史、东省文物研究会简史、哈尔滨东方学与商业科学院东方学小组简史、基督教青年会自然科学与地理学俱乐部简史、布尔热瓦尔斯基研究会简史、伪满洲国的俄侨学校、伪满洲国的俄侨出版物和图书馆等情况。在俄侨艺术活动家部分记述了哈尔滨交响乐团、歌剧、芭蕾舞、话剧、声乐教育、剧院和绘画等情况。在伪满洲国的俄侨体育部分记述了俄侨田径、自行车、网球、篮球、足球、乒乓球、帆船、拳击、滑冰、铅球、冰球、赛马等多项体育项目情况。在伪满洲国的俄侨工商业部分记述了俄侨在伪满洲的投资、实力雄厚企业如穆棱矿业公司和秋林公司等、俄侨房产主公会等简要情况。在伪满洲国的俄侨农业部分记述了满洲俄侨农业简史、满洲俄侨农业区分布、畜牧业和奶业、养马场与养马业、养羊业、养猪业、家兔养殖业、家禽业、养蜂业、养蚕业、作物栽培、耕田、蔬菜栽培、园林栽培、啤酒花种植业、药用植物，等等。在俄侨狩猎人部分对呼伦贝尔、大小兴安岭和黑龙江省东部地区 4 个狩猎区进行了概述，对俄侨捕兽人数量、俄侨狩猎队、鄂伦春狩猎人、索伦狩猎人、戈尔德狩猎人、被俄侨狩猎人猎捕的老虎和伪满洲国的养兽业问题。在伪满洲国城市中的俄侨部分记述了新京、吉林、奉天、大连、满洲里、海拉尔、博都纳、齐齐哈尔、安达、绥芬河、穆棱、牡丹江、一面坡、亚布力、横道河子、阿什河和佳木斯等城市中的俄侨情况，以及伪满洲国哥萨克人史。

四　学术评价

《大满洲帝国十周年纪念文集》一书于 1942 年在哈尔滨正式出版发行。尽管该书是为庆祝伪满洲国成立十周年而出版，带有歌功颂德性质，但该书仍不失其史料价值和学术价值。

从史料价值上看，《大满洲帝国十周年纪念文集》一书用了大量篇幅记载俄侨在黑龙江省活动的方方面面的内容。毫不夸张地说，《大满洲帝国十周年纪念文集》一书就是一部关于黑龙江俄侨的百科全书。它为今天学者研究黑龙江俄侨史，尤其是伪满洲国时期黑龙江俄侨史留下了极其宝贵的历史资料。

从学术价值上看，《大满洲帝国十周年纪念文集》一书在学术史上仍值得一提。第一，它是以俄文出版的关于伪满洲国十年发展史的第一部著作。第二，它是第一部全面研究伪满洲国时期及其之前黑龙江俄侨史的著作。在此期间，俄罗斯学者也出版了关于黑龙江俄侨史的著作，如 1942 年出版的《满洲帝国的俄侨艺术》[①] 和《哈尔滨的报喜鸟教堂史》[②]，但与《大满洲帝国十周

[①] Русское искусство в Маньчжурской империи. – Харбин：Изд. Харбинского симфонического общества，1942. 54 с.

[②] Комарова М. К. История Благовещенской церкви в Харбине. – Харбин，1941. 199 с.

年纪念文集》一书相比，这些著作只研究黑龙江俄侨史中的某个领域，只不过是在这些领域比《大满洲帝国十周年纪念文集》一书研究得更系统、深入而已。

第三节　《帝国主义在满洲》

一　作者简介

B. 阿瓦林（1899～1978），又名弗拉基米尔·雅科夫列维奇·阿博尔京，拉脱维亚人。1927～1928 年在哈尔滨担任总领事。1929～1931 年任东方学研究所副所长，至 1935 年任世界经济与政治研究所研究员，1956 年以后任该所所长。专门研究远东和亚太地区问题，共出版 7 本专著、10 本小册子和 400 余篇论文，很多都被译成外文（其中一些使用化名阿瓦林），如《争夺太平洋：日本和美国的矛盾》《殖民体系的解体》。去世后被授予列宁勋章和十月革命勋章。

二　主要内容

原书 1934 年在莫斯科和列宁格勒出版，中译本由北京对外贸易学院俄语教研室翻译，商务印书馆 1980 年出版。

《帝国主义在满洲》一书详细叙述了 19 世纪末至 20 世纪 30 年代俄、日、美、英、德、法等列强争夺满洲（中国东北）的历史过程，特别是俄日两国的激烈争斗。作者将俄日的争斗过程划分为四个时期：第一时期，19 世纪 90 年代至日俄战争；第二时期，日俄战争至 1917 年；第三时期，十月革命至 1931 年；第四时期，20 世纪 30 年代初期。书中涉及黑龙江地区的内容主要是中东铁路问题。

（一）中东铁路的修建

作者在绪论中阐述了俄国进入满洲的原因："虽然阿穆尔地区本身作为一个市场作用并不甚大，但是它是通往太平洋、通往有巨大潜力的中国和日本市场的必经之路。……俄国占领这一地区的主要意义也就是想把它变成攫取这种财富的来源地。"沙皇政府的远东政策反映了俄国资产阶级的利益，特别是 1891 年开始筹建的西伯利亚铁路（从莫斯科到符拉迪沃斯托克的铁道）给俄

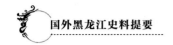

国商业和工业资本开辟了远大的前景。

1896 年 8 月末，建筑中东铁路的合同签字了，从这时起俄国以"坚定的步伐"进入满洲大地。

1897 年 8 月 16 日，中东铁路干线的建筑工程正式开始。铁路工程中枢基地哈尔滨的施工分东、南、西三个方向。铁路工程总局于 1898 年 6 月 28 日迁到哈尔滨。

1903 年夏季（7 月 1 日），举行中东铁路交付营运仪式，此时铁路尚未完工，还不能正式通车。已交工的资产价值确定为 3 亿 7495 万 5598 卢布，这个数额中包括因义和团起义所受的损失（追回工程和支出），约为 7174 万 5878 卢布。此时轨道连同支线约长 2500 公里。此时，铁路的修筑远未完成，很多桥梁是临时性的，在兴安的 3 公里隧道还在砌筑拱顶。在交工时确定，为了完成工程还需要 5750 万卢布。铁路平均建筑价值每公里等于 107000 卢布，大大超过正常的建筑价格。在交付营运时，机车有 367 台、客车厢 903 辆、货车厢和平台车 6700 辆以上。

根据 1896 年条约，建筑和经营中东铁路的权利名义上给了华俄道胜银行。为了建筑和经营中东铁路，华俄道胜银行理事会的代表同中国政府签订了成立特别股份公司——中东铁路公司的合同。中东铁路公司实际上完全是虚假的机关，因为股东实质上只有一个——俄国政府，而各机关的代表——官吏被任命为公司的理事。华俄道胜银行和中东铁路公司是装潢门面的幌子，掩盖俄国对满洲的入侵。

作者认为，俄国利用铁路实现自己的军事目的。根据铁路建筑合同，中东铁路公司获得了这些权利："管理所属土地的绝对和特殊的权利"，架设电信设施的权利；中东铁路公司的收入免除各种课税；中国政府对该公司的活动实际上不应进行任何监督。准许沙皇政府在这样的条件下进入北满，就意味着为其将来正式吞并这一地区创造了前提。

至 20 世纪初期，沙皇专制政府在满洲已经扎根很深。俄华银行积极开展业务活动，在满洲境内开设哈尔滨、吉林、齐齐哈尔等分行。

俄国在实践中获取了条约之外的东西。如中东铁路工程局顺利地同吉林将军、齐齐哈尔将军分别签订了关于在中东铁路整个地区内设立特别外事科、在哈尔滨设立特别外事处的协定，由中东铁路供给经费，审查和处理涉及中东铁路和中国公民利益的事务。此外，中东铁路公司利用占领初期的时机，于

1901 年夏季和 1902 年初获得吉林将军和齐齐哈尔将军允许在两省境内勘探、采掘煤炭的优惠权。

1907 年 1 月 1 日，在哈尔滨设立俄国领事馆，它拥有大量俄国侨民，但不掌握一般领事馆对侨民所行使的基本权力，这造成了铁路租借区地位的特殊性。在这种情况下，中东铁路公司拥有了对铁路地区俄国侨民的行政权，以及对公民生活指导和监督的权力。

（二）俄日两国在满洲的竞争和对中东铁路的争夺

俄日战争后的初期，俄日在满洲实施不同的政策。日本在政治上、经济上迅速地巩固和提高了自己的地位，俄国只是坚守住自己的阵地。1908 年 3 月 23 日，俄国同黑龙江省签订租让森林开发权和中东铁路公司收购土地合同。早在 1906 年，俄国就已经恢复了在铁路地区内地段的收购，根据合同共收购 105000 俄亩以上（黑龙江省 106000 垧）。关于森林租让权，俄国在黑龙江省的租让总面积达 900 平方公里。

除俄日两国的满洲政策外，作者还叙述了双方在满洲的经济地位。为说明俄日联盟时期俄国资本在北满的地位和发展进程，书中列举了中东铁路的业绩和投资，以及俄国私人资本在北满的各种投资的具体数字和资料。作者认为，如果只谈论俄中在北满运输、工业、各种不动产和商业以及其他企业上的投资，那么，这个数字（包括国家和私人资本）在十月革命以前约为 8 亿卢布。

第一次世界大战后，面对日本在满洲的咄咄进逼，俄国在北满政治上和经济上的影响普遍削弱，但在战争后半期，俄国资本显露出复苏的某种趋势。1916 年底，百万富翁库拉耶夫与黑龙江行政当局的代表马道台合伙经营开采额尔古纳河沿岸金矿，采伐木材。俄亚银行也与马道台达成关于开采金矿的协定，百万富翁斯基杰尔斯基与其达成了关于采煤的协定。此外，俄亚银行于 1916 年春（3 月 14 日，公历 27 日）由郭伊尔代表该行与中国政府签订发行 5000 万卢布公债的协定，以建筑哈尔滨—黑河铁路及其支线——墨尔根—齐齐哈尔铁路。根据借款条件，总工程师必须是俄国人，即铁路实际应由俄国人监督。

十月革命后，哈尔滨的工人士兵代表苏维埃要求把中东铁路和总领事馆的职权移交给苏维埃，但因与霍尔瓦特谈判时决心不够，霍尔瓦特商请中国政府派中国军队对抗苏维埃。经过武装冲突之后，苏维埃被消灭了（1917 年 12 月 12 日）。

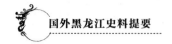
（三）一战后的中东铁路

十月革命永远消灭了俄帝国主义，横贯满洲的中东铁路问题不止一次被帝国主义者在反苏斗争中用来挑拨离间和进行阴谋活动，而日美帝国主义争夺中东铁路的斗争实质上就是争夺北满的斗争。1918年夏天，在巴黎和伦敦基本上同意进行武装干涉时，日本的穿军装的军队就出现在北满和中东铁路，但穿便衣的士兵在十月革命后就立即出现在哈尔滨和中东铁路。为了对抗日本，在中东铁路出现了以美国看守人史蒂斯为首的盟国委员会。该委员会所在地规定为哈尔滨，并一直存留到1922年10月底。面对美国的竞争，日本认为自己已经不便侵占中东铁路，企图借俄国走狗之手来做这件事。于是，俄国的"拿破仑"在1919年10月初企图在事实上（de facto）占领铁路，并伪称"绕道去符拉迪沃斯托克"，把部队开进海拉尔、齐齐哈尔和哈尔滨。中国军队司令部坚决要求谢苗诺夫立即把部队撤走。自1918年初至1922年，北满、中东铁路地区是形形色色的白匪军的根据地。

在华盛顿会议上，中东铁路在满洲问题中是一个稍微独特的问题，它极其复杂，因帝国主义国家之间矛盾重重而得不到解决。华盛顿会议后，中东铁路在北满的状况未起变化，每个国家都想把中东铁路拉入自己家。这个时候，中东铁路已破败不堪，变成了南满铁路的一条专用线了。

1924年5月31日，中苏两国签署了《中俄解决悬案大纲协定》、《关于中东铁路暂行管理协定》和一系列共同声明。条约的最主要部分是关于中东铁路的条款的协议。作者在叙述了当时中国北京政府和奉天军阀的态度后认为，当时如果完全和无条件地"把中东铁路交给中国"，实际上意味着把中东铁路交给帝国主义者。作者将奉天军阀、苏联对中东铁路的共同管理时期划分为三段：①1927年春季以前；②1929年占领铁路以前；③奉天军阀的军队被红军打败以后。作者认为这三个时期都与日本有极大的关联，尤其认为奉天军阀夺取中东铁路是反苏战争的前奏，但张学良确是"可怜的工具"，不过不是南京政府手中的工具，而是所有指挥南京政府的帝国主义者手中的工具。

（四）20世纪30年代初期日本在满洲的统治与扩张

除了中东铁路问题外，B.阿瓦林还特别讲述了1931年日本占领满洲后以满洲为基地所做的各种军事准备——铁路建设、军事航空建设、土路修筑、设防据点的构筑等，其中有相当一部分实施于黑龙江地区。

三 学术评价

该书以丰富的俄国档案资料为依据，较为详细地叙述了 19 世纪末至 20 世纪 30 年代初帝国主义列强侵略中国东北的历史过程，对于研究那个阶段的黑龙江历史具有较高的参考价值。

难能可贵的是，作者对沙皇俄国在中国东北、黑龙江地区的侵略活动进行了揭露和谴责，而苏联的很多同类历史著作却设法进行辩护和开脱。

第四节 《俄美公司》

一 作者简介

谢苗·宾齐安诺维奇·奥孔（1908～1972），苏联历史学家，历史学博士。1931 年毕业于列宁格勒大学。最初在历史档案馆工作，1938～1972 年，除在列宁军政学院担任两年教授外，一直在列宁格勒大学任教（1940 年提升为教授）。他曾研究过 18～19 世纪俄国社会运动和阶级斗争、沙俄在远东的殖民政策及俄国兵法和海军兵法史。著有《俄美公司》《沙俄在堪察加边区殖民政策史纲要》《苏联历史纲要（十八世纪末至十九世纪第一个四分之一）》《苏联历史纲要（十九世纪第二个四分之一）》《十二月党人米·谢·卢宁》《十二月党人》等书。

二 主要内容

《俄美公司》一书 1939 年在莫斯科、列宁格勒由国家社会经济出版社出版。中译本由俞启骧、毛树智、常金翻译，郝建恒审校，1982 年商务印书馆出版。

俄美公司是沙俄在 18 世纪中叶占领北美洲的阿拉斯加以后，于 1799 年为适应沙俄侵略扩张政策的需要而建立的机构，名义上是商业企业，实际上是沙俄向太平洋以及黑龙江流域进行侵略扩张、进行殖民统治、掠夺当地资源的工具，是沙皇"政府在一切不便以它自己的名义出面的特殊情况下所不可缺少的一个最忠实、最可靠的代理机构"。1867 年，俄国将阿拉斯加连同阿留申群岛一并卖给美国，俄美公司遂于 1868 年停办。本书比较详细地记述了沙俄借

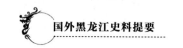

俄美公司向北美洲沿岸、北太平洋殖民扩张，以及侵略中国黑龙江流域的历史。

1841年，即批准该公司第二个二十年章程之前，在俄国国务会议上对俄美公司的使命有如下规定："公司是个商业团体，但在某种形式上也是一个国家政权机构，它的特权不仅包含着权力，而且包含着义务。"

西伯利亚总督尼·尼·穆拉维约夫在此期间奉命了解公司状况，他在呈沙皇的奏疏中写道："公司处境十分困难……公司的经济状况是相当惨淡的。实际上，俄美公司当时已濒临经济彻底崩溃的边缘。"假如它是一个一般商业企业的话，它就会被关闭。但是，穆拉维约夫却坚持要保存公司，并主张提供必要的物质援助。穆拉维约夫的态度其实是俄国政府的态度；俄国政府认为俄美公司为俄国在东方开辟扩张道路的使命尚未完成，并且，以私人公司的名义掩盖国家的扩张对俄国是有利的。

俄国政府保存这个公司的根本原因之一，是其正在策划占领中国黑龙江地区。实际上，在19世纪40年代末和50年代前半期，俄美公司对俄国向东方扩张和占领黑龙江地区都曾起过非常重要的作用。

19世纪40年代后半期，俄国政府为了占领黑龙江沿岸地区，迫切需要了解黑龙江口是否可以通航和那里是否能够成为出海口。俄国政府不能公开调查这一地区，它希望侵占黑龙江地区静悄悄地进行：一方面，不引发中国的抗议；另一方面，不招致英国的干预。"因此，行动必须积极，同时又要十分谨慎。"在这种情况下，由俄美公司出场非常合适。俄美公司的总管理处声称："公司是政府在一切不便于以它自己的名义出面的特殊情况下所不可缺少的"最忠实、最可靠、最认真的政府代理机构。

1844年，俄国外交部奉沙皇谕令授命俄美公司考察黑龙江。1846年春，俄美公司的船只"康士坦丁号"在加夫里洛夫指挥下开始考察黑龙江口。虽然考察工作为期短暂，未能彻底查清黑龙江口的情况，但是终究在很大程度上促进了沙俄对这个地区的了解。

1849年，穆拉维约夫命令海军大尉根·伊·涅维尔斯科伊对黑龙江口进行考察。与此同时，他建议俄美公司派一贸易考察队从旱路去黑龙江口，目的是在该地区建立俄国居民点，而且通过贸易把当地土著居民——基里亚克人——笼络到俄国方面来。俄国外交部在致俄美公司的公函中说明了进行这种考察的必要性：同基里亚克人进行联系对俄国特别重要，"他们居住在阿穆尔河口附近的北岸，他们及其他同部族人，看来都认为自己不隶属于中国"。可见，沙俄的手段是高明的：不仅对黑龙江口进行非法的武装占领，还以笼络和欺骗的方式引诱那里的少数民族归顺俄国。

1849 年夏，公司的贸易考察队连续数月考察、笼络基里亚克人，并对该地区进行了测绘。

1850 年，公司的贸易考察队与海军大尉涅维尔斯科伊的考察队又在黑龙江沿岸地区进行了一次考察。1850 年 6 月，海军大尉涅维尔斯科伊和公司贸易考察队队长奥尔洛夫在黑龙江畔建立了第一个俄国居民点，命名为"彼得冬营"。公司职员奥尔洛夫被留下来管理该居民点。

就在这一年，俄国的"一项关于开拓阿穆尔边区的决定中，特别强调这里的居民点应该建成俄美公司商站的形式"。这样做是为了掩人耳目。于是，俄美公司职员中的骨干力量全都投入占领黑龙江地区的工作中。1851 年，公司职员已在尼古拉耶夫斯克哨所（庙街）定居下来。"公司从这些哨所派出考察队，越来越远地深入阿穆尔地区，调查研究阿穆尔地区的辽阔土地，开辟新道路，建立新居民点。"这些工作一直持续到 1858 年《瑷珲条约》签订，俄美公司才停止其在黑龙江畔的侵略活动。

俄美公司还耗费了大量的精力和物资在阿扬湾建设港口以代替不方便的鄂霍次克港。这个新港通过一条 200 俄里长的道路，把马亚河和阿尔丹河连接起来，"它作为向阿穆尔河推进的根据地具有重大的意义"。

1859 年，穆拉维约夫在他提交的一份特别呈文中概括了俄美公司在侵占中国黑龙江流域中的作用："俄美公司在阿穆尔事业开创之初就参加了活动，为以后发生的一系列事件奠定了基础，因此它所起的作用是非同小可的。众所周知，1850 年，我们在阿穆尔地区最初的一些果断行动都是以公司名义进行的，因为当时政府认为不宜公开活动。我们在阿穆尔河口的第一批哨所就是这样建立的。"因此，一直到 19 世纪 50 年代中叶，沙俄政府非常关心俄美公司，在此时期采取了一切措施使公司摆脱财政困境。

本书作者如此评价俄美公司："这个在一定历史时期特有的机构，在这一扩张活动中起到了其应起的作用。沙俄政府之所以能进行如此遥远的扩张的尝试，而未引起国际关系的复杂化，只是因为在形式上以私人企业为掩护，而实质上是官办机构。"

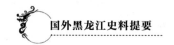

三　学术评价

该书是根据莫斯科、列宁格勒两地的国家档案馆中收藏的档案材料写成的。原书的序言写道："作者引用了学术界至今未曾用过的新档案材料写成。这无疑会增加本书的新颖感和说服力。"

作者在史料的搜集方面付出了很大的努力。研究俄美公司的历史之所以很困难，是因为俄美公司总经理处的大部分档案遗失殆尽。按照规定，俄美公司撤销后，其档案材料应移交财政部，但是由于后人不知晓的原因，这一移交没有完成。总经理处档案中的很小一部分文件落到了海军历史学家 Ф.Ф. 维谢拉戈的手里，以后连同维谢拉戈的档案一起，又转到国家地理学会档案库，一直保存下来。保存在国民经济档案馆（列宁格勒）的俄美公司总经理处全宗中关于国内行政管理的卷宗只有 10 份。至于保存在新阿尔汉格尔斯克的俄美公司全宗中的另一部分，即关于《移民区行政管理》的资料，则已根据 1867 年出卖俄国移民区的协定，转交给了美国。公司某些活动家的私人档案，本可以多少弥补一下俄美公司史料之不足，但是这些档案材料很零散，而且大部分显然已经遗失。公司创办人舍利霍夫及第一任公司经理布尔达科夫的一部分档案（价值不大）在沃洛格达被发现后，被运到国家封建农奴时代档案馆（莫斯科）。此全宗的另一部分材料数量虽然不大，但内容最为丰富，是苏联科学院偶然发现的。因此，作者在为本书收集材料时，不得不把注意力集中在公司的上级机构（手工业及国内贸易司），或者与公司有公文往来的部门（枢密院、国务会议、外交部、海军部等）的卷宗上。有时，一些珍贵的史料竟在与公司毫无关系的机构的卷宗中发现。

本书所用文献资料分为两类。第一类内容广泛，包括俄国航海家们多次环球考察的回忆录。第二类史料是专门研究公司活动的著述，这一类材料极为有限。

奥孔像苏联早期的一些历史学者那样，非常可贵地站在马克思主义立场上，对沙皇俄国的侵略扩张政策进行了一定程度的抨击。例如，作者在评论 19 世纪末的帝国主义争霸时，这样写道："几十年后，太平洋已成为帝国主义列强逐鹿的舞台。这里成了新矛盾的焦点，沙俄在进入其东部边界斗争新阶段的时候，在侵略强盗的行列里也占有它的地位。"

第五节 《满洲地理概述》

一 作者简介

B. A. 阿努钦（1913～1984），苏联地理学家。他信奉"统一地理学"，并积极发展这一理论。他创立了"地理学的对象——环境"这一学说。他认为环境是自然因素和社会因素共同作用的结果。其著作有《满洲地理概述》、《地理学的理论基础》（莫斯科，1972）等。

二 主要内容

本书 1948 年由莫斯科国家地理文献出版社出版。全书共分四章，介绍了中国东北的地理特征、经济情况、政治形势。

这部著作最有价值的部分是"俄罗斯对满洲地理的研究（历史概述）"。它简明扼要地叙述了 19 世纪初到 20 世纪初俄国学者对中国东北（当然包括黑龙江地区）的地理考察。从中，我们可以了解到俄国学者考察东北的目的、规模、成果以及本书作者本人的立场。

鸦片战争之后，A. Φ. 米登多夫受俄国科学院委托，深入阿穆尔河（黑龙江）地区进行非法调查。

Сунгари выходит на равнину. Лишь вдалеке видны вершины гор, среди которых недавно протекала эта красивейшая река Маньчжурии

Широка и полноводна Сунгари у Харбина. Отсюда до самого устья могут ходить крупные речные пароходы

6*

1848 年，涅维尔斯科伊开始了对黑龙江出海口的非法考察，并在那里升起了俄国军旗（1850 年 8 月 1 日）。

1859 年，杰出的植物学家马克西莫维奇沿乌苏里江溯流而上，考察沿岸的植物。其著作具有准确、全面的特点，对满洲植物界、各区域之间植物差别和植物发展的生物条件给予相当完全而又明晰的描述。

1859 年，另一位俄国学者 P. K. 马克调研了松花江和松阿察河谷地，并且在同行中第一个深入兴凯湖地区进行考察①。

俄国学者 ф. Б. 施密特（1859～1862）、Г. И. 拉德（1857～1858）和旅行家兼学者 Н. М. 普尔热瓦尔斯基（1867～1869）也在黑龙江和乌苏里江畔工作过。

В последнее время сильно вырос город Муданьцзян, быстро превратившийся в крупный торгово-промышленный центр, когда через него в 1933—1935 гг. прошла железная дорога Цзямусы — Сейсин, давшая прямой путь из Маньчжурии в Корею. За 14 лет, с 1931 по 1945 г. его население выросло с 3,5 тыс. чел. до 214 тыс.².

1862 年，Н. 希尔科夫斯基游历了海拉尔②。

1864 年初，著名俄国地理学家 П. А. 克鲁泡特金翻越了兴安岭，跨过了满洲的整个西北角，这片地域在外贝加尔与远东之间嵌入西伯利亚。同一年，他经由墨尔根（嫩江）前往瑷珲，而后与 А. 乌索利采夫从松花江口上溯至吉林城。

1866 年，希尔科夫斯基乘坐"乌苏里江号"轮船溯流驶抵松花江上游的伯都讷（扶余城）。

1870 年，著名汉学家巴拉第由北京启程经过奉天（沈阳）、齐齐哈尔、墨尔根（嫩江）到达瑷珲。他后来编著了（当时）最详细、最科学的"满洲志"。

1872 年，由不同职业的人组成的考察队乘坐"电报局号"沿松花江上溯到伯都讷（扶余），然后经嫩江抵达齐齐哈尔城，接着沿呼兰河上行至呼兰站。

1878 年，Н. 马丘宁骑马乘车抵达宁古塔（宁安）。

П. П. 谢苗诺夫－天山斯基起草了专门报告，阐述俄国地理协会在满洲研

---

① 参阅 P. K. 马克《乌苏里江谷地游记》第 1 页，1861 年圣彼得堡俄文版。

② 参阅其《中国城市海拉尔之游记》，《俄国地理学会东西伯利亚分会论丛》1865 年第 8 期，第 149～156 页。

究领域的贡献。他特别指出,"考察研究兴安岭的荣誉完全属于俄国人,例如弗里彻、叶夫丘金、列辛和加尔纳克兄弟"。叶夫丘金上尉踏查了一条走向与兴安岭平行的驮运大商路。列辛上尉则踏查了北兴安岭①。加尔纳克兄弟俩——分别是总参谋部的军官、地理协会自然地理分会的秘书——踏查了蒙古高原东缘和兴安岭西坡②。

1891 年,伊万诺夫斯基教授穿越满洲,其走向与 1870 年汉学家巴拉第穿越满洲时的走向相反,即从瑷珲启程,经由墨尔根(嫩江)、齐齐哈尔、奉天(沈阳),到达北京。1894 年,斯特列利比茨基从库伦(乌兰巴托)出发,经由海拉尔、大兴安岭山地和齐齐哈尔前往符拉迪沃斯托克③。

1895 年,M. B. 格鲁列夫与地形测绘员波格丹诺夫乘船沿松花江溯流航行到伯都讷(扶余)以远 30 俄里的地方④。同年,H. 马秋宁和 H. A. 季诺维耶夫上溯松花江航行,重走 1872 年巴拉巴什航线⑤。

B. Л. 科马罗夫对满洲调研事业做出了重大贡献,他的那些基础性著作迄今仍为不可超越的典范。B. Л. 科马罗夫当年从乌苏里尼科利斯克出发经由波尔塔夫斯卡娅到达宁古塔,从那里启程由奥莫索到达吉林。1913 年 B. Л. 科马罗夫完成又一次满洲之旅,走遍兴凯湖水系东部,还有绥芬河和苏城(苏昌,后来命名为"帕尔季赞斯克",即"游击队城"——译注)水系的一部分。

19 世纪末,由于修筑中东铁路,俄国专家学者对满洲的研究进入了新阶段。在此之前,对中国东北的考察大都带有勘测侦察性质,其成员五花八门——地理学者、地形测绘员、东方学专家、传教士、商人、猎户、金矿探测者,等等。自 B. Л. 科马罗夫第一次满洲之行至 1905 年,满洲考察团组具有了愈益科学的性质。

---

① 参阅《总参谋部列辛上尉 1887 年从布拉戈维申斯克经由齐齐哈尔城前往喜峰口到达北京之旅途概述》,《亚洲资料汇编》第 24 辑,1888,第 49～128 页。
② 参阅《总参谋长上校加尔纳克 1887 年沿大兴安岭西坡所走的旧祖鲁海图—北京旅途记述》,《亚洲资料汇编》第 34 辑,1888,第 5～49 页;Э. Л. 加尔纳克《兴安岭考察期间工作报告》,《俄国地理协会通报》1888 年第 6 期。
③ 参阅《1894 年满蒙游历七个月》,《亚洲资料汇编》第 12 辑。
④ 参阅《Д. M. 波格丹诺夫 1895 年松花江旅行日记》,莫斯科,1896,第 98 页。
⑤ 参阅 H. A. 季诺维耶夫《松花江旅行札记》,《阿穆尔河(黑龙江)沿岸地区公报》1895 年第 101 期。

俄国地质学家 Э. Э. 阿涅尔特对满洲地质的调研占有显著地位。1896 年，鉴于拟议中的中东铁路的修筑前景，也为了查明煤炭产地，他曾作为俄国地理协会考察团长到达满洲。1896～1898 年和 1901 年，以及后来的 1920～1925 年，他进行过大量的东三省地质调研工作。对黑龙江地区的考察主要有两次，其中一次的路线是扎赉诺尔—海拉尔—大兴安岭—齐齐哈尔（1901），另一次的路线是从牡丹江到齐齐哈尔。

1902～1904 年，П. П. 丘宾斯基率领的俄国交通部水文组对松花江做过专门研究。作为该考察组的工作成果，一本关于从源头到汇入阿穆尔河（黑龙江）的松花江的大部头专著出版了，此书涉及整个浩大的水系。其上册是厚实一卷，集中了所有纪实资料；第 2 卷内有一些统计表；第 3 卷由图纸和地图构成；第 3 卷的图纸和地图中有松花江及其支流水系地图、该江个别地段平面图、水平线波动图表、气压气温图表、江河底部变动图表，等等。

1902 年，地理学 - 地质学专家 Я. C. 埃德尔斯坦在北满小兴安岭群山之中专心致力于调研含金地点①。

1903 年 6 月 15 日，中东铁路正式通车。从此，满洲进入历史发展新阶段。满洲地理研究的新阶段也来临了。哈尔滨在成长、在发展，它有相当数量的俄国居民，有一系列学校、学术机构和文化机构。“俄国东方学家协会”在哈尔滨组建，它出版学术机关报《亚洲通报》。晚些时候，中东铁路局经济处做过大量工作，出版了不少有关满洲自然、经济和人口状况的重要著作。还发行过《满洲通报》杂志，组织地方史志编研活动，开办博物馆等。简言之，满洲地理研究在后来的岁月里也是有进展的，其间俄国专家学者一直起主导作用。满洲研究由几个地方中心城市，主要是哈尔滨的一些常设机构进行。

三　学术评价

俄国在 100 多年里对包括黑龙江地区在内的中国东北进行了深入的考察，取得了重大的学术成果。不过应该指出的是，俄国学者考察中国东北不是出于纯粹的科学目的，更多的是为了实现俄国的远东政策，即向远东积极扩张，与

---

①　参看《1904 年黄金工业导报》。

其他强国争夺霸权，侵占中国领土，掠夺中国资源。本书作者 B. A. 阿努钦的立场与沙皇俄国的殖民主义立场完全一致，其许多观点与历史事实不符。例如，作者说，"随着西伯利亚俄国移民垦殖事业的发展，情况明朗了：阿穆尔河根本未被中国人开发过"。"受（彼得堡）科学院之托于 1843～1844 年进行了东西伯利亚调研的 A. Φ. 米登多夫深入到阿穆尔河地区之后确信此河实际上并未被中国占据。"这类观点是完全错误的。

第七章 成书于 1949 年以来 有关黑龙江的史料（上）

第一节 《1689 年第一个俄中条约》

一 作者简介

П. Т. 雅科夫列娃，苏联历史学者。

二 主要内容

《1689 年第一个俄中条约》一书 1958 年由莫斯科苏联科学院出版社出版。中译本为贝璋衡译，商务印书馆 1973 年出版。

《1689 年第一个俄中条约》共两章五节，叙述了 17 世纪的早期中俄关系史，以及 1689 年（清康熙二十八年）两国使团在尼布楚谈判、签约、划分两国东段边界的情况。

（一）关于俄罗斯进入外贝加尔地区和阿穆尔河流域问题

在作者看来，俄国和中国之间持久的外交关系、贸易关系的建立，只是在 17 世纪中叶两国的属地在阿穆尔地区接近起来，因而有必要调整不断发展的关系之后才成为可能。

（1）俄罗斯进入外贝加尔地区和阿穆尔河流域的方式。俄罗斯对西伯利亚广大地区的开发，是一个极其特殊而复杂的过程。其特点首先在于没有使用强大武力就把居民稀少的广大地区归并于强盛起来的俄罗斯国家。

俄罗斯对外贝加尔地区、鄂霍次克海沿岸和阿穆尔河流域的殖民，无论在具体实行上还是在历史意义上，其性质都与对整个西伯利亚的殖民没有任何原则上的区别。

"在整个西伯利亚从乌拉尔山脉直到阿穆尔河和太平洋的整个西伯利亚的开发中，起主要作用的是几小队哥萨克新土地发现者和务农的移民。……沙皇的行政机关也继移民之后来到西伯利亚，城市建立起来了；沙皇的将军们率领着军职人员的部队屯驻在这些城市里，商人和手工业者也定居在这些城市里。"

新的俄罗斯城市和城堡出现的历史，证明了 17 世纪俄罗斯人在西伯利亚迅速不停地前进。从 1658 年起，尼布楚成为独立的将军辖区的中心和俄罗斯对阿穆尔河沿岸地区施加影响的主要根据地。于是，所有在阿穆尔河流域和外贝加尔地区建立的城堡，

如阿尔巴津堡（1654）、上结雅堡（1678），以及许许多多的新垦地、过冬地、自由村和乡村，都以尼布楚为中心。

由于没有向外贝加尔地区和阿穆尔地区派遣大量兵力的可能，俄罗斯政府在这些地区实行政策的方针就是使俄罗斯农民定居于新的地区，尽可能建立更多的设防城堡来巩固俄罗斯的统治权，利用各种优待办法吸引当地的部落加入俄罗斯国籍。在 17 世纪达呼尔地区①，当地部族需缴纳毛皮实物税，此外还有鱼类、野果、啤酒花、布袋、皮带和牲畜等的实物税，并有向俄罗斯行政当局供应载重马车的义务。在作者看来，毛皮实物税缴纳者转到俄罗斯方面是清政府准备与俄罗斯作战的原因之一。

（2）进入的路线。到 17 世纪 80 年代，贝加尔湖东南方和阿穆尔河流域左

---

① 　在 17 世纪，石勒喀河流域、额尔古纳河流域以及阿穆尔河流域中上游这一片广大地区合起来被称为达呼尔地区（见书中第 40 页）。

方的俄罗斯领地已经同西伯利亚联系起来了。这些连接阿穆尔地区和俄罗斯的道路中，一条是水路。这条路是从阿尔巴津沿阿穆尔河和石勒河上行至尼布楚，从尼布楚到贝加尔湖，过贝加尔湖后沿安加拉河、叶尼塞河前进，然后通过连水陆路沿鄂毕河支流克特河航行，再经鄂毕河和额尔齐斯河而抵达俄罗斯西伯利亚的最大中心托波尔斯克城。另一条路是从阿尔巴津前往鄂霍次克海：沿阿穆尔河以及格尔必齐河，然后沿斯塔诺夫山脉北至乌第河河口和乌金斯克堡。

（3）在评价17世纪俄罗斯在外贝加尔地区和阿穆尔河流域的殖民活动的性质和历史意义时，作者认为，沙皇俄罗斯所征服的许多部落在以前是绝对不曾依附于邻近的任何大国的。作者甚至宣称，加入中央集权的俄罗斯国家就等于保证了东西伯利亚各族人民和部落的相对安全，使之免于接连不断的外患和内争。

（二）关于17世纪俄中外交关系和贸易关系

（1）作者按照时间顺序，一一叙述俄罗斯出访中国的使团，进而厘清了17世纪俄中两国外交和贸易关系的建立过程。

1616年，托波尔斯克将军伊·斯·库拉金奉俄罗斯沙皇之命派遣哥萨克阿达曼瓦西利·丘麦涅茨和伊万·彼得罗夫·捷库季耶夫到阿勒坦汗，目的之一就是要探听前往中国的道路。

1618年，将军库拉金派遣伊万·彼特林、安德列·蒙多夫和彼得·基齐洛夫前往中国。虽然他们到达了北京，但彼特林在呈交给沙皇的报告中却认为：从俄罗斯至中国路途遥远，而且非常艰难。因此，彼特林的使节团没有促成俄中建立直接的外交和贸易关系。

之后俄罗斯派往中国的使团有巴伊科夫使团、佩尔菲利耶使团、阿布林商队、斯帕法里使团。

（2）17世纪俄中贸易情况。作者在书中列举了西伯利亚最大的城市托波尔斯克的17世纪税关记录、尼布楚将军衙门的案卷和西伯利亚事务衙门的"关于商人"的大批案卷，指出在17世纪前半叶，即在第一个俄罗斯使臣巴伊科夫访问中国之前很久，就有颇大数量的中国货物运到托波尔斯克市场；尼布楚在17世纪70年代就成为俄中贸易的根据地。

（三）关于雅克萨之战

雅科夫列娃叙述了1683～1689年满洲军队和俄罗斯哥萨克在阿穆尔地区

的军事冲突，包括两次冲突前俄中双方的筹备活动和冲突的详细经过。

（四）关于《尼布楚条约》

此乃全书的重点。作者首先详细叙述了《尼布楚条约》签订前中俄两国使节会议的准备，以及双方使节团的人员、权限和所奉的训令。

俄罗斯使团由御前大臣、将军费·阿·戈洛文为第一大使，尼布楚将军伊·鄂·伏拉索夫为第二大使，秘书谢苗·克尔尼茨基为第三大使。为了保护使团，由莫斯科拨了 506 名莫斯科火枪兵，其余由戈洛文自己在西伯利亚各城市招募，以凑成一个人数 1400 名的哥萨克步兵团。在列举了沙皇给使团的训令后，作者认为：俄罗斯力求与中国缔结和约并建立持久的经济和政治关系，把与中国建立广泛而自由的相互贸易问题放在主要的地位；俄罗斯重视自己在阿穆尔地区的领地，所以责成它的使节团设法争取以阿穆尔河为界，但是领土划界问题对俄罗斯使团来说是次要的。

清朝使团由贵族人物和国家大臣组成。议政大臣领侍卫内大臣索额图为第一大使，内大臣都统一等公国舅佟国纲为第二大使，都统郎谈为第三大使。清军的总数大约是 15000 人。作者认为，清朝使节团的主要任务是同俄罗斯缔结持久的和约，从而保证同准噶尔的斗争获得有利的条件。为了建立一个隔离（俄罗斯）的地带，康熙力求把已经居住了俄罗斯人的地区划归中国。为此，清政府于 1689 年不但对与俄罗斯通商的问题不感兴趣，正相反，它力图阻碍贸易的发展。

俄中两国在尼布楚的三次谈判，即 1689 年 8 月 12 日、8 月 13 日和 8 月 27 日，以及其间 8 月 14 日到 27 日清军包围尼布楚。在书的最后部分，作者列举了 1689 年尼布楚条约的内容，并逐一讨论了条约中的各项条款。

另外，作者补充了一些关于 17 世纪末叶俄中贸易的材料，由此断言俄中两国的贸易在《尼布楚条约》签订后扩大起来了，因而刺激了俄罗斯和中国双方的手工业和工场手工业生产的发展，认为该条约具有积极的、进步的历史意义。

二　学术评价

作为在 1958 年莫斯科出版的苏联第一本讲述中俄《尼布楚条约》的专著，雅科夫列娃的这本书明显带有帝俄时代的思想烙印，通篇为沙俄侵略我国黑龙江流域辩解，曲解早期中俄关系的历史。例如，作者认为：17 世纪前半期的黑龙江流域居住着许许多多部落，他们在俄罗斯人来到黑龙江以前并没有

臣属于任何一个邻近的国家，清政府以武力驱逐黑龙江流域的沙俄侵华团队是对俄国的侵略。其实，关于黑龙江流域的隶属关系，不仅在中国史书中有大量详细的记载，就连本书作者引用的一些俄国档案材料，也足以证明中国对黑龙江流域拥有主权。例如，雅科夫列娃写道：1651 年哈巴罗夫到达达呼尔的一座小城托尔琴时，达呼尔的一个酋长托尔加和屠伦察向他宣称，"博格德皇帝"的人已经向他们征收过毛皮实物税了。

作者还谎称：俄国人进入西伯利亚、黑龙江流域时，不屠杀当地的居民，不摧毁他们的经济，而是与他们进行经济和文化的接触。对此，苏联早期的著名历史学家谢·弗·巴赫鲁申教授在他的《哥萨克在黑龙江上》一书中就曾指出，波雅科夫、哈巴罗夫等人率领的哥萨克团伙是一群"无法无天、残酷无情"的人，他们"如此残暴、如此肆无忌惮地破坏繁荣的地区，摧残发源于阿穆尔河两岸的与他们格格不入的、但却是高度发展的独特文化"。这一点，作者是不可能不知道的。与作者将俄国侵占黑龙江流域描述成一种不使用强大武力的"开发"行为相反，清朝的守土护国行为则被其说成是以强暴手段摧毁农业，驱逐居民。

尽管本书从头至尾都试图在向读者证明，俄国是在中国的军事压力下被迫签订了《尼布楚条约》，但作者也不敢否认一个基本史实，即她在结论中所说："俄罗斯同中国的尼布楚条约是按照平等原则签订的"，"是互利的"。

本书虽然存在很多错误的论述，但书中使用了大量档案和文献，它们来自莫斯科的中央国家古代文件档案馆，苏联科学院历史研究所列宁格勒分所档案馆，列宁格勒中央国家历史档案所保存的第一届西伯利亚委员会的材料，外交事务衙门有关"俄中关系"的档案，西伯利亚事务衙门档案，西伯利亚各地（雅库次克、伊尔库茨克、尼布楚）将军衙门的案卷（第 1177、1121、1142 号档案）等，以及在《历史文献》和《历史文献补编》上所发表的文件。这对我们研究 17 世纪中俄关系有重要的史料价值。

第二节　《黑龙江问题》

一　作者简介

П. И. 卡巴诺夫（Петр Иванович Кабанов，1888～1974），于 1908～1919

年任教于布拉戈维申斯克（海兰泡）的一所小学。1914 年从莫斯科沙年夫斯基民众大学毕业后，在结雅城私立女子初级中学任历史教员。1921～1925 年主持布拉戈维申斯克加里宁两级中学，并在工农速成学校和教师训练班教授历史。1930 年在教育委员会担任大学和技术学校的督察，1942 年通过了副博士论文《远东共和国（1920～1922）》［*Дальневосточная республика（1920 – 1922）*］的答辩，1948 年通过了博士论文《黑龙江问题及其解决》（*Амурский вопрос и его разрешение*）。《黑龙江问题》（*Амурский вопрос и его разрешение*）一书是在其博士论文的基础上撰写而成。

二　主要内容

《黑龙江问题》由作者的博士论文《黑龙江问题及其解决》之第一、第二部分压缩修改而成，于 1959 年出版于布拉戈维申斯克。此时，作者为历史教授、历史学博士，任教于莫斯科高等学校。作者自称此书是为了纪念"俄国人第一次在阿穆尔出现并定居"300 周年而写的。本书由姜延祚译，1983 年黑龙江人民出版社出版。

（一）17～18 世纪的阿穆尔河流域是所谓"真空"地带，俄国移民的进入完全是一种自发的"英雄式"行为

（1）作者对比了 17 世纪清帝国和俄国对"阿穆尔河流域"的统治情况，认为阿穆尔地区是两国政府统治权力的真空地带。

作者认为：最早进入阿穆尔地区的是哥萨克人，这种行为完全是自发的，并且具有俄国新土地发现者鲜明的英雄主义特点。而吸引俄国移民的是关于阿穆尔非常富庶的消息。"不论就实际情况，还是从法律角度而言，莫斯科帝国都有充足的理由认为，阿穆尔土地是属于它领有的。"

关于 17 世纪清王朝对阿穆尔地区的统治权问题，作者认为："直到 17 世纪末，阿穆尔河沿岸并没有一个清帝国常设的军事行政据点（堡寨、城镇），也没有清帝国管理这些地区的固定机构或者清帝国同当地人民进行经济和文化联系的任何最微小的迹象。"作者甚至引用魏源的《圣武记》试图证明，当时中俄两国的势力范围划分得很不清楚、很不确切。这显然与史实不符。

（2）雅克萨之战。作者详细介绍了这次战争的起因、经过和结果。

"俄国在边界地区的影响不断扩大，以及随着将阿穆尔河沿岸变为俄国势力的立足据点而向此地移民垦殖，凡此一切导致了莫斯科同北京之间展开的激

烈的外交斗争，以及后来边境上的武装冲突。"而中俄双方作战实力相当悬殊，导致了战争中俄军失败的结局。

作者认为，雅克萨之役及其之后签订的条约，实际上并没有最终解决两国的边界问题，阿穆尔河沿岸各地成为位于两国之间的独特的中立缓冲地带。这种观点完全与史实不符。

对于俄国全权使臣戈洛文，作者认为他并不像一些俄国学者所认为的那样胆小如鼠，甚至是贪生怕死，而是因时因地、准确彻底地执行了莫斯科的指示，在当时的情况下，"不可能取得比他实际上已经取得的成绩更大了"。

（3）在描述了18世纪阿穆尔河流域的状况后，作者认为，18世纪的阿穆尔地区延续了17世纪末的"荒芜"特点，但俄国人此时已经将这里视为自己迟早要收回来的地区。

中国政府恪守诺言，"未在阿尔巴津及其它俄国村屯原址设防，也未在阿穆尔左岸建立大型居民点"。而在"俄国人的心目里，从来没有把阿穆尔看成是'别国'的土地，它不过是俄国暂时放弃的边区而已，只要新的有利形势一出现，它将重新是俄国的"。与此同时，俄国在亚洲东北部、太平洋上诸岛和美洲不断扩大疆域，不断增加俄国移民，不断发展贸易——这一切都增加了阿穆尔地区对于俄国的意义，因为阿穆尔河正是俄国从西伯利亚到东方的最短、最便利的一条道路。

俄国虽然"暂时"离开了阿穆尔地区，但对阿穆尔土著人的影响从未减弱，为突出这一点，作者援引乌瓦夫斯基的《阿穆尔见闻录》，认为当时的"阿穆尔各民族'不受任何人管辖'，不隶属任何政府"。这显然是与史实不符。

（二）到了19世纪，阿穆尔问题已经成为俄国政府亟待解决的问题，而阿穆尔河流域此时已经从由俄国人开发的地区，变成了要由俄国人收回的地区

19世纪头25年的阿穆尔沿岸地区仍是个半荒芜地区。中国人没往那里移民，也没有设防，只是同住在阿穆尔河两岸的少量居民进行贸易，并向他们征收实物税。而俄国人及臣属俄国的边境居民（鄂温克人、雅库特人等），同阿穆尔河居民的来往从未中断过。

1. 恰克图贸易

恰克图贸易是作者通篇阐述的一个主要问题。作者在肯定恰克图贸易的同

时，指出：恰克图贸易本身存在的限制和不足促使俄国将目光投向阿穆尔地区。

2. 戈洛夫金使团使命中的阿穆尔问题

1805 年，俄国政府派遣戈洛夫金伯爵率特命外交使团前往中国。"阿穆尔问题，即如何能把阿穆尔河作为通往东方——太平洋沿岸的俄国领地——的水上供应渠道的问题，是俄国各项要求的中心。"而戈洛夫金此行的主要任务只限于请求中国允许在阿穆尔河上通行少量运粮船。克鲁特逊斯特恩也由于受到指令的限制，没有敢于把对阿穆尔河口和萨哈林岛的考察进行到底。俄国政府之所以采取这种立场，是由于它一贯不愿意使对华关系复杂化，不愿造成中止给俄国带来巨额利润的恰克图贸易的任何借口。

3. 阿穆尔问题成为俄国国内各界最关心的问题

"与此同时，关于进入太平洋沿岸的问题也重新提出来了。其目的是同日本、朝鲜、马来群岛，也就是英美法资产阶级最活跃的地方，建立贸易关系。这就是为什么把阿穆尔河归回俄国和在该河下游同中国、日本和朝鲜相毗邻的太平洋沿岸建立俄国贸易门户的问题又提出来了。"而根据当时的状况，办法只有一个，就是从贝加尔经水路——阿穆尔河向东，向太平洋沿岸进发。

（三）阿穆尔河水上考察，完成了俄国人对未定领土——阿穆尔河下游——的占领

1. H. H. 穆拉维约夫

作者赞颂这个历史人物，认为他是一位政治家，"能促使俄国政府在远东实行积极的政策，他能调动起西伯利亚的力量去完成那里的巨大事业，他能得到西伯利亚各阶层的信任，为达到目标，他能表现出首创精神和坚忍不拔的毅力"。

2. 阿穆尔河水上考察

作者在叙述穆拉维约夫组织的 1854 年、1855 年、1856 年和 1857 年的航行时，将阿穆尔河左岸描写成"直到 19 世纪上半叶，那里一直是一片荒凉的中立地区，不论在经济上或政治上都同中国毫无联系。中国对穆拉维约夫在阿穆尔河的所作所为一直抱消极态度，证明北京政府不十分关心阿穆尔，而且不愿因阿穆尔而同俄国发生冲突"。

作者还颂扬了另一个侵华人物——涅维尔斯科伊。在这本仅 300 多页的著作中，作者用整整 40 页的篇幅介绍了涅维尔斯科伊考察队的活动。作者认为：

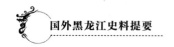

"在评价涅维尔斯科伊的功绩方面，他的同代人是极不公正的，他们把涅维尔斯科伊在解决阿穆尔问题中所起的真正作用，完全记到了穆拉维约夫一个人身上。"

（四）阿穆尔问题的解决，使俄国从冰天雪地的西伯利亚进入温带，"以这种方式获得的战略阵地之对于亚洲，正如在波兰的阵地对于欧洲一样，具有重要意义"

关于《瑷珲条约》，作者详细介绍了这个条约签订前后的情况。在评价《瑷珲条约》的意义时，作者认为："它彻底地、有法律依据地完成了把在1689 年失去的阿穆尔河左岸归还俄国的问题。此外，条约宣布乌苏里江和沿海海岸之内的地方为未定界地方，这就为滨海地区交由俄国管辖准备了基础。"而谈判之所以能取得成功，主要原因有三：①阿穆尔地方荒凉且又远离中国主要生活中心，所以中国并不强烈关心将其固为己有；②俄国人占据阿穆尔河下游，在该河进行了航行考察，对阿穆尔河左岸移民垦殖；③英法联军对中国实行侵略性政策和军事威胁，迫使中国政府力求同俄国保持和平关系，肯于对俄国做出让步。

（五）俄国向阿穆尔地区的移民活动

沙皇政府利用各种办法增加东西伯利亚的人口，尤其是外贝加尔的人口。但志愿迁移者几乎没有，却有成千上万的地主所属的农民涌入西伯利亚。政府所组织的西伯利亚殖民活动，其效果远不如民间"自发的"殖民活动。

第二次向远东移民始于19 世纪50 年代。来到远东的哥萨克、农民，也就是开发荒无人烟的新边区的那些普通人，使远东边陲真正变成了俄国的地方。随着俄国人迁居阿穆尔地区，阿穆尔两岸变得生机勃勃了，荒凉的海岸，难以通行的原始森林，都有了移民踪迹。尽管速度不快，但村庄在不断增加，城市在不断出现，沿海海湾在不断被开发出来。

三　学术评价

在阐述中俄关系历史问题时，作者站在民族沙文主义立场上分析和评价历史事件及历史人物。

如关于黑龙江地区归属权问题，正如此书中译本作者姜延祚在序言中指出的那样，早在入主中原之前，清王朝就已经统一了东北各部，黑龙江流域的各民族也都已经承认了清朝政府的统治权。只要不带偏见，认真查一下历史文献，就会知晓黑龙江流域的广大地区归清朝政府管辖的事实。但卡巴诺夫却在书中把事实说成是"清帝国也曾干预过黑龙江沿岸人民的生活，但都带有临时的和偶然的性质"，并强调清帝国在黑龙江沿岸没有"固定的军事或行政据点"，因此得出这样的错误结论：在黑龙江地区，"两国的影响难以区分"，"俄国人和清朝人可以说是同时出现在这些地方"。作者的这一观点显然无视事实，歪曲历史。

值得关注的是，作者强调，《尼布楚条约》签订以后俄国人却认为黑龙江沿岸地区迟早会重新成为俄国的，甚至在书中多次使用了"归还"一词。不过，作者偶尔也不自觉地流露出"俄国侵略中国黑龙江地区"的观点，例如，书中有这样的表述："对新边区的军事入侵，对直至松花江江口的阿穆尔左岸的占领，以及往阿穆尔下游的继续推进等，这些都是将阿穆尔土地并入莫斯科帝国的先决条件。"

该书资料丰厚，引用了一些当时已经公布或未公布的档案文献资料，非常珍贵。

第三节　《滨海遥远的过去：滨海边疆区古代史与中古史纲要》

一　作者简介

А. П. 奥克拉德尼科夫（1908~1981），苏联考古学家、历史学家、民族学家，苏联科学院院士，苏联科学院西伯利亚总分院历史、语文与哲学研究所所长，主要从事西伯利亚和远东等地区的考古研究，是西伯利亚考古流派的创始人。斯大林奖获得者，苏联国家奖获得者。英国科学院、蒙古科学院的外籍院士，匈牙利科学院的名誉院士，波兰波兹南大学的外籍教授。

二　主要内容

本书由符拉迪沃斯托克滨海书籍出版社 1959 年出版。中译本由莫润先、田大畏完成，商务印书馆 1982 年出版。

本书开篇介绍了远东考古学遗存的研究情况，随后按照时间顺序先后介绍了人类的早期遗迹、滨海的新石器时代、贝丘时代文化、由石器向金属器的过渡（公元前7~2世纪）、靺鞨部落和渤海国、女真国时代。

1. 远东考古学遗存研究简史

17世纪末18世纪初，杰出的俄国学者谢苗·乌斯季诺维奇·列赛佐夫揭开了远东考古学历史上的第一页。此后，俄国出现了一大批专心致力于研究古代遗存的考古学专家，如 И. А. 洛巴金、Н. М. 普尔热瓦尔斯基、Ф. Ф. 布谢和 В. П. 马尔加里托夫等，他们在滨海的很多地方进行了挖掘。与此同时，俄国还出现了大批中国史及其邻国史的研究者，如 И. 比邱林、П. 卡法罗夫、В. 戈尔斯基、帕拉季·卡法罗夫等。作者详细介绍了以上几位学者的考古发掘和著作，以及他们的社会功绩。除此之外，作者还介绍了 А. В. 叶利谢耶夫、Н. 阿里夫坦、В. К. 阿尔谢尼耶夫、费多罗夫、А. И. 拉津等学者，通过以上专家学者的考古调查研究，可以更加清楚地了解滨海的过去，一直追溯到人类最初入居滨海的历史。

2. 人类的早期遗迹

奥西诺夫卡山文化的发掘，特别是人手仔细加工的器物和采石场的发现，反映了非常古老的石器时代文化。

3. 滨海的新石器时代

新石器时代的典型特点是完善的陶器、弓箭和磨制石器。但是居住在广袤地域内的各个部落集团在习俗和生活方式上还有其自身的特点，这些特点表现在陶器的形制和纹饰上。作者将这一时期的文化划分为北方的新石器时代部落、南方的新石器时代部落、滨海内陆部分的新石器时代居民。通过出土的陶器、狩猎工具、磨棒、石雕像、容器饰文、玉等来探讨不同区域的文化特点，复原滨海新石器时代部落的生活和文化。结论：北方居民与阿穆尔河下游民族有较多联系，并通过他们同东西伯利亚的部落相接触。南方部落群的文化同朝鲜、东北和日本列岛的部落最为接近。东北、阿穆尔河沿岸和滨海的新石器时代文化是与中国北部的彩陶文化即仰韶文化同一时期并行发展的。

4. 贝丘时代文化

作者详细介绍了贝丘遗址的挖掘情况、分布地点、出土文物，并通过遗址情况反映滨海地区沿海部落的文化生活和生产活动。贝丘文化几乎分布于现今滨海边疆区从格拉德卡亚到阿穆尔河口的整个沿海地带，至少包括它的大部分。该遗址出土了大量陶器、石骨工具、饰物、兽骨和鱼骨，有利于我们全面了解贝丘时代居民的技术和经济生活，以及他们的生活特点和滨海史上这些出土文物所代表的整个文化历史阶段。可食软体动物的甲壳在文化遗迹里面数量最多。捕食蛤蜊的方法很多，工具也多样，可食软体动物是当地居民主要的食物来源。渔业也同样有意义，捕捞海鱼不仅需要有大小渔网、钓竿、石坠、鱼鳔，还需要有特殊的技术，特定的捕鱼区域等。贝丘时代还具有原始的农业和处于萌芽阶段的家畜饲养业。

5. 由石器向金属器的过渡（公元前 7～公元 2 世纪）

通过考古遗存可以证明当时辽东的政治、经济和文化生活与中国其他部分相同。铁器非常普遍，铁器工具大量出现，如锄、锛和镰。此外，还用青铜制造兵器。钱币大量出现，以货币流通为基础的交换日益代替了原始的实物交换。

6. 靺鞨部落和渤海国（5～7 世纪的勿吉（靺鞨）部落）

着重论述了靺鞨人的居住环境、农业生产、狩猎经济、婚姻和嫁娶仪式、婚姻生活、丧葬习俗以及民族关系。作者认为渤海国的兴起与 7 世纪远东政治局势的激烈动荡有直接关系。此外，作者还详细介绍了渤海国的建国以及考古遗存，通过这些透视出渤海国的政治关系、家庭生活、经济形式、宗教信仰、民族交往等。

7. 女真国时代

详细介绍了女真国的兴起过程以及女真帝国的灭亡经过。12～13 世纪，女真人居住在山林中，善骑射，喜好渔猎。农业生产发展并占据重要地位，土地用牛耕。女真人食谷物，穿兽皮或者麻布衣服，戴头巾。婚姻由父母约定。信奉萨满教。奴隶制在高级贵族中十分普遍。有强大的军事组织，有刑法和监狱。女真人创造了文字，喜欢汉民族的古典诗词和戏剧。

三 学术评价

其学术贡献如下。

（1）本书作为我国东北边疆考古研究的学术成果，具有一定的参考价值。作者在详细介绍当地考古发现的同时，还大量引用中国历史文献资料的相关记载，并对当地的考古资料和中国内地的考古资料进行了比较研究。

（2）作者不仅结合考古资料和最新研究成果，还对同时期其他国家的考古遗存非常了解，把本民族的考古研究和其他国家的考古挖掘横向比较，有深度和广度。例如，对于石器时代的文化遗存，作者把奥西诺夫卡山文化的发掘和日本的绳纹文化、印度支那旧石器时代和中石器时代文化、柬埔寨和平文化、中国的滨海远古史资料、蒙古国的考古挖掘相比较。不仅如此，作者还将美洲北极各地区，甚至在格陵兰分布的所谓古爱斯基摩或者古代的前爱斯基摩文化和遗址进行了比较分析，得出以下结论：第一，美洲和亚洲的大陆文化中都广泛流行过从棱柱形石盒上打取规整的刀形石片的高度技术；第二，都大量存在经过修整的各种石器，如矛头、刀、刮削器；第三，两个大陆文化都有带刀割刃口的石器；第四，两者存在相似的陶器，特别是饰有典型的棋盘乳钉纹或者假编织纹的圆底器和尖底器。

（3）作者引用了大量俄国人翻译的中国史书，如《今本竹书纪年》《晋书》《后汉书》《三国志》等。值得一提的是，作者能够在积累一些新的资料和考古发掘信息之后，改变传统的观点和自己原有的观点，难能可贵。作者原来认为挹娄与贝丘文化遗存有联系。然而，"1953 至 1958 年，关于滨海公元前第二至第一千年以及公元最初几世纪的考古遗存，积累了一些新的资料，这些资料表明必须重新考虑这个传统观点"。作者认为，这个文化以及嗣后出现的绥芬河流域青铜－铁器时代文化，应当归属于中国文献中所说的肃慎时期，而不是挹娄时期。

（4）善于总结归纳。例如，贝丘时代文化出土的容器里面有各式各样的花纹。作者通过仔细观察整理，将其划分为五组：第一，弦纹（最为普遍，是滨海贝丘陶器最有代表性的特征）；第二，填以垂直或者倾斜短划纹的复线弦纹；第三，之字纹，所见极少（有的只是简单的之字形划线，有的是纵列的之字纹组成杉针纹的形状）；第四，变态的折线几何纹；第五，几何图案的单独成分（菱形、三角形），彼此没有联系，或者结构复杂的纹饰分解而成的片段。再如，滨海最普遍的容器，其器耳往往呈小鼓包的形状，带一个穿孔，类似的器耳有时也见于仰韶文化。贝丘遗址中特别流行浅腹平底碗，这种器形在中国新石器时代也是很有代表性的。中国新石器时代和滨海贝丘文化的典型器物是圈足豆，有的圈足矮且粗，有的高而细。在中国新石器时代陶器的纹饰中，由平行的、与滨海出土同样的附加堆纹组成的带纹具有显著地位。有时豆的圈足也是这样装饰的。这些情况也是滨海贝丘所出陶器的固有特点。中国新石器时代还广泛流行弦纹，它的结构同上述附加堆纹相似，但不是凸起的，而是凹陷的线条。这种纹饰我们在滨海贝丘的出土资料中也经常看到。

（5）尽管作者散布了一些错误观点，但在当时还未否认"滨海地区"（乌苏里江以东和黑龙江下游一带地方）同我国东北乃至黄河流域之间有着悠久的历史关系。本书开头就说："远东居民古代文化的独特性及其历史命运的复杂性，在更大程度上取决于具体历史条件，取决于他们同临近的亚洲大陆各地和各国的联系。""远东诸部落首先同中国（它在许多世纪中曾经有过远东高度的农业文明）以及满洲、朝鲜和东亚各岛屿有过各种各样的联系。""古代中国居民及其北方林人的这一切新的文化因素，其发源地恰恰是中国，而不是北方。"再如，"滨海沿岸贝丘文化的起源和传播应当同公元前第二千年末和第一千年内中国本身及其相邻各地所发生的事件有联系"。作者还认为："远古新石器时代中国的两个主要文化中心（特别是后者即东方文化中心）都同我国远东距离很近，它们同滨海及阿穆尔沿岸部落彼此为邻，因而不能不发生密切的文化联系。""滨海出土的石锄、石镰等远古农人的主要劳动工具，其形制同远古中国的同类工具完全相同"等。

其缺点和不足如下。

（1）作者流露出许多错误的观点，将贝丘文化与中国完全割裂开来。事实上，中国的辽东半岛、山东半岛、长山群岛等地都是贝丘文化的代表。

（2）书中故意把汉族和中国少数民族对立起来，认为只有汉族才是中国人，少数民族都不能算中国人，硬说"渤海对中国皇帝的依附，从来没有超出形式上的册封"，"契丹人（辽）和女真人（金）的历史，本来就不是真正的中国史，而是其他民族的历史"，拒不承认我国早在 1000 多年以前已经有效地管辖着黑龙江下游和"滨海"广大地区。

（3）作者片面夸大当地民族文化的独特性。他说"阿穆尔河下游……的艺术风格具有最纯粹的、自成一体的性质"，"考古发掘表明，这种风格早在

几千年前的新石器时代即已存在，而且几乎没有什么变化"，从而否定中原文化与当地文化的密切联系。特别是在全书的末尾，作者大肆宣扬所谓"十七世纪俄国新土地发现者"的历史功绩，说什么"正是俄罗斯人迎接了把这片富饶的、被历史遗忘了的疆土从千百年的落后状态中解放出来的任务"。这些违背历史真实的叙述是完全背弃列宁关于沙俄侵华的实事求是论断的。

（4）作者对中国历史的解释有许多错误之处。例如，他把秦始皇铸钟镶金人说成铸佛像，把"周公辅成王"说成周朝有个名叫"公辅"的人称了王，把作为《三国志》组成部分的《魏志》与《三国志》并列，把李谨行为"积石道经略大使"说成李氏修筑一条石路并妄加议论。诸如此类，不胜枚举。考虑到奥克拉德尼科夫不懂中文，所以这类错误应该来自俄罗斯译者的错译。

第四节 《渤海国及其文化遗存》第1分册

一 作者简介

Э. В. 沙夫库诺夫（1930～2001），苏联历史学家、考古学家、东方学家，苏联科学院远东分院专门研究渤海的学者之一，享誉苏联和国外。在50多年里，他的名字和苏联远东考古学联结在一起。他的学术成果有200多项，其中专著6部。他的考古活动并不限于苏联，他还在蒙古国进行过发掘，另外，他还与中国、日本、朝鲜、韩国的同行们进行过合作研究。他从小就喜爱考古，后来在一次学习考古发掘时失去了左手的手指，他将这一事故解释为"这是对于考古学的洗礼"。他不仅是一个杰出的学者，还是一个出色的科研组织者，在远东的考古学界获得广泛的尊敬。

一 主要内容

本书由莫斯科科学出版社1968年出版。中译本由林树山翻译，1979年吉林省考古研究室内部印刷。

本书前置绪论，后有结语，书后附有文献索引。正文五章：第一章主要介绍了渤海的先世——挹娄和靺鞨各部落；第二章主要介绍渤海国的建立及其政治历史；第三章主要介绍渤海国的领土、居民和行政体制、居民的生业和社会经济状况；第四章主要介绍滨海边区的渤海文化遗存；第五章主要介绍中国东北地区的渤海文化遗存。作者在书中还考证了一系列河流、民族和国家的古代名称。书中插图 8 幅，图版 36 张。

在绪论中，作者十分注重历史分期，着重介绍了两部分内容，即发现滨海地区渤海文化遗存之前俄国及后来苏联的一些学者进行的长期探索和考察，以及十月革命以后的渤海文化遗存和渤海史研究。此外，作者还简要介绍了中国史料和日本史料。

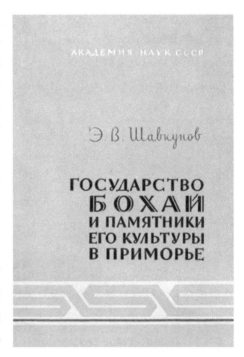

1. 渤海的先世——挹娄和靺鞨各部落

挹娄和后来的靺鞨各部落的历史发展道路，与各比邻部落民族的历史有着密不可分的联系。挹娄和靺鞨与当时高度发达的中亚和东亚国家及民族的早期政治经济联系，不仅影响到这些部落原始公社关系的迅速解体和崭新的阶级关系的迅速诞生，还影响到靺鞨渤海文化的形成和进一步发展。

2. 渤海国的建立及其政治历史

作者简要介绍了渤海十五代统治者，特别是大祚荣、大武艺、大钦茂统治时期，他们在国内的政治地位，以及他们为防止外敌入侵、保障领地安全采取的措施。

3. 渤海国的领土、居民和行政体制、居民的生业和社会经济状况

在本章中，作者详细介绍了渤海国的领土范围和其比邻部落、渤海国的行政区划、主要的经济来源和阶级状况等。

二　学术评价

（一）本书的特点

（1）史料丰富。作者参阅了国内外 8 种文字的 125 部历史文献，例如马列主义经典著作《资本论》，中国史书《北齐书》《魏书》《三国志》《隋书》《唐书》《后汉书》《晋书》《朝鲜史》《渤海国志长编》，以及大量的俄国文

献、俄文手稿。

（2）独到的观点。作者虽然对十月革命之前的研究给予高度评价，但是认为他们对已经积累的考古资料缺乏系统和综合的解析，还认为以前的学者所做的工作主要是对一些古代遗存进行描述，对遗存的断代往往带有十分随意的性质。作者认为，这些学者大多数将中世纪遗存误认为是渤海时期的遗存，而事实上大部分滨海地区的中世纪遗存属于较晚的 11～13 世纪。

（二）本书的偏见

（1）作者撰写此书的目的是为苏联的霸权主义服务。此书开始便说：正像汉族起源于黄河中下游一样，黄河以北的领土"是突厥、蒙古、通古斯满洲各族的故乡"。在结语中说："滨海边区的历史——是我们伟大的多民族祖国（苏联）历史的不可分割的一部分。"所以，作者的用心无非为霸权主义发掘历史根据而已。作者的目的在于证明："七一十世纪居住在苏联远东地区并建立了自己国家的一些部落，具有当时的高度文化，这种文化的特点是带有强烈的独特性和独立性。用具体的实际材料，证明渤海是一个独立的主权国家，从而揭穿某些外国史学家关于渤海历代国王似乎都臣属于日本或中国皇帝的断言是站不住脚的。"

（2）作者恣意诽谤他国史书和作者，认为中国史书的一些作者歪曲了历史事实。作者引用俄罗斯学者瓦西里耶夫的论断，认为中国编年史的作者们"喜欢在纸上都占领那些根本不属于他们的土地"，他们这样做无非"为了维护封建主的狭隘阶级利益，维护各执政王朝的利益"，从而不择手段地竭力将其领地以内和各毗邻国家、民族划归为自己的臣民。作者认为"中国史书的编排次序古怪"，认为"这种编排次序迫使研究者为得到某一个别事件的完整概念就得去翻阅全集，这是令人厌倦的周折"。

（3）作者对古典汉语的臆测之处甚多，有的地方甚至胡乱发挥，导致出现错误的结论。中国译者在将这部著作翻译成中文时非常认真和细心，对每一处错误都给予了细致的注释，每一章结尾处都有"译者注"，十分翔实，有理有据。例如，本书第一章"部分靺鞨部落、与狩猎业、畜牧业同时还经营农业，'以二马耕田，（人）随其后而扶之'"。作者得出结论，靺鞨人借助于耕具来耕种其田。而《唐书》原文："有车马，田耦以耕，车则步推。"《隋书》："相与偶耕……"《魏书》："其国无牛，有车马，佃则偶耕，车则步推。"可见，沙氏误解了史料。

第五节 《远东的胜利》

一 作者简介

Л. Н. 弗诺特钦科（1917～1990），苏联军事历史学博士，历史学家。毕业于沃罗涅日国立大学地理系（1940）、伏龙芝军事科学院军事史系（1949）。空军特种学校的地理学教师（沃罗涅日，1940～1942）。苏联卫国战争的参加者。1951～1972年，在伏龙芝军事科学院担任讲师、副教授、教授。1972年后，曾担任莫斯科经济与统计学院苏共历史教研室主任。主要研究俄罗斯军事史、1945年苏联对日战争等。其著作除了《远东的胜利》，还有《远东日本军国主义的覆灭》（莫斯科，1985）。

二 主要内容

本书1966年由莫斯科军事出版社出版。中译本由沈军清翻译，辽宁人民出版社1979年出版。

本书对1945年苏联红军出兵中国东北、围歼日本关东军的战役做了系统的阐述。全书分为五个章节，各章内容如下。

第一章：日本侵略俄国、苏联的历史，英美两国所持的暧昧态度和各自的盘算，苏联对日作战的理由和正当性。

第二章：战斗区域内的地形、植被、水源、河流情况及这些地理因素对苏军军事行动的影响；日本关东军在中国东北的具体军事部署及对苏联的作战计划；日军在黑龙江省、吉林省的中苏毗邻地区构筑的堡垒。

第三章：苏军远东战役的作战准

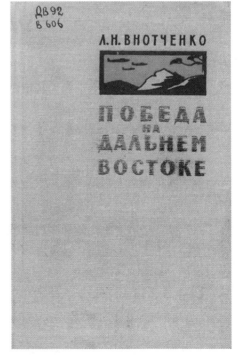

备。作战方向和作战任务；准备工作和对应措施；作战决心、战略目的；具体的作战安排和战略战术；火炮的部署，航空兵的作用，装甲坦克、机械化部队的使用；对敌侦察，战斗训练，后勤保障，党政工作。

第四章：苏军在远东的战斗行动。远东战役包括三个大战役，即满洲战略性进攻战役（1945 年 8 月 9 日至 9 月 2 日）、萨哈林岛进攻战役（1945 年 8 月 11 ~ 25 日）、千岛群岛登陆战役。满洲进攻战役分为两个阶段：第一阶段，从粉碎日本掩护部队至苏军三个方面军顺利地占领满洲一些重要城市、太平洋舰队占领北朝鲜的沿海地区、苏联空军占领战区制空权为止；第二阶段，苏军进入北朝鲜和满洲中心地区，太平洋舰队在北朝鲜沿岸开展行动。

对于黑龙江历史研究，第四章特别有价值。这一章详细介绍了苏军在黑龙江地区的作战行动。

作者按照俄罗斯的习惯将中国东北称为"满洲"，将苏军进攻盘踞在中国东北的日军的战役称为"满洲进攻战役"，将其时限划定为 1945 年 8 月 9 日至 9 月 2 日。

作者指出：满洲战略性进攻战役包括兴安岭—沈阳进攻战役（后贝加尔方面军）、哈尔滨—吉林进攻战役（远东第 1 方面军）和松花江进攻战役（远东第 2 方面军）。

满洲进攻战役中的战斗行动分为两个阶段：8 月 9 日至 14 日，苏军粉碎日军掩护部队，前出至满洲中部；8 月 15 日至 9 月 2 日，苏军发起进攻，前出至满洲中心地域和北朝鲜。作者根据档案材料，具体、生动地阐述了苏军在黑龙江地区的战斗，试举以下数例。

其一，关于日军永备工事的强度、日军顽抗的程度、苏军的攻坚能力。

边境地区筑垒地域的日本守备队是从深受仇苏教育的最反动、最狂热的官兵中挑选的，有的人甚至在绝境下也不肯投降。

苏军步兵 277 师 852 团的一个加强步兵连奉命封锁并消灭一个永备火力点。该连配备了一个工兵排和一门自行火炮。进入冲击出发地位后，连长命令自行火炮向永备火力点的钢帽堡和一个出入口开火。炮弹命中但未击毁目标。后来，趁日军射击的间歇，工兵冲上了火力点，用沙袋堵住了钢帽堡的射孔，开始爆破。第一次在火力点顶上中央放了 250 公斤炸药，没有收到预期效果，顶盖上有近两米厚的土层，承受住了打击。第二次，装药量为 500 公斤，钢帽堡被炸毁，但战士们仍未能冲进火力点。

为了进一步摧毁这个永备火力点，又埋放了三个重量各为 500 公斤的炸药包。火力点底层入口处放置两包，另一包放在顶部。炸药炸开了缺口，战士们冲进火力点。经过短时间战斗，顶层残存的日军被消灭了。底层守军仍继续抵抗。苏军于是在工事内的弹药库上面又放了 400 公斤的炸药包。这次爆炸才彻底摧毁了火力点，消灭了里面的日军。

其二，舍身堵枪眼的英雄战士瓦西里·科列斯尼克。

在苏德战场，苏军出现了舍身堵枪眼的英雄战士亚历山大·马特洛索夫；在攻打边境小城密山的筑垒地带时，22 岁的上等兵共青团员瓦西里·科列斯尼克建立了不朽的功勋。

8 月 10 日拂晓，进攻开始。瓦西里随着散兵线前进，战斗越来越激烈。忽然，日军举起了白旗。按团长命令派出了军使中尉排长胡桑诺夫和连部党小组长萨姆索诺夫上士。但他们刚一接近日军阵地，敌人就向他们开了火。党小组长萨姆索诺夫上士受了致命的重伤，临牺牲时他要求大家为他和同志们报仇。

瓦西里·科列斯尼克带着集束手榴弹向日军的火力点爬去。接近目标后，他微微抬起身子，一下子把集束手榴弹投入日军火力点的射孔，日军的机枪马上哑了，可是很快又重新扫射起来。此时，瓦西里的手里再没有手榴弹了，他于是扑了上去，用胸膛堵住了射孔。全连战士们从地上一跃而起，如同狂风一般向日军卷去。为了表彰这一功绩，瓦西里·科列斯尼克被授予"苏联英雄"的崇高称号。

其三，肉搏英雄。

在夺取穆棱的战斗中，中士齐甘科夫以抵近射击消灭了六名日本兵。当时，子弹打完了，他于是拔出芬兰刀向敌人扑去。在格斗中，他杀死了三个日本兵。为了表彰齐甘科夫中士的英雄主义精神，苏军授予他列宁勋章。他的冲锋枪和芬兰刀现在还保存在符拉迪沃斯托克的博物馆里。那里还陈列着一幅画《尼古拉·齐甘科夫中士同日寇的战斗》。

其四，英勇的坦克兵。

在桦林车站，苏联坦克手们打得灵活果敢。在车站附近，坦克兵追上了日军辎重队，几分钟内便消灭了敌步兵师团正在退却的后勤。

坦克一面在行进间射击，一面冲进了车站。这时，日军步兵 135 师团一个步兵联队的军列开来了。苏联坦克对准轰击，军列着火了。日军仓皇逃命，然

而枪炮下幸存的敌军都丧身在履带之下。经过 10～15 分钟，一个日军步兵联队被全歼。

战斗尚未平息，又一列日军军列全速向车站驰来。日军打算冲过车站，坦克旅旅长阿尼希克中校亲自把火炮瞄准了机车，第一发炮弹爆炸后，机车颤抖了一下，冒出浓烟，脱轨不能继续前进。战斗开始了。尽管力量悬殊（苏军 7辆坦克对日军一个重炮联队），坦克手们仍沉着勇敢地同敌人搏斗。坦克手们用火炮和机枪对日军猛烈开火，并用履带碾压之。当 5 个日本军官和两个士兵爬上基萨列夫中尉的坦克时，祖鲍克上尉的坦克赶来援助，用机枪抵近射击击毙了敌人。

在攻打牡丹江市附近的爱河车站时，安东年科驾驶的坦克中弹，坦克上的火炮和机枪被毁，车长、炮手和无线电员兼机枪手负了重伤，只有驾驶员安东年科幸免。他驾着坦克飞速向敌人射击阵地冲击，消灭了敌人 4 门火炮，驱散了数个炮班，压死了一部分炮手。安东年科的坦克第一个冲进了爱河车站。但在这里，敌人包围了他，要他投降。安东年科扔出了几颗手榴弹，并用冲锋枪射击。日军见活捉苏联坦克手无望，便点火焚烧坦克。被爆炸气浪震伤又被坦克上的装甲碎片击伤多处的勇敢战士，在灼热的坦克里坚持战斗，直到援军到达。

在攻占穆棱的战斗中，苏军击毙日军 400 多人，占据多座日军军用仓库，缴获 300 多节火车车皮。在桦林车站的战斗中，苏军打死了日军近 900 人，击毁了 6 辆机车、143 节车皮、24 门火炮、30 辆汽车、24 台拖拉机和近 100 挺机枪。在西岗子防御枢纽，俘虏日军 4520 人；在孙吴筑垒地域，俘虏日军17061 人。

三　学术评价

《远东的胜利》于 1966 年出版，1971 年修订再版。它引用了苏联国防部档案馆的大量文献资料，阐述了 1945 年苏联红军在东北亚军事行动的全过程，对于研究第二次世界大战结束之际黑龙江地区乃至整个中国东北的历史非常有价值。

本书的缺陷也不可忽视，如下。

第一，作者极力夸大 1945 年苏军战胜日本关东军的历史作用，贬低中国在抗日战争中的伟大战绩。中国的抗日战争拖住了日本帝国主义，使之陷入战争泥潭，无力再进攻苏联，苏联因而得以避免日本、德国从东西夹击苏联的可能性。所以，在反法西斯战争中，中国和苏联是相互支援的关系。大量的历史资料证明，日本的战败投降是同盟国的共同胜利，中国立了首功。可是作者如此写道："只是在苏联参战，苏联武装力量给予日军精锐关东军以毁灭性突击的情况下，日本才走投无路，被迫无条件投降。"这实在失之偏颇。

第二，流露出对日俄战争的错误认识。日俄战争是沙皇俄国和日本帝国主义在中国领土上进行的帝国主义战争，给中国人民带来深重的灾难。革命导师列宁对这场战争的性质早有论述。可是，这部著作对日俄战争的性质却有另一种解读。书中写道，在战前鼓动时，苏军用日俄战争中俄国之败激励苏联官兵，激发其强烈的复仇情绪。党小组长谢麦纽蒂上士的发言颇有代表性："作为向日寇讨还血债的复仇者和把满洲从日本铁蹄下解救出来的解放者，我们即将进入满洲。为完成这一任务，首先应懂得，没有对敌人的满腔仇恨，就不可能战胜敌人。我们绝不饶恕双手沾满苏联人鲜血的日寇。为在斗争中牺牲的先烈报仇！为旅顺口之战报仇！为拉佐、科捷利尼科夫、巴拉诺夫等同志讨还血债！"作者还说，苏军将"苏维埃爱国主义的教育和仇恨日本侵略者的教育紧紧地结合在一起，提高了苏联军人的士气，成为苏联军人在同日寇的战斗中建立功勋的力量源泉"。

第三，作者在书中的附图中把中苏边界地区一些中国领土划入苏联的版图，这是对中国领土主权的侵犯。

第六节　《结局——1945 年打败日本帝国主义历史回忆录》

一　作者简介

本书由以下苏联军官集体编著：P. Я. 马利诺夫斯基元帅、M. B. 扎哈罗夫元帅，A. H. 格雷列夫少将、И. E. 克鲁普钦科坦克兵少将、H. B. 叶罗宁上校、И. E. 扎伊采夫上校、M. M. 马拉霍夫上校。主编为 M. B. 扎哈罗夫元帅。

M. B. 扎哈罗夫（1893～1972），1959 年晋升苏联元帅，1945 年 5 月 29 日对德战争胜利后被授予大将军衔。1945 年 6～10 月任外贝加尔方面军参谋长。战后曾任苏联国防部第一副部长兼苏联武装力量总参谋长。编撰了一系列关于

战争理论、战争史和苏军培训的著作。

Р. Я. 马利诺夫斯基（1898～1967），苏联红军军事领袖及元帅，二战末期带领苏联红军攻入中国东北，当时担任在远东战役主要方向上行动的外贝加尔方面军的司令员。曾任苏联国防部长。

二 主要内容

《结局》于1966年出版，1969年经扎哈罗夫修订后由莫斯科科学出版社再版。中译本1978年由上海译文出版社出版，译者隽青。该书阐述苏联武装力量在1945年对日本实施的远东战役，它又包括三个战役：满洲战略性进攻战役、南萨哈林岛进攻战役、千岛群岛登陆战役。

（一）远东战役的政治背景

为了说明苏联对日作战的意义，作者在第一章就阐述了第二次世界大战前夕和大战期间的远东局势，即日本侵占满洲并进一步扩大侵略、太平洋战争爆发和苏联宣布参加远东战争。作者还特别提到了1938～1939年的苏联对华经济、军事援助，以及1945年8月蒙古人民共和国参加苏联的对日作战。

（二）远东战役的组织准备过程

首先，作者详细说明了远东战区（包括满洲、内蒙古和北朝鲜，总面积达150万平方公里）的自然条件、经济发展和军事布防的特点。作者指出："远东战区的条件总的说来是极为复杂的，影响战斗行动的准备和实施。苏联和蒙古人民共和国对满洲大部地区，从地理上形成包围态势，因此原则上，苏军统帅部可从西、北、东三个方向对日本关东军准备和实施突击。同时，由于有难以通行的沙漠地、山林地和沼泽地，加之铁路和公路网又不够发达，苏军不得不在三个互相孤立的方向作战。"

其次，远东战役作战目标的确定，以及目标确定后苏军的战略准备经过。这一准备过程包括三个方面。第一，苏军大规模的、由西到东的调遣，"在对日作战准备期间，约有十三万六千节满载部队和物资的车皮从西部驶抵远东和后贝加尔。特别紧张的是6月和7月，在此期间，每天都有二十至三十列火车从西部抵达贝加尔湖以东地区"。第二，人事安排。苏军最高统帅部任命远东苏军总司令，设立其司令部，向远东派遣了当时的海军总司令、苏联海军元帅和当时的苏联空军司令、空军主帅，以及国防人民委员部所属中央各部门的代表。第三，战备物资的准备，军队的战前动员。"到 8 月初，远东苏军已经具备了顺利实施战役的一切必要条件，随时准备执行祖国的命令——粉碎日本帝国主义的军队。"

（三）远东战役的实施

作者用三章分别叙述了远东之战中三大战役的实施过程，其中第六章"在满洲山地"以时间顺序，叙述了苏联三路大军——外贝加尔方面军、远东第 1 方面军和远东第 2 方面军越过中苏边境、进入中国东北、打击日本帝国主义的战斗过程，同时还配有三路大军的作战图。作者仅叙述 1945 年 8 月 18 日、19 日以前的事件，也就是关东军实际投降前的情况。"在此时间以后，直到 9 月 1 日（含），各方面军的作战和整个战局，总的说来，仍在继续进行。"

（四）远东之战的结局即日本军队的彻底投降

作者按照地域，分别叙述了哈尔滨、长春、吉林、沈阳、辽东半岛和旅顺口的日本关东军的投降过程，对哈尔滨地区的日军投降情况做了如下描述。

8 月 17 日，苏军收到了关东军司令的电报，内称：已向部队下达了立即停止军事行动和向苏军缴械的命令。但是，许多日本守备部队或者（由于联络中断）没有收到关东军司令官停止战斗行动的命令，或者拒绝执行停火命令。例如，8 月 18 日 12 时，苏军向驻守尖山（虎头筑垒地域的抵抗枢纽部）的日本守军长官提出要求其无条件投降的最后通牒，但是，这个要求遭到了对方的拒绝。尔后，日本人从残存的火力点中开始向苏军第 35 集团军部队的战斗队形和通过乌苏里江的渡口地域进行扫射，苏军以强大的炮火予以回击。面对拒不投降的日军，苏军不得不再次开始对边界抵抗枢纽部的永备工事实施强击。

鉴于 8 月 17 日前所出现的情况，远东第 1 方面军司令员苏联元帅 K. A. 麦列茨科夫决心于 8 月 18 日在哈尔滨地区机降空降兵。19 时整，空降兵在哈尔滨机场着陆，并开始执行任务。8 月 19 日凌晨，空降兵分队已把市区的重要目标——桥梁、发电站、车站等置于自己的警戒之下。其时，哈尔滨处于戒严状态：林荫道上塞满了桩寨，大街上布满了土木质火力点和铁丝网；掩蔽所的后边配置有坦克和火炮；市郊布满了防坦克壕、交通壕和铁丝网。所有这一切都是日军为死守该城而准备的。

8 月 18 日 23 时，日本第 4 军司令官同自己的参谋长按照谈判中约定的时间来到领事馆，递交了有关投降条件的书面答复和关东军司令官关于停止战斗行动和解除武装的命令、将军名单和哈尔滨守备部队 43000 多人的人员清册。8 月 19 日 7 时，关东军参谋长秦彦中将和一个日本将领及军官组，从哈尔滨机场同机起飞，前往远东第 1 方面军指挥所。作者将秦彦与 A. M. 华西列夫斯基的谈判过程描写得极为详细。

为了解除人数众多的哈尔滨敌人集团的武装，维持哈尔滨市区和城郊的秩序，更多的空降兵机降到了哈尔滨。对于刚刚获得解放的哈尔滨，作者写道："8 月 19 日是星期天，这天中午虽下着大雨，成千的市民仍挤满了大教堂和紧挨着大教堂的广场，为红军和红军从日本占领者手中解放哈尔滨作祈祷。商会召开了俄国社会人士的会议。……于是，各工厂、商行和公司，几乎所有的商店和理发馆都开始了营业。关闭了日本人的企业。哈尔滨有个特点，就是许多人俄语讲得很好。现在中国人再也不受任何人的阻挠，怀着异常兴奋激动的心情做起了生意。最引人注目的是这个城市里居住着大量俄国人，主要是白俄侨民，他们仍保持着自己的生活作风和生活方式。哈尔滨有许多房子是俄国商人、铁路人员和官吏建造的。在市中心可以看见许多楼房上都挂着大牌子，上边常常写着俄文：'伊尔库茨克商店'、'托木斯克商业公司'、'克拉斯诺雅尔斯克收购商店'。城市的中国区，人烟稠密犹如蚁窝，小平房鳞次栉比。""现在日本士兵和军官个个垂头丧气，拖着沉重的脚步，沿着城内的大街小巷朝战俘收容所走去。他们的脸上现出一副俯首听命、巴结奉承的表情，内心里却隐藏着疯狂凶狠和阴险奸诈。夜里，城内时常响起枪声。这是日本人在拿俄国或中国的和平居民来发泄自己的仇恨。""当第一批入城的红军分队举行入城式时，哈尔滨大街小巷又挤满了人群。在'大和'旅馆附近、在车站广场、商业大街和松花江畔等我军队伍所经过的地方到处人山人海，无法通过。哈尔滨市民以掌声和'乌拉'的欢呼声欢迎苏军官兵，向他们投掷花束。有许多市民和战士们挽着手，并肩前进在大街上。"

（五）作者在全书的最后部分对远东战局进行了军事政治总结

（1）苏联出兵东北"对完全打败日本帝国主义起了决定性作用，加速了它的彻底失败和无条件投降"。

（2）远东之战，是对苏联军事学术的新发展。"在远东的各次战役中，最重要的是在中国东北实施的战役。这次战役以满洲战略性进攻战役的名称载入史册。""它可以真正称得上是一次新型的、大规模的、战略性的'坎尼会战'。"

（3）战役方法和战术的灵活运用贯穿了整个远东战局，即战役之初快速部队的突发，战役期间快速先遣支队的高速行动，战役最后阶段机降空降兵的及时组建和快速反应，并最终保证了远东之战的迅速胜利。

（4）苏联陆、海、空军各军种协同作战，后勤保障即时跟进，指挥和通信工作密切配合。

（5）"苏联武装部队在反对日本帝国主义的战争中所取得的胜利，是苏联军人高昂的士气和英雄气概的直接结果"，是苏军道义上和政治上的胜利。

三　学术评价

（1）该书使用了大量的资料，如苏联国防部档案馆档案、国内外书刊和回忆录，其中回忆录的作者不仅有远东战局的直接组织者、领导者，也有普通参加者。所以，这部著作具有很高的史料价值。

（2）该书成书于 20 世纪 60 年代，受时代影响较深。苏联出兵东北对打败日本帝国主义具有重要作用，但该书过分夸张了苏联出兵的作用，贬低了中国人民的抗日战争的作用，认为"没有苏联和其他反法西斯同盟国的援助，中国就无法对付强大的帝国主义强盗——日本帝国主义"。

（3）书中个别地方歪曲史实，延续了沙俄的对华态度，带有大国沙文主义色彩。如 1929 年的中东路事件被编者描述成是"中国军阀利用以张学良为首的满洲统治集团充当了帝国主义的突击力量"。"在消除这次冲突的过程中，充分显示了苏联对外政策的大公无私精神。尽管南京政府单方面背信弃义地破坏了中东铁路条约，但是苏联政府并没有要求任何赔偿，而只限于在中国铁路恢复 1924 年中苏协定所规定的状态。"苏军攻占日本占领下的旅顺口，更是被编者描写得异常庄严，作者还流露出亢奋之情，俨然把自己看作沙皇衣钵的继承者，而无视旅顺口是中国领土这一事实。

在提到苏联出兵解放中国东北对中国革命胜利的意义时，编者写道，中国人民军队"在同国民党的斗争中，能够利用原关东军的武器、弹药和东北的工业基地。所有这一切，都是苏军指挥部完整无缺地移交给中国劳动人民和革命军队的代表的"。我们只要略微翻阅一下相关史料，就不难看出编者所说的"完整无缺"不切实际。

第七节 《十七世纪俄中关系》第2卷

一 编者简介

苏联科学院远东研究所和苏联档案总局中央国家古代文书档案库合编，具体的负责人是 H. Ф. 杰米多娃，B. C. 米亚斯尼科夫。

H. Ф. 杰米多娃（1920 ~ 2015），苏联－俄罗斯历史学家。出生在农村教师家庭。1942 年毕业于莫斯科历史档案学院。先后工作于中央国家古代文献档案馆（1946 ~ 1964）、历史博物馆（1964 ~ 1967）、苏联科学院远东研究所（1967 ~ 1976）、苏联历史研究所（1976 ~ 1992）、俄罗斯国家古代文献档案馆（1993 ~ 1998）。主要的研究领域：社会经济关系、16 ~ 18 世纪俄罗斯的行政机构、俄罗斯对外政策的东方方向，涉及考古学、史料学、金石学和纹章学等。参与编写多部多卷本历史文献汇编，如《十七世纪俄中关系》第 2 卷、《巴什基尔历史资料》第 3 ~ 6 卷，著述甚多。

B. C. 米亚斯尼科夫（生于 1931 年 5 月 15 日，莫斯科），苏联－俄罗斯历史学家，俄罗斯科学院院士，历史学博士，教授，东方学家，汉学家，著名中俄关系史专家，外交政策史、历史传记领域的专家，俄罗斯科学院顾问，俄罗斯科学院东方研究所董事会成员，俄罗斯科学院历史分部副秘书长，俄罗斯科学院科学系列编辑委员会主席，中国清史编纂委员会外籍顾问，黑龙江省社会科学院名誉研究员。

二 主要内容

本书 1972 年在莫斯科科学出版社出版，后由黑龙江省哲学社会科学研究所第三研究室、黑龙江大学俄语系翻译，1975 ~ 1978 年在商务印书馆出版了中译本。这部文献汇编收集了关于中俄签订《尼布楚条约》的文献资料，其主体部分是参加尼布楚谈判的俄方全权代表费·阿·戈洛文就谈判和签订1689 年《尼布楚条约》的情况给沙俄政府的报告，即《费·阿·戈洛文出使报告》。另外，此卷还包含米亚斯尼科夫院士写的长篇序言《满人入侵阿穆尔河沿岸地区和 1689 年的尼布楚条约》。此卷的附录包括《尼布楚条约》的拉丁文文本和满文文本，《平定罗刹方略》，《郎谈传》，以及两个在签约谈判中担任翻译的耶稣会士徐日升、张诚的日记——《徐日升日记》《张诚日记》。

17 世纪是中俄关系史的初始阶段，在这个世纪，中俄两国不仅有了使节的接触（1618 年，第一个俄罗斯"彼特林使团"访华），而且在黑龙江流域发生冲突、战争，最终缔结了《尼布楚条约》。俄罗斯谈判使臣费·阿·戈洛文在与中国谈判签约后，向俄国政府呈交的出使报告是记录上述历史过程的原始文献，为研究那个极为重要的历史时期的中俄关系史提供了丰富的第一手材料，正如中国相应的文献《平定罗刹方略》《郎谈传》。

戈洛文出使报告篇幅很大，既有每日大事的记载，又有他与俄国政府外务衙门的往来公文；每日的大事记通常简明扼要，但是关于同中国人进行的边界谈判却记载得非常详细，这是出使报告的精华部分。戈洛文的出使报告极其详尽地阐明了其使团的活动的主要方面，即同中国代表进行外交谈判的准备和过程，当时在远东形成的复杂的政治局势，以及俄罗斯远东边境的防务。这份出使报告实际上是一部文件集。由于这份出使报告收入了其他文件，因而为研究西伯利亚史、俄罗斯远东史、蒙古史等一系列其他问题提供了丰富材料。

在俄罗斯，早期中俄关系的许多文件的原件已经失传，但是费·阿·戈洛文的出使报告则不同，俄罗斯不仅保存了毋庸置疑的原件，还有两个经过验证无误的稍晚时期的复制本。这三个文件都存放在 17 世纪掌管俄罗斯国对外政策的外务衙门的材料中，20 世纪 70 年代则保存在中央国家古代文书档案库第 62 号（俄中关系）全宗里。

19 世纪中叶，俄国外交部亚洲司详细摘录了其中关于尼布楚谈判的材料，供东西伯利亚总督穆拉维约夫对中国逼签《瑷珲条约》使用。

多少年来，一般人很难看到费·阿·戈洛文使团的出使报告。1972 年，随着《十七世纪俄中关系》第 2 卷的出版，这部中俄外交史上极为重要的文献首次公布于世。

三 学术评价

苏联在 1972 年公布《费·阿·戈洛文出使报告》这份报告，明显是出于当时与中国论战和边界谈判的需要，对报告做了符合其国家利益的解读。

该卷编者之一米亚斯尼科夫为第 2 卷写了一篇冗长的前言，这是本书的重要组成部分。苏联的这名中俄关系史专家在中苏两国剑拔弩张的对抗背景下，积极配合中苏边界争端,对《费·阿·戈洛文出使报告》做了种种曲解,就16 ~ 19 世纪的中俄关系史提出了以下 9 个观点。

(1) 17 世纪中叶,黑龙江沿岸地区已经并入俄国版图。沙皇政府对并入的领土,除了采取军事措施外,还广泛地进行经济上的开发,鼓励农民迁居和开拓耕地。俄国人对当地部落实行的实物贡政策是相当灵活的,而且在大多数情况下保障他们归顺俄国。清政府力图将黑龙江沿岸地区纳入自己的版图,但只局限于采取一系列军事措施,有时也将它治下的居民迁移到满洲内地。快到17 世纪 80 年代时,俄国在经济上开发边区的政策成效显著,这使清廷下决心在黑龙江沿岸地区以直接的武装冲突破坏这一过程。清政府宣布黑龙江北岸和后贝加尔地区属于清帝国,对俄国人开发的土地提出了无理的领土要求。沙俄政府无力对自己在阿穆尔河沿岸地区的领地提供应有的保护,因而力求和平解决冲突,甚至准备让出部分领土。

(2)《尼布楚条约》是在不正常的局势下,"在满人以巨大的优势兵力从肉体上消灭俄国代表团及其护卫部队的威胁下签订的。因此,应当认为条约是强加于人的,是在使用武力的威胁下签订的,由于这个原因,戈洛文被迫将17 世纪 40 至 80 年代属于俄国的阿穆尔河左岸和额尔古纳河右岸的大片领土让给清朝中国"。

(3)"根据尼布楚条约划界,对俄国是不利的,因为这样划界割断了东西伯利亚的俄国领地同唯一横贯东西的交通命脉——阿穆尔河之间的联系,给出海供应太平洋上的俄国领地和建立俄国同朝鲜、日本的关系都造成了困难。同中国的贸易不足以补偿 1689 年条约对俄国在远东的利益所造成的损失。"

(4)尼布楚条约作为一个法律文件是绝对不完善的。中国只是形式上获得了条约所规定的领土的所有权,但没有对这些领土行使充分的主权,因为中国方面遵守了中国划界代表的誓言:中国不在原先有俄国寨堡的地方兴修建筑物。

(5)清朝政府及其后继者不仅片面解释《尼布楚条约》的条款,而且耍弄花招破坏这些条款。

(6)"研究十七世纪阿穆尔河沿岸地区划界的清代史学著作和国民党史学著作不去揭示条约的真实内容,却只是尽力为满人的领土要求寻找根据。中华人民共和国的历史学家不仅没有写出客观地阐述阿穆尔河划界问题和 1689 年条约内容的著作，而且在最近一个时期重新评价清朝的外交政策，从而使现代中国历史学家的观点同国民党作者的论述接近起来。"

（7）"苏联历史科学，虽有个别缺点，但对十七世纪争夺阿穆尔河沿岸地区的问题进行了大量研究工作，积累了事实材料，并且已经做了正确估价尼布楚条约在俄中关系史上的作用的尝试。"

（8）"十九世纪中叶，产生了重新审查 1689 年尼布楚条约的条款的前提，这些条款是强加于俄国的，它们妨碍了东西伯利亚的经济发展，而且使俄国无法保障其太平洋上的领地不受欧洲列强的侵犯。清朝中国在同英、法的斗争中遭到失败，这迫使清政府向俄国靠拢并且满足俄国将近二百年来在阿穆尔河沿岸地区划定疆界的要求。"

（9）《瑷珲条约》和《北京条约》彻底解决了阿穆尔河沿岸地区的归属问题，这两个条约不是军事行动和显示武力的结果，而是沙皇政府长期外交努力的结果，因为多年来俄国力求恢复它对 17 世纪上半叶即已归入其版图的领土的所有权。研究 19 世纪中叶阿穆尔河沿岸地区的划界问题，只有紧密联系 17 世纪后半叶发生的事件和《尼布楚条约》签订时的形势，才能描绘出这一地区俄中边界确定的全过程的真实情景，并驳倒俄国"入侵"中国和"强占"中国领土的说法。

米亚斯尼科夫的这 9 个观点颠倒黑白，根本不符合中俄关系史的真实情形。此外，米亚斯尼科夫还在这篇序言中妄称：17 世纪中国的北部疆界是黑龙江以南几百公里的"柳条边"。米亚斯尼科夫的这些观点早已遭到中国方面的有力驳斥，但是不仅在苏联时期，即使在苏联解体之后，米亚斯尼科夫的这些观点一直主导俄罗斯方面对中俄关系史的立场，并被当今的俄罗斯史学界继承。

《十七世纪俄中关系》第 2 卷的翻译者是黑龙江省哲学社会科学研究所第三研究室、黑龙江大学俄语系的俄语专家们。

中国译者在翻译时保持原书的本来面目，对书中的错误、遗漏等未加改动，只在一些地方，加了译者注，略加说明，放在每页的最下方。

原书在前言和注释中，多处引用中国史料和史学著作。许多引文断章取义，或通过翻译故意歪曲原意。这些引文，中国译者一般都按俄译文转译过来。能够找到中文原文的，就附在译注中，以便读者对比阅读。原书附录的《平定罗刹方略》《郎谈传》等中文文献的俄译文有许多地方系肆意

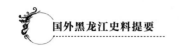

曲解原文。中国译者在翻译俄文本《徐日升日记》时参考了国内已出版的中译本。

《费·阿·戈洛文出使报告》中的人名、地名极不统一，大部分人名、地名都有几种不同叫法，有的甚至有十几种叫法。在翻译时，中国译者根据原书人名索引和地名索引，对译名的处理做了一些简化统一的工作。当同一人名、地名出现不同叫法时，尽量采用同一个中文译名；对有些译名，在译注中附加了原文。有些按俄语语音译出的地名，若在本书中第一次出现，则用"译注"的方式注明了相应的中国传统名称。如 Амур，按俄语语音译为"阿穆尔"，中国译者加上了译注"黑龙江"；Нерчинск，按俄语语音译为"涅尔琴斯克"，中国译者加上了译注"尼布楚"。但是，对 Нерчинский договор，只译为"尼布楚条约"，不译为"涅尔琴斯克条约"。

原书有两种页码，一种是戈洛文出使报告的档案页码，另一种是原书出版时的页码。这两种页码在中译本中都予保留。前一种页码仍按原书格式，用分子式表示；后一种页码放在方括号中。两种页码都印在页边空白处。书中各种注释中提到本书的页码，都是这两种页码。中国译者这样做体现了严谨的学术态度，有利于中国读者了解原书面貌，便于使用时检索。不过，对原书所附的一些人像、条约文本等插图，中文本只选用了两幅地图。这样的做法在 20 世纪 70 年代将此中译本用于"内部参考"未尝不可，但是在现在看来，是一遗憾。尽管如此，本书的中译本仍然堪称中俄关系史著作的经典译本。

第八节 《满洲人在东北》

一 作者简介

Г. В. 麦利霍夫（Георгий Васильевич Мелихов，1930 ~ ），俄罗斯著名历史学家、中国学家。1930 年出生于哈尔滨，父亲为中东铁路的工程师，1955 年返回苏联。毕业于莫斯科国立大学东方语言学院。先后在苏联科学院东方学研究所、世界经济与国际关系研究所、苏联史研究所工作。1993 ~ 1997 年任"哈尔滨 - 莫斯科"协会的主席。著有《既远又近的满洲》（*Маньчжурия далекая и близкая*）、《中国的俄国侨民（1917 ~ 1924）》[*Российская эмиграция* в *Китае*（*1917 – 1924*），1997］、《白色哈尔滨》（*Белый Харбин：Середина 20 – x*，2003）和《远东国际关系中的俄国侨民（1925～1932）》［*Российская эмиграция в международных отношениях на Дальнем Востоке*（*1925 – 1932*），2007］等。曾在北京大学教授俄语。

二　主要内容

本书 1974 年由莫斯科科学出版社出版。中译本由黑龙江省哲学社会科学研究所第三室翻译，商务印书馆 1976 年出版。

全书共三章，按时间顺序论述了其所谓满洲人在东北的历史。该书的时间起点为 1583 年，即"努尔哈赤联合起他的为数不多的拥护者，开始实现宿愿：向杀害他亲人的凶手复仇"。时间终点为 1689 年，即中俄签订《尼布楚条约》那一年。作者将这一百余年的时间段分割成为三大章系根据两个时间节点：其一，1644 年，"满洲人侵入中国内地，迁都北京"；其二，1682 年，因为"到 1683 年，满洲人在中国的政治和经济地位已经稳定。这使清人终于能够继续对邻国进行领土掠夺。清政府首先在阿穆尔地区进行扩张。康熙皇帝最后决定阻止俄国人进一步开发这一地区"。

第一章，"满洲人对东北各部落和各部族的军事征伐（1583～1644 年）"。作者主要叙述了努尔哈赤和其继任者阿巴海（即皇太极）对东北各部的征伐，以及 17 世纪前半叶东北的各部落及其分布。

（1）努尔哈赤对各部的征服和统一。作者将努尔哈赤的对外征服分为三个阶段。第一个阶段是 1583～1589 年，被征服的是所谓满洲联盟的邻近部落。第二个阶段是 1589～1599 年，征服了所谓长白山联盟的各个部落：鸭绿江部、讷殷部和朱舍里部。第三阶段是 1599～1614 年，进一步巩固了满洲领地在人多势众的相邻女真各部中的地位，并从这些部落掳取有生力量和战利品。此后，努尔哈赤开始了与明代中国的战争，并进一步征服东北各部落。

（2）17 世纪上半叶东北各部落和各部族的分布。作者在列举了所谓"具有权威性的文献资料"后提出，"满洲人是阿穆尔河上的外来人，他们于十七世纪八十年代由于清帝国对俄国在阿穆尔沿岸地区的俄国领地发动军事行动，才定居此地"。

（3）阿巴海对东北各部族的军事远征。在他看来，"满洲文献中关于历次远征——其中包括对瓦尔喀部的远征——的资料，主要记载是迁徙当地居民的情况，这证明了一个客观事实：满洲人进行这些远征的基本目的，并不在于侵占毗邻的领土和将其并入满洲国版图，而只是为了掳获有生力量"。他宣称"在满洲文献资料里却没有发现任何有关阿穆尔河上游和中游地区的阿尔巴西、拉夫卡依、图隆恰、托尔加等达斡尔酋长，在什么时候曾经入朝过满洲朝廷的记载，而这些酋长的名字在俄国档案文件里却被提到了。这也说明，阿穆尔河上游地区的主要居民（达斡尔人）根本没有同满洲国家保持联系"。作者显然在为沙俄侵略黑龙江流域制造"合法性"。

第二章，"东北和阿穆尔沿岸地区（1645～1682年）"。作者散布了以下错误的观点。

（1）自满洲人迁都北京后，盛京一地开始"荒无人烟"；宁古塔对满洲人的东北政策极其重要的原因之一就是，它是"清人反对俄罗斯人开发阿穆尔斗争的前沿阵地的主要据点"；吉林城也是"为了进行军事行动，满洲人需要一个比远离阿穆尔河上游的宁古塔更为方便的进攻基地"，才具有重要的战略意义。

（2）关于清帝国东北疆域，"柳条边固定了在八十年代初正式划入清帝国版图的帝国东北边陲的领土"。作者提出柳条边是清帝国边界线，只是想证明"今之中国黑龙江省和苏联的阿穆尔沿岸地区不属于清帝国控制范围内的疆土，并且位于清帝国与之直接接壤的疆土边界以外"。

（3）清人和东北当地诸部落的相互关系，作者认为"在满洲人进入山海关以南的领土后，由于忙于中国的各项事务，他们同许多东北各部落的联系或者大为减弱，或者趋于断绝"。

（4）作者美化俄罗斯对黑龙江流域的侵略、掠夺，声称这是对阿穆尔河沿岸地区的开发，这一开发体现了"这一时期俄国在远东的历史作用，在于它保卫了阿穆尔沿岸地区各民族免遭满洲人的劫掠和进一步被他们从故土上强迫赶走"。

第三章，"清帝国在阿穆尔沿岸地区的领土扩张（1682～1689年）"。作者叙述了清帝国与俄国在阿尔巴津城的两次战争，并将这两次战争定义为"满洲军队对阿穆尔河的入侵"，而把俄罗斯人对黑龙江流域的侵略视为对阿穆尔河沿岸地区的"经济开发"。在他看来，"俄国移民开发阿穆尔河流域的成就，引起了满洲人对自己在东北的世袭领地（他们认为盛京疆域是他们的世袭领地）的命运愈来愈大的担心"；"到1683年，满洲人在中国的政治和经济地位已经稳定"后，"清政府首先在阿穆尔地区进行扩张"。关于"中俄尼布楚界约"，作者如此评价："满洲外交官员依仗占领阿尔巴津县领土并直逼涅尔琴斯克城下的清军武力，把和约中的令人沉痛的领土条款强加给了俄国方面。"

在结语中，作者认为，"1689 年俄中《尼布楚条约》是到十七世纪八十年代后半叶时双方在阿穆尔沿岸地区达到的力量对比的反映"，是"清帝国在阿穆尔沿岸地区侵略的结果"。同时，作者还补充论述了与本书主题相关的一些问题，如清政府参加涅尔琴斯克谈判的使团成员和所负的训令，认为"连满洲文献资料也证明在涅尔琴斯克谈判期间清代表对俄国使团施加的军事和政治压力"。作者在这里再次申明了自己的观点：

（1）满洲的领土不包括现今的黑龙江省、整个阿穆尔河流域以及滨海地区领土。

（2）在中国东北，属于清帝国领土的正式边界是建于 1678～1684 年的柳条边。

（3）满洲人对自己部落联盟领土界外的土地进行开发的第一次尝试是深入宁古塔；在 1645 年以前，宁古塔是满洲国的东北边缘前哨。

（4）在 17 世纪 80 年代，在阿穆尔河沿岸地区的俄罗斯国邻地（即 1682 年已具规模的阿尔巴津县的领土）和清帝国在远东的势力范围的边界之间存在一个辽阔的中间地带，这一地带包括松花江的中、下游流域，以及诺尼江、乌苏里江和阿穆尔河流域。

（5）现今黑龙江的领土，在 17 世纪 80 年代初以前并不属于满洲人，也未作为边外疆土纳入清帝国的管辖范围之内。

（6）1689 年《尼布楚条约》反映了满洲人到 17 世纪 80 年代末在中俄力量对比上所达到的暂时的优势。

三 学术评价

麦利霍夫严重歪曲和篡改了 17 世纪中俄关系的历史。其错误观点在上面已经做了介绍，这里再做补充。

在谈到清帝国对黑龙江流域的统一及清朝对该地区的管辖时，麦利霍夫竭力否认黑龙江地区和滨海地区曾经是中国的一部分，说该地区各部落"既不是满洲的藩属，也不是它的臣民"，其根据就是清朝既没有留驻军队，也没有设置军政－民政管理机构。麦利霍夫的观点是站不住脚的。作为明王朝的后继王朝，清王朝不仅接管了明朝对东北的统治，而且也继承了明朝对东北的统治方式，即不设州县，也不派驻军队，而是接受朝贡，即黑龙江、乌苏里江流域各部族如索伦部、萨哈尔察部、呼尔哈部、使鹿部、使犬部等，定期向清缴纳貂、狐、猞猁狲、海豹、水獭等毛皮。在一个既不事农耕又无货币的少数民族地区，向中央政权缴纳实物，也就履行了他们纳赋的义务。这几乎是中国千百年来历代王朝统治边疆少数民族的通行做法。麦利霍夫虽然不敢否认这种贡赋关系，却认为这种关系是薄弱和数量很少的，他甚至将这种"纳贡"关系说成是"各小民族和部落对满洲人国家对外政策的唯一表现形式"。

麦利霍夫还把沙俄派出的、侵略中国领土的哥萨克匪徒美化成是"新土地发现者"，为俄国发现了"不为人知的新土地"。事实上，中国王朝对黑龙江流域进行了有效的行政管辖，除了接受贡赋，还树立了永宁寺碑。这块早就属于中国的土地根本不是什么新"发现"！恰恰是俄国侵略者在 16 世纪中叶侵入黑龙江流域，给这里的和平居民带来了灾难，中国军队在各族人民的协助下用战争手段将俄国侵略者驱逐出黑龙江地区，并通过外交谈判，以条约的形式确保了对这块土地的主权。

麦利霍夫为论证自己的论点，故意歪曲中文资料，例如，将清朝为维护自己的龙兴之地和防止盗采东北物产而建立的"柳条边"强行说成是清帝国的北部疆界，然后将中国文献中的"边内""边外"曲解成"国界"的内外，进而"证明"清帝国为保卫领土而出兵诬蔑为侵略了俄罗斯的领土。

中译者在"出版说明"中指出，麦利霍夫对书中引用的中国文献资料胡乱翻译。例如，中文原文为："清人入关前所并服东北诸部落之位置既明，则其开国初之疆域亦如指掌矣。"麦利霍夫把它译为：清"开国初的边界就像伸开五指的手掌那样宽广"。所以，我们有理由质疑这部著作的学术价值。

不过，也应该指出，本书在资料方面下了功夫。例如，作者援引的著作共有 344 本（篇），其中俄文 217 本（篇），中文 30 本（篇），日文 32 本（篇），西文 65 本（篇）。可见，本书为研究 17 世纪的中俄关系史提供了一份很好的资料清单。

另外，需要说明的一点是，本书书名和正文中的"满洲"是部族名称而非地理概念，"满洲人"意指满族、清朝统治者，"东北"是指今中华人民共和国的东北三省（辽宁、吉林、黑龙江）以及内蒙古自治区的部分地区。

第九节　《关于苏中边界问题》

一　作者简介

普罗霍罗夫，苏联历史学者。

二　主要内容

本书 1975 年由莫斯科国际关系出版社出版。中译本由北京印刷三厂工人理论组、近代史所《沙俄侵华史》编写组、黑龙江大学俄语研究室翻译，商务印书馆 1977 年出版。

全书共分四个部分：绪论和第一、二、三章。

绪论从阐明国界的一般概念入手，列举了苏联同 13 个邻国的边界谈判过程，认为"现有的苏联边界有着牢固的法律基础"。在作者看来，这种法律基础就是苏联与邻国缔结的双边和多边条约。作者认为，这些边界状况"一般说来是正常的"，而"近几年来，苏中边界的状况与此完全不同"，造成这种不同的"主要原因是，六十年代初，中国共产党的领导变中苏友好政策为公开反苏共和苏联"。

此后，作者以十月革命为界，在第一章主要讲述了从 17 世纪到俄国十月革命这个历史时期中俄边界的形成过程。第二章为中苏关系史，主要谈中苏两国关于边界问题的谈判。在这两章中，作者试图证明：①以 19 世纪中叶签订的一系列中俄条约为依据划定的中俄边界具有合法性；②中苏边界是不存在争议的；③列宁领导的苏维埃政府提出废除沙俄同中国订立的一切不平等条约是不包括边界条约在内的。

有关黑龙江地区的内容在书中占据一定的篇幅。

（1）17 世纪俄国人深入西伯利亚进行考察，其中重要的考察有：1643～1646 年瓦·达·波雅科夫对阿穆尔河的考察，1647～1648 年科索伊考察队考察阿穆尔河口，1649～1653 年叶·哈巴罗夫两次前往阿穆尔河。作者认为，"在叶·哈巴罗夫和其他俄国新土地发现者顺利的远征之后，阿穆尔地区就正式并入俄国"。在列举了俄国农民和哥萨克在阿穆尔河上和外贝加尔地区所建立的堡塞和设防村屯后，作者声称："至十七世纪中叶，俄国领土已经延伸到整个阿穆尔河，从河源直至河口，不仅在其左侧，而且还包括右侧某些地方（如阿尔巴津以南、库巴拉堡以东地区，再如额尔古纳河彼侧，从该河右岸直抵大兴安岭）。"作者还说：在俄国人到达这些地区之前，生活在那里的部族不隶属于任何国家，大部分都是自愿归顺俄国的。

（2）俄国人对西伯利亚尤其是阿穆尔地区的开发，使清政府感到不安，"为了对俄国作战，争夺阿穆尔地区，开始向满洲集结军队，修筑要塞。筑起的要塞有：墨尔根、齐齐哈尔和宁古塔，稍后还有阿穆尔河上的瑷珲。"

（3）关于中俄雅克萨之战，书中专门设有"满军入侵阿穆尔地区（1683～1689年）"一节，通过胡乱引用和曲解中国著作《柳边纪略》和《平定罗刹方略》，试图证明是中国蓄意越界（柳条边）、武装侵略俄国（阿穆河流域的俄国堡塞阿尔巴津）。

（4）关于1689年尼布楚条约，作者叙述了自1685年开始的两国边界谈判过程，在对该条约进行5点总结后竟然认为"强行限定俄国在远东的边界阻碍了东西伯利亚经济的发展"。

（5）作者列举了19世纪俄国人对中国黑龙江流域进行的所谓"开发"行动，这些侵华团伙有：1805年伊·费·克鲁逊什特恩指挥的"希望号"军舰（舰上的一批俄国军官非法闯入黑龙江的河口湾），1826年的乌瓦罗夫斯基考察队，1845年的奥尔洛夫考察队，1846年的加夫利洛夫考察队，1847年的波普隆斯基考察队，1848～1849年的格·伊·涅维尔斯科伊考察队，1851年的阿穆尔河考察队。对于这些考察队的目的，作者将其解释为俄国是要"彻底弄清阿穆尔河及河口湾能否通航，以及萨哈林的位置"。作者还将俄国舰队公然进入阿穆尔河的武装航行说成是"为取得在阿穆尔河航行的经验"，还诡称"为了不让任何别国占领这个地区，俄国政府建议就采取共同行动达成协议，以保障阿穆尔河口及其毗连土地和俄中两国未划界地区的安全。但是，中国政府对俄国政府这一重要而友好的呼吁未予答复。鉴于中方的这种态度，俄国不得不单方面采取措施，以保卫阿穆尔地区不受其他外国侵犯"。

（6）关于1858年的中俄《瑷珲条约》，作者提出了以下观点。第一，《瑷珲条约》使清帝国根据《尼布楚条约》从俄国割去的大片土地，归还给了俄国。阿穆尔河左岸地区从靠近额尔古纳河的阿穆尔河上游至该河在鄂霍次克海的出海口，为俄国所属。第二，《瑷珲条约》实质上是俄中友好结盟的文件。第三，《瑷珲条约》不同于当时西方资本主义国家同中国缔结的不平等条约。

如果说《瑷珲条约》有什么不平等的话，那也是对俄国方面而言的，因为在第一条里规定了某种租界地——在属于阿穆尔河左岸结雅河地区为数不多的中国居民，由中国实行司法管辖。第四，瑷珲谈判的情况同涅尔琴斯克谈判不同，这次谈判是正常的，谈判之前或谈判期间任何一方都没有采取军事行动，也没有炫耀武力。第五，同《尼布楚条约》比较，《瑷珲条约》是正常的国际法律文件。

（7）1860 年的"北京续增条约"。作者认为，这个条约结束了几世纪以来阿穆尔地区及未划界土地的争论，划分了俄中两国远东疆界，阿穆尔地区和南乌苏里地区重新合并于俄国。作者甚至认为《北京条约》促进了俄中两帝国人民友好关系的发展。

（8）1911 年的"齐齐哈尔条约"（即 12 月 20 日《中俄满洲里界约》）。12 月 7 日在齐齐哈尔城，俄国菩提罗夫少将和中国黑龙江省巡抚周树模签署了《俄中帝国重定由塔尔巴干达呼第五十八界点起至阿巴该图第六十三界点并顺额尔古纳河至该河与阿穆尔河（黑龙江）汇流处止的国界条约》。

（9）1949 年新中国成立后，中苏两国签订的一些有关边境问题的协定，主要是关于保证在国境河流上的正常航行，其中有 1951 年 1 月 2 日签订的《关于黑龙江、乌苏里江、额尔古纳河、松阿察河及兴凯湖之国境河流航行及建设协定》，1956 年 8 月 18 日签订的《关于共同调查黑龙江流域自然资源生产力发展远景并为编制额尔古纳河和黑龙江上游综合利用规划进行勘测设计工作的协定》、1957 年 12 月 21 日签订的《关于国境及其相通河流和湖泊的商船通航协定》。

第三章讲述 20 世纪 60 年代中苏边界冲突和中苏关于边界问题的谈判。作者认为在这一时段发生的中苏边界冲突是"中国当局开始在中苏边界上人为地制造紧张局势，公然对苏联提出领土要求"。在作者所说的由中国挑起的数次边境冲突中，就包括 1969 年 3 月发生在中国珍宝岛的中苏武装冲突。

三　学术评价

作为在 20 世纪六七十年代中苏论战和军事对峙背景下出版的著作，作者不可避免地要为沙皇政府的侵略政策辩护并诬称中国推行"扩张主义"。

（1）该书美化沙俄对中国的侵略。如认为"满人、更不用说汉人，都未在阿穆尔地区和滨海地区居住过"，认为把"西伯利亚并入中央集权的俄

国，……其根本目的在于，把这广大的地区作为'经济领土'进行经济开发"。

（2）曲解中俄两国第一个边界条约——1689年《尼布楚条约》。认为沙皇下达给俄国大使费·阿·戈洛文的训令"具有酷爱和平、妥协让步的性质"，与此同时，认为中国大使索额图在上报给清廷的奏章中提出的领土"要求之无理是显而易见的"。作者认为，该条约是在对俄国极为不利的条件下签订的，存在严重的缺陷，"俄国政府完全有理由要求'在适当的时候'重新审查这个条约的条款，缔结全面和最后确定俄、中在远东边界的新约"。

（3）歪曲19世纪中叶、下半期沙俄强迫清政府签订的一系列条约的性质，提出一系列荒谬的观点。例如：《瑷珲条约》的"目的在于反对西方资本主义列强的扩张，条约本身又是他们入侵阿穆尔地区的障碍。这既符合俄国的利益，又符合中国的利益"；"《瑷珲条约》和《北京条约》在颇大程度上消除了《尼布楚条约》对俄国的不公平"；在这一时期"俄中两国关系是在和平、睦邻条件下发展的"，《瑷珲条约》《北京条约》都是两国政府间"盟邦友好的双边条约"。

（4）随意阉割各种史料，只使用于己有利的观点。书中不仅随意篡改马克思、列宁的著作，就连他所信奉的国际法理也是随意曲解。在叙述珍宝岛（俄称达曼斯基岛）事件时，为了证明自己所说的"1969年3月在乌苏里江达曼斯基岛地区苏中边界上的武装挑衅，是中国领导敌视苏联的政策的顶点"，作者竟然说珍宝岛是"苏联领土不可分割的一部分"，论据就是1860年《北京条约》和1861年地图。对此只要我们稍微查阅一下条约内容，稍微对边界划分的国际法规有所了解，就不难分辨真伪。

第八章　成书于1949年以来有关黑龙江的史料（下）

第一节　《黑龙江沿岸的部落》

一　作者简介

杰烈维扬科，苏联科学院西伯利亚分院历史语文与哲学研究所一级研究员、考古学家，A. П. 奥克拉德尼科夫院士（见第七章第三节《滨海遥远的过去：滨海边疆区古代史与中古史纲要》的"作者简介"）的得意门生。一生从事黑龙江流域的考古调查，先后发表了一系列与靺鞨历史文化有关的学术著作。主要有《论阿穆尔河中游靺鞨文化遗存的研究》（1968）、《阿穆尔河沿岸的靺鞨遗存》（1969）、《扎维塔亚河畔的靺鞨古城址》（1969）、《靺鞨人饰件腰带上的突厥艺术成分》（1973）、《关于靺鞨部落的葬俗》（1974）、《关于公元一千纪后半期远东部落同中亚亚细亚游牧部落的古代联系问题》（1974）等。

二　主要内容

《黑龙江沿岸的部落》一书1981年由新西伯利亚科学出版社出版。中译本由林树山、姚凤译，林沄校，吉林文史出版社1987年出版。

本书前置绪论，后有结语，插图47福，书后附有参考文献目录索引。正文共七章，主要介绍了阿穆尔河沿岸部落的经济、住房、军事、社会制度、毗邻关系、精神文化、民族起源。

（一）经济

农业上采用熟耕法，林区采用伐林耕作法，河谷采用河滩耕作法，但是阿

穆尔河沿岸部落都采用原始的伐林耕作法。耕作的作物包括水稻、黍米、燕麦、大麦、荞麦、豌豆和大麻等，种植的蔬菜有黄瓜、罂粟、豆类、大蒜等。养畜业中，马匹的数量最多，此外还有养猪、养牛和养羊等考古发现。靺鞨人喜欢狩猎，狩猎的目标是狍子、野鹿、野猪、野鸡、虎、豹、熊等，狩猎时常有猎犬相伴。他们还捕捉貂、银鼠、狐狸、野兔和其他珍贵的毛皮动物，其中，黑貂最珍贵。阿穆尔河沿岸居民用渔网、鱼叉捕获狗鱼、鲈鱼、鲟鱼、鲑鱼、鲤鱼等。捕鱼业不仅可以提供可靠的食物来源，他们还用鱼皮缝制衣裳和鞋子，也可以用于室内照明。此外，靺鞨人还采集人参、草药、核桃、野果和蘑菇等。

金属加工业中，铁器的生产加工最多。一些基本的技术要领，如锻接和铆接铁板、往铁器上熔接有色金属、穿孔、钻孔等都已经掌握。首饰加工业也是阿穆尔河沿岸地区古代部落最主要的金属加工部门之一。一些墓地里发现了各种样式的耳环、手镯、戒指和小锁链等。所有的银制品和青铜制品都是磨光的。陶器生产工艺很发达，罐状器、壶状器、桶装器、钵状器等，都是平底器，器颈部一般没有花纹。陶器几乎被运用到古代人类生活的一切领域：日常生活方面如厨具、餐具、储粮容器、盛食容器，精神生活方面如祭器、儿童玩具等。木器与骨器加工一般带有个体性质。一些出土文物中有箭头、鱼叉、针盒、针、甲片、刀柄、带沟、纽扣等。锥和针是最常见的骨角制品。军事上用骨质铠甲。桦皮制品是木制品的一种，可以苫盖房屋、安葬死者、制作容器等。

不同经济文化类型的民族群体把自己的产品拿来交换，产生了经济专门

化。养畜业发展到一定程度出现了剩余牲畜，同毗邻民族的稳定交换产生了。随着贸易的发展，易货贸易转变为商品贸易。

总之，通过对阿穆尔河沿岸部落农业、养畜业、狩猎业、渔业、金属加工、陶器生产、木器与骨器的制作、贸易等方面的研究，可以看出经济具有多面性、综合性，而且这些部落内部已经有了劳动分工。

（二）住房

作者主要研究住房的演变和建筑传统间的相互关系，详细介绍了波尔采文化和靺鞨文化中房屋的结构、材质、地面、墙面、面积、取暖（炉灶、火炕）、屋内设施、青铜器等。可见，阿穆尔河沿岸部落的住房是由简单到复杂逐渐发展的。毗邻地区的住房有很多相似性。居住地点的选择在很大程度上取决于他们对周围世界的概念。在搬入新居、祭祀时萨满起很大作用。对神像、灶神的崇拜十分普遍。住房的建筑和入居伴随着许多仪式和禁忌。

（三）军事

经史料证实，到处都是无休止的军事战争，而且战争的作用越来越大，同源部落必须结成联盟，有些部落已经融为一体，最终导致一些国家的建立和民族的进一步融合。经考古遗存证实，兵器的发展越来越具有进攻性。弓箭是进攻性远战兵器，从石弩到复合弓，从石质箭头到骨质箭头到铁质箭头，形状和性能各不相同。长剑、短剑、刀、矛等进攻性兵器种类繁多，生产工艺复杂，是机动、快速、以散兵队形作战的轻装骑兵的代表性兵器。护身甲胄和铠甲也广泛使用，有骨质甲片和铁质甲片，铁质甲片传播得更远。战术精湛，已经有了人工修筑的城墙和护城壕具。在军事斗争中，靺鞨部落的兵器和马匹得到了补充，还俘获了大量奴隶，实力大大增强。

（四）社会制度与毗邻关系

随着剩余产品的出现，财产的分化和私有财产产生，开始向阶级关系过渡。最富强的部落一般被推举为部落联盟之首。财产不平均在本部落内部开始形成，某些墓葬的奢华可以证明。部落首领的继承权出现得较早，但是尚不稳定，其中仍保留着母权的参与。随着经济的发展，靺鞨人的社会关系发生了重大变化，部落联盟解体，阶级社会形成。但是，新生社会的社会面貌尚不十分清楚，政治组织经常变化无常，尚不稳定。毗邻民族之间有贸易往来。

（五）精神文化

陶器、骨器、弓胎、桦皮制品、衣服、鞋子、毛皮服装、配饰、珠宝、日用品等，其上面都有精美图案，表现出人们的图腾崇拜，以及对时间、空间、明暗的表现。此外，还有铸像和岩画。靺鞨人信仰万物有灵，在他们的观念里整个世界都充满了神灵。由此，产生了太阳崇拜、天空崇拜、大地崇拜、水崇拜等自然崇拜，以及熊崇拜、老虎崇拜等动物崇拜，这些崇拜是氏族中的一种宗教，阿穆尔河沿岸居民都是萨满教的信仰者，萨满是沟通人与神之间的桥梁。

作者还详细介绍了墓葬的殡葬方法、墓葬结构、随葬器物等，阿穆尔河沿岸的居民都崇拜死者，崇拜祖先，崇拜火。阿穆尔河沿岸部落的艺术都同宗教交织在一起，在社会作用中占据重要位置。

（六）民族起源的某些观点

公元前二千纪末至公元前一千纪，乌里尔文化的特点是广泛采用骨质劳动工具，铁质劳动工具见到的不多。陶器也有很多，有红色染料。在乌里尔文化基础上，公元前 7 世纪到公元前 4 世纪，出现了波尔采文化。在波尔采文化中，铁是制作劳动工具的基本材料，经济生活中起主导作用的还是农业。房址中的一些容器里和屋地上都发现了烧焦了的黍类。大量的靺鞨遗存显示，其住房和容器形状等和波尔采文化有些许不同，器物和陶器近似，可以证明两种文化的承袭关系。通过对阿穆尔河沿岸靺鞨遗存的大规模考古发掘，可以肯定在 7 世纪时，阿穆尔河中下游地区和滨海地区存在一个民族基体，许多世纪以来它不断发展壮大并不断完善自身的物质文化和精神文化，最终形成了一些最早的国家组织——渤海和金。总之，通过 2000 年来的考古文化亲缘关系的探索，我们可以肯定，古代部落肃慎、挹娄、勿吉、靺鞨、女真都属于通古斯 - 满语共同体。

三　学术评价

考古学著作《黑龙江沿岸的部落》有以下特色。

（1）《黑龙江沿岸的部落》一书主要通过考古遗存判断阿穆尔河沿岸居民的生产和生活。考古资料可以复原阿穆尔河沿岸部落经济生活的整个图景、手工业生产和金属加工水平，如农用工具镰刀、铁镢、石锛、刀等挖掘。在库伦河畔，距比比科沃村 2 公里处发掘的 18 个完整和 6 个残缺的坩埚，都呈圆锥形，这种形状的坩埚最实用。半球形的坩埚比较少见。通过阿穆尔河沿岸部落住房的考古挖掘，总结出了六种基本结构：穴式，地穴平面呈四角形；主要立柱的分布呈双层（内外）长方形；框架式墙壁；内设板铺；长方形炉灶；屋顶设有作为住房入口的通烟孔。靺鞨人熟知各种建筑材料，住房、邑落的建筑和入居伴随着许多仪式和忌禁。

（2）除考古学资料以外，还援引文献史料中的一些与这一时期相关的经过验证和分析的材料，即远东部落发展的先期阶段和近晚期阶段的一些资料。其中，不仅包括大量俄罗斯史料，还有中国史料、日本史料、马克思和恩格斯的著作等。例如，八幡一郎的《晚期绳纹文化》，鸟居龙藏的《考古学与民族学研究：南满的史前居民》《千岛群岛爱奴人的考古学与民族学研究》《中国长城考》，津田左右吉的《勿吉考》，郑灿永的《ЦАСО 河沿岸地区高句丽墓的发掘》等。中国史料包括《金史》、《史籍补遗》、《梁书》、《三国志》、朱希祖的《女真高丽和战年表》（1094～1115）等。多个国家的史料搜集，使得对黑龙江沿岸部落的民族、经济、精神文化的复原更加全面、细致。

（3）在考古资料和史料都不足的情况下，通过民族后裔的资料或者与其同时代的毗邻民族的资料来探讨这一民族的特点。例如，靺鞨人的精神文化，特别是宗教观念，在考古资料不足、靺鞨人没有文字、中国史资料不全面的情况下，关于阿穆尔河沿岸部落宗教观念的资料几乎没有，作者开始注重对女真人的研究，而且注重汲取那些同那乃、乌耳其、奥罗奇等民族在历史、地理、民族等方面的共同点，特别是宗教观念方面的共同点，来回溯分析阿穆尔河沿岸部落的宗教观念。

（4）本书配以大量在考古过程中发现的器物插图，或者经考古发掘的平面图。例如，靺鞨人的农具、镰刀、采参工具、各种类型的坩埚、陶器、陶器上的图案、桦皮制品残片、各种房屋的平面图、角质弓胎、骨质和铁质弓胎胎片上的图案、骨质和铁质的箭头、近战兵器（长剑、短剑、战刀和配有桦皮刀鞘的那乃刀）、矛头、骨质和铁制甲片、配饰、岩画等。

这部著作对了解黑龙江地区的历史文化有一定意义，书中披露的考古资料对我国历史研究者有重要参考价值，不过，它的缺点和不足也值得注意。

（1）必须指出，杰烈维扬科在此书中宣扬的许多观点是我们不能接受并坚决反对的。出于某种政治需要，杰氏矢口否认沙皇俄国利用不平等条约强占中国大片领土的历史事实，否认黑龙江沿岸地区在历史上是中国领土的一部分，故意把我国古代北方民族同中原民族对立起来，把北方民族地方政权的建立说成是"争取独立"，"渤海国制止了侵略企图"，并且把我国唐代渤海这一

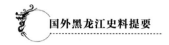

地方政权说成是"通古斯人的国家",绝不承认我国早在1000多年前就已经有效地管辖了黑龙江下游和滨海地区的历史事实。

（2）作者千方百计抹杀北方民族和中原民族一直存在的政治、经济和文化等方面不可分割的联系。不但在行文中把中国的各民族严格对立起来,而且在绪论中写道:4世纪以后"中国人的意识形态和文化亦未能逾越万里长城"。还说:远东古代民族"从来不曾有过汉人的儒家思想",并自欺欺人地说:"在发掘女真古城时发现的一些东西,并不能说明中国文化的渗透,而只能说明女真人从中国运来了大批的战争卤获物。"为了否定中原文化与当地文化的密切关系,作者还片面夸大当地民族文化的独特性:"在远东的地下蕴藏着阿穆尔河沿岸部落的高度物质文化。他们有独特的艺术,有不同于中国、日本思想体系的世界观,有发达的社会制度"。"靺鞨远离中国二千余公里,就连使者通过的一些地区（那里住有一些部落和民族）也并不属于中华帝国。"

（3）作者本人并不能直接引译中文史料,只能转引苏俄其他学者的现成译著,因此援引了不少别人已经误译了的东西。

第二节　《突向哈尔滨》

一　作者简介

А. П. 别洛鲍罗多夫（А. П. Белобородов, 1903～1990）,1903年生于伊尔库茨克一个农民家庭,1919年参加远东游击队。苏共二十三大当选中央委员。曾长期在远东和外贝加尔军区工作。1945年8月苏联对日作战时,出任远东第1方面军红旗第1集团军司令,率部越过中苏边境,从绥芬河方向一直打到哈尔滨。1947～1953年任旅大地区苏军司令员。

二　主要内容

《突向哈尔滨》一书是作者的回忆录,中译本共十章,195页,译者对原书做了一些删节。原书1982年由苏联国防部军事出版社出版,中译本由晓渔翻译,军事译文出版社1984年出版。

（一）战前苏军日军的军力对比和备战情况

1945年6月中旬,作者从德国的东波美拉尼亚回到莫斯科参加胜利阅兵,阅兵后第二天，就被任命为红旗第 1 集团军司令，该集团军驻扎在滨海边区南部的兴凯湖地域。

日本方面。满洲在 1945 年前已是一个非常强大的军事基地，加上朝鲜的军事工业，几乎完全能够保障一支百万大军的武器、装备、弹药和技术兵器的供给（只有轰炸机和重型火炮不能生产）。日本关东军驻扎在满洲，下辖东满第 1 方面军（第 3 军和第 5 军）、西满第 3 方面军（第 30 军和第 44 军），以及北满独立第 4 军和独立第 34 军。驻扎于朝鲜的第 17 方面军（第 58 军）后来也加入关东军建制。此外还有伪满军队、内蒙古日本傀儡德王的部队和张绥部队，同时还得到两个航空军第 2 和第 5 航空军 2000 架飞机的支援。

苏联方面。1944 年秋天，苏联就做出了把进攻集团置于阿穆尔河沿岸地区、滨海地区和后贝加尔地区的初步打算。1945 年春，在粉碎法西斯德国后，许多军用列车就开始穿越整个苏联国土奔赴远东。整个战争期间，苏军在远东的部队由 32 个师增加到 59 个，截至 8 月，师的数量又增加了一半。此外，这里还集结有 4 个坦克军和机械化军、6 个步兵旅、40 个坦克旅和机械化旅。同时以苏联元帅 A. M. 华西列夫斯基为首的远东指挥部成立。部队编为三个主要集团：在后贝加尔和蒙古人民共和国展开的是后贝加尔方面军，由苏联元帅 P. Я. 马利诺夫斯基指挥；在阿穆尔沿岸地区展开的是远东第 2 方面军，由 M. A. 普尔卡耶夫大将指挥；在滨海地区展开的是远东第 1 方面军，由苏联元帅 K. A. 麦列茨科夫指挥。

（二）作者领导的红旗第 1 集团军作战计划的制订过程

1945 年 6 月底至 7 月初，红旗第 1 集团军的所有步兵师、炮兵旅和坦克旅都进行了对抗演习。演习一方面证明了工程保障在山地原始森林地形进攻行动中的首要作用，指出每个步兵师必须至少加强一个工程兵营；另一方面也为对

日作战提供了战术支持。

滨海边疆区南部兴凯湖以西地区，有一块凸向中国东北（满洲）方面的突出部。"1945 年夏季满洲战役前夕，红旗第 1 集团军恰恰驻扎在这块突出部上。部队进攻方向沿线的……边界两侧都是一样的原始森林。""即使对无处不到的有经验的步兵来说，道路也是艰难的。""在进入满洲土地的头十八到二十公里内，如果不算日本人的边界哨所和一些中国人的干打垒小平房，就没有任何居民点。这些小土房由一些山地小径连在一起，小径窄得连两个人错身都很困难。而我们却将在这里通过六个步兵师、一个高炮师、四百多辆坦克和自行火炮、几个重炮旅和数千辆满载物资的汽车。"为了应对地形问题，"我们必须铺设穿越原始森林的急造军路"。但是，这样的道路被碾压后无法支撑苏军战斗队形呈纵深梯次配置，因此苏军决定在尽量宽大的正面通过原始森林，即"建立两个兵力大致相等的突击集团（第 59 和第 26 步兵军），并据此以四个步兵师，而不是三个，发起突破"。而当时日军却认为这一地形是无法通过的，并根据这种估计配置了他们的防御。"日本将军们指望我部队在通过密山筑垒地域的永久性防御配系时遭受重大损失，这样，他们就可以在有利的兵力对比情况下，从穆棱河与牡丹江之间的地带上实施反突击了。"

（三）红旗第1集团军从中苏边境绥芬河方向一直打到哈尔滨的经过

（1）远东第 1 方面军部队对边界筑垒地带的全面顺利突破及迅捷推进（某些兵团在战斗第一天就完成了第二天甚至第三天的进攻任务）。同时，作者也描述了中国东北人民在日本法西斯暴政下的苦难、对苏联军队的欢迎。

"关东军在满洲建立的军警制度，俨然是古时战败者沦为奴隶并遭受由此产生的一切后果这一现象的翻版。当地中国居民的反应是很自然的，那就是对奴役者敢怒不敢言。而在 1945 年 8 月，当日军在我打击下刚刚开始瓦解时，这种愤怒就爆发出来了。……中国人，特别是中国农民的愤怒，首先倾泻到那些在农村建立居住区，霸占了许多良田的日本开拓民头上。这种居住区仿佛是一种军事居住地，每一名日本开拓民都要就近在部队中登记，他们拥有自己的商店，禁止中国人入内，违者立即就地处决。……当日本军队开始仓惶退却时，开拓民们便拖妻带子扶老携幼地离别久居之地，追赶自己的部队。一群群手持棍棒、镰刀和斧头的中国农民迎头赶上这些逃难的人群。"

"日本侵略者在三十年代初占领这块地方之后，即开始竭泽而渔，进行了疯狂的掠夺和破坏，其口号是：'少予多取'。就连军队实施大规模调动所不可或缺的中东铁路，他们也把它搞到了蔽败不堪、望之凄惨的地步。枕木不到朽成烂渣，就不予更换。然而每一名在关东军服役期满返回本国的日本军官，全都随身带走了掠夺的大量财物，从女式绸衣直到挂钟和造型奇特的铜门把，应有尽有。在满洲服役，被认为是可以迅速发一笔大财的必由之途。关东军上下贪污受贿盛行。士兵向军官奉献从被杀害的中国人身上剥下的狐皮大衣；军官向将军奉献成套的中国瓷制餐具和成套的古式家具。关东军司令部建立了专卖制度。充斥满洲的日本奸商花上一笔贿赂，甚至可以获得独家包揽从松花江上采集冰块（当时还没有电冰箱）和清扫烟囱等的专利权。而且这种向饭店供应冰块和为其清扫烟囱是强迫对方接受的，并要受到宪兵队的监督。你不愿意？你不需要？那就意味着你自己在私下偷偷采集冰块和清扫烟囱，你逾越了'垄断者'的合法权利。你会因此而倾家荡产，其中也许有一半会成为关东军的基金。"在作者看来，也正是由于这种对日本人的憎恨，才使得苏军在所到之处都受到了中国人的热烈欢迎，"在从边界直到哈尔滨的道路上，我们所到之处，中国人无论是老人还是孩子，全都挥舞着红旗和小旗涌出来迎接我们，成千上万的人们用一片片祝贺声欢迎部队，跟着他们前进，向解放者表示敬意"。

（2）强攻牡丹江。牡丹江从被日本占领的最初年代起，在它被日本军阀作为其反苏军事行动计划中的主要前哨基地之后，就逐渐变得壁垒森严，"堪与东普鲁士柯尼斯堡相匹敌"。对强攻牡丹江战役，作者描述得十分详尽，不仅叙述了整个战役的部署和进程，也穿插讲述了苏联士兵的个人经历。

（四）日本关东军的投降

关于日本关东军的投降，作者主要讲述了以下三个方面的内容。

（1）牡丹江溃败后，日军大批投降。作者详细讲述了以下事件：自己与日本军使——日军第 5 军参谋长河越重贞在 1945 年 8 月 18 日晚上的见面，日本第 5 军指挥人员——五名将军和数位司令部高级军官的投降，解除第 4 军武装，搜剿匿入原始森林的零散小股日军。

（2）歼灭日军突击营，即特攻队。

（3）红旗第 1 集团军的战绩和苏日双方的伤亡情况。"将近九月初时，我们已经可以就本集团军在满洲的进攻作战作出最后总结了。我集团军在十六公里左右的地段上突破敌军正面，尔后将突破口扩大至一百七十公里，并向满洲腹地推进了四百五十公里，解放了十六个城市和无数其他居民点。""俘虏总数八万七千人，其中有十九名将官。抽审日军各兵团与部队司令官、参谋长，之后核实缴获的文件，得出以下统计结果：敌军被击毙和因伤致死者逾三万人。红旗第 1 集团军阵亡减员为五百九十八人，其中军官九十八人，军士一百六十二人，列兵三百三十八人。包括伤员在内的减员，共为二千八百八十八人。"

（五）获得解放的哈尔滨的情况

作者谈及当时中国城市的困难局面："各个城市的周围都变成了垃圾场，饮水几乎是不进行净化的。霍乱、伤寒和其他流行病使人们大批倒毙。""城里的粮食储备迅速减少，价格上涨；工厂、作坊、公共企业可能因燃料不足而停工；本来就是靠少得可怜的城市预算勉强维持的居民医疗服务，可能完全中断。"作者在讲述苏军维护哈尔滨治安的时候，还特别提到了"中国的职业土匪——红胡子"。

作为苏联人，作者特别留意了当时哈尔滨的俄侨。"在街上，轻快的四轮马车辚辚而过。车夫身穿腰部带褶的外衣，头顶高筒大礼帽。一群群上中学的女孩子蹦蹦跳跳地跑过去，留着大胡子穿戴制服帽和佩带着综合技术学院校徽的大学生，则亦步亦趋、慢条斯里地走着。这是哈尔滨的俄国人居住区，这一地区还是在本世纪初，由刚刚建成的中东铁路的职员们占据的。在日俄战争期间，哈尔滨成了俄军的后方基地，居民也大大增加。但是人口增长最大时期是二十年代初。……后来，哈尔滨的一部分俄国居民，主要是中东铁路的工人和职员，取得了苏联国籍，另一部分加入了中国国籍，还有一部分——一些怙恶不悛的白匪军人，则仍然认为自己是俄罗斯帝国的臣民。他们曾是中国军阀和日本军阀先后在苏中边境上策划的挑衅事件的忠实参加者。但是随着时间的推移，他们对外国武装干涉和白匪地下活动推翻苏维埃政权所寄予的希望越来越渺茫，渐渐地，就连这部分最富侵略性、反苏最坚决的俄国侨民的态度，也明显地发生了变化。""当伟大卫国战争开始的时候，当莫斯科战役、斯大林格勒和库尔斯克弧形地带的战役把红军的胜利消息传播到全世界的时候，当苏联军队击溃德国法西斯军队并向德国边界挺进的时候，……还在我们进入哈尔滨之前，这里就建立了一个自称为'苏联青年司令部'的组织，一些中学生在集会上把自己的学校改名为'苏联……学校'等等。"

作为胜利日阅兵式的亲历者，作者描述了自己看到和听到的景象。"有人对我们说，城市的企业和社会团体也希望参加节日游行。根据最保守的估计，连孩子在内至少将有三十万哈尔滨人出来参加游行，也就是说，约占哈尔滨全部人口的一半。商店柜台上的红布料出售一空。哈尔滨的街道早在星期四就饰满了旗帜、巨幅标语和五彩缤纷的电灯"。"哈尔滨是个多民族的城市，除中国人和俄国人外，这里还生活着许多朝鲜人、波兰人、鞑靼人、德国人和一些其他民族的人。他们全都穿着民族服装，带着孩子上街游行来了，每人都手执一面红色的小旗或一束鲜红的石竹，场面绚丽多彩、蔚为壮观。人群川流不息地经过观礼台，直到黄昏来临，彩灯放射出绚丽的光彩。"

三 学术评价

（1）作为亲历者和指挥者，作者以回忆录的形式叙述了第二次世界大战末苏军对日本关东军作战的准备、战略部署和战役的实施情况。他十分详细地描述了自己率领红旗第 1 集团军从中苏边境绥芬河方向一直打到哈尔滨的经过，战斗情节描写得生动和具体，甚至还提到了苏军对日军的战略评估和日本战俘的口供档案，这些都为研究这一阶段的黑龙江历史、中苏关系史提供了参考。

（2）过分强调和突出苏联出兵中国东北在战胜日本法西斯中的作用和地位。作者认为："客观上是，在战争结束阶段，我们对关东军的突击，对于取得迅速和彻底的胜利，却起了主要作用"；"在第二次世界大战的历史上，无论就战役的空间，还是就战事发展的迅猛速度和最终结果看，要找出一个与满洲战役相匹敌的战役是困难的"。

（3）对中东路事件等问题的看法带有偏见。将中东路事件事发时的情况描写成："当时，中国白军和俄国白匪正在苏中边境上加紧挑衅，他们不断用火炮和机枪射击我边界村镇，进行武装侵犯。"这违背了历史真实。

第三节 《苏联和满洲的革命基地（1945～1949）》

一 作者简介

O. 鲍里索夫，生平信息不详。

一 主要内容

《苏联和满洲的革命基地（1945～1949）》一书 1985 年由莫斯科思想出版社出版。

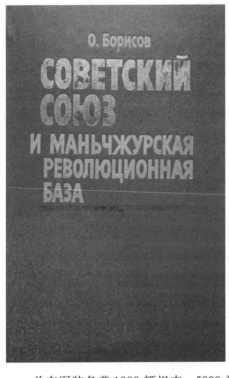

这部著作阐述了苏联出兵东北、歼灭关东军的过程及其对中国共产党建立东北革命基地的积极作用。与黑龙江历史相关的内容如下。

（一）日本对苏联的战争准备和敌对行动

1940 年，伪满洲国颁布普通兵役制，实行伪军改组和现代化。1941 年夏，在日本军部援助下整编的伪满"国民军"共有 39 个师（54.6 万名官兵）。临近 1941 年秋，伪满洲国组建了总数相当于日军 20 个步兵师的武力集团。这些新编军队当时共有 5 个野战集团军（13 个步兵师和 24 个步兵旅），多达 70 万人，全归关东军司令统辖。

关东军装备着 1000 辆坦克、5000 门不同口径的火炮、1800 架飞机。关东军官兵长期受到军国主义传统武士道、仇恨苏联人民、中国人民、亚洲其他国家人民的教育。

在中苏边境地带，日本军阀布设了 17 个要塞，其中 8 个位于苏联滨海边疆区邻近地带。每个要塞区纵深 50 公里，锋面（横宽）50～100 公里。

日本军阀对苏联远东边境的挑衅没有停止过。仅在 1944 年就发生越境事件 144 起、扫射苏联领土事件 39 起。日本统治集团千方百计阻挠苏联船只航行于远东的海面。例如，1941 年 12 月 8 日，日本政府宣称拉彼鲁斯海峡、桑加尔海峡和朝鲜海峡是本国"海防区"，因此把日本海及其所有出口置于本国武力控制之下。日本当局经常非法阻停甚至击沉苏联船舶，1941～1945 年日本人扣押、击沉了 18 艘苏联船舶，苏联航运业因日本在太平洋的军事行动和其他行动遭受的损失达 6.3699375 亿卢布。日本试图以这样的敌对行动阻碍苏联获得来自美国的物资武器援助，造成苏联远东地区经济状况困难。

（二）1945年8月苏联对日本关东军的强大攻势

日本军阀们费时多年完善了边境地带的据点工事，他们相信这些据点工事坚不可摧。伪满洲出版的日本报纸《康德新闻》1945 年 8 月 11 日载文说："日本军队和满洲国军队已经做好充分准备保卫东亚北部边境。他们构筑了接连成片的坚固防线……苏联难以判断我国的实力……与战线绵延长达数千公里的苏联部队相比，我们处于优势地位……"

苏军缜密地准备了几个战役。苏联在战胜希特勒德国之后，3 个月内向远东调集了大批部队和战车。临近远东战事启动时，苏联已在这集中部署了 150 万大军、26 万门大炮和迫击炮、5500 辆坦克和自行火炮、将近 3900 架战斗机。还有太平洋舰队和红旗阿穆尔河（黑龙江）分舰队，其编制序列里约有 600 艘舰艇和 1500 多架飞机。

Перед высадкой десанта в Порт-Артуре 22 августа 1945 г.
Советские воины водружают флаг над зданием вокзала в Харбино

苏军部队兵员总数比日军多 80%，坦克是日军的 3.8 倍多，飞机比日军多 90%。

（三）黑龙江地区进行的战斗

在 A. M. 华西列夫斯基、P. Я. 马利诺夫斯基、K. A. 梅列茨科夫等著名苏军统帅指挥下，苏军外贝加尔方面军、第 1 远东方面军、第 2 远东方面军同时发起进攻，攻势以十分迅疾的速度展开。外贝加尔方面军的第 6 近卫坦克集团军主力 8 月 21 日就越过大兴安岭突击到了东北平原。

华西列夫斯基元帅曾这样述评当年外贝加尔方面军部队的行动："敌人没有料到苏军部队能在极端艰难的情况下一周内进展数百公里。意外成分如此严重，而关东军遭受来自西北方面的打击又是如此强烈，以致好久缓不过神来。"

苏联武力施加的打击如此具有毁灭性，以致沿阿穆尔河、乌苏里江岸畔和大兴安岭山麓构筑的堡垒要塞线普遍分崩离析，日本军队继续顽抗之处则被包围攻克或者绕过。各军兵种苏军部队包括地面部队、航空兵、空降兵和海军舰艇的迅猛行动，破灭了日本使用细菌武器的计划。

海拉尔、牡丹江等地的惨烈战斗作为英雄主义、献身精神、军人气概的光辉篇章载入苏联武装力量史册。

（四）中国东北居民欢迎苏联红军，视之为解放者

中国东北居民兴高采烈地欢迎作为解放者的苏军，并且协助他们顺利向前推进。他们主动修路，恢复被炸毁的桥梁，组建自卫队伍，抗击匪患。

城乡各界人士在群众大会和会议上商讨通过给红军司令部的致敬辞和慰问信，感谢从日本奴役下解放自己的苏联红军，庄严宣誓忠于与苏联人民牢不可破的永恒友谊。成千上万件礼物礼品、感谢信由满族、汉族、朝鲜族、蒙古族等居民呈送递交给苏联军人。这类礼物礼品中的好多件现存于莫斯科苏联武装力量中央博物馆。展品中有一卷717米长的丝绸，上面中国东北人民的签名差不多长达1公里，每个中国人都认为签名感谢苏联解放者是自己的义务。

当地的民主团体积极参加组办群众大会和游行。根据群众大会做出的决定，许多城市（哈尔滨、沈阳、长春、海拉尔、牡丹江、旅顺等地）为在解放满洲摆脱日本占领军时牺牲的苏联军人树立了纪念碑塔，一些街道和广场也更改了名称以表彰苏军和苏联。这些纪念碑塔的揭幕式变成庄严隆重的典礼盛事。例如1945年12月5日，哈尔滨有6万人出席了纪念碑揭幕式。

地方民主积极分子组建的中苏友好协会对于进行居民中的政治工作具有重要意义。中苏友协在长春市开始出版《黎明日报》和《中苏友好》杂志，在哈尔滨出版《解放日报》。

（五）大部分俄侨欢迎苏联红军

相当大一部分因为各种不同情况而沦落满洲境内的俄籍居民也友善地迎接了苏军。在这方面《红军司令部致满洲俄国人呼吁书》起到了一定作用。该呼吁书写道：

> 我们呼吁你们——俄国人！你们可以重新获得祖国的时机已经来临。
>
> 奋起打击俄罗斯的敌人——日本军阀吧！组织成立游击队，摧毁日本人的后方和交通线吧！把日本军列掀翻到路基之下，炸掉桥梁，破坏运输

工具和邮电设施吧！

你们要在一切可能之地，用一切可用手段，扫除日本人的一切军事设施，促进和加快红军的胜利……

（六）对中国革命的援助

快到苏联对日开战的时候，中国东北的革命部队处境极其艰难。早在 8 月初，日本军部就调集重兵包围了在平泉地区赵文锦将军指挥下的中国军队。借助隶属于外贝加尔方面军第 17 集团军的迅猛进攻，才消除了被围部队的厄运。

赵文锦后来在《致第十七集团军司令部一封信》中写道："我们特别感激苏联红军。我们当时处境非常困难。敌人调集了多倍优势兵力对付我们，我们陷入重围并被切断了一切退路，敌人压缩了我们的机动余地。8 月 9 日前夕，我们想方设法摆脱困境。苏联红军挺进满洲境内从根本上改变了力量对比，由防御转入了进攻。所以，是红军拯救了我们，使我们免遭灭顶之灾。我们特别感激红军。"

红军司令部给了八路军和新四军重大援助，随着进攻的进程又把缴获的军备，包括炮和轻型坦克转让给八路军和新四军，还帮助其官兵掌握武器和技术装备。这两支中国革命军队的指战员们对苏军的援助表示了衷心的感激。

为了加快日军的投降进程，并将满洲境内敌人的最重要设施置于监控之下，8 月 18～19 日，远东第 1 方面军向哈尔滨、吉林等城市派遣了空降兵。这些空降兵在满洲表现优异。C. M. 什捷缅科大将证实说："空降兵迅猛又精准的行动保障了工业企业、电厂电站通信设施、铁路和许多军事目标的完好无损，使社会秩序得以恢复，从而排除了诸多政治冒险的可能。"

二　学术评价

这部著作为研究苏联红军出兵黑龙江地区乃至整个东北的历程以及对中国革命的支援，提供了比较丰富的历史资料。然而，这部著作带有中苏论战的色彩，宣传味道显著，学术性不强。

（一）过高评价苏联出兵东北对日本投降的作用

作者的以下观点有夸大苏联红军作用之嫌。

其一，美日两国对苏联是否参加对日作战极为关切，他们明白，没有苏

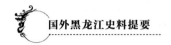

联，不歼灭关东军，日本完败和对日胜利是不可思议的。

其二，英雄的苏联人民及其武装力量对打败日本军国主义做出了决定性贡献。

其三，苏联在远东的历史性胜利不仅是对日本军国主义的打击，而且是东亚和东南亚各国人民历史的转折点。由于苏联武装力量的胜利，日本与被奴役的中国和其他亚洲国家人民之间多年的战争问题解决了，这块大陆的民族解放运动的蓬勃发展开始了。

其四，"我们的胜利对中国人民革命斗争的进一步开展起到了决定性作用。苏军部队解放的满洲在苏联积极援助和主持下变成了中国革命力量的主要的军事战略进攻基地、中国革命的新政治中心"。

（二）美化《雅尔塔协定》，美化苏联的企图

书中写道，在1945年2月召开的苏美英政府首脑克里米亚会议上，远东问题得到认真细致的讨论。2月11日，签订《雅尔塔协定》。作者对这一协定给予正面的积极的评价。其实，以上条款意味着：苏联把中国的外蒙古分裂出去使之成为一个独立的国家、中苏两国之间的缓冲区；苏联重新盘踞中东铁路，掌控大连商港、旅顺军港，把中国东北变成苏联的势力范围。可见，《雅尔塔协定》是苏联与美国、英国联手宰割中国的典型案例，对中国极为不利。

（三）贬低美国投放原子弹对促使日本投降的重大意义

美国投放原子弹对促使日本投降的重大意义是不言而喻的。但是，本书的作者却极力贬低这一点，而竭力强调苏联出兵的作用。书中写道：

> 苏联参加反日战争前夕，美国统治集团对日本城市广岛和长崎进行了原子弹轰炸。这两个野蛮行动不啻是一种反人类罪行。美国正是在侵略者的命运已被第二次世界大战全部进程和行将到来的苏联武力行动预先决定之时，使这两个城市的居民遭受了原子轰炸，那时已经清楚，没有任何使用原子武器军事上的必要性。

> 苏军参战打击日本和我军的最初战绩引起了日本上层统治集团的震惊。早在8月9日铃木首相就向最高军事参议院成员声称："苏联今晨加入对日本战争最终将我们置于绝境，不能持续再战。"

第四节　《远东俄中经济关系（19世纪至20世纪初）》

一　作者简介

Г. Н. 罗曼诺娃（Романова Галина Николаевна，1947~ ），俄罗斯亚太地区国际关系和俄中经济关系方面的专家。1970年起在苏联科学院远东分院历史·考古·民族研究所工作，曾在俄罗斯多所大学任教。其研究成果共计180余件，其中专著17部（含与他人合著），独立撰写的著作有《远东俄中经济关系（19世纪至20世纪初）》（*Экономические отношения России и Китая на Дальнем Востоке. XIX – начало XX в.*）、《中国的经济体制改革：成果与展望》（*Реформа экономической системы КНР：Итоги и перспективы*，Владивосток，1989）等。

二　主要内容

本书1987年由莫斯科科学出版社出版。中译本由宿丰林、厉声译，郝建恒校，黑龙江科学技术出版社1991年出版。

全书共分五部分：前言、结语和第一、二、三章。叙述了19世纪下半叶至1917年俄国十月革命远东地区中俄两国的经济关系史。

（一）17世纪的俄中经济关系

作者从俄国访华使团入手，讲述了俄中两国的早期接触，其中包括彼特林使团、巴伊科夫使团、佩尔菲利耶夫使团、米洛瓦诺夫使团、斯帕法里使团和17世纪末叶的3支俄国官方商队及与其随行的私商商队。作者认为，随着俄中关系的发展，这一时期"出现了开辟一条途经满洲的商路和不断发展远东俄中贸易的可能性"。

（二）18世纪至19世纪上半叶的俄中经济关系

"18世纪30年代，北京对俄贸易方面的态度有所变化。清朝当局……开始允许中国商人前往库伦和俄国边境，在满洲当局的严格监督下进行贸易。"作者在论述了俄中两国的陆路贸易和海上贸易后认为，到了19世纪40年代初，太平洋区域变成了资本主义各国大肆扩张的目标，"海路贸易的发展、俄

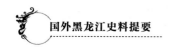

国从19世纪下半叶开始对阿穆尔河沿岸地带和滨海地区的开发、这些地区当地消费品生产的发展以及它们与俄国其他省份经济联系的加强，导致恰克图贸易的萎缩"。到19世纪中叶，"俄中贸易热点开始逐渐向中亚、沿海各港口以及俄国远东边境地区转移"。

（三）19世纪下半叶阿穆尔沿岸地区的经济开发

作者叙述了19世纪下半叶俄远东地区的移民进程和经济情况，即采金业、加工工业、农业、木材工业和运输业，以及那里的外国资本的活动，得出这一结论：19世纪60年代是远东移民和经济开发史上的重要阶段，"客观上创造了边区与外国、特别是中国（首先是与中国东北的一部分——满洲）发展经济关系的前提条件"。

（四）19世纪下半叶满洲的经济发展

由于满洲的特区地位的取消，19世纪七八十年代是满洲社会经济发展的转折阶段。书中详细介绍了此时满洲的移民、农业、采金业、手工业和运输业的发展情况。

（五）19世纪下半叶俄国远东和满洲的民间贸易

（1）俄国远东与满洲的居民之间民间贸易的建立，对双方的重要意义。

（2）阿穆尔地区和滨海地区的贸易额。

（3）中俄贸易的总体情况。

（4）中俄边境贸易。"在阿穆尔省，边境贸易是经由布拉戈维申斯克和位于满洲边界的瑷珲城与萨哈连屯进行的。"

第一，从俄国输入满洲的货物，既有俄国欧洲部分的产品——棉织品、金属和金属制品、煤油、火柴，也有远东当地产品——毛皮、皮革、鱼、盐、海带、海参、螃蟹、鹿茸，还有过境的外国产品，甚至有中国中部和南部各省的产品。

第二，从满洲输往俄国的商品中占第一位的是牲畜，"在19世纪末，阿穆尔边区每年要从满洲输入数千头——约占俄国远东从中国进口额的60%"。第二位的是粮食，"19世纪末期从满洲输入阿穆尔边区的……和面粉等共计160万普特，这些粮食的绝大部分来自齐齐哈尔、呼兰城、江苏和三姓。松花江对于满洲和阿穆尔边区贸易具有重要意义"。

第三，从事两国贸易的公司和商行。"1893～1895年间俄国远东与满洲贸易额计约300万卢布，其中，阿穆尔省占100万卢布。"中国方面"贸易主要集中在其企业遍布整个阿穆尔地沿岸地区和满洲的'秋林公司'和'孔斯特和阿尔贝斯商行'的手中"。

第四，因边境地带免税贸易制度而产生的走私。从俄国走私到满洲的是黄金，从满洲走私到俄国的是烧酒和鸦片。

结论："1894～1895 年日中战争之前，边境陆路贸易是俄国远东和满洲居民经济联系的主要形式。远东的俄中贸易是以两国的客观需求和条约上所规定的互利宗旨为条件的。"

（六）1895～1903年远东俄中经济关系

作者主要阐述了这一时期修筑的"中东铁路对于发展远东俄中贸易以及对于俄国远东和满洲地区整个经济发展的影响"。影响主要体现在以下方面。

（1）产生了满洲的第一批工商业中心，如哈尔滨。

（2）产生了资本主义工业。

（3）改变了俄中贸易往来的地理方向。恰克图变成了一个普通的边境过境地点，而俄国商品经由东段边界的对华出口额却增长相当迅速。

（4）位于铁路和水路交通交会点上的哈尔滨成了满洲的主要商业中心。哈尔滨市内开设各种各样的俄国商业营业部。据孔斯特与阿尔贝斯商行和秋林公司的代表记载，在中东铁路施工期间，90% 的俄国货是经由符拉迪沃斯托克运达哈尔滨的。其中一部分（棉织品、烟草、金属和金属制品）是直接为在修建铁路时期居住于满洲的俄国居民准备的。对于中国人来说，最有销路的俄国商品是沿松花江从阿穆尔省输入的皮货。

（5）开辟了松花江上的轮船交通。出现了松花江河运船队，中东铁路公司的海运轮船公司，以及一些俄国商行和企业家的船。

结论：19 世纪和 20 世纪之交的俄中关系的特点是经济联系的扩大。在满洲的运输业、采掘业、加工工业领域出现了俄国企业，各条界河的航运业也开始兴盛起来。中东铁路通车改变了贸易的地理方向，提高了俄国商品经俄中东段边界的出口额，从而缩小了俄国对华贸易的逆差。

（七）1904～1914年的远东俄中经济关系

1. 俄日战争的影响

（1）战争对满洲经济的影响。数百万军队的给养需求推动当地建立了一些新的工业生产部门，如哈尔滨的伊萨耶夫面粉加工厂（1904）、哈尔滨的双城堡公司面粉加工厂和傅家甸的"利夫"商行制粉厂（1905）等。

（2）战争对中俄贸易关系的影响。战后俄国在满洲的投资领域缩小了，但投资额仍继续增加。

2. 满洲的经济状况

建立了一些外国商业公司；出口贸易被集中于 10 家大公司（多为欧洲和日本公司）手中，所有这些公司均在哈尔滨等地设有营业处；最大的俄国商行是秋林公司。

3. 俄中贸易情况

中东铁路和南满铁路为转运北满农产品展开了激烈竞争。

在满洲输往俄国远东地区的货物中，占第一、二位的分别是谷物和牲畜。俄国输往满洲的主要是纺织品、煤油和石油、糖、金属和金属制品等，北满进口总额的约 60% 是俄国货。

满洲货币制度的混乱在某种程度上阻碍了俄中贸易的发展。既有中国货币，如齐齐哈尔银行发行了纸币——"吊"，又使用了外国货币，在黑龙江省大部分地区流通的是俄国信用券、金币和银币。

1913 年废除了 50 俄里以内免税贸易的条款，原因之一就是那里走私活动泛滥。据哈尔滨交易会统计，1910 年走私输入俄国阿穆尔沿岸地区的货物（酒类除外）价值 80 万卢布。

自 1907 年 11 月 1 日起，满洲里和绥芬河车站开始实施海关检查。1909 年 6 月 19 日，中国在哈尔滨和三姓设立了河运海关，在拉哈苏苏建立了海关稽查站。

松花江船队在 1908 年以后开始从事大规模的贸易活动。

结论：这一时期俄中贸易的发展首先是由俄国远东地区居民人口的迅速增长、各城市的兴建、阿穆尔铁路的修建、符拉迪沃斯托克港货运业务的扩大决定的。

（八）1914～1917年远东的俄中经济关系

1. 一战期间远东俄中贸易的变化

主要反映在出口结构上。俄国欧洲部分商品（如纺织品、糖、石油产品、金属制品）的对外出口几乎完全中断，对华出口额的三分之二是由远东货（鱼、木材、毛皮、海带、鹿茸、人参等）构成，并且扩大了对中国粮食和原料的需求。

走私仍在继续，俄国走私"出口"的主要是黄金、白银、毛皮，此外还有少部分食盐、煤油。

符拉迪沃斯托克成了俄国的一个重要港口。

对满洲大豆的需求增长十分迅速，而满洲大豆和大豆产品出口总额的 60%～80% 是经由绥芬河车站输出的。

结论：第一次世界大战使远东的贸易发生了重大变化。俄国在北满贸易中的地位在大战期间削弱了，以往的地位被日本和美国取代。

2. 中东铁路的影响

（1）有助于中国东北工业（采矿业和加工工业）的形成。

（2）满洲农业开始向专门生产供出口的商品粮和豆类作物的方向发展。

（3）发展起了乳畜饲养业。

（4）加快了满洲的移民进程。

（5）产生了工人阶级。在哈尔滨铁路总工厂中就有 300 多名中国工人。

（6）出现了医疗服务机构。

（7）形成了商品农业区。

（8）1900 年起，远东移民进入了所谓铁路时期。

（9）扩大了俄中贸易额。

三 学术评价

（1）文献资料十分丰富，极具参考价值。书后列出的参考资料多达 520 项，分为马列主义创始人著作、苏联共产党文件资料、史料、文献、杂志、报纸，书后附有统计列表 17 个。

（2）书中的一些观点是有失公允的，仍然带有为沙皇政策开脱罪责的色彩。例如，作者认为 19 世纪下半叶"远东的俄中贸易是以两国的客观需求和条约上所规定的互利宗旨为条件的"。作者所列举的条约无一不是不平等条约，在这些条约的限定下，两国的贸易有什么互利宗旨？! 又如，作者认为"1894 年～1895 年日中战争以前，俄中两国一直保持着几个世纪以来形成的睦邻关系"（见中译本第 121 页），可谁能将掠人财物、杀人同胞、占人土地视为"和睦"呢？还应该指出：作者过于强调沙俄修筑中东铁路对俄中经济关系的正面影响，忽视甚至只字不提沙俄利用中东铁路掠夺中国资源、侵略中国的行径。

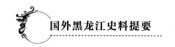

第五节 《苏联远东史——从远古到17世纪》

一 作者简介

А. И. 克鲁沙诺夫（1921～1991），苏联科学院院士，历史学家，苏共成员（自1944年起）。毕业于符拉迪沃斯托克师范学院历史系（1949）。其研究

领域为19～20世纪的远东历史。1958年以后，曾担任苏联科学院西伯利亚分院远东分部远东各民族历史·考古·民族研究部主任，远东各民族历史·考古·民族研究所所长，苏联科学院远东科技中心副主席。

除了主编《苏联远东史——从远古到17世纪》，克鲁沙诺夫还主编了《苏联滨海边区史》（1970）、《科里亚克人的历史和文化》（1993）等书，著有《在远东和外贝加尔为苏维埃政权进行的斗争：建党建政史（1917年3月～1918年3月）》（1961）、《在远东和外贝加尔为苏维埃政权进行的斗争：建党建政史（1918年4月～1920

年3月）》（1962）、《苏维埃政权在远东和Transbaikalia（1917年～1918年4月）的胜利》（1983）等。

二 主要内容

本书1989年由莫斯科科学出版社出版。中译本由成于众译，王德厚、侯玉成校，哈尔滨出版社1993年出版。

本书是苏联学者集体编撰的一部专著，主要研究苏联远东地区包括阿穆尔河（黑龙江）左岸及其下游、滨海地区、萨哈林岛（库页岛）和千岛群岛、堪察加和楚科奇等地从原始社会到17世纪初的人类活动历史。本书分为两编，

第一编为"苏联远东地区的原始社会"，第二编为"7～17 世纪初的苏联远东"。在第一编，主要介绍了"苏联远东地区的旧石器时代""滨海地区和阿穆尔河沿岸的新石器时代和青铜时代""苏联远东东北部和各岛屿的新石器时代""苏联远东南部的铁器时代""苏联远东地区北部和岛屿部分的残余新石器时代"；在第二编，主要介绍了"渤海国时期的滨海地区（公元 698～926年）""9～12 世纪的阿穆尔河沿岸""女真'金帝国'时期的滨海地区（1115～1234 年）""16～17 世纪初俄罗斯人发现和开发西伯利亚及远东地区的历史前提"。

（一）第一编"苏联远东地区的原始社会"

第一章"苏联远东地区的旧石器时代"。作者首先介绍了苏联远东第四纪的自然地理环境。自然因素在很多方面决定着迁徙过程的路线和原始人开发新疆域的速度。周围环境的特点对经济结构的形成起重要作用，决定了远东北部地区和南部地区、大陆地区和岛屿地区居民在不同历史发展阶段的物质文化特征。作者在这一章研究人类适应这一地区自然环境的途径，研究适应这一过程的特殊性和规律性。作者详细介绍了阿穆尔河沿岸、滨海地区和东北亚的旧石器时代的典型遗址和出土文物的主要特征。作者阐述了旧石器时代远东大陆的居民在迁居和开发太平洋北部、西北部的岛屿以及北美大陆北极地带时的作用。

第二章"滨海地区和阿穆尔河沿岸的新石器时代和青铜时代"。在这一历史时期，居住在不同气候带的民族开始相当明显地出现历史发展的不平衡。亚洲北部地区、辽阔的森林草原地带，狩猎业、捕鱼业和采集业构成当地的经济基础；远东南部，在新石器时代的鼎盛时期，对洄游鱼的捕捞起着主导作用。这种经济形式对食物的获取、家庭手工业中劳动工具的制作，以及陶器、装饰品、衣服的制作，复杂而发达的艺术等，都起着巨大的作用。与此同时，这些地区居民的历史命运也逐渐发生了变异。如果说从前的旧石器时代远东北部和南部的联系是相当稳定和积极的话，那么在新石器时代，亚洲东北的居民在文化接触上有所改变，同南部地区的联系减少了，相反，与北极圈地区的联系却密切起来。在这种具体历史条件下，阿穆尔河沿岸部族创立了独特而高度发达的文化，岩画就是卓越的代表。

第三章"苏联远东东北部和各岛屿的新石器时代"。这包括萨哈林岛的新石器时代、千岛群岛的新石器时代、鄂霍次克海北部沿岸的新石器时代、堪察加的新石器时代、楚科奇的新石器时代和青铜时代初期。直到 17 世纪，这些地区还保留着新石器时代的面貌，也形成了以萨哈林岛、千岛群岛和鄂霍次克海为中心的狩猎文化，海洋捕猎业也结合了捕鱼业和采集业。

第四章 "苏联远东南部的铁器时代"。出土的文物证明，到公元前第二千纪，滨海地区和阿穆尔河沿岸的古代居民对青铜及其合金、对农业和畜牧业的早期形式才刚刚熟悉。到第一千纪末，金属和冶金业快速发展，冶金制品在考古遗存中大量发现。公元前第一千纪是铁制品出现和传播的时期，也是农业和畜牧业的作用在居民谋生活动中增长的时期。养牛业、养马业发展起来，畜力作用大大提高，为农业发展奠定基础。公元前第二千纪至第一千纪末也是许多大区域文化形成的时期，在滨海边区先后形成了杨科夫斯基文化和克洛乌诺夫卡文化，在阿穆尔河地区先后出现了乌里尔文化和波尔采文化等。研究成果表明，在这 2000 年时间内，社会经济和政治的演进决定了苏联远东南部的居民在 7 世纪从氏族部落组织进入国家，原始社会制度解体。

（二）第二编 "7～17 世纪初的苏联远东"

第一章 "渤海国时期的滨海地区（公元 698～926 年）"。作者详细介绍了渤海国的建国、发展繁荣、衰落灭亡，以及渤海国人的居民点、住宅、神庙、精神文化等。渤海国与阿穆尔河沿岸、外贝加尔、西伯利亚、中亚以及高丽、日本的民族都有政治、经济、文化和宗教联系。

第二章 "9～12 世纪的阿穆尔河沿岸"。由于在文献资料中没有任何关于早期中世纪阿穆尔河沿岸居民的可靠材料，所以，在研究这一历史时期时，首先以考古考察资料来复原这一历史发展过程。目前，在阿穆尔河沿岸地区已经有三个不同类型的考古遗迹，即古城址、村落址和古墓群。9～12 世纪阿穆尔河沿岸的居民具有十分独特的文化，不同于苏联滨海地区，也不同于中国东北部。其原因不仅是当地部落的生活环境独特并有相应的经济结构，而且在民族构成上也完全不同于滨海地区。其中，不仅包括蒙古语族的室韦人、通古斯语族的靺鞨人、部分维吾尔人，可能还有吉尔吉斯部落以及古亚细亚部落的吉列迷，所以其文化构成也十分特殊。

第三章 "女真'金帝国'时期的滨海地区（1115～1234 年）"。女真人比渤海人处在更高的社会发展水平上，他们建立了亚洲典型的发达的封建社会。但是，女真人在创造其物质文化的过程中受到了与女真人有着血缘关系的渤海部落的影响。女真人从渤海人那里继承了房屋建筑、城市建筑的原理，农业和手工业的很多部门，与其相关的劳动工具的类型、武器，以及很多渤海人吸收自高句丽人、维吾尔人、粟特人的成分。在宗教信仰方面，女真人接受并传播萨满教；除此之外，女真人还信奉佛教和道教，属于多重结构的社会性质。

第四章 "16～17 世纪初俄罗斯人发现和开发西伯利亚及远东地区的历史前提"。16～17 世纪初，俄罗斯中央集权制多民族国家领土的扩张，经济势力的不断加强，对外贸易的扩大，是莫斯科政权得以在亚洲积极活动的主要原因。在本章中，作者认为是俄国人发现了西伯利亚和远东，开始开发和经营这片土地。"它最终使俄国同远东那些与之毗邻的国家——清王朝、日本封建帝国、朝鲜王国确定了边界，并对阿拉斯加未来的命运起了巨大作用。"

三　学术评价

这部著作具有丰富而系统的考古学资料。书中有关靺鞨、渤海、女真的考古资料既可以补充我国历史文献资料的不足，又可以证实历史文献的可靠性。由于俄国远东很多地方的考古学文化与我国东北特别是黑龙江省的考古学文化有着密切的联系，所以我们不能忽视俄国及后来的苏联在这一地区的考古学成果。众多的有意义的文物考古资料的发现，有可能使历史复原，可以说明这一地区民族的物质文化状况。

这部著作包含的历史时期长——从古人在远东出现到 17 世纪初叶。本书研究的区域辽阔，从适于人类生存居住的远东南部到极东北地区，包括不同气候带的广大地域。考古资料证明，地处辽阔的欧亚大陆边缘地区的远东，起着同太平洋沿岸相联系的连接地带的作用。

这部著作的缺点和不足如下。

（1）作者割裂了女真和中国内地之间的联系，认为汉民族对女真人的影响微乎其微，这无疑是为本国的大国沙文主义服务的。例如，书中第二编第三章结尾处认为："我们必须正视这样的事实，尽管女真人在一个多世纪中，统治了当时中国地域的大约 2/5，然而，后者对女真人的物质文化的影响是微不足道的。然而不能不说南西伯利亚和中亚民族当时对远东通古斯语族居民在物质文化中的显著贡献。尽管中国在物质文化和精神文化的很多方面明显地超过其相邻的民族是一个显而易见的事实。"

（2）美化沙皇俄国对邻国的侵略扩张，美化其对邻国领土和人民的强

行霸占。书中结尾处认为"西伯利亚和远东的非俄罗斯民族和部落的自愿加入俄国，是进步的举动"。"使以前落后的部落与民族掌握了先进的经营管理方式和俄罗斯民族的文化。"而对沙皇俄国侵略中国、侵吞领土避而不谈。

第六节 《渤海国及其俄罗斯远东部落》

一 作者简介

Э. В. 沙夫库诺夫，见第七章第四节《渤海国及其文化遗存》第 1 分册。

二 主要内容

本书 1994 年由莫斯科科学出版社出版。中译本由宋玉彬译，东北师范大学出版社 1997 年出版。

全书（全文）255 页，前置引言，后有结语，插图 47 福，书后附有文献索引。正文 4 章，主要介绍了 698 年到 926 年的渤海国，包括渤海国的政治历史沿革、行政体制、社会制度等。此外，还介绍了渤海地区的渤海文化考古遗存及其评述、渤海时代滨海地区居民的物质文化以及渤海文化。

在引言部分，作者首先简要论述了渤海遗存的研究者，其中包括最早研究渤海遗存的 П. 卡法罗夫，还有 В. 戈尔基、И. 比邱林、В. П. 瓦西里耶夫、Ф. Ф. 布谢、Г. Д. 马尔科夫、В. П. 马尔加林托夫、Л. А. 克罗帕特金、В. K. 阿尔谢尼耶夫、А. З. 费多罗夫、А. В. 戈列别什科夫、З. Н. 马特维耶夫等研究者及其代表作。其次简要论述了中国、日本和朝鲜的文献史籍，如中国的《渤海传》《册府元龟》《宋史》《辽史》等，日本的《续日本纪》《日本后纪》《类聚国史》《日本纪略》等，朝鲜的《三国史记》《三国遗事》等。20 世纪的碑刻遗存直接或者间接地补充了渤海国文献史料的不足，例如 741 年唐朝鸿胪卿崔忻在旅顺口黄金山麓凿井、刻石、题文，渤海贞惠公主、贞孝公主墓葬中出土的中文墓志铭等。最后论述了专门的渤海国历史著作，其中包括中国学者黄维翰的《渤海国志》、朝鲜学者徐相雨的《渤海疆域考》、日本学者津田左右吉的《渤海史考》、日本学者鸟山喜一的《渤海小史》、王承礼的《渤海简史》、朱国忱和魏国忠的《渤海史稿》等。其中，王承礼的《渤海简史》、朱国忱和魏国忠的《渤海史稿》是中国渤海研究的重要研究成果。

4 章的内容如下。

1. 渤海国（698～926 年）

作者详细论述了渤海建国前远东地区民族的状况。靺鞨人中存在不平等现象，出现了剥削制度的萌芽，社会结构明显具有三位一体性质即贵族、平民、没有充分享受权利的居民。社会组织的最基层单位是家庭。7 世纪时，姆克利人种族部落关系的解体过程已经发展到一定程度，一些种族部落首领实际上已经成为自己部落的"公"。面对非常强大的邻居，一些部落首领缔结军事联盟，较小的部落得以保存自己的完整性，而较大的种族部落联盟得以补充军事力量。所有这一切都有利于种族部落贵族威信和势力的增长，他们的政权实际上与王或公国已经没有什么不同。总之，姆克利部落的逐步发展与邻近的东亚国家、民族的历史有着密不可分的联系。姆克利部落与高度发展的古代朝鲜、中国以及其他中亚国家都有相当早的政治、经济联系，从而明显加快了他们原始公社制的解体与阶级关系的萌芽，以及私有制至高无上的国家观念的出现，独特的姆克利物质文化和精神文明的产生。作为一种强大的政治力量，在远东总体政治形势的发展上姆克利部落一直积极地发挥作用。

渤海国建国初期，没有明确的国家行政区划，也不需要复杂的行政官吏机构。但是随着城市的增多，手工业的发展，供养大批军队的需要，渤海王朝也开始建立复杂的管理机构。钦茂执政时期，渤海境内划分出 15 个府，其中 5 个府为京城，府下共设有 62 个州，州下面又设置了 125 个县。五京包括上京、中京、东京、西京、南京。核心府是农业、手工业产品的主要生产基地，外围府是畜牧业、狩猎业、渔猎业地区。总之，渤海人的经济大体上具有混合经济的特点，某些城市、州甚至于地区一些手工业、农业、狩猎业产品的生产具有狭隘的专业性或者专门化性质，这是渤海经济的独特性。劳动分工过于狭窄、政权制度化、社会分化、财富不平等。军队分立出来，具有独特的战时掠夺制度。

2. 滨海地区的渤海文化考古遗存及其评述

滨海地区 8～10 世纪的遗存大致分为三个基本种类：城址、村落址和墓地。带有防御设施的城址分为谷地城址、山城、不大的山地城堡。谷地城址沿河岸或者海岸分布，其形状和几何形轮廓相似。作者详细介绍了谷地城址的分布、形状、具体遗址、城墙、城门、防卫、出土文物、年代界限、土层土质等。总之，谷地城址应该是城市类型的居住地，它们规模大，有较好的防御设施。生产设施通常位于城区的一端，这可能是由手工业作坊区的位置决定的。山地城址约占遗存总数的33%，结构布局多样化，这完全取决于地形地貌。依照军事目的需要建造城址，比谷地城址更加难以防御。山城城址又分为两种类型，一种为岬地城址，如新戈尔杰耶夫斯克城址；另一种为坐落在谷地中孤零丘岗之上的城址。村落址，没有防御设施。作者详细介绍了村落址的选址、考古发掘、文化遗存，如科尔萨科夫斯科耶1号村落址、康士坦丁诺夫斯科耶1号村落址等。滨海地区的渤海遗存，墓地的遗存种类最为缺少。作者介绍了马蹄山墓地和杏山墓地。

3. 渤海时代滨海地区居民的物质文化

（1）房址与宗教设施。按照结构特征，渤海人的房址可以划分为两种类型，即半地穴式房址和地面式房址。半地穴式房址均呈圆角长方形轮廓，面积平均10平方米，基槽平均深约1米。灶址用石块垒砌而成，位于门址附近。基槽的外面常常见有柱洞。地面式房址均为立柱框架结构，四边形轮廓，房址的横向或纵向呈正方形。地面式房址根据取暖设施的不同可以分为带灶的地面式房址和带炕的地面式房址。此外，作者还详细介绍了4处寺庙遗址，并且归纳出其共同特点。

（2）农业经济与猎取业。8~10世纪，耕作业在滨海地区居民的经济中起主导作用，他们使用铁犁、铁锹、铁杵、铁镰等种植和收割大豆、荞麦、黍等农作物。养牛、养马、养猪在渤海人的生活中起着非常重要的作用。此外，渤海人还从事狩猎、捕鱼、采集、森林和海洋猎取业，它们使渤海人不仅补充和丰富了自己的食物，而且获得了非常重要的产品，例如从植物、动物身上获取药材，用毛皮、动物皮、鱼皮等制作衣服、鞋、皮带、马具、军用甲胄，桦树皮和动物的角、筋、骨头同样得到了广泛利用，动物被用于制作各种油膏、用作灯的油料，动物的蹄子、鱼鳞用于制作特殊的强力胶，苎麻、野生大麻的纤维用于制作亚麻布等。

（3）手工业。铁器制作业是经济总体发展水平的指数。渤海人使用熟铁、生铁、钢制作简单和复杂的铁器，并且掌握了一系列工艺工序。屋顶瓦的烧制也得到长足发展。作者详细介绍了制瓦的模具、窑、规格、装饰等。在渤海遗存中，陶器片最多，器型种类繁多，技术多样。按照制作技术，渤海的陶器分为手工陶器、慢轮加工陶器、快轮加工陶器三种。在手工陶器中，80% 的手工陶器为瓶形器、罐形器、罐头形器，它们的口沿下有附加堆纹。慢轮加工陶器在渤海总量中占 30% ~ 40%，主要分为两种类型：①瓶形器、罐形器、罐头形器；②罐形器的变体。渤海遗存中出土的快轮加工陶器占优势的是灰陶器物，少数器物呈黄色和浅红色。通过器片可以确定的器型有罐形器、瓶形器、壶、碗、钵、锅、器盖、球形器等。作者还详细地介绍了每种器型的特点。

河流是渤海人广泛利用的最便利的天然交通道路，除此之外还有陆路和海路。渤海国与邻近的国家和民族保持着密切的政治、经贸和文化联系。

4. 渤海文化

渤海国拥有目前尚没有完全研究清楚的崇高的、独具一格的文化，其中包括语言、佛教、景教和萨满教、马球、戏剧、诗歌创作、音乐等。

三 学术评价

本书的特点如下。

（1）对史实的介绍特别翔实。对渤海国建国前远东地区民族的情况、渤海国的政治、历史概述、行政体制、社会制度等介绍得全面、细致。适合作为教材供历史系学生或者历史爱好者阅读。

（2）对于有争议的结论，作者持保留态度。例如对于炕的来源，有的人认为是匈奴人发明的，然后由匈奴人传播到东南亚全境。有的人认为是受渤海人的影响，契丹人使用了炕。朝鲜研究者认为长长的保暖的居住面是高丽人发明的。中国研究者认为炕最早出现于中国汉代的东北地区。作者认为：炕是早期铁器时代居住在远东地区的民族发明的。作者对各种观点持比较公正的态度。

本书的缺点和不足如下。

尽管作者对史实的介绍非常翔实，对有争议的历史问题采取谨慎客观的态度，但是在渤海与中国的关系上，故意将二者割裂开来，这是中苏对抗时期苏联学者的典型的非学术立场的表现。

第七节 《19世纪俄中关系：资料与文献（1803～1807）》

一 编者简介

这部文献汇编由 М. Б. 达维多娃、B. C. 米亚斯尼科夫等中国学家共同编成。B. C. 米亚斯尼科夫简介详见本章第七节；М. Б. 达维多娃等编者的生平不详。

二 主要内容

《19世纪俄中关系：资料与文献（1803～1807）》一书 1995 年在莫斯科出版。中译本分为上、中、下三册，由徐昌翰等翻译，2012 年由广东人民出版社出版。

19世纪初，俄国沙皇亚历山大一世向中国派出了戈洛夫金使团。该使团担负着重大的外交使命，其主要任务如下：在新疆地区开辟布赫塔尔玛通商口岸；取得黑龙江自由通航权；开辟广州贸易；在中国内地商业中心城市设立代表处，加强中俄关系对抗英美商业竞争；重提《尼布楚条约》遗留的未能划定边界的"乌第河地区"的边界勘分问题，争取以黑龙江为界划定边界；开辟通过中国内地通向中国西藏地区乃至印度、阿富汗的商路等。

由于中俄两国围绕俄国使臣觐见中国皇帝时是否采用磕头礼发生纷争，俄国使团在边境地带被驱逐回国。

《19世纪俄中关系：资料与文献（1803～1807）》第一卷中译本分为上、中、下三卷，其中收录与俄国戈洛夫金使团相关的档案文献共 536 篇，这些档案文献可以细分为公文、信函、命令、训令、圣旨、计划、方略、账单、物件清单、花名册等，另外还有戈洛夫金的传记材料、著名回忆录作家维格尔撰写的关于戈洛夫金出使活动的长篇回忆录等。

这些档案文献包含了极其丰富的内容：俄国与欧洲的国际关系，耶稣会士在世界许多地方的活动，与俄土战争相关的记载，与西藏、印度、喀布尔、缅甸、越南、波斯等地区和国家相关的记载，俄国经济和全俄市场的发展，西伯利亚的开发、交通、城市发展状况，恰克图贸易的规模、格局、运作机制，中国西部地区通过当地民族同境外开展贸易的状况，中俄两国政府的外交理念、决策过程、边境管理机制、外贸管理机制等。

与黑龙江地区的历史有关的档案文件主要有第 93 号、第 130 号、第 190 号、第 192 号、第 235 号、第 299 号、第 300 号、第 397 号、第 404 号、第 532 号。

上述档案显示，戈洛夫金出使中国的重要外交使命是获得在黑龙江的自由通航权、解决《尼布楚条约》遗留的乌第河地区的边界划分、争取以黑龙江划界。

由于当时俄国的实力尚不具有对中国的压倒优势，并且没有有利的国际环境，所以使臣戈洛夫金对能否完成使命缺乏自信。

其一，关于乌第河地区的划界。1805 年 10 月 17 日，戈洛夫金就将来与中国谈判时一旦涉及乌第河划界自己将陷入为难处境的前景呈交报告给沙皇亚历山大一世，希望得到沙皇的理解。他写道："就人们不愿给你或根本就不愿别人提起的好处进行谈判，无论在什么地方都是一项棘手的任务，特别是在中国。""臣斗胆把自己的想法报告陛下，不是为了向陛下奏报我应当克服什么困难，而是为了请求陛下减轻我在这个问题上将会遇到的难处。"即使信心不足，戈洛夫金还是就乌第河地区的划界提出了 3 个方案。

由此可见，19 世纪初中俄两国的实力对比差距还不够大，沙皇俄国虽然对中国满怀侵略欲望，但是心里发虚。可作参照的是，50 多年后，穆拉维约夫在瑷珲与中国的黑龙江将军奕山谈判时是多么狂妄、跋扈！那时的中国已经落后俄罗斯很多，而且处于内忧外患之中。

其二，关于黑龙江（阿穆尔河）的自由通航。档案文献显示，俄国当时有强烈的愿望："帝国臣民沿该河自由航行，始终被认为是一件意义重大之事，因此，这个问题究竟有什么好处，又有什么困难，进行可靠的评估实属重要。""为了使西伯利亚同堪察加乃至鄂霍茨克的机构之间交通更为便捷，阿穆尔河的自由航行权对我们至关重要。毫无疑问，较为温和的气候、该河两岸肥沃的土地以及由当地可以得到造船的木材等优势，对向这些贫瘠地区供应粮食和同它们进行贸易均可构成十分有利的条件。阿穆尔河的通航还可使我们同满人以及朝鲜居民建立积极的贸易关系。最后，能得到一块绵延在该河和我国

现行边界之间的如此广袤的土地，也应视为一大好处……"

戈洛夫金在出使计划中谈及他的谈判思路："中国人多次拒绝阿穆尔河自由通航，并提出了许多理由，在此之后，已不可能指望通过常规谈判途径取得该河自由通航权。而且，我方拿不出东西来给中国人作为回报，他们对我们一无所求，使得这件事更不可能。因此，这个问题同一般的谈判问题有所不同，我觉得应该把它作为一个备用的问题加以保留，根据情况再来提出。至于提出的方式，最好是等待中国皇帝作为表明和睦友好的证据提出来，而不是出于什么公正和互利。以换文的形式还是以会谈的形式，可以根据选择而定。可以首先声明，俄国承认中国对阿穆尔河的主权。正义把这份责任放到了中国的肩头；不过俄国皇帝也有一份君父之情，这份感情使他体恤堪察加和西伯利亚东北海岸居民的艰难困苦，这些人最起码的生存资料也要从贝加尔湖沿岸一带运过去，个中困难极大，运输损失之巨简直几乎等于百分之百。说到此可以就价格问题给他们大概算一笔账。因此，这项要求不是出于追逐名利或者扩张国土而提出，而是出于仁爱之心产生的同情。"

当出使中国失败之后，戈洛夫金极其沮丧。在于 1806 年 2 月 19 日呈交沙皇亚历山大一世的报告（第 300 号文件）中，他预测了中俄两国在经贸领域的前景，对中国进行了猛烈的抨击，指责中国狂妄自大地对待自己的邻国，抱怨俄国没有向中国展示实力，还委婉地表露了以对华战争解决两国之间遗留问题的愿望："所谓同中国开战，其实质不过是一次轻而易举的短期探险行动。这种行动的成功可以说无可置疑，它将为俄罗斯带来辽阔富饶的土地，并在东方开辟贸易市场。即使中国人同意在阿穆尔河自由航行，如果我们不占领该河左岸，这种好处也会比我们同他们之间的贸易更加不可靠。"对华战争的叫嚣并非始于戈洛夫金，早在 18 世纪，俄国已经多次出现这样的声音。

清政府当时高度关注俄国使团是否同意在觐见皇帝时行叩首礼，而对俄国使团的意图漠不关心，这使中国失去了了解俄国对华外交动向的一次机会。正是因为清政府闭关锁国、不了解俄国对黑龙江地区的贪欲以及为了达到目的不惜诉诸武力的企图，所以在很长的历史时期内清政府忽视对东北边境的管理、对黑龙江地区的开发，致使 19 世纪中叶面对俄罗斯的强势进逼一筹莫展，痛失 100 多万平方公里的大好河山！到了庚子事变时期，戈洛夫金等人的对华战争设想就付诸实施了。

三 学术评价

这些文献的可靠性和研究价值是不言自明的。在相关文件和资料的注释中，又含有许多独立成篇的、相当翔实的背景资料，其中一些甚至篇幅巨大，它们往往引自同时代人的相关论述和回忆，数量众多，弥足珍贵。

所有这些文献资料不仅对于研究戈洛夫金的出使具有重要价值，而且对于了解更广泛意义的中俄关系、中俄两国社会经济发展水平和两国某些地区的发展状况，乃至当时的国际关系格局、边疆民族关系等，都能起到不可替代的作用。B. C. 米亚斯尼科夫为本卷撰写的前言指出：本文件集具有填补中俄关系史研究空白的重要意义。这部资料集的翻译之一、翻译组织者徐昌翰先生做了这样的评价："俄罗斯学者从俄罗斯、中国、蒙古的档案文献中，筛选、整理、翻译出一百六七十万字的资料，对之作了周到的科学处理，把这次鲜为人知的重要的出使活动完整地、科学地呈献于历史学家们和广大读者的面前。这部本文件集填补了 19 世纪初中俄关系史研究的空白，M. B. 达维多娃则在本卷的《古文献学引言》中，把本书的编选情况和技术处理原则做了专门的详细说明，这些工作都将对准确理解和使用书中文献起到重要作用。编者们广阔的科学视野和深湛的学术水平，以及处理历史文献的严谨态度，使这部篇幅巨大的文献资料著作获得了很高的学术品质。"

徐昌翰先生指出，这批档案文献以及俄罗斯编者的前言、注释表达了一些不符合历史真实、中国人难以苟同的观点。

（1）编者在前言（即《尤·亚·戈洛夫金出使中国之行》，索引中简称为编者前言）中认为，根据《尼布楚条约》划定的中俄东段边界，是"中国对俄国欠下的债务"。这一断语否定了该条约作为平等条约的性质，显然有违于历史事实。1689 年的中俄《尼布楚条约》，是中俄之间的第一个平等条约，它正确地反映了当时的中俄两国领土管辖状况、对边界情况的了解和国际法准则，为两国缔造了较长时期的边界和平与和睦友好关系，并为当时的沙皇政府所接受，称之为"和平条约"。该条约的平等性质，不仅为当时的沙皇政府和清朝政府双方共同确认，而且也得到沙皇时代和苏联时代的许多俄国学者确认。本文集所收入的一些俄国官方文件，也反映了上述这种俄国对条约的较为一贯的看法。所以，"欠债"一说缺乏历史依据。

（2）俄罗斯编者称："鉴于阿穆尔河的源头位于俄国境内，而下游土地实际上并未划界，所以根据当时的国际法，完全有根据把该河变成一条共用河流，不仅对中国船只，而且也对俄国船只开放。"这段表述是完全错误的。按1689 年中俄《尼布楚条约》的规定，以格尔必齐河、外兴安岭至海为中俄两国国界，"凡岭南一带土地及流入黑龙江大小诸川，应归中国管辖"。可见，中俄两国清楚地划分了边界，黑龙江（阿穆尔河）为中国内河，俄方声称黑龙江"下游土地实际上并未划界"是毫无根据的，俄国船只根本没有在黑龙江的自由航行权。

（3）俄罗斯编者称：作为法律文件的《尼布楚条约》是极不完善的：不同语言文本（条约文本用满文、拉丁文和俄文拟就）间的差异极大，地理方位标志不清，没有交换地图，条约签订后未进行实地划界，条约也没有专门的法令予以批准。尽管如此，但其条款始终为双方所遵守。

俄国、苏联历史学家为了证明《瑷珲条约》《北京条约》是平等、合理的条约，千方百计地否定《尼布楚条约》。《19 世纪俄中关系：资料与文献（1803～1807）》出版于苏联解体后的 1995 年，它仍然沿袭那些遭到中国历史学界透彻地反驳过的观点。考虑到这部资料集的编者之一亚斯尼科夫在中苏对抗时期非常活跃，是苏方营垒的干将，这部资料集出现这类错误观点也就不足为奇了。

第八节 《中国的俄侨：百科辞典（初稿）》

一 作者与内容简介

作者 A. A. 希萨穆季诺夫，历史学博士，远东联邦大学教授，著名俄侨史专家，研究成果 35 件，在国际俄侨史研究领域有相当的知名度。

本书 2002 年由符拉迪沃斯托克（海参崴）远东大学出版社出版。

《中国的俄侨：百科辞典（初稿）》含 1000 多条目，其中收录大约 300 个人物，介绍了在华俄侨的诸多方面：政治活动、社会活动、文化活动、文艺创作、新闻出版等。

二 编撰情况与史料来源

编者希萨穆季诺夫在序言中叙述了他编纂《中国的俄侨：百科辞典（初

稿)》目的和过程，让我们欣赏其作为一个学者的使命感和孜孜不倦的工作态度。特别值得关注的是，他详细地介绍了这部百科辞典的资料来源，其中包括丰富的学术信息。

（一）编纂目的

无论历史学者，还是从中国回归的侨民及其后裔子孙，都有再现多姿多彩的侨居生涯全景、扩展侨民信息空间的共同愿望。А. А. 希萨穆季诺夫希望通过编纂一部百科辞典，展示这些俄侨方方面面的情况：政治、经济、文艺创作乃至宗教等。

编纂俄侨百科辞典的尝试很早就有。海军少将 М. И. 费奥多罗维奇和前御林军少尉 А. А. 卡尔米洛夫 1926年于北京分别当选为《俄国人百科辞典》编委会主任和秘书长。筹备工作进行了两年半多，收集到了丰富资料，但是编著第一部俄侨百科辞典的

这一尝试一直没有完成。收集到的资料后来也下落不明。1945 年卡尔米洛夫本人被苏维埃机关逮捕，在押往苏联期间去世。当时俄侨们的许多书籍与其作者同样多灾多难。一些俄侨自愿回到苏联参加垦荒，另一些俄侨被苏联逮捕押往马加丹州。大部分俄侨分散全世界。从俄侨离开中国之日到 20 世纪末年，过去了大约 50 年。编纂人 А. А. 希萨穆季诺夫说："现在是后人认知 1922 年10 月离开俄罗斯，最终殒命于异国他乡的侨胞全部'苦难历程'的时候了。"

（二）编纂过程

1990 年 5 月，А. А. 希萨穆季诺夫结识了亚太区域苏联研究中心主任、夏威夷大学俄裔传记学者帕特里夏·波兰斯基女士。两年后，他应邀赴火奴鲁鲁讲授俄国远东史课程。夏威夷俄国远东学派在史学界有一定名气，莫斯科出生的世界主义者克劳斯·梅纳尔特教授是该学派的开先河者之一，其事业由 D. 怀特教授和 D. 斯特凡教授等人继承，他们积累了相当丰富的俄国研究经验。得益于 П. 波兰斯基女士的努力，该大学图书馆收藏了不少俄文珍稀本书籍。

А. А. 希萨穆季诺夫在这些书架旁有幸度过了几年时光。得到几笔政府专项津贴之后，他差不多走遍美国，研究了大量内含远东侨民资讯的资料。在此基础上，А. А. 希萨穆季诺夫开始了条目的编写。

2001 年 2 月至 5 月，进行了书中全部资料的补充校对工作。此时，П. 波兰斯基女士准备出版现存于夏威夷大学汉密尔顿图书馆的《中日韩俄文报刊目录》。А. А. 希萨穆季诺夫再次审阅了这套珍藏的文献，并对自己的手稿做出必要的修改。

（三）史料来源

中国东北（满洲）俄侨编著的几本文献目录手册对了解侨民的著述帮助颇大。俄罗斯档案馆专家们编写的目录补充了上述那些手册。

过去已经出版了几部侨民编著的文人辞典，然而其中的传记资料是片段性的，并且对远东人着墨甚少。好在哈尔滨的 Н. П. 阿夫托诺莫夫教授发表了一篇简介几位法律系教员生平事迹的文章，还有他发表的作品题录。必须提及东正教修士大牧长费奥多西的百科知识手册，但是这部书局限于东正教的一般概念以及公式化地记述传教团在华的活动。第二次世界大战之后，作家 О. А. 莫罗佐娃做了收集人物传记资料的尝试。神甫兼世界语学者 И. Н. 谢雷舍夫收集过关于卓越侨民活动家的资料。博物学教授 В. Н. 热尔纳科夫相当多地印行过有关其中国东北同事的大传，其中附有文献题录。

俄罗斯人文科学基金会和俄罗斯科学院社会科学学术情报研究所开始出版《俄罗斯国外文学百科全书（1918～1940）》，其第一卷收录了作家条目，第二卷专门介绍期刊、年鉴、出版社。令人遗憾的是，其中很少见到有关远东的资讯，在该系列的其他书籍中也见不到。已经问世的大部分侨民传记手册基本上关涉欧洲俄侨，其中关于远东俄侨的资料却很少。俄罗斯的一个历史学家小组正在公布一批关于侨民生平、业绩的材料。

俄国外交官 Г. Г. 松纳贝格最先记述了上海俄侨区形成史。他的工作由 В. Д. 加诺夫接续下来，后者写成了珍贵著作《在华俄国人》，此书具有特殊价值。И. И. 谢列布连尼科夫发表的多篇文章讲述侨居中国之始。就事情的实质而论，他的著述就是一部独具特色的华北俄侨生活百科辞典。相比之下，哈尔滨的俄侨就运气较差了。尽管中东铁路管理局官员 Х. 尼卢斯编纂了一部巨著《中东铁路沿革史》，但是其第二卷仍为一堆手稿。只有满洲（东北）俄侨事务处出版了一本专门研究侨民活动的大作。

П. П. 巴拉克申的两卷本《终结在中国》一书为本辞典提供了很多资料，是他最早描写了在华俄侨的活动情况。使用这部有重大价值的著作并非易事，因为作为职业记者和文人的巴拉克申没有给出资料来源引注，因为大部分资料系由他专为自己而写的回忆录构成。只有了解现存于夏威夷大学和加利福尼亚大学伯克利分校的巴拉克申的个人藏书，以及他家档案中的个人藏书，才能确证许多事实并弄清他在编纂这部百科辞典时使用了哪些资料。

远东、澳洲和美洲一些国家出版过的几种期刊具有特殊价值，它们不仅有助于补充许多侨民活动家的传记、编写文献资料目录、查找著述评论、收集各国侨民生活情况，而且能够以之为依据测定侨民学派学术的水平。（澳大利亚）霍巴顿工学院毕业工程师联合会出版的《全能技师》杂志堪称真正百科知识性的出版物，它反映了学校、艺术、科学史上的诸多事实，简要阐述了满洲（中国东北）俄侨的多姿多彩活动。加拿大文学史年鉴《亚洲俄国人》在公布湮没无闻的远东侨民情况文献资料方面做了大量的工作，其创刊号于1994 年秋出版，创办者兼连任编辑是哈尔滨出生人、当地俄文报刊资料目录最佳著作者 О. М. 巴基奇教授。一些期刊持续地发布丰富多彩的材料，如《远东问题》（莫斯科）、《满洲（东北）山岭上》（新西伯利亚）、《澳大利亚的朋友致朋友》。

哈巴罗夫斯克边疆区国家档案馆现存 "满洲帝国俄侨事务局" 的档案材料，其中最珍贵的部分就是侨民登记卡（全宗 830，目录 3，目录总计约 86000 个人案卷）。

俄罗斯远东国家档案馆和滨海边疆区国家档案馆存有东方学院——即后来的国立远东大学——那些当年去过满洲（中国东北）的员工和学生的个人案卷。东方学研究所圣彼得堡分所存有 И. Г 巴拉诺夫、Е. Г. 斯帕利温的个人材料和其他材料。俄罗斯科学院档案馆存有 В. М. 阿列克谢耶夫院士的材料，其中包括大量与远东侨民东方学者的通信。俄罗斯国家军事历史档案馆里和俄罗斯国家海军档案馆存有军官履历表。俄罗斯国家历史档案馆存有中东铁路全宗。俄罗斯帝国对外政策档案馆里存有曾经任职于远东国家的俄国外交官的传记。查找 1945 年以后在苏联或者哈尔滨被逮捕的俄侨的资料是最困难的任务之一。联邦安全署哈巴罗夫斯克边疆区分署和滨海边疆区分署提供了关于他们的部分资料。

编者希萨穆季诺夫在美、加、日、中、韩、捷等国档案馆查到的档案资料占了本项研究的文献资料的绝大部分。美国的档案馆和图书馆给予了他最大帮助。首先是胡佛战争与和平研究所，它在 20 世纪三四十年代就在中国有一张完整的顾问网，那些顾问为该所档案室和图书室购置了珍稀文献和书籍。美国联邦（国家）档案馆存有外交组织、机构、团体单位的文献资料。上海地方自治市（租界）警察局的附带侨民登记卡的档案全宗于 1946~1948 年运出中国。可惜这些材料的一部分迄今未经整理。美国国会图书馆存有侨民学者和作家的著作。哥伦比亚大学（纽约）巴赫梅季耶夫俄国与东欧文化史档案馆藏有曾经帮助过 П. П. 巴拉克申创作其巨著《终点在中国》的记者们的案卷全宗，以及其他记名案卷全宗。加利福尼亚大学伯克利分校存有侨民文学全藏，以及附带手稿的其他记名案卷全宗（总共 19 名）。在圣弗朗西斯科（旧金山）俄国文化博物馆藏有巴伊科夫、别利琴科、戈尔杰耶夫、热尔纳科夫、莫罗佐娃、波诺索娃等俄侨的案卷全宗，以及中国俄国租界和侨民区的定期俄文报刊。有专题文章论述这些档案。依据这些收藏品的重要性程度，希萨穆季诺夫分别将其引入单独篇章加以论述。此外，伯克利分校和斯坦福大学都存有宝贵的侨民文学作品。

在欧洲，捷克首都布拉格的"俄罗斯境外俄罗斯人历史档案馆"征集关于十月革命时期俄国内战史和侨居史等方面的文献资料，布拉格至今保存着近乎全套俄文期刊和一部分图书。欧洲各档案库里有关远东俄侨的珍贵文献的收藏情况迄今仍无确切信息。不过，分析巴黎等欧洲国家首都的书商的经营活动情况，可以得出这一结论：这样的珍藏所存不多。在中国，俄侨文献之大部分毁于"文化大革命"期间。

从现有情况看，仍有一些俄侨文献资料尚未整理，并且在中国的档案馆里可以找到。俄文期刊稍微走运一些，哈尔滨、上海、北京、天津的图书馆还保存着不少当时的俄文出版物。

解析远东侨民中发生的历史过程存在困难，因为侨民们相当频繁地变换住地，甚至举家跨国越洋迁移。通过研究远东（中国、日本、朝鲜）的俄侨资料，可以发现这些地方的俄侨与在美国、澳洲和南美国家的侨民群体密切相关，具有共同的特点和规律、紧密的文化和政治联系。这是由于侨民们离开远东国家以后分布于整个亚太区域的缘故。侨民期刊就是这种情况的直观证据。迁移自中国、死于澳洲和南美的那些俄侨的讣告可在美洲俄文报纸上阅读到。

三　学术评价

这部百科辞典的珍贵学术价值不只体现在正文中，还体现在编者的序言中。《中国的俄侨：百科辞典（初稿）》是一部内容极其丰富的著作。迄于出版之时，它是关于在华俄侨的出版物中最广泛、最全面地描述在华俄侨状况的著作。

第九节　《俄罗斯的哈尔滨》

一　作者简介

E. П. 塔斯金娜，俄罗斯作家，俄侨史专家。除了本书，她还编写了：《哈尔滨：俄罗斯大树的枝丫》，新西伯利亚出版社，1991 年出版；《鲜为人知的哈尔滨》，莫斯科：普罗米修斯出版社，1994 年出版。

二　主要内容

本书 2005 年由莫斯科科学出版社出版，是一部精心选编的俄侨文集，分为以下几个板块。

（1）历史篇。由以下回忆录组成：H. A. 拜科夫《我到满洲（1902 年）》，Bc. H. 伊万诺夫《哈尔滨（20 年代）》，H. B. 乌斯特里亚洛夫《伊尔库茨克—哈尔滨》，O. H. 帕杰林神甫《哈尔滨的教堂生活》，H. K. 勒里希《慈善院》，E. П. 塔斯金娜《在时代与文化的转折关头》。

（2）哈尔滨俄国人高等教育述略。历史随笔：H. П. 阿夫托诺莫夫《法政学校》，H. П 卡卢金《哈尔滨工业大学庆典日期》；回忆录：A. H. 克尼亚泽夫《我们怎样学习》，E. C. 梅德韦杰娃《塔季雅娜日》。

（3）文学生活。回忆录：B. A. 斯洛博德奇科夫《丘拉耶夫卡》，B. 佩列列申《丘拉耶夫卡报》，Ю. B. 克鲁森施滕 - 佩捷尔列茨《话说"疆域"》，E. A. 瓦西里耶娃（尤尔卡）《儿童杂志〈燕子〉》；文章与评论。

（4）哈尔滨的戏剧与音乐。回忆录：A. H. 德沃尔日茨卡娅《我是怎样成为演员的》，Г. M. 西多罗夫《一位小提琴手的回忆录：音乐氛围中的哈尔滨》，B. B. 别洛乌索娃《我的生活与音乐》，O. Л. 伦德斯特雷姆《说说爵士乐和略谈自己》，H. B. 涅兹韦茨卡娅《关于 30 ~ 40 年代哈尔滨芭蕾舞剧演员的创作》，H. B. 科热尼柯娃《30 年代哈尔滨的舞台与小型文艺节目》，Л. A. 雅斯列博娃《回忆芭蕾舞剧导演 E. B. 克维亚特科夫斯卡娅》；书信、文章、评论。

（5）俄国画家。回忆录：B. E. 库兹涅佐娃 - 基奇金娜《一个画家的命运》，B. Б. 戈罗季林娜《油彩不会黯淡》，Л. A. 雅斯列博娃《画家 Π. B. 尼科林 - 捷普利亚科夫》；文章。

（6）哈尔滨俄国人的体育运动生活。回忆录：B. Π. 阿布拉姆斯基《哈尔滨俄国人的体育运动》，C. C. 别洛戈洛维伊《一个哈尔滨的神奇男孩》等。

（7）附录。包括注释、回忆录作者与历史随笔的介绍、哈尔滨俄籍汉学家和地方史志专家简介、近年出版的回忆录选辑、"俄罗斯的哈尔滨：文化生活大事记"、资料来源、插图。

编者在序言中阐述了自己选编这部文集的思路，并对所选的作品进行了如下精当的点评：

（1）由于诸多原因，俄侨在中国——远东俄侨最集中的国家——的命运不同于西方侨民的命运。这一现象无疑有其历史根源：这里早在 19 世纪与 20 世纪之交就因为中东铁路及其行政和经济中心哈尔滨的建设而出现了几万俄国移民。尤其是，在 20 年代来自俄罗斯的侨民潮之后，这座城市势必在一定时段也成为本地区俄国人侨居生活的文化中心。在中国其他城市——上海、北京、天津，在远东的其他俄国人聚居地，无疑也存在俄侨文化生活的家园。然而，由于这些侨居地的俄侨比哈尔滨的俄侨少，也由于其经济和文化潜力不足，它们的文化生活不曾具有哈尔滨这样具有大规模的特征。

（2）哈尔滨处于 20 世纪 20 ~ 30 年代时期诸多政治事变的中心，因此成为远东俄国人文化教育活动的集中地，特别是使青年一代俄国人有机会受到许多专业的中等教育和高等教育。与境外欧美大陆的俄国人不同，远东俄侨——俄籍流散族群——并未遭受中国人的同化，俄罗斯精神文化的结构和传统在哈尔滨不仅得到保持，而且得到发展。

（3）俄侨远东分支的上述特点决定了这部文集的内容层面。回忆录和其他资料选择精当，使得读者能够首先简要地了解俄国人社会生活的总体概况和历史前景。H. A. 拜科夫、Bc. H. 伊万诺夫、H. B. 乌斯特里亚洛夫、H. K. 勒里希的回忆录有助于看到 20 世纪初哈尔滨的早期是什么样子，在此之后是 20 年代，这 10 年在哈尔滨的文化成长上起了偌大作用。E. П. 塔斯金娜的《不为人知的哈尔滨》（莫斯科 1994 年俄文版）一书的片段将会提供关于 30～40 年代哈尔滨俄侨生活的印象，那时这座城市处于日本人占领的复杂政治局势下。

编者认为，在追忆宗教曾在异国他乡文化生活起过多么重大作用时也有必要介绍一下俄侨的宗教活动——O. H. 帕杰林神甫的小书的片段正好满足这一点，它叙述了哈尔滨的几座主要的东正教堂。

从 H. П. 阿夫托诺莫夫和 H. П. 卡卢金的历史随笔中可以了解哈尔滨两所著名高等院校（法政学院和哈尔滨工业大学），并且略知其他几所学校的情况。A. H. 克尼亚泽夫和 E. C. 梅德韦杰娃回忆了在哈尔滨的大学生活。B. A. 斯洛博德奇科夫、B. 佩列列申和 Л. 安德森等"丘拉耶夫卡"诗社的成员的回忆录介绍了哈尔滨的俄侨文学。Ю. B. 克鲁森施滕 - 佩捷尔列茨和 E. A. 瓦西里耶娃撰写的有关《疆域》和《燕子》杂志的资料可以补充这个题材。

哈尔滨的戏剧生活在其生存的头 10 年是如何开局的？哪些巡演剧团从俄国来过这座城市？关于这些情况，新闻记者 C. P. 切尔尼亚夫斯基的随笔的片段有所讲述。职业演员 A. H. 德沃尔日茨卡娅的回忆录记述了哈尔滨话剧界晚期的情况。

这部分的其他篇章介绍了哈尔滨的芭蕾舞、歌剧、交响乐队、轻歌剧；没有相应的青年音乐教育这些艺术不可能在哈尔滨孤立存在几十年。职业音乐人 Г. K. 西多罗夫、B. B. 别洛乌索娃、O. Л. 伦德斯特雷姆讲述了这个问题是如何解决的以及许多其他事情。关于哈尔滨的芭蕾舞和小型舞台文艺节目的情况，可以阅读 H. B. 涅兹韦茨卡娅、H. B. 科热尼柯娃、几位芭蕾舞女演员和古典舞蹈教师以及 Л. A. 雅斯列博娃的回忆录和 O. C. 利列涅娃等人的文章。

然而，如果没有对当年演员和乐师的评介和论说，哈尔滨的音乐与戏剧生活是残缺不全的。所以，这部文集也收纳了 20 世纪上半叶哈尔滨报刊的相关

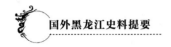

资料。

在中国从业多年的俄国画家的生活展现于 В. Е. 库兹涅佐娃 - 基奇金娜的几篇随笔（其中讲述了自己和画家 М. А. 基奇金）、В. Б. 戈罗季林娜的随笔写了 А. Е. 斯捷潘诺夫）。Л. А. 雅斯列博娃回忆了自己的导师 П. В. 尼科林 - 捷普列亚科夫。

文集还收入了哈尔滨俄国人的体育运动资料，这也是该城市尤其是青年一代文化生活的一个重要组成部分。

介绍哈尔滨俄国人的文化生活，如果忽略在俄国尚属鲜为人知的那些俄籍汉学家和方志学者的名字，那是不公正的，因为他们在那远逝而去的岁月既从经济方面也从文化上向世界展示了中国的东北和整个中国。他们对科学的贡献在于开创了对中国东北的自然资源、经济状况、古迹遗存进行认真研究的先河。这个领域许多声名显赫的专家学者的回忆录附于文集之末，作为对其生平、活动的简介。

本书提供了注释、作者们的情况介绍和图片。

本书所收的回忆录具有多姿多彩的文学风格：既有 Вс. Н. 伊万诺夫的纯熟的政论气派，也有当年哈尔滨文化生活的那些参加者对自己的所见所闻所做的质朴无华、言之凿凿的描述，这些人或者晚年，或者目前生活在俄罗斯、澳大利亚、美利坚和法兰西。有些资料是首次发表，并且，它们专门为本文集撰写。

可以想见，本书既会使文化 - 文学史专家们感兴趣，又能让广大读者感兴趣，从而增加他们对哈尔滨的那种不同寻常的奇特现象的认识，目前如此认知哈尔滨并非没有根据：它具有俄罗斯风情，曾是一个俄罗斯文化孤岛——这个文化孤岛在当今的中国已经消失。

三　学术评价

哈尔滨曾经是远东的俄侨聚集中心，俄侨在这个城市有过卓越的文化生活和经济生活，留下了丰富的文化遗产。这部文集就是从当年俄侨的作品中精心选编而成的。这部文萃既会使文化和文学史专家们感兴趣，又能让广大读者感兴趣，从而增加他们对曾经俄风浓郁的哈尔滨——一度存在、如今已在中国消失的俄罗斯文化孤岛——的认识。

编者在编辑过程中，参照现代正字法和标点符号规则对原著做了一些修改。

编者根本忽视了中国读者的感受，因为俄侨大批来到哈尔滨是沙皇俄国侵略中国的结果。当年以哈尔滨为中心的中东铁路沿线其实是俄国的殖民地。俄侨涌入哈尔滨以及他们在哈尔滨的各种活动折射出沙皇俄国对中国的殖民侵略。应该申明的是《俄罗斯的哈尔滨》书名本身就十分荒谬，哈尔滨从来都不是俄罗斯的。

第十节　《俄罗斯农业文化在满洲（17世纪中期～1930年）》

一　作者简介

Г. П. 别洛格拉佐夫，中国学家，退休前为俄罗斯科学院远东分院历史·考古·民族研究所中国学中心主任，研究方向为：中国的俄侨、改革开放后的中国农业。

二　主要内容

本书 2007 年由符拉迪沃斯托克远东科学出版社出版。

全书分为三章。

第一章"满洲殖民的历史"。记述了中国对满洲的农业殖民；俄国对满洲的农业殖民；俄国政府通过军事殖民主义者向满洲移民的方案；俄国公民的农业殖民。

第二章"满洲农业中俄国因素的影响"。记述了中东铁路在满洲农业发展中的作用，俄国在当地农业中的创新；俄国科学家、科研机构为满洲农业的形成和发展做出的贡献；哈尔

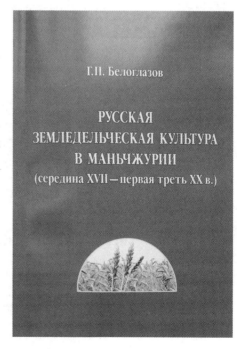

滨的俄国农学家对满洲农业产业化的研究，著名俄侨学者 Е. Е. 雅斯诺夫关于满洲土地制度的进化论。

第三章"呼伦贝尔——满洲的一块俄罗斯飞地"。记述了该地区的移民史和经济状况、地理状况,以及该地区俄罗斯定居点的扩大及其对当地居民的经济结构的影响。

与黑龙江历史相关的内容主要在第二章。作者的重要观点如下。

(1)农业文化为俄罗斯物质文化的基本构件之一,它对中国东北的传统农业的结构的转型发挥了重要作用。俄罗斯农耕文化的创新在今天中国东北地区的农业中仍然留有印迹。

(2)在黑龙江地区出现的第一批俄国农民于17世纪中叶来到阿尔巴津(雅克萨)。1898~1903年中东铁路的兴建和完工对东北经济产生了巨大的影响。到1925年左右,东北的俄罗斯人达到20多万人,包括农耕文化在内的俄罗斯文化以很大的规模在东北扩散开来。

(3)在19世纪末20世纪初,东北的田野里出现了崭新的农耕文化。俄罗斯的农作物品种很快扩散开来。

(4)从俄罗斯人那里,中国学会了用一般面粉和黑麦面粉烤面包,面包的名称从俄国传入中国后发生音变,成为通行于中国人中的"列巴"或"大列巴",以及"塞克"。

(5)俄罗斯人在中国东北奠基了一种新的行业:奶牛的牧养以及奶品业。当地少数民族和汉族人没有喝牛奶的习惯。过去,中国的农民只是将牛这种牲畜用于耕地和货物运输;在中国,喝牛奶、享用奶制品的只是中国的蒙古族人。与外来的俄罗斯人接触后,中国人逐渐开始食用牛奶和奶制品,如干酪、黄油、奶酪、酸奶、奶油。由于东北俄罗斯人口的增加,奶制品的需求旺盛起来,中国农民为获取这一巨大的收益努力获得纯种奶牛,从事乳品生产。这种现象首先在哈尔滨郊区出现,然后扩大到远方。在这里,作者引用了出生于哈尔滨的著名的俄罗斯汉学家麦利霍夫的阐述:"1923年初,在中国的一些城市——大连、沈阳、北京、天津,由于俄罗斯流亡者的倡议开始出现奶牛场,获取并运送奶牛的要求被传达到哈尔滨,而不是别的地方。中东铁路管理局组织接种、检疫,交付给客户。"

(6)俄国农艺师指导中国农民种植甜菜。当时,东北中外居民所需的糖必须从华南购买,价格高,运输成本高。中东铁路地亩处的农艺师在哈尔滨郊区试种可以提取糖的农作物甜菜,获得了好收成。试种成功之后,迅速扩大种植。俄国专家们在很短的时间里与中国农民签订了甜菜种植合同,向农民提供种子，教给他们栽培方法。1914 年，在奉天（沈阳）郊区开始甜菜种植实验的日本农业试验站从黑龙江引入了种子和技术。

目前，松花江地区是中国最有名的甜菜种植地区，哈尔滨和其周边的呼兰、阿城是菜糖生产中心，其产品销往其他省份甚至国外，包括俄罗斯远东地区。

（7）现代化的面粉加工业。该行业的第一家企业出现在 20 世纪初，当时俄国强化了其在中国东北的地位。为了满足俄罗斯军民对面粉、面包的需求，俄罗斯企业"满洲面粉公司"于 1900 年在哈尔滨建了第一个大面粉厂。到 1902 年，哈尔滨已经有俄罗斯的 3 家面粉厂。在齐齐哈尔、一面坡等地建成了蒸汽机驱动的磨坊。

（8）中东铁路地亩处的积极活动改变了中国东北农耕文化的面貌。供职于中东铁路地亩处的俄罗斯农业专家广泛地参加了就当时来说为第一流的研究基地的营建，这个基地有 3 个专门的农业中心和一些实验田，在那里进行深入的研究，以探讨如何使从前未曾在东北种植过的农作物新品种适应东北的环境。他们引进中国农民不知晓的新的农业科学技术、欧洲的加工谷物的新机器，以及现代化的农业机械，如播种机、脱粒机、割草机、拖拉机等。在此期间，东北农业的生产率大大提升，这给东北农业带来了外部市场。事实上，东北农业的所有门类（耕作、园艺、牲畜养殖、农产品加工）都受到了俄罗斯人的知识方面的、实践方面的影响。可以指出，俄罗斯耕作文化的创新及其影响了中国农民这一事实对中国东北的传统农业结构的转型以及与此相关的中国人的精神文化的嬗变发挥了重要作用。

过去称为"满洲"的地区，即中国东北，当今是中国的发达的农业区，这里的农业是多样化的，但在国外市场上中国东北倒是因为其大豆、谷物等农作物而出名。东北农业的高产体现了中国农民、农学家的劳动，但是不能忘记这一历史事实：中国东北农业繁荣的基础的奠定者是俄罗斯的农民和企业家、满洲农业协会、中东铁路地亩处和其他研究中心的俄国专家、学者。

三　学术评价

别洛格拉佐夫以比较丰富的资料阐述了俄罗斯的农耕文化进入中国东北、促进中国东北传统农业转型、改变中国东北人生活的过程。由于中俄两国文化交流史领域很少有人研究两国农业文化的交流，所以，这部著作显得新颖，向

我们展示了中俄关系史中的一个较少受到关注的方面。

但是应该看到，别洛格拉佐夫在这部著作中对中国东北史、中俄关系史的认知存在诸多错误。例如，作者在第一章把中国东北看作一个独立的与中国不存在主权归属关系的历史地理单位，声称先是中国人在这个地区进行殖民活动，然后俄罗斯人来到这个地区进行殖民开拓。大量的历史文献证明：东北，即俄罗斯人所称的"满洲"，在沙皇俄国侵入之前早已归属中国，中国人在这片土地上移民、开拓是主权范围内的行为。17世纪中叶，俄罗斯是作为殖民主义者、侵略者闯入这个地区。

另外，作者夸大了俄国人在中国东北农业发展过程中的作用。众所周知，19世纪中叶，面对帝国主义侵略，清政府放弃了反动的"封禁政策"，开禁放垦，移民实边，数百万中国内地人移居东北，带来了内地先进的耕作技术，大大促进了中国东北特别是黑龙江地区的开发。新中国时期，中国政府高度重视东北，十万官兵奉命进驻北大荒，大批知识青年来到边疆。这一切加强了中国东北的人口密度，促进了中国东北的经济繁荣。至于在中国东北活动过的俄国农民、俄国农业科学家，他们当然也做出了贡献，但是他们的活动只限于某一个历史时期，其影响处于次要地位。

第二编
欧美之黑龙江史料提要

导　论

　　本编是"欧美之黑龙江史料提要"。这里首先要廓清两个概念，一个是"黑龙江"。就本书而言，黑龙江是一个历史的概念，不仅指现代意义上的省制黑龙江省、界江黑龙江，而且在历史发展过程中，凡是牵涉到这一地域及其行政设置、地理变迁、历史沿革等方面的内容，如黑水、弱水、乌桓河、萨哈连乌拉、哈拉穆连、阿穆尔河、西伯利亚、库页岛、额尔古纳河、鄂霍次克海、鞑靼海峡、夫余国、室韦都督府、黑水都督府和渤海都督府、渤海国、东丹国、金上京、奴儿干都司、宁古塔昂邦章京、黑龙江将军等，都属于我们讨论的"黑龙江"范畴。另一个概念是"史料"，基于上述对"黑龙江"范畴的界定，与此相关的历史资料和文献的牵涉范围不局限于当代的黑龙江流域或黑龙江省，还包括在历史发展过程中，与黑龙江历史和地理密切关联的语言、民族、宗教、思想、文化以及经济、军事等方面。如肃慎、秽貊、东胡、挹娄、勿吉、靺鞨、鲜卑、女真、满洲；满族、朝鲜族、回族、蒙古族、达斡尔族、锡伯族、鄂伦春族、赫哲族、鄂温克族、柯尔克孜族；《尼布楚条约》、《瑷珲条约》、《北京条约》、中东铁路、"九·一八"事变、江桥抗战、东北抗日联军；乃至于东明、大祚荣、阿骨打、萨布素、寿山、程德全、方拱乾、李金镛、马骏、马占山、周保中、赵尚志、李兆麟、赵一曼、萧红等内容也都在我们关注和辑录的史料范围内。

　　欧美学界对黑龙江的相关研究属于其汉学进程的内容之一，因此我们在把握欧美之黑龙江史料之前，有必要了解西方汉学发展的总体脉络。

　　有学者将海外汉学的发展阶段大致进行如下划分：从古代至18世纪，是滥觞和酝酿期；19世纪至20世纪初，是确立和发展期；20世纪20年代以来，则是从传统"汉学"到现代"中国学"的转化期。在海外汉学的滥觞和酝酿期，西方对中国的了解和认识经历了一个从神话到现实的过程，13世纪开始，由于旅行家和传教士东来，尤其是马可波罗时期，西方开始全面而深入地了解中国，中西文化交流也进入一个高潮。16世纪40年代至18世纪末，西方传教士在传教之外开始了专门的中国研究，罗明坚、门多萨、利玛窦、曾德昭、卫匡国、柏应理等成为西方汉学的先驱。17世纪后期至18世纪末，欧洲开始对中国进行科学考察和研究，这一时期马若瑟、宋君荣、钱德明等法国的耶稣会士为中国研究做出了巨大的贡献和努力，张诚、刘应等对满蒙等边疆区域及其少数民族也展开调查，在对中国语言的研究方面，传教士介绍研究了汉语的语音、词汇和语法，而且由于满语的语法结构和书写更接近于欧洲语言，对满语的研究和翻译也成为主要部分，这一时期掀起的中国热，伏尔泰、孟德斯鸠等都非常关注。在19世纪至20世纪初海外汉学的确立和发展期，很多欧洲国家"近代研究"模式的"汉学"（Sinology）开始真正确立和发展起来。有人把这一时期的汉学划分为三大学派：欧洲大陆学派、俄罗斯学派和英美学派。法国一开始就处于领先地位，由法兰西学院的学院派雷慕沙、儒莲、德理文、沙畹，东方学院的巴赞、微席叶等汉学家起主导作用。英国汉学家以传教士出身的马礼逊、理雅各，外交官出身的威妥玛、翟理斯为代表。德国重要的汉学家有卫礼贤、福兰阁、佛尔克、孔拉迪。俄国汉学有卓越成就，因本丛书专门有"俄罗斯之黑龙江史料提要"一编，在这里不做赘述。当时欧洲的其他国家如意大利、荷兰等的汉学研究也都有所成就。美国汉学比起西欧来起步较晚，直到19世纪后期才开始，但是后来居上，在二战后远超欧洲各国。真正为美国汉学研究奠基的人是卫三畏（Samuel Wells Williams），而雅裨理（David Abee）、裨治文（Elijian C. Bridgeman）也是早期的佼佼者。20世纪20年代以来，国外汉学研究经历了从"传统汉学"到"现代汉学"的转化，由原来以欧洲为主体的研究阵营变成西欧、美国、苏联、日本"四分天下"的格局。由于第一次世界大战，二三十年代，美国加紧对中国的势力扩张，中国学研究得到资助，正式的研究机构和专职的研究人员出现；第二次世界大战到50年代，欧洲的东方学、汉学研究都受到冲击，而美国的中国问题研究却得以顺利发展，重要的学术组织和团体出现，代表人物是费正清、拉铁摩尔、柯文等；由于朝鲜战争的失败，六七十年代，美国不得不调整对华政策，成立了一系列专门机构，规划、组织进行美国的中国学研究；80年代以来，中国学有了更大规模的发展。法国的中国学研究在二战前出现了亨利·考狄、马伯乐、葛兰言、伯希和等著名汉学家，但二战后法国中国学受到摧残。二战后德国的汉学人才也大量流失，50 年代主要有傅吾康、福赫伯、艾克斯几位代表人物。英国的中国学研究也有很大退步，只有李约瑟、韦利、霍克斯等较少学者从事研究。除此之外，欧洲还有瑞典汉学家高本汉、荷兰汉学家戴闻达和高其佩等。

　　黑龙江作为一块位于亚洲与太平洋地区陆路通往欧洲大陆的重要通道和中国沿边的重要窗口，欧洲对它的关注始于 18 世纪。与海外汉学研究的总体趋势相适应，最初涉足这一领域研究的也是法国的汉学家。但实际上，这一时期还远远谈不上对黑龙江流域的自然、地理、历史、文化等进行深入研究，因为曾经涉足过这块地方的只有为数极少的旅行者、探险家、传教士。从严格意义上说，此时连"黑龙江"的地理名词都几乎未曾出现在当时的文献记载中。与此有关的研究，一方面是对满语文法及翻译研究的词典、早期通史及民族史撰述中的点滴记述，另一方面就是有关这块土地的初步地理志及纪行。19 世纪，欧洲汉学的三大代表国家法国、英国、德国对满文文献、满语语法的研究继续深入，并有大量成果，与此同时，学者开始关注与满族有关的民族与历史，如对女真语言文字的研究、对清朝历史的兴趣等。伴随传教士的大量流入及中外通商的扩大、汉学研究的拓深，很多辞书、辞典、地志中出现了有关黑龙江地域的信息，同时在通识性的中国文化纲要中也有相关内容。这一时期，开始有学者对黑龙江流域的民族展开初步研究，如 1830 年德国普拉特（Johann Heinrich Plath）《满洲的各个民族》，并且开始出现很多涉及这一地域的踏查游记，如 1853 年、1854 年法国古伯察（HUC Evariste Régis）《中华帝国——〈鞑靼、西藏游记〉续编》，1867 年美国彭北莱（Raphael Pumpelly）《1862～1865 年在中国、蒙古、日本的地质调查》，1870 年英国韦廉臣（Alexander Williamson）《华北、满洲及东蒙旅行记》以及有关朝鲜的若干记述。

　　20 世纪，欧美学界在"满洲"视角下展开对黑龙江的相关研究。满洲本是部族名称，后来具有地理名词和民族名称的双重意义。从历史学角度来看，满洲具有广义和狭义之分。广义的满洲指代 1689 年中俄《尼布楚条约》之前大清朝在东北方向上的全部领土。大致上西迄贝加尔湖、叶尼塞河、勒拿河一线，南至山海关，东临太平洋，北抵北冰洋沿岸，囊括整个亚洲东北部海岸线，包括楚克奇半岛、堪察加半岛、库页岛、千岛群岛。狭义的满洲指代东北三省辽宁省、吉林省、黑龙江省，或说东北四省区（包括内蒙古东部赤峰市、兴安盟、通辽市、锡林郭勒盟、呼伦贝尔市)。虽然辛亥革命后，特别是张学良宣布东北易帜后，中华民国开始逐渐用东北来取代清朝发祥地的原有名称——满洲，尤其是在 1931 年"九·一八"事变日本侵略中国后，如傅斯年《东北史纲》等中国学者及著作一度强烈反对使用"满洲"一词，但西方学者仍习惯将东北地区称为"满洲"，其绝大多数著述都以此命名，如 1901 年英国谢立山（Sir Alexander Hosie）《满洲：它的人力资源及近期历史》，1922 年英国苏柯仁（Arthur de Carle Sowerby）《博物学家在满洲》，1932 年英国伍德海（Henry George Wandesforde Woodbead）《满洲国访问记》，1949 年英国琼斯（Francis Clifford Jones）《1931 年以后的满洲》，1929 年美国杨沃德（Carl Walter Young）《中国的殖民与满洲的发展》《满洲的国际关系：关于中国东三省的条约、协定以及交涉的摘要和分析》，1934 年美国拉铁摩尔（Owen Lattimore）《满洲的蒙古人》，1940 年美国拉铁摩尔（Owen Lattimore）《中国的亚洲内陆边疆》，等等。

同时由于第一次世界大战及第二次世界大战的影响，欧美学界开始将黑龙江及东北地域纳入远东国际关系范畴进行研究和考察，并发表著述。如 1905 年英国辛博森（Bertram Lenox Simpson）《远东的新调整》，1919 年英国辛博森（Bertram Lenox Simpson）《中日两国真相》，1921 年英国濮兰德（John Otway Percy Bland）《中国、日本与朝鲜》，1937 年英国甘博士（Percyb Horace Braund Kent）《二十世纪的远东》，1906 年美国密勒（Thomas Franklin Fairfax Millard）《新远东》，1931 年美国宓亨利（Harley Farnsworth MacNair）和英国马士（Hosea Ballou Morse）《远东国际关系史》，1933 年美国斯诺（Edgar Parks Snow）《远东前线》，1936 美国施达格（George Nye Steiger）《远东史》，1937 年美国桂克礼（Harold Scott Quigley）《1937～1941 年远东的战争》，1938 年美国宓亨利（Harley Farnsworth MacNair）《中日冲突之真相》，1953 年美国费正清（John King Fairbank）《1953 年以来日本对近代中国的研究》，1955 年美国伯斯（Claude Albert Buss）《远东史》，1958 年美国裴斐（Nathaniel Peffer）《远东近代史》，1968 年美国费正清（John King Fairbank）《中国历史上的对外关系》。

随着中东铁路的修建及延伸，还有一些与此相关的著述涉及黑龙江，如 1907 年英国甘博士（Percyb Horace Braund Kent）《中国铁路发展沿革史》，1919 年法国沙海昂（Antoine Joseph Henri Charignon）《中国铁路发展规划》，

1929 年美籍波兰索克思（George Ehpraim Sokolsky）《中东铁路见闻录》。

20 世纪 20 年代，欧美学界从传统"汉学"过渡到现代"中国学"，各国学者在新的中国学视角下，也有很多涉及黑龙江地域的研究。如 1960 年、1965 年、1973 年美国费正清（John King Fairbank）《东亚文明史》（三卷），1948 年法国福兰阁（Otto Franke）《中国帝国史》，1972 年法国谢和耐（Gernet Jacques）《中国社会》，1982 年法国谢和耐（Gernet Jacques）《中国文明史》。20 世纪 90 年代之后，人们开始反思中国中心观"过度强调中国，忽视外力影响"的局限，体现在中国社会经济史研究中对全球化视野的提倡。其中以黄宗智的"规范认识危机论"为典型，在这样的背景下 1995 年美国费正清（John King Fairbank）出版《剑桥中国史》，1999 年美国牟复礼（Frederic W. Mote）出版《中国帝国史 900～1800 年》，其中《剑桥中国史》第六卷《剑桥中国辽西夏金元史》英文原名是 *Alien Regimes and Border States*，直译为《异族王朝和边疆国家》。同时，现代考古学的发展及一些知名的汉学家进入中国边疆地域进行学术考察，也出现了对此研究的地理及考古学资料，如 1944 年美国卫三畏（Samuel Wells Williams）《中国地志》，1909～1915 年法国沙畹（Emmanuel-èdouard Chavannes）《在中国北部进行的考古调查》（《华北考古图谱》）。

20 世纪 30 年代，洛克菲勒基金资助推行了研究中国历史的计划，把中国正史中有关政治与社会经济的文字摘录集中，然后译成英文出版。40 年代，美籍德裔学者魏特夫等人计划按照他所构筑的"征服王朝"理论编写中国社会史丛书，先编写《中国社会史——辽（907～1125）》和《中国社会史——金（1125～1234）》。1946 年冯家昇与魏特夫合著的《中国社会史——辽（907～1125）》于 1949 年在费城出版①，《中国社会史——辽（907～1125）》虽然写的是辽代，但也含有金的内容。后来任教于美国华盛顿大学的傅海波教授对魏特夫的"征服王朝"理论很有兴趣，便重新制订编写金朝大部头断代史的学术研究计划，被称为"傅海波计划"。参加这项工作的有美籍华人陈学霖、卫德明、杨·方坦博、莫·罗沙比及路·李盖提等人，"傅海波计划"的相关学者论文发表主要集中在七八十年代。另外没有参加"傅海波计划"的

---

① K. A. Wittfogel and Feng Chia-sheng, *History of Chinese Society*, *Liao*, *907 - 1125*, American Philosophical Society, Transactions. Distributed by the Macmillan Co. , New York, 1949.

一些美国学者如陶晋生、刘子健、姚道中、包弼德、奚如谷等也发表了有关女真研究的论著。1983 年，美国亚利桑那州立大学召开"女真文化研讨会"，会后 1995 年结集出版了《女真统治下的中国：金代思想与文化史》一书，此书在当时是一本能充分证明金代女真文化在北方文化模式中重要地位及其本身意义的著作。在书中第一次系统阐明了以往常被忽略的金代女真文化对传统文学、艺术、儒家思想、佛教与道教等领域发展的种种贡献，但该书在中国目前没有中文译本。

第一章　18 世纪法国汉学研究中
有关黑龙江的史料

作为曾经在黑龙江流域生息繁衍的一支强有力的民族，满族人在 1644 年夺取了统治全中国的权力，自从进关建立清朝政权之后，便让满族官员阅读汉文的各类文献，而且在 17～19 世纪的 200 多年里把许多汉文著作尤其是儒家经典著作从汉文译成了满文。由于满文隶属于通古斯语族，而通古斯语族从它本身说来又是阿尔泰语系的代表，所以满语是一种有着清晰的语法和词法结构的语言，满语的文字是用一种在蒙文字母表基础上造成的字母表中的字母形式来书写的。满族从蒙古族那里接过来回鹘文字母，但是没有停留在原封不动地使用层面，而是在一些字母的旁边加上了圈或点，区分了这些字母的读音，使文字表音的功能加强了。这在回鹘文字母史上是个推进。另外，满文还为对通古斯语族语言的研究准备了丰富的资料。正是由于这样，满语也是一种容易学会的语言，学满语比学汉语要更容易一些。同时在中国学这门学问出现的早期，欧洲的中国学家很乐意使用满文译本，或是把它当成翻译的基础，或是把它当成更加容易理解在汉文原著中句法关系的一种辅助手段。而且在几百年的历史中，除了汉文之外，满文也曾被用作行政管理和档案保存所使用的文字，有为数不少的历史原始资料是用满文撰写的。而且事实上也证明，从语言学角度来看，对满文进行研究是很值得做并且有收效的工作，因为满文毕竟是一种具有年代比较久远的文学和写作传统的唯一的通古斯语文。

因此在欧洲的汉学研究中，首先是在法国，人们开始进入对满语的研究领域，然后德国及其他国家的学者在 19 世纪就很快对在法国努力学习到的基础成果深入地加以研究。

第一节 《满文词典》《满语语法》等 四部语言工具书

一 《满文词典》

（一）作者简介

张诚（1654~1707），法国人，原名 Jean Franois Gerbillon。张诚是他的中文名，字实斋。他是法国的耶稣会会士，出生于法国凡尔登，1670 年加入耶稣会。17 世纪后半叶，法国在欧洲建立了霸权，法王路易十四为推进其东进方针，派遣法国耶稣会传教士 5 人东渡中国，他们是洪若翰、李明、白晋、张诚、刘应。

张诚和白晋被派担任康熙皇帝的侍讲，张诚讲西洋数学。康熙皇帝热衷于学习欧洲的科学知识，加上张诚满语学得很好，取得了康熙皇帝的信任。康熙皇帝爱好自然科学，对天文数学具有特殊的兴趣。他特命法国耶稣会士张诚、白晋为他讲解几何学，并用满文译撰数学及其他各种专书约 20 种。张诚在抵京第三年即将几何、三角和天文方面的书籍译为满文，向皇帝进讲，其中有《几何原本》（法文标题为 *Traité de géométrie*），又从满文译为汉文装订成册，由康熙审订和作序。现在故宫尚藏有满文《几何原本》7 卷附《算法原本》1 册，即当年张诚、白晋讲课所用。

张诚还作为翻译官参与了清廷外交方面的枢机事宜的规划工作，在 1689 年清廷与俄国进行尼布楚条约谈判时（按，尼布楚会议于 1689 年 8 月 22 日召开，双方于 9 月 7 日签订了条约），张诚和葡萄牙耶稣会会士徐日瘅（Thomas Pereira，1645~1708）一起担任了翻译工作。

本书出版年代不详。

需要说明的是，人们常常误以为《鞑靼语初阶》（拉丁文标题为 *Elementa linguae tartaricae*）是张诚所著，但实际上是柏应理著的。

（二）学术评价

本书是法国乃至整个西欧的第一部满文辞典。作者在清廷生活多年，对满族的语言和社会生活有长期和深入的体会，使得本书远非一般的靠搜集资料而编成的语言工具书所能比，它不但是一部工具书，还是西方了解满族和中国的一扇窗户。

二　《满语语法》《鞑靼文—满文—法文字典》

（一）作者简介

钱德明（Jean Joseph Marie Amyot），音译为让·约瑟夫·玛丽·阿米奥。钱德明是他的中文名，字若瑟，1718 年 2 月 18 日出生于法国土伦，1793 年 10 月 9 日去世。钱德明是法国耶稣会会士，他于 1750 年奉派来华，先到澳门、广州，次年转赴北京。比康熙皇帝更加喜爱自然科学和工艺技巧的乾隆皇帝，授予了钱德明一个官职。据钱德明自己记述，他曾经教乾隆皇帝学习法文。由于乾隆皇帝即位后已经严禁基督教（天主教）的传教，所以钱德明在传教方面几乎没有什么成绩，但因为他对汉文和满文的造诣很深，得到了乾隆皇帝的信任，在对中国情况的研究和介绍方面有不少成果。他在抵北京 10 年之后，担任了法国传教会的司库。由法国国务大臣贝尔丹（Bertin）指定钱德明担任耶稣会正式通信员，由他与贝尔丹通信。

除这三部词典外，他还著有《孔子传》（法文标题为 *Vie de Confucius*）和《孔门弟子传略》，均于 1784 年出版；《中国古今音乐考》（法文标题为 *De la musique des chinois tant anciens que modernes*），有 1776 年、1779 年版。他还有译著《孙子兵法考》，又称《由中国多位将军写成的古代战争论文汇编》。

他的著作大部分见于他参加撰写和负责编辑的《在北京的传教士们关于中国历史、科学、艺术、风俗、习惯的见闻录》（法文标题为 *Mémoires concernant l'histoire, les sciences, les arts, le smurs et les usages des Chinois, par les missionnaires de Pékin*）这部巨著中。这部书最初为 15 卷，于 1776～1789 年在巴黎编辑出版，在他去世以后，1814 年又出版了第 16 卷。

（二）《满语语法》《鞑靼文—满文—法文字典》的简况及学术意义

《满语语法》（法文标题为 *La grammaire mandchoue*），于 1787 年出版。

《鞑靼文—满文—法文字典：根据一部〈满汉字典〉编成》（法文标题为 *Dictionnaire Tartare-mandchou-fran ais, composéd après un Dictionnaire Mandchou-chinois*），1789～1790 年由钱德明进行重新增订出版，全书共 3 卷，附有一些附录和由巴黎现代东方语言学校校长路易·马迪厄·朗格莱（Louis Mat hieu Langl ès）编成的满文字母表。

此两部工具书可以称得上是法国了解中国的钥匙。中国的汉文化博大精深，但对法国人来说汉语太难，严重阻碍了其对汉文化的了解，而属于拼音文字的满文则容易得多。清初，清政府组织力量将大量汉文典籍译成了满语。法国人通过钱德明的这两部工具书掌握了满语，就可以阅读译成满语的汉文典籍了。有一位法国人对此一过程有比较准确的描述，他说汉文学"惊人的丰富……如果不是 1644 年鞑靼满洲入主中原，并大兴文字狱，急于把汉文典籍译成满文，这个文学宝库长期以来对外国人是无用的。满语出奇地易懂，有自己的一套字母、语法，一句话，正如钱德明说的一目了然"①。

三 《鞑靼满法字典》

作者朗格列（Langlés），法国军官，生平不详。

《鞑靼满法字典》（*Dictionnaire tartare-mantchou-francois*）1789 年出版。

朗格列在本书的扉页中写道：这本字典是根据传教士阿米奥（即钱德明）的满汉字典所编写的。在序言中，作者再次提到了阿米奥，强调学习满语是研究中国文化的关键："它帮助我们进入中国人文学的土地，并让我们避免学习难度极大的汉字，这种文字系统甚至吓坏本地人。"然后，朗格列又接着补充列举了学习满语的众多优势："我们对满文书并无任何认识．这种语言的利益不可比拟，它能代替用来写古书的其他三个或四个其他语言。"

对于这部字典的使用方法，朗格列强调：如果翻译词典时只是简单地去翻译一部现成词典，就会局限于只是对中文释义进行翻译，而不能明确地指出这些字词在法语中的对应词②。

第二节　《中华帝国全志》

一　作者简介

杜赫德（又译为竺赫德，Jean Baptiste Du Halde，1674～1743），法国神父、著名汉学家。杜赫德 18 岁（1692）入耶稣会，专事编纂。1709 年起继任

---

① 〔法〕戴密微：《法国汉学研究史概述》，胡书经译，阎纯德主编《汉学研究》第 1 集，中国和平出版社，1996。
② 〔意〕卡萨齐、莎丽达：《汉语流传欧洲史》，学林出版社，2011，第 180 页。

《耶稣会士书简集》主编。杜赫德是他的汉语名字。他终身未曾到过中国，却对中国文化非常喜欢。

二　写作背景与主要内容

杜赫德在编辑《耶稣会士书简集》的过程中，无法利用到在华耶稣会士提供的全部资料，感到十分可惜，于是萌发了将这些珍贵的资料集中起来另编一本书的念头。经过一番努力，在参照此前来华传教士的报道及有关中国的书籍后，杜赫德终于出版了非常翔实的介绍中国历史、文化、风土人情的著作《中华帝国全志》（Paris，1735），该书全名为《中华帝国及其所属鞑靼地区的地理、历史、编年纪、政治和博物》（或译为

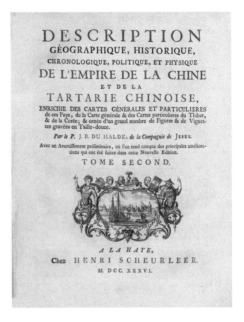

《关于中华帝国及满蒙地理、历史、年代、政治及物产等的记述》），是根据 27 位教士报告编成的中国百科全书。书中插入白晋等测成的中国地图，孔子、康熙的肖像，北京观象台及其他十余幅的钢版画。该书对中国的古老历史、悠久文化、科学成就进行了详细介绍，而且以欣赏的语气写道："很多古老的帝国，比如亚述帝国、米提亚帝国、波斯帝国、希腊帝国，他们尽管在历史上存在了很长一段时间，但是他们最终还是消失了。而中国则不同，它存在至今，长江和黄河在这漫长岁月中依旧雄伟壮丽，没有失却任何美好和辉煌。"

全书共 4 卷，册数颇多。第一卷记中国各省地理，并附从夏至清 23 朝之历史大事记。第二卷论政治经济，并叙述中国的经书和教育。对于《易》《书》《诗》《礼记》《大学》《中庸》《论语》《孝经》《小学》等均简单介绍，唯于《孟子》特详。第三卷述宗教、道德、医药、博物等，并抄译元曲《赵氏孤儿》。第四卷记述满洲、蒙古，并涉及西藏、朝鲜的研究。包括中国医学、中国人健康长寿、满洲与蒙古地理和历史、张诚的《鞑靼纪行》、雷孝思关于朝鲜地理的观察报告、中国人关于朝鲜的记录、Beering 船

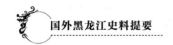

长的西伯利亚之行、西藏地理与历史、经纬度观测点目录、资料目录等内容①。

三 学术评价

起初，中国的传统文化在启蒙时代的欧洲主要是通过传教士传播的。而在18世纪前半叶，传教士几乎没有新的关于中国的著作问世，本书的出版改变了这一状况。本书影响极大，被誉为"法国汉学三大奠基作之一"，一经出版立即轰动欧洲，受到广泛欢迎，很快销售一空，次年（1736）即行再版，几年之内便出版了3次法文版、2次英文版，另外俄文和德文本也出版发行。这一时期的很多著名学者如伏尔泰、孟德斯鸠、霍尔巴赫、魁奈等关于中国问题的研究均取材于此。那时的人们不求助于这部著作，就很难得体地谈论中国。这部著作成功的原因之一是它的科学价值。因此，加尔加松断言："这部著作概括了许多传教士研究成果的宏伟巨著，既不是颂扬，也不是挖苦，而是一部至今仍值得权威鉴赏家高度评价的科学著作。"②《中华帝国全志》成了一部了解中国头等重要的著作。杜赫德以罕见而渊博的学识，使他在未到中国的情况下，就赢得了一个真正"历史学家"的称号。1733年，《中华帝国全志》的内容简介中写道："迄今为止，人们发现的关于中国的知识是十分不完善的，而且这些东西，与其说是唤醒公众的探索精神，不如说是投其所好。正是由于这种原因，杜赫德神父采用多年的不懈的工作来致力于对这个大帝国的描述。"③

当然，也有关于本书的负面评价。有人指出：这本书在另一部分人眼里则有致命的缺陷——知识陈旧，甚至有的评价认为，《中华帝国全志》在它出版问世的时代，未为学者们提供任何新内容，当时也有很多传教士对此很不满意。

尽管如此，不可否认的是其中关于地理方面的内容仍然非常新颖，颇具学术价值，"在1735年时仍不失是他巨著中最有价值和最新的内容"④。此书首先是一部舆地书，第一卷中分省地理几乎占4/5的篇幅，第四卷几乎全篇是鞑靼地区的地理内容。刊刻北京耶稣会士绘制的《皇舆全览图》是它的第一大

---

① 张国刚：《从中西初识到礼仪之争——明清传教士与中西文化交流》，人民出版社，2003。

② 转引自阎宗临《传教士与法国早期文学》，大象出版社，2003，第57页。

③ 转引自阎宗临《传教士与法国早期文学》，第57、59页，

④ 毕诺：《中国对法国哲学思想形成的影响》，第193～194页。

功绩。这份图是由法国制图家丹维尔绘制，包括42幅地图，有细致刻画的中国分省地图、10幅西藏地图、一幅朝鲜地图以及一幅中国全图。这份地图的重要性不仅在于它首次对中国这一遥远地区做出准确而又详细的描绘，也因为它首次包括了一份由欧洲人绘制的单独的朝鲜地图，以及首次对西藏进行认真研究。另外《中华帝国全志》的卷四还记述了高丽王国的地理形势和高丽简史，有学者评价：这是到1827年为止对于高丽历史和风俗人情了解到的最真实的材料。

第三节 《大鞑靼史》和《北巡纪行》

一 《大鞑靼史》

作者刘应（Claude de Visdelou，1656～1737），法国神父、著名汉学家。

《大鞑靼史》的写作源于刘应在学术研究角度对中国北方各个民族的起源的关注。这部著作叙述2000年来在这片辽阔的地域内生存着的曾经显赫一时的许多民族，有关他们的宗教信仰、风俗习惯、战争史，以及这些王朝的历史沿革和统治者的家世。刘应神父根据中国的历代史籍的记载，对以往鞑靼史记述中有遗漏的，则予补充；有错误的，则予更正；一些明显错误的章节，则予以改写：如鞑靼人称中国皇帝为Fagfour，关于Catai的疆域，关于维吾尔族，以及其他一些类似的情节。他又把中国史书中有关匈奴、突厥、契丹、蒙古等民族的历史加以移译。其主要依据是《文献通考》，即马端临在13世纪所收集并加以分类的有关鞑靼的历史资料。"刘应神父把其中有关章节确切地摘译出来，使他在博学和史评方面得到了应有的荣誉。"①

二 《北巡纪行》

作者张诚（Jean Franois），简介与学术成就见本章的第一节。

《北巡纪行》（法文标题作 Relation de huit voyages en Tartarie），即《记述前往鞑靼的八次旅行》，是张诚多次随同康熙出巡的日记。该书记述张诚留居中国期间

---

① 〔法〕费赖之：《明清间在华耶稣会士列传（1552～1773）》，梅乘骐、梅乘骏译，天主教上海教区光启社，1997。

八次穿越蒙古及满洲地区（欧洲人称蒙古的鞑靼）之见闻。起 1689 年 6 月 13 日，讫 1691 年 5 月 7 日。其中记载张诚对鞑靼历史及实地考察所做的概述，并旁及

1688 年前后准噶尔入侵喀尔喀、1690 年清朝动员抗击噶尔丹进犯的某些史实，以及对中俄《尼布楚条约》签订、中国使团赴尼布楚往返经过、圣祖之宫廷生活、与传教士关系，学习西方数学、天文、历法、音乐、哲学等均有较详记载。后被收入杜赫德编辑的《中华帝国全志》。

《北巡纪行》1745 年出版英文版，共 4 卷，标题为 *Travels into Western Tartary... between the years 1688 and 1698*，即《1688～1698 年间前往西部鞑靼的数次旅行记述》，有的中文节译本名《鞑靼历史考察概述》，中国人民大学出版社 1985 年版的《清代西人见闻录》收录了此书。《北巡纪行》的德文版标题为 *Reisen in die Westliche Tartarey , 1688 – 1698* ，共 7 卷，于 1749 年出版。中文摘译本名《张诚日记》，商务印书馆 1973 年出版。

第二章 19世纪欧美对满语研究的继续及对金史研究的开始

第一节 《中庸——汉文、满文、拉丁文、法文译本及注释》

一 作者简介

让·皮埃尔·阿贝尔-雷米扎（Jean - Pierre Abel - Rémusat, 1788 ~ 1832），汉名又称雷慕沙，法国著名汉学家。1813年，25岁时就发表了一篇有关中国医学的论文，26岁时，便担任了法国著名学府法兰西学院（College de France）主持中文讲座的教授。1815年1月16日开始进行系列"汉文、鞑靼文、满文语言文学讲座"①。此后，他一直从事鞑靼语系各种语言和中国文学的研究工作。

他的汉文造诣很高，所从事的汉文文法研究，是通过对中国古文的注译来进行的，而且他还借助比较容易理解的满文版本进行核对。他在1821年出版了第一本重要的书籍《汉文文法纲要：古文与官话纲要》（*Léments de la grammaire chinoise*, *OU Principes gfnfraux du Kou-wen*, *OH style antique et duKuan hua c'est-a-dire de la langue commune généralement utilisée dans l empire chinois*），

---

① 有关这段情况，详细刊载于法国汉学家亨利·马伯乐（Henri Masp6ro, 1883 - 1945）在1932年《法兰西学院纪念建院400周年文集》中发表的《汉文、鞑靼文、满文语言文学讲座》一文。

这是第一部提供给研究人员使用的颇为得心应手的语法书籍。1816 年，在他授课的同时，还被委派编纂法国皇家图书馆《中文书籍目录》（*Catalogue des livres chinois*），这些中文书籍都是在 18 世纪由中国送给法国皇家图书馆的。遗憾的是这项工作由于他英年早逝而未能完成。

他和当时的许多其他中国学家在治学方面有些相似之处，这就是比起中国文明，更为关心的是中国和周围文明的关系，所以就像戴密微后来所描述的那样，人们在从事着一种"带有蔓延性"的中国学。他翻译法显的《佛国记》就是这一特点的体现。这部译著是他去世后在 1836 年以《法显论佛教诸国往来关系》（*Relation des roy-aumes bouddhiques de Fa hian*）为副标题出版的，表明他着意于把中国放在亚洲世界当中来考虑而并不去抽象地分析它①。

让·皮埃尔·阿贝尔 – 雷米扎 1832 年死于霍乱，时年 44 岁。

他的弟子斯塔尼斯拉斯·朱利安（Stanislas Julien）（1797 ~ 1873）也是法国著名汉学家，汉名称为儒莲②。

二 主要内容

本书是对汉文典籍《中庸》的翻译和注释，法文书名为 *L Invariable Milieu*，*Ouvrage moral de Tséu-ssê*，*en Chinois et en Mandchou*，*avec une version littérale Latine*，*une traduction Franeaise*，*et des notes*，副标题为《刊载有汉文本、满文本、拉丁文逐字逐句译本和法文译本，并附有一些注释》，于 1817 年在巴黎出版。

第二节 《金帝国史》

一 作者简介

沙雷·戴·哈尔列（Charles Joseph de Harlez），也翻译为夏尔·J. de

---

① 黄长著、孙越生、王祖望主编《欧洲中国学》，社会科学文献出版社，2005，第 5 页。

② 黄长著、孙越生、王祖望主编《欧洲中国学》，第 5 页。

阿尔雷兹，法国汉学家。目前能够查到的关于他的资料少之又少，只在傅海波、崔瑞德所著《剑桥中国辽西夏金元史》，刘浦江编《二十世纪辽金史论著目录》，以及史禄国《北方通古斯的社会组织》中有所提及。

二 译著与价值

该书并非一本金史的研究专著，而是在 19 世纪法国的满语研究热潮中产生的一部翻译性著作。

《剑桥中国辽西夏金元史》中说："对金史的学术研究在元代和明代实际上不存在。只是在满洲人于 17 世纪统一中国之后，由于女真是满洲人的祖先，对金朝的兴趣才高涨起来。1646 年，满洲人的清朝建立后仅两年，经过改编的金史编年就被翻译成了满语。这本名为 Aisin gurun-isuduri bithe（《金国编年史》）的书，1887 年由夏尔·J. de 阿尔雷兹翻译成了法文。"①

虽然相关资料很少，但很多研究女真历史以及金史的学者都非常关注这本译著。俄国学者史禄国在《北方通古斯的社会组织》中称其为"阿尔莱：《金帝国史》，满文金史的译本，1887 年，卢万。（法文）"②，刘浦江在《二十世纪辽金史论著目录》也列出了"《金帝国史》，夏尔·J. 阿尔雷兹译比利时鲁汶：夏尔·彼得斯出版社，1887"的条目③。

学术论文中，霍明琨、武志明在《20 世纪欧美学界的女真研究——以〈女真统治下的中国〉为例》④ 一文、许桂红在硕士论文《20 世纪美国学界的女真研究》⑤、李薇在硕士论文《俄罗斯学者沃罗比约夫的女真史研究》⑥ 中，都提到了这部书的地位和影响，肯定了该书的价值。

---

① 〔德〕傅海波、〔英〕崔瑞德：《剑桥中国辽西夏金元史》，史卫民等译，中国社会科学出版社，1998，第 782 页。
② 〔俄〕史禄国：《北方通古斯的社会组织》，内蒙古人民出版社，1985，第 640 页。
③ 刘浦江：《二十世纪辽金史论著目录》，上海辞书出版社，2003，第 343 页。
④ 霍明琨、武志明：《20 世纪欧美学界的女真研究——以〈女真统治下的中国〉为例》，《东北史地》2011 年第 1 期。
⑤ 许桂红：《20 世纪美国学界的女真研究》，硕士学位论文，黑龙江大学历史文化学院，2010。
⑥ 李薇：《俄罗斯学者沃罗比约夫的女真史研究》，硕士学位论文，黑龙江大学历史文化学院，2010。

第三节 《满汉手稿目录》和《满文选集》

一 作者简介

此二书的作者为德国学者克拉普罗特（Heinrich Julius Klaproth，1783 ~
1835），全名海因里希·尤利乌斯·克拉普罗特，德国的东方学家、中国学家，
通过自学掌握了中文，1820 年在德累斯顿大学读书时创办了《亚洲杂志》
（*Asiatisches Magazin*）。1804 年应邀前往俄国彼得堡科学院任职，后来在 1815
年又移居到巴黎，在那里永久地定居下来。

二 《满汉手稿目录》的主要内容

本书是克拉普罗特 1807 年居住在彼得堡时，受俄国人委托编辑出版的一
本柏林皇家图书馆收藏的中国书籍手稿的目录，用法文于 1822 年在巴黎出版，
法文标题为 *Catalogue des manuscrits chinois et mandchous*，即《汉满手稿目录》。

从克拉普罗特编的这份书目可以推断，当年在柏林已经收藏有一批为数不
算很少的中国书籍，当然在数量上还不能和巴黎图书馆的藏书相比。后来另有
一位德国汉学家威廉·绍特为克拉普罗特编写的柏林皇家图书馆《满汉手稿
目录》补编了《目录续篇》①。

三 《满文选集》的写作背景和主要内容

（一）写作背景

18 世纪的欧洲有一股满语学习热潮，陆续出现了很多有关满语的词汇和
语法著作。比如阿米奥（即第一章中提到的钱德明）翻译了《满汉字典》
（*Dictionarie Mandchou-chinois*），并且完成了一份法语版的满语语法摘录。后来
热尔比永（Jean-Francois Gerbillon，1654 ~ 1707）将阿米奥的著作翻译成拉丁
文，取名《满语基本介绍》（*Elementa Linguae Tartaricae*）。上述著作于 1682 年
收入特夫诺（Jean de Thévenot，1633 ~ 1667）编著的《特夫诺文集》，又在
1665 年，由朗格列（Langlés）编入《关于中国人的纲要》（*Memoires*

---

① 黄长著、孙越生、王祖望主编《欧洲中国学》，第 457 页。

concernanant les Chinois）的第十二卷。克拉普罗特看到诸如此类的满语语法和词汇方面的著作已经很多，不过还缺少满语的文章选集，因此他决定编写这部文选。

（二）主要内容

本书的全名是《满文选集——为学习满文的人准备的满文文集》（法文标题 *Chrestomathie Mandchoue ou Recueil de textes mandchou destiné aux personnes qui veulent soccuper de l'étude de cette langue*），1828年由皇家出版社（Imprimérie Royale）出版。

《满文选集——为学习满文的人准备的满文文集》中收录了许多满语文章，其中还包括一些由汉语翻译为满语的文章。这部文集中的译文种类繁多，有很多不同的文章体裁，包括《名贤集》（*Sentences d'hommes célébres*）、《太上感应篇》（*Tai chang*）这样的中国古代经典文献，也有《中俄和平协议》（1727年10月21日在波洛河签订，1728年开始生效）这样的时政外交文献，甚至还有乾隆皇帝的一首长诗《沈阳赞》（*Eloge de laville de Moukden*）。

第四节　《满文文法入门》和《〈四书〉、〈书经〉、〈诗经〉满文译本》

一　作者简介

汉斯·科农·冯·戴尔·甲柏冷慈（Hans Conon von der Gabelentz，1807~1874），德国语言学家和政治家，曾任魏玛公国的国会议长以及在阿尔滕堡担任萨克森—阿尔滕堡公国的首相。

他广泛研究了满语、台湾岛上的语言、叙利亚语、斯瓦希里语、（分布于俄国西伯利亚的广大地区以及散布于俄国北极地区的）萨莫耶德语族的语言、北美印第安语等当时尚未被欧洲人熟知的亚洲、非洲和南洋群岛、西太平洋群岛的各种语言，并于1837年创办了德文的《东方学杂志》（*Zeitschrift für die Kunde des Morgenlandes*）。他是以从事满学研究而著称的一位德国学者，著作除本节标题的两部外，还有用德文编译的《满文——蒙文文法：译自〈三合便览〉》（德文标题为 *Mandschou-mongolische Grammatik，aus dem San-ho-pian-lan übersetzt*），载于《东方学杂志》1837年第1期；用德文又编译有《满

文——汉文文法：按照〈三合便览〉一书编写》（德文标题为 *Mandschu-sinesische Grammatik nach San-ho-pian-lan*），载于《东方学杂志》1840 年第 3 期。

在从事中国学特别是儒学研究领域，采用了一条新的途径，即不仅通过汉文而且通过满文来研究儒学的途径①。

汉斯·科农·冯·戴尔·甲柏冷慈同其他的欧洲汉学家一样，未曾到过中国。当时人们对于活生生的中国并没有什么了解，而是把中国学看成是一门致力于考古研究的学问。尽管如此，这并没有妨碍他成为一位很出色的语言学家。

二　主要内容和学术评价

《满文文法入门》是用法文编写的，法文标题为 *léments de la grammaire mandchoue*，1832 年出版。《〈四书〉、〈书经〉、〈诗经〉满文译本》1864 年出版，其中最有价值的部分是其所附的一部满文—德文词典，开辟了德国人研究满学的新阶段。

17~19 世纪前期西方的中国学著作，主要是论述儒家著作原著以及用儒学思想写出的对历史的阐述的著作。这些著作在这一方面完全反映出中国本土的正统观念的自身理解力以及被加以理想化的中国文化的自画像。至于像道教和佛教等各种宗教，还有诸如抒情诗和白话诗等一切文学类型的作品，除去个别例外，在西方国家里统统都是不为人知的。这两部书正是这一情况的反映。

第五节　《试论鞑靼各族的语言》

一　作者简介与学术成就

威廉·绍特（Wilhelm Schott，1802~1889），中文名字肖特，德国的东方学家、汉学家。同他所在的那个时期的许许多多的东方学家一样，他最初的专业是攻读神学，但是后来兴趣完全转向东亚和中亚的语言、文化及交通方面上了。

他 1826 年完成了博士论文《论中国语言的特点》，之后很快便取得了教

---

① 黄长著、孙越生、王祖望主编《欧洲中国学》，第 459 页。

授资格。自1838年起他在柏林大学任编外教授，三年后被选为普鲁士科学院院士，主要从事中国周边少数民族研究以及中国和中亚的佛教研究。他的论著非常丰富，是德语世界第一个直接从汉语翻译《论语》的译者。1826年出版了《中国的智者孔夫子及其弟子们的著作》（卷一《论语》）一书。还有很多关于中国语言、文学的学术著作，如1854年发表的《中国文学描述纲要》（德文标题为 *Entwurf einer Beschreibung der chinesischen Literatur*）、1857年发表的《汉语语法教科书》（德文标题为 *Chinesische Sprachlehre*）；同时还有不少研究北方少数民族的专著，如1849年写成出版的论述西辽王国的著作《黑辽契丹，或曰西辽》（德文标题为 *Das Reich Karachitai oder Si-Liao*）[1]、1836年写成出版的《试论鞑靼各族的语言》（德文标题为 *Versuch über die tatarischen Sprachen*）、1844年出版的《论述亚洲腹地和中国的佛教》（德文标题为 *über den Buddhismus in Hochasien und China*）、1879年出版的《契丹和黑契丹》（德文标题为 *Kitai und Karakitai*）等。

自1883年夏季学期开始，绍特在柏林大学率先开设了有关汉语和中国古代哲学的选修课，开创了柏林大学汉学系的先河[2]。

按照数量的多少来看，在绍特的著作中，与从事有关塞外少数民族有关的课题研究对比起来，他在纯粹汉学课题方面的研究是居于次要地位的。

二 学术评价

由于早期西方有关中国的史料中涉及最多的是匈奴、突厥、吐蕃、蒙古等民族，中国西部边疆及中亚部落也成为德国汉学家研究的重点，亦即有重四夷的倾向。普拉特的名著《亚洲东方史》、夏德的《大秦全录》等著作的主角都是中亚各族人而非汉族。这样的一种历史视角，实际上是将中国放到了一个更加广泛的中亚背景下予以考察。本书的研究也是这样：没有将汉学孤立地看待，而是把它放在整个亚洲（特别是中亚）的大背景下予以讨论，故能有一

---

[1] 黑辽契丹，德文音译为 Karachitai，在汉文中通称为西辽，系宋代契丹族所建国名，又作黑契丹、哈剌契丹、哈喇契丹或合剌乞答。1124年辽宗室耶律大石自立为王，率部西迁，1132年（一说为1131年）起儿漫称帝。后建都于虎思斡耳朵。疆域包括今新疆及其以西的广大地区。1211年政权被乃蛮王屈出律夺取。屈出律仍用西辽国号，于1218年为蒙古所灭。

[2] 李雪涛：《日耳曼学术谱系中的汉学：德国汉学之研究》，外语教学与研究出版社，2008，第36～37页。

个宏观的眼光。

威廉·绍特的学术研究还有一个特点：他是一位坐在书斋里从事研究的学者，和 19 世纪大多数欧洲的中国学家一样，从未到过中国。当时人们对于活生生的中国是怎样的并没有什么了解，而是把中国学看成一门致力于考古研究的学问①。尽管这一局限性并不一定会妨碍他们在学术方面的成就，但他们个人研究视野的局限也是非常突出的，即重视中国古代而忽略了当代。这种局限性在本书中也有明显的表现。

第六节　《满文读本》

一　作者简介与学术成就

穆麟德（Paul Georg von Mollendorff，1848～1901）是德国汉学滥觞期的一位著名学者，21 岁时便进入中国海关任职，后来进入德国驻华使馆成为翻译生，曾担任德国驻天津领事。1883 年受李鸿章推荐，成为朝鲜国王的顾问，不久遭免职，回中国继续在海关任职，后逝世于宁波。

穆麟德在汉学方面颇有成就，精通中文，对满族学也有建树，同时也熟知掌握朝鲜文、蒙古文等文字。重要的著作除本书外还有两部，其一是《中国人的家法》（*Das Chinesische Familienrecht*，1895），该书除了德文外，还被译成英文，有两个英译本，分别出版于 1896 年和 1925 年，书名均为 *The Family Law of the Chinese*；另一部是《汉籍目录便览》（*Manual of Chinese Bibliography, Being a List of Works and Essays Relating to China*），1876 年由上海别发洋行印行，共 378 页，分"中国语言和文字"、"中华帝国"和"中国边地"三大部分，介绍了 4639 条文献，书后附人名索引。该书是最早的西方汉学目录书，其学术地位仅次于法国汉学家高第（Henri Cordier）的《西人论中国书目》（*Bibliotheca Sinica*）②。此外他还有一篇用英文写的研究满文文学的论文《满文文学杂论》（*Essay on Manchu Literature*）。

---

① 黄长著、孙越生、王祖望主编《欧洲中国学》，第 628 页。
② 詹庆华：《全球化视野：中国海关洋员与中西文化传播（1854～1950 年）》，中国海关出版社，2008，第 409 页。

二　学术评价

与当时德国其他相关著作相比，本书有明显的资料优势。在19世纪，欧洲汉学发展的一大障碍是中文图书、资料的不足，当时大部分学者难得有机会到中国去，中文文献极难获得。在早期欧洲大图书馆中的中文藏书基本上是17、18世纪中国皇帝的赠书，数量有限，门类单一。其后虽然陆续增加了一些，仍不能满足研究者的需求。而穆麟德侨居中国，在资料运用和调查方面比在欧洲的学者有较大的优势，有关成就也公允得多，学术价值也较高①。

第七节　《女真语言文字考》

一　作者简介

威廉·格鲁伯（或译为葛鲁贝，Wilhelm Grube，1855~1908），德国的阿尔泰学家和中国学家，生于俄国圣彼得堡，在圣彼得堡大学研究过汉语、满语和蒙语。后来，他移居德国，成了柏林大学教授。

在阿尔泰研究领域，他的两部著作至今仍很著名。第一部《果德词汇表，附有与其他通古斯方言的比较对照》②，是那乃语（果尔迪语）词汇表，是以马克西奠维奇在阿穆尔州搜集的资料为基础，再加上施伦茨克考察队所搜集的一些资料编成的。另一部著作就是本书。

在中国学领域，格鲁伯更是成绩斐然。1903年，他的《中国文学史》（*Geschichte der Chinesischen Literatur*）在莱比锡出版，这是20世纪早期欧美学者研究中国文学史公认的代表性著作。他还是传授中国学的著名教育家，著名的汉学家、蒙古学家和满语学者海涅什教授就是他的学生之一③。

---

① 李雪涛：《日耳曼学术谱系中的汉学：德国汉学之研究》，第45页。
② 格鲁伯：《果德词汇表，附有与其他通古斯方言的比较对照》，施伦茨克：《在阿穆尔地方的旅行调查》三，圣彼得堡，1900。
③ 〔美〕N. 鲍培：《阿尔泰语言学导论》，周建奇译，内蒙古教育出版社，2004，第115页。

二 主要内容

《女真语言文字考》（*Die Sprache und Schrift der Juchen*），又作《女真语言和文字》，原名《女真译语》。主要内容是一些汉字音译的女真文献的标音，其中还有一部简明的语法和一个词汇表。

1896 年于德国莱比锡出版，1941 年重印于天津。1 册，前有作者自序，内容分为 5 章：第 1 章将"杂字"按门类顺序编号，共 871 个号；第二章把《女真译语》中所有女真文字按笔画顺序排列，根据注音汉字所表示的读音，用音标形式做了标音；第 3 章把读音相同的字归并在一起，用音标标注了读音；第 4 章以词汇表形式把"杂字"同满语、那乃语、蒙古语做了比较，用德文翻译了词汇意义；第 5 章将柏林本中 20 通"来文"影印，并进行翻译，同时对女真字来文用音标注音。"杂字"有天文、地理、时令、花木、鸟兽、宫室、器用、人物、人事、身体、饮食、衣服、珍宝、方隅、声色、数目、通用、续添、新增等 19 门，合计 871 字；"来文"20 通。本书是世界上第 1 本研究女真语言文字的专著①，至今还是我们的女真语知识的主要来源。

本书对一些西方人不易理解的同音异写词进行了解读。如在中国历史文献中，"女直"与"女真"有一些同音异写形式，女真又作女贞、朱先、朱里真、竹里真、主儿扯等；女直的异写形式较少，一般仅见有女质等。而元代出现的"妮叔"，也应是"女直"仅有的几个同音异写形式之一，是元代女真人通称"女直"的特殊异写形式。众所周知，"女直"一名，或直读"女直"，或读如"女真"。女直之直读，罗马字转写为"Niuci"。《华夷译语》之"女真"一词，本书即分别以"Niuci"（女直）或"Juchen"（女真）注之②③。

三 学术评价及影响

该书一经出版，即得到学界的一致好评。

史禄国《北方通古斯的社会组织》中指出："格鲁伯博士的《女真的语言和文字》和《女真语言文字的原始记录》；沙畹教授发表在《亚洲杂志》1895

---

① 唐作藩：《中国语言文字学大辞典》，中国大百科全书出版社，2007，第 452 页。
② 〔德〕格鲁伯：《女真语言及文字》，莱比锡，1896，第 91 页。
③ 丛佩远：《中国东北史》（修订版）第三卷，吉林文史出版社，2006，第 210 页。

年 7～8 月号上的文章……（表明）女真的语言最多也只可能显得与满语相似。然而，仍然可以看出这一语言与满语的差异很明显。"①

也有学者肯定"国外的女真语语音研究成果也有不少，但真正做出成绩的学者主要有德国的葛鲁贝"等人，同时认为："葛鲁贝在 19 世纪末的《女真语言文字考》（1896）里，也讨论过女真文字构成及其特征。但他受到刘师陆对《宴台女真进士题名碑》的错误分析之影响，将《大金皇弟都统经略郎君行记》的契丹小字错误地分析为女真大字，把《宴台女真进士题名碑》上的女真文错误地解读为女真小字。也就是说，葛鲁贝的女真字研究没有能够深入开展，所以女真字方面的论述也不太有影响。"

"德国的葛鲁贝于 1896 年撰写的《女真语言文字考》，虽然属于对柏林本《女真译语》的 871 个女真词条做分类、考订和标音的研究性成果，但从该成果对 871 个女真词条分类、编号、按笔画排列、根据注音汉字标注其读音、归并读音相同的女真字、加写标音形式、附注满语那乃语蒙古语的相应形式以及将女真语和德语对译等来看，也有一定的词义解释、词义对译等词典学方面的内容和形式。所以，在西方，从事女真语言文字学研究的专家学者，也将葛鲁贝的《女真语言文字考》看成是一本很好的女真文解释辞书。从而，在女真语言文字研究中对于女真语的查找、引用、考证和分析方面发挥着应有的积极作用。"②

"国外在女真语语音学研究方面作出较大贡献的专家首先应该提到葛鲁贝。他在《女真语言文字考》的第三章里，第一次对读音相同的女真字进行了分类和标音，第四章内附注了满语、那乃语、蒙古语等的相应语音形式。但是，由于标音疏于严格校订，在葛鲁贝的女真语语音分析中存在一些错误。尽管如此，在西方几乎是由此开始了女真语语音研究工作。"③

道尔吉、和希格著《女真译语研究》中说："葛鲁贝、山路广明、金光平、金启掠，清濑义三郎则府等前辈，在其佳作中都作过《女真译语》收录的女真文字的音值构拟，为以后的工作奠定了坚实的基础。但是相互之间，构

---

① 〔俄〕史禄国：《满族的社会组织——满族氏族组织研究》，高丙中译，商务印书馆，1997，第 193 页。

② 朝克、李云兵等：《中国民族语言文字研究史论　第一卷　北方卷》，中国社会科学出版社，2013，第 379 页。

③ 朝克、李云兵等：《中国民族语言文字研究史论　第一卷　北方卷》，第 368 页。

拟结果各有异同，说明不无商榷之处。"①

该书出版后在学术界引起很大反响，近 100 年来，出现不少整理、研究《女真译语》的专著和论文，许多学者仍遵循葛氏排号。

第八节　《中国之研究》

一　作者简介与学术成就

伟烈亚力（Alexander Wylie），原名亚历山大·怀利，华名伟烈亚力，又名卫礼，英国英格兰人，传教士，1815 年 4 月 6 日生于英国伦敦，1887 年 2 月 6 日卒于英国汉普斯特德。他很有语言天赋，少年时在伦敦借助一本拉丁文《汉语知识》和一部汉译《新约》，无师自通学会汉语。

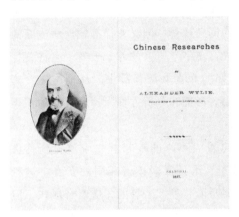

道光二十七年（1847）来华，在上海主持墨海书馆的出版事务。工作之余又学习法、德、俄三国文字和满、蒙诸语。他先后征聘王韬、李善兰、华蘅芳等人参加译书，使墨海书馆成为传播西方近代科学的重要处所。以他和艾约瑟（J. Edkins）、韦廉臣（A. Williamson）为主口译，与李善兰等人笔述相结合的方式，翻译了大量天文、数学、物理和植物学等学术著作，诸如《几何原本》后 9 卷、《代数学》、《代微积拾级》、《谈天》、《重学浅说》等，把西方科学较系统地介绍给中国。其中《谈天》（*The Outlines of Astronomy*，1851）为当时英国天文家约翰·赫歇尔（J. Herschel）的名著。书中系统地介绍了哥白尼日心体系、牛顿万有引力定律、太阳和恒星的光球结构以及由无数恒星组成的银河系等，均为当时天文学的最新成就，对中国天文界影响巨大。他还研究中国古代天文算学成就，写成《中国数学科学札记》和《中国文献中的日月食记录》等，用英

---

①　道尔吉、和希格：《女真译语研究》，内蒙古大学学报编辑委员会，1983，第 203 页。

文发表介绍到西方，可称西方学者研究中国科技史的开拓者之一①。

咸丰十年（1860）休假回国，辞去伦敦会职务。翌年回上海，成为大英圣书公会的代理人，曾深入我国内地各省推销《圣经》，并任上海《教务杂志》编辑数年。19世纪60年代应江南制造局翻译馆之聘从事科技翻译，前后共8年。光绪三年（1877），因眼疾回英国。卒于伦敦。

他是当时知名的汉学家，学问渊博，对我国的文献、目录学与历史都有研究。著述颇多，著名的有《中国文献纪略》、《中国研究录》、《匈奴中国交涉史》、1855年《满蒙语文典》（*Manchou-Tartar Grammar*）等。对景教碑也颇有研究。他还在《亚洲文会华北会刊》（*Journal of the North-Chinese Branch of the Royal Asiatic Society*）和《中国纪事》以及其他杂志上发表过大量文章，编辑过有关中国佛教的书籍。他还将英文本《清文启蒙》（*Translation of the Ts'ing Wan K'e Mung*）译成汉语，1855年于上海出版。他生前曾为上海亚洲文会的主要发起人之一，担任《教务杂志》编辑工作多年，是东方学会的积极会员，出席过意大利东方学家大会②。影响以至今日。

二 主要内容

《中国之研究》（*Chinese Researches*）被公认为汉学花坛中的一朵奇葩。该书由托马斯（James Thomas，1862~1940）负责选稿，收录了伟烈亚力生前撰写的有关中国宗教、文化、历史、科学和文献学的文章数十篇，内容丰富，约占其现存手稿数量的1/3。因为印刷技术方面的原因当时不能在伦敦排版，1897年慕维廉（W. Muirhead，1822~1900）把它带到上海出版。全书271页，由托马斯作序，共包括四部分。

一为人文。题目包括普雷斯特（Prester John）、鞑靼地区和中国的景教传播、佛教圣物、儒家学说、墨家博爱、孟子、遵家、圣经的第一个译本、马礼逊、汉译圣经、圣书会圣经、圣经的传播、中国的秘密结社。

二为历史。题目包括中国的犹太人、祆教即犹太教、开封府的犹太教堂、来华的罗马天主教徒、中国的犹太人视天为神、中国药典中有关祆教的记述、摩尼教、拜火教与叙利亚基督徒、马可·波罗、伦敦布道会对在犹太人中宣讲

---

① 徐振韬：《中国古代天文学词典》，中国科学技术出版社，2009，第256页。
② 林煌天：《中国翻译词典》，湖北教育出版社，1997，第702页。

福音的调查、对西安府景教碑真实性的怀疑及碑记新译文、中国当局有关西安府景教碑碑文的言论、景教碑碑记中的历史和地理名词释义、5世纪景教教会的分立、中国的景教教堂、大秦国即叙利亚、中国发现的叙利亚圣经残本、中国大将出使里海、朝鲜的归顺、中国人对安息日的理解、福建历书中的"密"字。

三为科学。题目包括元代北京的天象观测仪、耶稣会士研制的仪器、1279年建成的观象台、研制出17种天象仪的郭守敬及其生平、南京和平阳的观测仪器、中国典籍中有关日食和月食的记载、星宿表、中国的石棉、中国的指南针、中国算经札记、公元前2300年中国的算书研究、公元前1100年的《周髀》与《周礼》中的古代算式、公元3世纪的《算经》、印度和阿拉伯数学、古代的竹筹和1350年后算盘的使用、公元前500年的数码、11~12世纪中国数学的快速发展、数论分析、1856年李善兰发表的《对数探源》。

四为语文学。题目包括肃慎与勿吉、辽代与金代、女真与女直、成吉思汗时期蒙古族的兴起、黑龙江流域的女真与明的关系、满族皇室太祖努尔哈赤、大清帝国、满文溯源、明代的女直文、回鹘文满文探源、叙利亚文与回鹘文字母比较、蒙文与阿拉伯文比较、八思巴字、1599年满文的创制、满文草书①。

三 学术评价

虽然上述著作是伟烈亚力生前的代表力作,但是从历史学、翻译学和语言学的角度看,其疏漏和谬误仍多处可见。例如他经常把中国少数民族与汉族之间的关系说成境外部落与中国人的关系,把中国边疆地区与内地的关系说成国家之间的关系……诸如此类的错误很多。但是作为一个未曾受过高等教育,未受过严格的治学训练,自学成才的英国传教士,对于博大精深的中华文化有如此深刻独到的了解,已属不易,能在中国学者帮助下翻译天文学和数学著作,更是难能可贵,比起同时代传教士出身的汉学家来,他是庸中佼佼,也是前汉学时期西方汉学家中当之无愧的楷模②。

---

① 阎纯德主编《汉学研究》第6集,中华书局,2002,第81页。
② 阎纯德主编《汉学研究》第6集,第85页。

第三章　19 世纪欧美对黑龙江流域的
关注及踏查

第一节　《满洲的各个民族》

一　作者简介

约翰·海因里希·普拉特（Johann Heinrich Plath），中文名为柏拉提，1802 年 8 月 25 日出生于汉堡，1874 年 11 月 16 日在慕尼黑逝世，德国的东方学家和中国学家。他本是研究拉丁文和希腊文的古典语言学家，早在 1829 年就以一篇根据拉丁文和希腊文的资料写成的论述埃及历史的论文，取得了在格廷根大学授课的资格。后来通过自学掌握了中文。

1831 年，格廷根发生了政治动乱。由于普拉特是一位有坚定信念的自由主义者，受动乱波及，他被逮捕了。经过一场拖延了很长时间的诉讼，在 1831 年被判监禁长达 12 年，1843 年才被释放出狱。这时他的家产毁掉了，身体健康也受到了极大的摧残。1848 年被任命为设立在法兰克福的国民议会图书馆（Bibliothek der Frankfurter Nationalvesammlung）的馆长，担任馆长的时间为 1848 ~ 1851 年。该图书馆是由书商海因里希·威廉·哈恩（Heinrich Wilhelm Hahn，1795 ~ 1873）倡议并捐助基金在 1848 年建立的。该馆被称为"国家图书馆"（德文名称为 Reichsbiblio-thek），普拉特担任的馆长职务被称为"国家图书馆馆长"（德文名称为 Reichsbibliothekar）。该馆在 1855 年迁入纽伦堡德国博物馆内，当时有大约 5000 部藏书。后来在 1938 年又从纽伦堡迁入莱比锡德国图书馆（Leipzig die Deutsche Biicherei）内。普拉特在担任了设在法

兰克福的国家图书馆馆长之后又强烈地产生了一种念头，想要成立一个把整个使用德语的地区都包括在内的中央图书馆。后来德国图书馆在莱比锡建成，普拉特在世时的这一心愿得以实现。在 1848 年民主革命之后，普拉特移居到了慕尼黑，（大约在 1851 年）担任了国立巴伐利亚图书馆的馆长，在慕尼黑他还当选为巴伐利亚科学院院士。虽然从来没有在慕尼黑大学讲授过课程，可是他却孜孜不倦地从事中国学领域的工作，出版了有关古代中国史的大量著作，其中大部分是以论文和巴伐利亚科学院的学术会议报告形式发表的。他主要是以儒家的经典著作为依据，研究中国古代在实用学科方面的成就。凭着博学多才与勤奋，他掌握的材料准确可靠，研究成果很多。

由于语言的障碍，当时许多欧洲的历史学家弄不清楚亚洲和中国的历史，普拉特不存在这样的问题。他澄清了不少以往人们对中国历史的模糊不清的认识。在他去世之后最初一段时间里，人们完全忘记了这位独具特色的、在德国 1848 年 3 月革命前受尽折磨的学者，一直到了 20 世纪，人们才重新对他加以注意。①

普拉特写的有关儒学和中国研究的主要著作如下。

《亚洲地理与统计手册》（德文标题为 *Handbuch der Geographie und Statistik von Asien*），与人合著，1855 年出版；《古代中国人的宗教与迷信》（德文标题为 *Die Religion und der Cultus der alten Chinesen*），1862 ~ 1864 年出版；《夏商周三代里中国的法制和行政管理情况》（德文标题为 *Ober die Verfassung und Verwal-tung Chinas unter den drei ersten Dynastien*），1865 年出版；《古代中国的法令和法律》（德文标题为 *Gesetz und Recht im aIten China*），1866 年出版；《孔子及其弟子们的生平与学说》（德文标题为 *Confucius und seiner Schtiler Leben und Lehren*），1867 ~ 1874 年出版；《古代中国人的衣食住》（德文标题为 *Nahrung，Kleidung und Wohnung der alten Chinesen*），1868 年出版；《四千年前的中国》（德文标题为 *China vor 4000 Jahren*），1869 年出版；《古代中国人的活动》（德文标题为 *Die Besch/iftigung der alten Chinesen*），1869 年出版。这本书的内容讲述的是古代的中国人怎样从事饲养牲畜、捕鱼、工业、商业等方面的活动；《论述两部唐诗选集及其他》（德文标题为 *ber zwei Sammlungen chinesischer Gedichte aus der Dynastie Thang，etc*），1869 年在慕尼黑出版；《中国

_____

① 黄长著、孙越生、王祖望主编《欧洲中国学》，第 458 页。

古代史料》（德文标题为 *Die Quelle der alten chinesischen Geschichte*），1876 年出版。这是对《史记》等中文史书进行解释的一本书。1870 年曾刊载在《慕尼黑巴伐利亚科学院会议报告文集》里，1876 年又出版了单行本。

二　本书简况

《满洲的各个民族》（德文标题为 *Die V Lker der Mandschurey*）第 1 卷 1830 年问世，这是该研究领域的一部经典著作，迄今为止仍是独一无二的可用来研究中国北方边境民族的德文书籍。随后又有《满洲》（德文标题为 *Die Mandschurey*）一书，共两卷，于 1830～1831 年出版。从时间和标题来看，《满洲的各个民族》第 1 卷和《满洲》两卷本写的是同一内容，后者系经过增订分为两卷，改称为《满洲》。本书主要的特点是反对当时在学术界占统治地位的"中国历史静止论"，主张世界历史的多中心观。

第二节　《俄国人在黑龙江》

一　作者简介

E. G. 拉文斯坦（E. G. Ravenstein，1834～1913），英国军人。1855～1875 年在英国陆军部地形测绘局任职期间，曾到过黑龙江地区，历时数年，搜集了大量有关这个地区的历史、地理等方面的资料，并根据这些资料写成《俄国人在黑龙江》一书。他的其他事迹不详。

二　主要内容及评价

本书 1861 年在伦敦出版（英文标题为 *Russians On the Amur*）①，叙述了我国黑龙江地区自远古至 19 世纪 60 年代的历史情况以及沙俄向这一地区进行侵略扩张的许多事实。在序言

---

① 〔英〕拉文斯坦：《俄国人在黑龙江》，陈霞飞译，商务印书馆，1974。

之后，首先画出了 17 世纪的黑龙江地区图，然后是该书的正文，共十一个部分：第一部分，"俄国人出现以前的满洲与黑龙江"；第二部分，"第一次来自黑龙江的消息 (1636 年)　波雅科夫的远征 (1643～1646 年)"；第三部分，"哈巴罗夫，纳吉巴，切齐金和菲利波夫 (1647～1652 年)"；第四部分，"斯杰潘诺夫，1652～1661 年"；第五部分，"发现和占领石勒喀河 (1652～1668 年)"；第六部分，"重新经营黑龙江和雅克萨的建立 (1669～1682 年)"；第七部分，"俄中之间的战争 (1683～1688 年)"；第八部分，"尼布楚条约 (1689 年)"；第九部分，"尼布楚条约订立后的黑龙江 (到 1848 年)"；第十部分，"满洲的罗马天主教徒"；第十一部分，"黑龙江最近的历史"。正文后有附录：人名译名对照表，地名译名对照表，民族、部族译名对照表，船舰号名译名对照表。

该书的写作目的是提醒在华有巨大利益的英国政府和商民关注沙俄侵入黑龙江的事实。这一点在该书的序言中有清楚的表达："俄国在亚洲的发展，它朝印度方面的急步迈进，以及它从中国取得比不列颠诸岛面积大得多的省份，对于象英国这样一个在中国和东方有如此巨大利益关系的国家，不能不是重要的大事。因此，在提供关于俄国在天朝帝国领域之内的黑龙江 [原文为 Amur (阿穆尔河)——编者] 上所获进展的著作的时候，我们意识到是在公众面前提出了一个很值得注意的题目。我们曾经努力表达关于我们所论述的各国过去和现在情况，他们的出产、居民和将来发展的初步迹象的正确概念。这些材料不仅对于地理学家、政治家或商人具有价值，而且对于公众中那一部分人数日增的、喜欢研究远方国家的情况和前景的人们，也是能引起他们的兴趣的。"[①]

作为黑龙江史料，该书的以下内容有较大价值。

（一）肯定了黑龙江地区自古以来就是中国的领土

该书的第一部分是历史部分"俄国人出现以前的满洲与黑龙江"，其中有这样的内容："黑龙江在世界历史上还没有起到按它的大小我们认为它应起的那种作用。虽然这条江中流所经过的地方，土地的肥沃，同欧洲中部不相上下，可是，它所注入的却是在半年或更长的时间内为冰所封冻的海洋。在它的江口建立商埠，只对于一个在亚洲北部的中央地带占有领土，而又企图通过这

---

① 〔英〕拉文斯坦：《俄国人在黑龙江》，陈霞飞译，第 2 页。

个商埠与海外各国保持来往的强国，才有重要的意义。远古以来便住在黑龙江及其支流流域的游牧或半开化部族，是从来不感到有这种需要的。按这些部族本身的意图，宁愿去征服南方，而不愿靠自己的力量，在满洲建立一个独立的帝国。因此，我们发现，满洲的命运和中国的命运几乎是不间断地连结在一起的。""第一个理解黑龙江的重要性的是俄国人。但是，在提到把这个北方大国的力量引到这里的那些事件之前，我们要简短地说明一下那些在哥萨克人于十七世纪第一次发现这条河之先就居住在黑龙江流域的部族。""满洲人的征服在顺治帝（当时年仅六岁）在位时完成。俄国人大约就是在这个时期第一次出现在黑龙江的。居住在这里的部族，部分地承认满人的主权；而满人在这时候仍致力于巩固他们在中国的政权，起初还没有力量来保护他们的臣民，抵抗哥萨克的野蛮侵犯。只是到了1651年，他们才积极地进行了几场抵抗俄国人的战争。直到伟大的康熙皇帝时，才赶走了敌人并在尼布楚条约中迫使他们撤出黑龙江流域。"[1]

（二）记述了黑龙江各族人民积极参加抗俄战争的情况

书中记述："许多通古斯人（指鄂温克、鄂伦春等族）从邻近各地来参加中国军队。事实证明他们是一些可怕的弓箭手。"[2]在黑龙江各族人民的配合下，清军取得了两次雅克萨之战的胜利。

（三）记述了穆拉维约夫强行闯入黑龙江的过程

在第九部分有这样详细的记事："（俄国）远征队到了瑷珲。轮船停在城的附近，大小船只在对岸排成一行。这个'港口'有35条中国船，每艘载重5吨到6吨。远征队有几个人登岸，并受到该城副都统和其他三位官员的接待，邀请他们到一个支在江边的帐篷中去。全部驻军都在帐篷附近列队相迎，共约1000人，装备很坏。其中，多数人扛着一支尖上涂着黑色杆子当作长矛；只有很少的人有火绳枪，大多数人带的是弓和挂在背上的箭袋。队伍的后边有几门炮，装在粗糙的红色炮车上，并用桦树皮做了个圆锥形遮风雨的伞盖，也涂了红色；每门炮旁边都站着一人，手里拿着一条引火绳，或者只不过是一根顶端涂着黑色的木棍。"拉文斯坦评述说，很明显，"近200年来，在这个地区的中国人没有取得什么进步。士兵和其他的一些人，好奇地挤进帐篷。而那

---

[1]　〔英〕拉文斯坦：《俄国人在黑龙江》，陈霞飞译，第9页。
[2]　〔英〕拉文斯坦：《俄国人在黑龙江》，陈霞飞译，第44页。

里正在进行谈判。因此，必须用棍子把他们赶出去。进城的要求被拒绝了，副都统解释说，北京未下谕旨，他不能同意，否则他自己便不免要受到严厉的法律制裁……穆拉维约夫不想因此惹起任何不愉快，就重行登船，继续他顺江而下的旅行"。

本书是以一个英国人的视角记述黑龙江流域的历史、民族情况，以及沙俄强占我国黑龙江以北和乌苏里江以东领土的过程，可以与中国、俄国史料相互参照。

第三节 《论述有关中国人的军垦地和移民开垦地的情况》

一 作者简介

毕瓯，法国汉学家，法文本名 Edouard Constant Biot，音译为爱德华·康斯坦·比奥，毕瓯是他的中文名。1803 年 7 月 2 日出生于巴黎，1850 年 3 月 12 日逝世。他是著名汉学家儒莲的学生。

毕瓯本来是一位铁路工程师，由于他在相当程度上具有独立活动的自由时间，1833 年开始跟随斯塔尼斯拉斯·朱利安学习汉文。因为他本来接受过有关科学方面的教育，再加上他的父亲让·巴蒂斯特·比奥（Jean Baptiste Biot，出生于 1774 年 4 月 21 日，1862 年 2 月 3 日逝世）是法国的一位著名的物理学家、天文学家、数学家，所以毕瓯本人对中国的天文学很感兴趣。毕瓯在语言学方面的造诣也很深。除本书外他还有很多著述。1841 年发表了《〈周髀算经〉中的天文学论述》（*Traité dastronomie du Zhoubei*）一书，还发表了许多有关中国的气象学和地质学的论文。当时他研究了有关中国文物的科学知识，撰写了不少文章，多半登载在《亚洲杂志》（*Journal Asiatique*）和《学者杂志》（*Journal des savants*）等法文刊物上面。他涉猎社会学和法学领域的研究工作，写出了《论述中国远古以来有关土地所有制的情况》（*Mémoire sur la condition de la proprifété territoriale en Chine depuis les temps les plus anciens*，1838 年出版），《中华帝国古今省府县地名字典》（*Dictionnaire des noms anciens et modernes des villes et arrondissements de premier*，*deuxième ettroisième ordre compris dans l Empire chinois*，1842 年出版，这部字典如按法文逐字译出则为《中华帝国第一、第二和第三级城市与地区名称字典》）以及《论述自古至今中国国民教育和文人团体的历史》（*Essai sur lhistoire de linstruction publique，en Chine，et de la corporation des lettré，depuis les anciens temps jusqunos jours*，1847年出版）等书籍。他还译注了一部《周礼·考工篇》的评述版本，因为他在46岁时就去世了，后来这部著作在他的父亲让·巴蒂斯特·比奥和他的老师斯塔尼斯拉斯·朱利安的安排下，在1852年（一说在1851年）以他的遗著的名义出版了，书名为《周礼》（*Le Tcheou-Li ou rites des Tcheou*，共两卷，译自中文）。这部著作质量很高，在有关书籍中堪称典范，因而于1940年又在北京再版发行，这说明在20世纪它仍具有现实意义①。

二　主要内容及评价

《论述有关中国人的军垦地和移民开垦地的情况》（*Mémoire sur les colonies militaires et agricoles des Chinois*），1850年出版。其中简单涉及了黑龙江地域的有关信息，但是目前能够查到的有关该书的资料非常稀少。

另外需要指出的是，像雷慕沙、儒莲、毕瓯这样的汉学家，与以往的传教士汉学家大相径庭，他们仅仅是通过书本来认识中国的。然而，他们著作中的精确度及考证水准，要远远高于耶稣会士们，在一切方面都与欧洲人文科学，尤其历史学和语言学所取得的发展同步。他们对美学和哲学相对地缺乏兴趣，忽视纯文学，此外还有一种所谓的"欧洲优越感"，这些都带有当时的时代特色，直到20世纪中叶才有所改变。

第四节　《华北、满洲及东蒙旅行记以及有关朝鲜的若干记述》和《在满洲十年：1883～1893年盛京医务传教活动史》

一　《华北、满洲及东蒙旅行记以及有关朝鲜的若干记述》

作者韦廉臣（Alexander Willialson，音译为亚历山大·威廉森），英国伦敦布道会教士。1829年生于苏格兰，1890年8月28日逝世。1855年（咸丰五

---

① 黄长著、孙越生、王祖望主编《欧洲中国学》，第11页。

年）来华，以上海为中心，先后在上海、烟台等地传教，两年后因病回国。1863 年代表苏格兰圣经会再度来华，在烟台一带传教，并常到我国各地旅行。

首先于 1869～1870 年进入山西省，大约在 1870 年返回英国。韦廉臣回国后，创立格拉斯哥中文书册学会（英文名称为 The Chinese Book and Tract Societvin Glasgow），后来在 1884 年募集了基金，又在 1887 年前往上海将该会发展为广学会（英文名称为 Christian Literature Society for China），他本人在 1887 年即担任广学会会长，努力从事宗教教育事业，直到 1890 年在烟台逝世。他主张把基督教教义与儒家思想相结合，以儒家经典附会基督教教义。把儒家典籍中的"上帝"说成就是基督教的上帝。曾撰《基督实录》，把耶稣写成一个具备了儒家所提倡的孝、悌、忠、义等一切美德的旷代完人。还用基督教包容儒学，用耶稣贬低孔子。认为无论是西方圣哲，还是包括孔子在内的东方贤人，都不算"足为天下后世取法"的完人，唯有耶稣基督可做世人万代楷模。孔子虽圣，但总略逊耶稣一筹。在对儒家的态度上尊崇古儒，贬抑近儒，有肢解儒学体系之倾向。主要著作除本书及上文提到的《基督实录》外，还有《中国对基督教教徒们提出的要求》（英文标题为 *The Claims of China on Christian men*），1871 年出版；《中国的文人以及如何结识他们》（英文标题为 *The Literati of China and How to Meet Them*），1889 年出版。此外，他还著有《植物探源》《植物学》《基督实录》等植物学和宗教方面的书籍。

本书（英文标题为 *Journeys in North China，Manchuria and Eastern Mongolia，with Some Account of Korea*），两卷，1870 年出版。记载了他到华北和东北旅行的见闻。其中有涉及黑龙江的内容，是研究 19 世纪中后期黑龙江历史的有价值的史料。

二 《在满洲十年：1883～1893年盛京医务传教活动史》

作者司督阁（Dugald Christie. 1855～1936），英国人，苏格兰长老会传教医师。毕业于爱丁堡医学院，1881年获医学博士。1883年来华，在东北传教施医。中日甲午战争和日俄战争期间，曾组织医务队做救护工作。1909～1913年曾任奉天海关关医，还在沈阳创办盛京医院，这是东北地区第一所西医医院。

他还致力于兴办培养西医的医学堂。他在《在满洲十年：1883～1893年盛京医务传教活动史》一书中曾说："我不仅要把医疗技术传给东方人，而且还要传入医学知识。"从1907年开始，在奉天总督徐世昌和巡抚唐绍仪的支持下，他多方奔走，筹措资金，兴建校舍，招募教师，学校终于在1912年1月正式建成，校名"奉天医科大学"，成为东北地区医学教育的第一所大学。学校成立后，他认为首要的也是最重要的事情，是使中国人把这所学校看成满洲教育体系的一个部分，一切都要按正规化办学。司氏自任校长，规定学制五年，预科一年，本科四年，每两年招生一次。同年2月考取学生40名，3月28日首批学员正式开学。9月学校成立校董事会，聘请中国、英国、丹麦三国德高望重人士为董事，英国总领事任董事会主席。奉天医科大学很快就成为东北教育体系的一个重要组成部分。

他是东北著名教士之一，到1936年逝世①，在中国东北活动达39年。他是第一位将西医传入中国东北地区的传教医师，并培养了大量医学人才，辽宁近代名医王宗承、刘玉棠、刘仲明等人就跟随他学习过，受到当地官民的爱戴和好评②。

本书为英文本，1895年出版。主要记述了他1883～1893年十年间在沈阳地区传教和行医的经过。其中有不少关于基督教在东北的传播，以及西医进入东北的史料。这些资料与中国史料看问题的角度不同，比较有参考价值。

---

① 李盛平：《中国近现代人名大辞典》，中国国际广播出版社，1989，第769页。
② 詹庆华：《全球化视野：中国海关洋员与中西文化传播（1854～1950年）》，中国海关出版社，2008，第410页。

第四章　20世纪欧美在"满洲"视角下的相关研究

第一节　《博物学家在满洲》

一　作者简介

苏柯仁（Arthur de Carle Sowerby），英国浸礼会在华传教士苏道昧之子，出生于中国山西省太原府，在英国接受近代科学教育，后重返山西，能讲一口地道的山西话，长期在华北、东北地区以及黄河流域各地从事动物资源调查，发现的新种动物有的即以他的名字命名。曾参加过英国贝德福德伯爵探险队、克拉克华北考察队，也曾为美国史密森学会在华从事考察活动，是一位名副其实的"中国通"和博物学家。1908～1909年，苏柯仁与安德逊（M. P. Anderson）一起参加克拉克考察队，到山西、内蒙古、陕西、甘肃调查动物资源。苏柯仁负责哺乳动物、爬虫和鱼类。经过的地方有山西北部的太原、宁武和陕西的延安、榆林。苏柯仁在西安附近捕捉到两只水貂和斑羚、岩兔。猎获哺乳动物250只，计34个种和亚种。苏柯仁又曾捕得3种蛇，3种蜥蜴，2种蛙，2种蟾蜍，好几种鱼。他还对鸟类做了考察，他将考察经过写进《通过陕甘》。1909年、1911年、1912年，苏柯仁连续三年分别到山西汾水上游沿途采集，到太原附近狩猎，出张家口赴晋北归化城收集动物①。1913年，苏柯仁与美国史密森研究所签约，在为期3年的时间里对东北地区进行动物考察，并猎取标本。1913年春夏之际到达吉

---

① 史红帅：《西方人眼中的辛亥革命》，三秦出版社，2012，第239页。

林西部林区和松花江上游，1914 年春循鸭绿江考察，秋天和初冬又去吉林北部考察动物，1915 年夏、秋，他重点调查松花江下游动物。他本拟去黑龙江，但受俄人阻挡，未能实现。1935～1940 年在上海担任中外闻名的皇家亚洲文会中国支会的会长。他还曾在加拿大的营地体验过游牧生活。

二　内容及学术评价

《博物学家在满洲》（*The Naturalist in Manchuria*）一书 1922 年开始出版，共 3 卷 5 册。首卷为旅行和探险，记述他到达那些前人未去的地方所见的动植物和风土人情。第 2 卷起分论该地区兽类、鸟类、爬虫类、鱼类和昆虫等动物。第 2 卷记蝙蝠、刺猬、猫科、熊、海豹、貂、鲸、海豚、羚羊、野猪、海牛，以及啮齿类动物 113 种。第 3 卷记鸟类 458 种。他对东北动物区系做了总结性的描述①。

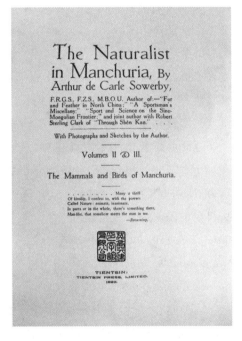

由于本书是作者实地调查的结果，而他又是当时著名的博物学家，故学术价值较高。东北地区很早便有欧洲人考察动物，从 18 世纪上半叶起，德国的史泰勒（G. W. Steller）、俄国的巴拉斯（P. S. Pallas）等已到黑龙江北岸考察，但他们考察的范围及研究的准确性都不如本书。

第二节　《满洲国访问记》、《1931年以后的满洲》和《中东铁路见闻录》

一　《满洲国访问记》

作者伍德海（Henry George Wandesforde Woodhead，1883～1959），英国新

---

① 沈福伟：《西方文化与中国（1793～2000）》，上海教育出版社，2003，第 575 页。

闻记者。1902 年来华，任上海《字林西报》外勤记者。辛亥革命时，在北京担任路透社通讯员。1912 年任北京政府所办的英文《北京日报》总主笔。1913～1914 年担任英文《京报》（英文报名为 *Peking Gazette*）总主笔。1914～1930 年担任天津英文《京津泰晤士报》（英文报名为 *Peking and Tientsin Times*）总主笔。1930～1941 年为美国人办的《大美晚报》（英文报名为 *Shanghai Evening Post and Mercury*）写文章，1933～1941 年兼编《东方时务月报》（英文报名为 *Oriental Affairs*）。除了从事日常编辑事务之外，1912～1939 年，他还逐年编辑《中华年鉴》（英文标题为 *The China Yearbook*）。1932 年曾任上海英侨协会（Shanghai British Resident's Association）会长，1938～1940 年又担任了上海的中国协会（China Association）会长。1942 年在上海曾有一段时间被日本人逮捕投入监狱。1945 年日本投降后，他一度放弃新闻事业，在纽约经营保险业务。1946～1948 年在香港担任《泰晤士报》通讯记者，并在 1950 年编辑《远东贸易家》（英文刊名为 *Far East Trader*）杂志。

他的主要著作除本书外还有：《中华民国真相》（英文标题为 *The Truth about the Chinese Republic*），1925 年出版；《西方对远东问题的解释》（英文标题为 *Occidental Interpretations of the Far Eastern Problem*），1926 年出版；《治外法权在中国——反废约之案例》（英文标题为 *Extraterritoriality in China, the Case against Abolition*），1929 年出版；《长江及其有关问题》（英文标题为 *The Yangtze and Its Problems*），1931 年出版；《中日危机事件时评集》（英文标题为 *Current Comment on Events in China：the Sino-Japanese Crisis*），1932 年出版；《一个新闻记者在中国》（英文标题为 *A Journalist in China, with Eight Illustrations*），1934 年出版；《一本主编剪贴簿的几页》（英文标题为 *Leaves from an Editor's Scrapbook*），约在 1934 年出版；《在远东新闻界的冒险：33 年阅历的记录》（英文标题为 *Adventures in Far Eastern Journalism：A Record of Thirty-three Years' Experience*），1935 年出版；《我在日本占领下的上海的经历》（英文标题为 *My Experiences in the Japanese Occupation of Shanghai*）。

《满洲国访问记》（英文标题为 *A Visit to Manchukuo*），是他前往伪满的"访问报道"，1932 年出版。书中有若干内容反映了伪满洲国的真实情况。

二 《1931年以后的满洲》

弗朗西斯·克利福德·琼斯（Francis Clifford Jones），出生年代不详，英国人，研究中国东北沦陷历史的著名学者。曾任美国太平洋学会研究员。"九·一八"事变后来华从事调查研究，后来担任利物浦大学教授。他的著作除本书外还有：《中国》（英文标题为 *China*），共两卷，1937 年出版；《上海和天津》（英文标题为 *Shanghai and Tientsin*），1940 年出版。

《1931 年以后的满洲》（英文标题为 *Manchuria since 1931*），1949 年出版[1]，是一个英国资产阶级学者叙述 1931 年至 1945 年日本帝国主义在我国东北如何进行殖民统治的一部资料性著作。只是作者的立场同我们根本不同。现在我们即单从中国资本主义发展史角度来考察。作者站在英帝国主义的立场上，对于我国人民在中国共产党领导下所进行的英勇斗争以及当地居民在日本帝国主义铁蹄下所受的痛苦，当然不会有正确的描述。但是由于英日两国在远东特别是在中国的利益有明显的矛盾，他也反对日本帝国主义者侵占东北。因此，本书在一定程度上也揭露了日本殖民主义者的凶恶面貌，对于我们了解当时东北的情况有一定的参考作用[2]。

本书是琼斯的代表作，也是迄今为止欧美国家关于东北沦陷史研究较为权威的著作，在学术界有着重要的影响[3]。

三 《中东铁路见闻录》

作者索克思（George Ehpraim Sokolsky，1893~1969），波兰人，后入美国籍。哥伦比亚大学毕业。1918 年来华，历任《华北明星报》副编辑、直隶警察厅顾问、上海美国同学会顾问。1920 年任中华大众通讯社经理。1921 年起在上海商报印刷有限公司任职。1928 年任《远东时报》副编辑，并为《字林西报》撰述人。著有《中国美国同学会演讲录》《世界史大纲》《中东铁路见闻录》《亚洲的导火线》等[4]。

1929 年，索克思写成《中东铁路见闻录》，描述了作者在中东铁路沿线的见闻，以及当时东北地区、黑龙江地区在俄日入侵下的社会、政治以及经济生活。

---

[1] 黄长著、孙越生、王祖望主编《欧洲中国学》，2005，第 316 页。

[2] 商务印书馆编《外国哲学社会科学书目》，商务印书馆，1961，第 47 页。

[3] 李淑娟、车霁虹、段永富、王一江、李红娟、田雪莹：《日本殖民统治与东北农民生活 1931~1945 年》，社会科学文献出版社，2014，第 11 页。

[4] 石源华：《中华民国外交史辞典》，上海古籍出版社，1996，第 495 页。

第五章　20世纪远东国际关系范畴中有关黑龙江的史料

第一节　《远东问题：日本、朝鲜、中国》和《远东问题》

一　《远东问题：日本、朝鲜、中国》

（一）作者简介

寇松，1857年出生于英国贵族家庭，自幼受到良好的家庭教育，后来进入伊顿学院学习。伊顿学院是英国著名的贵族公学，寇松在这里学习时锋芒毕露，政治思想早熟，高傲自负，很有决断力。从伊顿学院毕业后，寇松顺利升入牛津大学，依旧很优秀，是众多学生中的佼佼者。在牛津大学期间，寇松担任过学生联合会的主席。当时的人们公认，能获此职位的人就是未来政治家的苗子。从牛津毕业后，他即投奔保守党党魁索尔兹伯里，当他的私人助手。保守党在1886年的选举中获胜，索尔兹伯里出任首相。索尔兹伯里力荐寇松当选议员，从此开始了寇松的宦海生涯。1919～1924年，他被调任英国外交大臣，成为武装干涉苏俄的主要策划者之一。1920年7月在苏俄红军击退波兰干涉军而转入反攻时，寇松向苏俄政府发出照会，要求红军停止进攻，双方谈判，并表示同意沿"寇松线"划定苏波边界。1924年5月他又向苏联发出最后通牒，和苏联断绝了外交关系。1925年去世。寇松的一生，不仅仅献身政治，也在其生涯中留下了很多记录，著有《俄国在中亚》《波斯与波斯问题》《远东问题：日本、朝鲜、中国》等书①。

（二）写作背景及内容

寇松在伊顿公学读书期间，便对大英帝国的东方事务产生了极大的兴趣，他认为东方是英国的未来，自己会在东方干出自己的一番事业。经过索尔兹伯里的批准，他以议员的身份周游列国，先后前往俄国、波斯、阿富汗、帕米尔地区、中国、日本等地进行考察，并且根据他的亲身实践、实地考察，于1894 年撰写了《远东问题：日本、朝鲜、中国》。该书断言清帝国将趋没落，持有在瓜分中国的狂潮中英国应承担起拯救责任的殖民主义观点②。该书还广泛涉及了中国、日本、朝鲜三国社会的各个方面。由于作者是英国高级官员，该书的立场基本可视为英国官方立场。

二 《远东问题》

（一）作者简介

吉尔乐（又名稽洛尔，Sir Valentine lgnatius Chirol），1852 出生于英国。在法国和德国受教育，获得巴黎大学文学学士学位，并被授予爵士勋位。他早年当记者，1872 ～ 1876 年担任英国外交部的秘书官员。热爱旅行，曾巡回访问欧洲、近东、远东、美国等许多地区和国家。1895 年开始多次来华采访新闻。1899 ～ 1912 年曾担任伦敦《泰晤士报》外交部主任，被认为是东亚问题权威。1929 年逝世。

他一生出版过著作多部，除本书外还有 1881 年出版的《处于希腊人和土耳其人之间》（英文标题为 *Twixt Greek and Turk*）；1910 年出版的《印度的纷乱不安》（英文标题为 *Indian Unrest*）；1920 年出版的《埃及问题》（英文标题为 *The Egyptian Problem*）；1924 年出版的《西方与东方》（英文标题为 *The Occident and the Orient*）；1927 年出版的《在一个多变世界中的 50 年》（英文标题为 *Fifty Years in a Changing World*）以及 1929 年出版的《取自东方各国的随笔和素描》（英文标题为 *With Pen and Brush in Easternland*）。其中，《在一个多变世界中的 50 年》和《取自东方各国的随笔和素描》这两本书实际上是他

---

① 管敬绪、汤德馨等：《简明国际人物词典》，团结出版社，1990，第 191 页。
② 曾国庆、黄维忠：《清代藏族历史》，中国藏学出版社，2012，第 355 页。

写的回忆录①。

（二）写作背景和主要内容

本书为吉尔乐 1895 年首次来华回国后所著。在考察远东的路途中，吉尔乐曾顺便访问了日本，并且接受了日本桂太郎首相等人的接见，在接见过程中，吉尔乐就有关在满洲，即中国东北地区和朝鲜地区的英日关系的谈判搁置一事交换了意见，随后在《泰晤士报》上发表了论述英日关系的维持是英国利益之所在的评论，致力于增进英日两国友好相处关系的活动②。《远东问题》一书主要谈及了英日关于满洲问题的态度。

第二节　《远东》和《远东的新调整》

一　《远东》

（一）作者简介

立德乐（Archibald John Little），英国人，皇家地理学会会员。1938 年出生于英国曼彻斯特。1859 年，年仅 21 岁的立德乐就来到中国淘金冒险。1890 年，他在重庆开办了立德乐洋行，在长江内河进行贸易。他拥有汽船，到 1898 年为止，进行了多次入川试航。1908 年也是立德乐在华的第 50 年，他因病返回伦敦，回国后不久谢世，享年 70 岁。

热爱旅行，又多年从事经商的立德乐将其一生经历记录在了他的著作里。1888 年，立德乐出版了他的第一部有关中国的游记《通过长江三峡：在华西经商和旅行》。除此之外，立德乐还著有《在华五十年集锦》《到峨眉山及以远》《穿蓝色长衫的国度》《穿越云南》等至少 20 部著作，这些著作在西方均具有广泛的影响。

（二）写作背景与主要内容

《远东》一书 1905 年出版。立德乐夫妇在华多年，对中国的风土人情十分感兴趣。由于立德乐夫妇不是传教士，没有什么大的资金来源，因此他们的生活十分简朴。即便如此，立德乐夫妇仍然把大部分精力用来深入城乡，去了

---

① 黄长著、孙越生、王祖望主编《欧洲中国学》，第 286 页。
② 李盛平：《中国近现代人名大辞典》，中国国际广播出版社，1989，第 770 页。

中国东南西北许多重要的市县和城镇、港等。为了了解中国民众特别是底层民众的真实情况，他们切身接近民众，有时还下榻农舍，来搜集相关资料，最终著述成书。《远东》一书即在此背景下写成，书中介绍了当时中国东北的一些情况。

二 《远东的新调整》

作者辛博森（Bertram Lenox Simpson），1877年生于中国宁波，他的父亲是宁波中国海关税务司辛盛之。辛博森曾留学瑞士，除了母语英语外还精通法语、德语和汉语。回中国后进入中国海关总税务司署，在赫德爵士手下任总司录司事。1900年八国联军侵占北京后，曾参与劫掠。1902年，辛博森辞去海关职位，投身新闻业，先后任一些英国报纸驻北京的通讯员。辛亥革命后，任伦敦《每日电讯报》驻北京记者。1916年，被黎元洪聘为总统府顾问，1922～1925年兼任张作霖的顾问。他还创办了中英文合刊的《东方时报》。1930年协助阎锡山接收海关，引起西方列强的强烈不满，9月阎锡山反蒋失败，遂将海关交出，11月辛普森遇刺身亡。辛普森一生中绝大部分时间在中国度过，毕生关注远东问题。著有《满人与俄国人》《远东的新调整》《中日两国真相》《中国的苦难》等①。

《远东的新调整》一书中有一些关于当时东北地区形势、远东国际关系的论述，其中涉及有关黑龙江地区的论述。

第三节 《中华帝国对外关系史》

一 作者简介

马士（也作摩尔斯，Hosea Ballou Morse，1855～1934），原籍美国，1917年加入英国国籍。1866年进入波士顿拉丁语学校读书，1870年6月从该校毕业，因成绩优秀而荣获校方颁发的富兰克林奖章。同年进入哈佛大学，主攻古典学课程。尽管与同学相比年龄较小，但他成绩十分优秀，尤其在语言方面更为出色，拉丁语、希腊语、法语都取得全级最高分。毕业时，在古典学专业中获得第一名。

---

① 石源华：《中华民国外交史辞典》，第339页。

毕业后的马士考入中国海关，随即到上海学习汉语。其才干得到赫德赏识，遂于 1877 年调任天津海关帮办，一年后调总税务司署任巡查官，1879 年又调总税务司驻伦敦办事处工作。总税务司驻伦敦办事处的主要职责是为李鸿章创建的中国海军监造舰艇。马士在伦敦办事处供职至 1882 年，1883 年重返中国，在天津海关任职，深得天津海关税务司赏识。

中法战争爆发后，马士奉命前去调解，从而使中法两国顺利签订和平条约，马士也因这次外交斡旋之功，被清政府授予二品双龙顶戴。同年，马士被抽调协助李鸿章筹建招商局。1887 年，马士重回中国海关，并先后在上海、北海、龙州、汉口等地任职。由于工作辛劳、水土不服和气候不适等原因，马士在 1900 年至 1902 年返美调养身体，身体康复后又重返中国，担任广州海关税务司一职，1904 年调任上海海关总税务司统计秘书，直至 1909 年退休。同年离开中国，定居英格兰康伯来（Camberley）地区，1934 年去世。

在哈佛大学所受的教育和长期从事政治工作的沉淀，是其事业成功的基础：他熟读古希腊和古罗马的经典，为他与同样熟读中国古代典籍的中国士大夫打交道准备了条件；希腊语和拉丁语的学习使他后来的历史学著作富于比较和雄辩；数学方面的能力使他在 1903 年末被任命为中国海关税务司的统计秘书；法语则为他在南中国海关任职时处理中法交涉起了巨大的作用。他在中国海关 30 余年，工作地点频繁调换，对中国社会实际有广泛的接触，对中国的商业政治制度、官吏的特性及各地民俗相当了解，再加上他曾直接参加多项外交活动，并利用工作之便，接触到许多第一手原始资料和档案，这一切为他后来撰写有关中国问题的著作奠定了坚实的基础。马士说："我在着手写这部书的时候，最初的念头就是想使赫德爵士和他所组织的那一个伟大的中国海关成为全书的核心，并且就拿他们作为线索来编写中国对外关系的历史。"① 他一生著作颇多，主要著作有三卷本《中华帝国对外关系史》、《中国泉币考》、《中朝制度考》、《中国公行考》、五卷本《东印度公司对华贸易编年史（1635年~1834年)》、《太平天国纪事》及《远东国际关系史》等。

二　主要内容

该书主要叙述清帝国与外国的关系，尤详于 1834 年英东印度公司取消后双方关系的发展，以外交为主，略涉及内政。全书共三卷。

第一卷出版于 1910 年，题为 "1834~1860 年冲突时期"，分 26 章。该卷前起 1834 年律劳卑男爵出任对华贸易总监到达中国，止于 1860 年《北京条约》的签订，计 25 年历史。前 7 章描述 1834 年前期的中国社会状况及对外关系情况；第 8~13 章叙述鸦片贸易、禁烟运动和第一次鸦片战争的详细经过及直接后果，第 14~26 章叙述中国人的抗英斗争、太平天国起义及第二次鸦片战争。卷后有附录 23 则，大都是一些驻华公使的公私函件及清廷上谕。

第二卷出版于 1918 年，题为 "1861~1893 年屈从时期"，分 19 章，记述第二次鸦片战争后到中日甲午战争爆发前，中国政府屈从于列强，被迫接受不平等条约，对内镇压人民反抗的 32 年的历史。包括：第 1~7 章，记述清廷政局的更动及对外政策的变化，中外联手镇压太平天国；第 8~15 章，记述清廷的一些外交活动、国内仇教事件及《中英烟台条约》；第 16、17 章，新疆危机和中法战争；第 18、19 章，记述中外经济贸易的发展。后附有附录 7 则。

第三卷亦出版于 1918 年，题为 "一八九四~一九一一年被制服时期"，共 15 章。其中前两章记述中日甲午战争及其失败，第 3~6 章记述帝国主义瓜分中国的狂潮及百日维新，第 7~15 章记述义和团运动的兴起及其被镇压，以及《辛丑条约》及帝国的灭亡。后附有附录 8 则。该卷开头两章论述了朝鲜、中国和日本之间的关系，尤其对中日甲午战争这个灾难性的事件和它产生的影响做了重点分析。在谈到中国战败的原因及影响时，马士指出："它（中华帝国）不仅被打败，而且已受到屈辱。"② 马士接着用两章的篇幅论述了中国近

---

① 胡大泽：《美国的中国近现代史研究》，中国社会科学出版社，第 129 页。
② 马士：《中华帝国对外关系史》，张汇文、姚曾虞、杨志欣、马伯煌、伍丹戈译，上海书店出版社，2006，第 60 页。

代邮政和铁路的发展，指出义和团暴动几乎使满洲铁路全线遭到了严重破坏。

在该书中，马士认为已到晚期的清朝政府在内忧外患中日渐风雨飘摇，帝国主义列强的入侵，打破了天朝上国的美梦，群起的农民起义烽火烧毁了苟延残喘的根基，而统治阶级日益腐朽，当年叱咤风云的满洲旗兵也已经渐渐失去了战斗力，他在文中说："中央政府已经表现出了它的无能……满洲战士……已经再也显示不出昔日的勇武。"① 在这生死存亡的关头，马士认为是曾国藩和李鸿章拯救了这个没落的帝国。同时他还指出：中国由于内乱和败于英法两国之手而被削弱了的时候，正是俄国人趁机取得黑龙江的航行权、占领新的入海口，并且把原本属于中国的黑龙江流域的广大地区变为俄国的滨海省。斯拉夫人便这样自中国取得了极其富饶的大部分西伯利亚领土。

三　学术评价

《中华帝国对外关系史》一书中引用了大量原始资料和档案文献，内容丰富，资料翔实，对一些事件的叙述也较为公允客观，因而具有较高的史料价值，一度成为国际汉学界研究中国近代史的主要参考书，在中外学术界影响很大。该书的最大特点在于它是"从历史的眼光来叙明在特定场合和特定时期发生着的事情"，作者"对于本书所记叙的事实，凡遇有其可靠性或完整性可引起读者疑问的，都引用所见原书或注明出处"。所以，费正清说《中华帝国对外关系史》是"一部以不同标准写成的历史，同马士及其以前所做的不同"，为后来对近代中国外交关系的研究打下了基础。爱德华·B. 德鲁（Edward B. Drew）说："马士在有关中国的许多方面已成为最伟大的权威……在汉学领域中我能记起的名字是理雅各、卫三畏、翟理斯……马士的《中华帝国对外关系史》在这个领域将长久作为基本权威，在英语世界没有其他任何著作可比得上。"费正清对《中华帝国对外关系史》评价最高，认为它不仅资料翔实，而且观点公允。

本书在国内也产生了很大的影响，如蒋廷黻写的《中国近代史大纲》（重庆青年书店出版，1938）就采用了马士的很多观点。又如陈恭禄写的《中国近代史》（商务印书馆，1938）被国民政府指定为部定教科书，也接受了马士

---

① 马士：《中华帝国对外关系史》，张汇文、姚曾虞、杨志欣、马伯煌、伍丹戈译，第70~71页。

的一些观点，并将马士书中的不少史料译成中文，陈恭禄因此而著名。由此可见这本书所产生的影响已近一个世纪，是英美从事中国近代史研究的一本较早的代表作。

然而，作为一位专攻中国问题的著名学者，马士在写作该书时，利用了其所能搜集的外文资料，对事件的论述有一定程度的现实性和对他那个时代来说难得的公正性，作者也一再强调，自己是"以历史的眼光来叙述在特定场合和特定时期中发生着的事件"的，但不能不指出的是，该书所参考的仅限于外文记录，以英国为主，中国方面的资料少之又少，这就不可避免地使其有些观点有偏颇之处，很难为中国学界所接受。

同时应该看到，马士站在西方殖民者的立场上，一再为列强对华的侵略行径辩护。例如在鸦片问题上，马士认为虽则向中国输入鸦片的主要是英国船只，但实际上也有不少挂着其他外国旗帜的船只在做这项生意。他不对英、美商人输入鸦片贸易的行为进行谴责，反而认为鸦片久禁不止是由于中国的管理和查禁不严，地方官吏为获私利和收取贿赂，对鸦片交易和走私熟视无睹。他认为，既然不能禁绝鸦片，"所以唯一聪明的办法就是取消这项禁令，对于这项贸易规定章程，并且为了国库的利益——目前国库从这项贸易中得不到收入——对于这样合法化的鸦片征收一项捐税"；对于帝国主义联合剿灭义和团运动而犯下的滔天罪行，他认为是由于义和团"侮辱和威胁了各国正式任命的使节的生命"，"整批地屠杀了无罪的传教士和他们的眷属"，"野蛮地攻击了在北京和天津的洋人，他们已经触犯了国际法"，诸如此类，都表现了马士的帝国主义立场。

第四节 《中国、日本与朝鲜》

一 作者简介

濮兰德（John Otway Percy Bland）1863年出生于爱尔兰。1883年来到中国，考入中国海关，任总税务司署总司录事司两年。1896年任上海英租界工部局秘书长，兼任《泰晤士报》驻上海记者。1898年8月，奉英国代理总领事璧利南之命，设法将逃到上海的康有为送上英国邮船前往香港。著有《李鸿章传》《中国：真遗憾》等书。1906年被派任中英（银）公司驻华代表，

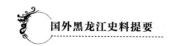

先后与清政府缔结四项铁路借款。1904～1905 年日俄战争期间，他利用地位替日本搜集情报。濮兰德是一个反对中国的记者，经常在《泰晤士报》上发表反对中国的文章。濮兰德的主要著作还有《中国最近的事变和现在的政策》《中国、日本与朝鲜》等，其中他与巴克斯合著的《慈禧外纪》和《清室外纪》两书影响最为深远。

二　主要内容与学术评价

濮兰德的《中国、日本与朝鲜》一书，对于中国时局抱有悲观的看法。他主张中国应该在国际保护之下，一方面维持中国独立主权的种种表象，来保全中国政府的颜面。另一方面，政府与财政应采取集中制。世袭独裁统治，在中国具有很深的根基，将来就依此原则建设政府。濮兰德确信在改革的时候，列强根据上述这些来整治中国的财政，改造中国中央政府，不是不可能。这项协议的成功，和日本方面的态度有很大的关系，涉及远东全局的有关方面。所谓整定远东全局者，应当不仅仅是山东问题的解决，中国在山东的主权不受损害得到承认，并且应当规定在华各种特殊利益破坏或侵削中国主权者之废除，而对于日本在满蒙地区利益、地位的承认，应当以对于改弦更张一律公平对待的承诺为平衡。濮兰德认为如果日本方面同意这个协定，英日之间的盟约能够延续，东方能够获得和平，那么日本的侵略政策必须停止。

第五节　《西方对远东问题的解释》
和《远东国际关系史》

一　作者简介

《西方对远东问题的解释》一书作者为伍德海，《远东国际关系史》一书作者为马士和宓亨利。

伍德海简介见第四章第二节《满洲国防问记》作者简介。

宓亨利（Harley Farnsworth MacNair）是美国人，1912 年来到中国后担任上海圣约翰大学历史学、政治学教授，其间兼任《密勒氏评论报》特约编辑和《教务杂志》编辑部执行委员。宓亨利和伍德海一样，是美国"中国问题专家"，十分了解中国历史，编写了很多有关中国问题的著作。据费正清所言，《远东国际关系史》是宓亨利将马士的《中华帝国对外关系史》缩写之后，又增添了一些新的内容而成的，所以《远东国际关系史》应看作是宓亨利与马士合著的。通过这两本书内容的对比，我们可以知道费正清所言极是。《远东国际关系史》与《中华帝国对外关系史》有许多近似之处，不同的地方在于《远东国际关系史》的时间下延至1931年，加入了现代远东国际关系史的内容。

二 主要内容

《西方对远东问题的解释》反映了西方列强对日本侵略中国的"九·一八"事变和卢沟桥事变的态度，以及他亲自考察伪满洲国后的认识和感想。

《远东国际关系史》1931年出版，总共30章。前三章介绍了远东地区的地理环境，追溯了古代西方与远东的关系，然后依次叙述了19世纪中期至20世纪30年代初期西方列强（主要是英、美、法、俄）与远东各国的关系，以及远东各国相互之间的关系。有关中国的内容占了绝大部分，除了三章与中国没有直接关系，其余都是围绕中国展开的。中国近代所经历的重大事件几乎都有涉及，所以该书也可以说是一部中国对外关系史。全书资料翔实，所论多属中肯，对研究近代对外关系史和中国近代史具有较高的参考价值①。

第六节 《远东的思想和政治潮流》

一 作者简介

芮恩施（Paul Samual Reinsch，1869～1923），美国外交官，出生在威斯康星州。1892年和1894年分获威斯康星大学文学学士和法学学士学位，1898年获博士学位后留校任政治学教授。1913年出任驻华公使，极力推行"门户开放"的对华政策，积极维护美国在华商业利益。支持美国资本参加中国的铁路与水利建设，支持美孚石油公司在河北、陕西等地勘探和开采石油。但美国在华扩展商业利益的努力一再被日本挫败。一战期间，他竭力促成中国对德断

---

① 谭树林：《传教士与中西文化交流》，生活·读书·新知三联书店，2013，第283页。

交与参战，在"府院之争"中支持总统黎元洪。对美国总统威尔逊在巴黎和会上对于山东问题向日本让步，出卖中国利益，以换取日本支持成立国际联盟的政策极度失望，因而他于 1919 年 8 月愤而辞去驻华公使职务。有鉴于此，北京政府聘他担任法律顾问。为履行职务，他在 1920 年、1922 年两次来华，并积极参与华盛顿会议。最终病逝于上海。除本书外还著有《19 世纪末的世界政治》《一个美国外交官在中国》。

二　主要内容及学术评价

正确地批评了当时中国翻译界的不良译风。辛亥革命前后，我国整个翻译界同文化界一样，也还都处在封建士大夫开明绅士和资产阶级改良者的影响之下。那时的文学翻译多半是冒险的故事和"荒诞竞必"的作品，而翻译方法又采用桐城派古文加以转述，还有所谓子书的笔法、策论的笔法、八股的笔法，大有替外国学者穿中国学究衣服的意味。对于这种窳劣不堪的译风，连外国人也大加贬谪。芮恩施就不客气地在本书中批评说："中国虽自维新以来，对于文学一项，尚无确实有效的新动机、新标准。旧文学的遗传，还丝毫没有打破，故新文学的潮流也无从发生。现在西洋文在中国虽然很有势力，但是观察中国人所翻译的西洋小说，中国人还没有领略西洋文学的真价值呢。中国近来一班文人所译的都是 Harriet Beecher Stowe，Rider Haggard，Dumas，Hugo，Scott，Bulwer Lytton，Conan，Doyle Jules Veme，Gaboriau 诸人的小说国。东方读者能领略 Thackeray 同 Anatole France 等派的还慢呢。"[①] 这些批评确实对我国译风的改进起到了促进作用。

第七节　《远东前线》

一　作者简介

斯诺（Edgar Parks Snow，1908～1972），美国人，1926 年毕业于密苏里大

---

① 黄霖、韩同文：《中国历代小说论著选》下（修订本），江西人民出版社，2000，第 573 页。

学，之后进入哥伦比亚新闻学院。
1927 年起从事新闻工作，1928 年到
中国上海担任《密勒氏评论报》助理
编辑和《芝加哥论坛报》驻华南记者。
次年应孙科邀请游历大江南北，1933 ~
1938 年在北平燕京大学任教。1936 年起
访问陕北革命根据地后，写成《中国上
空的红星》（即《西行漫记》）一书。

向美国和世界人民介绍中国共产党领导下的革命斗争和工农红军的长征。1941 年回
国之后作为美国《星期六晚邮报》军事记者赴世界各地采访，后任该报主编之一。
1960 年后移居瑞士。新中国成立后，于 1960 年、1964 年和 1970 年三次来华访问。
写了许多介绍中国社会主义革命和建设的报道，对增进中美人民之间的了解和友谊
做出了巨大贡献。1972 年 2 月 15 日在日内瓦病逝。根据其遗嘱，其部分骨灰于
1973 年 10 月 19 日安葬在北京大学未名湖畔。著有《远东前线》《中国在抵抗》
《为亚洲而战》《中共杂记（1936 ~ 1945）》《旅行于方生之地》《今日红色中
国：大河彼岸》《漫长的革命》等书①。

二　写作背景及主要内容

1931 年 9 月 18 日，日本帝国主义悍然出兵发动侵略东北的战争，斯诺坚
定地同中国人民站在一起，以自己特有的视角揭露侵略者的罪行，声援和支持
中国人民的反侵略斗争。其间，他先后亲自前往战地，以大量亲历事件作为原
始素材，向全世界诉说事件真相、诉说日本侵略者的罪行。他曾把从日军军部
获得的日军进攻闸北的消息迅速转告中国方面。在事变之时，即在《芝加哥
日报》和《纽约太阳报》发出了题为"鲜血染红今晚上海街头"的报道，被
作为头条新闻刊登在第一版上。斯诺看到了日军残杀中国平民的暴行，也看到
了中国民众无比感人的抗战举动。正是在这样的背景下，1932 年底，他在完
成了在中国的第一部专著《远东前线》，与恋人举行婚礼后，遍游东南亚②。

本书详细报道了在日本侵略者占领下中国人民的悲惨状况，引起广大读者

---

①　袁竞：《毛泽东著作大辞典》，中国国际广播出版社，1991，第 511 页。

②　张洪兴：《中华民族抗战精神》，白山出版社，2014，第 305 页。

的极大注意。他撰写的《远东前线》一书，主要记述了日本侵略中国的背景和经过。本书的一个亮点便是对"一·二八"淞沪抗战的详细记述，作者以第一人称的视角，为读者讲述了日本侵略者的暴行。"我看够了。我的脑海里印了一片恐怖和残杀的景象——在吴淞、江湾、闸北、虹口、大场和十几个小些的镇子。我想到成百个无辜百姓的苦痛、损失和死亡，无端被屠杀了，事先连个警告都不给。日本陆军参谋部声明它并不是在作战，这个声明似乎减少不了这些痛苦。"①

三 学术评价

本书虽然不及他的《西行漫记》影响大，但也是一部很有意义的著作。首先，本书坚持了正确的政治立场，坚定地揭露日本帝国主义的侵略罪行，热情颂扬中国军民的反侵略斗争；其次，还在上海事变和"九·一八"事变时就预见到日本将会发动全面的侵华战争，可惜在当时没有得到广泛认可。五年后，约翰·甘德意味深长地说，《远东前线》一书当时没有得到应有的重视。

---

① 裘克安：《斯诺在中国》，生活·读书·新知三联书店，1982，第50页。

第六章　20 世纪欧美的满学与通古斯学

第一节　《有关满文书目和图书文献的论文集》

一　作者简介

福华德（Fuchs Walter，音译为富克斯·瓦尔特，1902～1979），德国著名的东方学家、汉学家。1902 年 8 月 1 日出生于柏林，1979 年 4 月（按，日期未详）在德国逝世，曾就读于柏林大学并取得了哲学博士学位。1926～1937年在沈阳医学院任教。1937 年从中国东北来到北平，并在辅仁大学任教，1940 年担任北平中德学会会长，同时仍在辅仁大学任教。1946～1947 年担任燕京大学教授。后来返回德国，自 1950 年起在慕尼黑大学担任讲师职务。1956～1960 年任教于柏林大学，柏林大学在第二次世界大战结束之后首次恢复设立中文讲座教授职务，他有幸担任了这个职务。1960 年福华德转到科隆大学担任中文讲座教授职务，并于 1961 年在该校成立了东亚研究学院。它是独立地从事东亚学研究的学院，这就打开了科隆大学中国学研究的局面。由于福华德精通汉文和满文，所以除了汉语和有关汉学研究的课程之外，他还开设有满语和有关满学研究的课程。这正是在科隆大学东亚研究学院设有德国唯一的汉学与满学学科的原因。

福华德的主要研究领域是清史，同时对早期中国史也有研究。关于唐代以前的历史，他写过《吐鲁番地区：直至唐代以前该地区的政治发展情况》一文，该文载于 1926 年在柏林出版的《东亚学志》新排系列第 3 期。有关对满人统治之下的清朝历史的研究，福华德写了许多重要的学术论文，并刊登在各类专业刊物上，其中《1689 年的中俄尼布楚条约：根据原文进行评论的一项研究工作》（它是针对中国和一个欧洲强国签订的第一个条约的原文文本进行无一遗漏的、非常详尽的一项研究工作）一文的发表，引起了学术界的广泛关注，刊载在 1940 年于北平出版的《中德学志》第 5 期。另一篇重要的文章是《作为历史资料的于 1765 年前后在东土耳其斯坦（按，即指新疆）发现的铜制武器》，该文载于 1939 年在北平出版的《中德学志》第 4 期。福华德在清史研究领域取得了卓越的成就，到目前为止，提到有关清代的历史知识，在西方中国学界他是成就最突出的。他对 18 世纪的历史战争绘画也做过全面、系统的研究。在这项工作中，无论是从历史研究的角度，还是从艺术研究的角度来看，他都做出了十分重要的贡献。他写了一些论述制图铜版具有奠基性质的重要论文，这些论文也对中国学家产生了重要的影响。有关 13 世纪和 14 世纪中国元代时期的文化和历史的研究，也是福华德的一项专长。他写的一些著作，能够在辅仁大学出版的《辅仁学志》中找到，这些著作不但在数量上比他的同代人要多一些，而且他在书中所论述到的思想和论题，也常常是欧洲人、日本人和中国人从事中国学研究的学者所未曾涉及的。如他在北平的一座图书馆里，发现了在 18 世纪由一位来自西里西亚的耶稣会传教士巴尔编写的第一份《德文—汉文词汇表》。他在元史研究方面，也曾讲述到蒙古人君主们怎样与汉人官吏共同致力于把汉文典籍翻译成蒙古文的事情。

在有关中国中世纪绘制地图的研究方面，福华德在欧洲的汉学家之中也是名列前茅的。他 1937 年从沈阳前来北平之后，在图书馆里发现了一份用德文写成的词典编纂手稿。这份词汇表是由耶稣会神甫弗洛里安·巴尔编纂的。巴尔神甫的出生地是西里西亚（现在分属于捷克和波兰）的法尔肯贝格。巴尔是耶稣会派到中国传教的教会成员，他在 1737 年到达北京。他同时也是一位小提琴演奏家，当时在北京虽已不能传教，但因乾隆皇帝非常喜爱西洋音乐，巴尔神甫与其他几位通晓西洋音乐的耶稣会神甫有机会，经常在乾隆皇帝御前演奏乐器。巴尔有一个中文名叫作魏继晋。他在 1748 年（乾隆十三年）前后于北京编纂了一份用德文和汉文写成的词汇汇编，在这份词汇表当中，德文字词的发音都是按照它们的发音，用中文的汉字方块字标写出来的。然而，按照现在的标准来看，这部词汇表中的字词和表达方式当中有不少翻译是错误的。这份汇编大约有 2200 个字词和表达方式，一般来说，可能这部德汉词典构成一部多语种词典的组成部分，而福华德的发现，使得这份词汇汇编为众人所知。福华德写下了《魏继晋神甫的第一份德文—汉文词汇汇编》一文，载于 1937 年在德国美因河畔法兰克福出版的《汉学杂志》特别号第 68 ~ 72 页。

在有关中国绘制地图方面，福华德在 1935 ~ 1936 年和 1938 年先后发表过题为《有关清代地图绘制的资料》的专论论文，刊载在 1935 ~ 1936 年于北平出版的《中德学志》第 1 期和在 1938 年出版的《中德学志》第 3 期。

另外，更值得注意的是福华德对 18 世纪初叶的所谓耶稣会传教士地图进行了一项堪称典范的研究工作，写下了《康熙时代耶稣会传教士地图集》一书。该书于 1943 年在北平出版。涉及印度和中亚的历史地理学方面，福华德针对一份古老的中文手稿写下的研究著作也是十分重要的，这部著作的标题是《慧超在 726 年（按唐代开元十四年）前后前往印度和中央亚细亚的朝圣旅行》（按，慧超，一作惠超，新罗国僧人，幼年时来中国，不久航海至天竺，遍诣佛迹。然后取陆道于 727 年还至中国，780 年以后逝世，撰有《往五天竺国传》3 卷），该书于 1939 年出版。

在中国地图绘制研究方面，福华德还写有更多的重要著作，其中主要有：《朱思本绘制的中国的〈蒙古地图〉和〈广舆图〉》，该书于 1946 年在北平出版；《在 13 世纪里非洲南部是否已经为（中国）人所知了？》（用英文写成，英文标题为 *Was South Africa already known in the 13th Century?*）一文，载于 1953 年出版的《世界形象》（拉丁文刊名为 *Imago Mundi*）第 10 期；《1402 年的汉文—朝鲜文世界地图的三种新的文本》，载于 1961 年出版的《中国—阿尔泰研究论文集》一书；专著《中国史》，1948 年出版。福华德为推动中国学研究，对搜集资料和编写参考书籍也一向予以重视。早在 20 世纪 30 年代，他写有《中国的杂志和书籍》一文，载于 1933 年在莱比锡出版的《全亚季刊》篇 8 期第 287 ~ 303 页。

二 主要内容

《有关满文书目和图书文献的论文集》于 1936 年在东京出版，这是福华德的一部代表性著作。后来又加以补充，写成了《有关满文书目和图书文献的新的论文集》，载于 1942 年在北平出版的《中德学志》第 7 期第 1 ~ 37 页。这是对满文资料的整理和分析，对西方满学的发展起到了促进作用。

在这里还应提到前面已经论述到的在德国东方学会主持下由福华德主编的

一部书目，标题为《汉文和满文手稿和珍本书籍》，这本书于1966年在联邦德国出版。

第二节 《通古斯学》（1978）、《满学精粹》（1982）

一 作者简介

两书的作者都是米夏埃尔·魏尔斯。他1937年12月26日生于德国巴伐利亚州的贝恩里德。师从瓦尔特·海西希教授，1965年获波恩大学哲学博士，1971年获大学授课教师资格证书。1972年任波恩大学中亚语言文化研究所教授，主要研究领域为中亚的语言学和文化学，尤其是比较语言学。他在蒙古语言学研究方面也颇有造诣，是中亚语言文化研究所唯一的一位莫卧儿语言研究家。20世纪80年代初多次到印度北部和伊朗等地对莫卧儿语言进行实地调查，搜集了很多珍贵资料。在这个基础上，他对古蒙语以及《蒙古秘史》（汉译称《元朝秘史》，亦称《元秘史》）的词汇进行了比较研究。有关的论文大都刊于《中亚研究丛刊》杂志上。自1983年起，魏尔斯担任了《中亚历史研究汇编》和《中亚研究丛刊》的编辑工作。

魏尔斯的研究成果十分丰富，主要著书、书稿、文章和由他编辑的书籍、杂志如下。

书籍部分。《关于古典时期之前的书写体蒙文历史语法的研究》，于1969年出版；《在阿富汗赫拉特省的莫卧儿人的语言（语言资料、语法、词汇表）》，这是《在阿富汗的蒙古人的语言和文学的资料》第1辑，于1972年出版；他与瓦尔特·海西希两人合编了《莫卧儿书面文字史料》共3卷（第1卷为原文复制本，第2卷为原文经过修订加工的版本，第3卷为《莫卧儿人的诗歌》），这3卷书于1974～1975年以及1977年先后在德国奥普拉登出版。

书稿部分（为各种丛书和文集撰写的书稿）。《论述有关古代蒙古语和中世纪蒙古语之关系的问题》，载于1970年在布达佩斯出版的《匈牙利东方学丛书》第14辑；为《布罗克豪斯百科全书》撰写了许多条目，该书于1966～1974年间出版；1973年和1983年曾两次为《瓦尔特·海西希纪念论文集》撰写稿件；《藏蒙花环：瓦尔特·海西希1973年12月5日60周岁祝寿纪念文集》，1973年出版；和克劳斯·萨加斯特共同主编了《异邦文献：瓦尔特·海西希70周岁祝寿纪念文集》，1984年由奥托·哈拉索维茨出版社在威斯巴登出版。该书标题前一部分"异邦文献"是使用的拉丁文 Documenta Barbarorum，此书为《乌拉尔——阿尔泰学会出版物》第18辑。① 他还与瓦尔特·海西希和薇萝尼卡·法伊特合编有《蒙古人：论述蒙古人的历史和文化的文集》，由科学书籍协会于1986年在德国的达姆施塔特出版。

论文部分。在1967~1985年（在此后发表的尚未统计在内）为各类学术刊物撰写了100多篇专题论文，大部分刊载于《中亚研究丛刊》。除此之外，他还发表过数篇满文老档资料。

二 主要内容

1978年，他与格哈德·德弗尔共同编辑了《通古斯学》，该书是《北亚文化史论文集》第1辑，共202页，由奥托·哈拉索维茨出版社在威斯巴登于1978年出版。这是一部研究通古斯族系各民族或部族的文集。1982年编辑出版了《满学精粹》。这是一部研究满族历史与文化的文集。两书中有不少与黑龙江相关的史料。

第三节 《满文的〈尼山萨蛮传〉》和《萨满教故事：满族民间史诗》

一 《满文的〈尼山萨蛮传〉》

（一）作者简介

斯塔里·乔瓦尼（Stary Giovanni），意大利为数不多的从事满学研究的学者之一。1946年3月27日出生，毕业于那不勒斯东方大学斯拉夫语言和文学专业，并在该校攻读汉文典籍。还曾在联邦德国和科隆大学专修满族语言、文学和历史。担任过威尼斯大学副教授、意大利研究中国协会会员、欧洲研究中

---

① 在这一本纪念文集中，魏尔斯写有一篇《瓦尔特·海西希和二次大战后联邦德国的蒙古学》，此文由日本东京外国语大学冈田英弘译为日文，刊载在1985年出版的日文《东方学》第65辑。由王祖望转译为中文，刊载在北京出版的《国外社会科学》1985年第8期。

国协会会员、国际亚洲腹地研究会常务委员、波恩大学中亚研究所①协作研究员、《中亚杂志》②主编、《满学时代》的编辑。他的主要研究领域为满语、满族文艺和历史（清太祖努尔哈赤、清太宗皇太极时代的历史等。按，指《清太祖朝老满文原档等史料》），以及少数民族锡伯族的文艺和历史。其主要著作如下。

《俄国和中国在最早一段时间的关系》（*I primi rapportf tra Russia e Cina*），1974 年在那不勒斯出版。

《中国派驻在俄国的第一任使节》（用德文发表，德文书名为 *Chinas erste Gesandte in RuB-land*），1976 年在联邦德国威斯巴登出版。

《满文的〈尼山萨蛮传〉》③（*Viaggio nell'oltretomba di una sciamana mancese*），1917 年在佛罗伦萨出版。

《〈尼山萨蛮传〉的三份未曾发表过的满文手稿》（用英文发表，英文标题为 *Three unedited Manuscripts of the Manchu Epic Tale 'Nisan saman-i bithe'*），1985 年在威斯巴登出版。

《汉、满文篆字》（用德文发表，德文书名为 *Die chinesischen und mandschurischen Zeitschriften*），1980 年在汉堡出版。

《翻译和分析满文手稿〈百二老人语录〉》（*Emu tanggfi orin sakda-i gisunsarkiyan*），1983 年在威斯巴登出版。

《满族的历史与生活》④（译著，德文译本标题为 *Jin Qizong：Geschichte und Leben der Mandschu*），1984 年在联邦德国汉堡出版。

《努尔哈赤和在 16 世纪末叶他的部落王国》（*Nurhaci e il SUO regno tribale alla fine del XVI sec. ola*），载于由 M. 萨巴蒂尼（M. Sabattini）主编的《威尼斯东方学》（*Orientalia Venetiana*）第 1 卷第 323~366 页。该书于 1984 年在佛罗伦萨出版。

《满族分支锡伯族的历史》（附有 1982 年在乌鲁木齐出版的锡伯文版《锡

---

① 联邦德国中亚文化及蒙古学研究学者瓦尔特·海西希教授于 1964 年创建了这个"中亚语言文化研究所"，亦即"中亚研究所"。
② 这是一份 1955 年在荷兰海牙创刊出版的杂志，内容为刊登有关中亚的语言、文学、历史和考古学方面的研究文章等。
③ 《尼山萨蛮传》也写作《尼山萨满传》。
④ 译自 1981 年在哈尔滨出版的中文版。原中文作者为金启踪。

伯族迁徙考记》满文译文），该书的意大利文译本为 *Storia della minoranza omica Xibo*，于 1985 年在威斯巴登出版。该书的德文译本为 *Geschichte der Sibe-Mandschuren*，1985 年在威斯巴登出版；《满族分支锡伯族的史诗》（用德文发表，德文标题为 *Epengesfinge der Sibe-Mandschuren*）。

（二）主要内容

《尼山萨蛮传》是满族民间传说，描写主人公尼山萨蛮为巴勒杜巴颜之子色尔古代费扬古过阴夺魂的故事。其主要内容如下。"明朝的时候，在罗洛村住着一个巴勒杜巴颜员外，极为富有，使用众多的奴仆。早年丧子，为无子而焦急，便积德行善，扶危济贫，蒙上天垂爱，五十岁生一子，名曰色尔古代费扬古。十五岁时，有一天去横栏山打围，死于途中，巴勒杜巴颜悲痛欲绝，感动了神仙下凡点化，指出尼西海河岸的尼山萨蛮可以救活色尔古代费扬古的命。于是巴勒杜巴颜亲自前往尼西海河岸，恳请尼山萨蛮来拯救儿子的生命。尼山萨蛮降神作法到死国里去找色尔古代费扬古的魂，渡过几道河，闯过几道关，终于到了地府，靠着神力得到色尔古代费扬古的魂。经过与阎罗王的舅舅蒙古勒代的讨价还价，为色尔古代费扬古争取了寿限，留下作为谢仪的鸡、狗，便往回走。在途中尼山萨蛮遇到了前夫，对她提出复活要求，如不应允就将用油锅炸死尼山萨蛮。面对着这样情况，尼山萨蛮降神作法把夫婿抛到酆都城，永世不能转生。途经子孙娘娘的宫殿，参观了惩罚恶人的各种刑具，以便劝诫世人行善。尼山萨蛮救活了色尔古代费扬古，巴勒杜巴颜给予优厚的报酬，从此日子也富裕了，改正了淫行，正经地过日子。可是，由于婆婆的控告，人间的皇帝并未饶恕她，把她抛到井里处死。"①

（三）学术评价

本书虽然属于文学作品，但也曲折地反映了当时的历史事实，对研究黑龙江满族历史有一定的参考价值。有清一代，从中央到地方的官僚机构，无不贪赃枉法，贿赂公行，敲诈勒索，无所不至。当时在民间流传着："衙门口向南开，有理无钱莫进来。"这是对当时黑暗政治的真实写照。只要是有事见官，首先必须预备"门包""谢仪"，不然就行不通。见了官还要送"孝敬"。凡事都需行贿，这是当时的一种风气。对此，《尼山萨蛮传》有深刻地揭露。尼山

---

① 中央民族学院民族研究所编《民族研究论文集》第二辑，中央民族学院民族研究所，1983，第 281 页。

萨蛮往地府去的道路上，每到一处都必须送"访仪"，只要给了"谢仪"，就通行无阻，甚至阎罗王还要索取鸡、狗。这虽是描写虚构的地府，其实是影射人间的黑暗官场。可见这部著作与当时的现实生活是紧密结合的，是满族早期文学的代表作，在满族文学史上应占有一定的地位①。

二 《萨满教故事：满族民间史诗》

（一）作者简介

杜润德（1944～），美国当代中国学家，现任俄勒冈大学东亚语言与文学系主任，当代美国汉学界中极有影响力的史记研究学者。目前主要研究方向为司马迁、《左传》和汉语语法。主要著作除本书外还有《蒙雾之镜：司马迁著作中的张力与冲突》、《女妖与圣人》和《古代中国与希腊》。杜润德教授将《尼山萨满传》译成英文出版。杜润德与史嘉柏、李惠仪共同翻译的《左传》将由华盛顿大学出版社出版。

（二）主要内容

本书 1977 年由华盛顿大学出版社出版，是一部萨满教故事和满族民间史诗集。虽然属于文学作品，但也曲折地反映了当时的历史事实，对研究黑龙江满族历史有一定的参考价值。

---

① 中央民族学院民族研究所编《民族研究论文集》第二辑，第 284 页。

第七章　20 世纪美国学界的
女真史、金史研究史料

第一节　《中国社会史——辽（907~1125）》

一　作者简介

本书是德裔美国学者卡尔·奥古斯特·魏特夫与中国学者冯家昇合著的。

卡尔·奥古斯特·魏特夫（Karl August Wittfogel，1896~1988），原籍德国，德裔美国历史学家、汉学家，出生于德国汉诺威。

魏特夫于 1919 年加入德国共产党，曾任共产国际教育宣传委员。先后在美因河畔法兰克福社会研究所和威廉中国研究所从事研究。魏特夫自称于 1919 年起对中国研究感兴趣，1924 年开始发表有关中国问题的论著①。1928 年在法兰克福大学获得博士学位。1925~1933 年是法兰克福学派大本营社会研究所成员。1931 年发表名著《中国的经济和社会》，在欧洲独树一帜。希特勒上台后，他作为德共中央委员被捕并关于集中营，后经国际性援救而获释，1934 年流亡美国。1935~1937 年，受太平洋学会派遣来华从事中国社会和历史调研工作、收集资料。在华期间，魏特夫的工作受到太平洋学会成员及《太平洋事务》的撰稿人中国学者王毓铨的帮助，并与胡适、陶希圣相结识。1937 年回美，1938 年入美国国籍。先任教于哥伦比亚大学，1939 年后任太平洋国际学会和社会问题研究所中国史教授及所长、华盛顿州立大学任中国史教

---

① 〔美〕魏特夫：《东方专制主义》，徐式谷等译，中国社会科学出版社，1989。

授、美国东方学会会员、亚洲研究协会会员。直至 1966 年退休。主要成就是对中国古代社会的研究，但其创造的东方古代专制主义学说长期受到中国大陆学界的批评。

冯家昇，字伯平，男，满族，1904 年（光绪三十年）8 月 16 日生于山西省孝义市石像村，1970 年 4 月 4 日卒于北京，终年 66 岁。我国著名考古学、历史学、语言学家，他对古回鹘文、突厥文都有较深的研究，特别是对辽史、金史、科技史的研究做出了较大的贡献。

中学毕业后考入燕京大学历史系，1934 年毕业，后来又获硕士学位。冯家昇在燕京大学学习期间，就已经开始了对辽金史的研究，而且受到历史学家陈垣先生的启发，以及历史学家洪业、顾颉刚先生的指导。他所著的《辽史源流考与辽史初校》一书在考察《辽史》形成过程时，就对金朝官府修史的基本情况做了梳理，为研究辽金修史制度奠定了基础。1933 年由哈佛燕京学社出版，成为旧史的样板。他的燕京大学毕业论文题为《辽史与金史新旧五代史互证举例》。

后来冯家昇分别在燕京大学、北京大学、东北大学等校的历史系任讲师，以及担任北平研究院史学研究会名誉编辑，同时与顾颉刚先生合作主编《禹贡》。1937 年受到美国华盛顿国会图书馆的邀请，赴美工作。后应魏特夫的邀请参加了研究中国历史的计划，并且魏特夫将冯家昇转到哥伦比亚大学中国历史研究室任研究员，翻译辽金史，担任辽金史研究工作，同时又在该校人类学系进修，后又回图书馆工作。1946 年冯家昇与魏特夫合著的《中国社会史——辽（907～1125）》于 1949 年在费城出版①，而且他们准备将编写的金史分为 15 个专题，分门别类地摘录《金史》等史料，译成英文，达 80 厚叠之多，为编写金史做了大量的准备工作。但冯家昇先生于 1947 年夏天返回中国，

---

① K. A. Wittfogel and Feng Chia-sheng, *History of Chinese Society*, *Liao*, *907 - 1125*, American Philosophical Society Transactions, Distributed by the Macmillan Co., New York, 1949.

使得翻译《金史》以及其他史籍的工作中断①。

冯家昇回国后任北平研究院史学研究所研究员。中华人民共和国成立后，在考古研究所工作。1952年调中央民族学院研究部，任教授。1958年中国科学院民族研究所成立，调为研究员，后又兼任少数民族社会历史研究室副主任。

二　写作背景

参考朱政惠的《美国中国学的由来和发展》一文，美国对中国的研究可以分为以下四个阶段。第一阶段是19世纪初至20世纪初。伴随着美国商业资本对中国的渗透和美国传教士的入华而发展起来，主要研究中国的历史和文化，主要研究者是在华传教士。第二阶段是20世纪二三十年代。在此时期由于第一次世界大战，美国加紧对中国的势力扩张，中国学研究得到资助，正式的研究机构和专职的研究人员开始出现。第三阶段是第二次世界大战到20世纪50年代。由于二战欧洲的东方学、汉学研究都受到冲击，而美国的中国问题研究却得以顺利发展，重要的学术组织和团体开始出现。对中国问题的研究仍以历史学为主。第四阶段是20世纪六七十年代。这一阶段是美国中国学研究的迅猛发展时期。由于朝鲜战争的失败，美国不得不调整对华政策，成立了一系列专门机构，规划、组织进行美国的中国学研究。大学也设立了有关中国研究的专门课程和项目。第五阶段是20世纪80年代以来的时期。世界格局的新变化以及中国改革开放和科学技术的大发展，使得中国学有了更大规模的发展。可以说，美国中国学的发展进程既是欧洲汉学的美国化进程，也是欧洲汉学经美国国家利益和价值观调整以后的美国本土化进程②。

早在19世纪七八十年代，美国的大学就开始设立有关东方和中国研究的机构。随着美国中国研究的发展，以中国为关注对象或涉及中国的研究机构越来越多，在太平洋战争之前，涉及中国研究的机构仅为90个，其中39个是在

---

① 赵永春、赵燕：《20世纪40年代以来欧美学者金史研究概述》，《东北史地》2011年第1期。

② 朱政惠：《美国中国学的由来和发展》，《华东师范大学学报》（哲学社会科学版）1996年第5期。

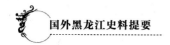

1920～1940 年这 20 年间建立的①。60 年代之后，美国中国研究的机构发展更为迅速。

20 世纪 40 年代是美国汉学的转变时期，第二次世界大战爆发，中国成为主战场，学者们意识到只关注中国古代的研究无法适应新形势的需要，因而转向了专注中国近、现代问题的研究，正是在这样的时期里，诞生了"冲击—回应"模式和"征服王朝论"。

"冲击—回应"（Impact-Response）模式这一概念最初出现在费正清 1949 年出版的《美国与中国》（*The United States and China*）一书中，他认为在西方列强的武力冲击下，清政府做出种种回应，以此构成了近代中国发展的线索。此书一出版便成为美国了解中国、制定中美关系政策的参考书②。"冲击—回应"模式在美国广泛应用于对中国近代史的研究，甚至成为战后教科书的核心概念③。"冲击—回应"取向的鼎盛时期是在 20 世纪五六十年代，当时的美国史家借助"冲击—回应"这个概念解释鸦片战争和义和团起义等。

"征服王朝论"是魏特夫于 20 世纪前半期提出的，主要体现在北魏、辽、金、元、清史研究中的某种论断。一直以来，是美国中国史研究中的主流理论和指导思想，在后来的学者论著中体现明显。到现在为止，"冲击—回应"模式和"征服王朝论"依然对美国史学界产生很大的影响。很多学者在论著中阐述个人观点时采用"征服""入侵"等这样的字眼，把中国古代割裂了，视北方民族为独立民族。

20 世纪 30 年代，洛克菲勒基金资助推行了研究中国历史的计划，把中国正史中有关政治与社会经济的文字摘录集中，然后译成英文出版。40 年代，魏特夫等人计划按照他所构筑的"征服王朝"理论编写中国社会史丛书，先编写《中国社会史——辽（907～1125）》（亦称《辽代社会史》）和《中国社

---

① 吴原元：《1949～1972：中美对峙时期的美国中国学》，博士学位论文，华东师范大学，2007。

② 刘正：《海外汉学研究——汉学在 20 世纪东西方各国研究和发展的历史》，武汉大学出版社，2002。

③ 〔美〕柯文：《在中国发现历史——中国中心观在美国的兴起》，林同奇译，中华书局，2002。

会史——金 (1115~1234)》①，并且邀请中国学者冯家昇参加研究中国历史的计划，将冯家昇转到哥伦比亚大学翻译辽金史。1946 年冯家昇与魏特夫合著的《中国社会史——辽 (907~1125)》于 1949 年在费城出版②，而且他们准备将编写的金史分为 15 个专题，分门别类地摘录《金史》等史料，译成英文，达 80 厚叠之多，为编写金史做了大量的准备工作。后来由于冯家昇回国而没能翻译金史。魏特夫一时找不到协助他翻译《金史》资料和进行金史研究的学者，于 1958 年将其与冯家昇等人搜集和翻译的 80 厚叠金史资料移交给华盛顿大学的远东及俄国学院，有关修撰大部头《金史》的"魏特夫计划"停止③。

三　主要内容

1949 年，魏特夫与中国学者冯家昇合作，用英文在费城出版巨著《中国社会史——辽 (907~1125)》，此书虽然写的是辽代，但包含了许多金史的内容。该书分为两部分，第一部分为通论，由魏特夫执笔，将中国社会分为典型的中国社会和征服王朝的社会两大类，以辽作为征服王朝的典型，对其后的金、元、清进行了考察。第二部分为资料汇编，主要由冯家昇搜集并加注释。16 开本，共 752 页，附书目和索引。

该书认为，所谓"帝制中国史"（前 221~1912）划分为两个类型。第一类是典型的中国社会。以秦朝、汉朝以及在一个分裂时期以后在更为广阔的领土上建立起来的隋朝、唐朝、宋朝和明朝为代表；第二类是征服和渗入王朝，指中国北方民族在征服汉人（部分或全部）之后所建立的政权④。"渗透"是说少数民族融合到汉族中并趋于消失的意思，也就是指汉化或同化，而"征服王朝"较倾向于抵制。"渗透王朝"（Dynasties of Infiltration），以十六国、北魏为代表，是魏晋南北朝时期在北方出现的少数民族政权，以拓跋鲜卑建立的北魏为典型代表，称为"渗透王朝"或"渗入王朝"；"征服王朝"（Dynasties of Conquest），包括辽、金、元、清四个王朝。具体而言，它们对汉文化的态度也有程度上的差

---

①　赵永春、赵燕：《20 世纪 40 年代以来欧美学者金史研究概述》，《东北史地》2011 年第 1 期。

②　K. A. Wittfogel and Feng Chia-sheng, *History of Chinese Society*, *Liao*, *907 – 1125*, American Philosophical Society Transactions, Distributed by the Macmillan Co., New York, 1949.

③　赵永春、赵燕：《20 世纪 40 年代以来欧美学者金史研究概述》，《东北史地》2011 年第 1 期。

④　宋德金：《评"征服王朝论"》，《社会科学战线》2010 年第 11 期。

别。"征服王朝"较倾向于抵制，而"渗透王朝"较倾向于吸收。在诸"征服王朝"中，又由于从前文化背景、生活方式的差异，辽、元较倾向于抵制，而金、清较倾向于吸收。① 这一论断出现后，在欧洲以及日本甚至中国港台地区产生很大的影响，引起巨大的争论，看法不一。事实上，北方民族属于中华民族的一部分，"征服"是北方民族曾入主中原的方式和存在的状态，不能把两者割裂开来。

四 学术评价

魏特夫一生主要研究中国问题，是西方分析中国社会和经济较早的学者之一。20世纪30年代初，魏特夫试图确定作为中国社会特殊部分的中国经济的特点时，采用了马克思的"亚细亚生产方式"的概念。40年代初，试图辨析中国的征服王朝和典型的中国王朝之间的区别时，采用了"征服王朝论"。当其试图确定东方专制主义、多中心的西方社会以及共产党极权主义之间的区别时，采用了"东方专制主义"。无论是论述哪种区别，宏观分析原则指导了他的研究②。他把自己树立为学术界冷战的领导人物③。他的理论和论著对中国产生很大的影响。虽然他对中国女真的研究只是和华裔学者合作的结果，但为美国学界的女真研究奠定了基础。

《中国社会史——辽（907～1125）》是一部名副其实的"巨著"，对辽金史研究而言是重要的参考书。该书从历史上把中国社会分为典型的中国社会和征服王朝的社会两大类，运用美国人类学家提倡的涵化论（theory of acculturation）分析征服王朝的社会文化关系，然后又以辽作为征服王朝的典型，并且以此为基础，对其后的金、元、清诸朝进行了考察。

第二节 《女真语言和文字研究》

一 作者简介

清濑义三郎则府（Kiyose Gisaburō Norikura），美籍日裔学者，女真语文学

---

① 该部分引自 K. A. Wittfogel and Feng Chia-Sheng , *History of the Chinese Society*, *Liao*, 907 – 1125, American Philosophical Society Transaction, Distributed by the Macmillan Co. , New York, 1949 , pp. 1 – 32, 此文的汉译稿收入《辽金契丹女真史译文集》第一集，吉林文史出版社，1990。

② 〔美〕魏特夫：《东方专制主义》，徐式谷等译，第26页。

③ 〔美〕魏特夫：《东方专制主义》，徐式谷等译，第1页。

研究领域的著名专家。

他长期从事女真音构拟及相关的研究工作，取得了令人瞩目的成就。在他1973年发表的《女真音的构拟》中，根据《女真译语》的译音汉字，并以明代万历三十四年（1606）徐孝的《重订司马温公等韵图经》为汉字语音基础，构拟明代女真语的音韵体系。他采取的是比较灵活的语音构拟的方法。例如，他用汉字语音系统和语音结构特征辨别女真语音值时，遇到难题就会利用满语语音特征和语音结构原理来解决。同时，他充分利用历史比较语言学的理论方法，对金代女真语的语音体系进行了大胆而系统的构拟。

他的论文《女真语言文字研究——再构拟和解读》（1977）、《女真文字——通古斯狩猎民族的拟汉字文字》（1997）等用英文公开发表后，不只是在日本，也在西方女真语言文字研究学界引起了较好反响，并对女真字的精确构拟和正确解读发挥了较好的学术规范作用。

他关于明代女真语语音的构拟十分认真细致，有着很强的说服力和可信度。其中，也涉及金代女真语的一些语音规律。遗憾的是，由于金代女真语资料有限，对其语音构拟未能成为严格的系统。同时，还存在语音间的比较分析不够深入和全面，甚至过分地拘泥于汉字的音值特征，而对同时代的汉语语音资料及民族语语音资料的利用欠缺等问题。他还发表过《女真语言和文字研究——再构拟和解读》（1977）、《15世纪女真语 Tyr = Tur 方言元音和谐》（1985）、《关于用女真文表记的长元音——批判乌拉熙春的女真学》（2001）、《女真语——D音的比较语言学再构拟之外的构拟法》（2002）等富有独到见解和学术价值的女真语语音研究论文。所有这些，对女真语音学的发展和成熟发挥了极其重要的学术作用①。

二 主要内容

《女真语言和文字研究》（*A study of the Jurehen Language and Sript*）1973年在美国出版。主要将柏林本《杂字》以及东洋文库本《杂字》和《来文》内出现的所有女真字按笔画排列为728个字，订正了格鲁伯笔画上的错误。此外，作者在谈到《女真馆杂字释读》时，把女真词汇除按格鲁伯排号排列了

---

① 朝克、李云兵等：《中国民族语言文字研究史论 第一卷 北方卷》，中国社会科学出版社，2013，第371页。

柏林本《杂字》871 个词以外,还加上了东洋文库本所独有的 46 个词。同时附有各种注解 400 余条。作者还在《女真馆来文释读》中收录了柏林本和东洋文库本《来文》共 39 通,并对每个词进行了比较详细的考释①。

清濑义三郎则府在该书序言中说:"本书是一部关于明代女真语言研究的著作。这是由于我在过去的二十年里对阿尔泰语言学所具有的浓厚兴趣而取得的结果。我的兴趣首先是通过我在京都大学的老师和同事们的著作而被引到明朝四夷馆编的《华夷译语》的一些问题上来的……女真有着语言和历史两种含义。就语言来说,它是通古斯语言的最早记录,就历史来说,它涉及到了建立中国金朝的女真人……《华夷译语》提供了分析女真语言某些特征的一个方法。《华夷译语》中有几个要素使得分析女真语言的某些特征成为可能。第一,由汉字同女真字对译的杂字和汉字女真字记录组成的女真馆来文部分,通过利用在《女真译语》抄本的原文中所运用的汉语特征,提供了一个构拟明代女真音素的手段。女真语音构拟的手段很大程度上依靠现今对明代汉语语音构造情况的了解。第二,满语在解释女真语音中扮演了一个补充的角色,因为女真语同满语接近但不等于满语。第三,明朝女真语音的构拟在历史语言的研究方法上为金朝女真语音的构拟提供了可能性。这是我在本书提出的构拟中所运用的研究方法。"②

《女真语言和文字研究》第一章介绍了所有现存女真语言的原始材料,在进行研究工作之前对它们预做解释。第二章讨论了女真语音构拟的方法。在构拟过程中,清濑义三郎则府对伴随着汉文翻译《华夷译语》语词而出现的所有已定特征进行了比较。通过剩下矛盾不多的这个比较和已确立的音素,某些女真字的发音便可构拟。第三章产生了通过上述构拟在《华夷译语》女真馆部分中所有可以确定的女真字的名称和音义。在照顾到每一个女真文字特性的基础上,每一个女真字的语音学的构拟就能够进行,至于每个女真字的意思则可从《女真译语》中所确定的汉语同义语中确定下来。第四章用构拟的女真语的音义和英语同义语把柏林国家图书馆所藏和日本东洋文库所藏女真译语抄本中的"杂字"部分所确定的所有女真字列出图表,提出了每个女真字的必要的满族同词根的字。

---

① 唐作藩主编《中国语言文字学大辞典》,中国大百科全书出版社,2007,第 452 页。
② 〔美〕清濑义三郎则府:《〈女真语言文字研究〉的序言》,刘京雨译,《北方文物》1985 年第 1 期。

依靠这个图表，清濑义三郎则府完成了对于在柏林国家图书馆和东洋文库所藏的《女真译语》抄本中的"朱文"部分的解释，第五章把这些解释包含在合乎逻辑的方法中。《华夷译语》中的每通"来文"都有中文译文。女真原文中每个单词可以分成许多字，而通过在"杂字"部分中的每个字和"来文"中的汉文解释的交叉比较，每个字便可同汉文同义语发生联系。虽然发现了在"杂字"部分中未出现的一些女真字，但其中大多数是用来解释固有名词的。因此，抄本中的所有"来文"被解释了出来。

三　学术评价

《女真语言和文字研究》的内容系用现代语言学的观点和方法通过明代《女真译语》来构拟明代女真语音，然后再构拟金代女真语音。通过这种方式，对《女真译语》中的"杂字"和"来文"全部进行了注音和解释。此书代表了近年国外研究女真文字的较高学术水平，是研究女真文字和女真语言以及金、明两代女真史的重要参考书。

清濑义三郎则府和本书的贡献得到了我国学界的认可："谈国外女真语语音研究，还必须提到韩国女真语言文字专家李基文和美籍日本学者清濑义三郎则府等。可以说，他们是国外女真语语音学方面的佼佼者。他们充分利用《女真译语》的语音资料，对女真语语音特征、语音结构、语音规律和语音系统展开了长期而细致的科学研究工作。"①

第三节　《女真史论》

一　作者简介

陶晋生（Tao Jing-shen，1933～ ）湖北黄冈（现属武汉市新洲区孔埠镇）人，陶希圣之子，学术造诣颇深，是具有国际影响的历史学家。台湾大学历史系学士，台湾大学历史研究所硕士（姚从吾教授指导），美国印第安纳大学历史学博士（邓嗣禹教授指导），"中央研究院"院士（1990）。曾任台湾大学历史系教授、"中央研究院"历史语言研究所研究员、美国亚利桑那大学教授

---

① 朝克、李云兵等：《中国民族语言文字研究史论　第一卷　北方卷》，第368页。

（1976～）、香港中文大学讲座教授（1988～1990）、《食货月刊》执行编辑。曾获中山学术著作奖两次，以及美国华人职业协会杰出奖（1991）和美国亚利桑那大学亚裔教授协会教学奖。致力于宋辽金史、中国史、边疆史和社会史研究。陶晋生虽没有加入美国国籍，但在美国工作多年，而且专门从事中国历史的研究，尤其是宋辽金史，吸收了美国史学的研究方法和理论，实为美国金史研究的典型代表。也正是这个原因，才把这位中国台湾学者的著述纳入美国金史研究的范畴来介绍，特此郑重说明。

　　陶晋生的主要成果以英文和中文在美国、中国出版。他用英文发表的有关金史或女真研究方面的论著主要有 *The Jurchen in Twelfth-Century China：A Study of Sinicization*（12 世纪中国的女真：中国化的研究）①、*The Horse and the Rise of the Chin Dynasty*（马和金王朝的崛起）②、*The Influence of Jurchen Rule on the Political Institutions of China*（女真统治对中国的政治制度的影响）③、*Political Recruitment in the Chin Dynasty*（金王朝的政治纳贤）④、*Elite Women in Eleventh-Century China*（中国 11 世纪的精英女性）⑤、*Public Schools in the Chin Dynasty*（金代的官学）⑥、*The Move to the South and the Reign of Kao-tsung*（1127－1162）［南迁与宋高宗的统治（1127～1162）］⑦、*The Historiography of the Chin Dynasty：Three Studies, by Hok-lam Chan*（金代的史学：陈学霖的《史

---

① *The Jurchen in Twelfth-Century China：A Study of Sinicization*, Seattle：University of Washington Press, 1976. 括号里的中文为作者所加，方便读者理解，翻译不当之处敬请谅解。

② "The Horse and the Rise of the Chin Dynasty," *Papers of the Michigan Academy of Science Arts and Letters* 53（1968）：183－189.

③ "The Influence of Jurchen Rule on the Political Institutions of China," *Journal of Asian Studies* 30. 1（1974）：24－34.

④ "Political Recruitment in the Chin Dynasty," *Journal of the American Oriental Society* 94. 1（1974）：24－34.

⑤ "Elite Women in Eleventh-Century China," with Chia-lin Pao Tao, *The Historian* 56. 1（1993）：29－40.

⑥ "Public Schools in the Chin Dynasty," in *China under Jurchen Rule：Essays on Chin Intellectual and Cultural History*, ed. Hoyt Cleveland Tillman and Stephen H. West（Albany, N. Y.：State University of New York Press, 1995）, pp. 50－67.

⑦ "The Move to the South and the Reign of Kao-tsung（1127－1162），" in *The Cambridge History of China*, ed. Denis C. Twitchett and Paul Jakov Smith（New York：Cambridge University Press, 2009）, Vol. 5, Part One：The Five Dynasties and Sung China and Its Precursors, 907－1279, pp. 644－709.

学研究三种》)① 等。中文有关金史或女真史的论著主要有《金海陵帝伐宋与采石战役的考实》②、《边疆史研究集》③、《女真史论》④、《宋辽关系史研究》⑤、《金代的用人政策》⑥ 等。其中《女真史论》获中山学术文化基金会学术著作奖，《宋辽关系史研究》于 2008 年 5 月由中华书局出版，比台湾版增加两篇文章。

除以上成就外，陶晋生还和陈学霖等学者一起帮助订正了《剑桥中国辽西夏金元史》中译本大量的书目译名，对《剑桥中国辽西夏金元史》做出了贡献。

二　写作背景

根据陶晋生 2001 年 4 月 24 日在台湾大学思亮馆国际会议厅作的学思历程回忆的讲话，陶晋生的女真或金史研究历程主要分三个时期。1966 年至 1969 年是一个比较短的阶段，以完成博士论文和教学为主，完成博士论文是学生时代的结束。陶晋生 1956 年大学毕业，考入史学研究所。受其父的鼓励和影响，在台湾大学的第二年便开始研究辽金元史，到研究所跟随姚从吾先生。大量阅读宋金史料，如宋辽金三史、一些文集和笔记。后来的硕士论文论述的是宋金间之采石战役。1961 年申请美国的三所大学，得到了美国印第安纳州布露明顿的印第安纳大学亚洲研究的奖学金，进入历史学系，跟随邓嗣禹教授攻读。1967 年在美国完成博士论文《金代女真的汉化》并获博士学位。1969 年至 1976 年在台湾是第二个阶段，在此期间主要的工作是在"中央研究院"历史语言研究所，此外又主办《食货月刊》。1969 年，陶晋生回到台湾"中央研究院"历史语言研究所，并在台湾大学历史系任职，又在台湾师范大学研究所教过一门课。这是其第二个阶段的开始。1971 年姚从吾逝世，陶晋生继姚从吾之后讲授辽金元史，以及研究所硕士班必修的课程。1976 年至今在国外是第三个阶段。1976 年陶晋生的《金代女真的汉化》英文版于

---

①　"The Historiography of the Chin Dynasty: Three Studies, by Hok-lam Chan," *Journal of the American Oriental Society* (1973): 211.

②　陶晋生：《金海陵帝伐宋与采石战役的考实》，台湾大学文学院，1963。

③　陶晋生：《边疆史研究集》，商务印书馆，1971。

④　陶晋生：《女真史论》，食货出版社，1981。

⑤　陶晋生：《宋辽关系史研究》，稻香出版社，2003。

⑥　陶晋生：《金代的用人政策》，《食货月刊》1979 年第 11 期，第 51~53 页。

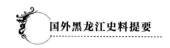

1976 年由华盛顿大学出版社出版，名为 *The Jurchen in Twelfth-Century China：A Study of Sinicization*，接着转到国外工作，这是其第三个阶段的开始。此后这本书的中文译本更名为《女真史论》，1981 年由台北食货出版社出版，2003 年由稻香出版社再版。

三　主要内容

本书吸纳了魏特夫的征服王朝理论及日本学者田村实造的观点，认为"游牧和半游牧民族从中央亚细亚和北亚入侵中国及其结果，是构成中国历史的一个极重要的因素。远在战国时代，游牧民族就开始发动了和中原农业民族的长期战争。汉帝国瓦解以后，五胡乱华带来了一些渗透到华北来的胡人朝代。这些外来的朝代或许可以和同时在欧洲由于民族大迁移而产生的王国相比较，在中国和欧洲都留下了深远的影响。北朝中的拓跋魏和北周，创设了重要的制度，如府兵和均田制，直接影响到隋唐的政治和社合。在大唐帝国崩溃以后，北亚民族向南方的压力增强，相继建立了辽和金两个朝代。这两个朝代象征着所谓'征服王朝'的兴起，而在后来蒙古和满清帝国的形成达到了顶点"。"女真人征服统治华北的重要性，不仅在他们代表征服王朝的崛兴，也在他们树立了异族入主中原的模式，而为后来元、清两代所模仿。"①

作者认为，以金为代表的"征服民族"，或入侵中原的边疆民族，都面临着两个问题："第一，怎样提高部落中酋长的权威，以集中人力和物力来从事征服工作；以及怎样在完成征服工作以后巩固新成立的政权"；第二，"怎样应付在和中原儒家文化接触和混合以后所发生的女真文化的存续问题"②。这本《女真史论》即以女真人如何试图解决这两个问题为核心进行阐述。

此书涉及的范围也几乎包括了从部落兴起到衰亡的全部女真金朝史，着重展现社会文化的变迁及金王朝演变的历程。

本书第一章题为"西元十二世纪初女真兴起的背景"，包括女真民族的起源、女真汉化的背景、女真的军事力量三个部分。关于女真民族的来源及女真

---

① 陶晋生：《女真史论》，第 1、2 页。
② 陶晋生：《女真史论》，第 2、3 页。

文化的简单叙述为我们提供了进一步了解历史发展的基础，作者尤其提到了促使女真接受中国生活方式的一些因素。接着描述女真建立新国家的努力及其摧灭辽、宋的经过，而重点之一为估量女真的军事力量。征服战争给女真统治者带来了若干问题：如何巩固诸民族中女真的统治地位？如何解决女真族内部的新难题和冲突？如何在新的文化社会环境中适应与调整他们的生活方式？这些问题的解决，在第二、三两章中进行了讨论。第二章题为"两元政治：1115至1150"，包括早年社会和政治变迁、上京的中国影响、两元政治和封建势力三个部分。这一章探究征服战争后，在1115～1150年间初步的社会与文化变迁、汉化的开始和封建势力的抬头。第三章题为"政治汉化：1135至1161"，包括汉化与中央集权、官僚制度的形成两个部分。此章探讨了创新者和拥护新政者与保守派的斗争。创新者于1123～1161年间采用了不少中国制度，而与反对彻底汉化的保守分子斗争。前者成功地加强中央政府的权力来压抑反对派。在接受了中原政治制度以后，金朝的政府中仍保存着若干女真成分。在这一章中研究女真官僚制度和二元化的用人政策。这两方面也反映了新社会结构的性质。第四章题为"新社会结构及其危机"，包括女真民族大迁移、金代初期和中期的社会冲突、女真民族的腐化三个部分。讨论女真迁移至华北定居的情况及其社会上的变动。女真人大量采取中原制度与习俗严重影响了其原有生活方式。12世纪60年代初期的社会变乱与政治斗争迫使统治者复振其原有文化以固其政权。第五章题为"世宗时代的改革运动"，包括女真本土化运动、女真进士科的设立及其重要性、对于改革运动的评价三个部分，分析文化的复振、其影响及其失败。第六章题为"金代末期的社会文化变迁"，包括章宗时代的文化正统论、汉人势力的兴起、姓氏和婚姻、文学艺术和宗教、与南宋的交互影响几个部分。继承前章对13世纪初叶金代社会与文化加以评估，并指出社会文化变迁如何改变及影响中国的传统文化。最后在结论中提出女真汉化的要点及女真统治的影响。

在该书的结论部分，陶晋生指出："元代以后女真文化逐渐在中原消失，并不表示女真文化对于中国文明的发展毫无影响。相反的，中国文化与女真文化接触和混合以后发生了不可避免的变动。"尤其是在东北开发方面，"金代东北耕地开垦的面积扩大，铁制农具在松花江中游大量出土，在黑龙江、嫩江、汤旺河流域也有发现，可见松嫩平原和黑龙江沿岸的许多地区都已开发，农耕技术也很进步。从大批金代铜钱在龙江、泰来、巴彦、绥棱、滨南、阿城

和哈尔滨等地出土，黄河流域出产的瓷器，甚至华南出产的丝织品在黑龙江地区的发现，都显示金代这些地区商业和贸易的情况"①。

四　学术评价

在陶晋生的诸多著作中，《女真史论》具有相当程度的代表性。该书运用了文化人类学方面的一些概念，如涵化（acculturation）、本土化运动（nativistic movement 或 movement of revival）等，对女真汉化问题进行系统全面的论述。该书认为生活在黑龙江流域的金代女真人进入华北后，虽然一度迫使汉人女真化，也力图恢复女真文化，但是入主华北后，不免采取汉人的制度来进行统治，同时若干人也开始采取汉人的语言文字，甚至放弃了自己的语言和习俗。尤其是和汉人通婚后，汉化的趋势更为明显，在社会的层面表现为两个族群整合，在文化的层面则显然受到汉文化的涵化。

作者在此书中认为女真人几乎是"全盘汉化"的。在附录中，作者对此进行了比较详细的界定："汉化是一个民族与汉民族接触和相处后，这个民族中的大部分成员放弃了自身的族群认同及其文化，而与汉民族通婚，采取其文化。汉化是一个过程，也就是说，在某一时期汉化的程度与另一个时期不同。而且当汉化发生后，并不是说被汉化的民族文化完全消失。"②

陶晋生《女真史论》中的观点在学界一度引起争议，刘浦江曾撰文指出，虽然陶晋生借鉴了征服王朝论，但"在西方学者及日本学者看来，除去鲜卑人建立的北魏等特例之外，中国历史上的北族王朝，如契丹人的辽朝，女真人的金朝，蒙古人的元朝，满族人的清朝等等，都始终没有被汉文明所同化，从而保持了'征服王朝'的特色，这些民族被称作'骑马民族'。近半个世纪以来，这种观点主宰了欧美各国的东方学界和日本、韩国的东洋史学界，于是当陶晋生教授在《十二世纪的女真人：汉化研究》一书（指《女真史论》的英文版本）中得出女真人全盘汉化的结论时，就招致了西方学者的普遍批评"③。虽然如此，陶晋生的金史研究仍然在美国学界具有很高的地位，赵永春、赵燕

---

① 陶晋生：《女真史论》，第 132 页。
② 陶晋生：《女真史论》，第 179 页。
③ 刘浦江：《女真的汉化道路与大金帝国的覆亡》，《国学研究》第 7 卷，2000。

曾在相关文章中评价："陶晋生在美国金史研究领域影响很大，而且对推动欧美金史学研究的发展起到了很大作用。"[1]

附：本书作者的两篇重要论文

其一： *The Influence of Jurchen Rule on the Political Institutions of China*（**女真统治对中国的政治制度的影响**）

本文是从中国政治制度中的异族因素这个角度展开的，集中论述了金代统治下对中原政治制度的影响和塑造。本文共由四部分组成，分别是两元政治时代的政治斗争、中央集权和汉化的相互作用、安定女真政权的考试制度以及结论。

女真人从建立金朝到推翻北宋，不过十三年（1115～1127）。在他们统治下的土地日益扩张，人口也急剧增加，由这种扩张而产生的一个首要结果，就是女真人原有的部落政治涣散，不足以治理新获得的地区和人民。这些征服者面临两个亟待解决的问题：第一，怎样治理和控制国内的各族民族，尤其是占绝大多数的汉人？第二，怎样在女真人中建立和巩固完颜氏，尤其是皇帝宗室在女真政治统治阶层的地位？为了解决这些问题，他们不得不变更原有的政治组织并借鉴唐宋的制度。如前文所述，建国前的女真氏族，本来各不相属。在各氏族之间，甚至同一氏族的世系群之间，不断发生争斗和兼并的现象。在氏族中，以孛堇或勃极烈为酋长，遇有战事，勃极烈率领族人作战。

本文重点着墨于金代统治下的考试制度。金朝的人才选拔和升迁显示出了诸多的双重特征。但应该强调的是，女真人并没有将官职全部垄断，在有关汉人入仕的问题上也并未造成任何普遍的不满。毋宁说，金朝一直在寻求一种妥协，它试图形成一种选拔制度，这种制度能够在作为它人口组成部分的不同民族之间达成一种平衡。在为汉人采取开科取士制度的同时，也对此加以限制，并为女真人的入仕升迁提供了种种优先权，这无疑是有助于社会稳定的。的确，在金朝，科举制度在人才选拔上所起的重大作用，是另外两个非汉族建立的王朝辽与元所无法比拟的。

---

[1]　赵永春、赵燕：《20世纪40年代以来欧美学者金史研究概述》，《东北史地》2011年第1期。

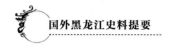

其二：《金代的用人政策》①

自隋唐时期开始，科举便是国家选拔官僚的重要制度，宋代君主对进士科的重视，更使得进士出身的官员在政治上扮演极为重要的角色。契丹辽朝与早期的金朝君主也用科举选取官员，但是这些官员的地位和影响力往往不及契丹、女真的功臣子弟或宗室贵族。而进士考试似也从未成为统治族群入仕的渠道。直到金世宗（1161~1189 年在位）大定十三年（1173），配合世宗的译经事业，首次举行以女真字学学生为对象，用女真文字考试的女真策论进士科考试。由于这一次考试的成功，大定二十年（1180）之后，女真策论进士正式成为金代科举的项目，一直到金末。本文的目的有二：第一，厘清这个制度成立的过程，了解世宗及其他女真臣僚为何试图透过这个政策，达到提升女真子弟之文治能力的目标；第二，从女真进士政治上的表现，分析经由这个渠道入仕的女真文治人才，对于女真政权内部的权力分配有何影响。

文中提到关于金朝的用人政策，尤其是金末的用人政策，历代治史者多有微词。蒙古定宗二年（1247）金末文士张德辉在向忽必烈阐述金朝灭亡的原因时曾评价道："辽事臣未周知，金季乃所亲见。宰执中虽用一二儒臣，余则武弁世爵，若论军国大计，又皆不预。其内外杂职，以儒进者三十之一，不过阅薄书、听讼理财而已。"（《元朝名臣事略》卷 10，宣慰张公德辉）金末另一著名文人刘祁更直接指斥宣宗"偏私族类，疏外汉人，其机密谋谟"。

第四节　《中国史上之正统：金代德运议研究》

一　作者简介

陈学霖（Hok-lamChan）教授，原籍广东新会，1938 年出生于香港，2011年 6 月 1 日逝世于美国西雅图家中。香港大学文学学士、硕士，1967 年在美国普林斯顿大学获得博士学位，后在华盛顿大学（西雅图）任教。曾任新西兰奥克兰大学历史系高级讲师、美国哥伦比亚大学编纂处研究员，澳大利亚国

---

① 陶晋生：《金代的用人政策》，台北：《食货月刊》1979 年第 11 期，第 51~53 页。

立大学远东史系研究员、台湾大学历史系客座教授，从事辽、宋、金、元、明史研究①。

陈学霖治学纵贯多个历史时期和领域，单就金史研究而言，则堪称美国学界成就最为显著的学者之一。陈学霖在香港大学中文系读书的时候，就对金史产生了兴趣，开始钻研金史及其相关著作，毕业前完成《〈金史〉的纂修及其史源》② 一文，后改成《金朝史学研究三种》③，在美国学界产生了很大影响。1969年以后，陈学霖先后在美国哥伦比亚大学、澳洲国立大学、西雅图华盛顿大学等学校任教④。1971年，傅海波为了实现金史研究计划，邀请陈学霖负责撰写《中国社会史——金（1115~1234）》各章导论及附论的工作。陈学霖参加傅海波这一研究计划以后，专攻金史，

Legitimation in Imperial China: Discussions Under the Jurchen-Chin Dynasty (1115-1234) (Publications on Asia of the Henry M. Jackson School of International Studies University of Washington)

Chan, Hok-lam

Note: This is not the actual book cover

相继发表了一系列有关金史研究的论文和著作，主要有1974年发表的《〈汝南遗事〉导论：1234年蒙古包围下的晚金宫廷实录》⑤、1975年发表的《王鹗（1190~1273》⑥、1976年发表的《杨奂（1186~1225）》⑦、1979年发表的

① 王颋、汤开建：《沉痛悼念陈学霖先生》，《欧亚学研究》2011年第7期。
② 此文发表在香港大学中文系系内刊物《东方文化》1967年第6卷上。
③ Hok lam Chan, *The historiography of the Chin Dynasty*（*1115 – 1234*）：*Three Studies*，Wiesbaden：F. Steiner，1970。
④ 赵永春、赵燕：《20世纪40年代以来欧美学者金史研究概述》，《东北史地》2011年第1期。
⑤ 陈学霖：《汝南遗事导论：1234年蒙古包围下的晚金宫廷实录》，《宋史研究通讯》1974年第10期。
⑥ 陈学霖：《王鹗（1190~1273）》，《远东史集》1975年第12期。
⑦ 陈学霖：《杨奂（1186~1225）》，《远东史集》1976年第14期。

《女真——金朝的茶叶生产和贸易》①、1981 年发表的《元代官修史学：辽、宋、金三史的修撰》②、1982 年发表的《王鹗对金史的贡献》③ 以及 1984 年出版的《中国史上之正统：金代德运议研究》④。1989 年陈学霖又发表《宋金二帝弈棋定天下——〈宣和遗事〉考史一则》⑤，对金代德运问题做了补充说明和考论。1991 年发表《"大金"：女真—金国号起源及释义》⑥，1992 年发表《女真——金朝劳役的组织与利用》⑦，1993 年发表《金亡元兴之记录：王鹗〈汝南遗事〉笔下的蔡洲（1233～1234）》⑧，1997 年与傅海波教授合撰《女真与金朝研究》⑨ 以及 1999 年发表《从部落酋长到中国皇帝：女真—金国领导权的争夺与继承危机（1115～1234)》⑩。

进入 21 世纪，陈学霖仍有一些有关女真的论著发表，如 2002 年发表《中国分裂时期的商业与贸易：以女真金与两宋为视角》⑪ 及 2003 年出版《金宋史论丛》⑫。尤其是 2003 年出版的《金宋史论丛》。该书是陈学霖先生历年研究女真及南宋王朝史实的论文集，聚集了陈学霖先生对女真及南宋王朝研究的精华。内容偏重于金朝的政治、经济、军事、人物、史学和宋金关系。内容主要以专题为主，如金国号起源及释义和金的祈雨与文化等。对

---

① 陈学霖：《女真——金朝的茶叶生产和贸易》，《汉—蒙古研究：傅海波颂寿论集》，威斯巴登：弗兰茨·施泰纳出版社，1979。

② 陈学霖：《元代官修史学：辽、宋、金三史的修撰》，《蒙古统治下的中国》，普林斯顿大学出版社，1981。

③ 陈学霖：《王鹗对金史的贡献》，《冯平山图书馆金禧纪念文集 1932～1982》，香港冯平山图书馆，1982。

④ 陈学霖：《中国史上之正统：金代德运议研究》，华盛顿大学出版社，1984。*Legitimation in Imperial China: Discussions under the Jurchen-Chin Dynasty（1115 – 1234)*, Seattle: University of Washington Press, 1984.

⑤ 陈学霖：《宋金二帝弈棋定天下——〈宣和遗事〉考史一则》，《刘子健博士七十颂寿纪念宋史研究论集》，日本京都同朋舍，1989。

⑥ 陈学霖：《"大金"：女真—金国号起源及释义》，《通报》1991 年第 77 期。

⑦ 陈学霖：《女真——金朝劳役的组织与利用》，《哈佛亚洲学报》1992 年第 52 卷第 2 期。

⑧ 陈学霖：《金亡元兴之记录：王鹗〈汝南遗事〉笔下的蔡洲（1233～1234）》，《慕尼黑东亚研究》1993 年第 66 期。

⑨ 陈学霖、〔德〕傅海波：《女真与金朝研究》，英埃尔德休特：阿什盖特出版社，1997。

⑩ 陈学霖：《从部落酋长到中国皇帝：女真—金国领导权的争夺与继承危机（1115～1234）》，《亚洲历史杂志》1999 年第 33 卷第 2 期。

⑪ 陈学霖：《中国分裂时期的商业与贸易：以女真金与两宋为视角》，《亚洲史研究》2002 年。

⑫ 陈学霖：《金宋史论丛》，香港中文大学出版社，2003。

金宋对峙的时代有深入开创性的研究。而且在他的《刘祁〈归潜志〉与〈金史〉》①中对《归潜志》与《金史》进行了比较，指出《金史》所用《归潜志》之处，并说明了《归潜志》有的材料不为《金史》所采用的原因②。

其英文著述有 Studies on the Jurchens and Chin Dynasty（《女真及金王朝研究》）、The Fall of the Jurchen Chin（《女真金国的没落》）、The Historiography of the Chin Dynasty（1115–1234）[《金代的史学》（1115~1234）]。除此之外，还参加了《金代名人传》的编纂工作以及《剑桥中国辽西夏金元史》中译本的订正书名的工作。

二　写作背景

1939年，美国德裔学者魏特夫在洛克菲勒基金会的资助下开始实施"中国历史编纂计划"，拟在1939年至1947年间出资18.7万美元，选择翻译秦、汉、辽、金和清史，被称为"魏特夫计划"。该计划最著名的成果是魏特夫和冯家昇合著的、1949年公开出版的《辽代社会史》。魏特夫在导论中提出了著名的"征服王朝论"。他将中国古代王朝分为两种类型，一种是以汉族为统治者建立的王权，另一种是由少数民族建立的王权。后者又按其统治民族进入中原的不同方式分为两类，第一类为"渗透王朝"，以十六国、北魏为代表；第二类为"征服王朝"，如辽、金、元、清等。在对汉文化的态度上，"渗透王朝"较倾向于吸收，"征服王朝"较倾向于抵制③。魏特夫计划将金史编写分为若干专题，摘录《金史》等史料，并译成英文。他们做了大量前期基础工作，后因冯家昇回国，翻译工作中断。20世纪50年代初，洛克菲勒基金会停止资助该项目，魏特夫将其搜集和翻译的大量金史资料移交给华盛顿大学的远东及俄国学院。当时享有国际声誉的德国著名汉学家傅海波接续了"魏特夫计划"。傅海波的治学重点在宋金元史，精通欧洲多种古典和现代语言，通晓中、日等国文字和多种民族语言文字。由他主持编写金史的研究计划，被称为"傅海波计划"。

---

① 陈学霖：《金宋史论丛》。
② 吴凤霞：《近六十年来的辽金史学研究》，《东北史地》2010年第2期。
③ 〔美〕魏特夫：《中国社会史——辽（907~1125）·总论》，王承礼主编《辽金契丹女真史译文集》第一集，吉林文史出版社，1990，第59页。

1971 年，傅海波邀请陈学霖合作译注《金史》，计划编写《金代社会史》。陈学霖主要负责各章导论及附论的撰写工作。在此之前，陈学霖曾将其史学史论文集《金朝史学研究三种》①的初稿送傅海波审阅，傅海波将是书列为德国明兴大学的"明兴东方学丛书"之一，于 1970 年出版。这是陈学霖首部金史研究专著。该书出版后便有数篇评论文章，如哈佛大学教授傅初礼即在 1972 年的亚洲学会会刊发表了评论，认为该书引用的史料翔实、考证精细。《剑桥中国辽西夏金元史》也对其给予了充分肯定，认为"1970 年前对《金史》编撰和史料的最现代和最广泛的研究是陈学霖的《金朝史学研究三种》"②。

"傅海波计划"的成果因故未能撰成大著作，多以发表论文的形式呈现。陈学霖在该计划中发挥了重要作用，发表了诸多金史研究的著作，对金代政治、军事、经济、文化等诸问题做了比较深入的探讨，尤其是对金代德运问题的讨论颇具代表性。自秦统一中国以后，在民族观念的发展过程中，正统观的影响不容忽视，而辽金时期尤为明显。陈学霖先生认为每次民族大融合均伴随着国家、民族的分裂与重新组合，再建立起新的中央集权制的统一国家，而对其分裂、组合、融合、统一起理论指导作用的就是"正统观"。辽宋夏金元时期，属中华民族统一正统观发展时期，有三个明显的变化：一是少数民族统治者公开提出自己可以为正统；二是汉民族政权开始尊少数民族政权为正统；三是史学界的中华统一正统观集大成之出现。这段时期民族融合的加深，中华民族统一正统观的广泛深入人心，为元朝统一全国奠定了理论基础。1984 年华盛顿大学出版社出版的 *Legitimation in Imperial China：Discussions under the Jurchen-Chin Dynasty*（1115 – 1234）（《中国史上之正统：金代德运议研究》）③ 即是在这种背景下成书的。

---

① Hok lam Chan, *The historiography of the Chin Dynasty（1115 – 1234）：Three Studies*, Wiesbaden：F. Steiner, 1970。

② 〔德〕傅海波、〔英〕崔瑞德编《剑桥中国辽西夏金元史》，史卫民等译，中国社会科学出版社，1998，第 684 页。

③ Hok-lam Chan（陈学霖）, *Legitimation in Imperial China：Discussions under the Jurchen-Chin Dynasty（1115 – 1234）*, Seattle：University of Washington Press, 1984.

三 主要内容

陈学霖对金代正统论研究的代表作《中国史上之正统：金代德运议研究》是"傅海波计划"中的重要成果，他在1972年返回华盛顿大学以后即着手撰写此书，于1980年脱稿，但迟至1984年才由华盛顿大学出版。该书引用《四库全书》收录的《大金德运图说》等资料，详细分析了金章宗和金宣宗时期关于德运问题的讨论，是对金代德运和正统观问题最早进行系统探讨的著作，对欧美学界金史研究的影响很大。

全书共分三部分：第一章是探讨正统和正统化的概念，以及它的产生、发展及其类型；第二章是讨论金章宗和金宣宗两朝德运讨论的背景、原因、经过、结果及重要意义等①；第三章是罗列排比相关史料，内有《大金德运图说》等点校资料，最后附相关图表、注释、书目、索引等。

本书以中原王朝的正统标志五德终始说为切入点，详细地论述了金王朝的正统性之争。金王朝的建立者"生女真"原本是文明程度较低的一个部族，被宋人称为"夷狄中至贱者"。女真入主汉地之初，尚无华夏正统观念。自熙宗改制后，金朝迅速走向汉化道路。到了海陵王时代，女真统治者已经具备中国大一统王朝的政治伦理观念。五德终始说自秦以后成为讨论历代王朝正统性的理论基础和对话平台，而金朝则是最后一个试图通过"五运"说寻求其政权合法性的王朝。德运之争是金朝历史上一个十分引人注目的问题，陈学霖先生对此做过专题研究。首先，在章宗泰和二年（1202）改定土德之前，对于金朝究竟奉行什么德运就有几种不同说法。从金朝官方文献的记载来看，泰和二年以前毫无疑问应是金德。世宗大定十五年（1175）册封长白山册文云："厥惟长白，载我金德。"章宗时讨论德运，翰林学士承旨党怀英主张"宜依旧为金德"。宣宗朝再议德运，应奉翰林文字黄裳说："泰和之初，……改金为土。"

四 学术评价

首先，本书详细论述了章宗朝的德运之争，并对已有的相关研究进行了梳理。

---

① 章宗朝的德运之争，自明昌四年（1193）至泰和二年（1202），几经讨论，历时十年，才最终更定金德为土德，这是金朝历史上的一件大事。有关德运论辩的始末，陈学霖进行了详细阐述。

其次，本书奠定了对这一问题进一步研究的基础。本书出版之后，虽然有关德运论辩的始末已有详细阐述，但对此次德运之争的真正动因还没有一个合理的解释。为解决这一问题，陈学霖陆续撰写了相关论文对"德运说"进行补充论证。1985 年的《"大金"国号起源及其释义》认为"女真族建立的政权，虽然沿袭中原习惯，以汉语译名为国号，但实际上大金代表的，是女真完颜部兴起阿禄阻水产金之地立国的传统，既有地缘的隐忍，亦有本族固有文化的特征"。这一国号实际上是代表了女真族的文化符号和政治诉求，即代辽抗宋。但在短短 20 年间，女真人取得了重要的军事胜利，灭辽国降北宋，并与偏安一隅的南宋形成对峙局面，在这样的情况下，"大金国号作为女真族本位的象征，便逐渐与时代需要脱节。"基于金国统治广袤的汉地和繁多的汉人这一现实条件，他们的统治方式也应与时俱进。所以，章宗和宣宗两朝关于"德运"的讨论，均引用"五德终始"的政治理论，这背后透露出女真族在汉文化的冲击下，积极寻求更鲜明的文化认同的表现①。1993 年发表的《大宋"国号"与"德运"论辩述义》也对金代德运的讨论做了重要补充，但没有在大陆公开刊发②。该文分析了"国号"、"朝号"与"德运"概念的区别和关系，大宋国号与火德的建立过程，宋初"德运"论辩始末，南宋"火德"的重建，金国之德运与宋之行序等。陈学霖认为大宋建立的火德对金朝在政治和意识形态上也有冲击。汉化的女真统治者试图套用"五德始终"的模式获得正统地位，势必涉及对宋朝的历史定位，金章宗和金宣宗时的德运讨论即可见③。此外，陈学霖在《宋金二帝弈棋定天下——〈宣和遗事〉考史一则》《欧阳修〈正统论〉新释》《柯维骐〈宋史新编〉述论》等著作中也对宋金正统论有精彩的论述。

再次，本书的观点得到相当一部分学者的赞同。同年牛津大学教授柯律格在伦敦大学《亚非学院报》中发表简评，认为陈学霖的这部专著对"持续了二十年的金代德运的讨论是一丝不苟的"，"对有关问题详细的尾注十分有价

---

① 陈学霖：《"大金"国号起源及其释义》，《金宋史论丛》，香港中文大学出版社，2003，第 24 页。
② 陈学霖：《大宋"国号"与"德运"论辩述义》，《宋史论集》，台湾东大图书有限公司，1993，第 22 页。
③ 陈学霖：《大宋"国号"与"德运"论辩述义》，《宋史论集》，第 39 页。

值"①。《剑桥中国辽西夏金元史》在第三章金史的结论中，提及"在金朝及其他的统治精英中，似乎已培养出强烈的以他们自己为合法政权的情感。他们自认为是真正的中国即唐和北宋传统的维护者"②，并且推荐了陈学霖在大金德运方面的研究。饶宗颐在《中国史学上之正统论》的引子中提及陈学霖关于这方面的研究："陈君治此问题，积有年所，于金代德运，更勒成专著。"③ 而一向谦虚低调的陈学霖对《中国史上之正统：金代德运议研究》这本著作也颇感骄傲，自评"这是学界对金代德运和正统观问题最早进行系统探讨的著作"④。还有很多学者在论及正统论时引用了陈学霖的观点，如中山大学曹家齐《说欧阳修的正统论思想》⑤，台湾真理大学叶泉宏《欧阳修史学探微——以〈新唐书〉本纪论赞为核心》⑥，首都师范大学江湄《从"大一统"到"正统"论——论唐宋文化转型中的历史观嬗变》⑦ 等。

不过，学界也不乏对本书的批评之声。1987 年，哈佛大学教授波尔·比特在哈佛大学的《亚洲学刊》发表了长篇书评文章，对《中国史上之正统：金代德运议研究》的结构、阐述方式和章节布局都提出了不同意见，不过他也中肯地评价此书是"处理中国政治史中重要问题的一项实质性工作，而陈学霖对金代史料详细的翻译使得人们对德运辩论更易于理解，他的注释和关于金朝历史的讨论和对中国正统论历史的讨论让它们更清晰明了"⑧。

此后，北京大学的在刘浦江在《德运之争和辽金王朝的正统性问题》等

---

① Craig clunas, Review of Hok-lam Chan, "Legitimation in Imperial China," *Bulletion of the School of Oriental and African Studies* 50 （1987）.

② 〔德〕傅海波、〔英〕崔瑞德编《剑桥中国辽西夏金元史》，史卫民等译，中国社会科学出版社，1998，第 329 页。

③ 饶宗颐：《中国史学上之正统论》，上海远东出版社，1996，第 1 页。

④ 陈学霖：《刘伯温与哪吒城——北京建城的传说·自序》，生活·读书·新知三联书店，2008，第XII页。

⑤ 金鑫、曹家齐：《说欧阳修的正统论思想》，《史学史研究》2005 年第 2 期。

⑥ 叶泉宏：《欧阳修史学探微——以〈新唐书〉本纪论赞为核心》，《宋史研究集》第 34 辑，2004（此文在 2003 年 10 月 4～5 日台湾嘉义大学主办的"历史、地理与变迁"学术研讨会上宣读）。

⑦ 江湄：《从"大一统"到"正统"论——论唐宋文化转型中的历史观嬗变》，《史学理论研究》2006 年第 4 期。

⑧ Peter K. Bol, "Reviews Legitimation in Imperial China," *Harvard Journal of Asiatic Studies* 47.1 （1987）.

文章中对陈学霖的论断提出不同意见，认为"五德终始说自秦以后成为讨论历代王朝正统性的理论基础和对话平台，而金朝则是最后一个试图通过'五运'说以寻求其政权合法性的王朝。德运之争是金朝历史上一个十分引人注目的问题，陈学霖先生已对此做过专题研究，但仍有许多问题值得继续探讨"，否定了陈学霖关于"也许金朝前期曾宣称继承辽之水德，直至章宗时才更定为土德"的推测，而认为"金德说是章宗泰和二年以前由金朝政府认可的本朝"①。

第五节　《女真统治下的中国：金代思想与文化史》

一　作者简介

本书主编为美国亚利桑那州立大学教授田浩与加州大学教授奚如谷。刘子健、包弼德、姚道中等人也在书中承担了部分章节。

田浩（Hoyt Cleveland Tillman），美国当代著名中国学家之一，生于 1944 年 7 月，本科学习美国史和欧洲史，研究生转向中国史研究。1976 年取得哈佛大学东亚语言与历史学博士学位。主要导师是史华慈（Benjamin Schwartz）和余英时。任教于美国亚利桑那州立大学历史学系。2009 年历史系并入历史、哲学、宗教学院，他重点研究辽宋金元思想史。现任美国亚利桑那州立大学终身教授，北京大学中国古代史研究中心兼职研究员，华东师范大学古籍所访问研究员。他发表的有关宋金史研究方面的论著主要有《金代的儒教：道学在北部中国的印记》②、《金代思想家李纯甫和宋代道学》③、《诸葛亮声誉之鹊起与 1127 年女真人入主中国》④、《功利主义儒家：陈亮对朱熹的挑战》、《朱熹的思维世界》、《儒学话语与朱子说的主流化》（Confucian Discourse and Chu Hsi's Ascendancy）等，编著有《宋代思想史论》。

---

① 刘浦江：《德运之争和辽金王朝的正统性问题》，《中国社会科学》2004 年第 2 期。

② 田浩：《金代的儒教：道学在北部中国的印记》，《中国哲学》1988 年第 14 期。

③ 田浩：《金代思想家李纯甫和宋代道学》，《大陆杂志》1989 年第 78 卷第 3 期。

④ 田浩：《诸葛亮声誉之鹊起与 1127 年女真人入主中国》，《汉学研究》1996 年第 14 卷第 2 期。

奚如谷（Stephen H. West），1944年生，美国亚利桑那州人，密执安大学博士，曾任加利福尼亚大学伯克利分校（UC Berkeley）中国及东亚语言文化教授，现为亚利桑那州立大学（ASU）全球研究学院语言文学系教授、亚洲研究中心（CAR）主任。他是当代北美中国语言文学领域的领军人物，对中国古文造诣极深，被学人称为美国东西两个Stephen之一，即东部哈佛大学的Stephen Own（宇文所安）和西部亚利桑那州立大学的Stephen West（奚如谷）。其主要研究领域为12~15世纪中国文学与文化史，涉及宋代及元代诗词、散文、中国早期戏剧以及历史典籍、文字、古代都市文化、园林文化等一系列相关的领域，在中国古代戏剧方面造诣尤深，尤其是宋金元时期的戏剧小说和雅文学。主要论著有《杂耍与叙事——金代院本与诸宫调》、《中国：一九七六年》（合著）、《中国1100至1450年间的戏剧资料》（与伊维德合著）、《月亮与古筝：王实甫之西厢记》（与伊维德合著）、《中国1275至1450年间的戏剧》（与伊维德合著）《臧懋循改写〈窦娥冤〉研究》（1992）、《论〈才子牡丹亭〉之〈西厢记〉评注》（2005）等，以及大量英文、中文和日文论文。

刘子健（James T. C. Liu, 1919~1993），美籍华裔学者，享誉世界的宋史专家，原籍贵州贵阳市。刘子健教授早年就读于北京清华大学、燕京大学，后经其父的近亲友人洪业教授的推荐，担任燕京大学助理。太平洋战争爆发至日军战败投降后，远渡太平洋到达美国，就读于美国西海岸西雅图华盛顿大学，后转入耶鲁大学任助理研究员。不久转入匹兹堡大学历史系，专心研究宋代社会政治史，并任助理教授。1950年获匹兹堡大学历史学博士学位。接着在匹兹堡大学执教八年，由助教授晋升为副教授，创设各系联合亚东课程，筹备成立亚东学系，担任主任。同时兼任多所大学及匹兹堡地区其他三所学校讲师。1960年，刘子健教授转到斯坦福大学任副教授、教授，兼任中国语言研究中心理事会主席。他精通英、日、法、德、俄多国语言文字，1984年获匹兹堡大学优秀校友奖励。1988年以美国普林斯顿大学荣誉教授退休。其间，还在西雅图华盛顿大学、耶鲁大学、哈佛大学、台湾"中央研究院"、日本京都大学、德国慕尼黑大学、中国社会科学院以及美国其他一些大学从事研究、教学，或做访问学者，并受聘为加拿大不列颠哥伦比亚大学客座教授。1993年9月30日，在普林斯顿家中病逝，享年74岁。刘子健教授学贯中西，知识渊博，毕生主要从事宋史研究，兼及金史。他的治史，非常重视对史学方法的探讨，认为传统的考证方法仍然需要沿用，以考证史实，分析推断，有助于说明史观，但西方的推算史料法、量化史料法、心理分析法等也可以作为参考。他著作宏富，主要有研究宋史的著作 8 部，主要论文 50 多篇。1983 年在《中国社会战线》上发表的《南宋成立时几次危机及其解决》、1987 年出版的《两宋史研究丛编》及 2002 年出版的《中国转向内在——两宋之际的文化内向》等著作都涉及金的信息。

包弼德（Peter K. Bol），1948 年 12 月出生于美国，1982 年获美国普林斯顿大学历史学博士学位，1985 年起历任哈佛大学东亚语言文化系中国历史助理教授、副教授、教授。1997～2002 年任东亚语言文明系系主任及东亚国家资源中心主任，现任哈佛大学地理分析中心主任，以及国际中国历史地理信息系统管理委员会主任、国际历史人物数据库项目主任。

包弼德主要研究中国唐至明代的历史，精通日语、荷兰语、法语。他的主要著作有：《宋代对〈易经〉的使用》，普林斯顿大学出版社，1990；《我们的文化：唐、宋中国知识分子的转变》，斯坦福大学出版社，1992；《寻求共识：女真统治之下的汉族学士》，刊载于《哈佛亚洲研究学刊》1987 年第 47 卷第 2 号；《政府、社会与国家：司马光（1019～1086）与王安石（1021～1086）的政治思想》，收入《秩序世界：探讨宋代中国的国家与社会》，加利福尼亚大学出版社，1993；《美国宋代研究的近况》，刊载于《新史学》1995 年第 3 期；《历史上的理学》，浙江大学出版社，2010。

姚道中（Yao Tao-chung），1946 年 9 月出生，1968 年获得苏州大学学士学位，1973 年获得西顿·霍尔大学（新泽西州）硕士学位，1980 年获得亚利桑那大学博士学位。现任夏威夷大学东亚语言文学系教授。主要研究语言、文学、中国语言文化。他的主要著作有《综合汉语》（与刘月华合著），波士顿剑桥出版社，1997；《精读汉语：符号介绍》，远东出版公司，1994；《丘处机与成吉思汗》，载于《哈佛亚洲研究学报》1986 年第 40 卷第 1 期。

二 写作背景与主要内容

20 世纪 80 年代以来，欧美学界的女真研究在政治、思想、文化领域都取得了令人瞩目的成就。这一时期除了大部头的《剑桥中国辽西夏金元史》之外，1983年美国亚利桑那州立大学召开"女真文化研讨会"，会后结集出版了《女真统治下的中国：金代思想与文化史》① 一书。这本书的问世标志着欧美学界"到了八十年代，金代研究达到了其第一个黄金时代"②，是当时唯一的一本能充分证明金国、女真文化在北方文化模式中重要地位及其本身意义的著作，以往常被忽略的金国、女真文化对传统文学、艺术、儒家思想、佛教与道教等领域发展的种种贡献，在书中第一次被系统地阐明。该书目前没有中文译本。

本书1995年由美国纽约大学出版社出版，共收录十篇文章，分为政治与制度、宗教与思想、文学与艺术三个部分。

在第一部分"政治与制度"中，主编田浩的《金国历史与制度概况》（An Overview of Chin History and Institutions）主要是按照大量《金史》以及当代中国和日本学者的著作来简单但比较全面地来概括金代历史、政治、科举制度等各方面。主要是通过金国政治制度的种种变化来追溯女真政府从部落式的政权模式到学习采取辽国与宋国变革后的唐帝国式政治制度的改革过程，并对这三国之间的制度上的差别与相似之处做了充分的分析。指出女真从部族制向国家制转变的过程中，先是从辽朝承袭了唐制，然后从北宋接受了宋制，但同时又保留了一些旧制，因此金制是一种多元制。本篇论文还包括官制、军制、教育、科举、法律和宗教等方面，内容全面，而且参考了当时的新成果，被柳立言③认为是了解金代的最佳入门工具。《金国历史与制度概况》还通过对科举制度等方面的探究，重新解释了汉人士人在金国的地位。值得注意的是，田浩对金国科举制度的评价并不是一种完全肯定和赞成的态度，他认为"金国政府对与俸禄没有任何联系的散官的态度类似金朝处理科举的方式，即入仕者与当官者多到失去了其意义"④。就是说，在简要地概括金史、谈到其科举制度时，强调的不是金国对科举制度的改革与创新对后世的贡献，而是保持一种与刘祁基本相同的看法，即金代末年散官与科举制度的滥用进一步导致了金国

---

① Hoyt Cleveland Tillman and Stephen H. West, eds., *China Under Jurchen Rule*: *Essays on Chin Intellectual and Cultural History*, Albany: State University of New York Press, 1995.

② Hoyt Cleveland Tillman and Stephen H. West, eds., *China Under Jurchen Rule*: *Essays on Chin Intellectual and Cultural History*, p. 11.

③ 就任于台湾"中央研究院"历史研究所。

④ Hoyt Cleveland Tillman and Stephen H. West eds., *China Under Jurchen Rule*: *Essays on Chin Intellectual and Cultural History*, p. 32.

的灭亡。田浩也提出了一个假设："金朝册封了这么多官员与入仕者的目的有可能是，在安抚金国的汉人的同时，就不用减少女真官员的数量。"① 总体而言，这篇文章的重点无疑是介绍世宗朝以及其后的情况。就女真族建金国前史或"纯正"的"民族学"等方面的研究而言，田浩仅仅只在尾注里加了一句话，建议有兴趣的读者去参考孙进己、宋德金、王可宾等有权威性的中国学者的著作。

刘子健的《女真与宋的对峙：一些被忽略的观点》（*The Jurchen-Sung Confrontation：Some Overlooked Points*）一文点出了该书另一个很重要的话题，即金与元的比较。刘子健认为，女真人作为历史上第一个来自东北部的黑龙江流域及草原地区，创立伟大功绩，并建立政权的北方民族，其历史是由蒙古人所写，从而使对女真人及金朝的评价受到了一定程度的影响。刘子健对比了背景相似的金国和蒙古国的侵略过程，提出由于《金史》是元代的产物，其是否有歪曲金国真正的历史成就的可能性。同时，刘子健挑战了以往历史学界对齐国的刘豫、宋高宗、秦桧等历史人物的传统评价，建议我们改变对作为征服朝代的金国的一些印象。例如文章提到了金人是第一个跨过长江的游牧民族，他们不能统一南方是因为人力不足，缺乏后勤的支持，而且看不到增加领土的好处。文章也注意到刘豫政权对稳定北方有好处，利于金人顺利接管政权。文章还提到了北宋的灭亡是新儒学兴起的原因。指出金人始终不能统一南方的主要原因是不能善任汉人，尤其是投诚的汉人。

陶晋生在《金代官学》（*Public Schools in the Chin Dynasty*）中认为：金代庙学即是官学。他对庙学进行了探源和考证，并按统治者先后顺序以表格形式对金代这种官学形式进行了具体分析。文中还阐释、考证了金代官学的办学地点、生员数量、课程设置、学生管理以及学校经费等情况。详细统计了金国政府所办学校数量，发现远远超出了我们以往所掌握的数字，同时地方教育界人士也指出，女真人所统治下的金国政府对教育的态度是非常客观的："金代广泛的教育制度的贡献在于加强了汉文学和汉文化的价值。根据当时许多汉人判断，金的文化成就最后达到了中国传统史上盛世王朝的水平。"

---

① Hoyt Cleveland Tillman and Stephen H. West eds. , *China Under Jurchen Rule：Essays on Chin Intellectual and Cultural History*, p. 33.

在第二部分"宗教与思想"中，首篇为田浩的《金代儒家思想与宋代道学的影响》（*Confucianism under the Chin and the Impact of Sung Confucian Tao-hsueh*），修正了对金代儒学的传统看法。田浩指出，在 1190 年后，道学就由南宋传到北方，然后得以传播，而且一些金代名儒逐渐认识到道学有别于其他儒学。除此之外，田浩还树立了界定道学的准则；第二篇是包弼德的《赵秉文》（*Chao Ping-wen*（1159 – 1232）：*Foundations for Literati Learning*），在文章中包弼德质疑赵秉文是否称得上道学家，对赵秉文的文章和思想加以分析。两篇文章都是研究儒家思想在金国的发展过程，从不同的角度研究苏轼的思想和程颐的"道学"思想在金国的争论形式等问题；他们通过分析刘祁、赵秉文、王若虚等近代思想家的文章，重新评价了金国儒家思想的水平和金国士人对宋国思想情况的认识，以及金国思想和宋国、元国思想的联系。

第三篇文章是姚道中的《金代佛教与道教》（*Buddhism and Taoism under the Chin*）。首先，文中指出金国的佛教和道教是非常有影响的，即使在士人界也是如此，它的影响甚至大过儒家思想的影响；其次，通过金国和蒙古国政府与佛教和道教关系的比较，说明金国政府在宗教信仰上更加开明；再次，文章分析了金人王重阳（王喆）提出的"三教"学说，指出了"儒、道、释"的融合以及王重阳的"全真"学派对道家思想的传承作用。文章认为金代佛教与道教比儒教更为流行，金对宗教团体加以控制，而且佛教与道教公平竞争。文章还指出了两教对文化的贡献很大，如现存三分之二的金代词都是全真道士所作。该文被认为是理解金代佛教和道教的重要工具。

第三部分"文学与艺术"包括 4 篇文章，首先是布什（Susan Bush）的文章《五幅以动物为对象或主题的画及其与金国文化的关系》（*Five Paintings of Animal Subjects or Narrative Themes and Their Relevance to Chin Culture*）。该文分析了五幅画，从艺术历史学家的角度分析了 12 世纪末金代文化的状态，进一步证明了这一时期金的文化非常繁荣，而且分析了金的"专业画家"的社会地位。同时，也研究了元前期的书画，指出元前期书画是从金的画家或者金人保存的宋代画家那里学来的，证明了金画家对艺术的传承和发展作用。第二篇为金启孮的《金代文学》（有中文译稿），主要研究了女真本土文学从口语发展为文字的过程。由于汉化的原因，本土文学逐渐淡化，只是保留在底层社会中，世宗推行本土运动才得以复苏。

第三篇是伊维德（Wilt Idema）的《诸宫调的讽刺与寓言》（*Satire and Allegory in all Keys and Modes*），该文通过对几个金的"诸宫调"的研究，提出了一些金人的生活价值观：第一，在繁荣的科举制度下，对大量应试的儒生持有既可怜又可笑的看法；第二，虽然金的主要价值观也主要来自儒家思想，但是对于男女关系却不像宋国那么严格，是非常自由和开放的；第三，金出现了前所未有的对"乡下人"的藐视和偏见①。文章还指出诸宫调这样的说唱方式的娱乐，主要听众是士大夫在内的上层社会人士。这些反映出当时文坛的心态和价值观。最后一篇是奚如谷的《沧海与东注的大河——元好问的丧乱诗（1233～1235 年）》（*Chilly seas and east-Flowing Rivers：Yuan hao-wen's Poems of Death and disorder，1233 – 1235*）一文，文章分析了元好问在金被元所灭前后时期的诗文，描述了他从被压抑到面对现实，最终把保护传统文化作为一种责任的过程。奚如谷将元好问的诗与当时的有关史料进行比较，更深入地分析了元好问是如何将文人的想象力与自我意识加入他对逐渐消亡的传统文化的见解里面的②。

三　学术评价

一方面，由于都是宋代思想史、中国古代文学、艺术史、儒家思想与道教等方面最有权威的学者，因此他们更善于揭示金朝与北宋、南宋之间在文化模式上的相异与相通之处。在这部论文集中，学者们把女真人与其统治阶层所建立的金国置于整个中国历史的长河之中进行总体评判。他们认为，学界对金与宋之间不可否认的那些差别并不是通过人们很熟悉的"文明与野蛮""封建与原始""农业与游牧""汉族与少数民族"等二元对比来理解，而应该把当时的金、宋对峙放入"一般被理解为更讲究理性、军事和政治"的北方与"比较讲究浪漫主义与和平主义，热爱哲学"③的南方两套文化模式之间去重新权衡他们的冲突与互动。

---

① 霍明琨、武志明：《20 世纪欧美学界的女真研究——以〈女真统治下的中国：金代思想与文化史〉为例》，《东北史地》2011 年第 1 期。

② 霍明琨、武志明：《20 世纪欧美学界的女真研究——以〈女真统治下的中国：金代思想与文化史〉为例》，《东北史地》2011 年第 1 期。

③ Hoyt Cleveland Tillman and Stephen H. West, eds. , *China Under Jurchen Rule：Essays on Chin Intellectual and Cultural History*, p. 1.

另一方面，虽然本书的各位著者承袭了此前从"蒙古学"的角度进行辽金史研究的习惯，但是其研究立场却与 20 世纪 90 年代以来大多数女真研究者迥异，我们发现《女真统治下的中国：金代思想与文化史》一书的各位著者的关注点多是此前学界经常忽略的地方。如国内女真研究常见的几个主要方面，包括猛安谋克的制度、女真族与满族的共同性及其关系、女真族的风俗习惯、"民族学"研究、"绍兴和议"与对峙时期的军事与战争史等在这本书中或占据极少的篇幅，或根本没被提出，在该书 300 多页的十几篇文章中，岳飞的名字甚至一次都没出现过，而且大部分的文章着眼于世宗、章宗两朝的"鼎盛时期"以及晚期金国面临大蒙古国的危险、马上被灭亡的时期。

《剑桥中国史》主编之一傅海波（Herbert Franke）在《女真统治下的中国：金代思想与文化史》前言中对这本书给予了高度评价："我们现在能够更清楚地感知到十二与十三世纪的北方文化特性的形态与特点。从此以后，这个时段不能再被理解为宋与元之间的一个没有任何创新和发展的转变时期。"[1] 这一评价表明：学术界要重新考量女真文化在整体文化发展史上的独特地位，而这正是欧美女真学界的研究特点，也是他们所致力的。

第六节 《剑桥中国辽西夏金元史》

一 作者简介

1966 年，美国历史学家费正清（John King Fairbank）[2] 和英国历史学家崔瑞德担当总编辑，联合国际著名中国史专家（包括 200 多名在各自领域取得杰出成就的学者）[3]，编写了《剑桥中国史》。崔瑞德是第一卷至第十卷的主编和撰稿人之一，费正清是第十一卷至第十五卷的主编和撰稿人之一[4]。到 1991

---

① Hoyt Cleveland Tillman and Stephen H. West, eds., *China Under Jurchen Rule: Essays on Chin Intellectual and Cultural History*, p. XXI.

② 费正清（1907~1991），美国著名汉学家、历史学家，哈佛大学终身教授，哈佛大学东亚研究中心的创始人。

③ 龚咏梅、孔飞力：《中国学研究》，上海辞书出版社，2008。

④ 刘正：《海外汉学研究——汉学在 20 世纪东西方各国研究和发展的历史》，武汉大学出版社，2002。

年陆续出版了 15 卷、17 本。各章的内容大多是原创资料。1994 年，《剑桥中国史》第六卷《剑桥中国辽西夏金元史》直译为《异族王朝和边疆国家》出版。

《剑桥中国辽金西夏元史》的主编是慕尼黑大学名誉教授傅海波和普林斯顿大学名誉教授崔瑞德。其中傅海波还负责第 3 章金朝历史的写作；崔瑞德与克劳斯 - 彼得·蒂兹合作编写了第 1 章辽朝的历史。第 2 章西夏史的作者是肯永学院教授邓如萍。第 4 章是特伦顿州立学院教授托马斯·爱尔森。第 5 章是哥伦比亚大学纽约市立学院教授莫里斯·罗沙比。第 6 章是台湾清华大学历史研究所的萧启庆教授。第 7 章元朝后期历史是堪萨斯大学教授窦德士。第 8 章是米德尔斯伯里学院的伊丽莎白·恩迪科特 - 韦斯特教授，涉及元代政府和行政管理的相关内容。第 9 章是普林斯顿大学名誉教授牟复礼，专门讨论元朝统治下的社会问题。

（一）傅海波（Herbert Franke）

也译为福赫伯，德国慕尼黑大学名誉教授，著名中国语文学家、历史学家，研究中国史的权威学者。1914 年出生，是蒙古学家埃尼希·海尼士（Erich Haenisch，1880～1966）的学生和接班人。他精通欧洲多种古典和现代语言，通晓中、日等国文字和蒙、满、藏、维吾尔等少数民族文字，偏重于用汉文史料研究金、元史。他从 1952 年起成为慕尼黑大学教授，后任东亚研究中心主任，继海尼士之后主持该校的汉学研究，1964 年被美国华盛顿大学聘为讲座教授。

他的研究涉及面广，成果丰富，除了与崔瑞德一起主编《剑桥中国史》第六卷"辽西夏金元史"，并负责其中第 3 章的金朝历史的撰写外，还有很多著作。

关于元史的有《从部落酋长到世界皇帝和上帝——元朝的合法性》（英文）、《北中国：蒙古人征服的前夜》（德文）、《赵孟頫》、《桑哥》（《汉学》，1940、1942）、《蒙古统治下中国的货币与经济：元代经济史文献》（1949）、《蒙古诸帝能读和写汉文吗?》① 等作品。

关于金史的有：1978 年出版了《蒙古征服前夕的北中国：金代统治下的经济与社会（1115~1234 年）》② 一书；1981 年 3 月，在澳大利亚国立大学太平洋研究学院和远东历史研究会联合举办的学术讨论会上，傅海波作了《金代社会结构》和《金代的经济与财政》的讲演；1994 年傅海波与英国人崔瑞德主编了由剑桥大学出版社出版的 *Alien Regimes and Border States* 即《异族王朝和边疆国家》一书，并在本书中担任第 3 章金朝历史的写作工作，中国学者史卫民等将该书翻译成汉语，名为《剑桥中国辽西夏金元史》③；1997 年傅海波又与陈学霖合写了《女真与金朝研究》④ 一书。

此外还有很多论文，影响比较大的有：《宋金条约》⑤（对两国间条约进行了考释，既研究了 1141 年的和约，也研究了后来的条约）、《中世纪中国的城市攻防》⑥、《有关女真的汉文史料：〈三朝北盟会编〉中有关女真资料的翻译》⑦、《1206~1207 年的围攻襄阳：宋金战争中的插曲》⑧、《有关女真的汉文史料：〈金史〉卷 1 的翻译》⑨、《金朝史中的民间传说资料》⑩、《1211~1212

---

① 载《大亚细亚》新集 3，1952。
② 〔德〕傅海波：《蒙古征服前夕的北中国：金代统治下的经济与社会（1115~1234 年）》，西德出版社。
③ 〔德〕傅海波、〔英〕崔瑞德编《剑桥中国辽西夏金元史》，史卫民译，中国社会科学出版社，1998。
④ 〔德〕傅海波、陈学霖：《女真与金朝研究》，埃尔德休特：阿什盖特出版社，1997。
⑤ 〔德〕傅海波：《宋金条约》，《纪念白乐日宋史论文集》第 1 册，巴黎，1970。
⑥ 载《中国的战争方法》，哈佛大学出版社，1974。
⑦ 〔德〕傅海波：《有关女真的汉文史料：〈三朝北盟会编〉中有关女真资料的翻译》，《中亚细亚研究》第 9 卷，1975。
⑧ 〔德〕傅海波：《1206~1207 年的围攻襄阳：宋金战争中的插曲》，《社会与历史·纪念魏特夫论文集》，1978。
⑨ 〔德〕傅海波：《有关女真的汉文史料：〈金史〉卷 1 的翻译》，《中亚细亚研究》第 12 卷，1978。
⑩ 〔德〕傅海波：《金朝史中的民间传说资料》，《中国传说学术与宗教——艾木华七十荣庆论文集》，旧金山中国文献中心，1979。

年南宋使者的日记——程卓〈使金录〉》》①、《女真习惯法与金代的汉法》②、《宋使：一些笼统的观察资料》、《同等国家中的中国·10~14 世纪的中国及其邻国》③、《少数民族统治下的中期中国：慈善机构问题》④、《满洲森林中的民族——契丹与女真》⑤ 等。

这些论著在美国史学界产生了很大影响，但其受"征服王朝论"的影响很大。近几年，傅海波仍在进行研究，不断有新作问世。

（二）崔瑞德（Denis Twitchett）

英国历史学家，中文名字杜希德，主要研究中国隋唐史，西方隋唐史研究的奠基人，二战以来最重要的汉学家之一。1925 年 9 月 23 日生于伦敦，1955 年获得剑桥大学博士学位。1954 年到 1956 年，崔瑞德任教于伦敦大学。后来，回到剑桥任讲师四年。1968 年到 1980 年，回到剑桥任汉学教授，2006 年 2 月 24 日在英国剑桥去世。他的学生、普林斯顿大学东亚研究助理教授陆扬曾说，崔瑞德是中古时期中国史领域最杰出的历史学家，他的作品涉及很多领域，他特别擅长中国社会史和经济史的研究。他在这些领域内的观点和方法激励并驱使着几代历史学家谋求创新。

其代表性成果是与美国哈佛大学学者费正清合作编写的《剑桥中国史》，他是这一巨大的学术出版工程的发起者。在其中负责规划和制定研究方向，同时负责监督出版、评估成果等工作，还担任了数卷的分编，承担撰写工作，可谓全面型人才。

此外，他还主编过六卷本的《剑桥日本史》。另外还有《中古时代中国的印刷与出版》《唐代的金融机构》《中国知识精英的诞生：唐代中国的官僚和

① 〔德〕傅海波：《1211~1212 年南宋使者的日记——程卓〈使金录〉》，《法兰西远东学院学报》1981 年第 69 期。
② 〔德〕傅海波：《女真习惯法与金代的汉法——东亚的国家与法律·卡尔宾格尔颂寿论集》，威斯巴登奥托 & 哈拉索维茨出版社，1981。
③ 〔德〕傅海波：《同等国家中的中国·10~14 世纪的中国及其邻国》，加利福尼亚大学出版社，1983。
④ 〔德〕傅海波：《少数民族统治下的中期中国：慈善机构问题》，《中国研究第 39 届会议文集》，1988。
⑤ 〔德〕傅海波：《满洲森林中的民族——契丹与女真》，《剑桥早期东亚史》，剑桥大学出版社，1990。

科举制度》等。

（三）托马斯·爱尔森（T. T. Allsen）

本书的第四章"蒙古帝国的兴起及其在中国北部的统治"的作者，美国特伦顿州立学院教授。其学术研究重点在于蒙元前期（前四汗时期）的历史。1979年，博士毕业于明尼苏达大学，其博士学位论文是研究蒙哥汗时代大蒙古国的政治和经济，1987年经过修补后由加利福尼亚大学出版社出版。相对于其他学者来说，他拥有很强的语言优势。

主要学术成果有：《蒙古帝国主义：蒙哥汗对中国、俄罗斯和伊斯兰地区的政策，1251～1259年》《蒙哥汗时期的护卫与统治机构》《马合木·牙老瓦赤》《1245～1275年蒙古在俄罗斯的户口调查》。

（四）莫里斯·罗沙比（Morris Rossabi）

本书第五章"忽必烈汗的统治"的作者，美国哥伦比亚大学纽约市立学院教授，著名的远东史研究专家、东方学和蒙古史专家，尤其擅长明朝与西域关系史的研究。1978年参与组织"10～14世纪东亚多国关系"学术谈论会。翻译了《元世祖本纪》。他认真搜集多种文字的关于忽必烈的史料，经过数年的努力于1988年完成了蒙古史上最重要人物之一的长篇传记——《忽必烈传》。其代表作还有《忽必烈和他的世界帝国》《1368年以来的中国和中亚》《元明时期的女真人》《元代早期的穆斯林》等。

（五）萧启庆

本书第六章"元中期政治"的作者，生于1937年5月16日，卒于2012年11月11日，江苏泰兴人，台湾著名历史学家、"中央研究院"院士、台湾清华大学讲座教授。1963年，毕业于台湾大学历史学系。后在哈佛大学东亚系学习，跟柯立夫（Francis W. Cleaves）、杨联升一起研究元史。1974年任新加坡国立大学历史系教授。1994年9月返台任教，开设"辽金史专题研究""元史专题研究""汉学述评"等课程，并致力于把辽金元史研究发展为"清华"历史所的特色之一。2000年被选为"中央研究院"院士。2002年自"清华"退休之后，仍然专注于学术研究，并将其被聘为清华大学梅贻琦特聘讲座教授以来得到的酬金全部捐出，作为"萧启庆教授梅贻琦讲座奖助学金"，鼓励学习成绩优异及进行学术研究的学生们刻苦学习、不断专研，尤其是不放弃对辽金元史的研究。这样一位学术成果丰厚，毕生致力于辽金元史研究的学者，于2012年11月11日逝世。

其主要成果有《元代史新探》①《蒙元史新研》②《蒙元的历史与文化：蒙元史学术研讨会论文集》③《内北国而外中国：蒙元史研究》④《元代的族群文化与科举》⑤《九州四海风雅同：元代多族士人圈的形成与发展》⑥ 等。

（六）窦德士（J. W. Dardess）

本书第七章"顺帝与元朝统治在中国的结束"的作者，负责元后期历史的撰写。他是美国蒙古史专家，其研究重点集中在元代中后期史。

学术成果主要有著作《征服者与儒士：元后期的政治变化》，论文《弥勒教起义的转折与明朝的建立》《从蒙古帝国到元朝》《元后期浙江的儒学、地方改革与中央集权》等。

（七）伊丽莎白·恩迪科特－韦斯特

本书第八章"元代政府与社会"的作者，专述与元代政府和行政管理的有关问题。他原在美国哈佛大学任教，现在米德尔斯伯里学院任教。1982 年毕业于普林斯顿大学。其博士论文为《元代的区域和地方政府》，并于 1989 年出版，书名为《蒙古在中国的统治：元代的地方政府》。其他成果有《元代早期的决策与人事管理状况》《元代中国的商人团体：斡脱》等。

（八）牟复礼（Frederick W. Mote, 1922～2005）

美国著名汉学家、东亚学家。其中文名字取自《论语》中的"克己复礼"，与其本名 Frederick 的开头也是谐音。其研究方向全面，涵盖政治、军事、社会、文化、艺术、思想等诸多方面，尤其在明史、蒙古思想史、制度史研究方面颇有成就。在本书中承担第九章"蒙古统治下的中国社会，1215～1368 年"的写作，讨论元朝统治下的社会问题，还撰写了《剑桥中国辽西夏金元史》中参考文献介绍的"元史传统史料"。

1943 年在美国空军服役，因药物等原因未能实际参战而成为中国文史方面的学生，并有机会被送到哈佛大学进行系统学习。1944 年来到中国，曾在成都、北平、天津担任军官。战争结束后，他顺利地考入了金陵大学（后与

---

① 台北新文丰出版公司 1983 年出版。
② 台北允晨文化实业股份有限公司 1994 年出版。
③ 台北台湾学生书局 2001 年出版。
④ 中华书局 2007 年出版。
⑤ 台北联经出版事业公司 2008 年出版。
⑥ 台北联经出版事业公司 2012 年出版。

南京大学合并）历史系。后到西雅图华盛顿大学继续学习，师从著名中国学家费正清。1954 年博士毕业，到台湾大学从事博士后研究。1955 年到荷兰莱顿大学做讲师，后到普林斯顿大学任教。1969 年创办了普林斯顿大学东亚学系。2005 年 2 月 10 日逝世。

主要代表作是《帝制中国：900～1800》，其另一重要贡献是他主持编撰的《剑桥中国史》第七、八卷。在元史方面的相关著述有《元代的儒者隐士》《陶宗仪生平诸考》等。无可置疑，牟复礼是美国中国学研究重要的一位先行者。

二　写作背景

20 世纪 50 年代，整个美国笼罩在麦卡锡主义的阴影之下，毋庸置疑，这也对美国中国学研究产生了严重的冲击和影响。一些研究中国问题的学者遭受指控和冲击，学术研究自然也受到了破坏。另外，因受麦卡锡主义的影响，美国中国学的研究主要放在翻译文献、研究思想和宗教方面，离现实越来越远。麦卡锡主义也影响着中外的学术沟通，此时的美国根本无法从中国大陆获取到研究资料，研究中国的学术机构几乎瘫痪，也严重影响了其学术研究。到了 50 年代末，中国研究的学术氛围才逐渐好转，出现了一些当时中国都未出现的断代中国史学发展史研究和区域性研究著作。1979 年中美建交，双方也恢复了正常的学术交流，美国的"中国研究"也逐渐发展起来。但是 70 年代以后，美国政府和基金会对于中国学的投入普遍减少。

从 20 世纪 40 年代开始，魏特夫等人就计划编写包含"征服王朝"理论的中国历史丛书，并邀请了许多著名学者参与这一计划。其中冯家昇受邀来美国参加该计划，主要负责辽金历史的撰写。他与魏特夫一起完成了《中国社会史——辽（907～1125）》一书的撰写，并且收集了很多关于金史方面的资料。但是由于冯家昇回国这一原因，当时魏特夫又找不到可以代替冯家昇的人，翻译《金史》及进行金史研究的工作不得不止。于是，关于此计划中想要撰写大部头的《金史》著作的"金史研究计划"失败。

傅海波对于魏特夫的"征服王朝"理论十分感兴趣，因此，以魏特夫留下的金史资料为基础，组织国际金史研究学者，一起努力完成魏特夫没有完成的金史计划。傅海波教授重新制订的编写金朝大部头断代史的学术研究计划，被称为"傅海波计划"，傅海波为总编纂。这种协作攻关的做法极大地推动了金史研究的发展。而《剑桥中国辽西夏金元史》就是这一计划中的一部分。因此《剑桥中国辽西夏金元史》是在美国"中国学"不断发展而国内支持经费紧张的情况下,由傅海波在魏特夫留下的金史资料的基础上组织人员完成的。

"傅海波计划"本打算编写金朝大部头断代史,撰写大部头的金史研究著作。1971年,傅海波为了实现金史研究计划,邀请美籍华人陈学霖负责撰写《中国社会史——金(1115~1234)》各章导论及附论的工作。参加"傅海波计划"的还有卫德明等人。但由于种种原因,原计划没有实现,并没有完成大部头的金史研究著作,但也利用了魏特夫留给他的金史资料,变为以发表论文的形式进行。由于傅海波很欣赏魏特夫的"征服王朝论"思想,因此在他的论著中,"征服王朝论"的影响很大。在《剑桥中国辽西夏金元史》中我们可以看到魏特夫的"征服王朝论"的影响及运用。

三 主要内容

《剑桥中国辽西夏金元史》中译本的前言提到,按照中国社会科学出版社翻译《剑桥中国史》的通例和本书涉及的内容,将第六卷中译本的书名译为《剑桥中国辽西夏金元史》。本卷是《剑桥中国史》中难度较大的一卷,因为它所叙述的辽、西夏、金、元四个王朝,都是中国历史上少数民族建立的王朝,在研究这些王朝的历史时,既面临许多语言、文字问题,还要深入研究民族关系和国家关系的发展变化、多元文化的构成及其相互影响、社会风俗的变化等一系列问题。

《剑桥中国辽西夏金元史》共分为11个大部分:目录、导言、第一章至第九章。

目录包括中译本前言、总编辑序、第六卷序,以及一些世系、年号的图表,共23页。

导言部分分为9个主题,分别为"晚唐的力量平衡""边界""外族人""外臣与太上皇""多国制""盟约关系""政府的模式""多语状态""外族统治下的汉族中国人"。

第一章"辽"分17个主题,大致按照时间的顺序进行论述,但形式新颖,比如会单独叙述一朝的外交关系。第二章"西夏"分15个主题,以党项人为中心,按时间顺序进行论述。第三章"金"分11个主题,按时间顺序的描述比较少，重点放在了政治制度、经济、文化、宗教、社会生活等方面。第四章"蒙古帝国的兴起及其在中国北部的统治"分5个主题，以时间顺序为主轴。第五章"忽必烈汗的统治"分13个主题，以忽必烈为中心，比如第一个主题是"最初的岁月"，最后一个是"忽必烈的晚年"。第六章"元中期统治"分16个主题，大致以时间为主轴进行叙述。第七章"顺帝与元朝统治在中国的结束"分5个主题，最后一个主题分析了元朝为什么灭亡。第八章"元代政府与社会"分政府与社会两个主题进行论述，"政府"里包括专门机构、皇家机构、军事等方面。第九章"蒙古统治下的中国社会，1215～1368年"分11个主题，没有按时间顺序进行介绍，而是介绍了社会阶层、儒户、精英作用的扩散等，主要从社会史的角度进行叙述。

从内容上看，本书有以下特征。一是本卷各章的作者反复强调和深入探讨的问题为多元文化的构成及其相互影响是10～14世纪中国历史的显著特征，揭示了契丹人、党项人、女真人和蒙古人的文化在各王朝历史中所起的作用，各种文化的走向，以及这些文化对中国社会乃至中国文化的影响。二是作者对契丹、党项、女真和蒙古的来源和发展都有专门的叙述。在族源问题上学术界虽有不同的看法，却能厘清主要线索，指出不同的学术观点。三是注意人物特征和人物间的关系。对于重要人物，叙述其本人的出身和经历，注意他们的文化背景，还能认真分析促使其做出重大决策的各种因素。四是本卷各章经常使用"精英"一词，用来指帮助最高统治者建国或进行统治的群体。对精英的民族构成、文化背景、社会地位、政治倾向等的分析，在各章中都占有一定的比重。这样的叙述，不但使政治史的脉络清晰，而且容易解释各次政治斗争的前因后果。

四 学术评价

（一）欧美研究中国的集大成之作

在《剑桥中国史》之前，欧洲在汉学研究中的地位不可撼动，但是涉及领域并不多，主要研究内容是古籍翻译和王朝及其制度史史纲等方面。而《剑桥中国史》的编写正值美国汉学超越欧洲汉学时期，美国汉学突破传统汉学的学科界限，以历史学为主体，同时借鉴其他社会学科优秀的研究方法、先进理论对中国进行研究。由此可见，《剑桥中国史》必定是一部包含了欧美汉学研究精华的著作。正如在此书前言中提到的，此书集许多学者之合力，并注意搜集以往的研究成果，是一部对传统汉学研究总结的成果。而《剑桥中国辽金西夏元史》因是转型期的欧美汉学研究的代表作《剑桥中国史》的一部分而变得举足轻重。又如其前言中说道："如同规模宏大的《剑桥中国史》丛书其他各卷一样，《剑桥中国辽金西夏元史》集中了国外研究中国历史著名的专家的研究成果，将这一王朝此消彼长、错综复杂的历史时期充分而脉络清晰地展示在全世界读者面前。"①

（二）存在重大理论缺欠

全书的指导理论是魏特夫的"征服王朝论"，而这一理论是不正确的。《剑桥中国辽西夏金元史》的主编之一傅海波教授十分欣赏魏特夫的"征服王朝论"思想，并在魏特夫留下的大量金史资料的基础上展开了该卷的编写，完成魏特夫未完成的金史撰写计划。书中体现"征服王朝论"思想的地方比比皆是。

从本书的名字就可以看出其包含着"征服王朝论"的思想。本书的英文原名是 Alien Regimes and Border States，后被翻译为《异族王朝和边疆国家》。这一名字中体现了相对于汉族而言的"异族"。同时，"边疆国家"显然把这一部分区别于汉族统治王朝。

文中有多处直接提到"征服王朝"。比如，在第三章的概述当中，就直接提到"长期以来人们一直承认，对于周期性的中国历史来说，按照王朝划分的模式并不是很令人满意的标准。不过，确实有某种例外，如征服王朝，其中每一个王朝所进行的统治，都同时代表了一个外族征服时期。金朝（1115～1234 年）就是这些王朝中的一个"②，可见其对于魏特夫"征服王朝"的认可。再如，"契丹人、女真人、还有蒙古人，他们相继采用了不同的政权形式，也程度不同地接受了汉族的文明。将这些差异进行对比，有助于了解外族统治中国的各种类型"③。它认为金朝是外族对于汉族的统治，由此也可见其受"征服王朝论"的影响。

本书在叙述金朝扩张的过程当中，也体现了"征服王朝论"的思想。它

---

① 史晓：《域外中国史研究的新作——〈剑桥中国辽金西夏元史〉简评》，《全国新书目》1999 年第 3 期。

② 〔德〕傅海波、〔英〕崔瑞德编《剑桥中国辽西夏金元史》，中国社会科学出版社，1998，第 224 页。

③ 〔德〕傅海波、〔英〕崔瑞德编《剑桥中国辽西夏金元史》，第 224 页。

认为金朝的扩张就是异族女真族征服中原汉族的一场战争。例如，此卷中第309页提到，金征服了中原之后，建立双重性的制度。女真人被组织或者被保护在自己的猛安谋克制的单位中，而对于以汉人为主体的新征服地区，则是创建新的行政官署"行台尚书省"，从属于尚书省，因而就成为中央制度下派属的一个部门，通过这样的方式，女真人对新占领的地区和人口实行更加集中的管理，朝着中央集权的统治方式迈进了一大步，处处体现其要不断地征服汉人、建立中央集权的意图。

文中还多次出现"征服"字眼或者类似的意思，也明显是受到了"征服王朝论"的影响。例如，此卷中提到"金征服了中原之后，便也建立了类似的双重性的制度"①，"虽然许多中国人，特别是上层人士，从外族入侵中深深感到个人痛苦，但中国人口的阶级结构并没有发生根本的改变"②，"女真人征服中原后出现的惟一新因素，就是对奴隶的广泛使用"③ 等。

采用"征服王朝论"的结果就是把中国国内不同民族政权间的关系看成是中国与外国的关系。比如，它认为女真人政权"是一个货真价实地声称是宋的势均力敌的对手的国家——另一个中国"。"传统中国的历史编纂学在涉及异族时的问题之一，就是失之于用恒久不变的理论去硬套不断变化着的现实。"

把金朝作为"征服王朝"来看待，也无法做到从中国历史本身去看金史。众所周知，中国自古是统一的多民族国家，各少数民族与汉族之间、各少数民族之间都是相互联系的，如果单纯把其中一个少数民族独立出来，认为其是另一个或一些民族的敌人，把它与其他民族割裂开来，显然不是从中国历史本身去看待历史。因为中国历史本身就是统一的、联系的整体。例如该卷在叙述金朝文化时提到，"作为少数民族的女真人，只有个别几个受过教育的女真人全盘接受了汉族文化，而且在金朝重要的文学人物中没有一个人具有女真血统。看起来，女真人虽然渴望吸收汉族文化，但实际上却是被动而不是主动的"④。综观中国历史，汉文化的包容性是任何文化都无法企及的，因此，就中国文化本身的特点来说，女真人对于汉文化的学习是慢慢接受的过程。只要时间足够，都会逐渐接受并吸收汉文化。不是被动的，而是自然而然的。

---

① 〔德〕傅海波、〔英〕崔瑞德编《剑桥中国辽西夏金元史》，第275页。
② 〔德〕傅海波、〔英〕崔瑞德编《剑桥中国辽西夏金元史》，第291~292页。
③ 〔德〕傅海波、〔英〕崔瑞德编《剑桥中国辽西夏金元史》，第292页。
④ 〔德〕傅海波、〔英〕崔瑞德编《剑桥中国辽西夏金元史》，第360页。

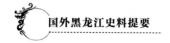

（三）忽视了对中国国内金史的研究成果的借鉴

此书金史部分共引用过 38 个研究成果。其中 32 个是来自国外的研究，只有 6 个是中国国内的研究成果。可见当时欧美学界与中国学界的金史研究的沟通很少，欧美学界对于国内金史研究成果缺乏重视和借鉴。而日本学界的相关成果，只引用了田村实造、外山军治、三上次男、仁井田升、加藤繁等的著作，其中前三位学者在金史方面有专门的研究，后两位学者的研究重点在中国法制史和经济史上，但是他们所完成的著作里涉及关于金朝的研究，因此被引用；金史中关于文化的研究很少采纳中国人的研究，而是作者自己的感受，或者引用了国外其他学者对于中国金朝文化的研究成果，这就很难准确地理解金的文化。这也可见，由于语言上的障碍，欧美在金史研究上存在局限。

第八章 20世纪美国"边疆学派"的
"满洲"研究史料

第一节 《满洲:冲突的摇篮》

一 作者简介

欧文·拉铁摩尔(Owen Lattimore, 1900~1989),在美国与费正清齐名的汉学家、蒙古学家,也是20世纪美国边疆学派的代表人物之一。

欧文·拉铁摩尔的一生颇为传奇。1900年7月出生于美国华盛顿,不到一岁就随父来到中国。他的父亲由于家境困难没有读过大学,但通过自学掌握多种语言,后来来到中国任教20年之久,主教英语、法语和德语。拉铁摩尔在中国度过了他的童年。在童年时期他并未进入正规学校读书而是跟随父亲、母亲学习,直到1912年被送到欧洲接受西方教育。他最初被母亲送到一所瑞士学校读书。后来由于一战的爆发,母亲把所有孩子集中在英国,拉铁摩尔就留在了英国就读。在英国读书的这段时间受到

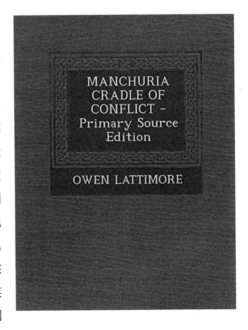

了历史学家乔利夫的鼓励,使他对历史产生了兴趣。由于未能获得牛津大学的奖学金,他的家庭也无法资助他在英国读大学,所以 19 岁时又返回了中国。回到中国后,拉铁摩尔在天津的一家洋行获得了一份差使。之后又到一家保险公司工作,这一工作涉及在内地旅行。在为保险公司工作期间他还当过编辑。由于拉铁摩尔在洋行工作时对中国内陆有所接触,使他对中国内陆地区产生了兴趣,所以他辞去了洋行的工作,开始了内地旅行和考察。在几年的时间内,深入地了解了中国的经济、社会状况,激发了他的学术兴趣。从 1926 年开始,拉铁摩尔先后对中国的北方、西部、东北地区进行了实地考察和深入研究,成为"唯一一位曾在内蒙古、新疆和东三省这些中苏之间的边境广泛游历的美国人"[①]。

1926 年 3 月,拉铁摩尔开始了他的第一次在中国内陆边疆的长途旅行。1927 年,拉铁摩尔根据去归化旅行见闻和搜集的资料,写出自己的第一部著作《通向突厥斯坦的沙漠之路》。1928 年拉铁摩尔回到美国,向社会科学研究理事会申请一笔奖学金到中国东北旅行,专门研究来自关内的中国移民的拓居问题。由于拉铁摩尔并没有上过大学,理事会让拉铁摩尔以研究生身份在哈佛大学人类学系进修。1929~1930 年拉铁摩尔和其妻子在中国东北考察、游历 9 个月的经历让他写出《满洲:冲突的摇篮》一书。1933 年,拉铁摩尔成为《太平洋事务》(Pacific Affairs)的编辑。该杂志由太平洋关系研究所出版,在美、中、日、荷、法、英、苏设有分社。

1938 年,拉铁摩尔被聘任为约翰·霍普金斯大学瓦尔特·海恩斯·佩奇国际关系学院的院长。1941 年,霍普金斯大学校长向美国总统罗斯福推荐拉铁摩尔担任蒋介石的政治顾问。拉铁摩尔认为蒋介石之所以要求罗斯福向他派一名私人顾问,是希望通过此举使罗斯福更多地偏向中国,同时蒋介石和罗斯福希望建立一个经常性的私人联系。1942 年返美,任军事情报部亚洲司的司长。由于顽疾,拉铁摩尔回到美国治病,因此向蒋介石辞职。1945 年,在德、日投降之后,他受任为美国使团成员赴日本参议战后的恢复工作。1950 年,他作为联合国使团团长出使阿富汗,任务是安排对阿富汗的技术援助以发展经济。

---

① 〔日〕矶野富士子整理《蒋介石的美国顾问——欧文·拉铁摩尔回忆录》,吴心伯译,复旦大学出版社,1996。

第二次世界大战后的美国，战争所带来的影响还未消失，冷战就随之而来。20世纪40年代末50年代初，美国掀起了以"麦卡锡主义"为代表的反共排外运动，涉及美国多个领域的各个层面，许多人的生活遭受到了影响，事业受到了严重打击。由于在中国多年的生活经历，并且曾任蒋介石的私人政治顾问，所以在这场风暴中拉铁摩尔受麦卡锡指控，遭到了严重的迫害，被迫停止学术、教学活动，直至1955年才恢复了学术研究工作，再度执教于霍普金斯大学历史系。1962年，他受邀至英国的利兹大学，创建了英国最大的汉学系，并任系主任。1969年，他当选为蒙古人民共和国科学院外籍院士。1970年，从利兹大学转任埃默瑞特斯（Emeritus）大学教授。1972年春返美，当选为蒙古学会会长。70年代中期以后，由于年事已高，社会活动逐渐减少，但仍孜孜于学术研究。1989年5月31日在美逝世，享年88岁。

拉铁摩尔精通汉语、满语、蒙古语、突厥语、俄语等语言，曾经在哈佛大学专攻民族人类学，获得过费城地理学会金奖、英国皇家地理学会金奖，得到美国古金黑姆基金、哈佛－燕京基金的资助。拉氏一生著述200余种，主要有《荒漠路至土耳其斯坦》（*The Desert Road to Turkestan*，伦敦，1928）、《高地鞑靼》（*High Tartary*，波士顿，1930）、《满洲：冲突的摇篮》（*Manchuria*，*Cradle of Conflict*，纽约，1932）、《满洲的蒙古人》（*The Mongols of Manchuria*，纽约，1934）、《赫哲族：松花江下游的"鱼皮鞑靼"》（*The Gold Tribe*，*"Fishskin Tatars" of the Lower Sungari*）[①]、《中国在亚洲腹地的边疆》（*Inner Asian Frontiers of China*，纽约，1940）、《亚洲的决策》（*Solution in Asia*，波士顿，1945）、《中国史纲》（*China, a Short History*，1947）、《亚洲的形势》（*Situation in Asia*，波士顿，1949）、《亚洲的枢纽》（*Pivot of Asia*，波士顿，1950）、《亚洲腹地新的政治地理学》（*The New Political Geography of Inner Asia*，1952）、《亚洲腹地：中苏之桥》（*Inner Asia：Sino-Soviet Bridge*，1952）、《历史上的边疆》（*The Frontiers in History*，1955）、《从亚洲腹地研究中国的历史地理》（*An Inner Asian Approach to the Historical Geography of China*，1957）、《亚洲腹地边境：守势帝国和攻势帝国》（*Inner Asian Frontiers：Defensive Empires and Conquest Empires*，1957）、《游牧民与政委：蒙古再访》（*Nomads and*

---

① 刊于1933年的《美国人类学协会纪要》（*Memoire of American Anthropological Association*）。

Commissars：*Mongolia Revisited*，纽约，1962）《边疆史研究》（*Studies in Frontier History*，1963）、《丝、香料与帝国》（*Silks*，*Spices and Empire*，1968）。欧文·拉铁摩尔的著作在多个国家出版，有英、中、德、法、荷兰、日、蒙古等多种译本①。

二 写作背景

第一次世界大战之后，世界经济得到了恢复，呈现出短暂繁荣，然而在繁荣的背后，存在的问题逐渐显露出来。到了 20 世纪上半叶，华丽的泡沫逐渐破灭。1929 年，美国爆发了经济危机，并很快波及其他资本主义国家、席卷全球。与此同时，世界政治和军事局势也危险频生，法西斯主义势力逐渐膨胀，战争一触即发。这一时期东亚地区成了日、苏、美等大国力量博弈的敏感地带。"满洲"处于亚洲的重要腹地，各方势力都觊觎此地。拉铁摩尔以敏锐的眼光，看到了"满洲"的重要性及存在的矛盾："满洲、蒙古、新疆在历史上是很重要的地区，这一地区上演了游牧民族被打败并向西迁移的历史。现如今，满洲地区成为了三种文明交织博弈的场所——中国、俄国以及西方世界。我们这个时代，满洲成为了冲突最为明显的地区。"②

日本自明治维新以来，经济得到了迅速的发展。但因日本国内市场狭小、严重依赖对外贸易等不利因素，日本于 20 世纪 20 年代陷入经济危机。国内矛盾不断，导致日本军国主义横行，大力推动对外扩张。对俄罗斯而言，自沙俄时代，俄罗斯帝国就妄图控制中国东北地区。第二次鸦片战争后，清政府签订的《瑷珲条约》又割让了黑龙江以北、外兴安岭以南的大片领土。随后，俄国又通过中东铁路的修建把势力延伸到了我国东北地区。拉铁摩尔认为，"日本是西方文明的代表，它经过明治维新，从西方文化中学习到了富强的道路，因而日本代表的是西方文明在满洲博弈，而俄国也有着不小的势力"③。深入了解各国在"满洲"的势力分布，也是他想要考察"满洲"的重要原因之一。

1926 年正值北伐战争，他曾和妻子到了归化、内蒙古额济纳旗及黑戈壁，

---

① 高士俊：《拉铁摩尔小传》，《中国边疆史地研究》1992 年第 1 期。

② Owen Lattimore, *Manchuria*：*Cradle of Conflict*，New York：The Macmillan Company，1932，p. Ⅶ.

③ Owen Lattimore, *Manchuria*：*Cradle of Conflict*，p. Ⅶ.

又经新疆的古城（今奇台县）、塔城、吐鲁番、乌鲁木齐、伊宁，再经穆萨特山口抵阿克苏，后又去了喀什与叶城，接着经喀喇昆仑山口去了拉达克、克什米尔及孟买。1927～1928年间的冬季，拉铁摩尔写了第一部专著《荒漠路至土耳其斯坦》，述其从归化至古城之行。还写了《高地鞑靼》一书，内言与妻子在新疆及从新疆至印度之行。

　　1928年，他向社会科学研究理事会申请到了一笔奖学金用于"满洲"之行，并先在哈佛大学专攻一年民族人类学，做好了充分的准备。1929年，拉铁摩尔来到中国的东北地区——当时的"满洲"，进行了为期9个月的考察。在这本书的序言中，拉铁摩尔说此书"是在1929年到1930年在满洲约九个月的旅行和居住的经验上在纽约社会科学研究理事会的研究基金资助下完成的。先前在中国边界和内蒙古的经历，和之前在蒙古和中国新疆地区的一次长途旅行，使我越来越确信对于满洲的研究是十分必要与重要的。对于满洲的研究可以更好地理解中国与俄国之间漫长的边界"[1]。

　　拉铁摩尔这次"满洲"之行充满艰辛，经常居住在破旧的农舍和学校教舍，有时"房子甚至只能用茅草作屋顶"[2]。他的考察历程有时搭乘军队汽车或者骑马，当松花江开江的时候，又乘坐一艘汽船沿着松花江前行到与黑龙江交界处，前后大约400英里。当时因为中俄之间的争端还没有解决，汽船冒险进入黑龙江没有得到许可，拉铁摩尔又不得不下船继续坐马车前行。在黑龙江的考察似乎是拉铁摩尔这次满洲之行的最艰难部分。"因为阿穆尔的洪水使得沿岸均被淹没，道路泥泞不堪，拉铁摩尔的马车行进速度很慢，马车时不时就陷入泥中无法前行，花费了许多时间和精力……最后，历尽艰险，拉铁摩尔来到了海拉尔进行了走访考察。"[3] 拉铁摩尔在自述中说："我和我的夫人在满洲的考察中，力图使我们的观察更加多维和广泛。但同时在每个地区待足够长的时间，深入研究该地区，以确保我们的研究印象不浮在表面上。"[4] 拉铁摩尔在"满洲"的考察深入各个层面，全面了解了这一区域的历史文化、风土人情、民族风貌。例如，"在沿着阿穆尔河的考察行程中，拉铁摩尔还特地考察

---

① Owen Lattimore, *Manchuria：Cradle of Conflict*, p. VII.

② Owen Lattimore, *Manchuria：Cradle of Conflict*, p. VIII.

③ 李宏伟：《拉铁摩尔边疆学说研究》，博士学位论文，吉林大学，2012。

④ Owen Lattimore, *Manchuria：Cradle of Conflict*, p. VII.

了当地的居民，那些被称为'鱼皮鞑靼人'，因为他们都穿着鱼皮制作的衣服，当地奇特的风俗给拉铁摩尔留下了深刻的印象"①。

三　主要内容

全书分为十二章。

第一章是"种族与文化的战场"（the battleground of race and culture）。包括满洲和其他未开发的地区之间的差异、中国文明和"西化"、辽吉黑三省、气候对经济的影响、交流和外国的压力几个部分。这一章是全书的首领章，主要对"满洲"及其周边未开发地区的情况进行了总体叙述，其中详细分析了黑龙江、吉林、辽宁三省的具体情况。

作者首先对于"满洲"一词的特殊性进行了阐释，认为此前在汉语中还没有一个把东北作为一个独立整体称呼的词语，因此"在不可避免的通常使用当中，相应的我们用一个非汉语的词汇'满洲'。虽然在中国古代没有将东北地区作为一个完整区域的称呼，但这恰恰表明了中国的东北地区在它自身和其他汉族地区之间存在一个巨大的区别"②。在分析"满洲"的情况时，拉铁摩尔的视角不仅仅局限于黑龙江、吉林、辽宁三个省份，而是扩展至中国整个大背景之下。

其次，作者认为东北地区国际矛盾的实质是"文明的冲突"："事实上，满洲冲突的焦点是三种文明格格不入风格的交汇：古老但仍有深厚根基的中国文明；比较新一点，然而物质上更有竞争力的西方文明；我们的这个时代文明——一个不可估量的力量——在俄国引起，被西方拒绝，然后强势转向东方。"他还预测"满洲将是世界的风暴中心。在实际的移民过程中，中国有压倒性的领导地位，但是东北两侧的俄国和日本是必须要加以关注的，这两个国家从战略位置上考虑，具有统治性的地位，同时他们也是超乎必要的存在。从目前形式上看，这两个国家对东北的压力是不可避免的，因为他们内在的地理位置，他们的影响力还没有达到最大化"③。

第二章是"部落入侵的蓄水池"（the reservoir of tribal invasions）。包括中

---

① 李宏伟：《拉铁摩尔边疆学说研究》，博士学位论文，吉林大学，2012。

② Owen Lattimore, *Manchuria: Cradle of Conflict*, p. VIIII.

③ Owen Lattimore, *Manchuria: Cradle of Conflict*, p. VIIII.

国北部的原始人口、部落和蓄水池、蒙古、满洲和中国王朝、土地使用权和部落组织等几个部分。

在"中国北部的原始人口"这部分中，拉铁摩尔首先对中国北部少数民族的情况进行了细致的梳理，特别是对满族的兴起和发展，以及达斡尔族的族源进行了较细致的分析。认为满族"最古老中心在三姓和宁古塔，这两个地方后来蔓延至吉林省的松花江流域。之后，随着军事力量的强大，沿着长白山西边的斜坡（发展），直到他们统治了辽宁省。17世纪上半叶，他们在奉天建立了首都"。认为达斡尔族是通古斯系民族向西发展，在嫩江、大兴安岭一带与蒙古系民族融合的结果："从黑龙江流域的边缘南到齐齐哈尔，在嫩江流域上，这些部落表现出通古斯猎人与蒙古游牧民族特征上的一种融合（起初他们大部分毫无疑问都是驯鹿的主人）。……蒙古和通古斯部落混合后，最重要的标志就是达斡尔族，达斡尔族深受满族的影响，是满族政策行使的重要工具，由于一些满族八旗子弟移民到了兴安岭的西部，在那里他们作为蒙古人重要的官员和领导者。"①

在"部落和蓄水池"这部分中，拉铁摩尔提出了经典的"蓄水池"理论。此后经过深化和拓宽，成为他边疆研究中的核心概念之一。

拉铁摩尔在分析中国历史发展脉络的基础上指出了长城一线在中国历史上的重要意义。中国王朝的更迭都可以从对长城一线的争夺上来理解。拉铁摩尔应用"蓄水池"概念，分析了"满洲"地区现今的冲突格局，指出"满洲"地区实际上已经成为各方势力冲突的"蓄水池"和"缓冲区"。

第三章"早期中国的扩张：征服与退让"（early Chinese expansion：conquest and compromise）。包括中国与蒙古、中国与满洲、满洲帝国的衰落几个部分。着重分析了历史上中国与蒙古以及"满洲"地区围绕长城一线"蓄水池"地区的互动情况。在互动过程中，中国与蒙古以及"满洲"地区相互影响，从而形成了相近的民族性。

第四章"中国文化的活力"（the living force of Chinese culture）包括东方和西方、中国和日本、传统的中国文化、在中国满洲的压力几个部分。分析了中国正面临的诸多文化的冲击。不仅有诸如自身"儒教"一类的传统文化，也有从外国舶来的西方文明，中国正面临多种文化交织的复杂情况。边疆地区

---

① Owen Lattimore, *Manchuria*：*Cradle of Conflict*, p. VIIII.

成为文化交融的重要地区，北部的蒙古、西南部的印度、东部的日本都与中国是相近的邻国，他们所代表的文化对中国的冲击影响了中国历史的发展。日本作为西化了的东方国家，不仅通过战争的手段影响了中国，也通过思想影响中国及中国人，如留日的中国人士——孙中山等。"满洲"地区受日本及俄国的影响深远，其对中国内陆有着很大的冲击。

第五章，"转向东方的俄国"（the Russians turn to the east）。包括俄国和满洲、俄罗斯向阿穆尔河的推进、外国的侵略和中国的扩张几个部分。指出俄国首次东扩正是满族入关时，这是非常重要的现象，然而中国并没有意识到，俄国的东扩行为和满族自身的行为其实是相似的，满族人没有意识到界定边界。在东北地区的现实中，日俄存在竞争关系。拉铁摩尔在分析了日本对中国的巨大影响力后，又着重分析了俄国在中国历史中所扮演的角色以及中国与俄国之间的互动，指出俄国向阿穆尔河流域的扩张必会影响到中国乃至亚洲局势的发展。

第六章 "满洲地区的土地和权利"（land and power in Chinese manchuria）。包括公共土地和部落土地几个部分。论述了"满洲"的土地制度情况以及由土地问题所引发的一系列相关问题。在这一章中，拉铁摩尔指出由于大量的移民人口进入东北，东北地区的土地和权利被重新认识，在很大程度上，通过逐渐调整去适应移民人口的高速定居。

第七章 "扩张与西方化"（exploitation and westernization），包括西化和反西方的斗争、技术人员——主人或仆人两个部分。在这一章中，拉铁摩尔通过对中国社会生活的分析，指出中国社会正处在经历西方化的过程之中，西方化也导致中国出现了新的社会阶层。中国接受西方一些先进的科学技术，但是在接受西方化的同时也存在抵制西方化的情况。

第八章 "军队、鸦片和殖民地化"（soldiers，opium and colonization）。包括军事边境殖民、先驱者鸦片、山东移交几个部分。这一部分拉铁摩尔论述了中国"蓄水池"地区的军事部署、鸦片贸易以及移民等情况。介绍了东北地区的军事力量，以及鸦片作为先驱进入中国，中国开始殖民地化。

第九章 "难民、拓荒者和土匪"（refugees，frontiersmen and bandits）。包括难民定居、拓荒垦殖人口的起源和传统、土匪作为拓荒者几个部分。分析了"满洲"地区存在的难民情况以及来到"满洲"地区进行拓荒垦殖的人口，既有中国内陆的，也有来自英国等的外国人。而"满洲"地区的土匪势力也不容小觑，土匪在"满洲"地区有着不小的影响力。

第十章"外国人和土地"（aliens and the land）。包括日本和朝鲜的移民、俄国的移民两个部分。在这一章中，拉铁摩尔介绍了"满洲"地区生活的外国人的情况，指出东北地区的移民不但包括中国其他地区的人口，也包括外国人，如俄罗斯人、朝鲜人、日本人，他们也移民到中国东北地区。经过对移民的调查分析，拉铁摩尔指出移民数量的多寡对于控制"满洲"地区有着重要的意义。

第十一章"乡村与城市的对立"（the cities against the country）。包括农民和城市居民、生活标准两个部分。在这一章中拉铁摩尔经过考察，发现"满洲"地区存在巨大的城乡差异。农民与市民之间在生活状态、社会素质、生活习惯、标准、思想等方面有很大的不同，这种差异也对"满洲"地区的发展产生了深远的影响。

第十二章"满洲在世界中的地位"（manchuria's place in the world）。包括满洲和中国、满洲在亚洲的地位两个部分。在这一章中，拉铁摩尔最后分析了"满洲"的重要性，指出了"满洲"之于世界的地位和影响，他认为东北地区是中、日、俄冲突的汇集地，该地区的发展对世界局势有着不可估量的重要影响。

《满洲：冲突的摇篮》将拉铁摩尔在"满洲"9个月的考察体会展示给了世人，他对于"满洲"局势的发展表示了深切的关注和强烈的忧患意识。他认为"满洲"地区交织着中、日、俄三方势力的争夺，孕育着巨大的冲突。而历史的进程也验证了拉铁摩尔的预判，"满洲"成为亚洲战火最先爆发起来的地区之一。

四　学术评价

20世纪上半叶的东北已经是一个危机重重的冲突之地，各种势力交织在亚洲的这块核心地区。在这样的历史背景之下，拉铁摩尔不仅关注"满洲"的自然地理研究，而且认识到"满洲"在当时的政治格局之下具有重要地位。本书展示了拉铁摩尔敏锐的政治眼光以及独特的研究视角，书中指出了"满洲"在当时亚洲乃至世界政治格局当中的重要地位，以及东北地区冲突之下的各种势力与利益交织博弈的局势。拉铁摩尔通过本书，开始系统地对其边疆研究思想进行归纳与梳理，使其边疆学说初具雏形①。总的说来，本书有如下特点。

（一）重视地缘政治因素

拉铁摩尔的地缘政治研究与其边疆史研究相辅相成。1932 年，当日本制造伪满洲国事件正达白热化的时候，他出版了《满洲：冲突的摇篮》，从地缘政治的角度分析了东北地区的局势，指出这里已经成为战争的温床。费正清指出：这本书把该地区的现代国际史和中国早期的历史紧密相连，使拉铁摩尔"有资格获得在地缘政治学方面具有创新的思想家的殊荣"②。《满洲：冲突的摇篮》一书专门探讨了东北极其重要的战略地位，提出长城以北的区域是北方连续入侵中国的蓄水池，是统治北方甚至全中国的关键；还分析了"满洲"对于当时的亚洲格局乃至世界格局的重要意义。拉铁摩尔认为："满洲"地区是日本、俄国、中国三方利益的交会处，三方势力都试图控制住"满洲"地区，从而实现在亚洲地缘政治中的优势地位，而"人种、传统生活方式、文化等都会对满洲历史的发展产生影响"③，所以日本、俄国不断地向"满洲"地区渗透，或者通过移民，或者通过贸易甚至通过直接的武装干涉。而中国则竭力阻止日本、俄国和其他西方国家对"满洲"地区的控制，力图控制住东亚这块核心区域。"满洲作为远东地区的核心地区，中国试图将其置于自己的完全控制之下，日本则想变成远东的比利时，像比利时控制欧洲核心一样，控制远东的核心——满洲，而俄国在满洲地区与中国对太平洋控制的争夺也会如同欧洲与俄国对大西洋的争夺一样。"④ 不同势力的利益对立预示着"满洲"地区必将迎来一场大规模的冲突。

（二）重视人口的作用

拉铁摩尔提出，在"满洲"的争夺中，人口将是一个重要的因素。中国、俄国、日本各自移民数量的多寡，将会在未来的"满洲"争夺中决定是否能占据有利地位，"未来满洲问题的解决，在于中国在满洲的人数是否可以超过俄国、日本和朝鲜的移民数量。只要中国有着庞大的人口数量，不论是俄国还是日本试图将自己的生活方式与理念深入满洲社会时，都会遇到中国庞大的人

① 李宏伟：《拉铁摩尔边疆学说研究》，博士学位论文，吉林大学，2012。
② 〔美〕费正清：《费正清自传》，黎鸣、贾玉文等译，天津人民出版社，1992，第 54 页。
③ Owen Lattimore, *Manchuria: Cradle of Conflict*, p. 301.
④ Owen Lattimore, *Manchuria: Cradle of Conflict*, pp. 290 – 291.

数优势，从而消减外国对于满洲的控制"①。

（三）从新的角度认识东北

第一是从少数民族角度认识东北历史。拉铁摩尔认为，东北地区与其他地区存在很大不同，造成这种不同的因素有很多，其中就包括东北的历史和东北地区人口的迁移。如果想要了解东北地区，就必须考虑到它的历史的特殊因素，即与历史进程相对应的原始族群和少数民族。

拉铁摩尔对东北地区的原始人口和族群进行了梳理，以此作为研究东北地区的切入点和基础。他分别列举了肃慎、东胡、高句丽、鲜卑、奚、契丹建立的辽、女真建立的金等少数民族及政权的产生、发展和演变。

在对少数民族的梳理中拉铁摩尔着重谈到了东北地区的满族。他认为满族的历史开始于 16 世纪，但是努尔哈赤的先代是可以追溯到 5 世纪的，满族起源于建立金的女真的外围部落，努尔哈赤在早期自称其政权为后金。努尔哈赤在对待部落方面设立了旗制，1606 年设立四个旗，随着势力的发展壮大，1615 年，又增加四个旗，形成了八旗制度。拉铁摩尔这样理解八旗制度，即满族八旗很可能起源于某个部落的征兵，并致力于为满洲地区的军事做贡献，后来它变成了一个军事管理机构，部落的联盟被区域的联盟所取代，在每一个适合的区域中，都形成了一个八旗制度，当年轻人达到 16 岁征兵年龄的时候，通过征兵考试被分配到各个旗中，随后会得到军事补贴，每一个家族都与旗相联系，但是旗并不是部落，同一家族中的成员也可能在不同的旗中。在东北地区的南部，满族人渗入中原地区，他们也同样采用八旗制度。

在对东北地区原始人口和族群的梳理中，拉铁摩尔还论及了生活在东北地区的蒙古族。这些蒙古族主要生活在辽宁的西部、吉林省的西部平原、吉林省北部地区以及齐齐哈尔地区。还介绍了在历史上，蒙古西部与汉族和满族东部的边界线是柳条边，在柳条边西边的蒙古人是来源于 12 世纪到 13 世纪蒙古帝国的移民。

在谈到东北地区长白山一带时，拉铁摩尔认为"满族人并没有进入长白山的东部，朝鲜人在这里留下了痕迹，这一地区的城市普遍使用朝鲜城市的名字，但是根据这一地区所居住的万物类型来判断，这一地区朝鲜人的数量并不

---

① Owen Lattimore, *Manchuria: Cradle of Conflict*, p. 300.

是大量的"①。

第二是从民族互动中认识东北历史。拉铁摩尔在对东北地区原始族群的研究中发现，东北地区的民族存在互动过程，并且不断融合。

拉铁摩尔从对东北地区历史的分析中看到，蒙古族与中原汉族是存在互动的。如果蒙古人强大，他们就会驱逐汉人，如果汉人建立一个强大的政权，他们也会同样驱逐蒙古人，他们每次战争争夺的对象都是土地的所属权。但是当蒙古人被驱逐时，汉人不管是商人还是农民都会与蒙古人进行来往。这些汉人这样做可以使他们的利益最大化。他们还会与蒙古族进行通婚，他们的孩子从小接受两种语言、两种文明，大多数蒙古人都受到了汉人的影响。

在东北地区，一些汉人渗透进来，汉人并没有被要求入乡随俗。在东北地区，在汉人与满人之间，汉八旗构成了一个特殊的等级，汉八旗使在东北地区的汉人与东北地区的关系变得更为紧密，汉八旗和满八旗内部可以自由通婚，旗人形成了一个群体，在东北地区的汉人从附属民族开始变为统治民族。

拉铁摩尔认为："从黑龙江流域的边缘，南到齐齐哈尔，在嫩江流域上，这些地区的部落表现出通古斯猎人与蒙古游牧民族特征上的一种融合，蒙古和通古斯部落混合后，最重要的标志是达斡尔族。"②

通过对东北地区民族互动的分析拉铁摩尔发现，来自北方的野蛮部落对于中国攻击的周期存在交替的过程，这个过程取决于北方民族的侵略者什么时候退出中原或者中国的势力影响何时抵达这个部落，在这个循环的过程当中，东北地区偶尔作为蒙古的附属，偶尔可以独立行动。拉铁摩尔认为这个进程遵循一个常规的或模式化的过程。在不同的时期，来自长城以北的野蛮部落曾经控制了中国，他们建立了或大或小的王国，或者帝国。然而，每个少数民族王朝在发展到一定程度时会越来越汉化，他们利用汉族王朝的模式和征服运作模式对自己的皇室进行统治，逐渐失去了少数民族自身的特征，本质上变成了汉族的统治阶层，不变的是当这些少数民族王朝权力衰落的时候，汉族的民族敌意必然会发生，王朝被推翻，汉族的势力再次向北推进，有时到达长城甚至长城以北。

---

① Owen Lattimore, *Manchuria*: *Cradle of Conflict*, p. 33.

② Owen Lattimore, *Manchuria*: *Cradle of Conflict*, p. 34.

拉铁摩尔认为东北地区和蒙古地区有一个非常相似的族源，在晚清的政策里，整个"蓄水池"地区需要面对双重问题，一个是保护蒙古作为军事辅助力量的有效性，同时也要阻止蒙古部落的重新崛起，他们的崛起会使清朝的统治面临威胁。清朝支持蒙古部落制度，维持蒙古部落统治的完整性。与此同时，满族人被汉化，满族的汉化使区分满族人和汉族人变得更困难。在边远地区最基本的民族区分也被终止了，形成了一个非常完整的社会化局面。一开始，相对于蒙古族，满族并没有形成一个强有力的部落，从北方人烟稀少的地区迁到蓄水池地区，他们并没有完全恪守原来的传统，也正是因为这个传统不够成熟，满族人才额外地、快速地吸取汉族的特征。实际上，没有任何一个民族比满族更有力地证明了其对于汉族文化的渴望。拉铁摩尔认为满族是被汉化的这一问题很少被人注意到，东北地区的汉族人口多于满族人口，人们并不知道汉军八旗的动力是什么。拉铁摩尔这样写道："一个真正的社会驱动力迫使他们进一步向外扩张，遇到满族部落，第一时间将他们同化，事实上，在八旗制度下，最开始汉军八旗是并不合作的，汉军八旗不在政治上认同满族。"① 对于部分满族人来说，他们也具有汉族人的色彩，一个非常有力的证据是，清朝还未入关前，统治者已经采用汉族人的政策进行统治。

（四）提出"蓄水池"概念

该书对于边疆研究的最大贡献是提出"蓄水池"的概念来阐释历史的发展以及分析边疆对于历史发展整体格局的影响。他所谓"蓄水池"是北方游牧民族侵入中原的缓冲区域，大体指长城一线及其以北地区。他将蓄水池地区视为农牧分割线，认为蓄水池地区处在农业和游牧业互相过渡的地带。

拉铁摩尔回顾了中国历史的发展进程，但没有如常人那样以都城或者重要城市的发展作为脉络，而是将视角投向了中国的北方——长城一线，把这里作为考察中国历史发展的基点。他认为中国的历史就是"来自北方，长城一线以北的游牧民族侵入中国以及中国抵御游牧民族入侵并将影响扩展到游牧地区的互动过程"②。

从长城到内蒙古再到戈壁地区和外蒙古这一片区域，在拉铁摩尔看来有着

---

① Owen Lattimore, *Manchuria：Cradle of Conflict*, p. 45.

② Owen Lattimore, *Manchuria：Cradle of Conflict*, pp. 36 – 37.

特殊的历史意义，因为这一地区是"蓄水池"。而对"蓄水池"地区的控制则成为游牧民族与中原王朝争夺的核心，"'蓄水池'区域不论是在游牧民族占优势的历史时期，还是中原王朝占优势的历史时期，都是理解中国北部乃至全中国的一把钥匙"①。

拉铁摩尔把东北地区的蓄水池和蒙古地区的蓄水池进行了分析。东北地区和蒙古地区对于土地的使用和感情有明显的不同。蒙古的边界是非常不确定的，蒙古人天生厌恶将人和土地捆绑在一起。而在河边村庄的满族人，可以更好地聚集在一定范围内，这些打猎组织通常保卫一个山，更在乎的是山、森林和没有人的土地，这些是公共的，但是私人所有权是在村庄范围内。

拉铁摩尔认为在叙述边疆问题时，必须区分边疆与边界这两个名词，这两个概念存在很大的差异。他认为"线的边界概念不能成为绝对的地理事实"，"政治上所认定的明确的边界，却被历史的起伏推广成一个广阔的边缘地带"②。"边疆的含义在拉铁摩尔看来是极其复杂的，边疆不能简单地被视为是一条界线，它实际上是一片区域，一个过渡和缓冲的地带。这一过渡地带的形成有着很深刻的自然地理与历史因素。"③

拉铁摩尔认为，中国的历史浸透着游牧民族对汉民族的冲击，这些游牧民族都是从"蓄水池"而来，进而侵入内地，迫使中原王朝不断南迁。例如4世纪，中国的晋朝在北方游牧民族的冲击下将都城迁往南京，而唐、宋等王朝也经常面临北方游牧民族的威胁，甚至在元朝时，北方游牧民族还控制了中国。而中原王朝强大的时候，其能牢牢控制着"蓄水池"地区，从而有效地抵御住游牧民族的入侵，并能将王朝的影响延伸到长城以北地区。所以从"蓄水池"地带的发展可以看出中原地区的兴衰更替。

但是，拉铁摩尔也强调，"蓄水池"地区中原王朝与北方游牧民族之间的互动并非只有血与火的争斗，还有彼此之间文化的融合。长城一线虽然划分了中外的界限，但是并没有阻隔彼此的交流。北方游牧民族与中原王朝通过贸易等方式实现了接触。在贸易的过程中，双方在器物、思想、观念、文化等方面都进行了广泛的交流。中原王朝繁盛的文化具有极其巨大的影响力，令北方游

---

① Owen Lattimore, *Manchuria: Cradle of Conflict*, pp. 41.

② 〔美〕拉铁摩尔：《中国的亚洲内陆边疆》，唐晓峰译，江苏人民出版社，2010，第 163 页。

③ 李宏伟：《欧文·拉铁摩尔的边疆学说研究》，博士学位论文，吉林大学，2012。

牧民族向往。游牧民族的汉化也成为历史发展中的重要一笔。透过长城一线，中原的服饰、饮食、生活习惯传入游牧民族当中，而游牧民族的风俗习惯也相应地进入中原人的生活之中。拉铁摩尔提出"蓄水池"的概念，将其作为思考中国历史的一个切入点，丰富了历史研究的视角与方法，这也成为其边疆研究思想的特色之一。《满洲：冲突的摇篮》一经出版即引发了学界的轰动，拉铁摩尔的学术声誉不断上升，而《满洲：冲突的摇篮》也标志着其边疆研究思想渐趋理论化与体系化，拉铁摩尔的边疆学说初具雏形。他成为继特纳之后美国边疆学派的代表人物，开创了边疆学研究的全新范式。

（五）较多地使用了人类学的研究方法

由于拉铁摩尔此行是在哈佛大学进修学习了人类学基础上展开，因此他在这本著作的撰写中有意识地使用了人类学的研究方法，并且更加关注这一地区历史因素的影响以及民族文化和种族精神。他认为："在普通人日常生活中具有影响的历史因素是必须要考虑的；地区文化和种族因素也需要综合理解。这个地区的重要性在于在文化上的承载，文化以及文化对种族的影响：首先，必须持有重要的思想观念和不同人的生活方式，不应仅仅简单地对气候地理因素进行考虑。阐明这些来自不同方面并且互相冲突的力量，对不同民族和文化的生活方式进行阐述，并尽可能地辅以同情和理解，是本书的目标。"[1]

第二节 《中国的亚洲内陆边疆》

作者欧文·拉铁摩尔已在第一节中做了较详的介绍，不复赘述。

一 主要内容

《中国的亚洲内陆边疆》（*Inner Asian Frontiers of China*）一书 1940 年于美国纽约出版。拉铁摩尔将自己十数年的研究思想以及实地考察的体会感想在书中融会贯通，展现出了一个翔实、鲜活、全面、完整的亚洲内陆的历史。

（一）对中国的内陆边疆进行了区域分析

本书的第一部分是"长城的历史地理"。作者首先结合中国亚欧大陆东段滨海的国家位置，分析了陆权和海权对于中国历史发展的影响，还分析了中国

---

[1] Owen Lattimore, *Manchuria*：*Cradle of Conflict*, p. VIIII.

的人口、种族等情况，指出这些因素在历史研究中的重要作用。将长城一线作为重点研究对象，分析了长城一线的地域构成，指出了长城一线对于理解中国历史的重要意义。

综述之后，本书将中国的内陆边疆划分为黄土高原与黄河流域、蒙古草原、满洲地区、中国的中亚地区、西藏高原、过渡地带等区域，一一进行了详细的论述。其中的"满洲地区"与黑龙江历史密切相关，我们详细介绍一下。

因为有过深入的调查，加之阅读了很多清朝的古代文献，作者对"满洲"地区有着深刻的认识，主要论述了以下几方面问题。

其一，叙述了"满洲"地区的自然地理以及经济发展情况，并着重剖析了 16 世纪以来"满洲"地区的发展尤其是清朝对于"满洲"的治理情况。拉铁摩尔把"满洲"按照自然状况划分为三个部分，南部辽河下游的耕地、西部的草原、东部及北部的森林。

他认为，东北南部的政治组织、社会和气候都和中国本部相同，为中国本部之延伸，但又有它的区域特点，呈现半孤立性。东北南部向东，"地形从辽河下游平原升高，成为东北的东部山地"①。东北南部向北，进入一个更大的平原，雨量少、河流小，有别于黄河平原，更像蒙古草原。东北南部"经山海关而通向内地的陆上交通，也可能受到侧面热河山地的威胁"②。所以，东北南部的"汉边"就变得孤立。

东北地区的东部森林地带与北部，既存在相同的地方，也有不同之处。东

---

① 〔美〕拉铁摩尔：《中国的亚洲内陆边疆》，唐晓峰译，江苏人民出版社，2005，第71、72页。

② 〔美〕拉铁摩尔：《中国的亚洲内陆边疆》，唐晓峰译，第73页。

北地区的北部在农耕之外的其他经济活动方面，比东北南部及东部森林地区要丰富得多。在松花江和牡丹江的人们除了打猎外，有着超高的捕鱼技术。东北地区的东部森林地带与北部的不同，越向北越明显。

在分析"满洲自然环境"的情况时，拉铁摩尔的视角不仅仅局限于"满洲"的某一区域，也没局限于"满洲"地区本身，而是将其与整个中国联系起来，注重满洲作为中国一部分的自然地理特点。

其二，指出"满洲"地区存在的分离主义。他在研究"满洲"人口构成的基础上，分析了汉族人口在"满洲"的发展情况，指出了汉族人口在"满洲"地区的减少使得中原王朝对于"满洲"的控制力不断下降，"满洲"地区有从中国分离出去的隐患。到了19世纪，俄国、日本在"满洲"地区的影响力不断上升，随着外国移民的增加、多边贸易的发展，外国的势力逐渐做大，成为"满洲"地区分离主义的又一大推动力。另外，"满洲"地区铁路的发展也使得分离主义倾向愈发明显，"每一条铁路，特别在它与外国资本支持的工业及商业活动有关时，就形成了中国旧地理区域内的另一个势力范围，而且在改变着这个区域内的土地经济单位及行政单位。整个中国社会因此受到外来势力的控制①。进入20世纪，中国还存在"亚帝国主义"现象，即一部分中国人剥削其他中国人和边疆民族。因为中国那些地主阶级统治者"除去受外国势力的压迫外，还受到内部的因与外国人勾结而发财的新兴阶级的压力"②。这种"亚帝国主义"也增加了"满洲"的分离主义因素。作者认为，"满洲"包含着新旧制度的混合以及新旧边疆发展模式的调和与斗争。与此同时，俄国、日本及其他西方国家等外来势力的侵入，使得"满洲"地区成为一个汇集了诸多尖锐矛盾的地区，其在地缘政治上对于中国、亚洲乃至世界都有着巨大的意义。

其三，拉铁摩尔对"满洲"地区的研究视角是多元的。他依托第一手游历考察资料，并阅读了大量清朝的文献，把新的史学方法运用到中国问题的研究中，以边疆观来解释中国的历史，解读"满洲"。并且，注重联系中国的现实问题，以宏阔的文化大视野分析解读了整个远东的复杂局势，论述了"满洲"地区在亚洲地缘政治中的重要地位。

---

① 〔美〕拉铁摩尔：《中国的亚洲内陆边疆》，唐晓峰译，第89页。
② 〔美〕拉铁摩尔：《中国的亚洲内陆边疆》，唐晓峰译，第90页。

其四，拉铁摩尔对"满洲"的描述与研究和他的"蓄水池"理论是密不可分的。从拉铁摩尔的著述中可以发现，在当时，中国与大国的博弈地区都是边疆地区，"满洲"地区也是我国边疆的重要组成部分。拉铁摩尔对"满洲"地区的研究不仅仅停留在表面上的描述，还上升到了一种模式。拉铁摩尔通过对"满洲"的考察，发现"满洲"不同于蒙古部落的历史与分布，认为"满洲"具有极其重要的战略地位，他认为"满洲"在历史上入主中原，先要控制"蓄水池"地区，古代王朝的兴衰可以通过对"蓄水池"地区的考察反映出来。拉铁摩尔对"满洲"地区的研究中包括其对一手资料的研究，这样的研究给远东地区带来了巨大震动。

（二）对中国自石器时代至周代的历史进行了新的解读

本书的第二部分基于对中国不同地区的分析，重新思考了中国自石器时代至周代的历史发展过程，凸显了地理以及经济因素对于中国历史走向的影响。首先叙述了石器时代以及铜器时代中国不同地域生产力发展不均衡的状况，汉族与少数民族的分化即出现于这种状况下，"落后地区的社会组织逐渐形成一个进化迟缓的原始集团，而活跃地区的社会组织则与之分离，自行成为一个迅速进化的集团，到了后来，一个就成了'蛮夷'，一个就是'中国'"①。

在作者看来，中国历史上汉族与少数民族的互动，是因为"汉族要为自己创造一个共同的亲缘关系以形成最佳的环境。当汉族成为独立的历史势力时，不断地寻求一个更大的'汉族环境'。在某些地区，他们找到了这种等待他们发展的环境。在某些地区，他们可以改造环境，利用中国精耕农业的灌溉及排水方法，去满足他们的需要。有一些地区只能勉强达到他们的环境标准，而另有些地区，则完全不容许汉族生活方式进入……于是，在每一个历史时期，'典型'的中国发展都集中在一个历史的重心（不一定与地理中心相合）。环绕其边缘的是一个个不全是汉族但受中国势力支配的民族团体，在他们的外面，就是拒绝向中国靠拢，而趋向于汉族生活方式不能立足的地带的民族"②。

（三）对中国春秋战国时代的历史进行了新的解读

本书第三部分叙述了中国春秋战国时期的历史发展，展示了农耕民族与游牧民族在这一时期的频繁互动及其对两者造成的影响。关注了这一时期频繁出

---

① 〔美〕拉铁摩尔：《中国的亚洲内陆边疆》，唐晓峰译，第178页。
② 〔美〕拉铁摩尔：《中国的亚洲内陆边疆》，唐晓峰译，第179页。

现的"蛮族入侵""汉族与少数民族冲突"的现象。本书否定了当时中国和西方学者传统的说法,即"戎狄侵入中国,是少数民族企图由北方及西北方草原侵入中国的先锋"[①],认为"蛮族入侵""汉族与少数民族冲突"的现象是汉族的发展所导致的。

经过对汉族与少数民族的互动历史的分析,作者论述道,在黄土地区与草原之间存在一个草原过渡社会。在草原过渡社会中,汉族的扩张将原来的比较"落后的汉族"逼迫走,使得他们逐渐转变成一种草原社会,而真正的草原民族又不认同他们这些"非纯正的草原民族"。于是,在这一过渡地带,形成了草原民族南侵以及汉族王朝北上的缓冲地区,也就是"蓄水池"地区。围绕着"蓄水池"地区的争夺与变迁,中国的历史实现了从战国的分散到秦朝的统一。

(四)探讨长城一线的重要意义及中国历史的周期性

本书的最后一部分,将长城一线作为自己分析考察的重点,通过对长城一线所发生的历史的分析,重新解释了中国历史的发展脉络,指出长城的出现是中国历史发展的必然。

这一部分还提出了中国历史发展的周期循环性:"一个中国朝代的简史可概括为:一位中国将军或少数民族的征服者恢复了和平……然后出现一个逐渐繁荣的时期,土地重行耕种,形成一个稳定的时期。但是逐渐地,软弱的行政能力及贪污阻滞了贸易及赋税。有权势的人争权夺利,无权势的人则反抗政府。于是这个朝代灭亡了。一个短暂时期之后,新的王朝又开始,像旧王朝的开始一样,其所经历的过程也是一样"[②]。

二 学术评价

本书在逐一考察中国各时期边疆状况的基础上,论述了中国社会的历史演进,大致反映了拉铁摩尔当时对中国历史和边疆问题的一些基本看法。该书被认为是具有"最高水平的学术著作,对于西方人了解远东,是一个非常宝贵的贡献",由此确立了他在中国边疆史研究上的地位。相对于其他外国学者的著述,本书有较多客观公正的内容。

(一)肯定了东北一直为中国领土的事实

本书首先指出了"满洲"一词的虚妄:"所谓'满洲'是外来名字,中文没有

① 〔美〕拉铁摩尔:《中国的亚洲内陆边疆》,唐晓峰译,第223页。
② 〔美〕拉铁摩尔:《中国的亚洲内陆边疆》,唐晓峰译,第341页。

合适它的翻译，他的产生是由于 19 世纪的后半叶，若干国家在政治上企图侵略中国，首次将东北地区看作一个完整区域而以满洲称之。"① 然后顺理成章地肯定了"满洲"自古以来就是中国的一部分："满洲，也就是东北地区的南部，自从公元前 3 世纪起，直至 20 世纪，历经各朝，都是中国的一部分。"作者还发现："中国的历史文献没有讨论过整个东北地区，所记载的只是一些在不同时代，以东北的不同地区为根据地的民族和国家而已。"② 针对这一问题，他总结出产生这一问题的原因，一是因为在过去的东北地区，各部并没有完全同化，二是因为政治中心不固定，"政治中心随着草原、森林或南部农业民族的兴衰而转移"③。

拉铁摩尔还认为西藏、蒙古、新疆和东三省等边疆地区都是中国的领土。在 20 世纪 30 年代中期他就指出，美国关于中国完整的观念是：西藏、蒙古和新疆都是中国的一部分。他批驳了"满洲国"的存在，指出："所谓'满洲国'，不用说比'满洲'更为牵强。它是两个中国字的结合，意思是'满洲人的国'。但是这既不是中国人用的名词，也不是从满族所用的名词翻译出来的，它完全是侵略者所用的侮辱性名词，是想回避一个不可掩盖的事实。'满洲'原来是一个地理名词，'满洲国'则是一个政治虚构，它强迫东北民众承认其被征服的地位。"④ 这一结论在那个中国遭受侵略的时代，对鼓舞中国民众的信心有相当的积极意义。

（二）从地缘政治的角度论证中国一定可以收复东北

在分析中、日、俄在以满洲为中心的冲突战争时，拉铁摩尔指出，日本自明治维新以来，经济得到了迅速的发展。但因日本国内市场狭小，严重依赖对外贸易等不利因素，日本在 20 年代陷入经济危机。国内矛盾不断，导致日本军国主义横行，大力推动对外扩张。先是制定了《对华政策纲领》，后又依据《田中奏折》，走上了侵略中国东北的道路。拉铁摩尔通过对中国及中国历史的了解，预言道："中国一定可以收复东北，因为日本的侵略方法比旧日满族的方法，会更早地达到其利润消耗的失败点。"⑤

---

① 〔美〕拉铁摩尔：《中国的亚洲内陆边疆》，唐晓峰译，第 70 页。

② 〔美〕拉铁摩尔：《中国的亚洲内陆边疆》，唐晓峰译，第 70 页。

③ 〔美〕拉铁摩尔：《中国的亚洲内陆边疆》，唐晓峰译，第 69、70 页。

④ 〔美〕拉铁摩尔：《中国的亚洲内陆边疆》，唐晓峰译，第 71 页。

⑤ 〔美〕拉铁摩尔：《中国的亚洲内陆边疆》，唐晓峰译，第 93 页。

第三节　《危险的边疆:游牧帝国与中国》

一　作者简介

托马斯·巴菲尔德（Thomas J. Barfield，1950~），美国波士顿大学人类学系教授，世界著名人类学家，同时也是海外中国边疆研究的重要学者。出生于1950年，在哈佛大学接受了系统的社会文化人类学以及考古学训练，并于1978年获得博士学位，之后留校任教。1989年成为波士顿大学人类学系主任。他已出版的著作主要着力于对欧亚大陆过去及当代的游牧民族进行研究。20世纪70年代，他曾对阿富汗游牧部落进行长达两年的人类学考察，并以此为根基完成了阐释游牧民族与农耕民族关系的博士论文。随后又进一步研究匈奴帝国与汉朝之间的关系，最终于1989年出版了这部《危险的边疆》。本书全面地论述了历代游牧帝国与中原王朝的关系。

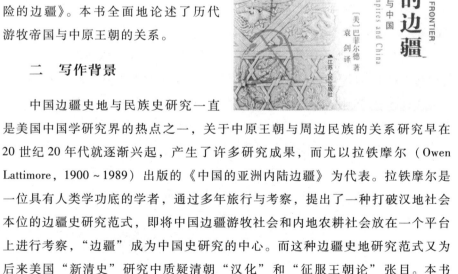

二　写作背景

中国边疆史地与民族史研究一直是美国中国学研究界的热点之一，关于中原王朝与周边民族的关系研究早在20世纪20年代就逐渐兴起，产生了许多研究成果，而尤以拉铁摩尔（Owen Lattimore，1900~1989）出版的《中国的亚洲内陆边疆》为代表。拉铁摩尔是一位具有人类学功底的学者，通过多年旅行与考察，提出了一种打破汉地社会本位的边疆史研究范式，即将中国边疆游牧社会和内地农耕社会放在一个平台上进行考察，"边疆"成为中国史研究的中心。而这种边疆史地研究范式又为后来美国"新清史"研究中质疑清朝"汉化"和"征服王朝论"张目。本书正是在这种范式基础上创作的。

三　主要内容

本书 1989 年由布莱克威尔（Blackwell）出版集团出版发行。因为学术界评价甚高，需求量很大，布莱克威尔乃于 1992 年再版。中央民族大学世界民族学人类学研究中心的袁剑翻译了本书，并于 2011 年 7 月由江苏人民出版社出版。全书共有八部分，以时间的发展为顺序，介绍了不同时期游牧帝国与中原政权的关系。

第一部分"导论：草原游牧世界"。分析了草原游牧民族政权的内部结构："内陆亚洲的游牧国家以'帝国联盟'的方式组织起来，它们至少由三层行政等级制度组成：帝国首领及其朝廷、受命去监督帝国内部各组成部落的帝国官员、以及当地的部落首领。"① 这种结构的稳定通过从草原之外榨取资源以支撑国家的方式而得以维持。一旦制度崩溃及地方部落首领得以自由行事，草原就重回混乱之中。

第二部分"草原部落联盟：匈奴帝国"。提出了"外部边界战略"概念，它主要包含三个方面："匈奴帝国暴力突袭以震慑汉朝朝廷，时战时和以增加从汉人那里得到的奉供数量和贸易权。而且即使在大捷之后，也有意拒绝占领汉地。"作者认为这是一个敲诈性的战略，游牧民族利用其机动性特点，突袭中原，以此威胁汉朝，当汉王朝欲整军回击时，游牧民族早已撤出汉王朝可以抵达的地域，凭借这种优势，北方游牧政权从兴盛的中原王朝获得奉供，用以巩固部落统治。

第三部分"中央秩序的崩塌：外族王朝的兴起"。主要叙述了第二次匈奴内战使匈奴王朝在草原上首次分崩离析，北匈奴的灭亡使鲜卑的力量得以强盛。作者认为在中原处于混乱时，不管是本土还是外族统治者，都不大会首先对付东北边疆，所以这一时期外族王朝开始兴起。游牧力量在与传统的汉人王朝对抗时，往往会成功，但在与那些成为草原统治者的周邻族类对决时，却极少有胜绩。这种情况一直持续到外族王朝覆亡、隋唐王朝在中原建立以及突厥王朝在草原上崛起，从而重新确立旧有的两极化世界。

第四部分"突厥帝国和唐朝"。主要论述了突厥与唐朝的关系："唐朝开国皇帝在位时，突厥再次使用'外部边疆战略'得以富强起来，唐朝的建立

---

① 〔美〕巴菲尔德：《危险的边疆：游牧帝国与中国》，袁剑译，江苏人民出版社，2011，第11 页。后文出现均简写为《危险的边疆》。

通常被视为中国传统价值理念与政策的回归。在唐朝统治下的突厥军队将中国的边界扩展至中亚，在之后的五十年突厥成为唐朝忠诚的同盟者，心向着'天可汗'。"① 作者认为依靠突厥军事力量并结合唐朝的行政体系，中原政权的权威达到了新的高度。然而在李世民死后，东突厥重新统一起来并再次袭击中原，作为回应，中原采取了汉朝所采取的防御政策。武则天退位，唐朝陷于党派纷争之中，正是突厥征服中原千载难逢的时机，与之前的草原帝国一样，他们所在意的并不是征服，而是榨取。

第五部分"满洲的后起者"。论述辽金政权如何较成功地处理与蒙古的关系："随着唐朝的灭亡，边疆及中原内部的政治形式与汉朝之后外族王朝的更迭在结构上非常相似。""外族王朝对华北的征服使蒙古地区的游牧力量处于劣势。他们熟悉草原政治及风俗，拥有大批骑兵，并且较之本土的汉人王朝，在处理与游牧部落的关系时更具创造性。"②

第六部分"蒙古帝国"。概述了蒙古人的崛起，这被认为是游牧民族发展的巅峰时期。没有什么比蒙古人对城镇与农田的毁坏更能体现其草原中心观了。蒙古人对自己人数的弱势相当在意，并将恐怖杀戮作为瓦解抵抗的一种工具。巴菲尔德强调："忽必烈在位时期标志着位于中原的蒙古统治方式的重大转型，这对草原的游牧力量产生重大的影响。之前'边缘化'的农业地区已经成为每一位蒙古大汗权力基础的核心地带。在成吉思汗牢牢地以草原为基地创建起一个帝国后，他的孙辈们发现有必要将游牧经济与定居基础结合起来。""但是，自给自足的世袭军队的观念作为一种古老的草原传统难以移植到中原环境之中"，这使"蒙古军队一旦在中原驻防，就很难维持这种传统"。因此"在受到进攻时从华北撤退，这并不是一个统治王朝的惯常反应。在中国历史上，其他每一个主要的外族王朝都会想方设法固守其中原领地"③。但蒙古人来自草原，秉持的是"外部边界战略"。

第七部分"草原之狼及森林之虎：明朝、蒙古人和满洲人"。首先论述了明政府对退回蒙古草原的蒙古族的认识："明朝取代蒙元王朝征服了中原。随着元朝力量退出中原，明朝不再将游牧力量视作简单的勒索者，对明朝来说，

① 〔美〕巴菲尔德：《危险的边疆：游牧帝国与中国》，袁剑译，第184页。
② 〔美〕巴菲尔德：《危险的边疆：游牧帝国与中国》，袁剑译，第212、231页。
③ 〔美〕巴菲尔德：《危险的边疆：游牧帝国与中国》，袁剑译，第281、283、284、288页。

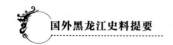

游牧力量的袭击是草原对中原新征服的征兆。"① 其次分析了明政权的真正威胁从不来自（蒙古）草原，而是来自叛乱以及东北地区的部落。而这两方面的问题正日益凸显。

第八部分 "游牧帝国的尾声：清朝统一蒙古与准噶尔"。主要分析了清朝处理蒙古问题的策略：满族在处理边疆政策方面很有经验，以往的中原王朝在对待边疆问题上往往是通过签订和约等政策，满足外族王朝对经济的需求，以换取边疆的和平。而清朝并不这么做，他们会利用草原秩序的弱点，使游牧力量处于分裂状态，并将他们置于中原的统治之下。

另外还讨论了后金和清政府的组织机构问题。努尔哈赤创建了八旗体系并在之后机智地集中权力以维持他的统治。而皇太极则改革了政治体制，以一劳永逸地削弱部落首领的政治影响力。为了实现这一点，他转而依靠一支效忠于新的满洲国家及其领袖的汉人官僚集团，而不是贝勒。1636 年建立清朝的诏告既表现了皇太极更大的雄心，也标志着政府新的组织形式的形成。所有这些行政上的变化以牺牲贝勒和其他女真首领利益为代价，使权力更直接地掌握在皇帝手中。努尔哈赤所发动的战争和皇太极所实行的官僚制度，都是将部落军事组织的利益纳入帝国中去，使满洲人形成了一种更为平衡的组织结构。而后清朝脱胎于满洲，着手破除由旗人把持权柄而使帝国权力受限的问题。他们所采取的措施就是增强汉人官员的力量以与满人的力量抗衡。

综观全书，以下两点值得注意。

其一，分析了中原政权与蒙古草原游牧民族政权间的战和对东北民族政权的影响，认为在中原与草原都处于统一状态时，东北边疆很少具有独立意识。但是由于东北地区对于中原或草原的大战而言处于边缘地带，双方大都不会首先对付东北边疆，而是让当地民众维持相当的独立性。这就为东北地区的发展提供了契机。

其二，提出了 "二元化组织" 这一概念。"二元化组织" 是 "将治理部落民及汉人的机构分隔出来的统治方式，并且东北王朝还控制了汉人，采纳汉人的官僚与组织机构，通过分隔统治，试图将汉式的内政管理与以部落为基础的军事贵族的强大军事力量结合起来"②。

---

① 〔美〕巴菲尔德：《危险的边疆：游牧帝国与中国》，袁剑译，第 302 页。
② 〔美〕巴菲尔德：《危险的边疆：游牧帝国与中国》，袁剑译，第 131 页。

四 学术评价

学界认为，这是一本在中国边疆史研究领域内由"重新发现"拉铁摩尔到新的"边疆范式"形成的过渡时期的代表性作品。本书最主要的特点或贡献就是以游牧民族为历史的主体。

书中对关于游牧帝国问题的某些基准性的传统看法提出新的挑战。作者怀着人类学的"文化相对主义"精神，拒绝传统观念中农业定居人群将周边草原、森林地带游牧人口武断称为"野蛮""蛮夷"的做法。力图深入研究"'对汉族文明的学者而言只体现为具有很少内在价值的边缘历史'，打破'视部落民众为中原的长期附庸'，简单理解为'纳贡'、'归附'或者'入质'的刻板印象。将传统汉文文献中一律以野蛮、不开化，文明践踏者脸谱化形象出现的游牧人群，放到历史主体的地位上"①。

本书从独特的视角出发，将历史主体性给了游牧者，并在此基础上提出了游牧民族"内部、外部边界战略"模式：游牧民族根据自身发展情况，从外部边界战略转向内部边界战略，再复归外部边界战略，形成一个战略周期。不管游牧民族选择实施内部边界战略还是外部边界战略，都有其自身状况和中原王朝政策两方面的原因，为我们重新认识北部边疆提供了新的视角。该书从人类学视角展开对边疆的研究，试图从游牧社会发现中国边疆史，将游牧社会与农耕社会作为彼此互动关联的部分加以分析，以揭示汉地社会和中国各边疆地区社会之间互动与整合的复杂历史过程。

本书对其后学界相关问题的研究影响明显。狄宇宙的《古代中国及其敌人：游牧民族在东亚历史中的崛起》、王明珂的《游牧者的抉择——面对汉帝国的北亚游牧部族》等著作，都可以看作是受巴菲尔德直接影响下的细化与深入探讨。

不过，本书也存在一定的不足。由于巴菲尔德是人类学教授，并非关于亚洲内陆历史研究的专门学者，也并不熟悉中文和其他亚洲内陆语言，这种研究领域及语言工具上的欠缺无疑会对其研究造成障碍，在一定程度上影响了其论据及论证过程的准确程度。

---

① 张经纬：《嵌入历史深处的人类学——评巴菲尔德〈危险的边疆：游牧帝国与中国〉》，《中国图书评论》2012年第5期。

第三编

日本之黑龙江史料提要

导　论

　　《日本之黑龙江史料提要》共收录56部著作或资料，既涉及独立的研究，也涉猎集体合作抑或中日共同研究成果，既有实证性的资料收集，也有侧重学术分析的著作。在研究对象的选择上，考虑到日本学者围绕辽金史研究的学术探讨，对黑龙江流域的关注、渗透、进入等主要是从与沙俄势力争夺东北地区势力范围并在日俄战争获胜后逐步展开的，此前的相关著作要么针对黑龙江流域语焉不详，要么不具有分析和整理价值，全编将重点集中在了日俄战争后日本对东北地区尤其是对黑龙江流域的各种关注乃至介入，主要遵循了本书在撰写上要突出史料价值、有所为有所不为、挖掘重要史料优先、选择重点方向突破、突出与黑龙江关联度的宗旨。

　　本编以日本史料为中心，以与黑龙江国外史料主题的关联度和契合为主线，在适当回溯日本史料在黑龙江流域文明形成过程及古代北方少数民族融合过程中的交流记录，肯定日本学者在研究东洋历史和黑龙江流域相关资料收集上的集大成的历史作用的同时，侧重结合近现代中、日两国历史发展的不同时期的重大历史事件和历史人物，尤其是围绕日俄战争之后、伪满洲国成立前后这样一个近现代的横亘在中日之间的重大事件，通过中日两国的翔实史料，日方的文献记录、田野调查、大事年表、研究成果、分析比较、审判记录等较具史料价值的成果综述，从正反是非、开发与建设、侵略与反抗的不同视角，从历史真实和史料记录及感情记忆等多个层面，全面而系统地探讨了曲折与反复、蚕食与开发、侵略与反侵略、战争与和平等相互交错的日本史料在黑龙江流域演变过程和黑龙江国外史料提要中的负面作用及史料价值。为便于了解本编内容，厘清历史脉络，在逐章介绍相关论述时，原则上首次出现的文献后面均标注有日文原文的文献名字，之后再次出现的则只保留中文文献名字。

本编第一章主要围绕成书于 20 世纪前日本关于东洋史、金代女真、金朝史东洋文化、清朝历史、东北地域的著作或资料展开，并根据著作著述内容侧重挖掘著作或资料中涉猎黑龙江流域的史料资料或研究，共分八节，介绍了《间宫林藏的黑龙剑探险——东鞑纪行》（1810 年出版）、《初等东洋史》（1900 年大日本图书出版社出版）、《东洋文化史研究》（1948 年弘文堂书房出版社出版）、《金代女真研究》（1937 年满日文化协会出版）、《金史研究》（1972 年出版）、《金朝史研究》（1964 年东洋史研究会《东洋史研究丛刊》）、《清朝全史》（1914 年出版）、《白山黑水录》（《满洲旅行记》，东京朝日新闻）八部著作或资料。从背景看，该章研究内容时间跨度可以上溯至春秋、辽金，下延至清末乃至民国，在探讨中国北方少数民族形成、黑龙江流域在中国历史中的地位上均有不同的学术成就，尤其是对东北亚区域中日俄早期关系的梳理上不乏建树。

其中《初等东洋史》是被中国学者较早接受的学术著作，也是清朝末年较受中国史学界喜欢的读本，其认为"满洲人同宋朝时期的女真人不是同源"的观点与中国学者相同。《东洋文化史研究》的核心则是注重从漫长的民族、国民发展史中去观察人类文化进步的基本规律；三上次男、外山军治的《金代女真研究》《金史研究》《金朝史研究》则是日本学术界女真学研究的巅峰之作；稻叶君山的《清朝全史》则从清朝源流考和辽金与清朝关系角度做了较为细致的梳理与总结；间宫林藏的《间宫林藏的黑龙剑探险——东鞑纪行》、小越平隆的《白山黑水录》则从日本人的视角，详细描述了黑龙江流域的历史、地理、民族和民俗等情况，对后来日本政府制定东北扩张政策发挥了引导作用，也是日本后来占据库页岛的重要地理和民族依据。

本编第二章主要围绕 20 世纪 10～20 年代的日本史料著作展开，共分七节，介绍了《黑龙江》（1904 年 8 月吉川弘文馆出版）、《渤海史考》（1915 年奉公会出版社出版）、《人类学以及人种学上来看东北亚——西伯利亚、北满、桦太》（1924 年冈书院出版）、《满洲历史地理》（第 1 卷）（1913 年南满洲铁道株式会社出版）、《满蒙古迹考》（1928 年东京万里阁书房出版）、《松花江的大豆》（1924 年满铁出版）、《北清名胜》（1903 年东京国光社出版）七部著作或资料。

其中堀田璋左右的《黑龙江》以日俄战争为背景，侧重服务日本与沙俄争夺在华势力范围，较为详尽地描述了沙俄发现黑龙江以来长达半个世纪的中俄关系史的轨迹；鸟山喜一的《渤海史考》则是东洋史学渤海国研究之开山作，书中所指出的论点和问题至今言犹在耳，在凸显对渤海问题研究的重要性和史料价值的珍贵性的同时，该书对服务日本向满蒙文化和历史渗透也有不小的作用；鸟居龙藏的《人类学以及人种学上来看东北亚——西伯利亚、北满、桦太》则是日本在远东扩张政策的产物，虽然作者对当地的民族、文化、地理进行了考察，但其认为日本对西伯利亚出兵是对人类学、人种学、考古学起到推进作用的观点现在看来具有御用性质；由白鸟库吉、箭内亘、松井等、稻叶岩吉合著而成的《满洲历史地理》（第 1 卷）则从搜集到的中国和朝鲜历史史料的丰富性上促进了古代东北历史的研究，但其为侵略战争服务的政治目的也昭然若揭；《满蒙古迹考》是鸟居龙藏结合对满洲的第八次考察整理而成，其中对黑龙江省绥芬河和哈尔滨的记录，对确定两城市在远东的地位和影响具有积极意义；《松花江的大豆》则对松花江下游的大豆生产流通和哈尔滨在大豆交易中的地位等进行了详尽的记录，是了解和佐证满洲松花江流域大豆全产业链和哈尔滨粮食集散地地位的重要著作；藤井彦五郎的《北清名胜》则在介绍包括东北地区在内的北清地理时，将哈尔滨作为当时的"名邑大都"之一、松花江作为大河流之一进行叙述。

本编第三章主要围绕 20 世纪 30 年代的日本史料著作展开，共分六节，介绍了《研究日本风土的标准》（1938 年 12 月丛文阁出版社出版）、《支那社会研究》（1939 年日本评论社出版）、《满洲纪行》（1939 年）、《满洲问题》（1934 年岩波书店出版）、《满洲问题》（1938 年新潮社出版）、《满洲的移民村》（1934 年 1 月成美堂出版）六部著作或资料。

其中小田内通敏的《研究日本风土的标准》分为"风土""村落社会""地方人口""朝鲜·满洲""国际地理会议"五部分，"朝鲜·满洲"部分对松花江流域的哈尔滨和齐齐哈尔等城市均有较为详尽的风土和地理描述。橘朴的《支那社会研究》则是以在《东亚》《满蒙》《满铁支那月刊》《满铁调查时报》《支那研究》《满洲评论》等杂志所发表的单篇论文为基础结章而成，其在对北满诸多社会问题进行解剖的同时，指出呼兰河流域为"北满的谷仓"，以及大片耕地开垦的必要性和耕作人口不足等问题。由于内容涉及黑龙江省大部分地区，堪称同类研究中与黑龙江关联度较高和切入点较多的研究。岛木健作的《满洲纪行》指出了日本大陆开拓政策存在的诸多问题，批评了雇用满人维持开拓的现实。其中"齐齐哈尔到讷河"中对自警村的描写较为写实和具有史料价值。矢内原忠雄的《满洲问题》实事求是地论述了满洲问题，其和平和反战的主张在当时的时代背景下难能可贵。不仅如此，本书根据有关史料和实物资料对哈大洋券发行情况进行详细研究和考证，对黑龙江省货币研究具有史料参考和借鉴意义。长兴善郎的《满洲问题》则是配合日本满洲开拓政策而出版的鼓励年轻人到满洲开拓的普及书籍。其在书中的"如果长春是日本的东京，哈尔滨就是日本的大阪"等比喻从侧面印证了哈尔滨在伪满洲国的枢纽地位。岸井寿郎的《满洲的移民村》通过前篇论述黑龙江省佳木斯及富锦镇地区的集团武装移民的生活和现状，后篇论述日本移民政策实施的重要性和必然性，凸显日本学者美化政府开拓移民政策的现实。

本编第四章主要围绕 20 世纪 40~80 年代的日本史料著作展开，共分九节，介绍了《满蒙的民族与宗教》（1941 年大阪屋号书店出版）、《满鲜史研究》（1943 年第 1 册由荻原星文馆出版）、《满洲的明天》（1940 年大日本法令出版社出版）、《在满犹太人的经济的过去及现在》（1940 年 10 月满铁调查部编辑出版）、《满洲国史（总论）》等九部著作或资料。

其中由赤松智城和秋叶隆合著而成的《满蒙的民族与宗教》对大兴安岭地区的鄂伦春族、松花江下游的赫哲族及东北地区的其他民族进行了 10 次调查，并以民族为类别进行论述，对了解黑龙江省民族史有一定史料和借鉴意义。池内宏的《满鲜史研究》以当时渤海国周边国家的有关记事和后世记录为基础，依托前人研究成果和考古发掘资料，全面而系统地阐述渤海国的历史，是研究东北民族史的重要参考。大河平隆光的《满洲的明天》是站在日本帝国主义一侧，为日本的"满洲移民"出谋划策、保驾护航的赞美书籍，也是学者积极配合政府要求的御用之作。满铁调查部的《在满犹太人的经济的过去及现在》结合满铁调查部的调研优势，论述了中国近现代历史上哈尔滨在外来犹太人聚居地中的独特地位和影响，从形成时间最早、规模最大、完备程度最高、发挥的作用和产生的影响最大等角度实证性地论述了哈尔滨犹太社区的现状与沿革。由日本"满洲国史编纂刊行会"（简称"满史会"）会长、副会长、顾问、委员、监修、编辑等共 140 余人编辑的《满洲国史（总论）》涉及伪满洲国的各个领域，搜集资料广泛，对研究国际关系史、中日关系史、日本帝国主义侵华史、中国东北地方史有参考作用。但书中充斥的不顾历史真相，肆意颠倒黑白，竭力为日本法西斯罪行翻案的非正确历史观是需要重点批判的，本书也可以说是为日本军国主义招魂和翻案的代表作。

　　此外由日本"满史会"大藏公望、山口辰六郎、上野愿等人编著的《满洲开发四十年史》是有关中国东北地区近代经济史的重要参考著作;绪方贞子的《满洲事变:政策的形成过程》则通过对关东军高级参谋片仓衷保留下的史料挖掘,分析日本外交政策的一系列重要细节,厘清了关东军、军部和日本政府三者的关系,进而剖析了导致日本走向战争的互为表里的众多因素,以多维视角从本质上认识日本帝国主义,是战后日本知识分子反省战争责任的产物;信夫清三郎主编的《日本外交史》则从外交通史角度,前溯1853年佩里舰队来航迫使日本开国,到1972年中日恢复邦交,着重分析日本外交基本政策,并以此为中心而形成一种史论。书中从史料角度对满蒙、北满、南满等涉猎较多。

　　本编第五章主要围绕20世纪80年代以后的日本史料著作展开,共分六节,介绍了《近代日中关系史研究指南》(1992年2月日本研文出版社出版,1992年8月哈尔滨船舶工程学院出版社出版)、《日本帝国主义的形成》(1968年岩波书店出版,1984年人民出版社出版)、《日本帝国主义的本质及其对中国的侵略》(1996年9月明石书店出版)、《日本侵华内幕》(昭和的动乱,1952年、1978年原书房出版,1987年解放军出版社出版)、《日本帝国主义在中国东北的移民》(满洲移民史研究会编,1991年5月黑龙江人民出版社出版)、《满洲事变》(《走向太平洋战争的道路》,1983年上海译文出版社出版)六部著作或资料。

　　其中山根幸夫等编著,曹志勃、赵连泰等翻译的《近代日中关系史研究指南》,对近代中日关系史史料进行了点、线、面结合,既侧重史料又突出重点的学术梳理,实现了一书在手、了然于胸的史料指南书的定位。该书从日本人的角度对来自中方的各种史料进行了概要的点评,使读者能够参照中方的相关史料及观点,对相同背景和时期下的两国史料进行比照,具有对日本史料进行充分的正反比较、辨伪存真和去粗取精的实证效用。该书在附录中增加的"日中关系史年表"具有较高的史料价值和利用效率。由井上清著,宿久高、林少华、刘小冷译的《日本帝国主义的形成》记述了日本从明治维新至第一次世界大战由资本主义过渡到帝国主义的历史过程,对当时日本政治、经济、文化、国际关系等方面进行了深入分析。其对中东铁路和日俄战争、日本侵华战争等以批判认识为基础的论述使本书成为日本近现代史研究中难得的力作。依田憙家的《日本帝国主义的本质及其对中国的侵略》既从经济方面论述日本帝国主义的侵略，指出日本对中国侵略的根本目的是掠夺中国广阔的领土和丰富的资源，以摆脱经济危机和为进一步扩大侵略掠夺战争服务，也大量引用当时日本统治阶级内部资料来反证日本帝国主义的侵略，丰富的资料、统计、图表等从经济角度验证和揭露了日本帝国主义侵略中国的事实和必然性。本书从多个方面、多维和多视角地论述或引用与黑龙江相关的史料，如推行满洲移民真相、掠夺土地引发的事件、对中国人施加的暴行、集团部落的实际状况，尤其是当时在黑龙江省的朝鲜人的境遇等，使日本侵略战争前后日本帝国主义对黑龙江的殖民侵略和残酷统治跃然纸上。重光葵的《日本侵华内幕》记载了 1927 年至 1945 年间日本帝国主义对华政策的形成和发动侵略战争的决策过程及历史事实，从外交官和政府决策人物的角度来看，该书是在为日本天皇、日本政府和自己辩护，对在东北地区所犯下的罪行存在美化和错误观点。由君岛和彦、柚木骏一、高桥泰隆、小林英夫、依田憙家等著，孟宪章等译的《日本帝国主义在中国东北的移民》是迄今为止关于日本移民问题研究的上乘之作。该书对日本帝国主义向中国东北移民的政治、军事、经济目的进行了深刻的分析和严厉的批判，谈到了日本帝国主义向东北移民的政策的制定、机构的设置、移民农业经营实态诸问题，在占有大量翔实的资料的基础上，分别对试验移民期、正式移民期和太平洋战争开始后的崩溃期的不同特点进行分析，把日本帝国主义对东北的移民放在更为广阔的背景下，从多角度加以探讨，涉及日本帝国主义在国内推行的农村政策及分村运动，在朝鲜实施移民政策，对东北抗日运动的镇压等。关宽治、岛田俊彦的《满洲事变》虽以实证研究见长，但其错误的历史观导致其混淆了侵略者与被侵略者的界限，在一些重大问题上是非不清，在一些词语的使用上有意淡化侵略色彩。

本编第六章以 20 世纪 80 年代以后的日本史料著作为中心展开，共分五节，介绍了《关东军》（辽沈书社出版）、《满铁调查部内幕》（朝日周刊，1982 年黑龙江人民出版社）、《满洲大陆新娘是如何被炮制出来的》（1996 年 9 月明石书店出版）、《魔鬼的乐园——关东军细菌战部队恐怖的真相》（1983 年黑龙江人民出版社出版）、《黑龙江沦陷始末——一个日本特务机关长的回忆》（1987 年 3 月黑龙江人民出版社出版）五部著作或资料。

其中岛田俊彦的《关东军》较为客观和真实地记述了关东军从建立到覆灭的历史罪行，披露了一些过去鲜为人知的内幕。尤其是作为一位有良知的日本学者，秉承了较为正确的历史观去描述关东军的所作所为。对黑龙江省地域的论述较为客观和具有史料价值。由草柳大藏著，刘耀武、凌云、丹徒关益翻译的《满铁调查部内幕》是一部日本帝国主义经营的南满洲铁道公司在我国东北三省进行情报活动的长篇纪实。论述了明治年间直至 1945 年 8 月日本战败为止日本侵略中国东北的全过程，记载详尽，一些轶事秘闻首次发表。相庭和彦、大森直树、陈锦（中）、中岛纯等人著的《满洲大陆新娘是如何被炮制出来的》通过对日本国内以赴伪满洲国结婚为目的的大陆新娘的研究，丰富了满蒙开拓研究的内涵和外延，也为研究日本战前、战时、战后女性问题提出了新课题。作者对战争的历史认识整体较为一致，将那场战争定义为侵略的非正义战争，不仅给周边国家，也给本国民众带来深重灾难。满洲大陆新娘就是国策幌子下的日本的悲剧。由于该书涉及黑龙江省牡丹江、佳木斯、黑河、齐齐哈尔、哈尔滨等多个地区，堪称同类研究中与黑龙江关联度较高和切入点较多的研究。森村诚一的《魔鬼的乐园——关东军细菌战部队恐怖的真相》揭露了侵华日军第七三一部队违反国际法，秘密使用细菌武器的残酷内幕。这本书最大的学术贡献在于通过揭露日本侵华战争期间七三一部队的罪恶历史，推动了对日军细菌战部队及其罪行的研究，引发了学术界对该问题的关注。森村诚一也借此成为日本学界的良心的象征。林义秀的《黑龙江沦陷始末——一个日本特务机关长的回忆》以作者回忆的方式讲述了 1931 年 9 月日本占领辽宁、吉林两省后，即着手谋取黑龙江省的过程。对江桥抗战、黑龙江省伪政府建立、马占山一度降日与再度抗日、呼伦贝尔事件等一些重大事件均有较详细记载，对于了解日本侵华史和黑龙江地方史具有较大的参考价值。

本编第七章主要围绕 21 世纪以来的日本史料著作展开，共分七节，介绍了《伊藤博文传》、《日本帝国主义研究》、《战争遗迹典故调查》（2003 年柏书房出版）、《伪满洲国文学》（2001 年吉林大学出版社出版）、《伪满洲国的真相——中日学者共同研究》（2010 年社会科学文献出版社出版）、《何有此生——一个日本遗孤的回忆》（2015 年生活书店出版有限公司）、《赤血残阳映黑土——一个日本少年的"满洲国"经历》（2015 年 11 月黑龙江教育出版社出版）七部著作或资料。

其中，久米正雄的《伊藤博文传》详细叙述了伊藤博文的人生经历，描写了伊藤博文从参与明治维新到对内积极进行宪政改革、对外疯狂殖民扩张的一生。对了解中日近代化局势演变，日本发动中日甲午战争，迫使清政府接受

《马关条约》，并将朝鲜置于本国统治之下等给中朝两国带来的灾难有史料价值，伊藤博文在哈尔滨被朝鲜爱国义士安重根刺杀结束其一生等作者的一些观点和溢美之词是学术界不能苟同的。依田憙家的《日本帝国主义研究》由于翻译版本的不同，其内容和观点与前面的《日本帝国主义的本质及其对中国的侵略》基本相同，对日本发动的侵略战争整体持批判性思维。菊池宽等合著的《战争遗迹典故调查》以日本近代史上发起的侵略战争为主要背景，通过对相关历史战争的分析和遗迹的寻访，对日本的侵略行径进行了细致的概括，为当下国内侵华日军研究以及世界战争史研究提供了材料，特别是在对黑龙江相关日军侵略相关军事遗址的调查和取证上的努力，使其具有工具书和资料书的双重功能。冈田英树的《伪满洲国文学》是对伪满洲国文学的概观，其中既有中国作家在有限的舞台上活动的身影，也有日本在中国东北地区作家的活动及其两者的交流，为我们研究伪满洲国文学提供了史料和另一个角度。西田胜等中日学者合著的《伪满洲国的真相——中日学者共同研究》，主要记述的是中国东北地区自"九·一八"事变到日本投降14年的历史，涉及伪满洲国的各种问题。本书的最大特色在于开创了中日两国民间学术团体共同研究伪满洲国问题的先河，中日两国民间学者通过多年深入研究，使两国对日本侵华战争的认识在尚有分歧的情况下取得了具有一定共识的成果。中岛幼八的《何有此生——一个日本遗孤的回忆》则记述了中岛幼八在中国被养父母收养的成长历程，直至16岁回到日本，他先后被三任养父母收养，透过命途多舛的传奇人生反映了包括黑龙江省在内的残留孤儿波澜壮阔的大舞台。竹内治一著、筐志刚翻译的《赤血残阳映黑土——一个日本少年的"满洲国"经历》是作者以自身在黑龙江鸡西滴道煤矿亲身经历写成的自传体小说，揭露了战争的黑暗和残酷，其对黑龙江地域的描写有助于通过一个普通人的命运了解长达14年的东北抗日战争全貌。

本编第八章主要围绕21世纪以来的日本史料著作展开，共分八节，介绍了《政策形成诉讼——为中国"遗孤"寻求公正审判与新支持政策实现道路》（2009年东京印书馆）、《满铁与中国劳工》（2003年社会科学文献出版社出版）、《战争罪责——一个日本学者关于侵华士兵的社会调查》（2003年广西师范大学出版社出版）、《战争与医学》（2014年文理阁出版）、《日本细菌战731部队》（2015年文理阁出版）、《日军毒气武器》（2005年凯风社出版）、《日本侵华战争罪行——日军的细菌战与毒气战》（1996年明石书店出版）、

《战后东北接收交涉纪实——以张嘉璈日记为中心》八部著作或资料。

其中由中国残留孤儿国家赔偿诉讼律师团全国联络会编辑的《政策形成诉讼——为中国"遗孤"寻求公正审判与新支持政策实现道路》以日本在华"遗孤"为主要研究对象，从战争角度、历史角度以及现实角度深入分析了日本在华"遗孤"的由来、发展以及所面临的现状，对战后日本"遗孤"政策的制定、实行、发展进行了举例分析，是一本具有历史性、现实性、实用性的历史问题研究书籍。松村高夫、柳泽游和江田泉等合著的《满铁与中国劳工》是继日军对华细菌战调查研究之后的第二项中日学者共同研究。该书利用中日两国珍藏的日伪时期的档案资料及其他第一手资料，揭示了伪满洲国时期中国劳工在日本帝国主义的殖民统治下被暴力强制和残酷役使的悲惨情境及反抗斗争的不屈精神。野田正彰的《战争罪责——一个日本学者关于侵华士兵的社会调查》从批判视角，对9名参与活体解剖中国人军医、组织大规模抓劳工的军官、参与南京大屠杀的特务、亲手拷打328名中国抗日人士和无辜平民致死的宪兵、制造细菌武器的七三一部队成员、对中国志士和日军逃兵执行死刑的监刑医生以及拒绝参与杀烧淫掠暴行的士兵等参加过侵华战争的日本军人进行社会调查和精神分析，并通过分析他们的战场暴行心理、在抚顺战犯管理所的改造过程、归国后对战争战犯的深化认识等，揭示上述战犯寻找罪责意识的艰难过程。西山胜夫的《战争与医学》详细叙述了战争与医学的关系，尤其是在医学伦理方面的关系。该书不仅仅局限于对医生和医学参与战争犯罪的反省，也对未来医学发展如何规避服务军需和战争指明路径。西山胜夫等人的《日本细菌战731部队》以侵华日军第七三一部队的罪行为出发点，详细介绍了其历史发展始末以及给中国及世界人民带来的灾难，并以大量笔墨描述了细菌战在日本医学领域的良心冲击，号召医学界反省战争和阻止战争，给当代医学和医学工作者敲响警钟。松野诚也的《日军毒气武器》主要从毒气武器的研究和开发、制造和教育、毒气战的实行、战后的毒气问题等几方面展开，体现了作者唤醒日本社会对毒气伤害的认识、对受害者的赔偿和战后毒气问题研究的情怀。作者尝试立足于问题意识，对日本毒气武器的相关问题进行符合历史事实的客观阐述与分析尤其难能可贵。步平、渡边登等中日学者的《日本侵华战争罪行——日军的细菌战与毒气战》为中日共同研究成果，以日军侵华战争时期使用细菌战和毒气战为主线，以时间轴展开，摘编了不同民族、不同国籍人士的相关文章，对日本侵华罪行进行了深层次的揭示，对日军违背人类底线和道德的行为做出了严正的抨击。伊原泽周的《战后东北接收交涉纪实——以张嘉璈日记为中心》以日记体例展开，并加以点校与注释的实证特色，使其颇具翔实性和真实性等特点，史料价值和引用借鉴意义较大，有助于研究日本侵华战争末期的中国东北及黑龙江问题。

综上所述，本编的编写特点有四方面。第一，在选择文献上以侧重日方原始文献为原则，对史料的梳理和论述兼顾历史背景和演变过程，注意避免片面性和武断性；第二，在批判日本战争前后对中国东北尤其是黑龙江地域长达几十年的扩张和侵略的前提下，广采各家学说，兼收一家之长，尽量做到让后来的利用者自行分析、比较和研究；第三，各章的概论既有对不同时期的基本概括，也有结合每部文献的客观且提纲挈领的分析解说，尽量做到富有启发性；第四，本编所选文献在注重继承性和延续性的基础上，扬弃了一些特殊时期结论较为偏颇的文献，尽可能使利用者在今后的借鉴和研究中少走弯路。

关于本编的凡例说明如下。第一，本编以 20 世纪初叶至中华人民共和国成立前的日本对华尤其是涉及黑龙江省的各种史料为提要对象，按文献撰写时限依次划分为八章。第二，收录的文献涉及单行本和论文，但以单行本著作、编辑、翻译、内部报告等为主，主要分为概说书、工具书、史料集、学术研究、图表、年鉴、杂志等。由于根据年限划分章节，各章多少有所不同。第三，文献以日文或日文文献翻译中文后的资料为中心，侧重日方作者比重，中文研究成果只限于极少数重要的引用或借鉴资料，如王承礼主编的《东北沦陷十四年史研究》（吉林人民出版社，1988），步平、王希亮的《战后 50 年日本人的战争观》（黑龙江人民出版社，1999），鲍海春主编的《侵华日军细菌战资料选编》（内蒙古文化出版社，2010）等。第四，在年号使用上，原则上使用公历，从全编日文历史文献较多和忠于原文出发，必须使用日本年号和中国年号的也做了必要保留，如 1945 年是昭和 20 年，1932 年是"康德"元年。第五，文献资料、单行本以著编译者、书名、出版社、发行年，论文以著译者、论文名称、杂志名、卷号、发行年为原则表示。

中日两国一衣带水、唇齿相依，是地理上搬不走的友好邻邦，两国古代有 2000 多年友好交流的历史，但近现代两国也有近百年的刀兵相见的不愉快的历史。自 1972 年中日两国恢复邦交以来，两国关系在经历了发展较为顺畅、平等互利、相互理解的蜜月期和友好期后，20 世纪 90 年代以来，由于错误的历史认识、教科书、参拜靖国神社、随军慰安妇等历史问题以及台湾问题，尤其是进入 21 世纪以来，围绕钓鱼岛主权等领土问题、东海开发等海洋权益的矛盾激化、对立升级，中日政治关系、国民感情等陷入战后低谷。在中日围绕历史的争执日益演变成舆论战和宣传战，日渐引发国际普遍关注的今天，本编日本史料提要希望通过对近现代日本对黑龙江流域的关注、研究、渗透、开发和侵略等历史脉络的整理，从尊重历史、恢复其本来面目的角度，从面对现实、服务大局的高度，力求对所涉文献和成果做尽量客观和公共的全貌概述，以期实现在该领域的研究成果和水平的可信性和权威性，为黑龙江省历史文化资源的解析及中日关系长久健康发展做出学术贡献。

第一章　成书于 20 世纪前
有关黑龙江的史料

第一节　《间宫林藏的黑龙江探险——东鞑纪行》

一　作者简介

作者间宫林藏（1780～1844），日本探险史上的开创性人物，世界地图上第一个以日本人名字命名的地理名词"间宫海峡"的主人公。间宫林藏的本名叫伦宗，号芜崇。于安永九年（1780）出生在常陆国筑波郡上平柳村（现茨城县伊奈町），父亲是一位叫庄兵卫的农民。因为林藏的父母婚后多年没有生育，所以林藏的降生给这个普通的农民之家带来了巨大的喜悦。正因为这样，林藏的父母对他可谓疼爱有加，尽最大的努力让林藏有了一个幸福的童年，并且让他接受了较为良好的教育。林藏的启蒙教育是在村里的"寺子屋"完成的。据说，林藏不仅天资聪明，而且非常勤奋，尤其是数学学得不错，故而直到现在当地还流传着一些他少年时代的故事。这些故事为我们塑造了一个头脑灵活、行为大胆的少年形象。但故事毕竟只是故事，这其中有不少是后人的杜撰和美化。真正影响到他今后人生道路的一件事，发生在他 16 岁那年。

在林藏童年生活的上平柳村的旁边是小贝川，它是关东地区著名的大河"利根川"的一条重要支流，在历史上曾经多次泛滥。宽政七年（1795），幕府派下条吉之助为普请役，负责小贝川的水利改造工程。这次工程除了对被称作"关东三大堰"之一的"冈堰"进行了修缮以外，更是留下了一段"慧眼识英才"的佳话。我们知道的是，这项工程结束之后，16 岁的间宫林藏告别了疼爱他的父母，跟随吉之助踏上了前往江户的行程，真正开始了他充满传奇的一生。

林藏到达江户以后，在吉之助的介绍下，成为普请役村上岛之允的属吏和学生。村上岛之允也是位非常了不起的人物，他被后世称为"北海道开拓的先驱"，但更多的时候却因为是"间宫林藏的老师"才被人们提及。间宫林藏跟随村上岛之允并参加了许多他主持的土木工程，较为熟练地掌握了绘图、测量等技术，此外还学到了不少地理知识，间宫林藏曾独自踏勘过九州、四国。这些都为他以后的北方探险打下了坚实的基础。

1799 年，间宫林藏跟随村上岛之允第一次踏上了虾夷地。所谓虾夷地就是现在的北海道，该岛虽然很早就受到日本的影响，但由于诸多原因，日本对北海道的管辖一直非常有限。18 世纪下半叶，俄国加紧了对库页岛、千岛群岛以及虾夷地的勘测和侦查，其领土野心已显露无遗。为此，德川幕府也不得不先后派出数支考察队深入北方，以期加强对这一地区的了解，并维护其统治。他们二人就是在这样的大环境下被派往北方的，他们在虾夷地（主要是北部和东部）完成了很多勘测和调查工作，其成果主要记载在村上岛之允的几部专著里。此外，在工作之余，他们还大量从事种植树木、开垦良田等具有早期殖民性质的工作，这些工作对于后来日本对北海道及北方领土的开拓有很重大的意义。直到现在，在北海道唯一的神宫——北海道神宫里，除了奉祀历代天皇以外，也供奉着间宫林藏和伊能忠敬（1745～1818），人们以此来表达对北海道开拓者们的崇敬。

对于一般的日本人来说，伊能忠敬可能比间宫林藏和村上岛之允等人还要著名一些，除了因为他为日本做出过巨大贡献以外，可能还与他的故事曾经被搬上银幕有关。同时，间宫林藏与伊能忠敬之间的个人交往也被人们津津乐道。宽政十二年（1800），间宫林藏被幕府正式录用，任职于虾夷地。同年，他在函馆见到了前来测量经纬度的伊能忠敬，两人见面后谈得相当投机，所讨论的话题也不仅仅是测量和地图制作，而是在很多方面都有较为一致的观点。这次会面以后，伊能忠敬与间宫林藏建立了师徒关系。此后（1802），林藏参

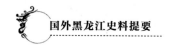

加了对国后岛、择捉岛等南千岛岛屿和东虾夷地的勘查工作。

代表著作有《间宫林藏的黑龙江探险——东鞑纪行》和《北夷分界余话》两部。1808年在幕府组织的探险队中从北海道的宗谷海峡渡海至桦太（库页岛）南端，是第一个渡过海峡探索库页岛的冒险家，并发现间宫海峡（鞑靼海峡）的存在而确认库页岛是一座岛。间宫是有历史记载的第一个发现库页岛是个岛屿而非半岛的人，也被日本人视为开拓桦太的英雄，因此在宗谷岬设立他的铜像作为纪念。天保十五年（1844），间宫林藏病死在家中，享年65岁。

二 写作背景

18世纪末19世纪初，俄国在远东地区不断扩张，急于寻求出海口的沙俄将当时处于清王朝管辖之下的库页岛作为侵略目标，而此时日本对于库页岛更是垂涎已久。为了解俄国远东边界和实际扩张情况，1808年，松前藩派遣间宫林藏两次探察库页岛和黑龙江下游地区。间宫林藏擅长书画、数学、地理，在《间宫林藏的黑龙江探险——东鞑纪行》中，他绘制了大量的彩色图片，反映黑龙江流域一带的风土人情，清朝行政设施、各地部落大约人数等，他都侦察得一清二楚。按照他此行的成果《间宫林藏的黑龙江探险——东鞑纪行》所述，此行目的有三：一是要探查俄国与清国的边境；二是要了解黑龙江下游地区（日本人称东鞑地区，意为东满洲）的地理和民族情况；三是要找到清国官吏所设立的行署。《东鞑纪行》是间宫林藏第二次探查的成果，该书记录了沿途见闻，书中对满洲行署的记载尤为翔实，充分证明了清政府当时对库页岛及黑龙江下游地区拥有管辖权。《间宫林藏的黑龙江探险——东鞑纪行》亦对研究库页岛和黑龙江下游地区的历史、地理风貌具有重要价值。在他的笔下，黑龙江流域是一块富庶之地，与其与俄国人争夺人烟稀少、天寒地冻的库页岛，不如把视线投向富庶的"东鞑"，间宫林藏的《间宫林藏的黑龙江探险——东鞑纪行》无疑对日后日本政府对中国东北扩张政策的制定起到了相当大的引导作用。

库页岛位于黑龙江口外大海中，西隔鞑靼海峡与东北东部滨海地区相望，南隔宗谷海峡与日本北海道相对，东部和北部濒临鄂霍次克海，全岛面积76000多平方公里，地形狭长，从北到南全长948公里。库页岛自古就是中国领土，"汉曰：女国，唐曰：莫曳，明曰：苦夷，近曰：库页，又作库叶、库野……皆库页一声之转"。明朝库页岛归奴儿干都司治理，清雍正十年（1732）以前，"库页岛归宁古塔章京管辖，1732 年设置三姓副都统黑龙江下游地区及库页岛受三姓副都统管辖，并受吉林将军总管"。然日俄于 1875 年 5 月 7 日在圣彼得堡签订《库页岛·千岛交换条约》，无视库页岛主权所属国清政府，"迫使中国无法前去该岛行使国家主权"。晚清时局动荡，最终痛失库页岛。

三　主要内容

本书分为上中下三卷。《东鞑纪行（上卷）》的主要内容如下。文化六年（1809）7 月 2 日，林藏和原住民一起乘小船渡过海峡前往东鞑。在东鞑登陆以后，需要拖着船陆行一段，而后沿满珲河（即黑龙江）一路溯河而上，十天后到达了清国行署所在的德楞。在德楞，间宫林藏受到了清朝官员的礼遇，而且通过和他们交谈得到了不少有用的信息。

《东鞑纪行（中卷）满洲行署》主要介绍了满洲行署的主要职责——进贡、贸易往来。雍正十年（1732）设置三姓副都统，管辖黑龙江下游、松花江、乌苏里江以及库页岛等地区。"起初主要任务是加强对边陲地库页岛的管辖，负责对库页岛上六姓居民收贡颁赏。"满洲行署是重要的边疆行政部门。乾隆五十六年（1791），三姓副都统呈报吉林将军的一份所属各族贡貂清册中记载："居住在库页岛上的居民统称为'库页费雅喀'人，分为耨得、都瓦哈、雅丹、绰敏、舒陆武鲁、陶六姓，共一百四十八户。设有姓长六名、乡长十八名，子弟（穿袍人）两名。"由此证实，在黑龙江下游地区包括库页岛在内实行姓长制度，清政府对该地区实行有效的政治统治。该制度不同于民族羁縻政策，而隶属于中央政治行政体系。清政府对各地姓长、乡长按等级颁发官服，与此相应，姓长、乡长负责日常行政工作，如最为重要的交纳贡赋、户籍管理等。这一部分对满洲行署的职责、管辖内容做了充分的介绍。这对当时的管理体制的研究具有史料价值。

《鞑纪行（下卷）》的主要内容如下。林藏一行在德楞停留了七天之后，踏上了归途。他们沿着满珲河顺江而下直到河口，然后沿海岸南下，8 月初返回了出发地拉喀。此后继续南下，于 9 月 25 日返回了宗谷，结束了这次历时一年多的旅程。

间宫林藏此行的目的之一是考察黑龙江下游地区的地理和民族情况，在了解满洲行署主要职能的同时，对于当地费雅喀人的日常生活有生动记载，首先是给间宫林藏留下深刻印象的民间交易。这种交易形式相对于进贡典礼仪更为自由。有关交易事宜，高级官吏几乎不过问，由中级以下官吏自行处理。"各地夷人，每日几百人集聚于行署中进行交易，其喧哗景象，无法形容。"间宫林藏曾身临其中感受当地的"车水马龙"。

四　学术评价

1809年（文化六年）9月25日，间宫林藏返回宗谷，次年，由林藏口述，村上岛之允之子村上贞助执笔完成《东鞑纪行》《北夷分界余话》两部著作。《东鞑纪行》具有重要的历史地理价值，成为后来日本侵略中国库页岛领土的重要依据资料。

第一，间宫林藏的《东鞑纪行》对清政府满洲行署官职等级、职能、进贡贸易及姓长制度的叙述，客观证明当时清政府对库页岛进行有效的政治统治，库页岛属于中国领土。《东鞑纪行》中最后附录了一份重要的满洲公文，大抵内容为赫哲族和费雅喀族赴京进贡纳改期的文件，这份满洲公文有力地证明了清政府对黑龙江下游库页岛地区拥有行政管辖权，证明了那时从库页岛到黑龙江下游的广大区域都是中国的领土。

第二，间宫林藏的《东鞑纪行》介绍了较为科学的库页岛地理知识，使库页岛战略地位得到提升，从而在日后引发日俄的库页岛之争。虽然中国《康熙皇舆全览图》早就翔实地标注了库页岛的地理位置，然此时欧洲如梦方醒，重新审视库页岛的价值，尤其是正在加紧入侵远东的沙俄，对库页岛的觊觎更是不言而喻。库页岛自古以来就是中国领土，然步入晚清，政局动荡，清王朝出现严重的边疆危机，从南到北，不同程度地遭受外敌入侵。库页岛最终被沙俄侵占，这只是边疆危机的一个缩影。晚清边疆危机烙印至深，留给后人深刻教训。

第三，间宫林藏的《东鞑纪行》根据作者的亲身经历，具体介绍了库页岛和黑龙江下游的地理、民俗和见闻，并以大量的事实明确反映出清政府对该区的管辖情况。特别是书后面选录的我国三姓副都统的满文文件，更加有力地反映了清政府对库页岛的管辖情况。这些资料对我们研究库页岛和黑龙江下游一带历史有着重要的作用。

第四，本书阐述了间宫林藏进入东鞑的三个目的。第一个目的是了解俄清之间的国界，这个目的没有达到。俄清之间的国界设在额尔古纳河的河口，若不上至黑龙江上游是看不到的。他也问了当地的土人，也没有得到答案。反而，第二个目的（即了解黑龙江下游流域的地理和民族情况）和第三个目的（即调查清国官吏在德楞设立的行署）达到了，这对世界的地理学、人类学和历史学的贡献都是很大的。

本书不足之处在于，作者是受日本幕府的命令，为日本侵占库页岛寻找"根据"，所以作者有意地掩盖我国清政府对全库页岛的管辖情况，极力把清政府的管辖权描写成只限于岛的北部。具有讽刺意味的是，这本被日本奉若宝贝的书，因为间宫林藏的详细记载，恰恰证明了库页岛等如今俄罗斯远东部分自古就是中国领土，恰恰暴露了日本人 200 年前便对中国东北怀有野心！此外，作者记载的某些河流的源流和名称的由来及民族的隶属关系等情况，和实际不符。

第二节 《初等东洋史》

一 作者简介

桑原骘藏（1871～1931），1871 年 1 月 27 日出生于日本福井县敦贺，他的父亲名为桑原久兵卫，经营着一家和纸店。桑原骘藏是家中次子，兄长名为桑原制一郎，弟弟为桑原贽三郎。

桑原骘藏的小学和中学在京都府立中学度过，之后以优异的成绩考取了当时有名的京都第三高中。高中毕业之后，桑原骘藏考取了东京帝国大学文学部汉学科，并且在大学毕业后直接考取了东京帝国大学的大学院（日文中的汉字"大学院"即中国的"研究生院"），师从那珂通世，专门研究东洋史。桑原骘藏擅长英语和法语，因此选择了在当时尚属冷门的东西交通史作为其主要研究范围。1898 年，桑原骘藏毕业，就职于东京第三高中，教授东洋史课程。同年，他自己在研究生期间开始撰写的第一部著作《中等东洋史》完成并出版。1899 年转任东京高等师范学校教授。1907 年 4 月，桑原骘藏前往中国，开始为期两年的官费留学和研究。在这期间，他游历了陕西、山东、河南、内蒙古东部等地。桑原骘藏在途中以日记形式做了详细的考察报告邮寄给当时的文部省，在《历史地理》杂志上分别以《雍豫二州旅行日记》（即《长安之旅》)、《山东河南地方游历报告》(即《山东河南游记》)、《东蒙古旅行报告》(即《东蒙古纪行》)为题连载。这些考察报告在桑原骘藏逝世之后由森鹿三等弟子进行整理,加上桑原骘藏游历期间的另外两篇短文《观耕台》和《寄自南京》,1942 年由弘文堂书房出版,即《考史游记》。1909 年,桑原骘藏结束了为期两年的留学生涯,回国就任刚成立不久的京都帝国大学文科大学的东洋史第二讲座教授,负责东西交通史和风俗史的教学与研究。桑原骘藏用与内藤湖南和狩野直喜等人不同的世界史的眼光来看待东洋史,并凭借他在东西交通史和风俗史方面的研究在京都帝国大学站住了脚跟。当时内藤湖南担任第一讲座教授,因而桑原和内藤几乎成了京都帝国大学东洋史的代名词。1910 年,桑原骘藏获得文学博士学位,其后桑原一直在京都帝国大学工作,直到 1930 年退休。1926 年,桑原骘藏凭借其《宋末提举市舶西域人蒲寿庚的事迹》(通常简称《蒲寿庚考》)获得日本学士院奖。1931 年 5 月 24 日,桑原骘藏因肺病在京都塔之段町的家中去世,享年 61 岁。

二 学术成就

桑原骘藏生前与死后出版的学术著作有《中等东洋史(二卷本)》《宋末提举市舶西域人蒲寿庚的事迹》《东洋史说苑》《东西交通史论丛》《东洋文明史论丛》《支那法制史论丛》《考史游记》等书。1968 年,日本的岩波书店将这些著作集结,出版了六卷本的《桑原骘藏全集》。该全集的第六卷为别册,内容包括桑原骘藏本人所藏图书的目录和全集一至五卷的总索引两个部分,而桑原骘藏本人的著作为前五卷。钱婉约博士在其翻译的《东洋史说苑》的附录《〈东洋史说苑〉及桑原中国学》一文中提及《桑原骘藏全集》全五卷,这种说法可能专指前五卷专著,忽略了第六卷别卷。但严格地说,这种说法有误,《桑原骘藏全集》全六卷才为正确的提法。在桑原骘藏著作之中,在中国流传时间最长、影响最深远、最广为人称道的应为《中等东洋史》和《宋末提举市舶西域人蒲寿庚的事迹》。

《中等东洋史》作于桑原骘藏攻读研究生期间,1898 年首次出版。尽管成书时间比较早,但这并不影响《中等东洋史》在东洋史研究领域内的重大作用和地位。桑原骘藏的以西方世界历史的观点来看待东洋历史(尤其是中国历史)的治学特点在《中等东洋史》中多有体现。在桑原骘藏的笔下,没有任何一个历史事件是孤立于其他历史事件之外,不受外界因素影响的。这些普遍联系的因素，包括一个国家的地理位置、自然环境、人种或民族、区域形势等。从现在的眼光来看，将一个地区看作整体，或者将整个世界看作一个整体从而进行研究的方法并无特别之处，但是从当时的角度来说，桑原骘藏的这种大眼光的确是有超前与进步之处的。《中等东洋史》一经出版，就在当时的东洋史研究领域产生了不小的影响，不少学校纷纷以此书作为东洋史学科的教材，中国的上海东文学社也在 1899 年引进了此书，由樊炳清翻译，王国维作序，以《东洋史要》为题出版。这也是桑原骘藏第一部被中国学者接触并接受的著作。在这之后，中国国内出现了几种《中等东洋史》的译本，其成为清朝末年颇受欢迎的中国史读本。

梁启超评价："此书为最晚出之书，颇能包罗诸家之所长"，"繁简得宜，论断有识"。王国维亦有同感，是书"简而赅，博而要，以视集合无系统之事实者，尚高下得失，识者自能辨之"。但也有部分学者对此有不同看法。黄现璠对《东洋史要》评道："上古史，尚插以神话；文化材料，多付阙如；且重要史事，亦多遗漏，实非完善之作。不过在当时教科书中，称为善本，名贤同声推重，几至人手一简，可知国人历史知识，在日人之下，由来已久。呜呼！亡国非一道，救国亦多端，吾国史学家，其知猛醒焉末？"傅斯年在留心观察中国史教科书的编写后指出："近年出版历史教科书，概以桑原氏为准，未有变更其纲者。"由这些学界名贤对此书的议论，可知当时《东洋史要》在中国的影响。

《宋末提举市舶西域人蒲寿庚的事迹》则是桑原骘藏在中西交通史领域内的重要著作。该文最初在日本东京帝国大学《史学杂志》上连载（1915～1918），后由岩波书店以《蒲寿庚之事迹》为题出版。1929 年，冯攸将该书译为中文，由商务印书馆以《唐宋元时期中西通商史》为题出版。同年，陈菁亦将该书译为中文并补充考证，由中华书局以《蒲寿庚考》为题出版（下文通称《蒲寿庚考》）。《蒲寿庚考》书分五部分：第一章，蕃汉通商大势；第二章，蕃客侨居中国之状况；第三章，蒲寿庚之先世；第四章，蒲寿庚之仕宋与降元；第五章，蒲寿庚之仕元及其亲族。桑原骘藏在考证蒲寿庚的个人事迹的同时，也深入地研究了唐宋元时代中国与阿拉伯国家的海上交流。桑原骘藏不仅参考了大量中国学者的研究与史料，也收集了可观的西方学者的成果，这种丰富翔实的考证正是《蒲寿庚考》的特色。陈菁在他的译者序中就直截了当地认为："桑原骘藏《蒲寿庚之事迹》，征引详富，道人之所未道。于中西交通之往事，发明不少，非徒事襞绩旧说者可比，为史界所推重者久矣。"

三　主要内容

《初等东洋史》发表于1900年，由大日本图书出版社出版。

本书共分为四篇。第一篇，上古期汉人钟膨胀时代。本篇论述了"太古""周的兴衰""五代十国的兴衰""春秋战国""秦的兴衰"等。第二篇，中古时期汉人种优势时代。本篇论述了"秦的兴衰""西汉全盛时期到覆灭""东汉全盛时期到覆灭""三国的鼎力""隋朝的兴亡""唐朝的兴亡"等。第三篇，近古期蒙古人种最盛时代。本篇论述了"宋的统一""辽的全盛及西夏的兴起""宋朝的制度改革""女真的兴盛""金宋的战争"等。第五章，女真的兴起。作者主要对金代女真进行了分析，他认为"黑水靺鞨是中国东北古代民族名，黑水靺鞨至五代时，契丹人称黑水靺鞨为女真，从此，女真这一名称代替了靺鞨，后臣服于渤海国。辽灭渤海国之后，混同江附近的女真臣服辽朝，部分女真人随渤海人南迁，编入辽籍，称为熟女真。留居故地的女真人，未入辽籍，称为生女真。生女真中的完颜部逐渐强大，他们营建庐室，定居在按出虎水（今黑龙江省哈尔滨市东南阿什河）一带"。"1115年，完颜阿骨打统一女真各部，并驱逐契丹的统治，建立金朝。国号为大金。"女真族是东北、黑龙江省的原始民族，是一个勇于作为的民族。女真族所创立之金朝，第一次提出了"中华一统"的口号，主张中华一统、民族平等、不分夷夏，对统一的各民族平等的大中华民族的形成起到开创性作用。它是研究黑龙江省传统民族不可或缺的民族。第四篇，近世期欧洲东进时代。第一章，满洲的兴起。作者认为"当时满洲人种分为五个部，满洲部：辽宁沈阳的东北部包括新罗部在内。长白山部：同朝鲜接壤。东海部：长白山部的东北海位置。黑龙江部：东海部的西北，黑龙江沿岸。蒙古科尔沁部：满洲部的北面，在吉林南部"。作者把当时的满洲人分为五部分，通过独特视角来论述满洲人的分布。中国学者认为主要分为三个部分：建州女真主要居住于明朝抚顺关（今辽宁抚顺东）以东，鸭绿江以北及长白山南麓地区；东海女真主要散居于长白山北麓、乌苏里江滨海及黑龙江中下游地区；海西女真则主要居于松花江及其上游的辉发河、乌拉河以及东辽河流域。

作者认为"满洲人同宋朝时期的女真人不是同源"。这一观点与中国学者的观点相同，女真人立国之时，仍然有许多靺鞨部落未被女真吞并，海西女真是由通古斯人、蒙古人、靺鞨人混杂而成；野人女真是靺鞨人、通古斯人的混种；建州女真是由通古斯人、靺鞨人、高丽人、汉人以及少量真正的女真人混杂而成。在这三支所谓"女真"中，建州女真的构成最为复杂。建州女真一部曾占据朝鲜东北，后被朝鲜高丽政权驱赶向西，故而融入些高丽人；汉唐之时东北皆为中原政权管辖，历经战乱一些汉人留存下来，因长久游离华夏文明之外，融入当地部落。另外靖康之耻钦徽二帝被掳至五国城，随行的臣工约有几千余人，他们的后代或逃归南方，或融入建州女真、东海女真；蒙古灭金后，极少数女真人逃到长白山南麓，后来部分融入建州女真。但建州女真的主体还是通古斯人，三地中建州的气候和自然环境最好，是通古斯人迁移的首选。

至于海西女真和野人（东海）女真，他们就没有任何真正的女真血统，也基本没有汉人或高丽人融入。海西靠近蒙古，占多数的是蒙古人，加上靺鞨人和通古斯人；东海女真主要是靺鞨人和通古斯人的混融。

四 学术评价

综观全书，本书以时间顺序对中国历史进行分析。作者桑原骘藏是近代日本东洋史学的代表。但无论是从治学方法方面，还是从对待中国历史与文化的态度方面，桑原骘藏与当时的京都学派学者们都有很大的差别。《初等东洋史》以汉语史料为基础，全书绝大部分是对汉语文献资料的考察，对同一个问题通过不同的史料分析，还通过不同史料对这一问题的记载来佐证自己的观点。

京都学派的学者们，大多都对中国的历史与文化持积极肯定的态度，比如狩野直喜对敦煌文书和宋元喜剧保持着长久的兴趣，并写作了大量的汉诗。反观桑原骘藏，则极其排斥中国的历史与文化，在他眼中，这些不过是一些能够用来引发一系列评论和吸取经验教训的反面教材，中国的学者在他看来"脑子很糟糕"，因而他极少与中国学者来往。甚至对于自己的研究，桑原骘藏也有诸如"我自己从事的是东洋史研究，和支那学没有任何关系"之类的言论。以上的这些差异，就决定了桑原骘藏不同于其他京都学派学者的特点，特别是对中国历史与文化的批评与否定。桑原骘藏的批评的确有可取之处，然而他对中国历史和文化的蔑视与否定是极其荒谬的。

第三节 《东洋文化史研究》

一 作者简介

内藤湖南（1866～1934），本名虎次郎，字炳卿，号湖南。日本秋田县人，是日本近代中国学的重要学者，中国学京都学派创始人之一。内藤出身于幕府末期南部藩的一个武士家庭，他的祖父和父亲汉学修养都很高，使内藤从小得到良好的汉文化教育。他5岁开始读"四书"《二十四孝图》，9岁能作汉诗，10多岁时，他的汉文写作就在乡里颇有名气。他所接受的全部明治新式学校教育是6年小学、2年中等师范。师范毕业后，他在家乡的小学工作了两年，于1887年到东京，开始了他20年的记者生涯。

在中国学方面，研究范围十分广泛：从对中国稀见古籍史料的搜求、考证、编辑、出版，到对中国历史发展的时代划分，对中国文化发展趋势的论证，对中国近代史重大事件的分析、评论，以及在中国史学史、美术史、目录学史、敦煌学、满蒙史地等领域，都卓有建树。在日本汉学界，内藤湖南享有"东洋史的巨擘"之美誉，他的思想和学术遗产还被列入"日本经典名著"和"日本思想家"的行列。1969年到1976年，筑摩书房陆续出版《内藤湖南全集》，共14卷，收集了内藤湖南生前的绝大部分著作。未收入全集的文章注明当时刊载的报刊。

内藤湖南一生分别于1899年、1902年、1905年、1907年、1908年、1910年、1912年、1917年、1933年9次来中国旅行、考察，足迹遍及东北、华北、长江流域的主要大城市，北京、天津、沈阳、上海、南京、苏州等地，则是屡次游历。他游览名胜古迹，调查、收集珍贵史籍，还先后与中国当时的社会名流、著名学者、报界人士如罗振玉、王国维、严复、张元济、文廷式、沈曾植、方药雨、郑孝胥等有过访谈或较多接触，他们讨论中国改革的成败得失，比较中日历史文化的异同，切磋学术，唱酬诗文。他与上述有些人甚至结下终生的真挚情谊。这增进了两国文化人之间的友好交流，也促进了中日近代学术的交流与发展。1899年至中国游历，著《燕山楚水》。1907年10月被聘为京都帝国大学文科大学讲师，两年后升为教授，讲授东洋史。1909年11月从住北京的东京文求堂书店主人田中庆太郎、京师大学堂的罗振玉处，得到伯希和在北京展示敦煌写本的消息和部分照片，立刻在大阪《朝日新闻》上连续发表《敦煌石室发现物》《敦煌发掘的古书》，首次向日本学界介绍敦煌文书的发现及其价值。1910年8月又在《朝日新闻》上发表《西本愿寺的发掘物》，介绍大谷探险队的收获，并应邀参加大谷收集品的整理，编辑《西域考古图谱》（1915）。在获知中国官府已将藏经洞所剩文书全部运抵北京后，与狩野直喜、小川琢治、富冈谦藏、滨田耕作等奉京都帝国大学文科大学之命，于1910年8月至11月到北京调查敦煌文书。翌年写出《清国派遣教授学术视察报告》，并将所获资料展览。1924年，率弟子石滨纯太郎往巴黎、柏林等地收集资料，归国后发表《欧洲所见东方学材料》。

二 学术成就

日本汉学家内藤湖南为京都学派的奠基者之一，在他的时代，日本的学术思潮不仅在于汉学研究，更扩大为全亚洲之研究，名为东洋史学，并在学院里设科教学。在此一学术思潮中，京都帝国大学以内藤为主导的亲中学派被称为京都学派或"支那学派"，东京帝国大学以白鸟库吉等人为主导的亲西学派被称为东京学派或东洋史学派。两学派中，京都学派的名望高于东京学派。内藤的史学理论主要有"天运螺旋形循环说"、文化中心移动说、考据朴学论。第一说主要在反驳西方的"中国文明停滞说"；文化中心移动说，说明文化中心所在即带来地方发展的契机，它不是一个相对兴衰的概念，而是中心所在使地方得以发展，此一结果则是带来大一统的契机；考据朴学论则显现内藤对纯粹学术的要求，不当为政治服务的朴学精神，这与中国学而优则仕的做法明显不同，但他仍免不了受其时代思潮以及帝国主义者的影响。

猎取沈阳故宫的满蒙文档案文书，是内藤一生访书收书活动中最重要的组成部分，也是近代日本中国学满蒙史研究领域内的重大事件。沈阳即当时的奉天，1912年内藤湖南写下《奉天访书谈》专记当时访书之事。1902年，在奉天喇嘛教寺庙黄寺中，内藤发现了他自称是"东洋学上非常的宝物"——《蒙文大藏经》，以及其他满洲史料。1905年，他再次来到奉天，请日本军方出面，强行压价买下了黄寺收藏的明代写本金字《蒙文大藏经》，还有此行于北塔（奉天城北郊法轮寺）新发现的《满文大藏经》，一起带回日本。这两部满、蒙文藏经,藏于东京大学,后于 1923 年的关东大地震中被烧毁。对内藤来说,奉天访书最重大的收获是在 1912 年。这次他是受京都帝国大学委托专程赴奉天拍摄故宫宫殿内珍藏的清朝史料的。从 3 月 23 日到 5 月 17 日,整整八个星期,他如愿以偿地拍下了《满文老档》与《五体清文鉴》。《满文老档》是研究满洲开发史最重要的史料,对日本满洲史研究的建立、发展起到了关键作用。《五体清文鉴》,是清朝满、藏、蒙古、维吾尔、汉五大民族的文字辞书。由康熙敕修,乾隆年间陆续成书。最早是满、汉对照,后加入蒙古、藏文,最后加入维吾尔文,完善为《五体清文鉴》。此书只以抄本传世,藏于北京及奉天的宫殿中。它既有语言学上的实用价值,又有历史研究上的文献价值。

三 主要内容

《东洋文化史研究》1948 年由弘文堂书房出版社出版。

通读全书,我们不难获得一个鲜明的印象:对于作者而言,各种具体领域的研究并不是孤立割裂,仅仅作为一种静态解剖对象而存在的。正如宫崎市定所言,他的具体研究是为了在"无所不包的观察"基础上"组织起整体印象",这一"整体印象"——换言之,"中国"为何物,"中国文化"为何物——才是他关注的核心所在。本书中最著名,堪称照耀一世,奠定了日本东洋史学百年根基的一篇,当然是"概括性的唐宋时代观"。这篇名文仅以 5000 字的篇幅,便气吞山河地勾勒出了六朝以降的中国史基本轴线,引发出无数令后学追寻不已的头绪。不过,其论述实在是要言不烦至于极处,因此也就难免有语焉不详之处。而这一缺陷正好由本书的其他篇章予以补足。"近代中国的文化生活"和"中国作为通货的银"两篇,正如其两翼,相辅相成,共同交织出内藤中国史学的基本脉络。在读了后两篇之后,重新回头温习"概括性的唐宋时代观",才能更深地体会到作者宏大历史观察背后的来源。前者作为近世文化史的一篇纲要,站在唐宋变革之后的时代立场上展开论述。可以看到,这一篇的主题,正是"概括性的唐宋时代观"中近世部分论述的具体展开。而后者关于中国货币史的梳理,尤其对是铜钱、银、纸币三者消长关系的解析,则构成"概括性的唐宋时代观"中经济部分论述的根基。不仅如此,在"近代中国的文化生活"中所提到的一些内容,如关于近世织物的变化,显然可以从"染织相关文献的研究"一篇中窥见其依据所在;

而对中国近世爱玩古物、回归自然趋势的探讨，又可溯源至他在"论民族文化与文明"中所形成的欧美文明批判观念。像这样，内藤史学中的具体枝节——分散的单篇论述——看似各自独立为一主题，实际上却有机地构织在一起，互为支撑，从各种角度纷至沓来，最终构筑起作者的中国史研究整体及宏伟历史观念。

本书所呈现出的作者历史观中最为核心的一点，就是从漫长的民族、国民发展史中去观察人类文化进步的基本规律。作者既拒绝纯思辨式的理论构建，也拒绝獭祭式的史实罗列，而是随时留心从纷繁丛杂的史实中归纳提取普遍性的、有趣的原则。在这种原则的演绎下，那些已经失去焦点、变得模糊的历史面貌，便有可能在我们的推证中变得清晰起来。如"女真种族的同源传说"，作者所考论的重点其实并不在于女真族传说本身，而在于通过这一特殊的传说，我们便有可能对拥有同类传说的各种族应用同样的分析法，通过仍然清楚的"一"而察见已经湮灭的"一切"。作者眼中的观察对象，都不仅仅对其自身有意义，而是作为历史世界的一个原理性侧面而呈现其意义。这种有力的（同时是充满冒险乐趣的）治学理念，无疑是执着于局部实证的学者所难以想及的。再如"古之满洲与今之满洲"中，作者固然是简明地勾勒了满洲地区的古今发展历史，其重点却并不在于历史事实的说明，而是一开始就贯穿着一个鲜明的议题，那就是古今文明发展条件在地理上的一致性。在古代有利于民族发达、国家兴盛的地区，在后来即使经历过历史的中绝，也依然会成为重新发展的起点。整个满洲发展史在作者的头脑中，是被这一条主线贯穿起来的。最使作者觉得"有意思"的地方，就在于从汉代的夫余高丽到清初的满洲开发史，仿佛在最近 100 年中又具体而微地重演了一遍，而历史重演的根由，就在于地理环境上的古今一致。因此讲演的内容所及，虽然纵贯两三千年的广漠时空，而且时常枝蔓旁出，但作者最希望表达的核心主题依然凝聚不散。附带说一句，明治时代的日本现代史学，众所周知，是在兰克史学的基底上发展起来的，而内藤湖南所强调的这种地理与文化之间的依存关系，却已经与后来年鉴学派的长时段观念相近，这一点或许也是值得我们注目的。

"女真种族的同源传说"一篇中论述了前金和后金女真种族为同源。这与大多数历史学家的观点相反，作者认为辽代女真分为熟女真、生女真、非生非熟女真。生女真"主要分布于今天的松花江沿岸地区。非生非熟女直则分布

在其南方，也就是松花江的支流辉发江沿岸。而所谓熟女真，是契丹在太祖阿保机时代，因为担心女真为寇，故分女真豪族数千家置辽阳之南，也就是今天满洲的复州、岫岩地区"。作者以独特观点认为前金和后金的女真为同源，通过地理及宗族的迁移来证明这一点。女真族是东北地区的古老民族，本书对研究东北民族史具有借鉴意义。

四　学术评价

《东洋文化史研究》算不上是内藤湖南最重要的代表著作，却有着特殊的意义。一方面，如羽田序文所言，本书所收录的大抵是演讲记录以及寄诸报章的文章，并不是典型意义上的学术著作。然而也正因为如此，其内容庞杂丰富，从具体的文化史课题如纸张、染织、版本史研究到宏观的东西洋文明批判，从上古文明到民国时事观察，从中国中世史到满洲史地，都在范围笼罩之内，较之《清朝史通论》《支那史学史》等严肃的专门著作而言，更能全方位地体现出内藤史学的面貌，更便于读者把握其来龙去脉。

另一方面，对女真种族的同源作者同大多数历史学家持有不同观点，可以说独树一帜、见解独特。

第四节　《金代女真研究》

一　作者简介

三上次男（1907～1987），日本著名金史女真史学家、陶瓷学家。1907年3月生于京都府宫津町，1932年3月毕业于东京帝国大学文学部史学科，为池内宏的主要弟子。1932年4月就作为"东亚考古学会"的留学生前往中国。1933～1936年升入东京大学大学院深造。1936年10月参加辑安、高句丽遗迹调查。1939年为东京帝国大学文学部讲师。1940年9月前往中国抚顺调查高句丽山城遗迹。1947年为镰仓研究所教授。1948年4月战后的日本考古学会成立，是其中的重要成员。1949年为东京大学教授。1953年为东京大学大学院考古学课程的教官。1961年以《满鲜原始坟墓的研究》获文学博士学位。1955～1983年频繁出国考察、参加国际学术会议，遍访欧美、中近东、东南亚诸国。自1978年至1985年多次来华，访吐鲁番、敦煌、泉州等30多个地方。历任日本考古学会会长、东洋陶瓷学会会长、中近东文化中心理事长等要职。20 世纪三四十年代频频来中国东北地区从事高句丽、渤海遗迹调查，对金史、女真史、中国东北地区的考古及陶瓷均有精深研究。

二　学术成就

三上次男参与过很多辞书的编写工作，对金史、女真史、中国东北地区的考古均有精深研究。对中国东北地区研究的代表作有《金代女真研究》（满日文化协会，1937），《满鲜原始坟墓的研究》（弘文馆，1961 年初版，1977 年再版），《古代东北亚史研究》（弘文馆，1966 年初版，1977 年再版），《征服王朝——金朝与汉》（近藤出版社，1974），《中国文明与亚洲内陆》（讲坛社，1974）。作者在写成《金代女真研究》以后，继续研究金史，又于 1972 年出版《金史研究》三卷（卷一，金代女真社会研究；卷二，金代政治制度研究；卷三，金代政治·社会研究），此书获日本恩赐奖和学士院奖。对考古研究的代表作有《陶瓷贸易史研究》上、中、下（中央公论美术出版，1987 ～ 1988），《中国陶瓷史研究》（中央公论美术出版，1989）等。三上次男受到过日本第一代、第二代汉学家的指导，他于 1937 年发表的《金代女真研究》，因在女真社会构成的研究上有突破，被认为是日本学术界对女真研究的巅峰之作，因此三上次男也被称作日本学术界研究女真学的领军人物。

三　研究背景

第一次世界大战以后，日本作为亚洲唯一的帝国主义国家，参与帝国主义列强对世界的瓜分，在法西斯道路上不断前进。但是，经济上，1919 年和 1920 年连续两年出现财政赤字，陷入财政危机；政治上，军部介入政治的倾向越来越严重；社会和文化上，一方面社会主义思想不断发展，民主运动不断开展，另一方面民族主义、大东亚及帝国主义的思潮占据上风。这一时期的辽金史研究和当时日本的"大陆政策"、边疆史的研究紧密地联系在一起，涉及的主要研究包括蒙古、辽、金的民族起源问题，以及各政权的社会组织和制度问题。19 世纪末 20 世纪初，这一时期的中国学研究受到日本政治因素的影响，20 世纪 20 年代之后，随着日本国家意识形态的法西斯化及日本对外进行侵略的政策，日本的中国学研究也发生了变化，学术研究成为为日本国家利益服务的战争工具。此书就是在此背景下的研究成果，三上次男在《金代女真

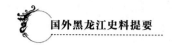

研究》的自序中写道："昭和八年（1933 年），我正以东亚考古学会中国留学生的资格住在满洲，忽然接到池内博士急电，匆匆回国。从那时起就在博士亲切的指导下，开始研究满洲中世史。"

四　主要内容

女真族是生活在黑龙江流域的古老民族，到了完颜阿骨打时期女真族已经崛起，完颜阿骨打于 1115 年称帝，建国号大金，定都会宁。金于 1125 年灭辽，灭辽后金朝第二代皇帝金太宗吴乞买继位，按照金太祖阿骨打的遗训，下令南征伐宋，于 1127 年灭北宋。金朝把领土远远扩张到黄河以南，统治满、蒙及华北达 100 多年。本书以金代女真为研究对象，正文前有作者的原序、自序、凡例。此书共分两编，第一编"完颜阿骨打的经略和金国的建立"，此编共有 13 章，阐述生女真完颜部的杰出人物阿骨打竖起叛辽的旗帜，先后攻陷辽北部各州，后又占领辽东，统一整个女真各部的始末。第二编"猛安、谋克制的研究"。此编分为通论和分论，通论共分 8 章，分别论述了金太宗、太祖时代、熙宗时代、海陵时代、世宗时代、章宗时代、宣宗到金末的猛安谋克制的发展与变化及其崩溃；分论共分 4 章，分别从"作为官吏的猛安谋克""猛安谋克部的社会构成""作为军事组织的猛安谋克制""关于猛安谋克户的居住地"几个方面，对猛安谋克制进行了补充研究，使此论题更为全面。

在第一编"完颜阿骨打的经略和金国的建立"，主要阐述内容是："生女真完颜部的巨酋阿骨打在辽天庆四年九月起兵以来，先屠辽防御女真的要冲宁江州，接着攻陷东北边境上的各州，不断驱逐辽的势力，从北部向南经略东京道的过程。阿骨打在起兵的第二年定国号'金'，建元'收国'，自即皇帝位。收国元年攻陷黄龙府，击败天祚帝的亲征军，更于翌年功拔东京辽阳府，合并了辽东方面鸭绿江口附近各州及其一带地方的系辽籍女真。阿骨打终于实现了父祖以来统一整个女真各部的夙愿，这个过程只用了两年半的时间。"阿骨打把这一年作为收国年号的最后一年，翌年改元天辅，在天辅元年继续进攻长春路及显州方面，进一步巩固了金的既得领土。

《金代女真研究》一书中第二编为重点，主要研究猛安谋克的发展情况，这部分从结构上分为通论和分论。在通论中，作者对猛安谋克制以时间顺序为主线探索这种制度从金朝初期到灭亡期间的变迁与沿革，将猛安谋克制的历史演变分为六个时期，归纳为四个阶段。六个时期具体为：太祖太宗时代、熙宗时代、海陵王时代、世宗时代、章宗时代、从宣宗到金末时代。四个阶段为：举兵前——太祖太宗时代，为猛安谋克的创立与发展时代；熙宗时代——猛安谋克制的强化和女真人的华北移住阶段；海陵王、世宗时代——由于迁移而产生问题和猛安谋克改革时代；章宗和宣宗时代——猛安谋克的衰退和灭亡时代。在分论中将猛安谋克作为专题横向研究，主要包括猛安谋克作为官吏制度的研究、猛安谋克的社会构成、猛安谋克的居住地和土地问题等。

五　学术评价

三上次男对金代女真的研究是沿时间顺序进行的，三上次男作为东京文献学派的代表人物之一，其著作《金代女真研究》无论是写作方法、史料运用还是观点分析都体现了 20 世纪上半叶日本学界金史研究的特点，在日本学者对金史的研究中占有很重要的位置。三上次男的《金代女真研究》以汉语文献史料为研究基础，全书绝大部分是对汉语文献资料的考察，在研究某一问题时，三上次男会尽可能把涉及这个问题的原始文献资料罗列出来，不仅根据某一本原始文献资料阐述这一问题，还通过不同国家对这一问题的记载来佐证自己的观点。三上次男的恩师池内宏对这本书评价道："这本书为阐明金朝史做出了很大的贡献，并将是近年来蓬勃发展的满洲史研究的一个良好的指针。"因此三上次男的《金代女真研究》是日本学者研究女真史的代表作之一，对其后日本学者研究女真史的影响很大。

第五节　《金史研究》

一　作者学术成就

作者三上次男简介详见第四节，这里着重谈其学术成就。

三上次男的学术成就主要包括三方面：对历史的研究、考古研究和对陶瓷的研究。

在对历史的研究方面，三上次男参与过很多辞书的编写工作，对金史、女真史、中国东北地区的考古均有精深研究。对中国东北地区研究的代表作有《金代女真研究》（满日文化协会，1937），《满鲜原始坟墓的研究》（弘文馆，

1961 年初版，1977 年再版），《古代东北亚史研究》（弘文馆，1966 年初版，1 977 年再版），《征服王朝——金朝与汉》（近藤出版社，1974），《中国文明与亚洲内陆》（讲坛社，1974）。作者在写成《金代女真研究》以后，继续研究金史，又于 1972 年出版《金史研究》三卷（卷一，金代女真社会研究；卷二，金代政治制度研究；卷三，金代政治·社会研究），此书获日本恩赐奖和学士院奖。考古是三上次男最早期的研究领域，包括对"广开土好王碑"的研究、对高句丽古迹的调查等。从考古学的角度，对东北石墓和貊民族的关系加以考察，后汇成《满鲜原始坟墓的研究》出版。这是他的博士论文。三上次男陶瓷研究的主要论著有《陶瓷贸易史研究》上、中、下（中央公论美术出版，1987～1988），《中国陶瓷史研究》（中央公论美术出版，1989），《中国施釉陶瓷器的起源及其社会、技术侧面》等著作。研究的主要方向是：日本以及东北亚的陶瓷交流、东南亚的东西交通、欧洲以及中近东的贸易和交通。

三上次男的研究特点从方法论上看是讲究把考古学和历史研究结合起来。从研究领域来说是力求把考古的发现和各种文献资料研究结合起来。三上次男是在生活上朴素但在学问上、精神上非常奢华的人物。

二　主要内容

《金史研究》共分为三卷，其中：卷一，金代女真社会研究；卷二，金代政治制度研究；卷三，金代政治·社会研究。

《金史研究》第一卷是对女真社会的研究。本卷主要分为两个部分：关于女真的起源和关于猛安谋克的研究。重点部分为对猛安谋克的研究，作者指出：猛安谋克是随着金的兴起而确定的。在建国以前女真部族组织内存在的军事组织就采用猛安谋克制，阿骨打把完颜氏的直辖部队编成猛安谋克军。同时把猛安谋克定为统治直属部队的行政组织，三百户为一谋克，十谋克为一猛安，命其为兵团的母体。这样猛安谋克就不仅是军事组织，同时又成为行政组织。金是想通过这种新制度的扩充强化，使女真诸部族的归顺明确化，以此加强中央集权。猛安谋克制度的研究，对于了解金代女真人是不可或缺的，但过去只是把这一研究作为金代女真人研究的全部，而且研究得也不充分。金建国以前的女真人社会的研究、建国后女真人官吏的研究等也有考究的必要。

《金史研究》的第二卷是对金朝政治制度的专门研究,对军队制度和官制的研究是重点,包括对早期的勃极烈、吸收唐宋官制建立的三省制以及后来以"尚书省"为中心的中央政府的详细考证。作者还对金朝的御史台进行了探讨,研究了金的监督制度、裁判制度等。作者分为四个主要阶段。完颜阿骨打1114 年对辽国打出反旗到 1115 年即帝位,是为第一阶段;从 1115 到 1122 年基本上控制了长城以北的原来辽国的地区,是为第二阶段;1123 年以后灭辽,进而进攻宋,攻占汴京,灭北宋,统治了山西、河北等地为第三阶段;1130 年到 1140 年完全控制淮河以北地区为第四阶段。本卷主要包括两方面内容:首先是对金朝的政治制度和官吏制的演变做了论述,最初是具有女真色彩的孛堇(勃极烈)制,后来变化成为"三省制",三省制中,分为"天会十二年"官制改革之前和以后两个时期,到海陵王以后的"正隆元年"又演变为"尚书省制",在对上述官制演变历史研究的基础上对各个省的职能进行了具体的探讨。然后对金朝各个时期的监察机构——御史台的组成、权限和作用进行了考证论说。

《金史研究》第三卷,重点是对金朝社会的研究,包括女真民族的起源、文化、早期的政治制度,如猛安谋克、勃极烈等(这一部分和前两卷有重复处)。还有对女真文字的创立、科举制度,社会问题(如金和汉人的关系,对渤海人、辽人的处置方针)以及金朝和宋朝的和战关系、和高丽的关系等的研究。

三　学术评价

三上次男的历史研究主要是对中国的东北史和金朝女真史的研究。他的研究大致可以分为对金朝社会的研究和对金朝政治制度的研究两大部分。对社会的研究,以对猛安谋克的研究为重点,对制度的研究则以官制为中心。在三上次男的《金史研究》中主要涉及以下几方面的问题:对女真起源的研究、关于金朝研究文献的考证、对金的军队制度——猛安谋克的研究、对行政制度官制的研究——从勃极烈到尚书省的变化、对女真和金朝的内部社会构造的研究、对金的政治史及政治事件的研究、对金和各个相关政权以及外国关系的研究、对金的语言和思想文化艺术的研究。在明治维新之后,对金史的研究在日本是一个热门课题。在三上次男的同一时代,田村实造、外山军治等也有所研究,而三上次男的研究可以说最系统、最详细。

第六节 《金朝史研究》

一 作者简介

外山军治（1910～1999），1910年生于大阪市，经大阪府立住吉中学校、大阪高等学校，1933年毕业于京都帝国大学文学部史学科，专攻东洋史，受外务省文化事业部的资助，从事中国东北部满蒙史研究。同年5月参加了东北亚考古学会对古渤海国旧都东京城的考古调查。参加者有原田淑人、水野清一、驹井和爱、池内宏、京城大学的鸟山喜一等。他在此次活动中学到不少知识，后曾在东方文化研究所工作。担任过京都大学文学部讲师。1947年任大阪外事专科学校教授，1951年任大阪外语大学教授。1962年获京都大学文学博士学位。外山军治师承羽田亨、那波利贞、宫崎市定。

主要著作有：《金朝史研究》（东洋史研究会《东洋史研究丛刊》，1964年初版，1967年再版），《中国之书法与人》，《颜真卿——刚直的生涯》（创元社，1964），《岳飞与秦桧》（富山房，1939），《太平天国与上海》（高桐书院，1947），《则天武后——女性和权利》（中央公论社，1966）。

本书由外山军治在1964年出版的《金朝史研究》翻译而成，译者为李东源，于1988年由黑龙江朝鲜民族出版社出版发行，黑龙江大学印刷厂印刷。

二 主要内容

该书主要包括通论和分论两部分。通论部分为金朝政治的沿革，这部分分为四章：第一章为"女真的兴起及其对辽宋的关系"；第二章"金的华北统治与傀儡国家"；第三章为"女真人的汉化"；第四章为"金的衰亡"。分论分为八部分。第一部分"金朝统治下的契丹人"，在这一部分主要论述了讨灭辽室前的契丹人、统治契丹人的诸问题、契丹人的叛乱、世宗对契丹人的政策、金末契丹人的动态。第二部分"金朝治下的渤海人"。在这一部分分三章主要论述了金朝对渤海人的政策、金初的辽阳渤海人、入仕金朝的渤海人。第三部分"金朝的华北统治与傀儡国家"。这一部分的内容分为三个方面，一是以山西为中心的金将宗翰的活动，分为两章，在山西确立宗翰的地位和确保河北、河东；二是辽宋金三国在燕京的角逐，分为五章，分别为辽金在辽西的抗争、辽天祚帝西奔后的燕京、金军攻陷后的燕京、宋朝治下的燕京、金军的南伐与常胜军；三是围绕刘齐的金宋关系，分为四章，分别为建立刘齐的始末、齐国的建立与金宋的动向、围绕齐国的金宋抗争、刘齐的废止。第四部分"熙宗皇统年间的金宋和议"。这一部分主要论述了皇统和议前的金室——熙宗的即位与金宗室，天眷二年的和议，金军重占河南、陕西，皇统讲和的始末，誓约的履行，皇统和议的成立与金国的动向。第五部分"熙宗时代蒙古的入侵"。这一部分主要论述了王国维说、记录蒙古入侵的金方史料、蒙古的入侵与金宋关系。第六部分"世宗的即位与辽阳渤海人"。这一部分论述世宗即位的经过、拥戴世宗的诸势力、世宗主权的确立。第七部分"章宗时代的北方经略与对宋战争"。第八部分"章宗时代的河患"，主要论述了金代的河患、河患与土地问题。

通论论述了金朝政治的推移，概要地介绍了金朝女真政权的兴衰，包括女真的兴起和辽宋的关系、金的华北统治和傀儡政权、女真人的汉化、金的衰亡等部分。分论则是对一些具体问题的研究和考证。此书是作者在对满蒙史研究的论文基础上汇总整理而成，主要包括以下内容。第一，对辽、金宋元之间的相互交往以及势力消长的研究，具体地分析了在各个不同时期，金朝对北方的辽（契丹）、蒙古以及奚等势力的政策、态势，以及这些政策和对南方宋朝态度的互动关系。第二，在"以刘豫齐国为中心所见的金宋交涉"部分，对刘豫傀儡政权成立的经过、得以存在的原因、所起的作用进行了探讨。作者认为刘豫政权的出现对金宋两国，特别是对宋造成很大的影响，随着宗翰势力在金朝内部的消失，金国对中原统治能力的增强，作为傀儡的刘豫政权也就被金废掉了。作者对金宋之间的傀儡政权做了很独到的分析，在日本的金朝研究者中有很高的评价。第三，对金和南宋"绍兴和约"的分析。第四，对一些和金朝文化有关的资料的考证。如"章宗收藏的书画""松漠纪闻的作者洪皓""章宗书女史箴——传顾恺之女史箴图卷"等都是很好的论考。

三 学术评价

外山军治1933年从京都帝国大学毕业后，受日本外务省文化事业部的资助从事研究，其成果主要是在《满蒙史论丛》发表的几篇论文，在《东洋史研究》、《满洲学报》、《蒙古学》以及各种纪念论文集上发表的一些论文。《金朝史研究》是汇集整理这些论文而形成的。本书的中心部分就是分论的10篇

论文，叙述金朝政治沿革的通论是为了弥补分论部分的缺失，收入附录的事难于列入分论的论文和有关文化史的数篇论文。

外山军治的主要业绩是对金朝史的研究。在这一时期，三上次男等也对金朝史进行了研究。三上次男等的研究重点在金朝内部，注重社会经济结构。外山军治的研究有所不同，他把重点更多地放在金朝和辽、蒙古、南宋的关系互动和政治事件领域，凸显了自己的研究特色。

第七节　《清朝全史》

一　作者简介

稻叶君山（1876～1940），日本权威中国历史学者，近代日本学者，清史研究专家。著有《清朝全史》《满洲发达史》等，编有《朱舜水全集》等。

稻叶君山所著的《清朝全史》是第一部全面叙论清朝历史的学术著作，对清朝的历史地位做出了比较公允的评价。这部学术名著于1914年出版，对学术界是一个十分重要的贡献，从它问世至今，一直受到学界重视，被学者惠家作为权威性的引征之据，在学界长期享有它应得的学术地位，梁启超将其列为了解清史的必读书。

二　主要内容

本书关于清朝历史的概括性叙述如下。

清朝（1636～1912），是满族入主中原并建立的大一统政权，是中国历史上最后一个封建王朝，清朝统治者为东北的爱新觉罗氏。满族自称"满洲"，1911年辛亥革命后官方将"满洲族"简称为满族。"白山黑水"——长白山以北、黑龙江中下游、乌苏里江流域的广阔地区是满族先民的发祥地。"满族"先世的历史源远流长，有考古实据的历史就有6800年以上。汉代至三国，满族先世肃慎人又称挹娄人。南北朝时称勿吉人。勿吉为女真语"窝集"之音转，乃是"森林"之意。隋唐时期，满洲族先世又称靺鞨，散布在以吉林为中心的为粟末靺鞨，散布在松花江流域和黑龙江流域地区的为黑水靺鞨。669～926年，粟末靺鞨建立渤海国。渤海国历经15代国王，后被契丹所灭。至宋辽时期称女真。辽朝将女真分为两部，开原

（今辽宁开原）以南称"熟女真"，开原以北称"生女真"。12 世纪初，生女真的完颜部崛起，其首领阿骨打统一女真一些部落后，于 1115 年称帝，国号大金，定都上京（今黑龙江省阿城）。12 世纪中国北方蒙古族兴起，建立了幅员辽阔的元朝，统一了中国，从此女真人置于元朝的统治之下。元亡明兴，女真人分为建州女真、海西女真、野人女真三大部。努尔哈赤的祖先属建州女真。建州女真首领努尔哈赤开始了民族统一大业，完成了从部落到国家的建设。

清朝的人口数也是历代封建王朝最多的，清末时达到 4 亿人以上。清朝开疆拓土。清初为缓和阶级矛盾，实行奖励垦荒、减免捐税的政策，内地和边疆的社会经济都有所发展。至 18 世纪中叶，封建经济发展到一个新的高峰，史称"康乾盛世"。于是中央集权专制体制更加严密，国力强大，秩序稳定，清代人口至 18 世纪后期已达到 3 亿人左右。康熙年间，统一了台湾，并与俄国签订《尼布楚条约》，划定了中俄东段边界；乾隆中叶，平定准噶尔、回部，统一了新疆。这不仅一举解决了中国历史上游牧民族和农耕民族之间旷日持久的冲突，而且采取了一系列政策，发展边疆地区的经济、文化和交通，巩固了中国多民族国家的统一，奠定了现代中国的版图，增强了中华民族的团结力和凝聚力。在文化上，康乾时期编纂了几部集大成之作，像《四库全书》《古今图书集成》等，对清理和总结中国历史文化遗产做出了重大贡献。

当然，清朝也存在很多弊端。明代后期君权有一定的松懈，而清朝又把封建专制推向了最高峰。清朝初期大力推行圈地投充等恶政，极大地破坏了中原地区的经济；重农抑商，制约资本主义萌芽的发展。制造了多起文字狱，加强对文人的思想控制，导致思想上"万马齐喑"；在编纂古籍时又大肆销毁古籍。给旗人寄养特权，使其迅速腐化。统治者轻视科技和闭关锁国，导致中国的科技极大地落后于西方。1840 年后帝国主义的入侵，使清廷与侵略者分别缔结了大量不平等条约，割地赔款，开放通商口岸，中国的主权受到严重损害，逐步沦为半封建半殖民地社会，人民负担更为沉重，处于水深火热之中。

本书共分为七章内容，分别为"满族源流""满洲崛起""九州统一""辉煌盛世""内忧外患""末世中兴""日落紫禁"。第一章介绍满族自先秦时期一直到元明时期的发展。从第二章开始以清朝主要人物和事件为主线介绍清朝的发展，在"满洲崛起"一章介绍了努尔哈赤、皇太极；在

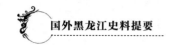

"九州统一"这一章介绍了多尔衮、顺治；在"辉煌盛世"一章介绍了孝庄、康熙、鳌拜、于成龙、明珠、雍正、隆科多、年羹尧、乾隆、嘉庆、和珅、纪晓岚和刘墉；在"内忧外患"一章介绍了道光、鸦片战争、咸丰和太平天国；在"末世中兴"一章介绍了慈禧、同治、曾国藩、左宗棠、光绪、李鸿章、丁汝昌、刘铭传、康有为和谭嗣同；在"日落紫禁"一章介绍了宣统和科举制的废除。

三 学术评价

本书是第一部全面论述清朝历史的学术著作。自 1914 年问世至今，一直受到学界重视，被学者专家作为权威性的引征之据。本书讲述清朝改朝换代的血腥征讨，刀光剑影的宫廷斗争，雄才大略的帝王臣工，空前绝后的开疆拓土，冷酷隔膜的世态人心，戮心为上的"盛世太平"，思想文化的钳制镇压，贪官污吏的丑态毕露，西方列强的侵略欺凌，丧权辱国的城下之盟，农民起义的此起彼伏，开明士大夫的自救自强，异域文明的挑战，维新改良的失败尝试，最后走向共和的国制革命。作者以时间为经，以清代的政治、军事、经济、文化等方面的重要事件为纬，将清代历史发展的基本面貌完整清晰地展示在读者面前。记述了自满洲部族起源迄宣统帝退位整个清代的历史，政治、经济、文化、边政、外交诸事俱备，是清亡后第一部完整的清史著作。同时，作者对清朝的历史地位也做出了较公允的评价。

第八节　《白山黑水录》

一 作者简介

小越平隆（陆），生卒年月不详。一说为作家或者大陆浪人。作者在明治 32 年 4～5 月及明治 33 年 4～5 月，曾两次游历"满洲"，作成《满洲旅行记》，又名《白山黑水录》。该书对"满洲"的铁路、水运、陆运、风俗、钱币等做了详尽的描述，被称为"东三省第一书"。

二 主要内容

本书共 44 章，是作者两次"满洲"游历纪事。该书首先刊载于东京《朝日新闻》，书中关于东清铁道的内容是在该铁路工程不断推进后，依据最新情况及游历人所谈集成通报的。书中引用了辽史、金史、元史、圣武记、水道提纲及满洲地理志等，俄国最近（当时）的兵事也加入其中。该书对于东三省历史人文地理详尽的描述，为后世的研究提供了宝贵资料。

书中关于黑龙江的内容如下。

（一）对黑龙江省的历史、地理人文情况在绪论中做了概述

"清朝用之遂灭明，奄有禹域，后分其地为东三省盛京吉林黑龙江是也。（中略）黑龙江省以齐齐哈尔为首府，黑龙江将军之所驻扎。黑龙江（即爱珲）墨尔根、齐齐哈尔、呼兰、呼伦贝尔、布特、哈通肯置副都统七，及呼兰、绥化二厅。其地势南有长白山与朝鲜接境，北有大兴安岭，东有小兴安岭。松花江发源长白山，北流。嫩江发源大兴安岭，南流。二江相会而东流。东辽河发源长白山西北支脉，北流折而西。西辽河发源上都，东流。二河相会，南流入海。乌苏里江发源长白山东支脉，东流入黑龙江。黑龙江发源外蒙古之骨特山（成吉思汗崛起之地），北流折而东，再折南流，与松花乌苏里会而入海。鸭绿图们二江，共发源长白山，一西流一东流，皆入海。山海关外辽东之地，面渤海及黄海。乌苏里一带，面日本海。松花嫩二江之所会，黑龙乌苏里之所汇，辽河之所奔流，皆有大平原，足容数千万之民。凡此山岳江海原野，实满洲东三省之骨干血脉与无穷之膏腴也。"①

（二）俄国铺设东清铁道隐藏的内部动机，在于侵占清朝疆域，掠夺东三省丰富的物产以及为西伯利亚开通道路

（1）"当今满洲东三省之间，其绝大动机，昭然著人耳目者，盖无过于满洲铁路敷设者也。此机也，于当今满洲各事物，无不为其所动，将来其所动者，必更有大者焉。譬之露国②，以满洲为火车，以运归其仓库。今孜孜于东清铁道，独着火于机轮耳。（中略）据泰晤士访事员莫利孙氏之满洲纪行，谓不知其后线路之更变。盖露国当时预定之线路，由齐齐哈尔经呼兰至宁古塔三岔口之线路。露国觊觎广拓满洲于彼之界内，又怀欲以所认满洲中心点之伯都讷。创建露国大都会之野心，以故此线路由齐齐哈尔沿嫩江右岸，达伯都讷。（中略）溯海拉尔河水域，超兴安岭，下雅儿河水域，于齐齐哈尔西南六十里

---

① 《绪论》第 2 页，引文中的"（）"内容为作者注释，以下引用皆适用。

② 此处的"露国"应是指"俄国"。

胡拉尔溪、渡嫩江，为一直线。通过蒙古部，于呼兰城西六十里之处，渡松花江以达豫定中央停车场之哈拉宾。"①

（2）俄国本选址伯都讷为大都会，但是由于伯都讷在水运上不能满足打通经松花江至西伯利亚的通航之道，遂将大都会地点迁至哈尔滨："哈拉宾者，当北纬四十五度五十八分、东经百二十七度（依参谋本部地图），位松花江之南岸。南至阿勒楚喀七十里，北至呼兰七十里，东南至宾州九十里，松花江南岸二十余里间之总称。此地本金人崛起之所，阿勒楚喀之西有金之古城。对岸之呼兰城，盖徽钦二帝幽田之五国城也。其地势南望小白山脉，于云烟渺茫之间。东西茫茫，为大平原。土地肥沃、五谷繁生。北隔松花江与蒙古相对，东部则黑龙江省中第一沃土之呼兰白彦苏。（中略）依英国陆军大佐弗伦氏之调查，吉林省北部之大平原，其面积约一万方英里。而哈拉宾者，此平原之中心也。"②

（3）俄国觊觎此地已久，选址于此绝非偶然："露人注目此地，岂偶然哉。此地名称不一，距阿什河七十里，距江岸二十里之地，旧时称新房烧锅，后称东转，今称转地烧锅。以其地为一大烧锅，故名。烧锅者，酿酒之地也。从来周围二百余户，成一村落。露人占居其地，欲以为创建大都会之地域，使其村落移转于东，而自占其地，以烧锅为大清东省铁路公司总局。置邮政局、电报局、露清银行、铁道保护兵司令部等官衔。其西区划街市，建官舍大屋五十余栋。寺院、学校、医院、俱乐部皆在此所。都市大势既定，其南隔大街，设公园；其西近铁道线，有兵营七所。建筑宏大，至少足容兵三千。又有未建筑地，皆已判定各立标志，以为某所某宅。其区划街市地域，东西不过十町内外，南北约当我一里有半。支那人称此地曰上房，哈拉宾上游房屋之义也。露西亚人，迄其兵卒仆隶，无不知此地将来当为露国一大都会者。"③

（4）书中描述俄国在古"满洲"北部中央市场——"上房"的劣势，以对比选址哈尔滨的原因："唯有一不便，惜其不当江岸，以此间地势，江岸遂渐低下，故濒江之地，不能创建大都。然水运之利用，必于江岸设一港埠，故

---

① 摘自书中"铁道志第一　东清铁道之线路"，第4~6页。
② 摘自书中"铁道志第三　露西亚之新都"，第10~11页。
③ 摘自书中"铁道志第三　露西亚之新都"，第11页。

又欲于江岸一小村落，即土人所称为哈尔滨者，为创建小市邑之经营。小市邑创建之地，临松花江右岸，距大都会创建之地约二十里。东西约我一里半，南北约我一里。划定地域，以造街衢。机械工厂六七栋，余游历之时，方在建筑。其内锯工厂既筑成，盛挽木木材。露国官舍三十余栋，建筑既成，露人居之。其东各种住宅，方建筑未就。最可异者，支那人不得杂居此区域内，别划一居留地居之。支那人约三百余户，皆于居留地内自筑房舍。支那之商贾，以露人为佳客，贸易不绝。居留地西北隅，有市场。从露西亚风，呼为巴萨尔。百货杂陈，待客无不办者。巴萨尔之西，有旅宿街，为工役住宿之所。此地工役皆宿一街之内，是为工役居留地。此间铁道，既已敷设，其线路由江岸左右，环此新市街之地域，以达上房大都会之创建地。江岸栈桥既落成，搭载货物，由长白山伐取木材，流下松花江，及西伯利亚汽船，输送铁轨，皆于此地登岸。其经营迅速，水运之为惠实多。"①

（5）虽然当时俄国通过与清政府签订的条约只侵占了旅顺大连，但是东三省的北部亦在俄国的爪牙之下："今此地驻聚哥萨克兵及其他兵员凡五千余，工役商人劳役者，凡七八千，合计一万二三千人。（中略）露人之在此地，对支那人之态度，与实行其政令之举动，与其占领地之旅顺大连，及固有之浦盐斯德，比而论之，无甚异者。一露人曰：'我邦于此新建都，可命名曰新哈美。'又一露人曰：'此地非新哈美，当名为新尼喀来斯克。'余以为其命名之决定如何，虽不可知，要之满洲中央，松花江之大平原，得发生一圣彼得堡，一莫斯科之新都。其兆固已见矣，识者之所宜注意而勿怠也。"②

（三）松花江之于俄国建新都哈尔滨的关键作用

"松花江之于满洲发达之关系，少解满洲地理者，无不共知。露人一向注意松花江之水运，利用以资西伯利亚之开发。少研西伯利亚经营之史者，所共鉴也，兹不复多述。（中略）此松花江于满洲铁道之难阻也。虽然，究论其利益之处，足以偿其难阻而有余。露人着手哈拉宾新都新港之经营以来，仅一年有余，异常锐进。其地名尚未闻于世，已俨然创一露西亚大都于满洲中央荒僻之地者。一依松花江之惠泽也。露人欲以哈拉宾之地势，为满洲铁道之中央停车场。若无松花江水利与黑龙江运道，相接输送材料，

---

① 摘自书中"铁道志第三　露西亚之新都"，第 11 ~ 12 页。
② 摘自书中"铁道志第三　露西亚之新都"，第 12 ~ 13 页。

恐至满洲铁道、浦盐线落成，通过斯地，尚复不能成功。彼露人初期建都之地，定于伯都讷，当松花江岸、嫩江之会合点。位置适宜，冀得水运之利，而变之哈拉宾者，亦以溯松花江以至伯都讷，宁于哈拉宾得与西伯利亚连络之便也。"①

"满洲"铁道的铺设对东三省原有的市邑有很大影响。

"满洲铁道之敷设，将来于满洲变动之影响如何，其事重大，非可轻测。独此铁道于当今之都邑市会盛衰消长，有可以决知者。试于前章所记，满洲铁道之线路，就满洲地图考之。乌港线经齐齐哈尔城南六十里之胡拉尔溪，而不通过齐齐哈尔；经呼兰城南六十里之哈尔宾，而不通过呼兰城；经宁古塔城北六十里之掖河，而不通过宁古塔城。（中略）露人选择满洲铁道之法，一以地势之便否为标准；会不置固有之都邑于眼中。于固有都邑之间，联络接合，以为行旅货物之便。"②

"黑龙江省城之齐齐哈尔虽有将军驻札，据中心市场，得保今日之繁盛。若铁道通胡拉尔溪，亦必为其所夺，盖齐齐哈尔在呼拉尔溪上流六十里，共赖嫩江之水利。而两地水路之中，有一浅处，达胡拉尔溪之舟楫，不能至齐齐哈尔。今胡拉尔溪之水运，固比齐齐哈尔为优，将来又加以铁路之便，两地之位置，自不得不更变。"③

"发达露西亚之市邑，列名左方④：

齐齐哈尔之近傍	胡拉尔溪
松花江平原	哈拉宾
宁古塔之近旁	掖河
东辽河平原	长春（旧有之都邑）
奉天之南方	烟台"⑤

（四）书中章节"铁道志之第六　露人之情势"描述了俄国人对"满洲"的欺压

（1）"后至康熙之朝，遂出大军黑龙江外，逐露人于尼布楚以西，与安

---

① 摘自书中"铁道志第四　松花江之水运"，第13～14页。
② 摘自书中"铁道志第五　铁道通过地都邑之变迁"，第17页。
③ 摘自书中第18页。
④ 著作为竖排印刷。
⑤ 摘自书中第19页。

岭以北，尔来二百有余年。盛衰代嬗，船厂之名空存。康熙遗谟，不复可见。哥萨克之铁骑，严其军装，蹂躏满洲之野。余尝读史，知露人南下，非一日之故。过其地，察其情势，不能不深感于世变也。由旅顺之海角貌子窝以北，露人之占领地无论矣。其北满洲三省之地域，丝毫未割以与露人也。然其未割与，与割与无异。露人经营满洲铁路之下，唯所欲为，无乎不至。而满洲人民、满洲官吏、满洲军旅，皆畏其威压，唯唯奉命。盖满洲人中，大率慨然不平，愤露人之跋扈。而露人之威势，步步进逼，如江河之倾泻，非赤手之所能支。"①

（2）"露人为威压满洲人民，特张大其声势。铁道敷设各要地，处处设立分局出张所。然其名目，不曰分局出张所，必题为大清东省铁路公司总局。县旗章于门，其旗方形之帛，画黄龙（支那国旗）。又一角，界白、青、赤三色（露国国旗），若寓意蚕食支那北方满洲之一角然者。门前张贴支那官府常用铁路重地禁止喧哗等文。而备木棒二枚于傍，若有犯禁，即以惩治者。"②

（3）"余所过市驿，铁路总局之驻扎军队，纪其数如左"③：

表 1-1　俄铁路总局驻扎军队情况

地区	兵数（人）	地区	兵数（人）
营口	300	哈拉宾	13000
辽阳	30	长春	100
期（胡）拉尔溪	50	呼兰	20
伊满堡	100	披河	50
宁古塔	200	海城	20
烟台	50	吉林	200
阿勒楚喀	100	三姓	100
合计			14320

---

① 摘自书中第 20 页。

② 摘自书中第 21 页。

③ 根据书中内容制表 1-1。

"总数凡一万四千余人。此外往来巡调者，约三四百人。其余宁古塔三岔口、齐齐哈尔、海拉尔间，余所来经之地各有相当之军队。自远东露西亚领域外，满州东三省中，屯驻兵数约当一万六七千人。凡露国之兵备，大略如此。更就支那之现壮考之，知东三省之地，已归露人之掌握，非妄言也。"①

（4）"余滞在奉天间，同宿一绅商戏谓余曰：'满州之官吏者，食支那政府俸禄，镇压支那人民之露西亚佣工也。'余无以易其言，官吏即为佣工。人民之遭暴虐，无所诉，又无抵抗之力，含愤茹恨。转求沟壑者，不知凡几。徒为一钱之利，不厌艰苦之支那工役，不堪露人之虐，逃亡四散。无地求生者，余每常见之，不禁叹露人之暴虐不置也。今工役之应募者，多直隶山东远地所来之人。满州内地之人，皆已逃散，不复应募。余中途所遇三百五百成队来赴工役者，大率山东直隶之人也。凡余所到之处闻诸土人，种种苦楚。曰露人买收土地及家屋，其定价极廉薄。曰露人购取货物，索价至难。曰露人之遇支那人以奴隶视，蔑侮无所不至。曰露人往往凌辱妇女。盖此种种非道，不尽露人之恶。"②

（5）"至于官吏交涉，则有所谓中俄交涉局者。交涉局本故吉林将军延茂。因铁道工事于后，交涉渐繁。于其管理之下，设立新局。聘用内阁候补中书斑喜等董之。局中设兵勇。凡露人重者，其旅行必以交涉局兵勇为卫。其后以僻壤之哈拉宾，为东清铁道之中央停车场。兵队云屯，事物猥集。于是以铁路公司总局，于将军衙门之交涉。更于此设中俄交涉总局。其章程，吉林省内，或关系铁路公司，或公司雇役及供给材料商人等，有乱暴狼藉之事及窃盗奸淫案件，中国官员须照中国律例查办者，报知交涉总局。总局官吏、铁道公司督办或全权代理人，会同审查。若其意见不合，具报将军决之。于是露人于关系铁路之支那人，得平均裁判之权。夫以各居留地会审裁判之法，施之国中内地，岂非大可骇异者。此局经费六万金，由铁路公司督办支给。其房舍用具，一付相当之额。铁路公司督办，因此不啻得裁判会审之权，俨然于铁路公司官吏之下。"③

（五）作者在第二次游历时，在"铁道志第七　明治三十四年之现状"中写下了发生在"满洲"的"新变化"

（1）"露人满洲之经营，以上六章。皆明治三十一年及三十二年亲巡其地

---

①　摘自书中第 21~22 页。

②　摘自书中第 23 页。

③　摘自书中第 24 页。

所见闻。今工事愈益进步，视前不无少异。特就本年现状，条列于后，以备参考。

东清铁道会社所有线：

旧托罗海至三岔口　　　　　　　　　　　一四三四露里

旧托罗海黑龙江省，与西比利亚之国界——三岔口者，吉林省与乌苏里之国界——那波达夫卡，改名哥铁可夫。此路更细分之如下：

旧托罗海至哈尔宾　　　　　　　　　　　九四五露里

此间大兴安岭有八千四百尺之隧道，期明治三十八年竣功。

哈尔宾至三岔口　　　　　　　　　　　　四八〇露里

以上东清铁道会社线。

后贝尔州之开多尔洼至国界旧托罗海　三八〇露里（官设线路）

国界三岔口至尼古里斯克　　　　　　一〇六露里（官线）

开多尔洼至尼古里斯克　　　　　　　一九二〇露里（东清铁道线路加入以上两者即满洲线）

开多尔洼绕黑龙江历哈巴诺夫卡，至尼古里斯克　　二四三五露里

黑龙江迂回线，与满洲哈尔宾线比较差数　　　　五一五露里

……

旅顺线：

……

长春至哈尔宾　　　　　　　　　　　　　　　　五五〇清里"①

（2）"盖露人满洲铁道之工事，最得利便者，唯松花江。其最困难者，亦松花江。于松花江、于哈尔宾、于镇山口、于胡拉尔溪，无论工事如何锐进，架桥不成，不能连络彼此线路。此露人所以冒险不顾而为冰上之架桥也。满洲铁道中，哈尔滨线一千九百二十露里间，隧道唯有三所。其为大平野可知。坦然平野之中，遇两所之大架桥，彼等之苦心亦可知。其在旅顺线，一千百二十二露里中，唯一松花江之架桥。其他无一山，无一隧道。其所以经营此一架桥者，可以想见也。

哈尔滨线之现状：

尼古拉斯至哥铁可夫，一日一次，定期发汽车。

---

① 摘自书中第 25～26 页。

三岔口之十四停车场与十三停车场之间，两所隧道，尚未竣功。

掖河至伊满堡道路，略已竣工。

伊满堡至哈尔宾，一日一次，定期发汽车。

哈尔宾之胡拉尔溪，输运材料。

兴安岭东西，役使工役八千人，从事兴工。此山岭大隧道，凡八千四百尺，为满洲铁道中最困难工事，期明治三十八年竣功云。

旧托罗海至开多尔洼，汽车输运材料。

（中略）

哈尔宾至松花江岸之镇山口，汽车输送材料。

其尤足使人气尽者，则大连湾之创建大都会是也。夫哈尔宾中央之大都会也。胡拉尔沟掖河长春烟台之大都会也。"①

"哈拉宾既为露国之新都会，铁道东西南三方开通。其生产发达，固可豫决。露人云：松花江水域，满洲之谷仓，非虚言也。"②

（六）书中描述了"满洲"之水运以及一些重要市邑之间的人文地理

1. "道里志之第二　满洲之水运"

"川河之大者，松花江及辽河二水是也。松花江，满洲中部以北溪水之所积，北流以注黑龙江，由满洲通西伯利亚。辽河，中部以南溪水之所积，注辽河湾以达营口。松花江比辽河水路尤长，其灌溉亦广，而流于多未垦之地，且无直接海口，故其利未大。唯输运土产大小麦毛皮，以达露国哈巴诺夫府。余漫游之际，为水运最盛之时。而航行寥落，实出意外。计所见之船，在吉林仅五十艘，伯都讷百艘，齐齐哈尔三十艘，三姓四十艘，哈拉宾二十艘，呼兰五六艘而已。其他河中益不足数。唯东清铁道工事敷设，颇得露人利用。"③

2. "道里志之第三　满洲之陆运"

"凡陆运之地，由山海关经锦州以至奉天，由新民厅岐分至金家屯；由营口经海城辽阳，以至奉天。经铁岭开原伊通州，以至吉林。由吉林经伯都讷，至齐齐哈尔。由吉林经拉林阿勒楚喀白杨木至三姓。由呼兰经蒙古平原至齐齐哈尔，大抵皆同。"④

---

① 摘自书中第 27~29 页。
② 摘自书中第 32 页。
③ 摘自书中第 35 页。
④ 摘自书中第 37 页。

3. "道里志之第四　满洲之道路"

"由吉林进至齐齐哈尔，长一千二百里，伯都讷当其中央。吉林伯都讷间，虽有横断小白山脉之处，尚非险径。唯伯都讷至齐齐哈尔，多沮洳沼泽，雨期道路没水，全不通行。没六七十里，逆旅之外，无一村落，其行道之难，可以想见也。余于齐齐哈尔伯都讷之间，借嫩江之水路，比陆路约一倍有半。河流屈曲，或南或东，时或西走，伸缩如蚯蚓。两岸茫茫原野，碧草连天，河流宽浅，所之为沙洲小岛，岐分数道。又潴为湖泽，注雅尔河、维尔河、陶尔河渚水。其会合点，颇不易知，航路亦恒不分明。非熟于此道，时有误者。"①

4. "道里志之第八　宁古塔至三姓"

"自此凡四站。属三姓者，亦四站，为八站。一站置兵二三十人，沿道逻警，此外不见一人家。站头以北，涉溪越山六十里。至二战，横断完达山脉，连小白山之间，顾无可托止，就兵营乞宿，熟视详问，而后许诺。相待甚厚，临去与以钱，辞不受。不独兵营，唯独贫乏之家，会不肯收食价，实满洲所异之事。以支那之贪利无厌，偏陬僻邑，莫不皆然。余所经之多矣，独此间居民以厚待旅客为当然，义务独存，太古淳朴之风。真四百余州中所绝无而仅有者也。"②

5. "道里志之第九　三姓至阿勒楚喀及呼兰"

"呜呼！三姓至阿勒楚喀，实居吉林之中，而满洲东三省之中原也。地属松花江平原，江流贯其中央，数多溪流。或由小长白山脉，或由小兴安岭，皆注松花江。运输之便，为东三省之冠。小兴安岭、小长白山之两脉，距江岸或二十里，或三四十里。从容不迫，森林郁苍，青草遍野，为牧场为田亩，皆无上佳地。"③

"宾州厅，北纬四十五度四十七分，东经百二十七度四十八分。在松花江南岸，隔江与向彦苏相对。西南至阿勒楚喀百三十里，西北至哈尔滨九十里，为三角形。正南小白山支脉，蜿蜒甚低，凡四五百尺。东西北三面，皆茫然原野。其城跨二三丘陵，东西约四百步，南北三百步。宾州厅治之靖边右翼一营，以备奸宄。仅空名而已。通衢商贾甚盛，杂货自南方来者，多日本物。人

---

① 摘自书中第 40 页。

② 摘自书中第 51 页。

③ 摘自书中第 53 页。

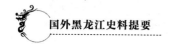

口约一万内外。多盗贼无赖。到处见枭首示众。常见老翁担鸟笼二，就视之，则人首。

阿勒楚喀土石阿什河。在阿什河左岸，满洲中屈指之大都会。北纬四十五度三十五分，东经百二十七度五分。距松花江南岸九十里之地，西南距拉林百三十里，西北至伯都讷称三百里，南北一千五百余步，东西四百余步。南北各一门，东西各三门。通衢巨商栉比。尤盛者质屋金银巧工，其他二层酒楼。为东三省他处无。人口约称五万。副都统衙门、八旗衙门，在大街之东。东清铁道交涉局在其西。为松花江平原中央之大都会。"①

"北七十里，小村落五六，有小丘陵，为波涛之状，过此则上房。前所叙哈尔宾之一部，支那之新房烧锅地也。又北二十里即哈尔宾，是松花江岸支那固有之哈尔宾，江岸之一小渔村耳。由哈尔宾至呼兰凡三路。一为水路，一迂回呼兰河口，虽大路而远。一直渡江，或因铁道线路，或回沼泽。通过内蒙古四盟旗之郭尔罗斯部，六十里渡呼兰河，即呼兰城。呼兰城，北纬四十六度十分，东经百二十六度五十分，在呼兰河左岸。松花江北岸六十里，人口约一万五千。此地虽称城，实无城壁。大街南北长一千二三百步，繁荣不及阿勒楚喀，而巨商大贾甚多。阛阓相望，其东驻防八旗之街，有副都统衙门协领衙门街道厅。大街中有客栈，称大清东省铁路公司。其南端面呼兰河，有小舟若干只。本城地势在旷野之中，西南六十里，还望尼马拉山，西隔呼兰河。"②

6. "道里志之第十　呼兰至齐齐哈尔"

"由齐齐哈尔至呼兰六百里间，实旅行之一奇景。以余之放浪，当登千仞之邛崃，九折坂上，望雪山顶水块，又彷徨大渡河遥溪谷。或崇山大壑，或奔流激泉，或奇岩怪石，或千仞绝壁，景地名异，有足慰旅客之情者，至此六百里间，使余目骇神疑，几谓终日滞在一地。盖此六百里，无山无河，无森林，无村落。但见白日出没荒草，如航大洋。茫然不见涯际。唯见荒草之间，十町八町，有一家居，后者既过，前者入眼，其规模构造、形式尽同。"③

"齐齐哈尔城，土人称为卜魁。北纬四十七度二十八分，东经百二十度五十五分。在嫩江左岸砂原之中，嫩江绕其西而南流，东西兴安岭，茫然不可

---

①　摘自书中第 54 页。
②　摘自书中第 55 页。
③　摘自书中第 56 页。

望。历东北墨尔根城，至爱珲约八百五十余里。西北至呼伦贝尔（土名海拉尔）称一千二百里。南至伯都讷，称六百里，实五百三十余里。人口约五万。此城黑龙江将军驻扎之地，有内外城。内城炼瓦为之，有副将军都统协领衙门及电信局。外郭环于其外，南北一千二三百步，东西八百步。内城南门至外郭。南门尤为繁盛。商人大贾，骈翠环集。马鞍及江右为卜魁之特产。江右似玛瑙之石，造烟管吸口，兽皮亦多。海拉尔之马，经此以输南方。米粟豆高粱，由伯都讷溯水路至此间，不唯满汉人所居。有蒙古回回达瑚尔鄂鲁春索伦等杂处。唯蒙古人稍别，其他诸族尽同。独以语言知非汉族耳。"①

（七）书中对"满洲"的钱币制度、风俗、山岭河川做了详尽描述

1. "风土志之第七　圜法"

"吉林黑龙江两省，则以五千枚为一百，五百枚为一千。然满洲一带制钱匮缺。"②

"吉林黑龙江两省，一圆值一千二百钱，即一千五十六枚制钱；一角值二百二十钱，即百一十枚制钱。"③

"今列满洲所用货币种类如下：

盛京铸银币	大小五种
吉林铸银币	大小五种
吉林纸币	五种
南部各省银币	大小五种
日本银币	大小五种
黑银	一种
露银	唯哈尔滨通行
露纸币	同上
各地银店所发银票	种类甚多
各地银店所发钱票	同上"④

2. "风土志第八　物产"

"大小麦各地皆产，尤多松花江平原，及哈尔宾一带之地。阿片哈尔宾一

---

① 摘自书中第 57～58 页。
② 摘自书中第 102 页。
③ 摘自书中第 102 页。
④ 摘自书中第 103 页。

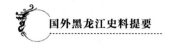

带最盛，品质亦良。"①

3. "风土志之第九　山岭江河"

"两江既会，水势盛大。其东稍向东北，纳拉林河四百里，而至哈尔宾。实东清铁路线路，于满洲中央之大停车场也。由此会阿勒楚喀河，呼兰河纳妈言河。此河上流，即伊满堡，而东清铁道线路经过之地。由此东北流，至三姓。由哈尔宾水路至三姓，称七百里。至此，牡丹江来会，是松花江第一之大支流。三姓城在其东南岸，宁古塔河，即呼拉哈河，又曰虎尔哈河；唐时称忽汗河；金时按曰出虎水。土人皆称牡丹江。上流有数源，一出平顶山，与松花江源之富而虎山，仅隔一山。一出儞牙蛮哈达；一出哈儿巴岭；合于额多力城，即今之敦化县。经东，有朱鲁多浑河，出色齐窝集，即长官材岭。会流鄂摩索站之南。东汇为大沼泽，谓之必尔腾湖。长七十里，经二十里，溪流来会甚多。东北流于老松岭下。"②

（八）书中还在最后一章记述了"庚子之乱露人攻略东三省情形"

"明治三十三年，清朝光绪二十六年，西历一千九百年五月，北清义和团乱起，露国即增各地驻兵，移病院、组织高等军制四。六月十四日，使五将军率之，进入满洲。第一军大将阿诺夫率之，由西比利亚旧托罗海方面，进黑龙江省兴安岭西之海拉尔。第二军大将林涅干布率之，由西比利亚之和夫阿。第三军大将萨哈诺夫率之，由哈巴诺夫卡；又一队大将契里里莫率之，由尼古里斯克。第四军大将孤列拏诺克率之（后为土脱爱克夫），由乌拉几俄斯德库（即浦盐斯德，浦盐斯德，日本音也，中国之海参崴）及婆希耶多湾。第四军，中将堪士俄拉奇率之，自欧洲以混合兵进旅顺。余一军中将林涅耶奇率之，与同盟军共进山海关。第一军，六月十三日抵爱珲停车场（元注，此地无爱珲，误也）。八月二日，围哈来降之（元注，哈来，海拉尔之误）。三十日，全军会合（元注，殆齐齐哈尔之地钦）。第二军，八月二日，降萨加，连黑兰坡（元注，此地即萨哈连乌拉之误。而黑兰泡者，或即黑河屯也，在疵拏耶琴士克之对岸）。四日，下爱珲。十五日，下兴安岭城。十八日，降墨尔根城。二十一日，抵伊拉哈停车场（元注，此误也，此地无停车场，有伊拉哈站）。二十七日，降窝齐哈儿（元注，此齐齐哈尔之误）。三十日，与第一

---

① 摘自书中第104页。
② 摘自书中第111页。

军会合（元注，即齐齐哈尔之地）。第三军，六月二十七日降哈尔宾。八月八日降三姓（元注，此二役与事实相违。何则，第三军由哈巴诺夫卞及尼古里斯克来。由黑龙江湖松花江、三姓在下流，哈尔宾在上流，此两地误倒甚明）。八月十日，第一第三两军合，降呼兰城。"①

三　学术评价

"白山黑水"即长白山和黑龙江，泛指中国东北地区。《金史·本纪第一·世纪》："生女直之地有混同江、长白山。混同江亦号黑龙江，所谓'白山黑水'是也。"此本《白山黑水录》被称为描写东三省第一书，为何？此书为作者旅行两次所得，其中动因不乏国家政策的鼓励，但是其描述之细致、所到之偏僻、所思之前承后继，令人嗟叹！此书对研究黑龙江及东北历史以及俄国对中国东北的觊觎和对东北人民的奴役都具有史料价值。

---

① 摘自书中第 144～145 页。

第二章　成书于 20 世纪 10～20 年代
有关黑龙江的史料

第一节　《黑龙江》

一　作者简介

堀田璋左右（1871～1958），历史学家、文学家，出生于日本香川县。主要有《近代地名研究资料集》（クリス，2005 年 6 月）、《国史新辞典》（雄山阁，1931 年 4 月）、《平家物语　长门本》（国书刊行会，1906）、《黑龙江》（吉川弘文馆，1904 年 8 月）等多部学术著作。

二　写作背景

本书写于 1904 年 8 月即日俄战争第一年，日俄战争是 1904 年到 1905 年间，日本帝国与俄罗斯帝国为了侵占中国东北和朝鲜半岛，在中国东北的土地上进行的一场战争，以沙皇俄国的失败而告终。日俄战争促成日本在东北亚取得军事优势，并取得在朝鲜半岛、中国东北驻军的权力，令俄国于此的扩张受到阻挠。日俄战争的陆上战场是清朝本土的东北地区，而清朝政府却被逼迫宣布中立，甚至为这场战争专门划出了一块交战区。日俄战争期间，中国东北是双方陆上交锋的战场，当地人民蒙受了极大的灾难，生命财产遭到空前的浩劫。旅顺的工厂被炸毁，房屋被炸毁，就连寺庙也未能幸免。耕牛被抢走，粮食被抢光，流离失所的难民有几十万人。日、俄都强拉中国老百姓为他们运送弹药、服劳役，许多人冤死在两国侵略者的炮火之下，更有成批的中国平民被日俄双方当作"间谍"惨遭杀害。这场战争不仅是对中国领土和主权的粗暴践踏，而且使中国东北人民在战争中遭受了巨大的损失和人身伤亡。本书论述了俄国近代侵略东方的历史，集中描述了俄国经过西伯利亚发现黑龙江以来，如何把黑龙江流域划入自己的势力范围之内。

1931 年"九·一八"事变后，日本侵占我东北全境。1932 年 6 月，伪满洲国政府颁布"货币法"，成立伪满洲中央银行，发行伪满货币，取消了六行号发行哈大洋券的权利，并强令限期清理回收市场上流通的哈大洋券。至 1937 年 6 月，哈大洋券全部被清理回收，结束了它 18 年的流通史。

三　主要内容

《黑龙江》由吉川弘文馆于 1904 年 8 月出版。

本书作者堀田璋左右以时间为序，论述了约半个世纪的中俄关系史，可以归结为三大内容。其一，沙皇俄国对中国黑龙江流域的入侵，以及中国各族人民的抵抗；其二，两次雅克萨战争；其三，尼布楚条约签订和尼布楚条约签订后的黑龙江流域。全书分为十章，分别为序言（主要描述了黑龙江名字的来历、流经地方、松花江、"满洲的位置"、"满洲的气候"等）、第一章俄国人占领前的黑龙江、第二章黑龙江的发现及波雅科夫的探险、第三章哈巴罗、第四章斯特巴诺、第五章石勒喀河的发现及占领、第六章黑龙江的探险及雅克萨城、第七章清俄战争、第八章尼布楚条约、第九章尼布楚条约后的黑龙江、第十章黑龙江的近代史。这一段历史虽然不是很长，但也充分体现了其是沿着侵略与反侵略、扩张与反扩张的轨迹不断衍化的。

序言部分，作者通过对"黑龙江源头""黑龙江名字来历""黑龙江流域的地形、资源、耕地等""黑龙江沿岸主要城市，吉林省、黑龙江省、哈尔滨市、齐齐哈尔市、爱珲城（黑河）"等简明扼要的介绍，使黑龙江的历史地理等情况一目了然。第一章俄国占领前的黑龙江，本章描述了黑龙江地区自古就有人类活动的迹象，通古斯人创造了发达的定居捕鱼与海兽文化。到隋唐时期的"渤海国"建立、契丹人灭亡"渤海国"，此地成为辽国的一部分。唐朝以后，管辖黑龙江地区的是与北宋王朝并存的辽朝。女真人兴起，松花江下游的完颜部落统一了当地各民族，1115 年，生活在今黑龙江阿什河流域的女真完颜部建立金朝，设都于上京会宁府（今哈尔滨市阿城区）。本章通过黑龙江的人类发展层面，从远古走来，穿越苍茫岁月，鲜卑、靺鞨、女真等民族几代逐鹿中原，最终汇入中华民族的历史长河。第七章清俄战争，当俄国的势力接近清朝的中国时，便发生了军事冲突。1685年，清康熙帝派将军彭春从瑷珲起兵5000人，攻入雅克萨。之后清军撤军而俄军卷土重来。1686年清军再攻雅克萨并围城，经过几个月的战斗，俄军首领托尔布津被击毙，俄军伤亡惨重，雅克萨城指日可下。第八章尼布楚条约，该条约是中国与外国划定边界的第一个近代主权国家间的条约。条约承认黑龙江和乌苏里江流域包括库页岛在内的广大地区是中国领土，客观上遏止了沙俄继续向东扩张。《尼布楚条约》是中俄第一个边境条约，是中国同欧洲国家签订的第一个平等条约，尼布楚的谈判是"正式的平等谈判"。第九章尼布楚条约后的黑龙江，第二节清朝领导下的黑龙江，当时在黑龙江省的驻军有将校238名，士兵10431名，吉林伯都纳、瑷珲及齐齐哈尔布置有军船，在松花江沿岸的义勇军达到五万多人。从本书上述论据来看，《尼布楚条约》不仅证明了黑龙江和乌苏里江流域包括库页岛在内的广大地区是中国领土，同时保证了当时黑龙江省及吉林省不受外族侵略，为在一定时期内的和平稳定奠定了基础。

第十章黑龙江的近代史是本书的重点部分，作者堀田璋左右以时间为主线论述了俄国武力侵占我国黑龙江流域，利用鸦片战争之机，出兵强占中国黑龙江以北、乌苏里江以东地区，强迫清王朝签订了《瑷珲条约》《北京条约》《中俄勘分西北界约记》等不平等条约，割占了中国东北和西北的大片领土。迄今为止，尽管学者们对早期中俄关系已有不少研究成果，但系统、深刻的著作不多。早期中俄关系史有待深入研究，作者从日本人的角度来分析中俄关系史，对早期中俄关系史上的若干重大事件进行考察，发掘新的史料，拓宽研究视野。

四　学术评价

本书按时间顺序，论述了约半个世纪的中俄关系史，指出俄国在清朝时期开始窥探黑龙江流域及东北地区，并多次发动战争。记述了沙皇俄国对黑龙江流域的入侵，以及中国各民族的抵抗，以至在1689年签订了两国关系史上具有划时代意义的《尼布楚条约》。本书的第一个特点是内容丰富、简明扼要。全书共10章，字数并不多，简明扼要地论述了近半个世纪的中俄关系史。虽然关于这一部分的资料特别多,但有关资料大部分分散于典籍著述之中,查找起来非常不易。是本书虽为日文资料,但在资料整理方面有一定参考价值。第二个特点是本书严谨求实,不人云亦云。作者引用大量国内外历史资料、论文、杂志,参考《黑龙江上的俄国人》《西伯利亚地志》等资料,还参照了大量地图资料,如弘文馆发行的《露西亚全图》、黑龙会发行的《满韩新图》、郁文舍发行的《日俄战地要部地图》等。本书除上述两大特点之外,还有一些独到之处,如编排新颖、使用方便等。为便于读者了解、掌握和运用这些史料,作者并未沿袭以往资料汇编将大量史料堆砌在一起的方法,而是以简明扼要的说明方法论述,使读者可以把一些孤立的史料连接到一起,不至于乏味无章。

本书发表于 1904 年,正值日俄战争开始的一年。这一时期关于中俄关系史研究的中文资料少之又少,更没有比较全面、比较系统的中俄关系著作问世。本书虽为日文作品,但在一定程度上填补了当时中俄关系史研究上的空白。

第二节 《渤海史考》

一 作者简介

鸟山喜一(1887 ~ 1959),日本史学家。出生于东京都府本乡区(现文京区),东京帝国大学文科大学史学科毕业。东洋史和渤海史专家。1919 年任新潟高等学校教授,1920 年到欧美留学,1928 ~ 1945 年任东京帝国大学教授,1946 年任第四高等学校长(第 13 代),1949 年任金泽大学法文学部长、富山大学校长,1954 年任东洋大学教授。曾经多次到中国进行实地考察和文物发掘。著书方面有著名的面向少年的中国史《中国通史——黄河的水》、《渤海史考》(1915,1972 年由原书房复印)、《满鲜文化史观》、《东京城》、《消失了的王国——渤海国小史》(翰林出版,1949)、《渤海史上的诸问题》(风间书房,1969)等。

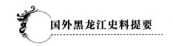

二 写作背景

20 世纪前 30 年是以对渤海遗址调查为主的时期,由日本、俄罗斯学者(确切地说是旅哈俄籍学者)垄断,主要目标是渤海上京龙泉府遗址和三灵坟等。日本学者在军国主义支持和庇护下,积极配合向"满蒙"地区渗透。1883 年,日军间谍潜入中国吉林集安盗拓《好太王碑》。1894 年御用文人九鬼隆一向日本当局献策掠夺中国文化财富。嗣后,日本一些学者相继潜入中国(首先是东北地区)进行考古和人类学的调查研究,如鸟居龙藏、鸟山喜一、关野贞、白鸟库吉、黑板胜美和内藤湖南等。鸟居龙藏的《东北亚洲搜访记》《满蒙古迹考》和鸟山喜一的《渤海上京龙泉府考察记》都记述了渤海遗址。在掠夺中国历史文化财产的过程中,20 世纪 20 年代成立的日本东亚考古学会发挥了重要作用。这里应该特别指出的是,中国一些学者对渤海上京城址调查记录做出了贡献。

1933 年 6 月 8 日,以原田淑人、池内宏为首的日本东亚考古学会发掘队在日军刺刀保护下发掘渤海上京城宫殿遗址——这在国际考古发掘史上是极为罕见的一例。因为日军曾在上京城宫城南门前(五凤楼前)同抗日军民激战,伤亡惨重,今五凤楼前的高大水泥标志就是由为超度这些罪孽深重的亡灵所建的"忠魂碑"改制的。参加发掘的日本学者有驹井和爱、鸟山喜一、水野清一、三上次男等,中国学者金毓黻等参加部分发掘工作。1934 年 7 月发掘结束。1939 年,出版了专题研究报告《东京城——渤海上京龙泉府址的调查发掘》,产生很大影响。发掘文物装了 23 箱运回日本。

三 主要内容

《渤海史考》1915 年由奉公会出版社出版。

本书分为"本论"和"外篇"两部分,本论又分为"前篇"和"后篇"。"外篇"分为第一部分和第二部分。本论的"前篇"以论述渤海国的兴亡为中心,并对渤海国的民族发展进行了论述。渤海国随着其都城忽汗城的陷落而灭亡。其民族的移民史持续了将近 200 年,在五代十国、宋、辽、金的时代都有不同的记述。

"前篇——渤海国的兴亡",第一章王国的建设。第一节渤海国民的前身。作者鸟山喜一敏感且明确地将一国之民分为统治集团和国民,对民族的分类并没有追溯至民族的来源上分析，而是介绍了白鸟库吉的音译的研究方法，以及从语言学分类系统对民族群落分类的可能性。第二节朝鲜半岛的动摇。概括了唐朝同高丽国之间的战事、安东都护的北迁。作者认为安东都护的北迁，并不能代表唐朝势力的收缩，只是从策略上进行了调整，转为从外部牵制朝鲜半岛而已，此说作者并未提出充足证据，颇值得玩味。第三节渤海国建设的真相。先论地理，对"挹娄"与"桂娄"的地域的说明进行考察，揭示两地其实为同一地域。次论"乞乞仲象"与"大祚荣"的关系，作者并未采取池内宏的统一人物之说，但也未苟同史书记载的父子之说，而提出两者为继承关系的说法。

第二章发展时代。第一节武王。其统治之初支持朝中亲突厥派，与以其弟大门艺为首的亲唐派产生矛盾。727 年因讨伐黑水部一事与大门艺决裂并引发兵变，之后大门艺奔唐，唐朝庇护大门艺，渤海遂与唐朝交恶。在位期间对内强化君主统治，初建渤海军制，积蓄国力。对外开疆拓土，邻族畏服。同时又西联突厥，东聘日本，与周边强国保持了较好的关系，使渤海国的经济得到进一步发展。第二节文王。大钦茂大兴文治，模仿唐朝典章制度，在中央设立三省六部，在地方设五京及府、州、县，完善了渤海国中央集权的政治制度。大钦茂继续保持与唐朝的宗藩关系，在安史之乱期间未贸然卷入，而是采取迁都上京以防叛军侵入、加强与日本的联系等措施。大钦茂与日本亦往来频繁，不仅 12 次派使访日，而且日本也在 758 年首次派小野田守等人出使渤海。

第三章极盛时代，对诸王的成就进行了论述，并对契丹灭渤海国后的移民问题进行论述。阿保机灭渤海以后，改渤海国为东丹国，以长子耶律倍为东丹国王，作为由渤海国到契丹直接统治的过渡阶段。渤海灭亡后，遗民不愿接受契丹统治，一方面进行激烈抗争，建立了定安国、兴辽国、大元国等反抗政权，但都被镇压，并且渤海故地也在战乱中遭到极大破坏，使渤海文明遭遇毁灭性的浩劫；另一方面则大批外逃或被强制迁移。渤海遗民的迁移大致有四个方面，占人口一半左右的人留居故地和亡入女真地区，金朝时期对他们的同化政策使其融入女真族之中；被辽国强迁到契丹内地和辽东地区的遗民，人数在100 万人以内，后来一部分融入蒙古族，大部分融入汉民族；投奔到高丽的遗民，人数在 30 万人以上，都融入现在的朝鲜民族中，朝鲜半岛的陕溪太氏据说就是渤海王室大氏的后裔；投奔到中原内地的遗民数量很少，很快都融入汉民族中。

"后篇——渤海国的文化",第一章渤海文化的本质。第一节固有文化。论通古斯族系之固有文化。其中有关肃慎朝贡事,作者鸟山喜一采纳池内宏《肃慎考》之说,以朝贡符号视之,且将其归结为汉人之国民信仰之一部。其固有之文化历时而变,发展至可接受优等文化之时,则成为东北地区文化认可的基础。第二节述渤海浸染高句丽之文化,为第三节述唐文化之传入做了铺垫。

第二章渤海文化的概观。第一节国民性情和产业。从产业投射之于国民性情,因重商主义之倾向而瓦解国民固有之尚武精神,以致个人主义之出现。此处论点虽然有些牵强,但角度独特。第二节宗教。居住于城市内的上层贵族,已大多接受来自中原地区的宗教信仰,其中以佛教最为突出。当时上京龙泉府仅佛寺即不下百所,僧徒众多,一些佛寺仍在沿用,香火千年不绝。绝大多数平民仍然处于氏族体制下,从事农猎渔相结合的复合型生产。因此,在他们的生活中则更多保留了本民族的原始信仰,即"萨满教"。作者另外指出,渤海社会无论于经济、文化方面,上下分层严重,且各自独立,缺少中间阶层以为黏合,此或为其衰灭之原因之一。本章提到的渤海国上京龙泉府遗址位于黑龙江省宁安市境内,镜泊湖东北牡丹江畔。本书对当时渤海国的国民性情、产业、宗教等进行了论述,对我们研究当时黑龙江省及东北地区的地域文化、民族、宗教等有非常重要的史料价值。

"外篇"两章,第一章渤海国与日本的关系,第二章渤海国五京的地理考究。就交通而言,作者鸟山喜一把握其脉络有二:一是渤海之交通目的由武王时期之军事援助转向后期之通商诉求;二是日本以宗主国自视,为求国际地位之虚荣而烦劳百姓甚深,但两国之友谊远较存敌意之新罗为上。

四 学术评价

综观全书,结构设计极为恰当,论述内容带有自我观点,且不只是对史料单一的罗列。就考据方面,以提出理论达到诠释为目的,不为某命题而论证,且态度极其谨慎,宁可存而不述,亦不做无据之臆测。实可谓渤海通史著作之典范。

本书为东洋史学渤海国研究之开山作,距今天业已百年。现在读起来,毫无时代的隔阂,本书所指出的论点和问题至今依旧存在不同的疑问,可见本书对渤海问题研究的重要性和史料价值的珍贵性。

日本学者对渤海国五京故址的指认，是文献线索与考古遗存有机融合的结果，这种尝试引导渤海都城研究逐步摆脱了单纯历史地理学思维模式的束缚。应该说，考古学视角下的实证研究极大地推动了学术认识的进步。

鸟山喜一之时代因考古材料之匮乏，对渤海国五京之考察或有偏颇之处，但其文献梳理之方法依然可得借鉴。

第三节　《人类学以及人种学上来看东北亚——西伯利亚、北满、桦太》

一　作者简介

作者鸟居龙藏（1870 ~ 1953），日本民族学家、人类学家和考古学家。出生于日本德岛县德岛市东船场町。他是最早对中国少数民族进行调查研究的日本学者。小学毕业后，未受中学以上正规教育。早年自学中、日古典经史著作。从 1887 年起，在东京、德岛附近各地进行民族学、人类学、考古学调查。1886 年，鸟居参加东京人类学会，1892 年，于千叶县发现史前贝冢。同年进入东京大学人类学教研室负责管理标本，随后从事研究和教学。隔年他入东京帝国大学人类学系担任标本管理员，师事坪井正五郎。1896 年，台湾日据时期开始第二年，受台湾总督府之托，东京帝国大学派出动物学、植物学、地质学及人类学四门学科的专家到台湾展开综合调查，鸟居为其中一位成员。1905 年到湘、黔、滇、蜀对苗族、瑶族、彝族进行调查，出版了《中国西南部人类学问题》一书。1921 年写出了《满蒙史前时代》一文，获得东京帝国大学文学博士学位。1905 年任该校理科大学讲师。到达台湾后，他仍从事人类学调查，其中以原住民田野调查最为重要，前后共达 22 个月。回日后，仍续任东京帝国大学教职。1921 年获东京帝国大学文学博士学位。1922 年任同校理科大学副教授，继坪井正五郎之后为该校人类学教研室主任。1922 年，历经讲师至副教授的他毅然辞掉教职，自行创办鸟居人类学研究所与上智大学。1923 年兼任国学院大学教授。1928 年改任东方文化学院东京研究所评议员和研究员。1933 年改任上智大学文学部部长兼教授。1939 年来到中国，任燕京大学

客座研究教授，直至 1951 年。20 世纪 30 年代之后，前往中国北方，将其研究转向辽代，不过还没完成，就于 1953 年因病去世，卒于东京。

鸟居龙藏在学术上的成就，表现于将考古学与人类学相结合。除了在日本国内从事考古工作外，还在西伯利亚东部、千岛群岛、库页岛、朝鲜及中国的内蒙古、东北、云贵、台湾等地进行调查发掘，研究东亚各民族特别是少数民族的古代历史和文化，晚年致力于中国辽代文化的研究。他是最早对中国少数民族进行调查研究的日本学者。他非常重视实地调查，在 1895 年以后的 50 余年间，曾到东西伯利亚、库页岛、千岛、朝鲜，以及中国的东北、西南和台湾、内蒙古等地进行考察，对当地各民族的历史、体质、语言、宗教、习俗做了详细记录，写出多种调查报告和专著。他在 1896～1899 年先后 4 次对台湾高山族进行调查，很多研究成果发表在《人类学杂志》上。1896 年，他在第一次到台湾做调查时，接触了居住在西北部山区的台湾少数民族"黥面番"（即泰雅人）。他在参考西方学者对台湾民族研究的书籍时发现，法国东方语言学家拉古佩里于 1887 年编撰的《台湾笔记》记载，泰雅人的语言、风俗不仅与菲律宾、马来群岛、波利尼西亚的人们相类似，还与中国大陆的一些少数民族（如苗族）的语言、风俗相类似。于是，他觉得有到中国西南做调查的必要。

1902 年 7 月至 1903 年 3 月，鸟居龙藏受日本东京帝国大学的派遣，在中国翻译的陪同下，进行了他的中国西南民族调查之旅。他从武汉经湖南，从洞庭湖溯沅江而上到达贵州镇远，经贵州、云南又北上到达四川，进而东下长江。此行的重点是在贵州、云南、四川进行的 134 天的调查。这段路程大约 2000 多公里，在云贵高原的崎岖山路上，他主要靠骑马、坐轿前行。鸟居龙藏对中国西南少数民族的综合调查，主要涉及贵州的苗族、布依族，云南、四川的彝族，调查内容主要有当地居民的体质、语言、服饰、居住情况、习俗、社会组织、文化等。鸟居龙藏对贵州贵定（附近分水岭）、定番、重安、贵阳、青岩、安顺（旧寨、青苗洞）、施平、关岭、坡贡、八番、郎岱、盘江上游毛公驿，云南平彝、广南、开化、弥勒、武定、昆明、十八寨，四川宁远府、越嶲等地进行了重点考察，其中对青岩、安顺的花苗、仲家（布依族）考察尤详。1902 年 11 月 2 日，鸟居龙藏抵达安顺府城，第二天就到数里外的旧寨调查，看到并记载了"花苗"用蜡缬法加工布料和蜡绘的过程。11 月 6 日，他在从关索岭往坡贡的途中，路经"仲家"村寨，看到并记载了仲家

"蜡缬制造法"的全过程。

鸟居龙藏随身携带玻璃感光大型照相机，沿途拍摄了 400 多张照片。后人在 1990 年进行整理时，尚保存 200 余张老照片，真实记录了当时贵州苗族、布依族以及云南四川的彝族、四川藏族的文化面貌。他在调查中收集了诸民族的服饰、乐器、生活用具等，至今，日本国立民族学博物馆还收藏有鸟居龙藏在中国西南之行收集的民族文物 25 件。

鸟居龙藏坚持历史与实际相结合的观点，重视通过考察古迹文物，广泛钻研中、日古文献，参阅英、法、德文有关资料并对风俗、习惯、语言、宗教等进行全面调查研究，对民族文化进行纵横分析。学术界认为他是日本对东亚民族的历史、文化、民俗进行调查研究的创始人，为民族学、人类学、考古学开拓了道路。他对中国民族所做的调查研究及所写出的调查报告，深为中国学术界所重视。他历任东京大学副教授、国学院大学教授、上智大学教授。主要著作有《有史以前的日本》（1925）、《从人类学上看我国上古的文化》（1929）、《从考古学上看辽的文化》、《史前期的日本》、《千岛阿伊努人》、《苗族调查报告》、《东北亚人类学人种学问题》、《远东民族》等，他的全部论著都收入在 1975～1976 年朝日新闻社出版的十二卷《鸟居龙藏全集》之中。

二　写作背景

1929～1933 年的世界经济危机已经波及严重依赖于世界经济的日本，其国内阶级矛盾尖锐，民众对政府怨愤深厚，政府面临着垮台的危机。这时候日本为了转移国内民众的注意力，瞄准了中国这块大肥肉。同时，日本军国主义对俄国远东地区和当时尚在苏俄控制之下的我国东北北部早就怀有野心。于是乘苏联忙于应付欧洲战事而无暇东顾之机，以援救捷克军队为借口，打着美英法日等联合出兵干涉的旗号，发动了策划已久的侵略战争。其目的是独占中国东北地区，制造日本的傀儡政权，以把中国东北地区纳入日本的势力范围之内。本书作者在东京帝国大学、朝鲜总督府和陆军当局的许可与保护下对西伯利亚、北满、桦太等地进行了调查。借助日本在西伯利亚驻军之际进行考察，作者并不认为日本这种驻军行为是侵略行为，而是非常感谢这次难得的机会。作为以后的参考资料，不仅对当地的民族、文化、地理进行了考察，还对当地日本驻军的情况进行了记录。作者还认为日本向西伯利亚出兵对人类学、人种

学、考古学起到了推进的作用。这种认为侵略行为帮助了学术发展的观点，我们是不敢苟同的。

三　主要内容

《人类学以及人种学上来看东北亚——西伯利亚、北满、桦太》1924 年由冈图书院出版。

本书主要采取调查笔记的形式，以论述东北亚地区的人类学和人种学为主，全书分为二十章，分别为第一章东西伯利亚调查、第二章伊尔库茨克市、第三章鄂伦春族的探险、第四章齐齐哈尔及哈尔滨的调查、第五章通古斯族的探险、第六章布市及瑷珲的探险、第七章哈巴罗夫斯克及赫哲族的探险、第八章尼克拉诶夫斯克市、第九章再度尼克拉诶夫斯克市、第十章黑龙江航行、第十一章再度哈巴罗夫斯克、第十二章哈巴罗夫斯克到浦潮、第十三章尼克丽斯库的探险、第十四章从浦潮到东京、第十五章萨哈林州的探险、第十六章大陆萨哈林州的探险、第十七章再度北桦太、第十八章给力亚库族（音译）和欧露寇（音译）族居住地、第十八章茨依姆河航行、第二十章北桦太土城。

本书关于黑龙江史料的部分主要表现在第三章鄂伦春族的探险和第四章齐齐哈尔及哈尔滨的调查。作者在第三章中对鄂伦春族的地理分布、生活习惯等进行了论述。鄂伦春族是黑龙江省的原住民族，主要分布在内蒙古自治区呼伦贝尔盟鄂伦春自治旗、布特哈旗、莫力达瓦达斡尔族自治旗，以及黑龙江省呼玛、爱辉、逊克、嘉荫等县。使用鄂伦春语，是通古斯族的一个分支。作者在书中说道："由于沙俄侵犯中国黑龙江流域。沙俄修建的东清铁路把鄂伦春族的聚集地分为两部分南鄂伦春和北鄂伦春。北部鄂伦春仍以饲养驯鹿为生，南部鄂伦春由于生活环境被铁路所隔断，以饲养马匹为生。"19 世纪中叶沙皇俄国侵占了中国黑龙江以北、乌苏里江以东地区以后，鄂伦春族才丧失被侵占区域的广大游猎场所。首先，作者通过游记的形式，对鄂伦春族的聚集地实地考察，掌握了第一手资料，详细、直观地论述了当时鄂伦春族聚集地的分布及所面临的问题。其次，作者还对嫩江上游的大兴安岭及中央山脉进行了调查，对兴安岭的内部有了详细的了解。最后，论述了俄罗斯人和"支那人"进入兴安岭地区以及东清铁路修建给兴安岭地区带来的变化。本书调查地域之广阔、涉及内容之丰富，填补了当时对黑龙江流域及兴安岭地区人类学及人种学研究的空白。本书作者鸟居龙藏一生多次到黑龙江流域进行考察,写有大量的民族学论著,很多都涉及鄂伦春族。

在第四章第二节哈尔滨和犹太人的活跃中写到,19 世纪末日俄战争后,俄国战败导致其在哈尔滨的势力瓦解,犹太人在商业和新闻报纸领域占据了绝对地位。也就是说哈尔滨的经济和思想都掌握在犹太人手中,这从侧面证明了犹太人在哈尔滨广泛地从事商贸活动,犹太人对近代哈尔滨的经济、文化、建筑等诸多方面产生了一定的影响,起到了不容忽视的作用,为近代哈尔滨转向国际大都市起到了促进作用。

四 学术评价

鸟居龙藏是对中国东北通古斯民族进行调查和研究的第一人。早在 1895 年他就到过中国东北。1904～1914 年对中国的东北和北蒙古及至西伯利亚及远东的通古斯诸族进行 4 次考察,并有多项成果发表。黑龙江流域民族学与人类学的传统非常悠久,对这个地区民族学和人类学的研究非常有意义。本书作者通过对鄂伦春族的聚集地的实地考察,掌握了第一手资料,详细、直观地论述了当时鄂伦春族聚集地的分布及所面临的问题。其可称为对近代中国东北鄂伦春族进行调查和研究的第一人,对今后研究中国东北民族史和人类学都有一定的参考价值。

本书是作者通过实地考察,对东部西伯利亚及北满、桦太的人类学、人种学、考古学等以旅行日记的形式进行描写的。这也是本书的一大特点,作者避开理解困难的专门书的写法,而是以学术普及为目的的编著而成,有别于一般的朴实无华的历史叙述。读者跟随作者的调查步伐,能够身临其境般地浏览全书。

但本书亦有不足之处。本书在民族名称记述、事实记录等方面都有很多错误,而且叙述多而史实少,故此有必要参考近代的文献资料,以互相补充参证。作者虽然以独特的游记形式编著此书,但在史料方面有一定欠缺,存在参照资料过少等问题。并且,作者在观点上过于偏激,没有客观地评价事实,例如,在第三章鄂伦春族的探险一章中,过于强调俄国和"支那人"对鄂伦春族的影响,没有提及当时日本对我国黑龙江地区的侵略和对西伯利亚的出兵对鄂伦春族的生活环境的影响。

第四节　《满洲历史地理》（第1卷）

一　作者简介

本书由白鸟库吉、箭内亘、松井等、稻叶岩吉合著而成。

作者白鸟库吉（Shiratori Kurakichi，1865～1942），历史学家，日本东洋史学奠基人，东京文献学派领袖。北方民族、西域史、中国神话研究的开拓者。千叶县茂原市出身。本名仓吉。他有个很出名的叔叔就是外交官甲级战犯白鸟敏夫，1879 年 3 月就读于千叶中学时，受到校长教员那珂通世和三宅米吉的熏陶及影响。1887 年白鸟库吉进入东京帝国大学新设的史学科，师从考据学派的史学大师利奥波德·冯·兰克教授的著名弟子，德国史学家路德维格·里斯（Ludwig Riess，1861～1928）教授，接受了兰克学派史学实证主义的教育。1890 年毕业于东京帝国大学史学科，师从聘自德国的里斯（Ludwig Riess，1861～1928），接受了资产阶级史学兰克学派实证主义的教育。毕业后即被聘为学习院教授。1900 年为文学博士。1904 年为东京大学教授。1919 年为帝国学士院会员。曾任东宫侍讲。研究领域涉及整个亚洲地区，精通多种古代民族语言和欧洲语言，以西域史研究最为精深，是日本该领域的先驱之一。早年连续两次（1899、1902）向国际东方学家大会提交用德文撰写的《突厥阙特勤碑铭考》、《匈奴及东胡民族考》和《乌孙考》三篇论文，得到当时名家拉德洛夫、夏德等人的重视，为日本跻身于欧洲东方学界开了先端。日俄战争后，积极投身于"大振皇基""发展国运"。1906 年、1909 年两次来中国东北地区考察渤海旧都及金上京的遗址和高句丽广开土王碑。

1908 年主持南满铁株式会社"学术"调查部，先后刊行《满洲历史地理》（二卷）、《朝鲜历史地理》（二卷）等论丛；东京帝国大学接管该部后，又出版《满鲜地理历史研究报告》14 册，为日本研究满族及其发祥地的历史奠定了基础。两次赴欧美游学考察（1901～1903、1922～1923），历访英、法、德、俄、匈、奥、意、荷兰及美国，搜购图书数千册，集为《白山黑水文库》，后移归东洋文库。1924 年任东洋文库理事和研究部长，创办《东洋文库论丛》《东洋文库研究部欧文纪要》等出版物，对东洋文库的创建和研究工作起过重要作用。

白鸟库吉的研究范围基本有三个方面。一是受西方实证史学影响，以史料批判方法考辨民族古史，在朝鲜方面如《檀君考》《朝鲜古传说考》，在中国方面如《中国古传说之研究》《尚书的高级批评（特别关于尧舜禹）》，在日本方面如《倭女王卑弥乎考》，另有关于突厥、蒙古传说的研讨。其中《中国古传说之研究》一篇提出所谓"尧舜禹抹杀论"，在细节上虽远不及顾颉刚《与钱玄同先生论古史书》精辟，但祖鞭先着，鳌头独占，固古史辨之先声也。二是运用比较语言学方法辨析民族语言，撰有《突厥阙特勤碑铭考》《日本古语与朝鲜语之比较》《匈奴及东胡诸族语言考》《朝鲜语与乌拉尔—阿尔泰语之比较研究》。三是结合语言比较（对音）之法，考掘中国北部边疆民族史地及中外交通问题，于中古以前有《戎狄对汉民族之影响》《西域史的新研究》《粟特国考》，于汉代有《匈奴民族考》《匈奴休屠王之领域及其祭天金人》《乌孙考》《大宛国考》《罽宾国考》《塞民族考》，于中古有《东胡民族考》《蒙古民族之起源》《室韦考》，于中外关系则有《大秦国及拂菻国考》《条支国考》《见于大秦传中的中国思想》《见于大秦传中的西域地理》《拂菻问题的新解释》《大秦的木难珠与印度的如意珠》。大抵斯学以欧西汉学界始发之，日人急起直追，至白鸟库吉崛起，遂能与西人一争短长。是为白鸟库吉耕耘最用力且收获最多的学术领域。

白鸟库吉一生著作甚丰。《西域史新研究》（1911）是他在该领域的主要代表作，分康居考和大月氏考两部分。所著《契丹女真西夏文字考》（1898）、《东胡民族考》（1911~1912）、《室韦考》（1919）、《可汗及可敦名号考》（1921）、《粟特国考》（1924）等在当时均较有影响，中国均有汉译本出版。1971 年出版 10 卷本《白鸟库吉全集》。白鸟库吉门人弟子众多，日本明治、大正和昭和时代的许多名家均出自其门下，如津田左右吉、原田淑人、池内宏、加藤繁、后藤朝太郎、和田清、有高岩、榎一雄等。著名历史学家黄现璠1935 年留学日本时，作为和田清的弟子，受到东京文献学派的影响。

作者箭内亘（Yanai Wataru, 1875~1926），日本蒙元史学家，号尚轩。1875 年生于福岛县西白河郡川崎村。父名左卫门信义。1901 年毕业于东京帝国大学史学科，从那珂通世攻元史，为其主要继承人。后进大学院，研究中国耶稣教史。1904 年结婚。妻是福井县大野郡人，宇野氏之女。1905 年长子出生。1906 年从大学院期满退学。其间曾为日莲宗大学的讲师。1907 年在第一高等学校教历史。1908 年参加白鸟库吉主持的南满铁株氏会社"学术"调查部，为《满洲历史地理》和《满鲜地理历史研究报告》辽、金、元三朝的主要撰写人。1909 年曾赴中国东北地区搜集资料。1915 年 2 月，受东京帝国大学委托，调查中国东北地区的历史地理。1917 年 9 月，为东京外语学校教师。1918 年 9 月，为东京帝国大学助教授。1921 年 8 月，凭论文《元朝制度研究》获文学博士学位。1922 年 4 月，为国学院大学讲师。1925 年 5 月，为东京帝国大学教授。1926 年 2 月 15 日，因胃癌在东京家中去世。一生发表论文 30 余篇，内容以蒙元制度史和历史地理居多。制度方面尤以元之"忽里勒台"制度、禁军和社会阶级制度研究为精；历史地理方面的主要代表作为《东真国之疆域》《元代满洲疆域》《元明时代的满洲交通路》等。身后出版《蒙古史研究》论集（1930），收录有关军事、政治、制度、地理、部族等方面的论文。所著《中国历代疆域读史地图》在日本受到重视，1914 年初版，后多次重版，1938 年又有和田清校订本问世。

箭内亘是比藤田丰八稍后的东京学者，是那珂通世的弟子，在日本的蒙古研究领域内留下了重要的业绩。主要的著作是《蒙古史研究》。其中的"鞑靼考"考证了唐代在兴安岭一带 30 个姓的鞑靼，都属于蒙古族，唐代以后阴山、贺兰山一带出现的部族，也有不少鞑靼的后代。他还对元代的制度进行考证，主要的论文有《元朝怯薛考元的宿卫制度》《元代社会的三阶级》《元朝斡鲁朵考》《元朝牌符考》。在制度研究中，曾就辽金二代的兵制问题和羽田亨进行过论战，这在元史研究领域也是引人注目的。

他是在白鸟后，引导后学进行蒙古史、元代史和边疆史研究的先行者，也是日本元代研究的开拓者之一。有高岩说："明治末年的那珂博士，明治到大正的箭内博士，此二大家相继而出，在学界（按：指元史研究）留下了最伟大的业绩。箭内博士承其（按：那珂通世）之后，进一步恢弘整理，深入，调查了政治制度，进而着手当时的社会史。"和田清曾这样介绍他："潜心专攻元史，十数年如一日而不变，终于从历史地理到制度史，基本上解决了元史中的难题，成就了先师的大业。其研究方法，也是必精检文献以求确证，存疑阙如而不强解，精致绵密，有其先师那珂氏之面影。"可见当时的评价。他是一个非常敦厚平和的人，喜欢和学生后辈作彻夜谈，讲课也生动有趣，字写得很好，但是过世太早。

作者松井等（Matsui Hitoshi，1877～1937），日本满蒙史、契丹史学家。早年在第一高等学校读书。1901 年毕业于东京帝国大学史学科。师承那珂通世。1904～1905 年参加日俄战争。1906～1908 年在东京帝国大学从事史料编纂工作。1908 年参加白鸟库吉主持的南满铁株氏会社"学术"调查部，为主要成员之一。以后在东京各大学执教达 20 年之久，去世前为教授。精于契丹史、辽代史研究，旁及渤海史。先后在《满洲历史地理》和《满鲜地理历史研究报告》发表十多篇论文。其契丹史研究接触了该领域中最重要的若干问题。所著《契丹勃兴史》系统阐述了该民族在建立辽国前历时 500 多年的政治变迁史及其与周边民族的关系史，并重点探讨了契丹勃兴的外部原因。在《契丹之国军组成及其战术》《契丹人的信仰》《契丹人的衣食住》等篇中，对契丹的兵制与社会内部组织的关系、崇拜与宗教礼仪、半游牧生活等均有研究和描述。此外，尚著有《渤海国疆域考》《辽代满洲疆域考》《金代满洲疆域考》等。

作者稻叶岩吉（Inaba Iwakichi，1876～1940），日本满鲜史学家，号君山，本姓小林，早年研习汉语。1900 年来中国华北、华中等地活动。日俄战争期间任随军翻译，到中国东北地区满族发祥地"考察"。为内藤湖南的得意门生，专攻清史。1909～1916 年，在南满铁株氏会社"学术"调查部参加《满洲历史地理》编辑工作。1922 年任朝鲜史编纂委员。1936 年获文学博士学位。1937 年任伪满建国大学教授。主治清史和中国东北地区史地，兼及满鲜关系史。主要著作之一为《满洲发达史》（1915）。全著分总论、明以前的满洲、明代的满洲经营、明人在辽东的开拓、女真贸易的经过和清国的勃兴等，是当时日本这一领域的代表作，其古代部分尤受重视。我国有杨成能的汉译本《东北开发史》。另一部主要著作为两卷本《清朝全史》（1920）。在满鲜关系史方面的代表作为《光海君时代的满鲜关系》（1933），主要论述明代中期至清代的满鲜关系，以朝鲜史料《李朝实录·光海君日记》《栅中日录》为基本依据，其中阐述了当时朝鲜对明清战争的态度等问题。

二 写作背景

自日俄战争之后，越来越多的作家、画家、记者等"文化人"来到中国，在日本国内掀起了一股中国旅行热潮，而这些"文化人"回国之后写的中国游记，也让今天的我们得以看到 20 世纪 30 年代这些日本"文化人"眼中的中国，以及集加害者与被害者于一身的日本"文化人"身处日本发动侵略战争时期的错综复杂的心态轨迹。日本作家自什么时候到"满洲"？带着怎样的使命？来"满洲"的途径和背景是什么？这些见闻与思考给日

本民众带来了哪些影响？在那种残酷的创作环境下，很多作家或是大肆讴歌日本军国主义在白山黑水之间创下的"壮举"，或是以文学工作者起码的良心，较为客观地记录了当时的社会状况。

本书是由南满铁株式会社（简称"满铁"）出版，资料主要形成于 20 世纪 20 年代和 30 年代，内容涉及城市、乡村、农村与农业、工商业、地理资源与风俗等各个领域。这些资料由设在大连的调查部组织完成，目的无疑是为日本当时的政治、军事和经济扩张服务。"满铁"调查人员队伍庞大而专业，他们有组织地对中国的城市、乡村、农业、工业、商业、军事、资源、物产、地理、风俗等各个领域进行了或粗或细的摸底，资料浩繁。各种资料与报告多达 6 万多种，670 万页。为了服务于日本政府对中国的侵略，"满铁"从建立之初就不满足于修建铁路，而是打算将自己发展成在东北进行政治、经济、军事等方面侵略活动的大本营。刚成立时，"满铁"下设总务部、运输部、矿业部和附属地行政部四个机构，不久又成立了直属总裁的调查部。其主要目的，就是搜集一切有用的资料和情报。

三 主要内容

《满洲历史地理》（第 1 卷）1913 年由南满铁株式会社出版。

本书的论述以"满洲"为主，重视历史地理与疆域范围的考证，重视实地考察，对不同历史时期"满洲"地区的范围做了细致的考证。共分为七章和"引用书籍解说篇"。从《满洲历史地理》的序文中我们可以看出，作者是以满洲及朝鲜的历史为主，而地理是作为基础研究首先开始的，由于当时对"满洲"和朝鲜的研究尚未受到欧洲学者的重视，在以往的日本学术界也几乎无人问津，而白鸟库吉又不十分相信中国学者和朝鲜学者撰写的资料，开始研究有一定难度。在这种情况下白鸟库吉决定先参照中国学者和朝鲜学者撰写的资料，了解必要的史实。在中国的奉天图书馆和浦监图书馆看到了大量的关于"满鲜"的历史和地理的资料。本书"引用书籍解说篇"引用了大量中国与朝鲜著名典籍，如《史记》《周易》《春秋左氏传》《龙飞御天歌》《东国通鉴》等。《满洲历史地理》分为两卷，这里只介绍第一卷。本书包括由汉代到唐渤海国时期的中国东北及其相关地区的历史上地理范畴相关内容的考证，在正文之前的引用书目解说可以作为研习东北史的入门必读内容，其中包括研习东北史所需的基本史料的介绍。本书按照时间顺序共有七章，第一章"汉代的朝鲜"由白鸟库吉和箭内亘共同撰写,第二章"汉代的满洲"由稻叶岩吉撰写,第三章"三国时代的满洲"、第四章"晋代的满洲"、第五章"南北朝时代的满洲"由箭内亘撰写,第六章"隋唐远征高丽的地理"、第七章"渤海国的疆域"由松井等撰写。本书是以中国历史朝代作为基础框架,对不同历史时期中国东北的少数民族政权和中原王朝的管辖范围做了细致考证,并梳理出基本的演变脉络。

本书关于黑龙江的部分在松井等撰写的第七章"渤海国的疆域"。本书对渤海国的范围,渤海五京、十府及渤海国的南界、西界、北界的地理和名称等,参考《唐书》《辽史》等资料进行了论述。本书作者指出,《辽史·地理志》记载的府州县均是指辽代以渤海某府州县迁途人口所置新的地名,即渤海的各级建置已不在原地。如果参照《辽史·地理志》来研究渤海国的地理,将会带来不可预知的重大错误。本书是以《旧唐书》和《新唐书》为依据,有限地参考《辽史·地理志》来进行研究的。通过史料记载对渤海国五京龙泉府、显德府、龙原府、南海府、鸭渌府的地理进行分析,论述了正确的地理位置。渤海上京龙泉府两度为渤海国王都所在地,先后长达 160 余年,这里当时是渤海国的政治、经济、文化中心,今在黑龙江省宁安市东京城镇西约 3 公里处,是黑龙江省重点的文化遗址。渤海国的历史文化是中国传统文化的有机组成部分。对渤海上京龙泉府的研究,为人们了解当时东北地区的政治、经济、文化面貌及其与唐文化的关系,提供了重要的实物资料。渤海上京龙泉府曾经作为渤海国两任国都所在,对研究渤海国的历史、文化、政治等都有重要的参考价值。本书对上京龙泉府所在的地理位置及其当时在渤海国的政治、经济、外交作用进行了论述。

四 学术评价

通观本书,作者所引用的注释、文献等绝大部分是原著,即对《旧唐书》《新唐书》《辽史》等原著的引用研究,鲜少运用其他人的理论成果。从严谨的文献阅读和研究中辨别事实真伪,以解释历史的发展与普遍意义。对原著等文献的研究与分析也是本书作者的一大特点。本书作者能够搜罗到中国和朝鲜的丰富历史史料,特别是很多朝鲜历史资料是此前从未被触碰的,在一定程度上促进了中国古代东北史的研究。

尽管白鸟库吉主张从事"纯学术"的考证研究,但是从《满洲历史地理》

（第 1 卷）的考证结论中可以发现，"满洲在历史上不在中国各王朝控制范围之内"。其观点不自觉地站在了为日本帝国主义侵略东北寻找所谓"历史依据"上来，因此，其研究结论仍然无法脱离为即将开始的侵略战争服务的政治性目的。

第五节　《满蒙古迹考》

作者鸟居龙藏之简介详见本章第二节。

一　写作背景

1927 年 6 月，日本首相田中义一主持召开"东方会议"，确立了"把满洲从中国本土分裂出来，自成一区，置日本势力之下"的侵略方针。1928 年 6 月，日本关东军制造皇姑屯事件，将张作霖乘坐的列车炸毁，张作霖重伤不治身亡，日本希望借此事件造成东北群龙无首的局面，借机占领东北。日俄战争后，日本取得中国东北南部以及"南满铁路"的控制权，并且取得了"关东军"在"南满洲"驻军的权力，这为日本全面占领中国东北奠定了基础。山本条太郎在即位满铁总裁一职后，即刻对南满铁路沿线进行了深入细致的调查和研究。除此之外，他还前往当时的北满一带进行考察。山本和日本著名的历史人类学者鸟居龙藏等人同行组成满蒙考察团。这一干人前往北满、东蒙一带进行调查的根本目的就是推进满铁的"北满积极政策"。

从清末开始，日本人就有计划地在中国境内进行盗掘活动，成批的有双重身份的日本考古专家、历史学者进入中国，在学术研究的旗号下，对中国境内特别是东北境内的古墓遗址进行盗掘。他们在行盗时，手段和名义很多：或以"探险"为名，如大谷中国探险队；或以"学术考察"为名，如鸟居龙藏在中国境内的活动；或以中日"联合考察"为名，如 1927 年滨田耕作等人在中国旅大地区的盗掘活动；或以"旅行"为名，如分别由松本信广、保坂三郎、西冈秀雄带队的三个日本"学术旅行队"。

二　主要内容

《满蒙古迹考》发表于 1928 年，东京万里阁书房出版。

　　作者在本书中写到，其对满蒙地区一共进行了八次实地调查。《满蒙古迹考》就是作者第八次对满蒙地区调查的总结。1895 年鸟居龙藏第一次对满洲调查，从 8 月到 12 月历时 5 个月。作者描述"当时满洲铁路还未建成，调查只能通过汽车、骑马和步行。年轻的我在五个月的调查之中基本都是以走步完成的。但是，当时的满洲是最自然的满洲，是在地理学、人类学上最有意思的年代"。"作者通过五个月的调查对大陆考察产生了浓厚的兴趣，并对满洲人和汉人进行了人类学的调查。"作者通过第一次对满洲的调查，对大陆的人类学研究产生了浓厚的兴趣，同时奠定了下几次对满蒙地区调查的基础。

　　作者的第八次调查，从大连到沈阳开始，经过安东到达长春，从长春坐车到达哈尔滨。作者在本书第三章"数日之哈尔滨"写道："火车九月四日到达哈尔滨车站，满铁公所和日本领事馆同人前来迎接。住在北满宾馆，准备五日、六日、七日滞留哈尔滨，在哈尔滨的主要工作是渡过松花江前岸，参观俄罗斯博物馆，同俄罗斯学者会谈，同领事馆交流，访问哈尔滨商品陈列馆。"此处具体描述了作者到达哈尔滨的时间、滞留天数和主要工作内容。

　　"哈尔滨是松花江江畔的城市，是中东铁路铺设的结果。以前不起眼的小村落发展到现在极东地区被重视的城市，被俄罗斯人称为东方的乐园。并且，中国人在哈尔滨的趋势渐渐超越俄罗斯人的趋势。如果这种趋势发展下去哈尔滨将成为中国人的哈尔滨。"此处具体描述了当时哈尔滨在远东地区的地位和发展形势。

　　"即使哈尔滨被称为俄罗斯城市，但在街上看到的犹太人要比纯粹斯拉夫人多。在街头经常可以看到犹太人。在哈尔滨的犹太人分为红派和白派，在街道上根本看不到两派人的往来。红派和白派不可以同时进入饮食店和剧场。两者各在自己的政治色彩下生活，互不干扰。在外人眼里这是不可思议的。"此处具体描述证实了当时犹太人已经在哈尔滨居住，并且证实了哈尔滨曾是犹太人在东亚地区的最大聚居中心。犹太人在哈尔滨进行政治、经济、文化活动，对哈尔滨的经济繁荣、城市发展发挥了重要作用。

　　作者在第五章"绥芬河与哈尔滨"中写道："绥芬河是俄罗斯同中国交界的城市，是俄罗斯人设立，依山而建明显的俄罗斯风格的城市，有俄罗斯人两

千、中国人一万、朝鲜人六百余。"此处具体描述了绥芬河市的地理、城市由来、城市风格、人口规模。

《满蒙古迹考》第七章"金之上京"记录，鸟居于1927年到金上京会宁府遗址调查，他看到上京城内尽成耕地，没有看到有规模的建筑物，大量的石头文物已经运往阿城市街。"据闻明治四十年顷将此地之石送往日本内地作庭石者甚多，今竟不留一石础，仅能见石臼之破片，殊属可惜，故城之内，一无所见，白鸟博士当时发见之碑文已运往他处，当时曾掘得许多之古镜，今殆完全取去，已无可寻矣！"据此可知日本一些官员军人或学者以及其他行业之人，曾经盗运金上京城址内石雕石刻送回日本，还搜集或窃取出土铜镜等文物，上述描写充分证明了日本对我国珍贵的文物的大量窃取。

作者在第八章"齐齐哈尔洮南间"中写道："上午十一时到达齐齐哈尔——黑龙江省的省城，这是第二次访问齐齐哈尔，街道的风景和第一次大有不同，贩卖西洋货物的商店非常多，往来的人们有很大变化，感到非常吃惊！我对满洲人的生活状态更感兴趣，从北门出去到达八清里的三家子进行了调查，此处是满洲人残存的古风房屋和供奉神的建筑，都是用以前的材料建设而成，房顶都是用稻草铺设的。"此处具体描述了齐齐哈尔街道和古风建筑，对考察齐齐哈尔的历史有一定借鉴作用。

三 学术评价

第一，鸟居龙藏的《满蒙古迹考》是在满铁株式会社大力支持下对我国满蒙地区考察后写成的，前往北满、东蒙一带进行调查的根本目的就是推进满铁的"北满积极政策"。鸟居龙藏每到一个地方都有满铁和使领馆的人陪同和接待，充分证明日本学者完全是为日本政府服务，为日本侵略我国东北，扶持建立日伪傀儡政权服务。同时，窃取我国东北一批珍贵文物和遗迹。

第二，本书第三章"数日之哈尔滨"中，作者写到哈尔滨已成为连接欧亚大陆的桥梁，在"极东"地区发挥着不可替代的作用，被俄罗斯人称为东方的乐园。同时也从侧面证明犹太人在哈尔滨的发展历史，这些犹太人不仅很快适应了那里寒冷的气候条件和陌生的生活环境，而且凭借自身的聪明才智，开始创办企业、建立银行，从事各种经济活动，成为哈尔滨早期金融、工商、贸易等行业的奠基人和开拓者。哈尔滨曾是犹太人在东亚地区的最大聚居中心和精神中心。犹太人在哈尔滨进行政治、经济、文化活动，对哈尔滨的经济繁荣、城市发展发挥了重要历史作用。

第三，本书还对当时绥芬河市的地理、城市由来、城市风格、人口规模进行了描述，对研究绥芬河市历史有一定的参考价值。

第六节 《松花江的大豆》

作者久间猛，国际运送株式会社任职。主要作品有《银的世界的事情》《松花江的大豆》《北满洲的政治的价值》。

一 写作背景

1905 年日俄战争后，日本帝国主义乘机侵占我国辽南地区。次年 10 月，在大连成立"日本南满洲铁道株式会社"（简称"满铁"）。该社一成立，就开始组织人马搜集我国东北地区的经济情报。其首任总裁后藤新平伯竭力主张开展实地经济调查，认为这是使日本侵略当局的"满韩经营"建立在"确实的学术基础之上的根本保证"。从 1908 年第一批日本农林专家进入我国东北开展大规模实地调查开始，直至 1945 年日本战败投降，在长达近 40 年的时间里，满铁始终充当日本侵略者的经济特务，大肆搜集和研究我国的经济情报。满铁的调查活动，几乎涉及我国社会经济的所有领域，中国农村实态调查只是其中一部分，更多的是有关中国商业、都市产业和矿产资源等方面的调查。日本侵略者早就对中国虎视眈眈，时刻妄想把中国的辽阔土地和丰富资源占为己有，而他们设立满铁，正是其中的一个重要步骤，满铁的首任总裁后藤新平就认为要想统治中国，首先应当充分了解中国的风土民情，尤其对于这样一个以农业为主的大国，一定要掌握和了解农村的现状。1907 年 4 月，满铁成立调查部，并立即开展对中国东北地区农村现状的调查。第二年，又从日本国内调来了一批农林专家，开始有重点地对当地的农业资源、生产状况、农村人口等进行大规模的实地调查。仅 1912 年至 1925 年，满铁在中国东北农村所做的各项调查报告就有 50 余种。满铁的这些经济情报刺激了日本政府的侵略决心，为其决定以武力吞并东北提供了依据。自从满铁成立以后，日本侵略者更加疯狂地掠夺东北的资源，严重破坏了东北的经济。

二 主要内容

《松花江的大豆》由国际运送株式会社哈尔滨支店 1924 年出版。松花江大豆是哈尔滨以外的松花江下游流域在哈尔滨上市的大豆的总称。松花江是黑龙江的最大支流，东北地区的大动脉。本身也有两条主要支流，其一为源于白头山（长白山）天池的第二松花江即西流松花江（松花江吉林省段，新中国成立后曾用名称，1988 年废止），其二为源于小兴安岭的嫩江，两条支流在扶余县汇合后始称松花江，折向东北流至同江县注入黑龙江。全长 1840 公里，流域面积 54 万平方公里。松花江流域肥沃的土壤、潮湿的气候，适合大豆种植。东北是近代中国也是世界上大豆的主要生产地，东北大豆是中国对外贸易中最具影响力的出口农产品。大豆的产销经历了一个发展阶段：1807～1888 年间，豆类出口在中国总出口中所占比重极低（0.27%）；1889～1907 年间，除某些年份仍低于 1.00% 外，其余年份多数已增至 2%～5%；受甲午战争和日俄战争影响，盛产大豆的东北完全开放，特别是 1905 年，日本将中国大豆试销伦敦，大受欢迎，从此中国大豆大量运销欧洲；1909 年开始，大豆在中国总出口中的比重大多超过 10%；自 1914 年开始，大豆的附属品豆饼开始出口，1928 年之后二者合计占中国总出口的 1/5。

这本书是著者根据各种资料、理论知识综合，加上 1924 年 5 月 31 日与满铁的山口宽雄、堀内竹次郎、助川良辅和商陈的小仓先生一起在松花江航行，经由佳木斯，到达三姓按照实际得到的结果分析编辑而成。

该书分为三部分，第一部分"大豆的地位和生产的数量"，第二部分"大豆市场买卖的情况"，第三部分"松花江的水运"。

第一部分：大豆的地位和生产的数量。根据 1921 年度农业统计对松花江流域的大豆生产量分析，各地方（齐齐哈尔地方、安达地方、哈尔滨地方、松花江下流地方、伯都纳地方、南部地方、东部地方）的大豆生产量的统计。对大豆的生产数量和在农业中的地位进行了分析。明确了松花江流域的大豆生产的重要地位。

第二部分：大豆市场的买卖情况。松花江的大豆在下流沿岸地方收获后，在春季到来的时候分散在河岸各码头的地方的老百姓，由于道路交通不便和土匪泛滥的原因生命财产得不到保护。等到冬季结冰期用马车把大豆搬运到沿岸最近的码头贩卖，卖给同一个地方——收粮栈。等到冰融化后再通过哈尔滨的采购商和粮栈之间进行买卖。这还要依赖船运向哈尔滨运输。本书还对大豆品质、价格、粮栈保管等进行了分析。粮栈作为连接大豆生产者（农民）与国内外信息的重要中介，主要是把农民手中的大豆收购过来，再转卖给油坊和出口商，由于粮栈不仅经营大豆的购销业务，同时还兼营大豆的贮藏、保管、运输以及向农民提供春耕等借贷资金，因此，粮栈起到了把商业、金融业紧密联系起来的作用。本部分还对各主要码头（佳木斯、富锦、汤旺河、三姓、岔林河、木兰县、新甸）的粮栈的详细资料包括粮站的个数、名字、资金的储备和买卖方法等进行了分析。

第三部分：松花江的水运。松花江的原名是阿里乌拉，金、元、明时代被称为宋瓦江。松花江发源于长白山，由牡丹江、嫩江等支流会合而成，最后注入黑龙江。通常解冰期在 4 月 15 日左右，结冰期在 11 月 10 日左右，可航行日数在 120 天到 195 天。当时松花江的船舶运输分为汽船和帆船两种。本部分分析了汽船的历史和航行权，以及松花江汽船的吨位、现状和能力。帆船的种类、速度、吨位。从哈尔滨开始到三姓之间的松花江流域都是依赖帆船运输，特别是哈尔滨到三姓之间最为旺盛。1919 年，松花江下流的船主等为了和雇主更好地促进信赖关系，拿出一定的保证金放到一起，形成了一定意义上的帆船组合。1921 年，哈尔滨到三姓之间就有 20 多组帆船组合。本部分还分析了汽船和帆船的利弊，指出这两种船各有利弊，从货主的观点来看，帆船的特点是运金便宜，运送的时候种类和数量不计，装船延迟的话可以支付停泊的费用等，汽船具有搬运迅速、搬运准确、搬运量大等优点，但运金较高。

三 学术评价

第一，本书为在当时哈尔滨以外的松花江下流流域的农作物生产中大豆的重要地位提供了确实依据。通过对大豆的产量和哈尔滨的市场流通数量的分析，《松花江的大豆》从历史角度充分证明了当时大豆在松花江下流流域和哈尔滨地区农作物生产中不可或缺的地位。围绕着大豆的流通与贸易，东北的城镇经济也随之活跃起来。大豆贸易还带来了东北的钱庄、银炉、官银号的异常活跃，哈尔滨还出现了信托贸易机构以适应大批量粮豆贸易的需要，东北的商业资本呈现出与金融资本、产业资本相结合的特征。因此，大豆生产对当时的

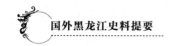

东北经济起到了非常重要的作用。本书对松花江流域大豆的分析对研究当时东北经济的发展也有着一定史料价值。

第二，目前有关松花江流域大豆的书籍相当多，但大多侧重于某一方面，而本书还对大豆的储备、保管、市场买卖、物流、保险等进行了研究。不管出于什么目的，本书是第一个对松花江流域的大豆进行体系化研究的。

第三，对松花江下游流域大豆的水运的船舶的种类、旅客的运输、运输能力、运费、运输保险等的分析，从侧面上讲，对研究松花江流域的航运史也有一定的史料价值。

第四，本书侧面证明了哈尔滨作为粮食贸易据点的地位。哈尔滨并不是沿海港口，却一直被作为远洋跨国粮食贸易的重要据点，并一直被作为太平洋航线上重要的口岸，在世界经济史上占有重要地位，这在某种程度上得益于东北大豆取代其他油料作物，成为欧洲最重要的植物性油脂原料。

第五，虽然1914年至1931年是东北大豆贸易的繁荣期，但由于当时中国处于半殖民地半封建的历史背景下，东北大豆贸易也摆脱不了半殖民地半封建色彩，其影响具有双重性。大豆作为东北最为重要的农作物之一，成为日本重点掠夺的农产品之一。本书在这样的历史背景下，无疑也为日本对东北大豆的掠夺提供了详细的数据依据，充分证明了日本帝国主义在对东北殖民地掠夺前做了大量的调查、实地考察。

本书不足之处，第一，虽对大豆生产、储藏、物流、买卖等均有涉及，但是不甚详细，史料性资料作用不强。松花江流域的大豆生产、运输、买卖有上千年的历史，本书虽然开拓了对松花江流域的大豆进行体系化研究的先河，但是调查仅限于1921年的农业统计数据，存在不够深入，对松花江流域的大豆生产的全面调查明显不足等情况。第二，大豆的运输特点是数量大、易霉变，而铁路运输的优点是快捷、运量大、成本低、受天气影响小，因此在大豆运输中，火车是最常用的运输工具，铁路对大豆资源的开发的促进作用是不言而喻的。本书在这方面没有介绍，略显不足。

第七节　《北清名胜》

作者藤井彦五郎，具体事迹不详。

一　主要内容

《北清名胜》1903 年（明治 36 年）由东京国光社出版，是藤井彦五郎编辑的一册记录清末中国北方地区建筑名胜（北京、天津、沈阳、旅顺等）、重要人物（西太后、光绪、李鸿章、曾国藩、左宗棠、康有为、梁启超、谭嗣同等）、民俗街景的影像集，后半部分还有颇具装饰性版式的中英文介绍说明。此影像集英文名为 *The views in North China*。

主要影像标题大致如下：北清略图，北京市街（正阳门大街），东单牌楼、崇文门等，大清门、景山，玉座，孔子庙，雍和宫，天宁寺、天坛等，佛香阁，万寿山、石舟等，五塔寺、玉泉山等，卧佛寺、碧云寺等，戒台寺、汤山等，俄国、英国、法国、日本公使馆等，长城，十三陵，天津市街，塘沽、白河等，旅顺口，青泥洼，奉天府（沈阳），保定府，皇室成员（西太后、光绪、各个亲王），重要朝臣（李鸿章、曾国藩、左宗棠、张之洞、吴汝纶、邓世昌等），名士（康有为、梁启超、谭嗣同、袁世凯等），列国会议，各国公使夫人，各国将校、士兵武装，唱戏，唱戏的假装，喇嘛僧的盛装，葬仪，满汉妇人，梳辫子、吃鸦片等，木匠、溜冰，马车、轿子、洋车等，缥子风俗，音乐合奏等。

书中关于黑龙江的史实资料如下。

（1）"北清"这个地理概念在明治 36 年藤井彦五郎的笔下包括东三省，并且作者在介绍北清地理时，哈尔滨作为当时的"名邑大都"之一、松花江作为其大河川之一也被介绍。

（2）书中作者列举的表格"东省西毕里亚铁路中车信车二类票价"（东省西伯利亚铁路）中，列举了下列内容。

表 2 - 1　东省西毕里亚铁路中车信车二类票价

各车站名	头等价		二等价		三等价		行李每十斤		
	卢布	克比	卢布	克比	卢布	克比	卢布	克比	每克比作百分
由森彼得堡至哈尔滨	137	—	83	10	53	90	2	48	—
由木司克瓦至哈尔滨	129	—	78	30	50	70	2	36	—
由俄迭撒至哈尔滨	146	—	88	50	57	50	2	61	50
由瓦尔沙瓦至哈尔滨	146		88		57	50	2	61	50

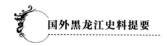

（3）书中列出了"东省西毕里亚铁路快车票价"表格，其中与黑龙江有关的内容如下。

表 2-2　东省西毕里亚铁路快车票价

各车站名	头等价		二等价		行李每十斤		
	卢布	克比	卢布	克比	卢布	克比	每克比作百分
由森彼得堡至哈尔滨	226	85	149	80	2	48	60
由木司克瓦至哈尔滨	215	65	142	60	2	36	60
由俄送撒至哈尔滨	235	—	154	15	2	62	10
由瓦尔沙瓦至哈尔滨	239	45	157	90	—	62	10

（4）书中特别提到了哈尔滨这个东清铁路的中心城市，具体描述如下。

"东清铁路中央车站所在地，而属吉林省现刻俄国所创设一大都会也，市街分之三区，曰新旧两区，曰松江岸区，而新区不准外人居住，虽俄国人且不过见官人邸宅，他两区外人邸宅不鲜，其建筑颇宏壮而学堂病院信局等悉备。"

1903 年，哈尔滨就已经形成了较为完整的俄国人社区，从上文可以看到俄国对哈尔滨的控制以及建设的概况。

（5）书中附有照片"满洲妇女"，并且还做了文字描述。

"满洲妇女身体强壮，各皆大脚，无有小脚，均穿长衣大袖。小女垂发两耳垂环，面涂胭脂，髻高耸如乌鸦，然京都常所见而汉夫人虽大同小异，其脚最小，行路翩翩，优雅可慕。男不入内，女不向外，颇有礼法。"

满汉妇人

这里对满洲妇女的描述展现出其一大特点是不缠足，因此在走路形态上不如京都的妇女可爱。此类的描述在中野孤山的游记著作《横跨中国大陆游蜀杂俎》中也有体现，中野孤山的书中"蜀都妇女与满洲妇女之比较"篇这样说满洲妇女："满洲的妇女，脸部扁平，脸色苍白。眼睛虽然明亮，但却是阔嘴。头发乌黑又粗又硬。她们的姿势与蜀都妇女完全相反，就像那些腆肚男人一样，她们挺着胸部，拖着两条腿走路。她们双手插在怀里到处溜达，一副不慌不忙、悠闲自在的样子，毫无可爱之处。双脚没有缠，是天然的。"

二　学术评价

藤井彦五郎的著作《北清名胜》其珍贵之处在于留下了当时很多名胜名人的真实影像，为我们展示了那个时代下真实的中国。其中虽然关于黑龙江的史实资料有限，但是在整本薄薄的影像志中可以见到当时哈尔滨街道的真实情景已实属稀有。

第三章　成书于 20 世纪 30 年代
有关黑龙江的史料

第一节　《研究日本风土的标准》

一　作者简介

小田内通敏（1875～1954），日本昭和时代的地理学家，生于秋田市，士族田所通志的第三个儿子，乳名为三治。旧姓田所，田所的家庭是尊重学问的名门世家，在农学和理学上出了两个博士，酵母菌研究非常有名的北大名誉教授田所哲太郎就是小田内通敏的外甥。1895 年秋田中学毕业，第二年进入日本最初的高等师范学校官立东京高等师范学校（东京文理科大学等合并为筑波大学）的地理历史专业学习。入学后小田内通敏就对东京西郊外的武藏野的自然和人们的生活产生兴趣，并发表了《武藏野》一书。1899 年东京高师毕业，小田内通敏在学期间就担任早稻田中学的地理课的老师，一直持续到 1917 年，担任了 21 年的老师。1915 年 9 月担任庆应义塾的非常勤讲师。发表的著作有 1913 年《我们的国土》、1914 年《城市和村落》、1918 年《帝都和近郊》。1930 年受文部省委托同尾高豊作成立乡土教育联盟，小田内通敏一生从事乡土地理研究和乡土教育运动，并发表了《乡土地理研究》《日本乡土学》。在地理学上小田内通敏是日本地理学史上第一位使用航空照片的人。

二　写作背景

"九·一八"事变之后日本悍然侵占中国东北，炮制伪满洲国，中国东北陷入日本的殖民统治之下。日本对中国东北在军事、政治、经济方面不断侵略，1937 年 7 月 7 日"卢沟桥事变"爆发，日本就此全面进攻中国，这次事变是日本帝国主义为实现它鲸吞中国的野心而蓄意制造出来的，是全面侵华的开始。《研究日本风土的标准》发表于 1938 年 12 月，其中就提及了朝鲜、中国东北"满洲"的相关内容。小田内通敏在《我们的国土》（1913）一书中把日本的国土分为"旧国土"和"新国土"，其中"新国土"包括北海道、桦太、琉球、台湾、朝鲜、南满洲，并对这些地区的地理、气候、产业、交通等项目进行了考察。从上述描述来看作者完全把殖民统治下的土地视为自己国家的土地。当时日本政府在日俄战争后为了改善农村社会问题积极推进改良地方运动，日本文部省在 1930 年成立乡土教育联盟。小田内通敏针对当时被日本占领的朝鲜和"满洲"的人口、地理、风土、经济、行政等收集了大量的资料。本书虽然没有正面为日本的殖民统治提供帮助，但在当时背景下无疑从侧面为日本政府了解当时殖民统治地区提供了借鉴作用。

三　主要内容

《研究日本风土的标准》发表于 1938 年 12 月，由丛文阁出版社出版。

本书分为"风土""村落社会""地方人口""朝鲜·满洲""国际地理会议"五部分。在这里只对"朝鲜·满洲"部分进行分析。

第十三节"地域的特性"中提到"满洲国"地形分为"西北部干燥地形、北部森林地形、中部平原地形、东北部到东北为森林地形"。文中从地形上以公主岭为分水岭把"满洲分为南满洲和北满洲，北满洲主要城市有哈尔滨、安达、齐齐哈尔、扎兰屯、海拉尔、满洲里等，南满洲主要城市有长春、公主岭、奉天（沈阳）、营口、大连、旅顺等"，还对南北"满洲"的气候、降水量进行了分析。

在"松花江流域"一篇描写了松花江流域比辽河流域更加开阔，在航运方面也更加适宜。松花江的南源是从长白山山脉和小白山山脉各支流汇聚而成，流经吉林省的东部，途径伯都纳（松原）右侧继续往北。同大小兴安岭围绕的 U 字形的大山地流下的嫩江汇合，成为庞大的大河。要考察松花江流域的航运情况，最少对三个流域进行考察。第一，吉林省内的源流松花江；第二，黑龙江省内的支流嫩江；第三，合流后的大河松花江。这里描述了松花江的源头和流经区域，松花江流域是东北主要航运的河流。本节还提到哈尔滨是松花江支流和本流结合的好位置。以农业为主的哈尔滨，是东支铁路和呼海铁路、昂洮铁路、四洮铁路的连接点，还是森林地域和牧禽地域的结合点，是非常重要的都市。"嫩江盆地中哈尔滨、齐齐哈尔、伯都纳（松原）三点连接一百三四十米的松花江盆地的盆底，农业人口最为密集。被露人（俄罗斯人）誉为满洲的仓库。"这里描述了哈尔滨在东北地区农业、交通、资源方面的重要性。

"北满洲的城市与景象"一篇中的"齐齐哈尔城市的特色"描述了西边海拉尔和满洲里，东边哈尔滨的俄罗斯特色要比齐齐哈尔更加明显。齐齐哈尔完全是中国人建筑的典型中国城市，而哈尔滨从全貌来看，完全是俄罗斯式国际城市。与之相比，齐齐哈尔是北满洲具有中国特色的城市。这一部分描写了齐齐哈尔的城市特色同哈尔滨、海拉尔、满洲里的不同，是更具有中国特色的城市。本书也对齐齐哈尔的市场进行了描述："市场在南门外的商业地区，挂着一个牌子，上面写着南菜市的名字。蔬菜、肉类、鱼类、杂货、衣服等，保持新鲜和防日晒的设备也一应俱全。再往远处一点还有旧衣服和五金类的旧货市场。为简单的民众生活提供需求的市场是受欢迎的。"本书还对齐齐哈尔对河岸港口、河运的利用进行了描述："从满铁公所的佐藤那里听到，齐齐哈尔作为消费地，从东北来的大豆、小麦等，从东面来的高粱，南面来的盐、棉布、陶器等大部分要通过河运来运输。从辽阳领事馆的腾野那里听到，中国人是有经商习惯的民族，比如在齐齐哈尔营口的商人的支店和商业往来都非常多，都是河运带来的恩惠。齐齐哈尔的森林也非常丰富，通过河运输送建筑用的木材和焦炭。"从上述内容我们可以看到当时河运对齐齐哈尔的经济发展起到了非常重要的作用，这对考察齐齐哈尔船运史有一定的借鉴作用。

"国际大都市哈尔滨的地域特质"一节中对哈尔滨的名字由来进行了描述，认为哈尔滨一词源于通古斯语，含义为船只停泊之地。作者把哈尔滨分为旧哈尔滨和新市街（新哈尔滨）。旧哈尔滨，是从松花江的右岸发展而来，从哈尔滨大都市的地域考察来看，发祥地应该是从旧哈尔滨开始。城市的东南角地区，今天被看成休养地的住宅地，是漂亮俄罗斯人的舒适的住宅群。到西北的马家沟河为止计划作为将来的住宅地。渡过马家沟河，从西北的新市街开始，两边种植高大树木的宽敞大道。这里对旧哈尔滨的住宅和道路进行了描述。"新市街建在比较远的丘陵地带，是一个叫作秦家岗的地方。从中央寺院开始，东之铁道厅、东之铁路俱乐部、博物馆、格兰特酒店、秋林本店、中央病院等都在新市街的丘陵上面。日本的总领事馆和满铁事务所也在那里。"这一部分对新哈尔滨的地点和各大代表性建筑物进行了描述。这一部分对当时哈尔滨的城市面貌和城市划分进行了描述,对研究哈尔滨的发展史有一定的借鉴意义。

四 学术评价

第一,本书以日本风土的研究为题,里面包括了"朝鲜·满洲"篇。作者已经把当时处于殖民统治下的朝鲜和中国东北视为自己国家的国土研究。并且,作者是受日本政府文部省的委托对日本国土的风土、地方人口、村落等进行研究。从研究内容来看,为日本政府了解中国东北的现实情况提供了详细的资料,对日本对中国东北的殖民统治起到了一定的借鉴作用。

第二,本书在"朝鲜·满洲"篇中对松花江流域,黑龙江省的城市哈尔滨市和齐齐哈尔市的城市地名由来、地理环境、经济、社会、交通等进行了描述。这对研究黑龙江省主要城市的发展历史有一定的参考价值。

第三,在"齐齐哈尔城市的特色"一篇中写到,当时作为黑龙江省省会的齐齐哈尔不同于其他城市,俄罗斯特色并不明显,是更具有中国特色的城市。本篇还对齐齐哈尔的河运进行了描述,写到河运对齐齐哈尔的经济发展起到了非常重要的作用。对哈尔滨的名字由来和哈尔滨的城市分布进行了描述,对研究哈尔滨和齐齐哈尔的发展史有一定的借鉴意义和历史价值。

本书不足之处,作者小田内通敏在本书"朝鲜·满洲"篇并没有具体的资料和统计数字可供参考,作者走马观花式地描述了对中国东北的印象,对研究当时黑龙江省历史的参考价值不高。特别应指出的是,书中有关殖民主义的立场观点是应予批判的。

第二节 《支那社会研究》

一 作者简介

橘朴,1881 年 10 月出生于日本大分县臼杵町下级氏族家庭,是家中的长子,1945 年在沈阳病逝。维新时期,橘朴的祖父将本姓若林改为橘,此后整个家族便沿袭了这一姓氏。橘朴少年时期的求学经历非常艰辛。他以第一名的成绩考入中学，却因无视校规数次被勒令退学。他的性格放荡不羁，18 岁时因豪饮远近闻名，19 岁时参加了熊本第五高等学校的考试，因为迟到被当时的主考官、后来的日本近代大文豪夏目漱石勒令退场，半年后重考，才以第一名的成绩被录取。后来虽然进入早稻田大学，但也中途退了学。1905 年来到北海道，在《北海道时报》做一名新闻记者。1906 年清朝末期 24 岁时来到中国大连，历任大连《辽东新闻》记者，天津《京津日日新闻》《济南日报》主笔，创办《支那研究资料》和《月刊支那研究》并担任主编，在《日华公论》《调查时报》《新天地》《读书会杂志》《满洲评论》等杂志工作过。1918 年橘朴作为随军记者在随日军入侵西伯利亚的时候因痛饮伏特加而晕倒并导致半身不遂。橘朴的父亲对中国文化特别是道教有浓厚的兴趣，橘朴受其影响，来华初期一直从事道教研究。他是日本近代著名的中国问题研究专家，其思想与行动几乎浓缩了明治、大正、昭和各个时期的中国问题的原貌。橘朴对孙中山的三民主义等中国近代民主主义思潮和中国古代道教思想都有深入的研究，曾巡游我国东北农村，调查了群众的社会、经济及生活状况。他对中国近代社会的研究对日本学术界影响重大，相关研究成果至今仍享有很高声望。鲁迅也给予他高度评价，他说："那个人比我们还了解中国。"橘朴会见过陈独秀、蔡元培、胡适、李大钊和辜鸿铭等人物，对康有为的大同说很感兴趣，也和青帮首领徐煜会见，实地考察了冯玉祥和韩复榘间的战争等。橘朴在"九·一八"事变爆发前，创办了时评周刊《满洲评论》，并担任主编，长期主导了该杂志的舆论导向。《满洲评论》是橘朴在中国活动 40 余年的文人生涯中，主持时间最长同时也是当时舆论界最为重要的一本杂志，橘朴本人也在刊物上发表诸多论文，体现了他对中国的研究和认识。作品有《支那思想研究》（1936）、《支那社会研究》（1936）、《中华民国三十年史》（1948）、《支那建设论》（1944）、《道教与神话传说——中国民间信仰》（1948）、《中国革命史论》（1950）等。

　　1906 年来到中国，曾巡游我国东北农村，调查了群众的社会、经济及生活状况。发表了大量的有关中国社会及历史文化的评论文章，其中国研究达到了相当高的水准。同时，对日本学术界影响重大，至今仍享有很高声望。

二　写作背景

　　1905 年日俄战争结束，日俄签订《朴茨茅斯条约》，俄国将中东铁路长春至旅大一段转让给日本,这就是日后俗称的"南满"。为了服务于日本政府对中国的侵略,"满铁"从建立之初就不满足于修建铁路,而是打算将自己发展成日本在东北进行政治、经济、军事等方面侵略活动的大本营。刚成立时,"满铁"下设总务部、运输部、矿业部和附属地行政部四个机构,不久又成立了直属总裁的调查部。其主要目的,就是搜集一切有用的资料和情报。随着"满铁"业务领域的不断扩张,其调查范围也迅速扩大。为了进一步攫取中国的铁路修筑权和矿产资源,它在东北许多地区进行地质调查,并在与东北相邻的内蒙古、朝鲜乃至西伯利亚等地广泛搜集资料。自从在辽东半岛建立"关东洲"殖民地,日本为了在政治、经济、文化上控制和奴役东北人民,就在其控制的满洲铁路沿线城市设立各种文化侵略机构,出版发行了为数众多的带有文化侵略特征的报纸杂志,到"九·一八"事变前后达到了高潮。《满洲评论》杂志创立在"九·一八"事变爆发的前夕,是在中日战争中始终同日本侵略战争同步的时事评论刊物,橘朴作为主编主要负责时事评论。这些报纸杂志就是为日本对中国的侵略战争及殖民统治服务的。本书所收集的论文也是其中的一部分。

三 主要内容

《支那社会研究》一书由日本评论社出版,在 1939 年出到第五版。全书分为六章,分别为第一章支那社会的阶级、第二章支那农村及农村问题、第三章支那资本家的特殊性、第四章支那劳动者的特殊性、第五章支那官僚的特殊性、第六章支那家族制度的动态的考察。本书与黑龙江省关联度较大的内容集中在第二章第四节北满洲农村充实的过程。此节以时间为序,论述东北移民的历史。清朝东北移民政策经历了从招民开垦到严格封禁,再到全面开放的全过程。书中写道:"自道光十年(1830 年)清政府开始对呼兰河口至巴彦苏苏(今巴彦)松花江流域一部分开放。其后咸丰九年(1859 年)鸦片战争爆发,清朝内忧外患,边疆不稳。清政府为稳定边疆,同时在山东发大水灾民无法安置情况下,实行移民政策。"本书引用大量的历史资料对黑龙江的移民进行分析,引用东支铁道商业部次长梅尼希科夫等关于呼兰河流域农村的祖先的由来,书中提到:"支那人多数移民到黑龙江省是在 1831 年开始的,以呼兰河流域为多。"随着移民的不断迁入,东北的社会结构和区域功能也在逐渐发生变化。通过移民活动,东北从历史上的粮食输入区变为粮食输出区，农产品商品率大大提高，交通运输迅速发展，城市蓬勃兴起，到清朝末年，东北已经完成了自身的经济一体化。本书引用《北满洲和东支铁路》一书数据对"北满洲"粮食的集散地进行了归纳，主要包括以下六个地区：齐齐哈尔地区、安达地区、哈尔滨地区、松花江下游地区、伯都纳地区、南部地区（吉林省）。本书运用第一手资料，对清代和民国时期山东移民东北的社会背景、人数、路线、移民的贡献等进行了分析，可以说是关于东北移民日文资料的珍贵著作。

四 学术评价

第一，本书具有较高学术成就。《支那社会研究》一书是由作者橘朴以"支那"和"满洲"为研究对象在《东亚》《满蒙》《满铁支那月刊》《满铁调查时报》《支那研究》《满洲评论》等杂志所发表的单篇论文结章而成，各章节既可独立成文，又根据内容和前后文脉形成一个整体，前后呼应。该书的学术成就主要体现在两方面。一方面，橘朴在中国度过了自己大半个人生，足迹遍布中国各地，对当时中国的政治、经济、宗教、道德、社会改革等在历史层面进行了考察研究，并提出"官僚阶级在上层，中产阶级和无产阶级在社会的下层的统治阶级和被统治阶级对立的两层构造的社会"。橘朴对道教的研究，可以说是站在中国民众的角度，来了解中国民众的内心世界。从这个意义上讲橘朴对中国道教的研究实际是对中国统治阶级所进行的一次批判。另一方面，把呼兰河流域称为"北满的谷仓"，针对大片耕地没被开垦、耕作人口不足问题，建议通过大量移民来解决。本节所说呼兰河流域是指哈尔滨对岸注入松花江的呼兰河流域，是嫩江流域的一部分。行政管辖区为黑龙江省的绥兰道的大部分和龙江道的一部分。该书涉及黑龙江省大部分地区，堪称同类研究中与黑龙江关联度较高和切入点较多的研究。第二，本书提出了一系列独创性的概念，比如中国"官僚阶级统治论""乡村自治体说"等，同时还对中国现实政治运动以及国民党的改革方案有深入的观察和分析，对孙文的革命思想也有关注，写了不少文章。本书对研究中国近代社会的发展史有很高的史料价值。第三，作者通过与日本国内风潮截然不同的另类思路甚至是针锋相对的路径展开论述，他并没有把中国官僚阶级统治论最终归结为"中国的停滞"，而是在与官僚统治阶级的斗争和土地改革方面，看到中国革命的必然性及前景。第四，该书对中国东北移民史的发展及影响进行了充分论述。大量人口迁入,使东北的社会和经济面貌发生了重大变化。没有广大移民披荆斩棘、含辛茹苦的艰难创业,就没有东北后来人烟稠密、经济发展的局面。本书对研究清朝及民国政府时期黑龙江省地区移民的人口分布、边疆的开发、民族融合的历史都有重要的史料价值。第五,该书在学术上注重对资料数据的梳理和分析,逻辑性和说服力强,整体展现了作者对中国社会研究与历史研究的功底。

第三节 《满洲纪行》

一 作者简介

岛木健作(1903~1945),原名朝仓菊雄。生于北海道札幌市。当过杂役、看门人、办事员等。1925 年入东京帝国大学法学系,积极参加学生运动和工会活动,并成为仙台最初的工会活动的主要领导者。第二年退学,并以日本农民组织香川县联合会木田君的会计身份投身农民运动。1927 年加入日本共产党。1934 年发表处女作《麻疯病》,歌颂一个患不治之症却能在转向潮流中坚持不转向的人,描写被捕者从苦闷、绝望到坚强的过程。接着,发表《盲目》(1934)和《重建》(1937)。《重建》反映农民运动遭到破坏后的重建和农村生活的困苦,被禁止出售。长篇小说《生活的探求》(1937)及其续篇(1938),描写转向时期知识分子的动向。他们从事生产劳动,认为这是一条正确的生活道路,以表现所谓发自内心的转向。岛木曾参与组织农民文学恳谈会,到北海道、朝鲜和中国东北等地农村考察,并发表了《满洲纪行》(1939),后期发表的小说有《人的复活》(1939)、《基础》(1944)以及死后发表的《黑猫》(1945)、《红色的蛙》(1946)和《土地》(1946)等。短篇小说《红色的蛙》写一只红色的青蛙为达到目的不屈不挠地奋斗,最后却死于非命。

二 写作背景

"九·一八"事变之后的中国东北,处于日本的殖民统治之下。在 1932 年 3 月成立了傀儡的伪满洲国。随着在军事、政治、经济方面的不断侵略,文学文化方面的侵略也同时出现在中国东北。如前文所述,自日俄战争之后,越

来越多的作家、画家、记者等"文化人"来到中国，在日本国内掀起了一股中国旅行热潮，而这些"文化人"回国之后写的中国游记，也让今天的我们得以看到 20 世纪 30 年代这些日本"文化人"眼中的中国，以及集加害者与被害者于一身的日本"文化人"身处日本发动侵略战争时期的错综复杂的心态轨迹。在那种残酷的创作环境下，很多作家或是大肆讴歌日本军国主义在白山黑水之间创下的"壮举"，或是以文学工作者起码的良心，较为客观地记录了当时的社会状况。岛木健作显然属于后者。本书真实和正面描写了与"满洲"有关的岛木，以及他眼中的"满洲"，并从一个侧面看出"大东亚共荣""王道乐土""五族协和"的伪满洲国的实质，以及作家错综复杂的心态轨迹。根据岛木健作《年谱》的描述，父母在仙台藩土土崩瓦解之后不久移居到了当时正在开拓的北海道，岛木两岁时，其父母有眼疾，靠给人家做针线活为生。岛木健作 14 岁那年，其母的眼疾恶化，靠当裁缝维持生活也行不通。岛木健作不得已辍学，在银行做服务生。在学生时代，岛木健作还积极参加学生运动和工会活动。家庭环境和社会环境对他的行动和作品或多或少有所影响。岛木健作原属无产阶级作家，"转向"后加入了"农民文学恳话会"。1938 年 11 月他被"恳话会"派到满洲视察，历时三个多月。回国后以在满洲的见闻为题材，发表《满洲纪行》和《一个作家的手记》。《满洲纪行》收录了作者十几篇纪行文章。在这里，岛木健作一定程度地摆脱了"国策"宣传的需要，用冷静的、客观的观察分析，披露了"大陆开拓"的实相。

三 主要内容

岛木健作在《满洲纪行》中指出，迄今为止日本人所写的绝大多数有关大陆开拓的文字，都是凭空杜撰的东西。在他看来，日本移民在满洲获得了土地，但并不等于他们的问题解决了。条件的恶劣、土地的荒芜、劳动力的缺乏、不适当的耕作法，使得"大陆开拓"问题成堆。他还第一次大胆指出：日本移民在满洲的农业活动，实际上是靠雇用"满人"作劳动力来支撑的。他写道："现在，日本开拓民依靠驱使满人劳动力，才获得生存的基础。这个事实凡有眼睛的人都能看见。两者的关系是主人与雇佣者之间的关系。两者间的亲睦伴着感伤。在被雇佣的人中，有的在日本人入殖之前是自耕农、是土地的主人。他们有没有交换来的土地呢？他们卖地的钱总是能留在手上吗？日本开拓民的能力还小，现在还需要他们，把他们留在这里，他们也觉得这种联合还好。但是，这种联合到底能持续到什么时候呢？"像这样明确地指出日本移民的入侵使"满人"由土地的主人沦为被雇佣者，就等于戳破了"大陆开拓"的实质：原来"大陆开拓"就是变"满人"为奴隶！从这一点上看，《满洲纪行》虽然不是纯文学作品，但它的直面真实的勇气，冷静的现实主义态度，在"大陆开拓文学"中是一个特殊的存在。

在"满洲的农家"中作者描述道："进屋就是堂屋，锅台在两边，一边放着燃料。燃料是些麦秆和豆壳之类的。堂屋的右手第一个房间是厨子和打更人住的，接下来是父母的房间，在接下来就是三个儿子夫妇的房间。左手第一个房间一般是空着的，用来招待客人。"这里描述的农家不是一般农家，是大地主，过着很优越的生活。

在"齐齐哈尔到讷河"一篇中，作者从哈尔滨坐火车经齐齐哈尔到达讷河。岛木健作没有像当时其他作家一样描写"满洲"的大好河山、人物风景，而是对讷河的自警村进行了详细的描写。书中写道："讷河是两公里四方形的乡镇，人口两万多人，日本人不到三百人。是民国二年建成的，讷河是粮食的集散地。"并对当时的铁道自警村的现状进行了描述："自警村最为缺陷的是具有领导能力的指挥者。"所谓铁道自警村，即满铁在伪满"国有"铁路沿线以经营农业兼实行警备为目的而设立的"移民村"。其成员以日本退伍军人为主。这些移民村负有开发铁路沿线产业、保卫铁路的双重任务。本篇还对讷河的协和会的青年训练所进行了描述："日本人作为领导者，训练生一共有五十八名，全部为满人青年从十五岁到十九岁。一年有两期，一期为三个月的训练。"

作者对"五族协和"这一理想还是充满遐想的，书中提到"在漫步于满洲各地之间时，也一直相信这个理想。只是我认为如果真的想实现五族协和的

话，就不应该有开拓地的存在。就不应该在满洲农村内部看到开拓地。不加深开拓民和原住民之间关系的话，我们的理想就不可能实现"。

四 学术评价

第一，岛木健作是当时为数不多的，一定程度地摆脱了"国策"宣传的需要，用冷静的、客观的观察分析，披露"大陆开拓"实相的。大多数"满洲开拓团"团民都不亲自耕种，岛木健作曾走遍日本的"满洲开拓地"，他在1939年说："没有一个地方不是让满人干农活儿的。""满洲开拓团"和"满人"两者的关系是主人与雇佣者之间的关系。"满洲开拓团"夺取他们的土地，雇用他们耕作本来属于自己的土地。这充分证明了日本侵略者对东北地区的殖民统治是赤裸裸的、奴化的。

第二，同那些成为日本侵华国策的文化宣传手段和帮凶的作家形成鲜明的对比，岛木健作描写了与日本殖民统治所宣扬的"王道乐土""五族协和"所不协调的种种"满洲"的怪现象。在令人窒息、处境险恶年代的"满洲"政治形势下，声调不高地抒发自己的见解。

第三，本书还对当时讷河的地形、人口、商业进行了描述，对研究讷河的历史有一定的参考价值。

第四，本书还对讷河的铁路自警村与协和会的青年训练所进行了描述。由于战争扩大，劳动力开始紧张，移民来源成为问题，满铁暂停铁路自警村的设置，转而设立经营青年训练所。这也从侧面证明了日本侵略我国东北的事实和罪行，对研究中国东北社会具有很重要的价值。

第五，本书对当时的讷河城市规模、人口数量、日本人的人口数量、城市功能都进一步进行了阐述，并对当时的铁道自警村的现状进行了描述。这些对今后研究讷河的城市发展历史和当时日本统治下的城市现状都有参考价值。

本书不足之处，即岛木健作认为"五族协和"的思想会实现。1932年3月9日，日本关东军扶持清朝末任皇帝溥仪在长春建立伪满洲国，年号"大同"，提出了"王道乐土"和"五族协和"的思想，把代表汉、满、蒙、朝、日五个民族的五色旗定为国旗。在伪满洲国，五族就变成日本人（红色）、汉人（蓝色）、蒙古人（白）、朝鲜人（黑）、满洲人（黄色）。1932年7月，脱胎于伪满洲协和党的伪满洲国协和会成立，是旨在通过向在满中国民众渗透王道政治、民族协和的指导理念，把被统治民族统一于伪满洲国的思想感化团体，其纲领是以"实践王道为目的"，"乐天知命、注重礼教"。简直就是天方夜谭、痴人说梦，到别人的领土上说协和，这种观点太过戏剧性。日本悍然侵占中国东北，炮制伪满洲国，对中国东北实施了 14年的殖民统治。这是中国人民无法接受的，中国人民对至今还未承认历史问题的日本政府感到失望。

第四节 《满洲问题》

一 作者简介

矢内原忠雄（1893~1961），日本经济学者、东京大学总长。出生在日本爱媛县越智郡富田村的一个医生家庭里。1905 年（明治 38 年）就读于神户中学，在考入东京帝国大学（1947 年更名为东京大学）预备校"一高"后，选择"一部甲类（英法科）"学科。受校长、基督教领袖内村鉴三的影响，他成为一名虔诚的无教会主义的基督徒。考入东京帝国大学后，又受到吉野作造的民本主义、新渡户稻造（做过国际联盟的事务次长）的人道主义影响，形成了自己的基本思想。1917 年，东京帝国大学政治科毕业。1917 年，矢内原忠雄毕业后，因新渡户当了国际联盟的事务次长，矢内原忠雄作为后任回到母校经济学部当助教授；其后到英、德留学研究殖民政策，1923 年归国升为教授。10 月起担任东京帝国大学"殖民政策"讲座教授。学术成就表现在"殖民及殖民政策的理论研究"及"各个殖民地的实证研究"两方面。他搞的殖民政策研究，并非站在统治阶级立场，而是对殖民这一社会现象进行细致、科学、实证的分析，这是他帝国主义论中的一环。理论研究以《殖民及殖民政策》与《人口问题》（1928）为代表；实证研究以《帝国主义下的台湾》（1929）、《满洲问题》（1934）、《南洋群岛的研究》（1935）、《帝国主义下的印度》（1937）为代表。1927 年（昭和 2 年），在台湾进行实地调查研究后，将讲义发表于《国家学会杂志》与《经济学论集》，由岩波书店刊行《帝国主义下的台湾》。此书从经济学者的视角，指出日本资本主义和帝国主义发展的关系，同时也批判了日本政府在殖民台湾时的许多不平等政策，指出经济、教育、政治的这些不平等都是为巩固日本人自身的利益。此书后被台湾总督府以违反台

湾出版规则禁止发行。在当时，日本军部的话语权覆盖着日本社会的舆论。稍微有理性的学者都会备受打压。不同的声音越来越少，直到消失。而矢内原忠雄却依然向日本社会不加掩饰地表达自己的声音。

1937年，日军发动"卢沟桥事变"。矢内原忠雄不顾个人安危，反对日本出兵攻打中国，公开呼吁执政者悔改。他"以骨头做笔，以血汗做墨水"，在《中央公论》上发表评论"国家的理想"，指出国家作为目的的理想是正义，也就是保护弱者权益不受强者侵犯。国家违背了正义的时候，国民就应该批判。该论文虽然是抽象论述，并非将矛头直指当局，但也立刻成了众矢之的，遭到众人的口诛笔伐。同时，他个人发行的杂志《通信》登载了他的演说词，其中有非常精彩的一段："今天，在虚伪的世道里，我们如此热爱的日本国的理想被埋葬。我欲怒不能，欲哭不行。如果诸位明白了我的讲话内容，为了实现日本的理想，请首先把这个国家埋葬掉！"该段中的"埋葬掉"这句话可捅了马蜂窝，被当成了"不稳言论"，为此，他被当局逼迫辞去东京帝国大学教授的职位。但辞职后他仍然没有停止斗争，将杂志改名《嘉信》，在自己家里开办"星期六学校"，从基督教理念出发继续宣扬和平。矢内原忠雄所办的刊物《嘉信》曾几次被勒令停刊，但他确信真理大于国法，再变一个刊名《嘉信会报》继续斗争。

1945年8月，日本无条件投降。这一年11月，矢内原忠雄回到东京帝国大学经济学部，将在自己家搞的"星期六学校"搬到社会上，公开讲演宣扬和平。其后担任社科研究所所长；1951年，作为南原繁的后任，被选为东京大学总长，连任两期直到1957年。其间，1952年，东京大学发生了"波波罗事件"，便衣警察手记上的校内特务活动被发现，作为总长的矢内原忠雄坚守了大学自治和学问自由的立场，东京大学和警方关系形同水火。退官（教授离开国立大学）后的1958年，矢内原忠雄被授予东京大学名誉教授称号；1961年他因患胃癌去世，享年68岁。矢内原忠雄作为一位知名学者，一生著作颇丰。除《殖民及殖民政策》《帝国主义下的台湾》《我走过的道路》外，还有《矢内原忠雄全集》（全29卷）等。

在日本举国上下一片军国扩张的声浪中，像矢内原忠雄这样主张和平、非战，将反对军国主义坚持到日本投降的人微乎其微。故而，历史学家家永三郎将矢内原忠雄称赞为"日本的良心"。诚然，矢内原忠雄也不是没有错误，比如他从基督教义出发反对东京大学校内的马克思主义思潮；在"波波罗事件"

中，他坚决和当局斗争，却不许学生搞罢课，竟然将组织罢课的学生领袖坚决开除等；而且，他的斗争在黑暗时代里并没能阻止侵略战争的发生。但是，他敢于从正面反对日本搞侵略，正表明他是有理性、有良心的日本人。他是黑暗时代里的一丝光亮。不能不指出的是，当军国侵略扩张的大潮涌来的时候，绝大多数日本人，包括那些知识精英，都不可避免地被裹挟进去。他们中冷眼旁观者算好的，有的或者违心地跟着喊几句口号，或者当随军记者写一些为侵略张目的文字，更有甚者，组织《文学报国会》公开为侵略战争吹捧。唯其如此，矢内原忠雄的精神才显得更加难能可贵。

二　写作背景

本书写于 1904 年 8 月，正值日俄战争第一年。日俄战争是 1904 年到 1905 年间，日本帝国与俄罗斯帝国为了侵占中国东北和朝鲜半岛，在中国东北的土地上进行的一场战争，以沙皇俄国的失败而告终。日俄战争促成日本在东北亚取得军事优势，并取得在朝鲜半岛、中国东北驻军的权力，令俄国于此的扩张受到阻挠。日俄战争的陆上战场是清朝本土的东北地区，而清朝政府却被逼迫宣布中立，甚至为这场战争专门划出了一块交战区。这场战争不仅是对中国领土和主权的粗暴践踏，而且使中国东北人民在战争中遭受了巨大的损失和人身伤亡。

三　主要内容

《满洲问题》由矢内原忠雄编著而成，1934 年岩波书店出版。

本书分为正文十一章和附录六章，第一章序论、第二章特殊权力及其性质、第二章特殊权力及其内容、第四章特殊权力及其机构、第五章列国的竞争、第六章"支那"的抵抗、第七章"满洲国"的建立、第八章"满洲国"的组织、第九章移民、第十章贸易、第十一章投资和统治经济、附录一"满洲"新国家论、附录二"满洲"经济论、附录三"满洲"移民计划的物资及精神要素、附录四关于"满洲"移民问题、附录五"满洲"见闻谈、附录六"满洲国"的展望。作者在第一章、第二章、第三章中论述了日本自日俄战争以来，从我国东北所获得的特殊权力，也就是清政府与日本签订的不合理条约。清政府承认日俄《朴茨茅斯条约》中给予日本的各项权力。设立"中日木植公司"，允许日本在鸭绿江右岸采伐林木。日本得继续经营战时擅自铺设的安东（今丹东）至奉天的军用铁路至1923年，届期估价卖给中国。日本得在营口、安东和奉天划定租界。以上特殊权益扩大了日本帝国主义在中国东北的利益，实际上将东三省南部纳入其独占的势力范围。第五章列国的竞争，主要论述了在"满洲"同日本竞争的对手以俄国、美国、英国为主。第六章"支那"的抵抗，主要论述了皇姑屯事件之后，统治中国东北的奉系军阀将领张学良1928年12月29日通电全国东北易帜。第六章"满洲国"成立。作者论述了1931年"九·一八"事变后，1932年3月9日，日本正式建立了伪满洲国傀儡政权，以溥仪为"执政"，以郑孝胥为"国务总理"，年号"大同"。另外，对张作霖当时统治东北的乱象进行了论述，由于军费的需要东北各地各自发行货币，"南满"以"奉天币"为主，"北满"黑龙江省有哈大洋票、黑龙江官帖，吉林省有吉林官帖。第八章"满洲国"的组织。作者称"满洲国"是独立的政府，有自己的官员、军队、财政。日本的官员占三成还多，并在各个关键部门任要职，财政部门和监察部门的日本人占了一半还多，充分证明了"满洲国"只是日本的傀儡政府。第九章移民。作者以独特的观点认为"满洲"移民政策是失败的，"满洲"是一块投资的地方，并不适合移民。具体原因归纳为两点。第一，气候原因。"满洲"气候对日本人来说不适应。第二，政治原因。张作霖父子对日本有排斥心理，在土地取得方面给予阻挠。从现在的结果来看，日本"满洲"移民政策的失败，不外乎这两个原因。可以看出作者并没有随波逐流，来鼓吹"满洲"移民政策。

第十章贸易。作者列举了"满洲"贸易的注意点，第一，增加外国贸易。第二，出口贸易大于进口贸易。第三，从贸易内容来看，出口商品以原材料和原材料制品为主，进口多以制造品为主。第四，贸易对象以日本为主，而且还有加强趋势。第五，要知道在贸易上日本对"满洲"的重要性。

本书关于黑龙江省的部分在第六章"支那"的抵抗中，该章提及哈大洋票是哈尔滨历史上发行的唯一中国货币。"哈大洋券"是近代哈尔滨大洋票的通称，它是第一次世界大战后，为抵制外币入侵我国东北地区，消除外币之害挽回利权而发行的在东北地区流通的纸币券。哈大洋券首先由交通银行哈尔滨分行和中国银行哈尔滨分行发行。

19世纪末，沙皇俄国为把我国东北纳入其远东市场，加快政治、经济势力渗透，沙俄纸币"羌帖"逐渐成为东北地区的主要流通货币。第一次世界大战爆发后，沙俄无限制地扩大纸币"羌帖"的发行规模，将其战争军费转嫁给中国人民，造成东北地区通货恶性膨胀。十月革命后，沙俄"羌帖"信誉扫地，顿成废纸，使东北人民蒙受重大损失。此时，由日本朝鲜银行、横滨正金银行发行的"金票""银券"加快扩张，暴露出取代"羌帖"占领东北货币市场的野心。深受"羌帖"之害的哈尔滨各界人士有"感于外币之交侵，奉票之不振"，主张由本地银行尽快发行以中国通用银圆为本位的国币"哈大洋券"以挽回本国利权。

1919 年 11 月，交通银行哈尔滨分行首先获准发行"哈大洋券"，原限额发行 500 万元，实际发行 550 万元。票券正面均印有"东三省""哈尔滨"字样。面额有民国 3 年版 5 分、1 角、2 角、5 角，民国 8 年版 1 元、5 元、10 元和民国 9 年版 1 元、5 元、10 元、50 元共 11 种。12 月，中国银行哈尔滨分行也获准发行"哈大洋券"。哈大洋券一投入市场，立即受到群众欢迎，国人用国币，备感亲切，流通日广。1920 年 3 月，交通、中国两行联合发出声明，保证哈大洋券按 1 元折 1 元的比价无限兑换现大洋，哈大洋券信誉更增。民国政府遂正式规定，东北铁路运费、海关纳税、各项捐税、市场交易等统以哈大洋券为本位货币。这样，长时间由外币主宰的东北货币市场，很快被哈大洋券占领。随着哈大洋券信誉日升、流通扩大，东三省银行、黑龙江广信公司、边业银行哈尔滨分行、吉林永衡官银号等 4 家银行也积极加入了发行哈大洋券的行列。

因为系由 6 家银行多元化发行，市场货币流通过多，物价不稳。为控制发行量，东三省当局规定，1929 年起发行的哈大洋票必须加盖"监理官印"后方能进入流通。因此，现今发现的哈大洋券票面上分为有、无监理官印两类。据统计，至 1932 年 6 月底，上述六家银行发行的哈大洋券共计 5300 多万元，各种票面图案版别有 37 种。哈大洋券的发行、流通，挽回了本国币权，有效地抵制了日本"金票""银券"的入侵，成为当时东北地区最有影响的本位货币；它抗击了外币流通引发的货币金融危机，用国币挽救了我国东北的民族工商业。

四　学术评价

综观全书，作者实事求是地论述了"满洲"问题。在日本举国上下一片军国扩张的声浪中，像矢内原忠雄这样主张和平、非战，将反对军国主义坚持

到日本投降的人微乎其微。他谴责日本在满洲的军事行动，称之为"自我失败"，并预言日本将无力承受中国国内日益高涨的民族主义带来的压力。本书通过分析日本在"满洲"取得特殊权益的性质、内容、机构，对研究日本侵略东北史有一定的参考价值。

本书详细论述了哈大洋券从 1919 年开始发行到 1937 年伪满洲中央银行将其全部收回止，共流通 18 年，是东北货币流通史上影响较大的一种纸币。哈大洋券的发行、流通，挽回了本国币权，有效地抵制了日本"金票""银券"的入侵，成为当时东北地区最有影响的本位货币。它抗击了外币流通引发的货币金融危机，用国币挽救了我国东北的民族工商业。本书根据有关史料和实物资料对哈大洋券发行情况进行详细研究和考证，对研究黑龙江省货币研究具有史料参考价值和借鉴价值。

第五节　《满洲问题》

一　作者简介

长兴善郎（1888～1961），日本的作家、剧作家、评论家。出生于东京的贵族家庭，父亲长与专斋是男爵，家里第五个男孩。1900 年从东京麻布的南上小学转学到学习院。1910 年武者小路实笃等创办文艺刊物《白桦》后，引起他对文学的兴趣，于 1912 年从东京帝国大学文科大学退学，立志创作，陆续发表了一些短篇小说。1914 年出版了第一部作品集《盲目之川》，1916 年发表著名的剧本《项羽和刘邦》。他的代表作有《青铜的基督》（1923）、《一个叫竹泽先生的人》（1924～1925）和长篇小说《那晚上》（1948～1951）。作者对社会人生富于激情，其作品也具有壮大厚重的气派与深切感人的力量。有不少是以中国历史为题材，除《项羽和刘邦》以外，还有戏剧《韩信之死》（1924）、《陶渊明》（1926）等。1956 年鲁迅逝世 20 周年时，曾与里见、宇野浩二、内山完造等应邀来华参加纪念活动。

自日俄战争之后，日本一步步实现"海外腾飞"的对外扩张，"满洲"由此成为世界瞩目、日本朝野上下关注的热点地区，成为日本作家描述的一个文化对象。以德富苏峰、夏目漱石等为代表，日本近现代文坛中的核心人物几乎都到"满洲"旅行过，并将对"满洲"的印象和感想用游记或其他创作形式发表出来。以日本作家的作品为参考，可以了解当时日本人对"满洲"及中国的认识，对当时的历史考察有一定的借鉴意义。

二 写作背景

"九·一八"事变之后的中国东北处于日本的殖民统治之下。日本帝国主义打着"大东亚共荣""王道乐土""五族协和"的旗号，在 1932 年 3 月成立了伪满洲国。随着在军事、政治、经济方面的不断侵略，文学文化方面的侵略也同时出现在中国东北。因此作家的"满洲"纪行就成为日本侵华国策必不可缺的文化宣传手段和帮凶。20 世纪前半期，长兴善郎与夏目溯石等多名作家都接受"满铁"邀请，到"满洲"各地游览，并写下了游记。这些游记不仅唤醒了日本国民对"满洲"那片广袤荒凉的大地的羡慕渴望及好奇心，也推动了日本往"满洲"派遣开拓移民政策的实施，对日本的侵略扩张起到推波助澜的作用。

三 主要内容

本书是作者在 1938 年新潮社发表的《少年满洲读书》基础上，根据现在"满洲"的变化而改写，也是为纪念 1942 年"满洲国"成立十周年而写。作者对"满洲国"的成长和发展充满了希望。对"满洲国"有什么样的变化非常感兴趣。本书的写作目的是为日本年轻人以后到"满洲国"去发展提供借鉴。把"满洲国"是什么样及其国家及其日本的关系介绍给日本的年轻人，对以后移民做好基础准备。作者对日本本土的人不了解"满洲国"的事情感到不满，希望他们通过本书的介绍更多地了解"满洲"。

作者通过一组父子的对话引入主题，松岛公造和两个儿子准备去"满洲"旅行。首先，作者对"满洲"的气候和地理环境进行了描述，通过地图上的形状把"满洲"比喻成蝴蝶，向着日本的方向飞过来的样子。这里把日本侵占"满洲"的野心表现得淋漓尽致。对东北三省优美的自然风光赞不绝口，惊叹长白山、大小兴安岭、黑龙江、大片的高粱地和夕阳西下的绝美风景。还从历史的角度分析"满洲"是一个拥有独立语言和独立文化的地区，是与日本的大和民族比较接近的民族，强调其和汉民族不是一个国家。这和事实完全不符合，强烈表现了作者要把"满洲"独立出来的野心。作者认为"满洲国"从中国独立出来，不是日本所造成的，而是中国自己任由"满洲"自己独立出来。作者对大连、旅顺、奉天（沈阳）、长春一直到哈尔滨等进行了描述，称哈尔滨是东方的莫斯科。从地图上看哈尔滨是"满洲国"的心脏部，从哈尔滨出发的就有五条线路，是从大连开始滨洲本线和斯伯利亚线的中转站，还是欧亚铁路的起始站，松花江水运重要的河港。在军事、行政上具有非常重要的战略地位。作者还比喻说"如果长春是日本的东京，哈尔滨就是日本的大阪"。

作者还对日本的"青少年义勇队"移民进行了描述。在汽车上有三名年轻人是"嫩江的伊拉哈大训练所"的，是从"茨城县的内原训练所"来的。通过交谈得知，他们是经过两个月的预备训练之后，第一个来内地的，以后还要到嫩江、黑河的孙吴、牡丹江的宁安、三江的勃利的大训练所培训一年。结束后还要到更小的训练所实习，经过三年的培训毕业后，再到全"满洲"60多个"义勇队"和"开拓团"进行指导。作者还像父亲教育孩子一样说道："他们是你们的楷模，要像他们好好学习！"这无疑是鼓励日本年轻人去参加"青少年义勇队"到"满洲"去为日本侵略出力。

日本帝国主义为稳定"青少年义勇队"移民，使之永远扎根于中国东北，实行"大陆新娘"政策，募集在日本、伪满洲国居住的 17 岁以上至 25 岁以下的日本独身女子，进行为期 1 年的"女塾"训练，内容主要是营农和农家事务实习。1943 年，日本在中国东北设置了 12 个开拓"女塾"训练所。训练结束后，这些女青年与"义勇队开拓团"团员组成家庭，定居中国东北。1939年以后，日本政府把移民更名为"开拓民"，移民村更名为"开拓团"。从此，日本用"开发满洲"的名义掩盖它的侵略行径，到 1945 年日本投降，共有800 多个开拓团侵入中国东北。据统计，从 1914 年到 1945 年，日本向中国东北总共移民达 30 万人。大批移民最后被关东军抛弃，倒毙和自杀者不计其数，成为战争的牺牲品。

四 学术评价

第一，本书是近代文学家长兴善郎描写"满洲"的游记。书中介绍了"南满铁路"沿线的风土人情和地理情况，真实地再现了日俄战争后日本有计划地侵略和殖民"满洲"的过程。从中可以透视出日本人对"满洲"及中国的认识轮廓与脉络，探知日本作家在中日战争中的态度和立场。

第二，本书充分证明了日本的作家已经成为"满铁"的帮凶。由"满铁"出资组织作家来"满洲"旅行，作家发表的作品，版权归满铁所有。
"满铁"借助作家作品的宣传，达到其政治目的，巩固"满蒙"的政权。因
此作家的"满洲纪行"就成为日本侵华国策必不可缺的文化宣传手段和
帮凶。

第三，作者在本书中提及"如果长春是日本的东京，哈尔滨就是日本的
大阪"，充分证明了哈尔滨当时就已经成为黑龙江省的政治、经济、文化、科
技和交通中心。本书极度宣扬"满洲"各种各样的好处和对"青少年义勇队"
的介绍，从侧面上也证明了日本侵略我国东北的事实和罪行，对研究中国东北
历史具有很重要的价值。

不论本书作者的创作动机、创作目的和政治目的如何，称"满洲"的独
立是中国政府的自愿行为，和日本无关，严重扭曲了历史。在这部书中，作者
闭口不谈关东军在中国东北的烧杀抢掠，不谈罪恶的 731 细菌部队及其他战争
罪行，不谈东北及各地劳工在刺刀和皮鞭下的遭遇，不谈东北人民 14 年亡国
奴生活的苦难，相反，他们的着眼点则放在日本如何建设"新满洲"，如何使
伪满洲国的各项建设出现"奇迹"，如何取得"高速度发展"等，把日本掠夺
东北资源、建设日本"国防线"和战争基地的罪恶，吹嘘成侵略者的"功
绩"。本书大肆讴歌日本军国主义在白山黑水之间创下的"壮举"，不能客观
地记录当时的实际情况。

第六节　《满洲的移民村》

一　作者简介

岸井寿郎（1891 年 5 月 28 日~1970 年 10 月 1 日），日本的实业家、政治
家。香川县豊田郡常磐村（现观音寺市村黑町）出生。旧制香川县立三豊中
学校、旧制第三高等学校、1917 年东京帝国大学法学部英法科毕业。1919 年
11 月大阪每日新闻社、东京日日新闻社工作。1924 年晋升为印刷部部长。从
1927 年起的一年四个月内，到欧美各国视察。1930 年担任每日新闻社政治部
长兼印刷局次长，1933 年晋升为营业局次长，1934 年到北美视察，历时一年
六个月。1937 年从大阪每日新闻社退社。1938 年就任南羽矿业社长。1942 年
当选香川县第 2 区第 2 回众议院议员。到 1945 年 12 月任大藏省委员、内阁委

员。著有《退出国际联盟论》（浅野书店，1932 年 11 月）、《应该退出联盟》（浅野书店，1932 年 6 月）等。

二　研究背景

　　日本侵占东北后，为实现其扩张领土的野心，在东北实现永久的殖民统治，并最终把我国东北变成其领土的一部分，从 1932 年起便开始了大规模的向东北移民的高潮。据不完全统计，截至 1934 年，日本共向我国东北派遣移民 2900 户，计 7296 人。1936 年开始，日本又制订了 20 年向我国移民百万户的计划。这样，日本民众被强行成户成村移往我国东北。据资料记载，到 1945 年日本投降，日本移往东北的各种移民总数约 10 万户，30 余万人，霸占我土地达 65 万坰。

　　随着日本在中国殖民开拓，在日本国内，以描绘满蒙开拓的"大陆开拓文学"兴起并成为一股潮流。1939 年，中篇小说《殉难》以北满的开拓地作为背景，描写了中国的农民在受到"匪贼"袭击，生命财产受到威胁的时候，日本的移民如何舍生忘死、全力相救的过程，村里德高望重的中国农民赵海山和日本移民村的"部落长"樋口清三郎如何超越了民族界限建立了友谊和信赖，日本移民团夜间巡警队如何保护中国村民的种种故事。小说的最后，被"匪团"抓住的清三郎慷慨就义，做了"大陆开拓"、"五族协和"和"日满一体"的"殉难者"。

　　本书就是在这种背景下编著而成，鼓吹日本的移民政策，完全成为日本帝国主义对中国东北地区进行殖民统治的帮凶。日本政府向中国东北输送日本移民，这是日本推行殖民统治政策的一个重要方面，截至 1945 年日本战败投降，日本帝国主义共向中国东北移民百余万人，这些日本移民在中国东北享有特权，欺压当地百姓，掠夺东北资源。日本帝国主义推行的移民政策不仅给中国人民带来了极大的痛苦，也对被输送到中国东北的普通日本劳动人民造成了伤害。

三　主要内容

　　《满洲的移民村》是由岸井寿郎编著而成，1934 年 1 月成美堂出版。

　　本书分为前篇"满洲移民村"和后篇"满洲移民和国家政策"两个部分。前篇"满洲移民村"主要论述黑龙江省佳木斯及富锦镇地区的集团武装移民的生活和现状。1932 年 10 月，第一批日本武装移民团 493 户（计划 500 户）到达佳木斯，定名为"吉林屯垦第一大队"。翌年 2 月，到达桦川县永丰镇定居，并将永丰镇改为"弥荣村"。1933 年 7 月，第二批武装移民 494 户（计划 500 户）到达佳木斯永丰镇七虎力定居。翌年又移入永丰镇的湖南营。日本这几次移民主要是基于"这些地区不仅有大量可耕的未垦地和容易获得的土地，而且在移民政策上军事意义占主要地位"。因为日本入侵东北后，东北人民相继建立了各种抗日武装和抗日义勇队，他们主要活动在松花江南北两岸，给日本侵略军以袭扰和打击。后篇"满洲移民和国家政策"主要论述满洲移民是日本的重大国策，必须下定决心彻底地实行。移民地必须配备武装力量进行保护，以家庭形式移民为主要形式。作者对"满洲移民"进行了分析和论述，充分体现了日本学者及政治家对日本政府"满洲移民"的支持态度，同时表现出日本帝国主义向中国东北大批移民是日本帝国主义侵略扩张政策的重要组成部分，是日本政府为了改变东北民族成分比例，使东北成为以大和民族为主体的"新国家"，以达到永久占据中国固有领土的阴谋计划。

前篇第一节"乘飞机去佳木斯"。作者称："佳木斯市是哈尔滨以东沿松花江沿岸的重要口岸都市之一，也是重要的物资集散地。贩卖粮食的店铺林立，是非常富裕的城市。"第二节"前往移民地永丰镇"。东北沦陷后，被日本侵略者划为日本移民的重点地区，永丰镇建立了日本开拓团本部。第四节"开拓团员建立的弥荣神社"。"弥荣"一词是神道教仪式用语，意思是"繁荣昌盛"。神社是日本特有的宗教设施，这些神社确实有移民出于朴素的民间信仰而建，但是很多还是融入了殖民地政策，难逃作为"皇国思想"宣传阵地而被利用的历史。第五节"继续扫匪"。本文作者在文中提到："1932 年 10 月 30 日被命名为第一移民的五百名武装移民进驻佳木斯。加入讨匪军，并占领永丰镇。对永丰镇周边的资源调查和农场土地测量。"从此，我们可以看出日本移民政策的实施，暴露出其侵略的本质，是通过精心策划、有步骤地对我国东北地区实施移民侵略。第九节"满洲的土匪"。作者认为土匪是对"满洲移民"的最大威胁。第十四节"建议进行密集移民"。作者认为"满洲移民"要获得成功，就必先获取土地。作者在文中提到"满洲土地和耕地同日本的土地和耕地进行对比，满洲的耕地是日本的两倍还多。未被调查的耕地会成倍增加"，并论述了密集移民的优势，"第一，不仅可以防卫土匪的骚扰，还可以缓和与当地人的关系。第二，教育、娱乐和其他的文化设施的集中建设，有很

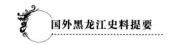
多的好处"。但文中并未提及怎样取得土地，当时日本人取得的土地绝大部分是用极其低廉的价格或其他非正常手段收买或霸占的。

后篇"满洲移民和国家政策"主要论述日本移民政策实施的重要性和必然性。第一节"日本艰难的农民问题动摇日本政治"。20 世纪 20 年代末，世界爆发了空前的经济危机，日本也同样未能逃出这场经济危机的厄运而受到了严重的打击。日本在预算中不得不消减农村救济预算，本来岌岌可危的农村情况更为严重，自第一次世界大战之后，一直处于萧条状态，地主与佃农之间的阶级对立日益激化，1930 年农民斗争的次数已达 2478 起。本书作者认为，解决国内岌岌可危农村问题最好的办法是向"满洲移民"。第二节"农村贫穷的根本原因"。作者认为："农村贫穷的根本原因并不只是农产品价格的回落，还与国土狭小资源缺乏，经常发生各种困难等有直接关系。"第三节"海外移民的现状"。作者论述日本海外现状："当时以向美国移民为主，其次是英国殖民地、朝鲜移民和其他地区移民。美国已经禁止日本移民，朝鲜移民以失败告终，最后只有满洲移民。"这充分表现了作者把"满洲"作为"主要移民目标"。作者在"结论"一节中认为"满洲移民是日本当时国策上的重大问题，必须实施的重大国策。满洲移民对于日本来说是非常容易的事情"。作者作为日本的政治家及文人夸大和鼓吹"满洲移民"政策及移民的种种好处，充分证明日本文人在日本帝国主义侵略过程中起到了帮凶作用。

日本帝国主义推行的移民政策不仅给中国人民带来了极大的痛苦，也对被输送到中国东北的普通日本劳动人民造成了伤害，日本帝国主义对中国东北土地和农业资源的掠夺，使大批的中国农民丧失了赖以生存的生活环境和土地，或流离失所，或成为"内国开拓民"，或沦为日本移民的佃户，历经苦难艰辛，饱受日本帝国主义侵略者的压榨、剥削和凌辱，对中国人民造成了极大的灾难和痛苦。

四 学术评价

综观全书，分为前篇和后篇分别论述黑龙江省佳木斯、永丰镇等移民村的现状以及移民政策是日本的重要国策，充分证明了日本帝国主义侵占中国东北以后，为巩固殖民统治，通过大量移民，在中国东北形成人口优势，增强日本在中国东北的势力，实现对中国领土的永久占领，以此夯实日本势力强大的领土范围。此书是由日本作家完成，对研究日本"满洲移民"真实性更加具有说服力。

本文作者对推动"满洲移民"的积极性贯通全书。在日本帝国主义对中国东北进行大肆移民活动之时，日本文人积极配合政府要求，对"满洲移民"和"开拓事业"极尽赞美，不仅鼓励日本国民来到"满洲"创建"第二故乡"，还大肆宣扬移民"满洲"的种种好处，以此掩盖移民开拓的侵略本质，协助日本帝国主义侵略中国东北，充分证明日本文人是帝国主义侵略者的帮凶。

第四章　成书于 20 世纪 40 ~ 80 年代 有关黑龙江的史料

第一节　《满蒙的民族与宗教》

一　作者简介

《满蒙的民族与宗教》是由赤松智城和秋叶隆合著而成。

赤松智城（1886 ~ 1960），大正与昭和时代的宗教学者。1886 年 12 月 23 日出生，出生地是日本山口县德山市，1910 年京都帝国大学文科大学哲学科毕业。赤松连城的孙子，松本文三郎为他的老师，1915 年与东京帝国大学协同创立了宗教研究所。1916 年"宗教研究"创刊。1927 年成为京城帝国大学教授文学博士，并对朝鲜、满洲、蒙古的宗教等有着广泛的研究，著作有《宗教是方法论》、《朝鲜巫俗的研究》、《满蒙的民族与宗教》（共著）。1960 年 3 月 12 日死去，享年 73 岁。

秋叶隆（1888 ~ 1954），日本文学家、文化人类学者、社会学者、文学博士，出生地日本千叶县。1914 年东京高等师范学校英语学部就读，1917 年东京外国语学校德语专业就读，1921 年东京帝国大学社会学科毕业，毕业论文是《巫俗的研究》。1924 年就任京城帝国大学预科讲师，被派遣到欧美等国进行研究，并在伦敦大学、巴黎大学留学。1926 年归国，担任法文学部助教授一职。今村鞆的《朝鲜风俗集》，成为他对朝鲜巫俗研究的框架。战后，就任九州帝国大学法文学部的讲师，1949 年在爱知大学担任文学部长一职，对渥美半岛的民俗进行研究。在帝京大学就任期间，通过实地考察对朝鲜、中国东北、蒙古的民俗研究做出了非常大的贡献。主要著作有《朝鲜巫俗的研究》（共著）、《满蒙的民族与宗教》（共著）、《朝鲜巫俗的现地研究》、《朝鲜民俗志》等。

二 写作背景

"九·一八"事变之后，中国东北辽宁、吉林、黑龙江三省沦陷达 14 年之久。日本侵略者在此期间扶植傀儡政权，一面实行惨无人道的军事统治，一面又推行封建法西斯文化专制主义。1941 年 3 月，日本占领者为扭转东北沦陷区的文学艺术"尚在水准以下之跛行状态"，使之与第二次世界大战爆发后日本帝国主义的军事侵略、经济掠夺形势相适应，精心炮制了"艺文指导要纲"。文艺只能为"实现日满一德一心、民族协和、王道乐土、道义世界为理想的天皇的圣意"而存在，许多日本作家都是为日本政府侵略而服务。本书作者为填补"满洲事变"后对满蒙民族研究的空白，编著此书。

日本学者在 20 世纪 30~40 年代对我国东北大兴安岭地区的鄂伦春族所进行的民族学调查虽然以"纯学术"研究相标榜，具有一定的学术价值，但其实质却是为日本军国主义建立和巩固殖民统治而服务的。这一结果的形成源自日本民族学遗传自欧洲人类学中殖民霸权思想的病疾，在对外侵略扩张的环境下得以恶性膨胀、畸形发育，导致日本的民族学研究迎合了军国主义发动的侵略战争。

三 主要内容

《满蒙的民族与宗教》一书于 1941 年由大阪屋号书店出版。

1932 年，当时任职于京城帝国大学，对萨满教和巫俗、民俗抱有浓厚兴趣的秋叶隆等人接受了日本外务省文化事业部的"嘱托"，在"满洲国"进行民族学调查。因此，自 1933 年到 1938 年，秋叶隆和赤松智城对大兴安岭地区的鄂伦春族、松花江下游的赫哲族及东北地区的其他民族进行了 10 次调查，共历时 160 余天。根据调查内容两人出版了《满蒙的民族与宗教》一书。

全书共分为七章，分别为第一章总论、第二章鄂伦春族、第三章赫哲族、第四章满洲族、第五章蒙古族、第六章汉民族、第七章回教徒。为方便读者自己去理解和接受该书，本书在参考图集附加大量的作者及其团队实地调查的图片资料，数量达到 100 张之多。图片资料记录真实、形象逼真，将对事物的实录生动地展现在读者面前。并且，图片资料富于纪实性和史料价值。本书第一章以总论开头，分为三节，第一节对亚洲北部民族和文化进行了介绍，第二节是对萨满教的意义和起源的描述，第三节是对满蒙宗教的系统和类型的叙述，使读者在开篇就对本书所论述的内容有一个大概的了解。与黑龙江省关联度较大的内容集中在第二章鄂伦春族、第三章赫哲族、第四章满洲族。黑龙江省自古以来就是少数民族的聚居地，黑龙江省有满、朝鲜、回、蒙古、达斡尔、锡伯、鄂伦春、赫哲、鄂温克、柯尔克孜 10 个世代久居的少数民族。本书虽未面面俱到地论述各个少数民族，但对上述章节少数民族的分布、文化、宗教信仰等进行了论述。

第二章鄂伦春族。第一节大兴安岭的鄂伦春族。在调查报告的序言部分，作者对当时鄂伦春族研究的情况进行了分析。作者认为俄罗斯人谢尔盖·米哈伊洛维奇·希罗科戈罗夫对通古斯族的研究和凌纯声的《松花江下游的赫哲族》最为优秀。对当时鄂伦春族研究的现状进行了描述，并发表了《满洲鄂伦春族的研究》《驯鹿鄂伦春族》《鄂伦春语》等文献。作者引用大量历史资料，来论述鄂伦春族的生活环境与习惯、名称来源、分布区域等。鄂伦春族自古就生息繁衍在我国东北地区，主要分布于内蒙古、黑龙江省及大小兴安岭一带，黑龙江省内主要分布于呼玛县、爱辉县、逊克县、嘉荫县、黑河市等地。自古以来从事游猎生产，并由此形成一系列该民族独特的社会制度和风俗习惯。本文作者想通过对鄂伦春族原始生活的研究，对其产生出的精神文化、物质文化的参照对象进行论述。并且，作者对鄂伦春族接触众多民族，渐渐失去原始的生活环境，今后鄂伦春族如何发展等问题提出了疑问。

第三章赫哲族。赫哲族是中国东北地区一个历史悠久的少数民族，赫哲族起源于东海女真赫哲部落，主要分布在黑龙江省同江市、饶河县、抚远县。少数人散居在桦川、依兰、富锦三县的一些村镇和佳木斯市。本书作者主要以苏苏屯的九家族、万瓦霍吞（赫哲语称为古土城址）五到六家族、富锦周围三十家族、通江及丰清的若干家族为调查对象，对赫哲族居住的自然环境、语言、捕鱼和狩猎、氏族和集团内的血缘关系、家族、生活方面的习俗、宗教及风俗等，全方面地进行了调查，史料价值较强。这次调查主要以民俗性和宗教性调查为主，以黑龙江省内松花江下游、乌苏里江一带为主要调查区域。对"满洲国"建立以后黑龙江省内赫哲族的研究具有史料参考价值。

第四章满洲族。第一节满洲族调查。"黑龙江畔的满洲族",以瑷珲城内及附近村屯为主要调查对象。"牡丹江上游的满洲族"主要以渤海国古都遗址东京城及附近村屯为调查对象。"阿城地方的满洲族"主要以阿城内为调查对象。本章主要以上三个地区的满洲族为对象,对人口统计、生活环境、风俗习惯等进行了调查。满洲族是中国北方少数民族,有悠久的历史。满族也是唯一在中国历史上两度建立过中原王朝的少数民族。满洲族由于满汉通婚、居住地迁移,许多满洲人都不会说满洲语,已经融入汉民族之中。尽管如此,作者通过调查发现还是有一部分的文化、风俗习惯被保留下来。

四　学术评价

《满蒙的民族与宗教》一书是以民族别为章节,通过调查报告形式详细、具体地对黑龙江省内的各民族进行了论述。首先,本书作者从搜集国内外各种文字的历史文献和档案入手,爬梳整理、分析研究,在充分汲取前人研究成果的基础上,对满蒙民族的族源分布、历史变迁、政治制度、社会经济、文化艺术、生活习俗、宗教信仰及重大历史事件和人物,进行了深入探讨和据实论述,并提出了自己的独到见解,不但弥补了当时满蒙民族研究的不足,且为将来该领域的深入发展奠定了基础,为研究满蒙之重要力著。其次,在本书的末尾附有参考图片和调查地图,为今后的研究者和实地调查者提供了参考资料。本书的图片史料价值非常高,都是作者亲自实地摄影所得,数量达到一百张之多。照片的真实性、数量性、史料性等都使其有一定的史料价值。再次,本书主要以黑龙江省内的少数民族为调查对象,对研究黑龙江省的民族史有一定的参考价值。

本书具有政治上的缺陷。综观日本学者对满蒙民族的研究,主要是从民族学、人类学的角度进行田野调查,侧重于民族文化事项的研究较多。早期研究成果政治倾向性较强,20 世纪 50 年代以后的成果学术性、专题性较强。本书虽未直接为"满洲国"摇旗呐喊,但在字里行间对"满洲"汉民族的排斥隐隐可见,明显为日本殖民扩张服务。

本书学术上的不足之处主要有三点:其一是该书所论及的只是黑龙江省境内的赫哲人,没有涉及同时代苏联境内的赫哲人(那乃人);其二是该书所论及的主要是 20 世纪初黑龙江省内赫哲人的各方面情况,对赫哲人早期原始古朴的传统文化尚未论及，更没有涉及对赫哲族社会文化发展规律性问题的探讨；其三是该书对鄂伦春族的调查，由于当时地理、安全的局限性，调查范围过小，终止于同江一带，扶远地区并未涉及。

第二节 《满鲜史研究》

一 作者简介

池内宏（1878～1952），日本历史学家、东洋史学家，东京帝国大学名誉教授。生于日本东京府（现东京都），他的祖父为儒学名家池内大学。早年就读于东京府庼平常初中，第一高等中学学习毕业后，入东京帝国大学文科大学史学专业（东洋史专业）学习。1904年毕业。1913年任东京帝国大学讲师，1916年任东京帝国大学副教授，1922年，凭《鲜初东北境和女真的关系》论文，获东京帝国大学文学博士，1925年任教授。1937年成为帝国学士院会员。他是中国著名历史学家黄现璠留学东京帝国大学研究院的指导教授之一，师生关系甚密。1939年，池内宏到退休年龄，辞去东京帝国大学教职，成为名誉教授。转任名古屋帝国大学教授。生平主要研究朝鲜、满洲（中国东北部）的古代和中世史。主要著有《满鲜史研究》（上世、中世、下世篇）、《高丽时代的古城址》、《文禄庆长之役》正编第一（1914）、《文禄庆长之役》别编第一（1936）、《元寇的新研究》（1931）、《日本上古史研究》（1947）、《真兴王的戊子巡境碑与新罗的东北境》、《通清》等20余册，论文有100多篇。在其浩瀚的史著中，《满鲜史研究》为主要代表。在这部巨著中他以详细的史料论述了生活在东北地区的貊、肃慎、挹娄、夫余、勿吉、靺鞨等各民族的住处、兴亡及其他有关课题。此外，还论述了朝鲜半岛历史沿革及各国的政治社会制度，为建立满鲜上世纪史的新体系奠定了基础。

本书体现了作者对"满洲"、朝鲜历史研究上的学术成就。池内宏是日本著名的历史学家和东洋史学家，自20世纪20年代起，东京帝国大学文学部东

洋史学科"三剑客"池内宏、加藤繁、和田清成为史学科领军人物。1933 年
6 月 8 日,以原田淑人、池内宏为首的日本东亚考古学会发掘队,具有侵略性
地发掘渤海上京龙泉府的宫殿遗址。此次共发掘宫殿址 6 处、寺庙殿堂址 1
处、门址 2 处、陵墓 1 座,清理了禁苑的两处亭榭址、1 处殿址及外城墙垣,
获得了大批珍贵的渤海遗物。池内宏等人对渤海国的研究,最大的成绩是考
证,探明了渤海国的五京、十五府、六十二州的位置。池内宏等日本史学家对
中国东北地方史的研究是富有成效的。他们以严密组织作保障,以实地考察为
依据,对该学科进行了系统研究,取得了不少学术成果,填补了某些理论上的
空白,为中国东北地方史学的确立和发展做出了贡献,其学术意义是远远大于
政治意义的。池内宏是日本近代"东京文献学派"的主要代表人物之一,在
开拓研究新课题以及挖掘和整理史料方面做出了重要的贡献。

二 研究背景

19 世纪末至 20 世纪 40 年代,日本掠夺中国历史文化遗产,是在日本政
府和军方的支持及纵容下进行的。从开始的个人有限的搜集窃取,到集中的大
规模的盗掘窃取,从私人窃取到日本官方支持的半公开直至公开的掠夺。我国
大量珍贵文物被盗运至日本,其数量已无法统计。中国文物流失到日本,是与
日本的侵略直接相关的。中日甲午战争后,辽东成为日军进驻占领地区。日俄
战后,日本"租借"旅大,又取得在华特权,1906 年日本在大连设立南满洲
铁道株式会社,成为日本在中国土地上建立的侵略中国的大本营。日本"满
蒙"史学者在日本政府支持或委派下相继到我国东北活动。得到"满铁"资
助和日本占领军的保护,使他们盗窃我国历史文物公开化。

本书是由南满洲铁道株式会社出版,日本南满洲铁道株式会社(简称
"满铁")的资料主要形成于 20 世纪 20 年代和 30 年代,内容涉及城市、乡村、
农村与农业、工商业、地理资源与风俗等各个领域。这些资料由设在大连的调
查部组织完成,目的无疑是为日本当时的政治、军事和经济扩张服务。满铁调
查人员队伍庞大而专业,他们有组织地对中国的城市、乡村、农业、工业、商
业、军事、资源、物产、地理、风俗等各个领域进行了或粗或细的摸底,资料
浩繁。各种资料与报告多达 6 万多种,670 万页。为了服务于日本政府对中国
的侵略,"满铁"从建立之初就不满足于修建铁路,而是打算将自己发展成在
东北进行政治、经济、军事等方面侵略活动的大本营。刚成立时,"满铁"下

设总务部、运输部、矿业部和附属地行政部四个机构，不久又成立了直属总裁的调查部。其主要目的，就是搜集一切有用的资料和情报。

三　主要内容

《满鲜史研究》（中世）第 1 册 1943 年由荻原星文馆出版。

本书以论述"满洲"事情为主，共收集了 13 篇论文。以辽、金、元朝为主，以时代为序，各篇论文在杂志和报告书上都已发表。全书分为十三章，分别为第一章关于渤海国建国者、第二章铁力考、第三章辽圣祖对女真的征讨、第四章辽圣祖对女真考和和田学士的安定国考、第五章辽代混同江考、第六章辽代春水考、第七章东夷的贼寇（日本海海盗的猖獗）、第八章金史的研究、第九章关于金朝建国前完颜姓氏称号、第十章金朝末期的满洲、第十一章关于蒲鲜万奴国号、第十二章元代地名开元的沿革、第十三章关于三万卫。

作者在本书中以当时渤海国周边国家的有关记事和后世记录为基础，以前人取得的研究成果和考古发掘资料为依据，尤其是渤海国的建国、灭亡、民族、灭亡后的移民等，全面而系统地阐述渤海国的历史。作者在第一章中对渤海国第一代建国者进行了分析，引用新唐书和旧唐书记载论述渤海国建国者记载的不同之处。对于渤海国建国者，书中提到"《旧唐书·卷一百九十九下》把众所周知的大祚荣作为渤海王国的始祖。《新唐书·卷二百一十九》中就复杂了，传说当时乞四比羽以及大祚荣的父亲乞乞仲象一起逃出营州。建立渤海王国的是乞乞仲象"。这两种最基本的史料提出两种不同的说法，引起了学者们的争论。池内宏为了解决这个矛盾，提出了一个折中说法：《新唐书·渤海传》中的乞乞仲象在后世没有另外描述，根据这一点，似乎可以推断大祚荣和乞乞仲象是同一个人，乞乞仲象是建国前在营州所用的本名，大祚荣则为建国后所改的中国式的名字。可惜这一巧妙的解释并没有有力的史料作佐证。

第二章铁力考，认为铁利族是靺鞨诸部之一，后服属渤海国。还对靺鞨古代民族进行了分析，认为其自古生息繁衍在东北地区，是满族的先祖。先世可追溯到商周时的肃慎和战国时的"挹娄"。北魏称"勿吉"，唐时写作靺鞨。并对拂涅靺鞨的住地、越喜靺鞨住地、黑水靺鞨住地分别进行了论述。靺鞨初有数十部，后逐渐发展为七大部，以粟末靺鞨和黑水靺鞨最强大。粟末首领大祚荣后又建立震国，初期震国为防备唐廷的讨伐，曾不得不依附于突厥。707 年（唐神龙三年），唐廷派侍御史张行岌招抚大祚荣，双方和解。渤海国位于朝鲜半岛北部及现时中国东北地区东部、朝鲜半岛北部以及今俄罗斯滨海边疆区。渤海上京龙泉府遗址是中国唐代渤海国都城遗址，在今黑龙江省宁安市东京城镇西约 3 公里处，当地俗称东京城。上京龙泉府两度为渤海国的都城，所以上京城文化称得上是渤海文化的核心和代表，在渤海的发展历史中具有非常重要的地位。本书通过对上京文化的深入研究，让我们对这个古老城市的文明进行解读，从而了解到中世纪东北古代民族的城市发展过程，对渤海国的文化有一个更深入的认识。同时，对黑龙江省历史及民族发展史的研究也有一定参考价值。迄今为止，对渤海国的争论颇多，中外学者在渤海国的“族属”问题上，虽论述颇多，但始终其说不一，争议甚大。大祚荣的族属问题是渤海史研究的热点和焦点，中外学界关注者较众，但迄今未有统一认识。作者认为渤海国的主体民族是靺鞨族，同中国大多数学者的观点是一样的。作者通过对各种史料的分析对渤海国的灭亡和灭亡后的移民进行了论述，渤海亡后，其中心地区几成无人之境。作者分析渤海人外迁原因有二：一是很多渤海人不愿接受契丹人统治，大批外逃；二是契丹为易于控制，强迁渤海人于他地。作者参照历史材料，以实地考察为依据对渤海国从建国到灭亡的过程进行了系统的分析。这对研究渤海国历史、黑龙江一带的民族史都有重要的参考价值。

四　学术评价

本书是池内宏的代表作品。首先，在这部巨著中他以详细的史料论述了生活在东北地区的各民族的住处、兴亡及其他有关课题，特别是对女真族的发源和沿革进行了分析。此外，还论述了渤海国的历史沿革及政治社会制度，本书是研究东北民族史的重要参考资料之一。渤海国不仅创造了灿烂的文化，而且对我国乃至东北亚史的发展产生了重要的影响，被誉为“海东盛国”。池内宏收集中外各类典籍中的渤海史料汇集在一起，实地发掘渤海国遗址，收集了大量一手资料，编辑到《满鲜史研究》一书中，此书是一部记载渤海历史的通史，史料真实性高，成为日本研究渤海历史的主要著作，具有重要的史学价值，在日本研究渤海史中具有举足轻重的地位。其次，渤海国位居中国东北地区，在政治、经济和文化交流方面都起到桥梁的作用，研究渤海国在东北亚区

域对经济、政治和文化交流所起到的作用，对研究东北亚交流史也具有重要意义。再次，日本学者研究渤海史的目的，大多数是歪曲渤海历史，为其侵略中国制造依据。也不乏某些日本学者特别是历史学家尽管是从政治需要出发，但也以比较实事求是地、比较严肃的学术态度，对东北的地方史进行了大量的考证和研究工作，取得了可观的成果。

第三节　《满洲的明天》

一　作者简介与写作背景

大河平隆光，经历不详。著书方面有《支那的真相》（大阪屋号书店，1917）、《八纮一宇》（人生创造社，1939）、《日本移民论》（龙泉书舍，2002）等。

20 世纪初到 40 年代，30 多万日本移民侵入中国东北。这不是个人行为，他们也不是为寻求生活出路，他们的使命是永久地霸占这里的土地，把它纳入日本的版图。1912 年到 1931 年"九·一八"事变期间，是日本向中国东北"试验移民时期"，其结果是"爱川村"等计划均以失败告终。日本官方组织的"农业移民"继续留在中国东北的不超过 1000 人。1936 年 5 月，日本关东军制定了所谓"满洲农业移民百万户移住计划"。大批日本农业贫民源源不断地拥入中国东北，成为"日本开拓团"。1940 年，日本帝国主义为稳定"青少年义勇队"移民，使之永远扎根于中国东北，实行"大陆新娘"政策，募集在日本、伪满洲居住的 17 岁以上至 25 岁以下的日本独身女子，进行为期 1 年的"女塾"训练，内容主要是营农和农家事务实习。1943 年，日本在中国东北设置了 12 个开拓"女塾"训练所。训练结束后，这些女青年与"义勇队开拓团"团员组成家庭，定居中国东北。滨江省开拓女子训练所即是其中之一。

作者正是在日本全面侵略我国东北的背景下完成了本书。

二　主要内容

《满洲的明天》1940 年由大日本法令出版社出版。作者在序言部分提到："满洲的秩序建设分为两个时期，第一个时期从 1905 年到 1926 年，也就是日俄战争结束，日本获得俄国在东北的所有利益。第二个时期从 1933 年到 1940

年，从支那军阀手中夺得东北的占有权。"

作者认为第一次侵占东北是失败的，原因在于："第一，指导原理不够明确；第二，指导者过于理性；第三，日本人没有相信指导者的能力。"作者对于第二次侵占东北，"充满着希望。不能隔岸观火，有问题就说出来的决心"。上述内容表达了作者对"满洲"的期盼，且毫无愧疚之感，认为"满洲"已是日本的一部分。在日本帝国主义对中国东北进行大肆移民活动之时，日本文人积极配合政府要求，对"满洲移民"和"开拓事业"极尽赞美，不仅鼓励日本国民来到"满洲"创建"第二故乡"，还大肆宣扬移民"满洲"的种种好处，以此掩盖移民开拓的侵略本质。

全书分为十章。第一章日本精神只有创造。主要鼓吹日本的神道精神。第二章关于满洲移民。第一节移民问题的研究。论述了移民问题不能归结为单纯的经济学、社会学、农政学，而应该通过民族移动来归纳。第二节移民的准备。作者的妻子在产业试验所化学专家大桥学士的帮助下，对日本人的穿戴和食物进行了分析。用实验的作品，款待了公主岭驻屯铁路守备队和骑兵联队的士兵，并把具体烹饪方法详细记载，提交军部。从上述内容可以看出，为大规模地向中国东北移民，日本做足了准备，小到食物和穿戴。还介绍了移民干部，召集在日本满洲移住协会的移民干部，先是到茨城县内原训练所进行40天的农业学习，然后作为老师到长野县满洲移民训练所进行30天的培训，然后到"满洲"赴任。

第四章"满洲移民"的真相。第三节哈尔滨满蒙开拓训练所。作者在文中论述在哈尔滨满蒙开拓训练所的具体地理位置、面积、人数、住房条件及生活。地理位置在哈尔滨郊外三里半的地方，住所只有十四五间房子，一间房子只能容纳20人左右，耕地有500多公顷。由于空气干燥，出去工作不许带着水桶，每天四点半起床，早餐前一个小时是对农业、农村经营、满洲语的学习。早上工作四个小时，下午三点到八点工作，九点半就寝。哈尔滨满蒙开拓训练所包括：满洲国立开拓指导员训练所、满洲国立基干开拓农民训练所、满洲开拓义勇队哈尔滨特别训练所、满洲开拓义勇队向导训练所。有资格入训练所者，是由日本内地开拓关系机关推荐的，青年义勇实务训练所的修业结束生，中等学校毕业以上的青年义勇队基本训练所的修业结束生，其他得到产业部大臣认可者。训练的根本方针是，以所长为中心，通过职员、训练生同心同德地认真训练，努力锻炼、陶冶身心，培养协同勤劳精神，在体会皇国精神的同时，使之体会到农业经营及理想农村建设的真谛，培养实施开拓政策的实践性人才。训练以约一年的严格的塾式生活为基调，实施其生活训练时编成中队，一中队分为三个小队，以小队为最小单位使其开始自理性质的生活，以百炼成材的原则，接受学科、武道、教练、农业实习等学习及训练。特别是五百町步的农场经营，在将来的指导员培训实力和掌握技术的基础上，使之从事彻底的农业劳动。第四节东部"北满"移住地的实况。作者到访"千振乡"，对"千振乡"的移民生活、经济、农产品进行了论述。1934年3月，日军为镇压黑龙江省桦南县土龙山农民反抗日本武装移民，血洗了12个村庄，杀害1000多人，放火烧毁房屋1000余间，制造大血案。接着，日本人就把所有的武装移民集合起来，以此地为中心，满语称为"七虎力"的17个村子，附上移民各自出身的县名，作为村名定居下来。日本武装移民在"千振乡"的"湖南营"里，建立了神社、小学、医院、服装加工厂、农事试验厂、牧场训练所、铁作坊，像生活在他们自己国家的土地上一样。第五节青少年义勇军。作者在文中提到："自1938年开始以满蒙开拓义勇军为名的北满移民是什么样子？每年三万、五万的孩子被送到东北。如果继续这样发展下去是很大的问题。""满蒙开拓青少年义勇军"移民是日本"满洲移民"政策的组成部分，同时也是日本对中国东北的侵略和掠夺的重要组成部分。日本当局以欺骗和半强制的手段，将其骗到中国东北。法西斯式残酷的军事训练、艰苦的生活环境、战争的摧残和战后的被遗弃，决定了他们悲惨的结局。

1932年起至1945年1月，日本共向东北移民8万户，计20万人，开拓团约850个；开拓青年义勇队8万人；勤劳奉仕队约5万人，在东北的日本学生从事开拓的约5000人；此外，还有1.8万名日占朝鲜的开拓民。

三 学术评价

纵览全书，作者观点完全是站在日本帝国主义一侧，为日本的"满洲移民"出谋划策、保驾护航。在日本帝国主义对中国东北进行大肆移民活动之时，日本文人积极配合政府要求，对"满洲移民"和"开拓事业"极尽赞美，不仅鼓励日本国民来到"满洲"创建"第二故乡"，还大肆宣扬移民"满洲"的种种好处。以此掩盖移民开拓的侵略本质，协助日本帝国主义侵略中国东北。这充分证明日本文人是帝国主义侵略者的帮凶。

　　文中第四章第三节哈尔滨满蒙开拓训练所、第四节东部"北满"移住地的实况、第五节青少年义勇军，主要论述黑龙江省内的"满洲移民"的现状和政策，充分证明了日本帝国主义侵占中国东北以后，向中国东北大批移民，这是日本帝国主义侵略扩张政策的重要组成部分。为巩固殖民统治，在中国东北形成人口优势，增强日本在中国东北的势力，实现中国领土的永久占领，日本通过大量移民，夯实其势力强大的领土范围。"满洲移民"给中国人民带来了深重灾难。一是致使大批中国东北农民失去了土地，背井离乡，无家可归；二是致使大批失地农民沦为日本开拓民的帮佣和佃农，受到日本开拓民的盘剥和压榨，过着极为悲惨的生活；三是日本大量移民的涌入，严重影响和扰乱了中国东北的社会和生活秩序；四是东北本已脆弱的经济遭到了严重破坏；五是日本的大部分移民是配合日本关东军镇压东北人民的帮凶和助手；六是日本开拓团是日本侵略中国的重要军事据点和补给站，为日本占领和扩大侵略提供给养和兵源。此书是由日本作家完成，其对日本"满洲移民"的研究更具有真实性，更有说服力。

第四节　《在满犹太人的经济的过去及现在》

一　作者简介

　　本书是由满铁调查部编辑出版的。满铁调查部是日本侵华机关——南满洲铁道株式会社（简称满铁）专门收集情报的调查机关。它从日俄战后到第二次世界大战结束的几十年中，在日本侵华史上起了极其重要的作用。满铁是日本于甲午中日战争和日俄战争之后在中国东北建立的侵华机构。它表面上以营利公司为名义，实质上是地地道道的侵华机关。它是由日本政府设立，经营铁路和矿山等企业，是帝国主义资本输出的基本形式和内容之一，在中国东北地区获得了高额利润。但是这种客观上的盈利不是日本设立满铁的主要目的，其主要目的是将它作为实行"大陆政策"的重要工具。1906 年 3 月设立的满铁调查部是这个侵华工具中的特务情报部门，在日本侵华过程中起了极为重要的"参谋部"作用。它的使命是把殖民统治扩展到整个东北地区、中国的蒙古地区以及全中国。

　　满铁还设立了三个与调查部有关的重要机构。一是东亚经济调查局，

1908 年设立于满铁东京分社,是日本国内唯一的对外调查机关。它名义上属于满铁分社,实质是日本政府的调查机关。它也是在满铁理事兼调查部的部长冈松参太郎的领导下,研究世界和东亚经济,同时研究满蒙经济,实际上是日本各调查机关的总汇,直接为日本政府国内外政策做顾问。它是附属在满铁内的独立机关,因日本除满铁外无特设调查机关。东亚经济调查局收集和整理了大量的经济资料,培养了研究人员,对满铁调查有指导作用。二是满洲史地调查部,1902 年 12 月于满铁东京分社设立,以精通东洋史的白鸟博士为领导,使史地学术研究为日本侵华政策服务。白鸟博士等通过实地调查出版了《满洲历史地理》1~2 卷,为日本侵占东北大造舆论。三是地质调查所,1907 年专为测量抚顺煤田和鞍山铁矿而设立,关东军于同年也设立了中央试验所,1910 年关东军将中央试验所移交给满铁,地质调查所改称地质研究所,附属于中央试验所。总之,调查部在创立时期,确立了侵华调查的使命,提供了全面侵华的大量资料,使自然科学、史地研究等为日本侵华政策服务。

通过日本在东北的人员,或中国东北地方官员对东北的物产、经济和政治状况进行全面调查,编写和刊印大量资料,反映了调查的广泛性和综合性,也说明了调查人员已经深入中国人当中搞情报。为了尽快占领北满,调查部在 1923 年 4 月特设哈尔滨事务所,除调查和研究北满与苏联远东问题外,还负责调查和研究中日苏三国关系中随时发生的事件和动向,供军事参考。对蒙古地区的实地调查,1925 年和 1926 年,调查部组织了两次大规模的蒙古调查队,深入实地刺探经济、政治和军事情报。调查和研究东北边界及边界毗连的苏联远东地区,主要为研究中日苏三国关系收集情报。翻译中文、俄文资料,特别是研究中华民国法令、中国地方官员文书和东北政局动态,为发动大规模的侵略战争做了充分的准备。

满铁调查部是日本对外侵略特别是对华侵略的情报机关。它有统一组织,有明确的调查方针和任务,窃得了大量的第一手资料,也培养了一大批侵华骨干分子,成为日本政府、关东军和满铁进行侵略和掠夺中国的智囊。它集近代殖民侵略史上情报机关和特务系统之大成,从满蒙综合调查到侵占中国东北三省,"七七"事变和侵占华北,建立所谓"大东亚共荣圈"和控制伪南京政府,直到第二次世界大战结束,在近现代侵华史上起了极为重要的作用。

二　写作背景

犹太人涉足哈尔滨地区的历史始于 19 世纪后半叶，特别是在俄国从清朝政府手中获得修建中东铁路权之后。最早抵达的犹太人大多来自俄国，其中有皮毛经销商、牧牛人、乳制品制造商、工匠，以及从俄国军队逃出来的犹太士兵。在修建中东铁路期间，沙皇政府对中俄边境地区的迅速移民和经济发展很感兴趣，鼓励俄国犹太人向满洲移居。1903 年，哈尔滨的犹太人已达 500 人。日俄战争后，犹太人开始急剧增加。大批在俄国军队服役的犹太军人以各种方式脱离所在部队，成为哈尔滨的犹太定居者。1907~1909 年，在哈尔滨定居的犹太人建起第一座犹太会堂。到 1908 年，哈尔滨的犹太人已逾 8000 人。1917 年俄国十月革命后，许多原居住在俄国和波兰等国的犹太人纷纷穿过西伯利亚来到哈尔滨及毗邻城市。哈尔滨的犹太社团更是得到了迅速的扩大。至 1920 年，移居哈尔滨的犹太人数已达 2 万人，成为中国境内最大的犹太社区。

1937 年，哈尔滨犹太社区组成以考夫曼为首的远东犹太人评议会，年底在马迭尔旅馆召开了第一次远东犹太社区会议，代表包括哈尔滨、上海、神户三地的犹太人计 700 余人，安江仙弘和樋口喜一郎任观察员。犹太人没有让日本人失望，他们通过了一项公开决议："我们宣布，我们在国家法律之下享受种族平等和公平，并将与日本和'满洲国'合作以建立亚洲新秩序。我们向我们的共同宗教信仰者要求帮助。"

30 年代中期，因日本占领当局限制和迫害犹太人，哈尔滨犹太人口已减至 5000 人。1945 年 8 月，苏联对日宣战后哈尔滨为苏军占领，犹太组织被取缔，社区领袖被押解至苏联境内集中营。加之以色列 1948 年建国鼓励犹太人回归，1950 年起，犹太人大批离去。1955 年哈尔滨的犹太人已不足 400 人。1985 年，最后一名犹太老妇人阿哥列在哈尔滨去世。

三　主要内容

《在满犹太人的经济的过去及现在》1940 年 10 月由满铁调查部编辑出版，16 开打印本，正文 139 页，封面左上角盖有"极密"字样长方竖章，首为例言，下分四章。第一章犹太人进出史的瞥见。19 世纪末，由于中东铁路的修筑，大批四海漂泊的犹太民族涌入中国东北部，找到了一个新的"避难所"，

特别是哈尔滨地区，直接促进哈尔滨经济、人口、城市规模的迅速发展，在哈尔滨步入近代城市过程中起到不容忽视的作用。第一次世界大战时期，大批俄籍犹太青年为逃避俄国的征兵而纷纷逃往中国东北地区。在此期间俄国爆发了"十月革命"，受到国内政治的影响，一部分有实力的犹太商人携带大量资本来到哈尔滨地区进行新的投资活动。第二章在满犹太人的经济现状。犹太人在"满洲"金融业、商业、贸易业、工业、煤炭业、木材业、旅馆业、印刷业、出版业、运输业、医药业等多个行业获得了成功。

第三章主要犹太人实业家及各商社的素描。犹太人在哈尔滨居住的几十年里，经济活动十分活跃，创办了众多的工贸商服企业，为哈尔滨近代工业经济的发展奠定了重要基础。犹太人创办的犹太国民银行、协和银行、远东商业银行、信济银行等是哈尔滨金融业的重要组成部分，除此之外，还有一些商会也参与金融融通。在采矿、冶金、金融、流通、宾馆、林业、面粉、制油、酿酒、制糖、烟草、建筑、印刷、出版、仓储、运输、畜牧等行业领域也取得优异成绩，并在外资金融机构首开先河。犹太人素以精于商战、善于理财而闻名于世。早在 20 世纪初，在哈尔滨的犹太人就创办犹太国民银行，参股或经营了外资银行、保险、储金会等十几家金融机构。不仅一度成为远东地区的金融中心，而且有些方面在哈尔滨是首开纪录。他们在皮毛鉴定方面具有卓越的见识，哈尔滨及东北 95% 的毛皮商都是犹太人，在这一领域，他们具有绝对的垄断优势。哈尔滨是中国最早引进西药的城市之一，犹太人对此做出了巨大贡献。当时在哈尔滨及中国东北从事西药贸易的几乎全是犹太人。在出口方面，1907 年，哈尔滨犹太人比特克诺夫斯基首次将中国产大豆销往欧洲，开创了中国大豆出口欧洲的历史先河。从此，哈尔滨大豆誉满全球。从 1894 年到 1935 年为犹太人居留哈尔滨的第一阶段，这是犹太人在哈尔滨的聚集、发展和繁荣阶段；从 1936 年到 1963 年为第二阶段，这是犹太人在哈尔滨的抉择、成熟和消退阶段。犹太人在哈尔滨人民宽广而博大的胸怀的呵护下，自由地从事政治、经济、宗教、文化、教育等各种活动，中国成为善待犹太人最好的国家，哈尔滨成为当时善待犹太人最佳的城市。

四　学术评价

综观全书，作者以日本学者的观点，论述了中国近现代历史上，在所有外来犹太人聚居地中，哈尔滨的犹太社区是形成时间最早、规模最大、完备程度最高、发挥的作用和产生的影响最大的犹太社区，是研究近现代中国犹太人社会生活形态的典型样本。

而历史遗存的概念，不仅仅是指特定历史时期的建筑遗址遗迹，还涵盖更为广泛的、特定的历史文化内容，黑龙江省档案局现存的大约 5000 份犹太人档案就是其中重要的组成部分。犹太人在哈尔滨的历史，是犹太人在近现代中国存在的不可分割的中心环节。犹太人在哈尔滨的历史遗存，是犹太人在近现代中国曲折而光辉的生存、生活、发展历史的真实缩影，是哈尔滨人民和中国人民善待犹太民族的一个历史见证。

第五节 《满洲国史（总论）》

一 作者简介

《满洲国史（总论）》的编者是日本"满洲国史编纂刊行会"。日本"满洲国史编纂刊行会"是一个庞大的团体包括会长、副会长、顾问、委员、监修、编辑等共 140 余人。本书编写人员，几乎全部是在伪满政府经济、政治、司法、军警宪特、厂矿企业、文教等部门中担任过要职的人物。其中有战后被整肃，甚至被列为战犯的人员。

二 主要内容

《满洲国史》包括总论和各论两卷，由日本第一法规出版社于 1971 年出版。本书为总论部分，汉译本由黑龙江省社会科学院历史研究所于 1990 年内部发行，步平、王希亮、李兆铭、高云山、白青文译，赵连泰总校。

本书共五编，三十五章。第一编事变前史。第一章对满蒙的地政学考察与近代民族兴亡概观、第二章中国的觉醒与满洲易帜、第三章危在旦夕的日本在满蒙的特殊权益、第四章东三省的秕政与保境安民思想、第五章解决满蒙问题的舆论动向、第六章军部特别是关东军有关解决满蒙问题的各项准备。第二编创建时期。第一章满洲事变的爆发、第二章新满蒙建设的开始、第三章政局转变与东三省的稳定、第四章建国运动的进展、第五章建国、第六章奠定国家基础、第七章加强日满关系。第三编整顿时期。第一章交通、通讯对策，第二章

基本经济政策，第三章实施帝制与皇帝访日，第四章试验移民和土地问题，第五章调整地方行政机构，第六章收买北铁，第七章日满的通货等价稳定，第八章撤销治外法权。第四编繁荣时期。第一章七·七事变与日满华关系，第二章产业开发五年计划，第三章改革行政机构、刷新协和会，第四章制定新学制、创立建国大学，第五章边境纠纷和诺门坎事件，第六章开拓政策的确立，第七章北部边疆振兴工作，第八章皇帝再度访日与创立建国神庙。第五编战时与战后。第一章大东亚战争与紧急时局对策，第二章战时经济统制，第三章国民对战争的合作及防御，第四章苏军的侵袭与战争终结，第五章对日本人的救济、遣返、扣留，第六章东京审判与沈阳审判。

本书记述了伪满洲国从建立到覆灭的全过程，对当时伪满洲国的政治、经济、文化、社会、国际关系等方面进行了深入分析。

《满洲国史（总论)》中与黑龙江地区历史相关的内容每一编均有涉及，主要有以下几方面。

（一）俄国的侵略

俄国对中国东北地区的扩张由来已久，于1600年前后来到了黑龙江地区。

其中以哈巴罗夫为队长的哥萨克武装调查队通过石勒喀河，击败黑龙江一带的满族人，1650年，占领黑龙江和松花江汇合处的要塞，在此地构筑了城塞，作为开发黑龙江的据点。

这以后，俄清两军经常交战。1685~1689年，清军多次主动进攻俄国军队，并最终取得胜利，于1689年9月签订了《尼布楚条约》。到了19世纪中叶，形式出现了变化，内忧外患的清政府被迫与俄国签订了一系列的不平等条约，俄国在黑龙江地区取得了大量利益。

1847 年，沙俄帝国尼古拉一世任命穆拉维约夫为东西伯利亚总督，开始策划占领黑龙江，对黑龙江进行探险调查。

……

这时，俄国使节普提雅廷乘机与英法联合，迫使清朝政府调整外交关系。一方面让清政府开展有利于穆拉维约夫的活动，另一方面，于 1858 年 5 月，催促召开划定边界会议。

……

另外，俄国还获得了在松花江上的航行权。1860 年（咸丰 10 年）11 月 14 日，俄国开始向满洲内部渗透。

（二）日俄战争

由于俄国的远东政策与日本的大陆政策之间的矛盾，日俄战争爆发。经过一番激烈的交战，日本最终获胜，并在中国东北地区获得巨大的权益。

因朴茨茅斯条约内容与当然是中国领土的满洲有关，所以日本为实施该条约，于 1906 年 1 月与中国缔结了《满洲善后条约》。以此确保日本由俄国继承之权益。根据其附约，为了外国人的居住和贸易，迫使清朝同意开埠通商，并使之承认改修安奉线。按协约开放的城市如下：

（盛京省）：凤凰城、辽阳、新民屯、铁岭、通江口、法库门

（吉林省）：长春、哈尔滨、宁古塔、珲春、三姓

（黑龙江省）：齐齐哈尔、海拉尔、瑷珲、满洲里

（三）"九·一八"事变

哈尔滨作为中东铁路沿线的大城市，独立于吉林省，实行东省特别区制，由张景惠任特区长官。"九·一八"事变后，中国东北地区动荡不安，多地出现亲日的地方政权，哈尔滨也不例外。

9 月 22 日，板垣大佐前往访问，邀请他参与新政权的建设。张景惠当即返回哈尔滨，9 月 27 日，组成维持会，自任会长，选任丁超、王瑞华 8 人为委员，负责维持哈尔滨周围的治安。1932 年 1 月 1 日，东省特别区发布独立宣言，表明同张学良脱离关系，并受关东军之托，怂恿黑龙江

省的马占山宣布该省独立。

马占山是当时的黑河警备司令，与进犯黑龙江地区的日军、伪军展开艰苦的斗争，由于实力悬殊，最终失败。

10月15日，张海鹏接受关东军的武器、被服补给，终于决意进兵开始北上。可是，由于龙江军在嫩江破坏了江桥，进兵未能成功，加之驻塔子城方面的屯垦军哗变，使进军中途停顿。

……

11月18日凌晨，在凛洌的严寒中第二师团发动拂晓攻击战，三间房附近的敌人败走，过午攻下昂昂溪，11月19日上午9时，师团主力开进齐齐哈尔，马占山军向海伦方向遁走。

随后关东军入侵哈尔滨，哈尔滨沦陷。

由于中东铁路的诚意和安排，使作战得以顺利进行，1月31日，长谷部旅团击溃双城的赵毅部，吉林军也进出宾县切断了丁超部的退路。2月3日，仅吉林军仍然盘踞在哈尔滨南及阿城、安达等地抵抗，由于日本攻击而逐次退却，2月5日11时，日军坦克部队进入哈尔滨，一扫4000侨民的不安情绪。2月7日，第二师团（师团长多门二郎中将）也进入哈尔滨，在城里设置师团司令部，追击逃往依兰方面的敌人。2月8日，李杜、丁超下野，北满作战告一段落。

（四）日本移民

为了解决国内日益突出的人口问题，日本政府决定向伪满洲国移民，并制订计划推进。前期移民伪满洲国的多为退伍军人，是武装移民。这些移民低价收买土地，与当地人民常常发生冲突，其中比较有名的是土龙山事件。

预定的移居地是后来被称为弥荣村的桦川县永丰镇。永丰镇在佳木斯东南13里，当时尚属治安危险地带，不可能立即迁入。一部分先遣队去现地视察，本队滞留于佳木斯，担任警戒佳木斯任务。翌年2月11日纪元节的当天，始启程前往移居地。

3 月 5 日，附近群众持枪聚集，约有兵力 700 人，部队命名为"东北自卫军"，谢自任总司令，其同伙井上挥任副总司令，选任井龙漂为副官，标榜为东北民族的自卫而战斗。附近居民受其鼓舞，陆续向土龙山集结，其势力近 3000 人。

（五）调整地方行政机构

1932 年 3 月 1 日，伪满洲国最终建立。改革省制，各省长官将置于国务总理及各部总长指挥监督之下。同时地方建制也出现了变化。

关于市，建国前有 14 个市，建国后只留下 2 个特别市（新京、哈尔滨）、3 个省长监督下的普通市（奉天、吉林、齐齐哈尔）。后来哈尔滨也改为普通市。

黑龙江省土地广阔，人口稀薄的边境地区占大部分，张作霖时代是军阀吴俊升的地盘。满洲事变当时，省政府主席万福麟不在，委托留守的马占山建国前后两次背叛，接着因苏炳文、张殿九等兵变，导致大规模战乱，省长相继变动。加上建国不久蒙受巨大水灾，原本并不富裕的农民，其疲惫程度非言语所能形容。无怪乎边疆僻地黑龙江之前途多难。

（六）边境纠纷

伪满洲国建立后，日苏两国都加强了对边境的防御，边境形势日趋紧张，双方发生许多冲突，甚至发展为大规模的冲突，如 1937 年的干岔子岛事件。

1937 年 6 月 19 日，在黑河东南方的干岔子江心上的满洲领属的金阿穆河岛及干岔子岛上，苏联军队登陆，绑架或驱逐正在进行采金作业中的满洲人，由此引起苏军舰队与一部分满军之间发生战斗。

主力部队的反攻虽已停止，但刚刚开始反攻的现地部队，不满中央部的消极态度，同月 29 日，擅自决定，炮轰江上的苏联炮艇，击沉其一艘。

（七）北边振兴

由于军事上、政治上、经济上的要求，关东军推出了北部边疆振兴计划。

1938 年 12 月 10 日，关东军制定了"关于边境方面国防建要求事项"。在其"要点"中，从（二）到（十三），列举了所需要的设施计划，但在"要点"（一）中，为"形成一元化的重点"，指定下列重点地区，要求于 1941 年末基本完成。

（一）甲方面——①牡丹江省，特别是牡丹江市及虎林、密山、东宁、穆棱各县；②黑河省，特别是黑河街及瑷珲、呼玛、孙吴、逊河、奇克各县。

日本在地方增设行政机构，加强管理。

扩充新设的东安、北安两省以及兴安北省，牡丹江、三江、黑河、间岛各省机构，采取大科主义，将有关振兴北部边疆事项作为省的行政重点。与此同时，中央地方人事大变动，总人数涉及 1000 名。

三　学术评价

《满洲国史（总论）》一书涉及伪满洲国的各个领域，搜集资料广泛，对研究国际关系史、中日关系史、中日关系史、日本帝国主义侵华史、中国东北地方史有参考作用。

但是本书全然不顾历史真相，肆意颠倒黑白，竭力为日本法西斯罪行翻案，这是要批判的。伪满洲国是日本帝国主义一手制造的傀儡政权，日本与伪满洲国是主仆关系。日本帝国主义在中国东北地区实行了残酷的殖民统治。这些事实是不能否认的。岸信介在"推荐辞"中说："日本今后的使命，仍然是在于实现亚洲的复兴和团结，这一点不会改变的。对过去在满洲的经验及其反省，将会成为完成这一使命的宝贵指南和参考。"可见，本书的本质目的是为日本军国主义招魂。

本书是日本战后发行的一部有关伪满洲国的内容丰富、部头较大、有着明显政治倾向的代表性著作。其一，本书为一手制造伪满洲国政权的日本帝国主义辩护，歌颂日本帝国主义在中国东北地区的侵略、殖民活动；其二，本书掩盖了日本帝国主义在中国东北地区殖民侵略的本质，混淆视听；其三，本书将日本帝国主义的经济掠夺说成发展经济，宣扬其对伪满洲国的"贡献"。

第六节　《满洲开发四十年史（上卷）》

一　作者简介

《满洲开发四十年史（上卷）》的编者是日本"满史会"，日本"满史会"由大藏公望、山口辰六郎、上野愿等 70 余位专家组成。

本书是原书的上卷以及下卷中的"矿业"部分。由日本谦光社出版，汉译本由东北沦陷十四年史辽宁编写组出版，王文石、周世铮、阎家仁、冯广恩、赵长碧、方牧、王桂良、丁福连、孙玉玲、李吉兆等翻译。

二　主要内容

《满洲开发四十年史》是有关中国东北地区近代经济史的重要作品，全书分上、下、补三卷，共 10 篇 261 节。上卷记述了中国东北地区的历史概况、"满铁"、交通、建设、农业；下卷记述了中国东北地区的矿业、工业、商业、贸易及金融；补卷记述了日本在中国东北地区的行政设置、"满铁"附属地、文教、卫生、文物、建筑及中国人民不屈不挠的抗日斗争。

本书共五篇，分别是序论篇、南满洲铁道株式会社篇、交通建设篇、农业篇、矿业篇。序论篇是对全书的整体把握，主要阐述了日本以现代殖民地活动方式经营满洲，回顾了 19 世纪末至 20 世纪初的远东形势以及日本的困境，记述了日本进出当时的满洲社会经济状况、日本经营满洲的实际情况及其效果、日本的满洲开发和满洲社会经济的发展、"满洲事变"和"满洲国"的经济开发等内容。南满洲铁道株式会社篇回顾了"满铁"建立前的历史、"满铁"的创立、第一次世界大战时的"满铁"、战时经济下的"满铁"、"满铁"的终结等内容。

交通建设篇主要记述了中国东北地区的铁路建设，同时也兼顾了水运、陆运、通信建设等内容。农业篇主要记载了中国东北地区的农业经济的发展、农业行政的变迁、农林牧渔产品的生产情况、农产品的流通情况等内容。矿业篇主要记载了中国东北地区的矿业发展、抚顺煤矿、满炭系统等内容。

《满洲开发四十年史（上卷）》中与黑龙江地区历史相关的内容每一编均有涉及，主要有以下几方面。

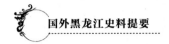

（一）人口的增加

人口增加是经济发展的一个重要表现，大量的汉族人口增加对中国东北地区的经济开发起了重要作用。开发的主要承担者是中国工人，其中大部分是农民。从 1908 年到 1930 年，黑龙江的人口有了大幅度的增加。

如果将人口增加情况分为南满和北满观察，可以看出在南满自然增加的比率较大，而北满则正好相反，多是由移民引起的人口增加。在开发较早的奉天、吉林两省，农村人口已达到饱和点，流入满洲的农民，有些是从华北直接移居到北满的，他们进入满洲后，首先在吉林、奉天两省寻找最初的立足点，然后再移居到北满各地。总之，大部分移民是在北满从事垦荒。

（二）俄华银行

根据 1896 年的中俄同盟密约，俄华银行（华俄道胜银行）拥有建设、经营东清铁路的权益。俄华银行由法国出资，依据俄国法律建立，表面上该银行是为了促进俄国和东亚各国通商，实际上它在取得东清铁路的铺设权、通信线路的设置维修等权外还得到了作为特殊业务铸造货币的利权，同时有权处理清政府的公债事务，另外关于工作人员的任免都须经过俄国财政部批准。

首先总公司设在莫斯科，分公司则设在哈尔滨。中国人的总裁首任是许景澄，在义和团破坏铁路之际他死了，从此以后这个职务一直空缺。一切实权都掌握在以副总裁为首的俄籍官员手中。同时又赋与主持分公司的铁路官员以广泛的权利。它掌管的事务在运输事务之外还有司法督察业务以及对铁路守备队的处理权，不能不使人感到它宛如一个独立王国。

（三）张学良"回收满铁计划"

张学良接管大权后，着手"回收满铁计划"，1929 年成立了东北交通委员会，并编制了《东北铁路网计划起源》。张学良认为"若不收回'满铁'，东北就不得安宁"。

然而，当今却不能马上收回，故需制定良策，要采取措施，使"满铁"陷入自行灭亡的境地。这就是"计划包围'满铁'，修筑纵贯东清铁路的东西两大干线及其支线，把它和北宁线联接在一起，在葫芦岛开一个口子，以此把'满铁'致以死地，消除对东清铁路的威胁。"这一计划很庞大，其核心有两条干线，即东大干线和西大干线，还有十八条支线，总长约 6000 公里。

东大干线：葫芦岛—奉天—海龙—吉林—海林

西大干线：葫芦岛—大虎山—通辽—洮南—齐齐哈尔—宁年—嫩江（墨尔根）—黑河

（四）铁路的发展

铁路是工业化、近代文明的标志，中国东北地区的发展离不开铁路的发展。从俄国修建东清铁路起，东北的铁路建设一直没有停止过。本书将中国东北地区的铁路发展划为四个时期：东清铁路和京奉铁路的企业及其初期经营时期，南满铁道株式会社的创建及其以后的支线建设时期，中国方面的利权收回和用本国资本及技术修建铁路的时期，"满洲国"成立以后新线路的修建和满铁会社的统一经营时期。

每个时期都有与黑龙江地区有关的铁路，这里列举几个比较有代表性的铁路。

1. 东清铁路

这条线路是原来包括以哈尔滨为起点，至西部国境的满洲里为终点的滨洲线，从哈尔滨至东部国境绥芬河的滨绥线，哈尔滨至长春的京滨线，以大连为起点，至长春为终点的连京线，及其它支线总长达 2565 公里，轨距为 5 英尺。

2. 鹤岗铁路

本铁路是以松花江岸的莲江口（佳木斯对岸）为起点，经鹤立岗，以煤矿所在地兴山终点，长约 56 公里的运煤铁路。修建当时，由于从中东铁路那里购买筑路材料和车辆，所以轨距为 5 英尺，1939 年作为国有铁路被收买委托满铁经营以后，轨距改为标准轨距。

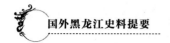

3. 齐克铁路

齐克铁路是由干线（齐齐哈尔至泰安间）和支线讷河线（宁年至拉哈间）、支线昂齐线（三间房至齐齐哈尔间）及榆树线（榆树屯至昂昂溪间）组成的。

4. 拉滨铁路

拉滨线以京图线的拉法站为起点，经新站、水曲柳、小城、五常、拉林、三棵树等城镇到达哈尔滨市滨江站（终点站），长 271.7 公里，若包括京图线小姑家站和新站相连接的连络线 9.1 公里、由三棵树站过松花江到新松浦站的滨北线连络线 6.3 公里和由三棵树站到哈尔滨码头的专用线 3.5 公里在内，总长达 287.4 公里，为"满洲国"国有铁路，是"满铁"承包修建的铁路。

5. 北黑铁路

本铁路是以北安省龙镇县城北安镇（又称滨北线终点站北安）为起点到黑河省省会大黑河（位于黑龙江江岸，又称黑河，对岸是苏联领土布拉戈维申斯克）长达 302.8 公里的满洲国有铁路。本线分北辰线及辰黑线，北辰线由北安到辰清移 136.8 公里，1933 年 6 月开工，1934 年 12 月 1 日开始营业。辰黑线由辰清到黑河 166 公里，1934 年 5 月开工，1935 年 2 月 20 日开始临时营业，同年 11 月 1 日开始正式营业。该线同滨北线相连接，经过京滨线及连京线，完成了纵贯满洲南北的一大干线。

伪满洲国成立后，东清铁路仍然在苏联的控制之下，日本出于经济、政治等的考量，与苏联交涉，最终获得路权，并在极短时间内完成改轨作业。

京滨线在运输系统上需要有与"满铁"干线的连京线（大连—长春）直通列车运行、所以立刻决定把京滨线五呎轨距改为标准轨距，经过数个月的准备工作后，从同年 8 月 3 日上午 5 时到 8 时之间一口气完成了全线约 242 公里的缩小轨距工程。即上午 5 时前将所有的宽轨车辆集中在哈尔滨方面运输，8 时后标准轨距车辆开始运行，大连—长春间的"亚细亚"号特别快车就是从这天开始往返于大连—哈尔滨之间的。

铁路建设促使沿线城市的形成和发展，原来的县城甚至村落向现代城市发展，以牡丹江为例：

> 从前它仅是中东铁路沿线一荒凉村庄，修筑图宁线（图们至牡丹江）时，"满铁"把铁路建设事务所由图们移到牡丹江，从此牡丹江繁荣起来。至修筑宁林线（牡丹江至林口）、林佳线（林口至佳木斯）以及虎林线（林口至虎头）时已成为东满一大中心地。

同时日本还积极发展松花江、黑龙江等河流的航运，并于 1939 年提出哈大公路计划，设想建设哈尔滨—大连一线的高速公路。

（五）农业的发展

日本侵入中国东北地区后，实施农业移民计划，发展当地农业。黑龙江地区盛产小麦，小麦是重要的商品作物，日本在当地进行了品种改良。

> 在哈尔滨农事试验场，以改良品质和增加产量做为目标，进行抗病性品种的培育，实行人口交配以及对绥化、呼兰、阿城、五常、安达等地从一普通品种经纯系分离，培育了"滨南"、"兰寿"、"肇安"等优良品种。

为了提升农业生产的效率，日本还对农具进行了改良。

> 其中脚踏脱粒机因为具有操作简便而效率高，能防止泥砂混入，提高谷粒质量等优点，在满洲事变前，朝鲜移民当中使用相当广泛。事变以后，更得到了广泛的普及，就在满人农家当中也已开始使用。其使用地区，在营口、奉天、铁岭、吉林、开原、新京、哈尔滨、齐齐哈尔、通辽等，主要在日本人及朝鲜人的移民也使用。另外，喷雾器等也分别在局部地区普及使用。

（六）矿业的开发

中国东北地区拥有大量矿产资源，日本在占领期间进行了疯狂的掠夺性开采，其中以抚顺煤矿最具代表。在黑龙江密山有多个煤矿被开采，其中包括密山清道采煤所、密山炭矿城子河采煤所、密山炭矿衡山采煤所、密山鸡西采煤所等。

三　学术评价

《满洲开发四十年史（上卷）》一书涉及伪满洲国的经济领域的方方面面，史料丰富，对研究中国近代史、日本殖民史、东北经济史等有参考作用。书中运用大量数据资料佐证观点，另附有《满洲关系主要统计文献目录》《总索引》《重要事件年表》等珍贵资料，方便进一步学习、研究。

但是本书仍然有不少错误观点，有美化日本帝国主义侵略中国东北地区事实的倾向，宣扬殖民主义，这些应当加以批判。

第七节　《满洲开发四十年史（下卷）》

一　作者简介

《满洲开发四十年史（下卷）》的编者是日本"满史会"，日本"满史会"的成员有大藏公望、山口辰六郎、上野愿等人。

由日本谦光社出版，汉译本由东北沦陷十四年史辽宁编写组出版，王文石、周世铮、阎家仁、冯广恩、赵长碧、方牧、王桂良、丁福连、孙玉玲、李吉兆等翻译。

二　主要内容

《满洲开发四十年史》是有关中国东北地区近代经济史的重要作品，全书分上、下、补三卷，共10篇261节。

本书是原书下卷中除"矿业"以外的部分以及补卷。主要记述了中国东北地区的工业、商业、贸易及金融；补卷记述了日本在中国东北地区的行政设置、"满铁"附属地、文教、卫生、文物、建筑及中国人民不屈不挠的抗日斗争。

本书包含下卷的四篇（工业篇、商业篇、贸易篇、金融篇）以及补卷。工业篇首先总结满洲工业发展的特征，接着记叙了满洲轻工业的发展，最后回顾了满洲的制铁业、机械工业、电力工业以及化学工业的发展。商业篇主要记叙了满洲流通机构的特点、国内市场与地方市场、满洲物价的演变、日本商业资本进入的经过、商业系统的各类组织。贸易篇根据时间展开，分别记叙了日俄战争以前、从满铁经营开始到满洲事变、从"满洲国"成立到灭亡期间的贸易情况。金融篇主要记述了关于"满洲国"的金融结构和政策的概要、旧东三省的通货与金融、关东州、满洲沿线的通货、汇兑金融机关、满洲事变后币制的统一与金融机构的整顿、日满通货集团的成立、特产金融和农村融资以及通货膨胀的进展。补卷主要记述了满洲的日本行政，满铁铁道附属地，教育制度及对中国人教育机构，文化关系事业——图书馆、新闻、出版概况，卫生设施与福利保健事业，满洲移民和反满抗日，满洲的建筑沿革以及附录（满铁调查研究年表概要、重要事项年表）。

《满洲开发四十年史（下卷）》中与黑龙江地区历史相关的内容每一编均有涉及，主要有以下几方面。

（一）中东铁路

三国干涉还辽后，沙俄加紧了对中国东北地区的渗透，投资巨额资金修筑中东铁路，由于参加铁路建设工程聚集了庞大的人口，围绕着铁路沿线出现了大量中国移民以及俄国军队，为补充这种庞大需求，在中东铁路沿线出现的村镇，开始移植俄国资本的现代工业。

　　　　由于集中在这里的军队需求庞大，因此大批商人和事业家，从俄国涌入，另一方面大量的中国商人和工人也蜂拥而至，于是哈尔滨便成为俄国军队的主要后方根据地。所有兵站机关都集中于此。单轨的西伯利亚铁路不得不运送 100 万军队的必需品。但却仅能运送援兵，武器和一部分服装等等，其它必需品就不得不在当地筹划，因此，兵站只得从当地寻求大量的粮米和被服，这种庞大的需求和法外的商价使铁路各站的工业企业都肥起来。自不待言，哈尔滨及其近郊，就成了这些工业的集中地。即从 1904 年的五年间，在哈尔滨出现了使用新式蒸气机的面粉厂，酿酒厂（用小麦和葡萄为原料）、酒精厂、肥皂厂、皮革厂、玻璃厂和通心粉及糕点厂、农具厂、铁路和机械工厂、锻造工厂和服装厂等等。

（二）食品工业

中国东北地区盛产小麦，但磨坊落后，产量一直不高。俄国人的进入使得对面粉有了新的需求，出现了由俄国一资本经营的现代的工厂，它们以俄国军队和住在当地俄国人的需求为对象。

> 1900 年经俄国人之手在哈尔滨建设了第一满洲制粉公司（日生产能力为82000斤）为起点，1902 年在哈尔滨又以东铁资本建一工厂和在哈尔滨傅家店设立了卡瓦里斯基制粉所，接着在 1903 年哈尔滨设立三家工厂，在宽城子设一个工厂，一面坡设一个工厂，1904 年至 1905 年又在哈尔滨设立了好几个工厂。

日据时期，日本有计划地发展面粉生产，为了摆脱低开工率的不利情况，出现了以日满制粉为代表的公司。

> 日满制粉的精白，开始经营精粉、豆酱、酱油、糖果、点心等副业。当时最大的制粉会社，拥有特设机械农场的日满制粉，在哈尔滨有 5 个工厂，在绥化、海伦、佳木斯、齐齐哈尔、海拉尔、锦州、安达等地也有工厂，日产能力为万桶。1940 年的生产能力为 500 万桶（开工率50%）。此外康德制粉，以满洲日本制粉的子会社的名义，在牡丹江、哈尔滨、新京、四平、铁岭设有工厂，它是仅次于日满制粉的有力会社。

随着水压式榨油机的发明，油房业迅速发展。满铁大力扶持相关技术的研发，并在中国东北地区设立大量油房。

> 哈尔滨、营口、安东、大连等普及了水压式的中、小型工厂形成垄断输出中心型等等……油房业围绕世界大战后的繁荣。并以此为契机形成的油房的中心地、由于满铁、东铁的对抗，从营口等南满各城市向大连、哈尔滨两地区集中，同时由于滥购设备致使设备过剩。

（三）供电事业

伪满洲国成立后，为了适应日本建设具有高度国防实力的国家的需要，从

1937 年开始实行了第一个产业开发五年计划。随着重化学工业规模空前的发展计划以及安定民生、开垦、振兴经济等重要政策的制定，电力的扩充更加紧迫了。

> 计划的重点，是新建阜新、北票、奉天、东边道、舒兰、鹤岗、三道沟、密山等大型火力发电厂，增设大连、抚顺、鞍山、本溪湖、西安（现在辽源——编者注）、牡丹江的火力发电设备，新建鸭绿江水丰、松花江大丰满、镜泊湖等水电站。
>
> 作为地方机构在大连、奉天、锦州、新京、哈尔滨、齐齐哈尔、东满等地设分社，管辖各该地区的小城市，并在安东、通化设分店，在南满、中满设送电事务所。另外在大连地区、南满地区（奉天）、中满地区（新京）、滨江地区（哈尔滨）、西满地区（齐齐哈尔）、东满地区（牡丹江）也分别设置了防卫动员本部，充分表明战局的紧迫。当时该社从业人员，估计约有 1.6 万人（包括工人）。

镜泊湖水力发电所距离牡丹江市 120 公里，1942 年 6 月开始发电，输电范围包括间岛和牡丹江两省。

> 在镜泊湖由于挖掘了一条 3 公里的隧道，所以得到了 50 米以上的落差。镜泊湖发电所有 18000 千瓦的发电机 2 台。到间岛省的 10 万伏特输电线路完成了。作为该计划与众不同的地方首先是以材料的节约为重点，采用了三菱制造的伞型发电机。这种发电机在东洋是最早的一种。由于相当于 1000 伏特电力的单价非常便宜，所以发电所的总工程费用约为 2000 万日元，仅占当时在日本建设的同类工程费用的三分之一以下，另外，为了保持吊水楼瀑布，在瀑布的上游修筑了一条长 1600 米、高 1.5 米加固河床的堤堰。

（四）商业活动

中国的商业种类按职能大致划分为零售业和批发业，中国东北地区同样遵循着这一规律，哈尔滨地区的商业活动有着自己的特点。

> 据哈尔滨商工公会调查，在此地区的土著资本企业种类，有生产资料

生产业种 16 家、消费资料生产业种 78 家、流通关系 59 家、包括金融业在内的特殊业种 18 家。关于地方上流通关系业种的细目，将在后章详述，大体说来，最多的是日用杂货商，粮栈和粮店次之。农民为了换取生活必需品，必须出售其特产品，这个时期差不多也正是特产品运出时期，通常，地方杂费铺每年从 9 月到 12 月的销售额中，都占全年销量的 70% 而且杂货铺等商贩，在春耕或青黄不接时期，以秋收作物担保赊销商品或放债，当然利息很高。

县城不同于城市，它是拥有收集特产品、分配农村必需品以及金融等各种经济机构的主要地方市场。

始建于满清初期的北满齐齐哈尔、墨尔根（嫩江）、海拉尔、呼兰、宁古塔（依兰）等地，开端是清朝为了对俄防卫和招致军用手工业者，类似的聚点，还有很多起源于沿官道而设的驿站、台站的城市。但其中北满的大多数县城，都是在清朝中叶以后，汉农由中国本土流入，在官庄、庄园、旗地及一般民地上屯垦产生小部落，以后有商业和高利贷资本进入，使其逐渐变成小市场，进而发展为小城市。在这期间，设立了协领衙门和县厅等机关，作为统治地方残征税的中心地区，民国革命以后又置设治局等机构，从而名实都成为县城了。

除本土商外，中国东北地区有着大量外商，他们主要来自日本、俄国、英国、美国、德国、法国等国，主要是经营销售石油、砂糖、烟草、机器工具、特产交易、进口商品杂货以及轮船公司、保险公司代办处、银行等业务。

这些外国商人商行，在贸易上都占有很大的比重，尤其从事经销石油、砂糖、烟草等物的德、英、美等外国商行更占有绝对优势。他们的主要活动阵地是大连、奉天和哈尔滨等大城市，在这三大城市中，哈尔滨是最大的经商根据地。

1. 计量制度

哈尔滨及中东沿线地方：这些地方一般都使用俄式计量，以普特

（译注：1 普特等于 16.38 公斤）为大豆、小麦等粮食的交易单位，这做法与关东州及满铁沿线相同，在要求粮食公正交易与出口结合这方面贡献很大。但在另一方面，难于同满洲内部进行经济联系，这也是实情。

2. 货币与银行

哈大洋（哈尔滨大洋票）

俄国鼎盛时期，哈尔滨及中东线流通俄币卢布。1917 年 10 月，乘苏联革命之机，中国方面掌握了哈尔滨的实权，废止了旧沙俄的货币，代替它的是日本的鲜银券和金票。1919 年，中国、交通两行的哈尔滨分行发行了以大银为本位的哈尔滨大洋票。东三省当局并发出保证兑换的指示，海关开始接纳，同时中东铁路也受理银元和纸币，其流通范围逐渐扩大。1920 年 10 月奉天方面提议在哈尔滨设立东三省银行，给予限定在北满的发券权。在此前后的广信公司及以后的边业银行虽也获得了发行权，但其中以张作霖为后台东三省银行势力最强。第一、二次奉直战争、张郭战争、张作霖进入关内等一系列政治上的变动，带来了省财政的膨胀和张政权的扩充军备，其结果是滥发哈大洋票，使白银和纸币之间产生了差距。

黑龙江省官银号

黑龙江省在 1904 年有程德全都统设立的半官半民的广信公司及 1908 年巡抚周氏设立的黑龙江官银号二个官立金融机关，除发行纸币外，还兼营粮谷的贩卖及运输等业务。广信公司的实力较强，当局于 1919 年将两行合并称为黑龙江广信公司，后来改组，将名称改为黑龙江省官银号，增资到现大洋 2000 万元。广信公司设立以来发行官帖，黑龙江大洋票、哈大洋票四厘债券等。

（五）教育情况

另外，黑龙江省，1928 年度，小学校 2575 所，中学校 10 所，师范学校 5 所，实业学校 3 所，乙种商业若干所，除少数之外，都缺乏经费，设

备不足，教学内容极不完善。

关于中东铁路的有关学校，中国于 1927 年收回教育权取得成功，中东铁路经营的学校，小学校 24 所，中学 11 所，职业学校 4 所，学生共 1.2625 万名，在哈尔滨有俄华工科大学（1902 年设立，1928 年改为工业大学）、哈尔滨法科学院、商业东洋学院、师范学院等高等学校。

（六）反满抗日

日本大量的农业移民进入中国东北地区，由于这些人侵占土地，与当地农民常常发生冲突。

大同 3 年 1 月从哈市出发的第十师团特别工作班第二班，到达桦川县佳木斯开始工作。2 月 5 日在佳木斯召开桦川、勃利、依兰三县收买土地的联合会议，满洲国方面，参加会议的有三县县长，参事官以下县公署要人及县里的士绅，会上由军部方面说明了有关这次商租的具体问题。近来在现地的土地收买班，因当初予定的内容有出入，因为不仅仅商租商地，就是对熟地以及富锦、宝清等部分土地也进行商租，所以满洲国方面，中央与县当局，同军部联系交涉，努力掌握真情。

工作班于 2 月中旬，转移依兰县，开始收集地照，进行整理以及办理委任状其他附带的事务。然而，3 月 10 日在依兰县土龙山发生六三联队队长战死的不祥事件，继而附近的农民举行起义，征地一时陷于不可收拾的状况，商租问题也受到了挫折。然而，利用皇军威力，镇压暴动的农民，匪首谢文东朝饶河方面逃走，与此同时，依兰一带归于平稳，3 月下旬勃利、依兰现地工作渐渐告一段落，工作班转移到佳木斯。

三 学术评价

《满洲开发四十年史（下卷）》囊括了伪满洲国的社会各个方面，内容翔实，有着丰富的实例佐证观点。有关黑龙江的史料十分珍贵，除了中东铁路、反满抗日等的史料外，还有经济领域的史料，有很高的参考价值。

但本书仍存在许多错误认识，一定程度上美化了日本帝国主义的侵略行径，读者在阅读、学习、引用时应该特别注意。

第八节　《满洲事变：政策的形成过程》

一　作者简介

绪方贞子，日本著名的国际政治学者，1927 年出生于日本东京府东京市。1951 年毕业于日本圣心女子大学英文专业，1963 年获得美国加州大学伯克利分校政治学博士学位，1968 年起历任日本国驻联合国代表团顾问代表、日本国驻联合国代表团公使、日本国驻联合国代表团特命全权公使，1980~1988 年任日本上智大学国际关系研究所教授（其间兼任妇女问题策划推进会委员、联合国人权委员会日本代表、联合国人道问题独立委员会委员），1991~2000 年担任联合国难民事务高级专员，2003~2012 年任日本国际协力机构理事长。

绪方贞子多年来一直活跃于国际外交场合。其主要作品有《满洲事变与政策的形成过程》（原书房，1966）、《日本国际组织研究》（综合研究开发机构，1982）、《战后日中·美中关系》（东京大学出版会，1992）、《我的工作——联合国难民事务高级专员的十年和和平的构筑》（草思社，2002）、《为了没有难民的世界》（岩波书店，1996）、《纷争和难民——绪方贞子的回忆》（集英社，2006）等。

本书是绪方贞子在美国加州大学伯克利分校时提交的博士论文，1964 年出版了英文版，1966 年出版了日文版，作者学习美国的国际关系和政治学手法并以之对关东军参谋片仓衷写的《满洲事变机密政略日志》进行实证性的历史研究。长期以来，本书在欧美学界被誉为研究 20 世纪 30 年代日本军部是如何挑起事端，制造满洲事变，走向侵略中国之路的史学名著。本书的汉译本由社会科学文献出版社于 2015 年出版，根据《满洲事变：政策的形成过程》岩波现代文库 2011 年版译出，李佩翻译，福连成校对，李廷江监修。

二　主要内容

本书共三部，十章。第一部背景，包括第一章日本在满权益的维护和扩大、第二章国内危机与革新运动的发展、第三章关东军及在满日本人的满洲问题解决方案；第二部事变的展开，包括第四章沈阳事变与战事的扩大、第五章关东军满蒙问题解决方案的变化、第六章关东军独立与"十月事件"、第七章

夺取北满的争论、第八章关东军与"满洲国的独立";第三部,包括第九章满洲事变与政党政治的终结、第十章满洲事变与外交政策的转变。

《满洲事变:政策的形成过程》中与黑龙江地区历史相关的内容主要集中在第四章至第七章,主要有以下几方面。

（一）沈阳事变后的军事行动

沈阳事变（"九·一八"事变）后,关东军于9月20日就如何应对陆军高层禁止扩大军事行动的命令做出重大决定。关东军有两个选择:一是服从命令,放弃进一步扩大战果;二是进军吉林、哈尔滨,乃至整个中国东北地区。

> 关东军依次占领了南满各地,但哈尔滨传来了形势紧张的消息。中方认为,哈尔滨爆炸等事件都是日军为开展军事行动而故意制造的借口,而驻哈尔滨总领事大桥忠一则担心当地日侨的安全,反复要求派遣军队。关东军一方面通过进驻哈尔滨的甘粕正彦秘密在哈尔滨市内挑起骚乱;另一方面向陆军高层提出,为保护四千日侨和日本在北满的经济据点,应允许其向北满派兵。对此,参谋总长发出训令:"实施新行动,须待中央之指示。"陆相也传达了政府的基本方针——"为阻止事件之扩大,不得进军宽城子以北",不得将管理范围扩大到南满洲铁路以外。此外,为了向关东军直接传达陆相的不扩大方针,陆军省兵务科科长安藤利吉奉命乘机飞赴沈阳。

> 大桥总领事和关东军首脑抗议上述决定,再次恳请出兵,但是参谋总长于九月二十四日下达了"即使事态发生突变也不能出兵"的训令,陆相向关东军传达:"首相已上奏天皇,无须在哈尔滨保护当地侨民,如有必要可撤回侨民,不允派兵。"

（二）嫩江博弈

沈阳事变后,中国东北地区的政治组织已经发生了很大的变化,各地纷纷建立起亲日政权,只有黑龙江省的情况十分复杂。

> 受关东军拉拢的洮辽镇守使张海鹏于十月一日自称"边境保安司令",宣布与张学良断绝关系,并图谋进军黑龙江省。张海鹏的军队从关东军处获得了步枪和被服,沿着洮昂线北上,直指齐齐哈尔。马占山担任

总指挥官的黑龙江省军队一举烧毁了嫩江铁路桥，阻断了张海鹏继续北上之路，两军在嫩江两岸形成对峙局面。关东军虽然不能公开援助张海鹏，但以洮昂线属于日本的利权铁路为由，命令马占山部队修复铁路。关东军和马占山之间的交涉并不顺利，从十月二十日左右到十一月初，嫩江沿岸的局势一直剑拔弩张。

对关东军而言，嫩江铁路桥问题是经营北满的一个契机，是一次重要作战。关东军不顾陆军高层的反对，不改初衷，试图建立一个包括北满在内的"新独立国家"，总是不失时机地向中央阐述其立场，即关东军"绝不允许苏俄趁北满空虚而入侵"，"不同意将南北分离之议或顺应形势作为我军之根本方针"。十月十日，板垣偶然从一位正在满洲采访的《国民新闻》记者那里得到了一个情报："政府通过广田大使与苏联达成默契，禁止关东军进兵松花江、洮儿河以北之线"。

（三）江桥战役

由于参谋总长的命令，关东军无法向哈尔滨出兵，但他们仍一直在寻找向黑龙江省地区进军的借口。

关东军最终找到了出兵理由。他们借口北满的货物向外运输时受阻，为保护满铁利益不受侵害而出兵。关东军于十一月二日向马占山及张海鹏发出最后通牒，要求他们各自退到离桥头十公里处以便日方修复铁桥。此外还通告，对于任何妨碍日方行动之人，日军将直接进行军事打击。

十一月四日，派去修复嫩江铁桥的关东军和马占山终于爆发了武装冲突，战斗持续了两天。关东军司令官向参谋总长及陆军大臣报告，称歼灭黑龙江省军队的时机到来了。其来电称："恳请相信卑职及关东军将士之微衷，为对黑龙江省军队作战，请授便宜行事之权。特此请示。"但是，关东军司令官的这一要求被拒绝了。此后，关东军虽成功地占领了大兴附近地区，并为桥梁的修复作业提供了掩护，但参谋总长不允许关东军继续追击马占山。随后，林少佐和马占山的会谈持续了数日。

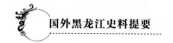

（四）关于占领齐齐哈尔的争论

据称，马占山集结了大约 2 万人的军队，同时要求丁超的部队出动，摆出了一副随时准备决战的姿态。但是，这一有关黑龙江省方面的情报经关东军之手后被故意夸大了。

陆相和首相就北满经营达成了谅解，"即使不得已越过中东铁路进至齐齐哈尔，倘若该地敌军已降服，则毋庸占领齐齐哈尔，立即撤回至关东军据点"。也就是说，双方商定的结果是，根据作战需要，关东军可以进至齐齐哈尔，但在政策上，完全无意"占领齐齐哈尔或与俄国发生冲突"。

此后，为重组黑龙江省政府，关东军倾全力在政治方面展开活动。……关东军为张景惠提供了资金，并接受了他的建议，即为得到黑龙江省实力人物马占山的协助，许诺在未来新政府内给马占山安排一个重要的位置。……张景惠于昭和七年（1932）一月一日，在未获马占山正式支持的情况下，宣布黑龙江省政府脱离中国"独立"。

三　学术评价

《满洲事变：政策的形成过程》是研究满洲事变的重要作品。作者通过对关东军高级参谋片仓衷保留下的史料挖掘，分析日本外交政策的一系列重要细节，理清关东军、军部和日本政府三者的关系。同时本书剖析了导致日本走向战争的互为表里的众多因素，以多维视角从本质上认识日本帝国主义，是战后日本知识分子反省战争责任的产物。

第九节　《日本外交史》

一　作者简介

主编信夫清三郎（1909～1992），日本政治史、外交史专家，名古屋大学名誉教授。主要著作有《日清战争》（1934）、《近代日本产业史序说》（1942）、《近代日本外交史》（1942）、《大正政治史》（四册，1951～1952）、《大正德谟克拉西史》（三册，1954～1959）、《安保斗争史》（1961）、《战后日本政治史》（四册，1965～1967）等。《日清战争》一书在第二次世界大战期间曾被日本统治者列为禁书。其他编者如：中山冶一著有《日俄战争以后》（1957）等书，藤村道生著有《山县有明》（1961）、《日清战争》（1973）等书，在日本学术界也颇知名。本书 1980 年由商务印书馆出版。

二 主要内容

这本书运用大量资料，比较客观而系统地论述了 1853 年至 1972 年（起自日本被迫"开国"，止于日中恢复邦交）的日本外交活动，着重分析日本统治集团的外交政策，批判了日本军国主义的对外侵略。作者认为，战前日本一直存在以军部和外务省为代表各自为政的双重外交体制，这一论点在日本学术界是有争议的。原书第 183 页说：1895 年的《马关条约》确定了日本对琉球群岛，从而也确定了对钓鱼岛（即所谓"尖阁列岛"）的领有权，这与史实不符。《马关条约》并未涉及琉球，钓鱼岛也不是琉球群岛的一部分，而是我国台湾省的一部分。

本书中有大量涉及黑龙江的内容，具体如下。

（1）日本进行日清战争（甲午中日战争）的目的在于割断清朝和朝鲜的藩属关系，其战略倾向于将朝鲜作为自己的粮仓。由于俄国同中国东北的地缘关系，俄国更倾向于在"瓜分中国"中获取在东北的利益。于是从 1895 年开始，俄国则采取积极的侵略东亚的政策，"朝鲜半岛和满洲此时就成了俄国政策的焦点"。由于两国的利益重叠，日俄两国在后来达成了"满韩交换"协定。

（2）1897 年 11 月 14 日德国占领胶州湾，利益相关者各自打着如意算盘：英国想以此牵制俄国在中国的优势；俄国想联合英国结成反德联盟；而英德则想促成英德对清政府的联合贷款。反德联盟没有成功，英德的联合贷款在不久后得到清政府的同意，"俄国政府看到英德贷款成立，立即于 1898 年 3 月 3 日，向清政府要求租借旅顺和大连，并于 3 月 27 日取得了旅顺、大连的二十五年租借权和南满铁路铺设权"。之后，德英法也互不相让相继取得租借权和不同地方的铁路铺设权，也就是在 1898 年春"列强已开始瓜分中国了"。

（3）随着侵略范围的扩大，列强在中国的势力范围逐渐明了；英德两国在利益划分达成协议后，英国就获得了在扬子江沿岸的势力范围。俄国由此感到英国资本北进的威胁，为避免独吞"满洲"地区的利益，俄国促成英俄两国的谅解及备忘录："俄国外交大臣穆拉维约夫对英国资本的北进感到威胁，于 1899 年 2 月，再次与英国进行谈判，经过两个月的交涉，于 4 月 28 日达成谅解，亦即交换了所谓《斯科特——穆拉维约夫协定》的备忘录。通过这一协定，俄国承认扬子江流域为英国修建铁路的势力范围，英国则承认满洲为俄国修建铁路的势力范围。"

（4）在义和团运动愈演愈烈甚至波及南满之时，俄国在满洲地区的利益受到威胁，于是俄国派兵镇压满洲的义和团并由此占领了整个满洲："1900 年 6 月上旬以后，由义和团引起的骚乱已波及南满。7 月 4 日，发生了奉天附近中东铁路被破坏和北满铁路警卫及职员被杀害的事件。面对这些情况，俄国政府于 7 月 9 日，命令东西伯利亚军开往满洲。7 月末至 3 月初，俄军占领了珲春、哈尔滨、海拉尔、牡丹江和瑷珲等地。9 月 2 日，俄军把清军赶出了整个中东铁路沿线地区，9 月 23 日占领吉林省会，从而完全占领了北满。9 月末至 10 月初，辽阳、奉天、铁岭等地均已陷入俄军之手，俄军由此大体上占领了整个满洲。"

（5）"俄国自 1900 年秋以后继续占领着满洲。在整个 1901 年中，俄国为了以撤兵为交换条件而取得各种特殊权益，与中国反复进行了交涉。对此，中国在各国，特别是日本及英国的幕后支持下，一直勉强拒绝了俄国的强求。"这其中日英同盟的建立，对正在进行的中俄交涉在侧面起到了有效作用："于是，1902 年 4 月 8 日，如此强横的俄国也终于签订了《满洲撤兵协定》。条约的第一条规定，俄国'允许在东三省各地归复中国权势，并将该地方一如俄军未经占据以前，仍归中国版图及中国官治理'。第二条分别规定：（1）六个月以内撤退盛京省西南段至辽河所驻俄军，并交还铁路；（2）再过六个月，撤退盛京省其余各地和吉林省所驻俄军；（3）又再过六个月，撤退黑龙江省所驻俄军。"但是，俄国政府并未按照俄清条约规定完成第二次撤军，反而在 1903 年 4 月 18 日以强硬的态度提出了"七条要求"，这意味着俄国远东政策中的"和平渗透"路线转变为"武力压服"路线了。发生这种转变的重大原因是俄国内部势力的更替，其表现在于 1903 年 8 月 13 日远东总督府的设立，"远东总督府是统辖关东和阿穆尔州的军政兼摄的统治机构。设置这一机构之所以对远东国际政治具有重大关系，是因为从此俄国对华、对韩、对日的外交指导权都交给远东总督阿列克塞耶夫（Alekseev, E. I.）了"。

（6）由于在满韩问题上不可调节的利益，1904 年 2 月上旬日俄战争爆发，

2 月 10 日日本正式宣战。日俄战争一直持续到 1905 年 9 月,这场战争也是以日俄作为前哨的帝国主义列强两大营垒的冲突;也正由于此,在奉天会战后日本已认识到不能完全围歼全部俄国军队且俄国面临内部革命风潮时,战争的调停似乎更有益于日本提出益己条件。美国成为日俄战争的调停者。日本和谈的"绝对必要条件是:(1)由日本决定韩国的处理;(2)日俄两国军队撤离满洲;(3)俄国将辽东半岛租借权及哈尔滨至旅顺间的铁路转让日本"。和谈地点定在朴茨茅斯,日俄两国在美国从中交涉努力下签署《日俄和平条约》及附属条款。

(7)日本政府采取强硬推进攫取满洲利益的政策遭到了各国的不满和反击,其中尤以美国为最。其表现在于美国提出"诺克斯的满洲铁路中立化方案",即:"当时在满洲,东三省总督锡良正计划铺设从锦州经齐齐哈尔至瑷珲的纵贯南北的铁路(锦瑷铁路)。听到这个消息的美国前奉天总领事司戴德便和与这一计划有关的英国保龄公司进行交涉,在 1909 年 10 月 2 日,两者一起与锡良签署了《锦瑷铁路借款合同草案》。美国国务院接到关于签订这个合同的报告后,国务卿诺克斯就想要利用这个合同草案做为发言的依据,把满洲各铁路置于国际管理之下,以推翻日本和俄国在满洲的优势地位。这就是诺克斯的满洲铁路中立化方案。"但是该方案并未被列强接纳,反而徒然起了促进日俄接近的作用。然而"1909 年 8 月至 9 月,日本强行推进满洲政策,对此后日美俄关系的发展,起了决定性的重大作用。元老伊藤博文担心由于日本强行推进满洲政策,日俄关系是否会恶化?并担心这样作是否会使美俄两国接近?他想通过加强与俄国的联合来改变对外政策。(中略)伊藤决定与俄国财政大臣科科弗采夫进行会谈,为此于 1909 年 10 月 26 日前往哈尔滨。但在哈尔滨车站遭到朝鲜人安重根狙击而死去"。

(8)"大战爆发后不久,1914 年 8 月 7 日,参谋本部的第二部部长福田雅太郎少将,向外务省提出了以满蒙自治论为中心的意见书《日华协约要领》。24 日,陆军次官大岛健一建议以归还胶州湾为交换条件,吞并满蒙。(中略)日置益公使在前往中国赴任之时,也曾到加藤外相那里'亲聆训令之精神',并于 8 月 26 日提出了对华政策的计划。他提出,以归还预定要占领的胶州湾和驱逐在日本的中国革命家为交换条件,希望实现以下要求:(1)延长关东州的租借权为九十九年;(2)今后九十九年内中国不行使对满铁和安奉铁路的收买权;(3)由日本推行南满洲及东部内蒙古的军事和行政改革;(4)对上述地区内日本人的居住及营业提供自由与方便。"上述要求在加藤归纳的"五号二十一条"之"第二号关于南满洲及东部内蒙古"中得到体现："(1) 旅顺和大连之租借权，以及满铁和安奉铁路之赎回权均延长为九十九年。(2) 取得为农耕及商工业所用之土地所有权和租借权。(3) 居住、往来及商工业之自由。(4) 提供矿山采掘权。(5) 对其他国家提供铁路铺设权以及为扩建铁路向其他国家借用资金，均须经日本事前同意。(6) 聘用政治财政军事顾问，须事前（与日本）商议。(7) 吉长铁路之经营管理权在九十九年间委托（日本）。"

(9)"由于日本加入《伦敦宣言》一度陷于停顿状态的日俄同盟问题，由于1916年1月俄国大公米海洛维奇访日而进入了新阶段。（中略）大公的随员远东司长卡查科夫会见了石井外相，说明大公访日的目的，要求日俄靠拢。石井外相考虑了要阻止苦战中的俄国与德国单独媾和，并利用俄国的困境，扩大日本在满洲的势力范围的方策。在1月20日与元老的会谈中，石井提出这个方策，想依此拟定答复俄国建议的方案。其内容是：(1) 以由俄国出让长春至哈尔滨的铁路，并由日本取得吉林平原的富饶资源为条件，向俄国提供武器；（中略）1916年2月14日，大隈内阁召开临时内阁会议，决定以收买长春至哈尔滨的铁路为条件，出售武器并缔结日俄同盟的方针。（中略）对俄交涉由亲俄派本野一郎大使负责。交涉在转让铁路问题上遇到了障碍。日本方面主张接管长春至哈尔滨的铁路，俄国则坚持只转让这条铁路的中点松花江以南一段，不再让步。在交涉过程中，俄国武器的缺乏有所缓和，以提供武器问题做为交易条件的有效性减弱了，日本的要求未能实现。"

(10)"所谓德国势力渗入俄国境内，曾被当成缔结共同防御军事协定的理由，现又成了以消灭敌国为名来干涉俄国革命的借口。（中略）在政府对出兵未能作出决定期间，参谋本部以田中义一次长为首，为了打下出兵的基础，开始向哈尔滨的中东铁路局长霍尔瓦特和哥萨克头目谢苗诺夫大尉提供武器援助，并继续进行建立反革命政权的工作。"

(11)"在推行'备忘录'的积极策略之前，西原面临了一个课题，即必须救济因财政极度困难而濒于危机的段祺瑞政权。为了支持段祺瑞政权，他向胜田藏相建议，提供以吉林、黑龙江两省金矿和森林为担保的贷款三千万日元，修筑连结吉林和朝鲜会宁的吉会铁路的预备贷款一千万日元和以改烟酒公卖为专卖的预计收入作担保的炼铁厂贷款三千万日元，结果取得了同意。吉黑林矿贷款虽然遭到了居民的反对，但仍与吉会铁路贷款一起勉勉强强达成了协议。"

（12）"6 月 8 日至 7 月 20 日，两国政府的非正式谈判在哈尔滨举行，双方代表是岛田滋副领事和苛捷夫尼科夫。远东共和国方面对协定内容表示了下列意向：（1）两国相互约束宣传；（2）允许日本国民在共和国主要城市享有六十年的土地租借权；（3）修改渔业协定；（4）（对日本）给予森林及北库页岛的利权；（5）收买松花、黑龙两江的日本人所有船舶；（6）接受日本贷款；（7）俄国在日本的官厅或公共建筑物、财产、船舶移交给共和国；（8）撤退日军等，并要求从 8 月 18 日起在大连开始正式会谈。"

（13）"清浦内阁所谓对华政策的'必要措施'，是从日中特殊关系出发，在认为必要时，'以自主的态度采取机宜的措施'，也就是在必要时要考虑对利害攸关的铁路警备等供给武器。尤其是对满洲地区，不仅对南满，而且要向北满采取'重新开辟前进道路之方针'，为此要支持张作霖，'在自卫上认为必要时采取机宜措施'。清浦内阁表面上口称尊重华盛顿会议精神，但并没有放弃把满洲看作日本势力范围的想法。"

（14）"确保所谓满蒙地区，即中国的东三省（辽宁省、吉林省、黑龙江省）再加上内蒙古东部即热河省，是明治年代以来日本对外政策一贯的基本战略目标。特别在日俄战争以后，维持和扩大在满蒙的特殊权益，成为关系到日本帝国主义死活的重要问题。首先是作为商品市场和原料供给地，进而又作为投资场所，满蒙成了日本帝国主义不可缺少的构成部分。例如，从满洲事变前夕的对满投资额来看，日本的投资额占各外国投资总额的百分之七十三，日本对外投资的百分之五十四集中在满洲。还有，满蒙在政治和军事上也占着比其经济价值更为重要的地位。根据'帝国国防方计'，俄国一直是假想敌国，而满蒙则是对俄军事战略上的前进基地，尤其是俄国革命以后，作为'防止赤化的第一线'，其重要性愈益增长。（中略）由此可见，确保满蒙乃是日本帝国主义的一个重要的课题。但是，与统治阶层的期待相反，围绕满蒙的局势对他们却越来越不利了。继承张作霖的张学良，与国民政府合为一体，正在使满洲从属于中央。这样，过去那种想通过培植亲日政权使满洲成为特殊地区的满蒙政策，就完全不中用了。"

（15）"他们于 1929 年 7 月，以'研究对苏作战计划'为名，前往北满进行参谋旅行，研讨解决满蒙问题的方策。他们所制定的解决方策，就是试想

'变满蒙为我国领土'，为此目的，以关东军为主体，'用谋略制造机会'，对满洲实行军事占领，象合并朝鲜那样，向中外宣布把满蒙并于日本。

在陆军中央部门也研讨了武力解决满蒙问题的方策，1931年6月，参谋本部设立了以第一部长建川美次为委员长的五科长会议，并拟定了《解决满蒙问题方策大纲》。这个《大纲》的内容是，在今后一年内，必须隐忍持重，即使发生纠纷，也应尽量就地解决，在此期间让国内外彻底了解满蒙的实际情况和日本的立场。充分作好准备，然后转入军事行动。以武力解决满蒙问题的设想，就这样作为整个军部的意图确定了下来。"

（16）"11月，关东军企图进攻齐齐哈尔，参谋本部担心向北满进军将刺激苏联，心想设法阻止关东军的行动。于是想出了这样一个方法，即把天皇统帅权的一部分，暂时委托参谋总长执掌，并据此下达所谓'临参委命'的命令。但是，即使这种非常措施，也不能阻止关东军的军事行动。11月19日，第二师团占领了齐齐哈尔。这种以下犯上的作风，给军队内部带来了不统一，使双重政府和双重外交的现象加速发展起来。"

（17）书中呈现并分析了在"满洲事变"后，日本的对华政策转向武力侵略是如何由关东军扩大到日本整个国家的主流论调的："国民大众的动向也急剧变化。伦敦条约时期，要求和平的呼声曾在国民当中占据统治地位。例如，若槻全权代表回国时，国民曾以狂热的欢呼来迎接，就表明了这一点。但是，世界性经济危机波及国内，国民生活遭到破坏，政党内阁不仅对此没有采取有效措施，反而热衷于把危机转嫁给群众来挽救大资本家，甚至不断闹出贪污渎职事件，国民已对政党政治表示怀疑。这种国民意识的变化，对于转变对外政策，是一种有利条件。在把国内矛盾转化为对外危机，并培植国民的排外主义性质的民族主义方面，满洲事变提供了极好的条件。第一，所谓满蒙是花费'十万英灵，二十亿国帑'而获得的'圣地'，满洲事变用这种方式挑动了国民的传统感情。第二，所谓满蒙是'帝国生命线'，维护满蒙乃是'行使自卫权'，满洲事变以这种逻辑同国民利益的观念结合了起来。第三，所谓'作为东洋盟主的日本惩罚中国之不当'乃是'为了东洋悠久之和平'，满洲事变以这种歪理鼓舞了民族的使命。这一类理论通过报纸、杂志、唱片以及当时听众已达百万以上的无线广播等宣传工具煽起了国民的侵略狂热。大川周明所说的'国民在可以称之为国民的浪漫主义那种狂热中间，赞美并支持了关东军的态度'，这就是在上述情况下产生的群众性的歇斯底里。"

（18）书中分析了在东北地区建立"满洲国"的思想以及形势铺垫："关东军发动事变是要实现变满蒙为日本领土的计划，但在事变之后，又迅速从领有方案转变为所谓独立方案。这就是参谋本部 1932 年度《形势判断》中所说的从第三阶段向第二阶段后退一步。其理由在于：对主张建立亲日政权〈第一阶段〉的陆军中央表示妥协；考虑了国际形势、国内政治形势及对华关系；还有石原从满洲青年联盟等的'民族协和'、'王道乐土'的思想体系受到了影响，等等。于是，关东军就推行起建设满洲国的计划来。"

（19）"1933 年 2 月以后，关东军为使满洲国臻于完整而展开了热河作战；4 月，进攻华北；5 月，占领了河北省通州。蒋介石对侵入华北的日军也没有进行积极的抵抗，反而与之妥协，于 5 月 31 日缔结了塘沽停战协定。由于这个协定，日本使国民政府默认了满洲国，同时使它同意在长城以南划定非武装地带。（中略）如此重要的协定，却是由关东军作为单纯军事协定与国民政府军事委员会缔结的，外务省竟没有参与。"

（20）"反正，在日本统治阶层头脑中只有一个维护国体的问题，围绕这个问题互相争论，力图以自己的方案作为最后的抉择。这是国务和统帅的矛盾所造成的最后局面，这个最后局面只能靠天皇的决断才能解决。于是，天皇判断：'关于国体问题，我想敌人也都承认，万无一失'。根据这种判断，决定接受公告。同日晚十一时发布了'朕于兹得以维护国体'的《终战诏书》次日（15 日）正午，天皇亲自作了'玉音广播'。

满洲事变以来，长达十五年的战争，夺去了国民的生命，破坏了国民生活，带来了精神的颓废。据复员局和经济安定本部的报告，仅'大东亚战争'死者即达二百五十万人以上。不仅日本人，由于半个多世纪的侵略和奴役，对中国人民、朝鲜人民以及亚洲各民族人民一再犯下了不可估量的罪孽。这就是近代日本外交史的总决算。"

三　学术评价

本书是一部外交通史，起自 1853 年柏利（M. C. Perry）来航、日本开国，止于 1972 年中日恢复邦交，凡 120 年。虽为通史，却不是对外交史上所有问题等量齐观的概要说明书。本书的目的在于着重分析日本外交基本政策，以此为中心而形成一种史论。

对日本外交上的重要抉择进行历史的考察，这是贯通全书的课题。联系这个课题，作为一部通史，本书着重探讨了以下三个问题：第一个着重点是探讨围绕着日本外交国际秩序原理的对立；第二个着重点是日本对亚洲的外交；第三个着重点是探讨日本的对外机关及外交主体的结构与外交政策的关系。当然，有关黑龙江的内容重点出现在第二个着重点，即日本对亚洲的外交中，日本并不想联合亚洲各国来对抗西洋国家的冲击，而是想"脱亚入欧"成为西洋国家的一员反过来统治亚洲各国。由此，挑起甲午战争并由此走上侵略道路。伴随着"脱亚入欧"的是亚洲人民的反侵略斗争，最终，日本饱尝了战争的恶果走向失败。在分析对中国的侵略原因时，作者认为日本在外交上存在"双重外交"，但是这一论断在日本是存在争议的。我们且不论这一历史分析的是非对错，至少从书中描述的中日战争的日本国内形势、中国国内形势和当时的国际背景来看，日本通过战争来转移国内矛盾、日本的大陆政策和侵略本质是毋庸置疑的，并且从由部分统治阶层的军国主义思想渲染成民族的战争"热血"的发展路程中可观一二；处于落后地位的中国被列强瓜分的情况，国家利益至上的原则下国际交往中的分分合合，都在作者呈现的史料和记述中令人掩卷叹息、唏嘘不已。

第五章　成书于 20 世纪后期
有关黑龙江的史料（上）

第一节　《近代日中关系史研究指南》

一　作者简介

《近代日中关系史研究指南》由日本东京女子大学名誉教授、东洋文库名誉研究员山根幸夫、东京电气通信大学教授藤井升三、东京学艺大学教授中村义、法政大学教授太田胜洪等知名学者署名编著，奈良女子大学教授中冢明、奈良女子大学副教授井上裕正、筑波大学名誉教授和樱美林大学教授臼井胜美、筑波大学教授安藤正士、东京经济大学教授村上胜彦、东京大学副教授若林正丈、茨城大学教授石岛纪之等教育界和学术界著名人士参与撰写。该书1992 年 2 月由日本研文出版社出版，书作者多为长期从事日本史、中国史、中日关系史研究的知名专家教授，治学态度严谨，重视实证比较。其内容概括了整个中日关系史，具有历史广度、深度和纵深感。而且由于其研究指南的特色定位，该书成为中日关系史研究学者梳理中日关系的重要工具书。1992 年该书由齐齐哈尔市社会科学研究所副所长曹志勃等人牵头翻译，哈尔滨师范大学历史系教授、中国日本史学会常务理事、东北中日关系史研究会副理事长赵连泰校审，由哈尔滨船舶工程学院出版社出版。

二　主要内容

全书分为十章，分别为第一章从明治维新到中日甲午战争、第二章辛亥革命前后、第三章第一次世界大战、第四章 20 世纪 20 年代、第五章满洲事变、第六章"满洲国"、第七章对台湾的殖民统治、第八章日中战争、第九章第二次世界大战后的中日关系、第十章日中文化交流。为方便研究者利用该书，山根幸夫教授还专门为本书附录了"近代日中关系年表"和日本的"中国图书专营书店"。该书作为研究指南的编排设计颇为方便，每一章节的开篇是总论，让读者易于把握本章的精华，较快领会章节内容。在对节的设置上，除第十章有 12 节外，其余均在七八节上下。与黑龙江省关联度较大的内容集中在第五章的满洲事变和第六章"满洲国"。

第五章由 15 年战争问题作为总论切入，论述了"从满洲事变到分离华北工作""满洲事变与军部、外务省动员与抵抗""中国的统一与抗日民族统一战线的形成""日本人的中国观与中国人的日本观"。本章为从史料、文献角度了解"十五年战争及相关争论""研究满洲的三种方法""满洲事变与日中经济关系""围绕满洲事变和分离华北工作的国际关系""满洲事变与军部的国家总动员及统治、抵抗""蒋介石的'安内攘外'的抗日理论""城市的抗日运动——第三种势力论""共产国际与中国的抗日民族统一战线""从西安事变到第二次国共合作"提供了清晰的指南。"日本人的中国观与中国人的日本观"一节则让人对"日本民众及知识界的满洲事变观""清泽洌的外交批判""矢内原忠雄的事变批判与中国论发展""日本人对西安事变的看法""关于统一化论争"等有初步判断。

第六章以总论"满洲国"作为切入主题，分为"关于满洲国建国及其基础""经济统制与开发""满铁与满铁调查部""农业与农业移民""反满抗日运动""国际关系中的满洲国""满洲国崩溃及其以后情况"七节进行详细的史料解读。总论"满洲国"从"回忆满洲国""研究满洲国的开端""殖民地'满洲国'""中国方面研究""研究的方法"几个层面阐述了"满洲国"对于日本人的悲情意识和研究意义、满洲研究的意义和重新认识等，在给予肯定的同时不乏批判导向。尤其是作者从引导史料的角度，提出了很多"满洲国"相关研究史料多冠以"开发"字样，虽然具有史料价值，但立场观点则缺乏客观和科学，存在美化和正当化殖民统治的倾向。

三　学术评价

首先，该书学术创新突出。《近代日中关系史研究指南》撰写历时两年，由山根幸夫教授等多名日本著名学者担纲写作，在学术上摒弃了日本往昔盛行的"大陆政策东洋史学观"与"学阀风气"，克服了中日国情不同、学术研究基础相差较大、立场观点容易似是而非等不利因素，最大限度地实现了尊重历史、注重共识、以大局为重、求同存异的写作特色。从学术角度，该书实现了以下几个创新：一是史料阐述注重客观性。该书史料涉及大量中日史料、著述、论文和资料，同一主题基本兼顾了中日两国，使其基本避免了只注重一国史料或观点的片面性。二是对日本发动侵略战争的定性观点鲜明。全书都在批判日本侵略扩张。三是该书广采各家学说，兼收并蓄，有利于史料使用者自行分析、比较和研究。四是该书涉及黑龙江的内容相对较为丰富。由安藤正士撰写的第五章"满洲事变"和由村上胜彦撰写的第六章"满洲国"，不仅在总论和分论中有大量涉及黑龙江的论述，在史料解说中，列举了记述具有历史意义的第一次武装移民的弥荣村的松下的《弥荣村史》，介绍长野县大日向村的移民史料的《近代民众的记录六：满洲移民》，浅田桥二等著的《满洲农业移民史研究的基础资料》等史料。

其次，该书学术价值很高。第一，该书相当于研究近代中日关系的简明工具书，具有检索、利用和收藏价值。尤其是该书的总说部分，从"通史""外交史""论文集"等概述书领域，"入门书""目录""年表、词典"等工具书角度，"史料集"和"杂志"的视野，对近代中日关系史史料进行了点、线、面的结合，即侧重史料又突出重点的学术梳理，实现了一书在手、了然于胸的史料指南书的定位。第二，该书的另一个学术特点在于，其并没有回避来自中方的各种史料，而且从日本人的角度进行了概要的点评，使利用此书的读者能够参照中方的相关史料及观点，对相同背景和时期下的两国史料进行比照，具有对日本史料进行充分的正反比较、辨伪存真和去粗取精的实证效用。第三，该书在附录中增加的"日中关系史年表"具有较高的史料价值和利用效率。年表年份以公元和日本昭和年号对照形式排列，有利于快速检索年代和事件的比对。年表从 1868 年日本明治维新排到 1990 年北京召开亚运会，事件跨度较长，涵盖了中日两国近代交往史上的大多数历史事实。而且，在表述上较为客观公正，对日本发动的侵略战争和中国的抵抗界定较为公允。最后，在该书由村上胜彦撰写的第六章"满洲国"史料解说中，首次介绍了日本方面关于"满洲国"抗日运动的史料文献，如田中的《"满洲"农业移民史研究的基础资料 3》、铃木隆史的《反满抗日斗争文献资料》（季刊龙溪，1975）、经常引用的军警资料《满洲共产土匪的研究》（两辑，季刊龙溪，1973）、泽地久枝编的《"满洲日报"抗日运动记事集》（1～3，亚洲经济研究所调查研究部，1974、1976、1977）等。金正明的《朝鲜独立运动——共产主义运动编》（原书房，1967）则对朝鲜人的抗日运动进行了记录。这些抗日运动的发生地多与黑龙江省相关，堪称是对黑龙江省抗日战争历史的有益补充。

第二节　《日本帝国主义的形成》

一　作者简介

井上清，日本当代著名的历史学者，专攻日本史，是中日钓鱼岛问题、日本部落问题专家，日本京都学派著名代表人物。1913 年出生于日本高知县，2001 年去世。1936 年毕业于东京帝国大学文学部国史科。第二次世界大战期间，他参与了文部省的维新史料和帝国学士院的帝室制度史的编纂工作。战后以马克思主义观点研究日本近代史，活跃于历史学研究会。1950 年加入日本学术会议。1954 年担任京都大学人文科学研究所副教授，1961 年升任教授，1977 年退休。

其主要作品有《日本女性史》（三一书房，1948）、《明治维新》（东京大学出版会，1951）、《天皇制——军队和军部》（东京大学出版会，1953）、《条约改正——明治的民族问题》（岩波新书，1955）、《日本的历史》全 3 册（岩波新书，1963～1966）、《部落的历史和解放理论》（田畑书店，1969）、《日本近代史的分析》（田畑书店，1969）、《天皇的战争责任》（现代评论社，1975）、《我的现代史论》（大阪书籍，1982）、《天皇·天皇制的历史》（明石书店，1986）等。

本书由岩波书店于 1968 年出版，汉译本由人民出版社于 1984 年出版，宿久高、林少华、刘小冷译，孙连壁校。

二　主要内容

本书共十章，分别为绪论天皇制的侵略主义与近代帝国主义、第一章列强瓜分东亚的竞争与日本、第二章资本主义的确立、第三章天皇制的变形、第四章帝国主义思想及其批判、第五章走向日俄战争、第六章日俄战争的结局及性质、第七章殖民帝国的形成与民族运动以及同列强的对立、第八章日本帝国主义成立时期的政治结构、结语日本帝国主义的确立及其各种矛盾。

本书记述了日本从明治维新以后至第一次世界大战由资本主义过渡到帝国主义的历史过程，对当时日本的政治、经济、文化、国际关系等方面进行了深入分析。

《日本帝国主义的形成》中与黑龙江地区历史相关的内容主要集中在第一章和第六章，主要有以下几方面。

（一）中东铁路

19 世纪末，俄国开始在国内修筑西伯利亚大铁路，他们希望清政府可以同意他们在中国东北地区修建连通太平洋沿岸地区的铁路。俄国的种种动向，不能不引起清朝一些有识大臣的注意，他们意识到俄国修筑铁路的危害，断然拒绝铁路穿越满洲北部。中日甲午战争，清政府战败。惨败的清政府被迫与日本签订《马关条约》，放弃其在朝鲜和日本的所有权利，转让的一些领土，包括东北和辽东半岛。俄国历来把东北视为其势力范围，绝不能容忍日本独吞中国的东北，与法德一道"三国干涉还辽"，迫使日本放弃中国辽东等地。

清政府内外交困，政局不稳，决定与西方国家"结盟"来牵制日本。许多人主张与俄国结盟。1896 年 6 月，中俄两国签订不平等的《中俄密约》，这一条约使俄国取得了在中国东北建造和经营中东铁路的权利，为侵略中国东北地区找到了合法化的借口。俄国就是利用清朝甲午战争失败后，急于找到抵御日本的办法，从而得到了梦寐以求的修路权。其中第四条还规定：

"清国政府为使俄国陆军顺利靠近受侵略威胁的地点，并确保其抵抗手段，同意建设一条横贯清国黑龙江省及吉林省通往海参威方向的铁路。

该铁路同俄国铁路之联络，不得成为损害清国领土或清国皇帝陛下主权之借口。

该铁路之铺设与经营，交由俄清银行，为此而缔结之合同条款，由俄国驻清国公使同俄清银行正式协商。"

1898 年三月，俄国又攫取了日本曾想占据的辽东半岛南端，旅顺、大连地区及其领海的二十五年租借权，取得了在租借地的北方设中立地带（行政权归清国），将旅顺口作为俄国专用军港，将东清铁路由哈尔滨延至大连的满洲铁路及由满洲线至辽东半岛的营口和鸭绿江之间适当地点铺设支线的权利。这样，俄国在 1904 年拥有了在满洲里同西伯利亚铁路相接，再经哈尔滨至南乌苏里俄清国境的绥芬河的东清铁路干线，包括由哈尔滨至大连、旅顺的支线（南满铁路）在内，共计 1596 英里的铁路。

（二）日俄战争

19 世纪中叶以来，由于俄国的远东政策与日本的大陆政策之间的尖锐矛盾，日俄战争最终爆发。当时的世界主要资本主义国家完成了向帝国主义的过渡。日本作为后来居上的新兴帝国主义国家，急于扩大自身的殖民势力范围，对原先的远东秩序提出了挑战，日俄两国冲突急剧上升。为了缓和矛盾，取得利益平衡，日本提出了"互惠互利"的"满韩交换论"与俄国交涉，但俄国却没有妥协，反而提出了苛刻的条件。日本帝国主义在英、美等国的支持下，不宣而战，突袭在旅顺港的俄国太平洋舰队，发动了对俄战争。

日本军方战前对于战争并不乐观，特别是军费方面。参谋本部中最积极持主战论的总务部长井口省少将，在开战八个月前的意见书中认为，打到哈尔滨是可能的必要的，但攻打哈尔滨以北将是不可能的。就是说，这次战争即使日方军事上万事如愿，也不得不受到限制，最多只能打到占领哈尔滨。正如小村外相所说，必须一开战就认识到："此次战争，不能置敌人于死地。"

在兵力和军事生产力方面，从长远来看，日本根本不是俄国的对手。这一点，一开始就很明显："前景更坏的是军费，井口少将估计战争期限为一年，战费为五亿元，其中国库解决一亿五千万元，其余的三亿五千万元依靠同盟国英国的外债来解决。"

战争一开始，日本就采取了积极进攻的作战手法，赢得了战争的主动权。但很快战争进入拉锯战，双方处于胶着状态。日本对俄的阶段胜利，可谓是惨胜。

日军已没有再向前进攻的力量。三月十四日总司令大山向大本营总参谋长山县建议"要使政策与战略一致"时说，敌军弥补其损失甚难，我军于短期内弥补损失亦不可能，"故在我战力恢复之前，切不可妄动大兵"。进而他又说，战力恢复后，"或主动追击敌人，或采取持久战之方针。若不与政策一致，赌几万生命之战争亦将毫无意义，毫无效果"。

战争后期日军高层对自身处境有着清醒的认识。三月二十三日，总参谋长山县有朋也向桂首相、曾称藏相、小村外相提出了长篇的意见书，期望"确立国家之大政策"。他说，俄国在国内尚有十几个军团的兵力，退到哈尔滨的俄军得到本国的增援后，东山再起几乎是无可置疑的。对此，日军不能坐视等待，因为俄军会在日军坐待之时集结大军。

为了取得最终胜利，日本军方认为唯有主动进攻哈尔滨，进而攻入俄国。

另外，坐等敌军不能取得整个战争的胜利，所以，只有"主动进攻"，但此乃"甚难之事"，"且夺取哈尔滨，攻克海参崴，仍不能予敌人以致命打击"，既要进攻，就要有进攻莫斯科、彼得堡之雄心。"唯敌国内部日益混乱，上下乖离已至其极，若至无力对外作战之时"，俄方也将谋求讲和，但决不能作为指望。

1905 年 5 月，日本在对马海战中获胜。在付出经济上的巨大代价后，日本最终获得了日俄战争的胜利。1905 年 8 月，两国签订《朴茨茅斯和约》，俄国承认日本在朝鲜的利益，同时接手了俄国在中国东北地区的部分利益。

三　学术评价

《日本帝国主义的形成》一书说理清楚，史料翔实，具有参考价值。

首先，本书运用马克思主义观点分析日本帝国主义，阐明了关于日本军事封建帝国主义形成的见解。本书揭露了日本帝国主义对日本人民的压迫、对中国和朝鲜的侵略，叙述了被压迫和被侵略人民的反抗斗争，有着深刻的教育意义。其次，本书注重日本帝国主义的殖民研究，这是先前日本帝国主义研究中鲜有涉及的领域。最后，本书是对日本帝国主义进行的综合性历史研究，涉及整个日本近代时期。作者充分使用从甲午战争到第一次大战结束的丰富史料，突出国际关系、军事关系在日本帝国主义史中的重要地位。

第三节　《日本帝国主义的本质及其对中国的侵略》

一　作者简介

依田憙家，日本中日友好和文化交流的著名人士，早稻田大学教授。依田

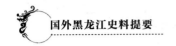

先生在 20 世纪 80 年代中期至 90 年代先后在中国出版了《日本帝国主义与中国》（北京大学出版社，1989）、《简明日本通史》（北京大学出版社，1989）、《日中两国近代化比较研究》（北京大学出版社，1991）、《日本的近代化——与中国的比较》（中国国际广播出版社，1991）等多部学术著作。

二　主要内容

《日本帝国主义的本质及其对中国的侵略》一书是由依田教授有关日本帝国主义与中国的基础研究的单篇论文结章而成，各章既可独立成文，又根据内容和前后文脉形成一个整体，前后呼应，兼具著作特色。该书由日本著名出版机构明石书店在 1996 年 9 月第一版印刷。全书分为六章，分别为第一章日本帝国主义与中国、第二章日本帝国主义的"华北经济工作"及"华北开发计划"、第三章日本帝国主义对华北占领地区的经济统治——关于"华北开发株式会社"的设立、第四章日本帝国主义在中国东北的劳动统治——关于大东公司的成立、第五章日本在第二次世界大战中推行满洲移民的真相、第六章满洲的朝鲜移民。作者除在第二章和第三章中专门介绍了日本帝国主义对华北的企图、渗透、侵略和围绕资源的掠夺及经济统治外，其他各章的研究均用大量篇幅涉猎日本帝国主义对满洲的殖民统治和经济的巧取豪夺。第一章中，以日本资本主义的发展与对中国的侵略、帝国主义的成立与对满洲的侵略、日本帝国主义使满洲殖民化为主线，阐述了满洲殖民政策的确立与日本的殖民经营。尤其是从经济角度介绍了"特殊会社"与殖民经营、所谓日满华经济区的情况，使读者能够从经济企图与殖民关系的角度，对日本经营满洲的侵略性质有更加清醒的认识。本书与黑龙江关联性最强的部分集中在第四、第五和第六章，作者分别截取了日本侵略和统治东北过程中的劳动统制背景下的劳工问题、日本人移民问题和满洲的朝鲜移民三个较具特色和有争议的领域，其视角独特，学术性强。

三　学术评价

该书在学术观点上的创新抑或贡献最为学术圈称道。首先作者在对日本发动侵略战争的认识上既秉承了批判精神，又从经济角度切入提出了与众不同的观点。例如对东北的战略价值认知，认为日本由开始的注重军事价值，最后使东北逐渐演变为获取实行总体战体制所不可或缺的物质基地，衍化成了日本的所谓"生命线"。日本发动侵华战争的直接根源始于第一次世界大战，亦即一战让日本军部认识到总体战思想的重要性，对日本军国主义来说，至关重要的则是"原料的自给自足"，而东北则成为日本争取国家权利与垄断资本、国家资本与民间资本结合的试验场。对于日本扩大侵略战争的结果，作者认为侵略东北不仅没有解决日本帝国主义的矛盾，反而激化了殖民统治与资源的关系，日本要加强对中国东北的殖民统治，华北则是获得国防资源和交通设施的保证。其次，作者从经济角度分析，对日本对满洲移民的真实企图和真相进行了淋漓尽致的揭露，指出向黑龙江等边境地区的移民，除应对社会主义国家苏联的军事威胁，维护满洲作为占领区的领土外，还通过移民向外部转移，弱化由于世界性经济危机波及日益激化的国内矛盾，尤其是防止作为军队兵源基础的农村出现崩溃。移民以对中国农民和朝鲜移民的土地掠夺为基础进行，遭到了当地农民的激烈抵抗，且日本移民团普通民众与青年义勇军训练生及移民团干部之间的内部矛盾日益严重，杀人、放火等移民团之间的骚扰事件和内部犯罪不断公开化，所谓"王道乐土"和"五族协和"不过是掩盖上述真相的蛊惑宣传。再次，针对满洲的朝鲜移民，作者抽茧剥丝，得出满洲事变前的所谓东北军阀对朝鲜人的压迫实际是由日本帝国主义的侵略政策引起的，最初是教育权问题，而后发展至居住权和佃耕权问题。据此也得出日本帝国主义对满洲的侵略野心实际贯彻于战前、战中，并非"满洲事变"后才开始。针对东北地区和华北地区的劳工问题，作者认为从经济关系角度看，东北经济的发展与华北的劳动力密不可分，日本占领东北后觊觎华北更加低廉的劳动力是日本扩大战事的经济原因之一。最后，作者在该书中以较大的笔触挖掘和梳理与黑龙江相关的史料，并结合日本帝国主义侵略满洲的大背景进行了合乎情理的分析和研究。例如，对当时黑龙江省五常县、阿城县、桦川县、珠河县、宁安县、密山县、佳木斯地区日本移民团个人犯罪档案的介绍；对北满尤其是黑龙江地区朝鲜人户数、人口、耕种水稻面积的整理；对三江省土地买卖价格、黑龙江沿岸及牡绥地区朝鲜人营农的调查。

　　该书的学术成就主要体现在三方面。一是该书主要从经济方面来论述日本帝国主义的侵略。指出日本对中国的侵略的根本目的是掠夺中国广阔的领土和丰富的资源，去实现摆脱经济危机和为进一步扩大侵略掠夺战争服务。所谓"从英美鬼畜的统治下解放亚洲同胞""建立大东亚共荣圈"等都不过是装点门面的骗人口号。二是该书大量引用当时日本统治阶级内部资料来反证日本帝国主义的侵略，丰富的资料、统计、图表等，从经济角度验证和揭露了日本帝国主义侵略中国的事实和必然性，以使用反面材料这种"化腐朽为神奇"的手法刻画侵略者的丑恶嘴脸，本书的尝试可谓独具特色。三是该书从多个方面、多维和多视角论述或引用与黑龙江相关的史料，在推行满洲移民真相、掠夺土地引发的事件、对中国人施加的暴行、集团部落的实际状况，尤其是当时在黑龙江省的朝鲜人的境遇等研究中，使日本侵略战争前后日本帝国主义对黑龙江的殖民侵略和残酷统治跃然纸上。

该书在学术上注重对资料数据的梳理和分析，凸显根据事实去论证的历史研究的"实证"特色，逻辑性和说服力强，整体展现了作者对战争与历史研究的功底。

第四节　《日本侵华内幕》

一　作者简介

《日本侵华内幕》的作者是重光葵。重光葵是日本外交官、政治家。1887 年出于日本大分县，1957 年卒于日本神奈川县。1911 年从东京帝国大学法学部毕业后任职于日本外务省。1925 年任日本驻华公使馆头等参赞，1929 年起历任日本驻上海总领事、日本驻中国大使、伪满洲国副总理、日本驻苏联大使、日本驻英国大使、外务大臣。重光葵是日本外交界重要的官员，从事外交事务长达 30 年之久，其中有长达 10 年时间任驻中国。1945 年 9 月 2 日代表日本天皇及日本政府与梅津美治郎一起签署投降书。1947 年被东京国际军事法庭列为甲级战犯，判七年有期徒刑，但不到 3 年即被释放。1954 年担任鸠山一郎内阁外务大臣。

重光葵活跃于第一、二次世界大战及战后，在幕后参与甚至主导了诸多日本侵略各国、统治及外交政策的制定。其主要作品有《昭和的动乱》（中央公论社，1952）、《重光葵外交回忆录》（每日新闻社，1953）、《巢鸭日记》（文艺春秋新社，1953），其去世后出版的文集有《重光葵手记》（伊藤隆、渡边行男编，中央公论社，1986）、《重光葵最高战争指导会议记录·手记》（伊藤隆、武田知己编，中央公论社，2004）、《满洲事变和重光驻华公使报告书——记于外务省记录〈中国的对外政策关系杂编《革命外交》〉之后》（服部龙二编，日本图书中心，2002）、《重光葵外交建议书集（全 3 卷）》（武田知己监修、重光葵纪念馆编，现代史料出版，2007、2008、2010）等。

本书的初稿是重光葵 1948～1950 年在巢鸭监狱服刑时，根据自身回忆及其与监狱中其他战犯如东条英机等的谈话写成的。作者出狱后查阅相关资料，并向其他外交界人士核实，于 1952 年完成写作。本书的汉译本由解放军出版社于 1987 年出版，根据重光葵著作集 1——《昭和的动乱》原书房 1978 年版译出，齐福霖、李松林、张颖、史桂芳译。

二　主要内容

本书共十章，分别为第一章满洲事变、第二章"二·二六"叛乱、第三章北进与南进、第四章卢沟桥事变、第五章复杂离奇的局势、第六章军部的轻举妄动、第七章日德意轴心、第八章大东亚战争、第九章大东亚战争（续）、第十章投降。

本书涉及了日本战败前中日关系中的所有重大问题，如中日"二十一条"问题、田中奏折与东方会议、皇姑屯事件、"九·一八"事变、"一·二八"事变、"满洲国"与关东军、华北事变、何梅协定、卢沟桥事变、西安事变、中日全面战争、张鼓峰事件、汪伪政权、日本的诱降行动、日本对华新政策、日本战败投降前后的活动等，作者结合日本统治阶级的内幕对上述每个重要事件都做了详尽的论述。

《日本侵华内幕》中与黑龙江地区历史相关的内容主要集中在第一章和第四章，主要有以下几方面。

（一）"九·一八"事变

作者认为当时日本面临极大的危机，针对中国问题，日本政府需要树立坚定的立场，以应对任何突发事件。作者希望与当时南京政府的实权人物财政部长宋子文谈判，以缓和中国东北地区的紧张局势，通过外交手段改善中日关系。但在当时的中国东北地区，中日矛盾不断加重，冲突不断，"九·一八"事变最终爆发。

随着"九·一八"事变的扩大化，日本军队越来越不受日本政府的控制，日本军部几乎达到了完全独立的状态。同时军队内部也出现了变化，关东军从军中央部脱离，处于独立状态。

"若槻内阁虽用尽方法以防止事件扩大，但政府已不掌握日本军。当局还

是认为最终军队也能追随政府政策,这是一种迂腐的想法。事实上,关东军无视政府的意图,北进至齐齐哈尔、哈尔滨,逐马占山至黑龙江,南进至锦州,终于成功地将张学良军队驱出满洲的最后据点。"可见关东军有着极大的野心,妄图从日本独立出来,独自统治中国东北地区。

（二）"满洲国"的边境问题

"满洲国"成立后,苏联因边境问题与日本多次交涉,双方进行了激烈的博弈,例如,日本和"满洲国"缔结共同防卫协定之后,苏联马上和外蒙古签署类似的协定。苏联在将北满铁路卖给"满洲国"后,开始向边境集中军事力量,加速开发远东地区。由于"满洲国"的边境与苏联重要的交通干线相接触,双方常常发生冲突。

苏联在边境一带建筑碉堡、布置哨兵,凡遇越境者,当即开枪打死。发生在东部边境绥芬河的日本兵被枪杀事件,只不过是其中一例而已。

"满洲国"与苏联的边境有许多地方的归属并不明确,双方出于自身利益,主张不一致,冲突不断。

东宁地区靠近一条河流,当地居民认为河对岸的山峰是国境,所以常常在河里洗东西,并与河对岸的居民自由来往。但苏联方面却主张以河流为国界,以至将过河的居民枪杀。

干岔子岛是黑龙江中的一个岛群,位于黑河之东,河源出于该岛之北,也即是在苏联一侧。

苏联方面主张以该岛南侧的水面为国境,并认为这些岛屿属于苏联领土;而"满洲国"则主张该河流为国际河流,应以河流正中为国境,不允许侵犯属于满洲方面的水域。

其后,张鼓峰事件爆发。该事件是日本侵华战争时期,苏日两国军队在中国领土上发生的一起大规模武装冲突。这起事件,以日军的失败、苏军的胜利而告结束。

三 学术评价

《日本侵华内幕》一书主要记载了1927年至1945年日本帝国主义对华政

策的形成和发动侵略战争的决策过程及历史事实。

首先，作者是战时日本外交界重要的官员、侵华外交的关键人物，具有战时在中国代表日本的地位。作者参与了日本侵华过程中的多数重要事件，并掌握相关资料。本书在论述时引用大量重要的第一手资料，有着很高的史料价值，可以为中日关系史的研究，特别是为日本帝国主义侵华史的研究，提供宝贵的资料。

其次，本书用较大的篇幅回顾了第二次世界大战中日本的外交政策以及与轴心国和西方各大国的关系，以全球视野解读日本侵华的历程。可见，中国战场是第二次世界大战的主战场之一，中国人民的抗日战争是第二次世界大战的重要组成部分。

最后，本书存在不足。由于作者的身份、立场，以及当时的国际环境，作者在本书中一再为日本天皇、日本政府和自己辩护，一定程度上美化日本帝国主义在中国，特别是在东北地区所犯下的罪行，作者认为对华新政策是为了中日两国共存共荣。这些错误观点是需要分析和鉴别的。

第五节　《日本帝国主义在中国东北的移民》

一　作者简介

《日本帝国主义在中国东北的移民》一书是由满洲移民史研究会编。满洲移民史研究会于 1972 年 11 月成立，本书的执笔者为君岛和彦、柚木骏一、高桥泰隆、小林英夫、依田憙家、田中恒次郎、浅田乔二 7 人。《日本帝国主义在中国东北的移民》一书，由孟宪章等译，赵连泰等校，1991 年 5 月黑龙江人民出版社出版。此书为“东北沦陷十四年史丛书（翻译系列）”之一。

二　主要内容

本书共分为七章内容，分别由不同的日本作者完成。

第一章为满洲农业移民政策的形成过程，主要叙述了以下几方面内容。第一，说明在整个“十五年战争期间”日本帝国主义农业移民的目的、移入地区等问题。第二，说明作为满洲移民政策的形成、实施的倡导者究竟是关东军、拓务省、“满洲国政府”抑或加藤完治集团，以及这些政府机关、民间团体在各个不同时期的相互关系，从而把握满洲农业移民同"军部法西斯主义"的联系。第三，分析日本帝国主义为使满洲农业移民定居，而对其必要条件的农业经营形态提出方针，以及分析这些方针在不同时期的变化。第四，着重说明满洲移民事业，在濒于全面崩溃的太平洋战争时期的移民政策的特点，以及在这一时期的满洲移民事业中"满蒙开拓青少年义勇军"和"义勇军开拓团"的地位与作用。

第二章为满洲农业移民有关各机构的设置过程与活动状况，以分析满洲拓殖会社与满洲拓殖公社为中心，主要叙述了以下几方面内容。第一，叙述在"试验移民期"和"正式移民期"以及关东军、拓务省关于农业移民助成机构——满洲拓殖公社的设立构想，说明为何建立作为国策代行机构的满洲拓殖公社及其所具有的性质和目的。第二，具体说明被作为移民助成机构所建立的满洲拓殖公社，在现实上所具有的性质和目的，以及伴随满洲移民政策的展开，其地位与作用所发生的变化。第三，重点分析满洲拓殖公社作为掠夺移民田地的所有者，如何起到地主的作用，以及从总体而言，该国策代行机构对于满洲农业移民事业的开展起到哪些具体作用。

第三章为农村经济更生计划与分村移民计划的开展过程。第一，分析1932年制订的《农村经济更生计划》是在何种政治、经济背景下，以何种目的而制订的，以及探讨该"农村经济更生运动"存在何种矛盾，具有哪些"农村匡救政策"。第二，说明满洲的"分村移民计划"，是如何作为消除"农村经济更生运动"的那些矛盾、所存在问题的策略而制订的，即说明"农村经济更生运动"的中心向"分村移民计划"转化的经济上的必然性。第三，重点分析企图以"分村移民计划"作为"土地饥饿"农民的救济政策，即日本农村的"更生策"的"分村移民计划"的内容，以及该计划在满洲移民事业中的地位和作用。

第四章为日本法西斯主义与满洲分村移民的开展，以分析长野县读书村为中心。第一，在第三章对"分村移民计划"的制订过程，在政府的层次分析的基础上，将其制订与实施过程，通过长野县读书村的事例，在村的层次上加以说明。第二，具体说明作为"分村移民"推进者的"农村中坚人物"，属于何种阶层与类型，历史地分析这些人对日本法西斯向满洲动员农民所起的作用。第三，说明农村各阶层对"分村移民"的不同反应，明确满洲分村移民的阶层性，即说明以"农村中坚人物"为媒介向满洲"分村移民"的农民属于农村中的何种阶层、阶级。第四，重点分析向满洲分村的读书村农民的经营实态，说明"分村移民"无助于租佃贫农的"更生"与"中农化"。亦即通过分析满洲读书村的经营实态表明，所谓通过"分村移民"而使租佃贫农从"土地饥饿"状态脱离出来，只不过是日本法西斯为动员农民向满洲移民的一种口实。

第五章为满洲农业移民的农业经营实态。第一，说明各个时期日本农业移民的经营实态的特征。第二，具体分析日本农业移民的入殖地区在满洲根据何种政治、经济条件来确定，以及入殖地的自然、经济条件对日本农业移民经营的确立产生何种影响。第三，重视日本移民农业与在满土著农业的对抗关系，探究日本移民因其农业技术水平的低下而与在满中国农民的竞争中失败，从而不能不走向地主化的原委。第四，将重点置于具体说明通过此种日本农业移民的地主化，以满洲农业移民经营根本方针——自耕农主义为首的"四大营农方针"是如何崩溃的。

第六章为满洲的朝鲜人移民。第一，探讨在日本帝国主义正式侵略满洲之前，朝鲜人移居满洲的状况，说明移民的朝鲜农民同在满中国农民之间的民族关系。第二，具体探讨伴随日本帝国主义对满洲的全面侵略，满洲的朝鲜移民被日本帝国主义作为统治满洲的先锋力量而使用的情况，以及由此引起的同在满中国农民之间的民族问题。第三，分析满洲朝鲜农民聚居地间岛地区朝鲜农民的农业经营时态，确定其经济状况。第四，探讨日本帝国主义在占领满洲后，使朝鲜农民在满洲承担的政治、经济作用，尤其重视说明满洲的日、朝、中民众的民族的重叠关系。

第七章日本帝国主义侵略满洲与反满抗日斗争。通过分析"十五年战争"的整个时期，说明伴随日本帝国主义对中国东北部（满洲）和中国关内侵略的扩大，在满洲的抗日民族统一战线同中国关内的统一战线相联系，阐明其具体的形成发展过程。

三　学术评价

日本帝国主义对中国东北进行的大规模移民，虽已成为历史的陈迹，但是，它在中日两国的社会发展进程中产生过重要作用，对中日两国的关系产生过重要影响，对它的分析与研究，至今仍是学术界的一个重大课题。浅田乔二诸先生组成的日本殖民地史研究会，对日本向东北的移民问题进行了长期的研究，搜集了大量的资料，提出了明确观点。应当说在迄今为止关于日本移民问题的研究上，浅田等诸先生的这部著作当属上乘之作。该书有以下四个特点。第一，该书对日本帝国主义向中国东北移民的政治、军事、经济目的进行了深刻的分析和严厉的批判，指出它是日本帝国主义对外政策的一个组成部分，是与日本法西斯分子侵略、扩张相适应的步骤，这样就把日本帝国主义政策牢牢地钉在了历史的耻辱柱上。第二，该书作者对日本帝国主义向东北移民的政策的制定、机构的设置、移民农业经营实态诸问题，在占有大量翔实资料的基础上，分别对试验移民期、正式移民期和太平洋战争开始后的崩溃期的不同特点进行分析，从而提出了分析这一问题的新的角度与方法。值得注意的是，通过分析，作者提出了从移民农业经营的实态来看，日本的移民政策，早在日本帝国主义在中国东北政治统治垮台之前就已经崩溃了的观点。这种分析因其拥有资料的充分和研讨的严密，无疑会在学术界产生重要影响。第三，该书把日本帝国主义对东北的移民放在更为广阔的背景下，从多角度加以探讨，从而涉及日本帝国主义在国内推行的农村政策及分村运动，在朝鲜实施的移民政策，对东北抗日运动的镇压等。该书对日本帝国主义在中国东北移民的分析更为全面，避免了以往的简单化、单纯因果分析的弊病，对研究这一问题的学者将会有很大启发。第四，该书作者对待每一个结论性的认识，都采取较为慎重的态度，并不认为已解决了根本问题和一切问题，而是提出了尚未解决和仍需加强的方面，为今后超越该书提出了方向。

第六节　《满洲事变》

一　作者简介

本书作者关宽治、岛田俊彦，由上海译文出版社 1983 年出版。本书根据日本国际政治学会太平洋战争原因研究部编著的《走向太平洋战争的道路》一书的第一卷第三编"满洲事变前史——一九二七年至一九三一年"（即本书第一章至第四章）和第二卷第一编"满洲事变的展开——一九三一年至一九三二年"（即本书第五章至第十一章）译出。第一卷第三编的作者是东京大学东洋文化研究所教授关宽治，第二卷第一编的作者是武藏大学教授岛田俊彦。

关宽治，日本经济学家、教授，曾任亚洲政治经济学会会员。专门研究东亚政治经济问题。他毕业于东京大学法学部法律学科，曾赴泰国等国家从事东南亚经济研究。并参加亚洲政治经济学会《现代中国的任务》的编写，撰写《中国共产党对民族资产阶级的态度》等章。关宽治曾任国学院大学副教授；东京大学东洋文化研究所副教授，后为教授；亚洲经济研究所协议会委员。著有《现代东亚国际环境的产生》《国际体系论的基础》等。

二 主要内容

本书主要叙述了 1927 年至 1931 年日本军国主义对中国发动侵略的历史事实。通过援引大量第一手资料（如日本外务省记录、外务省档案胶卷、防卫厅战史室资料以及私藏的石原莞尔文书等），详尽地论述了日本军国主义准备发动和扩大"九·一八"事变，建立伪满洲国的历史过程和阴谋活动，对我们了解当时日本统治阶级的内幕，研究"九·一八"这段日本侵华史有一定的参考价值。

通过作者对这段史实的叙述，我们可以了解到，当时日本军国主义侵略中国采取的是"步步为营"的政策，即扩大一步侵略，观望一下中国和各国的反应，然后再推进一步，再观望一下。这说明，日本帝国主义虽然怀有狂妄的侵略野心，但仍惧怕中国的反应和各国舆论的谴责。然而，蒋介石不许中国人民奋起抵抗日本的侵略，各国也没有采取果断的措施。正是这一姑息养奸的政策，使日本帝国主义的侵略步步得逞。

本书分为十一章，分别为：田中外交、第二次币原外交、陆军和满蒙、柳条沟事件的爆发、"九·一八"事件的发生、停止出兵间岛和哈尔滨、关东军攻打齐齐哈尔、关东军进入锦州、第一次上海事变、满洲"建国"的经过、关东军继续作战。

三 学术评价

本书作者的立场、观点也存在明显的错误。最根本的错误是，作者采取了所谓客观主义的态度，虽说要以"精密的实证""阐明事实真相为己任"，而实际上混淆了侵略者与被侵略者的界限，在不少根本性的重大问题上，不仅是非不清，与史实不符，甚至还掩盖了日本帝国主义侵略中国的事实。如"济南事件"，事实情况是日本帝国主义为阻止英美实力向北方发展，借口保护侨民，出兵侵占济南。当时，1928 年 5 月 1 日，日军借蒋介石的军队开进济南之机，寻衅开枪，打死中国军队士兵多人。5 月 3 日，日军又大举进攻，蒋介石下令军队不准抵抗，并撤出济南。日军在济南奸淫掳掠，屠杀中国军民 5000余人，造成震惊中外的"五三惨案"。但是，本书在述及这一事件时，只引用日本单方面的资料，并列了几种说法。虽然也承认"冲突"的原因是日方对事件的情况做了"夸大事实"的报道，但结论似是而非，似乎中日双方都有责任。关于"万宝山事件""中村事件"等历来为日本军国主义制造侵略借口的重大事件，本书在叙述中也是闪烁其词、藏头露尾。

作者在书中通篇只是用了"进入""攻打""进攻""出兵"等字眼，始终未见"侵略"两字，也说明了作者在对待日本侵华问题上的暧昧态度和所谓客观主义的思想实质。作者虽然写了日本如何发动"九·一八"事变，但没有写发动事变的真正原因，而是过分强调某些个人的作用；谈了日本的对外政策，但没有分析其政治和经济根源；虽然用了大量史料来说明"二重外交"的存在，但没有剖析其实质。

第六章　成书于 20 世纪后期
有关黑龙江的史料（下）

第一节　《关东军》

本书由日本作家岛田俊彦著，潘喜延、庄严翻译，辽沈书社出版发行，沈阳市第二印刷厂印刷。

一　主要内容

所谓关东军的"关东"，是对中国的山海关以东一带，辽宁、吉林、黑龙江三省的总称呼。1898 年，俄国人租借关东的辽东半岛尖端，并把它命名为"关东州"。1905 年日俄战争结束后，此地租借权由俄国转让给日本，为避免中国的抗议，日本遂把这一扩大的称呼原封不动地继承下来。不久，日本以租借地为据点，驻扎一个师团及六个独立守备大队，约有一万兵力的日本军，便称之为"关东军"。关东军从建立那天起，就野心勃勃，在我国东北及东部蒙古地区建立侵略据点，搜集军事、政治情报，横行霸道，屠杀中国人民，无恶不作。1931 年关东军在天皇的授意下，在沈阳公然发动"九·一八"事变，占东北全境及热河省，挟持清废帝溥仪制造伪满洲国傀儡政权，实行了 14 年的血腥统治。1945 年 8 月 15 日，日本战败宣布投降，然而关东军并不甘心失败，妄图利用我国东北东部山区和朝鲜北部有利地形，负隅顽抗。但苏联红军四路出击，以迅雷不及掩耳之势，迅速进兵东北，彻底歼灭所谓"大日本皇军之花"的 70 万关东军，从而结束了日本统治我国东北 14 年的历史。

本书介绍了关东军的建立、关东军所犯下的罪行及其覆灭的历史。

（一）关东军的建立

1904年2月，日本不宣而战偷袭旅顺口俄国舰队，挑起日俄战争。日俄两国在中国领土厮杀一年之久，由旅顺一直打到辽宁省昌图县。1905年9月，在美国总统罗斯福的调停下，签订了《朴茨茅斯和约》，俄国将旅大地区的租借地、建筑物以及从长春以南至旅顺口的铁路及其附属地等转让给日本。日本根据《朴茨茅斯和约》的规定，又与清政府签订了《东三省事宜条约》，强迫中国政府承认俄国的转让。按上述两个条约的规定，日本将长春以南至旅顺的铁路改为"南满洲铁路"，并在铁路沿线及附属地设置铁道守备队，每公里不得超过15人，全路共长700公里，可设10500人。此外，日本违背上述条约之规定拒绝撤军，有两个师团留驻我国东北境内，大约24000余人，加上6个守备队共有36000余人，但实际兵力大大超过这个数字。

1905年9月16日，日本为了长期霸占我国东北及辽南地区，在辽阳设置关东总督府，作为殖民行政的统治机构，天皇任命大岛义昌大将为总督。总督府下设陆军部，统辖日本侵入"满蒙"的所有军队，这就是关东军的前身。1907年7月日本颁布关东总督官制改革，改总督为都督，仍以大岛义昌担任都督。都督府下设陆军、政务两部，受外务大臣之监督，管理一切政务，管辖"关东州"及负责南满铁道路线之保护。都督与驻"满洲"领事及"南满洲铁道株式会社"总裁合称所谓"三巨头"，相互制约，相互牵制。

1919年4月1日，日本为了加强对我国东北的军事侵略，废除关东都督府制，实行军政分制，关东都督府改为关东厅，原都督府陆军部改为关东军司令部，任命第四师团长立花小一郎为司令官，直接隶属天皇，统率"关东州"及"南满洲"所有陆军，并担任"关东州"防务及"南满铁道"保护事务。日本为了推行"大陆政策"，吞并"满蒙"，称霸亚洲，把中国作为假想敌，时时刻刻进行侵略。为了让所有的日本陆军都能到我国东北熟悉地形、气候，进行实地战前演习，关东军实行轮换制，日本全国所有师团依次轮流，周而复始，每两年一调换，以4月为更换期。日军到东北后改称关东军，而国内驻地、番号不变。

从1906年开始至1945年8月战败投降为止，其30余年大约轮换了15次。日本关东军师团分驻于旅顺、海城、辽阳、奉天、公主岭、长春等地。此外，日本借口保护"南满洲"铁路，另设 6 个独立守备队，沿"南满"铁路、安奉铁路沿线驻守。

日本"南满洲铁道守备队司令部"驻公主岭，另设无线电大队，专门刺探我国军事、政治情报，与东京直通消息。独立守备队也受关东军司令官统一指挥。1905 年日本还设立关东宪兵队，大队部设旅顺，分队驻大连、辽阳、奉天、铁岭、公主岭、安东各地。在旅顺，日本还设置要塞司令部及重炮兵大队。此外旅顺还驻有海军舰队，也配合关东军的行动。1919 年 4 月 11 日，日本以陆军第十二号军令，发布《关东军司令部条例》，规定关东军司令官由现役陆军大将、中将充任，直属天皇指挥，其"统率关东州及南满之陆军部队，防卫关东州与保护南满铁路沿线"。关东军是一支富有侵略性的军队，随着日本侵华政策的推进，更加猖狂和反动。

（二）关东军的罪行

关东军是日本推行侵华政策的工具，是一支妄图灭亡中国、吞并"满蒙"的殖民军队。"九·一八"事变前在东北培植土匪，扰乱社会治安，制造中国内乱，阴谋炸死张作霖。"九·一八"事变后，到处屠杀中国人民，制造惨案，其罪行中国人民永世难忘。

关东军在所谓南满附属地和租借地内胡作非为，残杀中国人民。1913 年 9 月，日本驻四平守备队包庇土匪，开枪打死中国警官 5 人。1914 年 9 月，日本驻本溪守备队，唆使土匪攻占县城，绑架县长，掠夺财物，焚烧文书档案，劫出狱中土匪。1915 年 3 月，驻范家屯的日本关东军非法侵入中国治安区，掠走巡警全部武装。1916 年 6 月，关东军支持宗社党和蒙匪巴布扎布叛乱，分裂中国，搞所谓"满蒙"独立运动。在旅顺培植和武装土匪，配合巴布扎布攻占郭家店，夺取奉天。巴布扎布叛匪被中国军队击败后，关东军护送逃跑，在路上制造"朝阳坡事件"和"郑家屯事件"，枪杀中国军民 10 余人。1919 年 11 月驻四平日本守备队，非法逮捕梨树县农民刘广、赵献臣等 3 人，无故将赵献臣打死。1923 年 11 月，日本关东军越境闯入庄河县小崔家屯将村民崔永德开枪打死。1924 年 1 月，日本军非法进入辑安县大米仙沟，无故开枪打死当地甲长和居民 5 人。1925 年 11 月，关东军支持奉军将领郭松龄倒戈，制造中国内乱，从中渔利。

关东军制造一般的事件和枪杀中国人民，并不能达到占领"满蒙"的侵略目的。因此于 1928 年 6 月 4 日，公然炸死东三省地方官张作霖，制造"皇姑屯事件"，妄想趁混乱之机出兵占领东北。由于东北当局处置得当，日本的阴谋没有得逞，但其行为越来越疯狂。1929年1月，日本守备队非法拘留本溪县长白尚纯，强迫签订租借土地的契约。1929年8月，驻辽宁省城沈阳的关东军故意围打邮差，非法检查中国邮政，窃取情报。1930年1月，日本守备队包围东宁县细鳞河保卫团部，非法绑走团总韩兴立，掠去所有武器。1930年6月安东海关查获日商走私手枪60支，子弹7000粒，弹夹138个。日军闻知后，公然闯入安东海关，以武力抢走全部走私之物。1931年5月在关东军导演下制造"万宝山事件"，公然开枪打死中国农民多人。接着关东军指使特务在朝鲜汉城、平壤、新义州等地掀起排华事件，许多华侨的房屋、商店被捣毁，甚至惨遭杀害。同年7月间，关东军又秘密派遣现役陆军大尉中村震太郎等人，未经中国政府许可，偷偷进入军事要地索伦地区，绘制地图、搜集军事情报。当中村完成军事间谍任务，于8月13日准备返回旅顺时，被当地驻军逮捕，夜间他们乘机逃跑，被卫兵误枪击毙。关东军以此为借口，向东北当局提出无理要求。按国际法的规定，以特务为目的进入他国军事禁区，搜集军事情报，绘制军事要地地图，可处死刑。日本为了发动"九•一八"事变，特派中村等现役军人，秘密进入中国军事禁区刺探军事情报和绘制军事地图，实属间谍活动，主权国家有权处死。但日本以贼喊捉贼的惯技，反诬中国军队无故开枪打死"大日本臣民"，对其特务活动闭口不谈，以此作掩护，佯作交涉，而暗中已做好发动"九•一八"事变的准备。1931年日本关东军执行天皇旨意在沈阳发动武装事变，公然炮轰中国军驻地北大营，占领东北首府沈阳城，不到3个月时间，占领东三省全境。

1932年关东军召集汉奸、亲日派，积极阴谋策划建立伪政权，导演所谓"建国运动"，指使荣孟枚等人撰写"建国宣言"，宣布东北脱离中国，成立伪满洲国。在这之前，关东军派土肥原在天津将豢养多年的清废帝溥仪偷偷运出，当上伪满洲国"执政"，成了日本帝国主义的忠实走狗。1932年3月10日，在关东军参谋长板垣征四郎的指使下，溥仪与日本签订密约，把伪满洲国的"国防及维持治安全部委托日本管理"，伪满洲国内的"铁路、航空、水路、港湾也全部由日本承办"，伪满洲国要任用"日本人充任各级官吏，其任职、解职均由关东军司令官决定"。同年9月15日，伪满与日本签订了所谓《日满协议书》，从此关东军成了伪满洲国的太上皇。东北完全陷入日本的殖民统治中。

"九·一八"事变后，东北人民掀起声势浩大的抗日运动，各地义勇军风起云涌，到处袭击日军，关东军以溥仪与日本签订的卖国密约与《日满协议书》为依据，到处攻打抗日义勇军和抗日联军。从 1931 年 9 月开始至 1945 年 8 月止，共 14 年时间，大约有 500 余万名抗日武装军民和爱国人士，死于关东军屠刀之下。

关东军在绞杀东北人民抗日武装时，制造了大量惨案，据不完全统计约有 500 余起，一次屠杀多者数千人，少者十余人。1932 年 9 月 16 日，日本关东军为了报复抗日义勇军袭击抚顺煤矿，将平顶山村附近 400 户约 3000 余人全部屠杀，并烧毁所有的房屋，制造了世界上最大的惨案。1934 年日本关东军在柳河县白家集一次屠杀当地人民 300 余人，将所有房屋全部烧毁。1933 年以后日本关东军在朝阳县南广富营子、明信沟、五家子、长条沟、二车户沟等地屠杀中国村民，制造惨案。在凌源、岫岩、本溪、新宾、昌图及黑龙江省巴彦、肇源、汤源、阿城、双城县等地也有数不清的惨案。从 1939 年起，日本为了发动太平洋战争，巩固后防进行所谓第五期"治安肃整"，对原抗日斗争激烈地区，如伪吉林省的舒兰、蛟河、敦化、桦甸、磐石、九台等县，伪安东省的柳河、新宾、桓仁等县，伪牡丹江省的宁安、穆棱等县，伪间岛省和伪通化省全部县份，进行惨无人道的"讨伐"，实行"三光政策"，使数千万中国人民惨遭杀害，许多村庄被杀绝。对热河省，日本实行特别政策，在关东军参谋长片仓衷指挥下，进行无数次"讨伐"和"扫荡"，从古北口到山海关约千余里划为"无人区"，烧毁房屋，大部分人病死和饿死。

日本用屠杀的政策是很难征服中国人的，于是关东军受天皇之命，于 1935 年、1936 年先后建立两个细菌部队。一个伪称"关东军防疫给水部"，一个伪称"关东军兽疫预防部"。1940 年 6 月又分别改称为"第 731 部队"和"第 100 部队"。第 731 部队设在哈尔滨附近的平房，拥有 3000 多人员，主要是培植鼠疫、霍乱、伤寒、炭疽及其他各种细菌。在研究过程中用中国人、朝鲜人、蒙古人和苏联人进行活体试验、解剖，每年屠杀五六百人。从 1940 年至 1945 年 5 年时间，至少有 3000 余人在这里受各种细菌实验，被关东军活活残害致死。设在范家屯的第 100 部从，是专门培养、制造鼻疽、炭疽和牛瘟等细菌的机构，在研究过程中，也用活人进行试验。1940 年、1941 年第 731 部队先后在宁波、常德一带用飞机撒下带鼠疫的跳蚤，使中国江浙地区广大人民

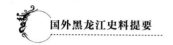

受细菌传染而死亡。1945 年日本败退之时，又将所有带传染病的细菌散布在东北各地，造成鼠疫流行，夺去中国百余万人的生命。

（三）关东军的覆灭

日本占领我国东北后，各地人民自发组织抗日义勇军，声势浩大，到处袭击日伪军，收复许多县城。1931 年 9 月辽西有高鹏振（号高老梯子），在黑山县建立国民救国军，队伍最多时达到 7000 余人，一直活动到 1936 年 3 月。1931 年 10 月，邓铁梅在凤城成立东北民众自卫军，曾发展到 12000 余人，一直活动在辽南三角地区。1932 年 4 月辽宁民众自卫军成立，推选唐聚五为总司令，组成三十七路军，约有 10 万余人，收复辽东十四县，威震中外。

在辽宁抗日军兴起之时，黑龙江军民在马占山率领下，于 1931 年 11 月掀起江桥抗战，大挫日本关东军侵略气焰，鼓舞了全国人民的抗日斗志。黑龙江军民抗日情绪高涨，纷纷建立抗日队伍，许多绿林武装也参加了抗日。在江桥抗战的鼓舞下，吉林各地许多军民自动起来抗日，组织各种武装，山林队、大刀会也随之揭竿而起。热河省的抗日武装也发展到五六万人，一直活动在朝阳、赤峰等地，打击和牵制日本军向关内进犯。

从 1931 年 10 月至 1933 年末活动在东北境内的各种抗日武装，据不完全统计约有 100 余万人。他们与侵略者展开浴血奋战，进行大小战役 2000 余次，击毙关东军 1 万余名。但他们的抗日行动，得不到国民党南京政府的支持与援助，孤军奋战，最后都失败了。抗日义勇军失败后，中国共产党肩负起东北人民抗日斗争的历史使命，与日本关东军展开民族自卫战争。早在"九·一八"事变后，中国共产党就发表反日救国声明，号召东北军民组织抗日武装，同敌人血战到底，并派出许多优秀的共产党员和爱国者到各地参加抗日活动。1932 年满洲省委组织十余个抗日游击队，在斗争中不断扩大，1936 年初成立 11 个抗日联军，约有 3 万余人，一直战斗到 1945 年 8 月 15 日日本战败投降。

东北抗日义勇军的兴起与东北抗日联军的建立，给日本关东军沉痛打击，1937 年"七·七"事变前，牵制日本侵华兵力达 40% 以上。1931 年日本占领东北时，当时兵力只有 4 万人，到 1933 年增至 13 个师团，加上独立守备队和各种侵华武装，可达 52 万人。1937 年后日本虽在关内发动战争，但驻东北的关东军兵力并没有减少，反而由 13 个师团增加到 31 个师团，约有 81 万人，号称百万。这说明东北抗日联军力量强大，牵制了日军大量兵力，直接援助了关内军民的抗日斗争。

日本占领东北全境后，关东军为了进攻苏联，从 1932 年开始就在黑龙江南岸建筑永久性的工事，并派重兵防守。以伪黑河省为其重点，计有瑷珲、呼玛、奇克、逊河、乌云、佛山、鸥浦、漠河、孙吴等九县。在抚远、绥芬河等乌苏里江右岸也修筑了防苏的地下工程。从 1932 年至 1939 年用 7 年时间，在满洲里至虎头的漫长"国境"线上修筑了地下兵营，能容纳 20 万人。关东军先后修筑 14 个"国境阵地"，阵地内均设有指挥部、掩炮所、观测所、弹药库、蓄水池、粮库、兵营等地下永久性工事。"国境阵地"划分四个正面战区：东部正面区，即伪牡丹江省、伪间岛省地区，与苏联沿海州相对；东北部正面，即伪三江省辖区；北部正面，也称黑河正面，为伪黑河省地区；西部正面，又称海拉尔正面，为伪兴安省辖区。

关东军自以为地下工事坚固，从 1937 年起不断向苏军挑衅，均遭到痛击。1938 年 7 月在东部正面关东军挑起张鼓峰事件，1939 年 5 月在西部正面又挑起诺门坎事件，均以失败而告终。从此以后关东军再不敢轻举妄动，向苏军挑衅。1941 年苏德战争爆发后，关东军经过精心策划，进行两次大规模的所谓"关特演"，总兵力达到 71 万人，飞机 1100 余架，妄图一举占领库页岛与黑龙江北岸广大地区。但日本大本营根据苏联实力，认为没有获胜的把握，于是放弃了北进作战计划，而采取"静谧确保策略"。

1941 年 12 月 8 日，日本发动太平洋战争后，将关东军战斗力较强的师团调入南洋和中国关内各战场，但关东军总数仍是有增无减，大约还有 70 万人。到 1942 年 7 月，日本在太平洋战争中不断失败，将关东军主力调往南洋及关内战场，日本在国内又新征集 30 万人编入。此时关东军战斗力极弱，称为第二关东军，共有 24 个师团，组建两个方面军司令部、一个军司令部和一个机械化军（坦克车）司令部。第一方面军司令部驻牡丹江，第二方面军司令部驻齐齐哈尔，第二军司令部驻延吉，机械化军司令部驻四平。1944 年第二方面军司令部调往南洋战场后，又在齐齐哈尔建立了第三方面军司令部，1945 年 5 月撤至沈阳，改由第四军担任"西满"防务。后又组建第三十军和第四十四军，分驻"南满"与"西满"。

1945 年 5 月苏联打败德国，攻克柏林后，于同年 7 月 26 日赞同中、美、英三国发出要求日本无条件投降的《波茨坦公告》，8 月 9 日声明对日本宣战。苏军从三个方向发起进攻，远东第一方面军从沿海州地区攻入牡丹江、绥芬河等地，第二方面军由伯力一带向哈尔滨进攻，外贝加尔方面军由中蒙边境向赤峰、齐齐哈尔、沈阳一带进攻日军后方，太平洋舰队进攻旅顺、大连地区。总兵力四个集团军，外有坦克兵、航空兵、炮兵、工兵、通信兵，约有 157 万人。苏联红军作战英勇，不到 5 天时间，全面突破关东军的所有防线，在东北抗日联军和冀热辽军区的八路军配合下，分别解放了沈阳、长春、哈尔滨、吉林、张家口、承德和旅大等重要城市。

苏军开始进攻时关东军曾做垂死挣扎，被苏军击败后又惊慌失措，如丧家之犬，企图逃跑。8 月 15 日，日本天皇宣布接受无条件投降，关东军司令官山田乙三乃下令向苏军和中国投降。70 余万人的关东军被苏军击毙 8 万余名，击伤 2 万余名，俘获 59.4 万余名，其中将级军官 148 名。在我国东北作恶多端的日本关东军，终于被彻底消灭，在其扶植下的伪满政权也随之崩溃。沦陷 14 年的东北，终于回到祖国的怀抱。

二　学术评价

岛田俊彦先生所著《关东军》一书，比较客观和真实地记述了关东军的历史，披露了一些过去鲜为人知的内幕，具有重要价值。作为一个日本人，这是难能可贵的，这表现了一个真正的历史学家的史德和良知。

第二节　《满铁调查部内幕》

一　作者简介

草柳大藏（1924～2002），日本的评论家、纪实作家、新闻记者。1966 年（昭和 41 年），《文艺春秋》连载的《现代王国论》获得文艺春秋读者奖。主要著作：《现代王国论》《满铁调查部内幕》《官僚王国论》《看到眼睛、工作的眼睛》《内务部对占领军》《日本解体》《昭和天皇和秋刀鱼》《池田大作论》等。本书由刘耀武、凌云、丹徒关益翻译，黑龙江人民出版社 1982 年出版。

二 主要内容

《满铁调查部内幕》是一部日本帝国主义经营的南满州铁道公司在我国东北三省进行情报活动的长篇纪实。本书从选材到资料搜集花费了 3 年时间，在《朝日周刊》上连载用了一年零三个月。

第一章的"原野思想"概括地叙述了调查部的诞生、性质、职能；第二章的"热砂思想"介绍了即将到来的"满洲建国"的理念和行动，并尽量简单扼要地记叙了形成这个时代的"理念和行动"的国际关系；第三章的"对抗思想"是企图通过人来说明确定并加强调查部的自主性时，与"权力"发生了什么关系；最后一章"余辉思想"是写"满铁调查部"与日本战败的同时，沉没在历史的地平线下。可是它的沉没就像我们看到的壮观的落日一样，放射着灿烂的光辉；然而"满铁调查部"积累的知识和方法论，像那轮落日又从东方的地平线升起了一样，在战后的社会苏醒了。日本在战败的同时把"满铁"的很多硬设备留在中国，可是，所谓"大脑"软设备却全都撤回来了。目前在日本的政界、学术界、经济界等，过去任满铁调查部员的人，不胜枚举。战后的"经济成长"，从世界的角度来看也是无与伦比的，分析其成长原因的报告也很多。如从人的资源这个角度来看，说是过去调查部的人员描绘了"经济成长"的蓝图也不过分。

"满铁调查部"的历史，也可以说是一部痛苦史。初期的调查部是在后藤新平的"文治军备"的方针下，孜孜不倦地致力于"满洲的文明开化"；中期的"满铁调查部"又为"满洲国的诞生"全力以赴。这是确实的。可是他们却无法熄灭不断来自外部的"放弃满蒙论"的呼声，以至于对自己的工作产生怀疑。

但是，"满铁调查部"在 40 年间所提出的报告达到 6200 份。为研究而积累起来的资料，包括书籍、杂志、报纸（外国报纸）的剪报共有五万多件。这是杨觉勇（John Young）在 8 年当中调查的数字，杨对这些资料高度评价说："这些成果可以说是二十世纪亚洲知识的宝库。"这其中跟中国以及东亚地区有关的调查报告对于我们来说有一定的参考意义。

本书中跟黑龙江有关的资料如下。

（1）"昭和十三年四月，松冈洋右任满铁总裁时成立了'大调查部'，当时工作人员有二千零二十五人。预算超过八百万元。（如以批发价格换算，相当于今天的三十八亿日元）。此外，"调查部"不仅设在满铁总公司的大连，而且在沈阳、哈尔滨、天津、上海、南京，甚至纽约和巴黎都设有办事处。"

（2）"此外，后藤认为"如果向满洲移民五十万并有几百万头牲畜，一旦战机对我有利，则可作为进而侵入敌国的准备"，这也是参加过日俄战争的军官们的思想。"

（3）"'提到生产事业可以说是一个零。清朝发祥于满洲，奠基于北京，但三百年之后，完全被汉人同化。因此，满洲只是作为清朝自己祖先的发祥地而受到重视。连在满洲的满人都被汉人同化了，反而成了汉人的走卒，过着可怜的佃户生活。可以说，满洲根本没有产业。而且根据朴茨茅斯条约而获得的满铁线路，总共只有700英里，而且只占满洲南端的一小块地方。在人口稀少，广漠辽阔的满洲，仅有七百英里的铁路，要想盈利是根本办不到的。'当时，人口总数为1200万人。（中略）满洲的面积，据大正五年满铁调查部的调查，约为115万平方公里。即为日本本土的2.6倍，是墨西哥的一半，或者说是德国与法国面积的总和。这里有一千二百万人，用'象撒下的芝麻粒'，来比喻当时人口分布的情况那是非常恰当的。90%的人都是农民，刚刚能够糊口，几乎没有什么贸易上的土特产品。港口只存营口一处。"

（4）"满铁这个公司在某件事情上常常会使你感到'规章制度正是为了破坏它才设置的'。经营规模之大，也是破格的。其气派也象大家常说的那样是'大陆的'。随着事业的发展，在奉天、长春、哈尔滨等地设了公所（办事处）。"

（5）"在这种情况下产生的'当地实际调查'作为一种知识的能量而被储存起来；《满洲建国方针草案》可以说正是在此基础上一气呵成的产物。昭和七年，在满洲国即将成立之际，关东军参谋部向满铁调查部索取东三省（满洲）的实际情况报告。这份报告书达368册。其中第一号第一卷是北条秀一的'统制经济论'。其中很多章节都是以参谋部的情报参谋召开座谈会的形式来叙述的，现在读起来也感到非常有趣，尤其是内容详尽足它的特点。"

（6）"在叙述'满铁调查部'的成绩时，之所以不能不同时介绍'东亚经济调查局'，是因为有'哈尔滨办事处'的缘故。满铁对俄国的调查，可以用'精确'二字来概括。"

（7）"大正十一年，在哈尔滨满铁把称做'万金油'的世界上最珍贵的俄文图书 1.2 万册，终于弄到手了。公司史上记载着'购入'，但是价格并不清楚。在买进这些大批书籍之前，满铁资料室已有有关俄国的书籍 9000 册，现在一共有 2 万册。满铁因为得到了这批'万金油'而受到鼓舞，劲头儿更大了。"

（8）"'俄国调查'的据点是'哈尔滨办事处'。此办事处开创于明治四十一年。最初派去的是精通俄语的调查部员森御荫。次年，明治四十二年，满铁拨出补助费令夏秋龟一筹办了一个叫做日满商会的贩卖煤的公司。由于该公司业务扩大，大正四年满铁总公司贩卖课设置了办事处，把日满商会的业务合并到一起。不久，俄国爆发了革命，日本和俄国及中国的关系发生了变化。直截了当地说，帝俄在东清铁路的军事权和警察权于大正九年全被中国收回。因此，满铁把大正六年设立的'哈尔滨公馆'，于大正十二年升格为'哈尔滨办事处'。其中设置庶务课、运输课、调查课等机构。其后，虽然组织上有过几次变动，但是，作为'满铁调查部'的前哨阵地的性质，却丝毫未变。日本政府把东清铁路成功地买到手之后，又成立了哈尔滨铁路局，于是调查活动就更加活跃了。

在帝俄方面，也把开发北满作为侵略目标，从调查专家的角度来看，俄国还留下很有价值的资料。日本接收东清铁路时，俄国从会议室的桌子到烧水的壶都留下了。可是，不知为什么，调查资料也都原封未动地留下来。'哈尔滨办事处'首先着手翻译这些资料，作为特约人员而被雇佣俄国人和中国人，最多曾达 45 人之多。"

（9）"这类电文，立即转给日本的哈尔滨铁路局长、总领事、关东军、海军驻在武官。但在秋山炭六担任调查课长以后，不再给关东军了。（中略）离开哈尔滨时，'哈尔滨黎明报'这家俄文报的记者前来采访。秋山随便起了个'阿纳托里·亚力山大罗维奇·秋山'这个俄语名字。由于使用这样一个名字，他得以和哈尔滨市内的俄国人和中国人结交成知心朋友，这不单是为了情报工作，正象最后一任满铁总裁山崎元干所说的那样，他是想要在满洲城市里实行'当时非常时髦的文化行政'。

谍报活动的地区是黑河与东部国境的城镇。以这些地方为据点，派间谍潜伏进去。目标是调查苏联的军事运输情况；另一个任务是监听无线电，特别是精心捕捉苏联使用的传真电波。"

三　学术评价

《满铁调查部内幕》这本书中，引用了大量历史文献和很多知名人士的论著，尤其是对有关日本帝国主义在明治年间直至 1945 年 8 月日本战败为止侵略我国东北的全过程有详尽的记述，其中的很多轶事秘闻是从未发表过的。

这些资料对于研究当年日本帝国主义侵略中国的历史以及我国东北三省当年的社会历史情况，都有着重要的参考价值。书中涉及中日两国一些重大事件及当时军政财政各界的众多显要人物，原作者是完全站在所谓"满铁人"的立场来加以评述的。所以，许多观点和我们的看法，在原则上有根本分歧，在这方面需要我们注意分析批判。

第三节　《满洲大陆新娘是如何被炮制出来的》

一　作者简介

《满洲大陆新娘是如何被炮制出来的》（満州大陸の花嫁はどうつくられたか）为相庭和彦（日）、大森直树（日）、陈锦（中）、中岛纯（日）、宫田幸枝（日）、渡边洋子（日）合著。相庭和彦生于 1960 年，东京大学大学院教育学研究科博士学位毕业，现为新潟大学副教授。其主要成果有《天皇制与教育》（合著，日本三一书房出版，1991）、《生涯学习时代的社会教育》（合著，明石书店，1992）、《生涯学习时代的人权》（合著，明石书店，1995）。大森直树生于 1965 年，东京都立大学大学院人文科学研究科博士毕业，东京学艺大学助手。其主要成果有《殖民地统治与青年教育》（《日本社会教育学会纪要》1991 年第 28 期）、《满洲国教育与日本人》（日中共同研究《满洲国教育史研究》第 1 期，东海大学出版，1993）、《满洲·满洲国教育史料集成》（监修，全部 23 卷本，1993）。陈锦生于 1955 年，北京师范大学外语系日语专业毕业，日本御茶水女子大学大学院人间文化研究科博士毕业，现为东京经济大学·昭和药科大学非常勤教师。主要成果有《中国成人教育新动向——以北京民营学校为视角》（《日本社会教育学会纪要》1992 年第 28 期）、《思考大学的一般教养——通过中文讲义的角度》（《昭和药科大学纪要》1996 年第 30 期）。中岛纯生于 1962 年，东京都立大学大学院人文科学研究课博士毕业，写作家。主要成果有《天皇制与教育》（合著，日本三一书房出版，1991）、《少年团的历史》（合著，萌文社，1996）、《大正民主期后藤新平的社会教育思想》（《日本社会教育学会纪要》1991 年第 27 期）。宫田幸枝生于 1967 年，现在首都大学东京大学院人文科学研究科攻读博士学位。主要成果有《中国残留孤儿问题与教育实践》（《人文学报》1995 年第 259 期）、《第二外语的日语教育与国际归属问题研究》（《多文化·民族共生社会与学习生涯》，东洋馆出版，1995）、《连接文化和教育》（合著，国土社，1994）。渡边洋子生于 1959 年，御茶水女子大学大学院人间文化研究科博士毕业，现为新潟中央短期大学专任讲师。主要成果有《天皇制与教育》（合著，日本三一书房出版，1991）、《生涯学习时代的人权》（合著，明石书店，1995）。

二 主要内容

本书由日本明石书店在 1996 年 9 月第 1 版印刷。

本书从何为"大陆新娘"等概念和大陆新娘被如何培育入手，从战时青年女性的自我形成与国策的衔接、自觉的参与与有意识地被输送、大陆新娘的各种人生选择、大陆新娘国策的产生与形成、女子拓殖事业的构想与展开、培养大陆新娘的社会基础、以长野县大陆新娘为例等章节切入，对日本大陆新娘政策的国策性、社会性基础和展开进行了系统论述。本书还从特别论述的专稿角度，以开拓移民给中国人民造成的灾难、中国人如何看日本的大陆新娘、战后的大陆新娘之境况对嫁到满洲的日本女性给中日关系带来的影响进行了深入解剖。尤其是上述几篇专稿中，在阐述大陆新娘国策背景中，集中论述了日本的初期移民、武装移民、百万户移民的第一个和第二个五年计划等移民侵略的四个阶段，从土地掠夺和遭到的抵抗，并以黑龙江省尚志地区的 25 个开拓移民团的实证为例，指出了移民乃至大陆新娘的移民侵略本质，并以黑龙江省五常镇的新娘学校、日本女子青年训练所为例进行了大陆新娘组织化和配合国策的实证分析。不仅如此，本书还从残留妇人研究的意义和中日人民的友好佳话的角度，以滨江省沙河子残留妇人近江师子、大贯佐江、日本孤儿王春霞的愿望为例，论述了大陆新娘与后来的残留妇人和残留孤儿之间的因果关系。在中国人如何看日本的大陆新娘的专论中，从中国当地人如何接触到大陆新娘、历史认识的差异、残留日本妇人问题等视角，结合黑龙江省出身的大陆新娘和开拓移民等讲述的移民体验谈、战败撤退谈、残留体验谈、回国体验谈等实证采访，曾在黑龙江结婚、撤退、回国的原大陆新娘回国后的境遇及今后面临的课题等，论证了大陆新娘问题研究的历史和现实意义。可以说，在黑龙江省由于集中了众多的开拓团和青年义勇军队员，满洲大陆新娘被派往黑龙江省的牡丹江、佳木斯、黑河等边境地区的人数不少，这也是本书针对黑龙江地域的特色研究之处。

本书从社会教育史的角度，以 1939 年开始的日本军部对中国满洲的开拓移民为背景，将伴随满蒙开拓移民的不断深化，通过有组织地培训、输送未婚女性到满洲各地，给已进入满洲的开拓团民、青年义勇军成员做配偶的国策来龙去脉的调查和研究，指出"满洲开拓"实质是隐瞒了日本向满洲派遣农业移民的真实状况的专用语。这些女性是日本意图延续作为傀儡的伪满洲国的对外侵略的存续和殖民地经营成功的一个标志，也是从社会教育学角度探索移民的国策背景、女性对满洲新天地的憧憬、开拓团民对满洲开发幻梦的期待等国家、女性和开拓民之间三位一体微妙关系的体现。

三 学术评价

本书的最大学术贡献在于，通过对日本侵华战争期间与日本实施的开拓移民同步的满洲大陆新娘的问题提及、意识唤起、学术探究，引发学术界对长期忽略的该问题的研究热，也从丰富资料角度为系统解开满洲大陆新娘在日本侵华尤其是在对东北的开拓移民中的特殊作用做了有益的尝试。由于该书涉及黑龙江省牡丹江、佳木斯、黑河、齐齐哈尔、哈尔滨等多个地区，堪称同类研究中与黑龙江关联度较高和切入点较多的研究。本书从另一个侧面丰富了学术界研究日本侵华战争带给日本社会及教育影响的论点和论据，对有效批判日本军国主义发动的侵略战争带给普通民众的深刻影响提供了视角更加独特、冲击力更大的研究内容，丰富了东北沦陷十四年黑龙江地域史的研究，为东北地方史和黑龙江流域乃至中日学术界拓展交流开辟了新的领域和渠道。该书对满洲大陆新娘的论述是基于日本国策和作为日本战时社会学及社会教育学考察的一环进行的，虽然立论较有新意，研究系统和缜密，调研相对客观和翔实，但由于其涉及黑龙江的内容多数为举例和史料引用以及图表参考，使该问题与黑龙江地域的关系更多是服务于整体需要，难免存在不够深入或浅尝辄止，局限于庞杂资料的印象，这也是作者们今后有必要进一步梳理和拓展的领域。

第四节　《魔鬼的乐园——关东军细菌战部队恐怖的真相》

一　作者简介

森村诚一，1933 年 1 月 2 日生于日本琦玉县，父亲是个商人。他从中学到大学，一帆风顺。1958 年毕业于青山学院英美文学系。日本著名推理小说作家，与高木彬光、江户川乱步、佐野洋、和横沟正史并称日本推理文坛五虎将。森村诚一自 20 世纪 60 年代脱颖而出，一直致力于推理小说的创作，他不仅继承发展了松本清张社会派推理小说的特色，而且还在作品主题、人物塑造、故事构思、语言对话上独树一帜，成为最具影响的推理小说家。森村诚一首先是一个有良知、正直的作家，所以他才能在推理小说方面做出杰出的贡献。他的推理小说不仅在题材内容上有很大的震撼力，在艺术表现手法上也新颖而自成一家。

二　学术成就

森村诚一致力于创作社会派推理小说，于 20 世纪 70 年代起先后写出了《虚幻的坟墓》（1970）、《新干线杀人事件》（1970）、《东京空港杀人案》（1971）、《密闭山脉》（1971）、《超高层饭店杀人案》（1971）、《腐蚀》（1971）、《日本阿尔卑斯杀人案》（1972）、《铁筋畜舍》（1972）、《异型白昼》（1972）、《正午的诱拐》（1972）、《星的故乡》（1972）、《恶梦的设计者》（1973）、《恐怖的骨骼》（1973）、《通缉令》（1974）、《黑魔术之女》（1974）、《锁住的棺材》（1974）。他每一年平均推出 2 ~ 4 部长篇推理小说，还写了大量的短篇推理小说，其作品多达 100 多部，主要作品还有《太阳黑点》《恋情的报复》《荒诞世界》《催眠术杀人案》《正义的谋杀》《虚幻的旅行》《"蔷薇蕾"的凋谢》《空洞星云》。在 1972 年他被评选为日本推理小说最畅销书作家，并两次获得大奖，成为松本清张最有力的挑战者。在 1975 年至 1977 年的三年中，他先后写出的系列推理小说《人性的证明》《青春的证明》《野性的证明》轰动文坛；另一组三部曲《黑十字架》《白十字架》《火十字架》，也获好评。

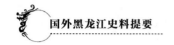

在 20 世纪 80 年代，森村诚一出版《恶魔的饱食》，80 年代中期，《恶魔的饱食》第一、二、三集再次修订出版。这部不是推理小说的报告文学，使他再次引得世界文坛的注目。作者用大量事实揭露第二次世界大战期间日本侵略中国东北时，以中国人为生物实验对象来试验细菌生化武器。作品先在《赤旗报》上连载，引起轰动。《恶魔的饱食》之后，森村诚一又以推理小说的形式，写出了《新人性的证明》，以一个中国女翻译被谋杀，再次揭露日本七三一部队当年犯下的杀人事实，使日本右翼人士哑口无言。

三　写作背景

作者森村诚一在《赤旗》报刊登连载小说《死器》过程中，有机会接触到原满洲七三一部队即日本陆军细菌战部队的许多幸存者，在接触之后窥视到这支部队恐怖的真相。七三一部队是日本陆军产下的恶魔部队，他们把生物和医学转用为武器，并实施国际法上禁止的细菌战。队员们对自己的经历严守秘密，其中许多人隐姓埋名地活着。这支世界上规模最大的细菌战部队集中了日本全国优秀的医生和科学家，以 3000 名以上的战俘为对象进行活体实验，生产了大量的细菌武器。战争是残酷的，战争结束后生存者们守口如瓶，不愿谈论有关情况。作者经过努力最终说服这些人，最后发表《恶魔的饱食》一书。此书先后于 1981 年 11 月和 1982 年 7 月在日本出版发行。作者以纪实的手法，用第一手资料系统地揭露了日本细菌战部队——七三一部队在中国哈尔滨东南郊平方镇等地建立大规模细菌战研究基地，利用 3000 多名中国、苏联等国的战俘和平民进行活体解剖，研制细菌武器并在中国和中苏边境进行细菌战的历史事实，引起日本国内外的极大震惊。这部著作的发行量超过 180 万册，成为经久不衰的畅销书。而后，作者在征求原七三一部队人员在内的广大读者意见后，又在日本国内、美国和中国做了进一步的深入采访，对原著进行了较大的删改和重要补充，由日本角川文库出版了三卷本的新版《魔鬼的乐园——关东军细菌战部队恐怖的真相》。

四　主要内容

作者森村诚一在 20 世纪 80 年代所著的《恶魔的饱食》（光文社，1981），向世人揭露了日本陆军的"恶魔部队"——侵华日军第七三一部队在哈尔滨市近郊平房区对中国人民犯下的骇人听闻的罪行。七三一部队是日本军国主义的细菌战秘密部队，他们进行人体实验、细菌战和毒气战等。同时，本书展现了中国人民不畏强暴、血战到底的英雄气概。《恶魔的饱食》共三部，第一部是以采访第七三一部队原队员为主要内容的口述历史，第二部是运用美军的档案的调查，第三部是作者在中国实地的采访记录和调查记录。本书为第一部，其汉译本《魔鬼的乐园——关东军细菌战部队恐怖的真相》由关成和、徐明勋翻译，赵宇校审，黑龙江人民出版社于 1983 年出版。

本书揭露了侵华日军第七三一部队违反国际法，秘密使用细菌武器的残酷内幕。本书共十三章，分别为序章如今才窥见的一副可怕凶相——撰写七三一部队实录的必要性、第一章哈尔滨以南二十公里的特殊军事区、第二章暴行的检阅——死梦的标本、第三章黑暗的小天地——七三一部队、第四章争取人权——"马路大"的暴动、第五章细菌战的技术秘密、第六章恶魔的姊妹——一〇〇部队、第七章在乐园的那些日子里、第八章日军的私生子——第一期少年队员、第九章戴着假面的"军神"、第十章毁灭的七三一——一九四五年八月九日、第十一章不能让军神复活、终章撰写第七三一部队实录的意义。此外书末还有《附记》以及《细菌战部队沿革表》，方便读者对日本军国主义细菌战部队的历史有一个整体、系统的把握。

序章交代了写作的缘由、经过和目的，作者强调关于七三一部队的出版物少之又少，且局限于审判记录和官方文件，对于该部队的全貌涉及不多。作者把前七三一部队队员的真实经历记录下来，最大限度地还原那段痛苦、血腥的历史。第一章首先介绍了七三一部队的缘起、部队设置和组织阵容，其次以"马路大"为线索，叙述了其生活情况、命运遭遇，最后对七三一部队设置逐一进行详细的介绍。第二章主要记述了各类专题研究小组的情况，并用"绘图兵"、活人解剖的实例来揭示七三一部队对"马路大"实施的残酷实验。第三、四章两章主要记述了关押"马路大"的特设监狱，以及"马路大"为争取人权而进行的暴动。第五章主要记述了七三一部队进行细菌战的一些关键技术，其中还穿插了随军记者 M 先生体验七三一部队生活的报告。第六章主要记述了一〇〇部队的情况。第七章则是对七三一部队队员日常生活状况的记述，七三一部队的伙食是日本陆军中最好的，同时开展着丰富多彩的文体活动，但其干部却是相当腐化的。第八章主要记述了七三一部队少年队，从招募选拔、训练教育、实践锻炼、日常生活等方面详细介绍少年队。第十章重点记述了七三一部队长石井四郎，从早年经历、戎马生涯、生活丑闻、鼠疫研究、

贪污公款等方面向读者展现了石井四郎罪恶的一生。第十一章主要记述了七三一部队的覆灭，伴随着日本帝国主义在第二次世界大战中的失败，七三一部队经过最后的疯狂，最终宣告失败。七三一部队在撤退前夕，杀掉所有"马路大"，并破坏器材，毁灭物资，妄想严守七三一部队的秘密。第十二章通过战后一名前七三一部队队员的心路历程对日本军国主义进行了反思。终章是作者写作的历程以及对于战争的反思。

五 学术评价

本书以客观冷静的视角审视历史，以准确丰富的史料还原历史，真实地记录了曾经隐匿在黑暗背后的一段段沧桑岁月。本书最大的学术贡献在于通过揭露日本侵华战争期间七三一部队的罪恶历史，推动了对日军细菌战部队及其罪行的研究，引发了学术界对该问题的关注。森村诚一代表了日本学界的良心，但他遭到日本右翼势力的仇视，他强调自己并不是一个只关心版税和稿酬的作家，他认为作家应该关注社会问题、善于反省历史、揭露社会的阴暗面、追求人生的真谛是他写作的目的，同时也是其人生信条。

侵华日军第七三一部队是从日本军国主义陆军中衍生出的一支恶魔式的部队，其任务是将生物学和医学运用于武器，妄想发动已被当时国际法所禁止的细菌战争。其队员坚持"为了国家利益，毫无罪恶感"。战后，前七三一队员均保持沉默，企图隐瞒这一段黑暗的历史。森村诚一在撰写《死器》时，由于需要了解七三一部队的情况，有机会接触了前七三一部队的队员。通过对他们的采访，森村诚一掌握了大量有关七三一部队的资料，例如通过本书首次公布的前七三一部队队员绘制的《关东军防疫给水部本部满洲第七三一部队要图》逐一标注了该部队的官制名称，各工作班班名及其研究内容，指明了部分特定单位的工作地点和具体任务。森村诚一在采访的基础上还查阅大量相关资料，并亲自到哈尔滨进行调查。

本书是口述史研究侵华日军七三一部队的重要作品。首先，通过实录，以当事人为本，追寻七三一部队的种种罪行，这有别于之前对于七三一部队研究只注重档案。其次，本书对前七三一部队队员、部队高层和整个日本民族的反思，一语中的，发人深省。最后，书中的实例为日后对侵华日军七三一部队的研究提供了丰富的资料。

第五节　《黑龙江沦陷始末——一个
日本特务机关长的回忆》

一　作者简介

林义秀（1891～1978），日本陆军军人，最终军衔是陆军中将。出生于和歌山县，曾就读于和歌山中学，1914 年 5 月毕业于陆军士官学校（第 26 期），同年 12 月在步兵第 23 连队任步兵少尉军衔。1923 年 11 月，毕业于陆军大学（第 35 期）。

曾任步兵第 23 联队中队长、参谋本部内勤工作、驻中国屯军司令部成员、总参谋部成员、驻齐齐哈尔参谋本部工作、近卫步兵第三联队大队长、关东军司令部成员并兼任黑龙江省警备军顾问、近卫步兵第三联队见习、驻中国屯军司令部调查班长、驻中国屯军参谋、台湾军参谋、对马要塞参谋、高雄要塞司令员等职，任职于台湾步兵第一联队长时日本全面侵华战争爆发。此后曾先后任台湾军研究部成员，并临时担任南方台湾军司令部参谋。1941 年 10 月晋级为陆军少将军衔。太平洋战争爆发后任第 14 军副参谋长兼军政部长，参加了攻占菲律宾战役。后又调任第 54 步兵团团长及作为独立混成第 24 旅旅长前往缅甸战场。1945 年 2 月，晋升为第 53 师团长，两个月后晋升为陆军中将军衔，此时战争结束。1946 年 8 月，作为战争嫌疑犯被逮捕，1949 年 11 月，在马尼拉被判决无期徒刑，但在 1953 年 7 月被释放。

本书是作者在 1934 年参加北满日报社举行的以"漫谈建国当初之黑龙江省"为题的座谈会后记录基础上编写的，作者当时作为齐齐哈尔日本特务机关长，是日本帝国主义策划侵占黑龙江省阴谋的直接参与者和具体执行人之一。本书日文原版曾收录于战后日本出版的《现代史资料》第十一集，原书名为《回顾建国当初的黑龙江省》，题目译者做了改动。

本书由邓鹏译，赵连泰较，中国人民政治协商会议黑龙江省委员会文史资料研究委员会编辑部编，黑龙江人民出版社 1987 年 3 月出版，政协黑龙江省委员会文史资料研究委员会办公室发行。

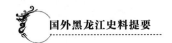

二　主要内容

本书以作者的回忆方式讲述了 1931 年 9 月下旬日本占领辽宁、吉林两省后，即着手谋取黑龙江省的过程。黑龙江省处于日本势力范围之外，而且与苏联接壤，日军直接出兵侵占尚有顾虑，便首先利用叛国投敌的洮辽镇守使张海鹏伪军向龙江（齐齐哈尔）发动进攻，企图达到不直接出兵而取得黑龙江的目的。张海鹏是奉系军阀元老之一，因向张学良谋取黑龙江省主席未成，与日军早有勾结。"九·一八"事变后，张海鹏投降日本，10 月 1 日宣布就任伪边境保安司令，脱离张学良，并答应日本北上进攻黑龙江的要求。当时黑龙江省主席兼东北边防军副司令万福麟远在北平。10 月中旬，张学良任命步兵第 3 旅旅长马占山代理省主席职务兼任黑龙江省军队的总指挥。10 月 16 日拂晓，张海鹏部向江桥发起进攻，马占山率部将其击溃，并将嫩江桥破坏三孔。日军利用张海鹏伪军进攻失败后，决定直接出兵攻占黑龙江省。本书以此为背景，此后以作者林义秀回忆录的形式记录了作者出任齐齐哈尔日本特务机关长后，在一年的时间内日军攻占黑龙江省的始末。本书按时间顺序主要记录了 1931 年 9 月中旬至 1932 年 12 月下旬期间日军侵占黑龙江省的全部过程。本书分为三卷，各卷按时间划分，卷一（1931 年 9 月中旬至 1932 年 4 月上旬）、卷二（1932 年 4 月中旬至 1932 年 8 月下旬）、卷三（1932 年 9 月上旬至 1932 年 12 月下旬）。在卷一中主要记录了事变初期的黑龙江省，在嫩江桥炸毁背景下，日本齐齐哈尔特务机关长林义秀（作者）以关东军司令官代理名义向黑龙江省代主席兼代东北边防军驻黑龙江副司令长官马占山提出，限黑龙江省于 11 月 3 日前修竣嫩江桥，这一无理要求被拒绝后日军向嫩江桥北守军发动攻击。11 月 19 日，日军攻占齐齐哈尔。后面叙述了日军进入齐齐哈尔后的黑龙江省概况以及"满洲建国"前后的黑龙江省政局。卷二主要记录了马占山叛逃后的黑龙江省政局，日军与马占山的决战，日军铃木旅团调离黑龙江省，黑龙江省军对叛军的作战。卷三记录了 1932 年秋的黑龙江省政局，省政详情，呼伦贝尔事件，消灭马占山军后的黑龙江省警备概况，黑龙江省军现状。每卷后均有附录、附表和大事记，这些资料对研究日本侵略黑龙江历史的学者具有很高的参考价值。

三　学术评价

本书是作者根据亲身经历并引用大量函电、日记和有关人员的回忆录等第一手资料写成，按时间顺序记述了日军侵占黑龙江省的全过程，并涉及某些内幕及纤维人知的轶事秘闻，内容较丰富。特别是对一些重大事件，如江桥抗战、黑龙江省伪政府的建立、马占山一度降日与再度抗日、呼伦贝尔事件等，均有较详细的记载。因此本书对于了解日本侵华史和黑龙江地方史具有较大的参考价值。因为本书作者是从侵略者的角度来叙述，此书可以说是日本帝国主义侵略黑龙江省的一份供状，是难得的反面教材。

作者是日本人并参与日军侵占黑龙江省的全过程，因此是站在侵略者的立场来编写此书，书中将我国抗日武装诬蔑为"匪"，在书中作者对日军的侵略行径大肆吹捧、辩解，而对黑龙江省爱国军民的抗日斗争极尽污蔑、贬低，有的甚至是歪曲事实的。

第七章　成书于 21 世纪以来
　　　　有关黑龙江的史料（上）

第一节　《伊藤博文传》

一　作者简介

久米正雄（1891～1952），日本小说家、剧作家，20 世纪 20 年代和 30 年代最受欢迎的作家之一。他和芥川龙之介一道拜夏目漱石为师，久米比芥川更得老师器重。夏目漱石是日本近代以来首屈一指的文豪，被称为"天下一品的作家"。漱石不但著作等身，堪称巨匠，门下十一弟子亦皆出类拔萃，各领风骚数十年，成绩有目共睹。久米正雄即为其中之一。久米正雄也是夏目漱石门下唯一的"流行作家"，著有《阿武隈心中》《萤草》《破船》《墓参》等多部通俗小说。

二　写作背景

作者久米正雄在本书的序中叙述了写作《伊藤博文传》的经过，最初改造社将《伟人传全集》中的一卷《伊藤博文传》委托给作者，作者没有勇气接受，作者认为评价伊藤博文要叙说他的功绩，而他的功绩涉及幕末明治的全部，他的事业又涉及政治、文化、产业等所有部门。要叙说他的一生，便不可不叙说幕末明治的整部历史，要说明他的存在的特点，便不可不说明明治文化的一切特点。作者认为那是优秀历史学家、博学的文明批判家和风俗研究家所做的事，而作者既不是历史学家，也不擅长文明批判和风俗研究。因此作者一开始并不打算做这个工作，但是，慢慢思考后便渐渐体会到这个工作的趣味，从一开始不想接受这个工作，到即使做不到也想试试看，再到最后觉得这就是自己应该做的工作。作者在搜集资料的过程中发觉自己与伊藤博文的性格有相似之处：认为伊藤博文意志虽然刚强，但性格很柔弱；虽没有许多独特点，却集合时代的特质于一身；虽心浮气躁，但亦不失为精通世故人情之人；虽对人一团和气，但要做的事都一定要成功。作者认为自己对伊藤博文的了解绝不落后于他人。因此，虽认为写作《伊藤博文传》是很麻烦的工作，仍决定冒险执笔。

三　主要内容

伊藤博文（いとうひろぶみ，1841 年 10 月 16 日～1909 年 10 月 26 日），日本近代政治家，长州五杰，明治九元老中的一人，日本第一个内阁首相，第一个枢密院议长，第一个贵族院院长，首任韩国统监，明治宪法之父，立宪政友会的创始人，四次组阁，任期长达七年，任内发动了中日甲午战争，使日本登上了东亚头号强国的地位。伊藤博文是日本长州藩士出身，父亲是一个普通武士的养子，他在德川幕府衰落、国家政治腐败和西方影响扩大的时代成长。青年时即参加"尊王攘夷"运动、结识了一大批重要人物，木户孝允是他当时最有影响的良师益友。1863 年留学英国学习海军知识，回国后与高杉晋作等积极从事倒幕运动。1868 年明治政府成立后，任外国事务局判事，1871～1873 年随岩仓使团访问欧洲，以后历任大藏少辅、民政部少辅、工部大辅、工部卿等职。1878 年大久保利通被暗杀后继任内务卿。1882～1883 年赴普鲁士研究宪法，归国后致力于订定日本宪法，并订定华族制度、内阁制度、皇室典范，设立枢密院等。1885 年起四任日本首相。1888 年起三任枢密院议长，1889 年国会组成，又任贵族院议长。1893 年与英国达成协议，取消英国人在日本的治外法权，1894 年派兵战败了中国，这两个重大政治事件表明在东方民族中日本首先获得现代化成功。1898 年 9 月曾来中国，维新派欲请其赞助新政，戊戌政变猝发后离去。1900 年组织立宪政友会，自任总裁。日俄战争后任特派大使，与朝鲜签订《日韩协约》，任第一任韩国统监，没有取得成功，因为尽管他采取温和、同情的态度，却未能博得朝鲜人的信赖，也未能阻止日本其他领导人吞并朝鲜的野心。1909 年 10 月 26 日在中国东北最大城市哈尔滨火车站被朝鲜爱国者安重根刺死，死后国葬。

本书共分为二十个部分：少年时代、青年时代、暗杀时代、伦敦密航、马关炮击与博文、长州征伐、萨长联合与英国（一）、萨长联合与英国（二）、幕府没落时代的博文、版籍奉还与废藩置县、文明开拓者——伊藤博文、到西南战役为止、博文与国会开创运动、留学德国与内阁制的确立、宪法起草与其运用、外交方面的伊藤博文、朝鲜统监、最后的旅行、伊藤博文的为人、伊藤博文年表。其中"最后的旅行"部分叙述了伊藤博文在1909年辞去统监职位后，开始悠闲自得的生活，8月陪同朝鲜皇太子去日本北部旅行，一个月后回京便马上计划再去"满洲"做更大的旅行。在10月18日到达大连，22日由陆路到达辽宁，25日晚间抵达长春，当夜11时，乘坐东清铁道特地为其准备的花车向最后的目的地哈尔滨出发。10月26日9时，伊藤博文乘坐的专列抵达哈尔滨火车站。同行的还有日本枢密院议长秘书官古谷久纲、宫内大臣秘书官森泰二郎、医师小山善、贵族院议员室田义文、南满铁道会社理事中村是公、田中清次郎、关东都督府参事官大内丑之助等数十人。专列抵达后，俄国财政大臣科科夫切（采）夫走进车内，和伊藤博文进行了谈话，之后两人走出车厢，在站台上检阅俄国仪仗队。检阅和欢迎仪式结束后准备前往预定住处，刚走到离出口不远的地方，忽然响起异常的枪声，伊藤博文说着："被刺了！"跪坐在站台上。伊藤博文在哈尔滨火车站被朝鲜人安重根刺杀。作者在书中这样描述：当天上午11时40分，东清铁道的花车在哀伤的军乐声中从哈尔滨车站向"满洲"南方开行。被随员们的眼泪包围着而横卧于车中的正是3个小时以前吸着哈哗呐香烟北上的、明治的元勋伊藤博文。本书这一部分内容与黑龙江紧密相关。

四　学术评价

该书的作者久米正雄是日本著名作家，他笔下的伊藤博文是值得读者斟酌的。本书详细叙述了伊藤博文由"一位撒谎的利助"到"颇有风度的周旋家"再到"圆滑老到的政治家"的人生经历，描写了伊藤博文和他同时代的一帮年轻人轰轰烈烈地进行明治维新的情景，他们精力旺盛，干劲充沛，全方位地学习西方，不是单从器物技术，而是注重学习西方的"文明内核"——民主、人权和法律思想。在"脱亚入欧"的宗旨下，对内积极进行宪政改革，对外疯狂殖民扩张。久米正雄在此书中把伊藤博文置身于明治维新时代的旋涡中，把伊藤博文这个"花间首相"审时度势、圆滑通达、市井庸俗的性格刻画得淋漓尽致，能帮助读者了解日本近代化与现代化的进程，加深对中日近代化不同局势的认识。但伊藤博文是日本现代化的缔造者和推动者，同时又是军国主义的代表人物。他开疆辟土，发动中日甲午战争，迫使清政府接受《马关条约》，并将朝鲜置于日本统治之下，给中国带来了深重的灾难。由于作者是日本人，书中许多观点和溢美之词是我们不能苟同的。

第二节 《日本帝国主义研究》

一 作者简介

作者依田憙家，日本历史学家，早稻田大学名誉教授。1931 年出生于日本东京，原籍日本长野县。1957 年毕业于早稻田大学文学部日本史专业，1961 年修完早稻田大学商学研究科经济史专业硕士课程。1966 年以后，历任早稻田大学社会科学研究所助教、讲师、副教授、教授。1992 年以论文《日本帝国主义与中国》获中国南开大学历史学博士学位。1998 年随着早稻田大学社会科学研究所并入早稻田大学亚太研究中心，转任该中心及研究生院教授，直至 2002 年退休。依田憙家从大学时期就参加进步的学生活动，特别热衷于日中友好运动，1970～1978 年曾担任日中友好协会中央本部常任理事。1972 年中日邦交正常化后，他积极为中日两国的民间学术交流而奔走，多次来中国讲学、访问，促成早稻田大学与北京大学、南开大学、复旦大学以及中国社会科学院等建立了密切的交流关系。现为北京大学、北京师范大学、南开大学以及湖南大学等高校的客座教授或顾问教授。

依田憙家的主要研究领域是近代日本史和近代日本与中国的比较研究。他秉承唯物史观，坚决对抗反动的皇国史观和"自由史观"。他善于运用史料，叙述日本社会发展的进程，其中最为突出的是对于日本帝国主义对中国、朝鲜的剥削、掠夺和侵略的揭露。其主要作品有《日本近代国家的成立和革命形势》（八木书店，1971）、《战前的日本和中国》（三省堂，1976）、《日中两国近代化的比较研究导论》（龙溪书舍，1986）、《日本帝国主义和中国》（龙溪书屋，1988）、《日本的近代化与中国的比较》（北树出版，1989）等，并译有《季羡林文集》、《中国棉纺织史稿》（严中平著）、《中国近代民主思想史》

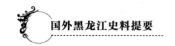
（熊月之著）、《太平天国》（牟安世著）、《帝国主义与中国铁路》（宓汝成著）等。

《日本帝国主义研究》是依田熹家有关日本帝国主义与中国的基础研究的论文集，由上海远东出版社于 2004 年出版，是依田熹家著作集的卷二，卞立强、叶英树、刘敬文、庚欣、金相春、钱国红译。

二 主要内容

本书共六章，分别为第一章"日本帝国主义与中国"、第二章"日本帝国主义的'华北经济工作'及'华北开发计划'"、第三章"日本帝国主义对华北占领地区的经济统治：关于'华北开发株式会社'的设立"、第四章"日本帝国主义在中国东北的劳动统治：关于大东公司的成立"、第五章"日本在第二次世界大战中向中国东北推行移民的真相：关于移民团的犯罪行为"、第六章"中国东北的朝鲜移民"。

《日本帝国主义研究》中与黑龙江地区历史相关的内容主要集中在第四章和第五章，主要有以下几方面。

（一）关于劳动统制

清朝末期，在清政府的鼓励下，许多中国内地的移民迁入东北。由于中国东北有着大量廉价劳动力，日俄战争后，日本帝国主义向中国东北输出了许多资本，如"满铁"等。日本帝国主义十分青睐中国东北的劳动力，并实行高强度的工资剥削制度，从而获得利润的最大化。随着 1932 年伪满洲国的建立，这一政策被进一步强化。为了化解伪满洲国日益加深的矛盾，特别针对不断扩大的失业问题和统治问题，日本帝国主义要处理好两个相互矛盾的问题：一是要切断华北与东北的一切关系，以日本移民来替代；二是要从华北获得廉价劳动力。

"满铁"经济调查会于 1934 年制定了《劳工指纹管理法案》，其目的是限制过量的劳工进入伪满洲国，以维持社会稳定以及劳动统制的状况。"规定在伪'新京'（长春）设置中央指纹所，在大连、营口、安东、山海关、奉天（沈阳）、哈尔滨、吉林、赤峰、齐齐哈尔设置指纹管理局，在其他'必要的各地各处'设置分局。各局局长由警察厅长兼任。"

（二）掠夺土地

"九·一八"事变后，日本帝国主义全面占领中国东北。为了巩固侵略成果，日本帝国主义在国内大力推行"满洲移民"计划。当时由于全球经济危机，日本国内矛盾重重，尤其是作为日本军方的根基的农村的崩溃，让时局进一步恶化。移民计划的施行，大大缓解了日本军方的压力，其实质是从中国农民及朝鲜农民手中掠夺土地。而"王道乐土""五族协和"等口号则是为了掩盖这些事实的欺骗性宣传。

（1）收购土地的价格十分低：

1939 年 10 月，计划在滨江省郭尔斯后旗收买 38 垧土地，遭到当地农民的反对。其原因是：①中国人方面主张一垧 200 ~ 300 元，荒地为 10 元，而满拓却决定熟地为 25 ~ 45 元，荒地为 1 ~ 3 元；②"借口整顿未利用地而实际是收买熟地"。这是非法的。

总体来说，日本方面的收买价格是极低的。

（2）全方位的掠夺：

牡丹江省宁安县第八次卢屯开拓团与中国农民之间发生的一次纠纷：
3 月 8 日下午 5 点半前后，该团从惩戒将来的意义上出发，没收了恰值采薪下山的二十辆马车上的柴薪。因而居民中村落的长老卢常荣来到没收现场与团员交涉。因语言不通，产生误解，团员宝田殴打了卢某，造成面部受伤。
事件发生后，开拓团方面虽赔礼道歉，但事件是由开拓团没收中国农民所需要的燃料而引起的。正如这份材料所述："开拓团与原居民之间的纠纷总是伴随着暴力，就民族协和来说是十分遗憾的。"可见这类冲突是经常发生的。

总之，日本移民掠夺土地给中国人带来的灾难并不局限于土地本身。

（3）对待在满朝鲜人：

在滨江省阿城县，因北海道八铺开拓团、山形县大谷开拓团要迁入，1940 年 4 月曾令朝鲜农民一百余户共五百人迁往他处。在《鲜农之动向》中有如下记载：有关搬迁问题，虽经县当局极力从中调停，但在鲜农中出于民族的反感，反对搬迁的气氛浓厚。

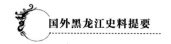

（三）暴行的缘起

为了维护在中国东北农村掠夺的土地，日本帝国主义对当地人民实行了残酷统治。作者在书中对暴行的成因进行了梳理。

（1）中国人与日本移民的矛盾重重。例如由于日本人支付的工钱极低，且正值农忙时节，滨江省五常县太平村的农民拒绝了当地阳川开拓团静冈班苦力股股长铃木在土木工程中使役的要求。为此开拓团本部采取了报复行动，打死村民李洪玉。

（2）出于对中国人所谓的"恐惧"。

1939 年 7 月，桦川县梨树园柞木台开拓团的原田某喝酒喝得酩酊大醉，不省人事，因对其他团员施加暴行，而被团员们缚住身体。但他却"产生了错觉，以为这是遭到土匪团袭击的结果"，于同一天下午 4 时许，在该地赵海蜃屯用日本刀猛砍中国人贾万全等三人，致使他们身负重伤、伤口痊愈需 4 天至 45 天。此外，还用步枪射死了中国人的两匹马和一头牛。

由于"治安不良"，日本移民事实上是"武装移民"，同时他们对当地农民怀有恐惧心，常常因"举动可疑"而杀害中国人。

（3）出于对中国人的优越感。这是甲午战争以来对中国战争的胜利以及日本帝国主义的发展，导致日本人过于自信。

三　学术评价

《日本帝国主义研究》一书观点新颖，史料详尽。

首先，有别于一般日本历史学者，依田憙家是一个坚定的马克思主义的历史学者。本书运用历史唯物主义观点分析中日关系。近代日本为什么会发动战争，进而成为军国主义国家，从马克思主义的角度来看，帝国主义是资本主义发展的最高阶段。日本帝国主义的出现是日本资本主义发展到一定阶段的结果。

其次，本书从经济层面对于二战前日本帝国主义对我国东北和华北地区的侵略进行剖析。中国东北地区在沦为日本帝国主义势力范围的初期主要被认为具有军事价值，从第一次世界大战开始，变成获取实行总体战体制所不可缺少的物资的基地，接着在被占领后，成为总体战体制的典型地区，是日本的"生命线"。中国东北地区对于日本维持和扩大产业力量是十分关键的，而产业力量则是维持和增大军备特别是战争力量的重要因素。

再次，本书着重分析日本帝国主义对外扩张的本质。通过"满铁"、"满洲移民"计划等实例，作者认为日本帝国主义的对外扩张是有计划、步步推进的过程，有了朝鲜就想要满洲，得了满洲就想拿蒙古……通过分割中国，使华北和满洲、蒙古、朝鲜形成一个更大的经济共同体，最终有利于日本经济的发展。

最后，作者在论述观点时使用了大量有关黑龙江的史料。例如，对当时黑龙江省五常县、阿城县、桦川县、珠河县、宁安县、密山县、佳木斯地区日本移民团个人犯罪档案的介绍；对北满尤其是黑龙江地区朝鲜人户数、人口、耕种水稻面积的整理；三江省土地买卖价格、黑龙江沿岸及牡绥地区朝鲜人营农调查。本书运用大量源自日本统治阶层的资料、统计和图表，可信度高，有着极强的史料价值。

第三节 《战争遗迹典故调查》

一 作者简介

《战争遗迹典故调查》（続しらべる戦争遺跡の事典）一书的编者主要有于滨力、王巧天、十菱骏武（日）、菊池实（日）、浅川保（日）等。于滨力，东北烈士纪念馆、黑龙江省革命博物馆馆长助理，副研究馆员，黑龙江省博物馆学会理事。主要研究方向为博物馆陈列艺术设计、群教专业。主持设计了省内外有影响的陈列展览 100 余个。主要研究成果有《陈列设计中的几点尝试》（《中国博物馆》1993 年第 2 期）、《陈列色彩的两个问题》（《中国博物馆》1989 年第 2 期）等。王巧天，东北烈士纪念馆成员，主要研究方向为中国东北近代史。十菱骏武，日本山梨学院大学教授，考古学家，战争遗迹保存全国网络代表，文化财富保存全国协议会代表委员，山梨县文化财富保护审议委员。菊池实，中国东北烈士纪念馆名誉研究院名誉研究员，战争遗迹考古学家。浅川保，日本山梨县立甲府城西高等学校教师，山梨县战迹网络事务局局长，日本近代史历史教育专家。

二 主要内容

该书由柏书房于 2003 年首次发行，全书主要内容以文字辅以图片，不仅描述了相关战争历史遗迹的经由，而且向读者们呈现出现状地貌，对更深入地理解历史事件起到了重要作用。书中分别从日本国内的战争遗迹切入，以近代日本史上发生的战争时间依次展开，其中提到"本次中日战争中，东南部多进行战事，东北部设立细菌战略工厂'满洲'第七三一部队和对苏前线虎头要塞等军事设施"，即是对侵华日军第七三一部队这一战争遗址的简单说明。在第三部分海外战争博物馆的寻访中，编者们详细介绍了东北烈士纪念馆（黑龙江省革命博物馆）、侵华日军第七三一部队罪证陈列馆、侵华日军东宁要塞陈列馆、侵华日军虎头要塞遗址博物馆、侵华日军绥芬河遗物陈列馆、孙吴县日本侵华罪证陈列馆。

东北烈士纪念馆最初作为东省特别区图书馆而修建，1928 年 6 月 1 日动工修建，1931 年上半年竣工。日本帝国主义武装侵占我国东北后，1933 年被伪满洲国哈尔滨警察厅占用。从此，这里成为日本侵略者残酷镇压中国人民的罪恶场所，不计其数的为反抗日本侵略者而进行英勇斗争的共产党员和爱国志士在这里被关押、折磨致死。1946 年哈尔滨解放后，为缅怀和纪念在东北抗日战争和解放战争初期牺牲的革命先烈，东北行政委员会决定在伪满洲国哈尔滨警察厅旧址基础上辟建东北烈士纪念馆，一直沿用至今。

侵华日军第七三一部队罪证陈列馆是一所遗址型博物馆，侵华日军第七三一部队是由当年日本最高统治者敕令组建的一支特种部队。该部队于1935 年在中国哈尔滨市平房地区筹建了生物武器研究、试验和生产基地，并成为迄今为止世界上进行最大规模生物战的指挥中心。曾以石井部队、东乡部队、关东军防疫给水部等名义活动，犯下了细菌战、人体实验等战争罪行。1945 年 8 月日本投降前，七三一部队在败逃之际炸毁了大部分建筑，留下残存的遗址。

侵华日军东宁要塞遗址位于黑龙江省东南部，东宁市三岔口镇南 9 公里处，距离俄边境 1 公里，距东宁市 20 公里。东宁要塞是当年侵华日军为防御苏联而修筑，它的主阵地始建于 1934 年 2 月，主体工事 1937 年末完成，配套、扩建和附属工程到战败时也未完工。其主要由侵华日军东宁要塞群遗址、要塞历史陈列馆、要塞和平广场、苏联红军烈士纪念碑等多个部分组成，充分展现了日本军国主义在中国犯下的滔天罪行和中苏人民共同抗敌的生动场景。

侵华日军虎头要塞遗址博物馆位于黑龙江省虎林市虎头镇虎东山，距离虎林市 65 公里，是展示侵华日军罪证和第二次世界大战最后一战的专题型博物馆。虎头要塞是侵华日军为了长期霸占中国并进攻苏联于 1934～1939 年 6 年间，强迫数十万名中国劳工秘密修筑的永久性军事工事，要塞正面宽 12 公里，纵深 30 公里，由虎东山前沿阵地，虎北山侧翼阵地，猛虎山主阵地，虎西山、虎啸山后援阵地构成。地上军用机场、大型火炮阵地密布；地下结构复杂，设施完备，工程浩大，有"东方马其诺防线"之称。1945 年 8 月 8 日，苏军出兵东北，8 月 15 日日军投降，虎头要塞守军拒降，战至 8 月 26 日结束。故虎头要塞成为第二次世界大战终结地。

侵华日军绥芬河遗物陈列馆（现绥芬河市和平纪念馆）位于绥芬河市北郊，天长山阵地以西。馆内物品主要是曹立明馆长多年收集而来，包括日军遗留下的物品等。主要分成七大类，即武器弹药类、医疗器件类、图片类、马具类、电器类、开拓团类、慰安妇用品类，包括开拓团用的物品、劳工使用的各种工具、军用鞋、灯具、皮带、军用器皿、枪箱、测绘用具、九九式步枪、地雷、刀、手雷等。

黑龙江省孙吴县日本侵华罪证陈列馆始建于 1983 年，匾额上钢劲遒健的"日本侵华罪证陈列馆"几个字是抗联老战士陈雷为该馆题写的。该馆主要分为胜山阵地、将校专用会馆、军用飞机场等。馆内主要通过大量图片和文字资料向参观群众展示日本侵略我国东北的史实和罪证。

三　学术评价

本书以日本近代史上发起的侵略战争为主要背景，通过对于相关历史战争

的分析和遗迹的寻访，对日本的侵略行径进行了细致的概括，为当下国内侵华日军研究以及世界战争史研究提供了材料，是一本值得收藏的工具书籍。本书在学术成就方面可概括为以下两点。

第一，本书对日本近代史上的侵略战争的细节描述极为精细。文中从政治和行政方面对日本陆军师的团的编制情况做了详细介绍，包括第一师团的步兵第一连队和第三连队、骑兵连队、第四师团司令部、第八师团关联部队等，从军事防卫方面又详细介绍了东京湾防卫炮台、下关要塞、海军大和航空基地、皆月海军望楼等，还从生产、战斗、战场、居住地、埋葬等方面做了细致的描述。以上所提及的部队以及阵地等都曾服务于日本的对外侵略扩张，都曾对世界上的人民造成过巨大的伤害，不可否认，这些都是正视历史、研究历史不可或缺的材料。

第二，书中对黑龙江相关历史的记载值得参考。如上所述，在第三部分海外战争博物馆的寻访中，编者们详细介绍了与黑龙江历史有关的 7 个遗址场馆，在论述当今场馆内所见所闻的同时，也将各场馆的由来进行了历史角度的分析，如在对侵华日军第七三一部队的分析中提到，"关东军防疫给水部作为关东军的直辖部队于 1936 年成立，是进行细菌武器开发和实验的秘密研究所"，此即侵华日军第七三一部队的由来。这对于历史的研究来讲，是最真实、最客观、最具有价值的篇章。

第四节　《伪满洲国文学》

一　作者简介

冈田英树（1944～），男，于 1970 年 3 月毕业于日本京都大学大学院，1990 年 4 月至 2010 年 3 月任立命馆大学文学部教授。现担任殖民地文化学会理事，主要研究方向为中国现代文学。代表著作：《文学に见る「满洲国」の位相》（研文出版，2000），中文译本《伪满洲国文学》（靳丛林译，吉林大学出版社，2001）；《续·文学に见る「满洲国」の位相》（研文出版，2013），中文译本《伪满洲国文学·续》（邓丽霞译，北方文艺出版社，2017）。本书由靳丛林翻译，吉林大学出版社 2001 年出版。

二　主要内容

《伪满洲国文学》是研究东北沦陷时期文学的作品。日本侵略亚洲的时期也是其国家主义意识最强烈的时候，当日本的国家主义入侵的时候，中国人的意识对抗是怎样的呢？问题的答案正是作者在书中所做的有益探索。作者在书中也特别关注了中国有关的研究动向，对其中未能予以公正评价的人物和文艺运动的定位等问题进行了一些批评。但是，作者出版此书的目的不在于对人物做出评价，而在于把握包括人的精神世界在内的伪满洲国的真相。

第 1 编，叙述在东北的日本作家围绕伪满洲国文学在意识形方面的对立和文艺运动以及文艺政策的开展实施。在此基础之上，概观中国作家是怎样协助或者反对这一运动及政策的。第 2 编，在上述框架中考察中国籍作家进行的文学活动。分析作品时尽力结合了当时具体的社会状况加以思考，并且在关于和日本人的交流上也留有一定篇幅寻求结合点；触及当时严酷的创作环境下中国人是如何运用巧妙的智慧躲避检查的；还进一步探索在日语和汉语混合存在的特殊环境中，中日两国文学家怎样处理这一现实问题，以及以推敲语言为使命的中国作家又是怎样对待日语向汉语渗透的。第 3 编，探讨从外部眺望伪满洲国文学可能看到哪些问题这一课题，还通过中国青年留学日本的体验，考察反映在他们眼里的司法权力的专横以及日本与伪满洲国的落差等。

《伪满洲国文学》中与黑龙江地区历史相关的史料主要来自第 1 编第 3 章"伪满洲国文学和中国籍作家"和第 2 编第 3 章"异色的哈尔滨文坛"，其中第 1 编第 3 章主要讲的是在伪满洲国成立后的哈尔滨，共产党地下组织领导下的抗日文化运动已经展开，虽然时间不长但有一定影响。然而在国内统治系统的完善中，这一活动遭到围剿，不久便窒息。具体描述如下：

> 因"柳条湖事变"而受到日军侵犯，沈阳的中国共产党满洲省委员会遭到破坏。1932 年 1 月，该组织将据点转移到哈尔滨，结果哈尔滨在一定时期成了共产党领导抗日运动的据点。以金剑啸、舒群、罗烽、姜椿芳等共产党员作家为中心，萧军、萧红、白朗、金人、塞克、小古等人开展了抗日文艺运动。他们并不只仅限于文学，还利用演剧、绘画、音乐等各种手段组织了抗日斗争。然而，随着国内统治系统的完善及监视手段的强化，不断出现被捕者，其活动的场地也被剥夺。

这种闭塞的状况令人难以忍受，于是有人放下笔，有人逃离到关内。关内，尤其在上海，这一时期正是以左翼作家联盟为轴心，开始从国共对立向结成抗日统一战线的胎动时期。逃离了伪满洲国，还未被称为作家的年轻人，作为亲身体验了异民族统治的屈辱并进行了抵抗的存在而被抗日文艺阵营所接受。其中，最能够接受他们的无疑当属鲁迅。鲁迅保护、帮助了萧军、萧红两个东北青年，这给了他们以力量。这就是当时被称作"东北作家群"的人们的形成过程。就这样，以哈尔滨为中心的满洲抗日文艺开始衰退，到1936年作为运动中坚存在的金剑啸被捕（8月处刑）后也就降下了帷幕。可是，他们勇敢的行动，依然在满洲中国人知识分子中间像神话传说一样流传着。

在第2编第3章"异色的哈尔滨文坛"开头，作者首先引用蒋原伦《创作生涯四十年——关沫南文学活动简述》中的说明哈尔滨地理、历史特殊性的一段话，来说明为什么哈尔滨文学在伪满洲文学中占有特殊的位置，为什么对与共产党保持联系的文化活动具有意义：

> 哈尔滨早就是中国内地通向苏联的一个中转站，也是马列主义思想输入我国的一个秘密通道。（中略）以中东铁路为中心的苏联工人运动，乃至共产国际在此地也有过一些活动，有一定的影响，加之当时沈阳刚刚陷落，中共满洲省委迁至哈尔滨。任国桢、杨靖宇等革命先驱者的积极活动，共产党在青年中有较大的感召力，所以此地是风云际会，民主空气颇浓，思想活跃，各种思潮此消彼长。

但是由于在哈尔滨从事创作的人并不多，缺少有影响力的杂志，与满洲其他地区的文学活动相比，寂寞难遭。在本章的三个小节即东北作家群的摇篮——哈尔滨、传唱黑色挽歌的人、哈尔滨文学的世界中，较详细地介绍了在哈尔滨这个短暂的、特殊的舞台上上演的文学界的以下几个方面的实况。

（一）哈尔滨文学运动的领导者、活动的舞台以及传播的内容

（1）"1932年1月，在转移到哈尔滨的共产党满洲省委员会领导下，以金剑啸、洛红（罗烽）、黑人（舒群）、姜椿芳等党员作家为中心，聚集年轻的文学爱好者，开展了反满抗日的多样化运动。"

（2）"在文学创作方面，从 1933 年 8 月 6 日开始到同年 12 月 24 日为止，在中文报纸《大同报》上开设文艺栏目'夜哨'（全 24 期），作为文艺作品发表的阵地。被迫停刊后，又于翌年 1 月 18 日到 12 月 27 日，将舞台转移到《国际协报》的'文艺'（全 47 期），确保了发表的阵地。"

（3）"1932 年 8 月 7 日哈尔滨遭到大洪水袭击，为救援受灾者，举办'维也纳振兴救援画展'（1932 年 11 月），组成'星星剧团'（1933 年 7 月），组织'哈尔滨口琴社'（1935 年 4 月），推广口琴音乐，开展了广泛的文化活动。"

（4）"1933 年 8 月 13 日署名洛虹的'星星剧团'公演的消息。'［这个剧团］认真的抓紧了戏剧与民众的中心任务——意志的斗争和人生的危机——纵使怎样的用着那不切实际浅肤的批评和攻击，戏剧的本身，是绝不能失却了艺术上的价值——精神的益处和美感。'（刊登在《大同报》上的活动内容。）还写到负责人三郎（萧军）、白涛、剑啸、悄吟（萧红）、刘莉等人的名字。剧目是《居住在二楼的人》（辛克莱）、《姨娘》（白薇）、《一代不如一代》（原名《工程师之子》，张沫元）。"

（5）"10 月 20 日，登载了三郎、悄吟二人的作品集《跋涉》的出版记事，11 月 17 日，刊登了君孟的诗《生的跋涉——写给〈跋涉〉》。在诗开头一节就呼吁二人继续努力：'为了不甘心作奴隶的朋友/振奋起你们精神努力奋斗/请继续唱起你们生命的进行曲/光阴的消逝绝不顾及人们的眷留。'"

（6）"在创作方面，8 月 27 日发表的洛虹的《自供》为人瞩目。小说写梁得福年轻的妻子因通匪嫌疑被抓走。审问者是'年约四十左右白胖的×长'，蓄着'仁丹胡'。他垂涎与那年轻妻子的肉体，溜进拘留所。'×长……看着少妇的横陈玉体，再看看自己穿的薄薄的衬衣。脸上是恼里带羞，心里是怒里藏笑。'这描写暗示了日本人的'×长'凌辱年轻妇女的令人震惊的内容。"

（7）"三郎在《骨颚紧咬》一诗中，描写了哈尔滨的街头风景，诉诸了对'军人'的憎恨：'步行的军官们过去了/他们每个也是挟着女人/谑浪，酒臭，和肋下那些长刀的唧语/却和成了"批霞娜"的美韵/我咬紧了颚骨/他们是无所见的经进我的身旁/悲哀只是变成铁的仇恨/眼泪只有变成黑的血浆。'"

（8）"直接描写抗日游击队形象的作品是星的中篇小说《路》，夜哨被迫停刊也是因为这篇小说。小说描写了穿越草原的游击队员的形象，表现了资本家剥夺工人的实态……而且通过农民的口，说出投身胡子的必然性。"

（9）"揭露阶级矛盾，呼吁抗日的意图是很明确的，表现也是相当直率。

至少可以说，他们的作品中，很少有本书叙述的伪满洲国中国籍作家用暗示和比喻来传达自己心声的那种曲折的表现。之所以有这种可能，是因为在伪满洲国初期阶段的北满地区，尚存在管制未能充分生效的环境。后来，在治安体制加以完善，监视得以强化的时候，活动场所缩小，有的人被捕，有的人觉察到危险而逃亡。以下则是初期哈尔滨文坛作家们的'其后'。

1932 年 9 月 孔罗苏去上海。

1933 年春 塞克经北平、青岛到上海。

1933 年 10 月 林郎被党派往苏联留学。

1934 年 6 月 黑人逃到青岛，同年 9 月被国民党蓝衣社逮捕，1935 年春获释，同年 7 月去上海。

1933 年 10 月 三郎、悄吟逃到青岛，11 月去上海。

1934 年 6 月 洛虹被捕，1935 年 6 月获释后，同月中旬与刘莉一起去上海。

1935 年 4 月 金剑啸去齐齐哈尔，1936 年 2 月返回哈尔滨，同年 6 月 13 日因'黑龙江民报事件'被捕，8 月 15 日被处刑。

1936 年 6 月 姜椿芳因上述'黑龙江民报事件'被捕，同年 7 月获释，9 月去上海。

1936 年 9 月 林钰、周玉兰同去上海。

1936 年末 陈涓、袁亚成同去上海。

1937 年 4 月 侯小古因'哈尔滨口琴事件'被捕，同年 7 月 9 日被处刑。

1937 年 金人去上海。"

（二）书中对1941年末东北发生的两起引人注目的大事件，即"12·30事件"和"哈尔滨左翼文学事件"的记述以及其中展现的活跃在哈尔滨文坛作家与在满日本作家的文化交流活动的史料

（1）"日本军国主义为了安定东北后方，在 12 月 30 日进行了东北范围的'大检举'，凡是他们认为不稳的分子全都拘捕起来，这一事件名为'12·30事件'。第二天，他们又重点地'检举'了哈尔滨文学界，我和关沫南、王光逊是经常发表作品的人，灾难便毫无疑问地落在我们的身上了。关沫南、王光逊是在 12 月 31 日夜半从他们的家里抓走的，我是第二天早晨在我任教的南岗小学正在举行元旦团拜时抓走的。（中略）我们被捕半年之后，跟我们常来常往的艾循、沙郁、牢罕，在 1942 年 7 月 27 日也被捕了，名为'7·27事件'，

实际上是'哈尔滨左翼文学事件'的余波。"

（2）"1937 年夏，在与故乡抗日游击区河北琛县的抗日活动有的联系的旧书店（藏有许多进步的禁书）店主王忠生和有多年党龄的陈紫（关毓华）领导下，'哈尔滨马克思主义文艺学习小组'开始活动。后来，曾在上海参加过左联活动的党员作家高山（佟醒愚）和同被北平中共地下党派来的小辛（秦占雅）也加入，小组便扩大成读书会。这些负责人在 1939 年到 1940 年之间陆续去了冀鲁抗日游击区（据说都牺牲在当地），但组织仍继续活动，这是被镇压的主要原因。而且，据说年轻的刘宾雁也参加了这一活动。在创作活动方面，王光逖打入《大北新报》编辑部，高山、小辛也以记者身份编辑文艺栏'大北风'（1939 年 9 月 24 日~12 月 17 日，全 13 期），确保了文艺作品发扬的场地。同时在哈尔滨刊行的《滨江日报》上，也可以看到他们的很多作品。"

（3）"1940 年 11 月发生了这样一件事，日本在哈尔滨的作家北村谦次郎、竹内正一等，邀请你〔王光逖〕我和陈隄三个人，到离哈尔滨火车站不远的大和旅馆去（现在的铁路局招待所），举行他们的所谓'日满作家座谈会'。在北满，这是第一次有这样的举动。（中略）会后在往回来的路上议论时，虽然你充当的翻译，用你那熟练的日语和对方谈了很多，但你和陈隄我俩一样，同样皱起眉头疑惑着这次的会面，弄不清它的背景和动机是什么。如果这是我们日后被捕的原因之一，那么，可见我们当时该是多么地没有政治经验，多么地幼稚，又多么地粗心大意。"

（4）"那时，伪满洲国整体的文艺动向是：'文话会'的活动盛极一时，新京的'艺文志派'（中国人）和日本文化人、奉天的'文选派'（中国人）和《作文》同人（日本人）之间的交流开始纳入轨道时期。就这一流向来说，北村和竹内的行动，也可看作是以哈尔滨的日中文化人的交流为目标而并无他意。但是，与秘密活动有关者的警戒感，再加上他们一年后被捕的经历，其后果可以说是带来了一种时至今日仍然难以抹掉的对日本作家的疑惑。"

（5）"与其他大城市不同，哈尔滨的日中文化人的交流，结果只留下了不信任感和怨恨。据说只有陈隄在入狱期间，结识了三轮武，受到过帮助和鼓励。而三轮在世时也一直忘不了这一段旧情。关沫南还在狱中回忆录里，写下过与清水平八郎的交情：富士山/愁白头/松花江/水长流……"

在本书第 2 编第 3 章的最后小节"哈尔滨文学的世界"中，作者评价这些作家在哈尔滨的文学活动"令人稍感过激"。在这一点上作者引用关沫南在

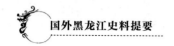

回忆给《大北新报》投稿时的情况举例佐证："我们在论文、杂文、散文里使用隐晦的名词术语，称无产阶级为普罗列塔利亚，把资产阶级叫布尔乔亚，把马克思称为卡尔马导师，把恩格斯称为昂格士，把列宁称为伊里奇或乌里扬诺夫，把阶级斗争称为阶层或属层斗争……不管怎样隐晦，还是露出左倾色彩。"本节作者主要分析了被作为罪证的关沫南的《船上的故事》《某城某夜》，以及陈隄的《棉袍》，最后作者得出下面的结论：

> 　　我们看到了被作为罪证的三篇小说。这些小说与其说是反满抗日莫如说是以阶级斗争为主题的作品。他们在哈尔滨，利用马克思、列宁主义文献，秘密开展了读书会活动。他们从具有丰富活动经验的党员身上，学到了很多知识，并把传播学习新的世界观、价值观视为己任进行了创作活动。然而只要看看其表达方式，就不能不说他们还有欠慎重。再者政权当局最警惕最具恐怖感的就是马克思、列宁主义。于是就出现了其他地方看不到的大量的而且有组织的被捕者。这又是伪满洲国中国文学的一个态势。

三　学术评价

伪满洲国文学，是在日本殖民的"死亡阴影"里活着的文学。在伪满洲国存续的 14 年中，那些以文学为生命的作家，以自己的方式坚持着创作和精神的独立。中国沦陷区文学研究始于海外，冈田英树的《伪满洲国文学》这本书是对伪满洲国文学的概观，其中既有中国作家在仅限的舞台上活动的身影，也有日本在满作家的活动及其两者的交流，为我们研究伪满洲国文学提供了史料和另一个角度。

诚然，伪满洲国文学曾是中国现代文学研究中避而不谈的内容，偶尔提到，也淹没在"沦陷区文学"和"抗日文学"的宏大叙事中，或以流亡"关内"的"东北作家群"的文学代替，致使中国现代文学史研究出现一块明显的短板，被称为中国现代文学研究中的空白。关于伪满洲国时期的文学状况，以及对身处其中的文化人特殊的生活体验、精神感受和审美追求的研究，始终没有很好地呈现在中国现代文学史的叙述中。

令人欣慰的是，进入 21 世纪，这一情形有重要改观。一些研究者开始正视这一现代文学研究中长期被冷落的主题。伪满洲国文学研究近年来得到了广泛的关注、取得了长足的进展，这种趋势在中国和日本尤其明显。作为一个极其复杂的话题，在对这段文学历史进行现代关注与历史认知时，都会面临诸多无可规避的尴尬和歧义。然而，无论如何这毕竟是中日国家关系的现实与未来的一种重要存在。在这个意义上，中日学术界的投入和努力，都没有任何理由受到忽略甚至是冷落。例如，冈田英树的这本《伪满洲国文学》和华东师范大学中文系教授刘晓丽的《异态时空中的精神世界——伪满洲国文学研究》一书，都是该研究领域不可忽视的优秀研究成果。

第五节　《伪满洲国的真相——中日学者共同研究》

一　作者简介

《伪满洲国的真相——中日学者共同研究》由东北沦陷十四年史总编室、日本殖民地文化研究会共同编著。日本殖民地文化研究会成立于 2001 年 10 月，办有学会年刊《殖民地文化研究》，该学会始终坚持近代日本历史的整体——包括文化方面在内，必须将日本对其邻国所进行的侵略以及占领也纳入视野的历史观。本书的日方执笔如下。西田胜，1928 年生于日本静冈县，日本文艺评论家、和平运动家，原法政大学教授，主要作品有《近代文学的发掘》（法政大学出版局，1971）、《近代文学闲谈》（三一书房，1992）等。冈部牧夫，1941 年生于日本东京市，日本历史学者，著有《满洲国》（三省堂，1978）等。竹内桂，1973 年生，明治大学研究生院博士后在读。高桥武智，1935 年生于日本东京，日本法国文学家，译作有《SHOAH》（作品社，1995）。风间秀人，1953 年生，日本殖民地研究者，著有《满洲民族资本研究——日本帝国主义和土著流通资本》（绿荫书房，1993）等。小川津根子，1931 年生，日本女性史研究者，日本帝京大学教授，主要作品有《祖国啊——"中国残留妇女"的半世纪》（岩波新书，1995）等。大森直树，1965 年生，东京学艺大学副教授。冈田英树，1944 年生于日本京都府，立命馆大学名誉教授，合著有《一九三〇年代世界的文学》（有斐阁，1982）、《〈满洲国〉的研究》（绿荫书房，1995）、《近代日本和〈伪满洲国〉》（不二出版，1997）等。西原和海，1942 年生，日本文艺评论家，主要作品有《古川贤一郎诗全集》（泯泯社，1997）

等。丰田雅幸，1969 年生，立教大学立教学院资料中心学术调查员，合著有《日本军在中国山西省的毒气战》（大月书店，2002）等。井村哲郎，1943 年生，新潟大学教授，著有《满铁调查部：关系者的证言》（亚洲经济研究所，1996）等。

本书是面向中日两国民众和青少年的通俗历史读物，由社会科学文献出版社于 2010 年出版，其中日方的书稿由张玉祥、张劲松、孙彤、王希亮、赵东辉等翻译，孙继武、李茂杰校译。

二　主要内容

本书共十三章，主要记述的是中国东北地区自"九·一八"事变到日本投降十四年的历史，涉及伪满洲国的各种问题。

其中日方编写的部分有：第三章"'满洲国'的统治"，第四章"治安与军事"中的"3. 关东军、'满洲国军'"和"6. 未完结的 731 部队问题"，第五章"经济与产业"中的"1. '满洲国'的经济政策""2. '满洲产业开发五年计划'""3. 成为日本经济的附庸""4. '战时'流通统制"，第六章"农业移民"，第七章"文化·教育·宗教"中的"1. '满洲国'的教育政策""2. '满洲国'的中国文学""3. 在'满'日本人、朝鲜族人、俄国人作家的活动""4. '满洲国'的出版——杂志与报纸"，第八章"'协和会'与'五族协和'"中的"1. '满洲国协和会'""2. 在'满'日本人"，第十一章"'满洲国'究竟为何物"中的"2. 日本方面的总结"，第十二章"战后遗留问题及其处理"中的"1. 中国对日本战犯的审判和改造"。

《伪满洲国的真相——中日学者共同研究》中与黑龙江地区历史相关的内容主要集中在第三章、第四章、第五章、第六章、第七章，主要有以下几方面。

（一）省制的改编与中央集权化

最初"满洲国"由辽宁、吉林、黑龙江三省构成，1933 年由于热河作战，热河并入"满洲国"。关东军掌控了"满洲国"的财政大权，但由于地方实力派的存在，行政方面的中央集权化无法有效推进。伴随 1934 年施行帝制，"满洲国"的省制出现了巨大的变化，最终形成了依照日本帝国主义要求的地方统治。

同年 12 月实施的新省制，细分为奉天、安东、锦州、热河、吉林、间岛、滨江、龙江、三江、黑河以及新安东、西、南、北，共计 14 个省。一省所管辖的县数也相当少，保证了中央集权化和维持治安。省长也都是新的，臧式毅、熙洽等军阀时代的实力派丧失了势力，翌年也离开了总长的职位。

地方上也实行了省长、县长为中国人，省次长、副县长为日本人的定位制。但从 1936 年 8 月滨江省次长金井章次被任命为间岛省长以后，国境地带的省长逐渐由日本人充任。

（二）关东军与苏联

关东军与苏联在平日中多有摩擦，特别是在边境问题上。双方爆发了多次激烈的冲突，如杨木林子事件、乾岔子岛事件、张鼓峰事件等。"九·一八"事变前，关东军的主要工作是防卫，并没有确立积极地向苏联进攻的计划，但关东军占领齐齐哈尔、哈尔滨等地后，特别是"满洲国"建立后，占领地区进一步扩大，关东军开始对苏作战，并于 1937 年基本决定具体计划。

开战伊始关东军在东正面以既有兵力占据东部"国境"（东宁、绥芬河、密山）的重要地点，待由日本内地及朝鲜军组成的主力兵团集中后，进攻沿海州南部，击溃远东苏军，是为第一期会战。期间北面和西正面进行持久战。第一会战后，主力转至西正面，进攻至大兴安岭以西，进行持久战。

（三）铁路的建设

基于战略与安全的需要，关东军要求满铁提高铁路运输和警备能力，为此满铁投入大量资金，对原先的线路进行改造，并开始修建新的线路。新线路中的敦图线，是日本帝国主义一直以来想要建设的。

早在"满洲国"尚未稳定、正当九一八事变后的 1931 年 12 月，满铁就开始了筑路测量，并于 1932 年 1 月动工。筑路现场数次受到中国军队的袭击，打死、打伤不少日本人。其他线路分别伸向松花江下游右岸、黑龙江沿岸、大兴安岭方面，直指中苏边境地带的偏僻地区等等，多数是军事线路。

（四）农业移民

日俄战争后，日本政府就有计划地向中国东北地区移民，以满铁社员为首，官员、教师、工商业者等纷纷进入中国东北地区，但其中是几乎没有农民的，由于在当地没有土地，日本农民无法在当地立足。随着"满洲国"的建立，日本政府开始实施农业移民计划，其目的并不是单一的经济考量。

拓务省于1932年制定了向依兰县派出500名试验移民的计划，8月经内阁会议批准，并由议会通过了预算方案。本来农业移民是出于纯经济目的，现在增加了维持治安这一具有政治和军事性质的任务。

从关东军司令部所在地奉天出发的身着军装的一行人，从哈尔滨乘船沿松花江下行，14日在佳木斯靠岸，但由于反满抗日军逼近该地而未能登陆，在船内度过一夜。其后，佳木斯仍然不断遭到攻击，因此移民团不得不随同日"满"军共同参加防卫作战，直至次年4月，全体团员才得以进入当地。迁入地被命名为"弥荣村"，取"日益繁荣"之意。

（五）"满洲国"的中国文学

哈尔滨、大连和奉天是中国东北地区较早开始近代化的大城市，东北文学在这一背景下迅速发展，东北文学是中国文学的重要组成部分，其特点是直面社会矛盾，为底层人民发声，有着极强的社会责任感。"满洲国"成立后，东北文学的发展受到一定的阻碍，但东北作家们并没有向日本帝国主义屈服。

这个时期，在许多文学社著作中占一定篇幅的是，以哈尔滨为舞台展开的抗日文艺活动。在迁移到哈尔滨的中国共产党满洲省委员会的领导下，金剑啸、姜椿芳、罗烽（洛红）、舒群（黑人）等共产党员的周围，聚集了萧军（三郎）、萧红（悄吟）、白朗（刘莉）、山丁、李文光（星）、陈华（权）等青年，他们举办"维纳斯展览会"（1932年11月），以向水灾难民募集救灾援助金为名，以《大同报·前哨》（1933年8月6日～1933年12月24日）、《国际协报·文艺》（1934年1月18日～1934年12月27日）等刊物的文艺栏目为舞台，展开了活跃的创作活动。

但从 1934 年开始，他们受到严密的监视，有些人被逮捕，有些人被判刑，还有些人不得已亡命关内。

三 学术评价

《伪满洲国的真相——中日学者共同研究》是中日两国学者历经十五年交流、研讨和协商后，由中日两国民间学术团体精诚合作的成果。

首先，本书开创了中日两国民间学术团体共同研究伪满洲国问题的先河。由于中日两国对于如何认识日本侵华战争问题尚有分歧，本书是在无法由国家组织撰述日本侵略和殖民统治中国东北历史的情况下，由中日两国民间学者通过多年深入的研究，取得了一定共识的成果。其次，本书有着很高的学术价值。本书的作者都是中日两国研究伪满洲国问题的顶尖专家。作者们利用了中日两国保存的第一手历史资料，对伪满洲国的各个领域进行了深入的剖析。再次，本书有着极强的可读性。由于受众是中日两国民众和青少年，本书语言简练、写作流畅、通俗易懂。最后，本书有着深刻的教育意义。作者们努力还原伪满洲国真实的历史，有助于中日两国民众特别是年轻一代对日本侵华战争本质的认识，为实现中日两国世代友好起到推动作用。

第六节 《何有此生——一个日本遗孤的回忆》

一 作者简介

中岛幼八（1942～），中日友好使者。出生于日本，后因父母参加日本政府的"满洲农业移民百万户移住计划"来到中国成为"伪满洲国人"。日本战败后，开拓团被关东军抛弃，在走投无路的情况下，幼小的中岛幼八被生母送给中国人养育。中岛幼八先生在中国度过了他的童年和青少年时期，1958 年回到日本。该书为中岛先生 70 多岁时耗时两年半完成的回忆录。

二 主要内容

本书 2015 年由生活书店出版有限公司出版，主要记述了中岛幼八在中国

被养父母收养的成长历程，直至 16 岁回到日本。他的养父母一共经历三任，可谓命途多舛。在他看来，自己是敌对国家的后代，中国人用他们朴实真挚的爱抚养他长大，表现出善良无私和伟大的人道主义精神，令他终身感激。

本书中跟黑龙江省有关的史料有以下几个方面。

（一）关于开拓团的分布、战败后军方对待开拓团的残忍处理方式、开拓团逃亡时受到沿路东北人民的救助的情况

（1）"开拓团一行在朝鲜清津登陆，随后走陆路越过国境，进入牡丹江省宁安县安家落户。团员在当地被分散到八个村子，还另设了个本部村。那里有我们上学的国民学校。我们家住在王家屯，和当地居民住在一个村子里。

除此之外，还有统治这个地区的驻日日军，譬如松尾中队、宫田中队、横川中队，位于南边的较大的村镇沙兰镇设有日本宪兵警察署。由此可见，日本建立傀儡政权'满洲国'以后，在这样边远的乡下及山坳里还布下了统治机构。脚穿军靴，闯进人家的屋里，霸占了房子和土地，如遇反抗，则肆无忌惮地烧杀抢掠，天下哪里会有这种强盗的逻辑？其本身已经作茧自缚，陷入无法挽救的死路。但是开拓团的人们，包括我的父母还鬼迷心窍，没有认清局势。"

（2）"这里的物价没有一个人不觉得昂贵得不得了。除了开拓团本部配给的东西以外，要买的话一两千块钱根本买不到什么。现在当地因为缺铁，所以一些刀具、木匠用的工具等一概买不到。在这里即使一根铆都是很珍贵的。去年因为没有板子而为难。调节农具每天都需要的铁锤全村只有一两把，到处去借。"

（3）"现在我手里有日期为昭和二十一年（1946 年）12 月 18 日，原开拓团石井房次郎团长写的一份报告。其开头写道：

昭和二十年（1945 年）8 月 4 日，在牡丹江举行了东满省管区开拓团团长会议。从当天会议的气氛就感觉事态相当紧迫。不难看出对太平洋战争的看法有了极其悲观的倾向，但还没想到苏军的参战。过了五天以后，苏军从牡丹江等五个渠道进攻了中国东北地区，以迅雷不及掩耳之势，打得日军全面覆灭。8 月 15 日日本投降，战争彻底结束。

石井团长得到这个消息是 8 月 21 日。在那之前感觉'如此待下去危险的程度有增无减'，随之做了最后的决定，率领全开拓团的成员朝大山坳里逃难。从宁安训练所发来指示，说日本关东军已经把桥梁炸毁，往山里逃躲为佳。"

（4）"关于这个时候的情况，在石井团长居住的八丈岛的本地报纸南海时

报中，有一篇采访他本人的文章写道：'那时，日本军方教育日本人，如果战败要把全团的设施均放火烧掉。但是，石井考虑这些都是中国人义务劳动的成果，是我们共同创造的果实，是全村的财产，不能毁坏。'（中略）

'遗憾的是，'石井继续说负责保卫'满洲国国防'的关东军，'他们深知在后方有不少开拓团，还把所有的桥梁都炸毁了，在去集中营的一路上真是困苦难言啊！多亏中国人蒸了堆成山的馒头给我们吃，才保佑我们没饿坏肚子。'

石井团长的儿媳妇当年还是开拓团中的少女，名叫佐藤澄子，她说：'当时我十五岁，记得清清楚楚，从逃难的山坳里出来，去东京城附近的集中营时途径王家屯、沙兰，走了有三十公里左右，到达牡丹江边的三陵屯时，已经天黑，又累又饿，幸亏村民给我们预备了晚饭，蒸了馒头，吃了就在那里住了一宿。第二天被关进了集中营，待了一个多月。'"

（5）"'我们俩是秋田县开拓团的人，全团在团长的命令下，已自决，只剩下我们两个。'（中略）母亲带着几个孩子和其他开拓团的人们一起被关在一栋房子里，事先安放好的炸弹爆炸，大家几乎都死在里面。这两个孩子在窗边没有被炸死，跑了出来，还看到几个开拓团的负责人拿着钢刀，把还有一口气的人一个一个地砍死。"

（6）"想到沙兰还有几十个妇女和孩子留在那里，应该把他们救出来。下了这个决心，就前往中共的军司令部提出了这个要求。司令部马上给我办了通行证，还给了我所需资金。就这样得到支持，再次返回牡丹江及沙兰镇，成功救出了二十二名妇女和孩子。

团长于 9 月 8 日获释出监从记录来看，他带领二十二名妇女和儿童，于 9 月 18 日离开牡丹江，前往哈尔滨。"

（二）当时日本政府不允许将可能无法养活的孩子送给中国人，而善良的中国人和中国政府都善待遗孤

（1）"老王把篮子盖好，从外表看不出里面有孩子，这也是生母再三叮嘱的，尽量不要让别人知道。把孩子抱给中国人是违反日本军方规定的。"

（2）"一个叫刘淑琴的女孩子遗孤比我高两年级，学习成绩很出色。老刘家把她卖了当童养媳，当地政府拒不批准，收留了她，并供她上学。"

（三）当时年代开拓团所在地区日本人的生活状况、中国人的生活状况、日本遗孤及中国孩子的上学情况

（1）"生母曾经说过，在王家屯我们家附近，有一口全村用的吃水井，用

辘轳打水，井旁可以洗衣服、淘米。生母在井边淘米时，中国妇女站在旁边眼巴巴地盯着。日本人把掺在大米里的黑粒，或带皮的颗粒一个不剩地挑出来，可是中国人连粗粮都吃不饱，哪里还谈得到这么干净？从此以后，生母就再也不去洗衣服或者淘米了。"

（2）"沙兰镇这个小镇，四周由土墙围起。好像是日本在东北地区建立伪满的傀儡政权，为了便于统治，把散居的当地居民，全部集中到土围子里面居住。所谓土墙，只不过是挖土垒成的墙，墙外边是挖土墙剩下的壕沟，兼备防御性。已过多年，土墙越来越矮，不过，壕沟有些地方还是比较深的。土墙周围各有一座门，成为东、西、南、北卡门。出了东卡门，就是一个陡坡，称之为东岭。从这里可直达东京城，是通往火车站的要道。

镇的东、西、北三面都是岭，形成一个簸箕形盆地，大体上是四方形的土围子围起来的小镇，便坐落在盆底。沙兰河从小镇的西北角流进来，向东南角流出，与牡丹江汇流。"

（3）"他老人家肩上挎上一条细长的口袋，里边装满谷种子，口袋的一端系在空心的木制管子上，管头的出口用枝丫堵着。对准小沟，用细棍边走边敲打管子，里边的谷粒儿均匀地被震出来，撒到田垄的小沟里，养母随后用脚盖上土。我们叫点葫芦的这个播种工具可能今天已经进入农具博物馆了，但敲打时的声音在田野回响，在我的记忆里不次于八音盒的旋律。"

（4）"学校当时的设施是很简陋的。学生数突然增加，没法容纳。刚刚解放，资金缺乏。连温饱都顾不上的年代，哪还谈得上教育预算。为了让孩子能上学，赶紧盖了房子当教室使用，总算遮风避雨能够上课。学生自己从家里带来板凳坐，土坯摞起来架上木板，当书桌用，在上边可以写字。设备虽然简陋，有课本念，有老师教，对我们来说已经是很快乐的集体生活了。"

三　学术评价

《何有此生——一个日本遗孤的回忆》这本书是中岛幼八先生根据自己童年和青少年时代在中国长大、由朴素善良的中国人抚养的经历写成，感情真挚、文笔细腻生动，具有十分感人的力量。正如中岛幼八先生在书中所感慨的那样："如此，我这个日本孩子，对他们来说本来是敌对国家的后代，却被他们拯救并抚养成人，这是何等崇高的精神啊！"所以说，书中所传达的精神力量，中岛幼八先生为中日友好交流所进行的的努力才是这本书的价值所在。同时，本书也是那一特定历史时期日本遗孤问题的真实写照和历史缩影，具有历史学术价值。

第七节　《赤血残阳映黑土——一个日本少年的"满洲国"经历》

一　作者简介

竹内治一（1926～2004），摄津市医师会会长、大阪府保险医师协会副理事长及顾问，"思考医生、医学工作者的战争责任——围绕关于七三一部队问题的国际研讨会"的主要推动者，反对战争、思考战争、伸张正义的中日友好使者。青少年时期赴"满洲"当地的煤炭株式会社滴道技校学习，后来在恒山煤矿工作，因日本战备而撤退回国。本书就是根据作者在"满洲国"的经历写成。本书由黑龙江省社会科学院学者笪志刚译成中文，黑龙江教育出版社 2015 年出版。

二　主要内容

竹内治一在本书中结合青少年时期为求学来到当时的伪满洲国，目睹了关东军的虚伪、狡诈和战争的残忍无情的经历，以化身为武田信二这样一个日本少年的视角，结合大量史料的分析，向我们展现了一个贫寒的日本少年无奈踏上满洲边境地带煤矿教习所求学乃至求生的苦难经历，并对日本发动侵略战争的来龙去脉、侵略本质、给其他国家和民族造成的伤害、对本国民众的欺骗、注定将灭亡的趋势等，进行了入木三分的分析。尤其是作者基于一名独立执业医生的视角，用大量篇幅叙述了侵华日军第

七三一细菌部队实验、活体解剖人体实验、随军慰安妇的强制性质等真相。

本书中跟黑龙江有关的史实主要概括为以下几个方面。

（一）日本政府在伪满洲国设立了在满日本人小学校（1940年开始称为在满日本人国民学校），据1941年的调查达到了400所，书中描述了学校的地理位置、师资情况、学生情况

（1）"新京特别市及遍及19个省的在满日本人国民学校数量为：

新京特别市	15 所
吉林省	28 所
龙江省	24 所
北安省	35 所
黑河省	8 所
三江省	38 所
东安省	36 所
牡丹江省	28 所
滨江省	41 所
间岛省	20 所
通化省	12 所
安东省	12 所
四平省	18 所
奉天省	50 所
热河省	5 所
锦州省	17 所
兴安南省	3 所
兴安西省	4 所
兴安北省	6 所
兴安东省	2 所

以上数据为1941年的调查所得。另外在当时日本领地包括大连、旅顺的关东州还有38所，名字不叫'在满'，而是与日本国内一样称作'大连某某国民学校'。

有田清武准备去的东安省（当时属于牡丹江省，第二年析出为东安省），日本开拓移民和军队较多，在满国民学校随之也较多。北安省和三江省在满国

民学校多也是因为开拓团多的缘故。哈尔滨、奉天等以前日本人集中的大城市在满学校也较多。

在不断增多的各种学校中，中学校也随之增多，并且多数集中在大城市，新京、哈尔滨、奉天等地根据文部省令建立的学校据 1941 年的调查：

中学校　　　24 所

高中女中　　40 所

农业学校　　13 所

工业学校　　8 所

商业学校　　6 所"

（2）"清武来到这以后才明白，半截河在满小学校其实是一所军内小学，这里的军官有军官宿舍，住有妻小，由于部队规模小，孩子也少。"

（3）"4 月份开始的一年级学生只有三人，分别是远藤少佐、江崎中尉、平贺少尉这几个军官的孩子。（中略）开设学校的最低限额要求是在五个孩子以上，远藤少佐谎报了人数，得到许可，亦即日本军惯用的'凑数'。"

（4）"驻守绥阳的第八师团的编成地为弘前市，属下的联队中出身青森、弘前、秋田、山形的日本东北兵较多。这所小学位于军队的集会所内，学生大部分为军人子弟，一般在满的日本人子弟很少，学生的口音也多是东北方言。与半截河不同，这个学校的教师和学生数量多，与普通的同内小学几乎一样。令清武不能理解的是这里父亲的军阶越高，其孩子就越傲气。"

（5）"滴道的学校很气派，有学生近 300 人，除校长外有教师 8 名。虽然滴道驻有第二十五师团（司令部为林口）所属的步兵第十四联队，但是学校没有军队的子弟，清一色是满炭公司的职员子弟。学校的设备齐全，藏书多，冬天有暖气，还有游泳池。清武按照年限作为学校排名第五的资深员工，接手了四年级的工作。这所学校的学生父母学历高，学生好学，作为老师也觉得有干劲。学校配备有条件良好的教师宿舍，有二至三 LDK（日本住房面积的基本估算。L 为起居室，D 为饭厅，K 为厨房。相当于 66.31 平方米）大小，冬天还有暖气。"

（6）"1940 年 4 月 10 日，教习所正式开始上课。校舍在煤矿现场滴道车站的紧旁边，学校的前面是一望无际的田地，右边几栋简陋的建筑是密山川路开拓团的驻地，遥远的前方则是与苏联交界的国境地带，山麓下矗立着一个联队的兵营，被称作第一百八十部队，实际上是小仓第十四联队。教习所的建筑也与军队的兵营相似，可能以前就是兵营宿舍吧！附近慰安所的存在也证明了这一点。角落处有一个围有苫网像棒球场一样的三角形大运动场，四周排列着校舍和宿舍。宿舍分两人一间和四人一间的，每个房间都有火墙子取暖，非常暖和，教习所的最外层围着一圈铁丝网。满洲炭矿株式会社是日产康拜恩满洲重工业开发的子公司，是配合国策成立的公司，满炭旗下共有五个煤炭企业：分别是阜新、北票、西安、鹤冈和滴道。这五个煤炭企业都有自己所属的教习所（技校），信二他们的教习所叫作'一部'，'二部'招收中学毕业生，相当于高等工业学校的规模，滴道只有'一部'，没有'二部'。"

（7）"在第一学期即将结束时，学校准备召开文艺演出会。（中略）远藤少佐看清武对扮演'鬼职'的人选和是否有观众来看演出很担心，就从部下里面选出了'鬼职'演员，动员全中队的士兵来做观众。士兵们也因为能够停止枯燥的演习，去做做快乐的游戏而感到十分高兴。（中略）半截河学校的快乐之一就是与军官们一起去打野鸡和钓鱼。"

（二）日本为转移国内农村萧条的压力，热衷于向满洲移民，书中也在多处描写了开拓团的实质、在满生活状况以及最终日本战败之际被关东军抛弃的情况

（1）"由于军费无限度地增加，日本的农村进一步凋敝、萧条。作为解决手段，政府开始热衷于向满洲移民，并将'去满洲！日本的生命线！'的作为国策而大肆宣传。其结果是，大量的日本人涌去满洲，而实际上日本满洲移民国策的最大目的是掠夺满洲的资源，由关东军策划，农本主义者加藤完治等热心鼓噪的满洲开拓移民可谓是配合这种国策的登峰之作。"

（2）"半截河附近的开拓团有1935年第四次移民过来的城子河、哈达河开拓团，1936年第五次移民过来的永安屯、朝阳屯、黑台、黑台信浓等开拓团，1937年第六次移民过来的黑嘴子、东二道岗、西二道岗、六人班、北五道岗、南五道岗、龙爪等开拓团。（中略）以后，第十一师团（虎林）、第二十四师团（东安）、第二十五师团（林口）、国境守备队、独立国境守备队等陆续开进这一带，指挥上述部队的是设在东安的第五军司令官，满洲事变时的重要人物土肥原贤二中将。土肥原的部队分布在从林口到虎头之间的漫长战线上，位于周围的开拓团当初就是被当成配合上述军事部署的兵站基地而设进的。不管其属实与否，这些开拓团的农民不顾当地不适宜栽种水稻的劝告，拼命地进行水稻的栽种试验，经过无数次的失败，最后终于在部分地方取得了成功。这片过去只能栽种高粱的黑土地上，如今青翠的稻田、玉米地一望无际，

已经成为中国的粮食基地。1945 年由于苏联军的突然进攻，被关东军抛弃的开拓民经历了史无前例的悲剧折磨，水稻栽培的成功也许是留给当地人的为数不多的值得称道的事情。"

（3）"在日本内地风声鹤唳、草木皆兵的氛围中，许多人不满现状而逃到满洲，教习所中的老师有许多就是因为这样的原因才来的满洲。在日本国内由于战时管制，物资日渐匮乏，而在教习所尚可三餐温饱，也不用参加什么军训，空气宽松可谓是春风荡漾。现在的情形与后来接连发生的狂澜巨涛般的变化相比，可以说是天壤之别。"

（4）"在关东军的计划下，日本从 1932 年开始，召集退役军人组成武装移民到三江省桦川县，继第一次和第二次武装移民之后，同时又开始了试验移民，东安省哈达河开拓团就是与城子河开拓团一起在 1935 年第四次移民时来到中国的。"

（5）"当时，虎林线还叫林密线，只开通了林口到密山（后来被关东军改为东安）之间的列车，哈达河就位于这条铁路线沿线，与其他开拓团相比交通方便了许多。开拓团移入时，附近的煤矿虽然在滴道有自己的发电厂，但哈达河一带还没有电灯。随着煤炭产业的快速发展，仅凭自己内部的发电已经满足不了煤矿发展的需要。1940 年，在制定'满洲国'第二个五年计划时，增加发电设施成为中心内容，国策公司满洲电力株式会社在鸡西车站的东侧建成了容量 15000 千瓦的发电厂，哈达河也因此通了电灯。

第一拨哈达河开拓团来自北海道等 23 个县，共 170 余人，以后又陆续从各个府县移入，后来哈达河开拓团成为各县移民混合、人口超过 500 的大型开拓团。开拓团员的农地基本是当地中国人原有的可耕地，黑土地土质肥沃，适合种植除水稻外的各种作物，附近的朝鲜农户一直在种植水稻上下功夫。"

（6）"首先制定开拓团计划的是日本关东军，与其说是考虑农户的愿望，不如说是配合军部的需要。把开拓团都集中在军队集中的边境地带，刻意安排在东部和北部，先不说适合开垦与否，关东军的目的就是要使开拓团不仅成为军队的粮食供应仓库，还要使开拓团成为军队人肉碉堡的后盾。说是开拓，听说实际上就是公然抢夺当地中国农民的可耕地，致使当地农民对开拓团十分仇恨。在三江省的桦川县、依兰县等地总是匪患不断就是这个原因。"

（7）"1938 年，满蒙开拓青少年义勇军成立，义勇军由普通高等小学毕业的少年 14～16 岁）组成，主要目的是在靠近苏联国境附近的各个训练所接受为期 3 年的农业开拓和军事训练，为将来的满洲农地开垦增加预备队，可以说是一种变相的屯田兵。1938 年，在嫩江、孙吴、沙兰镇、铁力、勃利等训练所，有 3 万多人接受训练后被分配到了各地，至 1945 年战败为止，其总数已经达到了 10 万人。少年义勇军成年后，在服完兵役后被分配到各个开拓团，是另外一种培训开拓移民的渠道。"

（8）"开拓移民计划在高桥被暗杀后，成为新上台的广田内阁的一大国策。广田内阁抛出了'20 年移民 100 万户 500 万人'的所谓移民计划。至战败前，日本派出开拓团总计达到 300 个，加上义勇军合计达到 30 多万人。"

（三）日本在军队驻扎处设立随军慰安所以及慰安所中妇女的来源、军队的日渐腐败

（1）"由于忧虑在'南京大屠杀'中日本军官兵的恶劣表现，以杉山元陆平大臣、梅津美治郎中将、今村均中将等为中心的日本军队上层，在 1938 年 3 月 4 日，决定在有日本军队驻扎的地方设立'慰安所'并下发了通知。但是，日本国内的娼妓远远满足不了需求，根据麻生军医建议书中的'朝鲜年轻女性没有性病，危险性小'等理由，最后朝鲜半岛的年轻女性被当成了送给战场士兵们的'活着的牺牲品'。"

（2）"半截河村就在清武他们坐卡车去的国境守备队兵营的路上。村子里有像商店街这样的购物区，可以买到各种日用品。在商店街的前面，有供士兵用的'慰安所'，朝鲜人女性在里面提供服务。还有一处像是料亭的地方，实际上是军官用的'慰安所'，里面有日本女性为军官们提供服务。顾虑到 1937 年 12 月发生的'南京大屠杀'事件后来自国际上的批判，日本陆军统帅部在有日本驻军的地方同时设置了'从军慰安所'，半截河的慰安所就属于这种类型。"

（3）"'听说最近上头来了指令，允许建妓院，现在到处都是。听说花一点钱就能买个朝鲜小姑娘，骗到满洲来。''谁带那些朝鲜姑娘来呢？''宪兵和警察呗！军部允许了嘛！'"

（4）"经常给军队的小铺进口用杂货的他对小林和清武说：'现在的日本军队腐败成风，把从我这里便宜进的货再转手高价卖给满人（中国人）。满人还会把他的姜送上门让其陪着负责的下士官们，如果调走了就送给下一拨的人，一直不间断。一个军官还将来见面的士兵的媳妇带到旅馆强奸，被人家告发，那个军官后来被关到禁闭室，降职为士兵。'（中略）

'有个高级军官在车站前面开了一个妓院，挣了大钱了，听说是委托满人经营的。'"

（5）"在教习所校门的斜对面，有一处军队用的慰安所，是附近驻扎的十四联队用的。旁边有叫'东云'的日本料理亭，里面好像有日本娼妓供军官吃喝、嫖娼之用。慰安所的前面放有小椅子，身穿朝鲜服装的年轻女子坐在上面。"

（6）"当时大部分国民并不清楚：1937 年 12 月 13 日，日军占领南京，对南京市民实施了血腥屠杀、强奸等令世界震惊的暴行。来自世界各国的抗议让日本军部备感焦虑，为了解决日本军队的性需要，陆军军部首脑在 1938 年 3 月决定在日本军队驻扎之地设置慰安所，征用朝鲜民族的年轻女性充当军妓，金名花就是其中之一。"

（7）"从佤山矿业所向西再向南的胡同里有慰安所，经常可以看到穿朝鲜服装的女性。信二感到吃惊，在这种地方还有慰安所。果然不出所料，在车站的东边设有关东军守卫矿井和铁路的兵营，真是哪里有军队哪里就有慰安所！"

（四）在满洲境内，日本军队的管制十分严格

（1）"第四天上午，抵达林口的清武他们在欲换乘虎林线的时候，又被宪兵们盘查了一通。从虎林开始再向东部国境靠近必须要有一张特别的通行证。在日本的时候，没有人告诉清武他们，对他们来说这是没想到的事。据列车员讲，这种证明必须在林口或者是返回到牡丹江市的警察署，向警察署长申请才行。"

（2）"他们下车后才发现，这里根本没有什么车站，所谓的车站实际上是碉堡的一部分。碉堡是用混凝土修建的建筑，装饰有红、蓝迷彩色。在像圆顶一样的屋檐的碉堡四面，遍布着枪眼，感觉特别森严。'到底是国境啊！'清武心中感叹道。说是车站，实际上站员就在与碉堡相连的地下室办公。"

（3）"清武他们坐到了铺有苇席的卡车的车厢里。五个士兵围在清武他们的周围冲外站立着，前方驾驶棚上，架着一挺轻机关枪，队长紧盯前方站在前面。其他士兵两人一组站在车厢两边，一名士兵瞭望着后面。全员刀出壳、枪上膛，头上的钢盔晃动，一副戒备森严的神色。听士兵们讲，这一带经常有土匪出没，也经常与他们交火。土匪们自由穿梭于满洲与苏联之间，日本军有什么动作，苏联军队马上就知道。即使这样，士兵们好像习惯了这一切似的，一点也不慌张，难道是日本军队无敌的表现？"

（4）"松本大佐恢复了每隔一天的军训。当时日本文部省令所辖学校内，从中学到大学都按照制定的'陆军现役军官学校配属令'配备军官进行军训。教习所虽然不是文部省令所直辖，但也按此基准实行。教习所从十四联队请来了藤江少尉做军训指导，并带来了 90 支三八式步枪。田村预备役伍长做助教，辅导进行实际的操练。松本所长讲授军人敕谕和步兵操典课程，从 6 月份开始讲读新陆军大臣东条英机制定的'战阵训'。该讲义由辻政信参谋执笔，岛崎藤村等监修，协力而成。该讲义涵盖了'宁死不受俘虏之辱'等许多令战时日本军人痛苦不堪的语录。信二他们也不例外，被灌输了那种教育。"

（5）"关东军在满洲全境建立了像网一样的宪兵体制，实施令人恐怖的'宪兵政治'。中国各个民族自不待言，就连日本人也不放过。凡是被宪兵认为有不稳定倾向的人顷刻即可被逮捕，冠之以特务嫌疑被送到哈尔滨郊外研究细菌炸弹的七三一部队用于人体试验。由于试验需要源源不断的活体，日本人中因批判关东军行径而遭逮捕的也不在少数。去年，300 多主要是满铁调查部的职员就被关东军宪兵队以他们是共产主义者而加以逮捕，存在了多年的满铁调查部最后也被迫解散。"

（五）书中还提及在满洲境内一些地区的交通状况、交通费用情况以及作为教师的报酬、士兵的军饷、满炭职工的来源及报酬等细节

（1）"4 天后，他们抵达了'满洲国'牡丹江省密山县半截河（第二年划为东安省）。火车票是买到中途林口的三张三等车厢大人票，合计 36 日元多一点，一个人 12 元多。"

（2）"这条铁路从图们一直通到北面 580 公里松花江岸城市佳木斯，被称为'图佳线'。向北佳木斯方向三分之二路程的地方就是林口，由林口换乘虎林线向东走行 355 公里抵达虎头后，再向东部国境前进 120 公里左右就到了目的地半截河。图佳线和虎林线是应关东军防卫苏满边境的要求而在 1934 年突击铺设的。在虎林线沿线，有丰富的煤炭、黄金、铁、硅等矿物资源。由日本人不断开发成矿山。周围还分布着起到关东军兵站基地作用的 32 个日本人开拓团和青少年义勇军训练所，对关东军而言，虎林沿线是至关重要的地带。因此，到这一带来的人必须要有特别的证明。"

（3）"索伦河一带主要是从长野县去的开拓团，没有铁道。早 9 点乘满铁汽车从东安市出发，越过完达山脉，向北约 100 公里就是宝清街。再从宝清东向 50 公里就到了宝清县索伦河村。途中，第二十野战重炮联队驻扎在东安市

东北的裴德，骑兵旅团驻扎在宝清。当时恰巧赶上'诺门坎事件'，军队匆忙调动的情形历历在目。从宝清开始的山路经常有狼出没，即使白天通行也很危险。"

（4）"乘坐虎林线向东一站地就到了鸡宁。这里有一座山叫作鸡冠山，鸡西镇位于山的西面，故名鸡西。'鸡宁'是关东军无视当地地名的由来而擅自篡改的。鸡宁镇是这附近最大、人口最多的镇，很多关东军在此驻扎。鸡宁位于密山四个矿井的要冲，密山煤矿新建的三层高的公司大楼就坐落在鸡西车站（鸡宁的车站名）南边的小山坡上。大楼为绿色屋檐、白色墙砖，好像法国的城堡一样气势恢宏。这座建筑的设计在当时是很别具匠心的，竣工伊始就被关东军借用了一半。

从滴道去佤山要经过鸡西车站，再向南一站地有个佤山站，从佤山矿业所到鸡西车站之间有公司的专用火车，一个小时一趟，对职员免费。为了向距离密山煤矿 550 公里的朝鲜清津炼铁厂等地运送煤炭，公司被批准经营运输，拥有专用货车、火车和客车。"

（5）"独身宿舍为四坪半一间带壁橱的房间，土暖气取暖很暖和，食堂由一对中年夫妇经营，一日三餐一个月 10 日元。信二他们的基本工资为 50 日元，中专毕业的为 70 日元，大学毕业的工资达到 85 日元。"

（6）"除了信二他们，1943 年公司还招收了许多从日本国内大学毕业的人到佤山工作，如早稻田大学毕业的早川保，日本大学毕业的板野次郎，立命馆大学毕业的小西政雄，其他还有新京工业大学毕业的森永朝雄等，他们加盟煤炭产业所得到的照顾就是可以延期两年服兵役。除了大学毕业的以外，还有中专毕业的，如小仓工业毕业的山田明，山口县下松工业毕业的日下四郎及在当地从部队复员的柴田实、井田光、后藤一雄等。引人注目的还有荒田所长的独生女儿荒田京子，荒田京子从东京女子大学毕业后进了信二他们所在的公司。"

（7）"大和饭店是一幢贴满土黄色瓷砖的漂亮建筑。信二在新京、哈尔滨、奉天看到的大和饭店也都是相同的色调，之所以采用土黄色，是因为在中国土黄色是高贵的颜色，北京（当时叫北平）紫禁城屋脊的琉璃瓦就是土黄色。整个满洲一共有 16 所大和饭店，牡丹江市的大和饭店门口的两侧装饰有像西洋的煤气灯那样上边稍大、底下稍小的时髦的八角形街灯，给人一种异国的感觉。"

（六）满苏边境秘密修筑的防御工事、阵地建设以及劳工来源的内幕、日本人贩卖鸦片、虐杀朝鲜和中国劳工的内幕

（1）"驻守半截河的部队是第三国境守备队，第一国境守备队驻守牡丹江省的东宁，第二国境守备队驻守同一省的绥芬河，第四国境守备队驻守东安省的虎头。虎头（第四守备队）与东宁（第一守备队）、海拉尔（第八守备队）三个守备队的工事，在国境十四个守备队中规模最大，被誉为'东方的马其诺防线'。这条防线是在山里凿洞贯穿的巨大地下要塞，配备的守卫力量最多时达到两万人，平时也有八千多人。地表配备有各种型号的大炮，为了战事来临时能够破坏对岸苏联城市伊曼附近的西伯利亚铁路上的伊曼铁桥，虎头要塞还配备有日本陆军最大的，日本仅此一门的 410 毫米榴弹炮，关东军盘算在合适的时机占领苏联的西伯利亚和沿海州时可以派上用场。在修建要塞时，分别使用了数千的中国俘虏和抓去的劳工。要塞完工后，这些人被屠杀后埋在了地下，这就是无敌关东军当年修建要塞的内幕。"

（2）"半截河阵地是 1938 年，也就是清武赴任之前刚刚修建完成的。士兵是由此向东北 30 公里驻扎在密山的步兵第三十二联队抽调组成。步兵第三十二联队所属师团是第二十四师团，预定在东北 50 公里处的东宁街（第二年变成市建制）驻扎。该师团在 1938 年的'张鼓峰事件'后为增强在满兵力而正式组建的，清武他们抵达时正在筹备当中。（中略）这个守备队的兵力及装备在当时比一般的师团要好得多：步兵五个中队、炮兵两个中队、工兵一个中队，士兵在 1500 人以上；装备有轻机关枪 16 挺、重机关枪 4 挺、山炮 4 门、1930 年制野炮 4 门、10 厘米榴弹炮 4 门、中型迫击炮 8 门，火力配备比较强。半截河阵地如果建在国境线上的话，正好位于苏联一侧山峰的脚下，半截河阵地为了防止被俯瞰射击的危险，向后撤退了一段距离才开始修建。"

（3）1938 年当时师团的编制：

表 7 -1

师团	中将	14400 人
旅团	少将	7200 人
联队	大佐	3600 人
大队	中佐	900 人
中队	大尉	200 人
小队	中尉	50 人
分队	军曹	12 人

（4）"绥阳曾经是中东铁路的附属地，1935年，当时的'满洲国'以一亿四千万日元从苏联人手里买下了包括绥阳在内的整个中东铁路以及附属地的所有权。而绥阳就位于联结西部国境的满洲里和东部边境绥芬河之间的中东的路线上，由于靠近苏联国境，周围集结了许多关东军部队。1938年5月发生在苏满东南国境附近的'张鼓峰事件'虽然日本网内封锁消息，日军惨败不被一般人所知，但关东军紧急在周围增强了兵力。第八师团进驻绥阳，第九师团（编成地金泽）进驻距绥阳两面50公里的牡丹江市，第十二师团（编成地久留米）进驻距绥阳南30公里的东宁街，上述部队与国境守备队、独立守备队并称为第三军，司令部设置在牡丹江市，当时的军司令官为尾高龟藏中将（陆军士官第十六期）。"

（5）"福本在日本内地煤矿工作的时候，矿井里的日本监工经常虐待抓来的朝鲜工人，福本看不过去，就经常保护他们，他自己也因此被监工殴打，但他一直没有停止庇护朝鲜弱者的努力。最后，监工也不敢在他面前欺负那些朝鲜劳工了。据他讲，在滴道矿井里，日本监工虐待中国工人的事件时有发生。他经常叹息，难道这是日本人的本性吗？为什么这么无情无义呢？从福本的讲述看，滴道煤矿有很多被抓来的中国劳工。"

（6）"关东军还有一个令人发指的犯罪行为，那就是秘密制造和贩卖鸦片。东条在担任关东军察哈尔混成旅团司令官时，就带去了罂粟种子，在热河省大量种植，获得暴利。坂垣、东条等人骨子里认为用鸦片摧毁中国人的意志是可行的办法。"

（7）"'满洲国'建立后的1933年，以参谋本部作战课长铃木率道大佐（陆军士官第二十二期）为负责人的小组对1800公里的苏满边境进行了调查，据此最终决定构筑14个要塞，分别派驻重兵的边境守备队配置大量的大口径火炮。14个要塞的总兵力约合4个师团的规模，各个守备队队长均由大佐担任，比较大的东宁和海拉尔守备队则由少将担任守备队队长。

要塞为地下堑壕结构，特别是东宁第一边境要塞、虎头第四边境要塞、海拉尔第八边境要塞工程庞大。而且布置在东宁、虎头的大口径重炮可以直接轰击到苏联的符拉迪沃斯托克和伊曼等边疆城市。苏联一直担心日本的侵略也是这个原因。

为了保守修建掩体的秘密，关东军在要塞工程完成后，杀害了所有与工事建设有关的中国劳工。在东宁要塞附近，有无数掩埋中国劳工尸体的土坟，旁边还炫

耀地建着关东军部队长官死去的战马的灵碑。战后，在海拉尔要塞附近，发现了大量的尸骨，推定有几千具，这成为关东军杀害中国劳工的铁证。"

（8）"当时关东军除了23个正规的师团以外，在边境地带还驻扎了大量的野战重炮兵联队、骑兵旅团、辎重兵团、战车团、飞行兵团、防疫给水部（由哈尔滨七三一部队和海林六四三部队、林口一六二部队、孙吴六七三部队、海拉尔五四三部队各支队组成）、关东军化学部（齐齐哈尔五一六部队、毒气部队）、宪兵队、特务机关、64个陆军医院等。这样，关东军的部队当时达到了60万人的规模。"

（9）"东宁边境要塞从1934年6月开始建造，是苏满边境线上14个要塞中最早形成工事且规模最大的一个。整个要塞由建造在南北16公里、东西8公里范围内的20多个要塞组成，距离苏联的边境仅有500米。要塞的主体在1937年完工，整编配备第一国境守备队驻扎于此。要塞地表配备大炮近60门，可以自由移动的迫击炮20多门，苏联的不少城市在要塞大炮射程之内。（中略）在20多个要塞中，至少有10多个是地下要塞，说是地下，其实是将山体腹部凿穿以坑道形式连在一起，大的地方可以几个人并排行走，坑道内部都用厚厚的白陶土涂抹加固，任何炮弹也无法摧毁这样的坑道。（中略）要塞内部配备有弹药库、发电所、通讯室、兵营、医务室、厨房、指挥中心、储水槽、供暖锅炉、浴室等，一个要塞平时可以容纳1000人左右，这是人们想不到的。要塞里的士兵们忙忙碌碌，坑道里不时回响着指挥官斥责士兵们的粗鲁叫骂声，一副凄惨的光景。就是这样一个地下要塞，从外面看上去则像是再平常不过的一座小山而已。"

（10）"这里与小佤山矿井不同，被驱使在矿井里面干活的都是从中国前线抓来的俘虏和街上的流浪汉。这些劳工被严密监视着干活。监视他们的是当地从日本军队复员后由公司雇来的煤矿矿警，他们都配有手枪、短枪，腰间挂着日本刀。除20多名日本矿警外，还有100多名中国矿警。管理矿警的是日本人金田系长，金田出身宪兵，是一个动辄杀劳工连眼都不眨的男人，是福本最讨厌的那种类型的男人。

劳工们戴着手铐和脚镣每天被从围着电网的宿舍里面押送到干活的现场，他们平时稍有逃跑的举动，就会遭到矿警们的一顿毒打，有的还会被枪杀。由于怕引起煤尘爆炸，一般不允许在巷道内开枪。"

（11）"首先，设立'流浪者训练所'，以为流浪汉正名为名让其从事劳动。实际上等于允许日本的警察、宪兵可以在街上随便抓人，只供应粗茶淡饭，几乎没有什么工资，一直驱使其干到死为止。宿舍被电网包围着，使人无法逃跑，即使这样，不堪忍受饥饿和重体力劳动的逃跑事件还是不断发生。被抓回来的人统统被扔到烧砖的窑炉里烧死，因为一旦有人活着逃走，煤矿公司和'满洲国'政府策划的这桩丑事就将暴露。

第二，设立'特殊工人收容所'，实质是掩盖从中国大陆强抓俘虏的事实。被抓去的人大多被酷役致死，在这里已经死亡的人和濒临死亡的人都被扔到一个挖好的大深坑里，大坑很深，体力不支的劳工根本爬不上来。中国人叫它'万人坑'。

第三，建立'鸦片矫治收容所'，收容所谓的鸦片上瘾者。对于鸦片上瘾者只要给他鸦片让他做什么都行。至于鸦片本身，应关东军的要求，日本政府、'满洲'政府机关都在秘密制造，委托三菱商事、三井物产等大公司生产、销售，牟取暴利。令人不可思议的是，当时满洲的鸦片上瘾者大多数并非来自鸦片种植地的热河省和内蒙古，而是来自滨江省、北安省、三江省。鸦片的秘密制造与销售给日本政府带来巨额的税收。有记载显示，年轻的大平正芳（战后成为首相）、爱知阕一（后为财政大臣）等大藏官僚曾来满洲取走这方面的税金收入。就这样，从中国华北等地向'满洲国'输送劳工，1942 年大约 30 万人，1943 年 40 万人，1944 年大约 50 万人，各种五花八门的劳务输送超过 1000 万人。"

（七）七三一细菌部队内幕

（1）"附近的林口镇驻扎有关东军的大部队，后来整编成第二十五师团，林口镇成为师团司令部所在地。北边的勃利驻扎有坦克部队，林口还驻扎有哈尔滨第七三一部队（细菌战部队）的林口支队，与此有关，设有庞大的宪兵队，经常逮捕无辜的流浪汉秘密押送到哈尔滨的七三一部队做活体试验，普通的日本人对此一无所知。"

（2）"在'防疫给水部'，有许多令已经习惯医院工作的铃木不能理解的地方。那里与普通的医院不一样，军医们并不给患者治病，来自大学的被称作技师的医学研究医师很多。他们究竟在干些什么？卫生兵出身的铃木是绝对没有权力进入他们的研究现场的。在别的地方有焚烧死人的锅炉，铃木经常被命令往那儿搬运尸体。时间长了，铃木终于明白了那些出出进进的被称作技师的医师们原来是在做活人体解剖试验，从老卫生兵那里也证实了这一点。

他们将人体试验的活人称为'圆木',成为'圆木'的人大都是从战场抓来的俘虏和因反满抗日嫌疑被逮捕的中国人,也有苏联人。宪兵们的强制性乱抓人与煤炭公司强抓劳工如出一辙。

'过了一年,就连迟钝的我都明白了是怎么回事。他们是用活生生的人体进行医学试验:给试验对象注射霍乱、伤寒、鼠疫等细菌,看其发病的表现,活体解剖试验,静脉注射多少空气会致人死亡的试验,持续让人服用锌元素引发糖尿病的试验,在零下几十度的户外给人浇上水观察冷冻效果的试验等等,都是一些令人毛骨悚然的试验,看了让人呕吐,最后根据这些试验做成了细菌炸弹。'"

(3)"可能是七三一部队长石井少将出身京都大学的原因吧,七三一里面京大出身的医师很多。其次就是东京大学出身的,因为接替石井的七三一部队长北野是东大毕业的。好像都是听了各个大学细菌、生理、病理、卫生学教授的话来的,在食堂也经常能听到诸如'比大学的研究经费多多了,试验进行得很顺利''想早点提交论文回国内的大学,有了这里的实践经验,不久能升教授'的谈话。"

三 学术评价

在《赤血残阳映黑土——一个日本少年的"满洲国"经历》这本书中,作者没有以宏观叙事的手法去演绎,而是以典型的形象塑造和逼真的场景描绘去处理,实现了文学与历史的相互印证与相互支撑。

就一个人的精神而言,竹内治一先生因为这段刻骨铭心的战时和战后记忆,对"捏造南京大屠杀""商业化慰安妇""安居乐业的满洲国"等右翼言论能挺身而出而予以驳斥。特别是他以其独有的感召力、亲和力和影响力,塑造自己的人格魅力,以一名医生追求人道主义升华和反思医学界、医疗界以及医学工作者的人道犯罪。所以,竹内治一先生留下了一本足以让人正视历史、呼唤和平的书,以其伟大的人道主义精神和勇敢从容的行动影响着中日两国爱好和平的人们。

第八章　成书于 21 世纪以来
有关黑龙江的史料（下）

第一节　《政策形成诉讼——为中国"遗孤"寻求公正审判与新支持政策实现道路》

一　编者简介

《政策形成诉讼——为中国"遗孤"寻求公正审判与新支持政策实现道路》（政策形成訴訟—中国「残留孤児」の尊厳を求めた裁判と新支援策実現の軌跡）的编者系"在华'遗孤'国家赔偿诉讼律师团全国联络会"（中国「残留孤児」国家賠償訴訟弁護団全国連絡会）的多位委员，主要有全国律师团联络会代表小栗孝夫、小野寺利孝，全国律师团联络会事务局长清水洋，关东律师团委员安原幸彦、齐藤丰、宫腰直子、长尾诗子，大阪律师团委员久保等。

二　主要内容

该书由株式会社东京印书馆于 2009 年首次发行。全书针对为在华"遗孤"寻求公正审判与新支持政策实现道路，分别从为何要诉讼、全国集团诉讼中的全国联络会组织活动和意义、日本各地"遗孤"诉讼活动、否认裁决结果、诉讼的新支持政策等方面做了详细的介绍。

日本从明治维新走上资本主义发展的快车道之后，侵略扩张的本性开始急剧膨胀。通过甲午战争，日本将侵略的触角伸进中国东北。"九·一八"事变后，在日本关东军的策划和推动下，1932 年 9 月，日本第一次武装移民正式开始募集。从 1932 年到 1936 年，日本先后向中国东北地区进行过五次、近万户武装移民。到 1945 年战败投降之前，日本政府利用移民侵略的手段，疯狂掠夺中国东北的土地，企图把中国东北变为"第二故乡"，实现"日本国土延长"，以达到永久霸占中国东北的目的。1945 年 8 月苏联红军进攻东北后，许多日本儿童与父母失去联系，留在了中国。1972 年日中邦交正常化后，遗留在中国和日本之间的尘封往事也开始浮出水面。曾经在中国东北进行过 14 年殖民统治的日本不得不面对一个尴尬的历史事实，那就是日本政府在 1945 年战败后残忍地抛弃了它的国民，致使 20 多年后，在中国东北地区仍然存在万余人的"残留妇女"和"遗孤"。1981 年日本政府决定寻找在中国东北的日本人时，厚生省的文件中，首次正式把这些在日本移民侵华和战争失败后留在中国东北的日本人称为"在中国的残留日本人孤儿"。

编者提到，变成"遗孤"，是日本侵略政策的直接后果，日本政府应该为他们返回日本并逐渐适应日本社会创造条件。然而，他们回到日本后却受到种种限制。如：如果"遗孤"为男性，成年子女可以全部回日本生活，若为女性，只能有一名成年子女回日本；日本政府只负担"遗孤"及其配偶和 20 岁以下子女回日本时的一切费用；只有"遗孤"及配偶有权享受生活救济等。如今，"遗孤"多已进入古稀之年，他们很难品尝到人生的累累硕果，等待他们的是一次又一次为自己的老年生活的不懈抗争和努力，他们游行示威、向法院提起诉讼、在众多律师团的协同合作下，取得了一例又一例的诉讼胜利，但是，仍然还有大量"遗孤"没能够"作为日本人过上有尊严的生活"，未来的支援方案还在进一步促成当中。

三　学术评价

本书以日本在华"遗孤"为主要研究对象，从战争角度、历史角度以及现实角度深入分析了日本在华"遗孤"的由来、发展以及所面临的现状，对战后日本"遗孤"政策的制定、实行、发展进行了举例分析，是一本具有历史性、现实性、实用性的历史问题研究书籍。其相关学术成就可分为以下三点。

首先，该书所载"遗孤"历史详尽。上文提到，变成"遗孤"，是日本侵略政策的直接后果，日本的侵略从 1931 年"九·一八"事变到 1945 年"八·一五"日本投降，在中国东北进行了长达 14 年的殖民统治，中国人饱受欺压之苦，资源被掠夺，家园被侵占。在这种时候，日本人战败了，投降了，走投无路之际把年幼的、生病的孩子或是遗弃，或是送给了中国人。正是那些普普通通的中国人在自己生活都十分艰苦的条件下，出于一种最质朴的人道精神，做出了收养敌国孩子的决定，并尽心竭力地养育他们。他们正是在东北这片土地上成长起来的，他们是被"遗弃"的生命。"生命诚可贵"，但是他们在和平年代没有受到公正的待遇，没有社会保障，他们还在为自己的生存向政府声讨，虽然取得了一些政策支持，但是未来的路还很远。

其次，该书对遗孤形成的原因分析透彻。当二战接近尾声的时候，苏联红军根据《雅尔塔协议》对日宣战。而此时的开拓团却已经成为日本天皇的弃民。早在 1942 年，随着日本侵略战争的扩大，战线的拉长，开拓团 15 岁以上的男子陆续被征入军队。开拓团里实际上只剩下老弱的男子和妇女儿童。由于他们多居住在偏远的中国东北，消息闭塞，加之日本政府的虚妄宣传，开拓团的团民对日本战败的结局毫无所知。在没有任何准备的情况下，面对苏联红军的大举进攻，开拓团团民只有仓皇逃窜。一些开拓团得到关东军要求他们集体自杀的命令，但除个别的开拓团成员执行命令外，绝大多数开拓团成员开始向城市逃窜。被遗弃的妇女和儿童，几乎没有在中国长期生活下去的可能。一些妇女把年幼的、生病的孩子送给了普通的中国人，自己带着稍大的孩子返回了日本。还有的妇女带着孩子嫁给了当地的中国人。这就是当时日本实行的第一阶段"弃民政策"，即战败之时丢弃国民而归，而这正是遗孤形成的最大原因。这实际上是日本政府多年奉行移民侵略政策、组织所谓"满蒙开拓团"所导致的后果。

最后，该书对"满洲国"的研究值得一提。由于"遗孤"诉讼来源于现在的东北地区，也就是日本关东军组建的"满洲国"之上，因此，对"满洲国"的交代不可或缺，如书中提到"'满洲国'于 1932 年 3 月 1 日'建国'，1945 年 8 月 18 日，以皇帝溥仪退位宣言而灭亡"。1931 年日本关

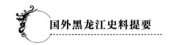

东军在沈阳，向中国北大营守军发动蓄谋已久的突然袭击，东北大好河山沦陷在日本的铁蹄之下。1932年由500名日本"在乡军人"组成的移民团，由哈尔滨顺松花江而下，在佳木斯下船，荷枪实弹地向黑龙江桦南县永丰镇开去，在那里强占中国农民的田地，建立起日本移民村。日本的强买强占，刺刀开路，引起中国农民的暴动，关东军便派出大部队，加以镇压。日本人称这是"武装移民"，是他们开拓的第一步，这成为战后"遗孤"的形成的开端。

第二节　《满铁与中国劳工》

一　作者简介

本书是中国学者与日本学者共同研究的课题所取得的成果，书中内容是由中日学者共同执笔，其中日本学者主要有日本庆应义塾大学的松村高夫、柳泽游和江田泉，日本长冈大学的儿岛俊朗，日本宇都宫大学的伊藤一彦，日本大学的江田宪治。中国学者主要有吉林省社会科学院的解学诗、郭洪茂、张声振、赵光锐、李力。本书由社会科学文献出版社2003年出版。

二　写作背景

这本关于满铁系统中国劳工问题的书，是中日学者进行的第二项共同研究。第一项是关于日军对华细菌的调查研究，相应的研究成果见1997年人民出版社出版的《战争与恶疫》和日本书之友社出版的《战争与疫病》。双方在第一次合作后产生强烈的继续共同研究的愿望，双方顺利达成协议，并投入关于满铁系统中国劳工问题这一课题的研究中。双方在商议继续共同研究的问题时，曾提出两个可供选择的课题，最后商定的是劳动问题的研究，这是由日方提出的课题。柳泽游教授曾说：战时的中国劳动者岂不是当时中日关系的体现？通过对战时中国工人问题的研究，可以从一个侧面展示当时中日关系的本质。可为什么要选择满铁的中国工人问题，作者在序言中阐述了三个理由："（一）满铁是推行日本国策和代行国家职能的超级跨国殖民会社，即是侵略的强权代表，又是追逐利润的企业典型；（二）满铁垄断中国经济命脉，是物质和人力资源的最大掠夺者。满铁役使的中国工人构成为中国产业工人的主体，是了解帝国主义如何对待中国工人的为数最多的体验者和历史见证人；
（三）满铁是遗留文献资料最多的外国在华机构。满铁资料中的劳动问题资
料，含有相当多的满铁自身的文献，包括调查资料，虽然难称系统完整，但是
毕竟使人们可借以进行相关问题的研究。"

三　主要内容

该书主要内容由十二章组成，分别是"伪满劳动统治政策""伪满末期强
制劳动诸形态""满铁劳动体制""铁路各部门的中国工人""筑路土木工人的
劳务问题""大连码头工人的劳务管理""抚顺煤矿工人实态""鞍山钢铁工人
的就地招募""中国劳工生活""东北工人运动""从怠工破坏到逃亡暴动"
"与课题相关的若干认识"。

由儿岛俊朗执笔的第一章"伪满劳动统治政策"，作为研究满铁劳动史诸
问题的前提，主要论述了伪满劳动统治的演变。伪满初期的主要劳动政策，是
从"治安对策、移民问题的观点"出发，将中国劳动者的"流入"抑制在最
小限度；但从 1937 年起，因"产业开发五年计划和中日战争"，劳动力供应
紧张，引进和统治劳动力成为劳动统治政策的"最大课题"；特别是进入 40
年代之后，"劳动力自给"主张出台，"劳务新体制"推出，"劳动者的募集与
配置的政府直接统制"开始实行，目标是强制的"国民皆劳"。

以"伪满末期强制劳动诸形态"为题的第二章由解学诗执笔。它是前章
的继续与补充，它把"国民皆劳"政策具体化了，即使用第一手资料，从
"支配者"与被支配者双方刻画了"紧急供出""国民勤劳奉公制""抓浮浪"
"矫正辅导院""特殊工人"等强制劳动诸形态，指出"强制动员的劳动力，
是崩溃之前支撑战时经济的重要劳动力"，认为"强制劳动是非人道的战争行
为"，"不能与一般劳动问题同样看待"。

江田教授在概括伊藤一彦撰写的第三章"满铁劳务体制"时称满铁"不
仅在管理层而且在工人中也雇佣了大量日本人，这是最大的特征"，然后称：
"本章在首先承认这一事实的同时指出，在社员阶层中国工人比率逐步增加，
超过了日本工人；而且比起社员更多的是非社员劳动者的存在，其中中国人占
压倒的多数；作为满铁社员的中国人待遇，在中国同胞中享有相对好的条件，
但他们大部分是最下层的佣员，在与日本人佣员相比的工资、津贴上都有很大
差别的。"另外，非社员劳动者有各种形态，其中包括曾被废除最后又恢复的

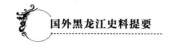

把头制。

第四章"铁路各部门的中国工人",郭洪茂执笔,说明满铁经营核心的铁路部门的中国工人状况的共同点是:中国工人的压倒多数从事单纯的体力劳动,待遇上民族差别很大,处于低工资重劳动之下。1937年后,铁路运输量剧增,劳动力不足,非熟练劳动者增加,劳动力素质下降,货运量停滞,铁路事故增加,人的因素使铁路运输陷入不可逆转的恶性循环。

不仅所谓"社线",伪满的全部铁路均在"委托"名义下由满铁建设和经营。由张声振撰写的第五章"筑路土木工人的劳务问题"所展示的满铁铁路修建工人,实际上是由承包工程的日本土木业者下属的少许大把头管理。大把头率领数名小把头和数以百计的工人进行现场作业。全东北达数十万的这种工人都是出身东北与华北的春来东归的打工农民,他们只获得日本人几分之一的低工资,从事残酷的长期劳动。本章指出,伪满后期的"满铁伞下的土建业者靠军队协助募集和强制征用"劳工。

大连港是南满铁路终端港,也是东北第一大港。柳则游执笔的第六章"大连码头工人的劳务管理",重点考察中日战争和太平洋战争时期,指出,以"大连滞货问题(1938~1939)发生为契机",福昌华工采取包括培训熟练工、支付奖励金、增建宿舍等在内的种种措施,以应对华工"固定"率的恶化。尽管如此,到1941~1942年,福昌华工还是面临装卸工人逃跑、被"挖走"加剧、劳动力不足和素质下降等问题。战争末期随着"陆运转嫁"的实施,又造成大连港装卸作业萎缩和工人不稳定等。

松村高夫在其撰写的第七章"抚顺煤矿工人实态"中指出,与满炭系统相比,抚顺煤矿产量自1937年起持续减少,1940年被满炭所超越,1941年后更加激减,并于1943年出现亏损,原因在于"资材和劳动力的不足"。对此本章"阐述了抚顺煤矿的对策和工人状况恶化的过程",还揭示以日本人为顶尖的金字塔型的抚顺煤矿工人结构。1937~1942年在籍与非在籍工人尽管从6.3万人增至13.6万人,但工人的不足继续恶化。1943年常佣夫(采煤夫)的流动率超过100%,动用警察、军队进行取缔,工人仍继续逃跑。抚顺煤矿早已引进"特殊工人""供出工人"等,并复活了30年代业已废除的把头制。

在1937年末满业设立前,昭和制钢所是满铁直辖企业。赵光锐执笔的第八章"鞍山钢铁工人的就地招募"指出,该所工人已达8万人,而大量工人都是通过从当地农民中募集的独特劳务政策获得的。来自附近农村贫困层的农民虽然没有完全脱离农业和农村，以致农忙期出勤率下降，但是制钢所可节省招募费、住宅建设费，且流动率较低，利益明显。但从 30 年代末起，制钢所同样出现了工人流动加剧和出勤率下降的现象，同样走上了"强化劳动管理、实行强制就劳的道路"。

江田泉执笔的第九章"中国劳工生活"从整体上考察了满铁以及全东北中国工人的生活环境。考察的焦点集中于工人的伙食问题上，特别是伪满后期解决"吃"的问题确实成了劳务政策的关键所在。本章分析了"太平洋战争开始后粮食更加紧张，粮食本身也成了影响劳动问题的关键因素后，使陷入营养不良的工人以少量的粮食从事有效劳动的摸索"，指出"工人虽厌恶把头对伙食费的榨取，但是在获得粮食上还不得不依赖'把头伙食'，在'满洲国'末期伙食成为支撑把头制的重要因素"。

本书最后两章阐述满铁以及东北工人阶级的斗争历史问题。江田宪治执笔的第十章"东北工人运动"，虽然以 20 世纪 30 年代前半期为对象，但考察是从 20 年代东北工人运动的兴起开始的，其中指出，自"满洲事变爆发起"工人们就有组织地脱离岗位、破坏铁路和进行反对"日本支配"的经济斗争；中国共产党也进行使运动组织化的活动，"但是，1932～1933 年的工人抵抗，仅止于个别斗争的积累，强制进行的街头斗争和工人参加义勇军，也使工人运动软弱化。共产党系统的工人运动，像哈尔滨等大城市陷入低潮状态后，1933年末以后曾摸索在矿山、工程现场开展运动，但在 1935 年遭镇压后，逐渐走向终止"。

由李力执笔的第十一章"从怠工破坏到逃亡暴动"，主要阐述伪满后半期的东北工人运动，并使用大量关东宪兵队档案。研究表明，1937 年以后中国共产党曾试图重建工人组织，并出现过以码头工人为中心的使日本遭受巨大损失的"大连放火团"的斗争。但工人斗争仍以自发的怠工、破坏和罢工为主。1942 年以后由于强制劳动的广泛实行，"逃亡"形态的斗争急剧增加。特别是"特殊工人"，其逃亡、破坏和起义成为"日本帝国主义统治末期东北民众战斗的象征之一"。

四　学术评价

本书是第一部有关日本帝国主义在侵华期间暴力强制和残酷役使中国劳工的专著。由中日两国中日关系史研究专家合作，充分利用中日两国珍藏的日伪

时期的档案资料以及其他第一手资料，揭示了伪满洲国时期中国劳工在日本帝国主义的殖民统治下，被暴力强制和残酷役使的悲惨情境及反抗斗争的不屈精神。强制劳动是第二次世界大战时期法西斯轴心国——德、意、日战争罪行之一；清算法西斯轴心国对劳工的迫害，已成为一项广受国际舆论界关注的世界性行动。本书的出版，也是对这一世界性正义行动的积极响应。

第三节　《战争罪责——一个日本学者关于侵华士兵的社会调查》

一　作者简介

野田正彰为评论家、关西学院大学教授，1944 年出生于日本高知县，1969 年毕业于北海道大学医学部精神病理学专业。毕业后曾作为研修医师留在本校医学部附属医院，不久进入长滨红十字医院，成为精神科医师。1980 年开始任长滨红十字医院精神科主任。1987 年就任神户市外国语大学教授。其间曾兼任维也纳大学客座教授，也曾在巴布亚新几内亚高原进行过比较文化、精神医学的研究。

此外，他还著有《犯罪和精神医疗》、《背后的思考》、《体会他人情感的力量》、《电脑新人类研究》（获大宅壮一纪实文学奖）、《居丧之途》（获奖谈社纪实文学奖）、《紊乱的俄罗斯》、《庭院之死》、《灾难救援》、《镜中迷宫》、《我们的家园——东滩区南森町的人们》等涉及不同领域的诸多作品。其作品在日本多次获奖，1984 年获人文科学协会奖，1987 年获第 2 届远距离通讯社会科学奖和第 18 届大宅壮一非虚构文学奖，1992 年获第 14 届讲谈社非虚构文学奖。

二　写作背景

该书作者野田正彰是日本京都女子大学教育学部教授、日本著名的精神医学家。作为一个有良知的学者，他强烈地意识到，日本战后有一段时期"记忆缺损"，就像一个人突然间晕倒了，苏醒之后已不记得发生了什么，就只好编造。于是，20 世纪 80 年代的日本，随着物质上的渐趋富裕，开始走出战败的阴影，转为对过去的全面肯定。然而，确实有一些日本人背负有罪意识生活着，他们或向人们讲述南京的屠杀，或剖白自己作为宪兵犯下的罪行，或记述在败逃中将家人、同胞弃置不顾的悔恨。作者在后记中写道："近代日本人看来只有感性感情敏锐，超过了绝不丰富的生命感情和心里感情，而精神感情则由国家煽动起来的虚伪的意识形态武装着。感性感情和基于意识形态的精神感情不断膨胀，中间柔和的两层感情不断萎缩。为什么会这样呢？这使我产生了在近代史中考察其原因的愿望。"因此野田正彰像沙中淘金一样开始了走访调查，他以批判的眼光，对众多参加过侵华战争的原日本官兵进行了调查和精神分析。

二战后，日本国内对侵华战争的反思，一直存在截然不同的理念：一方面，掩盖或否认侵华战争罪行；另一方面，呼吁承担侵华罪责的著述也纷纷问世。《战争罪责》就属于第二类。该书 1998 年 8 月在日本出版后，11 个月就重印了 7 次，被看成是破解侵华日军官兵战场暴行心态和犯罪意识的钥匙。在纪念卢沟桥事变 63 周年之际，日本学者野田正彰所著《战争罪责》一书的中文版，在 2000 年由广西师范大学出版社出版。

三 主要内容

《战争罪责》以批判的眼光，对众多参加过侵华战争的原日本军官进行社会调查和精神分析。书中列举了 9 名典型的原侵华日军官兵，其中包括活体解剖中国人的军医、组织大规模抓劳工的军官、参与南京大屠杀的特务，亲手拷打致死 328 名中国抗日人士和无辜平民的宪兵，制造细菌武器的七三一部队成员、对中国志士和日军逃兵执行死刑的监刑医生及拒绝参与杀烧淫掠暴行的士兵，对他们的战场暴行心理、在抚顺战犯管理所的改造过程、归国后对战争战犯的深化认识做了深刻的分析，揭示了这些战犯寻找罪责意识的艰难过程。

此外，书中还对原侵华日军官兵的子女如何对待父辈的侵略行为做了细致的描述和分析——子女们是否真正了解父亲？曾领着自己哼着歌散步的父亲，竟然是灭绝计划的实行者？他们一直怀着对自己血液里可能残留着冷酷基因的不安而生活着。原侵华宪兵大泽雄吉临终前在枕头下摸出一张纸条，嘱咐子女把上面的话刻在其墓碑上："……对中国人民做出的行为不容辩解，真诚地道歉！"其女儿仓桥绫子历尽磨难，终于将父亲向中国人民谢罪的墓碑竖了起来。原侵华战犯的儿子渡边义治夫妇，为减轻罪责，将父亲的战争罪行编成话剧，在日本和中国东北地区公演。

本书共分为十八章，分别分析了军医、军官、特务、宪兵等的战争经历和对罪责的认识。其中在第十一章是对宪兵的调查，日本宪兵担当着比军事司法警察更强权的公安警察的任务：进行思想控制。其中一位宪兵三尾丰是当年密谋挑起"满洲事变"、军事统治满洲关东军的宪兵。他在回忆中对自己当宪兵时干过的拷问、屠杀做了反省，并在多个和平集会上发言做证。最初他认为自己并没有犯下通过人体实验制造细菌武器的七三一部队那种罪行，只不过是曾经接受命令，把中国人送到七三一部队，仅此而已。但当他开始为此事做证时，却意识到正是由于有把人当实验材料来运送的人，七三一部队才能发挥其机能。其中第十八章为在七三一部队旧址的追思，是作者同两位被调查者一同访问七三一旧址，他们一边漫步一边讲述过去的行为，其中一位是原七三一部队的少年队员篠塚，篠塚 1939 年 16 岁时受友人之邀，考进了陆军军医学校防疫研究所，被派往哈尔滨，作为七三一部队的文职人员参与细菌培养的研究。在他的叙述中，这个部队是绝对保密的，谁都不知道别人在做什么工作。当时他根本不知道这个部队是做什么的，只是意识到这是一个在策划细菌战的可怕的部队。

《战争罪责》倡议，在正视日本侵华战争历史的前提下，中日两国战后世代能够进行沟通和对话，寻求对战争历史的共识。我们如果忘记被打的历史就是无知和愚昧，而日本忘记了侵略他国的历史，则意味着灾难将重演。把他们缺损的记忆找回，是为其精神的健全，也是为了全人类的未来。

四　学术评价

《战争罪责》的作者野田正彰是一位有名的精神病理学和心理学专家，京都女子大学教育学部教授。他以审视的眼光，对日本现实社会政治生活中否定南京大屠杀，否定随军慰安妇，拒绝反省侵略战争的罪责，宣扬日本国家主义，复活军国主义的右翼思潮，给予了深刻的分析批判。他以一个科学工作者严谨认真的科学态度，历经 6 年，沙里淘金似的进行走访调查，对被访者战时的暴行心理，在中国战犯管理所反省战争罪责的思想转变过程，回国后对战争罪行的深化认识，进行了细致的分析和描述，揭示了他们反省罪责意识的艰难历程。书中还运用文化比较方法，将认罪与不认罪（这类人在日本占绝大多数）的原日军官兵加以比较，将二战中日军与德军的战时暴行心态加以比较，说明侵华日军官兵战时毫无人性的暴行心理，是源于当时日本国民的军国主义意识。而战前、战时的这种国民病态心理，在战后并没有受到清算和批判，延续至今，只是其具体反映的内容及表现形式有所变化而已。战后的日本，在美国扶植下重建工业、复兴经济，并发展成为今日的经济大国。把昔日富国强兵的军国主义思想体系，移向以经济发展为中心的经济至上主义，认为物资的富裕就是一切，而在精神上是空虚的、贫困的，功利心重于道义上的责任感。归结在一点上，本书作者就是想让大家了解，一个经历了侵略战争的国家，其民族心理是怎样形成的，剖析日本人为何不愿或不敢正视侵略战争罪责的国民病根在哪里，故而本书是一部具有重要史料价值和学术价值、学理性很强的著作。

第四节　《战争与医学》

一　作者简介

西山胜夫，日本滋贺医科大学名誉教授，"15年战争与日本医学医疗研究会"事务局长，大阪劳动职业病对策联络会会长，主攻社会医学、劳动卫生学、人体工学。作为日本国内对战争医学方面的研究学者，在战争和医学伦理方面的研究颇有建树，主要研究成果有《战争与医学》（戦争と医学，文理阁，2014）、《新劳动科学论》（新労働科学論，合著，劳动经济社，1988）、《运动员的腰痛和振动病》（運転手の腰痛と全身振動，合著，文理阁，2006）、《侵华日军第七三一部队罪证陈列馆文物图鉴》（中国侵略日本軍第七三一部隊罪証陳列館文物図鑑，合著，内蒙古文化出版社，2011）等。

值得一提的是，西山胜夫教授于2012年在《社会医学研究》刊物上发表论文，题为《731部队人士在京

都大学医学部的博士论文查证》。文章披露，在 1927~1960 年间，七三一部队的主要军官当中，至少有 23 人凭借活体实验发表论文，并取得博士学位。《东亚日报》称，西山胜夫教授在发表文章之前曾参阅了大量资料，上述事实可在日本京都大学以及日本国会图书馆的馆藏资料中得以考证。据西山胜夫称，七三一部队军官提交博士学位论文一事甚至还获得了当时的日本文部科学省的认可。

二　主要内容

《战争与医学》一书是由文理阁于 2014 年首次发行，作者从医学的角度来分析日本侵略战争期间的相关违背伦理的行径，为当代医学从业者敲响警钟，对未来医学的发展起到了重要作用。

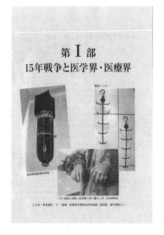

全书第一部分主要叙述了战争和医学与伦理之间的关系，提及的事件正是侵华日军第七三一部队所犯下的种种违背国际公约、反人类的罪行，这为全书的内容奠定了基调。侵华日军第七三一部队是由当年日本最高统治者敕令组建的一支特种部队。该部队于 1935 年在中国哈尔滨市平房地区筹建了生物武器研究、试验和生产基地，并成为迄今为止世界上进行最大规模生物战的指挥中心。日本侵略军七三一部队违背国际公法，以活人为"材料"，进行细菌传染效应试验和细菌武器效能实验，残杀中国人、苏联人、蒙古人和朝鲜人 3000 余名，其行为惨无人道、灭绝人性。七三一部队杀人工厂的刽子手们把活人称为"马路大"（又称"木头""丸太"），用活人进行各种试验，其方法五花八门、数以百计，手段极其残忍。在第六部分中，作者提及侵华日军第七三一部队和石井机关的医学罪行时着重描述了流行性出血热感染试验、仿照美国报告中描述的细菌感染试验、吉村的冷冻试验、饥饿试验、人体毒气实验等，其中细菌感染试验是指将含有各种细菌的溶液注入被试验者的静脉内，观察其病变过程；将菌液掺入饭食内，注入瓜果内，混入水中，强迫或诱骗被试验者食用或饮用，观察各类细菌的效能；冷冻试验是在严寒的季节里，让被试验者的手脚接受不同时间的冷冻，然后将其插入冷水、温水和开水中解冻，观察其冻伤程度；人体毒气实验是将被试验者强行塞进密闭室内，注入各类毒气进行实验；伪康德 9 年（1942 年）6 月，七三一部队在安达特别靶场上用活人进行鼠疫跳蚤"石井式"磁壳炸弹效能试验：把 15 名被试验者绑在实验场的铁柱子上，用飞机将 20 枚炸弹投向试验场上空；伪康德 10 年（1943 年）末，七三一部队在安达特别靶场上用活人进行炭疽热细菌传染试验：把 10 个被试验者绑在间隔为 5 米的铁柱子上，在距被试验者 50 米以外的地方，用电流引爆一颗开花弹，受试验的人被弹片炸伤，立刻受到炭疽热病菌的传染。

1945 年 8 月 15 日日本投降以前，当时的日本政府与日本军队受到国际舆论的谴责，便开始了七三一部队的隐退工作。当时石井接到上级指令，要求在 1945 年 8 月 10 日对七三一部队进行炸毁工作，致使当时收容所里的成员大都被杀害。在逃脱出中国后，石井命令部队成员们不得对家庭成员透漏任何有关七三一部队的事情，并禁止队员之间的归国联系，至此，犯下滔天罪行的七三一部队成员消失在日本社会，潜藏着各行各业中。

在关于七三一部队中相关医学论文成果发表这一问题上，分别提及了铃木启之、杉乔丰次、野口圭一、吉村博、大月明、大田黑猪一郎、上田正明等人，他们的相关学术问题是建立在七三一部队研究成果之上，相关论文的伦理性也在确认当中。同时，在医学方面，七三一部队军官提交的论文题目大都同"细菌战"有所关联，比如《活菌干燥保存方法研究》《瘟疫菌保存方法研究》等。个别军官甚至将在七三一部队服役期间的研究报告直接当作学位论文使用。据称，侵华日本陆军中将、七三一部队的创办人石井四郎就毕业于京都大学医学部。

三　学术评价

本书通篇以医学研究为主线，运用历史的眼光，结合日本发动的侵略战争，详细叙述了战争与医学的相关联系，尤其是在伦理方面的关系。该

书不仅是对过去医学发展的反省，也是对现在医学发展的一种鞭策，更是对未来医学的深刻思考，意义重大。其在学术上的成就可概括为以下两点。

第一，本书对日本历史上发动侵略战争所带来的医学罪行的客观描述值得肯定。西山胜夫在对日本侵略战争医学伦理方面有着自己内心深处的自我观点，即正视、检讨医学方面的历史问题。战争给人类带来灾难，在战争面前，我们只有期待和平生活的及早到来；医学给人类带来希望，在疾病面前，我们能够战胜病魔，重新焕发生机光彩。然而，违背伦理的医学给人们带来的不再是希望，而是和战争一样的绝望。战争与违背伦理的医学的应用，便给了侵华日军第七三一部队产生的机会，给人类带来比战争更深重的灾难。西山胜夫正视历史的精神以及"15 年战争与日本医学医疗研究会"相关活动的开展，为战争和医学伦理的自视提供契机，使相关历史责任得到进一步的深究。

第二，本书中有关七三一部队与医学相结合分析的手法颇具特色。西山胜夫作为一名医学专家，在自己的相关研究领域中能够与战争结合，尤其是把侵华日军第七三一部队作为主要分析对象，在学界中是一种学科交叉性的创新。既有对以往战争医学责任的深刻反省，又注重对将来医学发展方向的关联分析。在伦理方面的检证正在进一步推进，在医学犯罪事实追究方面也在循序渐进地进行，未来，在学术界众多的对相关医学医疗问题研究的探讨上，势必会形成对日中战争中相关反人类、违伦理的罪行做出更加正确的评判，对进一步深入研究历史问题起到推进作用。

第五节　《日本细菌战731部队》

一　编者简介

《日本细菌战 731 部队》（NO MORE 731 日本軍細菌戦部隊）系"15 年战争与日本医学医疗研究会"（15 年戦争と日本の医学医療研究会）的多位成员组编，参与编写的主要有杨彦君（中）、西山胜夫（日）、常石敬一（日）、杉山武敏（日）、近藤昭二（日）等。杨彦君（1979～），黑龙江人，历史学学士学位，现任七三一国际问题研究中心主任，侵华日军七三一部队罪证陈列

馆馆长助理。大学毕业后就职于哈尔滨市社会科学院，长期致力于日军战争历史遗留问题研究。主要研究成果有

《侵华日军资料选编（第一卷）》《七三一罪行国际学术专题论文选编》《侵华日军第七三一部队罪证陈列馆文物图鉴》等。西山胜夫，日本滋贺医科大学名誉教授，"15 年战争与日本医学医疗研究会"事务局长，在战争和医学伦理方面的研究颇有建树，主要研究成果有《战争与医学》（戦争と医学，文理阁，2014）等。常石敬一（1943～），日本神奈川大学名誉教授，主要研究成果有《消失的细菌战部队》（消えた細菌戦部隊，海鸣社，1981）、《医生们的集体犯罪》（医学者たち

の組織犯罪，朝日新闻社，1994）、《七三一部队》（七三一部隊，讲谈社现代新书，1995）等。杉山武敏（1957～），日本神户大学名誉教授，主要研究领域为病理学、实验白血病、癌症化疗等。近藤昭二，NPO 法人七三一细菌战资料中心代表。1960 年以来，取材多处重大事件现场并制作影像资料，为细菌战受害者的诉讼提供了强有力的证据材料。主要作品有《尚未消退的细菌战之恐》（今も続く細菌戦の恐怖，日本播送奖）、《731 细菌战部队》（731 細菌戦部隊）、《死的工厂——被隐蔽了的 731 部队》（死の工場—隠蔽された 731 部隊）、《CD-ROM 版 731 部队细菌战资料集合》（CD-ROM 版 731 部隊·細菌戦资料集成，编著）等。

二 主要内容

该书由文理阁于 2015 年首次发行，全书共分三大部分，详细叙述了七三一部队形成的背景、所犯下的罪恶行径以及成立到结束的始末。日本侵略中国期间，违反《日内瓦议定书》等国际公法，有预谋、有组织地建立了以七三一部队为主体的细菌战体系，秘密进行了细菌武器研制、人体实验、活体解剖

和动植物实验，准备和实施了大规模细菌战，给我国人民带来重大人员伤亡、经济损失和精神摧残，造成难以想象的人间灾难，七三一部队是侵华日军准备和实施细菌战的大本营，是惨无人道的"食人魔窟"。

书中详细叙述道，七三一部队是日本参谋本部和陆军省按照日本天皇裕仁密令，在东北境内建立的两支庞大的细菌部队中的一支。它源于日本军阀建立的一个研究所，所长为日军中将细菌学家石井四郎。先称"东乡部队""加茂部队"，又称"关东军防疫给水部"。太平洋战争爆发后，改称为七三一部队，仍由石井任队长，并正式列入关东军建制，由日本关东军总司令陆军大将山田乙三领导。七三一部队是由七部一处四个支队组成。第一部为研究部，专门从事研究和制造细菌武器的工作。第二部为试验部，专门从事检查和验证第一部所研究出的结果。第三部为防疫给水部，为掩人耳目，故意将该部设在哈尔滨城内显著的地方。第四部为生产部，专门繁殖和培制细菌武器的工厂。第五部为训练部，是培养和造就为日本战斗队和别动队使用细菌武器和撒播细菌的专门人员。第六部为器材部，第七部为医疗部，还有一个总务处。七三一部队，不仅有一支庞大的科技队伍，而且还有完善的专门技术设备。如生产部内又分两个分部，其中一个分部的技术设备较完善。

文中提到有关七三一部队旧址时着重介绍了遗址内部的主要设施，包括基础设施、实验设施、生产设施、饲育设施等区域，这些详细的交代正是对侵华日军七三一部队最真实的写照。七三一部队不仅秘密从事人体实验，在其建立及发展过程中，还残酷奴役数以千计的中国劳工，迫使他们进行不间断的作业，反抗就会被架走，失踪在工地中。

七三一部队自 1933 年建立到 1945 年灭亡，其间生物学和医学转用为武器，并实施国际法上禁止的细菌战，给中国人民造成了深重的灾难。这对于日本医学界的专家学者来讲是备感沉痛的历史，值得深究。

三 学术评价

本书以侵华日军第七三一部队的罪行为出发点，详细介绍了其历史发展始末以及对中国人民和世界人民带来的灾难，并以大量笔墨描述了细菌战在日本医学领域的良心冲击，给当代医学者们敲响警钟，是一部值得借鉴收藏的历史读物。其在学术上的成就可概括为以下两方面。

　　第一是本书涉及内容的专业性。本书系"15 年战争与日本医学医疗研究会"多位成员组编，在内容上更偏向于与细菌战有关的医学方面的研究。如文中提到的"冻伤实验"机理、"炭疽杆菌"病理、"鼻疽菌"感染原理、人体实验特异性等医学研究内容。在对侵华日军第七三一部队设施的调查中也提及结核菌实验室、冻伤实验室、病毒实验室、毒气实验室和储藏室、焚尸炉等相关实验设施；有细菌弹装备室、兵器班、细菌弹夹制造工厂、野外实验场等研究生产设施；有动物饲养室、黄鼠饲养室、昆虫培养室等饲育设施。这些作为专业性的医学研究设施由编者们以专业视角为我们展现出其研究、使用、生产等方式，为进一步地了解日军细菌战罪行提供了理论上的支持。这些都是在哈尔滨市平房地区发生过的、经由历史见证的事件，不容有任何不公正的评价。

　　第二是编者们对细菌战认识的清晰性。杨彦君（国家社科基金青年项目"中日民间保存的细菌战文献文物搜集、整理与研究"负责人）曾在《七三一部队及日本医学界的战争责任》中批判了日本医学精英们的医学犯罪，指出"战后日本医学界缺少对二战期间医学犯罪的反思与认识，缺少对于国家理性、人的权利与医生道德的自省和反思。这些医学精英所做出的罪恶勾当，完全忽略了人性与尊严、生命与伦理，违背医学准则与职业道德。从本书的概况来看，我们能够看到日本医学界中的专家学者对二战期间的细菌战、毒气战、人体实验等医学犯罪都存在一种内心谴责，文中指出"战后，根据美国的隐藏实验结果和免费交易政策，与 731 部队相关的医学家和医生大多数都没有受到惩罚，而是继续在医学界就任要职"。时至今日，有必要将当年参与医学犯罪的依然潜伏在医学界的罪人绳之以法，把其罪恶的一面展现到世人面前。

第六节　《日军毒气武器》

一　作者简介

　　《日军毒气武器》（日本軍の毒ガス兵器）一书的作者是日本作家松野诚也，1974 生于日本埼玉县，现在于日本明治大学攻读博士学位。作者以日本15 年战争为主要研究背景，从战争形势和战争视角出发，着重对与军事有关的诸多问题进行深入研究。其主要代表作品有《毒气战相关资料2》(毒ガス戦関係資料Ⅱ，不二出版，合著)、《十五年战争期军记和风纪相关资料》(十五年戦争期軍記·風紀関係資料，现代史料出版，合著)、《满洲国军的现状》(満州国ノ現状，不二出版)、《日本思想相关资料》(日本軍思想·検閲関係資料，现代史料出版)等。

二　主要内容

本书由凯风社于2005年首次发行出版，主要从毒气武器的研究和开发、制造和教育、毒气战的实行、战后的毒气问题等几个方面进行了详细的展开。通读全书，可以看到本书尝试立足于问题意识对日本毒气武器的相关问题进行符合历史事实的客观认识和阐述分析。

日本的毒气武器发展可分为以下四个时期。第一个时期(1917～1920)，对毒气武器的认识阶段。日本发展细菌武器最早应追溯至一战后。据日军战犯河本大作的口供："日本军是从1918年11月前后开始研究细菌的。当时，长谷部照信少佐同宪兵队和特务机关进行联系，并获得情报。得知上述机关捕获了一名俄国密探，名叫亚历山大，在瑞典红十字会任职。在审讯中知道他正在做细菌研究并拥有大量细菌。于是，1918年末，长谷部将细菌战作为主要问题向参谋本部汇报。此后，由陆军省医务局开始研究，后来一度中断。"第二个时期(1921～1930)，技术成熟和试用阶段。石井四郎用时两年考察各国微生物学的研究状况和细菌战的准备情况，回国后大肆鼓吹细菌战在未来战争中所起的重要作用。石井认为"缺乏资源的日本想取胜，只能依靠细菌战"，"日本没有充分的五金矿藏制造武器所需的原料，所以日本必须寻求新式武器，而细菌武器的特点是威力巨大"。第三个时期(1931～1941)，各种毒气兵器开发研究阶段。1932年，石井四郎在陆军上层的支持下，在东京陆军军医学校内建立细菌研究室，对外称"防疫研究室"。1936 年，石井部队选定哈尔滨南 20 公里的平房镇为新的实验场，并大兴土木。当年日本天皇裕仁下令在中国东北成立两支细菌部队，一支是以哈尔滨平房为中心的"关东军防疫给水部"，一支是以长春孟家屯为中心的"关东军兽疫防疫部"。第四个时期（1941~1945），战争使用阶段。1945年，七三一部队的生产和实战能力达到顶峰。细菌武器菌种选定为鼠疫菌、炭疽菌、伤寒菌、霍乱菌。鼠疫跳蚤是常用的攻击形式，空投细菌弹以炭疽弹和鼠疫跳蚤弹为主，伤寒菌、霍乱菌以空中和地面撒播为主。

值得一提的是第三阶段的开发研究，即建立在侵华日军第七三一部队之上的研究。七三一部队组织系统可简单概括为：第一部（细菌基础研究部）、第二部（细菌武器实验部）、第三部（防疫给水部）、第四部（细菌生产部）、总务部、资材部、教育训练部、本部、诊疗部、海拉尔支队、孙吴支队、林口支队、牡丹江支队、支部、大连卫生研究所等。侵华日军第七三一部队是在抗日战争和第二次世界大战期间，日本法西斯于日本以外领土从事生物战细菌战研究和与人体试验相关研究的秘密军事医疗部队的代称，也是日本法西斯侵略东北阴谋发动细菌战争期间屠杀中国人民的主要罪证之一。日本侵略军七三一部队公然违背国际公法，以活人为"材料"，进行细菌传染效应试验和细菌武器效能实验，残杀中国人、苏联人、蒙古人和朝鲜人 3000 余名，其行为惨无人道，灭绝人性。从 1937 年到 1945 年，以七三一部队为主体的日军细菌部队在中国广大地区进行了人类历史上规模空前的细菌战，遍及内蒙古、辽宁、吉林、黑龙江、浙江、湖南、江西、云南、山东、山西、陕西、河南、河北、广东、福建、北京等十余个省市，给中国人民带来深重灾难。日本投降前夕，军方为毁灭证据将基地工厂炸毁，细菌蔓延到附近，给当地民众造成了巨大灾难，而这支部队的首恶、本该作为战犯接受审判的"杀人狂魔"石井四郎却侥幸得以逃脱。

三 学术评价

全书通篇以毒气兵器为主要研究对象，从毒气兵器的产生到发展，再到成熟并备战使用，到最后的相关毒气问题的舆论研究，为读者们呈现出了毒气武器在战时的变化，不仅在医学方面，而且在战争遗留问题等方面具有很大的价值。书中也提到"从毒气这种大规模杀伤性武器看日军和战争的实态"，从这

里也可以看出，对历史问题的研究不仅要从历史观的角度来考察，还需要找到历史中与该历史问题相关的方面，以毒气之小看整个日本战争的实态之大。本书在学术方面的成就可总结为以下两点。

第一是本书对毒气武器问题研究的透彻性。本书内容区别于其他作品的方面在于，作者不仅仅是根据历史事实来描述毒气兵器的研究开发过程，如"毒气武器的研究与开发，满洲事变的爆发与毒气研究的进展，中国东北进行的大规模毒气战演习"，而且还在毒气武器的国民教育、国际动向等方面对毒气内容进行了展开说明，如书中提到"如向举行毒气战的训练和教育，在中国东北的毒气演习"等。这说明该书在日军毒气问题上的客观立场，以及从历史事实角度对毒气武器的透彻分析。

第二是作者自身对日本侵略战争认知的客观性。首先，在对日军侵略战争问题上，作者持客观态度，对日本发动的满洲事变、全面侵华战争及太平洋战争等一系列的战争，做了深刻的检讨，并写道，"不能无视死于战争，饱受伤害的人们的痛苦，悲哀、苦痛、无奈、愤怒及失去珍爱的人的人们的痛苦"，以表示内心对战争的谴责，对经历战争人民的深刻同情；其次，在毒气武器问题上，作者认为日本战时所犯下的反人类、违背伦理的毒气战罪行，不仅是世界历史上的一次灾难，更是近代史上日本令世界人民反感的历史。最后，对于本书的编写，作者始终站在历史问题的角度，从"日军毒气战问题不是已逝去的遥远的故事，而是现在必须面对的问题"出发，自身持一种问题意识，对相关历史资料、经由、问题等进行了深入的分析检讨，不得不说，本书是研究日本毒气武器的一本实用书籍。

第七节　《日本侵华战争罪行——日军的细菌战与毒气战》

一　作者简介

《日本侵华战争罪行——日军的细菌战与毒气战》（日本軍の細菌戦・毒ガス戦—日本の中国侵略と戦争犯罪）系"七三一部队国际专题执行委员会"（七三一部隊国際シンポジウム実行委員会）多位成员组编，参与编写的主要

有步平（中）、曹志勃（中）、渡边登（日）、三岛静夫（日）、山边悠喜子
（日）、西野留美子（日）、和田千代子（日）等。步平（1948~2016），1976
年毕业于哈尔滨师范大学历史系，曾任黑龙江省社会科学院副院长、中国社会
科学院近代史研究所所长、党委书记。主要研究方向为中日关系史、东北亚国
际关系史、日本侵华史、抗日战争史，主要成果有《中国东北沦陷史十四年
史纲要》（合著，中国大百科全书出版社，1991）、《日本侵华战争时期的化学
武器》（合著，日本明石书店，
1995）、《日本的化学战》（黑龙江人
民出版社，1998）、《毒气战——追寻
恶魔的踪迹》（中华书局，2005）等。
曹志勃（1950~），曾任黑龙江省委
机关铅印室机要员，齐齐哈尔第一机
械厂副总经济师，齐齐哈尔社会科学
院院长，主要成果有《日本化学战史
录》（黑龙江人民出版社，1998）、
《啼血残阳》（远方出版社，2003）
等。渡边登（1930~），日本民间反
战组织"三光作战调查会"的创始
人，曾经的日本海军战士，原七三一
部队展全国执行委员会事务局长。三
岛静夫（生年不详），日本民间反战

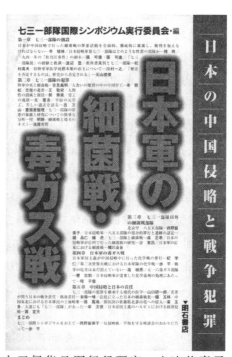

团体 ABC 企画委员会秘书长，长期致力于侵华日军行径研究。山边悠喜子
（1929~），生于日本东京，1945 年 2 月参加东北民主联军，作为中国人民解
放军的一员参加中国人民解放战争。1984 年以来频繁来中国做战争受害调查，
收集了大量材料，为在日本进行战后索赔诉讼做了重要准备。西野留美子
（1952~），出生于长野县，长期致力于日本从军慰安妇问题研究，主要研究
成果有《从军慰安妇》（明石书店，1992）、《从军慰安妇和十五年战争》（明
石书店，1993）、《七三一部队之谈》（明石书店，1994）等。和田千代子
（1948~），公务员辞职后前往我国，与黑龙江省社会科学院步平副院长等人
一同参与对抗日战争遗址的研究，现为七三一部队遗址保存和 ABC 企画委员
会事务局长，主要研究成果有《日本右翼》（合著，明石书店，2015）等。

二　主要内容

该书由明石书店出版社于 1996 年首次发行，全书共分五个章节，详细叙述了日军的细菌战与毒气战罪行。书中伊始，编者用一幅《细菌战部队关联地图》为全书所述内容做了清晰直观的介绍，为整本书的描述奠定了基调。第一章详细介绍了七三一部队的创立过程，既分析了七三一部队的性质，如"所谓的 731 部队等日军特殊卫生部队，实则是打着防疫给水部旗号掩藏着的细菌研究实战部队"，又提出了对日本侵华罪行的批判，如"必须对日本通过侵略中国进行的细菌战的罪恶活动加以全面、彻底的揭露与批判"。第二章介绍了七三一部队的主要罪行，包括细菌战、人体试验、鼠疫实验等，其中关于细菌战提及了 1940 年于浙江一带、1941 年于湖南常德以及太平洋战争爆发阶段的多次实施事件，最终，历史记载其结束于 1945 年 7 月 24 日；1944 年 12 月左右开始，日军监禁中国、苏联、朝鲜等国人民，在哈尔滨对其进行了惨绝人寰的人体实验包括鼠疫实验等。第三章主要介绍了七三一以外的其他细菌战部队，着重介绍了北京甲一八五五部队以及该部队犯下的部分罪行，并以广东细菌战为例进行了阐述。第四章主要介绍了日军毒气战罪行，其中既介绍了日军在中国侵略中实行的化学武器罪行，也介绍了日本在二战中的其他化学武器罪行，将五一六毒气部队和七三一部队比作双棍，罪行滔天，其用到"516 毒气部队与 731 部队的'孪生'罪行"这一措辞。最后一章主要介绍侵华战争日本的责任，其中详细阐述了日本帝国主义在哈尔滨造成的经济入侵行为，主要讲述的仍是七三一部队罪行和日本给中国东北地区所造成的经济损失。自"九·一八"事变后日本全面进军东北，哈尔滨的经济完全置于日军统治之下，其间的"产业开发"和"资金统制"在伪满洲国的统治时期起了重要的作用。

三　学术评价

本书以日军侵略时期使用的细菌战和毒气战为主线，以时间线展开，摘编了不同民族、不同国籍人士的相关文章，对日本侵华罪行进行了深层次的揭示，对日军违背道德的行为进行了严正的抨击，是一本具有研究、检索、收藏价值的日军侵略罪行工具书。在学术成就方面可概括为以下三点。

第一，记载的翔实性。该书以七三一部队为主题，在历史史实方面详细描述了其性质、由来、罪行以及对现代哈尔滨的影响，摘录的相关文章在内容方面既侧重客观阐述史实，又重点突出历史客观评价；在时间检索方面，从1931年"九·一八"事变开始到1945年日本战败投降结束，与七三一部队相关的历史时间资料类目非常详细，可见编者们在该领域研究的专注性和专业性。这对于一部论文合集来讲，是不可多得的必要条件。

第二，专家的权威性。从上文的编者介绍中我们也能看到，该书编者集中了中日两国在国际问题、历史问题、战争问题领域的专家，既有反战团体的代表意见，又有战争参与者的切身经历，这无不为该书的出版锦上添花，使该书在受益群众上进一步拓展，对尊重历史事实的研究机构、政府机关、个人等极具收藏价值。

第三，对黑龙江相关历史事件描述的丰富性。侵华日军第七三一部队是由当年日本最高统治者敕令组建的一支特种部队。该部队于1935年在中国哈尔滨市平房地区筹建了生物武器研究、试验和生产基地，并成为迄今为止世界上进行最大规模生物战的指挥中心。书中对在黑龙江的七三一部队相关试验罪行以及其他事件始末进行了详细的描述，如其中有1941年的"牡丹江事件"等非相关领域极少接触到的历史事件。这些有关七三一部队的活动以及与七三一部队有关的国内与国际上的细菌战都与哈尔滨平房区的那一片历史上充满血腥的土地不可分割，对历史以及未来日军侵略罪行的研究，对相关历史遗留问题和战争战后责任问题的进一步研究具有极其重要的理论价值。

第八节　《战后东北接收交涉纪实
——以张嘉璈日记为中心》

一　作者简介

伊原泽周，生于中国安徽，1947年毕业于武汉大学历史系，后赴台湾任教彰化女中、台北二女中。1953年进入京都大学旧制大学院，受业进修，1969年获文学博士学位。先后在伦敦大学亚非研究所、斯坦福大学胡佛研究所访问研究。1959年起先后任教于大阪外语大学、京都大学及追手门学院大学。1997年退休，现为追手门学院大学名誉教授。著有《明治初期日

韩清关系之研究》《中国之近代化与明治维新》《中国现代史》《近代中日关系研究论集》《近代中国之革命与日本》《从"笔谈外交"到"以史为鉴"——中日近代关系史探研》等。另有学术论文、书评及杂文等百数十余篇。

二 主要内容

东北问题在战后中国时局的发展演变中起着极其重要的作用。国共苏美三国四方围绕东北问题,上演了一幕又一幕纵横捭阖之大戏,而国共两党对东北之争夺,不仅决定了东北,也在很大程度上决定了中国之命运。其间反映出战后初期东北问题的鲜明特色,即国共美苏三国四方博弈,外交关系与内政问题相交织,最终又归结为国共两党之争夺。本书以《张嘉璈日记》为中心,对此展开深入耙梳,相信会为学界研究此一问题提供一精致的文本。

张嘉璈日记的时间跨度为 1945 年 8 月 23 日至 1946 年 4 月 30 日,主要是东北的经济问题及产业的接收,写得非常仔细,而且为时在半年以上。因此,张嘉璈的《东北接收交涉日记》的价值,大大地超过了一般的史料。

本书中关于黑龙江的内容如下。

1945 年 9 月 19 日,张嘉璈得蒋主席任命为东三省经济委员会主任委员。张被正式任命之前,已得东北有任务遂与美国当局分别交换意见。"商业部长华莱斯(Henry A. Wallace),9 月 5 日上午 9 时半晤于商业部。询其对于东北问题有何意见?华云:'此次中国签订之中苏条约,其精神与本人在重庆时面告蒋主席者,及十三个月前罗斯福总统所告蒋主席者,无甚出入。而最重要者,为如何使农民得到农业技术上之帮助,维持其生活水准,且进而提高之,则东北民众自当诚心归向中央。否则,将如外蒙人民,因得苏联之种种帮助,而渐渐倾向于苏联。一言以蔽之,今后东北之能否原璧归赵,系乎中央对东北一切行政设施是否妥善与明智。'

国务部远东司长 Carter Vincent,9 月 4 日下午 4 时晤于国务部。我首询其美国是否视东北为苏联之势力范围?渠答云:'渠曾参加波茨坦会议,知绝无任何默许。美方既不视作苏联势力范围,亦不视作美国势力范围。希望中央对于东北之一切经济法令及措施,顾到当地情形。遇于必须特殊之处,不妨稍予特殊,但不可形同分离;既统一之中,留有伸缩余地。特殊之下,避免分立痕迹。'并云:'美国在东北领馆,不久即将设置。'

财政部助理次长怀特（Harry D. White），9 月 5 日下午 3 时晤于财政部，询其对于东北币制问题之意见，渠答云：'假使满州〈洲，下同〉通用币较法币为高，唯有暂时使用通用币，俟中国币制改革再行收回旧币。但通用币与法币之间，须定一比价，而比价须比较稍低。例如假定满币一元值法币五十元，应定为二十五元对一。至日人存款，须一律冻结，同时不使贸易中断。至中国之币制问题最要之点，在乎解决共产党之纠纷。盖以内乱不中止，物资不能畅通，外资不能输入，而币值无法安定。'

商业部远东部主任马荣（Charles Moore，Chief of Far Eastern Unit），9 月 4 日晨 10 时晤于商业部。马云：'东北实业应归民营，否则与美传统政策相背。'当询其美国是否继续主张门户开放？马云：'当然，美国商家在战前已有之，东北事业必仍回去。恢复至美国在东北之长期投资，须视将来中国之经济政策与有无保障为断。'又云：'满州农产丰富，如某种产品难以出口，可加工制造，觅求市场。'

进出口银行总理泰拉（Wayne Taylor），9 月 5 日上午十一时晤于银行。询其对于东北之贷款方针，渠云：'第一条件为借款本息，还款外汇之保障。第二为计划之合理。第三必须有保证机关。中国银行在美有分行，应由该行出面保证。'"

书中还记述了在交接东北之前，国民党政府在交接的细节上并未做好充分的准备。

（1）"9 月 14 日抵达重庆后，即向外交当局探询中苏友好条约〔3〕签订后，当局有无与苏联讨论具体接收程序，乃知仅对于苏方撤兵及我军接防问题有交换文件。而对于我军如何进入东北，行政人员如何接收政权，及经济事业如何移交，并无协定。良以我政府认为我军队到达东北，一切可迎刃而解。查 9 月间，吾外部曾接苏驻中国大使交来备忘录声明：一、苏联统帅部业已开始将苏联军队自东三省部分撤退。二、苏军主力将于本年 10 月下半自东三省开始撤退，以便于本年 11 月底撤退完毕。三、苏联政府已派马林诺夫斯基〈Rodion Malinovsky〉元帅为全权代表，进行关于苏军自东三省撤退问题之谈判。"

（2）"自 9 月 19 日送呈蒋主席节略后，至 10 月 10 日离渝赴东北，此三星期中，曾有二次政务、经济两委员会联席会议。一为 9 月 22 日，一为 9 月 28 日，均讨论接收办法，而从未闻外交当局对于苏联如何交还政权，如何交还占领之经济事业有何指示。"

（3）"沈成章先生谈话……沈曾参加莫斯科中苏条约会议。9 月 25 日往访，渠告中苏条约讨论时，吾方首席代表亟求会议成功，于各项细节均未细密

研究。尤其对于外蒙境界线之如何划分，毫无准备提示意见。"

（4）"苏联驻华大使彼得罗夫（Petrov）谈话……9月25日熊行营主任天翼宴请彼大使相识后，次日，下午3时往访，谈一时许。渠告我：'自9月24日起，驻东北苏军司令部已发行军用券，因宋子文院长在苏讨论中苏条约时，史太林曾提议请中国政府承担占领军军费，宋拒绝，不得已采取此办法。至军用券与法币比价如何规定，正与我财政部磋商中。'闻此，使我发生疑问，苏军是否即时撤退？设我方一到即可接收，为时不过二三星期，何必发行军用券？因向外交部查询。由外交部将原由备节略送来，大致谓：'本年8月9日，驻苏傅大使电告云："据苏外部面告，苏军进入东三省已有三星期，食用粮草，在在需款。现苏政府饬由在三省之红军司令部，发行中国之币券，式样与颜色同法币稍异，其数足敷红军三月之需。将来由华方收回，在日本赔款内支付。"等语。"

（5）"东北币制问题之决定：因苏军既已发行军用票，其票值必与法币有差别。而东北经济财政情形，势必异于关内。在中央对于法币未有整理办法以前，东北发行宜暂独立。9月29日，与财政部俞鸿钧商议，得其同意。10月7日，与行政院长宋子文会议，亦予同意。决定单独发行一种货币，与目下东北流通之货币并行使用。"

（6）"东北行营经济委员会及长春铁路理监事会人选之决定：10月7日见蒋主席，将指定人选报告，得其核准。

何廉（经济部代表），凌鸿勋（交通部代表），钱天鹤（农林部代表），庞松舟（粮食部代表），霍亚民（四联总处代表），张振鹭，齐世英，王家桢，马毅（东北籍代表）。

以上经济委员会委员。

刘哲，刘泽荣，黄伯樵。

以上长春铁路理事会理事。

莫德惠，长春铁路监事会副监事长。

高纶瑾，裘维莹，监事会监事。

一面访求经济委员会各处长人选，因中央正在复员，东北接收，前途尚未明朗，故颇不易。"

（7）"抵达长春时，处境之尴尬：10月10日由重庆动身赴长春，飞机9时启飞。同行者有：行营熊主任天翼，蒋外交特派员经国，行营政治委员会莫委员德惠。下午3时抵北平，留平二晚。12日晨10时半离平，下午3时飞抵长春。抵长时，自机俯视机场，充满苏军将领与兵士，中国人寥寥数人。代表马林诺夫斯基（占领军总司令）来接者，为巴佛洛夫斯基中将（总司令部副参谋长）。（中略）厨子、卫队，均系苏军司令部所派。长春市长曹肇元及公安局长，均系苏军最近委派，自不易自由行动。亦不知如何与当地工商界及经济事业机关人员接触，如同身在异国。次则法币不能使用；抵达长春后，方知原有之中交两行，已为苏军命令停业。行营手无分文，一切支用，无由取给。行营董副参谋长彦平，虽负有为行营进驻长春，预作一切必要部署之任务，但渠仅于三日前到达长春，自不及以长春最近实况报告中央。中央有关各部，尤其外交部，对于此类接收失地之大政，尚缺乏经验，不能事前缜密准备，致接收人员遭遇如此尴尬环境。"

（8）"对于今日与马元帅谈话之感想：

我中央与苏方有两大分歧之点：一为苏方坚持先解决经济，然后谈接收大连、沈阳、长春、哈尔滨各市。以其沿长春路，不让吾方先行接收，而各省仍尚有待。我中央如宋院长、王部长则坚持先接收，后谈经济。一为苏方因撤兵期限急迫，处处争取时间。如11月15日，我方以行营撤退决定通告苏方，苏方即于17日通告我方苏军缓撤，帮助我方在东北建立政权。此一通告，有两种作用：一则表示其遵守中苏条约之精神，一则可有从容时间，讨论经济问题。其外交手段之敏捷，令人钦佩。而吾方则行动迟缓，手段呆板。徒知主张原则，而不知运用方法以贯彻原则。尤以宋院长认为对于苏方交涉，不能有所成就，结果〈无非〉徒劳。王部长谨慎小心，处处从法理观点立论。余在重庆与各方接触后，深虑中苏交涉，或将归于失败。"

书中以日记呈现的形式交代了6个月19日之中苏交涉的情况。

（1）"当日得到报告，苏军正在抢劫工业设备。丰满大电厂发电机八部已取其六，抚顺炼钢炉已拆取二只，长春广播机件正在拆取。各机关家具、汽车，亦搬运一空。长春物价尚便宜，唯物资缺乏，普通家用，最高约一千元军票。

当晚，熊主任、蒋特派员与我，三人会商与苏方交涉程序：第一，要求迅速恢复交通，及给予运输便利，并保证行营人员之安全。第二，供给一部分军械及服装。第三，给予东北境内之空运便利。"

（2）"下午3时，熊主任、蒋特派员与我，偕董副参谋长彦平同访马林诺夫元帅于苏军总司令部，作第一次会谈。先由熊主任申明行营代表中国政府，

根据中苏条约办理东北政治经济收复事宜，希望苏方予以善意协助，并提下列五项：

其一，询问苏方撤兵程序。

其二，我方将由海上船运军队到东北接防，拟在大连、营口、安东、葫芦岛登陆，请其协助。并拟准备空运少量部队至沈阳、长春各地，须在各地设航空站，亦请其协助。

其三，东北境内各地交通，希望早日恢复，以便军队到后，可分运各地行政人员，可往各地接收。

其四，我方各省市行政人员已陆续到达，将往各省市接收行政机构，请其协助。

其五，请苏方拨借火车车辆、飞机、轮船以便运输中国军队，并拨让一部分日人遗留之汽车，供应行营人员之使用。

马林诺夫斯基答复如下：

撤兵事宜，因线路车辆或为日人破坏，或为日人运至朝鲜，公路亦多破坏，故撤兵不能迅速办理，唯决定大致程序如下：11 月 20 日起，驻南满之兵向北撤至沈阳，25 日由沈阳撤至哈尔滨〈滨，下同〉，30 日，撤至国境外。

大连登陆问题应由两政府间解决。安东区域，非其管辖，无法表示意见。营口、葫芦岛无问题。并表示我方军队应循经由铁道运入东北。至在沈阳、长春、大连、哈尔滨设立航空站一节，须先请示莫斯科。

各地铁路现正忙于运兵，且博科纳及王爷庙两地发生鼠疫，不能开客车。

接收各地行政机构一节，在军事期内，苏占领军必须管理行政，同时各地原有行政人员，或已逃遁，或有不利于苏军之行为，不得不由苏军派人补充，或撤换易人。沈阳与热河，即其一例。故接收各地行政问题，亦须请求莫斯科。

苏方接济运输工具一节。苏方向缺乏海上轮只，无力帮助之。至苏联所有之运输机，均由美购买，为数有限，难以抽拨。唯此事可按照中苏条约，由两政府商洽。再，敌人遗留之汽车，为数甚少。

关于经济方面，我提出三事。彼之答复，均极含混。

请其将敌人遗留之满州中央银行钞票拨让一部分。马答以由吾方开出需要数目，再行商办。

请其准许各地中国银行及商业银行复业。马答云：须请示上峰。

请其将伪满印刷局让我方接收。马答云：亦须请示上峰。

最后，马林诺夫斯基向我方代表提出一警告：谓我方在东北之秘密组织，必须停止行动。若不停止，将有严厉措置。

对于第一次会谈之感想与分析。

对于我方输送军队，无积极援助之意。且明知关内外铁路交通为共军在山海关方面阻断，欲我方由铁路运输，含有不愿我方有大批军队入东北之意。

对于接收地方行政机构，设词延宕。且谓各地交通尚有阻碍，似苏方在各地尚有行动或布置，不欲我方知晓。

博科纳与王爷庙有鼠疫，热河行政人员撤换，是否在内蒙与热河另有企图？

限制吾方秘密组织，似在苏军撤退以前，吾方在军政方面，不容有丝毫自由行动。"

三　学术评价

《战后东北接收交涉纪实——以张嘉璈日记为中心》这本书中所展现的日记的史料价值极大，有助于研究现在的中国东北问题，作者根据该日记手稿本，正确地一一抄录出来，并加以点校与注释刊行于世，使读者们都能看到第一手史料的真面目，以促使我们对近代东北问题的研究能向前推进一步。

第四编

朝韩之黑龙江史料提要

导　论

朝鲜史料中涉及黑龙江的内容主要集中在渤海、宁古塔与朝鲜的贸易、抗俄鸟枪兵，以及近现代哈尔滨地区朝鲜人问题等几个方面，另外对扶余、女真的历史也略有涉猎。

一　关于渤海的史料

渤海和当时朝鲜半岛政权新罗直接接界，并且同受唐的册封和管辖，但两国相互敌对，很少来往，所以新罗方面留下的渤海史料很少。虽然朝鲜史料中有一些关于渤海的纪事，但这些史料成书较晚（其第一部官修正史《三国史记》成书于高丽时期，相当于我国宋代），相关内容基本都出自我国史籍，所以总的来说，朝鲜关于渤海的史料不像日本的渤海史料那样丰富、翔实、有特点。不过也有若干为他史所不载的史料，如《三国史记》中"筑长城于北境"和"发兵击靺鞨南鄙"，证实了《旧唐书》《新唐书》所载的渤海与新罗的军事冲突；《高丽史》中有不少关于渤海灭亡之后遗民南投高丽的纪事；《三国遗事》中有"自新罗泉井郡至栅城府三十九驿"的纪事，这些独家史料当然很珍贵。

18 世纪后期到 19 世纪前期实学派撰写了若干与渤海史相关的著作，其中值得注意的一是柳得恭的《渤海考》，该书虽学术水平很一般，但首提"南北国时代论"，是第一个明确要把渤海史纳入朝鲜史范畴的著作，中国与朝鲜、韩国关于渤海史的长期争论，实肇源于此，值得注意；二是丁若镛的《大韩疆域考》，该书对渤海史事某些考证有突破，可为研究者参考。

近代以来，朝鲜、韩国出现了不少关于渤海的研究著作，虽然不具有史料的性质，但反映了其研究动态。在我国与朝鲜、韩国对渤海史存在争议的背景

下，这些动态也值得关注。在这类著作中，较有代表性的是朝鲜朴时亨的《渤海史》、韩国韩圭哲的《渤海的对外关系史》、宋基豪的《渤海政治史研究》等。

由于18世纪以来朝鲜学者对渤海有领土要求，其研究不客观、不公正的地方甚多，所以参考其成果时要多加注意。18世纪柳得恭的《渤海考》就毫无史实依据地宣称"大氏者何人也，乃高句丽之人。其所有之地何地也，乃高句丽之地也"，"鸭绿江以西可有也"。18世纪另一个朝鲜学者韩志渊编的《海东绎史》及其续篇中，将中国、日本、朝鲜古籍中关于朝鲜历史的内容基本都收入了，其中不是关于渤海的，但在引录时往往根据自己主观的需要，对史料加以删改，且不做说明，如果以之为据，必误入歧途。至于当代朝鲜、韩国学者的著述，掺杂着民族主义情绪的不客观的地方也仍然存在，拿来参考时更要详加甄别。

二　宁古塔与朝鲜的贸易

清代，宁古塔（今黑龙江省宁安市）官方组织商人和普通民众定期到朝鲜会宁、庆源贸易，一般每年一次，以兽皮等土特产换取朝鲜的耕牛、农具、食盐、稻米等生产生活用品。虽然《大清会典事例》《柳边纪略》《宁古塔纪略》等我国史料对此有涉猎，但远不如朝鲜史料详细。朝鲜史料《通文馆志》《增补文献备考》《同文汇考》等有多处这方面的记事。其中除引述《大清会典事例》的内容外，还有我国史料不载的内容，如贸易开始的时间、贸易的具体方式等。另外，通过朝鲜史料还可以了解到，清政府是贸易主导方，会宁贸易的各方面事项都是清政府定的。正因如此，朝鲜方面对会宁贸易并不十分热心，还曾找借口欲停止贸易，但清政府没有同意。

宁古塔与朝鲜会宁、庆源的贸易史料不但是清代黑龙江对外贸易的宝贵资料，透过它也可以间接地了解清代黑龙江东部地区的农业、畜牧业、渔猎业、手工业等各个经济领域的发展情况，史料价值较高。

但这些史料普遍存在叙事颠倒、啰唆的问题，让人不得不反复研读，即使如此往往仍不得要领。只有《同文汇考》记事简明，容易领会。

三　清政府征调朝鲜鸟枪兵抗俄

17世纪中叶，沙俄侵入黑龙江流域，清政府被迫组织反击战。当时，清军主力正在江南地区与南明、大顺、大西残余力量激战，路途遥远，调回不便，乃就近征调东北各民族以及朝鲜的力量。其中在 1654 年和 1658 年，清政府两次征调朝鲜鸟枪兵参战。专门征调鸟枪兵，是因为沙俄侵略者善用鸟枪。关于这两次征调，中国相关史料或根本不提，或一笔带过，难以见之全貌。就是对整个抗击沙俄入侵的战争，我国史料也都十分简略，只记战事的起因和结果，具体过程则语焉不详。而朝鲜史料留下了相关记事，且大都相当详细、具体，不但有战争的全过程，有的还有场景的描绘和对话，更让人有身临其境的感觉。这些史料从另一个视角记录了这场战争，是关于中俄关系史和黑龙江地方史的重要资料。

但是，有的朝鲜史料中存在夸大不实之处，比如，申浏的《北征日记》就大大夸大了清军和俄军的参战人数和伤亡人数，夸大和吹嘘朝鲜军的作用，贬低清军的作用，所以在使用时要详加甄别。

除上述内容外，朝鲜史料与黑龙江相关者还有夫余史、女真史、近代朝鲜移民史、近代东北社会史等诸多方面的内容。这些史料从另一个视角观察黑龙江史，也是黑龙江史料的重要组成部分。

需要说明的是，文中部分人名、地名系音译，可能不够准确，使用时请核对原文。

关于朝鲜的黑龙江史料，我国学界的相关工作一是点校整理，如李兴盛、吕观仁主编的《黑水丛书》第五辑收录点校了朝鲜徐相雨（实为韩镇书）的《渤海疆域考》，孙玉良的《渤海史料全编》把朝鲜古籍中与渤海国相关的部分进行了摘录、点校和简单的说明，李仙竹的《古代朝鲜文献题解》对北京大学图书馆馆藏的朝鲜文献进行了简单的介绍，其中有的文献与黑龙江历史有关；二是分析研究，如孙玉良的论文《柳得恭与〈渤海考〉》等。为避免重复，本书在编写过程中对上述既有成果点到为止，没有展开。

第一章 成书于 15 世纪以前
有关黑龙江的史料

第一节 《三国史记》

一 作者简介

金富轼（1075～1151），朝鲜历史学的奠基人，出身于开城（当时的王京）门阀士族家庭，自幼受到良好的儒学教育，肃宗时期（1096～1151）中举入仕途，历任户部尚书、平章事、集贤殿大学士等职。他"善属文，通古今……以文章名世"①，1135 年，以旁门左道得宠，官居高位的僧侣妙清占据西京（平壤），发动叛乱，史称"妙清叛乱"。由于此前金富轼曾坚决反对妙清迁都西京的主张，又在朝中威望颇高，遂被任命为平叛军统帅。他首先清除了王庭中暗中支持妙清的郑志相、白守汉等西京两班势力，然后率军直趋平壤，只用一年时间就平定了叛乱。1145 年，时年 70 岁的金富轼受命撰修《三国史记》。毅宗年间（1146～1170）主持编纂《仁宗实录》《睿宗实录》。曾出使中国。1147 年，金富轼被封为乐浪郡开国侯，食邑一千户，实封四百户。1151 年，77 岁的金富轼去世。高丽王庭给之以极高的哀荣：谥文烈，追授中书令，配享仁宗庙庭②。

---

① 〔朝〕郑麟趾：《高丽史》卷九十八《金富轼传》，日本图书刊行会本，第 142 页。
② 朝鲜社会科学院历史研究所编《历史词典》，朝鲜科学百科出版社，1999，第 227 页；李仙竹：《古代朝鲜历史文献解题》，北京大学出版社，1997，第 31 页。

二　主要内容

《三国史记》是朝鲜第一部纪传体断代史。全书共 50 卷，其中本纪 28 卷、年表 3 卷、杂志 9 卷，列传 10 卷。较为详尽、系统地记载了朝鲜三国时期（公元前 57～935）高句丽、百济、新罗三国各自从建立到灭亡的近千年的历史。

据宋王应麟的《玉海》记载，《三国史记》成书 25 年就传入中国，被藏于秘阁。朝鲜李朝太祖三年（1394），庆州府使金居斗等刊行了木版本。明武宗正德七年（1512），李继福再次刊印，称正德本。日帝时期，朝鲜古典刊行会于 1931 年发行了影印本。目前使用较普遍的是孙文范等校注，2003 年吉林文史出版社本。

本书与黑龙江历史相关的内容如下。

（一）关于夫余的史料

夫余是秦汉魏晋南北朝时期东北中部的一个地方民族政权，其北部很大一部分在今黑龙江地区。夫余的经济文化发达，是这一时期黑龙江省史的重要组成部分。夫余东南与高句丽为邻，《三国史记》在叙述高句丽史时，有多处涉及夫余。

卷十三《高句丽本纪第一·琉璃明王本纪》载，琉璃明王二十八年（9），夫余王带素遣使责备琉璃王说：“我先王与先君东明王相好，而诱我臣逃至此，欲完聚以成国家。夫国有大小，人有长幼，以小事大者礼也，以幼事长者顺也。今王若能以礼顺事我，则天必佑之，国祚永终。不然，则欲保其社稷难矣。”琉璃明王自度“立国日浅，民孱兵弱，势合忍耻屈服，以图后效”，乃回答曰：“寡人僻在海隅，未闻礼义。今承大王教之，敢不惟命是从。”

这一记事清楚地表明，两汉之际，高句丽臣属于夫余。结合《后汉书》挹娄传所载之挹娄也臣属于夫余，可知夫余是当时东北中东部地区最强大的地

方政权。

同卷又载，琉璃明王三十二年（13），"扶余来侵，王使子无恤率师御之。无恤以兵小，恐不能敌，设奇计，亲率军伏于山谷以待之。扶余兵直至鹤盘岭下，伏兵发，击其不意。扶余兵大败，弃马登山，无恤纵兵尽杀之"。

可见，夫余与高句丽间的贡属关系并不牢固，确立仅五年就告破裂，发生战争，变成对立关系。

卷十五《高句丽本纪第三·大祖大王本纪》载，大祖大王二十五年（77），"扶余使来，献三角鹿、长尾兔"。五十三年（105），"扶余使来，献虎，长丈二"。

双方关系已经反转过来，夫余国势已经走上下坡路。

卷十九《高句丽本纪第七·文咨明王本纪》载，文咨明王三年（494）二月，"扶余王及妻孥以国来降"。这一内容不见于其他史料，相当可贵。中国史料对夫余国的最后结局无明确记载，《汉书》《后汉书》《晋书》《魏书》等夫余国存在时的史书没有相关记事，就连成书于唐代的《通典》也在记载晋政权禁止买卖夫余人口后，称夫余国"自后无闻"。而《三国史记》的这条史料则清楚地载明夫余国最终亡于高句丽，重要性不言而喻。

（二）关于挹娄、勿吉、靺鞨的史料

黑龙江省东部的肃慎族系，先秦称肃慎，两汉魏晋称挹娄，南北朝称勿吉，隋唐称靺鞨，但《三国史记》多数情况下将其统称为靺鞨，个别情况下称为肃慎，所以对《三国史记》中的靺鞨要具体情况具体分析，以确定其到底为何。

卷十三《高句丽本纪第一·东明圣王本纪》载，东明圣王元年（公元前37），"其地连靺鞨部落，恐其侵盗为害，遂攘斥之，靺鞨畏服，不敢犯焉"。

是年为西汉元帝建昭二年，此靺鞨当为挹娄。挹娄的中心在三江平原和牡丹江流域，但其活动区域则远远大于这一范围。这条史料表明，其活动范围向南已达长白山深处，与刚刚建立的高句丽有了接触，并给之造成威胁。由于挹娄尚处在氏族社会分散的部落时代，与高句丽接触的只是其个别部落，自然敌不过高句丽这一国家政权，所以遭到高句丽的"攘斥"而"畏服，不敢犯焉"。

卷十七《高句丽本纪第五·西川王本纪》载，西川王十一年（280），"冬十月，肃慎来侵，屠害边民"。

是年为西晋太康元年，此肃慎亦为挹娄。结合上一条史料，可知挹娄与高句丽的冲突并非个案。

卷十五《高句丽本纪第三·太祖大王本纪》载,太祖大王六十九年(121),"肃慎使来,献紫狐裘及白鹰、白马,王宴劳以遣之"。

此肃慎当然也是挹娄。这又让我们看到,挹娄与高句丽间除冲突争斗外,也有和平友好的往来。中国文献对挹娄与其南邻的关系只涉及北沃沮,对高句丽则只字未提。《三国史记》让我们进一步了解了挹娄。

在《三国史记》中,像这样以靺鞨、肃慎面貌出现的挹娄、勿吉、靺鞨,与高句丽、新罗、百济发生关系的史料很多,如下。

卷一《新罗本纪第一·祇摩尼师今本纪》载,祇摩尼师今十四年(125),"春正月,靺鞨大入北境,杀掠吏民"。

卷一《新罗本纪第一·逸圣尼师今本纪》载,逸圣尼师今四年(137),"春二月,靺鞨入塞,烧长岭五栅"。

卷一《新罗本纪第一·逸圣尼师今本纪》载,逸圣尼师今九年(142),"秋七月,召群公,议征靺鞨。伊飡雄宣上言'不可',乃止"。

卷三《新罗本纪第三·奈勿尼师今本纪》载,奈勿尼师今四十年(395),"秋八月,靺鞨侵北边,出师大败之于悉直之野"。

卷二十三《百济本纪第一·始祖温祚王本纪》载,始祖温祚王十年(公元前9),"冬十月,靺鞨寇北境,王遣兵二百拒战于昆弥川上,我军败绩"。

卷二十三《百济本纪第一·始祖温祚王本纪》载,始祖温祚王十八年(公元前1),"冬十月,靺鞨掩至,王帅兵逆战于七重河,虏获酋长素牟送马韩,其余贼尽坑之"。

这样的记事,《三国史记》中共有 60 余条,在此不一一列举。从这些史料可以看出,挹娄、勿吉、靺鞨与高句丽、百济、新罗经常发生接触。

可能有人会对这些史料的真实性有怀疑,觉得黑龙江地区的挹娄、勿吉、靺鞨与高句丽时常冲突可以理解,因为虽然相距较远,毕竟中间没有其他民族或政权阻隔,但与半岛南部的新罗、百济常有战争不大可能。因为不但距离远,中间还隔着高句丽和沃沮。笔者认为这些史料是可信的。在挹娄所处的两汉时期,高句丽人口还不多。而且,作为一个农业民族,这不多的人口又主要居住在河谷益农地区,广阔的崇山峻岭地区实际上相当空旷,挹娄人只要不去袭击山谷中的高句丽人,穿过这一地区并不困难,而要通过沃沮地区就更容易了。《后汉书·北沃沮国传》载,北沃沮人畏惧挹娄人寇抄,"每夏辄藏于岩穴"。到南北朝时期,勿吉强大,并对外

扩张,占有了北沃沮及长白山北坡的广大地区,与半岛诸政权距离更近,冲突频繁更在情理之中。

（三）关于渤海的史料

卷八《新罗本纪第八·圣德王本纪》载,圣德王二十年（721）,"秋七月,征何瑟罗道丁夫二千,筑长城于北境"。

这条史料意义重大。新罗北临渤海,北筑长城,意在防渤海,说明双方关系紧张,随时有发生战争的可能。这种关系几乎一直持续到渤海国灭亡。结合上文提到的各个时期"靺鞨"与半岛政权的60余次战争,足见渤海及其先世与半岛政权始终是敌对关系,双方并无民族亲近感。把渤海国史纳入朝鲜古代民族史体系中是毫无根据的。

卷十《新罗本纪第十·元圣王本纪》载,元圣王六年（790）,（新罗）"以一吉餐伯鱼使北国"。

卷十《新罗本纪第十·宪德王本纪》载,宪德王四年（812）,（新罗）"遣吉餐崇正使北国"。

这里的北国即渤海国,说明渤海与新罗在对峙中也有使节往来。8世纪末9世纪初,双方关系十分紧张,使节往来可能是为缓和紧张关系。不过显然没有取得什么实质性的成果,因为其后十分敌对的关系如旧。

卷十一《新罗本纪第十一·宪康王本纪》载,宪康王十二年（886）,"北镇奏:'狄国人入镇,以片木挂树而归。'遂取以献。其木书十五字云:'宝露国与黑水国共向新罗国和通'"。

黑水国是居住在三江平原的黑水靺鞨,宝露国是居住在今乌苏里江与黑龙江合流处的靺鞨部落,即辽代五国部之一的剖阿里。他们都在渤海强大时役属于渤海。到9世纪晚期,渤海国力转衰,宝露与黑水试图摆脱渤海的控制,遂试图与渤海的宿敌新罗建立联系。由于不了解新罗对此会是什么态度,才将表达意愿的文字木片挂在了树上做试探。这也间接地反映了渤海国内外交困的窘境。

卷十二《新罗本纪第十二·景明王本纪》载,景明王五年（921）,"靺鞨别部达姑众来寇北边,时太祖将坚权镇朔州,率骑击,大破之,匹马不还"。

这里的靺鞨指渤海。所谓别部是指与渤海的主体民族粟末靺鞨有关联又有区别的靺鞨部落,达姑是该部的名字。达姑部在渤海的支持下侵扰新罗的北边,则此时渤海与新罗仍旧为敌对关系。这一年距渤海国灭亡只有五年,可见双方的敌对关系是贯彻始终的。

三　学术评价

第一，本书史料价值很高。金富轼在编写本书过程中不但参照了大量中国史料，如当时已成书的二十五史中的前十二史，以及《资治通鉴》《册府元龟》《通典》《古今郡国志》《括地志》等，还参照了大批朝鲜自己的古代文献，如《三韩古记》《海东古记》《新罗古记》《新罗古事》《帝王年代历》《鸾郎碑文》《崔致远文集》《花郎世纪》《鸡林杂传》《海东高僧传》《乐本》《金庾信碑文》《庄义寺齐碑文》《三郎寺碑文》等。这些朝鲜古代文献绝大多数都已失传，幸赖《三国史记》直接或间接地保存了其部分内容，使我们今天仍能见到这些为中国史籍所不载的重要资料。本书的价值主要还体现在其人物传记上。书中有包括国王在内的 190 余人的传记，大体上把活跃在中国东北和朝鲜半岛近 10 个世纪的重要人物都纳入了。其中有的人物中国史料也有，可以互相补充，多数为中国史料所无，是研究东北史和黑龙江省史不可多得的史料。

第二，存在为尊者讳的情况。卷十三《高句丽本纪第一·始祖东明圣王本纪》载，东明圣王十四年（公元前 24）"秋八月，王母柳花薨于东夫余。其王金蛙以太后礼葬之，遂立神庙。冬十月，遣使扶余馈方物，以报其德"。

表面上看，高句丽东明王"遣使扶余馈方物"，是因为东夫余王金蛙以礼安葬了死于东夫余的东明王母柳花，是一种平等的交往。但事实上，这时夫余（夫余只有一个，其他如东夫余、扶余等都是别称）国力强大，刚刚建国的高句丽当然无力与之争衡，双方不可能平起平坐。东明王向夫余"馈方物"其实就是作为属国向宗主国纳的贡赋。金富轼采用了中国史家常用的"春秋笔法"，让高句丽王屈辱的纳贡行为变成报恩的大气十足的行为。这样的记事笔法很可能误导读者和研究者。

第三，称挹娄、勿吉、靺鞨、渤海等皆为靺鞨，使用时要详加甄别，否则很容易张冠李戴。

第四，对高句丽历史的归属问题认识有误。高句丽地跨今中朝两国，但族源为我国东北的秽貊，疆域的大部分也在我国境内，都城有近 400 年在我国吉林省集安市，只是最后的 200 多年迁到了平壤。所以大体可以认定高句丽是我国的地方民族政权。但《三国史记》不顾这些，将其与百济、新罗这两个与我国无明显渊源的政权并列，显然不符合历史事实。

第二节　《三国遗事》

一　作者简介

　　一然（1206～1289），朝鲜高丽王朝中期学问僧，在史学、佛学、儒学、文学等方面都有一定造诣。生于庆尚北道章山郡庆山，俗名金见明，字一然，初字晦然，号无极、睦庵。1214 年 9 岁时入全罗道光州无量寺学习，1219 年 14 岁时在该寺出家。1227 年僧科及第，1249 年转到庆尚道南海的定林寺，1261 年奉王命到开京（今开城）先原寺讲授佛经 4 年。其后又去过英日的悟语寺、愿海寺，1277 年任云门寺住持。1282 年再次以王命到开京广明寺，1283 年被推为"国尊"（最高僧官），授圆经冲照。深受元宗与忠烈王赏识。1285 年著《三国遗事》。1289 年创建麟角寺，同年圆寂，谥号普觉、塔号静照。他的著作还有《话录》二卷、《偶颂杂著》三卷、《祖图》二卷、《重编曹洞宗五位》二卷、《大藏须知录》三卷、《诸乘法数》一卷、《祖庭事苑》三十卷、《禅门拈颂事苑》三十卷等。可惜除《三国遗事》外均已失传①。

二　主要内容

　　（一）本书概况

　　本书是一然广泛搜罗金富轼的《三国史记》所不载的高句丽、百济、新罗的逸闻轶事而编成的，一定程度上可视为《三国史记》的续篇。但其记事范围又大大超过《三国史记》，除三国历史外，还简略涉及上起传说中的公元前 2333 年檀君开辟的古朝鲜，下至 936 年高丽王朝灭亡后百济，共 3269 年的其他史事。从这个意义上说，本书是朝鲜现存的第一部通史性著作。

　　一然的青壮年时期正是高丽人民反抗蒙古侵略时期，在这样的形势下，他希望通过对本国历史文化的研究和宣传来增加普通百姓的民族自豪感。同时，他又是一名僧人，也以宣扬佛法为己任，这就决定《三国遗事》不同于一般的史学著作，不但民族主义情绪浓厚，而且处处显示出宗教的烙印。体例上也

---

　　①　朝鲜社会科学院历史研究所编《历史词典》，第 366 页；李仙竹主编《古代朝鲜文献题解》，第 52 页。

与众不同，不是编年体，不是纪传体，也不是纪事本末体，而是以纪异、兴法、塔像、义解、神咒、感通、避隐、孝善来编排内容。纪异是记载朝鲜民族历代始祖的神奇事迹。他认为伟大人物一定有神奇事迹。一个民族的始祖是伟大人物，当然有神奇事迹。这些神奇事迹应当被记载下来，永远激励子孙。兴法是赞扬顺道（人名）将佛教传入高句丽创的历史功绩，以及历代国王、高僧宣扬佛法的功绩。塔像主要记述、考证历代重要的佛塔、寺庙等，在这一过程中也考证相关史事。义解是历代高僧的传记，其中包括到中国及经过中国到印度求法高僧的传记。这些与中国有关的高僧传记是中国史研究的重要史料。神咒是通过记述僧人得到密宗口诀，到处为人除害，神印宗受到高丽王朝尊敬等情节，来提高佛教地位。在讲述这些时多涉及当时相关史事，这是其史料价值所在。感通是通过讲述灵异故事来宣扬佛法的威力，多荒诞不经，这是本书史料价值最小的部分。避隐是讲述隐居高僧的事迹。孝善是宣讲孝子、孝女的故事，劝人行孝。孝是儒家思想的重要组成部分，不是经典佛教的内容。可见朝鲜古代的佛教也是与儒家思想融合在一起的。引人注目的是，书中收录新罗乡歌 14 首、上古神话多则，是研究朝鲜古代语言、文学的北国史料。

《三国遗事》成书于 1285 年，最初刊本不知何时。一然的弟子宝鉴国师混丘颇有补记，其夹注又多出自后人。到 16 世纪初，初刊本几已失传，庆州府尹李继福乃于 1512 年重刊，后又亡佚。1902 年，日本东京大学重新依残本校刻刊印，流传始广。1932 年，朝鲜京城古典刊行会再次校订刊印。近年来版本渐多，有韩国东国大学出版部 1994 年的韩国佛教全书本、韩国弘新文化社 1991 年本、电子本（http：//k5000. nuri-media. co. kr），以及我国吉林文史出版社 2003 年本。

（二）本书关于黑龙江的史料

1. 关于渤海的史料

第一卷《纪异第一》（上），靺鞨、渤海条引贾耽《郡国志》云："渤海国之鸭绿、南海、扶余、栅城四府，并是高丽旧地。自新罗井泉郡至栅城府三十九驿。"

这条史料价值很高，贾耽的《郡国志》已经失传，幸赖本书得以保存下来。国内外所有渤海史研究者都对这条史料耳熟能详，它至少向我们透露了如下重要的历史信息。

其一，渤海只是在地域上占有了部分高句丽故地，不是高句丽复国。我国

学界与国外某些学者对渤海国史的认识存在不同。我国学者认为渤海国是我国古代民族靺鞨族建立的民族政权，是中国历史的组成部分；朝鲜、韩国学者则认为渤海是高句丽的继承国，应纳入朝鲜史的范畴。这条史料表明，渤海与高句丽的关系仅此而已。渤海有十五府，地域上高句丽故地也只占四分之一强。

其二，渤海与新罗间有正式的驿路相通。新罗井泉郡在今朝鲜咸镜道德源，栅城府在今吉林省珲春县八连城，二者间有一条共三十九驿的正式驿路，说明渤海与新罗尽管总的说来处于对立关系，但作为邻国，也有和平的往来。这条驿路能够存在，说明双方人员往来还是挺频繁的。这条驿路上走着上文提到的吉餐伯鱼、吉餐崇正等外交使节，还走着经商、求学的普通民众。两国间政治上的对立并没有完全割断双方民间的经济、文化方面的交流。这也是关于渤海的外国史料中唯一有准确数据的地理资料。

同样在第一卷《纪异第一》（上），靺鞨、渤海条载，"《通典》云：渤海，本粟末靺鞨。至其酋祚荣立国，自号震旦。先天中始去靺鞨号，专称渤海"。

这条史料只是转述中国史籍的内容，本身并无史料价值。其价值体现在反映了当时高丽社会对渤海国主体民族的认识。作者既然引用了中国史籍关于渤海乃"粟末靺鞨"的记事，而且没有提出异议，说明他认可了这一说法。这也代表了当时高丽社会的一般看法。可见，在 18 世纪末柳得恭的《渤海考》出现前，朝鲜社会对渤海国主体民族的来源是有正确认识的。

第二卷《纪异第二》（下），孝成王条载，"开元二十一年癸酉，唐人欲征北狄，请兵新罗"。

这里的北狄即渤海。关于这次唐欲征渤海，要求新罗出兵协助一事，《三国遗事》亦是录自其他史料，本身无大价值。但其称渤海为北狄，就表明新罗或一然自己视渤海为外国，没有同族的概念。这清楚地表明所谓新罗与渤海为南北国的观念当时并不存在，完全是后人杜撰的。

2. 关于靺鞨的史料

第一卷《纪异第一》（上），靺鞨、渤海条载，（新）"罗人云，北有靺鞨，南有倭人，西有百济，是国之害也"。"罗第六祇麻王十四年，靺鞨兵大入北境，袭大岭栅，过泥河。"

从时间上看，这个靺鞨与中国史籍上的靺鞨是一致的。这条史料反映出靺鞨人的势力已达于朝鲜半岛南部，对新罗构成一定的威胁。这与金富轼《三国史记》之相关记事是一致的。

三　学术评价

（1）本书与《三国史记》一样，是研究中国东北史和朝鲜史案头必备的资料，于黑龙江史的研究也有一定的史料价值。虽然本书除引用贾耽《郡国志》自新罗井泉郡至渤海栅城府三十九驿这条外，没有多少为它书所不载的史料，但它显示了 13 世纪高丽时代对渤海主体民族的认识，说明那时的高丽对渤海没有所谓同族意识。

（2）所引史料有的不可靠。如上文提到的第一卷《纪异第一》（上），靺鞨、渤海条："《通典》云：渤海，本粟末靺鞨。"查《通典》并无此记事，当是《新唐书》之误。作者显然没有认真核对原文。

更为严重的是，作者可能为证明某种观点而杜撰上古传说。如第一卷《纪异第一》（上），古朝鲜条："《魏书》云：乃往二千载，有檀君王俭，立都阿斯达，开国号朝鲜，与高同时。"作者说这段记事出自《魏书》。《魏书》有两种，一是《三国志》中魏国史部分称《魏书》，二是记载南北朝时期拓跋氏建立的北魏政权历史的《魏书》，但在这两个《魏书》中都找不到这一史料。出现这种情况可能有两个原因，一是根本没有这条史料，是作者杜撰的；二是古代除《三国志》的《魏书》和南北朝的《魏书》外，还有一部称为《魏书》的史籍，一然所处的元代初年还可见到，后来失传了。宋元时期，远比一然更熟悉中国史籍的中国史家都没有提到过还有一种《魏书》，足见确实没有。那么就只能是第一种情况：一然为论证古朝鲜历史之久远而杜撰了史料。这是史家的大忌。

（3）内容错误较多。第一卷纪异第一（上），靺鞨、渤海条只有 420 左右字，却有 3 处明显的错误。

第一，上文提到的"《通典》云：渤海，本粟末靺鞨"，《通典》中无此记事。

第二，说大祚荣立国后，"自号震旦"。综合各方面史料可知，大祚荣建国之初国号是靺鞨国。大祚荣在"营州之乱"时得到武则天的封号是震国公，从无震旦一说。

第三，说"百济末年，渤海、靺鞨、新罗分百济地"。百济末年渤海国尚未建立，如何能参加瓜分百济之地呢？

（4）所记荒诞不经的事较多。出于宣扬自己观点的需要，本书搜罗了很多民间传说、神话传说，有宗教神话色彩。这样的内容很多，在此不一一列举。

第三节 《高丽史》

一 作者简介

《高丽史》一书题为郑麟趾，但事实上是由金宗瑞、郑麟趾二人负责完成的。

郑麟趾（1396～1478），字伯睢，号学义斋，朝鲜李朝初期的文臣、学者。1411年成为生员，1414年状元及第，授礼宾寺注簿题官，以后历任兵曹左郎、忠清道观察使，吏曹、礼曹、工曹判书，直至领议政。他与成三文、申肃洙等共同创制了《训民正音》，朝鲜本民族的文字自此始。1451年和1452年先后主持完成了《高丽史》和《高丽史节要》的编修，还著有《学义斋集》。他的研究领域还涉及自然科学，主持过圭表等天文仪器的制作，以及咸镜阁的设计，曾改定《大统历》，编纂过关于天文、雅乐等方面的书。他在李朝初期经历七朝，四次被录为功臣。死后谥文成①。

金宗瑞（？～1453），早年情况不详，1433年至1440年任咸吉道（包括今咸镜南、北道和两江道）观察使。又以道节制使的身份做了许多强化图们江防御的工作，包括把原设在富居的经原府迁到希德甲（音译），设置钟城郡、恩德郡、稳城郡。在这些新设的郡中建了不少新城，并移南方之民以实之。这对防范女真族的侵扰起到很大作用。后官至左议政。1451年和1452年与郑麟趾共同主持完成了《高丽史》和《高丽史节要》。由于和领议政黄浦仁等拥护幼主而被窃伺王位的首阳大君所杀。首阳大君取得王位，即李朝世祖。金宗瑞也就因此而被从《高丽史》和《高丽史节要》编者中除名②。

二 主要内容

（一）本书概况

本书是纪传体断代史，记载了高丽王朝从918年建立到1392年灭亡的475年的历史。通过政变取得政权的李朝统治者急于在理论上使自己的政权合法化，同时也

---

① 朝鲜社会科学院历史研究所编《历史词典》，第190页；李仙竹主编《古代朝鲜文献题解》，第33页。

② 朝鲜社会科学院历史研究所编《历史词典》，第232页。

为吸取前朝的经验和教训，早早地就开始了《高丽史》的编修工作。最初，由郑道传、尹昭钟等承担。他们参考高丽末已经成书的多部史书，于 1395 年 4 月完成编年体《高丽国史》37 卷。但李朝统治者认为对李朝建立的合法化处理不够。以后又多次重修，都不能令朝廷满意。1449 年交金宗瑞、郑麟趾负责重修。1451 年书成，即今天见到的《高丽史》。全书共 139 卷，其中世家 46 卷，记历代国王的生平与政务活动；志 39 卷，记典章制度；表 2 卷，以表格形式排列大事；列传 50 卷，是各类人物的传记；目录 2 卷。这是朝鲜古代第二部官修正史。

本书编成后，1451 年出了活字本，共 78 册、11 函。1909 年，（日本）国书刊行会出版了 3 册本。1957 年，朝鲜科学院出版社出了影印 3 卷本。1962 ~ 1964 年，朝鲜科学院出版社又出了 8 卷本的朝文译本（原文为汉文）。台湾文史哲出版社 1972 年出了影印版。

（二）本书中关于黑龙江的史料

1. 关于渤海的史料

卷一《太祖世家一》载，乙酉八年（925），"秋九月丙申，渤海将军申德等五百人来投。庚子，渤海礼部卿大和钧、均老、司政大元钧、工部卿大福谟、左右卫将军大审理等，率民一百户来附……十二月戊子，渤海左首卫小将冒豆干、检校开国男朴鱼等率民一千户来附"。

这条史料在关于渤海逸民流向问题的研究中非常重要。此 925 年似应为 926 年之误。因为 926 年正月，契丹陷渤海上京，末王大諲譔降。到七、八月以后，渤海各地的抵抗相继失败，参加抵抗的军民四散逃亡，其中一部分逃到高丽。《高丽史》在记录这些来归者时也解释说：契丹"大举攻渤海大諲譔，围忽汗城，大諲譔战败乞降，遂灭渤海。于是其国人来奔者相继"。而且，《高丽史》在这段 925 年之后没有 926 年，直接就是 927 年，更说明此 925 年为 926 年之误。但是，如果这段史料年代无误的话则更有意义。因为如果在渤海灭亡一年前就有大批渤海人投奔高丽的话，则说明当时渤海国内部发生了激烈的权力斗争，斗争失败者在国内不能自存，乃投高丽。这次内部斗争使渤海国君臣离心离德，无法形成合力。契丹乘机进攻，渤海才抵抗无力，一战而亡。所以耶律羽之才在上辽太宗表中说："先帝因彼离心，乘衅而动，故不战而克。"①

---

① 《辽史》卷七十五《耶律觌烈传附羽之》，中华书局，1974，第 1238 页。

此后,《高丽史》记载的渤海遗民投高丽之事很多:

卷一《太祖世家一》载,太祖十年(927)三月甲寅,"渤海工部卿吴兴等五十人,僧载雄等六十人来投"。

卷一《太祖世家一》载,太祖十一年(928)三月戊申,"渤海人金神等六十户来投"。"秋七月辛亥,渤海人大儒范率民来附"。九月丁酉,"渤海人隐继宗等来附"。

卷一《太祖世家一》载,太祖十二年(929)六月庚申,"渤海人洪见等以船二十艘载人物来附"。丙子,"渤海正近等三百余人来投"。

卷二《太祖世家二》载,太祖十七年(934)秋七月,"渤海国世子大光显率众数万来投"。"冬十二月,渤海陈林等一百六十人来附。"

卷二《太祖世家二》载,太祖二十一年(938),"是岁渤海人朴升以三千余户来投"。

此外还有很多,不一一列举。

《高丽史》中不但有上述关于渤海遗民的史料,还有关于渤海自身的重要史料。

卷九十二《崔彦㧑传》载,"崔彦㧑,初名慎之,庆州人,性宽厚,自少能文。新罗末,年十八,游学入唐,礼部侍郎薛廷珪下及第。时渤海宰相乌炤度子光赞同年及第。炤度朝唐,见其子名在彦㧑下,表请曰:'臣昔年入朝登第,名在李同之上。今臣子光赞宜升彦㧑之上'。以彦㧑才学优赡,不许。年四十二始还新罗"。

通过这一史料,可以窥见关于渤海以下的史实。

首先,可以确定渤海国的主流文化是唐文化。从乌炤度、乌光赞父子都在唐参加科举考试并及第的情况看,渤海上层社会子弟受到的一定是和唐一样的教育,否则不可能到唐科举考试及第。这证实渤海与唐确是"车书本一家",具有文化上的同一性。

其次,到新罗末期,渤海的国力已超过新罗。乌炤度向唐提出更改名次的原因,表面上是他所说的自己当年的名次在新罗人李同之上,但这只是他找的一个荒唐的借口。真实原因应当是此时渤海的国力已经全方位超越了新罗,渤海人已经在心理上瞧不起新罗,事事都要在新罗之上。

2. 关于铁利的史料

铁利是隋唐辽金时期黑龙江东部地区一支非常活跃的部族,一般认为

714

主要分布在今依兰一带，属靺鞨族的一支。唐代曾归渤海，渤海在其地设铁利府，但保持了一定的独立性，曾与渤海使臣一道赴日通商。渤海灭亡后附辽，但也保持相当的独立性。《高丽史》中保存了一些铁利与高丽交往的史料，如下。

卷四《显宗世家一》载，显宗五年二月，"铁利国主那沙使女真万豆来献马及貂鼠、青鼠皮"。

十年三月，"铁利国主那沙使阿卢太来献土马"。

五月，高丽"遣使如铁利国报聘"。

十三年八月，"铁利国首领那沙遣使黑水阿夫闲来献方物"。

卷五《显宗世家二》载，显宗二十一年夏四月，"铁利国主那沙遣女真计陀汉等来献貂鼠皮、清万历，许之"。

德宗元年二月，"铁利国遣使修好"。

二年春正月，"东女真将军开多闲等二十五人来朝，铁利国遣使献良马、貂鼠皮。王嘉之，回赐甚优"。

从这些史料上看，铁利频繁遣使高丽，双方关系良好。高丽经济相对发达，与铁利距离不远，铁利的目的当是经济性的。铁利来献良马、貂鼠皮等"方物"，高丽"回赐甚优"，这实质上是一种贸易。

3. 关于兀惹与定安国的史料

兀惹是靺鞨的一支，很可能就是拂涅，主要分布在以东宁为中心的绥芬河流域。渤海强大时归入渤海，到渤海灭亡时，他们坚持抗辽，没有投降，还建立政权，号定安国。定安国坚持多年，最后什么时候失败，中国史料失载，却可以从《高丽史》中寻到一丝线索。

卷四《显宗世家一》，显宗八年（1017）九月，"契丹群其昆伎、女真孤这等十户来投"。

九年（1018），"定安国人骨须来奔"。

这里的"孤这"当是兀惹的同音异写。这个"孤这"和"骨须"是最后见于史籍的兀惹人，兀惹和定安国大概就亡于此时，即 1017 年至 1018 年左右。

4. 关于黑水靺鞨的史料

辽代，黑水靺鞨和铁利一样，附属于辽，但又保持一定的独立性。《高丽史》中留下不少他们投奔高丽或到高丽"朝贡"的记事。

卷四《显宗世家一》载，显宗八年八月，"黑水靺鞨阿离弗等六人来投"。

十一年春正月，"黑水靺鞨阅尸顷、高之问等二十四人来献土物"。

五月，"黑水靺鞨乌头等七十余人来献方物"。

十二年春正月，"黑水靺鞨酋长阿头陁弗等来献马及弓矢"。

九月，"黑水靺鞨苏勿盖、高之门来献方物"。

十三年五月，"黑水靺鞨疏意等三十余人来朝"。

卷五《显宗世家二》载，显宗十四年春正月，"是月黑水靺鞨乌沙弗等八十人来献马及方物，各赐布帛"。

十五年四月，"黑水靺鞨古刀等来献土物"。

九月，"黑水靺鞨阿里古来"。

十八年二月，"黑水靺鞨归德大将军阿骨阿驾来献土马器仗"。

黑水靺鞨如此高密度地与高丽联系的目的，一是试图与高丽联系，结盟以摆脱辽的控制，二是与铁利人一样，以朝贡方式进行贸易。

三　学术评价

本书有很多独有的史料，如记载了很多渤海遗民投高丽之事。这些史料的重要性在于清楚地表明了以下两个问题。

其一，亡入高丽是渤海遗民的流向之一。对于亡入高丽的渤海遗民的研究，唯独《高丽史》有直接的资料，别的史籍即使有也一定来源于《高丽史》，《高丽史》在这方面的重要性是不言而喻的。

其二，亡入高丽的渤海遗民只是一小部分，所以不能把渤海人看成是朝鲜民族的先世。渤海灭亡时总人口在300万人以上，这已是学术界的共识，而亡入高丽的有多少呢？现在基本的看法是10万至20万人，[①] 即使以上限20万人算，也只占渤海遗民总数的十五分之一。可见，绝大多数渤海遗民都逐渐融入中华民族各民族中去了，所以渤海的历史当然是中国的历史。

本书存在针对同一事情不同的地方内容不同的情况。如卷二《太祖世家二》载，十七年七月，"渤海国世子大光显率众数万来投"。而卷九十三《崔承老传》又载，"渤海既为契丹所破，其世子大光显等，以我国家举义而兴，

---

① 〔朝〕柳得恭：《渤海考》，韩国兴益文化社，1987，第3页；杨保隆：《辽代渤海人的逃亡与迁徙》，《民族研究》1990年第4期；梁玉多：《渤海遗民的流向》，《学习与探索》2010年第2期。

领其余众数万户，日夜倍道来奔"。大光显所领人数，前者为数万，后者为数万户，差距很大，让人不知何从。

附《高丽史节要》简介

《高丽史》洋洋 139 卷，过于浩繁。为便于阅览，《高丽史》的原班编写人员金宗瑞、郑麟趾等，把《高丽史》中世家、志、列传中的重要内容重新综合处理，改纂成编年体的《高丽史节要》35 卷。篇幅大为缩减，字数不到《高丽史》的三分之一，编年体也便于读者理解史事主线。需说明的是，它并不是《高丽史》的压缩本，使用了《高丽史》中没有的史料，还辨明了一些原来模糊的时间，与《高丽史》在史料方面可以互相补充。书成后，1453 年活字版刊行。1932 年，朝鲜史编修会将奎章阁旧版影印出版，1939 年再版。

第四节　《东国通鉴》与《朝鲜史略》

这是成书于 15 世纪以前的两部通史类史料。

一　《东国通鉴》

（一）作者简介

作者徐居正（1420～1488），朝鲜李朝世宗、成宗时期的文学家、史学家。字刚中，号佳亭，大邱人，幼年即以聪敏闻名，世称神童。1444 年进士及第（第三名），历官大制学、户曹判书、左赞成、集贤殿博士、副撰修，兼弘文馆、艺文馆两馆大提学。在世宗、成宗二朝以学问和道德为世人所推。曾出使明朝。封佐理功臣三等、达成君。1469 年参加编纂作为国家基本法的《经国大典》。他几乎参与了 15 世纪中期李朝所有重要文书的制定。1478 年，编写了集朝鲜高丽时期以前诗文之大成的《东文选》133 卷。1481 年与其他学者合作编写了《东国舆地胜览》50 卷。1484 年编成了朝鲜古代代表性的通史著作《东国通鉴》。此外，他还著有《笔苑杂记》《东人诗话》《三国史节要》《历代年表》等。①

---

① 朝鲜社会科学院历史研究所编《历史词典》，第 102 页；李仙竹主编《古代朝鲜文献题解》，第 41 页。

（二）《东国通鉴》的概况

《东国通鉴》是官修的权威性编年体（兼有纲目笔法）通史著作。全书依体例和内容可大体分为两部分。第一部分记三国建立以前的古朝鲜、三韩等上古时期史事，题为"外记"，篇幅较小。第二部分是本书的主体，记从新罗始祖赫居士到高丽末代王恭让王的 1400 年的史事。记三国时期史事时，依纲目体分国记事，不分正统与非正统。记新罗统一以后的史事，则仿《资治通鉴》体例。以时间为序排列史实，年下分国，国下先记其王。纪年以中国年号为首，再用所记国年号，记朝鲜历史上的离合、盛衰、名教、节义、忠烈、乱贼、奸谀、灾异、善恶之事。仍仿《春秋》笔法，褒贬于史实之中，亦不乏为尊者讳、为贤者讳的地方。本书以《三国史记》和《高丽史》的史料为主，补充了《东国史略》《三国史节要》《高丽史节要》的一些内容，以及高丽末李朝初的李济玄、权瑾、徐根定、崔富等著名学者的历史评论，并没有新史料出现。

《东国通鉴》现在通行的主要是两个版本，一是日本京都出云寺松柏堂1667 年刻本，二是朝鲜京城朝鲜光文会 1911 年重刊本。

（三）对《东国通鉴》的学术评价

如上所述，《东国通鉴》没有为其他史料所不载的史料，但仍然具有一定的史料价值。

第一，本书沿袭了《三国史记》《高丽史》的立场，视渤海国为外国，没有着力介绍。这一立场本身就很有意义，因为这证明直到 15 世纪中期，朝鲜社会仍没有把渤海看成是朝鲜历史的组成部分，不存在所谓"南北国时代论"。

第二，虽然没有把渤海史纳入朝鲜史，但渤海作为邻国毕竟与半岛政权有一定关系，所以书中也有若干相关内容。卷十新罗圣德王十二年条就比较详细地介绍了渤海国始末。其中关于其主体民族族属问题记为"渤海本粟末靺鞨，即高丽别种"。看来这是将新、旧《唐书》关于渤海族属的记载综合了一下，全部抄袭来了。不过这也反映了徐居正等李朝上层社会对渤海绝无同族意识。

二 《朝鲜史略》

（一）作者简况

作者权近（1352 ~ 1409），高丽末李朝初学者、官员。字可远，后改思叔，号阳村。早年受过良好的儒学教育，1369 年中举，在高丽和李朝历任成钧馆值讲、左思议大夫、左代言、同知贡举、签书枢密直司事、中枢院使、议政府赞承使、艺文馆大提学、礼仪判书等，封吉昌君。在高丽王朝灭亡时，他曾在是否仕于新建李氏王朝问题上有所动摇，但后来转而积极服务于李朝，对李朝文化政策的制定起了很大作用。他关心教育，在政治失意，被流放全罗道益州，以授徒为生时，根据教学经验，编写了初学者易于掌握的图文并茂的《入学图说》。史学著作有《朝鲜史略》6 卷、《东国史略》2 卷。此外还有《阳春集》《五经浅见录》等书流传下来。①

（二）《朝鲜史略》的主要内容

《朝鲜史略》为编年体朝鲜通史。记事始于传说中的檀君、箕子时代，终于作者所处的李朝太祖六年（1397）。全书共 6 卷，卷 1 记新罗统一前的历史，包括檀君朝鲜、箕子朝鲜、汉四郡、二府、三韩、三国；卷 2 记统一新罗时代历史；卷 3 至卷 6 记高丽的历史。全书风格简明扼要，提纲挈领，颇似纲目体，十分有利于了解历史大事，掌握历史全貌。

《朝鲜史略》在近代以前似只有明、清抄本，1937 年，上海商务印书馆出版了影印本。

书中关于黑龙江的史料有以下三条。

卷一"三国"载："百济患靺鞨来侵（原注曰：'靺鞨在不咸山北，与北沃沮相接，古肃慎氏国，即今野人，善寇抄，三国并被其侵'），以族父乙音有智识，为右辅，委兵事。及率以解娄代之，神识渊奥，年过七十，臂力不惩。"

"肃慎侵高丽，屠边。珉王遣弟达贾伐之，拔檀卢城，杀酋长。封达贾为安国君。"

卷二《新罗》载："靺鞨冠阿达城，城主素那死之。"

（三）对《朝鲜史略》的学术评价

本书在简约的篇幅中仍能突出大事，避免了编年体不分主次、流水账式叙事的通病，让人能更好地从宏观上把握历史的全貌，看清历史发展的主线。原注也注得非常准确，把靺鞨的来源、分布等基本情况说得清清楚楚。

---

① 朝鲜社会科学院历史研究所编《历史词典》，第 262 页；李仙竹主编《古代朝鲜文献题解》，第 37 页。

　　同卷圣德王条也简单地介绍了渤海国，其原注明确记载"渤海本粟末靺鞨"。这当然是照录了《新唐书》，但也与同期成书的《高丽史》《东国通鉴》等其他史书一样，表明当时朝鲜社会认可渤海的粟末靺鞨说。

　　本书关于黑龙江的史料也有不可取之处，如卷二《新罗》载：渤海国"至（新罗）景哀王时，契丹攻灭亡，以为东丹国，其世子与大臣等皆降于高丽"。其实，投奔高丽的原渤海大臣百姓只是一小部分，绝不是"皆降于高丽"。

第二章　成书于 18 世纪至 19 世纪初有关黑龙江的史料

第一节　《渤海考》

一　作者简介

柳得恭（1748[①]～1807），朝鲜 18 世纪实学派学者。字惠风、惠甫，号冷斋、冷庵、古芸堂、古芸居士，生于儒州一个读书为官之家，受过良好的汉文化教育，早年即以文著称，"博学工诗，娴于掌故"[②]。他与实学派学者朴趾源、李德懋、朴齐家等过从甚密，并也成为著名的实学派学者。后来进士及第，做过王室图书馆奎章阁的"检书"[③]、通政大夫、金知中枢府事等京官，也当过抱川县监、加平郡守、丰川府使等地方官，1784 年写成《渤海考》一书。此外还有《二十一都怀古诗》《四郡考》《京都杂志》《冷斋遗稿》《滦阳录》《燕台再游录》等著作。当时与朴齐家、李德懋、李书九并称"汉学四家"[④]。1801 年罢官归养，6 年后去世。

二　主要内容

《渤海考》是朝鲜第一部关于渤海史研究的专著，分为君考、臣考、地理

[①]　一说 1749 年。

[②]　〔朝〕柳得恭：《渤海考·序》，宋基豪译注，韩国兴益出版社，2000，第 141 页。

[③]　检书是奎章阁的长官，共设四员。

[④]　朝鲜社会科学院历史研究所编《历史词典》1，朝鲜科学百科词典综合出版社，1999，第 347 页。

考、职官考、仪章考、物产考、国书考、国语考、属国考九部分，不分卷，篇幅较短，全书仅 23000 余字。总的说来，此书学术水平不甚高。首先表现在引用资料不多，虽然作者在自序中说"余以内阁属官，颇读秘书"，可是从他开列的参考书目看，只有《旧唐书》《新唐书》《五代史》《高丽史》《通典》等区区 22 种，并无"秘书"，载渤海史料很多的《册府元龟》《唐会要》等基本史料都不在内；其次，其内容绝大多数是对现有史料的摘录和罗列，研究的内容较少，似乎当不起这个"考"字。但在个别地方也有可取之处，并非完全乏善可陈。现在流行的版本有清代的抄本，日本东亚文库本，以及韩国宋基豪译注、兴益出版社 2000 年本。

书中有价值的内容主要有以下两条。

第一，对渤海国上京龙泉府的位置进行了正确的比定。柳得恭认定"（渤海国）上京龙泉府者今之宁古塔（黑龙江省宁安县）也"①，没有跟着《大元一统志》《大明一统志》《扈从东巡日录》，以及清初流人的《宁古塔山水记》《宁古塔纪略》《秋笳集》等书犯混淆金上京和渤海上京的错误。在没有近代考古学成果支撑的古代，单靠文献研究，能有这样的突破确是很可贵的。

第二，《新唐书》载渤海国有六十二州，但只列出了六十州，柳得恭从《清一统志》中又查出了一个郭州，补了《新唐书》之遗。他还在列举《辽史》地理志中关于渤海府州的记载时发现了一个问题，"太祖东并渤海，得城邑之居，百有三云，而郡县名可考者，今为百三，可疑"②。他提出这个疑问是有道理的。他还否定了《文献备考》将作为渤海新罗界河的泥河定在东海

---

① 〔朝〕柳得恭：《渤海考·序》，宋基豪译注，第 62 页。
② 〔朝〕柳得恭：《渤海考·序》，宋基豪译注，第 69 页。

岸德源的说法，主张泥河就是汭水的另一个名字，就是流经平壤的大同江。此说现在还有人支持，比如大田大学的徐炳国①。

三　学术评价

本书的参考书包含了日本史书《续日本记》和《日本逸史》，可以说，是第一部由中、朝、日三国史料编写成的渤海史著作。

由于张建章的《渤海记》已失传，所以柳得恭的《渤海考》是现存第一部关于渤海史的专著。不管出于什么目的，也不管书中存在的这样那样的不足，本书第一个把渤海史体系化了。

《渤海考》的成书在很大程度上是作者民族意识增强的结果。作为实学派学者，柳得恭反对一味背诵儒家经典，特别是朱子理学，主张多研究地理、经济、军事等有现实意义的"实学"。他所处的时代正是中国的"康乾盛世"，是中国封建时代少有的几个繁荣期之一。他曾随朝鲜使团到过中国沈阳、北京等地，对中国的强大繁荣有切身体会。相比之下，李氏朝鲜显得十分弱小。注重现实的柳得恭看到这样的状况是十分痛心的。他希望找出朝鲜弱小的原因，并试图改变这种局面。这种知识分子的良知是很值得钦敬的。遗憾的是，他没有在李朝的政治、经济及其所处的国际环境中找原因，却把朝鲜的弱小完全归结于高丽没有修渤海史，也就是没有把渤海史纳入朝鲜史的范畴。对此，他在《渤海考》一书的序中表达得十分清楚。"高丽不修渤海史，知高丽之不振也。昔者高氏居于北，曰高句丽，扶余氏居于西南，曰百济，朴昔金氏居于东南，曰新罗，是为三国，宜其有三国史，而高丽修之，是矣。及扶余氏亡高氏亡，金氏有其南，大氏有其北，曰渤海，是谓南北国，宜其有南北国史，而高丽不修之，非矣。夫大氏者何人也，乃高句丽之人也，其所有之地何地也，乃高句丽之地也，而斥其东斥其西斥其北而大之耳。及夫金氏亡大氏亡，王氏统而有之，曰高丽，其南有金氏之地责全，而其北有大氏之地责不全，或入于女真，或入于契丹。当是时为高丽计者，宜急修渤海史，执而责备女真曰，何不归我渤海之地，渤海之地，乃高句丽之地也，使一将军往收之，土门以北可有也，执而责备契丹曰，何不归我渤海之地，渤海之地，乃高句丽之地也，使一将军往收之，鸭绿江以西可有也，竟不修渤海史，使土门以北鸭绿江以西，不知为

---

① 〔韩〕徐炳国：《渤海与新罗的国境在哪里》，梁玉多译，《渤海史论集》，中国文史出版社，2013，第 587 页。

谁氏之地，欲责备女真而无其辞，欲责备契丹而无其辞。高丽遂为弱国者，未得渤海之地故也，可胜叹哉。"① 他以为高丽只要有一部能证明渤海为高句丽继承国的渤海史书，就可以向契丹和女真讨要鸭绿江以西和图们江以北的原渤海领土。姑且不论这一想法多么不现实，单单就是这种强烈的政治目的，就决定了他的《渤海考》不可能是一部没有偏见的严谨的学术著作，其明显的不足主要表现在以下几个方面。

（1）"序"中称"夫大氏者何人也，乃高句丽之人也"，紧接着却在作为全书第一篇的"君考"中说："震国公姓大氏，名乞乞仲象，粟末靺鞨人也，粟末靺鞨者，臣于高句丽者也。"（震国公条）二者明显矛盾。或许柳得恭的意思是大氏从血缘族属上说是粟末靺鞨人，但因臣于高句丽，在政治隶属上是高句丽人，或者说是高句丽化了的粟末靺鞨人，但这仍然十分牵强。渤海国共有十五王，"君考"中却列出了十七君，其中的震国公乞乞仲象只是第一代君大祚荣的父亲，并不是渤海的君，列入渤海国的"君考"中于理不合，另外"兴辽主"大延琳和"乌舍城浮渝府琰府王"都是渤海灭亡后的遗民，列入"君考"更不应当。但对于君临渤海国整整 12 年的真正的渤海之君大玮瑎却没有考出，显然是因为他没有见到《唐会要》的缘故，不能不说是一大疏漏。

（2）"君考"共记渤海之臣及渤海灭亡后投高丽及宋之遗裔有姓名者 83 名。由于均系摘引其他史籍，基本没有自己的考证，所以这一部分错误最少。不过关于遗裔部分遗漏不少。《辽史》《金史》中渤海遗裔有事迹者甚多，本书几乎没有涉及。

（3）"地理考"在本书九考中所占篇幅最大，错误也最多。例如，称东京龙原府在凤凰城（辽宁凤城），南京南海府在海城，中京显德府在吉林乌喇城东南。五京的位置弄错了三个。弄错了的原因主要是抄袭了《辽史·地理志》和《大清一统志》的错误。柳得恭在自序中说"余以内阁属官，颇读秘书"，但从他开列的参考书目和这篇"地理考"的情况看，似有言过其实之嫌。

（4）"职官考""仪章考""物产考""国语考"均极简略，四部分加在一起，不足 550 字，只是引用了《新唐书》渤海传等基本史料外加简单的一两句按语，谈不上"考"。孙玉良先生认为，"职官考""仅居《新唐书》、《续日本记》等古籍的记载，开列出的渤海中央统治机构中六十五个官职名称，占已知官吏名称总数的三分之二，遗漏甚多。在排列六部十二司官时，漏掉计部，并把

---

① 〔朝〕柳得恭：《渤海考·序》，宋基豪译注，第 5~6 页。

爵部与仓部，误断为'爵仓'。所列文武散官及勋爵，也多有遗漏"①。

（5）与事实相去最远的当数本书最后一部分"属国考"，是把《宋史》定安国传减载而来。定安国是渤海国灭亡之后的渤海遗民势力集团，不是渤海国的属国。

不过，在朝鲜和韩国，因为他首创的"南北国论"，人为地大大扩大了朝鲜古代史的空间，符合狭隘民族主义者的胃口，所以得到很高的评价。例如，有朝鲜学者认为，柳得恭"把我国历史上三国时期结束后的时期定为'南北朝时代'，是值得从根上予以高度评价的"。"柳得恭痛叹由于金富轼事大主义者对渤海历史的粗制滥造及有意识地回避，从而丧失了祖先传下来的广大疆土，同时对事大论者进行了严厉的批判。" "柳得恭把分散的有关渤海的资料无遗漏的予以整理和体系化，为后世史家能更深更广地研究渤海历史打下了基础。"② 韩国学者也认为柳得恭和他的《渤海考》是"寻找失去的领土渤海及其历史的开始"，称"柳得恭痛批了高丽没有把渤海归入我国历史中，没有修'南北国史'。痛叹其结果是想要向契丹和女真讨回渤海领土也没有了任何证据。他进一步积极主张把渤海史归入我国史中。为此，他在我国历史上首次把渤海史体系化了"③。"在韩国史学史上留下了不朽的印记……应当给予很高的评价。"④ 这些评价当然与事实出入较大，应当引起注意。

第二节　《大韩疆域考》

一　作者简介

丁若镛（1762～1836），李朝末期实学派学者，字美镛、颂甫，号苔叟、三眉、茶山、与犹堂等，生于京畿道广州郡一个两班家庭。1789 年科举进士及第，任过弘文馆编修、承旨、检阅、持平、兵曹参议、京畿道暗行御史等职，深受李朝正祖宠信。正祖死后，反对派指责他与天主教有关系（一说他信奉天主教），被排挤出中央政界，先后任过忠清道金井察访、黄海道谷山府

---

① 孙玉良：《柳得恭与渤海考》，《学习与探索》1986 年 6 期。

② 〔朝〕金赫哲：《实学者们的渤海史观》，《渤海史研究论文集》1，朝鲜科学百科辞典综合出版社，1992，第 144 页。

③ 〔朝〕柳得恭：《渤海考·序》，宋基豪译注，封底。

④ 〔朝〕柳得恭：《渤海考·序》，宋基豪译注，第 30 页。

使等地方官。1799 年回到汉城,任刑曹参议。1801 年受"辛酉邪狱"(朝鲜政府镇压天主教事件)案牵连,被流放庆尚道长鬐。后又因受黄嗣永帛书事件被流放全罗道康津。流放期间目睹了社会底层的实际生活,进一步深化了实学观点。1818 年结束了 18 年的流放生活后,不再做官,潜心研究学问。[①] 他的研究涉及历史、地理、政治、经济、物理等多个领域,被称为是集实学之大成的人物。另外他还对自然科学有所涉猎,认定了地圆和大地自己运动的学说,指出雪、雷、潮等都是自然现象,并不神秘。他设计了水原城,并制造了在筑城过程中起了很大作用的起重装置。著作除本书外还有《牧民心书》《经世遗表》《丁茶山全书》,后人将其全部著作编为《与犹堂全书》503 卷。

二 主要内容

本书原名《我邦疆域考》,十卷,题洌水丁镛述,1905 年出版时被定为九卷,并改现名,有"朝鲜考""四郡总考""三韩总考""卒本考""完都考""沃沮考""濊貊考""濊貊别考""靺鞨考""渤海考"等卷目。其主要内容是关于古代朝鲜山川、城池、建置等方面的地理考证,兼及朝鲜半岛和中国东北地区的民族源流等问题。如果说柳得恭的《渤海考》还主要是对相关史料的罗列,"考"成分很少的话,本书则确实在地理、疆域以及其他一些史事方面进行了一番考证,当得起这个"考"字。虽然仍有很多明显的漏洞,但在当时的情况下已经很珍贵了。本书现存于世的有李朝末的抄本和皇城新闻社题光武九年(1905)本。

书中与黑龙江相关的有价值的史料有以下几个方面。

(一)关于北沃沮

北沃沮是南北朝以前分布在绥芬河流域、图们江流域,以及俄罗斯滨海地区南部的民族或部族。本书关于北沃沮者主要有三条。

(1)认为北沃沮的位置在"今咸镜北道六镇之地也"。六镇之地即今稳城、庆兴一带,均属图们江流域。虽然北沃沮的实际分布比这广阔得多,但在没有现代考古学资料支撑的情况下,做到这样已属不易。

(2)认为《后汉书》和《三国志》所载的挹娄人乘船寇盗北沃沮中有

---

① 朝鲜社会科学院历史研究所编《历史词典》2,朝鲜科学百科词典综合性出版社,2000,第 198 页。

"至冬不通",则其所走肯定不是海路。这一认识是有见地的,因为直到现在还有学者认为挹娄人是从海路乘船寇盗北沃沮的。

(3)认为《三国史记》中关于东明王十年高句丽灭北沃沮的记事值得怀疑,因为高句丽在"东明初年不过卒本之小聚耳",没有能力灭亡北沃沮。这一结论是正确的,北沃沮的主体部分应当是在南北朝时期为南下的勿吉所占。

(二)关于濊貊

濊貊是东北三大族系之一,有广义、狭义之分,广义的是指与肃慎、东胡并立的一个大的族系,狭义的是指濊貊族系中一个以"濊貊"为名的民族或部族。本书对濊貊有比较准确的认识。

(1)指出"濊貊本北狄之种,我邦之内本无此名"。濊貊确实本在中原华夏族北边,与朝鲜半岛无涉。

(2)指出"貊有九种,濊貊其一也"。这一论断实质就是说濊貊有广义、狭义之分。

(三)关于夫余

指出了关于夫余记事的错误:"扶余本秽貊之地,元魏时谓之豆莫娄,一统志(《大清一统志》)乃谓之肃慎故地,可乎?一统志之不核类皆如此。"

(四)关于渤海

(1)指出了史料中关于渤海记事的若干错误。如《新唐书·百济传》载,唐灭百济后,到仪凤年间,"其地已为新罗、渤海靺鞨所分"。丁若镛认为说渤海得百济地乃"大非也",并论证了渤海的南界从未到达百济故地。这一结论是正确的。又如,他指出"《辽史·地理志》惑乱颠倒,忽以大荒之府悉移辽东,《一统志》、《盛京志》又从而增益之,于是渤海大氏俨作辽东之霸主"。东丹国南迁后,将渤海后来的一些州县仍以原名侨置在辽东,《辽史·地理志》没有把它们与渤海原府州详加区别,给后人在渤海各府、州、县的比定上造成困惑。《大清一统志》《盛京通志》确实因抄袭了这些错误,加剧了混乱。丁若镛的纠正确有意义。

(2)关于渤海地理的一些考证虽然尚不完全准确,但已去事实不远,为后人的进一步研究奠定了基础。对于渤海国东京龙泉府的比定,他认为"泉井郡也今之德源也,今自德源遵海西北一千二百里则其地也,为会宁钟城,正在肃慎之东南,今之钟城或其地也"。东京龙泉府在今吉林珲春八连城,钟城在今朝鲜咸镜北道稳城郡,二者相去不过几十公里。丁若镛的时代朝鲜还没有近代精确的考古学，单凭文献上比较含混的记录来推断方位与距离，能做到这个程度已属不易。又如，对于西京鸭绿府的比定，他认为在"慈城之北隔水之地也"。现在，学术界比较一致的观点认为，西京鸭绿府在今吉林省临江一带。慈城是今朝鲜慈江道慈城郡，这里"以北隔水（鸭绿江）之地"正是临江一带，大体是准确的。他还认为南京南海府是"今之咸兴也"，"泥河者，我江陵之北泥川水也"。一般认为，南京南海府在朝鲜咸镜南道北青郡，与咸兴较近。说渤海与新罗的界河泥河是江陵之北泥川水可能让人觉得不大容易接受，一来这里太偏南，渤海的南界似乎不大可能达到，二来这泥川水太小，也似乎不足以成为两国的界河。但是仔细探究起来，既然南京南海府在北青郡，其南界就不能距离很近，因为五京中的任何一京都不可能坐落在边境地区。考虑到宣王时期"南定新罗"，向南扩大了土宇，国界达到至少是一度达到江陵一带是有可能的。

（3）考证错误的地方也存在。书中把中京与旧国误为一地。他认为，"中京者所谓旧国也，在上京之南东牟山下，即大祚荣树壁自固处也，其地在忽汗河之西，故及徙上京谓之忽汗河之东也，今镜泊之南200里有额敦山，其高60里，正在虎儿河西北，或是东牟山也"。中京在和龙县西古城，旧国在吉林敦化，二者不在一地。不过需要指出的是，虽然把"旧国"与中京等同是一个错误毋庸置疑，但他把东牟山的位置比定在敦化附近额敦山，却又大体符合事实。他在这里把渤海国建立之地东牟山的位置比定在敦化附近，与他上文之渤海国建立在长白山以东的考证相矛盾。这也是其叙事错乱颠倒之一例。

本书把绥芬河流域的率宾府定在了"兴京（辽宁恒仁）西南，瑷河之东"。率宾府在黑龙江省东宁市大城子，与辽宁恒仁相去甚远。他这样比定应该是受了《辽史·地理志》错误的影响。虽然他指出了《辽史·地理志》的诸多错误，自己却也受到其错误的影响，令人惋惜。

本书还混淆了金之上京会宁府和渤海之上京龙泉府。把金之上京会宁府等同于渤海之上京龙泉府，由此，也把越喜故地弄错了，"金之会宁府即渤海之上京也，由此推之，越喜故地即今宁古塔左右北之地又无疑也"。

不过，把渤海上京视为金上京是那个时代的一个普遍错误，并非丁若镛一人。清初流放到宁古塔的学者考察了上京龙泉府遗址后，基本都把它当成是金上京了。如张缙彦的《宁古塔山水记》石城云："考乌禄初封，建国临涅，其为金主故地，颇为近之。"钱咸为该书这段记事做注时又认为，从该地出物"杂古钱，皆宋徽宗及金海陵世宗年号"的情况看"又似为金时无疑"。

（4）对渤海的国号方面有非常正确的认识。丁若镛虽然也在事实上主张把渤海列入朝鲜史范畴，但对渤海的国号方面却有非常正确的认识。他认为"渤海是唐赐之美名，其前称震国公亦唐赐，自称则靺鞨而已"。寥寥24个字，就把渤海的国号问题说得清清楚楚，最为重要的是他断定渤海人"自称则靺鞨而已"，这也是他在渤海族源问题上进行认真考证的结果。这个结论虽与其写本书的初衷相违，但作为一个治学态度较为严谨的学者，他还是把这个结论如实写出来了。这是朝鲜实学派学者的一个共同点，尽管他们从民族主义（或者说是狭义的民族主义）出发，提出了与事实不相符的"南北国时代论"，但在具体的考证上却又多能尊重事实。柳得恭也是这样，他在《渤海考》序言中说大氏是高句丽人，但在书中的君考、臣考等部分中却处处都用事实论证了大氏是粟末靺鞨人。这些矛盾充分表现了实学派学者自身的矛盾心境：一方面为了振兴民族精神，为了争取民族利益，要把渤海划入朝鲜的历史体系中；另一方面又不愿轻易放下注重事实、注重考据的治学态度。所以在他们的著作中才常常出现这样的矛盾之处。

（5）关于渤海建国时间和地点考证错误。丁若镛谓："仲象立国之初，据白山之东，其子祚荣暂迁旋正，不离白山之东。"可见他认为渤海国在大祚荣的父亲乞乞仲象时就已经建立，地点在长白山以东。其子大祚荣虽一度迁往他处，马上又迁回来了。渤海国的地点始终在长白山以东。而事实是：渤海国在大祚荣的父亲乞乞仲象时根本就不存在，大祚荣乘营州之乱东归，到吉林敦化一带建国。丁若镛的考证与事实无一相符。

（6）对渤海国事的考证也有明显的失误。他认为上京被攻陷，大諲譔投降后，渤海"王弟权立为王，以攻扶余城明矣。是年下距清泰之年恰满十年，犹能遣使朝贡，则諲譔之后更有嗣王明矣"。据新旧《五代史》载，从926年阿保机攻陷渤海上京城直到936年的10年间，渤海国仍然不断遣使到后梁和后唐朝贡。丁若镛的错误显然就源于此。我们知道，这些来朝的"渤海使"，其实是东丹国使，他们与原渤海国已没有关系，渤海国确实亡于926年。《五代史》的记事确很令人迷惑，《渤海国记》的作者黄维翰一度也认为渤海国926年并未完全灭亡，还有一部分残余势力保持一隅之地，延续着渤海的国祚，只是后来在其学生的提醒下进一步考证，才放弃了这一观点。黄维翰所处

的时代比丁若镛晚了整整 100 年，尚且险些犯了这样的错误，100 年前的丁若镛有这样的错误就可以理解了。

三　学术评价

在 18、19 世纪对渤海史进行研究的实学者中，丁若镛的成果最为突出，谈到对渤海历史地理的研究，就不能不提到丁若镛，他的主要功绩在于在地理上对渤海进行了初步的定位。他对五京的比定大体差不多，不像柳得恭那样出格。朝鲜学者金赫哲认为他"是把渤海历史研究的焦点放在历史地理上的代表性学者，取得了值得后世渤海史研究者们参考的很有价值的研究成果"①。这个评价并不过分。

第三节　《通文馆志》

一　作者简介

本书最早刊本为 1720 年，以后又多次重新编纂刊刻，故作者实际为不同时代的多人。现在流行的版本题金指南、金庆门编撰，李湛续纂。

金指南（1654～1718），字季明，号广川，牛峰人，1672 年（贤宗十二年）译科及第，进入司译院，逐步升迁，1682 年（肃宗八年）为司译院正。1708 年（肃宗三十四年）完成《通文馆志》的编撰。1712 年曾随清穆克登到长白山勘测中朝边界，并著《北征录》以记其事。他还对自然科学有一定研究，掌握了制作火药的方法，成功地大量生产，著《新传煮硝方》，介绍火药的制作。

金庆门（1673～1737），金指南之子，字守谦，1691 年（肃宗十七年）通过译科考试，进入司译院，1708 年完成《通文馆志》的编撰，时为司译院汉学教授。1711 年（肃宗三十七年）为司译院正。1712 年曾随清穆克登到长白山勘测中朝边界。后官至知中枢府事，曾以到凤城成功解决诉讼拦头的弊端而闻名。

李湛（1721～1784），字乐夫，后改名李洙，出生于一个译官世家，其先人李愉、李枢等都是著名译官。他是著名儒学者宋时烈的弟子。1741 年通过选拔，成为译官。1750 年升为司译院教诲，此后到 1786 年，一直都担任赴中

---

① 〔朝〕金赫哲：《实学者们的渤海史观》，《渤海史研究论文集》1，第 172 页。

国使团的首席译官①。

本书第一个版本的作者除金指南、金庆门外，实际还应有崔锡鼎。

崔锡鼎（1624～1715），字汝和，号明谷、存窝，是著名文臣、学者崔鸣吉之孙。曾任司译院提调，累官至右议政、左议政，兼弘文馆大提学。1701年因反对处死张禧嫔而被流放，旋获释。编纂《通文馆志》时，他实际主持其事，全书的体例、内容等都是他构思的。所以，他也应算作该书作者之一。另外，他还主持了《舆地胜览》《国朝宝鉴》的续编工作②。

二　主要内容

《通文馆志》是李朝时期司译院这一官署的志书，详述了李朝与中国、日本交往的礼仪规范，各种惯例及其沿革，称得上是李朝的外交百科全书。全书十一卷：卷一为沿革篇，记司译院的管制、职责等沿革和现状；卷二为劝奖篇，记司译院的进入、升迁等方面的情况；卷三为事大篇上，记出使中国使节的路线、文书、礼物、开市等情况；卷四为事大篇下，记迎接中国使节的礼仪、礼单等；卷五为交邻篇上，记对日本来使的接待礼仪、开市、条约等；卷六为交邻篇下，记出使日本使节的礼单、行程等；卷七为人物篇，记录了一些译官出身，功勋卓著者的生平事迹；卷八为故事篇，记司译院内部的人员、物品、藏书等情况；卷九、十、十一为纪年篇和纪年续篇，记李朝与中国、日本交往的重大事件。不但国王、大臣经常阅读，其更是派出使节和译员等外交官员的教科书。

本书成书于 1708 年（肃宗三十四年），初刊时间为 1720 年（肃宗四十五年），其后，随着时代的发展，实际情况的变更，不断重新编纂刊刻，故版本很多。现在韩国图书馆中有 29 种版本，包括首尔大学奎章阁韩国学研究院 23 种、韩国学中央研究院藏书阁 1 种、国力中央图书馆 5 种。现在广为使用的是 1944 年朝鲜史编修委员会发行的影印本，其原本为 1888 年刻本。我国有国家图书馆的 1862 年本和北京大学图书馆藏的 1898 年刻本。

书中与黑龙江有关的史料主要有以下几个方面。

（一）关于宁古塔与朝鲜的贸易

清代，宁古塔官方组织商人和普通民众定期到朝鲜会宁府贸易，一般每年

---

① 李仙竹主编《古代朝鲜文献题解》，北京大学出版社，1997，第 145 页。
② 李承姬：《〈通文馆志〉考述》，硕士学位论文，复旦大学，2010。

一次，以兽皮等土特产换取朝鲜的耕牛、农具、食盐、稻米等生产生活用品。其具体情况，《大清会典事例》《柳边纪略》《宁古塔纪略》等我国史料有涉猎。《通文馆志》中也有多处这方面的记事，其中除引述《大清会典事例》的内容外，还有我国史料不载的内容。

（1）关于这一贸易开始的时间的记事。"崇德戊寅，宁古塔人持户部票文来贸农器，后以为例。"可知开始的时间为1638年。

（2）关于宁古塔方面贸易团的组成及其他具体情况的记事。"宁古塔人三百二十名，马牛驼六百四十匹只定数，领往章京一员，跟役五，马十五；分拨库一员，跟役三，马十；笔贴式一员，跟役二，马七。交易牛只、犁铧、盐、釜等项预先备办，不过二十日回还。"这是定制，宁古塔方面也有不依定制的情况。康熙三十八年（1699），"会宁开市时，有宁古塔副都统称奉旨来监，转向庆源"。因副都统为二品大员，朝鲜方面还专门行文清廷礼部，询问再若有此情况如何处理。

（3）关于清政府是贸易主导方的记事。"户部咨，宁古塔与会宁接境，宜两相交易，故发官前去互市。府使郑楷令一小人来迎。及至城边闭门逾时放入，又不曾收拾，延至九日后交易。即将郑楷究问，供称有曲折，然不得无罪，仍令革职，别为磨练接待节目咨复。"朝鲜的会宁府使郑楷仅办理贸易不利，而且还"有曲折"，清政府还是令朝鲜方面将其革职，可见会宁贸易的各方面事项都是清政府定的，是贸易的主导方。正因如此，朝鲜方面对会宁贸易并不十分热心，还曾找借口欲停止贸易。康熙二十四年（1685），朝鲜方面报清廷礼部，"牛疫益炽，数年之内无望蕃息，三处开市决难备待"。清廷当然知道实情，所以礼部合议，认为"该国屡蒙皇恩轸恤，理宜益勤，乃称牛疫推诿成例"，奏请"罚银一万两"，但康熙帝没有批准。

（二）关于清初清政府征调朝鲜军队参加黑龙江抗俄

（1）顺治十一（1654），沙俄再次入侵黑龙江，清政府调兵反击。由于沙俄军长火器，清廷乃征朝鲜鸟枪兵参战。"朝鲜人善使鸟铳，选一百名由会宁三月初十日至宁古塔，听昂邦章京沙尔虎达率领往征罗禅（即沙俄）。"朝鲜即"调发一百名，差虞候边岌领哨官一员，小通词二名，军官、旗鼓手、火丁并四十八名前去境上"。朝鲜鸟枪兵的参战情况是，"边岌随大国兵四月到日可地乘船，遇贼于厚通江，连日接战，贼多中丸死，追至好通及骨地，贼溯水远遁。六月，岌全军而还，专差行司正赵东立移咨礼部报捷。"

（2）顺治十五年（1658），沙俄又入侵黑龙江，清政府再次调朝鲜鸟枪兵参战。"通官李一善赍到谕，略曰：'今罗禅又蠢动，犯我边境，扰害生民，应行征剿……善鸟枪二百名即简发，并将应行之物令官统领，限五月初送至宁古塔。'差北虞候申浏为领将，率哨官二员，鸟枪手二百名及标下旗鼓手、火丁共六十名，带三月粮往待境上，专差行司直李芬咨报礼部。回咨内，军机迟速岂能遽定，将兵饷记至回日陆续接运。据申浏驰报，随大国兵六月初五日发船，初十日到黑龙江。遇贼终日交战，烧贼十船，一船乘夜而逃。我兵中丸死者八名，伤者二十五名。十三日回船到宋加罗江。大将言，余贼犹在，留俟冰合，着令边臣连续继饷等由，专差行司猛李承谦咨报礼部。"

（三）关于朝鲜人掳掠满族（女真族）儿童

康熙二十一年（1682），"礼部咨，据宁古塔副都统题，章京明阿纳告称，其父幼被朝鲜人掳去，娶妻生渠。太宗时，得父子还乡而母未同归，今五十年，父母俱已七旬，愿得团聚等因。本部议题，夫妇母子情难分离，相应移咨交送，奉旨，依议。即着庆兴府将明阿纳之母爱香交与其子咨会。"太宗时明阿纳之父已娶妻生子，则其被朝鲜人掳去之时当在后金政权建立前后。看来那时女真人与朝鲜人彼此掳掠的事经常发生。

三　学术评价

本书体例独特，典志体和编年体兼而有之，卷一至卷八为典志体，卷九至卷十一为编年体，说明本书的作者以说明问题为中心，灵活地运用体例。

本书保存了大量珍贵的历史文献。引用资料66种，其中《稗官杂记》《謏闻琐录》《象胥故事》等都已失传，赖本书才得以保存部分内容。

第四节　《燃藜室记述》

一　作者简介

李肯翊（1736～1806），字长卿，号完山、燃藜室。全州人，李朝英祖、正祖时期实学派学者。当时朝鲜学界存在老论派和少论派之争，其父李匡师属

少论派，遭到老论派的排挤，全家蒙祸①。李肯翊出生在这样的家庭，自然不能存做官的念头，乃潜心于学问，尤致力于史学，成为一名优秀的史学家。他的著作《燃藜室记述》在当时和后世都颇得好评②。

二 主要内容

本书为李朝自太祖至仁祖时期（大体相当于我国明朝）的纪事本末体史书，是作者从400多种野史、笔记、随笔、日记、文集中选编而成的。特点是完全引用原文，注明出处，不加删改，不加评论。正因为如此，史料价值很高。所以此书一问世，立即受到广泛的重视，更成为治史者案头必备的参考书。

全书共56卷，其中原本正篇30卷，记李朝太祖至显宗时期的史事；续编7卷，记肃宗朝事，后附历代人物传；别集19卷，分别记述国朝、祀典、事大、官职、政教、文艺、天文、地理等。

除56卷本外，本书还有数种简本、异本。常见的是日帝时期崔南善编，朝鲜光文会于明治45年至大正4年（1912～1915）出版的24卷本。这一版本在北京大学图书馆、辽宁省图书馆都有收藏。

书中与黑龙江有关的史料如下。

（一）关于女真的史料

本书对明代女真人的活动，尤其是对明、女真（后金）、朝鲜间关系多有涉及，且多为《李朝实录》所不载，或载而语焉不详，是研究女真（后金）的重要史料③。在本书提及的诸多女真部落中，建州、忽剌温（又作忽拉温）兀狄哈等部是从黑龙江地区迁出，来到今辽宁、吉林东部，与朝鲜有了接触，并且仍与黑龙江地区有联系。关于他们的记事是明代黑龙江的重要史料。

（1）关于建州女真、忽剌温、兀狄哈、朝鲜间的矛盾争斗。李朝世宗十四年（1432），建州卫指挥李"满住奉圣旨捕土豹，忽剌温、兀狄哈等乘虚入闾延、江界，虏男妇六十四以还。经过暖秃地面，满住截山谷要路，尽夺而留养之。乞遣人率还"。可见这时建州与忽剌温、兀狄哈争斗激烈。建州试图联

① 李仙竹主编《古代朝鲜文献题解》，第266页。

② 朝鲜社会科学院历史研究所编《历史词典》1，第358页。

③ 辽宁大学历史系编《燃藜室记述选编》，辽宁大学历史系，1980，内部印刷，第1页。

合朝鲜共同对付忽剌温与兀狄哈。

（2）世宗十五年（1433）九月，"忽剌温、家隐秃等寇（朝鲜）会宁。李澄玉击退之"。

（3）世宗十七年（1435），"李满住、忽剌温等连年侵寇闾延等地"。原来与朝鲜联合对付忽剌温的建州李满住，又与忽剌温联合侵寇朝鲜，可见当时形势非常复杂，并没有一个固定的阵线。

（4）世宗十八年（1436），"忽剌温、家隐秃等寇会宁，虏男妇九名，马一匹。会宁节制使李澄玉令麾下士孙孝思率兵追之，凡察管下亦从焉。至无儿溪，执家隐弟汤其、愁苦等二名，夺还所虏人马。都观察使郑钦之、都节制使金宗瑞斩家汤其等。命赐凡察及管下人衣各一袭，斡朵里之从行者亦给棉布各一匹"。

（5）宣祖丙午（1606），"奴、忽二酋形情叵测，咨请游击刘兴汉，差人宣谕于忽酋，又移咨抚院总镇，宣谕于奴酋，传晓忽剌温，勿再动兵扰害朝鲜"。

这样的史料很多，不一一列举。

（二）关于清初清政府征调朝鲜军队参加黑龙江抗俄的资料

本书对《通文馆志》中关于朝鲜应清廷之征，两次派鸟枪兵赴黑龙江参加抗俄战争的资料悉数摘录。具体内容见本章第三节《通文馆志》，在此不再赘述。

（三）关于朝鲜与宁古塔的贸易

（1）"会宁、庆源交易来人，至五百九十四，马牛驼一千一百四十四，刍粮供亿，民不能堪，咨请定式。礼部回咨，宁古塔及后春（珲春），交易人马原无定数。后春离交易处所止隔一河，早进交易，晚可回还，相应不议外，宁古塔人三百二十名，马牛驼六百四十匹只，定数领往。章京一员，跟役五，马十五；分拨库一员，跟役三，马十；笔贴式一员，跟役二，马七。交易牛只犁铧盐釜等项，预先备办，不过二十日回还，以为定式。"会宁贸易是所有事项都有具体规定的官方贸易。

（2）"领相权大运曰：'自北路出来清马，虽不合于内厩所用，而将士得以骑之，此则不必严禁矣。'上曰：'予意亦然，北来清马勿禁。'"此"北来清马"当主要为宁古塔地区所产之马。从这一史料可知，原来朝鲜是禁止从我国东北地区输入马匹的。后来开禁，是为了军事上的需求。

本书也摘录了《通文馆志》中关于会宁贸易的一些情况，具体见本章第三节《通文馆志》，在此不再重复。

（四）关于李朝先世发迹的传说

女真诸千户设计欲害翼祖，有老妪告之真相。"翼祖遂返，使家人乘舟，顺豆满江而下，期会赤岛；自与孙夫人至庆兴后岘，望见斡东之野，贼骑弥满，先锋三百余人几及之。翼祖与夫人走马至海岸。自岸至赤岛水广可六百余步，本无潮汐，深不可渡；所期之舟亦未至，无如之何。忽水退，惟百余步未渴（竭）。翼祖与夫人共骑一白马而涉，从者亦涉，水复打至。贼至，不得渡而去。"这段记事本与黑龙江无涉，但其内容与夫余始祖东明及高句丽始祖朱蒙的建国传说非常相似，所以对研究黑龙江的历史亦有参考价值。

三 学术评价

在珲春副都统设立之前，整个今黑龙江东南部和吉林东部都归宁古塔副都统管辖。《燃藜室记述》中有许多朝鲜与宁古塔间的史事，但由于此书相关记事往往只笼统说宁古塔，而没有具体到宁古塔的何地，所以关于书中所记宁古塔的史事究竟是否在黑龙江地区，还应视具体情况详加甄别。

第五节 《海东绎史》和《海东绎史续》

一 《海东绎史》

（一）作者简介

韩致渊（1765～1814），字大渊，号玉蕤堂，清州人，1789 年进士及第，但不去做官，而是致力于钻研学问，尤其以史学研究见长，成为实学派的著名学者之一。他的朋友称他"性恬静，喜畜（蓄）书，闭户考古，慨然有意于东史"①。1799 年曾去中国（清朝）参观文物典制。他认为关于朝鲜历史的著述虽多，但大都散碎粗疏，无有征信，乃以十几年的时间，编《海东绎史》。编到第 70 卷时去世，未能完成全书。

---

① 〔朝〕韩致渊：《海东绎史·序》，朝鲜光文会，1914。

（二）主要内容

这是一部朝鲜及与朝鲜相关的周边民族、部族的历史资料集，因取我国马骕《绎史》之意，名之《海东绎史》。仿《史记》之纪传笔法，有世纪，有列传（即人物考），有志，内容涉及历史沿革、礼俗、军事、刑法、经济、官制、宗教、对外关系、文学等，几乎涵盖了社会生活的各个方面。本书的主要特点有两点。一是搜集的资料比较全，囊括了中国书籍 523 种，日本书籍 22 种。虽然不能说全面，但在当时的条件下已经很难得了。二是先入为主的成见比较少，提要钩玄，谨依文典，堪称实录，叙事议论基本客观[1]。

柳得恭对本书评价很高，他在给本书作的序中说，它是自己想完成而未完成的著作。但事实上对本书似不宜评价过高。因为虽然书中也有对史料的评价与推敲，但研究的成分不多，考辨的力度不足，本质上是资料摘编。

本书最初为抄本，1914 年，朝鲜光文会依崔南善藏本铅印。目前，各大图书馆均有藏。

书中关于黑龙江的史料主要有以下几个方面。

1. 关于夫余

（1）关于夫余国的归属。"按夫余国……本非我邦域内之国，然夫余者句丽百济之所自起，故特为一例立纪。"可见 19 世纪初，朝鲜学界基本还没有把夫余纳入朝鲜史范畴，只是因为高句丽、百济与之有渊源关系才给以一定关注。这与今天朝鲜、韩国的观点差异很大。

（2）关于夫余之名的来源。韩镇书给本书夫余部分加了个"按"："《山海经》云大荒此（北）有胡不与之国，烈姓黍食。华音呼不为夫。不与国即夫余国也。且风俗通九夷之目有凫臾。凫臾亦夫余也。《通志·氏族略》云凫臾氏……又箕子名胥余，或作须臾。盖凫夫音相近，而臾余古相通也。则夫余之名其来尚矣。"如此看来，不但夫余之名来源久远，夫余国的来源或许还与箕子东来有关。

（3）关于夫余、北夫余、东夫余间的关系。"按夫余初称北夫余。后王解夫娄传金蛙，徙都迦叶原，是为东夫余。"现代的研究大体确认，夫余只有一个，北夫余、东夫余和夫余是一回事。传说中的北夫余，可能即朱蒙在屹升骨城建立的卒本夫余，也即高句丽，这一扶余因在南夫余（即百济）之北而名

---

[1]　李仙竹主编《古代朝鲜文献解题》，第 35 页。

北夫余。东夫余亦即汉初以来的夫余，可能是由于夫余"西迁近燕"以后，把西徙前的夫余叫东夫余。由此看来，本书的考证并不正确。但有一点比较可贵，即否定了原来夫余、北夫余、东夫余并立的错误认识，指出夫余、北夫余、东夫余不是并立的。

（4）关于夫余地理位置的认识的偏差。认为"夫余国今奉天府之开原县"。开原一带不在夫余国域内，最多只是其南界。

2. 关于渤海

（1）关于渤海的族属和来源。"按渤海本黑水靺鞨之粟末部臣属于高丽者，居古肃慎氏地。在汉时为挹娄，魏时为勿吉，唐时为靺鞨。西属突厥，南邻高丽，北接室韦，凡数十部。即今宁古塔黑龙江等地是也。"这里除靺鞨前多了黑水二字外，其余叙事均正确。其时渤海与新罗为朝鲜古代史的"南北国时代"之说已经出现，而且持此说者就是他的好友且为本书作序的柳德恭，他还能坚持这一正确观点，也属难能可贵。

（2）对渤海上京的位置的认定正确。"按渤海上京龙泉府古肃慎氏地，今宁古塔地。"

（3）关于渤海东京地理位置的认识有偏差。认为"渤海东京龙原府今（朝鲜）镜城府"。而事实上渤海东京龙原府在今中国吉林珲春八连城。

3. 关于北沃沮地理位置

认为"北沃沮今六镇之地是也"。这是当时包括丁若镛在内的实学派的共识。六镇在图们江南岸地区，虽然北沃沮并非局促此一隅，而是包括图们江流域、绥芬河流域，乃至于穆棱河流域一部分的广大地区，但在当时没有考古资料支持的情况下，这样的认识已属难得。

4. 关于定安国的族属和位置

认为定安国"本马韩之种"，这是延续了《宋史》之误，又推测定安国的位置"当在今兴京凤凰城等处而未可详"，但事实上定安国的位置应在今绥芬河流域。

（三）学术评价

本书的主要部分是史料摘编，而他所选摘史料的原本现在都还存在，所以其所摘史料本身意义不大。但在史料的取舍、编排等方面也体现了作者的认识，而且他还在书中加了许多"按"和夹注直接表达自己的观点，这才是本书的史料价值所在。

二　《海东绎史续》

（一）作者简况

韩镇书，生卒年月不详，《海东绎史》作者韩致渊的侄儿，也是朝鲜 18 世纪末 19 世纪初实学派的著名学者。韩致渊著《海东绎史》70 卷，原计划还有《地理志》，但尚未着手就于 1814 年去世了。韩镇书继承其事，用了 9 年时间，于 1823 年完成地理部分，命名为《海东绎史续》。

（二）主要内容

本书共 15 卷，内容上起古朝鲜，下至作者所处的李朝，是一部朝鲜及与朝鲜相关的周边民族、部族地理沿革史资料集。本书与《海东绎史》一样，最初为抄本，1914 年，朝鲜光文会依崔南善藏本铅印。目前，各大图书馆均有藏。

后来，朝鲜徐相雨把《海东绎史续》中的渤海地理部分传到中国。曾刻印了唐宴《渤海国志》的刘承平见到后颇感兴趣，遂于 1919 年将之刊印出来，题冽上徐相雨撰，书名定为《渤海疆域考》。黑龙江人民出版社 1995 年出版的《黑水丛书》5 收录了此书。

书中关于黑龙江的史料如下。

（1）关于北沃沮和东沃沮的位置，以及诸沃沮间的关系。"谨按，北沃沮之北曰挹娄，而挹娄今豆满江外地也。挹娄之乘船入寇，不通于冬月水合之时，则沃沮北边可知匪海伊江，其界之止于豆满江无疑。今会宁钟城等地，是为北沃沮也。自此南行八百余里，可至利原北青等地，是为东沃沮也。盖北沃沮者，沃沮之中别其北界而称之。其称南沃沮者，对北而言。乃三国史及文献备考东北二沃沮之外又有南沃沮一种，误矣。"史籍上出现了北、南、东三个沃沮，现代研究表明，沃沮只有一个，居于其北者为北沃沮，南者为南沃沮，而东沃沮则是对整个沃沮的通称。以此考之，本书的结论虽然有错误，但否定了前人的三沃沮并立说，可算一进步。而其关于南北沃沮位置的考证，只是北沃沮不全面，可谓基本正确。

（2）关于夫余。同《海东绎史》一样，指明了夫余、北夫余、东夫余间的关系。但其对夫余位置的比定与《海东绎史》一样，认为在"今奉天府之开原县等地也"，与事实稍有偏差。

（3）关于挹娄。"挹娄者古之肃慎氏也，今白头山（长白山）北乌喇、宁古塔等处是也。"这一判断基本正确。

（4）关于豆莫娄的来源和方位。"夫余遗种徙居于旧国之东北方，称豆莫娄。此非夫余旧地也。"这一认识也基本正确。

（5）关于渤海。对于本书关于渤海的认识，金毓黻先生有非常恰当的评价："如据《唐书》，以明渤海京府皆在今宁古塔、乌喇及高丽北界，而辽东故地不入疆理。又谓今之海城县，实辽之南海军，而非渤海之南海府；今之承德县，实辽之沈州，而非渤海定理府之沈州。所论皆当。惟谓扶余府为今开源县，率宾府为今朝鲜咸镜道三水以西鸭绿江内外地，尚有未确。盖其大体不差，而细目不免疏舛耳。"①

除金毓黻先生谈到的以外，本书关于渤海还有若干闪光之处。如，明确指出了渤海的族属，"渤海者，靺鞨之种也"，"南京南海府，今咸镜道北府等地也"。

但本书也沿袭了《大明一统志》《大清一统志》关于渤海上京龙泉府与金上京会宁府为同一地的错误。"谨按忽汗河者，号今虎尔哈河也，其云金灭辽设都于渤海上京者，指金之会宁府，而会宁府今宁古塔也。"还与《海东绎史》一样，认为渤海东京龙原府在（朝鲜）镜城府。而事实上渤海东京龙原府在今中国吉林珲春八连城。

（三）学术评价

本书有三个明显的特点。其一，以中国年代为纲。由于朝鲜及相关地域前后存在政权数十，不同时代疆域、地名不同，而且三国时代以前没有信史，以朝鲜历史沿革为主线叙述地理比较困难，乃以中国历史发展顺序为主线，叙述不同时代朝鲜诸民族和政权的地理。其二，仍然沿用《海东绎史》摘编史料的做法，但表达作者自己看法的考据性文字"按"增加了许多。其三，善用图和表。书前附地图十幅，以与书中内容相呼应，可使人一目了然。又制《古今地分沿革表》，览此一表即可了解朝鲜及相关地域地理沿革概况。

第六节　《北塞纪略》

一　作者简介

洪良浩（1724～1802），初名亮翰，字翰使，号易溪，枫山人，李朝后期的

---

① 李兴盛、吕观仁主编《渤海国志长编》，黑龙江人民出版社，1995，第94页。

文人学者。1752年进士及第，官至礼曹判书。18世纪70年代，受到政敌的陷害，被贬出京城，到偏僻的咸镜道任庆兴府使。谪居期间，有机会接触到下层社会的生活，一定程度上了解了普通民众的疾苦，也了解了社会的需求，这对他的治学方针有很大影响。此后他一直致力于对社会发展有直接促进作用的学科的研究，以及写作反映普通民众心声的文学作品。他在庆兴府使任上写过几篇关于当地风俗、地理、社会状况的文章，后来将这些文章合在一起，编辑成书，取名《北塞纪略》。这一时期，他还有《北塞杂要》《朔方风谣》等著作。写过《金山》《七月的霜》等反映农民生活和人情世态的风谣。特别通过《流浪人的仇恨》，深刻地反映了遭遇灾荒年，又受到官吏掠夺而被迫外出流浪的农民们的悲惨处境。

二　主要内容

本书实际是洪良浩的一个小型文集，包括彼此关系并不十分紧密的《孔州风土记》《北关古迹记》《交市杂录》《江外记闻》《白头山考》《海路考》《岭路考》等篇章。内容涉及咸镜道北部地区，以及宁古塔等地的风土人情、文物古迹、会宁贸易、地理交通等多个方面。

本书初为抄本。朝鲜古书刊行会于1909年至1916年编辑的铅印本《朝鲜群书大系》收录了本书。

书中关于黑龙江的史料主要有以下几个方面。

（一）关于会宁、庆源贸易

朝鲜李朝后期的史料提及会宁、庆源贸易的很多，但以本书内容最全面。

（1）关于贸易的基本情况。"每岁十一、二月与清人交市。初设于会宁，谓之单市，间年并设于庆源，谓之双市。南北关列邑，皆以牛、锹、盐、海参等物入市。清差领商胡而来，以鹿皮、青布二物交换。"

（2）关于牛、马交易的价格。"沈阳、宁古塔、鄯城、后春商胡，持达马来，多至千余匹。我人以牛易之。骏者或以五六头换一匹。"

（3）清官方买牛的数量和用途。"每年市牛一百十四头。例给两通官各三头，例送宁（古塔）乌（喇）两处各二十头，吾毛所里将俊处四十头……"

（二）关于宁古塔的情况

（1）宁古塔人长于养牛。从朝鲜买入的牛，迅速被养得又大又壮。"彼人买我牛，辄解其鼻环，用索挂角牵去。不数年或驮物而来市场，肥大倍前。角之曲

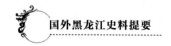

者，皆直而长。不独风气之殊，盖有牧养之有方也。"

（2）宁古塔"民俗勤俭畏法，长于骑射，以射猎为业。地无市井"。

（三）关于渤海国的族属

"宁古塔……唐时有粟末靺鞨大氏，于此设上京龙泉府，国号渤海。"这是完全承认渤海国的族属为粟末靺鞨，渤海国不是高句丽的继承国。

（四）关于宁古塔到吉林乌喇和朝鲜会宁的驿路走向及里程

"自会宁至宁古塔路程：锅底沟六十里、光屁股岭一百二十里、生格甸子一百二十里、拉西岭一百十里、寓集口子一百十里、马莲河卡路八十里，合六百里。自宁古至乌喇路程：沙岭站八十里、必尔汉站六十里、搭拉站六十里、峨眉所站八十里、依西站四十里、推通站八十里、拉法站七十里、厄阿木八十里、乌喇九十里，合六百四十里。"其中，宁古塔至乌喇的路程与杨宾的《柳边纪略》可相互补充。《柳边纪略》与本书记事比，在宁古塔与沙岭站之间多了一个距宁古塔四十里的蓝旗沟，在沙岭站和必尔汉站间多了一个距沙岭站二十里的德林站；而本书记事与《柳边纪略》比，在必尔汉站与峨眉所站间多了一个搭拉站。

（五）关于五国城

认为"五国城在会宁府西二十里山麓"。朝鲜的会宁府在图们江南岸，五国城事实上在松花江下游的依兰，二者相去很远，真正是谬以千里。

另外本书有荒诞不经的内容，如说黑龙江"江左右有许全人居之，许全人食鸟肉，鹿身牛足"。

三　学术评价

一般而言，朝鲜古代史料往往与中国古代史料一样，多宏观概括，少细致描写，尤其疏于精确数字。本书则略有不同。书中有许多精细记事，如关于会宁、庆源贸易的时间、地点、品目、价格等，多有准确数字。这是本书一个鲜明的特点。

第七节　《北征日记》

一　作者简介

申浏（1619~1680），李朝孝宗时期的将军。出生于今庆尚北道漆谷郡，其家族是两班名门。1645 年参加武举考试及第，步入武官仕途。1654 年任咸镜道惠山金使。其后不久，沙俄侵入黑龙江流域，清政府组织军民反击，同时要求作为属国的朝鲜出鸟枪兵助战。朝鲜乃于 1658 年派申浏率 200 鸟枪兵从会宁出发，沿牡丹江顺流而下，到松花江、黑龙江合流处一带，在清宁古塔将军沙尔虎达的统一指挥下，打败以斯杰潘诺夫为首的沙俄侵略军。回到朝鲜后，孝宗升之为嘉善大夫。他作为得胜之将，受到朝鲜人民长久的喜爱，现在在其故乡今庆尚北道漆谷郡还有纪念他的祠堂。

二　本书简况

关于顺治时期清军反击沙俄斯杰潘诺夫匪军的史事，我国的《清世祖实录》《柳边纪略》《宁古塔纪略》等诸多史料均有提及，但都十分简略，只记战事的起因和结果，具体过程则语焉不详。本书为日记形式，不分卷，记载了作者率军协助清军打败沙俄侵略军的全过程。本书韩国有 1980 年铅印本，我国吉林文史出版社 1991 年出版的"长白丛书"第四集中有节录。

书中关于黑龙江的史料主要有以下几个方面。

（1）关于 1658 年松花江、黑龙江合流处战斗的具体情况。这是本书的核心内容，也是最有价值的史料。

第一，详细记述了作战细节。综合本书所述可知，战斗进行了五天。农历六月初十，战斗发生在黑龙江畔的陆地。沙俄斯杰潘诺夫匪军在江畔列阵，清军进攻，为敌之枪炮火器所困，有伤亡，无明显战果。十一日至十三日，双方数次交战，互有胜负。但清军统帅已遣擅长潜水的四川兵百人"潜附贼船，钉凿连环，两两搭配，使不得各散"。敌舰不能自由活动，为明天的胜利奠定了基础。决战发生在十四日，清军"抄出善射者五百人，各持火箭五支，分骑四船，举帆下流。贼兵一依前日例，只发虚炮。我船齐到，一时放箭，五百军火箭或着于桦皮，或入于铳穴，瞬息之间，火光冲天，贼不及措手，火已遍三百余艘矣。于是东西边各船及两元帅大军一时齐下，擂鼓掀天，矢炮如雨。贼船既已连环，又不得逃躲，数十万贼兵，片时烧死。"就在即将大获全胜时，意外遭到残敌突袭，清军、朝鲜受到一定损失。"是夜，风雷大作，江水掀空，夜色如漆，不辨咫尺，贼兵合乘一船，乘夜遁去。"至此，战斗胜利结束。

第二，俄军连续作战，火炮之弹丸不足，交战时常放空炮（无弹丸），只为镇怖清军。这一细节其他史料未有提及。

（2）揭露了清宁古塔将军沙尔虎达的贪腐和渎职。"军粮在宁古塔者，运来无策。十余日前贷用四十日粮，年久粟米，腐败难食，且一苞之数或七八斗、五六斗，而斗亦至小，元帅之贪吝可知也。"

（3）宁古塔城内大量储备食盐。"城中有七座高山，山色如雪。问诸土人，则乃盐山也。"

三　学术评价

与其他史料的相关内容比，本书对顺治时期清军反击沙俄斯杰潘诺夫匪军史事的记述最为详细、具体，而且由于有场景的描绘，有对话，更让人有身临其境的感觉，是研究 17 世纪沙俄侵华史和黑龙江省史不可多得的珍贵史料。

但是，书中夸大不实之处也很多，作为史料引用时要详加甄别。

首先，大大夸大了清军和俄军的参战人数和伤亡人数。书中载六月初十之战，清军"元帅发精兵一万五千，使之进攻。"受到俄军阻击退回，"点阅余兵，则不过百余人。""元帅大恐，又发四万兵分载四百船，亲往击之。"再次遇到阻击退回，"余兵不过七千三百余人"。这样算来，仅此一日，清军就损兵五万余名。可事实上，参战的清军、朝鲜军，以及当地部落人员，加一起不过数千人，如何能损失五万余？书中对沙俄军的记事也一样。如上文所提之十四日之战，"贼船既已连环，又不得逃躲，数十万贼兵，片时烧死"。沙俄军居然被烧死数十万，真是夸大得离谱。事实上当时来到黑龙江的斯杰潘诺夫沙俄匪帮总共不过几百人。像这样的不着边际的夸大书中还有多处。如说十四日战斗中烧毁敌船"三百余艘"，则更是不可能的，因为俄船总共不过数十。

其次，夸大和吹嘘朝鲜军的作用，贬低清军的作用。"彼贼逃走者皆曰：清人虽百万不难，而唯朝鲜大头人可畏云。"这话肯定是他自己编造的，因为逃回雅库次克的残兵给其上级的报告中根本没有朝鲜字样，沙俄匪帮根本不知道与他们作战的清军中有朝鲜人。

最后，称"黑龙江之广可二十余里，深不可测，水色如真漆，所产鱼族、江上禽兽皆黑"。这一记事颇似传闻。作者亲自到了黑龙江还这样说，有哗众取宠之嫌。

第三章　成书于 19 世纪中后期至 20 世纪初
有关黑龙江的史料

第一节　《增补文献备考》

一　作者简介

朴容大（1849～?），字圣器，朝鲜李朝末期文臣。高宗二年（1865）进士，高宗六年（1869）庭试及第，1870 年任注书，后官至《国朝宝鉴》监印官。1903 年奉王命编写《增补文献备考》，1908 年成书。其后事迹不详。

二　主要内容

本书为掌故集成类书，是考证记述朝鲜古代编年体典章制度和历史大事的著作，分为象纬、舆地、帝系、礼、乐、兵、刑、田赋、财用、户口、市粜、交聘、选举、学校、职官、艺文等 16 考，计 250 卷。

本书是对已有的《东国文献备考》的补充本。1769 年，李朝英祖为了能有一部内容全面，又方便检索的为政参考文献，命徐命膺、蔡济恭等编纂《东国文献备考》，次年书成刊行。共有象纬、舆地、礼、乐、兵、刑、田赋、市粜、选举、财用、户口、学校、职官 13 考，100 卷。1782 年，李万运奉命修订增补《东国文献备考》，15 年后的 1797 年完成，叙事截至作者所处的正祖时期。李万运去世后，徐命膺之孙徐有矩、李万运之子等继续增补了物异、宫室、王系、氏族、朝聘、谥号、艺文等考，共 20 考、146 卷，但未能刊行。中日甲午战争以后，日本一步步控制了朝鲜，朝鲜的社会政治、经济、文化等各个方面都发生了重大变化。为反映这些巨变，李朝于 1903 年在弘文馆内设纂辑所，由朴容大等对已有的《东国文献备考》进行修改、增补。五年后的 1908 年，书成刊行，题名《增补文献备考》。

本书以编年体行文，文中前缀"补"字的是 1790 年李万运增补的，前缀"续"字的是 1790 年以后增补的①。

本书有 1908 年汉城弘文馆刊本和 1965 年朝鲜社会科学院出版社铅印本两个版本。前者上海图书馆有藏，后者北京大学图书馆有藏。

本书与黑龙江有关的史料有以下几个方面。

（一）辽金时期与女真各部的贸易

（1）卷四"市籴考"二"附互市"载，高丽定宗三年（948），"东女真大匡苏无盖等来献马七百匹及方物。王御天德殿，阅马为三等，评定其价。马一等银注子一事，锦、绢各一匹；二等银钵一事，锦、绢各一匹；三等锦、绢各一匹"。

（2）高丽文宗九年（1055），"时，宋商及日本、耽罗、契丹、黑水诸国商人往来贸易，珍宝充牣，于是筑娱宾、迎宾、清河、朝宗等馆，分宴诸国人"。黑水国是居住在黑龙江流域的黑水靺鞨后裔，当时也称野人女真，他们除与辽贸易外，还到朝鲜半岛与高丽贸易。

（3）高丽宣宗三年（1086），"遣使如辽，请罢榷场。时，辽欲于鸭江起榷场，故请罢之，不听。连岁遣使奏请，至是辽主许之"。高丽屡次请求辽罢榷场，说明辽与高丽的榷场贸易于高丽不利，是不平等贸易。

（4）高丽高宗十一年（1224），"东真国（东夏国）遣使牒告，请于本国定州各置榷场，依前买卖，不许"。既是"依前买卖"，则此前东夏国与高丽定有较频繁的贸易。

（5）李朝太宗六年（1406），"东北面都巡问使朴信上言：'镜城、庆源地面不禁出入，则或有拦出之患；一于禁绝，则野人以不得盐铁或生边隙。乞于二郡置贸易所，令彼人得来互市。'上从之，惟铁则只通水铁"。可知，明初李朝与女真的贸易，输出品以盐铁为主，而且铁的输出是有一定限制的。女真的盐铁主要取给于朝鲜。

---

① 李仙竹主编《古代朝鲜文献题解》，第 151～152 页。

（二）清代的会宁、庆源贸易

（1）卷四"市粜考"二"北关开市"载："崇德间，宁古塔、乌喇两处人持户部票文来贸农牛、农器、食盐，是为会宁开市。后为定例，逐年开市。子、寅、辰、午、申、戌年，谓之单开市；丑、卯、巳、未、酉、亥年，谓之双开市……宁古塔人三百二十名，马牛驼六百四十匹只，定数领往。章京一员，跟役五，马五十；分拨库一员，跟役三，马十；笔贴式一员，跟役二，马七。交易牛只、犁、铧、盐、釜等项预先办备，不过二十日还。"这是会宁、庆源贸易的一般情况，其他史料也有记载，与此大同小异，可相互参照。

（2）李朝孝宗二年（清顺治八年，1651），"牛价每首羊裘一领，小青布二匹；二等每首羊裘一领，小青布一匹；三等每首小青布八匹；四等每首小青布七匹；五等每首小青布六匹。犁价五个小青布一匹。盐价每石小青布一匹"。这是当时的交换比例，不见于常见诸书，比较有价值。

（三）关于渤海

（1）新罗圣德王二十三年（唐开元十二年，724），"遣金武勋入唐贺正。时，浿北之地尽为渤海所并，王遣使涉海朝唐"。对于渤海国在朝鲜半岛的辖地，学界多数人认为只有盖马大山以东，今咸镜南北道沿海的狭长地带，南以泥河，即今龙兴江与新罗接界。半岛西北部今平安南北道、黄海道一带则被认为未入渤海之境。此文中的浿为浿水，即今大同江。可知 724 年时，不仅龙兴江以北，包括大同江以北的整个朝鲜半岛北部都成了渤海国的领土。这条史料对确定渤海国的南界很有价值。

（2）新罗真圣王十一年（唐乾宁四年，897），渤海使以渤海国国力强于新罗，要求在唐廷的朝仪中居新罗之上，唐不许。新罗王因此上《谢不许北国居上表》，表中提到，"渤海莫慎守中，惟图犯上，耻为牛后，觊作龙头，妄有论陈，初无畏忌。向非陛下英襟独断，神笔横飞，则槿花乡廉让自沈，楛矢国毒痛愈盛"。此文仅见于本书及《东文选》，《旧唐书》《新唐书》《册府元龟》等中国史料及《三国史记》《东国通鉴等朝鲜史料》皆不载，因而比较珍贵。由于提到渤海乃"楛矢国"，则进一步明确了渤海国族属为我国古代肃慎族系之靺鞨，在渤海史研究中有重要意义。

（四）关于明代女真

（1）李朝太祖三年（明洪武二十七年，1394），"明帝以本国（朝鲜）遣人至辽东赍金帛可以行礼诱边将，又遣人潜诱女真渡鸭绿江等事，下手诏切

责"。可知朝鲜存在利用元末明初中国东北形势混乱之机，引诱女真去朝鲜的事实。

（2）李朝世宗十六年（明宣德九年，1434），"明遣指挥金事孟捏可敕谕忽剌温野人，埃还本国人口。仍敕谕本国，亦还未曾还野人人口、马、牛"。这一史料反映了明初忽剌温女真与朝鲜相互攻伐、互有掳获的史实，可与《李朝实录》互证互补。

三　学术评价

本书的内容大都与《三国史记》《高丽史》《李朝实录》《通文馆志》等基本史料重复，独有的史料不多。但也有少量很有价值的史料，比如关于辽金时期与女真各部贸易的史料就有两方面的重要意义。其一，揭示了高丽王室所谓"献"的真正含义，以及东女真与高丽的真正关系。东女真既是来"献"，就该是无偿的，顶多也就是给之礼节性的"回赐"。但高丽方面对每一等马都交代了其等值的物品，则东女真所携之马绝不是作为贡品"献"给高丽的，而是准备与高丽方面交换的商品。高丽方面称之为"献"是自大的表现。另外也可由此知道东女真与高丽间并无贡属关系。其二，留下了当时马的市价。锦、绢等都是丝织品，在当时丝织品较少、较贵重的情况下，是可以在贵重物品交易中充当一般等价物的。

第二节　《北路纪略》

本书成书于李朝中后期，作者不详。

一　主要内容

本书共四卷，主要是考证了朝鲜北境图们江、鸭绿江一带及其以北广大地区（包括我国辽、吉、黑三省东部）的历史沿革、地理位置、官私往来、经济贸易等多方面的情况。本书流传下来的是李朝末年的抄本。另外，李树田主编的"长白丛书"第四集《朝鲜文献中的中国东北史料》中摘录了一部分内容。

（一）关于女真虎剌温部

虎剌温是女真之一部，又作忽剌温，本在黑龙江省的呼兰河流域，后渐次南迁到图们江以北地区，经常与朝鲜发生冲突。

"世宗甲寅, 虎剌温家稳秃寇会宁地, 府使李澄王令军官孙孝思追击, 擒其弟汤其愁等二口, 节制使金宗瑞即莅, 斩后启闻。"

"万历癸卯, 虎剌温千余骑来犯三峰坪, 大掠农民。甲辰, 寇训诚, 金使任鲜独追击之。"

（二）关于女真族的源流

"女真, 本高句丽之部落, 聚居于盖马山。其先出于勿吉, 居古肃慎之地。元魏时有七部: 曰粟末, 曰伯咄, 曰安车骨, 曰佛涅（捏）, 曰号室, 曰黑水, 曰白山。至隋, 勿吉改号靺鞨; 唐初, 有黑水靺鞨、粟末靺鞨二部, 皆附于高丽, 其五部则无闻焉。"但这条问题不少, 短短百余字, 就有多处错误: 女真并不是高句丽之部落; 主要不居于盖马山; 黑水靺鞨与粟末靺鞨并非皆附于高丽, 黑水靺鞨与高句丽完全无关, 粟末靺鞨也只有一部分附于高句丽。

（三）关于肃慎之地域

"（咸镜南道）北青府东三十里甫青社虚川坪有故城址, 流传是肃慎氏故都也。"这一传言当然大谬。而本书作者经过一番考证, 得出结论: "据此则肃慎疆属所限虽未可考, 而北地概为肃慎之旧矣。"这也与事实相去甚远。

（四）关于黑龙江东部地区的城池户口以及自然环境

"七日行至宁古塔城。以木栅城, 内有公廨、军器库, 而地下不广, 居人不多。塔前二十里许, 有宋改郎江, 其地东西狭、南北长、部落往往屯聚。行数日程, 四无山岳、豁然广远, 部落栉比, 田土沃饶。自此东向七八日程, 有白鹿江与黑龙江合流处也, 四方杳然无际, 地污湿, 草木畅茂, 蚊蚋之所聚也。"从"塔前二十里许, 有宋改郎江"的情况看, 这里的宁古塔当是指在今海林县旧街的宁古塔旧城, 宋改郎江当是牡丹江。宁古塔旧城"以木栅城"等情况的记述也与清初流人的相关记述相符。"行数日程, 四无山岳、豁然广远"是从宁古塔顺牡丹江而下, 到达三江平原南缘所见的情景。没有提到三姓城, 可知清顺治初年三姓尚未建城。白鹿江即松花江, 其与黑龙江合流处"杳然无际, 地污湿, 草木畅茂"的景观也正与松花江和黑龙江合流之三江平原腹地的地貌一致。

"宁古塔地, 方五万里, 人户二十余万。"这是朝鲜官员从来到朝鲜的清宁古塔差员口中得到的数据。"方五万里"当然不是确指, 乃极言其地域广阔, "人户二十余万"也明显有夸张之处, 但可能与实际相去不远, 因为当时宁古塔将军辖区包括黑龙江省、吉林省东部、俄罗斯沿海州、哈巴罗夫斯克边疆区，直到库页岛的广大地区。而且这一区域中有的地方还"部落栉比"，达到"人户二十余万"（以当时的语言习惯，"人户二十余万"即指人口二十余万，不是户二十余万）并非完全不可能。这也是黑龙江古代第一次有大体准确的人口统计数字。

（五）关于清顺治年间反击沙俄侵略者的松花江口之战的经过

"六月二十日遇贼于江上。贼船大者数十把，上作板阁，下作房二三十间，引板窍放炮，炮声如雷。清人亦以小船中流而下，泊于贼船，急登船击之，或射或炮，贼遂败，遂擒三名。"这一战斗过程符合历史事实，与前文提到的申浏的《北征日记》的极度夸大和自我吹嘘形成鲜明对照。

（六）关于宁古塔的交通情况

宁古塔作为黑龙江东部的交通要冲，与外界联系主要靠三条驿路：向南到朝鲜会宁，向西到吉林乌喇，再到盛京、北京，向北到三姓、富率里登登矶（富锦）。

"自（朝鲜）会宁至宁古塔路程，锅底沟六十里，光屁股岭一百二里，生格甸子一百二十里，拉西岭一百十里，窝集口子一百十里，马连河下路八十里，合六百里。"

"自宁古塔至乌喇程，沙岭站八十里，必尔汉站六十里，搭拉站六十里，峨眉所站八十里，伊西站四十里，推通站八十里，拉法站七十里，厄阿木站八十里，乌喇九十里，合六百四十里。"

"富率里登登矶（富锦）在宁古塔之后，自宁古塔至三姓七日程，自三姓至富率里登登矶陆行十五日，水行二十日，皆极险。"

（七）关于会宁、庆源贸易

所记内容多与其他史料重复，但有一点为其他史料不载。海参为禁物，价很高。"彼人最重海参，是禁物，故若严禁潜货，则彼必百计生顿，我人之牟利者，亦百计图利，众弊俱起。故监市御吏及地方官亦无如之何，只设大禁而已，不苛细已甚也……海参十斤可当一牛。"

（八）关于东夏国（东真国）与高丽的关系

"高宗十一年（1222）东真国请置榷场买卖，不许。十六年（1227），东真寇和州，掠人畜。"看来，高丽判断东夏国反金不会成功，所以拒绝与其发展关系，双方始终处在敌对状态。

（九）关于黑龙江源头

认为"黑龙江出自白头山北"。这可能是把第二松花江当成黑龙江的主流了。

（十）有荒诞不经的内容

混同江（东北流松花江和黑龙江下游）"江左右有许全人，食乌肉，鹿身、牛足"。

二　学术评价

（1）本书的史料价值较高。本书的资料来源一是作者当时所能见到的相关著述，二是往来于这一地区中朝官民的口述。值得称道的是，转述其他著述内容，皆注明出自何书，取自口述内容的，也注明何人口述。由于作者所转述之书大都已经失传，而口述的资料更属独家。

（2）书中考证错误的地方较多，使用时要详加甄别。

第三节　《同文汇考》

本书是1636年至1881年间中朝、朝日间外交文书的汇编。由于是18世纪晚期至19世纪末期陆续编纂的，所以作者是不同时期的多人，已知的有礼曹判书郑昌顺等。

一　主要内容

全书分原编、原编续、补编续和附编4部分，其中原编为全书的主体，编幅占全书的一半以上，共77卷，原编续、补编续和附编不分卷。原编、原编续和补编续将收录的对中国的外交文书分为封典、进贺、陈慰、问安、节使、陈奏、表笺式、请求、锡赉、蠲弊、饬谕、历书、日月食、交易、疆界、犯越、犯禁、刷还、漂民、推体、军务、赙恤等22个方面，每一方面再按时间顺序排列。书中保留了大量18～19世纪末中朝往来的外交文书，内容涉及中国对朝鲜方面的册封，朝鲜依属国之礼对宗主国中国在各种场合的进贺、朝方使节情况、特殊事件的饬谕、双方的贸易、双方对对方在海上遇险漂来者的处理等多方面的具体情况。

通过本书可大致了解17～19世纪中朝关系史的基本情况，尤其对双方的册封和朝贡往来、武穆讷探寻长白山、穆克登查边、双方对"漂民"的处理,以及大量朝鲜难民进入中国境内等情况有十分详细的记述,是研究中朝关系史的珍贵资料。附编为朝鲜和日本间的外交文书。全书四编中有三编为有关中国的内容,有关日本的只有一编,这个比例也反映了朝鲜以中国为外交核心的实际情况。

本书李朝末年刊行,共96册,现在多见的版本一是1980年台北珪庭出版有限公司影印本,精装30册,二是赵兴元等选编本,2004年吉林文史出版社出版。后者略去了附编。

本书与黑龙江有关的史料如下。

(一)关于朝鲜人非法入境

(1)朝鲜人越界到宁古塔将军辖区渔猎、樵采。通过本书原编卷五十四之"礼部知会疏防官定罪太重咨""守宁古塔将军准礼部来文交送犯人札文""宁古塔将军同咨""宁古塔将军催促复咨咨""宁古塔将军同札""报犯人处断咨""回宁古塔将军咨""礼部回咨"等条可知,清雍正七年(1729),有朝鲜潼关、稳城地方人吴必男、洪斗万、全贵田等七名,因家乡遭水灾,非法越界,到中国侧宁古塔将军辖区渔猎樵采,被巡逻官兵拿获,遣送回朝鲜。朝鲜国王以稳城地方的节度使等地方军政官员失察而拟革职拿问,中方觉得处理过重,遂有清廷礼部、清宁古塔将军衙门,以及朝鲜方面这八篇往来之文书。看来,对于朝鲜百姓私自非法越境一事,中朝双方均持严禁的态度,但事实上是禁而不绝,越界之事仍时有发生。

(2)朝鲜少年儿童被转卖给中国人。同治九年(1870),宁古塔副都统衙门查获非法入境朝鲜少年儿童两名。"一名朴事君,年十六岁,系因该国年景荒歉逃难俄界,饥饿不能生活,经伊父换给民人周振兴饲养求生。其一名金姓年方七岁,诸事不知。"

书中关于朝鲜人非法入境之事实记载很多,19世纪70年代以后已史不绝书,黑龙江省的朝鲜族就是从这时开始逐步到来的。所以本书是研究黑龙江朝鲜民族史的重要史料。

(二)关于1654年朝鲜鸟枪兵参加黑龙江反击沙俄侵略军之战

(1)征调鸟枪兵。顺治十一年(1654),正月,礼部向朝鲜国王转送了顺治皇帝的圣谕:"朝鲜近宁古塔地方国内善使鸟枪人,着选一百名,由会宁发至宁古塔,听昂邦章京沙尔虎达率领,往征罗禅,限三月初十日到宁古塔。"

（2）关于战争经过。朝鲜国王为捷音事。"议政府状启：该咸镜道观察使李应蓍驰报，准领兵将北道兵马虞侯边岌驰报，卑职本年四月分领兵到宁古塔，十六日一同大朝军兵发行，二十一日到曰可地方乘船，二十七日到厚通江，二十八日与贼遇于江中。终日接战，贼中丸死者甚多。二十九日又为接战。五月初一日贼见曰可人乘小者，皮船者。欲为追捕，使炮手连续放炮，贼退入大船。初二日，贼举碇乘流而去。我军随大军一齐乘船追及一百余里，至好通遇贼，一齐放炮，终日力战，贼不敢近前。初三日，又追贼九十余里，至骨地。贼为大炮所挤，退屯。初四日，又追至一百二十余里。初五日，遇贼，贼欲于岛中林茂处伏兵，知我军有备，不敢近岛，乘风溯水而遁。我军因留本处。初六日，筑土城高三丈，周五里许。初七日，完役。十六日，回军。"

（三）关于1858年朝鲜鸟枪兵参加黑龙江反击沙俄侵略的战斗

（1）征调鸟枪兵。皇帝敕谕朝鲜国王姓某："今罗禅犯我边境，扰害生民，应行征剿。兹发满兵前往，需用善使鸟枪手二百名。王即简发，并将一切应用之物全行备办，令的当官员统领，限于五月初间送至宁古塔。特谕。顺治十五年二月十九日。"

（2）战争经过。本年七月二十一日，据咸镜道节度使金是声驰启，备领兵将北道兵马虞侯申浏驰报节该："卑职一同大朝军兵六月初五日发船，初十日行到黑龙江，与贼遇于江中。促橹并进，终日交战，射炮俱发，贼兵不能抵挡，并皆隐入于船屋或弃船走匿。大军将贼船焚烧十只，一只乘夜而逃。我兵中丸死者八名，被伤者二十五名。十三日回船行到宋加罗江。"

这一经过虽也源于申浏的报告，但与申浏的《北征日记》差别较大。本书记载的是申浏的正式报告，可信度较高，应是历史事实。《北征日记》是申浏吹嘘自己的虚妄之作，或者说是文学化色彩更浓厚些。

（3）清政府给参战朝鲜伤亡兵士的抚恤金。"计开：亡兵八名：季龙、全士林、裴命长、尹季一、俞福伊、李仲仁、李应生、金太忠。每名银各三十两，共银二百四十两。一等得伤六名：於叱同、金大一、得应、朴莫生、朴承吉、郑小知。每名各十两，共银六十两。二等得伤三名：南士汗、郑通元、朴生。每名各八两，共银二十四两。三等得伤六名：金一男、忠成、李斗男、朴希连、金季生、奴士男。每名各七两，共银四十二两。四等得伤七名：方春立、申京民、郑玉忠、立白吉、郑承立、朴松奉。每名各六两，共

银四十二两。五等得伤三名：金玉知、爱忠、徐季水。每名各五两，共银十五两。"

（四）关于宁古塔与会宁、庆源贸易

（1）交易的制度。对此，前文介绍的其他史料也多有记载，但普遍存在叙事颠倒、啰唆的问题，让人不得不反复研读，往往仍不得要领。本书记事简明，容易领会。"查得向例，宁古塔人往朝鲜会宁交易系一年一次，库尔喀人往庆源交易系二年一次。每次臣部照例差朝鲜通事二员并行文吉林将军出派章京、骁骑校、笔帖式各一员会同监看，如遇库尔喀人朝鲜庆源地方交易之年，即令派出往会宁之朝鲜通事及吉林之章京、骁骑校、笔帖式于会宁交易事竣带领库尔喀人前往庆源地方交易。"

（2）乾隆年间宁古塔人输入的物品清单："盐八百五十五石、犁口二千六百个、牛一百十四首。"这个清单多年未变，看来宁古塔地区的盐、犁、牛始终依赖从朝鲜输入。

二 学术评价

由于都是外交文书原文，语言均很简洁，条理也较清晰，且无明显的错误，资料性很强。对 17～19 世纪涉及中朝两国的朝鲜人非法入境、1854 年和 1858 年朝鲜鸟枪兵两次参加黑龙江反击沙俄侵略军之战、宁古塔与会宁、庆源贸易等，都有详细的记事。本书是研究清代中朝关系史、黑龙江宁古塔地区史不可多得的宝贵资料。

第四节 《朝鲜王朝实录》

本书又称《李朝实录》，是李氏朝鲜官修的编年体史书，数百年间由不同作者群体完成。

一 主要内容

本书记载了朝鲜王朝第一代王太祖到哲宗共 25 代 472 年（1392～1863）的史事（其中包括 23 部实录，以及体裁与实录相同的燕山君、光海君两部日记），共 1893 卷，6400 余万字。内容涵盖了政治、军事、外交、经济、社会、风俗、工艺、宗教等各个方面，是世界罕见的宝贵的大型历史记录，是研究朝鲜史的基本史料，其中也包含大量的中国和日本的史料。

本书没有题编撰者的姓名，具体工作由春秋馆承担。春秋馆是朝鲜李朝政府记录时政与编修国史的专门官厅，下设日记厅和实录厅。日记厅的记注官、记事官随侍国王左右，记录国王与宫中事情，作《史草》，积累资料。实录厅负责编撰实录，其负总责任的总裁官由领议政（相当于宰相）或左右议政（相当于副宰相）中的一人兼任。编写工作有严格的程序和制度。为保证实录的客观公正，不受外界力量的左右，编写过程中的草稿严格保密，甚至连国王也不能随便调阅。

日本殖民统治时期，朝鲜总督府曾组织人力编纂了体现 1863 年以后历史的《高宗实录》和《纯宗实录》，但由于美化了这期间的日本殖民侵略，现在的韩国和朝鲜都不承认它们。

本书成书后，刊行正副四部。其中，正本存放在春秋馆，副本分别存放在忠州、星州、全州的史库中。1592 年的壬辰倭乱中，除全州的副本外，其余正副本均毁于战火。李朝宣宗三十六年（1602）依全州本重新编修，并印刷五部，分别存放在春秋馆、摩尼山、太白山、妙香山、五台山。其中妙香山本后移于赤裳山，摩尼山本后移于鼎足山。1905 年，春秋馆移于奎章阁。日本帝国主义吞并朝鲜后，于 1911 年将五台山本"赠送"给了日本东京帝国大学，后于 1923 年关东大地震时被烧毁。1930 年，日本殖民统治者又将鼎足山本和太白山本"赠送"给了日本京都帝国大学。日本投降后，这两套书被交回韩国，其中鼎足山本存放在汉城大学，朝鲜战争时被人民军缴获，带回北方，现存于金日成综合大学。太白山本在朝鲜战争时被转移至釜山，现存于韩国政府记录保存所釜山支所。1955 年，日本东京学习院东洋文化研究所影印出版，共 50 册。虽然是日本出版，但也未包括未被承认的《高宗实录》和《纯宗实录》。1959 年，《高宗实录》和《纯宗实录》由中国科学院和朝鲜科学院合作编辑，中国的科学出版社影印出版。2011 年，中国国家图书馆出版社影印出版了 50 册的版本。我国著名历史学家吴晗先生曾将《李朝实录》中与中国历史相关的史料摘出，编成《朝鲜李朝实录中的中国史料》，1980 年由中华书局出版，共 12 册，约 340 万字。近年来，韩国国史编纂委员会将本书全部电子化，放在其网站上，大大方便了利用。

韩国政府将本书列入韩国国宝，编号 151。1997 年，联合国教科文组织登记本书为世界记忆项目。

二 本书中关于黑龙江的史料

（一）关于女真的史料

本书中关于明代女真的史料至少也有几十万字，其中很多都与黑龙江相关。由于相关内容太多，不便一一列举，所以将其分成以下几类，加以简单介绍。

（1）全面介绍女真某一部的情况。比如，忽剌温女真主要居住在今黑龙江省呼兰河流域，向南可能延伸到双城、五常一带，本书中有关于忽剌温各个方面的详细记事。李朝世宗乙未二十一年（明英宗正统四年，1439），忽剌温人这样向朝鲜人介绍本部族的情况："本卫管下三百六十余户，军数一千余名，迤东三日程，有色割儿大山，迤北平衍无人，迤西不知里数，有达么阿德处卫、朵忽论等卫，西南间十日程，有开原卫，东南间三十日程，乃是朝鲜国会宁府。大抵本国所产獐鹿居多，熊虎次之，土豹、貂鼠又次之，牛马则四时常放草野。惟所骑马饲以刍豆。若乏刍豆，切獐鹿肉与水鱼饲之。其婚礼：女生十岁前，男家约婚，后递年三次筵宴，二次赠牛马各一，待年十七、八乃成婚礼。父死娶其妾，兄亡娶其妻。亏知哈（部落或氏族名）则父母死编其发，其末系二铃，以为孝服。置其尸于大树，就其下宰马而食其肉，张皮猎尾脚挂之，兼置生时所佩弓箭。不忌肉食，但百日之内不食禽兽。头目女真则火葬。皮冠顶上缀白粗布，前蔽面目，后垂于肩，仍穿直身衣。每遇七七日，杀牛或马煮肉以祭，切而食之。"由于这段话出于忽剌温人自己之口，可信度应该比较高。这段记事包括了忽剌温的人口和军队的数目（关于北方民族人口与军队数量的比例一直为学界所关注，这段记事提供了一个可信的实例）、地理位置、物产、婚丧习俗等各个方面，堪与二十四史中的民族传记相比。加之为其他史料所不载，更显珍贵。

（2）本书多次直接提到黑龙江，是研究明代黑龙江女真族的重要史料。

世宗丁巳十九年（明英宗正统二年，1437），李朝贺正使李蓁回自京师，启曰："道遇指挥巨儿贴哈于夏店站，云：'黑龙江深处兀狄哈千五百，侵汝国新城，围三日，兀狄哈死四人，汝国被杀掳者三百余人。'"兀狄哈人居住在"黑龙江深处"，活动范围却相当大，可以南下侵扰朝鲜北境。

世祖丁丑三年（明景帝景泰八年，1457），"黑龙江速平江兀狄哈火剌温，建州卫兀良哈李满住、童仓等深处野人，及三卫达子，扣关请朝"。这里的速平江应是绥芬河。

成宗辛亥二十二年（明孝宗弘治四年，1491），"六月二十八日，有黑龙江野人头儿主孔革，领着二三百人马，说称要来开原地方偷抢"。

（3）关于女真各部与朝鲜战和之事，本书记载颇多，可以说不胜枚举。值得注意的是，李氏朝鲜有比较浓厚的小中华意识，对女真各部以大国自居，把前来贸易的女真人说成是前来朝贡，对之赏赐有加。而忽剌温等部女真人也利用这一点来占便宜，所以来朝鲜者就络绎于途了。仅世宗二十二年（1438）十一月这一个月时间，就有忽剌温三批到朝鲜"朝贡"。"丙申，御勤政殿受朝，忽剌温兀狄哈毛多吾等五人及斡朵里大也吾罗等七人来朝。大也吾罗则权豆妻也。辛丑，御勤政殿受朝，忽剌温指挥监守等九人来献土宜。丙午，忽剌温指挥所郎巨等二十二人来献土宜。"

（二）关于1654年反击沙俄侵略之战

本书中有 1654 年清廷征发朝鲜鸟枪兵参加反击沙俄侵略军的详细过程。

孝宗五年甲午（清顺治十一年，1654），沙俄斯捷潘诺夫一伙侵入黑龙江流域，清政府正忙于对关内用兵，加之从内地调兵转运困难，遂令属国朝鲜出兵助剿。清政府要求"朝鲜选鸟枪手一百人，由会宁府听昂邦章京率领，往征罗禅（即沙俄），以三月初十日到宁古塔"。朝鲜军 150 名"自会宁北行八日至宁古塔，又行百里至忽可江，乘者皮舟，又行百里，而忽可河与宁古江合流。自此东北舟行百里，地势渐下，五日而达会通江，水甚驶，运棹甚急。六日而到曰哈境，有一江西来，其广于临津江，名云罗江，又与会通合流，名曰后通江……到曰哈，始遇贼舟，大舟十三只，可载三百石，小舟二十六只，似倭舟矣……（清将）令曰哈三百及清兵三百，择占江边地势最高处结阵，因以柳棚列置岸上，令我军依蔽而放炮，贼舟渐退……顺流而下，至黑龙江与后通江合流处……遂扬帆而去"。由于清军民与朝鲜鸟枪兵配合得力，沙俄斯捷潘诺夫一伙失败逃往黑龙江上游。中朝军队"六日筑土城，十六日回军，六月十三日以至宁古塔"。

三 学术评价

（一）内容详细

本书篇幅 1893 卷、6400 万字，超过中国二十四史中的任何一部，也超过中国现存的明清两代实录的任何一部，其所容纳的信息量之丰富自不待言。

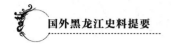

（二）言语不够简练，叙事每每过于冗长

本书卷帙浩繁，原因除了内容丰富以外，还有语言不够精练，叙事抓不住重点，流水平铺，至一事费言太多而犹未交代清楚。如，世宗三十八年（明神宗万历三十三年，1605），女真攻陷朝鲜北部边境的潼关等地，如是我国史书，记此事几十字，至多几百字就足够了，而本书竟然用了2万多字，有的地方还有诸多对话，如同小说一般。虽然有些细节甚详，却还是让人难于理清事件发展的主线索。

（三）有史实的错误

如，认为"宁古塔之旁有别种，此乃罗禅也"。罗禅即俄罗斯，俄罗斯不在宁古塔旁，也不是满族的"别种"（但本书后来也认识到"此贼必从西洋来矣"）。

第四章 成书于 20 世纪中后期有关黑龙江的史料

第一节 《古朝鲜研究》

一 作者简介

李趾麟，朝鲜民主主义人民共和国历史和考古工作者，1958 年至 1963 年以研究生的身份在北京大学留学 5 年，指导教师为顾颉刚、邓广铭、周一良。1963 年底，他还作为中朝联合考古队朝方队员到我国东北的集安等地考察。

本书是李趾麟在中国留学期间，主要利用中国史料写成的，1963 年回到朝鲜后，立即由朝鲜科学院出版社出版。李趾麟在书中提出，古朝鲜是由东北古代民族秽建立的，秽族分布在今辽河流域、松花江流域，以及滦河流域。如此，则古朝鲜并不在朝鲜半岛，今中国东北大部，乃至于河北省的一部分都成了古朝鲜的疆域，这一地区当然也就成了朝鲜历史的一部分。他的这一说法在朝鲜、韩国影响很大，他不但凭此书立即获得了博士学位，今天朝、韩关于古朝鲜历史的不少谬论也都源于此。除本书外，李趾麟还有两个在朝、韩史学界有影响的著述。一是发表在劳动党党刊《劳动者》1967 年第 2 期上的论文《事大主义是旧社会的遗物》，文中不顾历史事实，把所有承认历史上中国在政治、经济、文化等各方面给朝鲜以重大影响的史观都斥为事大主义史观；二是与姜仁淑共同主编，1976 年由金日成综合大学出版社出版的专著《高句丽史研究》。此书否定了高句丽曾附属于中国中原王朝

的事实。为此，他被朝鲜史学界誉为建立独立的未受外来影响的新朝鲜史学的中坚力量。

1965年，顾铭学先生翻译了本书，由中国科学院考古所内部油印，16开本。

二 主要内容

（一）关于秽貊

（1）明确地区分了秽与貊。对于秽貊，史家们常常不加区分，统称为秽貊，本书则将二者区别开来，认为它们是不同的民族，虽然我们不认同他对秽族和貊族的认定，但二者不是一个民族是正确的。对于史料上经常出现的不区分秽、貊，直接写作秽貊的情况，作者认为，其原因"既是由于这些文献的作者对秽和貊区别得不清楚，也是由于汉文陈述方法中上下文的文字数目需要对应的缘故"。这一见解也是正确的。

（2）本书否定了貊是北方民族通称的传统说法，提出"貊并不是意味着北方民族的抽象名称，分明是一个具体的种族的名称"。这一观点应当是正确的。

（3）书中关于秽貊有若干错误的提法，使用时应加注意。其一，把秽看成与古朝鲜同民族。其理由是："如果秽和古朝鲜为不同种族，（西汉）是不可能将不同的两个种族置于一个乐浪郡的统治之下的。"这一理由实在太牵强，乐浪郡是个行政机构，一个行政机构下治有不同种族的人民实在是再常见不过的事情了。其二，把"秦故空地"的位置，也就是古朝鲜与汉的交界地大大西移。认为"秦故空地"在"今辽河和大凌河之间的地区。该地区本被燕国占领，古朝鲜人民一直继续着反燕斗争，及至秦与汉初，这种反汉斗争进一步加强，因此汉不得不从这一地退走。于是汉的势力被挤到浿水（大凌河，原注）以西"。众所周知，秦长城东端在朝鲜半岛清川江流域，说明秦的东界已深入半岛，断不会在辽河与大凌河之间。浿水是朝鲜半岛的大同江，更不可能是大凌江。其三，大大扩大他所说的作为古朝鲜族的秽族的区域。他说："我们可以知道，出现在古代文献史料的秽人居住地区，是从河北省起直到辽西、辽东一带和松花江流域的广大地区。这个秽就是古朝鲜族。"事实上，秽人的区域无论如何也没有这么大，绝不会延伸到河北，秽只是东北地区一个古代民族。

（二）关于夫余

（1）把掩淲水比定为松花江。对于掩淲水是哪条江河，现在仍有几种说法，多数人认为是拉林河，但东北流松花江之说也存在一定合理性，仍有人支持。

（2）认为《后汉书·鲜卑传》中的"倭人"应为"秽人"。《后汉书·鲜卑传》载，鲜卑首领檀石槐"闻倭人善网捕，于是东出倭人国，得千余家，徙置秦水上，令捕鱼以助粮食"。倭是日本，但檀石槐不可能轻易地率骑兵渡过涛涛的日本海征倭，而那时的倭人也不可能居住在东北某地，所以这段记事显然有问题。李趾麟认为倭是秽之误，虽然也没有提出明确的依据，但从情理上分析是有一定可信度的。秽是河流较多的东北中东部地区的古老居民，"善网捕"自在情理之中，又在鲜卑之东，且距离也不太远，檀石槐轻易地掠得"千余家"是完全可能的。即使这里的"倭人"不是秽人，那这一说法也给我们以启示，即这个"倭人"不可能是真的日本人，而应在东北中东部的民族中寻之。

（3）正确地解释了"诸加别主四出道"。《三国志·夫余传》载，"诸加别主四出道，大者主千家，小者百家"。以往多据此认为夫余国下分为四道，由四位"加"主持。李趾麟认为，夫余的道并不只有四个，主持各道的"加"当然也不只有四个，四出道是指四面八方的各道。理由是"八万户的夫余人口，除去王畿部分，剩下的由'加'们进行统治，假如'大者主千家，小者百家'，那么四名'加'便分明无法统治其全部"。这一观点是有见地的。

（4）书中关于夫余的错误观点也比比皆是。如，认为夫余国是古朝鲜的"汗国"，即属国，说："夫余是貊族在古朝鲜族即秽人国家的'不与'建立的国家，它作为古朝鲜之汗国的一部分地区，以貊国即橐离国的文化为主体，在那里继承了古朝鲜文化。"而事实上，夫余国与古朝鲜没有任何隶属关系。二者根本不处在一个时代，如何能有隶属关系？为了解决这个矛盾，李趾麟断定夫余建国时间为公元前 3 世纪。事实上，夫余的建国时间，目前尚无法确定。另外，对于史料，符合自己胃口的就采用，不符合的就硬说是错的。比如，李趾麟无根据地拔高他所说的属于古朝鲜一部分的夫余的社会状况，以证明当时的朝鲜并不落后，"夫余决不是从原始社会开始向阶级社会过渡的国家，而是在古朝鲜的部分地区建立的国家，并且是由貊族统治者代替了的国家。夫余是从先行国家橐离国（即貊国，原注）分离出来的国家，如已所述，貊国早在公元前五世纪便已到达二十分之一的赋税制度的程度"。但是，这一说法显然与关于夫余的最基本的史料《三国志·夫余传》所述情况不符，于是他就极力否定《三国志》的记事，说《三国志》所记不是汉代夫余的情况。"《三国志·夫余传》的记载是相当于汉代以前时期（即公元前三世纪末以前，原注）、前汉代、后汉代及后汉以后时期关于夫余社会现象的简单而一般的资料，决不能只看成陈寿时期有关夫余社会的资料。"

三 学术评价

由于本书作者有明显的政治意图，即极力扩大古朝鲜的区域，以为其对我国东北提出领土要求寻找历史上的根据，把不少与古朝鲜无关的民族和区域都硬拉进来了。这与历史事实相违，所以作者就常常曲解史料，甚至指鹿为马。这样的地方在书中可谓比比皆是，不胜枚举。本书是当代的研究性著作，资料性的史料价值不大，观点上可取之处也不多，但它开了朝鲜史学界在秽貊、夫余等问题上新观点之先河，我们应当把它当作学术史和学术动态的资料加以了解。

第二节 《韩国古代史研究》

一 作者简介

李丙焘（1896～1989），京畿道龙仁人，韩国著名史学家，独立后韩国史学奠基人之一，毕业于日本早稻田大学，先后任京城大学教授、汉城大学教授、中央图书馆馆长、博物馆馆长，又兼任民族文化推进会理事长、国史编纂委员会委员等职。

除本书外，主要著作还有《国史及指导理论》、《韩国史》（古代部分）、《韩国史大观》、《高丽时代研究》、《韩国倭学史》、《斗溪杂笔》、《斗室余滴》等。另外还注释了古籍《三国史记》和《三国遗事》①。

在研究风格方面，他受实证主义史学影响较大，比较重视史料，下结论一般比较谨慎。他成名之时正是韩国民族史学快速发展之时。韩国的民族主义史

① 李惠国主编《当代韩国人文社会科学》，商务印书馆，1999，第958页。

学往往过分夸大韩国古代诸政权的疆域范围，夸大韩民族在东亚古代史发展中的作用，这在当时已经成了一种风气。虽然他也存在这方面的问题，但由于不轻易赞同民族主义史学家的某些非常缺乏严密史料依据的虚妄之论，被有的民族主义史家斥为继承了日本殖民主义者的史观。

本书 1975 年由韩国博英社出版，主要叙述古朝鲜、夫余、高句丽的历史。其中的夫余部分与黑龙江历史有关。

二　主要内容

（1）关于夫余诸"加"的来源和含义，本书有正确的分析："原是意味部族长的词语，即'加'在最初是称号族长的，氏族崩溃、阶级分裂后变成高官、长官的职名。至于在加之上冠以马、牛、猪、狗等家畜之名，亦是带着固有的特色，只能视为依据畜牧经济时代的不同畜群资本而对族长的称呼，并按原样残存于阶级分化之后。"

（2）关于夫余的起源有异于诸说的说法。他认为，櫜离王子东明渡掩滤水南逃建立夫余的传说，本是高句丽的建国传说，应是东明从夫余南逃建立高句丽。夫余建国的传说是误传了高句丽的建国传说。认为櫜离"分明是句丽或高丽的异写，掩滤虽有种种表现，我认为亦是掩泥的传写之误，广开土王碑中出现的奄利大水无疑便是它，奄利即是'엄내'（大水之意），是指现在的松花江（实际上似为松花江上游之辉发河，原注）。不管怎样，称夫余始祖为东明，从櫜离国（高句丽，原注）逃来，只能说是颠倒了本末先后的误传"。

（3）指出了《后汉书》和《三国志》的若干误记。比如关于夫余王子和夫余王尉仇台。《后汉书·夫余传》载，安帝永宁元年（120），夫余王"乃遣嗣子尉仇台，诣阙贡献，天子赐尉仇台印绶金彩"。《三国志·夫余传》载，"夫余本属玄菟。汉末，公孙度雄张海东，威服外夷，夫余王尉仇台更属辽东。时句丽、鲜卑强，度以夫余在二虏之间，妻以宗女"。公孙度"雄张辽东"是在公元 190 年至 204 年。即使 120 年时尉仇台是 20 岁的小伙子，到 190 年至 204 年时，也已经 90 ~ 100 多岁了。公孙度不可能给这个百岁老人"妻以宗女"。所以这两个尉仇台应该不是同一个人。"不管怎样，比起同一人的存续，视为混同了父子或祖孙的名字可谓妥当。换言之，安帝时代的尉仇台能否只是'仇台'，而公孙氏时代一如文字所写才是'尉仇台'。这是否像高句丽，称太祖王讳为'宫'，称山上王的讳为'位宫'的那样例子。"秽貊族系语言称相像为"尉"，则尉仇台即"像仇台"，则安帝时的尉仇台就叫仇台，公孙度时期的王因为像先前的"仇台王"，才称"尉仇台"。

（4）正确地论证了夫余、秽貊的关系。"夫余本是秽貊族，其中一支派雄踞于佟佳（小水）、鸭绿（大水）两流域的联盟体社会，在前汉时代便被专称为秽或秽貊，而高句丽初期发祥地的卒本部落（桓仁）则在东史中被称作卒本夫余。另外，作为夫余秽貊一族，雄踞于东海岸一带，形成联盟社会者，则是临屯国（后日汉之临屯郡），后汉时时代便在这里出现了沃沮和东秽（东部秽貊）的二联盟体。而高句丽广开土王碑出现在东夫余，便是特别指称此东秽社会的。换言之，我所谓的后方行列诸社会，均被称作秽貊，北满兴起夫余国，夫余之名广为流传后，秽貊的称呼便成为佟佳、鸭绿之联盟体社会（玄菟）的专称；而在那里兴起的高句丽国，其名广被称呼后，秽貊的称呼便又成了处于东海岸地带之东秽（东夫余）的专称。但沃沮也是与东秽同质的秽貊族，已毋庸再论。只不过一个（沃沮）依据地名，一个（东秽）依据族名。"

（5）有对史料理解错误的地方。《后汉书·夫余传》载，汉安帝永初五年（111），"夫余王始将步骑七八千人寇钞乐浪，杀伤吏民，后复归附"。本书认为："夫余王侵寇乐浪，大肆杀伤吏民之后，重又归附乐浪，从地理距离上看，较难理解，便应视为必是玄菟之误。"其实这里并无错误，只是李丙焘没能很好地理解这段史料的本意。从上下文分析，这里的"后复归附"，强调的是夫余在一段时间与汉为敌后，放弃敌对政策，再次归附于汉。到底是由汉之玄菟郡还是乐浪郡统辖，并没有交代，就是说，"后复归附"所附的是汉，不一定必须是乐浪郡，也可能是玄菟郡。

（6）有猜测错误的地方。《资治通鉴》卷九十七《晋纪孝宗永和二年》条载："初，夫余居于鹿山。为百济所侵，部落衰败，西徙近燕，而不设备。"本书认为，这里的"为百济所侵……亦因距离之远而过份不符，便肯定是高句丽的误记"。这一时期，夫余确实受到来自高句丽的侵犯，但史料在转抄过程中把百济误写成高句丽的可能性不大，这两个词在字形上完全没有相混的条件。由于这一时期夫余也受到来自勿吉诸部的侵扰，而且勿吉之伯咄部在今五常、双城一带，正与夫余相接，所以把这里的百济看成是伯咄之误，似乎更合乎情理。

三　学术评价

作为实证主义史学的著作，本书能够在相当程度上尊重史料。一方面比较谨慎，没有足够的史料支撑不轻易下结论。这一点在当时韩国民族主义史学大行其道的氛围下更显可贵。另一方面能够承认狭隘民族主义史学家们所不愿承认的一些史实。比如，认为"从很早起，夫余便在与中国（指中原王朝）的和平交涉中，受到其在文化方面很大的影响，特别是同玄菟、辽东两郡之间，无论政治或文化上的关系均皆密切"。

第三节　《渤海文化》

一　作者简介

作者朱荣宪，朝鲜成立后第一代考古工作者，社会科学院考古学与民俗学研究所研究员。

1963 年到 1964 年，中国科学院考古研究所和朝鲜的考古工作者组成中朝联合工作队，考察我国东北地区若干历史遗址遗迹。朝鲜方面依研究方向和考察地点，将朝方人员分成两个队，朱荣宪为第二队队长，主要对吉林省敦化县六顶山渤海墓址和黑龙江省宁安县渤海镇渤海上京龙泉府遗址进行了考古发掘。与以往的零星发掘不同，这是一次大规模的、科学的发掘，取得了丰硕的成果。这为渤海史的研究提供了极为丰富的资料。《渤海文化》一书就是朱荣宪利用联合发掘得到的考古资料，以及中国东北 20 世纪 60 年代其他有关的考古资料，再加上 60 年代朝鲜东海岸地区的考古成果，如李正基《青海土城及桥城果土城踏查报告》（《考古民俗》1967 年 4 期）等，写成此书，1971 年由朝鲜社会科学出版社出版。这是朝鲜第一部关于渤海史的考古学著作。

二　主要内容

全书分为一、二两篇。第一篇主要介绍渤海的遗址和遗物，包括城市、建筑、墓葬及各种出土文物；第二篇则以第一篇的内容为证据，论证渤海是高句丽的继承者，包括"古墓所见之继承关系""城市和建筑及各种遗物所见之继承关系"。从其基本内容可以看出，此书的写作目的，就是要从考古学上进一

步证明朴时亨关于渤海是高句丽继承国的观点。对此，作者朱荣宪自己也说得很清楚："关于渤海是高句丽继承者，不仅从文献上，还可以从考古上以遗迹、遗物来说明。从现已发现的渤海时期的古墓、居址、城市址以及从那里出土的各种器皿、瓦、砖、武器、佛像和其他各种雕刻品等大小遗迹、遗物来看，都清楚说明渤海和高句丽人继承关系。"

本书除 1971 年朝鲜国内的版本外，1979 年，日本朝鲜人科学者协会历史部又将本书翻译成日文，由雄山阁出版株式会社出版。另外，1981 年，顾铭学、李云铎又依雄山阁日文本译成中文，由吉林省考古研究室内部油印出来。

（一）发现了渤海上京城宫殿利用了视觉效果的高水平设计

上京宫城的五座大殿都建在一条主轴线上，从南到北依次为 1 号殿到 5 号殿，殿与殿之间的距离越来越小，前庭的宽度也越来越缩窄。"这样一来，相当于每一宫殿前庭东西两个角的回廊，将其北折的部分彼此连接便成为笔直的线，把连接起来的东角的线与连接起来的西角的线至终端合在一起，就形成一个等腰三角形。这就显得越往里走，房屋的范围按一定比例越为缩小，不仅在平面构图上给人以安静感，而且好像宫殿一直排列到很远的地方。这是个看起来很大的设计。"这样的设计，使人向里走时，幽深神秘感油然而生，便于向臣民显示王室的神秘威严。

上京宫城 1 号殿规模不大，但因是国王处理政务和接见外人的地方，需要显得大而突出国王的威严，于是采取了增大回廊的办法。"连接这座殿的回廊也很宽大。柱础石宽度约为 1 米，回廊的柱子也相当粗。路是数条，估计梁是横放在柱上，上面曾是两面倾斜的瓦顶。而且，从其它宫殿回廊遗址的情况来推测，这座殿的回廊也只是外面的一行柱子之间有隔墙。回廊宽 13～14 米，总长 460～500 米，规模很大。回廊和宫殿本身是一个统一体，这就增加了它的庄严气氛。"

（二）指出了渤海上京城宫殿和佛寺建筑中存在减柱技术

中国古代建筑，不论是宫殿、官厅，还是寺庙，多为木结构。木结构的特点是屋顶的重量全由一根根的木柱来承担，这使室内大柱林立，缩小了可用空间，也大大地影响了视线。工匠们常常减去室内中心位置的若干柱子，称为"减柱"，不过这要经过周密的计算和巧妙的设计，是当时建筑方面的重要技术之一。朱荣宪指出，渤海人就掌握了这一技术。

上京宫城 1 号殿，"台基上有用熔岩做成的像大块岩石一样雄伟的柱础石。柱础石东西 5 排，每排 12 个，但第三排中间缺 6 个，只在两头各有 3 个"。

上京城 1 号佛寺的主殿"东西长 17.9 米，南北宽 14.32 米，里面每隔 3.58 米整齐地放五排柱础石，每排六个。只有中间一排当中（这里是佛坛的中心）少两个柱础石。这座殿是用减柱式方法盖成的带套间的建筑"。

（三）墓葬

朱荣宪把渤海的墓葬主要分为"大型石室封土墓""中型石室封土墓""小型石室封土墓"三种类型。渤海的墓葬绝大多数都是石室封土墓①，因为高句丽盛行石室封土墓，所以才尽量往上靠。他的结论是，渤海的这三种石室封土墓与高句丽的几种石室封土墓形制完全一样，"说明渤海居民的基本群众及其统治者是高句丽人的后代"。对于渤海墓葬形式的划分，我国学者也有几种不同意见，如刘晓东教授认为分为土圹墓（土坑竖穴、无葬具）、有椁墓（先挖好土圹，然后在四周用木材或石材围或砌成椁框。以木材为椁框的称木椁墓、以石材为椁框的称石椁墓）、墓室墓（有石室和砖室二种）三种类型②；郑永振教授认为应当分为砖室、石室、土坑三大类③。无论如何，有一点可以肯定，石室墓只是渤海人的墓葬形式之一，而不是全部。因此，也只能说，来源于高句丽的葬俗只是渤海葬俗之一，不能轻率断言其为主流。而且，正如刘晓东教授指出的，"朱荣宪所说的石室墓中又有相当一部分应称为'石椁墓'。如果把石椁墓也统归为石室墓，这就在相当程度上掩饰了渤海墓葬自身的发展演变过程－由'有椁墓'向墓室墓的发展演变过程"。

（四）城市和建筑

上京城是平地城，有严密的规则，分为宫城、皇城、外城三部分，是渤海城市规划建设水平的代表作。上京城和当时日本的平城京（奈良）、平安京（京都）都是模仿的唐长安城，是长安城的缩小版。如果要论继承关系的话，应当说渤海上京城的设计理念、建筑风格完全是来源于唐的，与高句丽无涉。朱荣宪力图冲淡上京城建筑的唐的色彩。他是这样处理的，他说："在平地上修建城（指上京城），将城筑成四方形，门和路都很规则，这正

---

①　吉林省考古研究室：《渤海史研究资料》第 1 辑，吉林省考古研究室，第 62~76 页。

②　刘晓东：《渤海文化研究》，黑龙江人民出版社，2006，第 142~144 页。

③　郑永振：《渤海墓葬研究》，《黑龙江文物丛刊》1984 年第 2 期。

是当时的一般现象。这种情况不仅在高句丽和渤海，而且在唐朝和日本也可以见到。"这样一来，倒好像唐和日本的平地城技术也来自高句丽，至少无法区分伯仲。

城的规划设计风格既然无法直接断言来自高句丽，那就要在其他方面下功夫。"要考察邑城的继承关系，首先要看城墙和城内的大量建筑物的结构。"

首先谈的是城墙的结构。"上京龙泉府的城墙，里面用石砌成，外面抹泥。这种修城墙的方法，是高句丽修建城墙的传统方法之一。高句丽的首都平壤城遗址等一些重要城市的城墙正是这样修筑的。"这一说法当然是片面的。上京城外城墙是夯土的，如果单就城墙所用建筑材料来看，确与高句丽城相像。这也不奇怪，渤海国吸纳了不少高句丽遗民，受到高句丽的影响是正常的。不过，同样用石，渤海和高句丽的用法不一样，高句丽的里面用石砌成，外面抹泥，渤海上京城则是用石块掺土筑成的。还有另一种可能，就是渤海用石筑城并非受高句丽影响，而是巧妙利用自然条件的结果。唐长安城用夯土，因为长安城所在的关中地区是黄土平原，附近不产石头，而黄土质地坚实，所以用夯土。渤海的上京城址处东北黑土地上，到处是松软的黑色腐殖土，不能用来打墙。要用黄土必须挖开厚厚的黑土层，很不方便。而当地有大量的火山爆发后留下来的玄武岩，这种石头多孔，质量轻，便于雕琢和运输，非常适合用于建筑。渤海人于是就地取材，用石筑城了。

其次谈的是城内房屋的结构。主要强调房中有炕这种取暖设施，认为"长炕是在高句丽最早出现的"，"说明渤海直接承袭了高句丽的住房结构"。其实，火炕并非高句丽人的专利。关于火炕的渊源，魏存成先生认为，"在集安的高句丽殿堂建筑遗址中发现过，在团结渤海平民居住址叠压的原始社会居住址中也发现了，其年代更为久远，距今已有二千年左右，说明火炕在我国东北古代各民族中，早已是一种共有的取暖设施"。[①]

最后，又谈了渤海的城门建筑、建筑物础石的安放方式、雕琢石头的方法等。得出的结论是"渤海建筑不仅在住房、城门等各种建筑的平面结构或立体结构，而且在内部设备、瓦、砖等建筑材料，甚至更进一步连每块石头的砌筑方法都和高句丽的建筑一样"。

在各种出土文物方面，探讨了渤海的瓦、陶瓷、铁箭镞、佛像等的形制和

---

① 魏存成：《渤海的建筑》，《黑龙江文物丛刊》1984年第4期。

制作工艺，认为"上面这些虽是很小的东西，但在形状和制作方法上，可以看出渤海和高句丽的一样，和其他国家则有显著的差别。这一点，在雕琢美术上亦如上述，和其他一切遗迹遗物的情况一样，可以看出渤海是高句丽的继承者"。

三　学术评价

此书的行文是很值得称道的。特别是第一篇对遗址遗物的介绍，文笔顺畅，既简明扼要，又清楚形象，用墨不多，就让人对敖东城、把连城、西古城、上京城等遗址和发现的遗物有了一个线条明晰的了解。让人感到作者确实对所述内容了如指掌，资料运用游刃有余，这在朝鲜的考古类文章专著中确不多见。

本书认为渤海的文化完完全全地继承于高句丽，彻底否定了唐和靺鞨文化以及任何高句丽文化以外的文化对渤海的影响。为了论证这一观点，在书中不少地方没有进行科学的、客观的论述。对渤海文化中与高句丽相似或相同的地方大书特书，对明显的靺鞨风格或唐的风格的地方则避而不谈，或者千方百计地将其与高句丽拉上关系。这种态度影响了此书的学术水准。

此书作为朝鲜在考古方面对渤海国史进行研究的开山和定调之作，对朝鲜学界的影响很大。此后，朝鲜的渤海史研究越来越极端化，越来越不能平心静气地探讨问题了。

第四节　《为了渤海史的研究》

一　作者简介

朴时亨（1910～2001），1940 年毕业于汉城的帝京大学。1946 年 3 月任京城经济专门学校教授，同年 8 月改任金日成综合大学任教授、社会科学部部长。20 世纪 50 年代朝鲜科学院成立后，任历史研究所所长、院士。朝鲜渤海史研究的泰斗。1962 年写成本文。1963 年至 1964 年，他参加了中朝联合考古队，对吉林敦化六顶山渤海墓葬及上京龙泉府遗址进行了发掘。他的主要著作还有《朝鲜通史》（集体合作，任总编审）、《朝鲜中世纪史》（下）、《朝鲜土地制度史》（上、中）、《渤海史》等。

二　主要内容

《为了渤海史的研究》是一篇译成中文也长达 4 万余字的论文，发表在朝鲜《历史科学》1962 年第 1 期。它给渤海史重新定了位。起初，朝鲜并没有秉承实学派史学的"南北国时代论"，没有把渤海与统一的新罗一样看待。在 1956 年朝鲜科学院历史研究所编写出版的《朝鲜通史》中，渤海只是被当作没有并入新罗的一部分高句丽遗民的历史而略加叙述，所用篇幅极少，还没有把渤海看成是朝鲜历史主流中的一部分。但是，到 1962 年朴时亨的《为了渤海史的研究》一文发表，朝鲜的渤海史观发生了根本的变化。朴时亨在该文的序言中就明确了要把渤海史纳入朝鲜古代史中去的主流思想。"近两千年来，我们的祖先占据着东北亚的一大角落，创造了灿烂的民族文化，而这一文化为古朝鲜、扶余、高句丽、渤海等绵延不断地继承下来。如果我们对渤海具有糊涂认识，就无法正确地理解我们民族文化的悠久渊源。"为了论证这一不符合历史事实的观点，朴时亨不惜曲解史料，严重背离了历史学的科学精神。

本文的错误主要表现在以下几个方面。

其一，强调渤海是高句丽人创建的国家。他依据"渤海人的自述"（即 727 年武王致日本的国书中的"复高丽之旧居，有扶余之遗俗"）和其他"足以为据的基本史料"认定"渤海王室确实是高句丽人，他们所建立的国家，开始称振国，后来改成渤海，但本质上是高句丽的继承者，也就是高句丽国"。他对自己的这一结论相当自信，称自己"使用的资料是必要而且充分的，对此没有再讨论的余地"。

其二，不但渤海人自己认为自己是高句丽的继承者，而且新罗人也认为，"渤海并不是与自己没有什么因缘的靺鞨人国家，而是自己的同族－高句丽人建立的终将统一的近亲国家"。

其三，要加强对史料的辨析，认为与渤海相关的中国史料"多属间接传闻，有的还肆意篡改或讹传史实，但是，由于这些史料甚繁，所以对后世产生了具有压倒优势的影响，致使后人在这个问题上形成了不少糊涂观念。对此有必要加以纠正"。其结论是，"最早问世的《旧唐书·渤海传》是正确的，而一百二十年后成书的《新唐书·渤海传》则是随心所欲的杜撰"。也就是说《旧唐书》的大祚荣"本高丽别种也"之说是正确的，《新唐书》的"本粟末靺鞨附高丽者”之说是杜撰的。

其四，朝鲜自己的史籍，如《三国时记》《高丽史》《东国史略》等都认为渤海是粟末靺鞨，因而也都是错误的。对此，作者慨叹：“迷惑可谓甚矣。”

其五，对柳得恭等把渤海史看作是朝鲜史一部分的史学家表示赞赏，并得出最终的结论，“渤海史应当在祖国的历史中占据它应有的重要位置。对于它的政治、经济、文化各方面，应进行更深入的研究”。而且，他还认为，“渤海是一大强国，既然它在长达二百数十年的时间里占据我国现有领土的几乎一半，那么即使渤海国的创建者是靺鞨人，我们也有必要认真地研究它的历史”。

三　学术评价

朴氏的《为了渤海史的研究》虽然只是一篇论文，但它在朝鲜渤海史研究中的地位却不亚于任何一部专著，它给朝鲜的渤海史研究定了调子，确立了渤海的高句丽继承国说。此后，朝鲜的渤海史研究都是对这一论点的补充和重复。直到今天，没有一点儿变化，其所有的研究成果的中心思想只有一个，即论证渤海的高句丽继承性。

认为渤海的建国者是高句丽人，主张把渤海纳入朝鲜史之中并非始于朴时亨，但以往的学者虽然提出了此说，论证却都比较苍白，史料的占有和逻辑论证都不充分。朴时亨是第一个在广泛占有资料的前提下进行了较为严密的论证的人。不管是不是同意他的观点，都应该承认他下了功夫。

与此相应，朝鲜逐步改变了原来以新罗为朝鲜史正统的意识。20 世纪 50 年代，朝鲜沿用传统的以新罗统一三国为朝鲜历史上的第一次统一的观点，称新罗统一三国为“三国统一”，称新罗为“统一的新罗”。但到 60 年代就改变了，认为新罗只统一了南部地区，没有统一全国，所以改称三国统一为“三国统合”，称新罗为“统合的新罗”。到了 70 年代，连新罗统一了南部地区也否认了，只称新罗为“后期的新罗”，认为 10 世纪王建高丽统一三国，才是朝鲜历史上的第一次统一。

第五节　《渤海史》

本书的作者也是朴时亨，详见上节。

一 主要内容

本书1979年由金日成综合大学出版社出版，是朴时亨集当时朝鲜渤海史研究之大成的著作。

此时，由于有了20世纪六七十年代大量的考古发掘资料和丰富的文献研究成果作为基础，这部《渤海史》与以往的同类著作相比，论述更加全面、详细，无论是深度还是广度都大大前进了一步。而且，由于当时中国处于"文革"刚刚结束，渤海史研究的新热潮还没有形成之时，朴时亨的这本书更显得一枝独秀、引人注目，不仅是朝鲜渤海史研究的权威之作，在国际上也是一个亮点。可是，与他的《为了渤海史的研究》相比，此书所有增加了的和强化了的部分都有一个鲜明的主旨，就是强调渤海的高句丽继承性，并尽量掩盖渤海在政治吏属和经济文化等各方面与唐的联系。在本书的开篇就写到"高句丽人民最终把唐朝侵略者赶出国外，在高句丽故地建立了渤海国。渤海国是拥有与高句丽一样广阔领土和强大国力，继承和发展古高句丽文化的富强且文化发达的国家，共存续200多年。渤海国历史是我国封建社会历史的重要一环"。

（一）本书研究的重要进展

（1）关于天门岭之役的时间。作者根据李楷固降唐在697年4月以后及渤海建国在698年这两个时间坐标，认为"此役发生的时间大致是698年初"。这个判断是正确的。

（2）对渤海国官制的研究是详细而准确的。他探索到一条有效的途径。"在《新唐书·渤海传》中只对渤海国官府、官职的名称及定员等有了简明扼要的叙述，对其职能却没有叙述。但以其名称与记载在新唐书百官志中的唐朝三省六部制为基础，和其他官制、文献对比的话，大体可以看出渤海名官府和官职的职能。两者的名称有完全相同的，也有一些变更的。"这段话体现了朴时亨研究渤海官制的原则，即承认渤海的官制是仿唐制的，要到唐的官制中去找渤海官制的原型。这一原则的运用，使其在官制的研究上取得了一些进展，如，认为政堂省孔目官是"掌管帐务等的下级官吏""老相好像是对最高大臣的尊称"，进而估计"五京也有区别于其他的一定的特殊制度"，"尤其首都上京龙泉府可能有它的特殊政策"。

（3）对若干地理问题的考证是有见地的。如，把南与新罗交界的泥河比定为龙兴江。虽然他不是第一个提出此说的，但他的进一步论证确是较有说服力的，至少可备一说。再如对西京鸭绿江府、东京龙原府，以及夫余府和泊汋口位置的比定也大体是这样。

（4）对渤海国军队数量的估计是正确的。他认为渤海初期武王时期有军队 10 万人左右，中末期有数十万人，估计有 20 万人。这个估计有史料为依据，大体准确。到目前为止，还没有人提出更精确的数字。

（二）本书明显的不足

（1）把 696 年营州契丹人反唐暴动说成是与高句丽遗民的联合行动，并且说高句丽人的部队一开始就独立于契丹人部队。作者的目的显然是强调高句丽人的作用，但是与史实明显不一致。

（2）对于渤海的国号问题，作者认为，"'震国'为威震四方的大国之意。数十年后，改国号为'渤海国'，是希望其国力象昔日的高句丽一样，能威震西南渤海沿岸之意"。这完全是朴时亨的想象。众所周知，渤海这一国号来自唐的册封，与朴氏所说的完全没有关系。

其实，朴时亨在其 1962 年发表的论文《为了渤海史的研究》中是承认渤海这一国号来自唐的。他在那篇文章中说："大家知道，从唐廷册封起，初称之为'靺鞨'的振国（或作震国）王大祚荣为'渤海郡王'时起，就产生了'渤海'这一国名。'渤海郡'是渤海沿岸唐的一个郡名。"

（3）谈到武王与门艺关于是否可以攻打黑水靺鞨的争论时，此书记载了武王的一句话，"战争之胜败不能以军队的数量来衡量，况且吾有一洗前朝高句丽仇之责"。可是，现在的所有史籍均不见有这样的记载，应当是朴时亨杜撰出来的。随意编造历史人物的言论，这是把历史小说化了，不是一个严肃负责的史学家所应持的态度。

（4）渤海国的典章制度大体宪象于唐，只是名称略有改变，几乎所有的渤海的制度都可以在唐找到其原型，这已是为历史界公认的事实，但朴氏为了强调渤海的高句丽继承性，为了渤海的朝鲜化，为了去中国化，绝口不提唐的影响，而本末倒置地到朝鲜古代政权中去找源头。如，对渤海的三省六部制，不提唐的影响，只大谈王朝高丽和李朝的三省六部制。再如渤海的中正台相当于唐的御史台，但此书却只把它与李朝的司宪府相比。其实李朝的司宪府也是仿唐的御史台而设置的。况且，渤海在先，李朝在后，渤海怎么可能仿李朝的制度呢？

（5）某些具体史实错误。如"当今东北地区也盛产葵菜"这一说法是不正确的。事实上，当今的东北种植葵菜者极少，绝大多数人根本不知葵菜为何物。

二　学术评价

本书的成就和缺点都很明显。一方面，作者积数十年史学研究之功写成此书，在不少地方有所突破，或者前人虽已有了这样的认识，但此书的论证更加全面、深入；另一方面，本书有些地方的论述不仅仅是牵强，可以说已达到荒唐的程度，不仅仅用臆想代替史实和论证，甚至还像写小说一样编造历史人物的言论。其结论也就颇有不能服人之处。对于一些不能体现高句丽继承性的一般史实，则不予重视，没有认真考证。这也令全书水准大打折扣。

本书是朝鲜渤海史研究的旗帜，它最全面地表达了朝鲜学者对渤海史的态度，代表了当时的研究水平。它的长处和不足都很明显。

第六节　《朝鲜通史》和《朝鲜全史》

到目前为止，朝鲜的通史类著作共有四个版本，都是由社会科学院或社会科学院历史研究所集体编写的，即 1956 年版的《朝鲜通史》、1962 年版的《朝鲜通史》、1979 年版的《朝鲜全史》和 1991 年版的《朝鲜全史》。1956 年版的《朝鲜通史》还没有把渤海纳入朝鲜历史的主体中去，只是将其当作一部分没有并入新罗的高句丽人的历史而略加叙述，篇幅很短，没有多少具体内容，所以基本不具有作为黑龙江史料的价值；1979 年版的《朝鲜全史》因为有了朝鲜成立后多年的历史学、考古学、人类学发展的基础，较 1962 年版的《朝鲜通史》内容丰富了不少；而 1991 年版的《朝鲜全史》中与黑龙江史相关的内容基本只是对 1979 年本的简单重复，增改的内容不多。所以，我们就只介绍 1962 年版的《朝鲜通史》和 1979 年版的《朝鲜全史》。

一　《朝鲜通史》

（一）作者简介

本书是由社会科学院历史研究所集体编写的，具体分工是：第一章"原始公社制社会"金用玕；第二章"古代朝鲜诸国家"林健相、李趾麟、金锡亨；第三章"封建国家——三国的建立"蔡熙国、林健相、金锡亨；第四章"三国的发展"、第五章"三国的文化"蔡熙国、朴文源；第六章"新罗统一南部国土和渤海国在高句丽故地的建立"、第七章"渤海和新罗的发展"朴时亨；第八章"高丽的统一国土，中央集权制的发展"、第九章"993 年至 1019 年高丽人民反对契丹侵略的斗争"、第十章"战后生产和文化的发展"李铺重；第十一章"十二世纪后半期的农民大起义"、第十二章"十三世纪高丽人民反对蒙古侵略的斗争"、第十三章"十四世纪高丽人民反对蒙古和其他外来侵略者的斗争"、第十四章"十三至十四世纪的文化"金锡亨；第十五章"十五世纪李朝封建国家社会经济的发展"、第十六章"十五世纪的文化"洪熹裕；第十七章"十五世纪末至十六世纪封建中央集权的削弱"、第十八章"1592 年至 1598 年的壬辰卫国战争"金世翊；第十九章"1627 年及 1636 年反对女真入侵的斗争和十七世纪中叶以后商品经济的发展"金世翊、张国钟、金思亿、孙英钟；第二十章"十八世纪社会经济的发展和阶级矛盾的激化"张国钟；第二十一章"实学的兴盛与十八世纪的文化"金思亿、孙英钟；第二十二章"十九世纪初中叶资本主义的萌芽，封建制度的危机和农民起义的高涨"洪熹裕、张国钟、金思亿、许宗浩；第二十三章"十九世纪初中叶的文化"郑镇锡、孙英钟、金教植。全书由金锡亨、朴时亨最后审阅定稿。

　　（二）主要内容

　　本书编写的主要目的是给大学作教科书，兼作全社会普及历史知识的读物，因而在撰写风格上倾向于简明和突出主线。这个主线有两条：一是历史上朝鲜民族在社会政治、经济和文化等各个方面取得的成就；二是各个时期的反"侵略"斗争，其中多数是来自中国历代王朝的"侵略"。

　　书中背离史实的地方很多。比如，秽、貊主要是中国东北的古代民族，与半岛上的韩民族无亲缘关系，后来逐渐融入朝鲜民族中去的只是一小部分。但本书把他们完全说成是朝鲜的先民，与中国没有关系，还说中国渤海沿岸及东北的广大地区自古以来就是朝鲜的土地："在古代文献中，对我们民族祖先的部落集团分别称为秽、貊、韩。但秽、貊、韩这三族决非属于不同系统，而是语言和习俗基本相同的同一系统部落集团的三个分支……秽族从远古以来就居住在渤海沿岸，即今天中华人民共和国的辽东、辽西地区；貊族大体上居住在秽族的北方；韩族则大体上居住在今天我国

领域内。秽族中最先进的势力形成我国历史上最早的国家古朝鲜，它包括今天中国的辽东、辽西地区。"但和后来朝鲜的历史著作相比，这还不算太出格。

本书内容起自原始社会，结束于19世纪中叶，实质是朝鲜古代史，不是真正的朝鲜通史。

本书1962年由朝鲜科学院出版社出版。我国延边朝鲜族自治州《朝鲜通史》翻译组翻译了本书，1975年由吉林人民出版社出版。

本书中关于黑龙江的史料主要有以下几个方面。

1. 关于夫余的史料

对夫余的社会等级状况有正确的分析，认为"作为统治阶级的有'加'；作为平民的有豪民和下户；作为奴隶阶级的有奴婢"。这里的闪光点是对豪民的认识，指出豪民属平民阶层，而以往的一种观点认为豪民是统治阶级的一部分。

指出夫余的奴隶主要是债务奴隶。"夫余的法律旨在迫使下户沦为奴隶。传至今天的夫余法律条文的片段有：杀人者处死，没其家人为奴；盗窃者赔偿原物十二倍等。显而易见，窃取别人财物的赤贫者是无力赔偿原物十二倍的。从这一条可以知道，无力赔偿时就被迫劳动，直到偿还原物价值为止，结果不得不沦为奴隶。"

关于夫余的来源，不提橐离，称橐离为北夫余。但事实上并不存在夫余之外的北夫余。虽然史书记载有卒本夫余、南夫余、北夫余、东夫余等，但卒本夫余是高句丽始祖朱蒙（也作邹牟）从夫余南奔至卒本川后，因地而名，被称为"卒本夫余"（时间大约在公元前1世纪中叶左右）。高句丽兴盛后遂去其名。南夫余为百济国的别称。至于北夫余和东夫余，学界有不同的看法。有学者认为，北夫余、东夫余和夫余是一回事：北夫余即夫余，二者并无区别，传说中的北夫余，可能即朱蒙在屹升骨城建立的卒本夫余，这一扶余因在南夫余（即百济）之北而名北夫余。东夫余亦即汉初以来的夫余，所谓东夫余可能是由于夫余"西迁近燕"以后，把西徙前的夫余叫东夫余，北夫余、东夫余都是夫余的别称。本书之所以称橐离为北夫余，显然是为了把橐离纳入夫余，以扩大夫余的疆域，也即扩大朝鲜古代的疆域。

关于橐离的位置，本书比定在今"松花江和黑龙江汇合处附近"，这也与事实相去甚远。橐离位置应在拉林河与松花江之间。

2. 关于渤海的史料

本书与渤海史相关的部分，主导思想与朴时亨的《为了渤海史的研究》完全一致，可以说就是这篇文章的展开，贯穿始终的就是一个核心：从各个方面论证渤海是高句丽的继承国，是和新罗一样的正统的朝鲜史的一部分。但在对具体问题的分析上也有可取之处。比如，对于渤海的中央和地方行政体制，本书也给出了一个基本框架："中央官制为三省六部制。其中政堂省为总管行政各部的机关，长官称大内相。政堂省下设行政六部……各部长官统称为卿。宣诏省为下达王令的机关，长官称左相。中台省则是拟定诏刺的机关，长官称右相。""地方行政组织最完备时有五京、十五府、六十二州。京作为一种特殊制度设在政治、经济、军事上特别重要的府，它和一般的府一样管辖几个州。州管辖几个县。行政长官，京和府有都督，州有刺史，县有县丞。"这些内容在史籍及其他关于渤海的著述中都有明确记载和叙述，不能算作此书的研究成果，但此书作者吃透了这些制度的实质，把它系统化、条理化地表述出来，这也是一个不小的贡献。

对于建立渤海国的大祚荣的族属，也就是渤海国统治阶层的族属是此书着墨最多的部分，认为大祚荣是高句丽人，批驳了"靺鞨说"和"高丽别种"。因其论点论据都与《为了渤海史的研究》一致，且没有《为了渤海史的研究》详细，因上文已谈到，在此不再重复。

对于渤海的地理，此书亦无大建树。比如五京的位置，认为上京龙泉府在东京城，中京显德府在苏密城，东京龙泉府在珲春，西京鸭绿府在临江，南京南海府在咸镜南道新昌，这与 20 多年前成书的金毓黻的《渤海国志长编》的说法完全一致，并没有改正中京定位的错误。

此书作者为了强调渤海的高句丽继承性，强调高句丽人是渤海的统治民族而说了一些过头的话。如，说在渤海国"高句丽族处于统治地位，在同靺鞨人的关系上，所有的高句丽人都被称为'首领'，他们在服兵役方面居于特殊地位，并都能任命为适合身份的各种官吏。而靺鞨人中任为官吏的身份则极低"。这个说法与事实相去甚远。所谓所有的高句丽人都被称为"首领"的资料本源一定是《类聚国史》中的那段著名的记事：渤海国"其百姓者，靺鞨多，土人少，皆以土人为村长，大村曰都督。次曰刺史，其下百姓皆曰首领"。他把这里的"百姓"理解为单指高句丽人。这显然是错误的，因为上文

明明说，"其百姓者，靺鞨多，土人少"，"百姓"中不但有靺鞨人，而且还占多数。至于说靺鞨人"任为官吏的身份则极低"更不知从何谈起。像这样的不甚严谨的话书中并不止一二处。

值得注意的是，朴时亨同在 1962 年发表和出版的论文《为了渤海史的研究》和《朝鲜通史》的渤海部分对渤海史的某些具体问题的叙述有不一致的地方。如，对于渤海国的建立过程，《为了渤海史的研究》说，高句丽和靺鞨"两个领袖，两个种族，从一开始就既互相协力，又各自独立行动；起初他们分别占据地盘，后来这两股势力才由高句丽人大祚荣统一起来，这就是事实真相。我们有必要牢牢铭记这一事实"。在这里，朴时亨认为，靺鞨与高句丽虽然互相合作，但是两支各自独立的队伍，直到东奔各自占有了一定的地盘后，才在某一时候合成一股。可是，1962 年版的《朝鲜通史》却说："当时（696年营州之乱时）在营州地区的原高句丽贵族出身的将军大祚荣迅速地纠集高句丽人和靺鞨人组成部队，脱离唐的统治向东进军。"这段话显然是说高句丽人和靺鞨人并非两支各自独立的队伍，而是一开始就是一支混合部队，他们一同东奔建立渤海国。

（三）学术评价

1962 年版的《朝鲜通史》在学术上虽然并没有什么大的业绩，但因它是朝鲜民主主义人民共和国成立后首次把渤海史正式当作朝鲜正史一部分的通史类著作，进一步明确了朝鲜学术界对渤海史的态度，和上文提到的《为了渤海史的研究》一起，为朝鲜以后的渤海史研究定了调子。

书中将历史上所有的中原王朝与秽貊族系诸政权或部族的军事冲突都定义为中国对朝鲜的侵略，实在与事实相去甚远。

二 《朝鲜全史》

（一）作者简介

本书也是集体编写，系朝鲜社会科学院编，其前言中说，本书编者"是以社会科学院历史研究所成员为基础，由共和国的各部门学者、大学教员、科学百科出版社社会科学编辑委员会历史编辑部的成员参加"。

（二）主要内容

本书 1979 年由朝鲜科学百科出版社出版。吉林省社会科学院组织力量翻译了此书，1985 年由中国朝鲜历史研究会内部出版。1988 年，延边大学朝鲜问题研究所也翻译了此书，由延边大学出版社出版。与 1962 年版《朝鲜通史》相比，本书增加了近代篇和现代篇，成了真正的通史。

本书的篇幅比 1962 年版《朝鲜通史》大大增加了。尤其是原始社会部分，1962 年版只有区区一万五六千字，本书则单为一卷，近 30 万字。这一变化是因为当时朝鲜的主体思想已经确立，要在各个领域树立主体意识，历史学也要进一步强调朝鲜历史的悠久性和朝鲜民族的单一性。这一点在其原始卷的前言中有明确的说明："我国原始社会的历史，是从人类诞生的初期起，到我们祖先在这块土地上经过旧石器时代、新石器时代、青铜器时代和铁器时代为止的历史，是智慧的文化萌芽发展壮大的历

史。《朝鲜全史》第一卷（原始篇）是叙述我国的原始史的，它可以帮助加深认识朝鲜历史的悠久性和我们民族的单一性。"本书还在原始卷后增加了一个附录"朝鲜人的起源及其人种特征"，以便从人类学上突出朝鲜民族的单一性。

本书关于黑龙江的史料主要体现在渤海史方面。

（1）关于渤海地方行政区划中州的变化。渤海的地方行政区划有五京、十五府、六十二州，以及数目不详的县。京是给重要的府的称号，实际是府、州、县三级。本书认为，"起初，渤海各州也同后世一样，不是府属单位，州本身即为最高单位……但是渤海国在全国范围内重新调整地方行政区划，府、州、县三级的统一体系后，府便设置了都督，州便设置了刺史，县便设置了县丞"。这是渤海史学界首次提出这一观点，但没有注明史料依据。唐的地方行政区划初期就是州、县二级，州上的道本是非常设的监察机构，后来才逐渐固定下来。考虑到渤海在各个方面对唐都亦步亦趋，随着唐的变化而变化是可能的。所以本书的这一说法应当是正确的。

（2）关于渤海社会存在的"文尊武卑"的风气。908 年，渤海国出访日本的大使裴璆，认为日方接待官员中的一位年轻人文章好，断定此人乃相才。数

年后他再次访日，得知此人并未升高位，乃叹息："贵邦何不重才也？"以往的学界从这条史料得出的结论都只是反映了渤海文化的大发展，但本书认为："这虽然不过是一段轶闻，却从中反映出在当时的渤海封建社会中，存在着一种风气，只要文章写得好一点儿，就可担任高级官职。"说明渤海社会存在的"文尊武卑"的风气。这一结论无疑是正确的。

（3）关于渤海国的主体民族及大祚荣的族属。认为从营州暴动开始就是以高句丽人为主体的，"指挥高句丽人军队的是前高句丽国家的贵族、杰出的军事指挥官大祚荣及其父乞乞仲象"。"组成渤海国的种族，主要有高句丽人和靺鞨人。其中，高句丽人是推动渤海国前进的基本力量，靺鞨人虽然在数量上占多数，但在政治、经济、军事、文化等一切方面都起着第二位的作用。他们在渤海国内仅仅是高句丽人的一个同盟者而已。"但事实恰恰相反，大祚荣是靺鞨人，靺鞨人才是渤海国的主体民族。

（4）否认渤海国是唐中央政权下的地方民族政权，否认唐对渤海的册封体现的是宗主与藩属的关系。"唐朝统治集团给予东方堂堂独立国家渤海国王以什么'渤海郡王'或'忽汗州都督'之类的称号，是极其傲慢、极为狂妄的行为。这是以大国自诩的唐朝人君对周边国家采取的惯用伎俩。"

（5）虽然承认渤海国中央政府采取三省六部制，却绝口不提这一制度是模仿唐的。其用意当然是尽量割裂渤海与唐中央的联系。

（6）对渤海国的许多方面做了毫无史料依据的结论。书中这样的情况比比皆是，仅举二例。

其一，关于渤海的土地制度，说"国王为了自身的安逸生活，拥有自己的个人所有地，以其收入保障自己的享乐"。这是西欧式的封建领主制，而当时东亚普遍实行的是中央集权制下的小农和地主经济，君主的主要收入来自国库以租、庸、调形式进行的税收，不是其个人所有地。

其二，关于渤海与新罗的经济联系。对此，史籍没有任何记载，连间接的可供推测的史料也没有。本书却以十分肯定的语气写道："渤海与新罗属于同族国家，两国之间在发展国家贸易的同时，还进行一定的民间贸易。特别是在国境地区，不顾国家禁令的走私活动相当盛行。"

（7）认为渤海国灭亡后，遗民反辽势力中的定安国与乌舍城渤海国是两个不同的政权，而事实上二者完全是一回事。乌舍即兀惹，是民族名，定安国则是这个民族建立的反辽政权的正式国号。

（三）学术评价

本书对渤海的若干史实有创新的考释，如关于渤海地方行政区划中州的变化、关于渤海社会存在的"文尊武卑"的风气等，所以有一定的史料价值。

但是，由于本书关于渤海部分的编写指导思想是论证渤海的高句丽继承性，并尽量撇清渤海与唐及靺鞨的关系，而史料又不支持这一不符合实际的观点，所以书中对渤海国的许多方面做了毫无史料依据的结论，参考时须多加注意。

第七节 《朝鲜考古学概要》

本书为朝鲜社会科学院考古研究所集体编写。

一 主要内容

全书 3 篇 8 章，40 多万字。叙述了考古学所见的原始社会到 14 世纪高丽时代朝鲜社会各个方面的情况。本书的前言明确了编写目的："克服了事大主义……旨在综合概括在伟大领袖的英明领导和一贯关怀下，三十年来朝鲜考古学所经历的发展路程和赢得的研究成果。因此，本书在历史叙述上体现了万古长青的主体思想，彻底站在了主体方法论的立场上，使我国历史和文化的发展过程体系化。即力图阐明，我国历史和文化的发展过程是我国人民自主性和创造性的表现过程……在阐明我国历史和文化的悠久性、优秀性、连绵的继承性和单一性上，也给予了特别的关注。"

本书 1978 年在朝鲜出版。李云铎翻译了本书，1983 年由黑龙江省文物出版编辑室内部出版。

本书关于黑龙江的内容，有价值者都集中在渤海的建筑方面。

（1）渤海人发展了火炕这一有效的取暖设施，使之更加适用。"渤海建筑的第一个特点，是有适合于渤海

气候风土和生活习惯的火炕……到渤海时期，虽然他们的风俗和取暖设备因周边种族的变化而起了变化，但渤海仍旧砌了适合于自己风俗的火炕，并且进一步发展了它。向双洞火炕的全面过渡、火炕面积的扩大、闷灶体系的利用和火炕结构的改进等，都说明了这一点。渤海把火炕发展到全面火炕的前夕阶段。"渤海的火炕较前代确实有了较大的发展。

（2）"渤海建筑的第二个特点，是多用石头和善用石头，从而加固了建筑物。与众不同，渤海在城墙、墓葬、房屋、桥梁、井栏等所有建筑物和构建上大量使用石头，而且能比前此时期更好地修整石头，石头的利用范围更大，砌石技术也颇熟练。渤海在石灯、石佛、石狮、石碑等需要艺术技巧的对象上，也随心所欲地使用了石头。"

（3）宫殿设计在视觉效果方面的技术。渤海上京城的宫城"以宫殿址为中线从两侧向南北伸延的回廊，其间距越往北就越窄。这里包含着建筑学的手法，即夸张宫城的深度，使之比实际深度更深，从而提高它的'威严'"。当然，这一观点朱荣宪在《渤海文化》中已经提出过了。

（4）认为渤海考古文化的一切都是继承自高句丽的，叙述渤海考古的各方面情况，最终都一定要落到这一点上。但这与事实不符，所以其论证就常常显得很牵强，明显给人以生拉硬拽的感觉。

比如说到渤海能够制造构造精细的石灯，原因竟然是使用了所谓"高句丽尺"："渤海建筑在建筑物的构成和构造方面，大胆引进了适合于自己情趣的比例和手法，并使之更加精练。构成其基础的长度标准，是继承长度在35公分左右的'高句丽尺'，并原样加以使用，因而才能留下象上京石灯那样精湛的遗产……渤海建筑的这些特点，不可能是在废墟上出现的，它是继承和发展了先行的高句丽建筑而产生的历史性产物。"

再如，关于城的建筑，本书说："渤海的城在许多方面同高句丽城具有共同性。那是因为渤海是高句丽遗民建立的国家，在筑城方面也在相当程度上继承了高句丽的传统。"

可是，大多数渤海建筑都是仿唐的，无论如何也不可能将其与高句丽拉上关系。对这种情况，本书就硬说是渤海对高句丽建筑的发展。"渤海并非单纯重复高句丽的都城制度，而是进一步发展了它。其中，最明显的是地方都城的建设……渤海对高句丽都城的发展，不仅见诸地方都城体系，而且见诸都城的构成、形制及其它许多方面。"

（5）有些考证有误。比如本书认为，上京城边牡丹江上的"七墩八孔桥"，所在江段江面较宽，不适合建桥。"筑桥时似乎首先考虑军事上的需要，因此在不便筑桥的地点也筑了桥。"但事实上此桥与军事无关，选在这一江面较宽地段筑桥，一是因为这里江面虽宽，但江水较浅，依当时的技术条件，反而适合筑桥；二是这里距上京城近，可以说就在城边，出入方便。又如，本书说吉林敦化敖东城有渤海宫殿址，但事实上敖东城很小，并无宫殿址。

二 学术评价

本书一些结论缺乏科学性。对于于自己观点不利的资料，想出各种办法进行否定和歪曲。比如，说辽东地区是古朝鲜的土地，但出土的青铜器等文物都是中国制造的。这当然不利于其辽东地区的古朝鲜说，因为这证明辽东地区在中国文化范围内，更应该是中国领土。为解释这一矛盾，本书提出这样一番说辞："国内商业和对外贸易的发展，促进了古朝鲜统治阶级和商人的财富积累，使他们更加富有起来，而他们则以这些财产追求更加豪华奢侈的生活。因此，他们需要邻国的奇品异物，并输入一定数量，在同中国大量进行交易的细竹里——莲华堡类型遗址的分布范围内，零星出土被认为是中国制品的遗物，例如，以桃氏剑为主的部分武器、服装和其它部分遗物，就说明了这个问题。换句话说，同邻国贸易的盛行，一定程度上伴随着文物的交流。"对于非常明确、实在无法曲解的史料，就说它是通过贸易交换来的，代表不了当地的文化。这就是此书的逻辑。

本书把我国东北所有有青铜短剑和石室墓的文化都说成是朝鲜古代文化，这样就把辽东、辽西及其以北直到松花江流域的广大地区都纳入朝鲜史的范畴中去了。但事实上，青铜短剑和石室墓并非古朝鲜所独有。而且，本书把一些不是石室墓的墓葬也说成是石室墓了。总之，过于明显的政治目的性严重影响了本书的学术价值。

本书虽然名为考古学概要，但内容中不少地方是根据文献资料论证其观点，基本都是用文献来补充考古资料的不足。所以本书不是一般意义上的考古学著作，更像是一部以考古资料为主，以文献资料为辅的研究性著作。

第五章　成书于 20 世纪末有关黑龙江的史料

第一节　《渤海的对外关系史》

一　作者简介

韩圭哲，毕业于高丽大学历史系，获文学博士学位，历任高丽大学、江原大学、东亚大学、兴益大学讲师，庆星大学人文学院院长、教授，现为国史编纂委员会委员，是韩国渤海史研究的几位大家之一。发表过《新罗与渤海政治交涉的过程——以南北国的使臣派遣为中心》《高句丽时代的靺鞨研究》《渤海建国和南北国的形成》《渤海和新罗的武力对立关系》等论文。1994 年，新书苑出版了他在韩国渤海史研究中占有重要地位的专著《渤海的对外关系史》。

二　主要内容

全书共 40 余万字，分为四章：第一章"渤海的建国和南北国的形成"，第二章"渤海与新罗的交涉关系"，第三章"渤海和新罗的对立关系"，第四章"渤海遗民与高丽"。作者自述本书的写作目的是"要阐明与渤海建国势力有关问题和与渤海和新罗的交涉和对立有关问题。准备讨论如下几个问题：1. 创建渤海的大祚荣是松花江出身的高句丽人；2. 渤海和新罗间的交涉和对立在以共同体意识为基础而得到了实现；3. 南北国关系在渤海遗民和高丽之间也有一定的表现等"。一句话，本书强调渤海是高句丽的继承国，与新罗是"南北国"，渤海史是韩国历史的一部分。

书中与黑龙江有关的史料主要有以下几个方面。

（1）关于渤海与新罗的关系。认为两国关系上的主流是对立的，具体地可分为五个阶段：渤海建国期，即大祚荣统治 20 年间的南北友好期（698～713）；渤海王权确立期的 60 余年间的南北对立期（713～785）；渤海王权动摇与新罗贵族抗争期的 30 余年间的南北交涉期（785～818）；因渤海领土扩张政策和新罗与唐紧密结合而开始出现的渤海中兴期的南北对抗期（818～911）；契丹复兴，唐朝灭亡，新罗分裂成后三国，渤海灭亡前夕短暂的交涉期（911～926）。

这一结论除将渤海与新罗视为南北国外，其余的关于渤海与新罗关系的总体认识和五个阶段的划分都是正确的。

（2）关于投奔高丽的渤海遗民。以往都是只把《高丽史》中明确记载为渤海人的统计在内，但本书认为，还有一些渤海遗民是以契丹人或女真人的面貌出现在《高丽史》中的。其原因有四："第一，高丽初，随着渤海人来投高丽记录的消失，'契丹人'、'女真人'的来投高丽记录有所增加。即因渤海灭亡后国权丧失，渤海遗民被称为契丹人或女真人，所以在《高丽史》中以契丹人出现。第二，在来投高丽的契丹人姓氏中有很多曾在渤海支配层中占相当比重的高、大、王等姓氏。第三，渤海系契丹人曾参加了渤海复兴运动，运动失败后投奔高丽政治亡命的事例……。第四，契丹军队中有相当数量的渤海后裔这一点……渤海支配层遗裔如此活跃在契丹军首脑部中的事实，就暗示着几十、几百、几千的被支配层遗裔亦被动员的与高丽进行的战斗之中。据此可推知，自从显宗年间开始的来投高丽的契丹军队中，有许多渤海遗民。"还有一部分渤海遗民又已经女真化了，所以《高丽史》中记载的来投的女真人中，也有一部分其实是渤海遗民。这一结论是很有见地的，是渤海遗民史上的一个突破。

（3）强调"南北国"论。认为渤海是高句丽的继承国，原来史学界所说的"统一新罗时代"（指从新罗统一到后三国出现）概念不科学。因为渤海继承高句丽建国后，新罗就只不过是"统一两国的新罗"，或是"扩大了领土的新罗"，而不应再称为"统一新罗"。韩国此时没有统一，而是进入了南北国时代。《三国史记》之所以没有记录渤海史，"是因为新罗和渤海对立历史的展开和高丽门阀贵族的新罗继承意识而造成的。因此，不能仅仅以没有记录为由就否定渤海对高句丽的继承性"。确有个别新罗史料称渤海国为北国，如崔志远起草的《谢不许北国居上表》，但这也只是对方位的表述，谈不上民族认同感。

（4）提出至少一部分靺鞨人与高句丽同族。关于靺鞨与高句丽的关系，认为靺鞨是中国对东北亚异民族的泛称和卑称，不是靺鞨人的自称。靺鞨的民族系统是多元的，其地域包括了传统上被认为是靺鞨祖先的肃慎、挹娄，以及属于秽貊系统的夫余和高句丽的居住地，所以不能把靺鞨看成是单一系统的种族。"粟末靺鞨是松花江流域居民的意思，黑水靺鞨是黑龙江流域居民的意思。"认为靺鞨的一部分，至少是白山靺鞨和粟末靺鞨，是属于秽貊族系的，与高句丽属于同一族系。这是一个新提法，也是他论证渤海是高句丽继承国的一个新角度。以往朝鲜、韩国学者论证这一观点，前提都是明确区分靺鞨与高句丽为不同民族，主要是通过论证大祚荣是高句丽人的方式进行的。而本书的作者韩圭哲则另辟蹊径，直接把建立渤海国的靺鞨人说成是高句丽人。

（5）关于为什么新罗不认为渤海是高句丽的继承国。持渤海为高句丽继承国说，即"南北国论"者的一大软肋是：既然渤海是高句丽的继承国，与新罗为同一民族的南北国关系，为什么看不出新罗对渤海有任何同族的感情和认可呢，而且，新罗人还明确指出渤海是靺鞨人的国家呢？对此，韩圭哲先生是这样解释的："新罗把渤海记录为不是高句丽遗民的国家，而是靺鞨人的国家，这只不过是在与渤海处于对抗情况下，为了贬低渤海而把渤海称呼为'渤海靺鞨'的，所以决不能把渤海看成是由高句丽遗民和跟它不同的靺鞨构成的具有两面性国家的证据。"从这里看，似乎新罗人知道渤海与自己是同一民族，只是因为政治上处于对立关系而不愿承认。

在本书的另一处，他又这样解释新罗对渤海没有民族认同感的原因："南北国时代论的本意，并不在于渤海与新罗是否把对方看成是同民族。就是说，这决不是因为当时已有近代民族意识，而讲述了南北国时代论的正当性。它与在韩国史中设置三国时代的逻辑一样。这个逻辑，并不意味着三国人就有与现在一样的民族意识，而是依靠三国间文化上有着大致的同质性，又通过政治、军事对抗和交涉，要求合并等作为根据的。"这里说当时新罗与渤海间并无同族认识。这与上一说法相矛盾。

（6）关于渤海灭亡后其遗民与高丽的关系。认为渤海以及渤海灭亡后遗民建立的反契丹政权，如定安国、大延琳的兴辽国、高永昌的大渤海国等，在危机时都积极向新罗和高丽求助，灭亡后又都把高丽当成逃亡的目的地。这是因为"他们互相具有一定程度上的共同体性历史关系"。认为这也是渤海与高句丽同民族的一个证据。但事实上，由于地理的关系，他们的逃亡除了高句丽没有其他选择。

（7）关于渤海这一国号。认为渤海这一国号不是来自唐的册封："像渤海在年号和王的谥号方面实践了由唐所介意的自主内政一样，可以认为渤海的国号也是他们自己私自制定的。"此结论没有任何有力的史料依据，但渤海国号来自唐的册封却有直接而又明确的史料依据。

（8）关于大祚荣的"天统"年号。韩圭哲先生依据《桓檀古记》和《陕溪太氏族谱》，认为"天统"这一年号是确实存在的。但现在这两部"史料"已经被证明是出自近人之手的伪书。

三　学术评价

本书是近些年来韩国渤海史研究的最有影响的力作之一，其对某些具体问题的考证取得了突破性进展，得到学界的广泛认可。如，关于投奔高丽的渤海遗民的数量，首次提出《高丽史》中以契丹人出现的部分来投者实际是渤海遗民，从而投奔高丽的渤海遗民数量可能略高于以往的观点。

当然，本书也坚持了朝鲜、韩国渤海学界的一贯观点，即把渤海看成是高句丽的继承国，并由此产生了一定的不实之论。

第二节　《渤海政治史研究》

一　作者简介

宋基豪，1956 年生于大田，1975 年考入汉城大学人文学院国史系。据说，他是韩国该年高考文科第一名，是"状元"。1981 年毕业，获学士学位。之

后，继续在该校研究生院攻读硕士学位，1984 年毕业，获硕士学位。1984 年
至 1986 年，在翰林大学亚细亚文化研究所任研究员。1986 年至 1988 年在同校
历史系任专任讲师、助教授。1988 年至今，一直在首尔大学人文学院国史系
和首尔大学图书馆工作，历任专任讲师、助教授、副教授、教授、图书馆馆
长，并于 1995 年获博士学位。他主要从事渤海国史和韩国古代史的研究，曾
数次到中国和俄罗斯考察渤海的遗址、遗迹。出版过《渤海史》《江原道的先
史文化》《译注韩国古代金石文》《寻找渤海——满洲、沿海州踏察记》《东亚
的历史纷争》《韩国古代的火炕：北沃沮、高句丽、渤海》等著作，还翻译过
王承礼的《渤海简史》，以及朝鲜李朝时期实学派学者柳德恭用汉文写成的
《渤海考》。2013 年宋基豪又出版了新著《渤海社会文化史研究》。

二　主要内容

本书 1995 年由一潮阁出版社出版。虽然名为渤海政治史，内容却与一般
的政治史著作有较大差别。全书正文共四章：第一章"大祚荣的出身与建国
过程"，主要叙述了大祚荣的出身、大祚荣集团初期的行迹，以及渤海建国集
团的构成与建国过程；第二章"八世纪的迁都与文王的文治"，内容包括迁都
的原因和过程、"天孙"和"皇上"称号的使用、"文治"的成果与局限等；

第三章"九世纪海东盛国的实现和国
家地位"，主要是通过渤海、日本间
的国书分析渤海社会的变化，通过渤
海学生参加宾贡科和渤海王在其国内
私称皇帝来论证渤海不是唐的地方政
权；第四章"渤海的灭亡"，叙述渤
海国灭亡前后与朝鲜后三国的关系，
以及渤海灭亡的原因和过程。

这是一部专门研究渤海国的著
作，可以说其全部内容都与黑龙江有
关。

（1）关于渤海国的疆域。"全盛
时期，其领域东到沿海州，西至辽东
地方，北达松花江，南以大同江至龙

兴江一线与新罗为邻。"这一认定符合事实,与朝鲜、韩国相关著作夸大渤海疆域的倾向相比,是实事求是的。

(2)关于历史上朝鲜半岛政权对渤海国历史归属的认识。认为"自新罗时代至高丽时代曾存在两面性的意识。新罗人把渤海认识为高句丽系统国家的同时,还把它认识为靺鞨系统的国家,在崔致远的文章中便曾混杂出现这种两面性的认识。进入高丽时代,此二潮流仍在彼此交叉。尽管高丽具有高句丽继承国和统一新罗继承国的两面性继承意识,但到高丽中期,以新罗为中心的历史认识形成主流"。以往朝鲜、韩国史学界一直强调新罗、高丽对渤海的同族意识,这里能承认自新罗时代至高丽时代曾存在两面性的意识,虽然与事实仍有距离,但也确实是一个进步。

(3)关于大祚荣集团的族属。关于渤海国的建立者大祚荣的族属,以往有靺鞨人、高句丽人两说,宋基豪认为这两种说法都存在片面性。新罗人崔致远的《谢不许北国居上表》明确指出渤海是粟末靺鞨人建立的国家。朝鲜、韩国学界一般都主张这是崔致远为贬低渤海而对历史事实的歪曲。但宋基豪反对这一说法,认为"这决不是对历史事实的歪曲。这篇文章是以新罗王的名义呈给唐朝的,说谎是不容易的"。他对大祚荣集团的族属和来源做了这样的认定:"大祚荣集团原本是粟末靺鞨族,居住在原住地粟末水流域,六世纪末前后迁移并定居于高句丽领域内。尽管如此,他们照样维持了靺鞨酋长的地位,另一方面作为高句丽的将领参加了军事活动,并在这期间加速了同化于高句丽的进程,而脱离了纯粹靺鞨族的范畴。及至高句丽灭亡,他们也被划为高句丽的有力集团,被强制迁徙到营州地区,一直居住到李尽忠之乱的爆发。""大祚荣既不是纯粹的靺鞨人,也不是纯粹的高句丽人。他是一个纯粹靺鞨人和纯粹高句丽人之间的中间性存在。他继承了靺鞨人的血统,进入高句丽后经历了相当程度的高句丽化的进程,所以被认为是这种中间性存在。"这是渤海史学界首次提出这样的观点,这一说法基本符合历史事实。20 世纪后期以来,朝鲜、韩国关于大祚荣集团的族属,大都一口咬定是高句丽人。这里能承认他们本是粟末靺鞨族,确实是一大进步。

不过,他认为大祚荣集团的高句丽化程度已经很深,"尽管他是继承靺鞨血统的人物,却认为他的高句丽归属意识更为强烈。这是表明他高句丽化究竟有多大进展的标志。在这种意义上,比起把大祚荣看成亲高句丽的靺鞨人,倒不如把大祚荣看成是靺鞨系的高句丽人更妥当"。从全书的整体立意上看,这

才是他真正要说的话，他还是要把渤海史纳入朝鲜史中去。

（4）他的史才也很值得称道。他善于从大家都熟悉的史料中看出别人没有看出的问题。比如，《全唐诗》载，渤海宾贡高元固到闽中访唐诗人徐寅，并告诉他说，渤海人得到徐的《斩蛇剑赋》《御沟水赋》《人生几何赋》等诗文，都用金抄写于屏风之上。对这段记载，多数人只看到了渤海与唐的文化交流，但宋基豪先生则看到了渤海本朝的社会风气。"《斩蛇剑赋》对比秦朝的奢侈和汉朝的俭朴而论述了国家的兴亡。《御沟水赋》以描写华丽奢侈的宫而警告在其后面百姓怨声之高。《人生几何赋》以谈论人生的短暂而批评了当时为自身荣辱而发动战争并过奢侈生活的为政者。这类主题，尽管是批评唐末社会的风气，但据猜测渤海人之所以推崇它，也是由于渤海同样的社会风气与此无大差异。"进而分析这也是渤海灭亡的原因之一。

（5）关于渤海的地位及其与唐的关系。本书认为，"渤海基本上是被编入以唐为中心的国际秩序之中的王国。因此，就对外而言，它属于唐的藩国。从内部来看，也在许多方面维持着皇帝国家下面的王国体制。但渤海并不象一部分人主张的那样，只不过简单地是唐的地方政权"。换句话说，他认为，渤海虽然形式上是唐的藩国，但实际上是一个独立国家。他用来论证这一观点的主要论据就是渤海人参加了唐的宾贡科，认为宾贡科是唐针对外国人设立的政策关怀性科举考试。渤海参加宾贡科，"便意味着唐朝并不认为渤海是自己国家的地方政权，而认为它是独立的外国的一个国家，与新罗的例子相同"。此外，他还提出了渤海王在内部自称皇帝，以及有年号和谥号等，作为渤海是独立国家的例证。

这些看似有一定道理的观点其实是站不住脚的。宾贡科并非特设科名，只是应试者的类别代称①。宾贡科应该是给母语非汉语应试者的类别代称，其中有外国人，也有国内少数民族的应试者，渤海应试者当属后者。所以，不能因为渤海人参加了宾贡科就断言渤海是独立于唐之外的国家。至于渤海王在内部自称皇帝，以及有年号和谥号等，也不能作为渤海是独立国家的例证。因为判断是不是独立国家的一个重要标准是能不能得到外部的承认。渤海王对外从未称过皇帝，年号和谥号也是背着唐私设的。所以渤海既不敢妄称，外界也不承认其为独立国家。

---

① 党银平：《唐代有无"宾贡科"新论》，《社会科学战线》2002 年第 1 期。

（6）关于渤海国的主体民族。认为大氏是"高句丽化的大祚荣的后裔"，高氏是高句丽王室的后裔，"其余的权势姓氏也很有可能是高句丽系统的人。因此，渤海贵族几乎全是由高句丽系人物形成的"。他这样说并没有多少史料依据，事实上也是站不住脚的。

（7）关于"渤海为新罗罚"。日本僧人圆仁的《入唐求法巡礼行记》载："新罗国昔与渤海相战之时，以是日得胜矣，仍作节乐而喜舞，永代不息……其渤海为新罗罚，才有一千人向北逃去。向后却来，依旧为国，今唤渤海国之者是也。"宋基豪在本书中对此的解释是："高句丽遗民一千人，向北逃去，后称渤海国。"把它当成了高句丽遗民建立渤海国的证据，这实在是太牵强了。这段话是圆仁记载的新罗人的话，新罗人怎么可能分不清高句丽与渤海？这段记事没有出现任何高句丽的字样，说明与高句丽无关，只是追述了渤海与新罗间的一次战争。只是因为新罗在与渤海的对抗中处于劣势，取胜一次不容易，所以才分外看重。

三　学术评价

本书的一大特点就是看似客观公正、比较严谨，对一些非常明显的客观事实能够给以一定程度的承认，不完全是空洞的口号式的，是拿出了一定论据的，因而在渤海史史界产生较大影响。但实质上却是以退为进，不但仍然坚持其以渤海为高句丽继承国，要把渤海史纳入朝鲜史的传统观点，还在一些具体问题上提出所谓新证据。

第三节　《渤海·渤海人》

一　作者简介

徐炳国（1941～），生于汉城，毕业于延世大学史学科，是光运大学教授。他的《渤海·渤海人》一书不是渤海史的综合著作，而是一部专题论集，重点是渤海人的源流。

徐炳国在此书的序言中明确了写作目的："本人的热切愿望是通过本书，给那些关心在满洲大陆发扬光大韩民族特有气势的高句丽、渤海实情的学生、读者以帮助。"

二　主要内容

（一）本书概况

全书分为三个部分。

第一部分是"渤海国的历史"，论述了"渤海国是哪个种族建立的""渤海的国号来自哪里""渤海是唐的属国吗""渤海与大陆国家的关系如何""渤海国统治了哪些靺鞨部族""渤海国与新罗的国境在哪里""渤海人为什么要把靺鞨式姓名改成中国式的""渤海国灭亡时新罗是否给予了援助""渤海国为什么致力于同周边国家的交易""第二渤海国是怎样的国家"等 15 个问题。

第二部分是"契丹时代的渤海遗民是怀着怎样的思想生活的"，论述了"渤海遗民是否与东丹国合作""契丹为什么把渤海遗民迁往辽阳""契丹统治外的渤海遗民干了什么""契丹统治下的渤海遗民是怎样生活的""女真抵抗契丹时渤海遗民是否动摇""渤海遗民的民族解放战争是怎样展开的""渤海遗民是以怎样的视角来看高丽的""渤海遗民是否帮助了契丹政权"等 8 个问题。

第三部分是"女真时期渤海遗民怎样生活"，论述了"女真政权为什么需要渤海知识阶层""渤海系皇后是怎样指导作为皇帝的儿子的""女真政权的渤海系官僚对女真进出中国是否做出了贡献""女真政权的皇帝是否可以说是渤海系""渤海系文人在女真政权的文学界所占比重如何"等 5 个问题。

三部分外还有一个附录"金始祖是否为高丽人"，论述了"问题的提出""金始祖函普的实际存在""函普与新罗的关系""函普等五代祖的实际存否""保活里的实际存否"等 5 个问题。

本书 1990 年由一念图书出版公司出版。梁玉多翻译了其第一部分"渤海国的历史"，编入《渤海史论集》一书的附录，2013 年由中国文史出版社出版。

除本书外，徐炳国的专著《宣祖时代女真交涉史研究》，在韩国学界也较有影响。

（二）书中与黑龙江有关的内容

（1）关于渤海国地理的考证。用比较多的篇幅考证了渤海与新罗交界地问题，也就是泥河为哪一条河的问题。认为"《三国史记》的泥河与《新唐书》的泥河完全不同。换句话说，两书记载的泥河为同名异河，前者的泥河是连谷川，在东海岸；后者的泥河是大同江，在西海岸"。关于渤海与新罗交界的泥河，历来是渤海史研究中一个歧见较多的地方，有南大川说、城川江说、龙兴江说、连谷川说、大同江说等诸多说法。但不管哪一说，都认为泥河只有一个，《三国史记》的泥河与《新唐书》的泥河是同一条河。本书提出二者不是一条河，前者在东海岸，流入日本海，后者在西海岸，流入黄海。这一说法是有见地的。

（2）关于渤海与靺鞨各部语言相通，以及渤海人将靺鞨式名字改为汉式的原因是受唐影响。"渤海国及其它靺鞨各部大部名字中用'蒙'字，这表明渤海与靺鞨各部的语言相同。可是，从文王大兴四十年（777）开始，没有人在名字中再使用'蒙'字了。这似乎是因为渤海已经和唐在政治、经济、文化等各个方面都建立了联系，受到了唐的很大影响，不再用从前的名字。"这一观点与此书的基本观点，即否定渤海的主体民族为靺鞨族相矛盾，却是符合历史事实的。

（3）对辽金时期渤海遗民的情况考证得最为详细。本书用了一半以上的篇幅考查了辽金时期渤海遗民的生活情况、在辽金政权中的作用等问题，其对渤海遗民关注的程度为任何其他关于渤海史的著作所不及。

（4）比较深入地探讨了投奔东突厥的高句丽遗民的情况及渤海与东突厥的关系。比如，考证出《新唐书·突厥传》中的高文简，其实就是在高句丽灭亡时亡命东突厥的原高句丽莫离支高任武。

（5）关于渤海使臣在唐活动的内容有比较客观的推定。认为"渤海使臣在唐活动的内容并没有拘泥于唐人规定的框框，没有仅限于朝贡活动。由此可知，渤海国一定不是仅仅为了朝贡而派遣使臣去唐的"。

三 学术评价

本书的特点是在体例上有"科普"宣传的意味，采取了问答的方式，全

书内容就是对 28 个问题的回答。不过,本书对一些问题有较为深入的研究,与一般的"科普"著作不同,还应视为研究著作。

存在的主要问题如下。

(1)书中存在较多没有史料依据,完全靠想象得出的结论。比如,关于渤海这一国名的由来,认为"早在隋征高丽之前,高句丽人就在中国渤海地方从事集团农耕生活了。唐人当然也不会不知道渤海地区与高句丽人地理上的关系很深",所以唐才给大祚荣以渤海郡王的封号。而这一封号也"暗示了渤海国的政治、经济、文化等一切主导权都归大祚荣等高句丽系遗民掌握"。

再如关于大祚荣遣使去东突厥的原因,认为一方面是为了与东突厥建立友好关系,以求有一个稳定发展的环境,另一方面是要求"遣返"高句丽灭亡时逃到突厥去的高句丽遗民,以增强新生的渤海国的力量。"大祚荣可能预想,如果由于东突厥强大而形成的缓冲地带崩溃,唐的第二次侵略就可能出现。过去东突厥、结成了友好关系,再加上东突厥有很多逃来避难的高句丽遗民,东突厥是不会侵略作为高句丽继承国的渤海的。可唐就不是这样了。可见对这样的事实很清楚的大祚荣是为了强化兵力而遣使去东突厥的。"

这种单凭想象就下结论的情况是不应该出现在严肃的史学著作中的。

(2)有的结论过于牵强。认为渤海国建立之初,大祚荣遣使去突厥的原因之一,是要求"遣返"高句丽灭亡时逃到突厥去的高句丽遗民,以增强新生的渤海国的力量。但事实上并没有在突厥的高句丽遗民去渤海。对此,徐炳国先生认为,突厥的高句丽遗民并不是不认为渤海为同一民族的国家,拒绝归附渤海是因为,"他们逃到东突厥已经 30 多年,这期间已经一定程度上建立了经济生活的基础,尽管大祚荣建立了高句丽的继承国,让他们放弃已经建立起来的生活基础,再到渤海去建立新的经济生活的基础也是过于勉强的"。

可是,这一说法是比较勉强的,因为后来东突厥政治混乱、生存条件变坏时,以高文简和高拱毅为首的高句丽遗民为了求生存,南下投唐,没有投渤海。所以他们是否认为渤海是同族国家,以及大祚荣遣使去突厥是否兼有要求"遣返"高句丽遗民的意图都很难说。

(3)只把中国的中原政权称为中国,把渤海这样的地方民族政权都看成是与中国并列的国家政权。这样的错误比比皆是。

(4)严重夸大高句丽的强大和高句丽人在历史发展中的作用。比如,说东突厥强大起来、有能力进攻唐的原因，竟然是高句丽遗民的来投。"宝藏王主导的恢复国权活动失败，高句丽遗民逃往东突厥……对唐保持了三十年沉默的东突厥于 679 年重新对唐展开进攻，从中可以看出，由于高句丽遗民的来投，使其军事力量大为加强了。"

（5）缺乏创见，简单重复前人研究成果的地方较多。如关于渤海人的姓氏，列举的 55 个姓氏，与金毓黻先生《渤海国志长编》卷十六《族俗考·姓氏》完全一样。姓氏一样没关系，因为史实就是如此，但每一姓氏后面的相应的解释说明也几乎完全一样就不应该了。

（6）选择性地使用史料，对于于自己观点不利的史料避而不提。新罗与渤海是对立关系，不但平时对立，契丹灭渤海时，新罗还参加了契丹组织的灭渤海联军，看不出存在同族之谊，这在《辽史》卷二有明确的记载。但这一史料对渤海与新罗有同一民族情谊的观点不利，所以本书对此绝口不提。在"渤海国灭亡时新罗是否给予了援助"一节，虽承认渤海灭亡时新罗没有给以援助，但刻意回避了新罗参加灭渤海的史料，只是含含糊糊地说："渤海末期，为警惕契丹势力的增长，与新罗缔结了军事关系。但是在渤海面临灭亡之际，又几乎看不到新罗给以军事上的援助。或许两国缔结了军事关系，新罗尽管说给以军事援助，事实上则停留在消极的程度上。"这样说给人的印象似乎是新罗只是没有积极援助渤海，降低了对双方对立关系的印象。

第四节 《渤海史研究》

一 作者简介

张国钟，朝鲜科学院历史所教授，候补院士，博士生导师。他关于渤海史的著述颇丰，是目前朝鲜渤海史研究者中资力和名望最高的。如果说朴时亨是朝鲜渤海史研究的第一代领衔人的话，张国钟就是继他之后的第二代领衔人。

二 主要内容

本书 1997 年由朝鲜社会科学出版社出版，全书由第一、第二两篇和一个序章构成。第一篇"领域"，内容包括渤海国的疆域四至、"高丽侯国"的建立和领域；第二篇"居民"，内容包括渤海国存在期间的居民构成，渤海国灭亡后其故土的居民构成及反契丹斗争，渤海故土上的女真和其他种族。序章为"渤海国的创建"，内容为"高句丽遗民的反侵略斗争"和渤海国的建立。

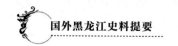

本书无论观点还是资料，可取之处都不多。只有关于渤海疆域的观点是正确的，虽然不新，但作者着意强调，也有一定的参考价值。

关于渤海的疆域。张国钟认为比以往认识的要大，不仅有五京、十五府、六十二州这个基本部分，还应当包括广大的边疆民族地区，渤海国对之实行的羁縻政策。虽然纳入控制范围，但没有设立州县，或仅设州没设县，实行间接统治。但是，张国钟认为连库页岛都属于渤海，这似乎有些过了头。因为没有任何文献和考古资料可以证实这一观点。另外，张国钟认为渤海国的疆域包括了辽东地区，其论述是能够站得住脚的。不过这一观点并非他首创，我国学者魏国忠 1985 年就在《龙江史苑》上发表了《渤海国据有辽东考》。

渤海国疆域的形成有一个过程，不是一蹴而就的。但张国钟说："在建国初期，大祚荣的渤海国就已经吞并了哈巴罗夫斯克地区的南黑水。"无论从哪一方面说，这都是不现实的。至于他说渤海全盛时期北界已达鄂霍次克海，更是不可能的。

书中明显错误的观点不少。

关于渤海建国的年代。以往的渤海史著述，不论是中国的、日本的，还是朝鲜、韩国的，对渤海的建国年代，都认为是 698 年，没有异议。但张国钟在此书中提出了不同的看法。他认为，渤海国的创建，并不始于 696 年契丹人在营州发起的反唐暴乱，而是由反唐的高句丽遗民在 684 年建立的"小国"振国（震国）不断扩大发展而来的。就是说，振国并不是一般认为的698 年建立的渤海国最初的国号，而是在此 14 年前就已存在的"小国"的国号。这个振国是由大祚荣的父亲乞乞仲象建立的。到 698 年，这个"小国"以营州之乱为契机，发展壮大成了渤海"皇帝国"。其所依据的是《帝王韵记》和《陕溪太氏族谱》的有关记载。《帝王韵记》是朝鲜古代的叙事诗。以韵文的形式叙述了中国和朝鲜古代史的部分内容。它的成书年代很晚，是 1287 年，其史料价值远逊于成书较之早许多的《旧唐书》《新唐书》《资治通鉴》《册府元龟》《唐会要》等基本史料。它关于渤海建国年代的纪事是错误的。不能仅仅以此书的一条纪事就否定众多基本史料的纪事。至于《陕溪太氏族谱》，更早已为史学界证明是后人伪造的。对此，大部分韩国学者也是承认的。只有朝鲜学者，因为其中有些内容对其观点有利而仍以之为信史。

关于渤海国的人口。他认为，"渤海国时期，其领域内似有 500～600 万名左右的居民"，并进一步指出，其中高句丽后裔 400 万人左右，靺鞨族一百数十万人。对于渤海的人口，学术界比较一致的认识是，渤海后期人口达到高峰时在 300 万人左右，如魏国忠的《渤海人口考略》（《求是学刊》1983 年第 3 期）、王承礼的《中国东北的渤海国与东北亚》（吉林文史出版社，2000），张国钟主张的 500 万～600 万人显然与一般的认识出入较大。那么，他的这一数字是怎么来的呢？他认为："关于渤海国的户口总数虽然有相关的记载，但几乎都不可信。"为什么不可信作者没有具体指出。他在书中对这些数字都没有具体的考证过程，只是说"基本上继承击退 300 万隋朝大军的一大强国高句丽的领域和居民构成的渤海有 500～600 万名左右的人口，这一观点并不是夸大其辞的"。看来，他的这一结论主要来自主观推测，唯一的根据是说渤海国继承了高句丽的大部分人口。高句丽灭亡时的人口是有具体数字的，为"六十九万七千"（《旧唐书》卷 199 · 东夷传 · 高丽），如以每户 5 口计，则总人口约 350 万人。而且，高句丽灭亡后，其遗民中不少人被迁到唐的营州及内地，还有的亡入突厥，留在原地的必大大低于这个数字。所以，即使渤海完全占有高句丽故地，五六百万这一数字也嫌过大。至于说其中高句丽人 400 万、靺鞨人百数十万则更不知有何依据。

关于渤海的居民构成。认为不但在原高句丽地区高句丽遗民占绝大多数，在越喜、铁利等本不属于高句丽，高句丽人从未涉足，是靺鞨故地的地方，高句丽人也是居民的多数。"在渤海国的居民构成中，高句丽后裔所占的比例很大，至少占总人口的百分之七十到八十。相反，靺鞨与其它种族则很少，加起

来也只不过是全国居民总数的百分之二十到三十。"他的这一结论也同样没有任何史料依据,没有任何推理论证过程,不知道这一数字从何而来。

本书还主张高句丽灭亡后,在今朝鲜半岛西北部和辽东地区,存在一个反抗唐朝的高丽国。"渤海国一经宣布成立",这个高丽国立刻"自愿编为其侯国"。我们且不论这个高丽国是否存在,单就渤海国一成立,高丽国立刻自愿编为其侯国这一结论,完全没有任何史料依据。

关于渤海的地理考证。其一,认为扶余府和怀远府的治所都在吉林省怀德县(现为公主岭市)。渤海的府下辖数州,州下又辖数县,可见府的规模很大,两府治所同在一地是绝不可能的。其二,其他府的治所的比定也多有错误。如认为东京龙原府治所在今朝鲜咸镜北道清津市清岩区富居里,东平府治所在今拉林河流域东部地区,安远府治所在今辽阳附近。而事实上东京龙原府治所在今吉林省珲春八连城,东平府治所在今密山市一带,安远府治所在今俄罗斯伊曼一带。

书中还有若干曲解史料之处。比如,《新唐书·渤海传》载:"子武艺立,斥大土宇,东北诸夷畏臣之。"这里的"东北"明显是指渤海国的东北,畏臣渤海的是渤海国东北方的一些靺鞨部落。张国钟为了扩大渤海国的疆域,说这个"东北""不是渤海的东北地区,而是唐朝的东北部,即亚洲大陆的东北部"。这样一来,整个亚洲大陆的东北部就都成了渤海的领域。

再如,洪奭周的《渤海世家》载,渤海建国之初,有"胜兵丁户40余万"。这40余万是"胜兵丁户"的总和,即军民的总和,不单指军队数量。但张国钟为了表现渤海一建国时力量就很强大,将之解释为"在建国过程中,大祚荣身边有40万大军"。

三 学术评价

本书内容明显地具有朝鲜第二代的特征。朝鲜以往的关于渤海史的著述,包括朴时亨的《渤海史》、朱荣宪的《渤海文化》以及几个版本的《朝鲜全史》中的渤海部分,彼此互相补充,具体提法差别不大,大体可以属于同一个学术时期。张国钟先生的这部著作则不然,虽然论证渤海的高句丽继承性的这一主旨一点儿没变,在具体的提法上却又有了诸多不同,表现得更为激进,或者说更为离谱,走得更远。

本书并不是一部关于渤海史的综合性著作,全书只谈了渤海史的两个方面，一是主体民族的族属，二是疆域。朝鲜渤海史研究最鲜明的特点就是完全论证渤海的高句丽继承性，目的是把渤海史纳入朝鲜史的范畴，这样渤海的领土也就成了历史上朝鲜的领土，而渤海的领土越大，说明那一时期朝鲜的领土就越大。在这样的思想指导下，当然是族属和疆域问题最重要，其他方面都是次要的。所以此书只集中力量研究这两个问题。作者在"前言"中十分明确地指出了本书的写作目的和主要观点。"渤海领域南至大同江，西接辽河，北临鄂霍茨克海，其主要居民为高句丽遗民。然而，有些人极力歪曲其领域和居民构成。他们颠倒事实，认为朝鲜半岛北部和辽东地区不是渤海的领域，而是靺鞨的领域。这种观点，不仅仅是对历史的歪曲，而且还是把渤海看作非朝鲜民族，即异民族建立的弱小国家的极有意的观点。所以，在这里提出以下两个基本观点来论证渤海国的存在。其一，朝鲜半岛北部以西地区和辽东半岛是渤海国领域不可分割的一部分；其二，渤海并不是靺鞨建立的国家，其绝大多数居民是高句丽遗民。"

本书中关于黑龙江的史料的不足之处甚多，作为史料的价值不高。但它代表了当前朝鲜方面关于渤海史的基本观点，所以应当从掌握国外研究动态的角度了解它。

第五节 《渤海国与靺鞨族》

本书作者张国钟的简况见第四节。

一 主要内容

2001 年 9 月，韩国图书出版中心出版了张国钟的新作——《渤海国与靺鞨族》。其核心观点是"靺鞨是渤海领域内的异族居民，不仅数量有限，而且对渤海国的发展没有多大贡献，所以不能把他们看成是渤海国的基本居民。更不能把渤海国歪曲为靺鞨族一类的国家，否认其高句丽的继承性，这不是正确的历史主义态度。渤海国继承了强大、文明的高句丽国家，绝对不能把渤海国歪曲为靺鞨族的国家"。

本书的主要特点是对渤海史有些新的提法，但这些新提法绝大多数是错误的。

（1）对于渤海这一国号的来源。张国钟与朴时亨一样，都否认是来自唐的册封，认为是渤海人自己定的，与唐人无关。张国钟认为："渤海国并不是连国号都不能自定，而采用别的国家所给国号的软弱无主见的国家。但册封之前已有企图的唐朝统治者把事实歪曲为册封渤海王后首次出现渤海国名。"但在"渤海"二字的具体含义上，张国钟与朴时亨二人又有不同的解释。如前文所述，朴时亨认为渤海人以渤海为国号，"是希望其国力象昔日的高句丽一样，能威震西南渤海沿岸之意"；张国钟则认为，"'震国'或'渤海'无可非议都来源于我国固有的语言，为'东方'或'明亮'之意"。看来张国钟的观点去中国化去得更为彻底，连"渤海"一词本是中国一个地理名词（郡名和海名）这一点都否认了。朝鲜语"明亮"与"渤海"的发音确有些相像，但仅以此就下结论，不是不严谨，而是不严肃了。

（2）关于渤海的建国时间。继续批判振国（震国）建于698年的观点，认为698年不是振国建立的年代，而是振国发展壮大为渤海国的年代。振国建立的时间大大早于此，应在6世纪六七十年代末。"高句丽遗民的反侵略斗争自高句丽灭亡便一直没有中断过。随后在各地也出现了振国等公国，至六七十年代末最终发展为小型国家权力机构。"他在《渤海史研究》一书中认为作为渤海国前身的振国建立于684年，现在又提前了若干年。不断地把建国年代往前提，用意显然是缩短高句丽灭亡与渤海建国间的时间间隔，以证明高句丽遗民不屈不挠地斗争，很快就恢复了故土国。换句话说，就是尽量把渤海与高句丽联系上。

（3）仍然大量引用早已被证明是后人伪造的《陕溪太氏族谱》中关于渤海的记事。如称大祚荣的父亲乞乞仲象为大仲象，并凭空造出了不少关于大仲象的事迹。

（4）关于渤海的建国过程。认为高句丽灭亡后，王室贵族出身的大仲象与其子大祚荣领导高句丽遗民在长白山地区进行反唐复国斗争，并且早在7世纪70年代末就建立了渤海国的前身振国，大仲象和大祚荣父子在高句丽初灭亡时并没有去营州。认为，"徙居营州一带的高句丽人和靺鞨人为创建渤海国的基本源流；以长白山为中心的政治集团与渤海大王国（大王国又是一个新的提法，张国钟在他的上一书中称渤海为皇帝国）创建过程分离的观点是不正确的"。作为"小国"的振国建立后，大祚荣父子在极力加强国力的同时，派了某一王公大臣去营州，联络那里的高句丽人和靺鞨人，做建立渤海大王国的准备工作，并猜测这个王公大臣就是大祚荣的弟弟大野勃。"当营州地区的复国斗争逐渐扩大和加强，创建渤海大王国的决战条件成熟时，大祚荣和大仲象可能亲自前往营州一带。"认为说大祚荣父子离开故土，在营州一带居住达数十年是不合理的，作者这样处理，当然也是为了尽量提高高句丽遗民在渤海国建立过程中的意义，降低靺鞨人的作用。

（5）关于靺鞨，作者提出了不少与众不同的见解。认为《隋书》中的靺鞨七部是捏造的，其中的粟末、白山、安车骨、伯咄四部与靺鞨没有任何渊源关系，不属于靺鞨族，是高句丽系统的居民。只有拂涅部、号室部、黑水部是靺鞨族。"所以称之为'靺鞨七部'不正确，应称之为'靺鞨三部'。"因为黑水部不在渤海领域内，所以真正在渤海国内的靺鞨人只有拂涅和号室两部，说"靺鞨七部是荒谬的绝论。自然，它也不可能是渤海本土的全体或大部分居民为靺鞨人的有力论据"。认为"渤海靺鞨"这个种族之名，从一开始就是捏造的，靺鞨是对渤海国的创建者高句丽人的侮辱性的称呼。《隋书》上说的靺鞨各部所居地区的主要居民不是靺鞨人，而是高句丽人。

靺鞨的先世是肃慎，对于肃慎，史籍上有两条著名的记事。一是《尚书》中，"成王既伐东夷，肃慎来贺，王俾荣伯作贿肃慎氏之命"；二是《国语·鲁语》中，"仲尼在陈，有隼集于陈侯之庭而死，楛矢贯之，石砮，其长尺有咫。陈惠公使以隼如仲尼之馆问之。仲尼曰，隼之来也远矣！此肃慎氏之矢也"。张国钟认为这两条记事都"纯属子虚乌有"，称古代肃慎是依附于古朝鲜的，后来又依附高句丽。看来，张国钟是要在源头上就割断靺鞨先世与中原地区的联系，把肃慎族系描绘成从一开始就从属于朝鲜系民族的民族。只是他仍然没有举出任何有力的证据来证明他的这一学说。

（6）关于渤海国的民族构成。作者继续了他在《渤海史研究》一书中认为绝大多数是高句丽族的观点，但在两个民族所占比例的具体数字上又有了新的变化。他在《渤海史研究》一书中主张渤海全国有高句丽人 400 万人左右，靺鞨族有一百几十万人，现在则又变为高句丽族 500 万人，靺鞨只有数十万人，只占渤海总人口的十分之一。高句丽人的比重进一步增大，靺鞨人的比例进一步缩小，似可进一步证明其渤海国的主体居民是高句丽族的论点。可是这一数字和他在上一书中的数字一样，只有结论，没有考证过程，让人不知道这一数据从何而来。

（7）总结了渤海国的建立在朝鲜历史发展中的意义。"第一，形成渤海作为高句丽继承国的本质和面貌更加突出的契机；第二，在我国历史上出现渤海

和后期新罗并存的南、北国时期；第三，提供了连接高句丽——渤海——高丽的民族史基本体系。"可以说，这三点无一正确。

（8）认为唐称渤海为渤海靺鞨是因为"害怕"。他说："唐统治者清楚地知道渤海国是高句丽遗民创建的国家……（但因为）非常厌恶和害怕曾给他们带来莫大损失和畏惧的高句丽，所以也非常害怕高句丽的继承国——渤海国在高句丽故地重建的事实被其本国人民知道。为了掩盖渤海国是高句丽继承国的真相，唐制造了渤海为软弱、落后的靺鞨人国家的'渤海靺鞨论'。"

此外，张国钟的这本书还有不少令人费解的观点。比如，他认为渤海中央政府的六部制不是来源于唐的三省六部制，而是来自夫余的以六畜名官。不仅如此，他还进一步说明："从檀君朝鲜时期开始，就有了将中央行政官厅分为六个部门的制度……这样看来，渤海国时期将中央行政统治机构分为六部的制度是我国（朝鲜）历史悠久的传统政治制度之一。"不知道他的这一说法是否有所本。所谓檀君朝鲜是朝鲜上古的传说时代，大体相当于我国的尧舜时期。那时就有了完整的行政体系，设了六部，这是颇令人怀疑的。再如，对于渤海的五京制，继续坚持他在上一书中的观点，认为不是仿唐，而是来源于高句丽的五部制。

总之，由于张国钟只力图证实渤海对高句丽的继承性，使其对渤海史的研究越来越失去了公正、客观的态度，以论代史，甚至连论也没有，全靠主观臆测的地方实在不少。这大大影响了其整体的研究水平。

二 学术评价

可以说，这本书是上文分析的《渤海国史研究》的延伸，是对上书已经提到的若干观点的进一步阐释。主要意图是减少靺鞨族在渤海国建立、发展中的作用，强调渤海国的高句丽继承性。具体说来，《渤海国史研究》是从疆域和居民这两个方面论述渤海国的高句丽继承性，本书则是从政治、经济、文化来全方位地论证这一问题。

如同他的上本书《渤海国史研究》一样，本书中关于黑龙江的史料的不足之处甚多，作为史料的价值不高。但它代表了当前朝鲜方面关于渤海史的基本观点，出现了若干新提法。虽然多匪夷所思之处，还是应当从掌握国外研究动态的角度了解它。

第六节 《韩国史》第十卷《渤海史》

一 作者简介

20 世纪八九十年代，渤海与新罗为韩国史上的南北国论在韩国已被普遍接受。代表官方立场的国史编纂委员会把渤海史完全纳入了韩国史中。90 年代上半叶，该委员会组织编写的《韩国史》的第十卷就是《渤海史》。这部《渤海史》的编写队伍阵容强大，卢泰敦、韩圭哲、宋基豪、林相先等各自分担了部分内容的撰写工作。他们都是韩国乃至于国际渤海史学界的知名人物，使得该书成了代表韩国渤海史研究水平的著作。

二 主要内容与评价

该书 1996 年由探求堂文化社出版，全书共五章。第一章"渤海的成立和发展"，叙述渤海国的建立、发展和居民成分；第二章"渤海的变迁"，叙述渤海国的兴盛、衰退灭亡，以及渤海遗民的复兴运动；第三章"渤海的对外关系"，分别考察了渤海与新罗、唐、日本的关系；第四章"渤海的政治经济和社会"，考证了渤海的中央政府组织、地方政府组织、军事制度、社会经济结构；第五章"渤海史观的变迁"，考察了国内外渤海史观的演变，以及研究的主要问题。

（一）提出了一些合理的新观点

（1）关于隋唐时期靺鞨的部数及其分合情况。《隋书·靺鞨传》载，靺鞨有七部，而《旧唐书·靺鞨传》和《新唐书·黑水靺鞨传》都载靺鞨有数十部。到底是七部还是数十部，该书认为，"（靺鞨族）尚没有形成具备常设统治机构的统一力量，而仅仅以村落为单位实行自治……不论何地的靺鞨族，都让最大或最知名的部落或村落的名称代表整个地区的居民……七部是指靺鞨族的七个部族，是不具有永久性的集团"。七部中的每一部可能都包含若干小部。高句丽灭亡时，七部中的伯咄、安车居、号室等部受到冲击，"奔散、微弱"了，其中的小部就分离出来，出现了越喜、铁利等新的部名，也就有了数十部的出现。笔者认为这一解释是合理的。

（2）关于小高丽国。小高丽国的存否，历来备受争议。该书对其存在持肯定态度，认为它出现于 8 世纪中期安史之乱以后，到 9 世纪初渤海宣王时期归入了渤海。这虽然在小高丽国的建立、归入渤海的时间等若干具体细节上与事实略有出入，但基本观点是正确的①。

（3）关于渤海的建国过程。认为大祚荣集团并不是从营州一出来就直奔牡丹江上游的东牟山建国的，而是在唐军暂时力不能及的今开原、昌图一带停留了一段时间，整顿人马，观望形势。唐就是在这期间封乞四比羽和乞乞仲象为许国公和震国公的。乞四比羽不受命，唐军来讨，大祚荣集团才继续向东北，在天门岭击败追击的唐军，在牡丹江上游建国的。综合考察《旧唐书》《新唐书》，这一观点是正确的。

（4）渤海国的地方行政机构为府州县三级，但这一体制的确立是有一个过程的。本书认为，8 世纪中期以前，地方只有州一级。州有大小之分，大州长官称都督，小州称刺史。但大州小州间并无统属关系，并列存在，都由中央管辖。8 世纪后期，府州县三级制才逐渐确立起来。笔者以为，这一分析有道理。

（5）承认渤海中央政府的三省六部制的来源在唐。"渤海的中央政治组织以三省六部制为基础，其母体是唐制。唐设三省六部及一台、九寺、五监、三局。渤海大体仿效，但略微缩小了规模，设三省六部及一台、七寺、一院、一监、一局。"

（二）也有明显的不足

（1）存在为证明自己观点而曲解史料的情况。日本史料《类聚国史》有"渤海国者高丽之故地也"的记事。本书认为，"不能把'渤海国者高丽之故地也'理解为单纯表现两国领域在地域学上相一致，而这里也包含着渤海是高句丽继承国的意思"。可是，这句话的意思就是说二者仅仅是地域上相一致，完全看不出"包含着渤海是高句丽继承国的意思"。

（2）关于"高丽别种"。该书认为，生活在高句丽边境靠近靺鞨地区的高句丽人的社会和文化习俗可能与生活在高句丽中心地区的高句丽人表现出一定的差异性；同时，长期在边境地区受高句丽统治的靺鞨人也可能在社会和文化上表现出高句丽化。"高丽别种"即指这两部分人。具体到大祚荣，"他很可

---

① 详见梁玉多《关于"小高句丽国"的几个问题》，刘厚生等主编《黑土地的古代文明》，远方出版社，2001，第 297～302 页。

能是边境地区的高句丽人"。再加上可以在史料中找出渤海人自称高句丽人的例子，却找不出自称靺鞨人的例子，所以，大祚荣是高句丽人。但其并没有拿出令人信服的证据。

此书认为，基于此，再加上"被唐强迁的高句丽遗民和留居在唐的新罗人、日本人、契丹人、内陆亚细亚人等，都把渤海当作高句丽继承国，这就说明渤海是由高句丽人主宰的国家。与此同时，渤海灭亡后，相当数量的渤海人流入高丽。我们的先人认为渤海是韩国史的一部分的事实，为渤海史是韩国史的一部分提供了具体的根据"。得出这一观点，一是对相关史料的解释有偏差，二是回避了可以证明相反意见的史料。

（3）关于"土人"的解释。日本史料《类聚国史》中还有渤海国"靺鞨多，土人少，皆以土人为村长"的记事。本书认为："土人正是由高句丽系人和从营州东走过来的靺鞨集团构成，其中前者为中心，而后者以融合于前者的形态成立土人，即渤海人。后者从高句丽存在时就已经在相当程度上高句丽化了。"这一论断的前半部分是正确的，土人就是渤海的主体民族，确实是由从营州东走过来的靺鞨集团和高句丽遗民构成。但说二者是以高句丽遗民为核心就错了。事实正相反，靺鞨才是渤海的主体民族。

（4）关于渤海国的地位。认为渤海是被编入以唐为中心的国际秩序里的王朝，但不是唐的地方政权。渤海人参加唐的宾贡科，说明唐把渤海当外国人看待。渤海对外是唐的藩属国，而在内部却树立了皇帝国的秩序，保持着双重体制。认为渤海接受唐的册封和向唐朝贡并不意味着是唐的地方政权："在古代东亚细亚，册封只是外交承认之意，绝无唐与周边国家有外交从属关系之意。值得一提的是，唐对周边国家的册封只不过是唐朝单方面外交行为。当然，渤海之所以没有拒绝唐的册封，是因为渤海把唐的册封看作是对其王室正统性的一种认可形式。因此，唐的册封并不意味着渤海王室的非自主性。""在古代东亚细亚，朝贡为'官营贸易'、'交流'或外交上承认的一种步骤之意。"

（5）关于渤海移民投高丽问题。从渤海灭亡前夕开始，一直到 190 年后辽东高永昌的大渤海国失败，还不断有渤海遗民逃亡高丽。该书认为这不仅仅因为高丽是邻国，而且"渤海与新罗间具有南北国历史、文化的继承意识"。这一结论没有有力的史料依据。渤海遗民之所以大批逃往高丽，原因很简单：一是高丽是邻国，在地理上接近，二是高丽与契丹关系不好。根本看不出高丽

与渤海有"历史、文化的继承意识"。

（6）此书中还有若干细小的错误。比如，用《杜阳杂编》所记之紫瓷盆来证明渤海制瓷业的发达。《杜阳杂编》载，渤海国进贡唐一个紫瓷盆。这瓷盆"量容斗斛，内外通莹，其色纯紫，厚可寸余，举之则若鸿毛"。这一记事显然只是一个传说，不可以当成史料来用。因为这盆量容斗斛，个头不小，又一寸多厚，却又轻如鸿毛，是不可能的。不要说渤海人造不出，就是当时东亚最先进的唐也造不出。

另外，韩圭哲和宋基豪还重申了他们在《渤海的对外关系史》和《渤海政治史》中的一些内容和观点，这里不再赘述。

综观本书，宗旨还是论证渤海是高句丽的继承国。不过，本书的结论和语气都比较注意分寸，比较注重史料，在若干具体问题的考证上有可取之处。

第六章　近年成书的有关黑龙江的史料（上）

进入 21 世纪以来，韩国对我国黑龙江地区的古代史研究仍然集中于渤海国史方面，涌现出了一批以中、青年学者为骨干的研究力量。他们以自己的硕、博士论文为起点，陆续出版了研究渤海国史的专著。在东北亚历史财团的资助之下，诸位学者共同合著的论文集、考古报告也相继面世，呈现出较 20 世纪更加活跃的研究态势。本章列举其中具有代表性的学者的博士论文若干篇，介绍其主要的内容与核心的观点，并针对其不足之处做出简要的分析与说明。

第一节　《渤海的对日本外交研究》

一　作者简介

朴真淑，韩国忠南大学史学系韩国史专业毕业，本书是她的博士学位论文。现任韩国忠南大学史学系讲师。主要论著：《渤海五京与领域变迁》（合著，东北亚历史财团，2007）、《中国的渤海对外关系史研究》（合著，东北亚历史财团，2011）。发表论文：《8～9 世纪渤海与日本的经济外交与大宰府》《渤海的地方支配与首领》等。

二　主要内容

论文由序论、"对日本外交的成立过程"、"渤海的军事外交与日本"、"聘期论议与渤海客院的设置"、"渤海的使臣与经济外交"、"张宝高集团的贸易活动与渤海"、"对日本外交的终结与东亚"等章节组成。

论文站在韩国的立场上分析了渤海对日本外交的活动，体现了韩国的东亚历史观。正如作者所说的那样，"尽管日本学界对渤·日交往已经进行了大量的实证研究，但均过于强调日本方面的立场，无法做到公平客观地把握渤·日交流的实像"。另外，日本学界对渤日外交的研究绝大部分都局限于渤海政权的早期，对于渤海中、后期的研究则明显不足，以至于目前几乎找不到可以囊括两国外交整体样貌的研究成果。鉴于此，论文从渤海武王时代一直到末王时代对渤日两国的外交做了一番通盘式的梳理与检讨。

另外，作者认为，"为了存立于国际秩序之中，古代国家间的外交追求势力均衡与实际利益，且古代的外交活动还兼有促进内政、解决国内矛盾等多方面的功用"。因此，一个国家要在不断变化的国际形势中实现自己的政治目标就必须能动地、弹性地展开各种形式的外交活动。根据外交目的的不同，外交可以分为军事外交、贸易外交、文化外交等多种形态。具体到渤海与日本的情况，作者认为"有机地结合渤海对唐和对新罗的外交政策以及其对靺鞨的支配政策才能真正地把握渤海对日外交的内在性格"。

（一）本书在以下与黑龙江历史有关的方面有建树

（1）"新罗侵攻计划"。作者认为，从 758 年至 762 年，渤海与日本围绕新罗问题进行了紧密的外交联络。其结果是双方共同达成了"新罗侵攻计划"，两国正式结成军事同盟。学界向来对"渤海是否介入了此项计划"以及"渤海是否主导了此项计划"存在较大的争议，但作者认为，"在 740 年完成了对靺鞨诸部的支配，并且以安史之乱为契机，顺势扩大了自己的势力的渤海，完全有可能在日本的倡议之下，积极地筹划并且参与到此项计划中来"，"可以说渤海借此计划在对日和对新罗的外交上同时争取到了主导权"。

但不管如何，该计划最终并没有按预期的设想被实施，渤海也没有真的向新罗挑起战争。不过，经此计划过后的国际关系却向着当初所计划的那样继续推进。具体来说：第一，渤海由郡国升格成了王国，在唐取得了与新罗同样等级的待遇；第二，渤海国内得到发展，对外关系得到改善。作者认为，"'新罗侵攻计划'对渤海来说是一次没有实施但却取得实际战略成功的军事外交，其结果达成了东亚诸国之间的力量均衡"。

（2）聘期问题与渤海客院的设置。渤海对日的聘期问题包括渤海向日本派遣使臣的人数问题和遣使时间间隔的问题。渤海在经过与日方反复的商讨之后，如愿以偿地将聘期间隔从原先日本规定的六年一聘缩短为一年一聘。作者强调，"渤·日之间的自由往来是保证渤海维持持续对日外交关系的重要基础"。另外，日本在804年于能登国设立了渤海客院以方便渤海使臣的来往。所谓客院，是客馆的另一种形式，出使日本的渤海使臣常住于此。渤海客院的设置标志着渤海在日本有了负责外交事务的相关机构，而作者认为其很有可能还担当了渤海对日部分贸易的中介功用。

但与此同时，以藤原绪嗣为代表的日本官僚却认为渤海使臣实为商人，忧虑与渤海使臣过多地接触将会导致国家经济的疲敝，要求政府禁止与渤海的交涉。日本混同渤海使臣与渤海商人这一事实在作者看来"恰是表现了渤海在对日外交中以经济贸易为其主要的目的"。尽管日本颁有法令，明确禁止百姓私自与渤海来使贸易，但亦屡禁不止。由此，"反映了渤海国力的强盛以及在对日外交中占据了经济方面的主动"。

（3）张宝高贸易集团的事迹。828年以后，以张宝高集团为首的新罗商人开始了对唐和日本的海上贸易，渤海国王大彝震面对此贸易集团的行为，加强了自身与唐的经济外交。由此可见，"不论张氏集团是否能够掌控海上的贸易，渤海均能通过改换对外贸易的对象以达到确保自身利益不受侵害"。这样的观点比起日本学者所强调的"由张氏贸易集团串联而成的东亚海上贸易网"的静态理解，明显地强调了渤海对外交流的自主性。

（4）文化外交的深层次理解。作者认为文化外交以政治安定、经济繁荣为前提；反之，文化外交亦能为政治互信、经济贸易提供交流平台。这样的理解突破了以往单方面地就文化而文化地分析渤日之间的文化外交，从而揭示出了文化外交与政治外交、经济外交之间的相互关联性，并在渤海对日外交的整体结构中把握了文化外交的深层次意义。这样的观点亦有相当的启发性。

（二）本书在以下方面存在不足

（1）过分强调渤海国的独立性。作者认为前近代的政治体系是"册封体制"，而此体系"不依凭中国单方面的存在而存在，它是诸多国家为了自身的续存而与周边国家展开相互角逐的舞台"。因此，作者不仅不认为渤海是唐朝的藩属，而且也不认为其是唐朝的地方民族政权。"渤海在从郡国升格为王国之时，即已经得到了唐朝的承认，成为了一个独立的国家，所以渤海与周边国家的外交关系不受唐朝的制约，是属于当时国际关系中国与国的外交。"我们认为作者对于渤海国的独立性的认识是有偏差的，作者有意宣扬渤海外交政策中自主的一方面，而忽视了其受到制约的一方面。渤海接受唐朝的册封便注定

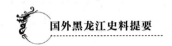

打上了唐朝影响的烙印，其在与周边国家的交往中不可能不带有唐朝藩属的属性。作者过分强调渤海国的独立性是无视当时东亚国际秩序的表现，对客观把握渤海对外交流的真实情况不宜。

（2）隐性"南北国时代论"。作者列举渤海建国时与唐敌对，双方相互冲突，而事后和平相处，并以营州道、朝贡道为径相互往来160余回，保持了长久的友好外交。那么，是否可以这样推测："渤海与新罗之间虽也有冲突，但两者之间存有新罗道，说明渤海与新罗在政治、经济、文化上的往来也应络绎不绝。"对于这样的推测我们认为是没有史料作为根据的，纯粹只是为了迎合"南北国时代论"的需要而已。

（3）单一的渤日外交视角。全文缺少渤海对唐和对新罗外交关系的观照，视角比较单一，仅就渤海对日本的外交做了分析。其实正如作者自己所说，"渤海以日本为外交对象引发了周边国家利害关系的融合与冲突"。这其中的过程与情况究竟如何作者并没有给予详细的解答。另外，渤海内部的政治体制对与日外交产生了怎样的影响？当时整个东亚的国际形势又对渤海的与日外交产生了怎样的促进与抑制的作用？如果有可能的话通过对上述诸点的检讨将会把渤日交流的研究引向深处，渤海外交的动因与内在机制也会得到更进一步的明确。

三　学术评价

本书对渤海对日本外交问题有较为深入的研究，不但有新的视角，也有新的发现，对渤海史的研究有一定的参考价值。

本书也和大多数韩国的渤海史论著一样持"南北国时代论"，极力割断渤海与唐的联系，也尽量淡化靺鞨在渤海国中的主导地位，试图把渤海史纳入韩国史范畴中去，这就导致不能以完全客观的态度进行研究。

第二节　《南北国时代贸易研究》

一　作者简介

尹载云，韩国高丽大学史学系毕业，专攻韩国古代史，研究领域涉及8～10世纪的东亚交通、渤海史、历史教育等。曾任高句丽研究财团及东北亚历史财团研究员，现为大邱大学历史教育系专职讲师。主要论著：《韩国古代贸易史研究》（景仁文化社，2006）、《古代环东海交流史》（合著，东北亚历史财团，2010）、《韩中关系史上的交通路与据点》（合著，东北亚历史财团，2011）、《交流的大东海》（景仁文化社，2015）。发表论文：《8～10世纪渤海的文物交流》《渤海的五京与交通路的功能》《渤海都城的礼仪空间与王权的位相》《从唐物看9～10世纪的东亚交易》等。本文是他2002年完成的博士学位论文。

二　主要内容

论文由序论、"南北国时代贸易的形态"、"南北国时代贸易网的成立"、"8世纪后半渤海的贸易发达"、"清海镇的设镇与私贸易的发达"、"南北国时代贸易的性格"、结论等章节组成。

（一）本文的新意

（1）贸易的形态与分类。作者认为南北国时代的贸易形态根据其主体的不同可以分为公贸易与私贸易两种。公贸易由频繁向唐派出的遣唐使承担。遣唐使代替本国国王向唐献上贡品，并接受唐朝的回赐品。唐朝回赐的对象包括两个，一个是向来朝贡的国王回赐，另一个是向来朝的使节团回赐，根据使节团中各个使节的官等，回赐的等级亦有高下。因此，公贸易的主体可以说是王室和中央贵族。私贸易是伴随着公贸易的展开而出现的，根据其主体的不同又可分为地方势力主导的贸易和民间贸易业者（商人）主导的贸易。

（2）贸易网与贸易市场。作者通过对既存研究成果的批判性检讨，认为以朝贡为媒介的南北国时代贸易网可以分成以唐为中心的广域市场与以其他地域为中心的次级地域市场。首先，由新罗、渤海商人形成的以黄海为舞台的山东半岛贸易可以称为"黄海贸易圈"。其次是对日贸易。尽管对日本的贸易无论在量上还是在频度上都远不及对唐朝的贸易，但对日贸易在当时整个东亚贸易中占据了十分重要的地位。对日贸易的场所主要有两个，一个是大宰府，主要为新罗使节团与新罗商人的贸易地；另一个是设置于日本西北部的渤海客院（渤海客馆），主要为渤海使节团的贸易地。前者经由大韩海峡且处于日本的西部，所以可以称为"西部日本贸易圈"；后者往来于东海①之

---

① 韩国称日本海为东海。

间，所以可以称为"东海贸易圈"。因此，南北国时代的贸易市场有以唐为中心的广域市场，以及以其他地域为中心的次级地域市场，具体来说即"黄海贸易圈""西部日本贸易圈""东海贸易圈"。

（3）渤海王权的强化与对外贸易。作者认为渤海建国初期与唐不睦，但在文王继位以后情况明显得到改善。尽管高、武二王时代与唐和日本存在外交与贸易的联络，但称得上稳定的、持续的外交和贸易关系则要从文王统治初期算起。文王对内整备政治体制、服属靺鞨诸部，对外开通新罗道、加强对日贸易。其结果是终渤海一世，其地方势力或民间商人与新罗的贸易不见于史籍，这说明在 8 世纪前半叶的文王初期在地势力就已经被编制于渤海中央政府的统一管理之下，成为代表渤海王权的对唐和日本使节团的一分子参与到公贸易活动之中了。

（4）公、私贸易兴盛交替的分水岭。作者认为东亚的中心地唐在经历了安史之乱后中央政府的统治力大大弱化，以致藩镇体制出现。而此恰恰成了由国家战略的公贸易转向多样主体的私贸易的契机。

（5）东亚贸易的主导权与东亚诸国的政治变动。作者认为渤海率先掌握了南北国时代贸易的主导权。渤海在安史之乱中秉持了中立的立场，不参与唐中央政府和叛乱军的任何一方，并以此作为筹码，在与以淄青藩镇李正己为代表的叛乱军和唐中央政府之间游刃有余地开展外交活动。因此，渤海在安史之乱后的国际政治和国际贸易中超过新罗抢占了优先的地位。这点可以从向唐派遣遣唐使和对日派遣使节团的回数上明显地看出。除了公贸易以外，在与山东半岛的绢马私贸易中也能见到渤海商人活跃的身影。同时，于 760 年左右再开的新罗道似乎也反映了渤海与新罗的交通开始活跃。凭借在日设立渤海客院，渤海的对日贸易开启了新的阶段，而与此相比，新罗则在与日本的外交方面摩擦频繁。因此，可以说安史之乱后在对唐和日本的贸易中，渤海相较于新罗的优势地位凸显，这样的优势从淄青藩镇消亡的 819 年开始，一直持续到了新罗设置清海镇的 828 年。

作者认为新罗设置清海镇标志着东亚地区贸易的主导权开始向新罗这边倾斜。以清海镇为根据地的张宝高（张保皋）贸易集团联结了在唐新罗社会与在日新罗社会，其通过组建这样的联系网独占了东亚的海上贸易。这点可以从张宝高活动期间（828~840）全然不见渤海对日使节团的派遣这一事实看出。而面对新罗的挤压，渤海只能消极地加重对唐的路上贸易进行应对。

张宝高因为介入新罗王室之间的政治斗争而遭到杀害，随后清海镇亦遭革罢。作者认为清海镇的革罢消解了此前由张宝高贸易集团对东亚海上贸易的垄断，最明显的例证就是渤海在张宝高被杀的第二年就再开对日贸易，渤海客院的贸易中介的性质再度显现。而新罗以整备国内各地跋扈的海上小势力为由，在其西南海岸的各个交通要冲地设立"镇"，企图以国家的力量将其统合。与此同时，唐朝中原的商人开始进出于日本海域，与逐步加强中央政府管制的新罗在贸易上形成竞争，东北亚的地区贸易从此进入了竞争更加激烈的时代。

（二）本文的观点和论证存在的明显问题

（1）作者将渤海与统一新罗称为"南北国"，且主张两国之间存在频繁的绢织物贸易。其理由有三：第一，新罗道的开通为渤海与新罗的贸易往来提供了可能；第二，渤海国的自然条件不利于蚕绢业的发展，所以国内绢织物的产量应该并不丰富，而王室贵族对高级绢制品的需求则与日俱增，其结果势必要催生向外寻求输入的可能，而新罗应该是渤海输入绢织物的来源地之一；第三，黑水靺鞨曾向唐朝遣使献朝霞绸、鱼牙绸，但是黑水靺鞨并不具备生产这些绢织物所需的原材料与技术，加之锦绸本是新罗的特产，所以这些绢织物的来源地应是新罗，作者认为这其中存在将输出到渤海的绢织物再次向唐输出的可能。

对于作者提出的三条理由我们认为存在很大的商榷空间，以下逐一讨论。首先，新罗道作为渤海五道之一，不仅承担着对外交通的作用，而且与五京联络一同构成了对内统治、对外防御的作用①。从《三国史记》的记载来看，新罗在连接新罗道的北部地区不断筑城，加强防御，不见有贸易的往来。因此，尽管新罗道与日本道、营州道、朝贡道、契丹道共称为渤海五道，但每一道的具体功用是不同的。日本道、营州道和朝贡道与相对的国家在距离上较远，而新罗道和契丹道则紧邻新罗和契丹，所以其防御的作用要大于交流的作用。

其次，尽管《新唐书》中有"俗所贵者……显州之布、沃州之绵、龙州之绸"的记载，但除此之外再无见到渤海其他地域出产绢织的史料。加之渤海与日本交聘的输入品中绢织物占到了很大的比重，向唐朝贡获得的回赐品中亦不乏绢织物的存在，因此可以说渤海对外寻求绢织物，尤其是高级绢织物的需求是存在的，但并无任何文献上的记载可以说明新罗也向渤海输出了绢织物。

再次，作者列举《册府元龟·卷九七一·外臣部·朝贡第四》："天宝七载三月，

---

① 〔日〕河上洋：《渤海的交通路与五京》，林相先译，《史林》1989 年第 72 卷。

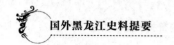

黑水靺鞨遣臣献金银及六十综布、鱼牙绸、朝霞绸、牛黄、头发、人参。"这是对史料断章取义的谬误。《册府元龟·卷九七一·外臣部·朝贡第四》的原文是：

> （天宝七载）三月，黑水靺鞨、黄头室韦、和解室韦、如者室韦、略丹室韦，并遣使献金银及六十综布、鱼牙绸、朝霞绸、牛黄、头发、人参……

通读全文可知，鱼牙绸、朝霞绸究竟是黑水靺鞨还是室韦诸部所献其实并不明确。此外，《唐会要·卷九五·新罗》载：

> （天宝）七载，遣使献金银及六十综布、鱼牙绸、朝霞绸、牛黄、头发、人参。

可知天宝七载新罗也向唐朝贡，且献物与上条完全一致。值得注意的是上述各物均是新罗的名产、特产，是新罗向唐朝贡的重要献物。《册府元龟·卷九七一·外臣部·朝贡第四》载：

> （开元）十一年四月，新罗王金兴光遣使献果下马一匹，及牛黄、人参、头发、朝霞绸、鱼牙绸、镂鹰铃、海豹皮、金银等。

又《册府元龟·卷九七二·外臣部·朝贡第五》载：

> （大历）八年四月，……新罗遣使贺正，见于延英殿，并献金银、牛黄、鱼牙绸、朝霞绸等方物。

因此，《唐会要》所载无有可疑，反是《册府元龟》为何脱载新罗的信息值得探讨。有学者推测，《册府元龟》的原文可能应是：

> 黑水靺鞨、黄头室韦、和解室韦、如者室韦、略丹室韦，并遣使［朝献。新罗遣使］献金银及六十综布、鱼牙绸、朝霞绸、牛黄、头发、人参。

因为"遣使献"字句前后重复，所以在誊抄的过程中有可能将"新罗"二字看漏①。

但不管怎样，黑水靺鞨向唐献锦绢一事在史料层面上是值得推敲的，作者由此再进一步推断渤海与新罗之间存在绢织贸易就显得更加缺少史料的支撑了。

（2）新罗向唐输出的贸易品主要是其国内的生产品，有金属工艺品、绢织工艺品、药材等，从唐输入的贸易品有工艺品、绢织物、南海品、茶、书籍等。新罗对日本的输出、输入品的情况基本上与唐差不多。值得关注的是其中有来自西域的商品。这些商品穿越中原唐地，经由新罗销往日本，可见新罗在其中扮演了中间贸易商的角色。另外值得注意的是新罗的贸易品大部分均非当时的生活必需品，换句话说输出赏玩类的奢侈品是新罗贸易的大宗。相较于渤海向唐和日本献上的土产、毛皮，作者认为新罗在与唐和日本的贸易中展现了一个国家的"自信"。这样的评价并不公允。输出品的种类不仅取决于一个国家的经济水平，而且还取决于这个国家的政治构造与利益分配模式。渤海地方的首领阶层是构成渤海对外贸易的重要部分，其在参与分配对外贸易的利益中所起的作用决定了渤海对外贸易的商品种类与贸易对象，因此完全可以这样说，新罗的民间商贸业者（商人）与地方势力在国家政治与经济构成中所占的比重不大。

三　学术评价

论文从贸易的角度分析了渤海与新罗在当时的东亚政治体系与贸易网络中的地位与变迁的情况。作者将"南北国时代"的时限设定在三国统一以后渤海国成立一直到渤海国灭亡后三国时代开始为止。很明显，这样的划定与韩国学界向来主张的"南北国时代论"是一脉相承的。论文通过新罗、渤海两国在贸易上的竞争揭示了当时东北亚贸易主动权变动的过程，并以此为背景探讨了"南北国时代"贸易的特征以及影响贸易的国内外因素。可以说在研究视角上此篇论文颇具创新之处，但其主张的"南北国时代"则依旧缺乏可信的史证。

---

① 〔日〕日野开三郎：《国际交流史上所见的满鲜绢织物 3——渤海国的绢织物（附说 契丹的蕃罗）》，《朝鲜学报》1977 年第 82 卷。

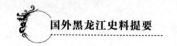

第三节 《渤海遗民史研究》

一 作者简介

李孝珩，1962 年出生于韩国庆尚南道居昌。韩国釜山大学史学系毕业，曾任釜山大学史学系讲师，现为釜山大学韩国民族文化研究所客座研究员。主要论著：《渤海遗民史研究》（慧眼出版社，2007）、《中国学术界的北方民族国家研究》（合著，东北亚历史财团，2008）、《东亚的渤海史争议焦点比较研究》（合著，东北亚历史财团，2009）、《中国的渤海对外关系史研究》 （合著，东北亚历史财团，2011）。发表论文：《渤海的灭亡与遗民的诸样相——以与东丹国相关的渤海遗民为中心》《高丽前期的北方认识——关于渤海·契丹·女真认识的比较》《与渤海遗民史相关的考古学资料的检讨》等。本文是他 2004 年的博士学位论文。

二 主要内容

论文由绪论、"渤海灭亡前后的渤海与高丽"、"渤海遗民的复兴运动与高丽"、"渤海遗民与后裔的社会地位"、"高丽的渤海认识与继承意识"、结论等章节组成。

论文系统地整理了 10 世纪渤海灭亡以后，渤海遗民与高丽的关系史。作者认为渤海遗民将近 200 余年的历史与渤海国史有着本质的区别，但尽管如此，渤海遗民活动的历史也应该算入整个渤海史研究的范围之中。如今，研究渤海遗民史的问题在于以下几个方面。第一，渤海人或者说渤海遗民没有留下任何文献上的资料，而中国、韩国和日本的史书中有关渤海遗民的记载又十分有限，作者认为发掘有关渤海遗民的考古学资料将是开展今后研究的重要方向。第二，渤海的疆域涉及现在的朝鲜、中

国和俄罗斯，对于渤海遗民的研究势必牵涉到渤海国的历史归属问题，所以对此课题的研究不仅存在学者个人意见的冲突，而且还存在国家间相互对立的立场。第三，渤海遗民的活动从 10 世纪初一直延续到了 12 世纪初，200 余年的时限不可不谓漫长。而渤海遗民的活动又与五代、宋、辽、金、高丽有着密切的联系，所以其所展现的历史场域亦不可不谓宽广。因此渤海遗民史研究不仅是一个跨国别的国际性研究课题，更是一个跨朝代、跨学科的研究课题。因此，作者提议应该积极地应用金石学、语言学、考古学等一切可用的资料全面立体地把握渤海遗民的活动情况。

（一）本文在史实考据方面有一定进展

（1）渤海遗民与高丽的婚姻关系。《资治通鉴》记载高丽太祖王建曾言："渤海本吾亲戚之国。"作者认为这条史料不应被解读为是王建为了寻找外交的名分而随口捏造的话。相反，从这条记载可以推测出高丽与渤海王室以及与渤海贵族之间存在政治联姻的可能。又《辽史·高模翰传》记载，"模翰避地高丽，王妻以女"，可知渤海遗民高模翰迎娶了高丽太祖王建的女儿。可是，《高丽史》公主传中却没有公主嫁予高模翰的记载。由此可以看出这位公主可能只是一位由宫妾所生的庶女。但不管怎么说，高丽王室与渤海遗民之间存在联姻的事实可以被确定。如果说《资治通鉴》中的记载还比较模糊的话，《辽史》中的记载就明确了联姻双方的身份，即高模翰迎娶了高丽太祖之女。

另外，两史书中关于联姻的时间是不同的。《资治通鉴》记载的婚期是 923 年或 924 年，而《辽史》记载的婚期大约可以推定在 926 年 1 月到 7 月的某个时间。因此，两次联姻不太可能是同一个事件的不同表述。作者认为这两起联姻对渤海灭亡之后其遗民在高丽时代的各方面都起了至关重要的作用。

（2）渤海王族大光显的事迹。根据作者的考证，大光显投奔高丽的时间是在渤海灭亡的 926 年以后，而高丽下令厚待大光显则要等到 934 年。这期间有关大光显的行踪因为没有史料的记载而无法明确，但作者推测他或许是在与高丽联合共同向北方扩张的战事中取得了功绩，然后才被高丽朝廷嘉奖的。另外值得注意的是，高丽对大光显的待遇明显不如对新罗敬顺王金传和对后百济王甄萱，这说明高丽的内政外交是存在等级上的差异的，渤海的地位是不如新罗和后百济的。

（3）渤海遗民的复兴运动与高丽的关系。作者认为渤海灭亡之后建立的安定国、兴辽国（1029～1030）和大渤海（1116）均与高丽保持了人和物的交流。兴辽国和大渤海尽管在时间上相差甚远但其共同点是均以辽东地区为中心建立了自己的政权。值得注意的是，兴辽国曾五次求援于高丽，但高丽对是否派军援助则出现了内部的争议，最终亦不了了之，可见比起名分，高丽的外交政策更看重的仍是实力。

（4）高丽对来投的渤海遗民与汉人、契丹人和女真人的认识。作者认为，尽管来投高丽的时间和来投高丽的原因不同，但总体上高丽对来投的契丹人和女真人并不友好。与此相反，对来投的汉人和渤海人则表示十分欢迎，给予的待遇亦是相当优厚的。尤其出于"同族"的认同意识，高丽对渤海遗民特别关照，而对汉人则更多的是出于现实利用的需要。

（二）有些观点明显错误

（1）混淆了高丽对渤海遗民的认识与后世对渤海史的认识。需要明确的是，高丽对渤海遗民的认识与高丽时期的学者对渤海史的认识是两个完全不同的概念，不能将其混淆。

（2）主张渤海史是韩国史。作者认为，"高丽对渤海史的认识是多样的。由于学者所处的环境不同，所以对现实的理解也不同，再加上自身的社会地位和思想的不同等诸多原因，共同造成了高丽时期对渤海史的认识出现多面性"。具体来说，以金富轼为代表的《三国史记》不把渤海史认为是韩国史的一部分，相反，与金富轼几乎生于同一时代的尹彦颐则主张渤海史是韩国史。此外，宋朝使臣徐兢的《高丽图经》认为渤海史属于韩国史。编纂于13世纪的《三国遗事》和《帝王韵记》认为渤海史是韩国史，而14世纪的崔瀣则认为不是。高丽末的学者郑梦周不仅认为渤海是高句丽的继承国家，而且还认为渤海史是韩国史。由此可见，早在高丽时期就已经出现了对渤海史的不同认识，但需要澄清的是，作者所谓"韩国史"应该是指"本国史"。高丽时期尚没有出现近现代意义上的韩国，也更不用说存在体系化了的韩国史的概念了。

（3）主张高丽对渤海的继承意识。作者认为高丽从领土、文化、传统等各个方面宣扬自身是高句丽的继承国家，但又视渤海为高句丽的继承国，所以其在统一后三国的过程中强调渤海的统合意识。换而言之，"高丽对渤海的继承是隐晦的但却是实际存在的，只是由于政治的目的而不便于张扬"。对此，我们并不赞同。从渤海的一部分领土归入高丽这点来看，只能认为高丽统合了渤海的一部分，而不是所谓高丽有"渤海继承意识"。另外，高丽宣扬对高句丽的继承同样也只是出于王权正统性的考虑，其实两者之间并不存在什么实质性的继承关系。至于作者所列举的高丽与渤海在姓氏、制度、工艺、击毬等有形的、无形的文化形式上的接近，我们认为这只是进行了有选择的单方面叙述，这样的比较并不客观全面，带有作者自身强烈的主观意识，是不具有说服力的。

三　学术评价

本文对高丽时期渤海遗民的某些史实的考证有一定新意，值得关注。但出于主张渤海史是韩国历史一部分的政治立场，过分强调了高丽对渤海遗民的"同族"认同。因为高丽对渤海不存在继承的意识，所以我们认为高丽对渤海遗民的厚待出于现实政治的考量才是主要的原因。作者主观地推断"渤海遗民的后裔在高丽的社会地位不太低，官职也不会太低，高丽朝廷与百姓对他们没有歧视也不存在差别对待。尽管其中的一部分人身处贱民集团，但这不是普遍的事实。高丽对渤海遗民的感情更多地是来自于同族认同的自然流露"。这样的观点缺乏史料作为根据，难以令人信服。

第四节　《渤海对外关系的展开与性格——以与唐、新罗和契丹的关系为中心》

一　作者简介

金恩国，韩国中央大学史学系韩国史专业毕业，现任东北亚历史财团研究委员。主要论著：《渤海史（新版）》（合著，高句丽研究财团，2005）、《沿海州克拉斯基诺渤海城：韩国·俄罗斯共同发掘报告 2009》1～2（东北亚历史财团，2011）、《2010 年度沿海州克拉斯基诺渤海城：韩·俄共同发掘报告书》（合著，东北亚历史财团，2011）、《2011 年度沿海州克拉斯基诺渤海城：韩·俄共同发掘报告书》（合著，东北亚历史财团，2012）、《沿海州克拉斯基诺渤海城 2012 年度发掘调查》（合著，东北亚历史财团，2013）、《沿海州克拉斯基诺渤海城 2013 年度发掘调查》（合著，东北亚历史财团，2014）。发表论

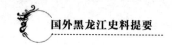

文：《8~10世纪东亚中的渤海交通路》《湖岩文一平的大小思想与渤海史认识》《南北国时代论与渤海 Diaspora》《渤海的环东海交流与沿海州》等。本文是他 2004 年的博士学位论文。

二 主要内容

论文由序论、"渤海史展开过程中的与唐关系"、"渤海与新罗的交涉与相互认识"、"渤海的对契丹关系与渤海灭亡"、结论等章节组成。

论文以"南北国时代论"为先验的设定，重新解读了渤海的对外交往，试图从对外交往中看出渤海国的"独立自主"的性格。作者认为构建渤海国的对外交流史的前提是整理与分析其与唐、新罗和契丹的外交关系，而渤海与其他部落势力的关系也同样值得关注。"我们只有在全面地把握了渤海与唐、新罗和契丹的关系，结合其与地方民族部落的交流才能做到真实地勾勒出渤海对外关系的全体像。"作者强调，通过梳理对外关系的发展过程可以发现渤海国的自主性与开放性，而渤海国的多边外交则是需要关注的重点。作者自诩，"比起单纯地遵循一般国家的发展规律，即单从建国、发展到灭亡的过程进行叙述是不够的，只有通过对外交关系的解读，尤其是从多边外交的层面才能真正地理解具有更多自主的、开放的性格的渤海国"。具体说来，本文主要论述了如下问题。

（1）渤海与唐的关系。作者认为渤海从建国伊始就实行了多边的外交策略，唐、突厥、新罗、契丹、奚、靺鞨诸部均是其外交的对象。尤其在渤海建国的初期，唐和突厥、新罗和靺鞨诸部都是其对外交流的主要渠道。尽管当时渤海与唐的关系并不融洽，但多边外交的实行使得渤海达成了与北方突厥亲善，与南边新罗结援的目的。渤海高王大祚荣接受新罗官职一事便是其实行多边外交政策的最好证明。由此可见，合理地利用国际形势以提高渤海国自身的国际地位，是大祚荣在建国初期实行多边外交政策的着眼点。此后，唐朝册封大祚荣为忽汗州都督、渤海郡王表示予以承认，从此渤海正式编入了以唐为中心的世界秩序之中。对此，作者强调，"渤海尽管隶属于唐朝，但并不从属于唐朝，相反，渤海利用了以唐为中心的东亚秩序成就了自己的独立与自主的性格"。作者还认为继高王大祚荣之后的武王大武艺、文王大钦茂的对外武力伸张、对内文治整备都是以继承大祚荣独立自主的意志为前提的。

（2）渤海与新罗的外交性格。与韩国的绝大多数学者一样，作者先验地认为渤海与新罗形成了韩国史上的南北国时代，并且主张渤海刚一建国高王大祚荣就谋求与新罗的交涉，而新罗也颁赐大祚荣以官职。"可以说渤海与新罗是共处在以唐为中心的国际秩序之中，且双方的关系呈现时断时续的状态。"作者指出，"渤海与新罗的关系中最容易被人混淆的一点就是将两国断绝外交往来的事实视作是两国处于敌对状态的表现"，并且一厢情愿地相信"外交关系中断亦是一种交流，且其意义或许还并不亚于交涉"。"在南北国时代，外交断绝才是对两国对外交流的妥当认识。"作者这样的表述是既承认两国处于断交的状态，又不想放弃"南北国时代论"的构想。为此，才用几近诡辩的方式曲解史料并做出以上不合常理的解释，为的就是达成其所谓"推进对南北国时代的认识"的目的。对此，我们是不能认同的。

（3）渤海与契丹的关系。作者认为进入 10 世纪以后，东亚世界的格局发生了剧烈的变化。以节度使成为地方实际最高统治者为标志，预示着以唐为中心的世界秩序即将崩塌。唐朝覆灭以后，中原五代轮替，朝鲜半岛上的新罗也进入了后三国的分裂时代。作者认为被称为"海东盛国"的渤海在如此的动荡之中亦不能幸免。恰在此时，契丹完成了对内的统合并逐渐崛起。耶律阿保机承继大统以后，渐次将契丹的势力扩展到了原本属于渤海的领地。这对于渤海来说，正好印证了一个轮回。因为正是契丹的"营州之乱"渤海才得以建国，而又正是契丹的侵略渤海才最终灭亡。作者强调渤海灭亡的外部条件，认为 10 世纪东亚格局的整体变动与新兴的契丹国的侵攻导致了渤海的速亡。而且在作者看来，渤海的灭亡并非单纯意义上的一个王朝的没落，而是"包括渤海遗民的复兴运动在内的渤海史从此成了韩国史上的缺环"。这样的历史观与其说是先验主义，毋宁说是解构主义。因为其不仅颠倒了原因与结果，还将历史本身的发展与对历史的研究混为一谈。对此，我们是不能赞同的。

（4）对渤海建国的内、外原因。作者认为大祚荣在离开营州之后率众东奔东牟山，并于此击退了唐朝的追击。由此就推断，"在东牟山地区有高句丽遗民集结的可能"。换句话说，作者认为渤海的建国是在高句丽遗民的复兴运动与 7 世纪的东亚形势变动中实现的。我们认为作者这样的观点并不客观。众所周知，渤海的建国有其内部与外部的双重原因，以"营州之乱"为始的一系列动乱固然是渤海得以建国的外部原因之一，但高句丽遗民的复兴运动绝非

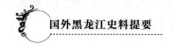

渤海建国的内部原因。

（5）渤海外交中的"自主性"问题。大祚荣建国初期与周边诸国展开了多边的外交政策。其中固然展现了渤海国独立自主的意识，但不能不注意的是，当时的东亚世界是以唐为中心呈现出逐层逐级向周边展开的态势的，任何的政治势力都是这个大的体系中的一分子，任何国家间的外交往来都是有限的自主性的体现。众所周知，古代国家的外交往往还要涉及国内政治，因此外交常常被视作国内政治的延长线。国家内部的政治斗争会牵制外交行为的抉择，所以，绝对的自主外交并不存在。

（6）作者在论文的最后章节花了大量的笔墨梳理并且分析了"南北国时代论"，归纳起来大致有以下七点。第一，金富轼的《三国史记》虽然没有为渤海著史，但毕竟提及了新罗向北国遣使，为后世"南北国时代论"的提出提供了坚实的史料依据。第二，高丽时代的学者对渤海史的忽视是由于其只重视了新罗统一三国的功绩而忽略了渤海统一北方的功绩。第三，《东明王篇》《三国遗事》《帝王韵记》等史书中已经出现了将渤海史视作韩国史的一部分的意味，是"南北国时代论"的萌芽。第四，日帝时期的学者过分强调古文献的考证，致使缩小了韩国史的领域。第五，韩国独立运动中，因在满洲建立了根据地，所以对北方民族史的关心重新高涨。北方广阔的大陆给了在现实中抵抗侵略的人们以力量。第六，朝鲜半岛现在的南北分断引发了人们对古代南北国时代的联想，但两者在地域上是完全不同的。第七，作者将"南北国时代"划作了三个阶段，分别是：渤海与新罗、渤海与后三国、渤海遗民与高丽。

三　学术评价

金恩国是韩国史学界"南北国时代论"的积极倡导者，可以说整篇论文的意图就是以"南北国时代论"为视角来重新解读渤海国的对外交流。因此，了解其观点的形成过程将有助于我们全面地掌握韩国对渤海国史研究的动态。

作者强调渤海的独立自主与开放性格，甚至主张"当时东亚外交的主导权都是由渤海所掌控"，无非是为了将渤海从唐朝的藩属中摘出，撇清渤海与唐之间的主从关系。而这样的有目的的论述显然是不可取的。

朝、韩学界普遍倾向于高句丽灭亡以后，其遗民仍旧保持着强烈的故国心态，时刻不忘恢复高句丽的政权。因此，"营州之乱"在作者看来或许并不是一次偶发的事件，而是在高句丽遗民的精心策划下组织的一场有预谋的并且成功"复国"的动乱。可令人遗憾的是，这样的推论仅仅是一个假设，没有任何史料可以证明。另外，营州之乱是在错综复杂的内外势力的交织中爆发的，从最终的结果来看，渤海确实因此而建国，但渤海得以建国的原因又是多样的。我们不能过分强调"营州之乱"中所谓"阴谋论"的部分，也不能就此认定高句丽遗民对渤海建国起到了主导的作用。尽管渤海的建国集团之中的确包含了一部分的高句丽遗民，但也不能因此就草率地得出上述结论。

第五节　《渤海文王代的支配体制研究》

一　作者简介

金镇光，韩国外国语大学中国语系毕业，现任韩国学中央研究院东亚历史研究所责任研究员，专攻韩国古代史、渤海史。主要论著：《东亚的渤海史争议焦点比较研究》（合著，东北亚历史财团，2009）、《渤海文王代的支配体制研究》（博文社，2012）、《北国渤海探险》（博文社，2012）、《渤海遗迹辞典——中国篇》（合著，韩国学中央研究院，2015）。发表论文：《〈三国史记〉本纪中靺鞨的性格》《渤海建国集团的性格》等。本文是他2008年的博士学位论文。

二　主要内容

论文由序论、"渤海的疆域扩张与支配基础的建成"、"行政编制与支配力的扩大"、"都城建设与支配体制的整备"、"五京制的形成与支配体制的强化"等章节组成。

论文以渤海文王大钦茂一代为时限，通过对考古资料的分析，揭示了文王代渤海中央对地方支配的情况。作者认为，文王是渤海诸王中在位时间最长的一位，其于737年即位至793年死于东京的57年间是渤海开始走向"海东盛国"的最重要的时段。文王在位期间三度迁都，并且在臣服了拂涅、越喜、铁利等部之后，改变了高王、武王在世时的"武治"，开始施行

"文治"。文王对内整备统治体制，设置了中央统治机构，制定了官等制、官服制、东宫制、内外命妇制、陵墓制等制度，接受了以"大唐开元礼"为代表的律令格式。因此，文王代四次受到唐朝的加封，使渤海国在政治、经济、社会、文化等各领域均取得了显著的发展。另外，为了有效地管理不断扩大的疆域，文王代时期的渤海出现了府、州、县的行政体制，并且还设立了"京"作为巩固地方的据点，达到了强化王权的目的。在统治思想上，儒学与佛教成为文王的主要统治理念，辖区内土著部落的固有思维体系也得到了一定程度的统合。

（一）文中提出若干有价值的观点

（1）渤海高、武、文三代王的疆域扩张。作者认为《新唐书·渤海传》中"祚荣……尽得扶余、沃沮、弁韩、朝鲜海北诸国"句说明了渤海在高王时期其疆域就已经"以建国地敦化东牟山为中心，东至东京，南及南京，于西到达了辽阳及朝鲜，于北则包括牡丹江中下流地区"，但对于相对偏远的地区渤海未必已经做到了实际的控制，有的仅仅是将自己的影响力波及至此而已。第二代武王继承了高王的扩张政策，继续向其北方的黑水部及辽东地区扩张，而此两方均与唐朝有着紧密的联系。尽管唐朝撤废了安东都护府，对高句丽故地辽东缺乏实际的管控，但黑水部的存在是牵制渤海发展的极大障碍。所以，武王单方面地讨伐黑水部，并在其南边修筑了长城，且在经由渤海通往黑水部的江边修筑城以强化防备。通过以上这些措施稳定了其北方之后，武王在732年袭击唐朝的登州和马都山，目的在于与唐争夺辽东地区的控制权。第三代文王时代，中京与上京的存在无不有对黑水部行使统治的考虑。而原本保持部分自治权的靺鞨诸部，在文王强化对地方的行政编制时鲜见于向唐朝贡的名录之中，这说明文王的政策取得了实际的效果，实现了对靺鞨诸部真正意义上的领属。作者认为渤海初期三代王的开疆拓土是开启以后"海东盛国"时代的重要基础。

（2）对"旧国"都邑地的讨论。"旧国"是渤海的建国之地。作者认为，渤海初期的都城是城山子山城。渤海在与唐建立外交关系，确保了其外部环境的稳定之后，逐渐将都城的功用转移到了敖东城与永胜遗迹地区。而城山子山城、敖东城、永胜遗迹与江东24块石遗迹、六顶山古墓群、庙寺遗址、城防设施遗址等共同构成了"旧国"的都邑地。关于"旧国"一词的概念我国学者存在两种理解。一种意见认为"旧国"即指"旧都"，另一种意见认为"旧国"不是专指某城，而是包括了城山子山城和敖东城在内的整片区域①，以致还有"故土旧地"这样较为宽泛、模糊的意味②。作者在讨论这个问题时引入了"都邑地"这个概念，认为"旧国"是一个以防御性的城址为点、以交通要道为联络的具有弹性伸缩空间的网络，这给进一步理解"旧国"地区提供了一个新颖的参考视角。

（3）中京的比定与营造时间的推断。在作者看来"中京"即意味着中心，现在学界普遍认同的"中京"遗址是吉林省和龙县的西古城，但作者觉得当渤海以显州为都邑的时候，渤海疆域的中心并不在西古城，反而其南边的河南屯古城更符合"中京"的地理概念，所以作者主张，"文王都显州时，渤海是以河南屯古城为中心开发的，都邑地转迁至西古城则是之后的发生事情"。另外，作者还认为河南屯古城内的二座夫妻合葬墓不管在材料上还是在技法上均与龙头山古墓群的贞孝公主墓的形制接近，说明这二座古墓在筑造时间上与贞孝公主墓相差不远，而河南屯古城的筑造时间要早于古墓的营造时间则是可以确定的。再者，作者发现西古城的规模与上京城宫城以及东京八连城的规模几乎一致，尤其在结构上西古城更与东京城宫城别无二致，而且三者在城内的布局上也有一定的相似性，所以中京、东京与上京城宫城之间应该存在相当的关联性。另外，西古城二座宫殿址所出的瓦片与上京城五座宫殿所出的瓦片也存在一定的相似性，两地陶窑址的构造与所出砖块的情况也有雷同之处。根据以上这些线索，作者提出了"上京城的营造大约是在730年左右，而西古城的营造或许要晚于上京城"的结论，并且倾向于"与东京城有相似性的中京承继了上京城宫城的结构模式"。这样的推断与我国学界普遍认为上京城的营造要晚于西古城的观点③相差很大。

（4）"京"的设置与地方支配体制的确立。作者认为渤海的五京设置是与其编制地方行政体制的政策密不可分的。而渤海得以推行地方行政体制编制的前提则是完成了中央对地方的行政控制。在一个地区设置最高级别的行政单位"京"不仅表示渤海中央已对该地具备了强大的、有效的统治力，而且还表示

---

① 魏存成：《关于渤海都城的几个问题》，《史学集刊》1983年第3期。

② 刘晓东：《渤海"旧国"刍议》，《学习与探索》1985年第2期。

③ 刘晓东、魏存成：《渤海上京城营筑时序与形制渊源研究》，《中国考古学会第六次年会文集》，文物出版社，1987。收入孙进己、孙海主编《高句丽渤海研究集成》第5册，哈尔滨出版社，1994。

该地区内原本存在的部落体制已经解体，部落组织被纳入统一的地方行政体制之中。

尽管如此，文王时代的行政体系依然是多元的。任命现地部落长为首领，保持部落原有的统治模式，以"州"一级的地方行政单位编入支配体系这样的做法依旧是渤海整合疆域内异族部落的方式。服属部落的住地空间未被解体则势必将成为渤海国发展进程中的不安定因素，其消极的影响在第四代至第九代王在位期间表露得非常明显。

（二）存在的不足

（1）过分强调文王的功绩。作者主张渤海在经历了高、武二王之后到文王统治时疆域已经达到了最大，而且如此广阔的疆域是渤海以后成为"海东盛国"的重要基础。不可否认，文王奠定了渤海的版图，但我们并不认为文王以后的渤海疆域再无扩大。史载宣王"南定新罗，北略诸部，开置郡邑"，"讨伐海北诸部，开大境宇"，可以说渤海疆域的最终确定是在宣王时代，此时的渤海疆域较文王时代又有扩大显然是没有疑问的。作者认为，"文王之后的渤海经历了长时期的内纷期，宣王只仅是恢复了文王代原本的疆土"。关于这点我们并不赞同。

同样地，文王代所推行的一系列"整备统治体制"的政策亦是经历了一个逐渐深化、不断完善的过程的，绝非一蹴而就在文王时代就已然完备无缺了的。尤其三省六部制、官等制、官服制大体也要到大彝震时代方才算得上最终成型。

（2）渤海五京制的渊源。作者认为唐朝设立五京与"安史之乱"的爆发有着密切的联系，而渤海五京从其功用及机能上来看是地方统治的中心，这与高句丽的五部以及新罗的五小京更为接近。我们认为这样的论断是值得商榷的。

第一，作者认为五京制的思想来源是风水地理与五行思想。例证是：第一，4世纪末5世纪初，高句丽的古墓壁画中就已经出现了四神图，由此说明五方思想很早就在高句丽思想之中扎根；第二，百济武宁王陵的选地遵循背山临水的思想，可见6世纪时南朝的风水地理也已经传播到了百济。可是众所周知，五行思想是中国的传统思想，其在中国形成的时期远早于高句丽与百济。作者强调高句丽的五行思想无非是为了说明渤海五京制的思想来源是高句丽而非中原，但这分明是本末倒置的逻辑错误。

　　第二，作者认为渤海五京的设置时间可以追溯到武王讨伐黑水部的时候，即使退一步来说也不应晚于文王迁都上京时，因为《新唐书》载"天宝末，钦茂徙上京"。但需要说明的是，《新唐书》是后代书史，是用后世已经出现的五京名称来追述渤海迁都的历史①。因此，我们认为不能由此就断定渤海文王迁都上京时就已经有了"上京"这个称谓，也不能由此就证明"渤海存在设置五京的计划"。至于作者所说的"渤海武王时代就开始经营上京"这样的推断是属于没有史料根据的臆测。

　　第三，我们认为作者对渤海五京的功用及机能的论断是可取的，但是其主张渤海五京在制度上与高句丽的五部以及新罗的五小京具有可比性的观点则显得不够严谨。为了说明这个问题，有必要先对高句丽的五部以及新罗的五小京做一番梳理。首先讨论高句丽的五部。五部在高句丽的早期就已经出现，但早期的高句丽五部是各自独立的政治单位。高句丽出现具有行政区划意义的五部要到其中、晚期。目前，韩国学界对高句丽设置行政区划意义的五部在区域问题上存在争议，一部分学者认为作为行政区划的五部仅设置于首都及主要城市内②；另一部分学者认为五部是设置于全领，即五部将高句丽所辖领土划作了五个行政区域③。但不管是哪一种观点，渤海五京的概念与机能均与此相差甚远④。至于有学者认为高句丽的五部后来衍化成了五京⑤，则是没有史料依据的臆测。其次讨论新罗的五小京。新罗在首都之外另设五小京，从设置的形式上就可以看出新罗五小京与渤海的五京不同。另外，新罗的州治与小京是分开的，而渤海的府与京是同一的。可见，新罗五小京与渤海五京之间存在关联性的可能性很小⑥。

---

① 刘晓东：《关于渤海五京制起始年代的说明——兼释渤海王孝廉访日诗中"上京"一词之所指》，《东北史地》2009 年 3 期。

② 〔韩〕金贤淑：《高句丽中·后期中央集权性的地方统治体制的发展过程》，《韩国古代史研究》11，韩国古代史学会，1997。

③ 〔韩〕卢泰敦：《高句丽史研究》，四季社，1999。译文可见卢泰敦《高句丽史研究》，张成哲译，台北：学生书局，2007。

④ 〔韩〕宋基豪：《渤海五京制的渊源与作用》，驾洛国事迹开发研究院编《讲座韩国古代史》第 7 卷，2002。译文收入梁玉多主编《渤海史论集》，中国文史出版社，2013。

⑤ 〔朝〕张国钟《渤海的领域与五京制》，李成出译，在日本朝鲜社会科学者协会历史部会编《高句丽·渤海与古代日本》，雄山阁，1993。

⑥ 〔韩〕宋基豪：《渤海五京制的渊源与作用》，驾洛国事迹开发研究院编《讲座韩国古代史》第 7 卷。

三　学术评价

该文在渤海高、武、文三代王的疆域扩张，对"旧国"都邑地的讨论，中京的比定与营造时间的推断，"京"的设置与地方支配体制的确立等问题上提出若干新见解，有一定的参考价值。

但是，该论文也沿袭了韩国传统的若干错误观点。如，认为渤海承袭了高句丽的五部，后在形成五京的过程中受到了新罗五小京与唐朝五京的影响①。尽管文中堆砌了大量的考古资料，作者也揭示出了一些有价值的事实，但其总体的取向仍然是先验的，缺乏实证基础。

---

① 〔韩〕韩圭哲：《渤海的西京鸭绿府研究》，韩国古代史学会：《韩国古代史研究》14，1997。译文收入杨志军主编《东北亚考古资料译文集高句丽·渤海专号》3，北方文物杂志社，2001。

第七章　近年成书的
有关黑龙江的史料（下）

第一节　《近代满洲城市地理研究》

一　作者简况

本书由 5 位作者（姓名均为音译）合著。

刘智源，韩国圆光大学人文学部副教授，承担第一章"清代东北政策变化引起的满洲城市性质变化"。

金永信，韩国圆光大学人文学研究所研究员，承担第二章"开港、租界与近代满洲新兴城市的兴起"。

金周荣，韩国独立纪念馆韩国独立运动研究所研究员，承担第三章"日本占领时期韩国人移居满洲与城市地区的结构变化"。

金泰国，中国延边大学人文社会科学学院史学系教授，承担第四章"满洲地区韩国人的城市聚居地形成过程"。

李京灿，韩国圆光大学城市工程学教授，承担第五章"清代以后近代满洲城市体系与城市结构的变化过程"。

本书由东北亚历史财团提供支持，于 2007 年 12 月出版。

二　主要内容

（1）从历史地理学的层面，将满洲地位的变化对满洲城市的形成、转换以及城市空间结构造成的影响进行分析。众所周知，东北是满族的发源地，在一段时期内，也是引领了东北亚国际秩序的政治中心。长期处在边疆地区的满洲作为"东北亚国际秩序变化的核心"，位于其中心的沈阳等主要城市也同时兼具了周边性与中心性的双重性质，在地位和功能上发生了很大的变化。在满洲主要城市的地位、功能及结构变化方面起到很大作用的历史阶段及事件，大致如下：后金体制、清朝体制、入关及迁都北京、封禁政策、人口向东北流入、鸦片战争后帝国主义入侵满洲、军阀统治及伪满洲国成立等。

（2）对鸦片战争后由于西方帝国主义的入侵而导致开港的满洲主要城市——营口、大连的功能及作用变化进行分析。沙俄东进、日本在中日甲午海战中获胜等事件，均是在满洲地区发生并引起东亚国际秩序变动的一系列重要事件。清朝为了应对俄罗斯和日本的入侵而制定的各种政策，对满洲主要城市的变化和发展起到了积极的作用。而帝国主义的入侵，反而在一定程度上促进了满洲主要城市的发展。其典型的例子，便是营口和大连。

（3）认为满洲作为跨过鸭绿江进入中原地区或者移居到南满洲地区的韩国人的必经之路，对于日本帝国主义统治下的韩国人海外移居史有着重要的意义。伪满洲国成立后，为了加快工业化，实施了工业化政策。而在满韩国人一向以农业生活为主。因此，通过调查其经济活动、居住地特征、与其他民族的关系以及市区内韩国人团体的性质，可以了解当时满洲主要城市中韩国人社会的实际情况。而通过对满洲主要城市韩国人社会的生活实态及其经济地位的调查、伪满洲主要城市的城市化进程的调查、伪满洲国推进工业化造成满洲主要城市的变迁等方面的研究，可以揭示半殖民地社会与城市近代化对满洲主要城市的影响以及在满韩国人社会的特征。

（4）将从物理学角度对满洲主要城市空间构造的变迁过程的研究作为重点。首先，对近代城市化进程中出现的满洲地区城市体系的变化及满洲地区近代城市化的原因进行分析。然后，从形态学的角度对满洲地区主要城市的近代城市化进程与城市结构特征进行分析。

东亚三国与满洲地区有着特殊的联系。三国目前关于满洲地区的研究，多侧重于对文献资料的分析，多以历史学的研究方法为主。从这点来看，本书将历史学与城市形态学相结合，通过对满洲主要城市的形成与发展、受外在因素影响而导致城市形态变化及作用变化进行研究，与现有的研究成果相比，可谓有所创新。

（5）提出了清代以来黑龙江发展的两个契机说。本书认为，封禁政策使东北地区急剧衰退，而清初的抗俄战争和清末的鸦片战争在客观上成为黑龙江发展的两个契机。

明末清初之际，中国东北地区，特别是以后金首都沈阳（奉天）及周边的辽沈地区为中心，曾处于十分繁荣的阶段。但随着后金将势力逐渐向中原本土扩张而迅速衰败。当时，东北地区只有三个地方可以称为城市，即沈阳（奉天）、辽阳、海城。而明朝时期曾经繁盛一时的盖州、凤凰城、锦州等城市，只剩下不过几百人口居住，其衰败程度可见一斑。清朝定都北京后，自顺治元年（1644）到康熙六年（1667），倾注了大量人力发展农业垦荒。但之后，满洲地区开始禁止实施汉人迁移政策。特别是乾隆五年（1740），清政府以保护"龙兴之地"为名，颁布了"辽东流民原地归还令"，并开始实施满洲封禁政策。自此，满洲地区开始急剧衰退。

由于清政府施行满洲封禁政策而急剧衰退的满洲地区，之后迎来了崭新的发展机会。但这并不是因为清政府打算开发满洲，而是清政府为了对抗外部势力的入侵，出于政治及军事上的考量，以及迫于满洲周围列强帝国侵略的压力而被迫做出的决定。进入 17 世纪，随着俄罗斯入侵黑龙江省，清俄之间拉开了纷争序幕。"为了抵御以俄罗斯为中心的外来势力的侵略，对边疆区域的瑷珲、墨而根、齐齐哈尔、扶余、海拉尔等军事城市进行建设并设立屯田。1840 年鸦片战争前，整个满洲地区有包括沈阳、辽阳、铁岭、抚顺、牛庄、宁古塔、三姓、珲春、齐齐哈尔、瑷珲、吉林等在内的 31 个城市。这些城市大部分都是出于军事目的而建设起来的，并且几乎都位于边境线。"

认为 17 世纪后，随着俄罗斯入侵而焕发生机的满洲地区，又以鸦片战争为契机，开始了新一轮的开发。鸦片战争后，由于被迫开放港口，外国资本便以港口和租界为中心迅速流入满洲地区。而随着满洲资本的成长，以沿岸、沿江地区为中心的城市建设也随之展开。与此同时，伴随着铁路的修建，满洲地区也涌现出了大量的近代都市。以铁路周边和商埠为中心的城区开始扩张，原有的城市结构也开始急剧改变。在包括开放港口、修建铁路等在内的外国势力的作用下，近代城市空间结构逐渐显现出来，并对传统的城市空间造成影响。封建城市所重视的内部秩序被破坏，满洲地区城市体系也开始急剧变化。由于满洲地区逐渐被外国势力占领，其近代城市的风格大部分是照搬了占领国本土城市的建筑风格。但这与传统的中国城市形态风格格格不入。特别是鸦片战争后，占领国之间固有的城市景观与以中国民族资本主义为中心而形成的近代城市景观以及传统的城市景观无法有机结合。因此，当时的满洲地区经常可以看到这样风格迥异而对立的城市景观。

因此，本书将对鸦片战争后满洲地区近代城市化过程中出现的城市体系变化过程以及城市空间结构的特性的分析作为重点。满洲地区近代城市化的过程都是由外国势力入侵而造成的，并且都经历了殖民形态的形成和变化过程。从这点来看，这些城市或多或少都有些共同点。但仔细分析后，每座城市均有自己独特的背景和特性。因此，为了便于理解近代满洲地区的城市化过程，本书选取了具有代表性的奉天（沈阳）、吉林、营口、大连、哈尔滨和长春这六大城市，并对这些城市的城市空间结构和变化过程进行分析。

（6）考证了哈尔滨作为近代城市兴起的历史进程。"俄罗斯在修建东清铁路的同时，还有计划地将铁路周边地区建设为城市，并试图将俄罗斯资本引入满洲。而其中规模最大的城市便是哈尔滨。""哈尔滨，原本是个晒网场，仅仅由秦家岗（南岗）和田家烧锅（香坊）等松花江边的一些渔村组成。1896年，根据《中俄密约》的要求修建东清铁路（后改为中东铁路）时，哈尔滨被选定为铁路附属地。这也成为了哈尔滨作为城市发展起来的基础。"

"1898年东清铁路动工时，为了将水路连接起来，在松花江沿岸一处寸草不生之地设立了建设事务所。这便是哈尔滨城市建设的开端。早期建设成了旧哈尔滨（香坊），于1900年义和团事件时被完全摧毁。之后，俄罗斯于1900年制订了南岗区计划，并着手建设新市街（南岗）。当时的城市建设风格也完全按照俄罗斯人的风格来进行。当时在俄罗斯盛行圆形广场与对称放射形技术，因此也被照搬了过来。"

"俄罗斯对哈尔滨的建设，一直持续到1917年俄罗斯革命及张作霖实行对中东铁路相关权利的回收政策。首先，俄罗斯在1903年经过数次的买卖，将铁路附属地的面积扩张到136平方公里。并且，俄罗斯禁止铁路附属地内的中国人居住，将他们赶到了距离铁路很远的地方，这个地方就是后来的田家屯。"

"1906年，根据《东三省善后条约》的规定，开放了很多商埠。而俄罗斯为了应对铁路沿线市场的发展，制定了《中东铁路市政一般原则》，并根据该原则制定了《哈尔滨市制规定案》。1908年3月，哈尔滨市会正式成立。当时哈尔滨辖区由埠头区（道里）以及新市街（南岗）两个大区构成。

1896 年俄罗斯进入满洲后才开始发展起来的哈尔滨市，到了 1916 年人口已经达到 89000 千人，到了 1926 年飞速增长至 32 万人，成为了一个名副其实的大城市（其中，中国人 213000 人，俄罗斯人 94000 人，日本人 3300 人，朝鲜人900 人）。"

（7）论述了哈尔滨作为近代兴起的城市的特点。认为哈尔滨是受到帝国主义侵略及外国资本的输入而发展起来的城市，"由于对这些城市的侵略意图十分明显，因此城市建设时殖民地色彩十分浓烈。对土地使用和居民生活进行严格的分区，在城市环境和公共设施方面歧视明显"。

"哈尔滨的城市结构，主要以与铁路相连的南岗、道里和道外 3 个区域为中心构成。东清铁路修建时，哈尔滨铁路位于松花江江桥附近。为了使铁路不被江水淹没，在南岗下面的高处建立市区，并将堤防与松花江桥相连接。由于南岗区地势高且市区规模大，因此优先建设南岗便是计划中的事了。被铁路分割的南岗、道里和道外产生了明显的差距，当时有'南岗天堂，道里人间，道外地狱'的流言。""在南岗区建设了很多铁路系统的建筑，如火车站、铁路管理局、铁路医院、铁路公园小区等。哈尔滨于 1900 年制订了南岗区开发规划，采用了与大连市类似的以球形广场和放射状马路为中心的设计。由于南岗区与铁路相连，因此街道建设采取了东西向发展的策略，即东西长南北短。（中略）南岗区修建了很多独立的花园洋房。建筑密度为 10% 左右，密度较低。还按照俄罗斯国内的风格进行了绿化，绿化程度较高。道里区作为外国人的主要居住地，道路呈格子型分布，地势低平。而道外区与此完全相反。道外区的街面主要由仿欧式的商铺构成。道路密集，分布着数量不少的劳工聚居地和贫民窟。区内也分布了大规模的绿地，并且沿着松花江岸分布了很多码头、旅馆和饭店。"

（8）认为东北地区虽然位于中国边疆地区，但有时表现出中心性。本书认为，调查某个地区的性质是周边性还是中心性，是研究该地区发展过程的重要工作内容。有的地区同时具备两种性质，但两者地位的变化会给该地区的发展过程带来强烈影响。这两种性质的变化，可以反映在该区域内城市的形成、发展以及城市构造的变化上。其典型的案例，便是中国的东北地区，也就是满洲地区。满洲位于中国边疆地区。从地政学的角度来看，其具有周边性。但随着 17 世纪初明朝的衰败以及东亚地区国际秩序的变化，满洲地区作为其变化的中心，展露出了其具有中心性的性质。尽管清朝入关后将沈阳称为"龙兴重地"并赋予其陪都这样的政治地位，但由于清朝的封禁政策，从地政学的角度来看，满洲地区还是免不了被打上周边性的标签。近代以来，满洲地区在帝国主义列强侵吞中国的过程中，尤其是在俄罗斯和日本等列强之间的争斗中，显示出了中心性的性质。到了军阀统治及日本占领时期，又同时具备了周边性和中心性的双重性质。本书为了了解周边性与中心性转化对满洲地区城市的形成、发展及变化过程带来的影响，运用城市形态学的方法进行分析，并对尚无历史定论的新的事实进行探究，尽可能对满洲地区有一个整体而全面的了解。

（9）认为中国东北地区的文化有一定的独特性，单独对之进行深入的研究很有必要。

中国地大物博，不仅拥有广阔的领土和庞大的人口，而且作为一个统一国家，内部每个区域或省份也都有各自不同的气候、风情和文化等特点。中国与其他国家或区域不同。对中国的整体研究固然重要，但在进行准确的整体研究前，必须对各区域进行更深层次的研究，这也是十分有必要的。

本书将满洲地区的几个主要代表城市作为研究对象，其选定理由、从中心－周边这一理论层面来看其具有的意义以及本书的重要性如下。

第一，以中国为研究对象进行的现存的地域史研究中，大部分以关内的北京、长安（西安）、洛阳等华北、华中及华南地区的城市为主。这也反映了在中国史上，从地政学的角度来看，是以关内为中心的。本书试图以地政学的角度，从其他层面来揭示满洲的意义。即，伪满洲作为东北亚国际形势变化的核心，将其主要城市设定为研究对象。

随着清朝的兴起，1625 年清朝将都城从辽阳迁至沈阳并改名为盛京。1644 年，将国都定在北京并将沈阳作为陪都。1657 年，在满洲地区设立了奉天府。到了 19 世纪末，随着俄罗斯与日本开始对中国东北地区进行侵略，满洲成为帝国主义列强的侵略目标。俄日战争（1904～1905）时期，满洲地区也成为列强争夺的目标。而随着清朝的灭亡，以张作霖为代表的奉系军阀开始统治满洲。1932 年，在日本的支持下，伪满洲国正式成立，进一步扩大了日本的势力范围。

满洲地区在过去数百年的政治旋涡中不断经历着变化。针对其主要城市的形态和功能变化过程的研究文献资料，也多侧重于以历史学的研究方法为主，存在一定的局限性。与相对变化较少的关内其他城市不同，满洲的主要城市同时具有周边性和中心性。针对这些城市的研究，应该从历史学和城市形态学的角度共同出发，才能取得更加明确的成果。这也是本书的创新性和必要性。

第二，从地理学的层面来看，对中国进行全面而均衡的研究是十分有必要的。随着近期韩中两国关系的急速变化，对中国的理解也比以往任何时候都更加迫切。因此学者的研究视线也从中国史研究迅速跨越到地域史研究。针对中国文化的研究多以关内为中心进行，而针对与韩民族关系最密切的中国东北地区城市文化的研究却还仅仅处于起步阶段。截至目前，韩国学界对于满洲地区的研究还无法脱离独立运动史的研究范畴。尽管对于中国东北地区及清朝的成立与发展的研究已经达到了很高的水准，但对于清朝发展的根基——以沈阳为代表的满洲地区主要城市自身的多角度研究还是一片空白。因此，本书可以帮助人们对满洲文化的多样性有一个全面而均衡的认识和理解。

第三，从地域史的层面来看，中心－周边这一理论体系不仅在地政学层面，在政治史、社会经济史、文化史等层面上，也具有重要的意义。从这些层面来看，沈阳作为满族、蒙古族、大韩民族等北方民族与汉族文化的交点，十分具有研究价值。而满洲不仅仅是中国历史的一部分，更与北亚地区的代表蒙古、韩国，海洋势力的代表日本，一味追求南进的俄罗斯等势力有着密不可分的交集。历史上，满洲的意义自不必说。由于"东北工程"成为韩中两国间的话题，研究满洲主要城市在近代东北亚政治及文化的变化过程中处于什么样的位置也具有十分重要的意义。

第四，关于《南京条约》与《五口通商章程》签署后，帝国主义列强对中国近代城市化过程的影响研究，多集中在上海、广州、天津等关内几个地区的城市化与功能变化方面。如果说关内开放港口的城市化、城市形态和功能的变化与英国、美国、法国等进驻该地区的列强间的利害关系密切相关的话，那么满洲地区可以作为一个典型的案例进行研究。通过研究可以发现在满洲地区存在利益关系的日本和俄罗斯的国家政策及规划对该地区城市的功能和结构带来的影响。

第五，站在韩国的立场，在以海外特定地区为研究对象时，首先要考虑的就是从韩国史的角度来看，被选为研究对象的区域是否有必要进行研究，以及针对该区域的研究是否与过去、现在和将来有着密切的关联性。从这一点来看，满洲有充足的意义和价值被选为研究对象。

（10）存在的不足。如，对渤海国的历史有错误认识。书中有这样的内容："无论是早期曾经活跃在东北亚地区的众多民族（匈奴、鲜卑、契丹、女真、蒙古等），还是韩国（古朝鲜、高句丽、渤海等）以及中国历代王朝，都曾经交替管辖过满洲地区。"事实上，渤海国是中国唐代由粟末靺鞨族（满族的祖先）建立的归唐中央政权管辖的地方民族政权，是中国历史的一部分，不是韩国历史的一部分。再如，有些提法不规范：书中对我国东北一律称"满洲"。虽然满洲一词在近代确实普遍使用，但新中国成立后已经明确规定，不能将中国东北地区称为满洲。

三　学术评价

本书以历史学（韩国史及中国史）为中心，通过将历史学与城市工学的研究相结合，对清朝成立及近代化过程后中国东北地区以沈阳、营口、大连、吉林、长春、哈尔滨等为代表的主要据点城市的形成、发展、变化及其功能和作用以及文化特征进行综合分析。这在满洲城市史研究方面是一个崭新的尝试。

近代东北城市地理目前还是我国东北史研究的一个薄弱环节，本书视角较新，虽然有些观点和提法我们不能完全同意，总的说来，对黑龙江史的研究还是很有参考价值的。

第二节　《辽河文明的扩散与中国东北地区青铜器文化》

一　作者简介

本书由5位作者合著：韩国岭南大学的李清圭撰写第一章"新石器-青铜器时代辽西文明坟墓的陪葬遗物及其变迁"，韩国教员大学的宋昊廷撰写第二章"辽西地区夏家店上层文化墓祭的变迁及与周边文化的关系"，韩国全南大学的崔振宣撰写第三章"辽西地区青铜器文化的发展过程及本质"，韩国全北大学的千羨幸撰写第四章"琵琶型铜剑成立前后辽西地区土器文化的展开"，韩国檀国大学的李宗秀撰写第五章"松嫩平原地区青铜器文化的特征及交流现状研究——以白金宝文化为中心"。本书由东北亚历史财团提供支持并于2010年出版。

二　写作背景

韩国的部分历史研究者认为中国历史学界为服务于现实而歪曲历史，这一观点在本书的序言中有较为充分的表现："现如今，韩国对于从古朝鲜、扶余、高句丽延续下来的韩国古代史与疆域以及其中保留下来的物质文明与精神文明等多种现象，与中国学界的观点多存在很大差异。这是因为，目前中国学界一方面对曾经大力主张的以汉族为中心的中华主义避而不谈，另一方面在统一的多民族国家理论旗帜下，不仅将曾经的狄夷民族及卑下民族，甚至还试图将邻近的韩国与蒙古等周边国家的历史也纳入中国历史的长河中。中国历史学界展开的这场自相矛盾的历史纷争的基础，莫过于为了解决当下政治体系中以汉族为中心的中华主义所包含的一些不合理因素，以及克服以中原为中心的中国历史的不足的同时将边疆地区的少数民族团结起来，并为了在今后与周边国家进行历史纷争时占得先机而布置的一个中长期格局。"

基于这一判断，韩国"东北亚历史财团一方面通过积极主动地对中国言论报道及学界的研究动向进行即时监测和追踪，对韩国及与东北亚上古史相关的遗址进行实态调查，与第三国学术机关一起对先史及古代遗迹进行联合考察及挖掘，召开相关领域的国际学术研讨会等定期或不定期的措施，另一方面将韩国相关领域的专家学者联系在一起，针对韩中两国间的历史遗留问题以及由此派生出的各种课题进行学术研究"。本书就是这一研究的成果之一。其"主要内容为针对公元前 1 世纪左右青铜器时代辽河流域文化以及同时期以坟墓、陪葬品、土器、青铜器以及白金宝等为主的松嫩平原文化进行相关分析和整理。其目的是发现辽河文明的形成和发展过程以及与周边地区的相互关系"。"本系列丛书针对中国学界相关领域的研究动向及成果以及最终结论等进行分析，一方面找出其理论矛盾，另一方面对相关文化及与韩国的物质文化和精神文化的关联性等进行客观地分析和整理。此系列的研究成果的推出，相信不仅针对韩国学界，未来还将对中国学界歪曲的历史观进行修正。"实质就是尽量强调辽河文明与韩国的关系，割断其与中国的关系。

三　主要内容

（1）对松嫩平原早期历史及研究的学术史进行了如下梳理。

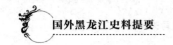

松嫩平原地区自新石器时代起就已经成为独立的文化区域。从自新时期时代就已经形成的昂昂溪文化开始，到公元前 2000 年至公元前 1400 年形成的小拉合文化，再到公元前 1400 年至公元前 600 年间形成的白金宝文化，以及在公元前 600 年至公元前 300 年间形成的早期铁器时代的代表文化——汉书二期文化。

关于白金宝文化遗迹的调查和研究始于 20 世纪 50 年代与肇源望海屯遗迹一起进行的试掘活动。通过当时出土的红衣陶、篦点几何纹陶、器台、鬲足、穿孔骨甲片等，首次意识到这与当时嫩江流域的昂昂溪文化有很大的差异。进入 60 年代后，开始对该地区进行大规模的地表研究。研究结果表明，该地区与望海屯遗迹具有相同的文化内容，因此将该遗迹命名为"望海屯类型"。

到了 70 年代，随着对代表松嫩平原地区青铜器文化的肇源白金宝遗迹和大安汉书遗址的挖掘，对该地区青铜器时代的研究也大量展开。即，通过对白金宝遗迹的挖掘来确认松嫩平原地区具有代表性的青铜器文化，并将其命名为"白金宝文化"。并且，通过对汉书遗址的挖掘，不仅可以区分出青铜器时代与早期铁器时代文化层的差异，还可以初步归纳出松嫩平原地区青铜器时代文化的发展序列。

望海屯遗址位于肇源县三站乡望海屯南部，第二松花江北岸。遗址中心有一座金代时期建立的平地城。自 20 世纪 40 年代初由俄罗斯考古学家对该遗址进行调查及挖掘以来，经历了数次的调查。并且，虽然一部分学者于 1985 年还进行了地标调查，但至今还没有正式的挖掘活动。根据调查的结果，望海屯遗址可以分成 3 个文化层，第一层为白金宝文化或望海屯文化层，第二层为汉书二期文化层，第三层为辽金时期文化层。

80 年代，在对包含白金宝遗址在内的主要遗址进行年度挖掘以及对新遗址进行挖掘的同时，与白金宝文化相关的遗址归属问题及汉书二期文化的关系等研究也在进行。

进入 90 年代，对小拉合遗址的挖掘，不仅使人们掌握了松嫩平原地区早期青铜器文化的实体，还填补了该地区文化发展过程的空白。该时期的研究，包括对松嫩平原地区青铜器文化发展过程的研究，对白金宝文化分期和系统的研究，通过对详细遗物的比较来掌握该地区与周边地区交流状况的研究等。这种研究一直持续到 2000 年以后。近年来，关于白金宝遗址的调查报告也已出版，以白金宝文化为代表的松嫩平原地区青铜器文化的文化内容以及文化渊源，与周边文化的关系等研究也取得了十足的进展。

根据现有调查资料，白金宝文化的范围大致如下，北至讷河，南至松辽分水岭与吉林省农安连接线一带，西至西拉木伦河，中心区域为嫩江下游与哈尔滨松花江附近区域。

截至目前，在松嫩平原范围内已经确认的白金宝文化中，位于黑龙江省境内的有白金宝遗址、小拉哈遗址、卧龙遗址、官地遗址、二克浅墓群、小登科墓群、望海屯遗址、古城遗址，位于吉林省境内的有汉书遗址、东山头遗址、大架山遗址、坦途西岗子遗址等。

根据白金宝遗址的挖掘报告，松嫩平原地区的青铜器文化大致可以分为三个时期。一期文化层为小拉哈文化阶段；二期文化层为白金宝二期文化阶段，也是一个过渡期阶段；三期文化层为典型的白金宝文化阶段。

（2）承认松嫩平原地区文化的相当一部分来自我国长城地区。在本书第285页有如下内容："这种外来文化的流入，也可以从口缘部为花边形态的高领鬲中体现出来。即，当时在中国北方长城地区流行的花边鬲文化流传到松嫩平原地区，便充分地证明了这一点。随着花边高领鬲和绳纹等技术的流入，松嫩平原地区原本的炊具系统也出现了变化。原本的大口深腹罐逐渐消失，而新流入的花边高领鬲渐渐盛行。这一方面反映了旧文化与新文化共存以及新文化被吸收的过程，另一方面也反映出白金宝二期文化实为小拉哈文化向白金宝文化发展的过渡期的特征。"

（3）存在较多观点错误之处。如，将辽河文明纳入古朝鲜文明的范畴，否认辽河文明为中华文明一部分的客观事实。

四 学术评价

过于浓厚的政治色彩影响了科学性。本书明确宣称其写作目的就是要反对中国学界的多源一体的中华民族理论，要"对中国学界相关领域的研究动向及成果以及最终结论等进行分析，一方面找出其理论矛盾，另一方面对相关文化及与韩国的物质文化和精神文化的关联性等进行客观地分析和整理。此系列的研究成果的推出，相信不仅针对韩国学界，未来还将对中国学界歪曲的历史观进行修正"。这使作者不能以完全客观的立场研究历史，其结论的科学性自然大打折扣。

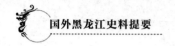

第三节 《满洲：土地、人民和历史》

一 作者简介

本书为合著，共14人参与编写（以下姓名均为音译）。

尹辉铎，曾为高句丽研究财团研究委员，现为建国大学教授，中国现代史专业，主要研究成果为《日本帝国主义统治下的满洲国》《中日战争与中国革命》等。

尹永仁，高句丽研究财团研究委员，东北亚关系史专业，主要研究成果为《西欧学界朝贡制度理论中以中国为中心的文化论批判研究》等。

吴江原，高句丽研究财团副研究委员，东北亚青铜器文化专业，主要研究成果为《琵琶型铜剑文化的形成及发展过程研究》《中国东北地区青铜短剑文化的文化地形与交流关系研究》等。

宋昊廷，韩国教员大学教授，韩国古代史专业，主要研究成果为《韩国古代史——古朝鲜史》《古朝鲜的国家形成及社会性质》等。

金京淑，高句丽研究财团研究委员，高句丽史专业，主要研究成果为《高句丽迁都的历史意义》《高句丽前期政治史研究》等。

林相先，高句丽研究财团研究委员，渤海史专业，主要研究成果为《渤海国统治势力研究》《日本及中国历史教科书中关于渤海国历史的内容分析》等。

卢基植，高句丽研究财团研究委员，北亚史专业，主要研究成果为《后金时期满洲与蒙古关系研究》《满洲兴起与东亚秩序变动》等。

崔德奎，高句丽研究财团研究委员，俄罗斯外交史专业，主要研究成果为《俄罗斯对满政策及中东铁路研究》《俄罗斯外交革命与日韩合并研究》等。

田中隆一（Tanaka Ryuichi），日本京都精华大学讲师，日本近代史专业，主要研究成果为《日本历史学方法论转换与近代东亚研究》《日本帝国主义占领满洲与在满韩国人问题研究》等。

韩硕廷，东亚大学教授，历史社会学专业，主要研究成果为《满洲国成立分析——傀儡国的国家作用（1932～1936）》《区域体系的虚实——1930年代朝鲜与满洲关系研究》等。

金起勋，陆军士官大学教授，中国现代史专业。主要研究成果为《日本帝国主义下满洲移民政策研究》《近代中国东北史研究动向》等。

裴成俊，高句丽研究财团研究委员，韩国近代史专业。主要研究成果为《"京城"（现首尔）地区殖民地工业的形成》《郁陵岛独岛领土问题及驻军设置研究》等。

郑世润，高句丽研究财团研究委员，韩国近现代史专业，主要研究成果为《中国东北地区民族运动及韩国现代史研究》等。

金炅一，韩国学中央研究院教授，历史社会学专业，主要研究成果为《东亚民族遗产与城市——20世纪前半期满洲的朝鲜人》（合著）等。

本书2005年12月由东北亚历史财团提供支持出版。

二　主要内容

（一）介绍了"满洲"一词的出现与废弃的情况以及本书仍然使用"满洲"一词的缘由

""'满洲'这一词语，原本是一个民族的名称。到了近代，将满族人民居住过的地方也称为满洲。因此，满洲一词渐渐被用作地区名称。曾经，汉族人将此地区称为'辽东'或'白山黑水'，并且认为这不过是一块未开垦的蛮夷之地而已。因此，满洲地区成为北方各少数民族活动的舞台。由于这些少数民族没有受到汉族政权过多的干涉，因而也得以养成了强大的势力。而以辽东或者满洲地区为根据地而兴起的北方少数民族势力不仅将势力扩展到韩半岛和辽东地区，甚至还穿过中原将势力扩展到中亚及欧洲地区。到了近现代，满洲地区成为以俄罗斯和日本为首的帝国主义势力的角斗场。很多历史事件都集中在这里爆发，也给东亚地区的国际秩序带来了巨大的变革。但是，我们所熟知的'满洲'这一词语，在现如今的中华人民共和国并没有被广泛使用。取而代之的是东北地区。这不仅是因为"满洲"一词很容易让人联想起当年被日本控制的傀儡政权'满洲国'，而且更容易给人以中国主权无法触及的'东亚特殊地区'这一印象。因此，'满洲'一词在如今的中国成为禁语。"

"本书的名称还是定为了'满洲'。这是由我国（韩国）的国情确定的。因为'满洲'一词已经成为我国（韩国）社会的一部分，没有其他词语可以替代。更是因为，除了'满洲'以外，其他词语都无法将这一地区独有的历史、地理、政治、文化作用及地位完全概括，也无法将该地区与韩半岛的关系

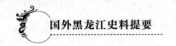

完全概括。而且从历史来看，'满洲'已是既成事实，该词语本身也包含了其历史含义。出于这方面的考虑，最终还是将本书的名称定为'满洲'。"

（二）论述了"满洲"地区与韩半岛的关系

"满洲地区不仅与东亚地区各国关系密切，在地缘和历史方面与韩半岛的关系更是密不可分。而且无论是现在还是未来，这种密不可分的关系都将会一直持续下去。尤其是与在满洲地区居住的朝鲜族人对今后韩中关系及朝韩关系的影响和地位更是密不可分。尤其是中国针对朝鲜半岛及东北亚地区的'东北工程'战略的提出，对包括朝鲜族问题和历史问题在内的满洲问题以及朝鲜半岛的未来发展方向均会带来重要影响。再加上满洲地区是贯穿整个东北亚地区的要地，其重要性不言而喻。因此，对满洲地区的正确认识以及与朝鲜半岛的关联性研究就显得十分重要。"

（三）论述了"满洲"的历史

（1）古朝鲜是韩民族最早的国家，高句丽是韩民族腾飞之始，海东盛国——渤海国是高句丽的继承国，也是韩民族建立的国家。

虽然这一观点是错误的，但其对渤海国的疆域四至有正确的描述："渤海国的边境，南至大同江、龙兴江一带，与新罗接壤；东至东海岸一带；北至黑龙江与松花江中下游地带；渤海初期，西至鸭绿江下游一带。但随着渤海国势力不断扩大，到了9世纪全盛期时，占据了以辽东半岛为主的整个辽东地区。"

（2）满洲的地缘战略地位、物产等，是沙俄、日本帝国主义看重这里的原因。叙述了沙俄从中国割走大片土地的情况，"俄罗斯自1840年鸦片战争以后，受西方帝国主义势力影响，强迫困境中的清政府签订了《瑷珲条约》和《北京条约》，抢走了黑龙江以北约60万平方公里的土地及乌苏里江以东约40万平方公里的土地"。同时也叙述了日本帝国主义傀儡政权"满洲国"诸方面的情况。

（3）满洲与朝鲜人。首先是关于朝鲜人为何移居满洲地区，认为经济是主要原因："整体来看，朝鲜人移民满洲主要动机以经济方面为主。1929年，受全世界经济危机余波的影响，农民的疲惫和贫穷达到了极点。在这种背景下，移民满洲是当时不得不做出的选择，即'从已知的死地向未知的死地奔涌'。据推测，1940年末在旧满洲地区（即东北三省，吉林省、辽宁省、黑龙江省）居住的朝鲜人总数约为145万人。但在奉天、沈阳、哈尔滨等17个主要城市市区内居住的人数还不足10%，绝大部分均居住在农村地区。"其次是伪满时期日本移民政策对在东北的朝鲜移民的影响："纵观整个满洲国时期，日本的移民统治政策使在满朝鲜人的社会形态发生了很大的变化。之前，大部分在满朝鲜人来自于朝鲜半岛北部地区。而在满洲国时代，70% ~ 80% 的朝鲜人为来自朝鲜半岛南部地区的农民。起初，为了避免和日本移民居住区发生摩擦，当时的朝鲜人居住地多集中在间岛及东边道一带。但到了 1940 年，为了开发苏满边境，日本制定了新的移民政策。不仅动员朝鲜人，还将移民公司 70% 的朝鲜人迁移到西满和北满一带。现在居住在西部和北部的黑龙江省和内蒙古地区的朝鲜族，便是当时这一政策带来的结果。"

（4）介绍了明朝对东北地区女真各部实行的羁縻统治。"明朝给女真族大量的大大小小的酋长授予军衔等级，并将其下属的女真部落整编为羁縻卫所。被任命为卫所官的女真酋长，也被赋予了朝贡的政治义务以及进行贸易的经济权限。这一惯例一直延续到了永乐年间。随后，明朝在黑龙江下游设立了奴儿干都司，实现了对女真卫所的统一管理。"

（5）介绍了哈尔滨、大连等地的公娼情况。"在满洲日本人社会的形成过程中，有很多值得注意的特征。'公娼'制度，便是其中之一。实际上，在俄日战争开始之前，就已经有很多日本妇女居住在以符拉迪沃斯托克、哈尔滨、大连等为中心的辽东半岛的俄罗斯租借地。根据 1884 年 3 月符拉迪沃斯托克市政府的人口调查显示，每 1 万人中，约有 4191 名俄罗斯男性及 818 名俄罗斯女性、119 名日本男性和 276 名日本女性、347 名韩国男性和 7 名韩国女性。可见，当时日本女性所占的比率还是比较高的。这些日本女性中的大部分在当时被称为 'ka-ra-yu-ki-san'，即卖春女性。当时，满洲地区还是一片新开垦的土地，以驻扎的军人及铁路建设工人为顾客的日本卖春女性数量急剧增加。1905 年旅顺、大连等关东州地区约有 2500 名日本人，其中卖春女性占 50% 以上。此外，根据 1907 年日本驻哈尔滨总领事馆的报告显示，当时在哈尔滨的日本男性为 292 人，女性为 335 人。安重根刺杀伊藤博文之后出庭受审时，出席的证人当中有两位年轻的日本女性。这些事实都和当时在满日本人的特点有关。"

（四）对我国的"东北工程"项目有不合实际的质疑

（五）介绍了当代东北和黑龙江的若干基本情况

"在中国，满洲地区现被称为'东北地区'，是辽宁省、吉林省和黑龙江省三省的总称。截至 2002 年末，三省的人口数分别为 4203 万、2699 万、3813

万，合计 1 亿 715 万，为韩国和朝鲜总人数的 1.5 倍。其中被称为'中国同胞'的朝鲜族人口数为 192 万 3 千余人（截至 1990 年）。三省面积分别为 14.57 万 km²、18.70 万 km²、46.90 万 km²，合计 80.17 万 km²，约为朝鲜半岛的 4 倍左右。""具体来看，各省的特点如下：……黑龙江省耕地面积和林区面积位于中国第一位，畜牧地面积为第七位。黑龙江省可开发土地面积为第四位，农耕地候补土地面积为第二位。并且黑龙江省山林面积、木材生产量都是中国首位，是中国重要的国有山林地区及最大的木材生产地。"

（六）介绍了当代韩国人对"满洲"一称所包含的地理范围的认识

"满洲的地理范围因研究者的观点差异而不同，大致如下：1. 中华人民共和国吉林、黑龙江、辽宁省，即仅包括东北地区；2. 除东北地区外，还包括内蒙古自治区东部地区及承德附近河北省北部地区（原属热河省地区）。1 与 2 的范围与 1932 年~1945 年短暂存在的"满洲国"的领土范围大致一致。除此之外，还有第 3 种观点，即所谓的外满洲。该区域位于阿木尔河（黑龙江）与乌苏里江，斯塔诺夫山与东海（韩国称东海，即日本海）之间。"

三　学术评价

（1）本书是从韩国人的角度看待中国东北史，有些提法较新，有一定的参考价值。

（2）过分夸大了安重根刺杀伊藤博文事件的影响。在本书第 154~155 页有如下内容："在俄日战争（1904~1905）战败的俄罗斯，放弃了原有的独占开发政策，改为协商妥协的外交方式，以此来维持在满洲地区的既得权利。这其中，以新任外交大臣伊兹沃利斯基为代表。伊兹沃利斯基为了缓和对日已久的敌对关系以及构筑新型合作伙伴关系，开始摸索对日亲近的政策，即所谓的伊兹沃利斯基外交革命。1909 年 10 月，日本方面的协商代表伊藤博文与俄罗斯财务大臣科科夫采夫为了就两国间尚未解决的问题进行谈判来到了哈尔滨火车站。这些问题主要包括相互承认对方在蒙古及韩国的一些特权、决定共同合作分割中国等。但由于安重根义士刺杀伊藤博文事件的发生，两个人的会见最终还是没能成行。这也成为了中国与韩国、日本与俄罗斯在近代历史上的一个片段。同时，也宣告了俄罗斯的满洲开发政策在哈尔滨、旅顺等城市才刚刚开始就已结束。"从这段话看，似乎俄、日间关于朴茨茅斯和约尚未解决的问题的谈判没有进行下去就是因为安重根刺杀伊藤博文事件。而事实上，谈判不顺利的主要原因是双方都不肯再做实质性的让步，与安重根事件没有直接关系。

（3）极力扩大所谓"间岛"地区的范围，使之包括了黑龙江地区，并明里暗里地主张"间岛"是韩国的土地。在本书第 193 页、第 199 页有如下内容："这些人主张，间岛一词的词源来自于'神州'或'神乡'之意，与高句丽的首都'丸都'和'玄菟'、渤海及契丹的首都'桓都'均出自同一语源。而且，据传间岛即朝鲜太祖的高祖父穆祖曾经治理的图们江北部地区斡东。像这样，随着间岛名称的由来越来越复杂，间岛的范围也越来越大、越来越模糊。即，如果以间岛的语源为根据的话，那么间岛的范围可以扩大到高句丽和渤海的最大版图；如果以 17 世纪形成的间旷地带为根据的话，那么间岛的范围就为山海关以东的全部封禁地带；如果以长白山界碑的图们江即为松花江这一观点为根据，那么间岛的范围就为松花江至黑龙江流域的下游地区。"而事实上，所谓"间岛"问题是日本帝国主义为侵略中国延边地区人为制造的，与朝鲜的领土问题无关。

第四节　《渤海5京的疆域变迁》

一　作者简介

本书为合著，共 5 人参与撰写（5 人姓名均为音译）。

韩奎哲，京城大学史学系教授。

金宗福，成均馆大学博物馆学术与艺术研究员。

朴珍淑，国家记录院学术与艺术研究员。

李炳建，东元大学室内建筑系副教授。

杨廷硕，水原大学史学系助教。

本书 2007 年 12 月由东北亚历史财团提供支持出版。

二　主要内容

（一）关于渤海史研究取得的主要成就

（1）渤海 5 京的功能与作用。本书认为渤海国 5 京的作用为：上京承担着政治、外交、教育、文化中心的作用，中京承担着财政、经济、军事功能，东京承担着连接日本与新罗的交通和外交的作用，西京承担着通往唐朝的鸭绿道

的功能，南京负责与新罗进行交流。这一判断尽管有一定的偏差，究竟与事实相去不远。

（2）渤海缺乏对辽东和大同江以北地区积极治理的痕迹。本书认为文王去世后，围绕王位继承展开的权力斗争导致了靺鞨诸部的脱离。之后，宣王继位。宣王继位后，渤海国的领域不断扩张并且完善了以5京15府62州为代表的渤海地方统治制度。然而，虽然渤海国的疆域范围被认定为西至辽东地区、西南至浿江（大同江）地区，却没有渤海国对该地区进行积极治理的痕迹。这一说法是正确的。虽然有明确的证据表明渤海控制了辽东和大同江以北地区，但文献和考古资料都没有关于渤海国积极治理这一地区的证据。

（3）安史之乱给渤海发展带来的机遇。本书认为安史之乱的发生，推动渤海将势力范围延伸到了黑水靺鞨，导致唐朝控制东北方面的平卢淄青节度使的管辖范围由黑水靺鞨变为新罗。这也使唐朝对渤海进行册封，由渤海郡王晋封为渤海国王。

（4）渤海对边疆地区的靺鞨部落采取了羁縻政策。本书认为渤海通过首领来进行地方治理。"除《新唐书》外，在记录渤海地方支配实况的《类聚国史》一书中提到，首领位于都督和刺史之下，被赋予一定的权利来管理地方居民，是管理层的末端。首领一般是地方的强势力者，在怀柔靺鞨原住民时起到了巨大的作用。这样看来，首领和都督、刺史、县丞一样，都受到了中央的任命。这体现了渤海在探索中央集权制，符合渤海的政治目的。特别是渤海在收复靺鞨地区时，曾命令首领参与到物品的收取和运输等一系列相关的业务中，这为怀柔靺鞨起到了巨大的作用，也促进了靺鞨势力的安定，维护了渤海的持久统治。"唐对渤海实行了羁縻政策，而渤海也用这一方式治理自己的边疆地区。渤海对唐的制度的消化掌握程度，确实令人吃惊。

（5）对渤海国东北地区靺鞨诸部地理位置的比定。认为"拂涅与黑水靺鞨由于距离较远，未受高句丽灭亡的影响。越喜与铁利将一些小规模的部落收复，发展成了新的势力。这些势力的位置大致如下：拂涅位于兴凯湖一带，黑水部位于松花江与黑龙江交汇处至黑龙江中下游一带，铁利位于黑龙江省依兰一带，越喜位于松花江下游与乌苏里江东侧一带"。

（6）指出了24块石遗址为渤海王室停灵处说法的错误。"部分人认为二十四块石遗址用来暂时存放渤海王族尸体。因为二十四块石遗址最初在由都城宁安上京城去往王族墓地所在地敦化的路上被发现，即只在牡丹江流域发现了二十四块石遗址。但之后，在图们江流域以及朝鲜半岛东海岸地区也发现了二十四块石遗址。而且，并不是所有的国王和王室贵族去世后都会葬在敦化。位于上京龙泉府北部4公里的玄武湖一带的三灵坟便是渤海王族的坟墓。而且渤海文王大钦茂的四女儿贞孝公主葬在了和龙县龙头山。（后略）以上的证据说明，该主张并不具备说服力。"

（7）从24块石遗址建筑上的特点分析其用途。"这样看来，若要得知二十四块石遗址究竟有什么用途，就得通过这些二十四块石遗址的建筑特征来寻找答案了。二十四块石遗址的侧面与正面的平均长度比约为7.57米：9.34米，平均比例约为1：1.23，略接近正方形。平均面积72.25平方米。这与渤海的其他建筑类型有着较大的差异。在渤海上京龙泉府上京城（今黑龙江省宁安市渤海镇）一流的渤海都城遗址来看，主要建筑的侧面与正面比例为1：2，为长方形比例。"由此说明24块石遗址不是一般较大型建筑址，并进而分析其真实用途："在渤海的五大通道中，营州道、朝贡道和新罗道的部分地区，发现了渤海的特有建筑——二十四块石遗址。未来还有可能在通道上发现更多的二十四块石遗址。二十四块石遗址主要位于风景秀丽的地方，按照30公里的间隔均匀布置，每处的规模、结构以及材料都完全相同，而且都位于渤海的主要通道上。从这些特征来看，二十四块石遗址很可能是通道上承担驿站或者仓库作用的公共设施。渤海的对外通道在东亚历史上，也发挥着或主或支的作用。渤海国充分利用地理位置的开放性，设置并打通了连接周围的对外通道，逐步发展成为开放国家。渤海通道使渤海成为东亚地区的陆上和海上强国，二十四块石遗址也体现了渤海国中央政府对通道的精细管理。"

（8）在地方行政体制方面，渤海始终向有利于中央集权的方面发展。"渤海的地方编制是随着其对靺鞨政策及对周边地区的统治而产生的。武王开辟领土，将东北地区的少数民族部落收为臣下，并一早就打下了支配靺鞨地区的基础。文王从740年重新开始实施对靺鞨政策，木底州、玄菟州等州的设立和制度编成，也是文王时代开始进行的。从这点来看，《新唐书》渤海传中提到的5京15府62州，应是将靺鞨势力完全收复后的宣王时期之后，对渤海的地方制度进行整体修编后的产物。渤海始终以都督－刺史－县丞为中心的15府62州的编制运行。即使势力持续不断膨胀，地方行政区域也依旧照此进行。可以看出渤海在谋求以中央集权制来进行地方支配。"这一观点还是有一定说服力的。

（二）本书关于渤海史的错误认识

（1）渤海五京制的来源不是唐的五京制，而是高句丽的五部制、新罗的五小京、百济的五方制。本书在谈到渤海五京制的来源时说："关于渤海5京的问题中，争议最多的莫过于5京的渊源究竟是源自于高句丽还是唐朝的问题了。该问题的焦点在于，渤海国时代5京制度是否已经实行。即，在唐朝实行5京制度前，渤海国是否存在5京制度。有的观点认为5京制不可能出现在唐朝之前，有的观点认为唐朝的4京制不是渤海5京制的起源，即5京制在唐朝的4京制实施前就已经在渤海国实施了。目前，学界普遍认为渤海国5京制，是在唐朝4京制实施之后，即在比唐朝略晚的文王后期开始实施的。但渤海国5京制的渊源应该是受五行思想的影响。因此从这点来看，反而更倾向于是将高句丽的5部制、新罗的5小京、百济的5方制继承之后发展而来的制度。"这一观点完全本末倒置，是错误的。对于渤海国五京制源于唐五京制这一点，现在连韩国研究渤海国史的一线学者也是赞同的①。

（2）否认渤海国的城市构造是模仿唐朝建造的。书中说，"还有观点认为，渤海国的城市构造是模仿唐朝建造的。这种观点不仅抹杀了渤海国的文化价值，还否认了高句丽的价值。很多学者认为，从建筑学继承关系来看，渤海国与唐朝的构造存在很多不同之处。而且，渤海国的上京城存在了160余年，而唐朝的5京制不过只有4年，因此无法将渤海国5京制的渊源单纯地认定为是受唐朝的影响。此外，在渤海国遗址发现了唐朝遗址中没有的高句丽式火炕，这也并非偶然"。此说明显不顾史实，缺乏根据。

（3）认为拂涅、铁利、越喜等靺鞨部落都接受过高句丽的统治。书中有这样的观点："渤海建国初期，以东牟山为中心，覆盖了鸭绿江中游一带的高句丽旧地。与唐朝建交以后，开始逐步将周边的靺鞨诸部收复。但由于渤海国势力迅速扩张，导致黑水靺鞨与唐朝关系密切。因此，渤海同与唐朝对立的突厥、契丹等国联合，一边实行对唐强硬政策，一边讨伐黑水靺鞨，并且袭击了唐朝的登州。虽然成功掌控了唐朝与靺鞨诸部的交涉，但也导致了突厥的崩溃、契丹的脱离以及新罗的北进，因此不得不放弃对唐强硬政策。"如依这一说法，拂涅、铁利、越喜等靺鞨部落都接受过高句丽的统治，是高句丽的属

---

① 〔韩〕宋基豪：《渤海五京制的渊源和作用》，加洛国史籍开发研究院编《讲座韩国古代史》第7卷，2002。

部；渤海是高句丽的继承国，渤海对这些靺鞨部落的治理是高句丽对它们统治的"收复"。而事实上，不但渤海不是高句丽的继承国，拂涅、铁利、越喜等部也从未归属过高句丽①，不知道作者下此结论有何依据。

（4）统治靺鞨部落是渤海国数次迁都的原因。此书认为："渤海与唐朝的关系改善后，掌控了拂涅、铁利、越喜靺鞨与唐朝的交涉并将其收复。由于靺鞨诸部广泛分布在渤海东北地区，以小规模部落为单位，从事着半农半猎的生活，统治靺鞨诸部并非易事。因此收复靺鞨诸部后，文王在整顿对内支配政策的同时，将首都按照旧国－显州－上京－东京的顺序进行了迁移。"渤海迁都原因很复杂，可以说每次都有不同的原因。从中京迁上京是为了向北发展及避开来自南方的压力，从上京迁东京是为发展与日本的关系，从东京迁回上京则是其内部斗争的结果。方便统治靺鞨部落的原因不能说完全没有，至少不是主要原因。

（5）否认渤海是唐中央政权管辖下的地方民族政权。此书认为，从都城和宫殿看，渤海绝对不是唐的属国："17世纪，根据几位被清朝流放的学者们的记录，一个叫'古大城'的遗址开始被调查。以渤海上京城为中心展开的都城调查，直至今日还在持续进行。调查以中国东北地区为中心，覆盖朝鲜东北部及俄罗斯沿海州一带。在经历了228年的调查后，对于曾经盛极一时的渤海国都城的调查，也得到了一定的成果和标准。但日本和中国先后作为调查的主体，对于渤海都城的调查不可避免地与其历史认识相趋同。尤其最近关于'唐朝渤海国'的观点，根本上把渤海国的地位降为了宗属国地方政权以及诸侯国一级。在东亚近现代社会历史上，一般都认为其都城象征着国家的政治和文化。而位于都城中心的宫殿，既是政权所在，亦是绝对统治力的象征。因此，通过对都城及宫殿的研究，便可对其国家的历史有一个明确的了解。因此本文在针对渤海国发展阶段的现存研究的基础上，对渤海5京的都城的研究进行整理。尤其是调查及发掘工作比较丰富的上京城遗址的特征。同时通过本文的研究，可以得出渤海都城绝对不具有从属国地方政权以及诸侯国政权所具备的特征。"不过此书作者明显以论代史，没有提出有力的证据证明这一观点。

（6）无端地认为渤海上京城内建筑为高句丽式的。书中有这样的论述：

---

① 接受高句丽统治的靺鞨只有白山部和粟末部的一部分。

"上京龙泉府作为渤海首都中最久的都城，位于今黑龙江省宁安市渤海镇（本
名东京城镇）。都城位于数百里盆地的中央，地势平坦。在城东北方向约1~3
公里是镜泊湖，牡丹江的江水从这里出发围绕着都城缓缓流淌。据推测，城内
建筑为高句丽式的筑城结构。"而事实上，渤海上京城无论是城市的整体规划
还是具体的各类建筑物，几乎都能在唐找到其蓝本，都是仿唐的。说它们都是
高句丽式的，实在没有可信的证据。

三 学术评价

本书在渤海5京的功能与作用、对渤海国东北地区靺鞨诸部地理位置的比
定、24块石遗址建筑上特点和用途的分析等问题上提出了若干合理的见解，
有一定的参考价值。

本书旨在通过对研究渤海5京的变迁过程以及各自承担的作用，以及以
15府62州为代表的地方制度的研究，尽量割裂渤海与唐在各方面的关系，论
证渤海为高句丽的继承国。由于有这样的动机，在涉及渤海与唐的联系问题上
就不能完全客观，从而影响了本书的学术质量。

第五节 《渤海国史新观》

一 作者简介

本书为11位作者合著，按编写内容为序，排列如下（以下名字均为音
译）。

林尚宣，东北亚历史财团，撰写内容为"渤海国的建国与国号""渤海国
遗民的光复运动"。

韩奎哲，京城大学，撰写内容为"渤海国的居民构成"。

金振光，韩国学中央研究院，撰写内容为"渤海国的疆域"。

金东宇，国立春川博物馆，撰写内容为"渤海国的地方统治体系"。

金银国，东北亚历史财团，撰写内容为"渤海国的灭亡原因""渤海国——
南北交流的窗口"。

金宗福，成均馆大学，撰写内容为"渤海国与唐朝的战争及其意义"。

具南熙，教育人力资源部，撰写内容为"渤海国与日本的交流"。

尹在云，东北亚历史财团，撰写内容为"东亚的海洋强国——渤海国""渤海国葬礼文化""中国对渤海国历史的认识"。

全显实，天主教大学，撰写内容为"渤海国的服饰文化"。

李炳建，东元大学，撰写内容为"渤海国的建筑文化"。

朴珍淑，忠南大学，撰写内容为"朝鲜、日本、俄罗斯对渤海国历史的认识"。

本书由东北亚历史财团提供支持，于 2005 年 10 月出版。

二　主要内容

本书共分为 5 个部分，分别是"渤海国的成立与发展""渤海国的变迁""渤海国的对外交流""渤海国的文化""各国对渤海国的认识"。这 5 个部分代表了当代韩国史学界主流派对渤海史的基本认识。本书主要是叙述性的，而叙述性内容的介绍不大容易像介绍单纯观点那样可以高度概括。为了便于理解该书的内容，我们以原书的笔调对该书进行了如下缩略。

（一）渤海国的成立与发展

唐朝与新罗联手灭亡高句丽之后，于 668 年在平壤设立了安东都护府以便治理高句丽旧地。并且，为了预防高句丽遗民的反抗，于 669 年将居住在平壤的包含绝大部分高句丽上层在内的 28000 户高句丽遗民迁入唐朝境内，并将他们打散安置。而留在旧地的高句丽遗民则进行了积极的反抗和光复运动，迫使唐朝于 676 年将安东都护府从平壤迁至辽东地区，并将高句丽遗主宝藏王派回旧地，册封为"辽东州都督朝鲜王"。然而宝藏王迅速与靺鞨联手发动光复运动，唐朝又不得不将宝藏王及高句丽遗民重新强制召回。虽然之后唐朝又采取了很多办法，但辽东地区已经越来越远离唐朝的势力范围，这些方法都没能取得预期的效果。

营州（现辽宁省朝阳一带）位于辽河以西、大凌河上游一带，是唐朝治理东北地区的枢纽，是军事、政治的重中之重。696 年，契丹首领李尽忠与孙万荣联手刺杀了营州都督并占领该要地，史称"营州之乱"。被称为"高丽别种"的乞乞仲象（大祚荣）部众与靺鞨乞四比羽部众以及部分高句丽移民一起，趁乱离开此地。李尽忠死后，唐朝册封乞四比羽为许国公、乞乞仲象为震国公。但乞四比羽拒绝了唐的提议，于是武则天命令李楷固讨伐乞四比羽。李楷固虽然成功剿灭了乞四比羽，但被大祚荣率领的高句丽遗民

及靺鞨乞四比羽剩余部众联合军击退。随后，大祚荣率领这些部众继续东移，最终在东牟山（现吉林省敦化市城山子山城）筑城扎寨。698年，正式建国，称为震国王。

713年唐朝派遣崔䜣宣布册封大祚荣为左骁卫员外大将军渤海郡王忽汗州都督的命令，并弃用靺鞨，改称渤海。中国学界以此为依据，认为渤海国是由靺鞨势力建立的国家。但"靺鞨"也好，"渤海"也罢，不过是唐朝对渤海国的称呼，而并非渤海国对自己的称呼。渤海国最早使用的国号是"震国"，源自698年大祚荣在东牟山建国时"震国公"的称号（或称"振国"）。此外，渤海国人还自称国号为"高丽""高丽国"。此说源自727年渤海国首次向日本派遣使臣，在呈上的国书中写道："复高丽之旧居，有扶余之遗俗。"此外，758年渤海国文王派遣杨承庆出访日本，在国书中自称"高丽国王"。次年，日本在回复给渤海国文王的文书中也将文王称为高丽国王。虽然这一说法在中国学界中得不到承认，但不能因为中国缺少相关资料而否认这一事实的存在。

（二）渤海国的变迁

渤海国自建国之后便不断扩张领土。据史料记载，渤海国在第一任国王大祚荣、第二任武王大武艺、第三任文王大鑫茂在位期间，领土持续扩张。但在第四任大元义至第九任简王大明忠期间，领土不仅没有扩张，反而还略有缩小，丧失了部分领土。直到第十任宣王大仁秀时期，渤海国领土才得以再次扩张，并达到了四方5000里的历史最大疆域。因此，渤海国的疆域变化大致分为三个阶段，即高王时期、武王文王时期及宣王时期。

渤海国698年建国之初，唐朝对渤海国的立场停留在"不过是一群乌合之众而已"这样的认识上。而随着渤海国的不断成长和扩张，终于在705年及713年得到了唐朝的认可，册封为"渤海郡王"。这不仅意味着渤海国的地位得到了提升，也意味着唐朝对以辽东为中心的高句丽旧地的影响力弱化。与唐、突厥、新罗等周边国家的外交关系得到确立并维持稳定后，渤海国高王大祚荣开始考虑扩张领土，将高句丽故土并入渤海国。这一时期渤海国的疆域大体如下：东至越喜靺鞨居住的兴凯湖地区；东北至林口、鸡东与兴凯湖一带，与黑水靺鞨为邻，南与新罗为邻，西北与契丹接壤。但该范围内的部分松花江中下游地区与黑龙江下游等地的靺鞨部落仍向唐朝进贡，并不在渤海国的势力范围。据《旧唐书·渤海靺鞨传》记载，当时渤海国的疆域范围达到了"方二千里"。

719 年高王大祚荣去世后，武王大武艺继承王位，继续向周边扩张渤海国势力，首当其冲的就是北部的黑水靺鞨及西南部的辽东地区。726 年，唐朝将位于渤海国背后的黑水靺鞨升格为黑水州，并派遣了地方长官，用以牵制渤海国的发展。这使渤海国面临腹背受敌的局面，引起了渤海国的强烈不满。于是武王对黑水靺鞨进行了讨伐，并于 727 年派遣使臣与日本建交，732 年派遣水军攻打唐朝的山海关一带，这也使得渤海国与唐朝的关系变得十分紧张。此外，武王向东推进，越过老爷岭将势力范围扩展至率滨水（今绥芬河）流域及俄罗斯沿海州南部地区的克拉斯基诺一带，这也是渤海国去往日本之路的出发点。

到了第三代文王时期，随着与唐朝的关系逐渐改善、来自新罗的威胁逐渐消失，渤海国开始对尚未归附的铁力、越喜、黑水等靺鞨部落施加压力。上述靺鞨部落在 8 世纪初频繁向唐朝进贡，也是引发渤海国与唐朝之间战争的直接因素。尽管渤海国对上述部落的进攻记录没有流传下来，但根据上述部落对唐朝停止进贡的时间来推断，上述部落在 8 世纪中期左右被渤海国势力吞并。因此，渤海国的疆域范围扩张至松花江下游地区，也意味着渤海国自建国以来一直追寻的扩张政策取得了一定的成果，渤海国达到了全盛期。之后的第四代废王至第九代简王时期，渤海国进入内讧期。

第十代渤海国王宣王大仁秀即位后，以文王为榜样，止住了内讧，恢复了王室势力，收复了在渤海国内讧期间重新独立的周边部落。对此，史料有如下记载："讨伐了大海北部的诸多部落，有扩大领土之功"，"南稳新罗，北攻部落，设立郡邑"。在大仁秀的努力下，渤海国成为东北亚地区的霸者，并且从中国得到了"海东盛国"的称号。

（三）渤海国的行政区划及对外交流

渤海国的行政区划，分为 5 京、15 府、62 州，州以下还有 100 余个县，形成了府 - 州 - 县这样的三级地方治理体系。5 京，分别是上京、中京、东京、南京和西京，是渤海国的政治、经济、军事中心。尽管 5 京的位置众说纷纭，但大体如下：上京位于黑龙江省宁安市东京城渤海镇，中京位于吉林省和龙市西古城子，东京位于吉林省珲春市八连城，南京位于咸镜南道北青，西京位于吉林省临江市。据推测，5 京的设立时期大体上为第三代文王大钦茂时期。此外，渤海国还经历了四次迁都。第二代文王大武艺时期，将首都从故国迁至中京。第三代文王时代将首都由中京迁至上京，后又迁至东京。第五代成

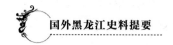

王时期又将首都由东京重新迁回上京。

渤海国有 5 大对外交流的通道，分别是朝贡道、营州道、日本道、新罗道和契丹道。朝贡道由上京出发，途经西京后，乘船经过鸭绿江、渤海湾后，抵达山东半岛。营州道为通往唐朝在东北地区的据点——营州的道路。日本道由渤海首都之一的上京出发，途经东京、现符拉迪沃斯托克南部的克里斯基诺、东海，最后抵达日本。新罗道由东京出发途经南京前往新罗。契丹道为途经扶余府前往契丹的道路。此外，还有一条由渤海国首都出发前往西伯利亚的从事毛皮交易的"水貂之路"。

（四）渤海国的灭亡

渤海国灭亡于 926 年。据史料记载，926 年正月，契丹军队包围了渤海首都上京城。渤海国第 15 代国王大諲譔身着素服带领臣子出城降服于契丹主君，正式宣告渤海国灭亡。据《辽史·耶律羽之传》记载，"先帝因为渤海国反叛，找准机会出兵，所以不战而克"。据此产生了"渤海国自灭"一说，即渤海国的灭亡是由内讧而导致的。但，有关"自灭说"的其他佐证几乎没有，该说法也不过是推测而已。因此，不能（通过胜利方所记录的历史资料）将渤海国的灭亡完全认定为内讧或混乱，而应该以渤海国为中心重新梳理。即，从渤海国由来已久的防御体系问题中寻找原因，以及周边国家拒绝渤海国王大諲譔的求援等。渤海国灭亡后，其遗民为光复王室展开了积极的光复运动。自后渤海国开始，先后出现了定安国、兴远国、大渤海国等，但大都只是昙花一现。

据推测，渤海国在灭亡前的 923 年至 924 年间，曾迫于契丹的压力同周边国家签订结援协定。当时结援的国家除了新罗外，还有高丽。而渤海国灭亡后，其遗民很多都迁移到了高丽。究其原因，高丽和渤海国居民都认为两国是高句丽的后继国。据《资治通鉴》记载，高丽太祖曾说过"渤海国与我国乃婚姻关系"或"渤海国与我国乃亲戚之国"。这也印证了渤海国灭亡后其遗民大多迁往高丽的原因。

书中自始至终都认定渤海国是高句丽的后继国。渤海国在高句丽旧地建国，主要由高句丽遗民构成并继承高句丽的民俗文化。渤海国作为历史的桥梁，其历史地位不可低估。由于渤海国是连接北方民族与中原地区的桥梁，因此其不仅属于韩国历史，其他民族也将其认定为自己民族历史的一部分。

（五）韩国学者眼中的中国渤海国史研究

中国对渤海国史的研究始于 20 世纪初期。早期的研究有唐宴的《渤海国史》（1919）、黄维翰的《渤海国记》（1913）。金毓黻的《渤海国志长编》（1934）将与渤海国有关的所有文献都做了整理，并在此基础上制成了世纪、世系、年表。而将渤海国看作中国少数民族历史的研究则始于"文革"结束。70 年代末 80 年代初这一时期，掀起了研究渤海国史的潮流。这应该标志着中国学者对渤海国史的归属问题及民族根源问题的基本研究已经达到了一定阶段。东北工程的课题中，包含了渤海的对外关系、遗址现状调查、渤海国民族起源、渤海国归属问题等。因而，东北工程被看作是中国欲将联合国教科文组织认定的世界文化遗产——渤海国遗址的归属地标记为中国的官方政策产物。

在渤海国的居民构成上，大部分中国学者主张"靺鞨族说"。其依据是张九龄在替唐玄宗书写的《敕新罗王金兴光书》中提到"渤海靺鞨"，以及《新唐书》《旧唐书》中关于"渤海靺鞨"写到"渤海本粟末靺鞨"等记录。此外，还有部分学者主张"渤海族说"。即渤海国成立后，一些周边的民族逐渐融合在一起，形成了新的靺鞨族。但高句丽灭亡后，尽管有部分遗民迁居到了其他地方，但在高句丽旧地上建立起来的渤海国，依旧以高句丽人为主要人口，不可能突然由靺鞨人成为主导并在此繁殖，这是没有根据的。

在渤海国的国家地位上，中国学界主张渤海国为从属于唐朝的地方政权之一的靺鞨国。其依据是《新唐书》中认为渤海国建国者大祚荣是粟末靺鞨人，建国势力以靺鞨为主。此外，还有部分学者根据《新唐书》中的内容主张渤海国是唐朝的地方政权之一。其依据大体如下：第一，渤海国的国号是受唐朝册封而得；第二，渤海国王被唐朝册封为都督；第三，从未间断向唐朝进贡；第四，唐朝向渤海国派遣过地区管辖官；第五，渤海国使用汉字，文化以唐朝为中心；等等。但，无论是建国时期的"震国"，还是后来的"渤海国"，渤海国从未以"靺鞨"自称，这不过是唐朝对渤海国的称呼而已，是单方面的。此外，尽管渤海国受到唐朝的册封，但受册封并不意味着渤海国是唐朝的地方政权。高句丽、百济、新罗、日本等东亚国家均受过唐朝的册封，但并不意味着这些国家是唐朝的地方政权。册封只是两国间的一种外交认同。同理，朝贡也只是两国间便于经贸往来的一种行为而已，亦不能看作是中央与地方（地位上）的证据。

三　学术评价

本书与以往韩国的渤海史研究著作相比，并没有太多的新意，但它比较全面地介绍了韩国方面对渤海史研究各个领域里的基本认识，因而有一定的参考价值。

由于本书是合著，因此每位作者引用的数据可能没有前后统一。如：第一章中提到唐朝将 28000 户的高句丽遗民强制迁入唐朝境内，第二章中此数据为 38000 户；第二章中，关于中京的位置，一说吉林省和龙市西古城子，一说吉林省延吉县。另外重复内容过多。由于是合著，每位作者在撰写时，对一些共通的内容都有涉及，造成篇幅重复浪费。

第六节　《中国的边疆研究》

一　作者简介

本书为合著，共 6 人参与编写（以下姓名均为音译）。

朴章培，东北亚历史财团研究委员，研究方向为中国近现代边疆民族，主要著作有《历代"中国"的"边疆"统治》（合著，韩神大学出版社，2008）、《近代西方冲击和东亚的君主制》（合著，老山鹰出版社，2014）等。

李天硕，岭南大学政治外交学系讲师，研究方向为国际政治史，主要著作有《中国的东北工程和韩国古代史》（合著，周留城出版社，2012）、《中国东北边疆政策和文化工程》（《国际政治研究》第 15 辑第 2 号，2012）等。

朴宣泠，庆北大学亚洲研究所研究员，研究方向为东亚近现代史，主要著作有《东北抗日义勇军》（中国友谊出版社，1998）、《中日问题的真相》（东北亚历史财团，2009）、《满洲究竟是指什么》（松明出版，2013）、《中华人民共和国的版图形成与新疆：新疆的特殊性和新疆生产建设兵团的国内外挑战》（《中国史研究》第 44 辑，中国史学会，2006）等。

郑勉，西江大学人文科学研究所研究教授，研究方向为中国古代史，主要著作有《韩中关系——2000 年同行和共有的历史》（合著，小树出版，2008）等。

沈赫周，翰林大学生死学研究所研究教授，研究方向为西藏民俗，主要著作有《亚洲的死亡文化》（合著，小树出版，2010）、《西藏的活佛制度》（西江大学出版社，2010）、《死亡应该怎样理解》（合著，翰林大学出版社，2014）、《西藏天葬：前往天堂之路》（书世界，2008）等。

李平来，韩国外国语大学中亚研究所研究教授，研究方向为蒙古史，主要著作有《蒙古的历史》（东北亚历史财团，2009）、《20世纪前期韩国知识分子的蒙古认识1：针对过去、现在、将来的评价和展望》（《中亚研究》第17-2辑，2012）、《前近代蒙古法典中的生态保护法分析：共同体维持功能及相关》（《东洋史学研究》第123辑，2013）、《20世纪前期韩国知识分子的蒙古认识3：以蒙古和蒙古文化的误解与偏见为中心》（《亚洲文化研究》第35辑，2014）等。

本书由东北亚历史财团提供支持并于2014年12月出版。

二　主要内容

（一）基本内容

（1）介绍了"边疆地域"研究的重要性和具体内容。在中国"六五"计划时期（1981~1985），国家开始重点支持哲学社会科学的项目。到了第十个五年计划期间（2001~2005），重点支持的大型工程研究范畴扩大到了"东北工程"。而此时，中国学界的一些人士一方面在研究工程推进，一边开始重视"边疆学科建设"。为了更深刻地认识和理解中国历史和地区的基础工作，研究"中国边疆学"，关注相关的学术动态以及大规模的研究项目对于改变整个远景是十分有必要的。中国目前与14个国家和地区接壤，与6个国家存在海洋界限，并且中国的55个少数民族大多居住在边疆地带，边疆问题不仅仅是领土问题，更涉及了民族和宗教等深层问题。对于中国的国家发展战略和未来构想，边疆和民族问题可以说是最核心的人文问题。由此，中国学界关注的"边疆学"逐渐崛起。在中国学界对国策变更问题研究的同时，使"边疆学"领域更系统化的工作也同时进行。中国边疆学（Borderland Studies）是"东北边疆研究项目"及其后续工作的学术基础，也是主体中的一部分。这是中国边疆研究者们积极提出的新兴学科。这门学科是融合了边疆历史、边疆理论和边疆现实问题的一门综合性学科，而"边疆学"项目研究的两大分支是"东北工程"和"新疆工程"。东北工程是指中国东北地区，新疆工程是指新疆地区，西南项目是指以云南和贵州地区为中心的西南地区，西藏工程是指西藏地区，北疆工程是指以内蒙古为腹地的北部边疆。这些边疆的研究可以起到衡量中国崛起的方向尺度的作用。东北工程，即东北边疆研究工作，主要是理解历史的研究工作，根据事业单位种类和工作内容，对多区域研究工作进行合理分类。中国边疆研究项目是了解中国的历史，认识地区战略的资料来源，并为研究实际工作做好基础准备的一个过程。

（2）介绍了东北边疆工程的成果和影响评价。东北工程是中国社会科学院所属的边疆史地研究中心为了对辽宁、黑龙江、吉林等东北三省的边疆历史和现实问题进行更加系统的研究而推进的研究项目。也就是说，这是以中国东北三省的地域、历史和民族间的问题为研究核心，针对该地域过去、现在和由此引发的未来的事为研究对象的一项工程。这其中包括了边疆地区的少数民族问题，朝鲜不安定事件的应对政策，针对朝鲜半岛统一的北方事前应对政策，以及应对黑龙江沿岸和乌苏里地域相邻的俄罗斯和可能给中国带来国家性危机的日本侵入预防政策。该工程分为基础研究和应用研究，其中课题包括了中国的疆域理论研究、东北地方史研究、东北民族史研究、古朝鲜·高句丽·渤海史研究、韩·中关系史研究、中国东北边疆与俄罗斯远东地区关系史研究、韩半岛政事变化对中国东北边疆地区安全的影响研究等。本书在第三章中着重介绍了高句丽和渤海史的研究成果。

随着对东北工程研究领域视野的扩大，东北边疆工程研究呈现多元化趋势。第一，基础研究，根据对东北地区发生新变化的战略和政策研究。例如，与东北领土纠纷有关的中俄两国所面临的问题，两国市场的扩大和能源共同开发，一些纠纷岛屿的归还问题，生态环境的共同认识，能源部门的合作方案等。另外，朝鲜边疆的经济合作和共同开发方案、市场开放问题的研究课题。尤其是东北地区长白山新资源开发问题。第二，社会科学领域的环境、交通、文化、法律等方面的研究。国家战略层面上的变化与周边国家之间，即东北地区和朝鲜半岛的核心利益研究，包括安全、军事、经济、文化、海洋主权等方面的研究，以及东北地区朝鲜族整合等问题。第三，随着对韩国古代史领域研究比重的下降，对以古代史为中心的研究工作正逐渐转变为对以整个东北地区为对象的研究。第四，对东北地区的生态环境保护的政策研究正在进行中，同时提倡东北地区自然和文化的保护与开发，重视生态学研究的必要性，生态研究关注的是旅游业发展与生态地区环境的相互契合。

"中国东北老工业基地振兴战略"（以下简称东北振兴战略）是中国四代领导的地区发展政策，2003 年正式立案，并从 2013 年起开始为期十年的政策实施。东北工程和东北振兴战略的共同点是以东北地区（满洲）稳定为基础目标，二者都是中国东北边疆政策的一环，东北工程是从政治、国际关系层面出发的中国东北亚项目研究，而东北振兴战略是从经济角度考虑的。而这不仅要考虑国内区域经济的不均衡，还要考虑到东北亚区域经济合作的层面。特别是以中国东南海沿岸开发成果为基础，推进西部地区大开发的战略，因此为了减少东北地区的不平衡，需要推进能够考虑到经济层面的东北边疆经济战略，这就是"东北振兴战略"。换句话说，东北振兴战略是在重视经济方面的同时，解决东北边疆问题的地区振兴战略。

（3）介绍了新疆工程的成果和影响评价。近代中国历史中的边疆相关研究大致可分为两部分，一部分是鸦片战争前后西方势力侵占中国，另一部分是1931 年"九·一八"事变后日本侵略中国对关内地区产生巨大影响。毫不夸张地讲，21 世纪以来"东北工程""新疆项目""北部边疆项目"等研究项目可以算作第三次边疆研究的浪潮。而与前两次研究浪潮相比，虽然没有面对外部入侵的情况，却也是出于危机应对的考虑而发展的研究。为了更加系统和有效地进行研究，中国社会科学院和国务院发展研究中心于 2004 年 5 月设立"新疆史地及现状的综合性研究项目"（新疆项目）。新疆项目的促进目标为：第一，保护新疆地区的安全；第二，对新疆历史及现状进行综合性、系统化的理论研究；第三，为了适应改革开放以来新疆地区周边国际环境的巨大变化。"新疆项目"以基础研究和应用研究为核心，以档案文献整理、重要外语成果翻译、社会发展调查、可读性研究成果普及等五个任务为主题，并且投入人力进行图书材料和电子材料的数据库建立。新疆项目拥有近 80 个子项目，大概可分为六类：第一，基础研究类有近 60 个项目并且研究成果以著作的形式出版；第二，档案文献类对档案进行有重点的整理，近 6 万件的《满文边疆档案》中新疆地区成为最核心的部分；第三，翻译类的课题中以英文和俄文著述的有关新疆地区的文献居多；第四，建立电子数据库；第五，对可读性高的文献著作进行编辑普及；第六，对当代中国边疆地区典型性的百村进行调查。"新疆项目"的研究内容对新疆各地区的现状产生两方面的影响。一方面是这些学术成果通过博物馆向大众展示说明和传播知识；另一方面是通过抽象性的城市标语产生宣传效果，这些标语主要分为以下几类主题：表现中国梦与和谐社会的主题、强调爱国爱党的主题、为建设美丽新疆和文明城市印象的主题、强调民族团结的主题。中国通过对新疆地区历史文化和当代政治社会现状的研究来说明新疆是中国不可分割的一部分，以及强调民族团结，这是新疆项目的研究核心之所在。新疆项目是通过理论研究和现状分析促进中国和新疆地区一体化的事业。新疆项目中"边疆理论及新疆地方史研究""新疆民族研究""新疆文化与宗教研究""新疆安定与发展研究""新疆周边国家关系研究"这五个符合新疆项目原则的重要课题已出版成各种系列。总的来说，新疆项目强调新疆地区的文化多元性，新疆地区与内地交流，时代融合与民族团结，主张新疆文化的交流对整个中华民族的形成发展具有重要影响。

（4）介绍了西南工程实情和成果分析。本工程的任务是收集与西南项目有关的材料，掌握实际的情况并进行整理。现在有关西南项目的信息极少，所以很难把握实际情况。西南项目的正式名称为"西南边疆历史与现状综合研究项目"，就目前为止收集的资料来看有两个推测：第一，在西南边疆史或者西南边境学的发展过程中发生的具有推动力的效果；第二，中国国家资源的边境史或者边境学的发展。把重点放在西南边疆历史和现状中重要的理论和现实问题上，为西南边疆社会的发展和国家的长久治安提供了理论和对策。这比起"民族"和"民族关系史"，强调更多的是"西南边境"和"西南边境史"。如果说"民族关系史"是强调56个民族之间的平等和统一，那么边境史所重视的就是从中国国家的角度出发关于统一与发展的问题。为了西南边境史研究的发展，提出以下5个建议：

其一，关于历史研究的资料要持续地发掘和整理；

其二，扩大研究对象与深入的研究；

其三，新的研究视角与新的研究方法的采用；

其四，重视西南边境整体史的研究；

其五，采用多学科相结合的研究方法。

整体来说，近代国民国家建设的过程中，强调居住在"统一多民族国家"的"中国大家庭"内的平等和发展的"民族关系史"是从1990年开始为起点的职责。

（5）介绍了西藏工程实情和现状推进。2013年7月，中国教育部人文社会中心，四川大学藏学研究所携手美国哈佛大学燕京学社共同举办了"7至17世纪西藏历史与考古、宗教与艺术研究国际学术研讨会"，主要讨论了吐蕃时期的历史，考古与艺术，西藏西部地区的历史与艺术，最近发现的西藏法文及古文的研究，西夏、元明时期的汉藏佛教文化交流，典章佛教的历史及哲学研究以及佛教传入时期的文化艺术方面的内容，是近期最具体的国际性质的中国西藏学术研究，对中国藏学研究发展具有深刻意义。2010 年 6 月，第二届海峡两岸藏学研讨会在北京召开，主要围绕历史、当代、宗教、文化艺术四个方面进行。中国政府在学术方面对于西藏地区有很高的关注并给予支持。因此最近出现的西藏项目对于国家影响的必要性体现在以下几个方面：第一，根本性促进区域安全和民心稳定；第二，不仅对于西藏历史和宗教文化，更对生态和环境问题有了进一步的讨论和确定；第三，需要从根本上隔绝和应对各种突发事件。因此进行多样的学术文化交流对促进西藏地区的发展是十分必要的。2015 年 8 月，第五届北京藏学会在北京召开。大会发表了西藏和四省藏区的发展、可持续性和民生保障、西藏社会变迁与国际学发展趋势。这是近代藏学研究发展的一个鲜明事例，最近西藏发展与变化亦成为学术研究的主流。民族学、人口学、生态学等新的学术研究趋势也正在如火如荼地进行。应客观对待"藏独"问题，西藏是中国不可分割的一部分。

（6）介绍了北疆工程实情和现状推进。北疆项目是以内蒙古自治区为研究对象的国家级大型科研项目，北疆项目于 2010 年 1 月由全国哲学社会科学规划办公室批准，被指定为国家社科基金特别项目，8 月 23 日正式启动，目前招募工作正在持续中。北疆项目的时间期限是 2010 年至 2014 年，该项目研究主要分为研究系列、党内文献整理翻译、翻译（及数据库基础建设）三方面。这个项目的领导小组由内蒙古自治区社会科学院和中国边境研究区中心两个地方合作，在内蒙古自治区社会科学院办公室联合处理。迄今为止，三次的研究者招募（2010 年、2012 年、2013 年）和两次课题征文（2012 年 9 月、2013 年 10 月）已经确认。三次征文主题的研究都是研究系列（基础研究和应用研究），并不涉及其余两个系列。中国的领土和海域辽阔，保证国家边疆的安全是确保国家安危的必要性因素。在短期内，确保边疆少数民族地区稳定，并应对长期的边疆问题是一切边疆工程的目的。

（7）介绍了草原工程的具体过程和特点。草原文化研究工程是内蒙古自治区社会科学院主办的 10 年大型国家级科研项目。2004 年 7 月 12 日正式开始的第一期工程（2004 年至 2007 年）和第二期工程（2008 年至 2011年）已经结束了，现在正在进行的是第三期工程（2012 年至 2014 年）。每年有 100 万元投入学术研究、文化丛书出版、学术会议及其他关联工作中。该研究工程在空间上包含了蒙古草原，在时间上覆盖了史前时代到当今时代，研究领域涵盖了历史、考古、民俗、文化人类、军事、艺术、人物等可以统称为文化的范围。这项工作是发掘草原文化的内在意蕴，探寻草原文化的中华文化发展史上的地位和影响，探索草原文化的现代意义，培养草原文化的专业人才。

（二）关于黑龙江的内容

（1）介绍了东北工程与黑龙江省的联系。东北工程（东北边疆研究项目）即中国社会科学院下属边疆史地研究中心与辽宁省、吉林省、黑龙江省即东北三省共同推进的、针对东北边境地区的历史与现实问题进行系统研究的项目，是针对东北三省地区的历史、地理以及民族等相关问题进行集中研究的国家级重点项目。研究对象包括该地区的过去与现在，以及由此引发的各种问题。

（2）介绍了东北工程项目中，隶属于国家社会科学基金的黑龙江省研究成果的情况。依据 2012 年国家哲学社会科学基金资助项目名单，与韩国相关的有 8 项。其中包括黑龙江省博物馆刘晓东的《渤海国历史文化研究》，项目等级为一般项目，项目编号为 12BZS073，计划完成时间为 2014 年 6 月，预期成果形式为专著。2013 年国家哲学社会科学基金资助项目名单中，包括哈尔滨师范大学南慧英的《东北亚视觉下俄苏对朝鲜移民政策研究（1860 ~ 1937》，项目等级为青年项目，项目编号为 13CSS025，立项时间为 2013 年 6 月。

按照研究时代来划分，分为高句丽篇、渤海篇、朝鲜篇、朝鲜族篇、朝鲜半岛篇、东北篇等。

在渤海篇，提到了黑龙江省社会科学院郭素美的《渤海靺鞨民族源流研究》，项目等级为一般项目，立项时间为 2007 年 6 月 24 日，结项时间为 2012 年 6 月 11 日，学科分类为民族问题研究，成果名称为《渤海靺鞨民族源流研究》，成果形式为专著。此外，还包括前文提到的刘晓东的项目，项目状态为在研中。

在朝鲜族篇，提到了哈尔滨师范大学崔英锦的《城市化进程中东北地区朝鲜族传统文化传承的人类学调查研究》，项目等级为一般项目，立项时间为 2011 年 7 月 1 日，项目状态为在研中，学科分类为民族问题研究。

在东北篇，提到了哈尔滨师范大学历史系李淑娟的《日本殖民统治对东北农民生活影响实证研究（1931 ~ 1945)》，项目等级为一般项目，立项时间为 2007 年 6 月 4 日，结项时间为 2011 年 6 月 30 日，学科分类为世界历史，成果名称为《日本殖民统治对东北农民生活影响实证研究（1931～1945）》，成果形式为专著。此外，还有黑龙江省社会科学院王希亮的《近代以来日本人在中国东北的早期活动及其影响研究》，项目等级为一般项目，立项时间为2012 年 5 月 14 日，项目状态为在研中，学科分类为中国历史；哈尔滨师范大学李淑娟的《满铁调查报告与东北乡村社会研究（1906～1945）》，项目等级为重点项目，立项时间为 2012 年 5 月 14 日，项目状态为在研中，学科分类为中国历史；哈尔滨师范大学南慧英的《东北亚视觉下俄苏对朝鲜移民政策研究（1860～1937）》，项目等级为青年项目，立项时间为 2013 年 6 月 10 日，项目状态为在研中，学科分类为世界历史。

（3）对东北工程项目中黑龙江省的研究成果内容进行介绍分类并逐一分析评价。据统计，自 2007 年以来，针对渤海国史的研究无论是从量还是质的角度都相对比较贫乏。可以看出，针对渤海国史的研究不过是为了使渤海国归属于中国而开展的研究。其中包含专著 12 部、博士论文 1 篇、硕士论文 19 篇、学术论文 108 篇。如果按渤海国史研究与渤海国考古学研究来划分的话，与渤海国史相关的研究成果中，专著 5 部、硕士论文 9 篇［其中包括黑龙江省社会科学院陈旭的《渤海国前三代王对唐政策及其变化研究》（2010）、黑龙江大学周宏文的《渤海国上京龙泉府城市地理研究》（2012）］、学术论文 76 篇。与渤海国考古研究相关的成果中，专著 7 部［其中包括黑龙江省文物考古研究所编的《渤海上京城》（套装上下册），文物出版社，2009；黑龙江省文物考古研究所编的《宁安虹鳟鱼场：1992～1995 年度渤海墓地考古发掘报告》（上、下），文物出版社，2009］、博士论文 1 篇、硕士论文 10 篇［其中包括哈尔滨工业大学徐冉的《渤海上京宫城第三、四宫殿复原研究》（2007）、哈尔滨工业大学李霞的《渤海上京城城门复原研究》（2008）、哈尔滨工业大学孙志敏的《渤海上京城内苑复原研究》（2008）］以及学术论文 32 篇。

梁玉多的《渤海史论集》（中国文史出版社，2013）中收录了 26 篇论文及附录。

黑龙江省文物考古研究所编纂的《渤海上京城》（套装上下册）（文物出版社，2009），是国家文物局的重点支援项目研究成果。该丛书内容为针对位于黑龙江省宁安市的全国重点文物保护单位——唐代渤海国上京龙泉府遗址

1998~2006年度的调查挖掘报告。该书阐明了渤海国工程建筑的结构。通过大范围、有深度的调查挖掘，对渤海国上京城外城正南门、正北门、中央大路、位于宫城中轴线的宫殿、御花园大型建筑等遗址和遗物进行了全面描述，是现有考古学报告中对渤海国上京城描述内容最为详细和丰富的成果。此外，该书在渤海国历史、政治、经济、文化及中央政权关系等方面，也极具学术价值，在中国古代城市制度研究方面也具有重大意义。

黑龙江省文物考古研究所编纂的《宁安虹鳟鱼场：1992~1995年度渤海墓地考古发掘报告》（文物出版社，2009），全书分为上下两卷。上卷含1、2章，主要介绍了墓葬分布与地层关系。下卷第3章介绍了墓地性质及相关问题研究，第4章介绍了墓葬的性质等。

（4）对黑龙江省具有学术性的历史旅游资源进行介绍。中国学术界针对高句丽与渤海国历史的研究并不仅仅停留在学术研究的层面上。首先，从高句丽史活用层面上来看，不但从高句丽史归属问题中脱离出来，还通过将与高句丽史和渤海国史相关的历史遗迹对大众进行展示，使大众产生高句丽史与渤海国史是中国历史的一部分这样的意识，达到了教育和宣传的目的。例如，在黑龙江省博物馆主页的"陈列展览"一项，下拉后有"历史陈列"这一项。该项内容分为11个部分，时间跨度为从旧石器时代开始，到1911年清政府灭亡这段时期。其中与韩国古代史有关的部分为第5、6部分。在第5部分中，有如下内容："随着青铜文化的发展，松嫩平原又率先进入早期铁器时代。频繁的战争，导致文化互相交流渗透影响，促进了社会的发展。靺鞨人依靠雄厚的实力，打败周邻部族，建立了海东盛国——渤海国。"将渤海国的建国主体认定为靺鞨人而非高句丽人。在第6部分中，有如下内容："公元八世纪初，唐朝在东北东部设置忽汗州都督府。册封粟末靺鞨首领大祚荣为忽汗州都督、渤海郡王，辖区称渤海国。成为唐朝管辖下的地方政权，其典章制度，仿自唐朝。"

三　学术评价

本书是一部研究综述性著作，介绍了近年来我国学界对边疆问题研究的情况，尤其对与朝鲜、渤海、高句丽等方面相关的研究情况介绍得尤为详尽。虽然是综述性著作，但在介绍的字里行间也时时表露出编者的立场观点，对我国的边疆研究误解或曲解的地方不少。

第七节　《渤海社会文化史研究》

作者宋基豪，详见第五章第二节《渤海政治史研究》。

一　主要内容

本书是宋基豪继《渤海政治史研究》（1995）之后的第二本有关渤海历史的重要研究著作。对于本书的主要内容，作者自称："《渤海政治史研究》主要以文献记录为依据，对渤海史的整个发展过程进行了复原，而本书则是灵活运用了诸多考古资料，重点研究了渤海的社会构成、文化史以及高句丽的继承性等问题。第一部分是有关渤海建国集团之种族属性的研究，相关研究在《渤海政治史研究》一书中会有所涉及，但本书则从考古学的角度对此进行了更进一步的阐明。第二部分中对地方社会的支配结构及其实况进行了全面认识。如果说前面这两部分是社会史研究的话，那么第三部分则属于文化史研究。第三部分中，重点整理了渤海佛教发展的过程，并介绍了新近佛像的铭文。作为渤海史

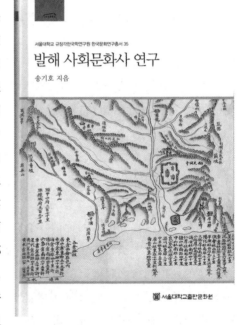

争论的核心——渤海高句丽继承性问题，因短期内解决难度较大而会一度被搁置，本书第四部分将正式探讨这一问题。"其具体内容如下。

第一章整理了被视为埋葬渤海建国势力的六顶山古墓群资料，并将粟末靺鞨古墓及高句丽古墓做了对比分析。结论是"其在古墓样式上更倾向于高句丽，而从随葬陶器及埋葬习俗来看，则更倾向于靺鞨。这两点又跟古墓群的区域有所不同，第一区域的中下部高句丽因素较为明显，第一区域上部及第二区域靺鞨的因素则较为明显。这就说明渤海的建国集团是由高句丽人和靺鞨人构成，并且反映出上层部分高句丽人占优势，而下层部分则多为靺鞨

人的事实"。

第二章分析了形成渤海建国一支的粟末靺鞨的源流,同时也反驳了因粟末靺鞨发祥于故扶余国地区从而认为扶余人是其根源的主张。认为"粟末靺鞨是因为勿吉的西进而成,与扶余无关,这一事实已通过榆树老河深遗迹得到确认。老河深中层是前期扶余的遗址,上层则为粟末靺鞨的遗址。但此两层间存在时间跨度较大的空白期,且二者在墓葬样式、墓葬方式、随葬品等方面也存在很大差异。这就说明粟末靺鞨并非继承于扶余,同时也说明了这两者的种族属性是不同的。粟末靺鞨的陶器与扶余不同,反倒与其他靺鞨族相同,这就充分说明了粟末靺鞨是因勿吉的扩散而形成的"。

第三章主要探讨了渤海地方统治制度的演变过程及地方统治的情况。认为"渤海的地方统治制度大致可以分为三个阶段:初期采用了高句丽制度,之后转换为唐朝式的府州县制,而后府州县制也有了变化,最终采用了郡道等制度。尽管现在能确认的仅是18个州中所设县的全部个数为75,但鉴于其曾设有62州,以此类推,渤海设的县应达200以上,远远多于成说。渤海地方统治制度貌似井然有序,但实际上中央的权力未能广泛渗透至各地方,仅是名义上凌驾于地方势力之上而已。这种局限性成了渤海国灭亡的原因之一,同时也导致了渤海国灭亡后渤海人与女真人再次分裂的局面"。

第四章论述了维持地方势力之首领的性质。主张"渤海首领一词借用于唐朝,是地方独立支配者的称谓。他们虽未被中央政府授予官职或官品,表面上的地位要低于末级官吏,但事实上他们势力之强劲,达到能与中央政府向国外派遣的使臣同行之程度。一般百姓由首领直接掌握,而被中央派遣的地方官则凌驾于他们之上。尽管渤海因未能整治好这种首领势力而出现政治上的局限,但他们自视为藩国的统治者,自称皇帝国的情形亦可从中窥见一斑"。

第五章探讨了渤海特有的五京制之起源、作用及其对后世的影响。结论是"渤海五京的由来不同于高句丽的三京和新罗的五小京,而是源于8世纪中后期在唐朝设置的五京五都,约于760年代中叶引入。渤海五京是为了弥补首都过于偏北这一点,同时也是作为地方统治的据点而设置的。渤海将五京之间的主要道路相连接,用以建立内外交通的基地。这里我们需要注意的是,渤海五京虽直接受到唐朝影响,但唐朝这一制度持续的时间较短,而渤海则将这一制度定为长期持续性制度,直至后来传至辽、金。朝鲜早期曾尝试模仿渤海五京制度,而高丽三京则是受到中国的影响"。

第六章分段整理了渤海佛教史，并就其中几项特征进行了阐述。认为"在 8 世纪建国初期，佛教已经深入到渤海，文王时期出现了与王权紧密相连的情形。9 世纪，僧侣和贵族的佛教活动频繁出现，寺院建设及佛像建造活动盛行。渤海国灭亡后，其遗民的佛教活动仍以辽阳地区和金国皇室为中心持续开展。尤其是金国皇室在接受佛教的过程中，渤海遗民出身的后妃们发挥了重要作用。渤海的佛教文化以高句丽佛教文化为基础，在与王室的不断联系中得到发展。按地区可分为观音信仰和法华信仰，此外我们还能看到景教传至渤海，并与佛教糅合的现象"。

第七章介绍了现藏于日本的渤海佛像。认为"该碑像刻于咸和四年（834），和其他渤海佛像一样，具有唐初的古式风格。然而，阿弥陀如来的胁侍菩萨——文殊舍利菩萨与地藏菩萨被放置一处的情形，则是在别处无法看到的现象。此外，铭文中的'许王府'也说明了渤海国确实实施过亲王制度，这也证实了渤海王在其内部的地位等同于皇帝"。

第八章整理了文化史研究动态。结论是"鉴于目前此方面研究尚不够深入，也无甚争端，所以本章仅止于对挖掘调查资料的相关介绍。各国在看待渤海文化的角度上存在明显的差异，中国方面侧重于渤海文化中的靺鞨根基及唐朝之影响；俄罗斯方面主要强调靺鞨的传统；反之，韩国、朝鲜与日本则更倾向于关注期间的高句丽因素。之所以出现这样的情形，一方面是涉及政治因素，也关乎国家利益；另一方面也与发掘资料的交流不够全面有关。虽然前者尚须时日，不易解决，但后者可通过学术交流或共同发掘来解决"。

第九章从对渤海的认识及文物制度层面来证明"渤海继承高句丽之事实"。称"从渤海人自己的记录中可以看出，统治阶层从建国道灭亡，一直带有继承高句丽的意识。日本、新罗、唐朝等周边国家因各自的利害关系，既将渤海看成是高句丽系的国家，也将其视为靺鞨系国家，但基本上认定其为高句丽继承国。渤海的上层文化在初期继承了高句丽文化，尽管后来逐渐转变为唐朝文化，但在瓦当纹样、佛像、火炕等方面则自始至终坚守了高句丽文化"。

第十章是对第九章研究的补充。称"关于渤海标榜为高句丽系国家的史料很多，但却从来未见过有其自视为靺鞨系国家的史料。从渤海使臣押领靺鞨使臣的记载来看，渤海只不过将靺鞨族当作与己不同的'外人、他人'而已。此外，将高句丽与渤海均称为'马韩'，则是将渤海看为高句丽后继者的有力证据。但是，高句丽遗民高震及其女儿墓志铭上的'渤海人'并非念及渤海

国，仅是为了炫耀其为中国名门望族——渤海高氏之一员而已。因此，这不能成为高句丽遗民具有渤海国归属意识的根据"。

第十一章讲述了渤海的取暖设备——火炕的由来。主张"炕是北沃沮人发明的，后向南传至高句丽，主要为被统治阶层所用。随着高句丽的灭亡，高句丽遗民成为渤海建国的主体，火炕则逐渐扩散至统治阶层的生活文化之中，因此渤海都城的遗迹中也有了火炕的出现。虽然在沿海州仍能看到火炕保留着北沃沮人的传统并延续至渤海的情形，但是炕的主要继承路径为北沃沮——高句丽——渤海。渤海火炕主要有 2 条烟道，这是在 1 条烟道的高句丽火炕之基础上发展而来的。渤海火炕还被传播至靺鞨——女真族，这也为渤海灭亡后火炕能向其他民族传播提供了契机。例如，清朝的火炕正是此过程的产物"。

第十二章以最近的龙头山古墓群龙海区域挖掘的渤海墓葬资料为据，再次探讨了渤海国的属性。仍然坚持认为"首先渤海国是高句丽的继承国，通过墓葬的基本样式——石室封土墓或是 M14 墓葬中出土的金制冠装饰等方面可明确得知这一事实。尤其是鸟翼型冠装饰再现了过去高句丽的样式，这是证明渤海王室是高句丽系人物的决定性根据。第二，渤海曾是外王内帝的国家这一事实已在《渤海政治史研究》中有所阐明，但此次发现的两位皇后的墓志铭证实了这一事实之准确，我们亦能从中确认到渤海的最高统治者是王，而其配偶却被称为皇后的现象．后来高句丽继承了渤海的这种外王内帝制度"。

本书 2011 年由韩国首尔大学出版社出版。

二 学术评价

（一）本书的史料价值

（1）本书在若干具体提法上有新意，对传统的观点做了有限的修正。关于渤海五京制的来源。以往韩国、朝鲜学界主张渤海的五京制来源于高句丽的五部制、高句丽的三京制，以及新罗的五小京制。以便论证渤海的高句丽继承性。但本书通过详细的考证，摒弃了这样的说法，而是与我国学界一样，认为"渤海五京的由来不同于高句丽的三京和新罗的五小京，而是源于 8 世纪中后期在唐朝设置的五京五都"。这一认识是符合历史事实的。

（2）关于渤海佛教史的整理。对佛教在渤海传播的历史进程及特点进行了整理，尤其所述之渤海遗民对佛教在辽、金政权的传播起的作用的表述基本是正确的。

（二）本书的不足

虽然有上述的进步，但总的说来，本书还是极力论证渤海不论是在政治还是文化上都是高句丽的继承国，否定渤海主体民族的粟末靺鞨说。比如，书中说火炕是沃沮人发明的，传到高句丽。渤海人使用火炕设施是因为渤海的主体民族是高句丽人的缘故。这当然不符合历史事实，因为在凤林古城就发现了火炕，说明靺鞨人的先世挹娄和勿吉人就已经使用了火炕，并非只有高句丽人使用火炕。像这样的错误观点不胜枚举，以之作为史料参考时要多加注意。

后　记

在书稿杀青之际，有必要明确一下相关责任分工，并向助力本书获得问世的同人道谢。

本书主编由黑龙江省社会科学院战继发编审担任，负责总体策划，组织作者队伍，确定编写体例与编写规范，负责全书的统稿工作。副主编由黑龙江省社会科学院研究员笪志刚、梁玉多、李随安，黑龙江大学霍明琨教授担任，分别负责所承担各卷主编、撰写本卷导论及具体的资料收集与编写工作，负有本卷统稿与质量把关之责。具体撰写情况如下：

战继发为全书主编，具体撰写本书的"前言"与"后记"。

李随安为第一卷"俄罗斯之黑龙江史料提要"主编，彭传勇、杨昕沫为副主编。具体由李随安撰写本卷导论，第一章第一、二、三、五、六节，第二章第六、七、八、九、十节，第三章第七、八节，第四章第六节，第六章第四节，第七章第七节，第八章第七、十节；彭传勇撰写第一章第七、八、九节，第二章第一、二、三、四、五节，第三章第一、二、三、四、五、六节，第四章第一、二、三、四、五节，第五章第一、二、三、四、五节，第六章第一、二节；杨昕沫撰写第四章第七节，第五章第六节，第六章第三节，第七章第一、二、六、八、九节，第八章第二、四节；林琳撰写第六章第五节，第八章第三、八、九节；时妍撰写第七章第三、四节，第八章第一、五、六节；史旭超撰写第一章第四节；柯扬撰写第七章第五节。

霍明琨为第二卷"欧美之黑龙江史料提要"主编，承担了本卷的总体撰写，其中李海泉、翟悦参加了第三、五章的一些编撰；许桂红、张金梅、陈晨参加了第七章第三、四节的编撰；潘奕含、李响参加了第八章第一、三节的编撰。

笪志刚为第三卷"日本之黑龙江史料提要"主编，撰写本卷导论，第二章第七节，第三章第五节，第五章第一、三节，第六章第三节，第八章第八节；任晓菲撰写第一章第四、五、六、七节，第五章五、六节，第六章第一、二、五节，第七章第一节，第八章第二、三节；殷勇撰写第一章第一、二、三节；第二章第一、二、三、四、五、六节，第三章第一、二、三、四、六节，第四章第一、二、三、四节；谢东丹撰写第一章第八节，第四章第九节；第七章第四、六、七节；李瑞飞撰写第七章第三节；第八章第一、四、五、六、七节；张胜哲撰写第四章第五、六、七、八节，第五章第二、四节，第六章第四节，第七章第二、五节。

梁玉多为第四卷"朝韩之黑龙江史料提要"主编，具体由梁玉多撰写第一、二、三、四、五章，第七章第七节；李杨撰写第七章第一、二、三、四、五、六节。张晓舟撰写第六章。

本书得以完成，除了本书主编、分卷主编和撰稿人努力之外，还得益于黑龙江历史文化工程重点项目的支撑，得益于黑龙江省社科研究规划重点项目"国外黑龙江史料收集整理与研究"（批准号：16ZSA01）的支撑。在2016年全省只有三个这样的重点项目，本项目居其一，我们深感荣幸。特别要感谢省委宣传部刘光慧副部长及邹国平处长对这一项目给予的重视和指导；感谢黑龙江历史文化工程编委会主任艾书琴等同志的大力支持；感谢中国社会科学院学部委员、中国边疆研究所所长邢广程忙中拨冗，为本书作序；感谢社会科学文献出版社社长谢寿光和编辑丁凡、郭锡超为本书提供的出版机会和专业指导。

图书在版编目（CIP）数据

国外黑龙江史料提要/战继发主编 . -- 北京：社
会科学文献出版社，2018.12
ISBN 978 - 7 - 5201 - 3704 - 1

Ⅰ.①国… Ⅱ.①战… Ⅲ.①黑龙江省 - 地方史 - 史
料 - 提要 Ⅳ.①Z89：K293.5

中国版本图书馆 CIP 数据核字（2018）第 301212 号

国外黑龙江史料提要

主　　编 / 战继发
副 主 编 / 笪志刚　梁玉多　李随安　霍明琨

出 版 人 / 谢寿光
项目统筹 / 丁　凡
责任编辑 / 丁　凡　郭锡超

出　　版 / 社会科学文献出版社·城市和绿色发展分社（010）59367143
　　　　　　地址：北京市北三环中路甲 29 号院华龙大厦　邮编：100029
　　　　　　网址：www.ssap.com.cn
发　　行 / 市场营销中心（010）59367081　59367083
印　　装 / 三河市东方印刷有限公司

规　　格 / 开　本：787mm × 1092mm　1/16
　　　　　　印　张：56　字　数：968 千字
版　　次 / 2018 年 12 月第 1 版　2018 年 12 月第 1 次印刷
书　　号 / ISBN 978 - 7 - 5201 - 3704 - 1
定　　价 / 198.00 元

本书如有印装质量问题，请与读者服务中心（010 - 59367028）联系